现代渔业创新发展丛书

丛书主编：杨红生

现代渔业科技创新发展现状与展望

杨红生 等 著

科学出版社

北京

内 容 简 介

本书立足我国当前渔业科技现状与需求，以现代渔业科技创新全链条设计和一体化组织实施为出发点，从种质创制、病害防控、营养与饲料、池塘综合种养、陆基工厂化养殖、湖泊生态渔业、内陆盐碱水域增养殖、滩涂生态增养殖、浅海生态增养殖、深远海养殖、现代化海洋牧场、远洋渔业、冷链物流、水产品质量安全、绿色加工等方面，在系统分析现代渔业技术优劣势的基础上，提出渔业科技未来发展态势与方向，以期为保障我国现代渔业高质量发展提供支撑与参考。

本书可供科研院所和高等院校渔业相关专业的科研人员，以及企事业单位工作人员参考。

图书在版编目（CIP）数据

现代渔业科技创新发展现状与展望/杨红生等著. —北京：科学出版社，2022.9

ISBN 978-7-03-072404-5

Ⅰ. ①现… Ⅱ. ①杨… Ⅲ. ①渔业—科学技术—技术发展—研究—中国 Ⅳ. ①F326.43

中国版本图书馆 CIP 数据核字（2022）第 090139 号

责任编辑：朱 瑾 白 雪 / 责任校对：郑金红
责任印制：肖 兴 / 封面设计：无极书装

科学出版社 出版

北京东黄城根北街 16 号
邮政编码：100717
http://www.sciencep.com

北京九天鸿程印刷有限责任公司 印刷

科学出版社发行 各地新华书店经销

*

2022 年 9 月第 一 版　开本：787×1092　1/16
2022 年 9 月第一次印刷　印张：40 3/4
字数：966 000

定价：528.00 元

（如有印装质量问题，我社负责调换）

"现代渔业创新发展丛书"编委会

主　编：杨红生

编　委（按姓氏笔画排序）：

　　　　王　清　王天明　毛玉泽　许　强　杨红生

　　　　张　涛　张立斌　张秀梅　陈慕雁　周　毅

　　　　赵建民　袁秀堂　徐　彪　韩广轩

《现代渔业科技创新发展现状与展望》著者名单

（按姓氏笔画排序）

丁　奎	于文涵	于宗赫	于润林	马永生
马得友	王　清	王天明	王书可	王卓群
王晓宇	毛玉泽	冯志纲	邢　坤	邢丽丽
刘　进	刘　辉	刘广斌	刘石林	刘旭佳
许　强	孙　伟	孙丽娜	孙景春	李　贤
李　莉	李晓妮	杨红生	杨晓龙	邱天龙
宋　浩	宋肖跃	宋奔奔	张　丹	张立斌
张安国	张迎秋	张灿影	陈慕雁	奉　杰
林承刚	周　兴	房　燕	赵　业	赵　欢
赵　鹏	赵鹤凌	茹小尚	姜令绪	袁秀堂
夏苏东	徐冬雪	徐勤增	高　菲	高　燕
董庆珍	程　波	谢　玺	潘　洋	薛素燕
霍　达				

前　言

现代渔业是从全球一体化发展的角度对传统渔业产业的新定位，是以优质蛋白高效供给、粮食安全战略保障和资源环境持续利用为目标，利用水域环境与资源，通过创新驱动产业转型升级，培育农业发展新动能，基于"绿色生态、精准高效、智慧智能、多元融合"构建的具有国际竞争力的新型渔业生产体系。近70年来中国人口增长了1倍多，人均水产品消费量提升了50多倍，渔业为保障国家食物安全、促进农渔民增收、维护国家海洋权益、加强生态文明建设和推动经济社会发展做出了重要贡献。

现代渔业科技创新保障优质蛋白供给，助力健康中国战略实施。党的十九大报告提出实施健康中国战略和食品安全战略，让人民吃得放心。水产品是人类优质蛋白的重要来源，我国人均水产品占有量达46.4kg，是世界平均水平的2倍以上，满足了国民1/3的动物蛋白需求。

现代渔业科技创新推动渔业经济发展，助力乡村振兴战略实施。农业农村农民问题是关系国计民生的根本性问题。渔业现代化是农业农村现代化的重要组成部分，2021年，我国水产品总产量6690.29万t，全社会渔业经济总产值29 689.73亿元，全国渔民人均纯收入23 442.13元。

现代渔业科技创新提升现代渔业功能，助力生态文明建设。我国渔业水域生态环境质量状况总体保持稳定，但局部渔业水域污染仍然比较严重。发展现代渔业，需加强渔业环境保护、重视水域生态系统与经济系统的良性循环，才能促进渔业资源与环境的协调发展。

现代渔业科技创新培育渔业新生动能，助力海洋强国战略实施。我国是一个海洋大国，海域面积十分辽阔。我国以海洋渔业资源与环境为基础，不断培育海洋药物、海洋牧场等新兴业态，创新打造现代渔业产业链，促进"蓝色经济"的跨越式发展。现代渔业科技创新促进现代渔业升级，助力"一带一路"倡议实施。"一带一路"建设对现代渔业发展提出了新要求，必须立足内陆水域和近海，拓展深远海，加强国际交流与合作，抢占现代渔业高技术战略制高点，积极参与国际渔业资源竞争，实现现代渔业产业全面跨越式发展。

现代渔业科技必须坚持创新、协调、绿色、开放、共享的新发展理念，以优质蛋白高效供给、渔业产业转型升级为目标，强化全链条设计和一体化组织实施，创建陆基绿色生态养殖、现代化海洋牧场精准调控、深远海工业智能化养殖等新模式，构建良种创制、智能养殖、生态养护、精准捕捞、绿色加工等新生产体系，培育和集聚现代渔业创新创业核心团队，创建现代渔业科技研究与示范平台，形成三产融合、链条完整的产业集群和技术标准体系，为保持我国渔业产业的领先优势提供科技支撑。

现代渔业科技创新必须聚焦种苗培育、健康养殖、资源修复、友好捕捞、绿色加工等产业链条的重大科学问题和重大技术瓶颈，开展全链条设计并实施五大创新行动。一是"健康种业引领行动"，依托优良种质建立健康苗种规模化繁育和高品质性状保持技术，为水产养殖业健康发展提供优质种苗保障；二是"精准养殖升级行动"，突出陆基养殖的尾水循环利用和达标排放、近海养殖的生态高效、深远海工业养殖的智能化；三是"渔业资源养护行动"，应对近海生境退化和资源衰退，实施渔业资源和环境一体化修复；四是"远洋渔业探捕行动",维护我国在近海、大洋乃至极地的权益,参加国际资源分配,实现"拓展深水、发展远洋和南极"的发展策略;五是"绿色产品加工行动",延伸现代渔业产业链,保障水产品的质量安全。

凡事预则立,不预则废。为实现现代渔业科技创新全链条设计和一体化组织实施,必须系统研讨国内外现代渔业发展现状、发展愿景、重点任务、实施途径和应用场景,实现科技促进产业发展,为世界渔业的发展提供中国智慧和中国方案。

当前,文献计量法已成为国际通用的分析某学科领域研究态势的手段,分析结果可以为科技发展态势的预测和宏观决策提供参考依据。在调查、研究过程中,我们以科学引文索引扩展版(Science Citation Index Expanded,SCIE)数据库和中国知网数据库为基础,采用主题检索,从文献计量角度对现代渔业相关研究领域的国际和国内发展态势、热点问题进行系统研究,以期了解国际现代渔业研究的发展态势和走向。例如,利用 TDA(Thomson Data Analyzer)软件对文献数据进行基本的处理和清理,利用 Ucinet 和 NetDraw 工具绘制国家合作网络,利用 VOSviewer 软件对文章题名、摘要和关键词进行聚类分析,利用 Excel 软件对文献进行统计分析以及图表绘制的可视化分析。基于 SCIE 论文和中文核心期刊论文计量分析结果,阐明了现代渔业主要研究领域的研究论文变化情况、期刊分布,进一步分析了国际研究力量与影响力、国际合作动态、主要研究机构、主要学科、主要关键词及研究热点等。

在系统调查研究讨论的基础上,组织撰写了《现代渔业科技创新发展现状与展望》一书。本书从种质创制、病害防控、营养与饲料、池塘综合种养、陆基工厂化养殖、湖泊生态渔业、内陆盐碱水域增养殖、滩涂生态增养殖、浅海生态增养殖、深远海养殖、现代化海洋牧场、远洋渔业、冷链物流、水产品质量安全、绿色加工等方面,立足我国当前渔业科技现状与需求,聚焦与国际技术水平差距以及未来发展态势与方向,以期为保障我国现代渔业高质量发展提供支撑与参考。

本书共分 15 章,撰写人员具体分工如下。前言:杨红生。第 1 章种质创制:孙丽娜、刘石林、徐冬雪、邢丽丽、杨红生。第 2 章病害防控:赵欢、李晓妮、谢玺、丁奎、赵鹤凌、陈慕雁。第 3 章营养与饲料:夏苏东、王晓宇、张丹。第 4 章池塘综合种养:赵鹏、邢坤、马得友、刘旭佳、霍达、赵业。第 5 章陆基工厂化养殖:李贤、邱天龙。第 6 章湖泊生态渔业:潘洋、张迎秋。第 7 章内陆盐碱水域增养殖:宋肖跃、刘旭佳。第 8 章滩涂生态增养殖:毛玉泽、袁秀堂、薛素燕、张安国、王清、于文涵、杨红生。第 9 章浅海生态增养殖:袁秀堂、高燕、马得友、宋浩、奉杰、杨晓龙、杨红生。第 10 章深远海养殖:张立斌、孙景春、王天明、冯志纲、王书可、杨红生、董庆珍。第 11 章现代化海洋牧场:林承刚、刘辉、茹小尚、于宗赫、许强、张灿影、刘进、杨红生。第 12 章远洋渔业:徐勤增、高菲、刘广斌、孙伟。第 13 章冷链物流:宋奔奔、周兴。第 14 章水产品质量安全:程波、房燕、于润林、王卓群、张灿影、李莉。第 15 章绿色加工:房燕、程波、姜令绪、马永生。后记:杨红生。杨红生负责全书通稿。

由于作者能力有限,不足之处在所难免,敬请批评指正!

著 者

2020 年初夏于烟台凤凰山下

目 录

第 1 章 种质创制 ··· 1
  1.1 产业与科技发展现状分析 ·· 1
  1.2 科技发展分析 ··· 14
  1.3 技术水平发展总体评价 ··· 21
  1.4 科技发展趋势分析 ·· 31
  1.5 典型案例 ··· 36

第 2 章 病害防控 ··· 44
  2.1 水产病害防控产业与科技发展现状分析 ·· 44
  2.2 重大科技需求分析 ·· 55
  2.3 技术水平发展总体评价 ··· 60
  2.4 科技发展趋势分析 ·· 73
  2.5 典型案例：对虾白斑综合征病毒（WSSV）防控技术 ······························· 76

第 3 章 营养与饲料 ·· 94
  3.1 产业与科技发展现状分析 ··· 94
  3.2 重大科技需求分析 ··· 108
  3.3 技术发展水平总体评价 ·· 111
  3.4 科技发展趋势分析 ··· 121
  3.5 典型案例：大西洋鲑饲料产业 ·· 125

第 4 章 池塘综合种养 ·· 134
  4.1 产业与科技发展现状分析 ·· 134
  4.2 重大科技需求分析 ··· 149
  4.3 技术水平发展总体评价 ·· 151
  4.4 科技发展趋势分析 ··· 159
  4.5 典型案例：刺参池塘养殖 ··· 161

第 5 章 陆基工厂化养殖 ·· 171
  5.1 产业与科技发展分析 ·· 171
  5.2 重大科技需求分析 ··· 182
  5.3 技术水平发展总体评价 ·· 186
  5.4 科技发展趋势分析 ··· 198
  5.5 典型案例：大菱鲆工厂化养殖 ·· 205

第 6 章 湖泊生态渔业 ·· 215
  6.1 产业与科技发展现状分析 ·· 215
  6.2 重大科技需求分析 ··· 228
  6.3 技术水平发展总体评价 ·· 234
  6.4 科技发展趋势分析 ··· 247

6.5　典型案例 ·· 252
第 7 章　内陆盐碱水域增养殖 ··· 263
　　7.1　产业与科技发展现状分析 ·· 263
　　7.2　重大科技需求分析 ·· 268
　　7.3　技术水平发展总体评价 ··· 270
　　7.4　科技发展趋势分析 ·· 279
　　7.5　典型案例：甘肃景泰"以渔治碱"渔业新模式 ··· 282
第 8 章　滩涂生态增养殖 ·· 286
　　8.1　产业与科技发展现状分析 ·· 286
　　8.2　重大科技需求分析 ·· 301
　　8.3　技术水平发展总体评价 ··· 307
　　8.4　科技发展趋势分析 ·· 319
　　8.5　典型案例 ·· 325
第 9 章　浅海生态增养殖 ·· 335
　　9.1　产业与科技发展现状分析 ·· 335
　　9.2　重大科技需求分析 ·· 344
　　9.3　技术水平发展总体评价 ··· 349
　　9.4　科技发展趋势分析 ·· 363
　　9.5　典型案例：桑沟湾多营养层次综合养殖 ··· 367
第 10 章　深远海养殖 ··· 379
　　10.1　产业与科技发展现状分析 ··· 379
　　10.2　重大科技需求分析 ··· 393
　　10.3　技术水平发展总体评价 ·· 395
　　10.4　科技发展趋势分析 ··· 405
　　10.5　典型案例："海洋渔场 1 号"深远海养殖装备 ··· 409
第 11 章　现代化海洋牧场 ··· 415
　　11.1　海洋资源环境修复 ··· 415
　　11.2　产业与科技发展现状分析 ··· 420
　　11.3　重大科技需求分析 ··· 431
　　11.4　技术水平发展总体评价 ·· 436
　　11.5　科技发展趋势分析 ··· 450
　　11.6　典型案例：莱州湾海洋牧场建设 ··· 457
第 12 章　远洋渔业 ·· 466
　　12.1　产业与科技发展现状 ·· 466
　　12.2　重大科技需求分析 ··· 481
　　12.3　技术水平发展总体评价 ·· 485
　　12.4　科技发展趋势分析 ··· 498
　　12.5　典型案例：南极磷虾捕捞加工一体化技术 ··· 502
第 13 章　冷链物流 ·· 507
　　13.1　水产品冷链物流产业与科技发展分析 ··· 507

13.2 重大科技需求分析 …………………………………………………… 516
13.3 技术水平发展总体评价 ………………………………………………… 519
13.4 科技发展趋势分析 ……………………………………………………… 529
13.5 典型案例 ………………………………………………………………… 535

第 14 章 水产品质量安全 …………………………………………………… 545
14.1 产业与科技发展现状分析 ……………………………………………… 545
14.2 重大科技需求分析 ……………………………………………………… 557
14.3 技术水平发展总体评价 ………………………………………………… 559
14.4 科技发展趋势分析 ……………………………………………………… 571
14.5 典型案例：挪威鲑鳟产业质量安全 …………………………………… 576

第 15 章 绿色加工 ……………………………………………………………… 593
15.1 产业与科技发展现状分析 ……………………………………………… 593
15.2 重大科技需求分析 ……………………………………………………… 606
15.3 技术水平发展总体评价 ………………………………………………… 609
15.4 科技发展趋势分析 ……………………………………………………… 623
15.5 典型案例：海参产品精深加工 ………………………………………… 627

后记 ………………………………………………………………………………… 638

第 1 章　种　质　创　制

优良品种是养殖业健康持续发展的关键因素之一，培育优质、高产、抗病的水产养殖品种，始终是海洋种业高科技领域争夺的焦点。随着技术的迅速发展与产业的推动，发达国家依靠科技创新积极抢占种业制高点。虽然我国技术水平已经由原来的跟跑阶段转入并跑阶段，但我国水产种业和科技的发展仍相对滞后，面临种质资源研究原始创新力不足等问题，在高新技术应用以及与产业结合等方面仍有很大的发展空间。因而，根据"夯实研究基础、突破前沿技术、创制重大产品、培育新兴产业、引领现代农业"的总体思路，亟待构建种质资源保护、精准高效育种、创新应用苗种扩繁等技术体系，大力推进基础研究与共性技术的研发。

1.1　产业与科技发展现状分析

1.1.1　国际产业发展现状与问题

1. 国际产业发展现状

1）种业成为现代农业发展的重要基石

种业是推动养殖业发展最活跃、最重要的引领性要素和基石，是农业领域科技创新的前沿和主战场，作为大农业中的一环，水产业也是如此。大力发展种业，开展水产种质创新，对于保障养殖业的健康可持续发展、促进农民渔民增收、培育战略性新兴产业具有重大意义（海洋农业产业科技创新战略研究组良种选育与苗种繁育专题组，2013）。

联合国粮食及农业组织（FAO）统计的结果表明，水产养殖物种数量在 2016 年达 598 种，包括 369 种鱼类、109 种软体动物、64 种甲壳类、7 种两栖动物和爬行动物、9 种水生无脊椎动物和 40 种藻类；从 2006 年的 472 种至 2018 年的 622 种，在十多年内数量增长了 31.8%（FAO，2018，2020）。2012 年 FAO 在南非开普敦发表的《遗传育种在水产养殖中的应用》指出，优良品种是养殖业健康持续发展的关键因素之一，培育优质、高产、抗病的水产养殖品种，始终是水产遗传育种和生物技术研究的热点，也是国际上海洋种业高科技领域争夺的焦点。

2）发达国家积极抢占种业制高点

美国、日本、挪威、澳大利亚等发达国家十分重视发展种业，多年来重视原创性科技投入，取得了一系列突破性的进展，形成了种业优势产业。国外水产养殖业总规模小于我国的规模，但产业集中度和良种覆盖率较高，水产苗种质量稳定，其苗种的单位售价远高于我国。此外，与国内以科研院所进行品种选育为主导不同，国外水产种业战略性新兴产业的培育都是基于大的育种计划，并且主要为种业企业主导。例如，挪威是全球最大的鲑鳟养殖生产国，为了解决生产中的饲料及病害问题，从 20 世纪 70 年代开始挪威政府就正式启动了大西洋鲑（*Salmo salar*）和虹鳟（*Oncorhynchus mykiss*）的选育研究，经过持续选育，已使大西洋鲑的生长速度提高了 200%以上，目前挪威 AKVAFORSK 水产遗传研究所已垄断了大西洋鲑的良种产业。2001～2011 年，挪威的大西洋鲑养殖总产量增长了一倍以上，达到 100.6 万 t，占全球大西洋鲑总产量的 62%，出口产值占挪威渔业出口产值的 57%，大西洋鲑产业成为挪威的国民经济支柱产业之一，同时，挪威通过在全球建设鲑鳟育种基地和项目，逐渐形成了国际性的鲑鳟良种供应产业。凡纳滨对虾（*Litopenaeus vannamei*）是目前世界养殖范围最广、产量最高的养殖虾种之一，美国于 20 世纪 90 年代即开始了良种培育工作。其中，夏威夷海洋研究所针对生长性能和桃拉综合征病毒（TSV）抗性开展了凡纳滨对虾选育工作，经一代选择生长速度提高了 21.2%，另一品系经一代选择成活率提高了 18.4%。虽然美国本土没有凡纳滨对虾养殖业，但美国通过组建凡纳滨对虾育种研究基地，以育种公司为主体建立了良种产业，基本垄断了国际凡纳滨对虾良种供应产业。世界渔业中心与挪威、菲律宾的有关研究机构协作实施了尼罗罗非鱼（*Oreochromis niloticus*）遗传改良计划（GIFT 计划），在完成 6 代选育后获得了生长速度比基础群提高 85%的品种，在多个国家进行遗传和经济性状评估后广泛推广。

总体来说，国际种业体系发展特色明显，纵观国外水产种业发展现状与趋势，不难发现以下四个特征。

一是以大型专业育种公司为主体，进行"保育繁推"全产业链科技创新发展，具有完整的产业链，与养殖业相对独立发展。

二是规模化、集团化和全球化已成为种业发展方向，人才、资本、种质等资源经过市场竞争不断流向大型专业化育种公司，通过收购和兼并重组，育种规模和市场份额越来越大，资本和技术优势明显。

三是育种技术快速更新，以全基因组选择、配子胚胎高效操作为代表的现代生物技术育种快速发展，推动国际种业科技进入蓬勃发展的重要时期。

四是技术创新能力已经成为水产种业企业核心竞争力的关键，水产种业是高科技行业，研发周期长、投资大，高投入和科技创新是种业发展的关键。

2. 国际产业发展问题

1）仍需开发更具适应能力的品种应对气候变化

气候变化通过影响饲料、种苗、淡水和其他投入物等，进而对水产养殖业造成间接影响。在气候变化背景下，疾病对水产养殖种业的威胁正在不断加大，气候变化对疾病在种业中的传播和暴发，以及寄生虫和病原体分布情况的变化情况有显著影响。热带生态系统在面对气候变化时表现出较高的脆弱性，对以热带生态系统为生的地区造成负面影响。世界上近 90%的水产养殖活动集中在亚洲，且多数集中在热带和亚热带。亚洲多数水产养殖国家的生态系统十分脆弱，但考虑到所有环境（淡水、半咸水和海洋）后，孟加拉国、中国、泰国和越南相比生态系统较为脆弱。在其他区域，哥斯达黎加、洪都拉斯和乌干达在淡水养殖类中属于 20 个最脆弱的类别之一，厄瓜多尔和埃及在半咸水养殖类中属于十分脆弱的类别，而智利和挪威则在海水养殖类中属于脆弱类别（FAO，2016）。而目前，良种的覆盖度尚不足以应对不良气候频发引起的灾害。

因而，开发更具适应能力的品种（如具备耐低 pH、更耐盐、生长速度快等特性的品种），保证鱼苗孵化生产优质、可靠，便于鱼苗之后在更艰苦的条件下生长，促进灾后恢复，仍需多样化的新品种来促进水产养殖业在气候变化下从脆弱性向适应性转变，这是目前全球水产种业皆需重视的问题。

2）生物安保问题仍待加强

为适应市场多样化的需求，水产养殖品种也在不停地推陈出新，新的养殖品种不断涌现，随之而来的入侵物种的生物安全问题也日益加重。外来入侵物种，无论是无意还是有意被引入某一自然环境，都会威胁这一环境中的原有生境及本地物种的生态稳定性，因为原有生境及物种极易因与这些非本地物种产生各种互动关系（如捕食行为、竞争和食草行为）而受到影响，其严重后果可能导致生物多样性的严重丧失，造成竞争排斥和杂交风险（FAO，2016）。例如，目前全球外来鱼类达 624 种，该数量超过 30 年前的两倍。外来鱼类主要通过水产养殖（51%）、观赏渔业（21%）、休闲垂钓（12%）、渔业捕捞运输（7%）等多种途径被引进，其中水产养殖引入外来种的情况占有很高的比例（郦珊等，2016）。

水产养殖对于人们来说是一种经济活动，投入产出比是首要考虑的问题，因此具有强的环境适应力是绝大部分引入的外来种所具有的特点，潜在入侵力与可入侵性均较强。当这些外来种被作为水产养殖新品种而推广时，在养殖过程中就会发生逃逸，在环境适合时就有可能发生入侵。在养殖中发生直接逃逸的情况可分为五类水平：①基因逃逸；②养殖个体逃逸；③种群逃逸；④群落逃逸；⑤生态系统的释放（Tarkan et al.，2013；高宇等，2017）。因而，在引入物种养殖前，需充分评估其生态风险问题，严格按照相关法律申请执行，此外，应加强养殖逃逸的预防与监管，不断完善引种的原则和与管理相关的法规、政策及标准等。

1.1.2 我国产业发展现状与问题

1. 我国产业发展现状

"发展养殖，种业先行"是养殖业一条亘古不变的法则。我国的海水、淡水养殖经历了天然采苗—人工育苗—全人工育种—现代化水产种业的发展过程，逐步形成了完整的繁育-选育体系，促使了水产养殖业持续、快速、健康发展。我国有计划地大规模发展淡水养殖始于 20 世纪 50 年代，而海水养殖则更晚一些，在 50 年左右的时间里取得了突飞猛进的发展，掀起了海水养殖产业的"五次浪潮"，每次产业浪潮都伴随着水产种业的重大突破，为改善居民膳食营养结构、提供优质食物蛋白做出了重要贡献（FAO，2012）。自 20 世纪 90 年代以来，我国成立了全国水产原种和良种审定委员会，以"保护区-原种场-良种场-苗种场""遗传育种中心、引种中心-良种场-苗种场"等思路开展了全国水产原良种体系建设（桂建芳等，2016；贾敬敦等，2014）。我国的水产动物育种工作经过 40 余年的努力，已经建立了初具规模的原良种体系，水产养殖的苗种供给已经基本满足了生产发展的需求，在种质资源库建设、育种关键技术研发、优良品种创制和良种繁育技术及推广模式等方面都取得了长足的进步。目前，我国的水产种业已经形成了一定的规模，经农业部（现农业农村部）批准的国家级水产种质资源保护区有 535 处，其中内陆保护区 481 个，海洋保护区 54 个；国家级水产原种场 36 个、良种场 45 个；全国现代渔业种业示范场 87 个。截至 2021 年，我国已有遗传育种中心 31 个，国家级水产原良种场 84 家，省级水产原良种场 800 多家，种苗繁育基地 1.5 万家；截至 2017 年底（不完全统计），我国已在 31 个省（区、市）投资建设原种场、良种场和引育种中心等保种设施场地近 700 个。我国具有一定养殖规模的养殖品种有 532 种，其中土著种有 281 种、引进种（未审定）50 种、引进种（经审定）30 个，自主培育新品种 171 个。2017 年通过国家审定的水产新品种有 201 个，2018 年达到 215 个，见表 1-1；2016 年繁殖水产苗种 4.8 万亿单位，其中淡水苗种 1.3 万亿单位，海水苗种 3.5 万亿单位（其中贝类 2.4 万亿单位）（农业部渔业渔政管理局，2017），产生了显著的经济效益和社会效益。

表 1-1 国家审定水产新品种名录（截至 2018 年，共 215 个）

序号	品种名称	登记号	单位	类别
1	兴国红鲤	GS-01-001-1996	兴国县红鲤鱼繁殖场、南昌大学	选育种
2	荷包红鲤	GS-01-002-1996	婺源县荷包红鲤研究所、南昌大学	选育种
3	彭泽鲫	GS-01-003-1996	江西省水产科学研究所、九江市水产科学研究所	选育种
4	建鲤	GS-01-004-1996	中国水产科学研究院淡水渔业研究中心	选育种
5	松浦银鲫	GS-01-005-1996	中国水产科学研究院黑龙江水产研究所	选育种
6	荷包红鲤耐寒品系	GS-01-006-1996	中国水产科学研究院黑龙江水产研究所	选育种
7	德国镜鲤选育系	GS-01-007-1996	中国水产科学研究院黑龙江水产研究所	选育种
8	奥尼鱼	GS-02-001-1996	广州市水产研究所有限公司、中国水产科学研究院淡水渔业研究中心	杂交种
9	福寿鱼	GS-02-002-1996	中国水产科学研究院珠江水产研究所	杂交种
10	颍鲤	GS-02-003-1996	中国水产科学研究院长江水产研究所	杂交种
11	丰鲤	GS-02-004-1996	中国科学院水生生物研究所	杂交种
12	荷元鲤	GS-02-005-1996	中国水产科学研究院长江水产研究所	杂交种
13	岳鲤	GS-02-006-1996	湖南师范大学生物系、长江岳麓渔场	杂交种
14	三杂交鲤	GS-02-007-1996	中国水产科学研究院长江水产研究所	杂交种
15	芙蓉鲤	GS-02-008-1996	湖南省水产科学研究所	杂交种
16	异育银鲫	GS-02-009-1996	中国科学院水生生物研究所	杂交种
17	尼罗罗非鱼	GS-03-001-1996	中国水产科学研究院长江水产研究所	引进种
18	奥利亚罗非鱼	GS-03-002-1996	广州市水产研究所有限公司	引进种
19	大口黑鲈（加州鲈）	GS-03-003-1996	广东省水产良种二场	引进种
20	短盖巨脂鲤（淡水白鲳）	GS-03-004-1996	广东省水产养殖开发公司	引进种
21	斑点叉尾鮰	GS-03-005-1996	湖南省水产科学研究所	引进种
22	虹鳟	GS-03-006-1996	中国水产科学研究院黑龙江水产研究所	引进种
23	道纳尔逊氏虹鳟	GS-03-007-1996	青岛海洋大学	引进种
24	革胡子鲶	GS-03-008-1996	广东省淡水良种场	引进种
25	德国镜鲤	GS-03-009-1996	中国水产科学研究院黑龙江水产研究所	引进种
26	散鳞镜鲤	GS-03-010-1996	中国水产科学研究院黑龙江水产研究所	引进种
27	露斯塔野鲮	GS-03-011-1996	中国水产科学研究院珠江水产研究所	引进种
28	罗氏沼虾	GS-03-012-1996	中国水产科学研究院南海水产研究所	引进种
29	牛蛙	GS-03-013-1996	中国水产科学研究院长江水产研究所	引进种
30	美国青蛙	GS-03-014-1996	广东肇庆市鱼苗场	引进种

续表

序号	品种名称	登记号	单位	类别
31	海湾扇贝	GS-03-015-1996	中国科学院海洋研究所	引进种
32	虾夷扇贝	GS-03-016-1996	辽宁省海洋水产研究所	引进种
33	长牡蛎	GS-03-017-1996	浙江省海洋水产研究所	引进种
34	"901"海带	GS-01-001-1997	烟台市水产技术推广站	选育种
35	松浦鲤	GS-01-002-1997	中国水产科学研究院黑龙江水产研究所、哈尔滨市水产研究所、黑龙江省嫩江水产研究所	选育种
36	吉富品系尼罗罗非鱼	GS-03-001-1997	上海水产大学	引进种
37	团头鲂浦江1号	GS-01-001-2000	上海水产大学	选育种
38	万安玻璃红鲤	GS-01-002-2000	江西省万安玻璃红鲤良种场	选育种
39	大菱鲆	GS-03-001-2000	中国水产科学研究院黄海水产研究所、蓬莱市鱼类养殖场	引进种
40	美国大口胭脂鱼	GS-03-002-2000	湖北省水产科学研究所	引进种
41	湘云鲤	GS-02-001-2001	湖南师范大学	杂交种
42	湘云鲫	GS-02-002-2001	湖南师范大学	杂交种
43	红白长尾鲫	GS-02-001-2002	天津市换新水产良种场	杂交种
44	蓝花长尾鲫	GS-02-002-2002	天津市换新水产良种场	杂交种
45	SPF 凡纳滨对虾	GS-03-001-2002	海南省水产研究所	引进种
46	中国对虾"黄海1号"	GS-01-001-2003	中国水产科学研究院黄海水产研究所、山东省日照水产研究所	选育种
47	松荷鲤	GS-01-002-2003	中国水产科学研究院黑龙江水产研究所	选育种
48	剑尾鱼RP-B系	GS-01-003-2003	中国水产科学研究院珠江水产研究所	选育种
49	墨龙鲤	GS-01-004-2003	天津市换新水产良种场	选育种
50	豫选黄河鲤	GS-01-001-2004	河南省水产科学研究院	选育种
51	"东方2号"杂交海带	GS-02-001-2004	山东东方海洋科技股份有限公司	杂交种
52	"荣福"海带	GS-02-002-2004	中国海洋大学、荣成海兴水产有限公司	杂交种
53	"大连1号"杂交鲍	GS-02-003-2004	中国科学院海洋研究所	杂交种
54	鳄龟	GS-03-001-2004	北京市水产技术推广站	引进种
55	苏氏圆腹（鲶）	GS-03-002-2004	北京市水产技术推广站	引进种
56	池蝶蚌	GS-03-003-2004	江西省抚州市洪门水库开发公司	引进种
57	"新吉富"罗非鱼	GS-01-001-2005	上海水产大学、青岛罗非鱼良种场、广东罗非鱼良种场	选育种
58	"蓬莱红"扇贝	GS-02-001-2005	中国海洋大学	杂交种
59	乌克兰鳞鲤	GS-03-001-2005	全国水产技术推广总站、天津市换新水产良种场	引进种
60	高白鲑	GS-03-002-2005	全国水产技术推广总站、新疆天润赛里木湖渔业科技开发有限责任公司	引进种
61	小体鲟	GS-03-003-2005	中国水产科学研究院黑龙江水产研究所、中国水产科学研究院鲟鱼繁育技术工程中心	引进种
62	甘肃金鳟	GS-01-001-2006	甘肃省渔业技术推广总站	选育种
63	"夏奥1号"奥利亚罗非鱼	GS-01-002-2006	中国水产科学研究院淡水渔业研究中心	选育种
64	津新鲤	GS-01-003-2006	天津市换新水产良种场	选育种
65	"中科红"海湾扇贝	GS-01-004-2006	中国科学院海洋研究所	选育种
66	"981"龙须菜	GS-01-005-2006	中国科学院海洋研究所、中国海洋大学	选育种
67	康乐蚌	GS-02-001-2006	上海水产大学	杂交种
68	萍乡红鲫	GS-01-001-2007	江西省萍乡市水产科学研究所、南昌大学、江西省水产科学研究所	选育种

续表

序号	品种名称	登记号	单位	类别
69	异育银鲫"中科3号"	GS-01-002-2007	中国科学院水生生物研究所	选育种
70	杂交黄金鲫	GS-02-001-2007	天津市换新水产良种场	杂交种
71	杂交海带"东方3号"	GS-02-002-2007	山东烟台海带良种场	杂交种
72	中华鳖日本品系	GS-03-001-2007	杭州萧山天福生物科技有限公司、浙江省水产引种育种中心	引进种
73	漠斑牙鲆	GS-03-002-2007	莱州市大华水产有限公司、全国水产技术推广总站	引进种
74	松浦镜鲤	GS-01-001-2008	中国水产科学研究院黑龙江水产研究所	选育种
75	中国对虾"黄海2号"	GS-01-002-2008	中国水产科学研究院黄海水产研究所	选育种
76	清溪乌鳖	GS-01-003-2008	浙江清溪鳖业股份有限公司、浙江省水产引种育种中心	选育种
77	湘云鲫2号	GS-02-001-2008	湖南师范大学	杂交种
78	杂交青虾"太湖1号"	GS-02-002-2008	中国水产科学研究院淡水渔业研究中心	杂交种
79	匙吻鲟	GS-03-001-2008	湖北省仙桃市水产技术推广中心	引进种
80	罗氏沼虾"南太湖2号"	GS-01-001-2009	浙江省淡水水产研究所、浙江南太湖淡水水产种业有限公司	选育种
81	海大金贝	GS-01-002-2009	中国海洋大学、獐子岛集团股份有限公司	选育种
82	坛紫菜"申福1号"	GS-01-003-2009	上海海洋大学	选育种
83	芙蓉鲤鲫	GS-02-001-2009	湖南省水产科学研究所	杂交种
84	"吉丽"罗非鱼	GS-02-002-2009	上海海洋大学	杂交种
85	杂交鳢"杭鳢1号"	GS-02-003-2009	杭州市农业科学研究院	杂交种
86	杂色鲍"东优1号"	GS-02-004-2009	厦门大学	杂交种
87	刺参"水院1号"	GS-02-005-2009	大连水产学院、大连力源水产有限公司、大连太平洋海珍品有限公司	杂交种
88	长丰鲢	GS-01-001-2010	中国水产科学研究院长江水产研究所	选育种
89	津鲢	GS-01-002-2010	天津市换新水产良种场	选育种
90	福瑞鲤	GS-01-003-2010	中国水产科学研究院淡水渔业研究中心	选育种
91	大口黑鲈"优鲈1号"	GS-01-004-2010	中国水产科学研究院珠江水产研究所、广东省佛山市南海区九江镇农林服务中心	选育种
92	大黄鱼"闽优1号"	GS-01-005-2010	集美大学、宁德市水产技术推广站	选育种
93	凡纳滨对虾"科海1号"	GS-01-006-2010	中国科学院海洋研究所、西北农林科技大学、海南东方中科海洋生物育种有限公司	选育种
94	凡纳滨对虾"中科1号"	GS-01-007-2010	中国科学院南海海洋研究所、湛江东海岛东方实业有限公司、湛江海茂水产生物科技有限公司、广东广垦水产发展有限公司	选育种
95	凡纳滨对虾"中兴1号"	GS-01-008-2010	中山大学、广东恒兴饲料实业股份有限公司	选育种
96	斑节对虾"南海1号"	GS-01-009-2010	中国科学院南海海洋研究所	选育种
97	"爱伦湾"海带	GS-01-010-2010	山东寻山集团有限公司、中国海洋大学	选育种
98	大菱鲆"丹法鲆"	GS-02-001-2010	中国水产科学研究院黄海水产研究所、山东海阳黄海水产有限公司	杂交种
99	牙鲆"鲆优1号"	GS-02-002-2010	中国水产科学研究院黄海水产研究所、山东海阳黄海水产有限公司	杂交种
100	黄颡鱼"全雄1号"	GS-04-001-2010	水利部/中国科学院水工程生态研究所、中国科学院水生生物研究所、武汉百瑞生物技术有限公司	其他种
101	松浦红镜鲤	GS-01-001-2011	中国水产科学研究院黑龙江水产研究所	选育种
102	瓯江彩鲤"龙申1号"	GS-01-002-2011	上海海洋大学、浙江龙泉省级瓯江彩鲤良种场	选育种
103	中华绒螯蟹"长江1号"	GS-01-003-2011	江苏省淡水水产研究所	选育种

续表

序号	品种名称	登记号	单位	类别
104	中华绒螯蟹"光合1号"	GS-01-004-2011	盘锦光合蟹业有限公司	选育种
105	海湾扇贝"中科2号"	GS-01-005-2011	中国科学院海洋研究所	选育种
106	海带"黄官1号"	GS-01-006-2011	中国水产科学研究院黄海水产研究所、福建省连江县官坞海洋开发有限公司	选育种
107	鳊鲴杂交鱼	GS-02-001-2011	湖南师范大学	杂交种
108	马氏珠母贝"海优1号"	GS-02-002-2011	海南大学	杂交种
109	牙鲆"北鲆1号"	GS-04-001-2011	中国水产科学研究院北戴河中心实验站	其他种
110	凡纳滨对虾"桂海1号"	GS-01-001-2012	广西壮族自治区水产研究所	选育种
111	三疣梭子蟹"黄选1号"	GS-01-002-2012	中国水产科学研究院黄海水产研究所、昌邑市海丰水产养殖有限责任公司	选育种
112	"三海"海带	GS-01-003-2012	中国海洋大学、福建省霞浦三沙鑫晟海带良种有限公司、福建省三沙渔业有限公司、荣成海兴水产有限公司	选育种
113	杂交鲌"先锋1号"	GS-02-001-2012	武汉市水产科学研究所、武汉先锋水产科技有限公司	杂交种
114	芦台鲂鲌	GS-02-002-2012	天津市换新水产良种场	杂交种
115	尼罗罗非鱼"鹭雄1号"	GS-04-001-2012	厦门鹭业水产有限公司、广州鹭业水产有限公司、广州市鹭业水产种苗有限公司、海南鹭业水产有限公司	其他种
116	坛紫菜"闽丰1号"	GS-04-002-2012	集美大学	其他种
117	大黄鱼"东海1号"	GS-01-001-2013	宁波大学、象山港湾水产苗种有限公司	选育种
118	中国对虾"黄海3号"	GS-01-002-2013	中国水产科学研究院黄海水产研究所、昌邑市海丰水产养殖有限责任公司、日照海辰水产有限公司	选育种
119	三疣梭子蟹"科甬1号"	GS-01-003-2013	中国科学院海洋研究所、宁波大学	选育种
120	中华绒螯蟹"长江2号"	GS-01-004-2013	江苏省淡水水产研究所	选育种
121	长牡蛎"海大1号"	GS-01-005-2013	中国海洋大学	选育种
122	栉孔扇贝"蓬莱红2号"	GS-01-006-2013	中国海洋大学、威海长青海洋科技股份有限公司、青岛八仙墩海珍品养殖有限公司	选育种
123	文蛤"科浙1号"	GS-01-007-2013	中国科学院海洋研究所、浙江省海洋水产养殖研究所	选育种
124	条斑紫菜"苏通1号"	GS-01-008-2013	江苏省海洋水产研究所、常熟理工学院	选育种
125	坛紫菜"申福2号"	GS-01-009-2013	上海海洋大学、福建省大成水产良种繁育试验中心	选育种
126	裙带菜"海宝1号"	GS-01-010-2013	中国科学院海洋研究所、大连海宝渔业有限公司	选育种
127	龙须菜"2007"	GS-01-011-2013	中国海洋大学、汕头大学	选育种
128	北鲆2号	GS-02-001-2013	中国水产科学研究院北戴河中心实验站、中国水产科学研究院资源与环境研究中心	杂交种
129	津新乌鲫	GS-02-002-2013	天津市换新水产良种场	杂交种
130	斑点叉尾鮰"江丰1号"	GS-02-003-2013	江苏省淡水水产研究所、全国水产技术推广总站、中国水产科学研究院黄海水产研究所	杂交种
131	海带"东方6号"	GS-02-004-2013	山东东方海洋科技股份有限公司	杂交种
132	翘嘴鳜"华康1号"	GS-01-001-2014	华中农业大学、通威股份有限公司、广东清远宇顺农牧渔业科技服务有限公司	选育种
133	易捕鲤	GS-01-002-2014	中国水产科学研究院黑龙江水产研究所	选育种
134	吉富罗非鱼"中威1号"	GS-01-003-2014	中国水产科学研究院淡水渔业研究中心、通威股份有限公司	选育种
135	日本囊对虾"闽海1号"	GS-01-004-2014	厦门大学	选育种
136	菲律宾蛤仔"斑马蛤"	GS-01-005-2014	大连海洋大学、中国科学院海洋研究所	选育种
137	泥蚶"乐清湾1号"	GS-01-006-2014	浙江省海洋水产养殖研究所、中国科学院海洋研究所	选育种
138	文蛤"万里红"	GS-01-007-2014	浙江万里学院	选育种

续表

序号	品种名称	登记号	单位	类别
139	马氏珠母贝"海选1号"	GS-01-008-2014	广东海洋大学、雷州市海威水产养殖有限公司、广东绍河珍珠有限公司	选育种
140	华贵栉孔扇贝"南澳金贝"	GS-01-009-2014	汕头大学	选育种
141	海带"205"	GS-01-010-2014	中国科学院海洋研究所、荣成市蜊江水产有限责任公司	选育种
142	海带"东方7号"	GS-01-011-2014	山东东方海洋科技股份有限公司	选育种
143	裙带菜"海宝2号"	GS-01-012-2014	大连海宝渔业有限公司、中国科学院海洋研究所	选育种
144	坛紫菜"浙东1号"	GS-01-013-2014	宁波大学、浙江省海洋水产养殖研究所	选育种
145	条斑紫菜"苏通2号"	GS-01-014-2014	常熟理工学院、江苏省海洋水产研究所	选育种
146	刺参"崆峒岛1号"	GS-01-015-2014	山东省海洋资源与环境研究院、烟台市崆峒岛实业有限公司、烟台市芝罘区渔业技术推广站、好当家集团有限公司	选育种
147	中间球海胆"大金"	GS-01-016-2014	大连海洋大学、大连海宝渔业有限公司	选育种
148	大菱鲆"多宝1号"	GS-02-001-2014	中国水产科学研究院黄海水产研究所、烟台开发区天源水产有限公司	杂交种
149	乌斑杂交鳢	GS-02-002-2014	中国水产科学研究院珠江水产研究所、广东省中山市三角镇惠农水产种苗繁殖场	杂交种
150	吉奥罗非鱼	GS-02-003-2014	茂名市伟业罗非鱼良种场、上海海洋大学	杂交种
151	杂交翘嘴鲂	GS-02-004-2014	湖南师范大学	杂交种
152	秋浦杂交斑鳜	GS-02-005-2014	池州市秋浦特种水产开发有限公司、上海海洋大学	杂交种
153	津新鲤2号	GS-02-006-2014	天津市换新水产良种场	杂交种
154	凡纳滨对虾"壬海1号"	GS-02-007-2014	中国水产科学研究院黄海水产研究所、青岛海壬水产种业科技有限公司	杂交种
155	西盘鲍	GS-02-008-2014	厦门大学	杂交种
156	龙须菜"鲁龙1号"	GS-04-001-2014	中国海洋大学、福建省莆田市水产科技推广站	其他种
157	白金丰产鲫	GS-01-001-2015	华南师范大学、佛山市三水白金水产种苗有限公司、中国水产科学研究院珠江水产研究所	选育种
158	香鱼"浙闽1号"	GS-01-002-2015	宁波大学、宁德市众合农业发展有限公司	选育种
159	扇贝"渤海红"	GS-01-003-2015	青岛农业大学、青岛海弘达生物科技有限公司	选育种
160	虾夷扇贝"獐子岛红"	GS-01-004-2015	獐子岛集团股份有限公司、中国海洋大学	选育种
161	马氏珠母贝"南珍1号"	GS-01-005-2015	中国水产科学研究院南海水产研究所、广东岸华集团有限公司	选育种
162	马氏珠母贝"南科1号"	GS-01-006-2015	中国科学院南海海洋研究所	选育种
163	赣昌鲤鲫	GS-02-001-2015	江西省水产技术推广站、南昌县莲塘鱼病防治所、江西生物科技职业学院	杂交种
164	莫荷罗非鱼"广福1号"	GS-02-002-2015	中国水产科学研究院珠江水产研究所	杂交种
165	中华绒螯蟹"江海21"	GS-02-003-2015	上海海洋大学、上海市水产研究所、明光市永言水产(集团)有限公司、上海市崇明县水产技术推广站、上海市松江区水产良种场、上海宝岛蟹业有限公司、上海福岛水产养殖专业合作社	杂交种
166	牡蛎"华南1号"	GS-02-004-2015	中国科学院南海海洋研究所	杂交种
167	中华鳖"浙新花鳖"	GS-02-005-2015	浙江省水产引种育种中心、浙江清溪鳖业股份有限公司	杂交种
168	长丰鲫	GS-04-001-2015	中国水产科学研究院长江水产研究所、中国科学院水生生物研究所	其他种
169	团头鲂"华海1号"	GS-01-001-2016	华中农业大学、湖北百容水产良种有限公司、湖北省团头鲂(武昌鱼)原种场	选育种
170	黄姑鱼"金鳞1号"	GS-01-002-2016	集美大学、宁德市横屿岛水产有限公司	选育种

续表

序号	品种名称	登记号	单位	类别
171	凡纳滨对虾"广泰1号"	GS-01-003-2016	中国科学院海洋研究所、西北农林科技大学、海南广泰海洋育种有限公司	选育种
172	凡纳滨对虾"海兴农2号"	GS-01-004-2016	广东海兴农集团有限公司、广东海大集团股份有限公司、中山大学、中国水产科学研究院黄海水产研究所	选育种
173	中华绒螯蟹"诺亚1号"	GS-01-005-2016	中国水产科学研究院淡水渔业研究中心、江苏诺亚方舟农业科技有限公司、常州市武进区水产技术推广站	选育种
174	海湾扇贝"海益丰12"	GS-01-006-2016	中国海洋大学、烟台海益苗业有限公司	选育种
175	长牡蛎"海大2号"	GS-01-007-2016	中国海洋大学、烟台海益苗业有限公司	选育种
176	葡萄牙牡蛎"金蛎1号"	GS-01-008-2016	福建省水产研究所	选育种
177	菲律宾蛤仔"白斑马蛤"	GS-01-009-2016	大连海洋大学、中国科学院海洋研究所	选育种
178	合方鲫	GS-02-001-2016	湖南师范大学	杂交种
179	杂交鲟"鲟龙1号"	GS-02-002-2016	中国水产科学研究院黑龙江水产研究所、杭州千岛湖鲟龙科技股份有限公司、中国水产科学研究院鲟鱼繁育技术工程中心	杂交种
180	长珠杂交鳜	GS-02-003-2016	中山大学、广东海大集团股份有限公司、佛山市南海百容水产良种有限公司	杂交种
181	虎龙杂交斑	GS-02-004-2016	广东省海洋渔业试验中心、中山大学、海南大学、海南晨海水产有限公司	杂交种
182	牙鲆"鲆优2号"	GS-02-005-2016	中国水产科学研究院黄海水产研究所、海阳市黄海水产有限公司	杂交种
183	异育银鲫"中科5号"	GS-01-001-2017	中国科学院水生生物研究所、黄石市富尔水产苗种有限责任公司	选育种
184	滇池金线鲃"鲃优1号"	GS-01-002-2017	中国科学院昆明动物研究所、深圳华大海洋科技有限公司、中国水产科学研究院淡水渔业研究中心	选育种
185	福瑞鲤2号	GS-01-003-2017	中国水产科学研究院淡水渔业研究中心	选育种
186	脊尾白虾"科海红1号"	GS-01-004-2017	中国科学院海洋研究所、江苏省海洋水产研究所、启东市庆健水产养殖有限公司	选育种
187	脊尾白虾"黄育1号"	GS-01-005-2017	中国水产科学研究院黄海水产研究所、日照海辰水产有限公司	选育种
188	凡纳滨对虾"正金阳1号"	GS-01-006-2017	中国科学院南海海洋研究所、茂名市金阳热带海珍养殖有限公司	选育种
189	凡纳滨对虾"兴海1号"	GS-01-007-2017	广东海洋大学、湛江市德海实业有限公司、湛江市国兴水产科技有限公司	选育种
190	中国对虾"黄海5号"	GS-01-008-2017	中国水产科学研究院黄海水产研究所	选育种
191	青虾"太湖2号"	GS-01-009-2017	中国水产科学研究院淡水渔业研究中心、无锡施瑞水产科技有限公司、深圳华大海洋科技有限公司、南京市水产科学研究所、江苏省渔业技术推广中心	选育种
192	虾夷扇贝"明月贝"	GS-01-010-2017	大连海洋大学、獐子岛集团股份有限公司	选育种
193	三角帆蚌"申紫1号"	GS-01-011-2017	上海海洋大学、金华市浙星珍珠商贸有限公司	选育种
194	文蛤"万里2号"	GS-01-012-2017	浙江万里学院	选育种
195	缢蛏"申浙1号"	GS-01-013-2017	上海海洋大学、三门东航水产育苗科技有限公司	选育种
196	刺参"安源1号"	GS-01-014-2017	山东安源水产股份有限公司、大连海洋大学	选育种
197	仿刺参"东科1号"	GS-01-15-2017	中国科学院海洋研究所、山东东方海洋科技股份有限公司	选育种
198	刺参"参优1号"	GS-01-016-2017	中国水产科学研究院黄海水产研究所、青岛瑞滋海珍品发展有限公司	选育种
199	太湖鲂鲌	GS-02-001-2017	浙江省淡水水产研究所	杂交种
200	斑节对虾"南海2号"	GS-02-002-2017	中国水产科学研究院南海水产研究所	杂交种

续表

序号	品种名称	登记号	单位	类别
201	扇贝"青农2号"	GS-02-003-2017	青岛农业大学、青岛海弘达生物科技有限公司	杂交种
202	大口黑鲈"优鲈3号"	GS-01-001-2018	中国水产科学研究院珠江水产研究所、广东梁氏水产种业有限公司、南京帅丰饲料有限公司	选育种
203	津新红镜鲤	GS-01-002-2018	天津市换新水产良种场	选育种
204	暗纹东方鲀"中洋1号"	GS-01-003-2018	江苏中洋集团股份有限公司、中国水产科学研究院淡水渔业研究中心、南京师范大学	选育种
205	罗非鱼"壮罗1号"	GS-01-004-2018	广西壮族自治区水产科学研究院、中国水产科学研究院黄海水产研究所	选育种
206	鲌鲂"先锋2号"	GS-01-005-2018	武汉市农业科学院、武汉先锋水产科技有限公司	选育种
207	三疣梭子蟹"黄选2号"	GS-01-006-2018	中国水产科学研究院黄海水产研究所、昌邑市海丰养殖有限责任公司	选育种
208	长牡蛎"海大3号"	GS-01-007-2018	中国海洋大学、烟台海益苗业有限公司、乳山华信食品有限公司	选育种
209	方斑东风螺"海泰1号"	GS-01-008-2018	厦门大学、海南省海洋与渔业科学院	选育种
210	扇贝"青农金贝"	GS-01-009-2018	青岛农业大学、中国科学院海洋研究所、烟台海之春水产种业科技有限公司	选育种
211	中华鳖"永章黄金鳖"	GS-01-010-2018	保定市水产技术推广站、河北大学、阜平县景涛甲鱼养殖厂	选育种
212	刺参"鲁海1号"	GS-01-011-2018	山东省海洋生物研究院、好当家集团有限公司	选育种
213	杂交黄颡鱼"黄优1号"	GS-02-001-2018	华中农业大学、射阳康余水产技术有限公司、南京师范大学、扬州市董氏特种水产有限公司、南京市水产科学研究所、湖北黄优源渔业发展有限公司	杂交种
214	云龙石斑鱼	GS-02-002-2018	莱州市明波水产有限公司、中国水产科学研究院黄海水产研究所、福建省水产研究所、厦门小嶝水产科技有限公司、中山大学	杂交种
215	绿盘鲍	GS-02-003-2018	厦门大学、福建闽锐宝海洋生物科技有限公司	杂交种

2. 我国产业发展问题

我国水产种业虽然发展迅速，但仍处于起步阶段，只有大约20%的水产养殖物种进行过不同程度的遗传改良，除传统上经过多年养殖驯化的四大家鱼、鲤（*Cyprinus carpio*）、鲫（*Carassius auratus*）等种类外，水产养殖业的良种覆盖率仅为25%~30%，与畜禽产品的50%、水稻玉米的95%相比还存在较大差距（相建海，2013）。目前存在的问题主要为以下三个方面。

1）种质资源评价与保护迫在眉睫

我国是个生物多样性特别丰富的国家，在世界上位列第八，水产种质资源分布极为广泛（刘英杰等，2015；孙儒泳，2001）。但是，受社会经济发展、生态环境破坏、过度捕捞等多种因素的综合影响，天然水域水产种质资源锐减。生产过程无序的苗种交流污染了物种基因库，许多经济物种种质遗传背景和遗传结构混淆不清，近亲繁殖导致种质退化。然而，截至2015年，在我国广袤的陆地和海洋国土面积中，国家级水产原种场只有36个（张振东，2015），而且有核心竞争力的种业企业寥寥无几，种质资源缺乏科学保护，资金、技术力量和人才队伍相对分散，种业企业的实力普遍较弱，尚不具备与发达国家种业企业竞争的实力。即使是我国北方沿海最重要的经济物种——仿刺参（*Apostichopus japonicus*），也已经被收录到《世界自然保护联盟濒危物种红色名录》（Hamel and Mercier，2013）。

2）部分种业种质资源受制于人

目前我国部分养殖对象，如虾夷盘扇贝（*Patinopecten yessoensis*）、海湾扇贝（*Argopecten irradians*）、凡纳滨对虾（*Litopenaeus vannamei*）、大菱鲆（*Scophthalmus maximus*）和大西洋鲑（*Salmo salar*）等均为引进种，且已形成规模化产业，但部分种业原种严重依赖进口。随着国内养殖业的快速发展，苗种需求量大幅增长，引进亲本价格也逐年提升，但进口质量不稳定，处于"引种→维持→退化→再引种"的不良循环，完善的"保育繁推"体系难于构建，种业生产和推广应用难于实现持续高效（贾敬敦等，2014）。

3）良种选育研究与产业脱节

我国早期的良种培育主要由科研机构主导，新品种市场影响力有限，目前仍存在实施育种工作的企业少、育种工程技术创新不足、育种理论与技术体系不完善等问题（桂建芳等，2016）。虽然我国从性能测定、人工授精等应用技术，到最佳线性无偏预测（best linear unbiased prediction，BLUP）遗传评估、DNA 标记辅助选择、分子细胞育种等技术均有研究，但应用价值有限或停留在实验室阶段，一系列水产种业工程技术难题亟待攻克，没有真正发挥企业的主体作用和技术创新作用，生产中的实际问题没有得到及时有效解决，良种选育研究与产业脱节。

1.1.3 国际科技发展现状与研究趋势

当前及未来世界水产养殖业发展的主要推动力依然是针对生长、饲料转化率、抗病、性别等重要经济性状的遗传改良。美国、英国、日本、澳大利亚等国家纷纷明确了适应本国特点的水产经济重点发展方向，已在水产遗传育种研究相关领域取得了技术突破，并形成了显著优势。

1. 选择育种居于良种培育体系的核心位置

在水产育种领域，以 BLUP 技术为基础的育种技术成为选择育种的主流技术，国际上成功的水产种业均依托于这一核心技术。例如，挪威早期选育大西洋鲑采用的是传统选育，进入 20 世纪 80 年代后，采用了 BLUP 育种策略，对多个性状进行复合育种。与群体选择育种相比，BLUP 方法的选择效率能够提高 20%~30%。Kause 等（2005）利用 BLUP 方法对虹鳟不同时期的体重、达到性成熟时雌雄鱼的比例等性状进行综合选育，每代的遗传率平均约为 7%。

2. 分子标记辅助育种成为水产育种的重要技术手段

在水产领域应用的一个成功的典例是日本科学家开展的抗褐牙鲆（*Paralichthys olivaceus*）淋巴囊肿病的育种，通过基因定位，筛查到抗淋巴囊肿病品系的分子标记，进而应用这些标记辅助选育高抗褐牙鲆良种。随着遗传标记的发展，尤其是高通量的基因分型技术的发展，从基因组水平估计育种值成为可能，即基因组选择。水生生物的全基因组选择育种也已开展，鉴于全基因组选择对低遗传力性状选择的明显效果，目前国际上主要应用这一方法开展抗病育种。例如，挪威正在开展鲑鳟和鳕鱼的抗弧菌病及抗病毒性神经坏死病（VNN）的全基因组选育研究，美国在进行斑点叉尾鮰（*Ictalurus punctatus*）抗弧菌病的全基因组选育研究。全基因组选育技术的发展和应用已成为国际育种领域新的研究热点。

3. 细胞工程和性控育种是水产育种领域关注的重点

英国早在 20 世纪 80 年代中期就成功地培育出全雌虹鳟苗种用于生产养殖，其规模占当时养殖产业的一半。美国成功培育四倍体牡蛎，将其与正常二倍体杂交获得了三倍体牡蛎苗种并应用于养殖生产，取得了显著效益。在全雌褐牙鲆和三倍体褐牙鲆培育方面，日本也取得了令人瞩目的成果，全雌三倍体苗种已实现商业化规模生产，并在水产养殖中显示出巨大的优势。单性雄性黄颡鱼（*Pelteobagrus fulvidraco*）在水产养殖中具有重要的应用价值，因为在相同条件下，雄性通常比同胞雌性生长快，因而黄颡鱼的性控育种技术尤为重要，目前该技术稳定可靠，已在黄颡鱼产业中获得良好的应用。

4. 干细胞移植与"借腹怀胎"技术取得进展

近年来，干细胞移植与"借腹怀胎"技术也取得一些令人瞩目的进展。日本东京海洋大学将鲑鳟的原始生殖细胞植入雌性虹鳟体内，使之产下成熟的鲑鳟卵子，并受精孵化出鲑鳟苗。2009 年，新加坡国立大学生物系以青鳉（*Oryzias latipes*）为模式动物，成功培育出单倍体胚胎干细胞系，并将该单倍体胚胎干细胞的细胞核移植到正常的未受精卵细胞中，创造出了世界上第一条半克隆鱼。生殖干细胞移植技术或"借腹怀胎"技术为海洋濒临灭绝生物的保护带来了福音，也为一些难以人工繁殖的名贵物种的养殖提供了新途径。例如，有可能用日本鲭（*Pneumatophorus japonicus*）培育出大量的太平洋蓝鳍金枪鱼（*Thunnus orientalis*）鱼苗。

5. 基因编辑育种成为水产育种技术中强有力的新兴手段

基因编辑育种是颠覆性的育种技术，从分子水平上对某个基因进行定点修饰，就可用来改良生物性状。2015 年，美国食品药品监督管理局（FDA）开创了转基因动物育种的先河，批准了历史上第一种供食用的转基因动物——由 AquaBounty Technologies 公司研发的一种生长快速的转基因鲑鱼。现今美国的转基因三文鱼已经产业化，其产品的批准是国际动物基因工程育种的里程碑事件。2020 年，中国水产科学研究院珠江水产研究所公布了通过编辑肌肉生长抑制素（简称"肌抑素"）基因获得了具有肌肉组织高效生长特征的黄颡鱼，该品系的黄颡鱼在 30 日龄时就开始出现明显的双肌表型，表现为头部和背鳍之间形成两个明显突出的肌肉团，且随着日龄增长性状变得更加明显，统计发现，其生长至第 80 天和第 210 天时，体重分别比同胞野生型的增大 27% 和 37%。总体来说，基因编辑育种技术在水产动物育种中的利用还处于起始和试验阶段，其不可忽视的高效性为通过遗传操作改良优良性状提供了可能。

1.1.4 我国科技发展现状与瓶颈

1. 我国科技发展现状

自 1992 年起,国家行业管理部门就开始建设以良种场为主体的全国水产原良种体系来保存和保护重要的水产种质资源;进入 2000 年后,国家逐步推进建设水产育种中心、国家水产种业示范场等基础条件平台,开展了全国范围的水产种质资源收集、整理、整合与共享工作,建立了可参考借鉴的育种技术体系,积极推进新品种的培育,良种场与苗种场互相补充,有效推动了我国水产的良种化进程。在技术上,利用引进新技术与发展本土技术相辅相成,建立了大量与种质资源评价和辅助育种相关的限制性片段长度多态性(RFLP)、随机扩增多态性 DNA(RAPD)、扩增片段长度多态性(AFLP)、简单重复序列(SSR)、序列标签位点(STS)标记、单核苷酸多态性(SNP)标记等多态性脱氧核糖核酸标记技术(桂建芳和朱作言,2012)。

近 30 年来,生物技术的创新和发展为水产遗传育种提供了持续动力。基于深入解析水产养殖品种的生物学表型和遗传特征,进行养殖性状的遗传改良,包括构建了重要水产养殖种类的互补 DNA 文库、细菌人工染色体(BAC)文库或高密度遗传连锁图谱;发掘并鉴定了具有重要育种价值的功能基因、数量性状基因座(QTL)和分子标记,解析了调控水产动物生殖、性别、生长、抗病、抗逆等育种性状的主要功能基因及其调控机制,其中对鲤(*Cyprinus carpio*)、鲫(*Carassius auratus*)、草鱼(*Ctenopharyngodon idellus*)、半滑舌鳎(*Cynoglossus semilaevis*)、虾、贝类等功能基因的研究处于国际领先水平(Chen et al.,2014;桂建芳,2015;桂建芳和朱作言,2012)。基于科技创新培育水产新品种的技术已在产业发展中获得较好的应用,推动水产种业可持续发展(桂建芳,2015)。例如,基于肉质、生长等性状的解析,完成了鲤、鲫等多个新品种的开发;基于 X 染色体和 Y 染色体连锁标记的开发与性别决定机制的揭示,培育出了全雄黄颡鱼新品种(Dan et al.,2013;Liu et al.,2013;Pan et al.,2015;Wang et al.,2009)。

近年来,在生物技术创新浪潮和全基因组测序技术不断更新推动下,中国水产生物遗传育种的基础研究已迎来新的机遇。自 2012 年起,相继破译了长牡蛎(*Crassostrea gigas*)(Zhang et al.,2012)、半滑舌鳎(*Cynoglossus semilaevis*)(Chen et al.,2014)、鲤(*Cyprinus carpio*)(Xu et al.,2014)、草鱼(*Ctenopharyngodon idellus*)(Wang et al.,2015)、大黄鱼(*Larimichthys crocea*)(Wu et al.,2014)、仿刺参(*Apostichopus japonicus*)(Zhang et al.,2017)、中国明对虾(*Fenneropenaeus chinensis*)(Zhang et al.,2019)等大量的水产物种基因组序列。这些重要水产动物全基因组的构建以及关键育种性状的精准解析,已在水产动物育种性状遗传改良和病害防控等研究方面发挥了重要作用。这些水产生物基因组计划的实施标志着我国水产生物的基础研究进入了基因组学时代,对我国水产遗传育种的科技与产业发展将会产生巨大而深远的影响。

2. 我国科技发展瓶颈

尽管取得了巨大的进步,但我国育种基础研究仍存在两个主要问题。

1)种质资源研究原始创新力不足

水产生物优异种质资源信息挖掘的深度和广度不够,尤其是具有重要育种价值的基因、调控元件和分子标记很少。在全基因组水平上关联育种优良性状的遗传基础等精准解析工作尚处于起步阶段，调控重要育种性状的关键新基因和调控元件的开发仍未得到有效的推进，种质资源中蕴藏的优异等位基因和分子标记更是挖掘不足，因此要把种质资源转变为基因资源的工作任重而道远（刘永新等，2018）。再者，大多数水产物种抗病、抗逆、品质、生长等重要经济性状形成的分子基础研究不系统，性状的遗传调控网络以及基因与环境的互作关系尚不明确，遗传机制的解析等基础研究与育种应用仍有非常严重的脱节，难以满足现代化种业发展的需求（刘永新等，2018）。

2）育种技术集成创新力亟待加强

目前，我国水产生物育种理论和育种技术体系主要借鉴国外的经验，虽然部分育种技术处于国际先进水平，如单倍体育种等，但真正由我国研发的原创性技术仍然很少。基于全基因组选择等高通量分子设计的育种技术体系依然处于起始阶段；大规模全基因组水平的分子标记开发和可实用化分子育种技术应用更是与真正地达到商业化水平有非常遥远的距离，育种大数据分析、信息化以及综合平台系统开发远达不到应用的需求。此外，缺乏配套的技术与设施也限制了精准育种的实现，如规模化高通量水产生物性状表型自动检测设备、育种芯片设计与制备等仍然大大不足，品种网络化测试与国际水平还存在较大差距（刘永新等，2018）。总之，我国水产养殖种类繁多，养殖环境多样，育种对象存在差异性，水产育种尚未形成一套共性强、完善而成熟的理论与技术体系，制约了育种效率的提升和技术的进步，阻碍了种业的商业化进程，因而育种技术集成创新力亟待加强（刘永新等，2018）。

1.2 科技发展分析

1.2.1 科技发展愿景分析

1. 渔业种业科技发展愿景分析

《2018年世界渔业和水产养殖状况》指出，到21世纪中叶，人类社会将面临巨大挑战，世界不仅要养活90多亿人口，还要应对气候和环境变化对资源造成的严重负面影响；在气候变化的大背景下，渔业和水产养殖业将对粮食安全和营养安全发挥不可或缺的作用，而且这种作用在发展中国家尤其重要。我国是发展中人口大国，改善人民膳食结构、提升人民营养健康水平是国家的发展规划和目标，也是关系到国计民生的重大战略问题。我国也是水产养殖大国，水产养殖产量约占世界总量的70%；水产品也是重要的食物来源，约占我国动物蛋白供给的30%，其中水产养殖产品占20%，因此水产养殖业在稳定粮食供给方面发挥着重要作用。此外，随着人口增多和生活水平的提高，到2030年我国水产品的需求量将额外增加2000万t，所以，水产养殖业具有较大的发展潜力（唐启升等，2014）。

"国以农为本，农以种为先"。目前，我国的种植业早已脱离了野生种的利用，我国水稻、小麦、大豆、油菜、棉花生产用种均为自主选育，基本做到了"中国人的饭碗主要装中国粮"，"中国粮"主要用"中国种"，主要农作物种子质量合格率稳定在98%以上，良种覆盖率超过97%,对农业增产的贡献率达到45%;畜禽的大多数品种也早已是遗传改良品种,其中国产高产蛋鸡市场占有率超过50%,黄羽肉鸡占据国内肉鸡市场半壁江山,打破了对引进品种的依赖,良种对产业贡献率超过40%(孙好勤,2019)。渔业种业科技创新始终是"蓝色粮仓"保障体系的基础与核心,开辟以水域为基础生产优质蛋白,打造食物产业新业态,构建覆盖内陆水域和海洋的"蓝色粮仓",是发展我国现代渔业的迫切需求,也是保障国家粮食安全的重要手段(杨红生,2018)。具有优良经济性状的新品种是水产种业健康发展的关键因素之一,因此,培育优质、高产、具有抗逆性状的水产新品种,是水生生物遗传育种和生物技术研究的热点,也是国际上渔业种业科技创新领域的焦点。为了提升水产养殖业的核心竞争力,必须进行渔业种业科技创新。我国水产养殖业的快速发展,不断对渔业良种培育提出更高的要求,已从早期的单一产量育种发展到生长、发育、繁殖和抗逆等综合性状遗传改良,现代渔业的健康发展也更加强调养殖生物的良种化。但是,现阶段我国水产养殖遗传改良率约为25%,大部分仍停留在利用天然亲鱼或品种驯化层面上(金亚平,2019),良种覆盖率也只有30%左右(王清印,2013)。因此,作为水产养殖产业链的源头,水产种业还有很长的路要走。

2. 国家种业科技政策愿景分析

"农为国本,种铸基石",种子是农业生产中最重要的生产资料,种业承载着稳社会、安天下的重任,因此国家一直重视种业建设。《乡村振兴战略规划(2018—2022年)》明确提出要深入实施现代种业提升工程,开展良种重大科研联合攻关,培育具有国际竞争力的种业龙头企业,推动建设种业科技强国。建设现代化种业强国,就是要坚持以农业供给侧结构性改革为主线,加快构建以市场为主导、企业为主体、产学研用深度融合的种业创新体系。力争到2025年,以企业为主体、基础性公益性研究为支撑的产学研用协同融合的种业创新体系基本建成,种业现代化水平明显提升;到2035年,以企业为主体的种业创新体系全面形成,自主创新能力达到世界一流水平,基本建成现代化种业强国(孙好勤,2019)。

农业种质资源是遗传信息由上一代传给下一代的重要载体,是人类生存和生活、保障国家粮食安全与农产品供给的战略性资源,也是农业科技创新与现代种业强国建设的重要物质基础。2020年初印发的《国务院办公厅关于加强农业种质资源保护与利用的意见》指出,进一步明确农业种质资源保护的基础性、公益性定位,坚持保护优先、高效利用、政府主导、多元参与的原则,创新体制机制,强化责任落实、科技支撑和法治保障,构建多层次收集保护、多元化开发利用和多渠道政策支持的新格局,为建设现代种业强国、保障国家粮食安全、实施乡村振兴战略奠定坚实基础;力争到2035年,建成系统完整、科学高效的农业种质资源保护与利用体系,资源保存总量位居世界前列,珍稀、濒危、特有资源得到有效收集和保护,资源深度鉴定评价和综合开发利用水平显著提升,资源创新利用达到国际先进水平。

当前,水产养殖对世界水产供应的作用已在发达国家中达成共识,水产养殖是全球食品安全和经济增长的时代主题(桂建芳等,2016)。按照高质量发展的要求,农业农村部等七部门联合印发的《国家质量兴农战略规划(2018—2022年)》指出,到2022年我国农业高质量发展要取得显著成效,其中,水产健康养殖示范面积比重达到65%。2019年初,农业农村部等十部门联合发布的《关于加快推进水产养殖业绿色发展的若干意见》明确提出，到 2022 年水产养殖业绿色发展取得明显进展，生产空间布局得到优化，转型升级目标基本实现，人民群众对优质水产品的需求基本满足，优美养殖水域生态环境基本形成，水产养殖主产区实现尾水达标排放；国家级水产种质资源保护区达到 550 个以上，国家级水产健康养殖示范场达到 7000 个以上，健康养殖示范县达到 50 个以上，健康养殖示范面积达到 65%以上，产地水产品抽检合格率保持在 98%以上。到 2035 年，水产养殖布局更趋科学合理，养殖生产制度和监管体系健全，养殖尾水全面达标排放，产品优质、产地优美、装备一流、技术先进的养殖生产现代化基本实现。

为实现上述国家渔业科技与产业发展目标，我国科技与产业紧密结合，实施了一系列具体发展措施。2019 年 4 月，中国水产科学研究院发起组建了由 56 家科研院所、高校和企业参与的南海渔业科技创新联盟，该联盟以贯彻创新驱动发展和海洋强国战略、推进南海渔业持续健康发展为目标，着力突破南海渔业科技发展中面临的重大科学问题和所需的关键技术，打造水产种业南繁硅谷，提高南海渔业整体科技水平和质量效益。该联盟的成立，将是南海渔业科技协同创新工作的新起点，有助于打造南海渔业振兴的"新样板"（李奕雯，2019）。在我国北方，围绕高质量经略海洋、向海而兴、向海图强，烟台开发区做出谋划建设"烟台八角湾蓝色种业硅谷"的重大战略决策，针对我国水产种业近期和中长期发展目标进行了科学规划和布局，建立集水产种质创制科技化、生产示范标准化、技术保障信息化和科普教育智能化于一体的全产业链融合发展新模式，将是打造水产种业"中国芯"、解决部分种业源头受制于人等种业产业问题的关键，助力渔业科技与产业发展（杨红生，2018）。我国南北水产种业建设的完美结合，将有效驱动水产养殖业健康发展，为实现我国的种业强国梦想奠定坚实基础。

3. 渔业种业科技愿景分析

在渔业产业发展需求及国家科技政策支持和引领下，未来的渔业种业将把高质量发展放在首位，强化绿色发展理念，加快推动育种企业兼并重组，优化资源配置，催生大型专业化育种公司，实现我国渔业种业向规模化、集团化、国际化发展的渔业种业强国梦想。可以预测，我国将建立起完善的水产生物种质保存与评估公共服务体系；在育种前沿技术方面获得基础性重大突破，全基因组聚合育种、分子基因网络模块育种、分子设计育种等新概念育种技术在水产生物种业中得到实际应用；构建水生生物优良品种的测评平台、信息数据库、联合育种的网络系统等，进一步完善现代水生生物育种技术体系，大幅提升水生生物种业科技创新能力；实现企业育种技术的标准化、信息化和网络化，推动形成以企业为主体的种业创新机制。形成一大批以科技创新为主导的具有国际影响力的大型现代化、规模化水产种业企业，有效解决我国水产种质资源保护力弱、部分种业受制于人、良种选育与产业脱节和育种技术落后的渔业种业重大问题，使我国渔业种业科技达到国际领先水平，实现渔业种业强国梦想。

1.2.2 科技发展需求分析

种子作为农业生产的基本生产资料，具有一定的特殊性和不可替代性，是农业生产增产的内在因素。水产苗种是渔业生产的源头和基本生产资料，其质量的优劣在很大程度上直接影响着养殖水产品的产量和渔民增收，而水产苗种的质量主要取决于亲本的质量，因此，加快现代渔业种业建设是水产养殖业健康、稳定、可持续发展的必要条件。我国政府高度重视渔业种业的发展，早在2006年出台的《国家中长期科学和技术发展规划纲要（2006—2020）》就明确要求以高新技术带动常规农业技术升级，持续提高农业综合生产能力；重点开展生物技术应用研究，加强农业技术集成和配套，突破主要农作物育种和高效生产、畜牧水产育种及健康养殖和疫病控制关键技术，发展农业多种经营和复合经营，在确保持续增加产量的同时，提高农产品质量；并强调指出，种质资源发掘、保存和创新与新品种定向培育是农业领域优先发展的主题，重点研究开发主要农作物、林草、畜禽与水产优良种质资源发掘与构建技术，种质资源分子评价技术，动植物分子育种技术和定向杂交育种技术，规模化制种、繁育技术和种子综合加工技术。2016年出台的《"十三五"国家社会发展科技创新规划》指出，生物产业是亟待发展壮大的战略性新兴产业，要围绕我国现代农业发展的重大战略需求，采用农业生物应用组学、新一代生物育种技术等，研制多元优良性状的动植物新品种等农业生物技术创新产品，培育一批具有较强核心竞争力的现代农业生物技术企业，使我国农业生物技术水平整体进入国际先进行列。为深入贯彻落实中央经济工作会议、中央农村工作会议和《中共中央 国务院关于坚持农业农村优先发展做好"三农"工作的若干意见》精神，《中央农村工作领导小组办公室 农业农村部关于做好2019年农业农村工作的实施意见》明确指出要加快发展现代种业：加强农作物种质资源和畜禽水产遗传资源保护，建立健全资源保护管理与监测体系；实施现代种业提升工程，组织开展良种联合攻关，加快培育一批高产稳产、优质专用、绿色生态、适宜机械化轻简化新品种。国家陆续出台的一系列发展战略不仅为我国现代种业的发展指明了前进的方向，还预示着现代种业及其相关产业进入了一个新的历史发展机遇期。根据我国渔业种业产业与科技发展现状，围绕科技发展愿景和国家整体发展战略目标，我国当前渔业科技发展需求主要体现在如下四个方面。

1. 种质资源保护和应用技术体系亟待完善

水生生物种质资源是渔业生产的重要物质基础和人类重要的食物蛋白源，也是维护生态安全和开展科学研究的重要物质基础，在国民经济中具有重要地位。生态文明建设已经被提升为国家战略，"美丽中国"的建设也对生物资源的保护与开发利用提出了更高的要求，《国务院办公厅关于加强农业种质资源保护与利用的意见》进一步明确了农业种质资源保护的基础性、公益性定位，强调了"保护"在国计民生中的重要地位。我国的生物多样性十分丰富，水产种质资源分布也极为广泛，然而，在过去的几十年间，受全球气候变化、社会经济发展、生态环境破坏、水质污染、过度捕捞等多种因素的综合影响，天然水域水产种质资源锐减，许多名贵物种濒临灭绝；生产过程无序的苗种交流污染了物种基因库，许多经济物种种质遗传背景和遗传结构混淆不清，近亲繁殖导致种质退化、生长速度下降、个体变小和抗逆性差，严重影响了渔业生产的健康发展（刘英杰等，2015）。种质资源评价与利用和育种材料构建等基础工作薄弱，育种理论和技术有待进一步提升，适于水生生物后裔多、遗传多态性高等特点的分子育种理论和技术尚需发展，一些名贵养殖物种的苗种繁育技术亟待开发。国家级水产原良种场存在数量少、实力弱、分布不均、品种不全和带动作用不明显的问题，有核心竞争力的种业企业寥寥无几，种质资源缺乏科学保护，科技力量和人才队伍相对分散，种业公司实力普遍较弱，尚不具备与发达国家竞争的实力。因此，开展水产种质资源收集、保存和创新利用技术体系建设迫在眉睫。

2. 重要经济性状形成的遗传机制亟待深入解析

水产养殖是满足水产品需求日益增长的唯一途径。我国是最大的渔业生产国，水产产量主要来自水产养殖。尽管我国在水产新品种培育上取得了一定的成绩，但大多数改良的是生长性状，极少数兼顾抗病、高饲料转化率或品质等性状；培育的品种是通用型的，未考虑不同养殖模式、不同养殖环境等特殊要求。对现代水产种业而言，培育抗病、耐低氧、低应激反应的适合高密度、集约化养殖的新品种，以及兼顾高产、稳产、高效、优质等多个性状的突破性品种，是未来发展的目标。而解析水产养殖生物这些重要经济性状的遗传基础，是育种改良的基石。全基因组精细图谱解析为挖掘与水产养殖生物重要经济性状相关的分子遗传标记、功能基因、调控元件和优异等位基因变异等提供了数据资源。除了继续对生长、生殖与性别发育、抗病等重要经济性状开展相关研究，还需要加强对资源高效利用、抗逆（耐低氧、耐极端温度、耐盐碱、低应激反应等）、品质（肌间刺、出肉率、不饱和脂肪酸含量等）等性状形成的遗传调控机制的解析。重要的是，鉴定有育种价值的功能基因以及优异等位基因，应用于遗传育种（张晓娟等，2019）。

3. 精准高效育种技术体系亟待系统研发

我国已经应用群体或家系选择育种技术、杂交育种技术培育了众多水产新品种，但包括分子标记辅助育种、全基因组选择育种等技术在内的前沿育种技术实际应用到水产新品种培育中的不多，一些技术的应用仅停留在实验室阶段。例如，全基因组选择育种技术和基因编辑技术是现代动植物遗传育种的重要手段，已在农作物取得了重大应用效果（张晓娟等，2019），实现了育种的精准和高效，产生了可观的经济效益。但在水产养殖动植物遗传育种中，成功的案例仍然十分稀少，水产动物全基因组选择育种还处于形成发展期，尚不能满足不同增养殖模式与环境的种业和产业需求。究其原因，主要有四方面：①传统育种方式缺少经济性状精准的遗传解析，难以聚焦育种目标，选育效果有待提升；②缺少遗传多样性分析和评估，群体内的多代选育会降低群体的遗传多样性，从而导致种质退化；③优良性状多由多基因控制，仅通过传统选育手段，难以获得良好的性状提纯效果，造成优良性状的遗传稳定性差；④缺少表型的精准鉴定和数据规范，难以准确淘汰良种选育过程中的劣质种苗，从而降低了群体选育的效果。因而，加快构建传统育种与现代分子育种及基因组育种相结合的高效精准育种技术新体系，是水产动物育种技术的主要发展方向。

4. "保育繁推"种业产业技术体系亟待完善和提高

目前，我国的大部分新品种培育仍然是由科研机构和高等院校主导，存在从事育种工作的企业少、育种工程技术创新不足、育种理论与技术体系不完善等问题，没有真正发挥企业的主体作用和技术创新作用，生产中的实际问题没有得到及时有效解决，"保育繁推"全产业链种业产业技术体系仍不完善，水产良种覆盖率仍然较低。在水产全产业科技创新链条完善方面，需要深入探讨水产种质收集与保存、育种技术创新、良种选育与扩繁、示范养殖与推广等一整套功能完整、衔接紧密的高效运作机制；在种业发展模式方面，鉴于我国水产养殖生物种类多，应依据其发展程度和特点探讨不同种业的发展模式。在自主创新方面，企业能够积极面对市场，在政府扶持和引导下，提升科技水平和生产能力，成为国家种业发展的主要载体、技术创新主体和集"保育繁推"于一体的现代水产种业集团

（桂建芳等，2016）。同时，良种的应用范围仍需加强控制，特别是对引进种和杂交种应严格控制养殖区域，避免对本地物种造成基因污染。良种的扩繁和推广应用，应以生态学理论为基础，通过原良种健康苗种投放、养殖水域水质调控、环境改良等技术手段，改善养殖环境，构建生态化健康养殖模式和技术体系，建设原良种苗种高效扩繁和生态化健康养殖示范基地，坚持生态优先和质量第一，构建高效可控、功能完善的"保育繁推"一体化现代渔业发展模式，达到可复制、可推广的水平。以现场考察、技术讲座和网络平台等方式，推介良种种质、苗种及其增养殖技术，为提高良种覆盖率、实现养殖良种化提供模式和技术支撑，实现产业健康发展的目标。

1.2.3 重大科技任务分析

1. 基础研究

1）水产种质资源保护和创新应用的基础研究

水产种质资源是国民经济健康发展的基础，具有基础性和公益性特征。虽然我国的水产种质资源分布极为广泛，然而，受气候变化、社会经济发展等多种因素的综合影响，天然水域水产种质资源锐减。因此，必须开展水产种质资源科学保护和创新应用的基础研究，深化鱼、虾、贝、藻、参等水产种质资源重要经济性状形成机制、群体协同进化规律、基因组结构和功能多样性等研究，加快高通量鉴定、等位基因规模化发掘等技术应用。开展种质资源表型与基因型精准鉴定评价，深度发掘优异种质、优异基因，构建分子指纹图谱库，并阐明其在育种中的利用价值，强化育种创新基础。根据气候变化、地域环境和物种特征，以主要经济物种为受体，利用现代生物学技术，实现高产、优质、多抗基因的遗传转化，创造不同类型的新种质，供育种及相关性状遗传研究利用，对发掘的新基因和创造的优异新种质进行登记保护，为水产种质资源科学保护和创新应用与种业强国建设奠定物质基础。

2）水生生物遗传育种和繁育的基础研究

解析水产养殖生物重要经济性状的遗传基础，是良种创制的基石。必须针对水生生物高产、抗逆等重要经济性状，开展重要经济养殖鱼、虾、贝、藻、参等的基因组学研究，利用现代生物学高新技术如各种组学技术，全面筛查控制重要经济性状的遗传位点或功能基因；开发用于基因功能验证的模式生物，验证重要性状的基因功能及其调控机制；挖掘和利用水产生物基因资源，发现和整合优质基因，构建优良新品种；开展全基因组选择育种和分子设计育种基础理论研究，提高水产生物育种的效率、精准度和时效性，缩短育种周期，加快良种化培育进程。深入了解水产生物的生殖发育和繁殖行为的发生发育过程，研究水产生物生殖内分泌的生物学规律，阐明水产生物生殖行为的信号系统、分子基础和调控机制，理解环境要素如光照、温度、饵料等在促进水生生物生殖调控中的作用，为新品种培育和苗种繁育提供基础理论与数据支撑。

2. 共性技术

1）重要水产种质资源评价和保存技术体系

《国务院办公厅关于加强农业种质资源保护与利用的意见》明确指出，农业种质资源是农业科技原始创新与现代种业发展的物质基础，是建设种业强国的重要组成部分，近年来我国农业种质资源保护与利用工作取得积极成效，但仍然存在丧失风险加大、保护责任主体不清、开发利用不足等问题。因此，必须开展水产种质资源全面普查、系统调查、抢救性收集与科学评价，确保资源不丧失；加快水产种质资源原种场、自然保护区等种质资源库建设，实行水产种质资源活体原位保护与异地集中保存，完成重要经济物种和关键物种的原良种场规范化建设和现代化改造。加强种质资源活力与遗传完整性监测，研究种质资源的群体遗传结构维持技术，建立核心种质的保护和保存技术；及时繁殖与更新复壮，强化新技术应用，做好种质资源基本性状鉴定、信息发布及分发等工作。开展水生生物个体分子标识、家系鉴定、祖系溯源技术研究；建立重要水产养殖动物配子超低温冷冻保存、复苏技术以及质量评价技术体系，构建水产种质资源科学保护和保存技术体系，为种业强国建设奠定基础。

2）重大新品种精准高效培育技术体系

集成群体选育、家系选育、多性状复合选育、细胞工程和基因工程育种以及分子育种等特色水产育种技术，建立和完善以生长快、品质优、抗逆性强为主要选育目标的渔业新品种培育技术体系；完善和优化多性状复合育种技术；建立重要水产养殖生物的基因组信息获取技术，开发适用于非模式水生生物的高通量分子标记筛查和基因分型技术，精准定位重要经济性状的 QTL、表达 QTL（eQTL）等，开发基于分子育种的计算机信息平台和数据库技术，研发全基因组选择育种、基因网络模块育种和分子设计育种等前沿技术，实现育种过程的精准高效，为我国水产养殖业产量、质量和效益的提升提供强有力的技术支撑，为种业强国建设提供品种支持。

3）重要养殖品种繁殖调控和健康苗种扩繁技术体系

良种的高效扩繁和推广应用是实现我国水产养殖良种化和种业强国建设的重要手段，针对当前水产养殖良种覆盖率低的问题，重点解决以下技术问题：研制鱼、虾、贝、藻、参等重要养殖品种亲本专用配合饵料、养殖设施和环境调控设备，建立亲本规模化高效促熟培育和催产技术；根据幼体生物学特性，研发幼体培育过程的饵料投喂、水质管理和环境调控技术，建立幼体规模化繁育技术体系；研制苗种中间培育专用配合饵料、养殖设施和环境调控设备，优化生态调控和投喂技术，构建生态化、集约化健康苗种扩繁技术体系，为水产养殖生产提供优质种质和苗种来源。

3. 应用示范

围绕国家水产种业产业发展需求，坚持以市场为导向、企业为主体，强化"产、学、研"紧密结合，探索水产种业以"提升质量""结构升级""创新驱动"为目标的发展模式，积极吸引一批具有核心竞争力的大型种业企业参与重要经济物种的全产业链技术开发，重点培育一批集种质资源保护、良种培育、性状检测、苗种扩繁与推广应用于一体的大型种业公司，按照可复制、易推广、效果显著的建设标准，建成一批标准化、规模化、集约化、智能化的重大优良品种苗种生产和养殖示范基地，打造水产种业产业"中国芯"。

以大型种业公司为依托，应用现代计算机技术和信息化技术，建立水生生物品种保护、性状测定、遗传评估、亲本管理、种苗繁育、生产营销等的计算机信息平台和育种数据库，构建联合育种网络，实现育种过程的信息化管理及苗种产品的物联网追溯。推进实施重要养殖品种苗种生产的设备设施研发，建立优质苗种高效制种和扩繁技术，构建生态化、集约化和工程化保育技术体系，形成标准化育种的技术体系和工艺流程，为种业产业的信息化和标准化提供技术支撑，构建水产种业"保育繁推"全产业链技术体系。

1.3 技术水平发展总体评价

水产养殖产业"种子工程"包括健康苗种繁殖和优良种质创制。健康苗种繁殖是为了更好地实现苗种的人工繁殖，还包括建设与之相匹配的设施设备等；优良种质创制则以不断改进和优化原种种质为目标，强调应用现代生物技术，是增加海水养殖业产量的有效途径（相建海，2013）。

1.3.1 技术发展态势和评价

以中国知网数据库为基础，以 SU=良种选育*水产 OR SU=水产*遗传 OR (SU=水产*性状 AND SU=育种)为主题检索公式，限定期刊类型为核心期刊、CSSCI 和 CSCD 来源期刊，检索日期截至 2020 年 3 月 24 日。最终得到国内种质创制相关研究 329 篇，从文献计量角度分析国内种质创制研究热点内容。

在科学引文索引扩展版（Science Citation Index Expanded，SCIE）数据库中，以 TS=(aquaculture genetic technology OR aquaculture trait technology OR aquaculture selective method OR aquaculture breeding method OR aquaculture breeding technology)为主题检索公式，选取的文献类型为论文（article）、会议论文（proceedings paper）和综述（review），时间范围为 1991 年至检索日期（2020 年 3 月 24 日）。在得到初步检索结果后，将数据进行合并、去重和清洗处理后得到 733 条数据，从文献计量角度分析国际水产种质创制研究热点内容。

数据分析主要采用汤森路透集团开发的专利信息分析工具 TDA 软件，网络关系分析工具 Ucinet 和 NetDraw，以及 Nees Jan van Eck 和 Ludo Waltman 开发的 VOSviewer 软件和办公软件 Excel。利用 TDA 软件对文献数据进行基本的处理和清理，利用网络关系分析工具 Ucinet 和 NetDraw 绘制国家合作网络，利用 VOSviewer 软件对文章题名、摘要和关键词进行聚类分析，利用 Excel 软件对文献进行统计分析以及图表绘制的可视化分析。

1. 国内水产种质创制研究发展态势

将国内相关研究数据集中的论文题目、摘要和关键词进行可视化图谱分析和领域聚类，分别得到图 1-1 和图 1-2。国内水产种质创制研究内容聚类图和热点可视化图谱显示，"遗传多样性"是出现频次最高的关键词，"微卫星"、"遗传结构"、"遗传力"和"分子标记"等关键词出现频次较高。

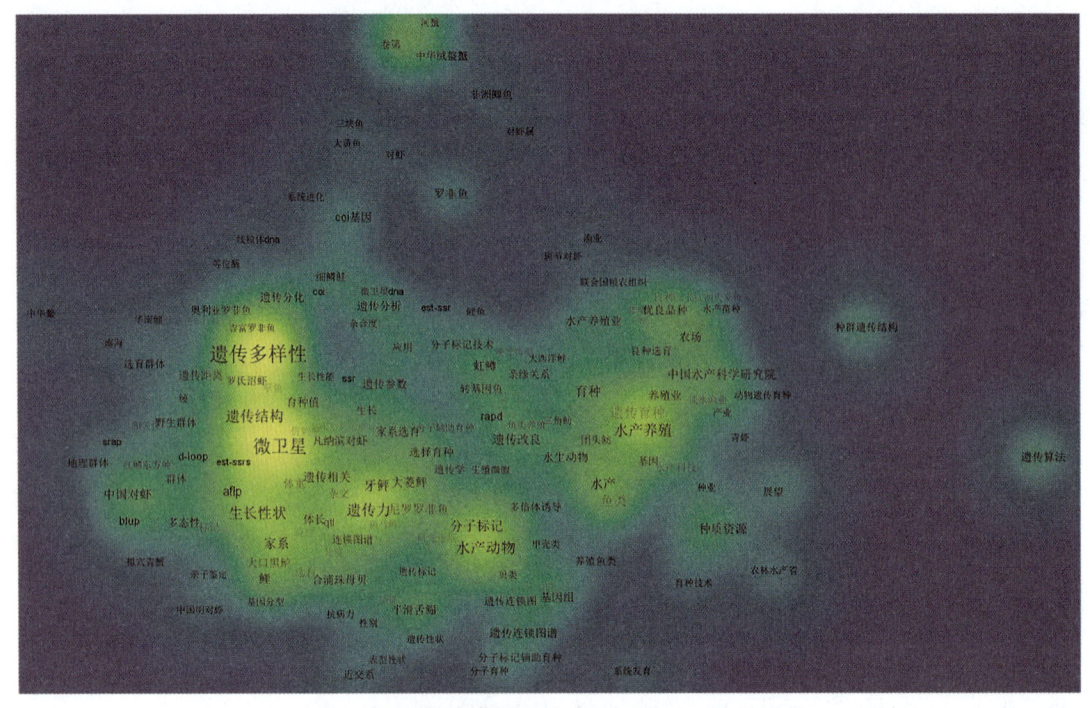

图 1-1　国内水产种质创制研究领域热点可视化图谱

颜色越凸显表明出现频次越高

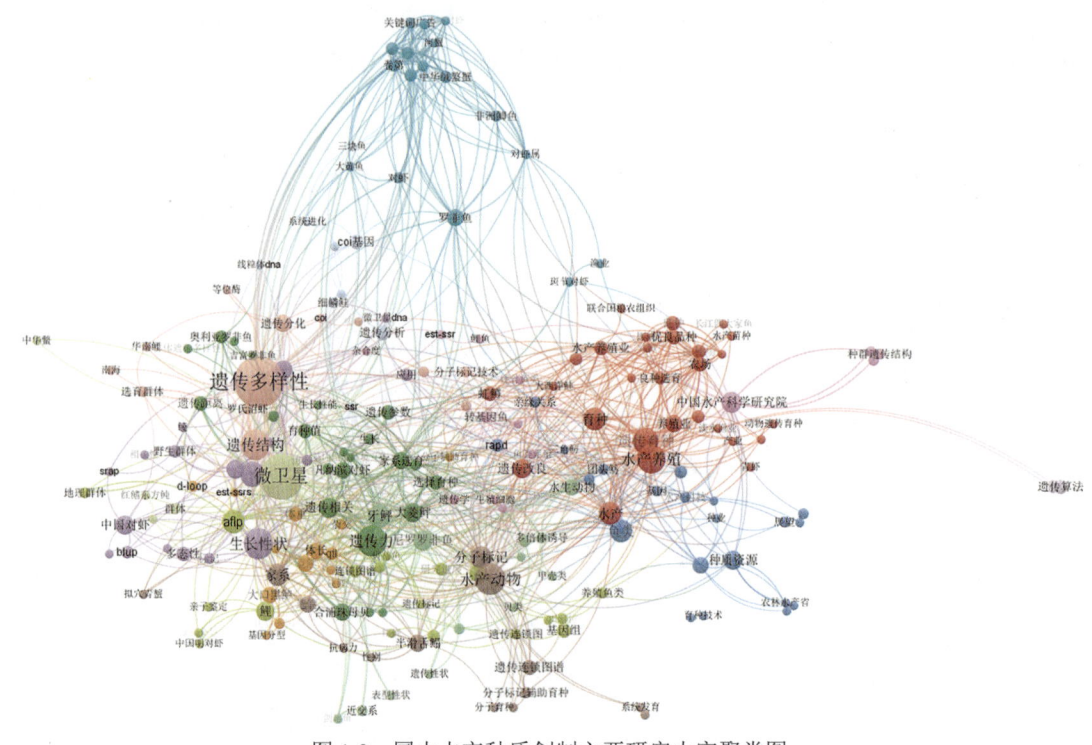

图 1-2　国内水产种质创制主要研究内容聚类图

联系紧密的关键词划分为同一区块；字号越大表示该关键词出现频次越高

2. 国际水产种质创制研究发展态势

1）研究论文趋势及分布

国际水产种质创制研究发文量整体呈现递增趋势。1991～2019 年有 709 篇相关研究论文被 SCIE 数据库收录，总被引频次为 14 543 次，其中 2019 年发表的与水产种质创制相关的论文有 120 篇（图 1-3）。中国的发文量、第一作者国家发文量占比、通讯作者国家发文量占比均处于领先位置，美国的发文量居第二位，其他发文量位列国际前 10 位的包括英国、挪威、西班牙、法国、澳大利亚、加拿大、日本和巴西（图 1-4）。

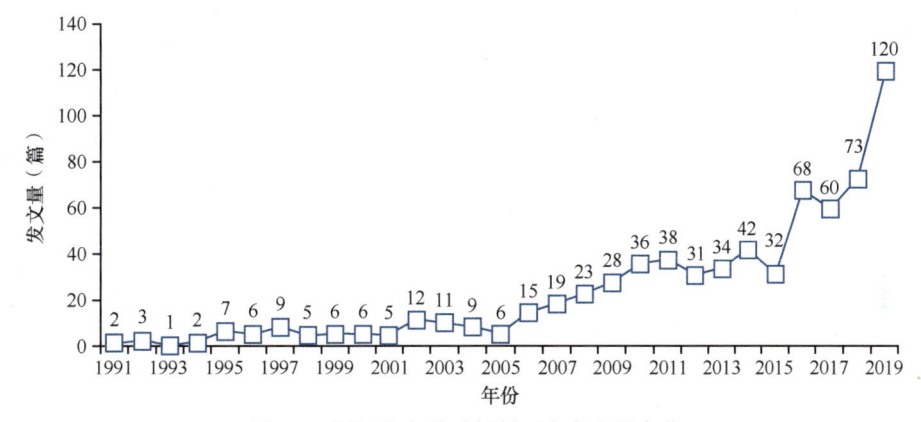

图 1-3　国际水产种质创制研究发文量变化

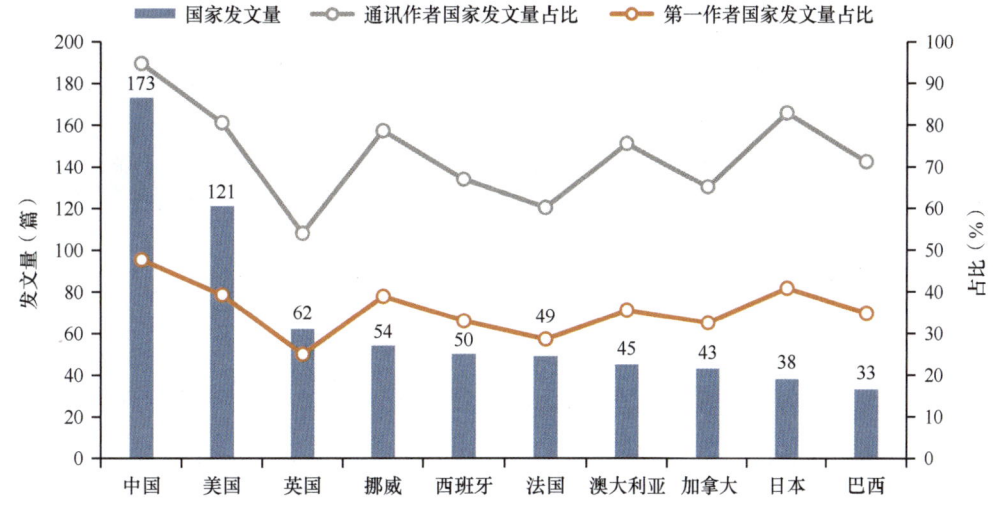

图 1-4　国际水产种质创制研究发文量前 10 位国家的发文量、第一作者国家发文量占比和通讯作者国家发文量占比

中国发文量位居第一位，但是篇均被引频次较低，为 13.39 次/篇，而美国篇均被引频次最高，为 29.43 次/篇（表 1-2）。美国发文量和篇均被引频次都高于前 10 位国家的平均值，处于第一象限；中国发文量远高于前 10 位国家发文量的平均值，但是篇均被引频次较低，处于第二象限；澳大利亚、巴西和日本发文量与篇均被引频次均低于前 10 位国家的平均水平，处于第三象限；加拿大和西班牙等国因为发文量增长有限，但篇均被引频次较高，处于第四象限（图 1-5）。

表 1-2　国际水产种质创制研究发文量前 10 位国家的发文情况

排序	国家	发文量（篇）	总被引频次（次）	篇均被引频次（次/篇）	第一作者国家发文量占比（%）	通讯作者国家发文量占比（%）	近 3 年发文量占比（%）
1	中国	173	2317	13.39	95.38	94.22	50.29
2	美国	121	3561	29.43	78.51	82.64	28.93
3	英国	62	1543	24.89	50.00	58.06	38.71
4	挪威	54	1459	27.02	77.78	79.63	20.37
5	西班牙	50	1402	28.04	66.00	68.00	30.00
6	法国	49	1057	21.57	57.14	63.27	26.53
7	澳大利亚	45	829	18.42	71.11	80.00	33.33
8	加拿大	43	1242	28.88	65.12	65.12	32.56
9	日本	38	320	8.42	81.58	84.21	52.63
10	巴西	33	418	12.67	69.70	72.73	48.48
	平均值	66.8	1414.8	21.27	71.23	74.79	36.18

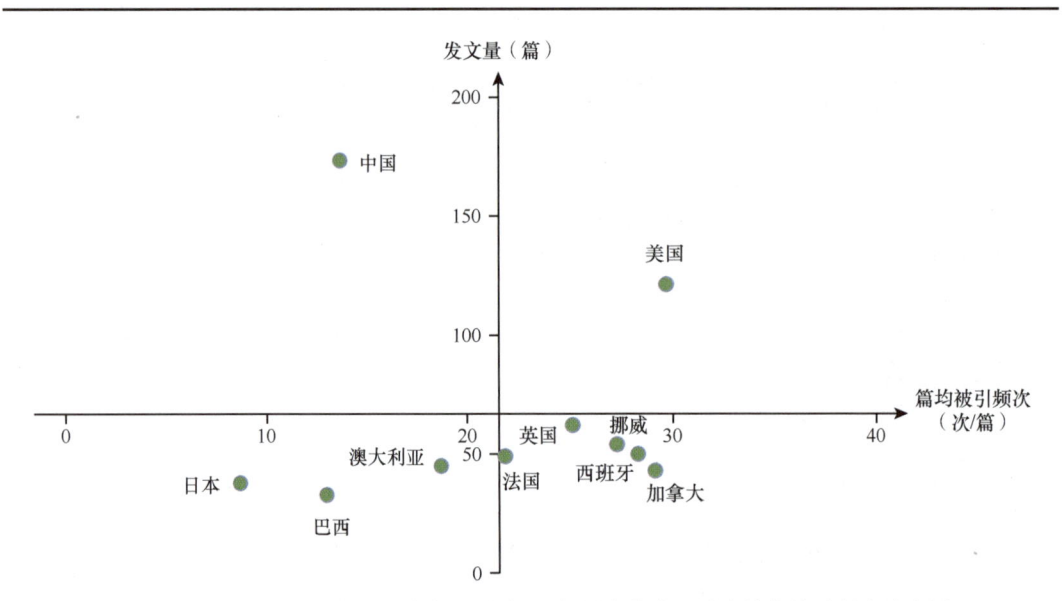

图 1-5　国际水产种质创制研究发文量前 10 位国家的发文量和篇均被引频次分布图

2）国际合作情况分析

以国际水产种质创制研究发文量前 50 个国家为主，绘制各个国家相互合作 2 次及以上的关系网络，见图 1-6。可以看出，美国和英国是研究的中心国家，中国主要的合作国家是美国、日本和巴基斯坦。全部论文中，以国家数量计为 1042 篇，实际论文数量为 733 篇，论文篇均合作国家为 1.42 个。从表 1-3 可以看出，国家独立完成的论文有 529 篇，占全部论文的 72.17%，2 个国家及以上合作的论文数量为 204 篇，占全部论文的 27.83%，说明国际水产种质创制研究的国际合作较多。

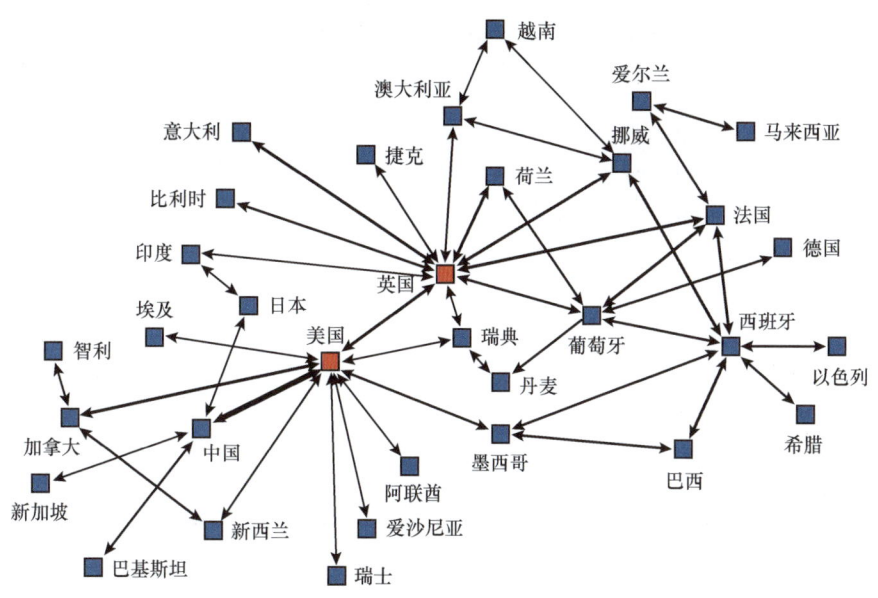

图 1-6　国际水产种质创制研究的国际合作情况
连线表示合作关系，线条越粗合作次数越多

表 1-3　国际水产种质创制研究论文合作国家数量

序号	发文量（篇）	发文国家数量（个）	序号	发文量（篇）	发文国家数量（个）
1	529	1	6	4	6
2	143	2	7	1	7
3	36	3	8	1	15
4	15	4	9	1	16
5	3	5			

3）主要研究机构和学科领域

自 1990 年以来，国际水产种质创制相关研究论文发表于 271 种期刊，收录数量排名前 10 的期刊如表 1-4 所示，其中 *Aquaculture* 期刊收录水产种质创制相关的论文数量居于首位。按 Web of Science 学科分类看，国际水产种质创制研究所涉及的主要研究学科有渔业（Fisheries）、海洋与淡水生物学（Marine and Freshwater Biology）以及基因和遗传学（Genetics and Heredity）（表 1-5），其中渔业所占比重最大，有 301 篇相关论文。对相关研究成果所属的发文机构进一步统计发现，中国水产科学研究院（Chinese Academy of Fishery Sciences）和中国科学院（Chinese Academy of Sciences）发文量分别位居第一和第二，美国农业部农业研究中心（Agricultural Research Service, U. S. Department of Agriculture，USDA-ARS）发文量位居第三（图 1-7）。另外，英国爱丁堡大学（University of Edinburgh）、美国奥本大学（Auburn University）和中国海洋大学（Ocean University of China）发文量也位于前 10 位内。

表 1-4　国际水产种质创制研究发文主要期刊

排名	期刊全称	发文量（篇）	影响因子
1	Aquaculture	122	3.022
2	Aquaculture Research	31	1.502
3	BMC Genomics	24	3.501
4	Genetics Selection Evolution	22	3.094
5	PLoS One	16	2.776
6	Reviews in Aquaculture	16	7.19
7	Frontiers in Genetics	15	3.517
8	Marine Biotechnology	15	2.798
9	Israeli Journal of Aquaculture-Bamidgeh	12	0.287
10	Journal of the World Aquaculture Society	11	1.386

表 1-5　国际水产种质创制研究主要涉及的 Web of Science 学科领域

序号	学科领域	文章篇数	序号	学科领域	文章篇数
1	Fisheries	301	6	Science and Technology - Other Topics	47
2	Marine and Freshwater Biology	236	7	Environmental Sciences and Ecology	42
3	Genetics and Heredity	103	8	Chemistry	37
4	Agriculture	75	9	Veterinary Sciences	37
5	Biotechnology and Applied Microbiology	74	10	Biochemistry and Molecular Biology	33

机构	发文量（篇）
Chinese Acad. Fishery Sci.	37
Chinese Acad. Sci.	30
USDA-ARS	25
Univ. Edinburgh	21
IFREMER	17
Pilot Nat. Lab. Marine Sci. & Technol. (Qingdao)	16
Auburn Univ.	15
INRA	15
Norwegian Univ. Life Sci.	15
Ocean Univ. China	15

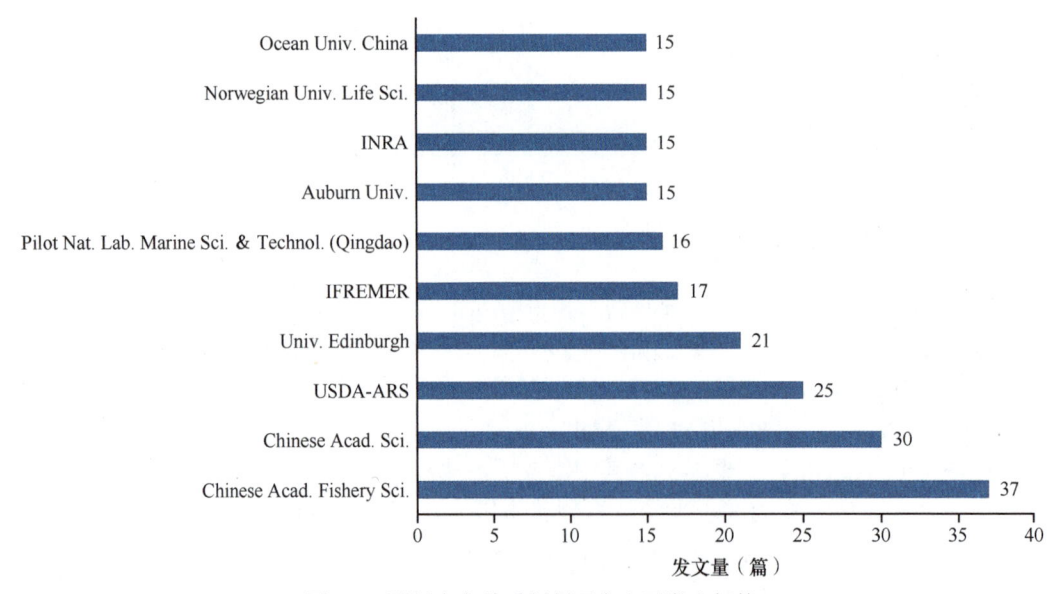

图 1-7　国际水产种质创制研究主要发文机构

4）研究关键词和热点分析

将国际相关研究数据集中的论文题目、摘要和关键词进行可视化图谱分析，结果表明国际水产种质创制研究的热点关键词有基因（gene）、雌性（female）、雄性（male）、家系

（family）等；随着现代分子育种的发展，基因组（genome）、标记（marker）、测序（sequencing）也成为研究热点（图1-8）。进一步的领域聚类表明该领域主要分为4个研究版块，既包括以家系选育为中心的传统育种，又包括以基因组测序技术为中心的现代分子育种（图1-9）。

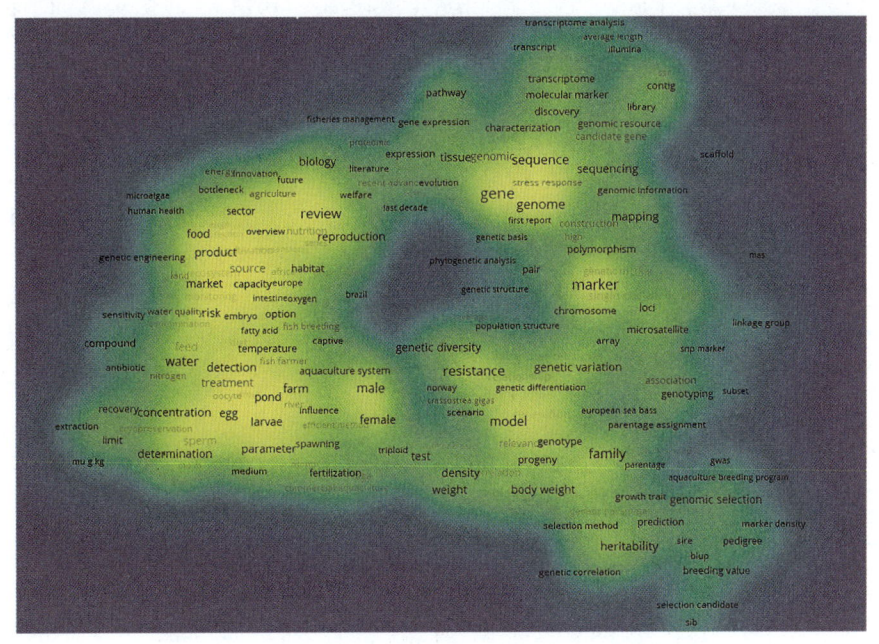

图1-8　国际水产种质创制研究领域热点可视化图谱

颜色越凸显表明出现频次越高

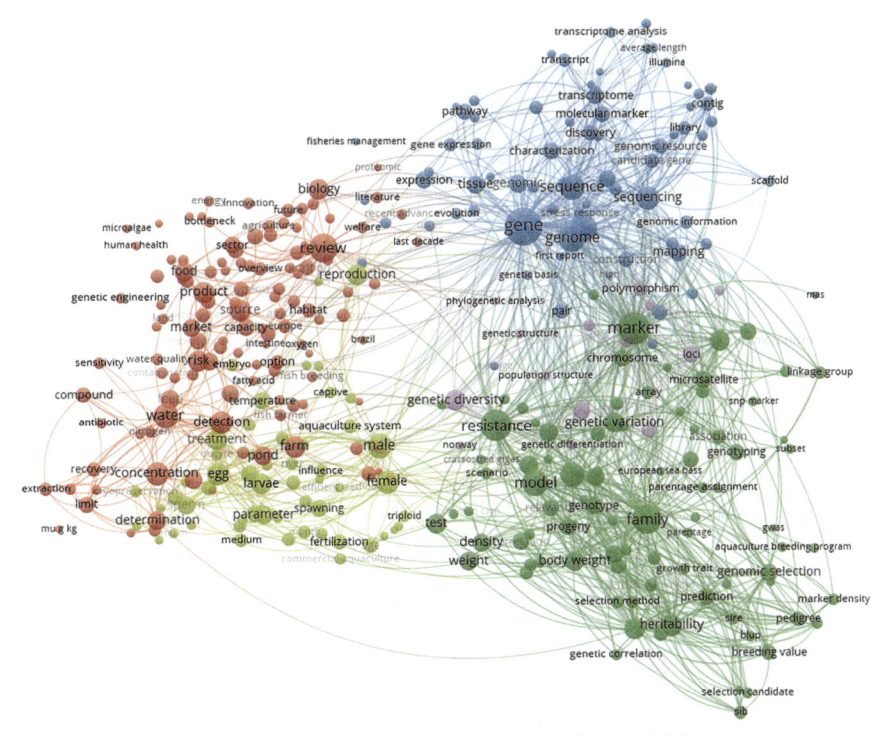

图1-9　国际水产种质创制主要研究内容聚类图

联系紧密的关键词划分为同一区块；字号越大表示该关键词出现频次越高

1.3.2 种质创制技术发展水平评价

海水养殖业的首要问题是种质苗种，我国海水养殖规模日益增长，对良种发展也提出了更高的要求（赵法箴，1965；曾呈奎，1962；刘瑞玉，1955）。我国种质创制技术发展将对全球水产养殖的可持续发展产生重要影响。

1. 传统种质创制技术由跟跑向并跑发展

水产业的飞跃与水产种质创制及其苗种培育技术的突破密切相关。我国水产业的种质创制起步于20世纪50年代，淡水四大家鱼的人工育苗技术开拓了我国水产种业的先河（王武，2002）；20世纪六七十年代对虾工厂化育苗技术的突破，荣获了国家科技进步一等奖；河蟹繁殖的人工半咸水配方及其工业化育苗工艺取得成功，获得了国家发明一等奖；利用野生亲本鱼产卵实现了大黄鱼人工繁殖的突破。我国的海水养殖事业亦于同时期逐步发展。20世纪50年代起，我国科学家相继攻克了海带、对虾、扇贝和多种鱼类苗种的工厂化生产技术与养殖技术，从而在海水养殖业掀起了以海带养殖、对虾养殖、扇贝养殖和鱼类养殖为代表的四次发展浪潮（王武，2002）。进入20世纪80年代后，我国又相继攻克了多种珍贵物种的苗种培育技术，如河鲀、真鲷、大黄鱼、牙鲆、鲍鱼、泥蚶和海参等。

数量性状遗传评估技术正在快速向水产育种领域转化，其以BLUP和约束最大似然（REML）分析为基础。挪威大西洋鲑（*Salmo salar*）和尼罗罗非鱼（*Oreochromis niloticus*）的育种技术体系则较早地应用数量性状遗传评估技术，实现了生长速度、饲料转化率、性成熟年龄等重要经济性状的综合选育，奠定了挪威在育种技术体系的领先地位。我国"黄海2号"中国对虾改良品种亦采用了BLUP技术，有力地促进了相关物种养殖业的可持续发展（栾生等，2008）。筛选控制遗传参数的主效因子、构建育种值预测模型和提高遗传评估的精确度仍是当前水产育种研究的焦点。

我国在传统种质创制技术方面已取得了巨大突破，极大地推动了水产养殖业的人工遗传选育，从原来的跟跑阶段转入并跑阶段。

2. 新兴种质创制技术由并跑向领跑发展

目前，除传统育种方法外，新兴育种技术正越来越广泛地应用在水产动物的种质创制过程中，其应用优势日益显露。生殖操作是利用物理、化学或生化工程等手段对动物生殖过程实施干预和控制，包括性成熟过程和配子排放过程的人工调控，以及人工授精的实施和性别转化或性别的控制等。遗传操作则是指在细胞或分子水平上对遗传结构进行重组或者修饰，包括杂交、多倍体诱导、雌（雄）核发育、细胞融合、核移植和外源基因导入等。生殖操作与遗传操作是改良品种的有效手段，在水产物种种质创制中发挥了重要的作用（桂建芳，2007；孙效文，2010）。21世纪以来，通过综合利用内分泌生理和环境因子调控、生殖和遗传操作技术，已经突破了多种高值养殖种类的人工繁育瓶颈。2009年，澳大利亚实现了太平洋蓝鳍金枪鱼（*Thunnus orientalis*）繁育，被美国的《时代》（*Time*）评为世界第二的创新成果；美国、欧盟科学家在金枪鱼人工繁育方面也取得了进展（相建海，2013）。2010年4月，日本国立水产工学研究所宣布成功完成了鳗鲡（*Anguilla japonica*）的全人工繁育，攻克了幼苗成功变态至玻璃鳗（俗称鳗苗）的技术难关。2009年12月和2011年4月，挪威和澳大利亚科学家先后宣布成功实现龙虾的人工繁育。

伴随着多种水产生物全基因组测序的完成，基因组学、转录组学、蛋白质组学和代谢组学在海洋生物与生态系统研究中得到越来越广泛和深入的应用。2010 年至今，中国科学家陆续完成了牡蛎、大黄鱼、石斑鱼和半滑舌鳎等多种经济水产生物的基因组测序并绘制出了全基因组序列图谱。《自然》（*Nature*）刊登了我国科学家有关牡蛎对潮间带逆境适应的组学基础研究成果（Zhang et al., 2012）。这些成就标志着我国在水产基因组的研究已跃居国际前列。全基因组关联分析（genome-wide association study，GWAS）是指在对物种全基因组序列分析的基础上，通过大规模开发分子标记，构建高密度遗传连锁图谱，精细定位重要性状基因，并利用全基因组分子标记指导育种过程。该技术可实现优良性状基因的精确导入和高效聚合，有望快速培育出集多个优良性状于一体的新品种。

我国在新兴种质创制技术方面已做了大量富有成效的科研实验，从并跑阶段转入领跑阶段。

1.3.3　技术发展阶段评价

1. 整体研发水平处于快速发展阶段

近年来，我国水产种业研发水平呈现上升趋势，水产养殖种质创制的整体实力进入世界前列，实现了巨大的飞跃。20 世纪 90 年代中期以来，从基础研究、高技术研究到支撑计划和产业部门的各种计划等方面，国家逐渐加大对水产种业研发的资助力度。1996 年，"海水养殖动物多倍体育种育苗和性控技术研究"重大项目立项，这是国家高技术研究发展计划（863 计划）项目——海洋生物技术主题首批资助的方向。1996 年，"海水养殖动物多倍体育种育苗和性控技术研究"项目作为国家科学技术委员会海洋高技术专项开始启动，发展虾类和贝类三倍体育苗、养成以及性别控制的关键技术。2014 年，"斑马鱼 1 号染色体全基因敲除计划"由我国科学家领衔完成，敲除斑马鱼 1 号染色体上的 1333 个基因，并将斑马鱼作为水产育种学的模式生物进行深入研究。目前，我国科学家主要致力于对重要海洋经济物种开展基因和基因组研究，筛选调控关键经济性状的功能基因；通过遗传重组、转基因等途径，对功能基因进行综合利用；基于以上理论研究，培育优质、高产、抗逆的养殖新品种等。

2. "保育繁推"体系建设处于转型阶段

目前，我国水产种业在良种的推广和应用方面仍有很大限制，主要源于相对落后的良种繁育体系建设。与农作物和家禽家畜相比，水产的良种覆盖率和贡献率依然很低。根据有关资料，2013 年我国水产养殖业的良种覆盖率为 25%～30%（王清印，2013）。如果把经过多年养殖驯化的种类，如"四大家鱼"、鲤、鲫等包括在内，则良种覆盖率约为 50%。目前，水产良种对我国水产业增产的贡献率平均仅为 25%，仍处于较低水平，我国水产良种增产贡献率还具有较大提升空间（韩坤煌，2015）。未来将通过实施种业重点科技专项等途径，推动水产种业科技快速发展和技术体系的全面建设，进一步提高水产养殖良种覆盖率及其在水产养殖业增产中的贡献率。

我国水产苗种企业的优势是数量多，劣势是规模小、繁育基础设施落后、机械化水平低。因此，并未形成一批具有竞争力的种子企业，造成了我国水产新品种的推广应用缓慢、良种生产的集约化程度不高、国际竞争力不强的局面。未来应进一步加强科技总体投入，提高科技创新能力，实现重大关键育种技术系列化、精准化突破，提高主要良种覆盖率和贡献率，形成结构更为完整、运行更为高效的水产种质"保育繁推"产业体系。

3. 突破性良种选育处于亟待提高阶段

突破性良种选育是我国水产良种创制的关键方向。我国总体上新品种的数量仍不能满足产业需求，自行选育的鱼类良种多集中在鲤、鲫、罗非鱼等，大多数水产养殖种类迄今还没有人工培育的良种（桂建芳等，2016）。草鱼是我国淡水鱼类产量的第一大养殖品种，至今大多仍是养殖野生种（王清印，2013）。在良种质量方面，现有品种大多存在优势单一的现象，主要以生长性状作为目标性状，缺乏多个性状同时具有明显优势的产业主导品种。

现阶段，全面建设现代渔业亦对种质创制提出了更高的要求。我国水产养殖规模现居世界第一位，产量占世界水产养殖产量的 2/3。21 世纪是我国渔业从产量型向质量型和效益型转变的关键时期，是推动我国从世界渔业大国迈向世界渔业强国的关键时期。

1.3.4 国内外相关评价分析

1. 基础研究需与应用研究紧密结合

针对我国水产种质创制普遍存在基础研究与育种应用脱节的现象，李莉等（2011）提出我国需继续加强水产种业的研发投入，并强调应对基础研究项目进行后续应用研究加大支持。美国于 2009 年即立项水产动物基因组计划（NE-186），主要针对 5 种水产动物（鲶、大西洋鲑、罗非鱼、对虾和牡蛎）进行遗传连锁图谱绘制、数量性状基因座（QTL）和基因组草图绘制。更重要的是，美国政府每启动一个基因组测序项目，都会有后续项目用于支持应用研发。例如，每完成一个农业物种的测序，后续会有一个单核苷酸多态性（SNP）分子标记开发的项目，以支持相关分子育种工作。

2. 推广商业化"保育繁推"育种体系

王振忠等（2016）认为未来水产种业快速发展将得益于"产学研"紧密结合、"保育繁推"一体化的商业化育种体系。目前我国水产种质创制仍由高等院校和科研院所主导。虽然大多水产种业企业已具有一定研发实力，但企业研发人员所占比例较低，存在研发能力弱、产品竞争力不足的劣势。未来应依托企业建设水产种业的先进平台，有利于更连贯地指导经济生产，推广商业化"保育繁推"育种体系。

3. 建立完善的水产种质资源信息系统

杨宁生等（2003）认为水产种质资源已成为保证我国渔业可持续发展的关键。为保护和合理利用水产种质资源，应建立更为完善的水产资源信息系统，包括重要经济种类数据库，主要水产养殖种类养殖技术数据库，珍稀、濒危、特有水生生物资源数据库，以及国外引进种种质资源数据库等。刘永新等（2018）认为我国水产种质资源的收集、保存和整理工作虽然取得了一定的成效，但种质资源系统鉴定评价、新基因挖掘与育种利用尚存在不足，特别是对优异种质资源的挖掘不够。Humphries 等（2019）认为全球水产种质资源共享是未来发展的趋势，这有利于保护生物多样性、保证世界渔业的可持续发展，全球水产养殖的生产者和研究者也将从此受益。

1.4 科技发展趋势分析

1.4.1 新进展、新变化、新特征和新趋势分析

我国拥有世界最大的动物产品消费市场，随着动物产业的发展，形成了动物种业（Olesen et al., 2000）。动物种业和动物养殖业的发展是相对独立的，在各自发展过程中，动物种业会为养殖业提供种源保障（孙康泰等，2015）。由于我国农业结构不断调整、社会经济水平提高，人们对于动物源产品的需求不断提高，加上动物育种企业的蓬勃发展，我国动物种业迎来了广阔的发展前景（孙康泰等，2015）。作为全球12个生物多样性丰富的国家之一，我国拥有大量水产种质资源，水产种业发展亦十分迅速，但与此同时，水产增养殖业良种覆盖率低的问题仍然存在（杨红生，2018）。因此，开展种质创制、大力发展水产种业，对于保障水产养殖业的健康可持续发展、培育战略性新兴产业意义深远（王振忠等，2016）。

水产种业体系的现代化建设，可借鉴"夯实研究基础、突破前沿技术、创制重大产品、培育新兴产业、引领现代农业"的总体思路，以此来促进水产动物种质创新和种业的健康可持续发展，实现水产动物优良品种的创制。例如，开展优异种质资源精准鉴定与创新利用，培育具有育种潜力的关键种质群体；开展重要经济性状调控机制解析，挖掘有育种价值的品质性状的关键基因、顺式调控元件、调控网络等，并应用于育种；开展育种前沿共性技术开发与集成创新；开展重大优良品种高效培育与示范应用；实施水产苗种的规模化繁育与种业工程等。

在开展以上工作的同时，也应实施以下保障措施。首先，坚持原种与良种并重。建设良种场是建立养殖品种多元化的基础，而建设原种场是保障水域生物资源种质安全的重要举措。因此，原种与良种并重是促进养殖品种多元化与特色化的关键，也是合理利用和保护水生生物资源的重要举措，应该增加地区性特色原良种场建设数量，合理规划布局，强化管理举措（杨红生，2018）。其次，发挥企业技术创新核心作用。再次，发挥高校院所原创驱动作用。然后，发挥政府引导和专项支持作用。最后，发挥金融产业基金驱动作用（杨红生，2018）。

1.4.2 科技发展态势和方向

现代渔业是我国农业的支柱产业之一，创制水产动物优良种质对于促进我国经济健康发展、保障蛋白等动物源食品的稳定供给具有重大战略意义（任红艳等，2018）。目前多组学、生物信息学等技术迅速发展，使得我国在水产动物精准育种、全基因组选择育种、关键经济性状分子调控机制解析等领域取得了突破性进展。与此同时，一些瓶颈问题仍有待解决，如基础研究创新性不够、精准育种及高效扩繁核心技术相对不足、基因编辑精准育种方面存在诸多挑战等。此外，尽管我国水产种质资源丰富，然而，过度捕捞、水质污染和栖息生境的变化等因素使我国水产种质资源遭到严重的破坏。因此，加强保护和合理利用水产种质资源已成为促进我国水产种业健康、稳定、持续发展的关键（刘英杰等，2015）。

1. 水产种质资源保护及创新应用

种质资源又称遗传资源，是指具有实际或潜在利用价值的、携带生物遗传信息的载体（程超华等，2020），一般为存在于特定品种之中可从亲代向子代传递的遗传物质（Primack，1992）。水产种质资源是生物遗传资源的重要组成部分，其研发利用程度目前已经成为衡量国家综合国力和可持续发展能力的指标之一。水产种质资源是水产物种遗传多样性及基因资源的载体和基础，在水产育种、渔业科研、养殖生产等方面发挥着重要作用（白俊杰，2006，苏建国和兰恭赞，2002；马卓君和刘英杰，2009）。

针对水产种质资源存在的主要问题，《国务院办公厅关于加强农业种质资源保护与利用的意见》明确指出，进一步明确农业种质资源保护的基础性、公益性定位，坚持保护优先、高效利用、政府主导、多元参与的原则，创新体制机制，强化责任落实、科技支撑和法治保障，构建多层次收集保护、多元化开发利用和多渠道政策支持的新格局，为建设现代种业强国、保障国家粮食安全、实施乡村振兴战略奠定坚实基础。具体而言，将主要在以下六个方面积极开展科技攻关：①开展系统收集保护，实现应保尽保；②强化鉴定评价，提高利用效率；③建立健全保护体系，提升保护能力；④推进开发利用，提升种业竞争力；⑤完善政策支持，强化基础保障；⑥加强组织领导，落实管理责任，以期建成系统完整、科学高效的种质资源保护与利用体系，提升资源深度鉴定评价和综合开发利用水平，使资源创新利用达到国际先进水平。

2. 基于分子生物学的种质创制技术研发

随着测序技术的发展，基因组图谱解析在动物重要经济性状遗传机制研究及育种应用中发挥着日益重要的作用。目前，我国在鲤（Xu et al.，2014）、牡蛎（Zhang et al.，2012）、刺参（Zhang et al.，2017）等水产动物基因组研究方面取得了突破性进展，并为水产动物复杂性状的解析奠定了扎实的基础。此外，2009年由Job Dekker实验室开发的高通量染色体构象捕获（high-throughput chromosome conformation capture，Hi-C）技术，可通过建立基因组折叠模型，研究染色体片段之间的相互作用，可应用于基因组组装、单体型构建，并能从基因调控网络和表观遗传网络来阐明生物性状形成的调控机制。

基因组选择（genomic selection，GS）是通过高效的统计模型，精准、快速地估计出个体基因组估计育种值（genomic estimated breeding value，GEBV）（Meuwissen et al.，2001）。在水产动物的基因组选择方面，我国在扇贝、半滑舌鳎、牙鲆、大黄鱼研究中取得了显著进展，未来可将其应用于抗病、高产的优良品种培育中（任红艳等，2018）。

基因编辑是一种新兴的能对生物体基因组特定目标基因进行比较精确的修饰的一种基因工程技术。在育种过程中，基因编辑技术可以实现品种中目标性状遗传位点的修饰与改变，从而加速品种改良（赵山山等，2019）。尽管基因编辑技术在动物育种中尚处于初始发展阶段，但在以基因组选择为核心的遗传育种中具有广阔前景，可实现目标物种目标性状的高效、精准改良。

3. 基于重要经济性状的种质创新技术研发

随着主要水产养殖动物全基因组的解析技术、基因组技术、体细胞核移植和干细胞技术的不断完善，以及生殖、性别、生长、抗病、耐寒和耐低氧这些重要经济性状相关基因的鉴定和功能分析，水产养殖动物的遗传改良研究已开始步入分子设计育种研究的新时代。

解析水产养殖生物重要经济性状的遗传基础，是育种改良的理论基石。全基因组精细图谱解析为挖掘与水产养殖生物重要经济性状相关的分子遗传标记、功能基因、调控元件和优异等位基因变异等提供了数据资源。除了继续对生长、生殖与性别、抗病等重要经济性状开展相关研究，还需加强对资源高效利用、抗逆（耐低氧、耐极端温度、耐盐碱、低应激反应等）、品质（肌间刺、出肉率、不饱和脂肪酸含量等）等性状形成的遗传调控机制的解析。

4. 基于工程化和产业化的苗种扩繁与推广应用

当前我国水产苗种主要有三种生产方式，一是完全依赖天然资源型，即直接从自然水域捕捞幼苗进行养殖，尚未建立人工繁殖技术；二是半人工型，从自然水域捕捞亲本，采用人工繁殖方式获得苗种，这是目前我国绝大部分养殖种类的苗种生产方式；三是全人工型，养殖种类的苗种全部来源于人工选育良种繁育的后代，我国只有少数水产种类能够实现全人工型苗种供应。以上三种类型的苗种生产方式反映了目前我国水产养殖业主要依赖于自然种质资源的开发利用，而水产养殖业的高速发展给自然资源带来了巨大压力。

相对于国际上发达国家水产苗种繁育技术和育苗技术的精准化、数字化和信息化等发展模式，我国在苗种繁育技术方面则更多向低成本、简易化和规模化模式发展，虽然在提供低价大规模苗种和促进产业发展方面起到了重要作用，但不可否认，也带来了苗种的生产稳定性差、苗种质量难以保障、技术提升空间少等问题。因此，研发水产良种亲本促熟、高效制种和苗种高效中间培育技术及相关设备，是解决当前苗种生产方式和设施设备落后的重点，主要体现在以下五个方面。①水产良种高效制种技术：集成建立良种核心育种群种质规模化保种技术，构建温度和营养调控的亲本繁殖精准调控制种技术。②良种高效扩繁技术：突破良种苗种发育早期关键的营养和环境调控技术，建立良种高效扩繁技术。③良种大规格苗种规模化培育关键技术：根据良种的特性，针对工厂化、浅海网箱、陆基池塘等养殖模式，开发饵料结构优化及营养强化技术、环境调控技术，建立良种配套的陆基到海基的大规格苗种规模化培育技术。④关键设施设备研发技术：根据良种的生态习性，研制亲本培育、苗种扩繁、中间培育和规模化养殖专用设施设备，有效提高单位水体出苗量和产量。⑤建立产业示范基地：按照水产苗种繁育技术的精准化、数字化和信息化等发展模式，从设施设备和技术标准化入手，建立可复制、易推广、效果显著的产业化示范基地，带动水产种业健康发展。此外，围绕苗种繁育全过程，建立水产良种高效制种、苗种规模化培育和产业化基地示范应用技术体系。

1.4.3 发展目标与重点任务

1. 发展目标

针对目前在水产动物种质创制过程中理论基础、关键技术等方面存在的关键问题，聚焦重大基础研究和共性关键技术，开展优质种质资源获取及保存、目标经济性状分子调控机制解析、精准育种平台构建、前沿种质创制技术建立等相关研究，建立水产种质资源保存体系，建立"保育繁推"产业技术体系，打造一批现代化大型水产种业公司，使水产养殖良种覆盖率达到65%以上，水产遗传改良率达到50%以上，良种在水产养殖业增产中的贡献率达到25%以上。

2. 重点任务

1）重大基础研究

（Ⅰ）重要经济物种生长和品质性状的遗传基础与调控机制

开展重要水产养殖生物的基因组精细图谱构建；针对鱼、虾、蟹、贝、藻、参等重要水产养殖生物，解析遗传结构变化对生长、品质性状的影响，规模筛查和精细定位生长、品质性状基因和位点；通过建立水产生物基因功能验证和基因编辑技术，验证生长、品质关键基因功能，构建性状调控网络，揭示生长和品质性状的遗传调控机制，研究具有经济价值的新种质在生长品质方面的遗传调控机制，发掘具有育种价值的关键基因和调控元件，并用于良种培育，提升水产种质创新的能力和水平。

（Ⅱ）重要经济物种抗病、抗逆性状的调控机制与途径

研究重要水产生物抗病、抗逆性状形成的调控机制，鉴定具有抗病、抗逆育种价值的关键基因，构建调控网络；研究水产生物应对环境胁迫的分子调控机制，解析关键调控基因、关键顺式调控元件、关键转录因子在此过程中的动态变化过程；开展主要特色优势品种多组织全转录组、蛋白质组、代谢组等研究，解析抗病、抗逆等优势性状的分子基础。

（Ⅲ）重要经济物种性别可塑及性别决定的分子基础和育种应用

开展基因编辑等性控育种技术的基础研究，建立技术体系平台；研究性别与重要经济性状的互作关系，解析性别转换与环境因子互作响应的规律与机制；发掘性别决定的关键基因、调控元件、转录因子，阐明相关功能特征及其调控网络；筛查性别特异分子标记，研究具有经济价值的新种质的繁殖特性并阐明其调控机制；阐明性反转的遗传基础与调控机制，开展性别决定方式转换机制研究，建立鱼类等重要水产生物的性控模型。

（Ⅳ）影响水产动物重要经济性状的营养代谢调控机制

研究主要水产经济物种营养品质的调控网络，明确营养品质与经济性状的影响机制；明确影响水产动物重要经济性状的关键菌群和关键益生元，有效培养及改变目标水产动物目标经济性状的菌群（包括种类及数量）；揭示遗传物质、环境及两者互作对于目标优良性状形成的影响机制；研究营养代谢与免疫应答的关系，阐明提高重要养殖物种免疫力的营养代谢机制；建立有利于提高水产动物生产水平的肠道菌群调控技术。

2）共性关键技术

（Ⅰ）水生生物基因工程和细胞工程前沿技术

建立并完善重要种质基因功能验证平台，突破受精卵离体培养和显微注射技术，建立鱼、虾、蟹细胞的体外培养技术和基因转移与表达系统，获得稳定的基因导入及CRISPR/Cas9基因编辑的实验模型；开发高通量SNP分型方法，建立适合水产动物低成本、高效率的全基因组选择育种的方法；建立生殖细胞标记技术；确立生殖干细胞分离和体外培养的方法；建立生殖细胞冻存和生殖细胞移植的技术。

（Ⅱ）基因组功能元件注释及空间构象调控技术

聚焦重要商业水产物种重要经济性状的关键顺式调控元件和关键反式作用因子，利用等位基因表达不平衡分析、染色质开放性测序（ATAC-seq）、染色质免疫沉淀测序（ChIP-seq）等技术构建经济性状的完整调控通路。利用染色体构象捕获（chromosome conformation capture）技术、Hi-C等技术手段，明确三维基因组结构在基因表达和细胞功能调控中的作用，解析其对重要水产动物目标经济性状的调控机制。

（Ⅲ）重要经济物种繁殖调控和苗种培育技术

研发重要养殖水产物种亲体培育技术，建立健康苗种繁育技术体系；明确重要养殖种类交配时亲本的性腺发育、成熟、产卵的环境条件，实现高效苗种培育；突破重要水产物种精子超低温冷冻保存技术；改进亲本培育技术，提升其性腺发育同步成熟率；开展亲本人工强化培育、促熟、催产和人工繁殖技术研究；开发近交控制技术。

（Ⅳ）良种经济性状、生态适应性和风险评价技术

收集鱼、虾、贝、藻、参等多个优良种质，分别针对每个品种的目标性状开展性状测试，根据性状测试结果和系谱信息，计算相关性状的遗传力等遗传参数，做好选育留种工作；对重要优良水产养殖品种进行环境因子模拟试验和胁迫试验，建立定量关系模型，得出环境因子最佳组合；查明不同环境下种质的生理行为学指标及分子特征，制定相关参数标准，建立风险预警指标和系统的风险预警体系，实现自动化监测与智能化管理。

3）典型应用示范

（Ⅰ）鱼类分子育种技术创新集成与产业化示范

开展重要经济鱼类原种种原地保护和良种种质异地规模化保存技术研究，构建种质资源库，为种质改良、良种选育和产业化推广应用提供种质来源；查明鱼类苗种扩繁关键发育阶段的营养与环境需求，突破具有市场潜力的新鱼种繁育与养殖关键技术，建立鱼类亲本精准繁殖和苗种培育技术；研发苗种中间培育阶段工程化养殖设施、水环境调控技术和智能化管理系统，为工厂化集约化养殖、池塘生态养殖和深远海养殖提供大规格健康苗种；建立标准化、易推广的苗种生产产业化示范基地，引领和带动水产种业健康发展。

（Ⅱ）甲壳类精准育种技术创新集成与产业化示范

加强中国明对虾（*Fenneropenaeus chinensis*）、斑节对虾（*Penaeus monodon*）等国内重要经济种质资源原地保护，开展凡纳滨对虾（*Litopenaeus vannamei*）等重要引进经济品种的保存，构建甲壳类种质资源库，解决亲虾主要依靠国外引进的问题；稳定和优化"科海1号""广泰1号"等新品种的优势经济性状，开展亲本规模化保存和高效促熟培育技术研究；建立甲壳类健康苗种规模化高效扩繁技术体系；优化基于池塘生态化和陆基工程化的虾-藻、虾-参等多元综合种养模式，提升甲壳类产品质量安全水平；建立可复制、易推广、效果显著的苗种生产产业化示范基地，带动水产种业健康发展。

（Ⅲ）藻类良种培育技术创新集成与产业化示范

开展海藻资源调查研究，摸清自然海藻资源分布及经济价值，构建经济海藻种质资源库，拓展可规模化养殖海藻种类，为良种选育和产业化推广应用提供种质来源；建立海带

（*Saccharina japonica*）、裙带菜（*Undaria pinnatifida*）、条斑紫菜（*Porphyra yezoensis*）等主要经济海藻杂交育种技术；突破大型藻类苗种培育和微型藻类规模化培育关键发育阶段的光照、温度、水等调控装备与设施研发技术，建立经济海藻种苗高效扩繁技术，提高育苗效率并降低生产成本；研发海上养殖阶段工程化养殖、生态化养殖、机械化采收等关键技术；建立可复制、易推广、效果显著的苗种生产产业化示范基地，带动海藻种业健康发展。

（Ⅳ）贝类良种培育技术创新集成与产业化示范

加强栉孔扇贝（*Chlamys farreri*）、皱纹盘鲍（*Haliotis discus hannai*）等国内主要经济贝类种质资源原地保护，开展重要经济贝类良种的规模化保存，构建贝类种质资源库；稳定和优化海湾扇贝（*Argopecten irradians*）、菲律宾蛤仔（*Ruditapes philippinarum*）等新品种的优势经济性状，开展亲本规模化保存和高效促熟培育技术研究；研制贝类苗种高效扩繁、中间培育所需的设施设备，有效提高单位水体出苗量，建立贝类健康苗种规模化高效扩繁技术体系；建立可复制、易推广、效果显著的苗种生产产业化示范基地，带动水产种业健康发展。

（Ⅴ）棘皮动物良种选育技术创新集成与产业化示范

开展刺参、海胆等棘皮类经济物种原种保护和良种规模化保存研究，构建棘皮类动物种质资源库，为良种选育和产业化推广应用提供种质来源；建立刺参、海胆良种规模化保存和亲本精准促熟培育技术；满足苗种扩繁关键发育阶段的设施、营养与环境需求，建立刺参、海胆高效扩繁技术；研发苗种中间培育阶段工程化养殖、生态化养殖、精准化营养调控等关键技术，有效提高大规格健康苗种的市场供应量；建立可复制、易推广、效果显著的苗种生产产业化示范基地，带动水产种业健康发展。

1.5 典型案例

1.5.1 案例一：大西洋鲑种业

挪威是渔业强国，尤其是在大西洋鲑的养殖方面取得了丰硕成果。大西洋鲑（*Salmo salar*）俗称"三文鱼"，营养价值高，原栖息地为大西洋北部，目前已在世界范围内广泛养殖。挪威有着丰富的渔场资源，渔业是挪威第二大出口产业。从20世纪60年代开始，挪威开始养殖鲑鱼和鳟鱼；70年代早期启动了大西洋鲑和虹鳟的选育计划。挪威的研究机构对大西洋鲑的整个生命周期研究得都很透彻，在繁殖、育种、饲料研制、养殖方式、养殖基地选址、网箱设计、水质监测和加工等方面都有涉及并提供技术支撑，使挪威国内大西洋鲑养殖过程各个环节都有科学的指导，确保养殖场无论是技术层面还是养殖方面都有绝对保障。大西洋鲑种质创制工艺流程见图1-10。

图1-10 大西洋鲑种质创制工艺流程图

1. 技术重要性

挪威的陆基循环水养殖模式主要进行大西洋鲑的孵化、育苗和小规格苗种养殖，以及孵化后的大规格苗种养殖，通常分为室内循环水养殖车间和室外陆基养殖基地。孵化、育苗及小规格苗种养殖通常在室内循环水养殖车间进行，而孵化后的大规格苗种，一般移至沿海室外陆基养殖基地。因具备良好的自然环境，网箱养殖是挪威进行大西洋鲑成鱼培养的主要方式，网箱通常布置在岛屿周围或者峡湾中，水质良好且可提高躲避自然灾害的能力。挪威具备强大的网箱研发能力，近年来使用的海洋养殖网箱具备先进的设计理念，在恶劣寒冷的养殖环境以及不同的波浪、水流海况下均取得了良好的使用效果。

2. 技术水平分析

从大西洋鲑的孵化装置、养成配套装置、水质自动监测装置、自动投饲装置、曝气增氧装置，到起捕装置、分级装置，再到加工装置、包装装置，几乎全部采用自动化机械装备，机械化程度极高，大大提高了整体工作效率，也极大地刺激了挪威相关渔业企业的研发热情，形成了全国范围内的良性竞争，为挪威渔业尤其是大西洋鲑养殖业的持续稳定发展奠定了坚实的基础。

3. 技术发展趋势

初期，挪威从不同河域收集了大西洋鲑的野生鱼，并建立了四个基本家系，仅对大西洋鲑的生长性状进行了选择育种。随着育种技术的提高与发展，抗病菌、性成熟年龄、肉色、肉片中脂肪含量等性状也被纳入选择育种范围。在20世纪80年代中期，挪威的大西洋鲑选育开始商业化。在政府的资助下，AquaGen育种公司诞生，其包含评估育种对象遗传价值的育种站，将高价值选育对象培育为亲鱼的亲鱼站，以及开展选育试验的试验站等组织机构，加上地方政府、高校、养殖协会等的帮助与支持，挪威大西洋鲑产业迅速发展。

4. 应用前景

挪威大西洋鲑和虹鳟选育计划的成功实施离不开挪威政府的支持。对此，我们可从以下四个方面进行借鉴与应用：①建设国家级水产遗传育种中心，加强重要水产品种种质创制的基础研究及应用；②完善全国水产原良种体系建设，提高良种繁育技术水平；③加大宣传力度，提高水产行业种质创制意识；④实现技术创新、观念更新、管理体制创新。

5. 存在问题与建议

（1）挪威国土面积38.5万 km^2，包括峡湾和岛屿在内，挪威海岸线全长2.1万km，其整个西海岸都分布有海上养殖场。2008年之后，挪威的大西洋鲑养殖场数量一般在1000个左右。在此之前，起步于20世纪60年代的挪威大西洋鲑养殖业几乎不受任何条件制约，80年代开始，病害、价格、竞争等问题的出现导致挪威大西洋鲑产业崩溃。随后，政府出台了许可证制度、饲料配额制度、最大许可生物量制度等来促进大西洋鲑产业健康可持续发展。目前挪威政府针对育苗、养殖、亲本和技术研发颁发了四种许可证，并且十分注重养殖业对海域生态环境的影响，完善制度建设使得挪威大西洋鲑养殖业得以健康发展。

（2）性状优良的苗种是所有养殖活动的基础和前提。1971~1974年，挪威采集了41条大西洋鲑，在此基础上进行了多年选育，创制了新的大西洋鲑品种。AquaGen是挪威知名的大西洋鲑鱼卵供应商，其产出的每一批鱼卵都具有完整的生产档案记录，保证了苗种的生产效率和品质。Leroy 集团 Belsvik 繁育基地建有 11 套 5 种不同类型的循环水繁育系统，自动化程度高，出苗时期最高养殖密度可以达到 85kg/m^3 以上，日换水率不超过 2%，现代化苗种繁育体系保障了大西洋鲑的高效养殖生产。事实上，随着近岸海域气候变化和风浪条件恶化、海虱寄生虫危害的频繁发生，挪威大西洋鲑的成活率也受到了极大影响。为了解决该问题，挪威政府和企业由传统开放式网箱养殖向封闭型方向发展，由近岸养殖向深远海方向发展，通过创新养殖模式应对环境危机。

1.5.2 案例二：仿刺参种业

在相同养殖条件下，仿刺参（*Apostichopus japonicus*）"东科 1 号" 24 月龄平均体重比当地未选育的普通养殖群体增加 39.3%，夏眠温度提高 1.78～1.93℃，度夏成活率提高 10.4%～13.6%，规模化示范亩[①]产提高 21.7%～25.0%，适宜在我国山东和河北沿海养殖。仿刺参新品种"东科 1 号"种质创制工艺流程见图 1-11。

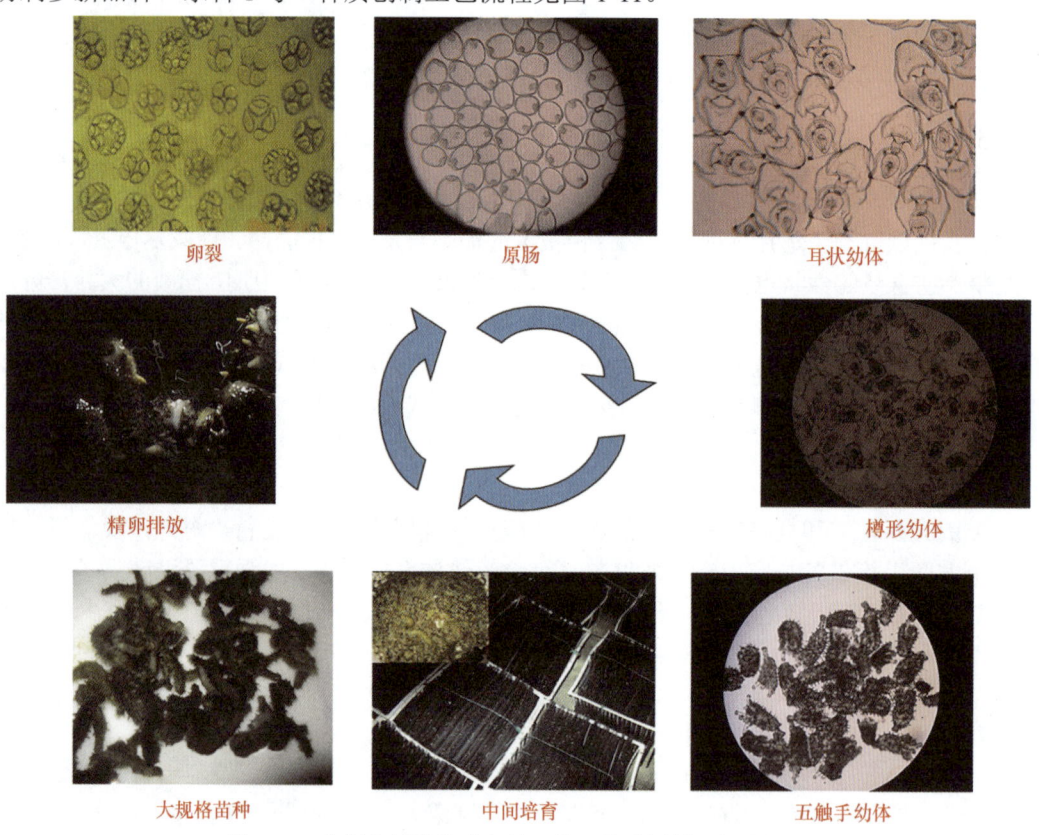

图 1-11 仿刺参新品种"东科 1 号"种质创制工艺流程图

1. 技术重要性

1）育种技术方法

仿刺参"东科 1 号"是以山东烟台、青岛和日照当地野生仿刺参群体繁育的养殖群体

[①] 1 亩≈666.7m^2。

为基础群体,从 2006 年 4 月开始,采用群体选育技术,对各世代苗种实施耐高温和速生性状选育,经 4 代连续选育而成。

根据"东科 1 号"的选育目标,在每个世代的选育过程中,对生长速度快、夏眠温度高和度夏成活率高三个性状指标进行同步选育。每一世代均采用以下三步淘汰选择法,总选育强度为 0.31%。每一世代苗种不同发育阶段的淘汰选择步骤见图 1-12。

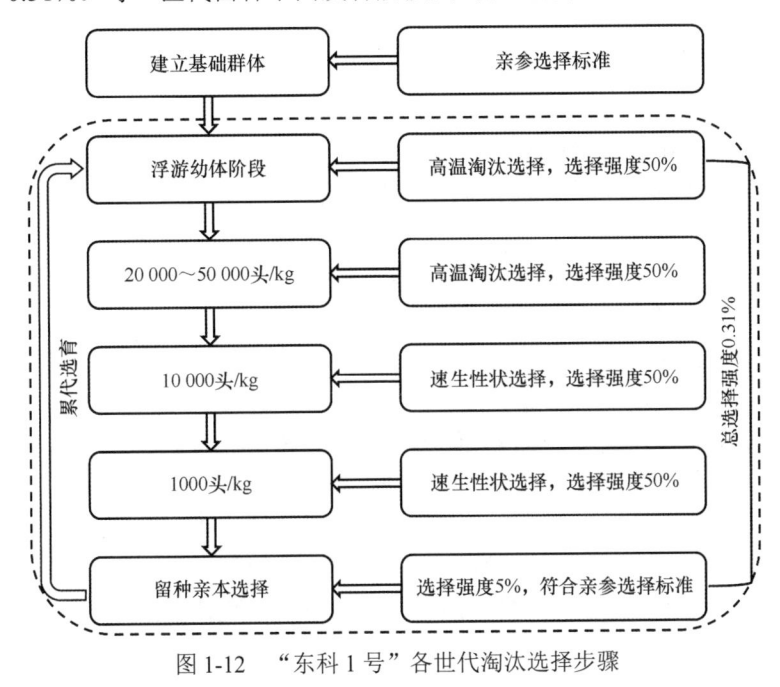

```
建立基础群体 ← 亲参选择标准
    ↓
浮游幼体阶段 ← 高温淘汰选择,选择强度50%
    ↓
20 000～50 000头/kg ← 高温淘汰选择,选择强度50%
    ↓
10 000头/kg ← 速生性状选择,选择强度50%
    ↓
1000头/kg ← 速生性状选择,选择强度50%
    ↓
留种亲本选择 ← 选择强度5%,符合亲参选择标准
```
（累代选育）（总选择强度0.31%）

图 1-12 "东科 1 号"各世代淘汰选择步骤

(1)耐高温性状选择:在每代苗种的浮游幼体阶段和 2 月龄阶段(20 000～50 000 头/kg)分别利用(27.5 ± 0.5)℃和(32 ± 0.5)℃的高温进行淘汰选择,选择强度均控制在 50%,存活的耐高温个体继续培育。

(2)速生性状选择:在苗种发育至 4 月龄(10 000 头/kg)和 6 月龄(1000 头/kg)时,按照 50%的比例筛选生长速度快的大规格个体继续培育,此后逐渐由车间培育转入池塘养殖。

(3)耐高温和速生性状选择:按照亲参选择标准,在各世代 28～29 月龄参度夏期间,通过人工潜水捕捞的方式从池塘选择仍在活动摄食的大规格(体重大于 200g/头)健康个体作为子代亲参,实施累代选育。子代亲参选择强度为 5%,参与选择的个体数量在 10 000 头以上。

2)遗传学依据

在同一年龄组的仿刺参群体中,个体大小差异十分明显,而且在夏季高温期,即使在同一成参规格的群体中,仍有小部分个体未进入夏眠而处于活动和摄食状态,说明不同个体表现出不同的生长和耐高温性状的遗传差异,存在优良的速生和耐高温性状的遗传资源。因此,这些处于活动和摄食状态的大规格个体是开展仿刺参耐高温和速生品种选育潜在的优质亲本来源。由于仿刺参"东科 1 号"的基础群体来源于山东烟台、青岛和日照不同沿海地区,遗传多态性丰富,为品种选育奠定了遗传物质基础。

群体选育是水生生物育种的常规技术方法，在筛选具有目标性状基础群体的基础上，进一步通过人工高温淘汰选择筛选耐高温个体，并在中间培育过程实现对速生个体的选择，强化了耐高温和速生性状的选育效果，从理论上保证了两个目标性状的同步选育，通过分子标记辅助育种技术的应用，显著加快了良种选育进程。

2. 技术水平分析

在仿刺参"东科1号"新品种的创制过程中，首先进行了育种基础群体构建，构建过程中，对采集区域、采捕时间、采捕环境、采捕亲参摄食及活动情况、采捕亲参规格和亲参健康状况进行了详细且明确的要求，确保实验选材准确可行。其次，在培育设施方面，良种选育工作主要在中国科学院海洋研究所与山东东方海洋科技股份有限公司联合共建的海珍品良种选育与健康养殖实验室进行。该实验室拥有良种选育车间两个，有效水体达2200m³，其中大规格水泥池74个，单池有效水体20m³；小规格水泥池48个，单池有效水体5m³；实验池塘60亩，其中设置了10个围隔（50m³/隔）和20个网箱（15m³/箱）以及200个小网箱（1.5m³/箱），以便进行种质保存和对比实验研究。完备的设施条件确保了实验顺利开展。随后，进行了4个世代的累代选育。在选育过程中，对耐高温性状、速生性状等进行了选择。优化了生长速度测试方法、耐高温性状测试方法，并计算了度夏成活率。根据目标，运用并改进相关技术方法，使得选育更加有效。

与此同时，详细记录仿刺参"东科1号"的形态特征，并对其选育群体进行分析。深入挖掘表型与基因型关联特征，通过连锁图谱构建、QTL性状定位、生长（体重）性状SNP标记、耐热SNP标记，明确育种的理论基础与具体形成机制，使得优良新品种的创制更加具有针对性且合理可行。

3. 技术发展趋势

随着全球气候变化的影响，高温已成为限制生物生存的重要环境因子之一。研究表明，水温变化会直接导致大部分海洋动物发生一系列生理改变（徐冬雪，2016）。由于耐高温遗传调控机制较为复杂，且研究工作起步较晚，因此耐高温育种工作相对缓慢。目前对仿刺参"东科1号"已在该方面取得了重要突破与进展，未来可通过遗传图谱构建、QTL定位鉴定出与耐高温、抗逆相关的关键基因，并进行种质创制及育种应用，使得生物可以安全度夏。在基础研究方面，通过ATAC-seq、等位基因表达不平衡分析等实验鉴定出关键顺式调控元件，解析耐高温分子调控及遗传机制。

4. 应用前景

随着仿刺参增养殖产业的不断发展，养殖产量不断提高，产业规模也逐渐扩大，但其养殖总产量的提高大部分依靠产业规模的扩大，普遍存在苗种养成率不高、养殖效率低下、优良品种匮乏、苗种质量堪忧等问题，严重影响了产业的健康发展。因此，为保持仿刺参养殖业健康可持续发展，急需培育具有速生和抗逆性状的优良品种。

仿刺参"东科1号"具有耐高温能力强、生长速度快的优点，在生产性测试中表现出了较高的生产效益，非常符合当前仿刺参养殖产业的发展需求。仿刺参"东科1号"新品种的选育和产业化推广应用，将显著提升我国现有仿刺参养殖产业的产量和效益，提高产品质量，为沿海居民增收致富提供有力保障。预计在未来3~5年将推广养殖10万余亩，成为山东、河北地区的主要养殖品种之一。

5. 存在问题与建议

（1）目前仿刺参育种过程中大数据分析、信息化及相关系统开发与应用还不完善，新品种的网络化测试与鱼类等物种相比仍然存在差距，建议形成一套共性强、完善、成熟的理论和技术体系。

（2）仿刺参种质资源的收集、保存和整理工作仍然有待加强，建议进一步完善种质资源系统鉴定评价、重要育种性状新基因挖掘、性状遗传网络以及基因与环境互作关系研究等。

参 考 文 献

白俊杰. 2006. 加强种质资源的监测 确保我国水产种质资源的合理利用. 水产科技, (3): 22-23.
程超华, 唐蜻, 邓灿辉, 等. 2020. 表型组学及多组学联合分析在植物种质资源精准鉴定中的应用. 分子植物育种, 18(8): 2747-2753.
高宇, 刘鉴毅, 张婷婷, 等. 2017. 水产养殖逃逸对长江外来种入侵影响: 以鲟鱼为例. 生态学杂志, 36(6): 1739-1745.
桂建芳. 2007. 鱼类性别和生殖的遗传基础及其人工控制. 北京: 科学出版社.
桂建芳. 2015. 水生生物学科学前沿及热点问题. 科学通报, 60(22): 2051-2057.
桂建芳, 包振民, 张晓娟. 2016. 水产遗传育种与水产种业发展战略研究. 中国工程科学, 18(3): 8-14.
桂建芳, 朱作言. 2012. 水产动物重要经济性状的分子基础及其遗传改良. 科学通报, 57(19): 1719-1729.
海洋农业产业科技创新战略研究组良种选育与苗种繁育专题组. 2013. 创新驱动海洋种业的建议及对策. 中国农村科技, (11): 70-73.
韩坤煌. 2015. 我国水产种业产业的发展现状分析与对策建议. 福建水产, 37(6): 495-501.
贾超峰, 刘海林, 许津, 等. 2017. 大黄鱼种质遗传多样性研究进展. 海洋通报, 36(1): 12-18.
贾敬敦, 蒋丹平, 杨红生, 等. 2014. 现代海洋农业科技创新战略研究. 中国农村科技, (5): 78.
金亚平. 2019. 渔业高质量发展先要走出良种困境. 水生与渔业, (4): 74-75.
李春辉, 王天宇, 黎裕. 2019. 基于地方品种的种质创新: 现状及展望. 植物遗传资源学报, 20(6): 22-29.
李莉, 许飞, 张国范. 2011. 水产动物基因资源和分子育种的研究与应用. 中国农业科技导报, 13(5): 102-110.
李奕雯. 2019. 打造水产种业南繁硅谷. 海洋与渔业, (5): 7.
郦珊, 陈家宽, 王小明. 2016. 淡水鱼类入侵种的分布、入侵途径、机制与后果. 生物多样性, 24(6): 672-685.
刘瑞玉. 1955. 中国北部的经济虾类. 北京: 科学出版社.
刘英杰, 刘永新, 方辉, 等. 2015. 我国水产种质资源的研究现状与展望. 水产学杂志, 28(5): 48-55, 60.
刘永新, 李梦龙, 方辉, 等. 2018. 我国水产种业的发展现状与展望. 水产学杂志, 31(2): 50-56.
刘筠. 1979. 我国淡水养殖鱼类遗传育种的现状和展望. 水生生物学集刊, 6(4): 471-484.
栾生, 孔杰, 王清印, 等. 2008. 水产动物育种分析与管理系统的开发和应用. 海洋水产研究, 29(3): 92-100.
马卓君, 刘英杰. 2009. 我国水产种质资源平台建设的需求与现状. 中国水产, (11): 25-27.
农业部渔业渔政管理局. 2017. 2017 中国渔业统计年鉴. 北京: 中国农业出版社.

任红艳, 陈从英, 孟庆峰, 等. 2018. 动物优良种质创制的关键理论和技术. 中国科学基金, (3): 320-327.

苏建国, 兰恭赞. 2002. 中国淡水鱼类种质资源的保护和利用. 家畜生态学报, 23(1): 64-66.

孙好勤. 2019. 基于品种创新的中国种业强国目标的实施. 农学学报, 9(3): 11-15.

孙康泰, 贾敬敦, 魏珣, 等. 2015. 动物种业发展现状与对策研究. 中国农业科技导报, 17(3): 1-7.

孙儒泳. 2001. 生物多样性的丧失和保护. 大自然探索, (9): 44-45.

孙效文. 2010. 鱼类分子育种学. 北京: 海洋出版社.

唐启升, 丁晓明, 刘世禄, 等. 2014. 我国水产养殖业绿色、可持续发展战略与任务. 中国渔业经济, 32(1): 6-14.

王清印. 2013. 我国水产种业现状及发展愿景. 当代水产, (11): 50-52.

王武. 2002. 家鱼人工育苗//石元春, 张湘琴. 20 世纪中国学术大典: 农业科学. 福州: 福建教育出版社: 406-409.

王振忠, 任鹏, 赵红光, 等. 2016. 中国水产种业发展现状与对策研究. 中国农业科技导报, 19(1): 1-7.

相建海. 2008. 我国海洋生物技术发展回顾与展望//中国工程院. 中国科学技术前沿: 第 11 卷. 北京: 高等教育出版社: 399-433.

相建海. 2013. 中国水产种业发展过程回顾、现状与展望. 中国农业科技导报, 15(6): 1-7.

徐冬雪. 2016. 仿刺参热胁迫响应的分子调控特征研究与 SNP 标记筛选. 中国科学院大学博士学位论文.

许玲, 吴魁, 魏伶俐, 等. 2017. 基于分子生物学技术的作物种质资源创新研究现状及发展策略. 江苏农业科学, 45(23): 11-14.

杨红生. 2018. 现代水产种业硅谷建设的几点思考. 海洋科学, 42(10): 1-7.

杨宁生, 葛常水, 欧阳海鹰, 等. 2003. 我国水产种质资源信息系统建设. 中国农业科技导报, 5(3): 47-51.

曾呈奎. 1962. 中国经济海藻志. 北京: 科学出版社.

张显良. 2019. 全面推进渔业高质量发展. 吉林农业, (12): 18-19.

张晓娟, 周莉, 桂建芳. 2019. 遗传育种生物技术创新与水产养殖绿色发展. 中国科学: 生命科学, 49(11): 1409-1429.

张振东. 2015. 国家级水产原良种场发展概况与建议. 中国水产, (7): 32-34.

赵法箴. 1965. 对虾幼体发育形态. 北京: 中国农业出版社.

赵山山, 邸一桓, 郝光飞. 2019. CRISPR-Cas9 基因编辑技术在基因功能和作物育种中的研究进展. 分子植物育种, (21): 7087-7093.

中国水产学会. 2012. 2011-2012 水产学学科发展报告//中国科学技术协会. 中国科协学科发展研究系列报告. 北京: 中国科学技术出版社.

Chen S, Zhang G, Shao C, et al. 2014. Whole-genome sequence of a flatfish provides insights into ZW sex chromosome evolution and adaptation to a benthic lifestyle. Nature Genetics, 46(3): 253-262.

Dan C, Mei J, Wang D, et al. 2013. Genetic differentiation and efficient sex-specific marker development of a pair of Y- and X-linked markers in yellow catfish. International Journal of Biological Sciences, 9(10): 1043-1049.

FAO. 2012. The State of World Fisheries and Aquaculture in 2012. Rome: Food and Agriculture Organization of the United Nations.

FAO. 2016. The State of World Fisheries and Aquaculture in 2016. Rome: Food and Agriculture Organization of the United Nations.

FAO. 2018. The State of World Fisheries and Aquaculture in 2018. Rome: Food and Agriculture Organization of the United Nations.

FAO. 2020. The State of World Fisheries and Aquaculture in 2020. Rome: Food and Agriculture Organization of the United Nations.

Hamel J, Mercier A. 2013. *Apostichopus japonicus*. The IUCN Red List of Threatened Species 2013: e.T180424A1629389.

Humphries F, Benzie J, Morrison C. 2019. A systematic quantitative literature review of aquaculture genetic resource access and benefit sharing. Reviews in Aquaculture, 11(4): 1133-1147.

Kause A, Ritola O, Paananen T, et al. 2005. Genetic trends in growth, sexual maturity and skeletal deformations, and rate of inbreeding in a breeding programme for rainbow trout (*Oncorhynchus mykiss*). Aquaculture, 247(1-4): 177-187.

Liu H, Guan B, Xu J, et al. 2013. Genetic manipulation of sex ratio for the large-scale breeding of YY super-male and XY all-male yellow catfish (*Pelteobagrus fulvidraco* (Richardson)). Marine Biotechnology, 15(3): 321-328.

Meuwissen T H E, Hayes B J, Goddard M E. 2001. Prediction of total genetic value using genome-wide dense marker maps. Genetics, 157(4): 1819-1829.

Olesen I, Groen A F, Gjerde B. 2000. Definition of animal breeding goals for sustainable production systems. Journal of Animal Science, 78: 570-582.

Pan Z J, Li X Y, Zhou F J, et al. 2015. Identification of sex-specific markers reveals male heterogametic sex determination in *Pseudobagrus ussuriensis*. Marine Biotechnology, 17(4): 441-451.

Primack R B. 1992. Tropical community dynamics and conservation biology. Bioscience, 42(11): 818-821.

Tarkan A S, Ekmekci F G, Vilizzi L, et al. 2013. Risk screening of non-native freshwater fishes at the frontier between Asia and Europe: First application in Turkey of the fish invasiveness screening kit. Journal of Applied Ichthyology, 30(2): 392-398.

Wang D, Mao H L, Chen H X, et al. 2009. Isolation of Y- and X-linked SCAR markers in yellow catfish and application in the production of all-male populations. Animal Genetics, 40(6): 978-981.

Wang Y, Lu Y, Zhang Y, et al. 2015. The draft genome of the grass carp (*Ctenopharyngodon idellus*) provides insights into its evolution and vegetarian adaptation. Nature Genetics, 47(6): 625-631.

Wu C, Zhang D, Kan M, et al. 2014. The draft genome of the large yellow croaker reveals well-developed innate immunity. Nature Communications, 5(1): 5227.

Xu P, Zhang X, Wang X, et al. 2014. Genome sequence and genetic diversity of the common carp, *Cyprinus carpio*. Nature Genetics, 46(11): 1212-1219.

Zhang G, Fang X, Guo X, et al. 2012. The oyster genome reveals stress adaptation and complexity of shell formation. Nature, 490(7418): 49-54.

Zhang X, Sun L, Yuan J, et al. 2017. The sea cucumber genome provides insights into morphological evolution and visceral regeneration. PLoS Biology, 15(10): e2003790.

Zhang X, Yuan J, Sun Y, et al. 2019. Penaeid shrimp genome provides insights into benthic adaptation and frequent molting. Nature Communications, 10(1): 1-14.

第 2 章　病害防控

随着人口持续增加，水产养殖业成为提升水产生物食物供给功能的主要途径，但水产动物疾病的暴发给水产养殖业带来了巨大的损失。中国水产养殖产量位居世界首位，水产养殖已成为中国农业经济的重要组成部分。粗放型为主的养殖模式、良种化程度不高以及养殖水环境恶化使得我国水产养殖病害暴发频率增加，严重制约了我国水产养殖业的持续发展。开展病害防控，加快推进水产养殖业的绿色发展，对于保证水产品食品安全和改善水域生态环境、保障养殖业的健康可持续发展以及促进渔民增收具有重大意义。未来 10～15 年，通过整合现代互联网、物联网、大数据以及生物科学技术，建立水产动物疾病的精准即时智能化远程诊断技术和监测预警网络；针对水产动物重要疾病，研制新型安全高效的疫苗、免疫增强剂以及中草药等抗病生物制剂；研发水产养殖生态防控技术体系，开展环境生物精准调控与安全评价，是水产病害防控的重要任务和研究核心内容。

2.1　水产病害防控产业与科技发展现状分析

2.1.1　国际水产病害防控产业化发展现状与存在问题

1. 产业化发展现状

1）病害快速检测技术和产品得以应用

水产病害防控的基本理念是"预防为主，防重于治"。病原是引发水产动物疾病的最主要因素，研发针对病原的快速、准确、有效的检测方法和疾病的精准诊断技术成为水产病害防控的迫切需要。目前水产动物疾病最普遍的病原检测方法之一是通过分离可疑病原，采用科赫法则确定病原后再采用生理生化特征测定和分子生物学手段鉴定病原。常用生理生化检测试剂有法国生物梅里埃公司 1970 年开发的微生物鉴定用生理生化试剂盒（API 试剂盒），API 试剂盒是目前国际较为通用的细菌鉴定检测方法，在水产动物细菌性病害诊断中 API 系列试纸条已广泛应用于细菌病原鉴定的辅助检测（夏凡等，2011）。此外，用于养殖基层现场检测的快速诊断试剂盒研发也对水产动物疾病预防方面具有举足轻重的意义。目前应用免疫学、分子生物学等技术手段研发水产动物病原的快速高通量检测试剂盒，成为国内外病害产业的主要研发方向。近年来，针对主要养殖品种鲑鳟类和对虾常见病毒病及细菌病的病理学和基因组学进行了一系列较为深入的研究，在此基础上国外多家研究机构利用分子生物学和免疫学技术已完成商品化快速试剂盒的研发，如针对假结核性巴斯德氏菌病（pasteurellosis）的酶联免疫检测试剂盒，基于聚合酶链反应（PCR）、环介导等温扩增检测（LAMP）等分子生物学技术研发的针对对虾白斑综合征病毒病（white spot syndrome virus disease）的检测试剂盒等。这些试剂盒的使用有助于对病原进行快速检测并对有关病害进行有效预防（马芳等，2016；吴淑勤和王亚军，2010；肖婧凡等，2014）。

2）渔用疫苗产业实现商业化

水产动物病害的发生是病原、宿主和环境相互作用的结果，水产动物抗病力是决定病害发生及患病个体治愈的重要因素，安全有效的疫苗不仅可以提高机体特异性免疫水平，还符合不污染环境、无药物残留等特点，因此，开发和使用疫苗用于防治水产养殖动物疾病已成为世界水产动物病害防治的主流方式（Dadar et al.，2017；Ringø et al.，2014）。

20 世纪中期发达国家鲑鱼养殖业的迅猛发展推进了相关疫苗的研发及其商业化进程。20 世纪 70 年代末荷兰 Intervet International 公司研制了预防鲁氏耶尔森菌（*Yersinia ruckeri*）引起的鲑鱼肠道红嘴病（enteric redmouth disease，ERM）的全菌灭活疫苗，以及预防鲑鱼弧菌（*Vibrio* spp.）病的全菌灭活疫苗，有效抑制了养殖鲑鱼细菌性病害的发生。1988 年，挪威 Pharmaq 公司研制了抗杀鲑弧菌（*Vibrio salmonicida*）病的全菌灭活疫苗，在大麻哈鱼（*Oncorhynchus keta*）病害预防中获得成功。此后，美国、加拿大、挪威、智利和日本等国家相继建立了研发机构和公司，研发了传染性鲑鱼贫血症病毒（infectious salmon anaemia virus，ISAV）灭活疫苗和传染性造血器官坏死病病毒（infectious hematopoietic necrosis virus，IHNV）疫苗等。这些疫苗产品的上市和推广使用有效控制了鲑鱼养殖业弧菌病、传染性胰脏坏死病等主要传染性病害的传播，从而减少了抗生素在水产养殖业的使用。从 2003 年到 2012 年，全球获批生产的疫苗从 38 种一跃增加至 140 多种疫苗，覆盖鲑鱼及鳟鱼等高值鱼类的主要细菌病和病毒病（马悦和张元兴，2013；田园园和叶星，2012）。

随着基因工程技术的飞速发展及人们对疫苗安全性的认知逐渐深入，部分基因工程疫苗陆续获得商业许可。挪威批准生产的传染性胰脏坏死病病毒（infectious pancreatic necrosis virus，IPNV）VP2 重组亚单位疫苗是渔用疫苗中第一个商业化重组亚单位疫苗，而加拿大商业化生产的大西洋鲑 IHNV DNA 疫苗是最早投入市场使用的 DNA 疫苗（Gomez-Casado et al.，2011；马悦和张元兴，2013；Catherine et al.，2018）。随后，欧美部分国家商业化开发了 IPNV 重组亚单位疫苗，鲤春病毒血症病毒（spring viremia of carp virus，SVCV）重组亚单位疫苗、传染性贫血病毒重组亚单位疫苗等。

国际海水鱼类疫苗的研发与应用已非常成熟，水产疫苗市场的销售额呈现逐年增高的趋势，成为最具潜力的动物医学产业之一（王玉堂，2018），商业化疫苗的研发和生产在 20 世纪 90 年代主要是各水产养殖国家本土的小型公司，近年来伴随跨国资本运作，国际疫苗产业形成了以荷兰 Intervet International、瑞士 Novartis Animal Health、美国 Schering-Plough Animal Health、挪威 Pharmaq 和德国 Bayer Animal Health 为代表的主要跨国公司垄断市场的局面，国际常用的商业化疫苗产品主要针对鲑鱼及鳟鱼等高值鱼类（马悦和张元兴，2013）。

2. 产业存在问题

1）检测试剂盒开发成本及灵敏性限制产业发展

国内外病原快速检测产品的研发较多基于分子生物学技术和免疫学技术，基于分子生物学技术如普通 PCR、实时定量 PCR、LAMP 等的试剂盒所需分子试剂价格高昂，并且样品微量核酸检测过程需要特定仪器设备并有专业人员去操作，难以在小型养殖企业中进行推广。各种免疫学技术试剂盒具有灵敏度高、可操作性强、可定性定量等优点，但是研发过程相对复杂，要求抗体具有较高纯度，需要对免疫原进行深入的研究。因此，病原快速检测试剂研发过程中适用性、可操作性、成本降低及大规模示范推广是目前水产养殖动物病害检测亟待突破的瓶颈。

2）疫苗接种方式有待进一步提升

目前国际上商品化疫苗在生产应用中主要有三种接种方式：注射、浸浴和口服。注射接种方式是主要的免疫方式，其具有用量少和免疫效果好的优点，但是会对鱼体产生损伤。浸浴免疫是将鱼类直接放入或通过增加表皮通透性处理后放入疫苗中进行浸浴，这种免疫方法对大批量鱼苗（1～4g）免疫效果明显。近年来，国外已有杀鲑弧菌（*Vibrio salmonicida*）苗、鲁氏耶尔森菌苗等浸浴型商业化疫苗，但是浸浴免疫对成鱼来说成本过高。与注射和浸浴免疫方式相比，口服免疫是最方便的免疫途径，并且免疫操作过程不受鱼个体大小的限制，也能避免注射引起的应激反应。有报道显示，包括鲑鳟在内的多种鱼肠道是基因工程疫苗的主要免疫效应器官，这表明口服免疫将成为未来疫苗的主要免疫方式（Ballesteros et al.，2012，2014；Dadar et al.，2017；de las Heras et al.，2009；Tobar et al.，2011）。但由于口服疫苗的免疫效果不理想，截至 2014 年已商品化的 14 个疫苗中只有 2 个属于口服疫苗（Mutoloki et al.，2015）。利用载体包被技术如纳米材料、生物胶囊等提高口服疫苗的效果已开始受到关注（Tian and Yu，2011）。

2.1.2 我国水产病害防控产业化发展现状与存在问题

1. 产业化发展现状

我国水产养殖病害暴发频率增加，《2019 中国水生动物卫生状况报告》显示，2018 年我国水产养殖因病害造成的经济损失约 450 亿元，严重制约了我国水产养殖业的可持续发展。因此，开展水产病害防控，加快推进水产养殖业的绿色发展，对于保证水产品食品安全和改善水域生态环境具有至关重要的作用（宋林生，2020）。由于我国水产养殖具有养殖种类众多、养殖水域环境多样等特征，水产养殖动物病害相应也存在病害种类繁多、病害类型差异巨大等特征，因此我国水产病害防控产业化发展与发达国家仍然存在巨大差异。

1）病原检测产品的开发

目前，我国在水产动物病害诊断方面的技术手段主要借助水生动物医务工作者的经验和对病灶组织镜检等诊疗技术，这种诊疗由于受限于从业人员对疾病认知的经验，因此存在一定的主观性。近年来，随着水生动物组学研究的不断深入，在深入了解一些重大水产动物病害的病原学、流行病学和基因组学的基础上，我国部分科研机构应用免疫学技术和分子生物学技术对鱼类及对虾等重要养殖品种重大疾病的快速诊断技术进行了较深入的研究，陆续推出快速检测测试盒，据不完全统计，我国已研发了反转录聚合酶链反应（RT-PCR）和巢式聚合酶链反应（nested PCR）相结合的草鱼出血病病毒（grass carp hemorrhage virus，GCHV）检测试剂盒、草鱼出血病病毒（GCHV）抗体酶联免疫吸附试验（ELISA）检测试剂盒、嗜水气单胞菌（*Aeromonas hydrophila*）PCR 检测试剂盒、对虾白斑综合征病毒（white spot syndrome virus，WSSV）核酸检测试剂盒、对虾传染性皮下和造血器官坏死病病毒（infectious hypodermal and hematopoietic necrosis virus，IHHNV）核酸检测试剂盒、对虾桃拉综合征病毒（Taura syndrome virus，TSV）核酸检测试剂盒、对虾偷死野田村病毒（covert mortality noda virus，CMNV）核酸检测试剂盒、赤点石斑鱼神经坏死病毒（red-spotted grouper nervous necrosis virus，RGNNV）核酸检测试剂盒等多种快速检测试剂盒和检测技术（肖婧凡等，2014）。我国水产动物病害检测技术对主要经济养殖物种达到了全覆盖。

2）新型非生物类渔药制剂的研发

渔用抗生素使用过程中产生药物残留、环境污染以及病原耐药性等诸多问题，使我国水产品质量面临国外技术壁垒和国内食品安全的挑战。因此，开发安全、经济、高效的无公害渔药成为我国渔药研发的突破口，围绕2019年农业农村部等十部门联合发布的《关于加快推进水产养殖业绿色发展的若干意见》提到的绿色发展理念，将促进免疫增强剂、中草药、微生态制剂和生物制剂研发（疫苗研发）的大力发展。

免疫增强剂可以通过激活某些非特异性免疫因子来提高生物体的抗病能力。由于免疫增强剂使用安全并且应用范围广，因而其成为目前新型渔药研发的热点，国内水产养殖鱼类和虾类中常用免疫增强剂包括微生物多糖、甲壳素和壳聚糖、植物多糖、动植物提取物（如牛磺酸）、化学合成物（如左旋咪唑）等。中草药具有不易产生耐药性的特征，在养殖过程中被广泛使用，目前国内常用的中草药包括大黄、黄芩、黄连、板蓝根、穿心莲、五倍子、乌桕叶等（卢香玲，2008；周疆等，2019）。农业农村部渔业渔政管理局、中国水产科学研究院和全国水产技术推广总站2019年制定的《水产养殖用药明白纸2019年2号》文件中已获批准的水产用中草药达54种。国内水产行业微生态制剂产品繁多，主要分为饲料微生态添加剂、水质和底质微生态改良剂两大类。农业部2013年公布的第2045号公告中批准的可以用于水产养殖动物饲料添加剂的微生物菌种有30种，包括光合细菌、芽孢杆菌、乳酸菌、酵母菌、球菌、曲霉菌等（杨移斌等，2018）。

3）渔用疫苗的产业化

与国外相比，我国水产动物疫苗商业化进程起步比较晚，在20世纪60年代我国科研工作者针对草鱼出血病研发了组织浆灭活疫苗（也称"土法"疫苗），对该病防治有一定的效果；90年代由浙江省淡水水产研究所和中国水产科学研究院珠江水产研究所等多家单位联合研制了我国第一个水产疫苗——草鱼出血病病毒（GCHV）灭活疫苗。2011年，由中国水产科学研究院珠江水产研究所自主研发的草鱼出血病活疫苗（GCHV-892株）获得我国首个水产疫苗生产批准文号[兽药生字（2011）190986021]，正式开启了我国水产疫苗产业化的新纪元（吴淑勤等，2014）。随着国家对水产业科技投入的不断加大，多家科研单位开展了渔用疫苗的研发，据不完全统计，截至2019年，我国获得新兽药证书的水产疫苗产品有7种，包括草鱼出血病灭活疫苗，草鱼出血病活疫苗（GCHV-892株），嗜水气单胞菌败血症灭活疫苗，牙鲆鱼溶藻弧菌、鳗弧菌、迟缓爱德华氏菌病多联抗独特型抗体疫苗，大菱鲆迟缓爱德华氏菌活疫苗（EIBAV1株），大菱鲆鳗弧菌基因工程活疫苗（MVAV6203株），鳜传染性脾肾坏死病灭活疫苗（NH0618株）。

2. 产业化存在问题

1）病害快速诊断产品推广较缓

目前国内病原快速检测产品的研发与国际上相近，较多基于分子生物学技术和免疫学技术，部分样品微量核酸检测方法需要特定仪器设备并有专业人员操作，国内部分大型企业已建立相关的检测实验室并配备相关操作人员，但是我国养殖规模多样，快速检测试剂盒所需的实验条件在国内小型养殖企业中难以进行推广。目前，国内较为广泛应用的胶体金试纸检测方法具有操作简便、耗时短的特征，常用于养殖企业现场检测，但该产品灵敏度存在一定局限性，对一些早期症状不明显的病种，感染初期检测效果不佳（王玉堂，2019；肖婧凡等，2014）。

2）药物防控规范有待提升

目前我国在病害防治过程中仍然以药物治疗为主，这种病害防治的方式增加了病原抗药性及水质污染的风险。并且我国渔药在药代动力学、药理学以及毒理学方面的基础理论研究较为薄弱，虽然研发了一些中草药制剂用于水产病害的防治，但是部分渔用中草药制剂在生产过程中添加了抗生素，目前仍然缺乏适合于我国水生生物特征的专用药物（王玉堂，2019）。

3）疫苗研发产业化程度较低

我国疫苗技术的开展较发达国家晚，近十几年国内学者利用分子生物学技术对海水鱼弧菌、鱼类嗜水气单胞菌、鳜鱼病毒、石斑鱼神经坏死病毒等开展了弱毒疫苗、亚单位疫苗和 DNA 疫苗等不同层次的基础研究。虽然我国近年来水产疫苗的研发进展迅猛，但获批的自主研发水产疫苗产品种类与国外相比仍较少，多数疫苗尚未完全进入产业化阶段，目前我国渔用商品化疫苗仅有 7 种获得新兽药证书，另有 70 种以上的疫苗处于实验室研究阶段或临床评价阶段（王玉堂，2018；吴淑勤等，2014）。

2.1.3 国际科技发展现状与瓶颈

1. 国际科技发展现状

在全世界环保意识和食品安全意识不断提高的前提下，当前及未来国际水产病害防治方面侧重点在病原监测预警、免疫防控及生态防控三个方面。欧美国家、日本及智利等均根据自身水产养殖的特点，展开从基础研究到技术研发等方面全面系统的工作。

1）水产动物病害诊断技术快速发展

病原生物是引发水产动物疾病的主要因素，水产养殖动物的病原主要包括细菌、病毒和寄生虫等，了解病原生物的致病机制并建立养殖动物疫病诊断技术是水产养殖动物疫病防控的重要方向。目前，世界各国病原检测多以世界动物卫生组织（OIE）制定的《水生动物疾病诊断手册》为标准。OIE 在全球水生动物疾病检测和控制中具有重要影响，每年会根据水生动物疾病情况更新《水生动物疾病名录》，其中会详细介绍包括鱼类、软体动物和甲壳动物等多种养殖生物的典型病害。OIE 在水生动物卫生领域已建立了 49 个 OIE 参考实验室和 2 个 OIE 合作中心来负责标准化动物疫病的诊断方法和提供标准化诊断试剂。

随着分子生物学技术的不断发展，核酸诊断技术在水产动物病原诊断中表现出的灵敏性、快捷性使其成为病原检测的主流技术，目前常用的核酸检测技术有常规聚合酶链反应（PCR）技术、多重 PCR 技术、环介导等温扩增检测（LAMP）技术、实时定量 PCR（quantitative real-time polymerase chain reaction，qRT-PCR）技术、基因探针技术、数字 PCR 技术等（李庆梅等，2019；李伟哲等，2019；肖婧凡等，2014）。

除了分子生物学检测技术外，免疫学相关技术也已广泛应用于水产动物病害检测，目前应用较多的有酶联免疫吸附试验（enzyme-linked immunosorbent assay，ELISA）技术和免疫层析技术。ELISA 技术最早被应用于鱼类疖疮病的诊断，灵敏度达 10^2CFU/mL。Kumar 等（2011）建立了基于 ELISA 技术的水生副溶血弧菌快速检测方法。但是传统 ELISA 技术操作复杂，不适合养殖现场动物病害的快速检测，近年来，以胶体金免疫层析技术为代表的免疫层析技术成为快速检测的热点研究方向。秦璞等（2011）利用胶体金免疫层析技术研制了一种快速检测迟缓爱德华氏菌的试纸条，该试纸条有良好的特异性，敏感度达到 10^5CFU/mL。基于近年来新型材料的出现，利用量子点、上转换发光材料、纳米磁珠、荧光微球等标记抗体的免疫层析技术也不断涌现（肖婧凡等，2014）。

生物芯片技术及高通量测序的发展推动芯片技术在水产动物病害检测中的应用。基因芯片技术和蛋白质芯片技术是目前人类和其他动物病害检测中较为广泛使用的技术，在水生动物病害检测方面，对病原生物的深入研究处于逐步深入阶段，基于病原生物蛋白质分子结构的特殊性，蛋白质芯片技术与基因芯片技术相比处于探索阶段。另外，为了得到更高的检测灵敏度和准确性，某些检测技术组合已应用在水产养殖病害检测中，如 PCR-ELISA、纳米免疫磁珠结合反转录 PCR 技术、液相芯片技术、多重 PCR 结合 DNA 芯片技术等（肖婧凡等，2014；李伟哲等，2019）。并且随着目前水产病害暴发呈现的多病原性，海水养殖动物的诊断技术已向着同时检测多种病原方向发展，如同时检测 WSSV 和 IHHNV 的 PCR 技术，同时检测 TSV、WSSV、IHHNV 的 PCR 技术等（谢芝勋等，2005；张蕾等，2014；尹伟力等，2015）。

2）监测预警体系开发初见成效

水产动物病害的发生与水产动物所处的环境密切相关，发达国家多采用工厂循环水养殖，水质的监测与调控在水产动物病害防治中的作用尤为重要。国外目前运用现代传感器技术、自动测量技术、自动控制技术等先进手段通过设置合适的环境参数作为指标，构建工厂循环水养殖水质监控系统，实现了在线监控。日本、美国、加拿大、德国、挪威等国家的循环水养殖工厂均设有高度自动化的在线监控系统，通过实时动态的监测及报警系统达到水产病害预测和预防的效果。

但是仅仅通过环境因子对病害进行预测会出现一定程度的偏差，目前国内外将病原的相关指标也纳入预警体系，显著提高了预警预报的准确性（宋林生，2020）。随着病原数据的不断完善，欧美发达国家已利用数学模型结合水质监测系统，针对各国水产养殖病害发生的主要特征构建了水产病原监测预报体系。爱尔兰采用计算机化信息系统用于量化不同病害的危害及其潜在风险因素，从而预测病害发生。Powell 等（1996）构建了长牡蛎、寄生虫和环境相互作用的数学模型，并利用该模型准确模拟了不同养殖环境中长牡蛎群体感染寄生虫的时间和感染程度，为牡蛎寄生虫病的预警防控提供了技术保障。

3）基因工程疫苗研发效果凸显

国际上已商业化的病毒疫苗和细菌疫苗以灭活疫苗或弱毒疫苗为主，在实际使用中保护率相对较低（Toranzo et al., 2009; Evensen et al., 2005; Lewis and Leong, 2004）。随着近年来细菌、病毒和原生动物基因组的研究，不断发掘相关基因和蛋白质功能，利用分子生物学和免疫学方法研发新型疫苗成为热点。为了进一步提高疫苗的效能，近年来国外很多公司和研究机构利用分子生物学技术研究重组蛋白疫苗（recombinant protein vaccine）、亚单位和载体疫苗（subunit and vectored vaccine）、基因工程疫苗（genetically engineered vaccine）、DNA/RNA 疫苗、多肽疫苗（peptide vaccine）等疫苗类型（田园园和叶星，2012）。

重组蛋白疫苗是指利用重组 DNA 技术，将病原保护性抗原基因进行体外表达形成病原蛋白质，再经分离纯化而制备的疫苗。识别病原体的保护性抗原是制备重组蛋白的先决条件，筛选的保护性抗原需要插入不同类型的表达系统中进行表达。目前常用的表达载体包括细菌（Noonan et al., 1995）、哺乳动物细胞（Acosta et al., 2006）、酵母（Vakharia, 2008）、昆虫细胞（Lecocq-Xhonneux et al., 1994）、微藻类以及转基因植物（Muktar et al., 2016）。针对海水和淡水鱼类病毒性疾病的重组亚单位疫苗的研究较多，Christie（1997）确定了 IPNV VP2 蛋白内部的可变区免疫优势区，采用大肠杆菌表达系统制备了重组蛋白 rVP2，确定该蛋白质可以提高虹鳟和大西洋鲑抗 IPNV 能力。Shimmoto 等（2010）将携带真鲷虹彩病毒（iridovirus of red sea bream, RSIV）的细胞肿大病毒 3 种衣壳蛋白基因的表达载体转化到大肠杆菌，然后对重组菌株进行灭活处理，制备成带菌病毒亚单位疫苗，腹腔注射真鲷后发现表达病毒衣壳蛋白的基因工程菌对 RSIV 感染有良好的保护效果。Lu 等（2011）制备了草鱼呼肠孤病毒 GCRVVP5 和 VP7 重组亚单位疫苗，口服免疫草鱼可以有效提高草鱼存活率。

DNA 疫苗是将编码蛋白质抗原的重组真核表达载体直接注射到动物体内，使外源基因在活体内表达，从而诱导机体免疫应答。DNA 疫苗已经在多种养殖鱼类中进行研发，主要集中在病毒性疾病（Gomez-Casado et al., 2011）。近年来，对病毒性出血性败血症病毒（viral haemorrhagic septicaemia virus，VHSV）和 IHNV 两种病毒 DNA 疫苗的研究较多，已有很多研究证实了这两种 DNA 疫苗的有效性和长期性（Chaves-Pozo et al., 2010）。加拿大 Novartis Aqua Health 公司已将针对 IHNV G 基因研发的 DNA 疫苗商业化应用于大西洋鲑的养殖中（Alonso and Leong, 2013）。Adomako 等（2012）采用聚乳酸-羟基乙酸共聚物（poly(lactic-co-glycolic acid)，PLGA）纳米颗粒作为载体，将针对 IHNV G 基因研发的 DNA 疫苗口服免疫大西洋鲑后发现鱼体内有抗 IHNV 中和抗体。

随着越来越多的细菌、病毒和寄生虫基因组测序和生物信息学分析的完成，反向疫苗学（reverse vaccinology）为开发新型疫苗提供了新的途径。反向疫苗学以免疫信息学、计算机预测设计及各种组学综合技术为核心来筛选难以发现的病原抗原成分，再利用体外重组方式进行安全性和有效性验证（Restifo et al., 2000; Dadar et al., 2017）。这一技术在人类健康相关疫苗筛选中已显示出重要性，目前在水产病原菌美人鱼发光杆菌杀鱼亚种（*Photobacterium damselae* subsp. *piscicida*）中已开展相关研究（Andreoni et al., 2016）。Mahendran 等（2016）利用免疫信息学的方法对迟缓爱德华氏菌（*Edwardsiella tarda*）和柱状黄杆菌（*Flavobacterium columnare*）的外膜蛋白基因的免疫原性进行分析，为筛选新型的多肽疫苗提供重要数据。

近年来，随着渔用疫苗的研发，常与渔用疫苗联合使用的免疫佐剂研发也备受重视。免疫佐剂可以增强抗原的免疫原性，增强疫苗的免疫效果。对于新型疫苗佐剂开发，不仅要对疫苗特点、结合方式和载体选择等方面进行研究，还要对佐剂本身的毒性、免疫效率发挥和持久性等方面进行研究，使其更好地发挥改变机体免疫应答、增强疫苗免疫效能。目前已研发的常用免疫佐剂包括聚合微球体、免疫刺激复合物（immune stimulating complex，ISCOM）、霍乱毒素（cholera toxin，CT）、大肠杆菌不耐热肠毒素 B 亚单位（escherichia coli heat-labile enterotoxin B subunit，LTB）等（王玉堂，2018；谢华亮等，2019）。为减小免疫佐剂对机体的免疫刺激，近年来中药免疫佐剂、分子佐剂及微生物佐剂的研发越来越受到关注。

4）生态免疫制剂得以普遍应用

近年来随着生态免疫的兴起，国内外有很多学者关注免疫增强剂和微生态制剂的开发及利用。使用免疫增强剂是提高水产动物机体抗病能力的有效途径之一，目前国际上常用的免疫增强剂包括 β-葡聚糖、酵母菌的菌体多糖 Macro Gard（β-1,3-葡聚糖和 β-1,6-葡聚糖等）、褐藻胶（alginate）和掌状海带（*Laminaria digitata*）提取物等（Ringø et al.，2012，2014；Meena et al.，2013）。然而免疫增强剂的大量获取是产业化发展的瓶颈问题之一，为了研发易得有效的免疫增强剂，近年来国际上很多研究着力于探讨植物提取物对水产生物免疫能力的影响及在病害防控中的使用。用添加绿茶提取物的饲料饲养虹鳟 35d 后鱼体内相关免疫酶活性显著升高（Nootash et al.，2013），用添加生姜提取物的饲料喂养亚洲海鲈鱼 15d 后鱼体对哈维氏弧菌（*Vibrio harveyi*）的抵抗力显著升高（Talpur et al.，2013）。此外，菌类及海洋微藻提取物也被证实对养殖鱼类具有免疫增强效果（Wu et al.，2013；Cerezuela et al.，2012）。但是不同植物提取物对于生物体内菌群以及免疫活性的作用机制目前尚需进一步深入探讨，同时，免疫增强剂对不同养殖品种的使用时间以及剂量也需要深入研究。

益生菌（probiotics）是一类可在养殖动物体内存活并提高养殖品种对病原体抵抗力的复合微生物，目前国际上常用的益生菌为乳酸杆菌，已在多种养殖品种中证实其作用并进行实际应用。然而在饲料中使用益生菌通常比较困难，因为细菌在聚集成球存储后存活率较低，这在一定程度上会影响益生菌使用效率。同时，投喂益生菌也会使益生菌进入水体环境中，对养殖环境产生副作用。近年来，学者开始关注合生元（synbiotics）的研发。合生元是指由益生菌和益生元协同作用产生的一类营养补充剂组合，已在贝类、棘皮动物和鱼类中发表了很多关于合生元提高抗病力的研究，为开发新型生态免疫制剂提供了研究支撑（Cerezuela et al.，2011；Ringø et al.，2014）。

2. 国际科技发展瓶颈

1）疫苗安全性和稳定性亟待评价

目前已研发并广泛使用的重组亚单位疫苗不含有病原的毒力因子，具有安全性好、生产简单易控的特点，但是重组亚单位疫苗的表达常会受到表达系统的影响，如利用细菌表达系统制备重组亚单位疫苗中重组表达的部分可能会出现抗原表位构象不完整或改变的情况，因而难以诱导长期的免疫力。DNA 疫苗的研发虽然发展迅速，但是在国际上很多国家并没有批准 DNA 疫苗进行商业化应用。因为 DNA 疫苗的质粒在进入机体后其表达不可控制，所以需要对其安全性进行进一步评价，这包括疫苗引起的免疫反应、质粒 DNA 的组织分布及表达情况、质粒的稳定性及其与受体基因组整合等问题。

2）新型佐剂的功效及作用亟待揭示

由于油乳佐剂具有易乳化、黏度小、稳定安全且容易吸收的特征，目前渔用疫苗佐剂常用油乳佐剂作为渔业疫苗的增强剂（Hwang et al.，2017；Thim et al.，2014）。但油乳佐剂在免疫保护过程中释放抗原的速度较慢，容易形成仓库效应，从而使接种生物长期处于抗原环境刺激中，会产生一定的毒副作用，并且油乳佐剂不易注射。近年来，包括聚乳酸-羟基乙酸共聚物（PLGA）、聚乳酸（polylactic acid，PLA）等聚合微球体被应用于疫苗佐剂的研发中，其中 PLGA 具有高抗原递呈性、生物可降解性和无毒性等优点，被认为是新型医药和疫苗佐剂的递送载体，目前对口服免疫佐剂的研究较多（谢华亮等，2019；王玉堂，2019）。细胞因子如白细胞介素（interleukin，IL）、干扰素（interferon，IFN）、热休克蛋白、胞嘧啶鸟嘌呤二核苷酸（CpG-DNA）等分子佐剂以及中草药佐剂的研发近年来亦出现相关报道。但是细胞因子佐剂会介导炎症反应，佐剂与抗原间的相关作用及用量还需要深入研究。而中草药佐剂虽然具有多效性等特征，但是有关其作用机制方面的研究尚较为薄弱。

2.1.4 我国科技发展现状与瓶颈

目前我国水产动物病害防控技术也紧跟国际发展趋势，整合现代信息技术和大数据，逐步建立水产动物疾病监测预警网络，针对水产动物重要疾病，以新型安全高效的疫苗、免疫增强剂以及中草药等抗病生物制剂的研发为支撑，构建水产动物病害精准防控技术体系。

1. 我国科技发展现状

1）病原快速检测技术得以发展

近年来，国内相关科研机构对包括白斑综合征病毒（WSSV）、传染性脾肾坏死病病毒（infectious spleen and kidney necrosis virus，ISKNV）、石斑鱼虹彩病毒（grouper iridovirus，GIV）、牙鲆淋巴囊肿病毒中国株（lymphocystis disease virus isolate from China，LCDV-C）等多种国内鱼虾贝类主要病毒的基因组特征有深入研究，分离了鳗弧菌、副溶血弧菌、爱德华氏菌、嗜水气单胞菌等多种病原菌种，这些为建立水产动物病害快速检测技术奠定了充分的理论基础。在上述病原学理论研究的基础上，国内科研机构建立了基于免疫学、分子生物学的快速检测技术，包括嗜水气单胞菌、爱德华氏菌、锦鲤疱疹病毒（Koi herpes virus，KHV）、TSV 等多种病原的快速检测技术，很大程度上减少了相关病害带来的损失。目前我国已报道的水产病害快速检测分子生物学技术包括数字 PCR 技术、实时定量 PCR 技术、环介导等温扩增检测（LAMP）技术、基因探针技术、基因芯片技术等，基于免疫学的快速检测技术有胶体金免疫层析技术、免疫荧光技术和 ELISA 技术等。并且将多个技术进行应用组合，可在更大范围内更精准地定量测定病原，如免疫酶标记检测核酸杂交技术、PCR-核酸探针杂交技术、PCR-ELISA 联用技术、液相芯片技术等（李伟哲等，2019）。截至 2016 年，我国已获批病原检测技术类的国家发明专利有 12 项，建立了甲壳类、鱼类及贝类等国家及地方标准 71 项，2011 年中国水产科学研究院黄海水产研究所还获批了对虾白斑综合征及传染性皮下和造血器官坏死病两个 OIE 参考实验室，病原检测技术可以满足国内鱼虾贝类主要病原的快速检测。近年来，随着水产病害呈现多样性的特点，海水养殖动物诊断技术开始向同时检测多种病原的方向发展。

随着互联网的发展，水产病害远程诊断系统的建立为养殖病害的预警预报及诊断治疗提供了快速信息传递，也为水产动物病害的预测提供了新途径。冯子慧等（2014）将显微图像采集技术与网络通信技术结合，建立了可跨平台应用的水产养殖病害远程动态图像采集与传输系统，可以进行多人多点实时视频和音频，实现了水产病害的远程同步快速检测。阎笑彤等（2016）采用余弦相似度模型，建立了基于 Web 的水产养殖病害诊断专家系统，通过实验验证，该系统可以对用户输入的病害症状进行正确诊断。我国目前已建立了全国主要水产动物（鱼类、甲壳类、贝类等）疾病远程辅助诊断服务网，该平台建立在以 B/S 结构为主的 Web 浏览器平台上，将先进的信息处理技术和水产病害防治技术相结合，及时收集、分析、反馈信息，建立了水产病害专家数据库和水产病害文献资料库，通过"水产病害远程诊断技术系统"建立的业务应用子系统、管理子系统、按点部署的视频采集子系统，实现了数据传递、自助查询、在线交流等功能，可提供电子答疑、用药指南等咨询服务，以可视、交互的方式，实现病害的自助诊断和专家远程诊断（吴淑勤和王亚军，2010）。

2）非抗生素类活性物质得以研制

水产病害防控中抗生素滥用所产生的食品安全和环境污染越来越受到关注，因此研发非抗生素类活性物质成为国内水产病害防控新的研究热点。近年来，我国研发了一些具有抗病并增强免疫力的非抗生素类活性物质，包括免疫增强剂、抗菌肽、中草药以及疫苗类生物制品。免疫增强剂通过与机体非特异性免疫因子相互作用提高生物体对传染性病原体的抵抗能力，相比化学药物安全性更高，目前已经证实多种多糖类、寡糖类以及抗菌肽均具有免疫增强作用，包括甲壳素、壳聚糖、细菌脂多糖、海藻葡聚糖以及糖蛋白。以这些物质为代表制备的免疫增强剂在国内水产养殖中已得到应用。华雪铭等（2008）发现在基础饲料中添加壳聚糖可以显著影响草鱼的甲状腺激素水平，显著提高草鱼头肾和脾脏溶菌酶活性、头肾 NO 含量；刘云等（2008）发现在刺参基础饲料中添加海藻硫酸多糖和壳聚糖可以显著提高刺参主要组织酶的活性，可以作为刺参免疫增强剂使用；曹丽萍等（2008）利用细胞生物学方法发现香菇多糖和黄芪多糖可以显著提高鲤鱼免疫细胞的活性，并促进白介素基因的表达。抗菌肽作为抗生素替代品，在水产业中已表现出极大的应用潜力，但从生物体提取抗菌肽的效率较低，并且难度较大、成本较高，不易满足生产需求。而现代基因工程技术的发展为大规模生产抗菌肽提供了有效途径和新趋势。厦门大学利用基因工程技术，将源于海洋动物的抗菌肽基因，通过发酵生产出高效抗多种细菌、真菌、病毒和寄生虫的抗菌肽产品。目前，该产品已获批我国首个海洋动物抗菌肽基因工程产品生产应用的安全证书，并已进入产业化前期阶段。

中草药是我国的瑰宝，由于中草药具有不易产生耐药性、多效性等特征，研发具有抗菌、驱虫、抗病毒等功能的绿色新型中草药物成为国内药物研发的突破口。研究报道显示，黄芩、黄芪等不仅可以防治爱德华氏菌、弧菌、链球菌等细菌性疾病，还可以调节生物体内肠道菌群结构，可以起到免疫增强剂的作用。传统的复方中草药制剂成分复杂，并且作用机制并不清楚，难以满足水产养殖业的需求，目前单一中草药及其提取物的应用研究成为水产动物中草药免疫的主要方向。目前，大黄、大蒜、山银花、白头翁、板蓝根、黄芩、黄连、黄柏等100多种天然药用植物衍生出的中药制剂在水产养殖中均有应用（周疆等，2019）。

3）生态防控技术得以推广应用

按照生态友好发展的要求，水产病害生态防控也成为国内病害防控的有效途径之一，生态防控就是通过对养殖生态系统的调节和控制，为养殖动物提供一个合适、稳定、健康、安全、可持续的生存和生长环境。其中生态修复和微生态制剂等是目前生态防控主要应用技术。在休耕期间，合理应用干塘、晒塘、碱化、翻耕、热熏等技术对池塘底泥进行科学修复，可以有效提高池塘土壤缓冲能力，使得池塘水质稳定，水体中微生物群落多样性指数升高，有效减少病害体的产生。在国内对虾人工养殖中此方法已广泛使用。在珠江三角洲鳗鱼、鳜鱼、草鱼、对虾等主养地区，集成应用底质修复、生态基原位净水、底部增氧等健康养殖技术的研究示范表明，病害平均损失率降低20%～30%，基本杜绝有害化学药物的使用，换水量降低50%（吴淑勤和王亚军，2010）。另外，在养殖过程中施用微生态制剂，可调节微生态平衡、增强免疫力。目前国内应用较多的是一类是以乳酸菌、芽孢杆菌、酵母菌和EM菌等为主的体内微生态改良剂，还有一类是以光合细菌、硝化细菌等为主的水质微生态改良剂。微生态制剂的使用可以净化环境，抑制病原菌的暴发，提高生物免疫力。

2. 我国科技发展瓶颈

1）快速检测技术研发产业化推广较缓

近十几年，我国水产养殖重大疾病的快速检测技术已可以接近或是达到国际先进水平，对多种重大疾病的病原已建立了快速检测技术和试剂盒，有部分快速检测试剂盒进行了推广应用，但是规范化程度较低，推广范围较小。另外，高昂的分子生物学实验成本以及繁杂的仪器检测条件使得基于免疫学技术、分子生物学技术的病原快速检测技术在基层养殖企业中并没有全面普及推广。

2）预警预报体系尚需进一步完善

近年来，随着我国水质监测技术的提升，我国科研人员研发了在封闭水体养殖及集约化养殖体系中基于水质监测的预警预报体系。在凡纳滨对虾集约化养殖中，通过建立水质预警模型预防疾病发生（宋协法等，2014）。在池塘养殖鱼类疾病防控中，通过实时监测水质数据对养殖鱼类疾病发生风险进行预测，构建了池塘养殖鱼类病害预警模型（李亮亮，2016）。相对于集约化养殖，开放式养殖系统的水质实时监测和病害预警尚不够完善。

3）新型药物及生态制剂的安全性评价技术不足

目前国内在药物防控中已使用的药物多数来源于兽药，对于其在水产动物中的药代动力学、药效及毒性研究明显不足。中草药在水产病害防控领域的相关研发目前更多是侧重使用效果的判断，而对药物有效成分和作用机制研究较少。深入探讨中草药药理学和毒理学的理论研究，改进中草药有效成分的提取工艺并改进给药方式，有助于提高中草药的防治效率。

4）微生态制剂使用规范性欠缺

微生态制剂调节环境和养殖个体微生态平衡、增强养殖个体免疫力等效果推动了我国养殖水域中微生态制剂的使用，目前在国内池塘养殖中微生态制剂被广泛使用。虽然微生态制剂功效显著，但渔用微生态制剂基础性相对薄弱，有关渔用微生态制剂菌种的生物学特性与功能，菌种使用过程中的配伍、保存和运输，菌种发酵培养方法、条件，以及使用后对环境的影响等方面尚缺乏系统性和深层次的研究，渔用微生态制剂在养殖环境以及鱼体中的消除或者转化规律尚不明确。另外，目前很多渔用微生态制剂生产工艺缺乏严格的质量管控，导致制剂中的作用效果无法得到保证，并且在使用中也存在不规范性。如果使用不当，不仅效果不稳定，还会造成养殖水域和养殖动物体内微生态失衡，增加养殖动物发病的风险，加强渔用微生态制剂的基础研究并建立渔用微生态制剂标准体系将有助于推进国内微生态制剂产品的健康发展（王玉堂，2019；杨移斌等，2018）。

2.2 重大科技需求分析

2.2.1 科技发展愿景分析

1. 聚焦应用物联网等现代信息技术和装备

在水产病害测报方面，物联网、云计算、大数据、移动互联等现代信息技术和装备将普遍得到应用，水产养殖病害与气象、水温、水质因子、病原生物、养殖密度等因素之间关系的数学模型将有效建立，病害发生机制和流行特征将得到深入解析和明确掌控，实现对水产养殖病害发生时间、类型进行准确预测预报。在实际生产应用中，养殖户可在相关病害可能发生之前提前做好预防和准备，起到防患于未然的效果，及时有效制止养殖病害的传播及可能造成的经济损失，水产品养殖质量、产量和经济效益均将得到极大提升。

2. 新型药物研发和疫苗制备技术获得突破

在药物防控方面，结合我国水产养殖特点和病害特点，水产养殖病害专业药物将得到开发与应用，并兼顾药物对养殖水体环境及人体的影响，研制出效果显著、价格低廉、环境友好以及对人体无害的水产养殖病害专用药物（魏春丽和徐莹，2018）。

此外，更加普遍地利用分子生物学技术研制多种水产疫苗，包括针对不同养殖物种的重组疫苗、亚单位载体疫苗、DNA/RNA 疫苗、多肽疫苗等基因工程疫苗，并广泛应用于实际生产中，使水产动物的防病抗病能力得到显著提升。基于细菌、病毒和其他水生动物病原基因组的相关研究，通过致病因子相关重点基因和蛋白功能的发掘，利用反向疫苗学理论从基因组水平筛选具有保护性免疫反应的候选抗原基因，经系列研究获得有效疫苗的工作将取得突破性进展。水产专用疫苗的普遍应用将极大地提升水产动物的免疫和抗病能力，有效减少传染性疾病等病害对水产动物生长和发育的影响，与此同时，水产品质量安全和养殖效益将得到有效保障。

3. 强化免疫增强剂和微生态制剂效果

天然免疫增强剂如中草药、海洋天然活性物质和益生菌等将得到更为广泛的应用，尤其是在生态防控方面，微生物生态技术以及生态制剂的普遍推广与应用，将使得养殖水域生态环境明显改善，渔业生产系统将得到有效的整体控制和调节。通过多种防控举措全方位地综合运用，我国水产动物病害将得到有效控制，防控技术也将会达到国际先进水平。

2.2.2 科技发展需求分析

水产病害防控技术发展是水产养殖产业健康发展的坚实后盾，随着现代科技的发展，人们对水产病害防控技术提出了更高的要求。在现有基础上，提高病害测报技术，使病害测报工作更加准确，在实际生产应用过程中更为实用，完善并合理协调药物、免疫、生态防控办法，使防治效果更为显著，对保障水产品质量安全、增加渔民收益、实现水产养殖产业可持续发展具有重要意义。

1. 病害形成机制亟待深入解析

在病害防治过程中，综合考虑病原、宿主和环境三者之间的关系，追溯病原的来源，查明传播途径，搞清病害形成机制，明确影响发病进程的相关因素，对采取有效的预防和治疗方法极为关键。造成水产养殖病害发生的原因复杂，病害种类也呈多样化的发展趋势，一般而言，主要原因包括病原的侵害（病毒、细菌、寄生虫等的侵害）、非正常的环境因素（水温、溶解氧、盐度等的变动）、营养不良（缺乏维生素、矿物质和氨基酸等）、动物本身先天的或遗传的缺陷、机械损伤、应激反应等。水产养殖动物的发病可以是单一病因的作用，也可以是几种病因混合的作用，并且这些病因往往有相互促进的作用（战文斌等，2004）。病原生物引起的疾病是病原、宿主和环境相互影响的结果，三者的相互作用决定着疾病的发生和发展。目前我国关于病害形成机制的研究仍较为欠缺，这造成在病害防治过程中出现"头疼医头，脚疼医脚"的现象，病害发生的关键节点易被忽视，难以从根本上消除病害的发生。

2. 病原检测和诊断技术体系产业化亟待完善

水产养殖病害是水产养殖生产发展和养殖水产品质量安全的主要制约因素，准确的病害测报对疫病防控工作至关重要。然而，面对目前水产业病害种类繁多、形势复杂的情况，我国在病害诊断方面较多地还是借助工作人员的经验和组织镜检的方式，这种检测方式由于受限于从业人员的经验，因此存在一定的主观性，缺乏标准化和系统化，难以在实际生产过程中准确诊断病害类型（吴金石，2016）。针对近年来水产病害呈现多样性的特点，利用分子生物学技术对多种病原进行快速精准检测的研究取得一定进展（谢芝勋等，2005），但高昂的分子生物学实验成本以及繁杂的仪器检测条件使其难以在水产领域中全面普及推广。因此，快速、高效、准确、方便操作且成本低廉的多病原诊断技术亟待突破。

此外，基层水产病害防控工作技术薄弱，养殖户在病害发生时对病害的误诊、漏诊等现象时有发生，而渔业专家资源有限，难以亲临每一个发病现场直接做出诊断并给出正确的处置建议（曾庆雄，2014）。因此，建立一种能够使基层水产养殖户和水产专家有效沟通的平台，使水产病害发生时从业者能够得到及时准确的病害诊断信息和正确得当的处置意见显得极为迫切。水产病害远程诊断系统可为养殖病害的预警预报及诊断治疗提供快速信息传递平台，目前我国已建立主要水产动物（鱼类、甲壳类、贝类等）疾病远程辅助诊断服务网，实现了水产病害的远程同步快速检测（冯子慧等，2014；阎笑彤等，2016），并以可视、交互的方式，实现了病害的自助诊断和专家远程诊断。尽管该系统目前已在我国一定区域内得到应用，但其覆盖水产动物品类仍相对较少，检测和诊断效率仍相对较低，且许多从业者由于自身知识及硬件条件限制难以正确使用，限制了该系统的推广应用。因此，急需推动我国网络基础设施建设，拓展该系统对水产养殖动物品类的覆盖面，加大水产病害远程诊断系统在基层的推广力度，并将物联网与大数据传感、智能信息处理等技术运用到水产病害远程诊断系统中，不断提高诊断效率和准确率及智能化程度。

3. 新型抗病药物和疫苗亟待系统研发

一般而言，水产养殖过程中病害暴发时，药物控制是首选的方法。但在药物防控方面，专业用于水产病害防控的药物仍较少见，市面上诸多用于水产养殖动物疾病治疗的药物多来源于兽药、人药或化工产品等。此外，尽管化学药物防治具有可操作性高、价格低廉、疗效明显等优势，但是不规范不合理地使用化学药物会破坏水域的生态环境，损害水产品的质量安全。因而，在药物防控方面，水产养殖专用药物缺口极大，急需开展针对特定养殖种类和特定病害的水产养殖专用药物研发及效用机制研究，同时应结合我国水产养殖特点和病害特点，突出效果显著、价格低廉、环境友好以及对人体无害等特点，满足我国水产病害防控要求（魏春丽和徐莹，2018）。

由于药物防治不仅会引起耐药性菌株繁殖，还会导致一系列环境污染问题，因此，研发新型病害防治方式——疫苗免疫是一种必然选择。但我国多数疫苗并未进入产业化应用，与国外相比，我国水产疫苗更多地处于研发阶段（周瑾，2013）。鉴于在水产养殖过程中疫苗防控的诸多优势，需要加强与外国水产疫苗研发机构交流学习，拓展我国水产疫苗研发领域，着力开展水产疫苗相关研究，开展疫苗预防试点、推广和普及工作，推进水产疫苗产业化应用，与此同时，政府还要加大对科研院校的政策支持，促进水产动物免疫研究的深入开展，推动重要养殖对象疫苗产品的商品化，对有效开展水产养殖疾病防控，进而促进我国水产养殖产业健康发展尤为重要。

4. 生态防控技术体系亟待提高

水产养殖病害生态防控是水产病害防控的重要途径，目前主要通过研发生态修复技术、调节控制养殖水域生态环境，给养殖动物营造一个适宜的生存环境，从而达到病害防控的目的。但我国生态修复技术仍较为落后，通过集成应用底质修复、生态基原位净水、底部增氧等健康养殖技术降低病害损失率和杜绝有害化学药物使用仍处于示范阶段（吴淑勤和王亚军，2010），相关技术未形成成熟的体系，亟待进一步提高。

此外，在养殖过程中施用微生态制剂已成为生态防控措施的重要内容（魏春丽和徐莹，2018）。目前我国应用较多的是以乳酸菌等为主的体内微生态改良剂和以光合细菌等为主的水质微生态改良剂，在我国渔业饲料和水质改善中使用存在不规范性，易造成养殖水域和养殖动物体内微生态失衡，增加养殖动物发病的风险（王玉堂，2019）。因此，通过研究微生态制剂改善水质以及在水产养殖动物体内菌群结构的作用机制，研发高效、安全的微生态制剂，是提高生态防控效果的重要内容。

2.2.3 重大科技任务分析

病害防控技术是构建水产养殖业绿色发展体系的基础和先决条件，在深入解析病害形成机制的基础上，通过整合现代互联网、物联网、大数据以及生物科学技术，建立水产动物疾病的精准即时智能化远程诊断技术和监测预警网络；针对水产动物重要疾病，研制新型、安全、高效的疫苗、佐剂、免疫增强剂以及中草药等抗病生物制剂；研发水产养殖生态防控技术体系，开展环境生物精准调控与安全评价，是水产病害防控的重要内容（吴金石，2016）。重大科技任务主要集中在以下几个方面。

1. 病原、宿主与环境间的互作机理及调控机制

1）水产经济物种免疫机制及其对病原感染响应机制的深入研究

目前，我国水产养殖的种类和品种极为多样，而脊椎动物与无脊椎动物的免疫应答机制又存在较大的差异，尽管在鱼、虾、贝中分别已开展部分研究（宋林生，2014），但诸多重要养殖品种的免疫学机制研究仍较为薄弱。水产养殖动物免疫学研究能为病害防控提供重要的理论指导。研究水产养殖不同品种的免疫学机制，探究其免疫应答机制，增强生物免疫应答水平，以及提高养殖生物机体的抗病能力是研究水产生物抗病免疫的重点。

2）水生病原致病机理和流行病学调查

针对近年来水产养殖种类新型传染病出现频率升高和发病区域不断增多、并发和继发性疾病越发普遍（曾洋泱等，2013）、急性暴发性传染病发生比例显著增加等现象，加强水产动物传染病的流行病学调查研究，掌握水产养殖动物的细菌、病毒、真菌和寄生虫引发的水生传染病病原的特性、传播方式、临床症状与流行情况，从传染源或发生过程的关键环节入手，从根本上消除病原的侵袭和扩散，提高水产病害防控效率和效果。

2. 新型病害防控技术和产品研发与应用

1）水产动物疾病快速诊断技术

利用免疫学和分子生物学等技术对养殖个体进行病原检测，结合疾病的症状和体征进行快速诊断，在很大程度上可减少病害带来的损失。将多个技术进行应用组合，进而在广泛范围内可以更精准地定量测定病原，如免疫酶标记检测核酸杂交技术、PCR-核酸探针杂交技术等成为新的研究热点（任硕等，2015；邓敏等，2000）。然而，分子检测的成本及检测条件要求较高，限制了该技术的推广应用，因此，如何降低检测成本、简化检测步骤、

大规模示范推广病原快速检测技术是目前水产养殖动物病害检测的重要任务。此外，全国水生动物疾病远程辅助诊断服务网系统能够使基层水产养殖户和水产专家有效沟通，使养殖户在水产病害发生时能够得到及时准确的病害诊断信息和正确得当的处置意见。随着科学技术的发展，将物联网、大数据及无线通信网络应用到该服务网系统，在完善基础设施的基础上推动该系统的普及应用，提升病害诊断的速度、效率及准确性，是水产病害防控的关键。

2）智能化远程监测预警技术

随着现代无线网络通信技术的发展，数据无线传输在养殖水质和生物监控系统的应用中越发普遍（曾洋泱等，2013）。现代无线网络技术数据传输的提速和扩容保障了水质和生物监测数据传输的有效性和即时性，而太阳能电池技术保障了传感器对耗电的需求。尽管目前已研发出 ZigBee 无线传感技术满足水产养殖水质在线监测对低成本、高可靠性的要求（高伟等，2018），但其仅针对低速传感器网络制定，在不同养殖模式中的应用仍有待探讨，且无法满足生物监测对大数据量传输的需求。水下生物监测技术可实时上传养殖过程中的鱼类健康状况及药物使用情况，从而实时监测养殖生物的健康情况，但相关成本高昂，难以在实际生产过程中大规模使用。因此，研发成本低、效率高、延时短且应用广泛的水质和生物无线实时监测技术也是水产养殖动物病害控制中有待开发的关键技术之一。

3）新型安全高效的疫苗和生物制剂的研制

作为水产病害防控的重点内容，水产疫苗市场的销售额呈现逐年增高的趋势，到 2012 年全球商业化生产的水产疫苗已超过 140 种，是最具潜力的动物医学产业之一。随着细菌、病毒和部分水生生物基因组的报道以及部分基因和蛋白质功能的发掘，利用反向疫苗学从基因组水平筛选具有保护性免疫反应的候选抗原疫苗成为新的突破点（王忠良等，2015），但商业化的疫苗使用地区范围较小，且种类不多，基因工程疫苗研发面临着养殖物种和抗原多样性高以及病原体变异等诸多挑战，解决这类问题是免疫防控得以有效实施的关键。针对水产动物重要疾病，研制新型安全高效的疫苗、佐剂、免疫增强剂以及中草药等抗病生物制剂是亟待解决的重要问题。

4）水产养殖生态防控技术体系的研发

目前，我国水产养殖病害生态防控中环境修复技术仍较为落后。可通过合理设置养殖动物放养密度，运用不同种类的搭配混养以提高单位养殖水体效益，促进生态平衡，保护水体中的正常菌群，从而达到预防疾病的目的。但养殖动物合理放养及养殖水域环境修复理念仍缺乏相关科学研究的支撑指导，如对养殖水域环境承载力及立体生态环境分析等相关工作仍较为欠缺。此外，在微生态制剂研究方面，以乳酸菌、芽孢杆菌、酵母菌和 EM 菌等为主的体内和体外微生态改良剂在应用于水体改善过程中仍不规范，盲目使用往往会起到反效果（王芸和郑宗林，2013），急需制定相关微生态制剂使用规范及标准。因此，研发渔业生产系统整体精准控制和调节技术，营造良好、科学、合理的养殖生物生长环境，是减少病害发生、促进养殖生物健康成长的关键。

2.3 技术水平发展总体评价

目前，我国水产养殖业正处于高速发展的阶段，但是由于养殖模式的多样性和不规范性、养殖密度的不断增高，病害问题则越发严重。而由病害问题导致的经济损失每年可高达数十亿元，这直接制约了水产养殖的高效、健康发展。因此，建立、完善水产病害预防预警体系，有效防治水产动物病害的发生，是目前水产养殖的重中之重。本节主要结合国内外已有水产动物病害防治体系，结合免疫、药物、生态和病害预警等方面进行综合评价并初步提出主要水产动物病害防控的战略构想，为有效防治病害领域研究提供参考。

2.3.1 技术发展态势评价

以科学引文索引扩展版（Science Citation Index Expanded，SCIE）数据库为基础，以 TS= ("immunomodulatory" OR "environmental monitoring" OR "early warning" OR "vaccines" OR "probiotics" OR "disease" AND "diagnostic" OR "disease control") AND TS= ("aquaculture" OR "fishery")为主题检索公式，选取的文献类型为论文（article）、会议论文（proceedings paper）和综述（review），时间范围为1990年至检索日期（2020年3月18日）。获得检索结果后，将数据进行合并、去重和清洗处理，最终得到2317条数据，从文献计量角度分析全球水产病害防控研究的发展态势。

以中国知网数据库为基础，以 SU=(水产+渔业) AND SU=(免疫调节剂+环境监测+预警+疫苗+病害诊断+益生菌+病害防控)为主题检索公式，限定期刊类型为核心期刊、CSSCI 和 CSCD 来源期刊，时间范围为1990年至检索日期（2020年3月18日），得到国内病害防控相关研究321篇，从文献计量角度分析国内水产病害防控研究热点内容。

利用汤森路透集团开发的专利信息分析工具 TDA 软件、网络关系分析工具 Ucinet 和 NetDraw，以及 Nees Jan van Eck 和 Ludo Waltman 共同开发的 VOSviewer 软件和办公软件 Excel 进行相关数据分析。利用 TDA 软件对文献数据进行处理和清理，利用 Ucinet 和 NetDraw 工具绘制国家合作网络，利用 VOSviewer 软件对文章题名、摘要和关键词进行聚类分析，利用 Excel 软件对文献进行统计分析以及图表绘制的可视化分析。

1. 国内研究发展态势分析

将国内相关研究数据集中的论文题目、摘要和关键词进行可视化图谱分析和领域聚类，结果如图2-1和图2-2所示。从国内水产病害防控研究领域热点可视化图谱（图2-1）和主要研究内容聚类图（图2-2）中我们可以归纳出：目前国内水产病害防控的研究领域及研究内容多集中在疫苗、益生菌及环境监测等方面，说明目前这三个方向的研究在水产病害防控中属于热点问题。结合目前的研究现状，我们预测未来国内水产病害防控仍会围绕着疫苗、益生菌和环境监测这三个主要研究内容开展大量研究，这也是未来几年国内水产病害防控相关研究的发展趋势。

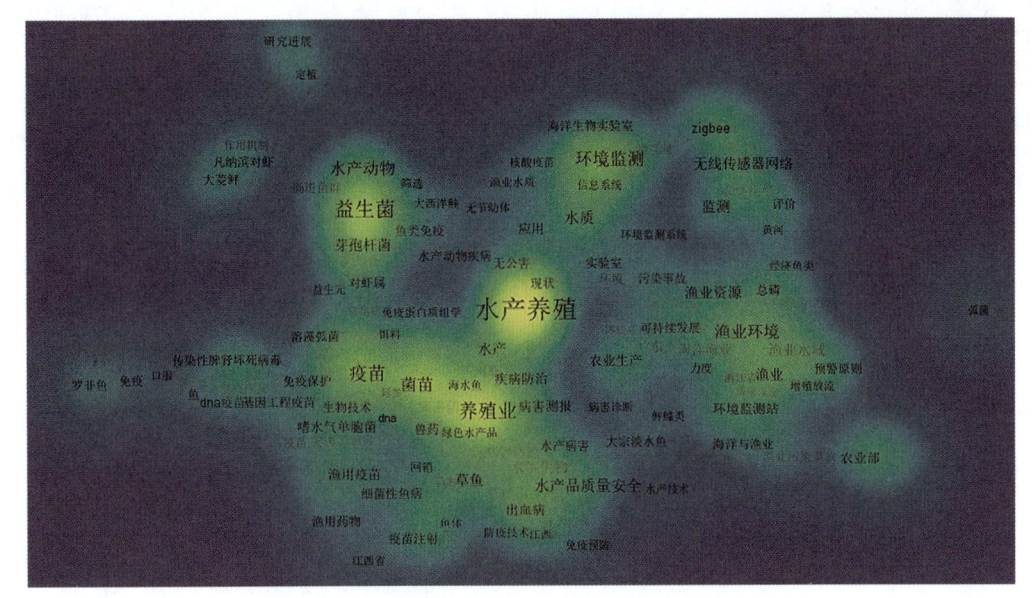

图 2-1　国内水产病害防控研究领域热点可视化图谱

颜色越凸显表明出现频次越高

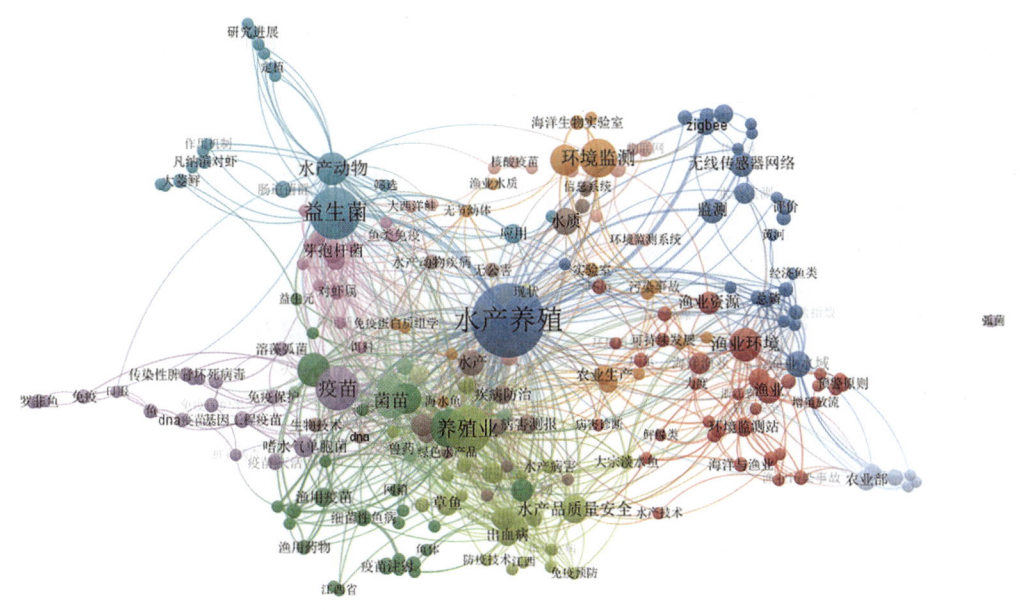

图 2-2　国内水产病害防控主要研究内容聚类图

联系紧密的关键词划分为同一区块；字号越大表示该关键词出现频次越高

2. 国际研究发展态势分析

1）研究论文变化情况

为了了解每年水产病害防控领域研究论文变化情况，我们对每年该领域的发文量进行了统计（图 2-3），可以明显看出，国际水产病害防控研究发文量整体呈现递增趋势，有些年份论文量会有小的波动。1990～2019 年有 2269 篇相关研究论文被 SCIE 数据库收录，总被引频次为 60 043 次。从图 2-3 可以看出，2010 年之前每年国际上关于水产病害防控的研究论文都不超过 100 篇，从 2010 年之后数量出现明显上升，每年发文量都超过 100 篇，并以剧增的方式逐年增长，说明对于水产养殖业来说，解决病害的问题至关重要，人们对病害的防控也越来越重视，按照目前的发展态势，未来几年关于水产病害防控的发文量还会不断增加。

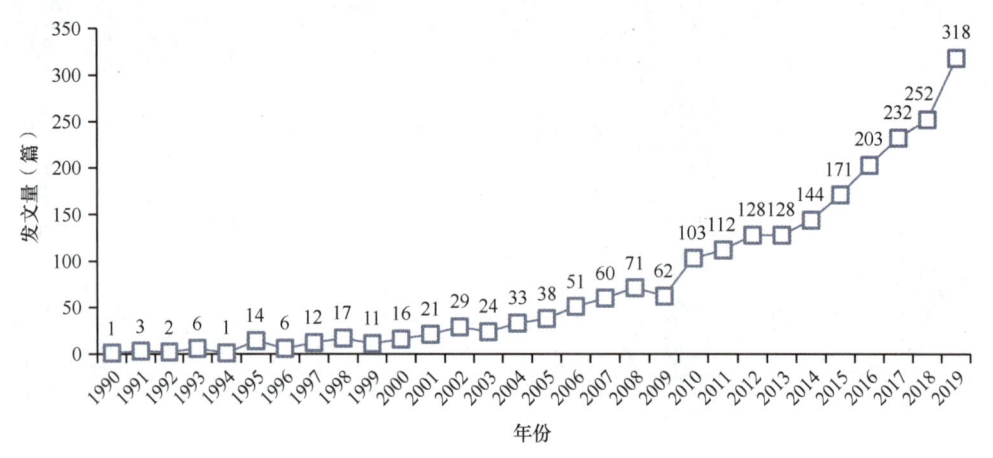

图 2-3　国际水产病害防控研究发文量变化

2）国际研究力量与影响力分析

我们对水产病害防控研究发文量前 10 位国家 1990～2019 年的发文量和被引频次进行统计分析（图 2-4，表 2-1），从图 2-4 可以看出，中国在发文量上处于领先位置，但篇均被引频次低于前 10 位国家的平均值；美国发文量和篇均被引频次都高于平均值；韩国、印度、加拿大发文量和篇均被引频次均低于前 10 位国家的平均水平；英国、澳大利亚、日本、挪威和西班牙发文量增长有限，但篇均被引频次较高。未来几年中国水产病害防控应该以发表高水平文章为主要目标，以此提高中国在国际的影响力。

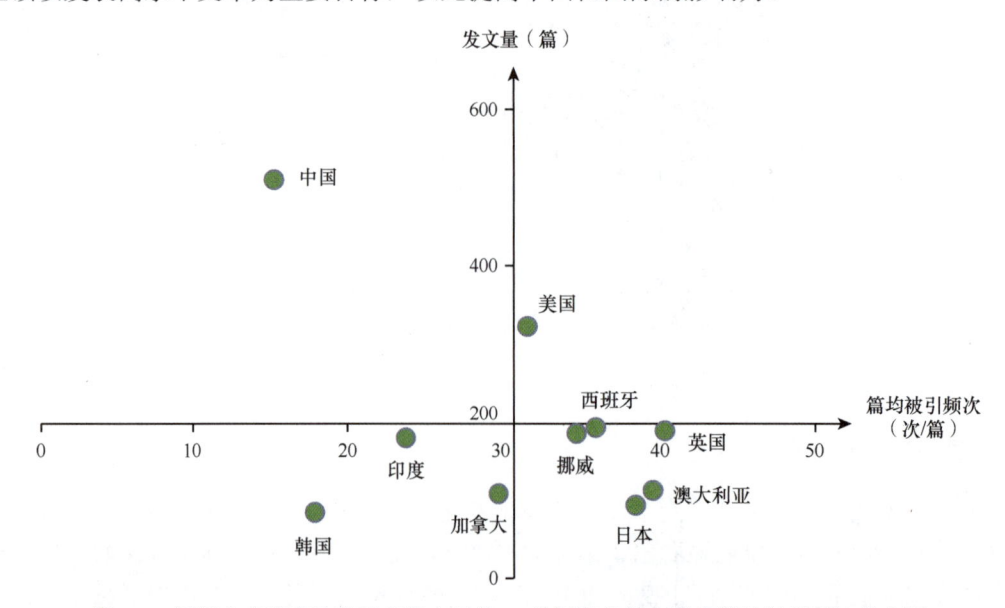

图 2-4　国际水产病害防控研究发文量前 10 位国家的发文量和篇均被引频次分布图

表 2-1 国际水产病害防控研究发文量前 10 位国家的发文情况

排序	国家	发文量（篇）	总被引频次（次）	篇均被引频次（次/篇）	第一作者国家发文量占比（%）	通讯作者国家发文量占比（%）	近3年发文量占比（%）
1	中国	510	7 493	14.69	95.88	97.25	47.25
2	美国	322	10 008	31.08	73.60	74.22	26.40
3	西班牙	192	6 810	35.47	71.88	73.44	26.56
4	英国	188	7 492	39.85	64.36	66.49	34.04
5	挪威	185	6 332	34.23	67.57	69.19	34.05
6	印度	179	4 155	23.21	85.47	88.83	29.05
7	澳大利亚	112	4 380	39.11	61.61	66.07	23.21
8	加拿大	108	3 152	29.19	67.59	66.67	31.48
9	日本	93	3 535	38.01	68.82	65.59	24.73
10	韩国	84	1 454	17.31	86.90	88.10	41.67
	平均值	197.3	5 481.1	30.21	74.37	75.58	31.85

3）国际合作情况分析

以国际水产病害防控研究发文量前 50 个国家为主，绘制各个国家相互合作关系网络，见图 2-5，可以看出，美国、挪威和英国是研究的中心国家。中国最主要的合作国家是美国。全部论文中，以国家数量计为 3227 篇，实际论文为 2341 篇，论文篇均合作国家为 1.96 个，从表 2-2 可以看出，国家独立完成的论文有 1706 篇，占全部论文的 72.8%，3 国及以上合作的论文数量为 177 篇，占全部论文的 7.56%，说明国际水产病害防控研究多国合作较少。

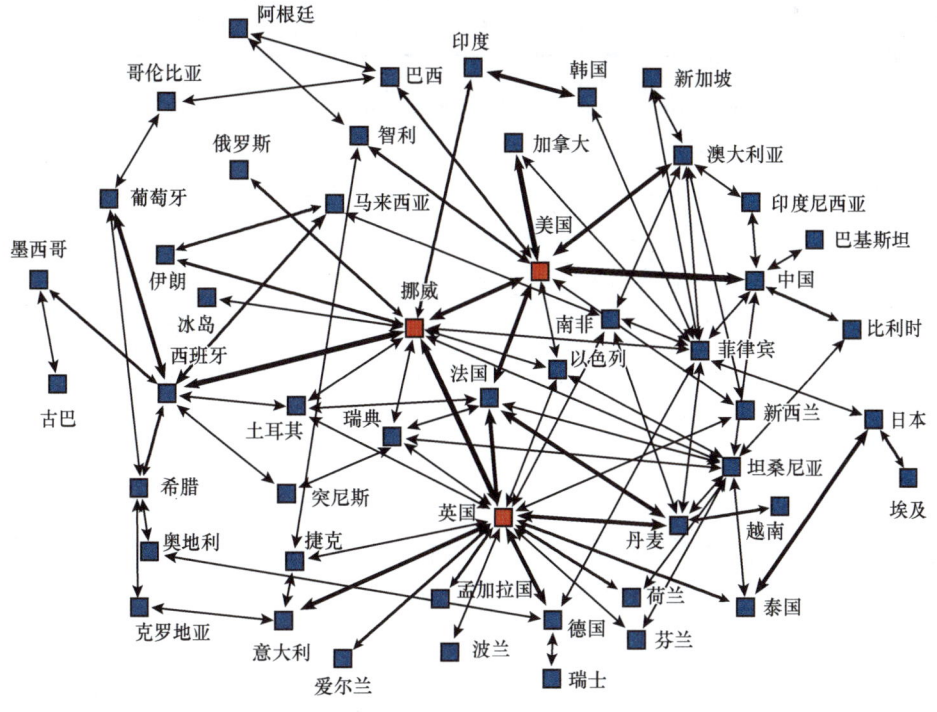

图 2-5 国际水产病害防控研究的国际合作情况
连线表示合作关系，线条越粗合作次数越多

表 2-2　国际水产病害防控研究论文合作国家数量

序号	发文量（篇）	发文国家数量（个）	序号	发文量（篇）	发文国家数量（个）
1	1706	1	6	8	6
2	458	2	7	1	7
3	122	3	8	2	8
4	31	4	9	1	10
5	12	5			

4）主要学科领域分析

按 Web of Science 学科分类看，国际水产病害防控研究所涉及的主要研究学科有渔业（Fisheries）、海洋与淡水生物学（Marine and Freshwater Biology）和兽医科学（Veterinary Sciences），见表 2-3。其中渔业所占比重最大，有 1124 篇相关论文。国际水产病害防控研究发文量前 10 位国家的主要研究领域分布见图 2-6，各个学科领域中国的发文量都占据主要优势。

表 2-3　国际水产病害防控研究主要涉及的 Web of Science 学科领域

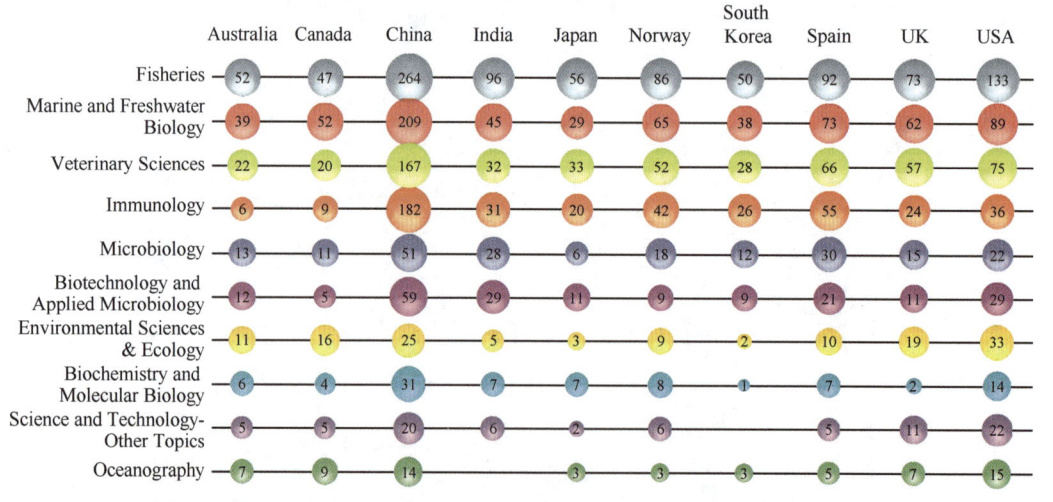

序号	学科领域	文章篇数	序号	学科领域	文章篇数
1	Fisheries	1124	6	Biotechnology and Applied Microbiology	236
2	Marine and Freshwater Biology	796	7	Environmental Sciences & Ecology	158
3	Veterinary Sciences	625	8	Biochemistry and Molecular Biology	98
4	Immunology	449	9	Science and Technology - Other Topics	89
5	Microbiology	248	10	Oceanography	72

图 2-6　国际水产病害防控研究发文量前 10 位国家的主要研究领域分布图

5）研究关键词分析

收集的论文中只有 78% 的论文数据有作者关键词字段，数据虽然不全但也可以作为主要研究内容分析的参考依据之一。通过对作者有效关键词的统计，前 20 个关键词见表 2-4。

其中，关键词益生菌/益生元/合生元（probiotics/prebiotics/synbiotics）出现最多，其次是水产养殖（aquaculture）、疫苗（vaccine）、免疫应答/固有免疫（immune response/innate immunity）、鱼（fish）、生长（growth）、免疫增强剂/免疫调节/免疫调节的（immunostimulant/immunomodulation/immunomodulatory）、免疫（immunity）、虹鳟（rainbow trout）等。这说明在水产病害防控领域关于鱼的研究特别是虹鳟的相对较多，关于疫苗和免疫增强剂以及免疫反应机制的研究相对较多，是该领域的研究热点问题，也是未来的发展方向。主要作者关键词年度变化趋势如图2-7所示，每个关键词相关的领域发文量都是逐年增加，2019年的整体发文量相对之前有所上升。例如，疫苗研究2019年发文量是2018年的2倍，说明疫苗的开发研究越来越受到重视。益生菌研究在2017年发文量最多，之后略有减少，但是差距不大。

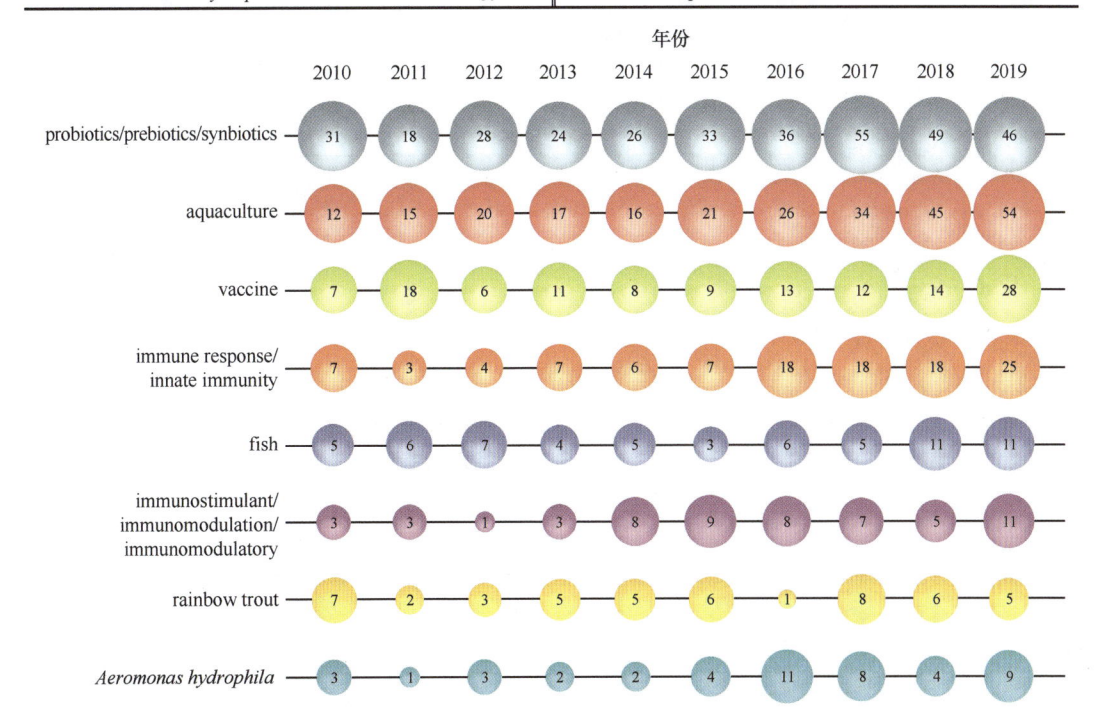

表2-4 国际水产病害防控研究高频关键词一览表（前20个）

序号	关键词	词频	序号	关键词	词频
1	probiotics/prebiotics/synbiotics	449	11	disease	50
2	aquaculture	341	12	lactic acid bacteria	48
3	vaccine	167	13	bacillus	46
4	immune response/innate immunity	136	14	DNA vaccine	45
5	fish	81	15	environmental monitoring	41
6	growth	80	16	*Litopenaeus vannamei*	40
7	immunostimulant/immunomodulation/immunomodulatory	70	17	shrimp	40
8	immunity	66	18	antimicrobialpeptide/antimicrobial/antimicrobial agent	39
9	rainbow trout	63	19	*Edwardsiella tarda*	39
10	*Aeromonas hydrophila*	59	20	tilapia	39

年份

关键词	2010	2011	2012	2013	2014	2015	2016	2017	2018	2019
probiotics/prebiotics/synbiotics	31	18	28	24	26	33	36	55	49	46
aquaculture	12	15	20	17	16	21	26	34	45	54
vaccine	7	18	6	11	8	9	13	12	14	28
immune response/innate immunity	7	3	4	7	7	7	18	18	18	25
fish	5	6	7	4	5	7	6	5	11	11
immunostimulant/immunomodulation/immunomodulatory	3	3	1	3	8	9	8	7	5	11
rainbow trout	7	2	3	5	5	6	1	8	6	5
Aeromonas hydrophila	3	1	3	2	2	4	11	8	4	9

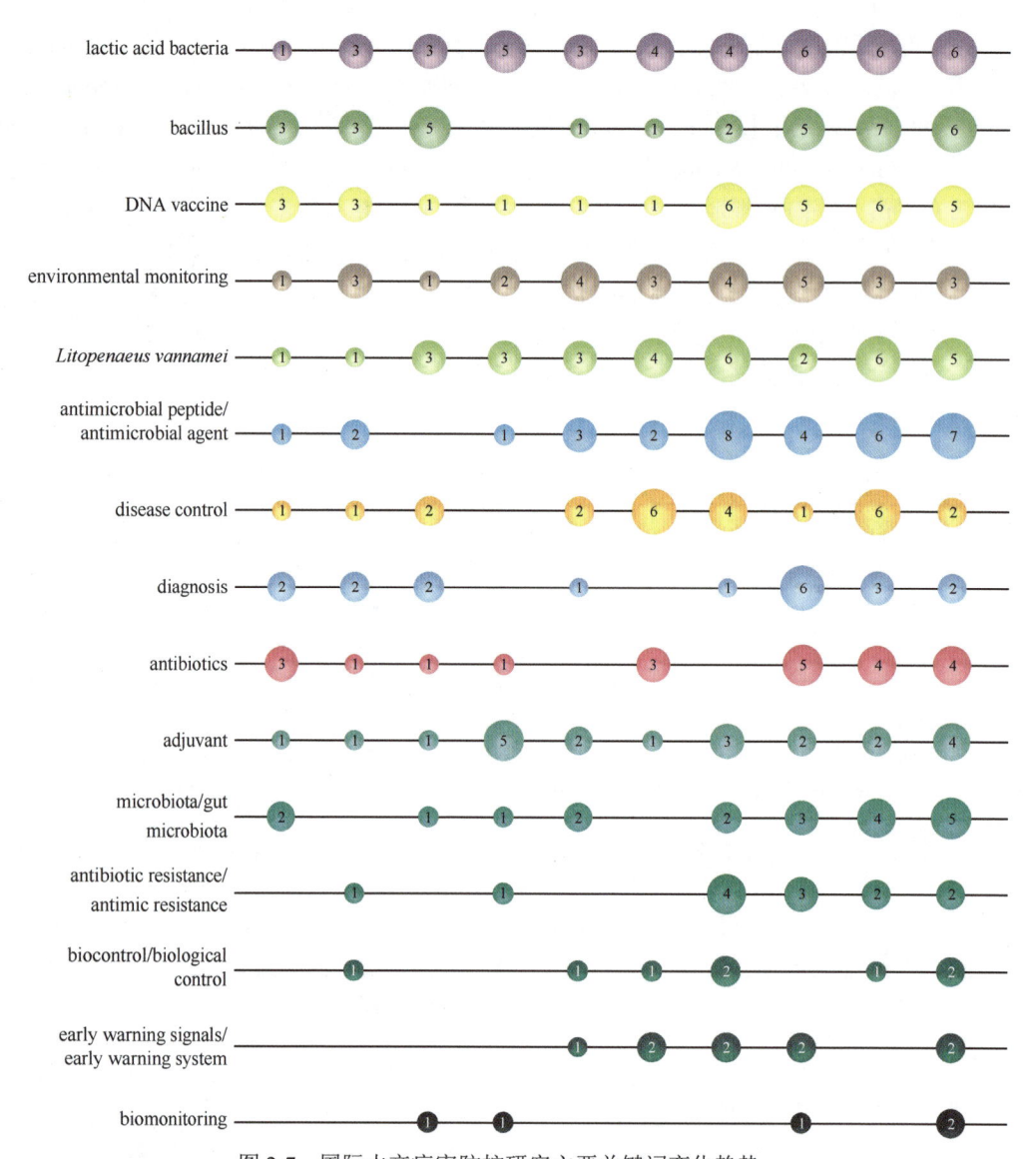

图 2-7　国际水产病害防控研究主要关键词变化趋势

6）研究热点分析

利用 VOSviewer 软件将国际相关研究数据集中的论文题目、摘要和关键词进行领域聚类（图 2-8），可以看出，国际水产病害防控研究主要分为 3 个研究版块，一是疫苗相关研究领域，二是益生菌等免疫增强剂的研究，三是关于环境监测、预警预报的开发研究领域，这三大板块是目前国际水产病害防控的研究热点问题。

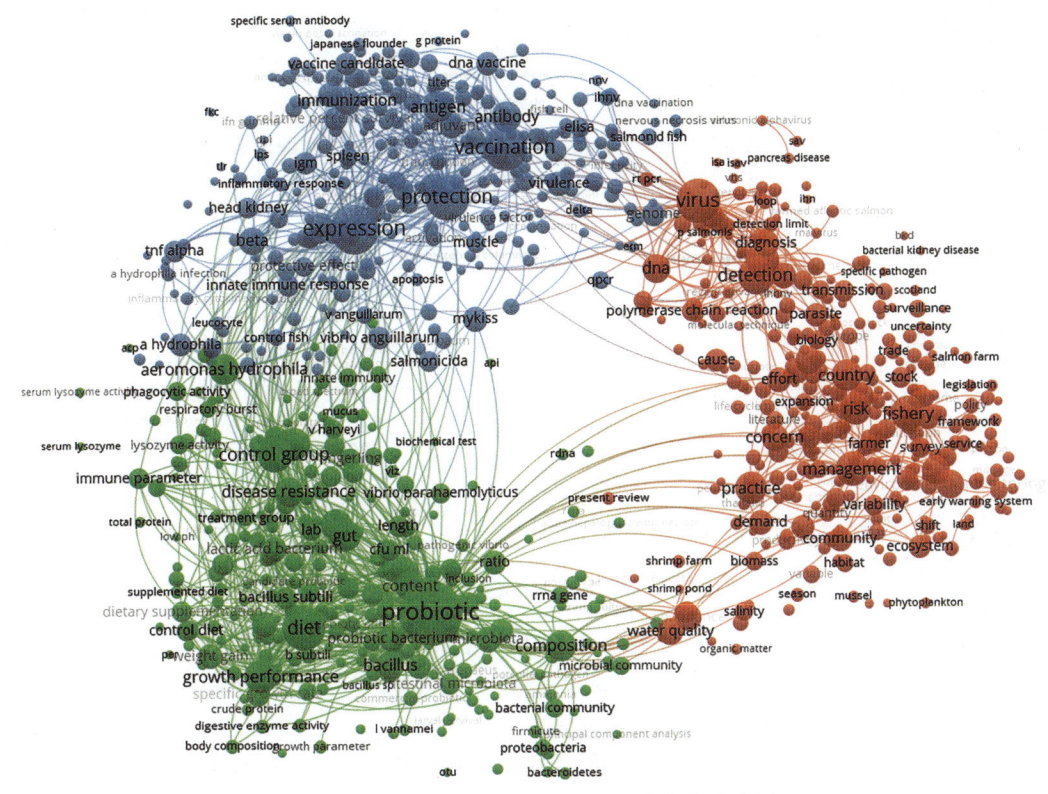

图 2-8　国际水产病害防控主要研究内容聚类图

联系紧密的关键词划分为同一区块；字号越大表示该关键词出现频次越高

3. 不同防控技术发展态势评价

1）病原快速检测和远程诊断技术飞速发展

水产动物疾病的暴发通常时间短，且死亡速度快，所以在疾病暴发前进行有效的病原快速检测，可以将病害带来的损失降到最低。为了应对上述挑战，各国政府在寻求开发新的水产养殖技术的同时，也在积极开展用于快速检测潜在破坏性疾病的诊断技术（Flegel，2019）。在目前各种病原快速检测技术中，核酸适配体技术是相对操作便捷、成本较低、耗时较短、准确度较高的新型病原快速检测技术，因此也成为病原快速检测与实时诊断技术未来研发的主要发展方向。相信随着分子生物学技术和免疫学技术的不断更新，更多的病原快速检测技术会相继出现，快速便捷地检测病原也将成为可能。

2）预警预报新技术的开发是未来技术新的增长点

未来的病害预警技术将更加智能化和精细化，渔业信息共享体系也将得到更好地应用。基于物联网的智能化水产养殖体系将远程诊断、大数据库技术等互联网技术应用到水产病害预警防控中，为水产病害防控提供了新的思路和途径。未来的水产病害预警平台将融合更多先进的互联网和人工智能技术，能更加及时地收集、处理、反馈信息，并应用更先进的病害研究数据成果和诊断技术、更全面系统的病害信息数据库以及更专业的诊断流程和专家团队，从而达到全面地提高渔业病害预警的宏观管理水平和信息化综合服务效率的目的。

3）环境监测和生态调控技术得到广泛应用

病害生态防治的前提是要以预防为主，如果能在水质变化和病害发生之前及时预测和准确把握水质变化和病害之间的关系，就可以及时有效地预防病害的发生，渔业环境监测技术水平的先进程度决定了预防病害发生的灵敏度。因此，水产养殖水环境生态标志因子监测技术和调控技术以及科学的评价和风险评估体系的逐步建立，长期、连续、全面的渔业环境监测理论和技术研究力度与水平的不断提高，对水环境底质演变过程及其和水质关系的内在变化规律的逐渐认识，都将为渔业环境监测技术工作体系的建立和健全，以及养殖水域生态环境的持续性监测奠定有力的技术支撑，为病害预警预报提供有力依据，是未来渔业环境监测的必然发展趋势。目前，将纳米技术和设备应用到水产养殖病害生态防控中吸引了科学界的广泛关注，也是未来新兴的病害产业发展方向（Huang et al.，2015；Flegel，2019）。

4）疫苗和免疫增强剂的研制依然是热点和难点

我国目前在研和进入试验阶段的水产动物疫苗及免疫增强剂种类仍然很少，但随着基础理论和关键技术的不断突破，未来水产疫苗的种类会不断增多，疫苗的产业化水平也将随之大大提升。而用于同时治疗多种疾病的联合疫苗的开发，将是未来疫苗开发的主流方向（金亚平，2019）。

免疫增强剂的目的是促进水产动物机体防御和抗病能力，诱发机体的非特异性免疫调节反应，具有无毒、无污染、无副作用等优点（Pérez-Sánchez et al.，2018），目前，我国水产实践中已经开始广泛应用先天性免疫增强剂，如中草药、海洋活性物质和益生菌等（Hoseinifar et al.，2018），并取得了较好的防护效果。此外，微生态制剂和精油（EOs）等也是具有广阔应用前景的新型免疫制剂，未来必将显示出很强的竞争力。例如，精油是挥发性的复杂混合物，包括不同种类植物的化合物（主要是单萜、倍半萜和苯类化合物等）。这些化合物都具有抗炎、抗氧化和抗癌等效果，并对人体的细菌、真菌、病毒和线虫具有杀灭活性（Raut and Karuppayil，2014；Baser and Buchbauer，2015），同时其还具有成本低、副作用和/或毒性风险低、可生物降解等优势（Malheiros et al.，2016），是未来有效防治病害发生的绿色生物免疫制剂（Flegel，2019）。

2.3.2 我国水产病害防控技术发展水平和差距评价

1. 生态防控技术处于并跑状态

1）规范化管理缺乏技术支撑

渔业生态防控主要针对渔业生态系统环境进行整体监测和改善水土结构与成分等，从改善水产养殖环境出发，为水产生物提供一个健康和安全的生长环境，为实现水产养殖的长远发展提供有利的环境支撑。国际上，纳米技术被广泛应用于水处理和鱼类养殖，是未来生态防控中环境改良技术的发展趋势。纳米技术可以提高水的 pH，使水质得到显著改善，它在水产养殖中显示出广阔的应用前景。在中国，近几年也开展了一些相关的研究工作，如纳米技术在海水对虾养殖中应用时，纳米设备能够改善水质，降低水交换速率，提高对虾的成活率和产量（Huang et al.，2015）；纳米 TiO_2 不仅可以降解水中的有机污染物，还具有杀菌和消毒的能力，其杀菌效率远高于传统杀菌剂（Yu et al., 2002）。

环境监测方面，世界范围内对近海和典型河流湖泊的环境监测工作已经有百余年历史，大部分发达国家已经构建起成熟的水域生态环境监测网络。自 1996 年起，美国国家海洋与大气管理局构建大型环境监测网共享数据库，基本覆盖全部环境监测点的数据。环境监测技术如电化学、遥感、GIS 等不断升级，国内也逐渐开始应用环境监测和预警技术，但是相较国外技术水平还有很大的提升空间（Lima et al., 2013；Carbone and Faggio, 2016；Oliveira et al., 2012；宋林生，2020）。

但是，在中国只有部分地区水产养殖过程中有采取生态防控措施，主要是根据环境承载量和环境实时监测结果计算注入新水、饲料、pH、溶解氧等因素的最佳用量。根据水环境底质的生物种群和理化因子揭示底质的演变过程和水质变化的关系，为水产病害预防预报提供依据。也有部分地区引入农业土壤改良技术，恢复水环境底质的生物多样性和理化因子等。我国病害生态防控还处于初级阶段，环境改良技术和环境监测技术都没有形成可以大规模推广的实用性技术，目前，环境改良对整个生态系统进行调控的改良技术还相对较少，技术支撑的缺少同时也会导致规范化管理制度的缺失（成南和唐玉华，2014）。因此，开发新型环境监测实用技术和环境改良技术是目前生态防控的重点。

2）用药不规范导致环境恶化

许多水产养殖户为了降低投入成本，随意增加种苗的数量和投喂低质量的饲料，盲目滥用水产用兽药现象普遍存在。大多数水产养殖户缺少专业的养殖技术和用药知识，不了解各种渔业用药的方法和特性，生态环保意识不强，将药物治疗作为控制渔业病害的唯一办法。同时，由于诊断和检测技术及规范基本数据的缺乏，即便具备相关的专业知识也无法满足诊断和用药的需求，这种现状导致水产养殖区域的水环境不断恶化，与渔业病害生态防控理念背道而驰，而且这些问题短时间内又不可能得到很好的解决，因此在一定时间内中国的渔业病害形势依然很严峻，渔业病害生态防控的任务也依然很艰巨。未来只有不断提高渔民的整体素质，才能为生态防护的开展夯实基础。

2. 病害预警技术处于跟跑状态

由于引发病害的因素很复杂，生态系统的稳定性也是由多方面的控制因子共同决定的，因此病害预警防控技术的前提是需要对病害暴发的各种因素有更加科学性、系统性的研究，并在此基础上提出规范的、标准化的监测指标数据。没有科学的标准作为系统化参考，无法实现渔业病害有效准确的生态预警。在疾病诊断技术上，国外已通过现代生物技术为多种水产动物病毒性或细菌性疾病建立了诊断方法，并开发了相关商品化试剂盒。国内病原检测试剂盒等检测手段在种类、技术、商品化等方面都与国外存在一定的差距，病害防控监测大多从单一控制因子出发，缺乏系统性的防控体系，国内在对虾 WSSV 诊断方面也已经形成基于 PCR 检测等技术的商品化检测试剂盒，但对虹鳟和对虾其他疾病等只是建立了快速检测技术，尚未形成商品化试剂盒。

此外，病害远程诊断技术需要结合现代化网络技术和大数据等技术建立系统模型，但是目前水体监测缺乏与互联网、人工智能等先进技术的结合，这些都影响了病害预警预报的科学性和合理性。目前，我国对渔业病害预警技术集成已有研究（宋林生，2020；吴艳萍，2019；杜剑峰，2019），但还没有大规模产业化，我们离真正精细化、智能化的病害生态预警技术还有一定的距离。未来我国的病害预警技术只有在精细化和智能化水平上加大精力和投入，才能紧跟国际步伐。

3. 药物防控技术处于跟跑状态

水产疫病药物防控目前仍然是中国大部分水产生物病害防控的主要措施，但是目前渔业药物滥用导致药物残留严重和食品安全问题日益严重，渔业用药的使用安全性也越来越受到重视。水产养殖中用于鱼类健康管理的药物包括抗生素、化学消毒剂和杀菌剂，如甲醛、戊二醛、氯化钠、高锰酸钾和过氧化氢等。这些药物的用法在不同国家之间和同一国家不同地区之间各不相同（Rico et al.，2013）。我国渔业用药研究相对较晚，允许使用的渔业用药虽然多达百种，但是大都是来源于农药、兽药或者化工产品，针对水产病害防控的专用药物还很少，因此如何正确将外来药物用于水产生物一直是个棘手的问题。目前国内研发的渔业用药缺乏药理、毒理、临床安全评价等基础研究，这也成为我国药物残留问题严重的主要因素之一（Lomeliortega and Martinezdiaz，2014；Carbone and Faggio，2016）。一般的养殖户通常参照药物使用说明书，或者随意添加剂量使用。由于水产生物与陆地动物的养殖模式和方式存在很大的差异，因而药物的有效性、病原微生物的耐药性、药物对水环境的污染都存在一定程度的不确定性，容易导致环境污染和严重的食品安全问题（王秀慧，2017；李立华，2016；赵玲敏等，2018）。国外已有各种监管机构如美国食品和药物管理局（FDA）负责规范水产养殖中药物的使用。美国 FDA 批准鱼类使用的药物产品只有 18 种（Flegel，2019）。因此，提高渔民的基本素质、规范使用渔业用药和开发新型药物是目前我国在药物防控方面的当务之急。

4. 免疫防控技术处于跟跑状态

1）水产专用疫苗及免疫生物制品产业化程度低

我国水产养殖动物病害的免疫防控措施还存在不少问题，就疫苗而言，获得国家新兽药证书的水产疫苗种类很少，而获得产业化批文的则更少。目前仅有的少数商品化疫苗不能满足水产养殖防病需要，多数常见传染病没有特异性的商品疫苗，并且多联疫苗的研发尚存在很大空间。国外关于鱼类疫苗的发展迅速，有 30 多种批准上市鱼类疫苗，而国内仅有 6 个获得批准使用的渔用商品化疫苗，不能满足预防疾病的需求（金亚平，2019），与国际相关领域发展水平相比处于跟跑状态。因此，在疫苗的开发和产业化程度的提升以及产业化流程的简化和效率的提高方面我国还需要进一步加强，尽快赶上国际相关领域的发展步伐。

2）水产免疫制剂研发基础薄弱，使用制度不完善

目前，在我国水产疫苗的种类很少，与仅有的少数疫苗联用的其他免疫制剂如免疫增强剂、微生态制剂、中草药等绿色生物制品目前都普遍存在科技含量不高、有效性和实用性不强的问题。决定水产疫苗的有效性和实用性的因素很多，包括疫苗本身的研制是否科学合理、不同地区流行菌株/毒株不同导致的抗原特异性差异问题、病原微生物在致病性确定过程中多次传代导致的抗原决定簇变异、免疫途径的合理性和可操作性等都极大影响疫苗的免疫效果。目前尚缺乏关于水产养殖动物免疫防控中疫苗使用的相关规定，免疫防控技术和使用方法还掌握在少数科研人员手中，获得生产许可的也尚处于推广应用阶段，而国外已经开始使用多联疫苗防治多种疾病，如多联疫苗在挪威三文鱼疾病治疗中的应用（金亚平，2019）。

我国益生菌制剂在水产养殖中的应用起步晚但发展迅速，目前国内各种微生态制剂产品品种较多。作为水质调节剂并得到高度认可的益生菌产品较多，作为饲料添加剂的也不少，但效果不稳定（郭海燕，2016）。其他免疫增强剂目前尚未形成相关的质量标准，相关监管和使用制度都还未完善，与国外相比还有很大差距。例如，国外的纳米结合精油技术研发在水产养殖中已取得很大进展，我国目前仅开展了纳米在环境监测中的作用研究（Huang et al., 2010），但纳米结合免疫增强剂方面的工作还未开展（Flegel, 2019）。基于此，我国在新型免疫增强剂的研发领域，一方面要加强基础理论的研究，另一方面要加快绿色生物制剂的种类开发和产业化，只有这样才能赶上国际的发展步伐。

2.3.3 技术发展阶段评价

我国水产病害防控技术经历过几个重要的发展阶段，关于鱼病的历史记载（萌芽时期），可以追溯到春秋战国时期范蠡的《养鱼经》，但发展相对缓慢。水产病害防控技术的起源是20世纪20年代，从那时开始引进现代鱼病知识，并开展鱼类寄生虫研究，在50年代后相继开展了鱼类细菌病、真菌病等疾病的研究和调查，积累了大量的知识和经验，这一阶段中国鱼病学研究初步形成。20世纪70~90年代，国家对水产业的支持，使得水产养殖业取得空前高速的发展，推动了水产病害学的研究，相继开展了鱼病学、免疫学、病理学、生态学等理论研究，并取得突破性进展，将水产疾病防控研究推上了一个不断完善和快速发展的新阶段，药物、免疫和生态防治为主的病害综合防控的新模式也是在此阶段提出来的。20世纪90年代至今，随着水产养殖业的发展，尤其是海洋水产养殖的兴起，以及养殖品种的不断增加，疾病研究的范围逐渐拓宽。随着新技术和新方法的应用，水产病害防控领域的研究程度逐渐深入，从单个机体水平发展到细胞水平和分子水平，药物、疫苗、诊断试剂、微生态试剂等疾病防控产品产业化进展良好，相关技术逐渐产业化，为水产疾病诊断、预防和治疗的进一步深入研究提供了物质保障，逐渐形成较为完善的体系。

1. 生态防控部分技术处于产业化发展的中试阶段

我国渔业水域环境污染和破坏随着经济的快速发展而日趋严重，渔业水域生态环境的逐渐恶化成为新时期渔业发展的主要制约因素和亟待解决的重大问题。

20世纪50年代末，我国开始进行渔业水域生态环境的监测工作，主要目的是了解渔业生物的生长环境，配合渔业资源的调查工作。1985年后，我国成立全国渔业环境监测网后，逐渐扩大规模且系统性地开展重要水域的常规和专项监测等环境监测工作。从2000年开始，每年会向社会公开渔业环境监测状况报告。20世纪渔业水域环境监测以一般环境理化指标为主，并逐渐关注环境生态指标。2001年以来，环境监测指标体系增加了包括浮游植物和动物等生态指标的监测项目（成南和唐玉华，2014）。

渔业生态环境修复的研究始于1990年，在"八五"期间渔业生态环境逐渐开始关注环境污染的综合治理。"九五"计划开始实施以来，修复和重建受破坏的水域生态系统，优化渔业环境，可持续利用水生生物资源，逐渐成为渔业水域生态环境保护的重点内容。

研究主要集中在海洋石油污染降解机制、方法，工业废水处理的基础和应用技术开发研究方面，并取得了一定进展。先后开展了微生物调控、生物膜法处理污水、生物治理赤潮、建立海洋保护区和海洋牧场等重大生态恢复工程，逐渐改善了渔业水域生态环境，已破坏的水域生态环境也得到了有效改善。

2. 预警预报技术处于研发阶段

近 20 年来，随着对水产病害认识的深入，研究人员发现将病害各项技术有机集成用于实际生产越来越重要，对水域生态环境的研究也从治理恢复向预防转变，水域环境灾害预警技术的研究越来越受到重视。目前相较于国外，我国水域环境预警技术研究还处于初级阶段，大多停留在对数据的经验预测和统计分析法上，最近几年才将信息化技术如遥感（RS）、全球定位系统（GPS）、NOAA 卫星信息收集和预警模型等技术产业化应用到渔业生态环境预警中（宋林生，2020；吴艳萍，2019；杜剑峰，2019），尤其是赤潮的预警研究及海洋温度场和冷暖水团的动态变化跟踪等研究。

3. 药物研发处于产业化发展初级阶段

目前，渔业用药依然是近年来水产病害防控的主要途径，大部分生产者主要依靠渔业用药治疗水产动物疾病，渔业的发展历程和水产养殖的发展、病害以及药物的基础研究进展密切相关。我国渔业养殖历史悠久，最早的鱼病防治大多是靠经验获取的土方法，没有规范的科学研究。从 20 世纪 50 年代开始规范鱼病研究，注重预防，开始重视渔业用药的重要性，相继开展了药物筛选、适用浓度和给药剂量等研究。60 年代后，抗生素和中草药相继大量用于细菌性疾病的防治，科研工作者开展了中草药防治水产病害的药效作用研究，并证实了大黄等中草药防治渔业病害的药理和药效，为中草药防治渔业病害做出了突出贡献。80 年代后，随着水产病害的急剧加重，水产养殖市场对渔业用药的需求量逐渐增加，渔业用药的种类有所增加，一些兽药也相继加入渔业用药的行列，这一阶段衍生出许多种类的渔业用药，渔业用药的研发快速发展。近年来，我国科研人员逐渐开展了水产动物药物代谢动力学的研究，获得主要药物的动力学参数，建立了代谢动力学模型，制定了药物残留限量标准和休药期，为渔业病害防控提供了理论和技术支持（王秀慧，2017）。虽然渔业用药的发展逐渐科学化和规范化，但是我国渔业用药起步相对较晚，系统的管理还须完善，渔业用药的使用和管理还有许多需要解决的问题，目前还处于技术研发向产业化发展的初级阶段。

4. 疫苗技术处于产业化初试发展阶段

我国渔业用疫苗研发起步于 20 世纪 60 年代末，最初的渔业用疫苗研发是从研究淡水鱼中四大家鱼的病毒病和细菌病开始的，经过 30 年的研究历程，通过对病鱼的组织浆液进行灭活的办法，研制出开创性的第一个渔业用疫苗；20 世纪 80 年代，我国水产专家又在草鱼出血病病毒敏感细胞的基础上研制出第一个人工渔业用疫苗——草鱼出血病灭活疫苗。目前，国内关于草鱼出血病病毒疫苗已经实现了工厂化生产。20 世纪 90 年代，又通过药物筛选得到我国第一个高效弱毒疫苗，并获得国家新兽药证书。近年来，我国又研制出首批多联疫苗。目前为止，针对我国水产养殖品种多、病原种类多的特点，多家高校和科研机构采用新的技术已经开展了疫苗和相关研究，可以预见，多种疫苗可望在 3～5

年向产业化推进，并在渔业病害防治中发挥重大作用，疫苗技术也将成为解决我国渔业病害问题的关键技术（金亚平，2019）。

2.3.4 国内外相关评价分析

联合国粮食及农业组织（FAO）对于各国的水产养殖领域现状的统计评价指出，中国是一个重要的水产养殖生产国，通过多年研究克服了遗传育种和水产养殖中的关键技术难题，加强了鱼种的选择和培育，通过引进和良种推广，提高了水产动物病害的防治能力。该统计评价还指出，20 世纪 80 年代，中国的研究人员开发了对虾的人工养殖和高产养殖技术，以及欧洲鳗鲡的高产养殖技术，这两种物种已成为重要的出口品种。20 世纪 90 年代末，为了满足鱼片加工的需求，中国大力发展罗非鱼的规模化养殖技术。这些养殖技术研发成功的案例间接说明了中国水产病害防控的高效性。

FAO 对中国政府在渔业领域的鼓励政策给予了肯定，统计评价指出，近五年来中国政府在渔业重点领域鼓励科技创新，取得了很大进展。在资源保护与生态恢复、高效健康培育、现代育苗、节能环保、渔业设备系统升级等方面，出现了水田养鱼、水产节能试点、减少排放、水产品加工技术综合利用等新的关键技术。基层水产养殖技术推广体制改革稳步推进，公共服务能力不断提高。近年来，中国还建立了渔业信息采集和发布系统，建立了国家海洋渔业管理数据库、渔业管理系统、内陆渔船"三证"制度，并进行了管理系统的研究开发和试点应用。

FAO 也统计并肯定了中国在环境监测系统管理措施和体制规则上做出的成绩，统计评价指出，中国海洋渔业资源管理的主要措施有：①监测和保护海洋环境；②完善捕捞许可证制度，管理捕捞强度；③加强标准的制定；④为了进行生态恢复和渔业资源的扩散，农业部（现农业农村部）利用中国水产科学研究院的全国渔业生态环境监测站，对包括沿海地区和长江流域在内的 120 个重要渔区和 43 处水产苗种资源保护区的生态环境进行监测，定期发布《中国渔业生态环境状况公报》。

2.4　科技发展趋势分析

2.4.1　新进展、新变化、新特征和新趋势分析

利用 VOSviewer 软件进行领域聚类分析，结果表明，在水产病害防控领域，疫苗、益生菌及环境监测等三个方向的研究在国内外都属于热点问题。结合目前的研究，我们预测未来国内水产病害防控仍会围绕着疫苗、益生菌和环境监测这几个主要研究内容开展大量研究，这也是未来几十年国内水产病害防控相关研究的发展趋势。

1. 智能化远程诊断技术和监测预警网络构建是未来的新趋势

未来几十年，在环境监测和生态调控技术方面，新的养殖和监测设备的开发与引进、新技术和材料应用于水产环境监测、基因技术在病原快速检测领域的开发应用、物联网智能化结合大数据库技术等互联网技术在环境监测和病害预警领域的应用和开发是必然趋势。例如，纳米材料在水产养殖和监测设备中的应用、新分子生物学技术如 CRISPR/Cas9

技术在快速检测领域的应用、大数据分析软件和仪器的开发应用等,都是水产病害防控中环境监测和病害诊断领域未来的发展新趋势。将以上新技术应用到封闭式循环水养殖系统中,提高自动化程度,通过实时动态的监测及报警系统,使工厂化养鱼的优势得到充分发挥,降低养殖成本,提高养殖效益,也是未来的发展新趋势。

2. 新型疫苗和免疫增强剂的开发顺应时代需求

未来几十年,同时治疗多种疾病的新型联合疫苗、新型益生菌和中草药等绿色生物免疫制剂的开发和应用,新的分子生物学技术和基因工程技术应用于疫苗和免疫增强剂的开发,如精油等化合物在免疫防控中的应用显示出很强的竞争力,是目前该领域的研究热点。新的基因编辑技术用于新型疫苗和益生菌的开发改造等,也是免疫防控技术未来几十年的新趋势。

2.4.2 科技发展态势和方向

根据水产病害防控研究热点和新趋势分析,我们预测未来五年乃至未来几十年,国内水产病害防控仍会围绕疫苗、益生菌和环境监测这三个主要方向发展。国家相关渔业政策计划文件《全国渔业发展第十三个五年规划》指出,到 2020 年渔业现代化水平要迈上新台阶,渔业生态环境要有明显改善,渔业信息化、装备水平和组织化程度要明显提高,提质增效、减量增收、绿色发展、富裕渔民的渔业转型升级目标要基本实现。据此我们可以预测未来五年内病害防控的科技发展态势和方向。

1. 现代化渔业发展水平的监测体系将逐渐建立

《全国渔业发展第十三个五年规划》指出要加强渔业水域生态环境监测网络建设,建立健全渔业资源生态补偿机制,提升渔情监测水平。依托渔业统计、渔情采集、卫星遥感等基础数据,不断拓展信息来源渠道,努力建设与现代渔业发展相适应的渔情监测体系。重点渔场生态功能逐步恢复,建设海洋牧场保护区,养殖废水达标排放,不断提高渔业可持续发展水平。重点建设国家水生动物疫病监测及流行病学调查中心、国家水生动物疫病监测参考物质中心、省级和重要地市级区域性水生动物疫病防控监测中心建设,推动形成覆盖全国主要养殖区域和边境区域的水生动物疫病防控监测网。可见,未来五年病害防控仍将重点关注环境监测网络的建设,继续健全生态补偿机制,现代化渔业发展水平的监测体系将逐渐建立,进一步提高渔业可持续发展水平,逐渐设立国家环境监测相关机构。

2. 监测预警和风险评估能力得到加强

要积极利用物联网、云计算、大数据、移动互联等现代信息技术和装备,提升病害防治环节的信息化水平,推动智慧渔业信息平台建设。加强监测预警和风险评估,强化水生动物疫病防控和突发疫情处置,提高重大疫病防控和应急处置能力。通过"十三五"规划的内容结合热点问题解析,可以预测未来五年内整合各种信息化技术应用到渔业信息平台,以及加强监测预警仍然会是水产病害防控的重要态势和发展方向。

3. 新型疫苗和免疫增强剂研发水平不断提升

要科学规范水产养殖用疫苗审批流程,支持水产养殖用疫苗推广。加快水生动物疫病实验室、水生动物疫病研究试验基地、外来水生动物疫病研究中心建设，不断提升水生动物疫病研发综合实力。新型疫苗和免疫增强剂的开发研制结合病害发生机制研究一直以来都是病害防控的重中之重，也仍然将是未来五年的重点攻关内容。

2.4.3 发展目标与重点任务

1. 发展目标

病害防控技术是构建水产养殖业绿色、健康和可持续发展体系的重要基础与必备条件，而病害防控技术的形成与实施需要扎实的基础理论研究、科学的养殖、完善的流行病学研究、科学的防控等系列操作。必须深入开展病原生物致病性及致病机制研究，根据疾病的流行规律，建立水产动物疾病的科学快速诊断技术和智能化监测预警技术，加强疫病的监测预警和风险评估，加强绿色安全的生态型水产养殖药物研发，建立与健康养殖模式相适应的生态防控技术；优化集合构建水产养殖病害综合防控技术体系，实现对海水养殖动物重要病害的有效预防和控制。到 2025 年末，针对不同病原研发 5 种疫苗；研制 20 种以上药物，获得新兽药证书。突破健康养殖等新技术 20 项，重大疫病发生率降低 20%。

2. 重大基础研究

1）水产经济物种病害发生的病理生理及调控机制

针对无脊椎动物非特异性免疫为主、脊椎动物非特异性免疫和特异性免疫结合的免疫特征，利用组学技术，解析宿主-病原之间的互作机制以及鱼类免疫应答的共性和特性，阐明不同水产养殖动物的免疫机制。

2）水产病原致病机制和流行病学调查

明确病原菌生物学特性与环境因子的相关性；分析致病因子，针对条件致病菌致病因子表达的特殊性，解析致病因子的特性；研究病原生物的致病性以及对宿主的亲和性、破坏性相关性；解析病原生物的致病机制。

确定病原的传染源、生存条件、感染方式和传播途径；明确病原的传播媒介类型和在养殖环境中的存在形式；建立完善的发病个体及环境的处理方式和流程；健全水产养殖动物流行病学数据库和病害相关微生物及寄生虫资源数据库。

3）新型安全高效的药物、疫苗和生物制剂作用机制

探明中草药、海洋藻类生物活性物质、微生物代谢产物等新型药物的药效学、药代动力学机制；建立宿主抗病能力提升的评价指标体系；阐明生态型水产养殖药物的安全有效性；解析水产养殖药物在海洋介质中的残留对养殖环境的影响；明确水产养殖药物的生态友好性。

3. 共性关键技术

1）精准即时智能化远程诊断技术和监测预警技术

研发成本低、信息传输稳定的水质监测仪器设备及监控系统，构建水产养殖环境实时在线监测技术；利用现代信息学技术，整合流行病学数据，构建不同养殖生物的水产病原预测模型，构建水产病害预警预报监测技术体系；基于分子生物学测序技术的快速发展，研发高准确性、灵敏性、低成本的水产病害快速检测技术；深入研发多种病毒或细菌通用的分子检测技术，突破针对多种病原生物的高通量快速检测关键技术。

2）新型安全高效的疫苗和免疫增强剂等生物制剂制备技术

针对不同水产养殖动物的重要疾病和新发疾病，研发新型疫苗和多联疫苗等免疫防控产品。研发新型疫苗佐剂，探索有效可行的免疫途径，提高疫苗的免疫效能；研发益生菌制剂、中药制剂、海洋活性物质等免疫增强剂；研发免疫防控制剂的产业化生产工艺和技术。

3）与健康养殖模式相适应的生态防控技术

针对水产养殖动物重要疾病，研发无残留、无污染的微生态制剂；研发基于基因工程技术和分子生物学技术的微生态制剂的产业化生产工艺和技术；构建微生态制剂的使用标准体系。

4. 典型应用示范

1）池塘养殖模式的病害防控体系的应用与示范

根据养殖模式的基本共性和常见传染病流行特点，构建投放幼苗健康情况的早期现场实时检测技术；研发适合不同养殖品种的疫苗和免疫增强剂，并完善疫苗给药方式；研发池塘养殖可疑患病个体的移除及无害化处理技术；筛选微生态水质调控制剂；完善池塘微生态制剂的使用方法；利用免疫防控、生态防控及病原预警预报等多技术集成优化池塘养殖模式的综合病害防控技术的应用与示范。

2）工厂化养殖模式病害防控体系的应用与示范

研发工厂化养殖环境理化因素指标监测技术、养殖种类生长特征监测技术及病原生物监测技术，在养殖各期开展病害实时监测和预警，构建基于环境-病原-宿主互作的预警预报体系；研发针对重要工厂化养殖动物主要疾病病原的安全高效疫苗；发明主要养殖鱼类疫苗机械化注射装备，利用免疫防控和病原预警预报等多技术集成优化工厂化养殖模式的病害防控技术的应用与示范。

3）浅海网箱养殖模式病害防控体系的应用与示范

根据浅海网箱养殖模式特征，研发投放苗种健康情况的检测及疫苗免疫技术，建立苗种健康标准化检测技术；研发网箱养殖可疑患病个体的移除及无害化处理技术，建立网箱养殖的常见病快速检测技术；构建适用于浅海网箱养殖模式的水质监测及苗种健康监测系统，利用信息学技术建立预警预报体系；利用免疫防控和水质预警检测等多技术集合优化浅海网箱养殖模式的病害防控技术的应用与示范。

2.5 典型案例：对虾白斑综合征病毒（WSSV）防控技术

对虾养殖是水产养殖业的重要组成部分，中国已成为世界上对虾养殖出口大国。近30

年来，随着养殖规模不断扩大，生态环境不断恶化，对虾的集约化养殖和管理不善导致了一些病毒性疾病的普遍流行，其中 WSSV 造成的危害最为严重（Lightner，1999，2011）。WSSV 的宿主十分广泛，可通过水平和种间传播途径感染中国明对虾（*Fenneropenaeus chinensis*）、日本对虾（*Penaeus japonicus*）、南美白对虾（*P. vannamei*）等几乎所有对虾类，发病病程短，致死率极高（Sánchez-Paz，2010）。感染 WSSV 的对虾甲壳内表面初显点状白斑，继而扩大至头胸部和全身，严重时白斑连成一片，致使甲壳呈白色；发病前期虾须、扇尾发红，身体消瘦，漫游于水面，发病后期病虾残胃或空胃，甲壳易脱离真皮，游泳缓慢无力，致死率高达 100%（罗展等，2007）。

自 20 世纪 90 年代初 WSSV 在中国被首次发现以来，先后在韩国、日本、印度等国家暴发，引起全球暴发性流行病，造成养殖对虾大规模死亡和巨大经济损失，成为全球对虾养殖业危害性最大的一种病毒病原（Escobedo-Bonilla et al.，2008；Moser et al.，2012）。国际兽疫局（Office International Des Epizooties，OIE）、FAO 以及亚太水产养殖网络中心（Network of Aquaculture Centers in Asia-Pacific，NACA）均将白斑综合征列为严重级水生动物病毒性疫病。我国农业部也早在 2008 年发布的《一、二、三类动物疫病病种名录》中将其列为水生生物一类动物疫病病毒。多年来，为了预防和控制该病害流行暴发，各国学者对白斑综合征的病原学与流行病学、免疫与致病机制、生态防控与抗病育种技术等进行了广泛而深入的研究与应用，取得了显著的成效，其中"中国对虾'黄海 1 号'新品种及其健康养殖技术"与"对虾白斑症病毒单克隆抗体库的构建及应用"两项成果分别荣获 2007 年度和 2010 年度国家技术发明奖二等奖，为我国对虾养殖业持续健康发展提供了技术支撑。目前，在对虾养殖生产上多采用培育抗病力强的虾种和切断 WSSV 传播途径等方法预防白斑综合征发生（何培民等，2016）。本节以 WSSV 防控技术的发展现状作为典型案例分析，展望相关技术的应用前景，为有效防控对虾白斑综合征及其他病害提供参考。

2.5.1 技术水平分析

WSSV 是具有双层囊膜的环状双链 DNA 病毒，基因组大小约为 300kb，不形成包涵体，形态为短杆状或椭圆状，长度为 250~450nm，直径为 80~130nm，囊膜厚为 6~7nm，其一端有一细长鞭毛状结构（图 2-9）。病原体功能基因的研究已成为疫苗研制的一个前卫方向。目前 GenBank 公布了 3 株 WSSV 的基因组序列，分别是 WSSV-CN（Yang et al.，2001）、WSSV-TW（Tsai et al.，2000）及 WSSV-TH（van Hulten et al.，2001），各基因组序列间的差异主要表现在大序列缺失、单核苷酸突变等方面。国际病毒分类委员会（International Committee on Taxonomy of Viruses，ICTV）将 WSSV-CN 列为线头病毒科（Nimaviridae）白斑病毒属（*Whispovirus*）的代表种（Mayo，2002；Vlak et al.，2004）。

对 WSSV 的蛋白质鉴定有助于认知其装配形式和入侵机制，为快速诊断 WSSV 技术的开发提供理论依据。WSSV 基因组编码的蛋白包括能组装成病毒粒子的结构蛋白和参与病毒复制及其相关调控的蛋白。其中病毒结构蛋白在识别、吸附和侵入组织细胞过程中起重要作用，主要为核衣壳蛋白（如 VP15）（图 2-9）、囊膜蛋白（如 VP28）和被膜蛋白（如 VP26）（图 2-10）。

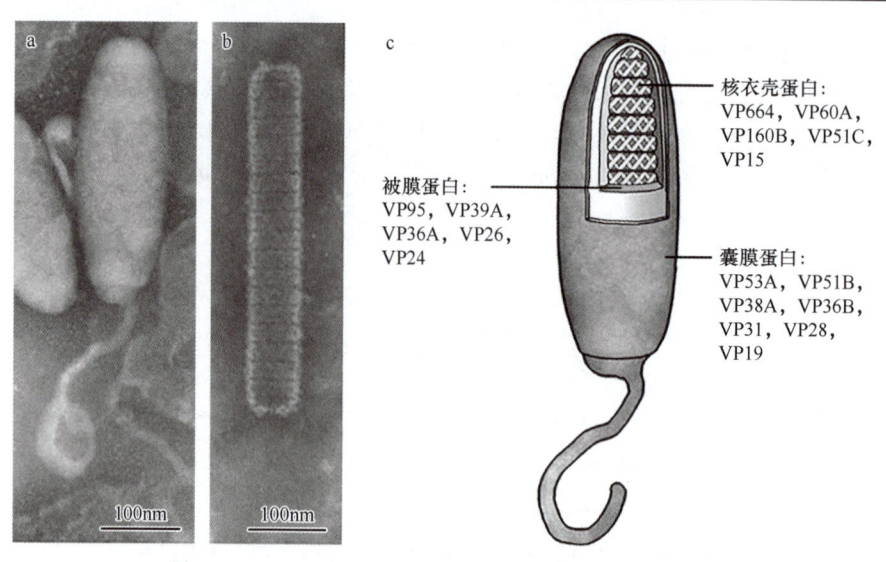

图 2-9　WSSV 病毒粒子的形态学（Leu et al.，2009）

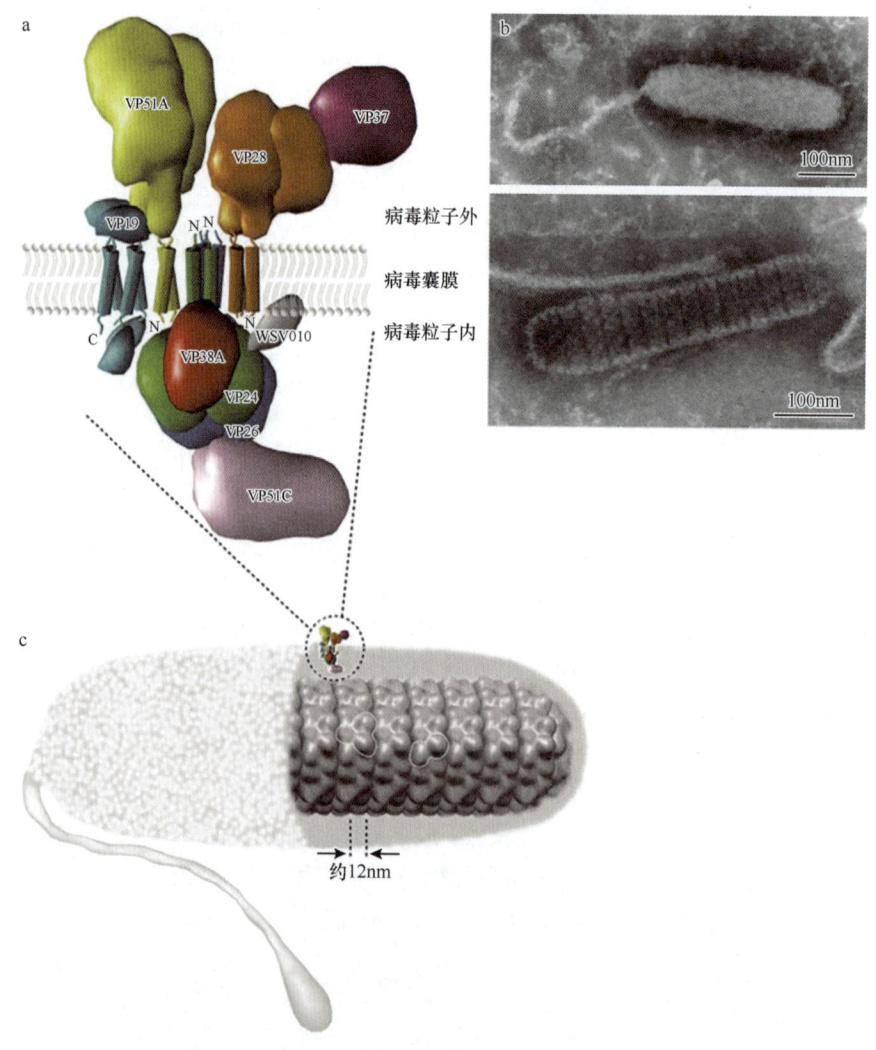

图 2-10　膜蛋白复合物和核衣壳的三维模型（Chang et al.，2018）

1. WSSV 的检测与诊断技术

对虾养殖的特色决定了任何病害一旦发生就很难控制，常常造成严重减产或绝产。快速简便的病毒检测技术是生产上实现综合防控病毒传播的重要前提。目前，WSSV 的检测方法主要包括目视观察法、组织病理学诊断法（如 GB/T 28630.4—2012 和 GB/T 28630.5—2012）、免疫学检测法（如 GB/T 28630.1—2012 和 GB/T 28630.3—2012）、分子生物学检测法（如 GB/T 28630.2—2012）。

1）目视观察法

在养殖现场进行观察，发现病情能够及时采取措施，但不能准确地掌握 WSSV 的感染程度。发病对虾一般不喜进食，离群孤游或静卧水底，弹跳无力，头胸甲膨大，易被剥离，甲壳上有明显的白色斑点。

2）组织病理学诊断法

通过光学或电子显微镜比较正常与患病对虾组织的不同而确定病原。黄倢等（1995a）首创了一种用于现场快速检测的简便方法，即新鲜组织的 T-E 染色法，整个过程仅需 10min，但该方法检测到的病毒不能直接用于断定对虾发病。电子显微技术是公认最为直观的检测病毒性病原的方法，在电子显微镜下可以直接观察到 WSSV 病毒粒子的形态、大小和行为，但是操作复杂、样品处理时间长、实验条件较严格（王斌等，1996；Nunan et al.，1998）。

3）免疫学检测法

免疫学检测技术基于抗原抗体反应原理，相较上述两种方法更为简便灵活，包括 ELISA、免疫印迹（Hameed et al., 1998）和液相芯片技术（任硕等，2015）等。其中，ELISA 是根据酶免疫测定原理发展的一种固相免疫酶技术，包括单克隆抗体 ELISA（黄倢等，1995b）、间接 ELISA（史成银等，1999）、双抗夹心直接间接 ELISA（汪岷等，2000）等，由于 ELISA 灵敏度高、操作简便、重复性好等优点，是目前对虾病毒检测应用最广的免疫学检测技术。

4）分子生物学检测法

分子生物学检测技术主要包括 PCR、核酸探针技术、随机扩增多态性 DNA（random amplified polymorphic DNA，RAPD）技术等。其中 PCR 以对虾的基因组为模板，设计引物进行体外扩增，检测灵敏度高且特异性强，已经广泛应用于对虾病毒检测、防控、早期诊断等，目前国内外均已开发出商品化的针对 WSSV 的 PCR 检测试剂盒（石拓等，2000）。一些学者还根据实际检测的需要对常规 PCR 技术进行了改进，使检测结果更为快速准确，如巢式 PCR、实时定量 PCR、反转录 PCR、多重引物 PCR 等（谢数涛等，2001；Tang and Lightner, 2001；Tsai et al., 2002）。核酸探针具有特异性好、敏感性高和快速检测等特点，WSSV 核酸探针试剂盒目前已经面世。通过结合原位杂交和组织切片技术，不仅可以确定 WSSV 感染细胞的类型，还能观察组织病理变化，相比染色更具有优越性，有助于研究发病机制和流行病学（邓敏等，2000）。RAPD 的扩增产物能够形成病毒核酸指纹图谱，在检测时可以比较不同来源毒株 DNA 序列同源性，有助于筛选出与抗病性状相关的分子遗传标记（孟宪红等，2005）。LAMP 技术依赖于循环置换扩增实现对靶序列的放大，在等温条件下，1h 即可扩增出 109 靶序列拷贝，可以检出对虾发病早期或隐性感染阶段体内携带的较低量 WSSV，除了具有特异、灵敏、快速等优点，还适用于现场快速检测与推广应用（He and Xu，2011）。

2. WSSV 的免疫防控技术

对虾类水生动物疾病的预防与控制是影响对虾养殖业持续健康发展的关键因素。对虾栖息环境复杂多变，病原变异频繁，特别是大面积暴发的病毒性疾病很难得到有效的控制。免疫防治是对虾大规模养殖中病害防控最有潜力的一种手段。虽然经典的免疫学理论认为对虾类无脊椎动物的先天性免疫缺乏特异性和免疫记忆，然而越来越多的研究发现，在抵抗病原感染的过程中，对虾的先天免疫系统同样具有某种形式的免疫记忆，即所谓的"免疫启动"（Rowley and Pope，2012）或"训练免疫"（Netea et al.，2016）。这种免疫记忆主要表现为，经过首次的病原微生物或疫苗处理，很多对虾（*P. vannamei*、*P. monodon*、*P. japonicus* 等）可以对再次感染的同种或异种病原微生物诱发出更强的免疫防御反应和清除病原的能力（Chang et al.，2018）。这类免疫反应为通过接种疫苗制定对虾类无脊椎动物的疾病控制策略提供了理论基础。目前，核酸疫苗（DNA 疫苗和 dsRNA 疫苗）被认为是有效对抗 WSSV 的一种新方法，国内外学者已研制出对虾抗 WSSV 核酸药物和植物提取物等有效成分（Han，2013；Oh et al.，2009），可以诱发虾体产生针对 WSSV 的免疫应答的保护效应，提高对虾成活率。

1）DNA 疫苗

研究发现，向对虾体内导入利用编码 WSSV 结构蛋白 VP15、VP28、VP35 等基因构建的重组 DNA 质粒，能够明显提高对虾的抗病力，抵御病毒侵害（Rout et al.，2007）。例如，DNA 疫苗免疫斑节对虾可以提高存活率和酚氧化酶原、超氧化物歧化酶原水平，表明一些免疫因子可能参与抵抗 WSSV 并提高对虾免疫力（Kumar et al.，2008）。

2）RNA 疫苗

RNA 干扰（RNA interference，RNAi）是由双链 RNA（double-stranded RNA，dsRNA）诱导的同源 mRNA 高效特异性降解现象，能够抑制基因表达，在动物的生长发育、稳定转座子、抵御病毒入侵等方面发挥重要作用（Ambros，2004；Pedersen et al.，2007）。WSSV 是具有囊膜的双链 DNA 病毒，通过 RNAi 技术可以定向沉默编码关键囊膜蛋白的 mRNA，进而抑制 WSSV 的繁殖。将脊椎动物体内获得的免疫球蛋白基因 dsRNA 通过肌肉注射，可以诱导对虾表现出对 WSSV 的抗性（Robalino et al.，2004）。由于对虾体内不存在上述脊椎动物基因，因此脊椎动物的 dsRNA 分子不可能参与对虾的抗病毒干扰体系。利用 WSSV 的被膜蛋白 VP26 或 VP28 的 dsRNA 注射免疫对虾 10d 后的累计死亡率均较低，表现出较好的抗病毒保护效应（Mejía-Ruíz et al.，2011）。对中国对虾幼体注射与 WSSV 蛋白激酶基因、VP28 和 VP281 基因相关的长链 dsRNA 能有效提高存活率（Kim et al.，2007）。将 VP28 基因相关的链短 dsRNA 注射到对虾体内也具有类似的结果，一定程度上抑制了 WSSV 增殖，降低了对虾死亡率（Xu et al.，2007）。

作为抗病毒入侵的一种新手段，RNAi 在治疗甲壳动物病毒病的过程中具有高效、安全、无毒等特点。在技术层面上，可通过筛选不同靶点和不同剂量的 dsRNA 解决 RNAi 脱靶和剂量效应问题；缘于 RNAi 的内生性调控机制，导入对虾体内的 dsRNA 可以持续发挥作用；而且与脊椎动物相比，对虾的 dsRNA 注射用量较少，养殖生产成本较低。

2.5.2 技术发展趋势

WSSV 防控的成功与否主要取决于流行病学研究，找到传染源、传播途径及暴发流行与环境的关系，早期是通过环境调控控制病原（李贵生等，2001；周化民等，2001），目前则是无特异性病原（specific pathogen free，SPF）苗种生产技术和生物防控技术，未来 WSSV 等病害防控很可能依赖于疫苗技术、生态防控技术、SPF 苗种、生物絮团环境调控技术的综合应用与发展。

1. 免疫防控技术

疫苗是水产动物疾病防控最有效的手段，在对虾类病毒病的防治上具有显著的意义。对虾疫苗研制应该符合疫苗学的发展方向，如研制能控制多种疾病的联合疫苗、治疗性疫苗、饵料食物疫苗等。饲料中添加免疫活性物质，使对虾在摄取食物的同时，调动或激活虾类自身的免疫系统，增强对虾的抗病毒能力。研究发现，饲料中适量添加卵黄抗体 Ig-Guard（Shrimp），能有效提高对虾免疫因子的活性，增强对虾抗 WSSV 感染的能力（韦嵩等，2009）；饲料中添加适量的家蝇抗菌肽，能够减少 WSSV 引发的对虾血细胞和造血组织的程序性凋亡，提高对虾的免疫力（陈冰等，2015）；饲料中添加毕赤酵母（*Pichia pastoris*）表达的 Fortilin 蛋白，能提高对虾的免疫力和感染 WSSV 后的存活率（周怡，2011）。此外，将表达有 VP26 融合蛋白的枯草芽孢杆菌（*Bacillus subtilis*）包裹在饵料中投喂对虾，也能有效保护对虾免受 WSSV 感染（Valdez et al.，2014）。壳聚糖具有增强单核巨噬细胞和自然杀伤细胞（NK cell）活性的功能，对细胞免疫和体液免疫功能均有增强作用，饲料中添加其衍生物壳聚糖硫酸酯，可以明显提高对虾抵御 WSSV 感染的能力（Sun et al.，2016）。

2. 生态防控技术

我国现在流行将对虾与大型海藻、滤食性贝类、肉食性鱼类等生物混养的生态防控养殖模式。通过改善水质、提高对虾抗病力、清除染病对虾等途径实现更高的养殖效益。生产实践表明，对虾与河鲀混养的防病效果十分显著。河鲀可以摄食感染 WSSV 游泳缓慢的对虾，防止健康对虾蚕食病虾而感染，客观上起到防 WSSV 扩散的效果。此外，通过环境调控构建优良的微藻藻相结构，减少有害蓝藻与 WSSV 对对虾的双重胁迫，也可降低养殖风险。

3. SPF 苗种生产及抗病种群选育技术

自从 WSSV 暴发以来，对虾育苗和养殖的成活率较低，严重阻碍了对虾养殖业的健康快速发展，因此在积极研制抗 WSSV 药物的同时，引进抗病力强的虾种和开发对虾无毒良种幼苗的培育技术尤为重要。SPF 虾苗生产技术是通过对不同家系的抗病、生长等性状进行综合比较，选育无病毒亲本，阻断亲本病毒的垂直传播，保持选育亲本抗病、生长等的优良性状的统一,最终获得无特异性病原的苗种,从而遏制 WSSV 的危害。我国是对虾白斑综合征的重灾区,于 1999 年引进美国 SPF 对虾种虾和繁育技术,培育出了 SPF 凡纳滨对虾虾苗。得益于凡纳滨对虾的引进和相关综合预防技术,我国对虾产量已从 1994 年低谷期的 6 万余吨恢复到 2018 年的 1409 万 t。目前经过系统人工选育的"黄海 1 号"中国对虾与"中兴 1 号"凡纳滨对虾已是通过全国水产原种和良种审定委员会审核的抗 WSSV 新品种。SPF 技术的应用是控制病害发生的有效手段。

4. 生物絮团技术

高密度虾养殖系统中菌群结构和多样性对水质及对虾的生物安全都有很大影响。生物絮团(Bio-floc)是指在成熟的集约化养殖系统中,水体悬浮的细菌、残饵、粪团等颗粒有机物絮凝在一起自然形成的团状聚合物(Avnimelech,2012)。典型的生物絮团以菌胶团或丝状细菌作为基架,通过附着细菌分泌胞外聚合物或静电引力作用而结合。生物絮团中含有多种有益微生物菌群及其分泌产物,如聚-β-羟基丁酸、多糖类等活性物质,对养殖对虾具有促进生长发育和免疫增强作用(徐武杰,2014)。基于生物絮团技术构建的零换水、高密度对虾养殖模式,无须过滤、生物基反应、消毒等复杂处理环节,即可直接分解转化养殖动物的代谢物及水体中的氨氮等有害物质。生物絮团中的微生物与病原菌发生空间与营养竞争,可以扰乱病原菌的密度感应系统,从而抑制水体病原菌生长和繁殖。因此,生物絮团在对虾病害防控中的关键是构建封闭式生物絮团养殖系统,避免引入外源性病原,提高养殖生物安全。

2.5.3 应用前景

1. 病毒受体及受体封闭剂的研究

病毒感染细胞的第一步是病毒与细胞膜表面的受体结合,无论是抗 WSSV 疫苗,还是抗 WSSV 多克隆抗体和噬菌体展示的单链抗体,针对中和的是病毒感染相关囊膜蛋白。通过定位并分离病毒受体,筛选出封闭病毒受体的有效药物和方法,阻断二者结合,达到防治目的。因此,WSSV 受体及其封闭剂的研究有助于预防和控制白斑综合征。

2. 疫苗给予途径的研究

水产动物疫苗可预防疫病发生,已成为病害防控领域研发的主流产品。在抗 WSSV 感染途径的研究中,通过注射、口服、浸浴方式或其中两种方式相结合都能达到一定的抗病毒效果。注射方式需对个体逐一进行,在亲虾的抗病防治中可以应用和推广。浸浴和口服是目前对虾疫苗给予途径的重点研究方向。浸浴方式较适用于苗期幼体,但是需要确定免疫原量、提高免疫效果和降低疫苗成本。口服疫苗是对虾养殖生产上较为理想的给予方式,但有机体消化酶易削弱药饵的抗病毒效果,因此需要开发可以封装疫苗抗原而不使疫苗效价损失的方法,如可作为虾苗饵料的食物疫苗具有较高的免疫保护效果且食药同源,有望应用到对虾的规模化生产上。

3. 建立疫苗的评价系统

对虾疫苗免疫效果的评价是对虾疫苗能否进入商品流通领域的关键。建立的评价系统应包括疫苗安全性、免疫保护率、相关免疫学效应及免疫学指标等，然后通过流行病学评价疫苗的质量和效果。

4. 疫苗中试基地建设

中试试验基地是商品性对虾疫苗应市的重要桥梁。实验室开发的疫苗需要中试试验基地的再研究和再验证才能够实现产业化与规模化使用。

5. 注重疫苗佐剂的研发

鉴于疫苗佐剂在水生动物疫苗免疫过程中的重要作用，新型疫苗佐剂的研发和应用是对虾疫苗研究的重要方向，包括对虾疫苗适宜佐剂的筛选、对虾疫苗佐剂的作用机制、相关产品的开发与效果探讨、对虾疫苗佐剂安全性及其评价方法等。

参 考 文 献

白俊杰, 叶星. 2001. DNA 疫苗及其在水产养殖中的应用研究进展. 上海水产大学学报, 10(1): 70-72.
白姗姗, 贾智英, 石连玉. 2017. 鱼类免疫应答机制研究进展. 水产学杂志, 30(4): 59-67.
曹丽萍, 丁炜东, 张柳, 等. 2008. 香菇多糖和黄芪多糖对鲤免疫细胞的活性和 IL-1β 体外诱生表达的影响. 水产学报, 32(4): 628-635.
陈毕生, 冯娟, 柯浩. 1999. 21 世纪我国水产病害防治技术展望. 中国渔业经济, (4): 36-37.
陈冰, 黄燕华, 曹俊明, 等. 2015. 家蝇抗菌肽对凡纳滨对虾抗白斑综合征病毒能力的影响. 广东农业科学, 42(12): 116-120.
陈昌福. 2007. 我国水产养殖动物病害防治研究的主要成就与当前存在的问题. 饲料工业, (10): 1-3.
陈昌福. 2014. 试谈水产养殖动植物病害防控中的问题与对策. 中国水产, (3): 71-73.
陈昌福, 吴志新. 1982. 三种爱德华氏菌脂多糖对日本鳗鲡免疫原性的比较. 水生生物学报, 22(增刊): 126-131.
陈小江. 2016. 物联网技术在水产监控方面的应用现状. 农村经济与科技, 27(14): 98-100.
陈应华. 2008. 浅谈我国海水养殖业面临的主要问题及对策. 海洋与渔业, 10: 23-24.
成南, 唐玉华. 2014. 水产养殖病害生态防控技术. 江西饲料, (4): 24-26.
戴亚娟, 杨正勇. 2012. 基于层次分析法的大菱鲆工厂化养殖风险评估. 黑龙江农业科学, (1): 67-70.
邓敏, 何建国, 吕玲, 等. 2000. 斑节对虾白斑综合征病毒部分基因组文库及核酸探针检测法. 水产学报, 24(2): 161-167.
丁思发. 2019. 基于 Zig Bee 水产养殖环境监测系统的设计. 信息系统工程, (3): 83-84.
杜剑峰. 2019. 基于物联网技术的养殖水质监测系统的设计与实现. 大连海洋大学硕士学位论文.
冯子慧, 王丽娟, 梁晶莹, 等. 2014. 水产养殖病害远程动态图像采集与传输系统的组成及实现. 水产科技情报, 41(4): 180-183.
高伟, 高磊, 周勇, 等. 2018. 基于 ZigBee 的水产养殖水质控制管理系统设计. 中国农业科技导报, 20(7): 74-82.
郭海燕. 2016. 五倍子及其有效成分没食子酸在中华倒刺鲃和南方鲇的药理学研究. 西南大学博士学位论文.
郝贵杰, 沈锦玉, 潘晓义. 2007. 核酸疫苗的研究进展及其在鱼类免疫中的应用. 大连水产学院学报, 22(2): 142-148.

何培民, 郭媛媛, 贾晓会, 等. 2016. 对虾白斑综合征病毒免疫防治研究进展. 海洋渔业, 38(4): 437-448.

华雪铭, 闫大伟, 周洪琪. 2008. 壳聚糖通过甲状腺激素对草鱼免疫功能的调节. 中国海洋大学学报, 15(4): 630-636.

黄倢, 杨丛海, 于佳, 等. 1995a. T-E 染色法用于对虾暴发性流行病的现场快速诊断. 海洋科学, (1): 29-34.

黄倢, 于佳, 王秀华, 等. 1995b. 单克隆抗体酶联免疫技术检测对虾皮下及造血组织坏死病的病原及其传播途径. 海洋水产研究, 16(1): 40-50.

黄闻达. 2019. 物联网技术与应用. 电子技术与软件工程, (16): 9-10.

黄艳平, 杨先乐, 湛嘉, 等. 2004. 水产动物疾病控制的研究和进展. 上海水产大学学报, (1): 60-66.

金亚平. 2019. 水产养殖绿色发展要建好疫病防控体系. 海洋与渔业, (4): 63-65.

李贵生, 何建国, 李桂峰, 等. 2001. 斑节对虾杆状病毒感染度与水体理化因子关系模型的修订. 中山大学学报 (自然科学版), (6): 67-71.

李健. 1999. 我国水产养殖病害防治技术及渔用药物发展方向. 渔业信息与战略, (6): 1-6.

李立华. 2016. 我国水产养殖病害控制技术现状与发展趋势. 科学技术创新, (8): 274.

李亮亮. 2016. 设施化鱼类养殖池塘水质关键参数监测系统. 天津科技大学硕士学位论文.

李宁求, 付小哲, 石存斌, 等. 2011. 大宗淡水鱼类病害防控技术现状及前景展望. 动物医学进展, 32(4): 113-117.

李庆梅, 张亮亮, 张洪, 等. 2019. 基于纳米技术的病原微生物核酸快速检测研究进展. 临床检验杂志, 37(7): 491-494.

李伟哲, 刘露, 张辉, 等. 2019. PCR 技术在水产动物疾病检测中的应用. 水产科学, 38(5): 726-733.

李忠明. 2001. DNA 疫苗研究的发展方向. 中国生物制品学杂志, (2): 127-128.

梁汉涛. 2015. 基于物联网的在线水质监测系统的设计. 福州大学硕士学位论文.

刘红刚, 陈艺. 2012. 水产养殖综合环境在线监测系统的研究与开发. 现代农业装备, (7): 50-54.

刘鹏威, 郭彤, 魏华. 2009. 纳米载铜蒙脱石体外对三种水产病原菌及两种肠道有益菌杀菌作用. 上海海洋大学学报, 18(5): 520-526.

刘强, 张宝明. 2016. 水产健康养殖病害综合防控技术. 渔业致富指南, (7): 46-47.

刘云, 孔伟丽, 姜国良, 等. 2008. 2 种免疫多糖对刺参组织主要免疫酶活性的影响. 中国水产科学, 15(5): 787-793.

卢香玲. 2008. 中草药在渔业生产中的应用与研究. 中国渔业报, (1): 28.

路春艳. 2006. 水产养殖病害流行趋势与病害防治技术. 黑龙江水产, (3): 37-38.

罗展, 黄倢, 周丽. 2007. 抗白斑综合征病毒 (WSSV) 感染途径研究进展. 渔业科学进展, 28(5): 116-122.

吕爱军, 胡秀彩, 孙敬锋, 等. 2016. 鱼类皮肤免疫应答及蛋白质组学. 水产科学, 35(3): 302-307.

马芳, 张庆利, 万晓媛, 等. 2016. 基于 LAMP 技术的对虾白斑综合征病毒现场快速高灵敏度检测试剂盒的评价. 中国预防兽医学报, 38(4): 316-321.

马延霞, 刘万学. 2019. 物联网技术在水产养殖中的应用. 黑龙江水产, (3): 21-23.

马悦, 张元兴. 2013. 国外鱼类疫苗之路. 海洋与渔业·水产前沿, (1): 80-83.

孟宪红, 孔杰, 刘萍, 等. 2005. 中国明对虾抗白斑综合征病毒分子标记的筛选. 中国水产科学, 12(1): 14-19.

倪军, 杨圆圆, 林汉群, 等. 2018. 噬菌体在水产养殖动物细菌性病害防控中的应用. 海洋与渔业, (2): 58-59.

农业农村部渔业渔政管理局, 全国水产技术推广总站, 中国水产学会. 2019. 2019 中国水生动物卫生状况报告. 北京: 中国农业出版社.

彭鹏. 2012. 基于物联网的水环境在线监测系统研究. 华中科技大学硕士学位论文.

秦璞, 胡晓, 张在阳, 等. 2011. 鱼类致病性迟钝爱德华氏菌胶体金快速检测试纸的研制. 华东理工大学学报, (3): 330-334.

仇荣华. 2010. 基于 ZigBee 和 ARM 平台的水产养殖水质在线监测系统. 山东大学硕士学位论文.

任芳. 2014. 浅谈物联网水质在线监测系统在水产养殖中的应用. 山西科技, 29(4): 154-156.

任硕, 陈政晓, 王政, 等. 2015. 对虾白斑综合征病毒液相芯片快速检测方法的建立. 中国动物传染病学报, 23(6): 27-30.

沙锦程. 2018. 物联网技术在水产养殖中的应用. 乡村科技, (34): 102-103.

单晓枫, 高云航, 李影, 等. 2005. 鱼用疫苗研究进展. 中国兽药杂志, 39(11): 23-26.

邵玉才, 赵建宝. 2019. 物联网在水产养殖中的应用. 江苏农机化, (2): 47-48.

申丽媛. 2016. 鱼类细胞培养与免疫机制概述. 农业与技术, 36(14): 74-82.

石军, 陈安国, 洪奇华. 2002. DNA 疫苗在鱼类中的应用研究进展. 中国兽药杂志, (5): 41-45.

石拓, 孔杰, 刘萍, 等. 2000. 对虾一种无包涵体杆状病毒病原的 PCR 检测. 海洋学报, 22(4): 96-100.

史成银, 黄健, 宋晓玲. 1999. 对虾皮下及造血组织坏死杆状病毒单克隆抗体的 ELISA 快速检测. 中国水产科学, 6(3): 116-118.

宋林生. 2014. 海洋无脊椎动物免疫防御分子机制的初步研究. 赤峰: 全国第九届海洋生物技术与创新药物学术会议.

宋林生. 2020. 海水养殖贝类病害预警预报技术及其应用. 大连海洋大学学报, 35(1): 1-9.

宋协法, 马真, 万荣, 等. 2014. 人工神经网络在凡纳滨对虾养殖水质预测中的应用研究. 中国海洋大学学报(自然科学版), 44(6): 28-33.

苏小凤, 邵庆均. 2002. DNA 疫苗及其在水产养殖业中的应用. 齐鲁渔业, (8): 10-13.

孙惠存, 李正荣. 2002. 浅析河蟹病害综合防治技术. 渔业致富指南, (16): 39-40.

孙建和, 严亚贤, 陈怀青, 等. 1997. 致病性嗜水气单胞菌保护性抗原的研究. 中国人兽共患病杂志, 13(3): 20-23.

唐冰. 2018. 水产养殖物联网后台数据模块及手机 APP 的设计与实现. 海南大学硕士学位论文.

田园园, 叶星. 2012. 鱼用基因工程疫苗研究进展. 中国农业科技导报, 14(5): 145-152.

童军, 邹勇, 龚培培, 等. 2005. 水产养殖疫病测报及其工作方法. 中国水产, (1): 64-66.

汪岷, 戴继勋, 张士璀, 等. 2000. 用 ELISA 检测中国对虾的白斑综合征病毒 (WSSV). 海洋学报, 22(2): 132-136.

汪启寿. 2015. 水产养殖病害及综合防治对策探析. 农技服务, (2): 150.

王斌, 姜静颖, 李华, 等. 1996. 中国对虾一种病原病毒负染法电镜检测. 大连海洋大学学报, 11(1): 22-27.

王大建, 郭旭强, 张伟. 2010. 水产养殖病害防治技术. 齐鲁渔业, (10): 43-45.

王丹丹. 2018. 基于 ZigBee 的水产养殖水质在线监测系统设计. 哈尔滨理工大学硕士学位论文.

王巧艺. 2018. 物联网技术在我国水产养殖上的应用发展对策. 农村经济与科技, 29(2): 53.

王秀慧. 2017. 水产养殖病害控制技术的发展. 农业开发与装备, (8): 52.

王印庚. 2017. 海洋水产病害综合防控技术的集成与示范. 中国科技成果, 18(13): 22.

王玉堂. 2018. 疫苗及其在水生动物疾病预防中的应用(一). 中国水产, (7): 82-86.

王玉堂. 2019. 浅谈水产动保产业的发展历史与现状, 监管"难"是动保行业最为突出的问题. 当代水产, (2): 84-97.

王玉堂, 陈昌福, 吕永辉. 2013. 水产养殖动物致病菌耐药性检测数据实际作用. 中国水产, (10): 57-61.

王芸, 郑宗林. 2013. 微生态制剂在水产养殖中的应用研究进展. 饲料与畜牧, (2): 18-24.

王忠良, 王蓓, 鲁义善, 等. 2015. 水产疫苗研究开发现状与趋势分析. 生物技术通报, 31(6): 55-59.

韦嵩, 宋晓玲, 李海兵, 等. 2009. 白斑综合征病毒卵黄抗体对凡纳滨对虾免疫相关酶活力和抗病毒能力的影响. 水产学报, 33(1): 112-118.

魏春丽, 徐莹. 2018. 水产病害防控技术现状分析及对策探讨. 当代畜禽养殖业, (2): 29-30.

吴建伸, 曾庆源, 欧铃娥. 2019. "互联网+水产养殖"系统设计. 通讯世界, 26(2): 39-40.

吴金石. 2016. 水产养殖病害测报概况及展望. 渔业研究, 38(6): 510-518.

吴淑勤, 陶家发, 巩华, 等. 2014. 渔用疫苗发展现状及趋势. 中国渔业质量与标准, 4(1): 1-13.

吴淑勤, 王亚军. 2010. 我国水产养殖病害控制技术现状与发展趋势. 中国水产, (8): 9-10.

吴艳萍. 2019. 物联网技术在现代渔业生产中的探索应用. 河北农业, (8): 42-43.

吴子岳, 赵婷婷. 2007. 水质在线监测在工厂化养殖中的应用. 水产科技, (4): 1-4.

武延坤, 陈益清, 雷萍. 2012. 水质监测技术现有问题分析及物联网应用框架. 中国给水排水, 28(22): 9-13.

武艳. 2018. 基于 ZigBee/GPRS 的蟹塘环境安全监测系统设计. 信息技术与信息化, (10): 91-92.

夏凡, 杨丽君, 王静, 等. 2011. 病原性海洋弧菌致病机理及其快速检测方法研究进展. 食品工业科技, 32(1): 366-376.

夏来根, 宋学宏, 张磊磊, 等. 2012. 4 种微生态制剂对虾池水质及青虾生长性能的影响. 水生态学杂志, 33(3): 101-106.

夏玉秀, 宋丽芬, 于丽. 2019. 现代水产养殖的常见病害和防控策略分析. 农业开发与装备, (2): 237-238.

肖婧凡, 王玥, 张元兴, 等. 2014. 海水养殖细菌性病害检测方法研究进展. 中国工程科学, (9): 10-15.

谢华亮, 王庆, 王林川. 2019. 渔用疫苗佐剂的研究进展. 中国生物制品学杂志, 32(4): 476-481.

谢俊峰, 叶巧珍, 何建国. 2002. 嗜水气单胞菌外膜蛋白基因 ompTS 高效表达及其免疫原性. 生物工程学报, 18(3): 300-303.

谢数涛, 何建国, 杨晓明, 等. 2001. 套式 PCR 检测斑节对虾白斑症病毒 (WSSV). 青岛海洋大学学报 (自然科学版), (2): 220-224.

谢芝勋, 庞耀珊, 何竞铭, 等. 2005. 应用多重 PCR 检测鉴别对虾白斑综合征病毒和桃拉病毒. 中国兽医学报, (1): 13-15.

徐彩利, 张耀红, 张占欣, 等. 2017. 保定市主要养殖鱼类病害情况调研及防控建议. 河北渔业, (2): 13-17.

徐盘英, 马丽, 勾起洪, 等. 2002. 水产病害发生特点与防治对策. 科学养鱼, (8): 42-43.

徐武杰. 2014. 生物絮团在对虾零水交换养殖系统中功能效应的研究与应用. 中国海洋大学博士学位论文.

阎笑彤, 徐翔, 郭显久, 等. 2016. 基于 WEB 的水产养殖病害诊断专家系统. 大连海洋大学学报, 31(2): 225-230.

颜超群. 2000. 罗氏沼虾病害防治技术. 淡水渔业, 30(1): 40.

杨先乐, 曹海鹏. 2006. 我国渔用疫苗的研制. 水产学报, (2): 264-271.

杨先乐, 郑宗林. 2007. 我国渔药使用现状、存在的问题及对策. 上海水产大学学报, 16(4): 347-380.

杨移斌, 余琳雪, 张洪玉, 等. 2018. 渔用微生态制剂现状分析与发展建议. 中国渔业质量与标准, 8(6): 40-46.

杨永贵, 崔世华, 张永旺. 2011. 浅谈无公害水产养殖病害防治. 渔业致富指南, (16): 65-66.

叶芳. 2006. 石斑鱼养殖中常见病害防治技术. 海洋与渔业, (12): 27.

殷永力, 王堪舜. 2014. 谈水产养殖中病害的预防措施. 黑龙江科技信息, (31): 285.

尹伟力, 梁君妮, 林超, 等. 2015. 病毒性出血性败血症病毒液相芯片检测技术的建立. 中国动物检疫, (6): 64-68.

于毅, 刘鑫, 徐睿. 2011. 北京市水产养殖病害测报现状及发展趋势. 中国水产, (7): 58-59.

曾宝国, 刘美岑. 2013. 基于物联网的水产养殖水质实时监测系统. 计算机系统应用, 22(6): 53-56.

曾庆雄. 2014. 水产病害远程诊断技术的应用及前景. 海洋与渔业, (10): 66-67.

曾洋泱, 匡迎春, 沈岳, 等. 2013. 水产养殖水质监控技术研究现状及发展趋势. 渔业现代化, 40(1): 40-44.

战文斌, 刘洪明, 王越. 2004. 水产养殖病害及其药物控制与水产品安全. 中国海洋大学学报 (自然科学版), (5): 758-760.

张锋, 尹纪元. 2019. 全国水生动物疾病远程辅助诊断服务网在水产病害防控中的应用. 中国水产, (2): 21-23.

张宏成, 裴利军, 郭盛, 等. 2017. 新时期水产养殖病害的生态防控技术浅谈. 山西农经, (7): 61.

张蕾, 曾静, 魏海燕, 等. 2014. 纳米免疫磁分离-实时荧光聚合酶链式反应快速检测海产品中副溶血性弧菌. 食品科学, 35(4): 107-110.

张晓华, 徐怀恕, Robertson P, 等. 1997. 副溶血弧菌的外膜蛋白及其抗原性的研究. 中国水产科学, (4): 49-52.

张媛媛, 宋理平. 2018. 鱼类免疫系统的研究进展. 河北渔业, (2): 49-56.

赵玲敏, 左妍斐, 黄力行. 2018. 水产健康养殖中病害防控研究进展. 安徽农业科学, 46(28): 18-21.

赵万里, 王紫竹. 2015. 辽宁海水养殖业发展现状及可持续发展对策. 渔业信息与战略, (1): 34-37.

周化民, 何建国, 莫福, 等. 2001. 斑节对虾白斑综合征暴发流行与水体理化因子的关系. 厦门大学学报 (自然科学版), (3): 775-781.

周疆, 郑凯妮, 朱斐. 2019. 中草药在水产动物免疫上的应用. 浙江农林大学学报, 36(2): 406-414.

周瑾. 2013. 我国兽药产业发展问题研究. 河北农业大学硕士学位论文.

周进, 黄倢, 宋晓玲. 2003. 免疫增强剂在水产养殖中的应用. 海洋水产研究, (4): 70-79.

周怡. 2011. Fortilin 和 TAT 融合蛋白在毕赤酵母的表达及对凡纳滨对虾免疫功能的影响. 中国海洋大学硕士学位论文.

Acosta F, Collet B, Lorenzen N, et al. 2006. Expression of the glycoprotein of viral haemorrhagic septicaemia virus (VHSV) on the surface of the fish cell line RTG-P1 induces type 1 interferon expression in neighbouring cells. Fish & Shellfish Immunology, 21(3): 272-278.

Adomako M, St-Hilaire S, Zheng Y, et al. 2012. Oral DNA vaccination of rainbow trout, *Oncorhynchus mykiss* (Walbaum), against infectious hematopoietic necrosis virus using PLGA [Poly (D, L-Lactic-Co-Glycolic Acid)] nanoparticles. Journal of Fish Diseases, 35(3): 203-214.

Alonso M, Leong J A. 2013. Licensed DNA vaccines against infectious hematopoietic necrosis virus (IHNV). Recent Patents on DNA & Gene Sequences, 7(1): 62-65.

Ambros V. 2004. The functions of animal microRNAs. Nature, 431: 350-355.

Andreoni F, Amagliani G, Magnani M. 2016. Selection of vaccine candidates for fish pasteurellosis using reverse vaccinology and an *in vitro* screening approach. Methods in Molecular Biology, 1404: 181-192.

Avnimelech Y. 2012. Biofloc Technology-A Practical Guide Book. 2nd ed. Baton Rouge: The World Aquaculture Society.

Balcazar J L. 2020. Implications of bacteriophages on the acquisition and spread of antibiotic resistance in the environment. International Microbiology: 1-5.

Ballesteros N A, Rodriguez Saint-Jean S, Encinas P A, et al. 2012. Oral immunization of rainbow trout to infectious pancreatic necrosis virus (IPNV) induces different immune gene expression profiles in head kidney and pyloric ceca. Fish & Shellfish Immunology, 33(2): 174-185.

Ballesteros N A, Rodriguez Saint-Jean S, Perez-Prieto S I. 2014. Food pellets as an effective delivery method for a DNA vaccine against infectious pancreatic necrosis virus in rainbow trout (*Oncorhynchus mykiss*, Walbaum). Fish & Shellfish Immunology, 37(2): 220-228.

Baser K, Buchbauer G. 2015. Handbook of essential oils: Science, technology, and applications. 2nd ed. Boca Raton: CRC Press.

Behera T, Nanda P K, Mohanty C, et al. 2010. Parenteral immunization of fish, *Labeo rohita* with Poly D, L-lactide-co-glycolic acid (PLGA) encapsulated antigen microparticles promotes innate and adaptive immune responses. Fish & Shellfish Immunology, 28(2): 320-325.

Carbone D, Faggio C. 2016. Importance of prebiotics in aquaculture as immunostimulants. Effects on immune system of *Sparus aurata* and *Dicentrarchus labrax*. Fish & Shellfish Immunology, 54: 172-178.

Catherine C, Niels L, Bertrand C. 2018. DNA vaccination for finfish aquaculture. Fish & Shellfish Immunology, 85: 106-125.

Cerezuela R, Guardiola F A, González P, et al. 2012. Effects of dietary *Bacillus subtilis*, *Tetraselmis chuii*, and *Phaeodactylum tricornutum*, singularly or in combination, on the immune response and disease resistance system of sea bream (*Sparus aurata* L.). Fish & Shellfish Immunology, 33: 342-349.

Cerezuela R, Meseguer J, Esteban M A. 2011. Current knowledge in synbiotic use for fish aquaculture: A review. Journal of Aquaculture Research & Development, (S1): 1-8.

Chang Y H, Kumar R, Ng T H, et al. 2018. What vaccination studies tell us about immunological memory within the innate immune system of cultured shrimp and crayfish. Developmental and Comparative Immunology, 80: 53-66.

Chaves-Pozo E, Cuesta A, Tafalla C. 2010. Antiviral DNA vaccination in rainbow trout (*Oncorhynchus mykiss*) affects the immune response in the ovary and partially blocks its capacity to support viral replication *in vitro*. Fish & Shellfish Immunology, 29(4): 579-586.

Choi S H, Kim K H. 2012. Potential of auxotrophic *Edwardsiella tarda* double-knockout mutant as a delivery vector for DNA vaccine in olive flounder (*Paralichthys olivaceus*). Veterinary Immunology & Immunopathology, 145(3-4): 625-630.

Christie K E. 1997. Immunization with viral antigens: infectious pancreatic necrosis. Developments in Biological Standardization, 90: 191-199.

Curtiss R, Hassan J O. 1996. Nonrecombinant and recombinant avirulent *Salmonella* vaccines for poultry. Veterinary Immunology & Immunopathology, 54: 365-372.

Dadar M, Dhama K, Vakharia V N, et al. 2017. Advances in aquaculture vaccines against fish pathogens: Global status and current trends. Reviews in Fisheries Science & Aquaculture, 25(3): 184-217.

de las Heras A I, Perez Prieto S I, Rodriguez Saint-Jean S. 2009. *In vitro* and *in vivo* immune responses induced by a DNA vaccine encoding the VP2 gene of the infectious pancreatic necrosis virus. Fish & Shellfish Immunology, 27: 120-129.

Escobedo-Bonilla C M, Alday-Sanz V, Wille M, et al. 2008. A review on the morphology, molecular characterization, morphogenesis and pathogenesis of white spot syndrome virus. Journal of Fish Diseases,

31(1): 1-18.

Evensen Ø, Brudeseth B, Mutoloki S, et al. 2005. The vaccine formulation and its role in inflammatory processes in fish-effects and adverse effects. Developmental Biology, 121: 117-125.

Flegel T W. 2019. A future vision for disease control in shrimp aquaculture. Journal of the World Aquaculture Society, 50(2): 249-266.

Gomez-Casado E, Estepa A, Coll J. 2011. A comparative review on European-farmed finfish RNA viruses and their vaccines. Vaccine, 29: 2657-2671.

Hameed A S S, Anilkumar M, Raj M L S, et al. 1998. Studies on the pathogenicity of systemic ectodermal and mesodermal baculovirus and its detection in shrimp by immunological methods. Aquaculture, 160(1-2): 31-45.

Han J. 2013. Anti-WSSV and/or TSV nucleic acid drug. US8354391. 2013-1-15.

Harikrishnan R, Balasundaram C, Heo M, et al. 2010. Molecular studies, disease status and prophylactic measures in grouper aquaculture: Economic importance, diseases and immunology. Aquaculture, 309(1): 1-14.

He L, Xu H S. 2011. Development of a multiplex loop-mediated isothermal amplification (mLAMP) method for the simultaneous detection of white spot syndrome virus and infectious hypodermal and hematopoietic necrosis virus in penaeid shrimp. Aquaculture, 311(1-4): 94-99.

Ho L P, Lin J H Y, Liu H C, et al. 2011. Identification of antigens for the development of a subunit vaccine against *Photobacterium damselae* ssp. *piscicida*. Fish & Shellfish Immunology, 30(1): 412-419.

Hoseinifar S H, Sun Y, Wang A, et al. 2018. Probiotics as means of diseases control in aquaculture, a review of current knowledge and future perspectives. Frontiers in Microbiology, 9: 2429.

Huang L Q, Xu Y, Guo S L. 2010. On disinfecting aquatic pathogenic bacteria by photocatalytic activity with nanometer TiO_2. Journal of Jimei University, 4: 254-257.

Huang S, Wang L, Liu L, et al. 2015. Nanotechnology in agriculture, livestock, and aquaculture in China. A review. Agronomy for Sustainable Development, 35(2): 369-400.

Hwang J Y, Kwon M G, Kim Y J, et al. 2017. Montanide IMS 1312 VG adjuvant enhances the efficacy of immersion vaccine of inactivated viral hemorrhagic septicemia virus (VHSV) in olive flounder, *Paralichthys olivaceus*. Fish & Shellfish Immunology, 60(1): 420-425.

Kim C S, Kosuke Z, Nam Y K, et al. 2007. Protection of shrimp (*Penaeus chinensis*) against white spot syndrome virus (WSSV) challenge by double-stranded RNA. Fish & Shellfish Immunology, 23(1): 242-246.

Kumar B K, Raghunath P, Devegowda D, et al. 2011. Development of monoclonal antibody based sandwich ELISA for the rapid detection of pathogenic Vibrio parahaemolyticus in seafood. International Journal of Food Microbiology, 145(1): 244-249.

Kumar S R, Ahamed V P I, Sarathi M, et al. 2008. Immunological responses of *Penaeus monodon* to DNA vaccine and its efficacy to protect shrimp against white spot syndrome virus (WSSV). Fish & Shellfish Immunology, 24(4): 467-478.

Lecocq-Xhonneux F, Thiry M, Dheur I, et al. 1994. A recombinant viral haemorrhagic septicaemia virus glycoprotein expressed in insect cells induces protective immunity in rainbow trout. Journal of General Virology, 75: 1579.

Leeseong W, Wee W, Manan Z C, et al. 2013. A study of *Edwardsiella tarda* colonizing live Asian clam, *Corbicula fluminea*, from Pasir Mas, Kelantan, Malaysia with the emphasis on its antibiogram, heavy metal tolerance and genetic diversity. Veterinarski Arhiv, 83(3): 323-331.

Leu J H, Yang F, Zhang X, et al. 2009. Whispovirus//van Etten J L. Lesser Known Large dsDNA Viruses. Current Topics in Microbiology and Immunology. Berlin, Heidelberg: Springer: 197-227.

Lewis T D, Leong J A C. 2004. Viruses of fish. Current Trends in the Study of Bacterial & Viral Fish & Shrimp Diseases, 3: 39-81.

Li W, Wang H Q, He R Z, et al. 2016. Major surfome and secretome profile of *Streptococcus agalactiae* from Nile tilapia (*Oreochromis niloticus*): Insight into vaccine development. Fish & Shellfish Immunology, 55: 737-746.

Lightner D V. 1999. The penaeid shrimp viruses TSV, IHHNV, WSSV, and YHV: Current status in the Americas, available diagnostic methods, and management strategies. Journal of Applied Aquaculture, 9: 27-52.

Lightner D V. 2011. Virus diseases of farmed shrimp in the Western Hemisphere (the Americas): A review. Journal of Invertebrate Pathology, 106: 110-130.

Lima P C, Harris J O, Cook M T, et al. 2013. Exploring RNAi as a therapeutic strategy for controlling disease in aquaculture. Fish & Shellfish Immunology, 34(3): 729-743.

Lomeliortega C O, Martinezdiaz S F. 2014. Phage therapy against *Vibrio parahaemolyticus* infection in the whiteleg shrimp (*Litopenaeus vannamei*) larvae. Aquaculture, 434: 208-211.

Lu L, Xu H, He Y, et al. 2011. Protection of grass carp, *Ctenopharyngon idellus* (Valenciennes), through oral administration of a subunit vaccine against reovirus. Journal of Fish Diseases, 34(12): 939-942.

Mahendran R, Jeyabaskar S, Sitharaman G, et al. 2016. Computer-aided vaccine designing approach against fish pathogens *Edwardsiella tarda* and *Flavobacterium columnare* using bioinformatics softwares. Drug Design Development and Therapy, 10: 1703-1714.

Malheiros D F, Maciel P O, Videira M, et al. 2016. Toxicity of the essential oil of *Mentha piperita* in *Arapaima gigas* (pirarucu) and antiparasitic effects on *Dawestrema* spp. (Monogenea). Aquaculture, 455(20): 81-86.

Mayo M A. 2002. A summary of taxonomic changes recently approved by ICTV. Archive of Virology, 147: 1655-1656.

Meena D K, Das P, Kumar S, et al. 2013. Beta-glucan: An ideal immunostimulants in aquaculture (a review). Fish Physiology & Biochemistry, 39: 431-457.

Mejía-Ruíz C H, Vega-Pena S, Alvarez-Ruiz P, et al. 2011. Double-stranded RNA against white spot syndrome virus (WSSV) vp28 or vp26 reduced susceptibility of *Litopenaeus vannamei* to WSSV, and survivors exhibited decreased susceptibility in subsequent re-infections. Journal of Invertebrate Pathology, 107(1): 65-68.

Moser J R, Galván Álvarez D A, Cano F M, et al. 2012. Water temperature influences viral load and detection of white spot syndrome virus (WSSV) in *Litopenaeus vannamei* and wild crustaceans. Aquaculture, 326-329: 9-14.

Moss S M, Moss D R, Arce S M, et al. 2012. The role of selective breeding and biosecurity in the prevention of disease in penaeid shrimp aquaculture. Journal of Invertebrate Pathology, 110(2): 247-250.

Muktar Y, Tesfaye S, Tesfaye B. 2016. Present status and future prospects of fish vaccination: A review. Journal of Veterinary Science & Technology, 7: 2.

Muniesa A, Ruiz-Zarzuela I, de Blas I. 2018. Design and implementation of a collaborative epidemiological surveillance system for aquaculture (VECA). Reviews in Aquaculture, (10): 370-375.

Mutoloki S, Munang'andu H M, Evensen Ø. 2015. Oral vaccination of fish-Antigen preparations, uptake, and immune induction. Frontiers in Immunology, 6: 519.

Netea M G, Joosten L A, Latz E, et al. 2016. Trained immunity: A program of innate immune memory in health and disease. Science, 352(6284): aaf1098.

Ning J F, Zhu W, Xu J P, et al. 2009. Oral delivery of DNA vaccine encoding VP28 against white spot syndrome virus in crayfish by attenuated *Salmonella typhimurium*. Vaccine, 27(7): 1127-1135.

Noonan B, Enzmann P J, Trust T J. 1995. Recombinant infectious hematopoietic necrosis virus and viral hemorrhagic septicemia virus glycoprotein epitopes expressed in *Aeromonas salmonicida* induce protective immunity in rainbow trout (*Oncorhynchus mykiss*). Applied and Environmental Microbiology, 61: 3586-3591.

Nootash S, Sheikhzadeh N, Baradaran B, et al. 2013. Green tea (*Camellia sinensis*) administration induces expression of immune relevant genes and biochemical parameters in rainbow trout (*Oncorhynchus mykiss*). Fish & Shellfish Immunology, 35: 1916-1923.

Nunan L M, Poulos B T, Lightner D V. 1998. The detection of white spot syndrome virus (WSSV) and yellow head virus (YHV) in imported commodity shrimp. Aquaculture, 160: 19-30.

Oh H G, Sung K H, Jeon H R, et al. 2009. Composition and method for treating or preventing white spot syndrome virus. US2009252009-10-15.

Oliveira J M, Castilho F, Cunha A, et al. 2012. Bacteriophage therapy as a bacterial control strategy in aquaculture. Aquaculture International, 20(5): 879-910.

Pedersen I M, Cheng G, Wieland S, et al. 2007. Interferon modulation of cellular microRNAs as an antiviral mechanism. Nature, 449(7164): 919-922.

Pérez-Sánchez T, Mora-Sánchez B, Balcázar J L. 2018. Biological approaches for disease control in aquaculture: Advantages, limitations and challenges. Trends in Microbiology, 26(11): 896-903.

Powell E N, Klinck J M, Hofmann E E. 1996. Modeling diseased oyster population. II. Triggering mechanisms for Perkinsus marinus epizootics. Journal of Shellfish Research, 15(1): 141-165.

Raut J S, Karuppayil S M. 2014. A status review on the medicinal properties of essential oils. Industrial Crops & Products, 62(62): 250-264.

Restifo N, Ying H, Hwang L, et al. 2000. The promise of nucleic acid vaccines. Gene Therapy, 7: 89.

Rico A, Phu T M, Satapornvanit K, et al. 2013. Use of veterinary medicines, feed additives and probiotics in four major internationally traded aquaculture species farmed in Asia. Aquaculture, 412-413: 231-243.

Ringø E, Olsen R E, Gonzales Vecino J L, et al. 2012. Use of immunostimulants and nucleotides in aquaculture: A review. Journal of Marine Science Research & Development, 2: 104.

Ringø E, Olsen R E, Jensen I, et al. 2014. Application of vaccines and dietary supplements in aquaculture: Possibilities and challenges. Reviews in Fish Biology & Fisheries, 24(4): 1005-1032.

Robalino J, Browdy C L, Prior S, et al. 2004. Induction of antiviral immunity by double-stranded RNA in a marine invertebrate. Journal of Virology, 78(19): 10442-10448.

Rout N, Kumar S, Jaganmohan S, et al. 2007. DNA vaccines encoding viral envelope proteins confer protective immunity against WSSV in black tiger shrimp. Vaccine, 25(15): 2778-2786.

Rowley A F, Pope E C. 2012. Vaccines and crustacean aquaculture—A mechanistic exploration. Aquaculture, 334-337: 1-11.

Saberioon M, Gholizadeh A, Cisar P, et al. 2017. Application of Machine Vision Systems in Aquaculture with Emphasis on Fish: State-of-the-Art and Key Issues. Reviews in Aquaculture, 9(4): 369-387.

Sánchez-Paz A. 2010. White spot syndrome virus: an overview on an emergent concern. Veterinary Research, 41(6): 43.

Shimmoto H, Kawai K, Ikawa T, et al. 2010. Protection of red sea bream *Pagrus major* against red sea bream iridovirus infection by vaccination with a recombinant viral protein. Microbiology and Immunology, 54(3): 135-142.

Simbeye D S, Zhao J, Yang S. 2014. Design and deployment of wireless sensor networks for aquaculture monitoring and control based on virtual instruments. Computers & Electronics in Agriculture, 102: 31-42.

Sun B, Quan H, Zhu F. 2016. Dietary chitosan nanoparticles protect crayfish *Procambarus clarkii* against white spot syndrome virus (WSSV) infection. Fish & Shellfish Immunology, 54: 241-246.

Talpur A D, Ikhwanuddin M, Bolong A M A. 2013. Nutritional effects of ginger (*Zingiber officinale* Roscoe) on immune response of Asian sea bass, *Lates calcarifer* (Bloch) and disease resistance against *Vibrio harveyi*. Aquaculture, 400-401: 46-52.

Tang K, Lightner D. 2001. Detection and quantification of infectious hypodermal and hematopoietic necrosis virus in penaeid shrimp by real-time PCR. Diseases of Aquatic Organisms, 44(2): 79-85.

Thim H L, Villoning S, Mcloughlin M, et al. 2014. Vaccine adjuvants in fish vaccines make a difference: Comparing three adjuvants (montanide ISA763A Oil, CpG/Poly I: C Combo and VHSV glycoprotein) alone or in combination formulated with an inactivated whole salmonid alphavirus antigen. Vaccines, 2(2): 228-251.

Thorud K, Brun E, Lillehaug A, et al. 2007. A new system for monitoring health status in Norwegian aquaculture. Developmental Biology, 129(129): 65-69.

Tian J, Yu J. 2011. Poly(lactic-co-glycolic acid) nanoparticles as candidate DNA vaccine carrier for oral immunization of Japanese flounder (*Paralichthys olivaceus*) against lymphocystis disease virus. Fish & Shellfish Immunology, 30: 109-117.

Tobar J A, Jerez S, Caruffo M, et al. 2011. Oral vaccination of Atlantic salmon (*Salmo salar*) against salmonid rickettsial septicaemia. Vaccine, 29: 2336-2340.

Toranzo A, Romalde J, Magarinos B, et al. 2009. Present and future of aquaculture vaccines against fish bacterial diseases. Option Mediterran, 86: 155-176.

Tsai J, Shiau L, Lee H, et al. 2002. Simultaneous detection of white spot syndrome virus (WSSV) and Taura syndrome virus (TSV) by multiplex reverse transcription-polymerase chain reaction (RT-PCR) in Pacific white shrimp *Penaeus vannamei*. Diseases of Aquatic Organisms, 50(1): 9-12.

Tsai M F, Lo C F, van Hulten M C, et al. 2000. Transcriptional analysis of the ribonucleotide reductase genes of shrimp white spot syndrome virus. Virology, 277(1): 92-99.

Vakharia V N. 2008. Sub-unit vaccine for infectious pancreatic necrosis virus. United States Patent, 1, 420, 819.

Valdez A, Yepiz-Plascencia G, Ricca E, et al. 2014. First *Litopenaeus vannamei* WSSV 100% oral vaccination protection using CotC: : Vp26 fusion protein displayed on *Bacillus subtilis* spores surface. Journal of Applied Microbiology, 117(2): 347-357.

van Hulten M C, Witteveldt J, Peters S, et al. 2001. The white spot syndrome virus DNA genome sequence. Virology, 286(1): 7-22.

Vlak J M, Bonami J R, Flegel T W, et al. 2004. Nimaviridae//Fauquet C M, Mayo M A, Maniloff J, et al. VIIIth Report of the International Committee on Taxonomy of Viruses. Elsevier: 187-192.

Wu Z X, Pang S F, Chen X X, et al. 2013. Effect of *Coriolus versicolor* polysaccharides on haematological and biochemical parameters and protection against *Aeromonas hydrophila* in allogynogenetic crucian carp (*Carassius auratus gibelio*). Fish Physiology & Biochemistry, 39: 181-190.

Xu J, Han F, Zhang X. 2007. Silencing shrimp white spot syndrome virus (WSSV) genes by siRNA. Antiviral Research, 73(2): 126-131.

Yang F, He J, Lin X, et al. 2001. Complete genome sequence of the shrimp white spot bacilliform virus. Journal of Virology, 75: 11811-11820.

Yu J C, Tang H Y, Yu J G. 2002. Bactericidal and photocatalytic activities of TiO_2 thin films prepared by sol-gel and reverse micelle methods. Journal of Photochemistry and Photobiology A: Chemistry, 153: 211-219.

第 3 章 营养与饲料

动物营养与饲料研究的目的是阐明动物营养生理机能、营养需求和配制所需饲料，在生产优质水产品、促进饲料产业健康发展、保护生态环境等方面发挥着重要的作用。本章总结了国内外水产动物营养与饲料的产业发展现状和问题，以及科技发展现状与瓶颈；对水产动物营养与饲料的科技发展愿景与需求进行了分析，提出三大科技任务，即水产动物分子营养学基础研究平台建设、水产饲料加工装备与加工工艺研发、水产动物功能型配合饲料研究与应用；总体评价了我国水产动物营养与饲料技术发展水平；分析了水产动物营养与饲料新进展、新变化、新特征和新趋势，提出了科技发展态势和方向、发展目标与重点任务；以大西洋鲑饲料产业为典型案例，分析了技术重要性、技术水平、技术发展趋势和应用前景。全面总结了水产动物营养与饲料发展产业与科技发展现状、科技需求与发展趋势。

3.1 产业与科技发展现状分析

3.1.1 国际产业发展现状与问题

1. 国际产业发展现状

1）水产饲料推动水产养殖业的发展

联合国预测 2025 年世界人口将达到 80 亿，2050 年将达到 90 亿。人口增加必将带来社会生存压力，科学家预测 2050 年世界粮食短缺加剧，优质蛋白的供应更为迫切。水产养殖必将更受重视，理由是世界有广大的海洋空间尚未开发，而水产鱼类养殖的饲料效率比陆上动物高 3～60 倍。根据联合国粮食及农业组织（FAO）的数据，使用 100kg 饲料喂养动物，可生产食用肉分别为牛肉或羊肉 1.2kg、猪肉 13kg、鸡肉 20kg、鲑鱼肉 65kg。鱼肉因含有丰富的不饱和脂肪酸（DHA、EPA 等）更能满足消费者的需求。研究结果表明，世界人均鱼类食品消费量由 1961 年的 9.0kg 增至 2015 年的 20.2kg，年均增长约 1.5%。且人均消费量将进一步提高，2016 年、2017 年分别达到 20.3kg 和 20.5kg 左右（联合国粮食及农业组织，2018）。

世界养殖业的迅速发展带动世界饲料加工业也快速发展，饲料产量增加显著。近年来，世界配合饲料产量每年以 2%左右的速度增长，1990 年世界饲料总产量已超过 5 亿 t，2002 年超过 6 亿 t，2008 年达到 7 亿 t。相对于禽畜饲料产量 2%左右的年增长率，水产饲料的产量则以 9%以上的年增长率快速增加，成为饲料领域最快的增长极。1995～2015 年，饲料养殖的水产品产量翻了两番多，从 1200 万 t 增至 5100 万 t，主要动力在于对虾、罗非鱼、鲤科鱼类和大麻哈鱼的集约化养殖（Hasan，2017a）。1995～2015 年，工业化水产饲料的产量，从800万t猛增至4800万t（Tacon et al.，2011；Hasan，2017b）。近年来，水产配合饲料产量的年增长率和水产养殖产量年增长率相当，说明饲料业和水产养殖业相辅相成，养殖产业快速发展与饲料产业的发展密不可分。

世界水产饲料生产国主要为中国、越南、泰国、印度尼西亚、智利、美国、日本、菲律宾（表3-1）。中国饲料产量世界第一，比其他国家饲料生产量的总和还多（联合国粮食及农业组织，2010）。不同养殖品种的水产饲料消耗量从高到低依次为鲤科鱼类、罗非鱼、对虾、鲶、三文鱼、海水鱼类、淡水甲壳类、鲑鳟类、其他，鲤科鱼类的饲料消耗量占总消耗量的31%，罗非鱼占17%（图3-1）。

表3-1 世界水产配合饲料生产国（单位：万t）

国家	水产配合饲料年产量	国家	水产配合饲料年产量
中国	1300~1500	智利	88.3~105.0
越南	162.5~280.0	美国	70~75
泰国	121.0~144.6	日本	50
印度尼西亚	103.0~118.5	菲律宾	40~45

资料来源：联合国粮食及农业组织（2010）
注：根据2007~2010年各国水产配合饲料年产量资料统计

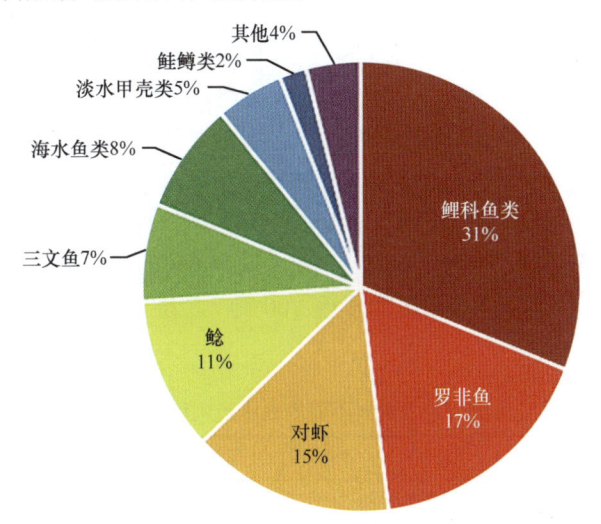

图3-1 不同养殖品种的水产饲料消耗量占比（联合国粮食及农业组织，2018）

2）水产饲料发展前景广阔

目前，一些饲料为渔场自产或由新鲜原料制成，虽然饲料成本低，但是浪费严重，容易造成水质污染、疾病暴发、管理困难，最终导致养殖风险增加、养殖效益降低、环境污染严重。近年来，由于水产饲料产业技术的进步，饲养效率提升，配合饲料的应用范围越来越广。饲料可用于补充自然生产（常被称为"半集约化水产养殖"），或用于满足水产养殖动物所需要的营养物质（"集约化水产养殖"）。大量养殖户改用商品水产配合饲料，扩大养殖面积，提高养殖产量。2008年全世界使用的水产饲料中，有40%~50%是养殖户自制饲料，全世界的水产饲料产量约为6000万t（配合饲料和自制饲料各占一半）。同时，全球水产养殖需饲喂品种的养殖产量在水产养殖产量中的占比持续增加，无饲喂品种的养殖产量占比持续下降，从 2001 年到 2016 年下降 10%，降到 30.5%（图 3-2）。优质配合饲料能够降低养殖成本、增加收益，因此养殖户使用配合饲料的积极性越来越高，饲料用量保持增长趋势。随着饲料产业和水产养殖业的发展，商品饲料的应用范围越来越广，前景广阔。

图 3-2 2001～2016 年世界需饲喂品种、无饲喂品种养殖产量及无饲喂品种占比（联合国粮食及农业组织，2018）

根据第 10 届奥特奇年度饲料调查报告（表 3-2），在全球范围内，水产饲料的总产量 2019 年为 4804 万 t，2020 年为 4939 万 t；产量最高的是亚太地区，占全球产量的 73% 以上，其次是拉丁美洲。水产饲料全球总体增长 3%，水产饲料增长较快的是拉丁美洲、大洋洲、亚太地区。尽管中国是亚太地区水产饲料产量最高的，但该地区增长最快的是越南、孟加拉国和菲律宾，水产饲料产量增加了近 100 万 t。拉丁美洲的增长主要由巴西和厄瓜多尔引领。

表 3-2 世界不同地区水产饲料产量

区域	产量（万 t）2019 年	产量（万 t）2020 年	增长率（%）
非洲	150	149	−1
亚太地区	3547	3650	3
欧洲	415	411	−1
拉丁美洲	454	490	8
中东地区	50	50	0
北美洲	171	171	0
大洋洲	17	18	6
合计	4804	4939	3

3）鱼粉在水产饲料中的使用现状

水产饲料成分多样，包括多种作物和作物副产品、野生鱼类、鱼类和畜牧加工副产品。鱼粉含有丰富且平衡的必需氨基酸，能为水产动物提供优质动物蛋白和油脂，是养殖鱼虾饲料中营养最丰富、消化率最高的成分，但由于供应和价格变化，鱼粉在水产养殖配合饲料中的添加率呈明显下降趋势。优质鱼粉是由营养价值高的野生鱼类加工而成。近年来，捕捞渔业渔获物加工制成鱼粉和鱼油的比例持续下滑，预计从鱼类加工副产品中获得鱼粉和鱼油的比例将会增加。水产饲料中使用鱼粉和鱼油在较高营养级的硬骨鱼类和甲壳动物养殖中更为普遍，在较低营养级的硬骨鱼类（如鲤、罗非鱼、鲶、虱目鱼）养殖中鱼粉和鱼油的添加量仅为2%～4%。从总量来看，2015年消耗鱼粉最多的是海水甲壳类，其次是海水鱼类、淡水甲壳类、鲤科鱼类、罗非鱼等（Tacon et al.，2011；Hasan，2017b）。水产养殖业的温室气体排放较少，据估算占农业排放量的5%（Waite et al.，2014），但随着饲料使用增多，这一比例有所上升。减少鱼粉和鱼油使用、提高饲料转化率对于减排也十分重要。

近年来，鱼粉和鱼油在水产饲料中的配比有所下降，越来越多地被陆生作物特别是油籽取代（Tacon et al.，2011；Hasan and New，2013；Little et al.，2016）。例如，大西洋鲑配方中的鱼粉和鱼油使用量分别由1990年的65%和19%减少至2013年的24%和11%（Ytrestøyl et al.，2015）。过去25年间，饲料系数由3∶1左右降至1.3∶1左右（GSI，2017），主要是由于饲料配方、饲料生产方式和养殖场饲料管理均有改进。

2. 国际产业发展问题

1）饲料安全管控亟待加强

随着人们生活水平的提高，消费者对食品安全性愈加重视。饲料是保证养殖动物安全性的重要环节之一，因此对饲料的品质要求也越来越高。饲料中不能添加抗生素等已是全球饲料产业的共识，严防类似三聚氰胺污染的事件发生。但是饲料生产过程中，仍有一些厂家使用不合格的原料或添加不符合规定的物质，养殖户在使用自制饲料或冰鲜饵料投喂过程中，饲料质量安全更无法保证，从而引起养殖动物食品安全性降低的风险。因此，无论是对于养殖企业还是饲料生产厂家，饲料质量安全管控必须更加严格。

2）提高饲料利用效率，减少水质污染

水产养殖业发展对环境的影响也备受关注，水产饲料的适口性及利用效率亟待提升。提高饲料的消化率，增加营养物质在养殖动物中的沉积率，减少氮磷等营养物质的排放，防止过多的饲料残留在水体中导致水体富营养化、污染水质、造成藻类过度繁殖，甚至暴发赤潮。

3）原料价格上升，饲料成本增加

我国饲料原料短缺，饲料原料的价格逐年上涨，使饲料生产成本居高不下，可能会导致饲料厂商重新洗牌的效应，一些不能有效掌握原料来源的厂商将被淘汰。例如，鱼粉价格从2005年的300～800美元/t上涨到2022年的1900美元/t，豆粕价格由2004年的300～400美元/t上涨到2022年的620美元/t，玉米价格由2004年的100～200美元/t上涨到2022

年的 425 美元/t，其他维生素、矿物质、氨基酸等原料价格也有不同程度的上涨，原料价格的上涨导致饲料成本也增加。

3.1.2 我国产业发展现状与问题

1. 我国产业发展现状

1）我国饲料产业发展迅速

我国水产养殖产量占全球水产养殖产量的 60% 左右，是全球第一的水产养殖大国。水产品为我国人民提供优质蛋白，同时也是我国出口创汇的重要来源之一。水产饲料是水产养殖业健康发展的关键物质保障。我国虽然从 1958 年就开始研制生产渔用配合饲料，但由于种种原因，直到 20 世纪 80 年代后水产配合饲料才得到快速发展。我国水产饲料产业逐步成型于 20 世纪 90 年代，产量由 1991 年的 75 万 t 激增至 2012 年的 1893 万 t(图 3-3)，年平均增长 16.6%；2017 年我国水产饲料产量为 2080 万 t，占全国饲料总产量的 9.4%，2018 年水产饲料产量为 2211 万 t。目前，我国已经制定 40 多个常见养殖动物的营养标准，并形成系列水产养殖动物的饲料配方。

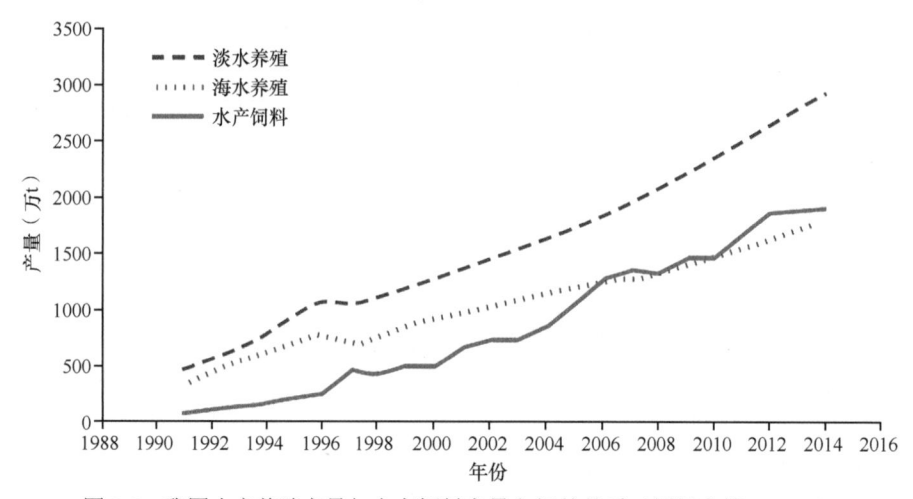

图 3-3 我国水产养殖产量与水产饲料产量之间的关系（解绶启等，2016）

2017 年，我国水产养殖总产量为 5281 万 t。按品种来分，以四大家鱼为代表的常规淡水鱼类是目前主流养殖品种。四大家鱼产量占水产养殖总产量的 28.6%（其中草鱼 11.5%、鲢鱼 8.8%），此外鲤鱼（6.8%）、鲫鱼（5.8%）等也是重要的淡水养殖品种。因此，水产饲料占据 70% 市场的依然是草鱼、鲤鱼、鲫鱼、罗非鱼、鳊鱼、青鱼等传统淡水养殖品种饲料，此类品种市场占有率高，水产饲料企业上量快且资金风险小，但同时也存在养殖效益常年稳定、空间较小的弊端。就加工工艺而言，普通淡水鱼颗粒饲料仍是我国市场的绝对主流。2016 年，华东、华中、华北市场膨化饲料发展迅速，部分区域龙头企业成功推广了膨化水产料，但水产颗粒饲料销量仍占总销量的 65%。2016 年、2020 年和 2021 年全国不同省份水产饲料产量广东省、江苏省和湖北省为前三位（表 3-3）。

表 3-3　全国不同省份水产饲料产量统计（单位：t）

省份	2016 年	2020 年	2021 年	省份	2016 年	2020 年	2021 年
安徽	328 767	326 419	365 353	江西	653 255	575 177	598 334
北京	100 900	21 072	13 603	辽宁	436 576	424 610	366 163
福建	1 002 342	1 466 399	1 667 440	内蒙古	12 003	7 143	3 245
甘肃	8 430	3 678	3 052	宁夏	21 340	30 594	23 600
广东	4 532 268	6 801 311	7 488 215	山东	386 756	421 071	416 583
广西	706 580	531 720	628 672	山西	652	—	58
贵州	43 672	8 606	9 460	陕西	253 833	22 649	22 116
海南	492 022	396 808	407 724	上海	88 034	27 846	27 601
河北	558 245	357 139	303 946	四川	649 838	606 251	661 782
河南	456 732	297 298	293 334	天津	435 655	294 520	367 250
黑龙江	158 244	92 078	84 522	新疆	132 232	91 374	98 919
湖北	2 502 842	2 273 672	2 644 012	云南	437 689	274 095	288 761
湖南	1 325 277	1 326 784	1 337 342	浙江	903 240	897 002	970 423
吉林	6 100	7 791	4 896	重庆	142 398	186 195	223 414
江苏	2 553 432	3 466 514	3 609 944	总计	19 329 354	21 235 816	22 929 764

注："—"表示无数据

数据来源：全国饲料工作办公室和中国饲料工业协会（2017，2021，2022）

2）特种水产饲料发展现状

进入 21 世纪后，我国特种水产养殖得以起步并蓬勃发展，特种水产饲料行业也进入了快速发展阶段，产量从 2006 年的 75 万 t 增长至 2017 年的 175 万 t，年平均增长率达到 8.0%，占水产饲料总产量的比例由 6.0% 增至 8.4%（图 3-4）。2015 年我国特种水产饲料产量占总产量的比例从高到低依次为：海水鱼、鳖、鳗鲡、海参、黄鳝、鲟鱼、鳟鱼等，其中海水鱼特种饲料占 33%（图 3-5）。

图 3-4　我国特种水产饲料占水产饲料总量的比例

数据来源：联合国粮食及农业组织（2018）

图 3-5 2015 年我国特种水产饲料产品结构

数据来源：联合国粮食及农业组织（2018）

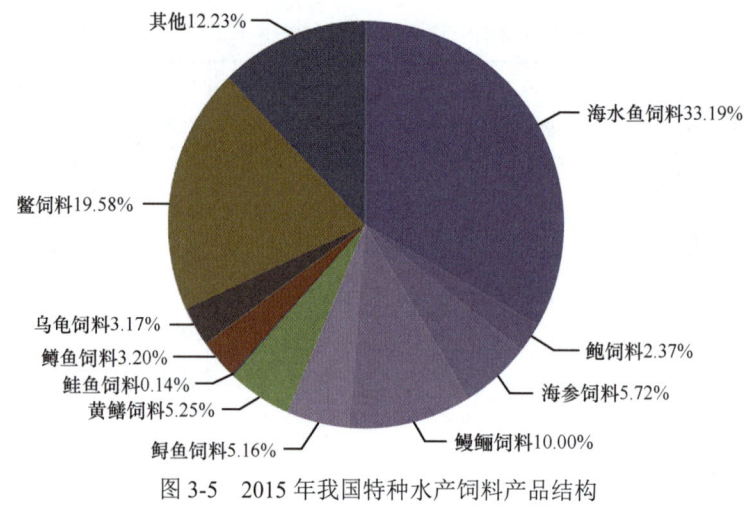

饼图内容：海水鱼饲料33.19%、鳖饲料19.58%、其他12.23%、鳗鲡饲料10.00%、海参饲料5.72%、黄鳝饲料5.25%、鲟鱼饲料5.16%、鳟鱼饲料3.20%、乌龟饲料3.17%、鲍饲料2.37%、鲑鱼饲料0.14%

2. 我国产业发展问题

1）水产养殖产业巨大，饲料普及率低

根据 FAO 的统计数据，我国水产养殖业的总产量高居世界首位，但人均养殖产量远低于欧洲、北美洲和大洋洲的平均水平（表 3-4）。我国水产养殖业以小规模分散化生产为主，呈现规模化、工业化程度不高的特点，造成水产饲料的普及率远低于畜禽饲料（图 3-6）。目前，我国水产饲料普及率仍然不超过 40%，海水鱼饲料普及率不到 30%。水产饲料系数在 1.2～1.8，部分品种仍然偏高，仅少部分在 1 左右。饲料系数偏高的水产饲料不仅导致生产成本提高，还会造成资源浪费，增加环境污染（解绶启等，2016）。

表 3-4 2016 年我国和各大洲养殖情况

国家和地区	养殖产量（万 t）	占全球总产量的比例（%）	水产养殖从业人员（万人）	人均养殖产量（t）
中国	4924.4	61.5	502.2	9.81
亚洲	7154.6	89.4	1847.8	3.87
欧洲	294.5	3.7	9.1	32.36
拉丁美洲及加勒比地区	270.2	3.4	38.1	7.09
非洲	198.2	2.5	30.4	6.52
北美洲	64.5	0.8	0.9	71.67
大洋洲	21	0.3	0.8	26.25

数据来源：联合国粮食及农业组织（2018）

2）饲料原料缺口大，饲料成本偏高

我国虽然是一个农业大国，但不是一个饲料资源大国。我国饲料原料的数量和质量都不能完全满足我国饲料工业高速发展的需要。我国是全球最大的鱼粉需求国，自 2013 年开始我国每年的鱼粉进口总量都超过 100 万 t，2017 年我国鱼粉进口量为 157.51 万 t，2018 年我国进口鱼粉 146 万 t。鱼粉是水产动物饲料的重要组成部分，也是饲料成本中占比最

大的原料。近几年，鱼粉价格经几轮飞涨，豆粕、玉米等大宗原料价格也不断上涨。国内饲料原料供应缺口越来越大，主要饲料蛋白源——70%以上的鱼粉和豆粕依靠进口，成为我国饲料行业和水产养殖业发展极为核心的制约因素（麦康森等，2011）。

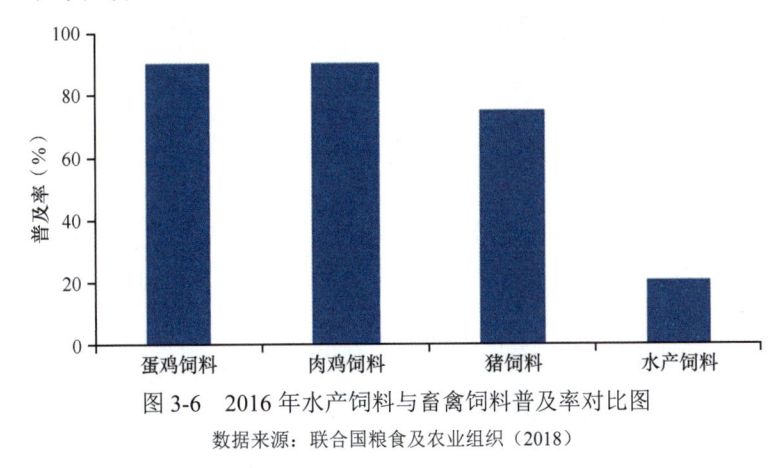

图 3-6　2016 年水产饲料与畜禽饲料普及率对比图

数据来源：联合国粮食及农业组织（2018）

3）野杂鱼使用依然存在，资源破坏严重

在淡水养殖中，依然有渔民直接使用原料或通过施肥进行养殖，而对于海水鱼养殖，部分渔民一时难以接受配合饲料，更愿使用价格较低的冰冻或鲜活小杂鱼进行养殖。我国至今还存在着利用廉价冰鲜杂鱼投喂经济鱼类的粗放养殖模式，根据中国水产养殖网的数据，每年大约有 400 万 t 冰鲜杂鱼被直接用于海水鱼养殖，这种"用鱼养鱼"的模式需要 5~7 斤[①]甚至更多的鱼才能养出 1 斤鱼。野杂鱼的使用一方面极大浪费渔业资源，另一方面由于利用效率低，大量残饵沉积海底，造成水质富营养化，引起水质恶化，破坏生态环境。

4）饲料市场竞争无序，亟待科学规范

饲料市场竞争环境有待规范，饲料企业生产规模小、起点低。我国水产饲料企业众多，虽然 6 家大型饲料企业的产量占总产量的 85%以上，但仍有 1000 多家中小型水产饲料企业年均产出 8000t，专业化程度不高，科技含量低。80%以上的水产饲料企业是综合型或加工型。市场上以次充好、恶性竞争等现象仍然存在。在饲料原料质量控制、配方优化管理、生产经营等方面没有形成系统的标准，或者有些标准是参考国外的而不适合国内的养殖品种，从而导致执法部门执法困难等问题（解绶启等，2016）。

3.1.3　国际科技发展现状与瓶颈

1. 国际科技发展现状

水产动物营养与饲料开发相关技术研究起步于 20 世纪 20 年代的美国。世界水产动物营养需要与饲料的发展历程可分为三个阶段：第一阶段是 20 世纪 50~60 年代，完成了人工配合饲料的制造和颗粒饲料在养殖生产中的应用；第二阶段是 20 世纪 70~80 年代，通过开展大量鱼类营养基础研究，掌握了多种鱼类的营养需要量，研究对象也由淡水鱼扩展

---

① 1 斤=0.5kg。

到海水养殖种类，实现了各类配合饲料和添加剂商品化，制定并实施有关鱼类饲料及饲养的卫生与安全法规、标准；第三阶段从 20 世纪 80 年代后期开始，进入了水产动物营养和饲料研究的新时期，开展了水产动物营养物质需要量、原料的营养价值、功能型添加剂的开发、鱼粉鱼油的替代、益生菌等研究。

1）鱼虾类营养需要标准的建立

由于水产动物的生活环境、行为与生理特征及营养需要研究较为困难，世界上已有的养殖种类，包括 300 余种鱼类和 20 多种甲壳动物，已经进行营养研究的鱼类不足 50 种，甲壳动物不足 15 种。美国国家研究委员会（NRC）曾经三次发表世界水产动物营养需要标准，第一次是 1977 年的《温水鱼类营养需要标准》，第二次是 1993 年的《鱼类营养需要标准》，1993 年后又新增许多鱼类营养研究成果，尤其是虾类研究，第三次是 2011 年最新的《鱼虾类营养需要标准》，除鱼类外，首度纳入虾类养需要标准。NRC 制定的水产动物营养需要标准是以文献中的研究结果为依据所提出的建议摄取值，此建议值并不涵盖所谓的安全范围，它们表达的是可支持水产动物正常成长和维持体内正常生理功能所需的最低值。未来水产动物营养需要的研究工作必须持续推动，累积足够基本参数值以建立确切、涵盖安全范围的水产动物营养需要标准。

2）营养调控机制与功能性饲料的开发

21 世纪初期，发达国家就开始研究养殖产品的营养调控机制，对大西洋鲑和虹鳟等的研究结果表明，营养与饲料对水产品颜色、外形、风味、质地、营养价值和食用安全有直接影响。替代蛋白源和脂肪源取代鱼粉、鱼油后对水产养殖产品的风味、营养价值的影响也受到广泛关注；国外的研究者也特别关注鱼肉产品中脂肪酸组成的变化，并深入分子层面，探讨替代油脂对去饱和酶和碳链延长酶基因表达的影响。研究有毒有害物质在养殖动物体内的代谢、积累、排出规律和动物的解毒机制，通过在饲料中添加促解毒剂等方式达到营养调控主动排毒的目的。近期，营养物质代谢的生理生化过程及其分子生物学调控基础也成为研究热点。

3）鱼粉蛋白源替代原理与技术的突破

鱼粉因具有必需氨基酸和脂肪酸含量高、碳水化合物含量低、适口性好、抗营养因子少以及易被动物消化吸收等特点，一直以来都是水产饲料中不可缺少的优质蛋白源（陈水春等，2008）。国际上，一直开展水产饲料中鱼粉替代物的研究，降低水产饲料中鱼粉使用水平。常见的动物性蛋白源替代物主要有肉骨粉、血粉、鸡肉粉、羽毛粉、鱼类副产品等。研究表明，用价格低廉而丰富的动植物蛋白源部分或完全替代鱼粉是可行的。植物性蛋白源替代物，研究最多的主要有豆料饼粕、棉籽饼粕、菜籽饼粕、小麦蛋白粉、玉米蛋白粉、土豆蛋白粉等。一般在原料加工过程中使用膨化、酶解等前处理方式或在饲料中添加诱食剂，补充必需氨基酸及抗营养因子酶解物，提高植物蛋白的替代水平。其他蛋白原料还有菌体蛋白、螺旋藻、蚕蛹粉、蝇蛆粉等。

4）水产动物益生菌、益生元等产品的研制

水产动物具有基本稳定的肠道菌群，由益生菌、益生元等制成的微生态制剂能有效改善水产动物肠道菌群组成、维持肠道菌群平衡、有效防控疾病及促进生长等,并且益生菌在调节水质、改善养殖环境中具有重要的作用。益生菌、益生元等已被广泛用作水产养殖业重要饲料添加剂。同时国际上也开展了益生菌、益生元对于保持水产动物肠道健康、提高抗病力、促进生长的作用机制研究。

2. 国际科技发展瓶颈

1)缺少稳定的细胞系,细胞层面深入研究受限

水产动物种类繁多,水产动物细胞系的建立发展缓慢,目前缺少针对不同种类水产动物、不同组织的细胞系,特别是肠道细胞系与肝胰腺细胞系。稳定细胞系的建立对于开展动物营养物质代谢与调控研究作用巨大。目前已开展了少量的营养物质对于水产动物原代细胞的影响研究,但对于鱼、虾、贝、棘皮动物等水产动物细胞层面营养物质的吸收、转运和代谢调控的研究,需要建立大量的稳定细胞系。缺少稳定的细胞系,已经成为限制在水产动物细胞层面进行营养物质代谢与调控研究的瓶颈。

2)营养物质代谢与调控及营养免疫分子机制研究亟待深入

饲料中营养物质的高效利用,依赖于营养物质在不同水产动物体内消化、吸收、转运与代谢机制的深入研究。开发提高动物抗病力的营养添加剂或免疫增强剂依赖于营养免疫的调节机制研究。营养物质在水产动物体内的转运、转化机制,营养调控的关键节点与重要的信号元件,营养物质对于重要基因的调控与蛋白修饰变化,以及代谢网络调控的特点,水产动物免疫应答机制,以及肠道微生物作用机制等研究不够深入,无法为高效配合饲料的研究与开发提供理论依据,限制了水产动物营养与饲料的发展。

3)鱼粉蛋白源替代技术研究进展缓慢

鱼粉是水产饲料重要的蛋白原料,然而由于生态环境破坏严重,渔业资源量下降,因此鱼粉价格上涨,其已成为饲料价格上升的重要原因。近年来,国际上陆续开展了植物蛋白、陆生动物副产品、微生物蛋白、藻类蛋白等原料的开发。由于新原料中存在抗营养因子、异味物质、有毒有害物质,一定程度上影响了饲料的适口性、消化率,甚至影响了养殖动物的健康。新型植物蛋白原料开发,适宜的前处理方式,有毒有害物质消除与消减技术,高效饲料添加剂的研发等相关鱼粉替代过程中关键技术研究进展缓慢,限制了水产动物饲料科技的发展。

3.1.4 我国科技发展现状与瓶颈

1. 我国科技发展现状

我国的水产动物营养研究与水产饲料工业起步较晚,可将其发展历程划分为四个时期,即萌芽期、起步期、快速发展期和提高与跨越期。1958年至改革开放期间,我国既没有水产动物营养学知识,也无水产饲料工业的支撑,只是把一些农副产品的低值原料直接投喂给养殖鱼类,而且并不普遍,这个时期可以称作我国水产动物营养学与水产饲料的萌芽期。20世纪70年代末,我国实行改革开放,使水产养殖业进入了快速发展阶段,天然饵料、低值原料不足以支撑产业的快速持续发展，正是产业的发展需求促进了我国水产动物营养研究与水产饲料工业的起步。20世纪80年代，我国水产动物营养研究与水产饲料工业步入起步期，科学工作者开始研究水产养殖动物的营养需要，利用有限的营养需要参数设计饲料配方，迅速从人工自配料进入人工配合饲料的商品化生产。1990年进入了快速发展期，集约化水产养殖业的高速发展对饲料质与量的需求都迅速提高，促进了科学工作者规范研究方法、选择代表种、提高研究效率。同时，我国的饲料添加剂工业与饲料加工机械工业也快速发展，在短短的10年内，形成了较为完善的水产饲料工业体系。进入21世纪后，水产动物营养研究与水产饲料工业进入提高与跨越期，科学工作者、企业家关注的不仅是饲料的质与量问题，还关注动物健康、食品安全、环境安全与可持续发展的问题（叶元土，2017）。2010年以后，我国科学家在水产动物营养代谢调控、养殖产品品质形成机制、精准营养配方等方面又取得了长足的进步。

1）水产动物营养代谢基础研究取得新突破

近年来，我国在水产动物营养代谢调控的研究深度和广度方面都有了很大进步。阐释营养物质在水产动物体内消化、吸收、转运、代谢、分解等关键过程，以及寻找调控代谢的关键靶点，为实现精准营养提供了重要技术支持，主要体现在以下七个方面。

（1）摄食机制：通过研究鳜鱼、草鱼、鲤鱼的摄食行为特征及其调控机制，发现了控制鱼类食性选择的基因，阐明了决定鱼类的食物选择的主要机制，为提高肉食性鱼类对植物性蛋白饲料的摄食量提供了新思路。养殖鱼类的摄食选择，既可以通过传统的外因干预方法来调控，如去除或钝化饲料原料中的抗营养因子、添加诱食物质，以提高鱼类（尤其是肉食性鱼类）对低鱼粉、高植物原料饲料的摄食量；又可以通过内因干预方法来调控，如对味觉受体基因进行基因编辑、敲除、敲降，以及其他遗传育种手段，有可能把原本的肉食性鱼类培育成草食性鱼类。这一点已经在敲除鲜味受体基因的斑马鱼中得到验证（麦康森，2020）。

（2）蛋白质代谢：研究确定了水产动物氨基酸感知和调控的关键通路，雷帕霉素靶蛋白（TOR）信号通路感知氨基酸水平，阻遏蛋白激酶2（GCN2）信号通路感知氨基酸平衡，为调控氨基酸营养感知以提高蛋白质利用率提供了理论依据。揭示了抗营养因子抑制营养感知通路、造成分子应激的机制，为缓解抗营养因子引起的不良反应提供了理论依据。阐释了鱼类蛋白质代谢与糖、脂代谢的交互作用，过量的精氨酸、亮氨酸水平抑制生长、引发高血糖，适宜的精氨酸和亮氨酸水平激活胰岛素信号通路，促进糖代谢，增加脂肪合成（麦康森，2020）。

（3）脂肪代谢：研究发现了脂肪代谢关键调控元件PPARs与SREBP1，对鱼类PPARs与SREBP1的调控可有效调控脂肪沉积或分解。发现了脂滴自噬参与鱼类脂肪代谢调控的作用机制。发现了miRNA参与鱼类脂肪代谢调控的作用机制，miR-22介导高脂饲料对罗非鱼脂肪代谢的影响，mir-205-5p抑制尼罗罗非鱼脂肪代谢相关基因的表达。发现了维生素D3活化形式可促进斑马鱼腹部脂肪氧化的机制，脂肪异常沉积可激活JNK和NF-κB通路，从而诱发组织炎症反应。通过研究低聚木糖、磷脂、胆汁酸、茶多酚、共轭亚油酸、白藜芦醇、L-肉碱等添加剂的作用，提出了鱼类脂肪代谢调控策略（麦康森，2020）。

（4）糖代谢：阐明了鱼类高糖诱发代谢紊乱的分子机制，揭示了高糖通过α-硫辛酸胰岛素信号通路和腺苷酸活化蛋白激酶（AMPK）信号通路调控糖脂代谢的关键元件，为提高鱼类的糖类利用率提供了理论依据。研究发现了高糖诱导糖、脂代谢异常机制，高糖通过 AMPK 通路诱导糖、脂代谢障碍和胆汁淤积而导致肝损伤。阐明了高糖诱导糖脂代谢异常的机制，氧化应激、内质网应激通过 ChREBP/PPARγ 信号通路介导的自噬参与高糖诱导的脂肪异常沉积，并提出了改善鱼类糖类利用的调控策略（麦康森，2020）。

（5）营养免疫：揭示了不同营养物质调节鱼体免疫的分子机制。①糖类：氧化应激和内质网应激参与了高糖诱导的脂肪沉积。②脂肪：高脂和高比例植物油能够通过 NF-κB 信号通路诱导肠道炎症反应。③蛋白质：植物蛋白中的 ConA 抑制受体酪氨酸激酶（RTK）的活性，从而诱导细胞凋亡。揭示了营养物质对肠道健康的调节作用，肠道作为营养物质消化和吸收的重要组织，其健康（组织形态学和炎性介质）和菌群特征同样受到各种营养物质的调控。谷氨酰胺、精氨酸、亚油酸、葡萄糖等各类物质的合理利用都能够提高鱼类免疫力、缓解肠炎、改善抗氧化酶活力、提高抗病力（麦康森，2020）。

（6）亲鱼和仔鱼营养：国内亲鱼营养研究阐明了长链多不饱和脂肪酸（LCPUFA）对表观繁育性能如配子质量、受精率、后代质量的影响，部分揭示了花生四烯酸（ARA）等脂肪酸对性类固醇激素合成的调控机制，部分揭示了具有典型雌雄二态性特征的鲆鲽鱼类雌雄亲体间的脂肪酸需要差异。与国外相比，国内主要养殖品种亲鱼营养研究严重不足，亲鱼专用饲料应用任重而道远。国内对蟹黄的市场需求增加，蟹类亲本配合饲料已有一定市场规模。阐明了仔稚鱼营养需要量的变化过程，仔稚鱼阶段属于营养转型期，从内源性营养逐步转换到外源性营养，由于摄食天然鲜活饵料过渡为适应配合饲料，要根据不同的营养阶段实行相应的投喂策略（投喂频率、饲料类型、营养水平等）（麦康森，2020）。

（7）营养品质：构建品质决定物质的代谢组学和基因组学数据，品质决定物质代谢组学和基因组学的构建，为精准改善鱼体品质提供了重要借鉴。利用电子舌/鼻测定大黄鱼的滋味和气味，miRNA 表达水平和表观变化与肌肉品质具有相关性，揭示了决定品质形成的分子调控机制。通过提高肌间脂肪含量以增加香味、多汁性，提高肌纤维密度以增加韧性，提高肌苷一磷酸（IMP）与呈味氨基酸含量以增加鲜味，降低三甲胺含量以去除腥味（麦康森，2020）。

2）基本营养需要量数据库的构建

从"九五"开始，通过国家攻关（支撑）、产业体系建设、农业行业专项及"863"计划、"973"计划、重大科技专项等相关科技计划实施，开展了一系列的研究。我国选择了 10 个代表种，即草鱼、鲫鱼、罗非鱼、中华绒螯蟹、石斑鱼、大黄鱼、花鲈、军曹鱼、对虾和皱纹盘鲍，覆盖了鱼类、甲壳类、贝类三大类水产养殖动物。通过高等院校、研究机构和企业等相关单位分工合作，共同实施了水产动物营养研究和饲料工业的发展战略，构建了水产营养与饲料的公共研发平台，规范了研究方法。通过系统的比较研究，迅速高效地建立了营养参数数据库，主要包括养殖动物代表种的营养定量需要、饲料原料生物利用率、实用饲料配方基本架构、饲料工艺参数、加工流程与技术、品控指标与品控方法、安全控制技术体系等。这些数据和技术的积累，为我国解决水产营养研究的复杂性提供了可能，为 10 个代表种及其所代表的其他养殖种类的饲料研发提供了极有参考价值的营养需要参数、规范的共性技术与方法支撑，为水产饲料商业化开发提供了科学依据（麦康森，2020）（表 3-5）。

表 3-5　我国水产饲料行业标准的第一阶段（1990~1999 年）

标准编号	标准名称	主要起草单位
SC 1004—1992	鳗鲡配合饲料	福建省水产厅加工处、水产研究所等
SC/T 1024—1997	草鱼配合饲料	中国水产科学研究院长江水产研究所
SC/T 1025—1998	罗非鱼配合饲料	中国水产科学研究院长江水产研究所
SC/T 1026—1998	鲤鱼配合饲料	湖北省水产科学研究所
SC 2002—1994	中国对虾配合饲料	中国水产科学研究院黄海水产研究所
SC/T 1030.7—1999	虹鳟养殖技术规范 配合颗粒饲料	中国水产科学研究院黑龙江水产研究所

自 2000 年以来，我国对原有的一些水产饲料行业标准进行了修订，并制定了一批新的水产饲料行业标准，总计达 19 项，包括鲤鱼、青鱼、鲫鱼、罗非鱼、鳗鲡、团头鲂、牙鲆、大菱鲆、刺参和对虾等品种，基本上涵盖了我国重要的水产养殖品种（表 3-6），开展了水产饲料主要原料的利用研究，为饲料企业的配方设计提供了科学依据，为我国水产饲料工业的兴起与发展奠定了基础。同时，部分大型饲料企业自行开展了主要养殖品种商业配方的营养需要量研究，为商业配方的应用提供了科学数据（冷向军，2012）。

表 3-6　我国水产饲料行业标准的第二阶段（自 2000 年以来）

标准编号	标准名称	主要起草单位
SC/T 1004—2004	鳗鲡配合饲料	福建省水产饲料质量监督检验站等
SC/T 1004—2010	鳗鲡配合饲料	厦门大学等
SC/T 1024—2002	草鱼配合饲料	中国水产科学研究院长江水产研究所
SC/T 1025—2004	罗非鱼配合饲料	中国水产科学研究院长江水产研究所
SC/T 1026—2002	鲤鱼配合饲料	国家水产品质量监督检验中心等
SC/T 1047—2001	中华鳖配合饲料	华大（福州）饲料工业有限公司
SC/T 1056—2002	蛙类配合饲料	厦门市同安银祥实业有限公司
SC/T 1066—2003	罗氏沼虾配合饲料	广西壮族自治区水产研究所等
SC/T 1072—2006	长吻鮠配合饲料	中国科学院水生生物研究所
SC/T 1073—2004	青鱼配合饲料	浙江省淡水水产研究所
SC/T 1074—2004	团头鲂配合饲料	中国水产科学研究院长江水产研究所
SC/T 1076—2004	鲫鱼配合饲料	中国水产科学研究院长江水产研究所
SC/T 1078—2004	中华绒螯蟹配合饲料	上海水产大学
SC/T 2002—2002	对虾配合饲料	中国水产科学研究院黄海水产研究所
SC/T 2006—2001	牙鲆配合饲料	中国水产科学研究院黄海水产研究所
SC/T 2007—2001	真鲷配合饲料	中国水产科学研究院黄海水产研究所
SC/T 2012—2002	大黄鱼配合饲料	福州大昌盛饲料有限公司
SC/T 2031—2004	大菱鲆配合饲料	山东省海洋水产研究所等
SC/T 2031—2020	大菱鲆配合饲料	通威股份有限公司
SC/T 2037—2006	刺参配合饲料	中国水产科学研究院黄海水产研究所
SC/T 2053—2006	鲍配合饲料	中国海洋大学

3）饲料添加剂的研制

饲料添加剂研究水平是水产饲料发展水平的一个重要标志。20 世纪 80 年代以前我国饲料添加剂工业基本是空白，不仅各种添加剂单项，甚至预混料还要依赖进口，但是，经过十多年的努力，我国成为主要的饲料添加剂原料如维生素、无机盐、饲料酶等的生产大国。我国饲料添加剂种类增加，质量提高，产量增长，改变了完全依赖进口的局面，在满足本国需求的同时，许多产品还进入国际市场。近年来，我国开发了环境友好型非抗生素类微生态添加剂及免疫增强剂，调节养殖动物消化道微生态平衡，激活免疫系统，提高养殖动物的健康水平，减少抗生素的使用，对提高我国健康养殖水平、保证水产品安全起到了越来越重要的作用（解绶启等，2016）。

4）饲料加工机械装备的研发

我国水产饲料机械设备在改革开放后才逐步发展起来。直到20世纪80年代中期我国尚无真正适用的水产饲料机械设备。我国饲料机械设备最早依赖进口，即使是从美国、荷兰、法国等地引进的设备，在饲料熟化调质、制粒、干燥等技术环节也不能完全满足我国实际情况的需求。伴随着我国水产饲料产量的不断增加，水产饲料加工机械装备行业也得到了快速发展，近十多年来国产化微粉碎设备和膨化成套设备逐步普及，对提高我国水产饲料加工工艺水平和饲料质量起到了重要的作用（解绶启等，2016）。

2. 我国科技发展瓶颈

1）营养物质消化、吸收与代谢机制研究不够深入

针对水产动物不同生长阶段、不同饲料条件下，营养物质消化、吸收与代谢调控机制研究不清晰，营养物质对机体免疫状态与肠道健康的调节作用不系统，影响营养物质代谢的关键靶点、营养物质代谢信号网络的构建不完善，不同营养物质对肌肉品质形成与调节机制研究不深入，微量营养物质之间的相互协同与拮抗机制研究不完善，影响了水产营养与饲料科技的发展。

2）水产动物营养与饲料数据库不完善

精准营养需要量数据库：我国初步建立了鱼类、甲壳类、贝类三大类水产养殖动物代表种类关键营养物质需要量数据库，但根据不同养殖动物品系、养殖环境条件、动物健康状况等建立各种营养物质的精准营养需要量数据库尚不完善；从水产养殖品种的不同阶段营养能量学、营养需要量、不同原料利用效率的研究着手，探讨最佳的投饲量及投饲策略研究不系统。

饲料原料数据库：我国饲料工业已经建立了各种饲料原料的营养价值表，但对于不同水产动物对不同饲料原料营养成分的利用效率尚不清楚；不同地域、不同季节、不同方式处理后饲料原料营养价值的变化数据尚未系统采集；水产动物对于不同原料中抗营养因子或有害物质的耐受能力尚不清楚；针对水产动物饲料原料的标准化尚不完善。

3）精准饲料配方设计与投喂技术体系未健全

目前，我国饲料企业尤其是中小型企业配方的设计与制作比较混乱，基于动物精准营养需要量、水产动物不同生长阶段和不同饲料原料条件的精准饲料配方技术不完善、不系统；对于不同水产动物的摄食喜好、摄食节律等摄食行为特征研究不足，尚未建立一套科学规范的投喂技术。

4）饲料蛋白原料开发不足

由于鱼粉等优质蛋白源日益短缺，价格攀升，新蛋白源的开发成为一个热门的研究领域，以降低饲料成本和保证养殖业的可持续发展。我国在植物蛋白原料和动物下脚料、虫源蛋白粉等方面储量丰富，然而开发利用效率不高。钝化植物蛋白原料中的抗营养因子，提高植物蛋白的利用率，降低鱼粉用量，拓展蛋白原料，是我国水产动物营养与饲料发展的重要环节。

5）幼体优质开口饵料产品匮乏

水产养殖动物在生活史中的幼体阶段，具有个体小、消化系统发育不完善、消化酶活力低、活动能力弱、对外界环境适应能力弱但生长迅速等特点（于海瑞，2012）。我国仔稚鱼精准营养需要量的研究尚不完善，幼体变态期营养调控机制研究不够深入，开口饲料加工工艺与配套设备开发不足，导致饲料在水体中的稳定性与悬浮效果较差，相关产品无法完全改变水产动物幼体培育早期对于活体生物饵料的依赖局面。

6）饲料工业智能化加工工艺不精

我国水产动物饲料加工设备相关技术多数都借鉴国外，虽然我国已经建立各种饲料加工成套设备生产线，但真正由我国独立研发的原创性饲料加工设备较少。不同养殖品种饲料加工设备成套技术尚不完善，针对不同原料和比例形成的饲料加工工艺尚不统一。饲料加工过程中智能化设备应用较少，标准化生产饲料的人工智能控制系统的开发尚处于起步阶段，水产饲料智能化设备尚未形成一套共性强、完善而成熟的理论与技术体系，影响了水产饲料的发展。我国已经初步建立了水产动物不同饲料加工工艺，包括膨化颗粒饲料、硬颗粒饲料、超微粉碎饲料、片状饲料等。但对于饲料加工工艺与饲料利用效率的关系尚不清楚，不同饲料原料和组合加工过程中关键技术参数的设定不精准，亟待完善不同水产动物、不同原料组合的加工工艺。

3.2 重大科技需求分析

3.2.1 科技发展愿景分析

1. 加快水产动物营养需求与饲料研制的基础研究

针对我国水产动物营养与饲料近期和中长期发展目标进行了科学规划和布局，建立代谢调控网络化、水产营养研究精准化、饲料加工溯源化、生产设备智能化、加工工艺数据化一体化的全产业链融合发展模式，为我国水产动物营养与饲料可持续发展提供科学参考。可以预测，我国将开发水产动物分子营养学研究平台，揭示水产动物精准营养需要量与摄食、代谢调控的基本理论，阐明饲料利用的过程，构建精准调控网络，制定系统全面的营养需要标准；构建不同饲料原料有效营养价值数据库，深度优化饲料配方，开发新型饲料原料替代品及绿色环保添加剂。

2. 加快饲料生产及投喂管理技术升级

研发不同水产动物饲料智能化生产设备，节能减耗，建立现代饲料工业体系，以提高养殖产品品质、降低饲料成本、减少环境污染；积极发展现代水产动物饲料与加工流通业，提高市场信息化水平，加强饲料源头和过程控制，利用物联网和溯源技术，保障水产品的品质和安全。形成一批以科技创新为主导的具有国际影响力的大型水产饲料企业，有效解决我国水产动物营养与饲料利用率不高、普及率低、设备和工艺落后的饲料业重大问题，最终实现水产养殖业的绿色、生态、健康和可持续发展，使我国水产饲料业科技达到国际领先水平（解绶启等，2016）。

3.2.2 科技发展需求分析

1. 水产动物营养物质消化、吸收与代谢机制研究

水产动物种类繁多，分属不同的科、属、种，有些超越了纲和目，食性复杂，生活环境多样。水产动物本身的生理差异很大，与畜禽的生理差异就更大，包括营养物质消化、吸收和代谢机制机能。营养物质在水产动物体内的消化、吸收与代谢调控机制和调控网络研究亟待深入。结合动物营养生理、免疫学、分子生物学、生物化学及组学等学科，在动物环境、组织细胞、动物体内营养物质分子代谢水平等不同层次上，进行水产动物的营养需要量、代谢调控机制的研究，将为水产饲料的高效利用、实现动物的遗传潜能提供理论和技术支持（解绶启等，2016）。

2. 水产动物营养与饲料数据库建立

1）水产动物精准营养需要量数据库

我国水产养殖种类多样，包括甲壳类、鱼类、贝类、棘皮动物等，其食性复杂，具有滤食性、杂食性、草食性、肉食性等；地理分布广泛，气候、海拔、水环境等差异大；养殖模式丰富，有池塘、湖泊、水库、网箱、工厂化等养殖模式。针对我国水产动物不同的品系、生长阶段、环境条件、健康状况等的精准营养需要量数据库还不完善。建立水产动物各种营养物质的精准营养需要量数据库，将为水产动物精准配方的设计提供重要参考依据。

2）水产动物饲料原料数据库

我国地大物博，饲料原料丰富，水产动物"人能吃的无所不养，人不能吃的在饲料中无所不用"，水产原料包括鱼粉、鸡肉粉、肉骨粉、虾头粉、蝇蛆粉、鸭肉粉等，棉粕、豆粕、亚麻籽粕、花生粕、椰子粕等，小麦粉、玉米粉、次粉、米糠、大豆油、鱼油、啤酒糟等。饲料原料在水产动物饲料中的营养价值评定数据库尚不完善，研究确定不同地区、不同季节、不同种类原料在水产动物饲料中的有效养分，在大量实验和调查的研究基础上，分析比较原料组成成分的变异规律，结合生产上的实际可能，选择适当的质量控制指标和分级标准，将饲料原料划分成若干个标准等级，在生产中根据这些标准对原料的质量进行监督控制，减小或消除原料成分的差异，提高配合饲料的质量，为减少粮食浪费、提高饲料效率、增加养殖收益提供重要的技术支持（王文杰等，1992）。

3. 精准饲料研制与投喂技术体系

根据饲料的有效养分、水产动物在不同生长阶段和不同养殖条件下的营养需要量、养殖水体可持续精养的营养调控和市场需要等方面，开发精准环保饲料配方，以满足养殖动物的生长、健康、品质及市场要求。开展水产动物摄食行为学研究，根据养殖种类、摄食特征、健康体征、动物营养需要量、环境因素以及饲料营养成分等，确定投喂量和投喂频率，建立数据库，最终形成一整套针对不同种类水产动物的投喂技术规范，以便达到饲料的最高利用效率并减少废物排放（解绶启等，2016）。

4. 新蛋白源的开发技术

随着全球捕捞量的加大，鱼粉产量逐渐降低，鱼粉价格逐年增加，开发鱼粉原料的替代品，以及拓展饲料蛋白的供应，是促进我国水产饲料工业发展的重要环节。拓展我国饲料蛋白源原料，充分利用植物蛋白原料和动物下脚料、虫源蛋白、细菌蛋白、单细胞蛋白、藻类蛋白等，开发适宜的前处理方式，降低有害物质含量，提高原料利用效率。

5. 幼体优质开口饵料研发

水产养殖动物在生活史的幼体阶段，其外部形态、内部结构和生理代谢方式均与成体存在较大差异，处于由内源性营养向外源性营养阶段过渡时期。因此，在水产动物育苗过程中，开口饵料的选择就显得尤为重要。例如，在海水鱼育苗过程中，仍大量使用卤虫无节幼体、轮虫、桡足类等作为仔稚鱼饵料。我国对于仔稚鱼营养需要量的研究仍处于起步阶段，目前人工配合饲料在育苗阶段使用比例仍然不高（Mai et al.，2009）。需要进一步开展仔稚鱼精准营养需要量的研究，揭示幼体变态期营养调控机制，开发适宜的开口饵料加工工艺与配套设备，提高饵料在水体中的稳定性与悬浮效果，改变水产动物幼体培育早期对于活体生物饵料的依赖局面。

6. 智能化加工设备与工艺研发

随着我国劳动力成本越来越高，饲料工业对于饲料设备的自动化要求也越来越高。生产设备的自动化，能够有效节约劳动力、提高生产标准化及产品品质。随着人工智能的发展，进行饲料设备的智能化开发、提升自动化水平以及对于现有设备的改造提升亟待开展。我国水产动物营养与饲料膨化成套设备和微粉碎设备逐步普及，对提升饲料加工工艺水平和饲料质量起到了重要作用。从加工工艺和管理等方面进行水产饲料的质量控制以稳定饲料品质，确定不同加工工艺中的重要技术参数，建立详细动态数据库，可以有效提高饲料转化效率，降低饵料系数。

3.2.3 重大科技任务分析

1. 水产动物分子营养学基础研究平台建设

筛选并确定鱼、虾、蟹、贝、棘皮动物等水产经济动物的模式生物，进行全基因组测序；建立鱼、虾、蟹、贝、棘皮动物等水产经济动物的模式生物不同组织细胞，如血细胞、肌肉细胞、肠道细胞、肝胰脏细胞等细胞系，为水产动物分子营养学研究提供重要研究平台。

2. 水产饲料加工装备与加工工艺研发

研究开发鱼、虾、蟹、贝、棘皮动物等水产经济动物饲料加工的大型混匀设备、节能型超微粉碎设备、烘干设备等，提高设备的自动化、智能化、信息化水平，优化饲料加工生产流程，提高生产效率，降低能耗。开发鱼、虾、蟹、贝、棘皮动物等水产经济动物不同养殖阶段饲料加工新工艺，根据水产动物特点设计不同形状、颜色、口感的饲料，提升饲料的适口性与利用率，减轻水质污染，提高养殖效益。

3. 水产动物功能型配合饲料研究与应用

研究开发亲本培育阶段全价配合饲料与功能添加剂，替代活体生物饵料，提高亲本的怀卵量与受精率。开发幼体阶段适宜全价开口饲料，替代轮虫、卤幼等活体生物饵料，提高苗种成活率。根据水产动物摄食行为特点及生长发育特征，开发不同养殖阶段的免疫增强型、肉质改良型、保肝护胆型等功能型配合饲料和添加剂，提高养殖动物的成活率。实现水产经济动物繁育与养殖过程中全程使用精准功能型配合饲料的目标。

3.3 技术发展水平总体评价

3.3.1 技术发展态势评价

以科学引文索引扩展版（Science Citation Index Expanded，SCIE）数据库为基础，以 TS=((fish OR crab OR "sea cucumber" OR shrimp OR abalone OR "sea urchin" OR crustacean* OR mollusk*) same (aquaculture OR fisher* OR aqua* OR culture*)) AND TS=((feed* OR *nutrition* OR diet* OR aquafeed*) same (protein OR energy OR lipid OR carbohydrate OR mineral OR vitamin OR "amino acid*" OR "fatty acid*" OR "fish oil" OR "fish meal" OR "ingredient*"))为主题检索公式，选取的文献类型为论文（article）、会议论文（proceedings paper）和综述（review），时间范围为 1990 年至检索日期（2020 年 3 月 20 日）。在得到初步检索结果后，将数据进行合并、去重和清洗处理，最终得到 9547 条数据，从文献计量角度分析全球水产动物营养与饲料研究的发展态势。

以中国知网数据库为基础，以 SU=(鱼+虾+参+蟹+鲍+海胆+贝+水产)*(营养+饲料) NOT SU=(藻+杏鲍菇)为主题检索公式，限定期刊类型为核心期刊、CSSCI 和 CSCD 来源期刊，时间范围为 1990 年至检索日期（2020 年 3 月 20 日），得到国内滩涂增养殖与生态农牧化相关研究 7078 篇，从文献计量角度分析国内水产动物营养与饲料研究热点内容。

数据分析主要采用汤森路透集团开发的专利信息分析工具 TDA 软件、网络关系分析工具 Ucinet 和 NetDraw，以及 Nees Jan van Eck 和 Ludo Waltman 开发的 VOSviewer 软件和办公软件 Excel。利用 TDA 软件对文献数据进行基本的处理和清理，利用 Ucinet 和 NetDraw 工具绘制国家合作网络，利用 VOSviewer 软件对文章题名、摘要和关键词进行聚类分析，利用 Excel 软件对该领域文献进行统计分析以及图表绘制的可视化分析。

1. 国内研究发展态势分析

利用 VOSviewer 软件将国内相关研究数据集中的论文题目、摘要和关键词进行领域聚类，结果如图 3-7 所示，其中字号越大表明该关键词出现频次越高。由分析可知，目前国内研究热点为水产动物饲料中鱼粉的替代，以及蛋白质、脂肪酸、营养需求、饲料对环境的影响，关注生长性能指标、营养成分含量、肌肉品质评价，品种主要有草鱼、罗非鱼、鲤鱼、中华绒螯蟹、对虾、甲鱼等，还涉及开口饵料、饲料加工工艺、饲料工业的发展等内容。

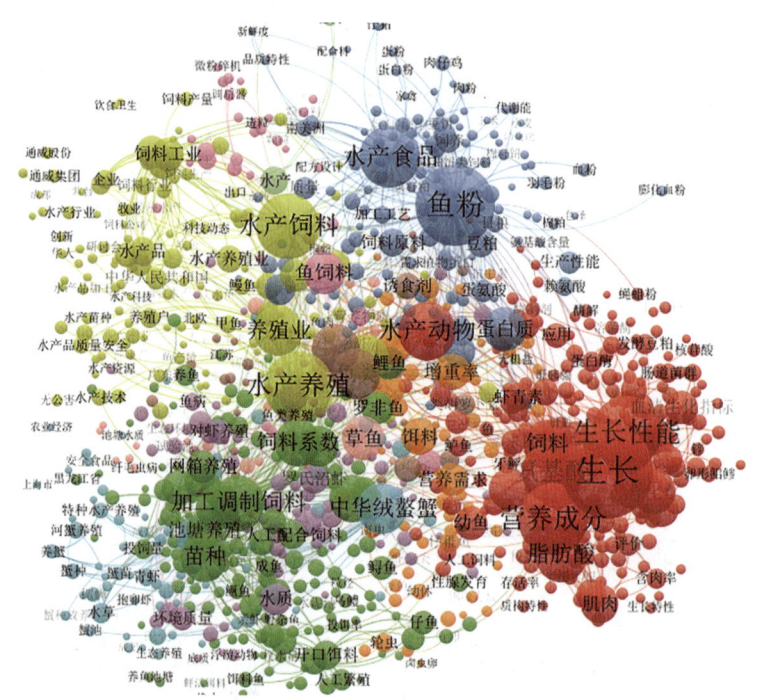

图 3-7　国内水产动物营养与饲料主要研究内容聚类图
联系紧密的关键词划分为同一区块；字号越大表示该关键词出现频次越高

2. 国际研究发展态势分析

1）研究论文变化情况

由图 3-8 可以明显看出，国际水产动物营养与饲料研究发文量整体呈现递增趋势，有些年份论文量会有小的波动。1990~2019 年有 9293 篇相关研究论文被 SCIE 数据库收录，总被引频次为 247 217 次。1990~2005 年国际水产营养研究发文量增长缓慢，2006~2014 年发文量增长加快，2015~2019 年国际水产营养研究发文量快速增长，由 529 篇增加至 887 篇。

2）国际研究力量与影响力分析

从图 3-9、图 3-10 和表 3-7 可以看出，在水产动物营养与饲料研究方面，美国的发文量和篇均被引频次均处于领先位置，处于第一象限；中国发文量处于领先位置，但篇均被引频次低于前 10 位国家的平均值，处于第二象限；澳大利亚、日本等国发文量和篇均被引频次均低于发文量前 10 位国家的平均水平，处于第三象限；英国、法国等国因为论文数量增长有限，但篇均被引频次较高，处于第四象限。中国近三年在水产动物营养与饲料研究方面发文量占比最高，达到 40.55%，远高于美国等其他国家。

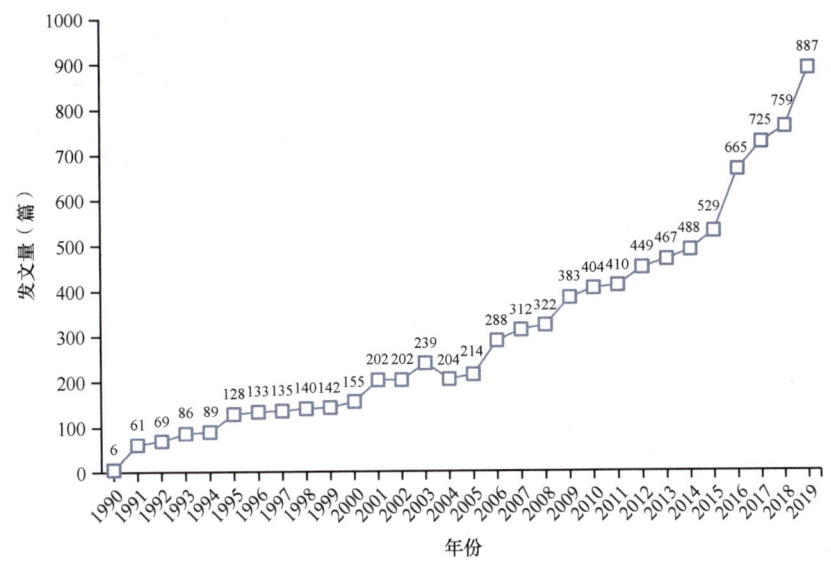

图 3-8 国际水产动物营养与饲料研究发文量变化

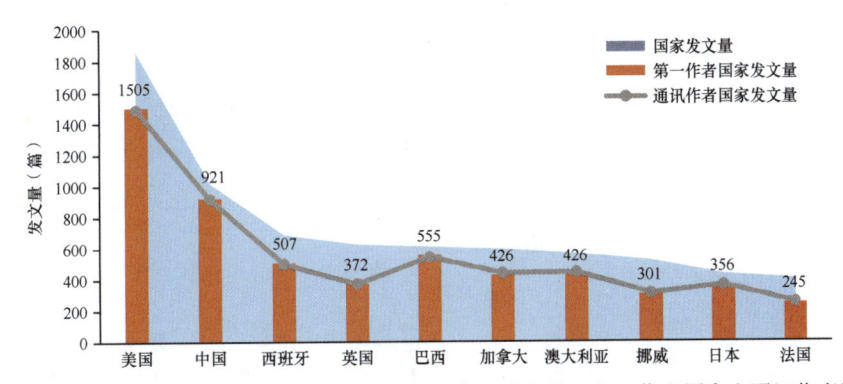

图 3-9 国际水产动物营养与饲料研究发文量前 10 位国家的发文量、第一作者国家和通讯作者国家发文量

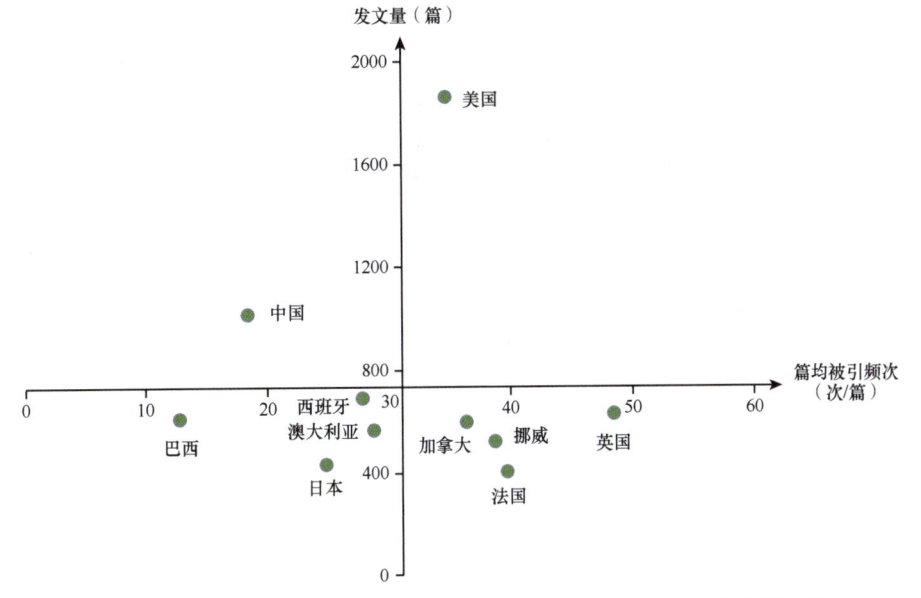

图 3-10 国际水产动物营养与饲料研究发文量前 10 位国家的发文量和篇均被引频次分布图

表 3-7 国际水产动物营养与饲料研究发文量前 10 位国家的发文情况

排序	国家	发文量（篇）	总被引频次（次）	篇均被引频次（次/篇）	第一作者国家发文量占比（%）	通讯作者国家发文量占比（%）	近 3 年发文量占比（%）
1	美国	1 859	63 787	34.31	80.96	80.26	17.70
2	中国	1 016	18 268	17.98	90.65	90.45	40.55
3	西班牙	688	18 822	27.36	73.69	72.82	26.89
4	英国	626	30 065	48.03	59.42	59.58	19.49
5	巴西	610	7 573	12.41	90.98	89.02	31.48
6	加拿大	594	21 359	35.96	71.72	74.07	19.53
7	澳大利亚	564	15 948	28.28	75.53	78.90	24.11
8	挪威	519	19 878	38.30	58.00	59.73	28.90
9	日本	431	10 503	24.37	82.60	83.99	19.72
10	法国	402	15 798	39.30	60.95	62.69	24.63
	平均值	730.9	22 200.1	30.63	74.45	75.15	25.30

3）国际合作情况分析

以国际水产动物营养与饲料研究发文量前 50 个国家为主，绘制各个国家相互合作关系网络，见图 3-11，可以看出，美国、西班牙和英国是水产动物营养与饲料研究的中心国家，中国最主要的合作国家是美国。

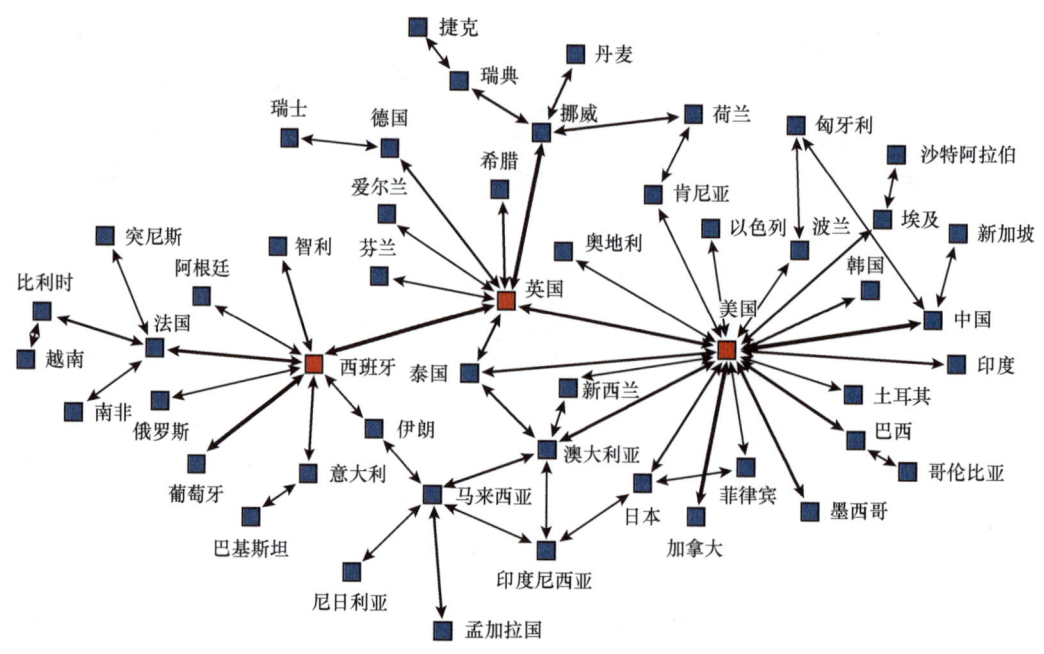

图 3-11 国际水产动物营养与饲料研究的国际合作情况
连线表示合作关系，线条越粗合作次数越多

4）主要研究机构分析

国际水产动物营养与饲料主要研究机构统计分析结果（图 3-12）显示，1990～2019

年英国斯特灵大学（University of Stirling）发文最多，其次是中国科学院（Chinese Academy of Sciences）和中国水产科学研究院（Chinese Academy of Fishery Sciences），美国得克萨斯农工大学（Texas A&M University）、西班牙科学研究院（CSIC）、中国海洋大学（Ocean University of China）发文也相对较多。结果表明，水产动物营养与饲料研究单位多数集中在渔业专业研究的学校或机构。

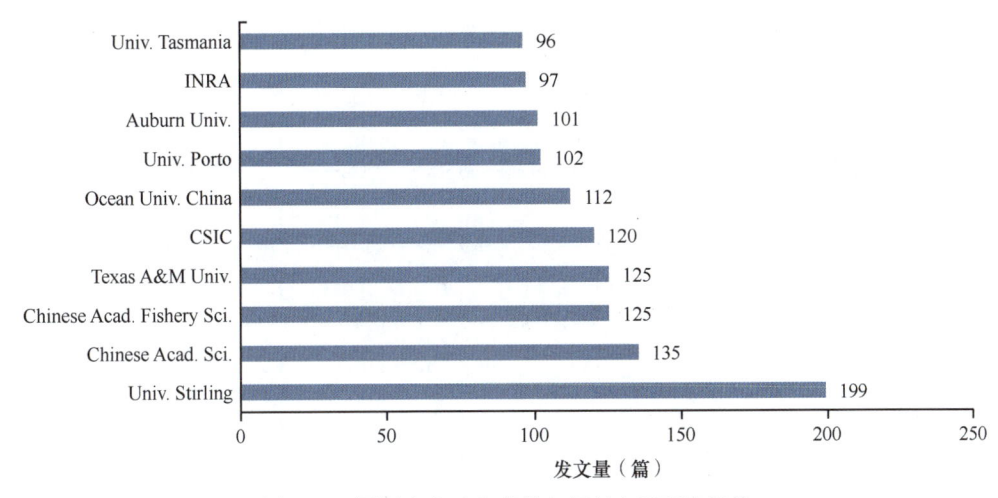

图 3-12　国际水产动物营养与饲料主要研究机构

5）主要学科领域分析

按 Web of Science 学科分类看，国际水产动物营养与饲料研究所涉及的主要研究学科有渔业（Fisheries）、海洋与淡水生物学（Marine and Freshwater Biology）和环境科学与生态学（Environmental Sciences and Ecology），见表 3-8，其中渔业发文量所占比重最大，有 4632 篇相关论文。国际水产动物营养与饲料研究发文量前 10 位国家的主要研究领域分布见图 3-13。

表 3-8　国际水产动物营养与饲料研究主要涉及的 Web of Science 学科领域

序号	学科领域	文章篇数	序号	学科领域	文章篇数
1	Fisheries	4632	6	Veterinary Sciences	558
2	Marine and Freshwater Biology	3122	7	Food Science and Technology	482
3	Environmental Sciences and Ecology	1075	8	Zoology	465
4	Agriculture	745	9	Nutrition and Dietetics	418
5	Biochemistry and Molecular Biology	658	10	Biotechnology and Applied Microbiology	350

6）研究关键词分析

文中的数据集中只有 83% 的论文数据拥有作者关键词字段，数据虽然不全但也可以作为主要研究内容分析的参考依据之一。对作者有效关键词的统计，前 20 个关键词见表 3-9、图 3-14。

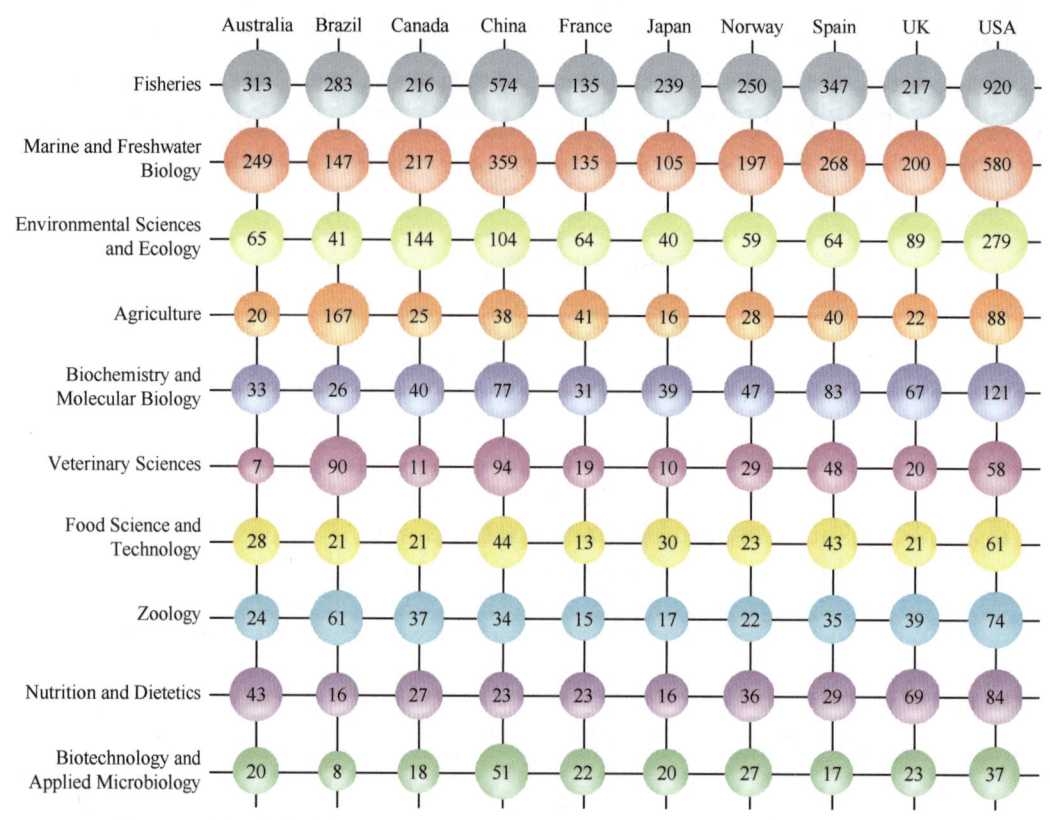

	Australia	Brazil	Canada	China	France	Japan	Norway	Spain	UK	USA
Fisheries	313	283	216	574	135	239	250	347	217	920
Marine and Freshwater Biology	249	147	217	359	135	105	197	268	200	580
Environmental Sciences and Ecology	65	41	144	104	64	40	59	64	89	279
Agriculture	20	167	25	38	41	16	28	40	22	88
Biochemistry and Molecular Biology	33	26	40	77	31	39	47	83	67	121
Veterinary Sciences	7	90	11	94	19	10	29	48	20	58
Food Science and Technology	28	21	21	44	13	30	23	43	21	61
Zoology	24	61	37	34	15	17	22	35	39	74
Nutrition and Dietetics	43	16	27	23	23	16	36	29	69	84
Biotechnology and Applied Microbiology	20	8	18	51	22	20	27	17	23	37

图 3-13　国际水产动物营养与饲料研究发文量前 10 位国家的主要研究领域分布图

表 3-9　国际水产动物营养与饲料研究高频关键词一览表（前 20 个）

序号	关键词	词频	序号	关键词	词频
1	fatty acid	1203	11	lipid	261
2	growth performance	1068	12	fish meal	255
3	aquaculture	828	13	fish oil	243
4	salmonid	385	14	feeding	233
5	fish	385	15	digestibility	208
6	tilapia	376	16	amino acid	204
7	nutrition	361	17	feed utilization	150
8	diet	307	18	*Litopenaeus vannamei*	150
9	protein	298	19	shrimp	134
10	immunity	274	20	soybean meal	129

注：将作者关键词同义词进行了合并处理，主要合并的关键词有①aquaculture/fisheries；②growth/growth performance/growth rate；③ fatty acid/docosahexaenoic acid/fatty acid composition/polyunsaturated fatty acid/DHA/EPA/omega-3 fatty acids/eicosapentaenoic acid/arachidonic acid/fatty acid profile/essential fatty acid/PUFA/n-3 fatty acid/omega-3/HUFA/n-3 PUFA/n-3 polyunsaturated fatty acid/linoleic acid/fatty acid metabolism/n-3 HUFA/unsaturated fatty acid/dietary fatty acid；④lipid/dietary lipid/dietary fat/lipid oxidation/fat；⑤rainbow trout/salmonids salmon/*Atlantic salmon*/*Salmo salar*；⑥fish oil/fish oil replacement；⑦amino acid/free amino acids；⑧protein/protein source/alternative protein/alternative protein sources/protein requirement/highly unsaturated fatty acid/dietary protein；⑨tilapia/oreochromis niloticus/Nile tilapia；⑩fish meal/fishmeal/fishmeal replacement/fish meal replacement；⑪feed utilization/feed efficiency/feed conversion ratio/feed conversion；⑫soybean meal/plant protein；⑬innate immunity/immunity/immune response/immunomodulation/immune function/innate immune response/immune system

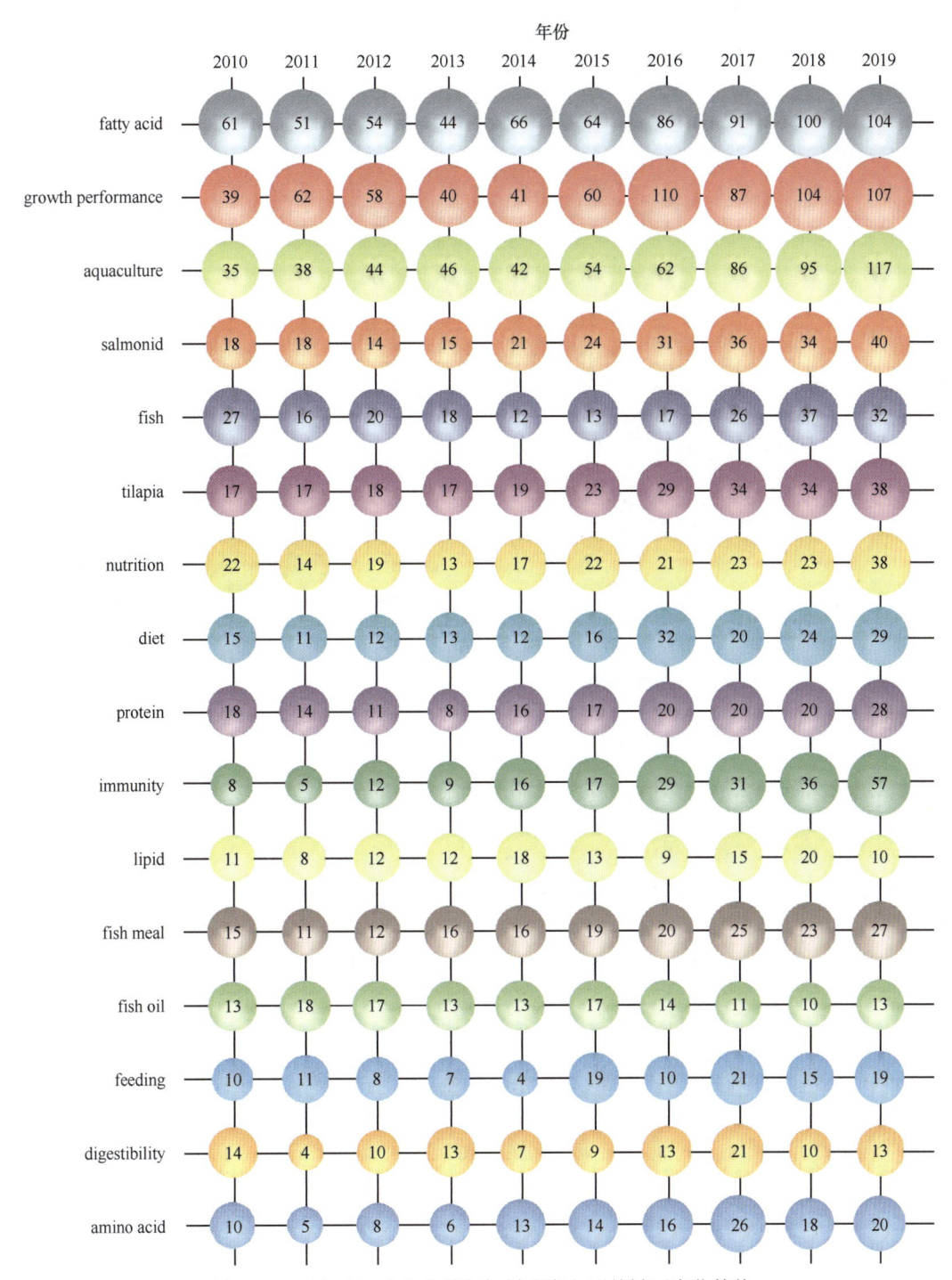

图3-14　国际水产动物营养与饲料研究主要关键词变化趋势

7）研究热点分析

利用 VOSviewer 软件将国际相关研究数据集中的论文题目、摘要和关键词进行领域聚类，得到图3-15，可以明显看出，国际水产动物营养与饲料研究主要分为5个版块，水产动物养殖过程中主要关注生长指标、鱼油与脂肪酸、基因表达、营养免疫、饲料原料等方面。

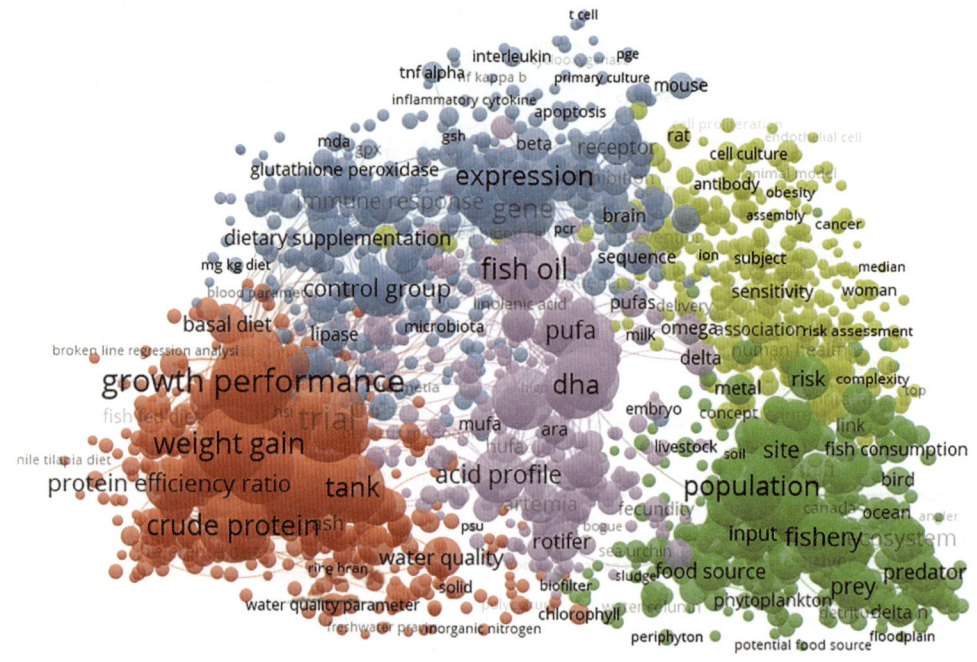

图 3-15　国际水产动物营养与饲料主要研究内容聚类图
联系紧密的关键词划分为同一区块；字号越大表示该关键词出现频次越高

3.3.2　技术发展水平和差距评价

1. 营养需要与代谢调控处于并跑到领跑水平

世界水产动物营养需要与代谢调控主要在以下几方面：①重新评定主要水产养殖动物营养需要量数据和饲料营养价值参数，逐步建立水产养殖动物营养需要量和饲料原料营养价值动态模型；②深入研究水产养殖动物的营养生理和代谢调控机制，开展氨基酸的营养调控研究、长链多不饱和脂肪酸合成机理研究、糖类代谢机制研究等；③关注饲料营养物质与添加剂对水产养殖动物免疫抗病力的影响，如脂肪酸通过病原相关分子模式-模式识别受体（PAMP-PPRs）影响炎症反应的发生、微生态制剂对肠道健康的调控机制；④利用分子营养学的原理与技术，研究营养物质的利用与生长、代谢调控、免疫等的关系。我国从20世纪80年代中后期开始，进入鱼类营养和饲料研究的新时期，确定了"选择代表种、集中力量、统一方法、系统研究、成果辐射"的基础研究战略思路，建立了水产动物营养与饲料公共研发平台，建立了规范的研究方法，研究了主要饲料原料的生物利用率；初步建立了主要养殖动物代表种的营养需要量参数；阐明了决定鱼类食物选择的主要机制，为提高肉食性鱼类对植物性蛋白饲料的摄食量提供了新思路；查明了氨基酸感知和调控的关键通路，提高了蛋白质利用效率；阐释了鱼类蛋白质代谢与糖、脂代谢的交互作用；查明了脂肪代谢关键调控元件，提出了脂肪代谢调控策略；阐明了鱼类高糖诱发代谢紊乱的分子机制，提出了改善鱼类糖利用的调控策略；揭示了不同营养物质调节鱼体免疫力的分子机制，以及营养物质对鱼体肠道健康的调节作用；开展了亲鱼与仔稚鱼营养需要量的变化过程研究；构建品质决定物质的代谢组学和基因组学数据，揭示了决定品质形成的分子调控机制，开发了改善品质的人工调控技术。在水产动物营养物质代谢调控机制方面，我国处于由并跑到领跑水平。

2. 饲料原料开发与添加剂的应用处于由跟跑到并跑状态

美国、日本、挪威、法国等养殖业发达国家为解决世界性饲料原料资源紧缺，开发利用多种饲料原料资源，研究了鱼油和鱼粉的替代物，并研究了原料抗营养因子对养殖动物生长、繁殖及免疫力的影响；为提高饲料转化效率、增进机体健康，降低鱼粉鱼油替代对养殖对象的影响，进行各种营养性和非营养性饲料添加剂的研制，如生物素、肽聚糖、葡聚糖、虾青素、外源氨基酸、核苷酸、益生菌等在饲料中的应用研究；一些新的研究方法正逐渐引入到水产动物的营养研究上；探讨了 GMO（转基因生物）饲料原料营养成分对鱼类生长性能和健康的影响。我国地大物博、饲料原料品种多样，在鱼粉替代方面，开展了植物蛋白：豆粕、棉粕、玉米蛋白粉等原料开发与前处理方式的研究，提高利用效率；鱼油替代研究开发了植物油（大豆油、菜籽油、花生油）的替代与复配技术。添加剂的开发研究一方面开发"促长剂"之类的产品，另一方面也开展提高免疫力、抗应激能力、促进消化道健康等之类的添加剂产品。我国水产饲料添加剂工业从 20 世纪 80 年代的零起步，针对我国饲料原料短缺，非传统原料种类繁多，生物利用率较低等实际，开发出来的高效饲料酶技术与微生物发酵技术，大大提高了非传统原料、低值原料的生物利用率，拓展了饲料原料的选择范围，变废为宝，降低了饲料成本，并实现循环经济。近年来我国水产养殖与饲料微生物技术的开发与应用发展迅速，成为重要发展前景的领域（麦康森，2020）。

3. 商业化高效配合饲料产量达到领跑状态

我国科学家对国内主要水产养殖品种的营养需要量与配合饲料开展了系统的研究与开发，如草鱼、鲤鱼、罗非鱼、团头鲂、青鱼、鳗鲡、中国对虾、大菱鲆、鳖、罗氏沼虾、鲍鱼等，制定了相关的营养标准。这些研究成果加上对国外研究成果、水产饲料加工技术与设备的引进消化，为我国水产动物营养研究与饲料生产奠定了坚实的基础，并推动我国水产养殖业的快速发展。国产草鱼、鲤鱼、罗非鱼、对虾、鳗鲡和鳖的商品饲料的质量已接近或达到国际领先水平。我国水产饲料的产量从 1991 年的 75 万 t，到 2018 年的 2211 万 t，占世界总产量的 40%，超过世界其他各国的总和，拥有世界最大的水产饲料生产企业。

4. 水产饲料装备和加工工艺处于跟跑水平

伴随着我国水产饲料产量的不断增加，饲料添加剂工业和水产饲料加工机械装备行业也得到了快速发展，使我国在短短的十多年时间里，就建成了较为完善的水产饲料产业体系。饲料机械设备最早同样依赖进口，我国通过不断地引进、消化、吸收和再创新，使饲料机械制造业得到了长足的发展，不仅保障了我国在世界上最大的饲料产能，同样实现了饲料机械成套设备的出口。在加工工艺方面，针对不同种类开发了硬颗粒饲料、膨化饲料、粉末饲料、片状饲料等。虽然我国水产饲料加工机械装备有了很大的发展，但是从关键设备和设备的整体性能来看，与国外还有一定差距，我国水产饲料加工机械装备和加工工艺处于跟跑水平。

3.3.3 技术发展阶段评价

1. 营养物质代谢调控机制处于基础研究阶段

我国在水产动物营养物质代谢调控方面开展了摄食机制、蛋白质代谢、脂肪代谢、糖代谢、营养免疫、亲鱼和仔鱼营养及营养品质的研究，揭示了部分营养物质消化、吸收、转运和代谢调控机制，构建了调控网络，相关工作处于基础研究阶段。

2. 鱼粉蛋白源替代处于中试阶段

鱼粉是水产动物饲料的重要组成部分，也是饲料成本中占比最大的原料，目前我国已经开发了多种鱼粉替代品及组合方式，如豆粕、菜籽粕、棉粕、玉米蛋白粉、肉骨粉、羽毛粉等，并研发了替代产品的前处理工艺，如膨化、酶解、水解等，以提高饲料利用率。目前，鱼粉替代产品已经逐步应用于鱼、虾、蟹、贝、参等多种水产动物饲料生产过程中，处于中试阶段。

3. 饲料添加剂处于规模化应用阶段

饲料添加剂在水产饲料中起重要作用。20世纪80年代以前我国饲料添加剂工业基本是空白，但经过十多年的努力，我国饲料添加剂种类大幅度增加，质量提高，产量增长，改变了完全依靠进口的局面，我国已成为主要的饲料添加剂原料生产国，如我国是维生素、无机盐、饲料酶等的生产大国，不仅满足了本国的需求，一些产品还进入了国际市场。近年来，我国还开发了环境友好型非抗生素类微生态添加剂，益生菌、益生素、酶制剂及免疫增强剂等也广泛地应用到水产饲料中，保证水产品安全。

4. 饲料加工装备处于中试阶段

伴随着我国水产饲料产量的不断增加，我国水产饲料加工机械装备行业也得到了快速发展，现已建成了较为完善的水产饲料产业体系。通过引进、消化、吸收和再创新，我国已经建立水产饲料加工的成套设备，并进行出口，相关加工设备逐步得到应用推广。

3.3.4 国内外相关评价分析

与国外先进国家相比，我国水产动物营养与饲料学在基础研究和产业应用研究方面还存在一定差距，主要表现在：研究范围小，侧重于饲料配方组成和单种物质的投喂效果，对动物营养需要量和饲料原料的生物学营养价值研究不够深入，饲料原料的标准化尚需完善；研究对象主要集中在大宗淡水品种，海水品种涉及相对较少，缺乏对不同种类养殖代表种的系统深入研究；对饲料添加剂生理功能的深入研究不足，对饲料原料的开发与质量控制重视不够；多学科交叉融合不足，高新技术在水产动物营养研究和饲料生产中应用不广泛，对营养与免疫、代谢调控机制研究不深入，对生产上迫切需要的技术难题缺乏攻关。

根据水产动物的营养需要特点和养殖要求，参照国外水产动物营养与饲料发展历程和成就，我国水产饲料发展趋势为：针对不同种类代表养殖品种开展营养需求、原料生物学价值的系统性研究；应用分子生物学手段和现代物理化学技术研究营养物质在体内的消化、吸收、转运和代谢调控机制；开发生态环保型配合饲料，全面取代冰鲜鱼类，逐步向资源节约型方向发展；开发口感好、健康生长、品质优良的配合饲料。

3.4 科技发展趋势分析

3.4.1 新进展、新变化、新特征和新趋势分析

1. 营养需求基础研究

在传统的动物营养生理学、免疫学、分子生物学、生物化学研究的基础上，水产动物营养需求研究将向组学技术方向发展，蛋白质组学、基因组学、转录组学、代谢组学和免疫组学等组学技术的应用，将为阐释营养物质在水产动物体内消化、吸收、转运、代谢、分解等关键过程，以及寻找调控代谢的关键靶点以实现精准营养的目标提供重要的理论支撑。

2. 高效全价饲料研发

在新时期生态文明建设背景下，我国渔业提出"提质增效"的目标和"生态优先"的方针，水产饲料的研发亟待向资源节约型和环境友好型方向发展，寻找更优质高效的鱼粉替代蛋白源成为水产饲料原料的研究热点。近年来，国外相关研究从植物蛋白原料的利用，到动物下脚料的使用，目前热门研究集中在昆虫蛋白源的开发利用，我国饲料蛋白源原料的开发亟待拓展。此外，环保型水产饲料成分和加工工艺成为重要研究方向。通过优化饲料配方、添加绿色添加剂、提高饲料消化率和利用率、改善饲料稳定性和沉降速度等措施，达到改善养殖水质、降低养殖水体富营养化程度、提高养殖动物生长速度、增加养殖效益的目的。

3. 饲料加工与投喂

亟待加强学科间的交叉合作，引进人工智能领域的技术，提高饲料加工装备的自动化和智能化，节减人工成本和节约能耗，完善并规范装备生产中的工艺参数和运行标准。饲料投喂技术方面也应由人工投喂转向自动投喂，并在此基础上发展投喂反馈调节技术，如将对水质监测和动物行为的计算机分析信号转换为输入，指导自动投喂的频率和数量。

3.4.2 科技发展态势和方向

1. 基于分子水平或器官营养的精准营养需求研究

近年来，分子生物学技术的应用使水产动物分子营养学作为一个分支学科得到蓬勃发展，水产动物对维生素等的营养需求和脂质代谢等相关研究主要集中在以下几个方面：①从基因表达的调控机制入手，探求营养物质的生理功能；②利用营养调控对健康有益或有害的基因表达；③机体的基因多态性对营养物质的消化、吸收、分布、代谢和排泄的影响；④个体营养物质需求存在差异化的基因根源；⑤营养缺失或代谢障碍的分子遗传学基础（孙长颢，2004）。

2. 功能性营养物质的调控研究与产品开发

水产饲料中功能性物质的添加，对于缓解疾病暴发、促进动物健康生长、增强动物免疫力、改善动物产品品质等意义重大。加强功能性物质（基础营养需求类、增强免疫添加类、保肝护胆类、促进脂肪吸收代谢类和复合微生态制剂类）对于水产动物生长、免疫、抗氧化能力、抗应激能力、脂类代谢的调控机制研究（杜健龙，2017；闫亚楠等，2017；解文丽，2017；熊鼎等，2019），对于开发和应用功能性物质、改善饲料成分和品质意义重大。

3. 基于养殖动物亲本及幼体营养调控的饲料研发

水产动物育苗过程中，幼体处于由内源性营养向外源性营养过渡阶段，开口饵料的选择尤为重要。目前卤虫无节幼体等鲜活饵料仍被认为是仔稚鱼、虾、贝的优良饵料来源，但在实际应用中存在着供应不及时、饵料质量有差异等问题，而人工配合饲料在育苗阶段使用比例仍然不高（Mai et al.，2009）。因此，亟待针对仔稚鱼、虾、贝的生理特征和精准营养需求，结合饲料加工和生产工艺的研究，研制开发养殖动物人工开口饲料，以提高苗种的存活率和应激能力。

4. 鱼粉替代蛋白源的开发

鱼粉由于具有蛋白质含量高，富含动物必需氨基酸、脂肪酸、矿物质、维生素等营养组分，碳水化合物含量低，容易被动物消化、吸收，以及适性好等特殊优势，成为全球水产饲料的主要蛋白质来源，在我国水产饲料的配方组成中也占有较大的比例，尤其是海水鱼、虾饲料中鱼粉的比例高达30%~50%。但近年来鱼粉需求量不断增加，导致其供应短缺，价格上扬。此外，野生鱼粉鱼油在饲料行业中的应用受到不环保的质疑。因此，新型饲料蛋白源的开发利用成为营养学家和饲料工业界关注的重点（胡沈玉等，2018；桂良超等，2019）。

5. 高效环保型饲料开发

传统投饵型水产养殖由于片面追求经济效益，造成排放不达标或者加剧水质污染，引起了社会各界的关注。2017年，中央生态环境保护督察组指出，天津市独流减河两岸有大量水产养殖，部分养殖废水未经处理直接排放，加剧了独流减河的水质污染，将水产养殖导致水生态环境的污染问题提到了一个高度。农业农村部渔业渔政管理局2018年对《淡水池塘养殖水排放要求》（SC/T 9101—2007）和《海水养殖水排放要求》（SC/T 9103—2007）进行了修订，出台了新标准的征求意见稿，对于养殖排放水质提出了新的要求。水产养殖密度高，投喂大量的人工饲料，饲料残渣排放到水体是水产养殖引起水体污染的一个重要原因。加快环保型水产饲料的研发，保证养殖生物的健康生长，减少养殖环境的污染，成为重中之重。

6. 饲料加工装备与加工工艺研发

饲料的不同加工工艺、膨化程度、粉碎粒径等既关系到生物的利用度，又与企业生产成本和环境污染等问题相关（杨洁等，2019）。因此，开发饲料加工工艺，研发技术设备，量化重要技术参数，并建立相关标准规范和统一基于养殖生物营养需求与摄食特征的饲料加工工艺，成为饲料加工领域的研究热点。

3.4.3 发展目标与重点任务

1. 发展目标

针对目前我国水产动物营养与饲料中存在的关键问题，聚焦重大基础研究和共性关键技术，建立鱼、虾、蟹、贝、棘皮动物等精准营养需要量数据库，揭示重要水产动物经济性状分子营养调控机制，查明营养物质消化、吸收、代谢和调控机制，筛选营养调控关键信号，构建营养代谢调控网络，查明不同营养物质对肠道健康、免疫调节与品质形成的作用机制。明确不同水产动物摄食行为特征与摄食调控机制，制定科学规范的投喂技术与调控策略。阐明营养物质对鱼、虾、蟹、贝、棘皮动物等繁殖阶段的调控机制，幼体培育阶段营养调控特征与营养需求，开发优质繁育阶段饲料与幼体开口配合饲料。查明环境因子、营养状况、遗传因素、养殖模式等对水产动物品质形成的作用机制，制定高品质水产动物养殖标准；研究开发适用于鱼、虾、蟹、贝、棘皮动物等水产动物的智能化饲料加工成套设备，确定适宜不同水产动物的饲料加工工艺，提高饲料利用率。建立水产动物鱼粉替代关键技术，建立环保饲料产业技术体系，打造一批现代化大型水产饲料公司。水产配合饲料使用覆盖率达到60%以上，降低代表种饵料系数和饲料成本20%以上，氨氮排放量降低20%以上，产生显著的社会效益和经济效益。

2. 重大基础研究

1) 水产动物营养物质代谢调控机制

针对水产动物营养利用的代谢调控机制等关键科学问题，研究鱼、虾、蟹、贝、参等主要水产养殖动物对营养物质消化、吸收、转运和代谢的途径与特点，构建营养物质信号调控网络，建立精准营养需要量数据库。研究水产动物生长、品质性状、健康状态与代谢调控的遗传学基础，从营养代谢、饲料功能性物质添加入手，挖掘可进行营养调控的关键基因，解析其功能及调控机制、信号通路。研究营养代谢与消化道健康、免疫应答的关系，解析增强免疫的营养代谢机制，从机制上揭示养殖动物免疫应答与营养调控的关系。研究鱼、虾、蟹、贝、参等主要水产养殖动物不同营养物质之间的互作机制，阐明水产动物对不同营养物质组合的调控与平衡机制，建立饲料营养物质科学搭配策略。

2) 水产动物摄食行为调节机制

针对水产动物种类多样、摄食特性复杂、摄食调控机制研究较少的现状，研究鱼、虾、蟹、贝、参等水产动物的摄食特征，确定不同种类水产动物适宜的饲料特征与加工方式；研究不同生长阶段、不同环境、不同营养等条件下水产动物的摄食行为变化，挖掘摄食行为调控基因及调控信号网络，解析水产动物摄食行为的内外调控机制，开发高效环保诱食剂，拓展饲料原料来源，提高饲料利用率。

3）水产动物幼体变态期营养需要与代谢调控机制

针对水产动物幼体变态过程中营养调控机制等科学问题，研究鱼、虾、蟹、贝、参等水产动物幼体变态过程中对营养物质消化、吸收、代谢的调控机制，阐明幼体变态前、中、后营养生理变化规律，确定精准营养需要，筛选可进行营养调控的关键基因，解析其功能及调控机制、信号通路，为苗种阶段的高效饲料添加剂和微颗粒饲料（微黏合、微包膜、微包囊）研究开发提供理论依据。

4）水产动物品质形成与营养调控机制

针对水产动物品质形成与营养调控等关键科学问题，研究水产动物营养基因组学、水产动物营养性状的遗传学特性、水产动物营养状况改变营养遗传性状的表观遗传学，研究水产生物不同遗传品系间营养代谢的差异机制。研究水产动物肌肉理化性质的调节机制、高度不饱和脂肪酸等生物活性物质的富集机制、水产品风味物质形成机制、体色调节机制。研究水产饲料不同理化特性对饲料利用效率、氮磷排放、健康生长与肌肉品质的影响及其生物学机制，研究在体内外改善水产饲料理化性质以提高饲料利用效率的生物技术原理。

3. 共性关键技术

1）水产动物鱼粉蛋白源替代关键技术与产品开发

针对鱼粉资源短缺、价格上涨的现状，开发水产动物新型蛋白原料，研究植物蛋白原料有毒有害物质的系统消除/消减技术，确定不同非鱼粉原料在饲料中的适宜添加量与高效组配模式，研究开发促进水产动物摄食、提高营养物质利用率和维持养殖动物健康的功能性添加剂，提高饲料利用率，降低环境污染。

2）水产动物精准饲料配方设计与精准营养供给

研究饲料原料的有效养分、不同养殖条件下水产动物不同生长阶段的精准营养需求，开发精准环保饲料配方，满足养殖动物的生长、健康、品质及市场要求。研究不同水产动物的摄食行为特征，建立不同养殖模式、不同品种、不同阶段投喂技术规范与精准营养供给策略，提高饲料利用率。

3）水产动物亲本与幼体阶段全价饲料研究与开发

针对我国水产动物亲本全价配合饲料和幼体配合饲料使用率低的问题，研究鱼、虾、蟹、参等水产动物亲本阶段的全价配合饲料，研发促进亲本性腺发育的饲料配方和高效添加剂，为亲本提供充足的营养，替代冰鲜饵料或沙蚕等活体饵料。根据幼体摄食行为特征，研究确定水产动物幼体阶段的营养需要量，研发适宜苗种阶段的高效饲料添加剂，开发微颗粒饲料（微黏合、微包膜、微包囊）加工技术，提高饲料利用率，替代轮虫、卤虫无节幼体等生物饵料，改善水质条件，提高苗种抗应激能力和苗种成活率。

4）水产饲料加工装备与加工工艺

根据不同水产动物、不同生长阶段的摄食行为特点与营养需要特征，确定饲料加工工艺，研究开发水产饲料加工专用设备，提高饲料质量。研究并开发饲料加工的大型混匀设备、节能型超微粉碎设备、烘干设备等，提高设备的自动化、智能化、信息化水平，优化饲料加工生产流程。开发饲料加工新工艺，根据水产动物特点设计不同形状、颜色、口感等的饲料，提升饲料适口性与利用率。

4. 典型应用示范

1）重要经济鱼类高效配合饲料研究与产业化推广

开展重要经济鱼类精准营养需要量与高效配合饲料关键技术研究，确定不同生长阶段、不同养殖模式下鱼类精准营养需要量；查明不同鱼类对于各种原料的消化利用率，为配方的设计提供重要依据；研究开发鱼类适宜的新型蛋白质原料，筛选适宜的前处理工艺，提高配合饲料中鱼粉替代比例；研发鱼类幼苗阶段适宜的人工配合饵料，为我国经济鱼类规模化培育提供重要保障；建立全价环保型配合饲料替代冰鲜冷冻鲜杂饵料的应用示范基地，带动水产饲料行业健康发展。

2）重要经济甲壳类高效配合饲料研究与产业化推广

加强凡纳滨对虾、中华绒螯蟹等国内重要经济甲壳类饲料关键技术研究，开展凡纳滨对虾等亲本培育阶段营养需要量研究，解决亲虾主要投喂沙蚕、鱿鱼等饵料的困境，完善亲本养殖过程中高效促熟培育技术；建立甲壳类不同养殖模式下的营养调控技术，提高甲壳类抗病能力，优化基于池塘生态化和陆基工程化的虾-藻、虾-参、虾-稻、蟹-稻等多元综合种养模式，提升甲壳类产品质量安全水平，带动水产养殖业健康发展。

3）重要经济腹足贝类高效配合饲料研究与产业化推广

加强皱纹盘鲍等国内主要经济贝类营养需要量研究，查明不同生长阶段贝类的摄食行为特征，筛选适宜的饲料加工工艺；研究确定贝类幼体变态期营养需要量变化特征，开发适宜的替代饲料或微生物添加剂；改善贝类养殖环境，提高饲料利用率，建立产业化示范基地，带动水产饲料业健康发展。

4）重要经济棘皮类高效配合饲料研究与产业化推广

开展刺参、海胆等棘皮类经济物种营养需要量、原料开发等关键技术研究；建立刺参、海胆规模化养殖和亲本培育过程中精准营养调控关键技术；查明苗种培育阶段摄食行为、形态特征、营养需要量等的变化特征，筛选适宜的饲料原料，确定饲料加工工艺，优化刺参、海胆等棘皮类经济物种不同养殖阶段高效配合饲料并进行推广应用。

3.5 典型案例：大西洋鲑饲料产业

挪威自20世纪70年代成功养殖大西洋鲑以来，经过近50年的发展，已经成为当今世界上鲑鳟类养殖的第一大国，其产量约占全球鲑鳟类总产量的75%（韩德武等，2003），主要养殖品种为大西洋鲑和虹鳟等。据联合国粮食及农业组织（FAO）报道，2019年挪威大西洋鲑的产量高达131.9万t，约占全球总产量的51.5%。作为大西洋鲑的主产国，挪威在大西洋鲑的营养需求研究与饲料产业方面居于世界领先地位。

3.5.1 技术重要性

作为营养价值和经济价值较高的世界性养殖鱼类，大西洋鲑的养殖一直是世界各水产大国关注的焦点。我国于 2010 年由山东东方海洋科技股份有限公司首次大规模工业化养殖从挪威引进的纯种大西洋鲑并取得了成功。山东东方海洋科技股份有限公司利用养殖基地得天独厚的地下深冷海水资源，将资源优势转化成产业优势，成功实现了大西洋鲑的大规模循环水养殖和鲜活供应（张黎黎等，2015），实现了大西洋鲑的中国市场本土供应。2018 年，由武昌船舶重工集团有限公司建造的我国自主研发的世界最大全潜式大型智能网箱"深蓝 1 号"在黄海冷水团海域启动，开始进行大西洋鲑规模化养殖，成功开启了我国深远海养殖的新模式。

我国在大西洋鲑的养殖模式上有了创新和发展，但是大西洋鲑的饵料和营养需求方面的研究还比较薄弱，近年来才开始有大西洋鲑的营养代谢、投喂策略和饵料配方等方面的研究成果（孙国祥，2014；柳阳等，2014；张黎黎等，2015）。大西洋鲑饲料引进存在着技术和贸易壁垒等问题，加之饲料成本在生产成本中所占比例较高。国外大西洋鲑营养需求和饲料配方的研究成果和技术，能为我国在发展大西洋鲑养殖产业中找到精准营养需求，攻克饲料配方和投喂技术等难题，以及饲料研发工作开展等方面提供科技支撑。

3.5.2 技术水平分析

挪威从 20 世纪 70 年代后期开始了大西洋鲑养殖的科研工作，其科研机构有挪威海洋研究所（Norwegian Institute of Marine Research）、国家营养与海洋食品研究所（National Institute of Nutrition and Seafood Research），以及高等院校如挪威生命科学大学（Norwegian University of Life Sciences）、卑尔根大学海洋研究所（Institute of Marine Research，University of Bergen）、挪威农业大学（Agricultural University of Norway）、挪威科学技术大学（Norwegian University of Science and Technology）、奥斯陆大学（University of Olso）和特罗瑟姆大学（University of Tromso）等。大西洋鲑营养与饲料研究是相关科研机构和高校的重要研究领域。20 世纪 70～90 年代的研究阐明了大西洋鲑对于饲料中蛋白质、氨基酸、脂肪酸、碳水化合物、维生素、矿物质以及色素等营养的精准需求。

挪威国家营养与海洋食品研究所教授、鱼类营养学家艾利扬·洛（Erik-Jan Lock）指出，挪威大西洋鲑的饲料组成成分在过去的 25 年里发生了巨大的变化。20 世纪 90 年代饲料蛋白源主要由鱼粉和鱼油组成，后来饲料蛋白源主要来自植物。挪威 Nofima 研究集团发布的《2016 年挪威鲑鱼养殖资源利用情况》指出，2012～2016 年挪威鲑鱼饲料中使用的陆生原料数量不断增加，大豆蛋白浓缩物成为鲑鱼饲料中用量最大的单一成分，2016 年在鲑鱼饲料中占 19%。但由于植物来源的食物可能存在某些矿物成分和必需氨基酸缺失及其利用有效性的问题，以及脂类结构和比例对大西洋鲑营养利用和代谢产生影响，因此需要添加微量元素或与动物蛋白联合使用。挪威当下着重研究开发来源于昆虫的虫粉和虫油替代蛋白，昆虫源蛋白包含了鲑鱼所需的所有氨基酸，有望完全替代鱼粉成为大西洋鲑饲料中的蛋白源（Belghit et al.，2019a，2019b）。挪威 Skretting 公司在阿沃岛（Averøy）的工厂已于 2018 年底生产出含黑水虻幼虫昆虫粉的鲑鱼商业饲料，并经试验发现喂饲含昆虫粉饲料的鱼类，具有与喂食传统蛋白质饲料相同的生长性能，且昆虫粉可以增加鱼类的食欲。

挪威国家营养与海洋食品研究所自 2012 年起，5 年间联合来自欧洲 12 个国家的 21 个机构合作开展欧盟的营养和水产养殖的先进研究计划（Advanced Research Initiatives for Nutrition & Aquaculture，ARRAINA）综合项目，旨在研究包括大西洋鲑在内的养殖鱼类全部生活史的营养循环，细化各个生活史阶段的营养需求，并结合鱼粉蛋白源的替代研究，研发设计新饲料以保证鱼类的营养和健康。目前，挪威大西洋鲑商业化养殖中已使用分别适用于亲鱼培育、苗种培育、开口饵料、成鱼养殖以及越冬维持性饲料等不同目的的饲料营养配方，加工生产工艺也不同，能够符合生活史各阶段的精准营养需求和适口性。

大西洋鲑饲料投喂技术方面，利用水下摄像系统和电脑监控，已经全面从人工投喂过渡到自动化投喂。但限于摄像机视野的局限性和有效性，挪威 CageEye 公司已经从 2018 年开始着手研发用回声探测系统来改进大西洋鲑养殖的投饲方法。

挪威作为渔业强国，大西洋鲑的养殖是支柱产业，挪威国内发展了非常完善的涉及饲料营养、养殖设施构建、产品加工、产品物流等各个环节的成熟产业链。挪威渔业及海岸事务部作为国家渔业管理机构，建立了健全的水产养殖法律体系，并通过加强科学研究、引导渔民自治等方式保证了水产养殖业在政府控制下健康发展。挪威拥有全球最大的大西洋鲑生产企业 Marine Harvest 集团（业务遍及 20 多个国家）。

3.5.3 技术发展趋势

1. 营养需求

20 世纪 90 年代的研究主要集中在不同组分饲料（鱼青贮饲料、脱脂鱼青贮饲料、浓缩鱼青贮饲料、干燥颗粒状饲料和不同来源的鱼油等）或者不同水平营养元素（维生素 C、维生素 E、多不饱和脂肪酸、碳水化合物、虾青素和铁锰等微量元素）对大西洋鲑的生长、抗病力、饲料转化率、蛋白质效率比（PER）和蛋白质生产价值（PPV），血清中碱性磷酸酶水平、胆固醇水平和甘油三酯水平，红细胞脂肪酸组成、血液及体液免疫反应，以及感官和生鱼片质量的影响（Hamre et al.，1997；Andersen et al.，1998；Lygren et al.，1999），研究目的在于寻找基于分子水平或器官营养的精准营养需求（主要为脂质、维生素、微量元素）。

通过研究发现，在实际投喂中要保证大西洋鲑良好生长，其最低饲料蛋白水平通常为：浮游苗（体重 0.1~0.25g）为 45%~50%，较大规格苗（上浮苗至体重约 10g）为 40%~45%，苗种（体重 10~50g）为 35%~40%，直到收获规格。饲料中需要含有 10 种必需氨基酸，其中赖氨酸是第一限制性氨基酸，其含量占养殖大西洋鲑肌肉蛋白的 9%。饲料中脂肪的适宜含量为 35%~40%，且必须添加 EPA 和 DHA 中的一种或两种，否则大西洋鲑的生长速度、饲料转化率和生理功能都会受到不同程度的影响，并且发病率和死亡率将明显增加。大西洋鲑同化利用碳水化合物的能力较差，当碳水化合物为 5%~30%时，血清溶血活性与饵料中的碳水化合物水平呈负相关关系，饲料中需要添加 200mg/kg 的肌糖。大西洋鲑饲料中需要含有 15 种维生素，成鱼饲料维生素 C 需要量为 50mg/kg，鱼苗达到最大生长速度时饲料维生素 C 最低需要量为 10~20mg/kg，在饲料中补充各种维生素，能防止大西洋鲑在养殖中发生各种维生素缺乏症。此外，由于大多数矿物质不能从水中直接获取，大西洋鲑饲料中还必须添加铜、铁、锌、锰、钙、磷、镁、硒、碘等矿物质，才能避免大西洋鲑表现出矿物质不足的各种症状。大西洋鲑的大部分人工饲料中含有大量的鱼粉，鱼粉中含有足够的必需矿物质元素，所以能够满足其生长需求。此外，为了提亮肉质的颜色，满足市场对鱼肉色泽的要求，需在饲料中加入色素。一般可添加加工虾、蟹、磷虾和螯虾时的富含类胡萝卜素的废料，或者人工合成的胡萝卜素和橘黄色素同样也能加入饲料中。

2. 鱼粉蛋白源替代

由于大西洋鲑饲料中鱼粉占比较高，鱼粉的高价格导致饲料成本上扬，加之农业农村部对捕捞鱼类的限制在加强，法规也变得更加严格，因此挪威相关研究机构开启了新型蛋白源的开发利用研究。早期的饲料蛋白替代源多为植物（张亚娟等，2003），主要有：①小麦粉、玉米粉、大麦粉、麦麸等谷物，其主要成分是淀粉，约占60%以上，蛋白质含量约为10%，淀粉过量会影响蛋白质的吸收，所以谷物占饲料的比例应适当；②大豆粕、豆饼等油粕类，由于油粕类所含的蛋白是植物源蛋白中氨基酸组成最全的，因此其成为饲料中的重要蛋白源；③棉籽粕蛋白中的氨基酸组成与大豆饼相似，也是一种较好的饲料蛋白源，但是由于其含有一种有毒的物质棉酚，可以抑制消化酶的活性，因此饲料中的棉籽粕含量应在15%以下；④花生饼、向日葵籽、苜蓿粉、酵母等均可在大西洋鲑饲料中作为植物性蛋白源使用。但是植物蛋白源存在着氨基酸组成不全、对大西洋鲑的生长和饵料的利用率较低的问题，假设用豆粉作为大西洋鲑饲料中的唯一蛋白源，则必须添加必需氨基酸，或与肉骨粉等其他蛋白源结合使用。

挪威科学家发现，昆虫原料有望成为未来大西洋鲑饲料中的蛋白源。Belghit等（2019a，2019b）研究了大西洋鲑以昆虫为日粮基础的可能性和潜力，结果表明，饲料中添加从黑蝇幼虫中提取的昆虫粉和昆虫油不影响大西洋鲑肠内蛋白酶的活性，也不影响全身蛋白质、脂质、氨基酸和矿物质的含量。黑蝇幼虫粉替代鱼粉对大西洋鲑生长潜力、饲料利用、营养消化、肝脏健康和鱼片感官参数均无负面影响。由于昆虫能够将碳水化合物转化为鲑鱼所需的养分，并且转化成鲑鱼可摄入的形式，再加上昆虫饲料极富蛋白质，并且包含了鲑鱼所需的所有氨基酸，因此其完全替代鱼粉是可能的。

3. 优化饲料配方及工艺

挪威在过去的25年里，对于大西洋鲑饲料源的研究从优化鱼类饲料中的宏观营养成分到在特定生命阶段优化特定的微量营养物质，针对大西洋鲑不同生命阶段所处的淡水环境或海水环境，以及不同生命阶段特定的营养物质需求，开发了分别适用于亲鱼培育、苗种培育、开口饵料、成鱼养殖以及越冬维持性饲料。

与养殖生产使用的饲料相比，亲鱼饲料配方要有更高的蛋白质含量和能量水平，减少脂肪的含量，饲料中还要增加维生素和微量元素的添加比例，并增加投喂次数，保证其快速生长，促进性腺发育，提高成熟卵的质量，同时，饲料中还要加入类胡萝卜素等色素，以提亮鱼卵的色泽。鱼苗开口饲料是糊状饲料，这种饲料加工温度低，以保护维生素和氨基酸等热敏性营养物质不受破坏，鱼苗饲料中蛋白质含量比成鱼的更高，随着鱼的生长，改为投喂颗粒饲料。成鱼养殖饲料有干饲料和半精湿饲料两种，分别喂食两种饲料大西洋鲑均表现为良好生长。干饲料使用高蛋白、高脂肪的颗粒配方，靠压缩蒸汽挤压而制成颗粒形状，也可通过膨化过程制作成浮性饲料或慢沉性饲料，维生素在加工过程中采取微囊技术，以减少高温制粒引起的损耗。蒸煮挤压工艺能降低颗粒饲料的粉化率，提高饲料的消化率和颗粒饲料在水中的稳定性，而膨化饲料在制作工艺中采取冲压技术，能使饲料同样具有良好的稳定性，因此实际生产应用中，膨化饲料几乎取代了蒸煮挤压的颗粒饲料。半精湿饲料是以剁碎冷冻毛鳞鱼等小规格鱼类和含有其他饲料原料、黏合剂、维生素、矿物质的预混干粉原料等为主要成分，混合后制成的颗粒饲料。为了适用于冬季冷水孵化试验中，或者避免春季放养时规格过大而投喂维持性饲料，使大西洋鲑在很低的摄食水平下能维持健康，维持性饲料比生产性饲料含有更高的维生素和微量元素含量，但蛋白质含量和能量水平较低，它能保证大西洋鲑在健康的状态下越冬（韩德武等，2003）。

4. 环保饲料研发

挪威国家营养与海洋食品研究所教授、鱼类营养学家艾利扬·洛（Erik-Jan Lock）认为，挪威大西洋鲑饲料研究中，功能性饲料变得越来越重要，为确保鱼类健康生长和减少环境污染，所有的营养成分需要以最佳方式被利用。此外，消费者安全意识的增强，也对饲料生产商提出了更高要求，如避免使用具有负面名声的转基因产品或原料。

早在20世纪80年代，挪威就通过在饲料中增加脂肪含量，使饲料系数降到了1以下，以达到提高饲料效率、节省蛋白、减少氮磷排放、减轻养殖水体环境负荷的效果。同时，挪威水产养殖业受到弧菌病等病害的困扰，在养殖中大量使用抗生素，为避免发生重大水产品安全事件，挪威积极开展了疫苗研制工作，成功研制出针对鲑鱼细菌病的疫苗（Ring and Gatesoupe，1998），见表3-10。通过对大西洋鲑进行入海前的疫苗接种，大大降低了病害的发生，提升了养殖产量。

表3-10 主要疫苗生产公司及其产品与功能

公司名称	生产的疫苗	功能
挪威Alpharma公司	ALPHA JECT 4000，一种多价的鲑科鱼类细菌病疫苗	终身有效预防疖疮病、弧菌病、冷水弧菌病、冬季溃疡病等
挪威Intervet Norbio公司	IPN系列，包括Norvax Compact 4、Norvax Compact 5、Norvax Compact 6三种疫苗	防止传染性胰脏坏死病病毒感染

Skretting公司2019年针对养殖大西洋鲑的循环水养殖系统（RAS）开发了统称为"RCX"的新概念饲料，该饲料含有若干有授权专利的特殊功能性成分，具有黏结鱼粪便的能力，这意味着更容易过滤去除RAS的固体废物颗粒，使系统水质更清洁（中国水产科学研究院渔业机械仪器研究所，2020）。

5. 饲料投喂技术

挪威的大西洋鲑养殖主要采用大型网箱，近年来发展了陆基工厂化养殖和循环水系统养殖，各种养殖模式中饵料投喂已经由人工投喂发展为基于计算机视觉和电脑控制的自动化投喂，通过自动记录投饵时间、地点及数量，实现定时、定量、定点准确投饵的功能；利用基于计算机的监测系统，监测水中营养盐和溶解氧含量等指标，实现对养殖环境的实时监控；利用水下摄像系统观察和监测网箱中养殖鱼在养殖的不同时期的摄食状况和阶段性生长情况。

挪威 CageEye 公司 2018 年获得了创业投资基金 Aqua-Spark 公司的注资,重点进行基于回声探测仪来改进大西洋鲑投饲方法的研发工作。该公司认为,不精准的饲喂方式会导致投饲过量或不足,引发可观的饲料损失和经济损失,同时导致鲑鱼生长缓慢和水环境污染。尽管挪威鲑鱼产业拥有一些最先进的饲养方法,如挪威 CageEye 公司对大西洋鲑的投喂方法进行了改进,但仍有很大的改进潜力,如采用水下摄像系统监控饲料投喂,会出现因视野范围有限而导致决策主观性的问题。如果将声学回声探测系统应用到饲料投喂领域,则可覆盖整个养殖区域的监测,更加准确有效。

6. 渔业管理和饲料发展现状

挪威是典型的渔业强国,因此挪威对水产养殖、生物技术应用、渔业捕捞、渔业机械、渔业经济等多个领域的管理和研究历来非常重视。挪威以大西洋鲑作为主导养殖品种,从养殖设施构建、饲料营养、产品加工、产品物流等各个环节进行系统研究,建立了成熟的产业链,进行了系统的研究和开发,从而形成了强大的大西洋鲑养殖产业。挪威在水产养殖、水产品质量与销售方面建立了完善的法律体系,保证了渔业在政府控制下健康、有序发展(周皓明和谢营梁,2005)。

挪威是世界上第一个设立独立渔业部门的国家,1900 年设立了挪威渔业局,1946 年成立挪威渔业部,2004 年更名为挪威渔业及海岸事务部,其职能是依据法律法规对挪威的渔业进行管理,其工作宗旨是保证捕渔业获取利润和可持续发展。挪威的水产养殖管理一直采用许可证制度,2012 年挪威法律规定任何单一企业的三文鱼产量不能超过全国总产量的 25%,这一限制被欧洲自由贸易联盟监管署(EFTA Surveillance Agency)裁定认为侵犯了企业自由,违反了欧洲经济区的相关规定。从这个负面的例子中可以看出挪威对于大西洋鲑养殖的统筹和可持续发展管理的重视程度。此外,挪威政府加入了许多区域性的渔业组织,如西北大西洋渔业组织(NAFO)、东北大西洋渔业委员会(NEAFC)、北大西洋海洋哺乳动物委员会(NAMMCO),以及一些国际性组织,如国际养护大西洋金枪鱼委员会(ICCAT)、联合国粮食及农业组织(FAO)等,通过参与国际事务加强渔业国际合作。

前面已经介绍到挪威拥有多家从事水产养殖相关研究的机构和高校,其中位于孙达尔瑟拉(Sunndalsøra)的 Nofima 研究集团成立于 2008 年 1 月 1 日,是一个侧重于产业应用的研究集团,它由挪威水产养殖研究所、挪威渔业与水产养殖研究所、挪威食品研究所和挪威海产品加工研究所,以及挪威国家兽医研究所、挪威海洋研究所和挪威国家营养与海洋食品研究所中从事产业应用型研发活动的部门整合组建,希望通过技术资源整合,能够从事世界领先的科学研究,以增强挪威在渔业和食品行业的竞争能力。Nofima 研究集团由政府(挪威渔业及海岸事务部)控股(56.8%),农业食品研究基金会占 33.2%,阿库万斯特·莫雷奥格·罗姆斯达尔斯科学院(Akvainvest Møre og Romsdal AS)占 10%。在挪威,许多的研究机构或行政机构,如挪威海岸事务局、海产品出口理事会(EFF)、国防部下属的海岸护卫队等,都为挪威渔业及海岸事务部提供有关的技术支持。

挪威成立了很多全国性的渔业协会组织,如挪威渔民协会(NFL),由渔民自愿组织形成,与政府当局联系密切并紧密配合,在促进渔业发展和沿海地区社会经济发展方面做出了重要贡献。此外,挪威海产品协会(FHL)致力于六个方面的工作:①通过与政府、研究机构和社会组织沟通合作,保护会员企业的共同利益;②为会员企业提供增强竞争力和吸引力的服务,以及创造安全合理的工作环境;③保证产业推介高效开展;④加强产业领域内技术水平的提升；⑤为会员企业创造合作机会；⑥保障会员企业在挪威工商联合会中的利益。挪威拥有全球最大的大西洋鲑生产企业 Marine Harvest 集团，该集团拥有近 12 000 名员工，业务遍及 20 多个国家，2015 年收获鲑鱼 42 万 t，公司营业额为 280 亿挪威克朗，在奥斯陆证券交易所（OSE）和纽约证券交易所（NYSE）上市。该集团 2017 年斥资 8000 万英镑在英国苏格兰投建了一座饲料加工厂，并对外表示，进军饲料市场的战略意义在于集团可以从三文鱼市场上取得更多的控制权，饲料加工厂可以为本集团的三文鱼养殖直接提供饲料，预计将减少 50%的饲料成本，此举可以有效控制生产成本和提高创收。大西洋鲑封闭循环水养殖系统中配备了自动投饵系统和水质监测系统，投饵系统分为上料部分、称料部分、投喂部分和撤料部分，按需求设定投饵时间和数量，从而实现自动投饵。挪威 Mainstream 集团作为全球第三大三文鱼养殖企业，2011 年拥有 100 家三文鱼养殖场，鲑鳟鱼养殖产量近 11 万 t。Cermaq 集团成立于 1995 年，是上述两家公司的母公司，由挪威政府控股 40%，2000 年开始向水产养殖和饲料行业转型，经过一系列大规模的兼并收购，目前已经成为三文鱼饲料和三文鱼养殖业的行业巨头。

3.5.4 应用前景

我国的鲑鳟鱼养殖始于 1959 年，早期一直以虹鳟产品开发和养殖技术推广为主，20 世纪 90 年代中后期才开始有鲑鳟鱼养殖新品种的开发和引进，主要为金鳟、哲罗鱼、白鲑、白斑红点鲑。养殖区域主要分布在三北（东北、西北、华北）和西南等冷水资源丰富的山区。经过几十年的发展，我国的鲑鳟鱼养殖仍然存在着良种选育体系不健全、养殖技术粗放、企业规模小、药物使用不规范，以及产业技术落后和贸易信息不畅等问题。

2010 年，山东东方海洋科技股份有限公司从挪威引进大西洋鲑鱼卵及循环水苗种培育系统，充分利用其鲑鱼养殖基地独特的地下恒温冷海水资源，与中国科学院海洋研究所合作，构建了我国首家大规模大西洋鲑工业化循环水养殖基地，实现了大西洋鲑本土市场的规模化鲜活供应。2018 年世界最大的深海渔场"深蓝 1 号"在山东日照建造成功并下水在黄海冷水团进行大西洋鲑和虹鳟的养殖作业，这个能抗 12 级台风、重约 1400t 的大型智能化深海渔场，实现了三文鱼的智能化自动投喂。根据养殖网箱中鱼的重量和水温情况按比例进行智能化投喂，通过沉性饲料的使用，确保小颗粒的饲料通过管道送到网箱中央后不会被海水冲到网箱之外，而是被鱼迅速吃完。

我国大西洋鲑养殖经过多年的发展，已经由跟跑阶段步入了并跑阶段，在养殖模式上存在创新，但是饲料的研发和生产还比较薄弱。水产养殖动物营养需求研究及人工配合饲料的研发，是水产养殖中很重要的一环，对养殖业的整体发展起到不可小觑的推动作用。因此，挪威大西洋鲑营养需求研究成果与饲料产业现状能对我们自主研发适合我国养殖环境和设施设备的饲料，尤其是对研发适合循环水水质处理要求的饲料起到技术支撑作用。饲料配方研发方面，我们应该加强鱼粉蛋白替代源的开发以及功能性饲料的研发，实现精准营养、资源节约和环境友好的目标。饲料加工和投喂技术方面，以鱼类饲料的适口性和利用率、环境中的分解和残留作为目标进行技术研发。产业管理方面，应该学习挪威的先进经验，通过相关法规或制定标准规范饲料成分和严格把控产品质量，完善大西洋鲑养殖各环节产业链。

参 考 文 献

陈水春, 胡俊茹, 李军勇, 等. 2008. 鱼粉替代物在水生动物上的研究进展. 现代渔业信息, 23(11): 20-23.

杜健龙. 2017. 大黄鱼法尼醇 X 受体对炎性调控的影响. 湖州: 第十一届世界华人鱼虾营养学术研讨会.

桂良超, 麦浩彬, 迟淑艳, 等. 2019. 酵母培养物替代鱼粉对凡纳滨对虾生长性能、血清生化指标、免疫力和抗病力的影响. 广东海洋大学学报, 39(3): 30-37.

韩德武, 谢德全, 李妍. 2003. 鲑鳟鱼营养研究的主要进展及饲料配方结构的变化. 饲料工业, 24(11): 44-47.

胡沈玉, 王立改, 楼宝, 等. 2018. 发酵豆粕替代鱼粉对黄姑鱼幼鱼肌肉氨基酸、*IGF-I* 基因相对表达量及肝脏组织结构的影响. 浙江海洋大学学报 (自然科学版), 37(3): 196-202.

冷向军. 2012. 水产饲料行业标准分析与建议——营养指标. 饲料工业, 33(14): 1-6.

联合国粮食及农业组织. 2010. 2010 世界渔业和水产养殖状况. 罗马: 联合国粮食及农业组织.

联合国粮食及农业组织. 2018. 2018 年世界渔业和水产养殖状况: 实现可持续发展目标. 罗马. 联合国粮食及农业组织.

柳阳, 李勇, 周邦维, 等. 2014. 脂肪和蛋白质水平对工业养殖大西洋鲑消化酶、非特异性免疫及水质的影响. 水产学报, 38(3): 10.

麦康森. 2020. 中国水产动物营养研究与饲料工业的发展历程与展望. 饲料工业, 41(1): 5.

麦康森, 陈立侨, 陈乃松, 等. 2011. 水产动物营养与饲料学. 北京: 中国农业出版社.

全国饲料工作办公室, 中国饲料工业协会. 2017. 2017 中国饲料工业年鉴. 北京: 中国农业出版社.

全国饲料工作办公室, 中国饲料工业协会. 2021. 2021 中国饲料工业年鉴. 北京: 中国农业出版社.

全国饲料工作办公室, 中国饲料工业协会. 2022. 2022 中国饲料工业年鉴. 北京: 中国农业出版社.

孙国祥. 2014. 大西洋鲑工业化循环水养殖投喂策略研究. 中国科学院大学博士学位论文.

孙长颢. 2004. 分子营养学 (上). 国外医学卫生学分册, 31(1): 1-5.

王文杰, 刘兰兰, 张九如. 1992. 饲料原料的标准化. 饲料研究, (1): 19-20.

解绶启, 张文兵, 韩冬, 等. 2016. 水产养殖动物营养与饲料工程发展战略研究. 中国工程科学, 18(3): 29-35.

解文丽. 2017. 四种功能性饲料添加剂对花鳗鲡生长性能、脂肪代谢、非特异性免疫和肝肠健康的影响. 厦门大学硕士学位论文.

熊鼎, 王桂芹, 刘臻, 等. 2019. 大豆异黄酮及其在水产动物营养中的应用. 饲料工业, 40(14): 41-44.

闫亚楠, 夏斯蕾, 田红艳, 等. 2017. 白藜芦醇对高脂胁迫团头鲂抗氧化能力、非特异免疫机能和抗病力的影响. 水生生物学报, 41(01): 155-164.

杨洁, 李军国, 许传祥, 等. 2019. 不同淀粉源对水产膨化饲料加工及品质特性影响研究进展. 水产学报, 43(10): 2102-2108.

叶元土. 2017. 水产养殖业质量增长模式的形成与水产饲料产业的发展. 饲料工业, 38(2): 1-7.

于海瑞. 2012. 海水仔稚鱼营养生理与人工微颗粒饲料的研发进展 (Ⅱ): 仔稚鱼营养生理. 潍坊学院学报, (2): 7.

张黎黎, 王潇俊, 高滨, 等. 2015. 大西洋鲑工业化封闭循环水养殖关键技术研究与应用. 中国科技成果, (20): 40-41.

张亚娟, 孙翠慈, 王维娜, 等. 2003. 鲑鳟鱼对饲料中蛋白质和氨基酸的需求. 饲料工业, (1): 47-49.

中国水产科学研究院渔业机械仪器研究所. 2019. 挪威鲑鱼饲料到底是由哪些原料制成的. https://www.

fmiri.ac.cn/info/1017/19503.htm. 2019-10-29.

中国水产科学研究院渔业机械仪器研究所. 2020. Skretting 公司即将推出用于循环水养殖系统的优化新饲料. https://www.fmiri.ac.cn/info/1017/19844.htm. 2020-01-03.

周皓明, 谢营梁. 2005. 挪威渔业管理制度和运行体系. 渔业信息与战略, 20(11): 13-16, 25.

Andersen F, Lygren B, Maage A, et al. 1998. Interaction between two dietary levels of iron and two forms of ascorbic acid and the effect on growth, antioxidant status and some non-specific immune parameters in Atlantic salmon (*Salmo salar*) smolts. Aquaculture, 161(1-4): 437-451.

Belghit I, Liland N S, Gjesdal P, et al. 2019a. Black soldier fly larvae meal can replace fish meal in diets of sea-water phase Atlantic salmon (*salmo salar*). Aquaculture, 503: 609-619.

Belghit I, Waagbø R, Lock E J, et al. 2019b. Insect-based diets high in lauric acid reduce liver lipids in freshwater Atlantic salmon. Aquaculture Nutrition, 25(2): 343-357.

GSI (Global Salmon Initiative). 2017. Sustainability Report. http: //globalsalmoninitiative. org/sustainability-report.

Hamre K, Waagbø R, Berge R K, et al. 1997. Vitamins C and E interact in juvenile Atlantic salmon (*Salmo salar*, L.). Free Radical Biology and Medicine, 22(1-2): 137-149.

Hasan M R. 2017a. Feeding global aquaculture growth. FAO Aquaculture Newsletter, 56: ii-iii.

Hasan M R. 2017b. Keynote presentation: Status of world aquaculture and global aquafeed requirement with special notes on Artemia//Report of the FAO Expert Workshop on Sustainable Use and Management of Artemia Resources in Asia, Appendix, 4: 16-17.

Hasan M R, New M B. 2013. On-farm feeding and feed management in aquaculture. FAO Fisheries and Aquaculture Technical Paper No. 583. Rome, FAO.

Little D C, Newton R, Beveridge M C M. 2016. Aquaculture: a rapidly growing and significant source of sustainable food? Status, transitions and potential. Proceedings of the Nutrition Society, 75(3): 274-286.

Lygren B, Sveier H, Hjeltnes B, et al. 1999. Examination of the immunomodulatory properties and the effect on disease resistance of dietary bovine lactoferrin and vitamin C fed to Atlantic salmon (*Salmo salar*) for a short-term period. Fish & Shellfish Immunology, 9(2): 95-107.

Mai M G, Engrola S, Morais S, et al. 2009. Co-feeding of live feed and inert diet from first-feeding affects Artemia lipid digestibility and retention in Senegalese sole (*Solea senegalensis*) larvae. Aquaculture, 296(3-4): 284-291.

Ring E, Gatesoupe F. 1998. Latic acid bacteria in fish. Aquaculture, 160: 177-203.

Tacon A G J, Hasan M R, Metian M. 2011. Demand and supply of feed ingredients for farmed fish and crustaceans: trends and prospects. FAO Fisheries and Aquaculture Technical Paper No. 564. Rome, FAO.

Waite R, Beveridge M C M, Brummett R, et al. 2014. Improving productivity and environmental performance of aquaculture: Installment 5, Creating a sustainable food future. Washington, DC, World Resources Institute.

Ytrestøyl T, Aas S, Åsgård T. 2015. Utilisation of feed resources in production of Atlantic salmon (*Salmo salar*) in Norway. Aquaculture, 448: 365-374.

第 4 章 池塘综合种养

池塘养殖是我国内陆和沿海养殖的重要方式，经过 30 多年的快速发展，我国池塘养殖总产量已占全国渔业总产量的 54.57%（2019 年）。与此同时，养殖环境质量下降、养殖废水直排直放、养殖空间布局调整等问题对我国池塘养殖提出了新要求和新挑战。在水产养殖业绿色发展和滨海湿地保护的背景下，物质多级利用、空间集约高效的池塘综合种养成为我国池塘养殖业的发展方向。我国池塘养殖技术将面向优质蛋白供给需求和生态文明建设要求，从多营养层次综合养殖和池塘工厂化循环水养殖两方面入手，突破环境承载力和物质多级利用理论，构建环境调控和尾水治理技术与装备体系，因地制宜，形成多样化的池塘综合种养模式。

4.1 产业与科技发展现状分析

4.1.1 国际产业发展现状与问题

1. 世界池塘养殖现状

1）主要养殖品种

池塘养殖，或者在自然盆地或人工盆地中繁殖和饲养鱼类，是最早的水产养殖形式，据推测，池塘养殖技术起源于中国，可追溯到商朝（公元前 1400～前 1137 年）（Baluyut, 1989）。渔民将多余的渔获物暂时保存在淹没在河流中的篮子里，或者在河床一侧筑坝而形成的小水体里。另一种可能性是，水产养殖是从古代的捕鱼方式发展而来，从诱捕—固定到诱捕—固定—生长，最终发展成为完整的产业（Ling, 1977）。多年来，池塘养殖已遍及世界几乎所有地区，并被用于在淡水、咸淡水和海洋环境中。它主要在停滞的水域进行，但也可用于流水，尤其是在有流动水的高原地区。

世界池塘养殖种类包括鱼类、软体类动物、甲壳类动物及水生植物等。目前，国际上淡水池塘中通常养殖的物种是鱼、沼虾；在咸淡水池塘，常见的养殖物种包括遮目鱼（*Chanos chanos*）、鲻（*Mugil cephalus*）和不同的对虾；在海水池塘中，最主要的养殖种类是鱼和海虾。

由于地理位置、气候、水质等不同，各个国家池塘养殖的主要种类不尽相同。北美洲地区，以美国为例。斑点叉尾鮰（*Ictalurus punctatus*）养殖是美国水产养殖业的支柱产业，主要采用土池养殖，集中在美国东南部的密西西比州、路易斯安那州、阿肯色州和亚拉巴马州等，由于其具有杂食性、生长快、适应性广、抗病力强、肉质上乘等优点，经济效益较高，2008 年收益达 3.90 亿美元，养殖前景广阔（王晓晖，2013）。

欧洲地区，以德国为例。德国传统水产养殖主要在土池、水道和其他现代化的室内或室外设施中开展（Rosenthal and Hilge，2000），集中在巴伐利亚州（近一半）、萨克森州（8300hm²）和勃兰登堡州（4200hm²），最主要的生产区在纽伦堡周边、霍夫和霍根斯堡之间，以及由科特布斯、德累斯顿和莱比锡构成的区域。

大洋洲地区，以澳大利亚为例。澳大利亚池塘养殖中最常见的种类包括银锯眶鯻（*Bidyanus bidyanus*）、四脊滑螯虾（*Cherax quadricarinatus*）和尖吻鲈（*Lates calcarifer*）（Buckley and Gilligan，2005）。

亚洲地区，池塘和稻田养殖是泰国淡水水产养殖的主要组成部分，泰国共有 281 199 个内陆养殖场，养殖总面积为 101 952hm²，其中超过 97%的面积包含池塘和稻田养殖系统，主要养殖的淡水水产种类超过 50 种，尼罗罗非鱼（*Oreochromis niloticus*）、瓜哇高体鲃（*Barbonymus gonionotus*）、罗氏沼虾（*Macrobrachium rosenbergii*）年产量最高，是其中最重要的 5 个养殖品种（Pongsri and Sukumasavin，2005）。韩国陆上养殖池养殖的主要水产鱼类为牙鲆（*Paralichthys olivaceus*），2003 年的产量达 34 533t（Bai，2005）。菲律宾的大部分养鱼塘都是从红树林沼泽地开发出来的咸淡水池塘，总面积约 239 323hm²，主要养殖种类包括罗非鱼、对虾、遮目鱼（*Chanos chanos*）等。

2）池塘综合种养模式逐步应用

为了使水产养殖系统具有环境可持续性，可以通过生物手段原位去除或利用无机和有机养分。例如，将大型藻类引入水产养殖系统是利用氮和磷等无机养分的最有效方法之一（Huo et al.，2012），而有机物和颗粒物可被滤食性动物（如双壳软体动物）有效利用（Irisarri et al.，2015）。将可以摄取无机物的物种（大型藻类、水草等）和摄取有机物的物种（双壳类等）与养殖物种整合到同一系统中时，称为多营养层次综合养殖（integrated multitrophic aquaculture，IMTA）。IMTA 的概念是在 2004 年提出的，指在相同的养殖系统中包含来自不同营养位置或营养水平的物种（Chopin and Robinson，2004）。通过 IMTA 可以将主要物种的废物转化为水草和滤食性动物的资源以提高养分利用效率和系统的可持续性来减轻商业性水产养殖对环境的影响。

自 1829 年以来，传统池塘混养已经在印度展开（Lovatelli，1990）。20 世纪 50 年代初期，以色列通过将奥利亚罗非鱼（*Oreochromis aureus*）引入鲤鱼池塘，开启了池塘混养产业（Mires，1969）。20 世纪 70 年代早期，以色列开始应用 IMTA，在泥制海水池中养殖海鲷和鲻（*Mugil cephalus*），并加入双壳类和大型藻类。20 世纪 90 年代开始，海胆和海洋植物也被添加到 IMTA 中（Neori et al.，2017）。20 世纪 60 年代起，美国开始了池塘混养实践（Swingle，1968），密西西比州进行了俄亥俄沼虾（*Macrobrachium ohione*）与斑点叉尾鮰（*Ictalurus punctatus*）的混养（Mermilliod and Truesdale，1976），得克萨斯州进行了奥利亚罗非鱼与罗氏沼虾（*Macrobrachium rosenbergii*）的池塘混养（Brick and Stickney，2009）。Biswas 等（2012）利用生物质总产量、净收入和水质数据，查明了鲻（*Mugil cephalus*）、遮目鱼（*Chanos chanos*）与斑节对虾（*Penaeus monodon*）混养系统的生产力和经济可行性。目前，加拿大、智利、芬兰、法国、爱尔兰、挪威、葡萄牙、西班牙、南非、瑞典、英国和美国已将 IMTA 系统逐步应用在实际生产中。

在各国的池塘混合养殖中，养殖的物种种类繁多，既包括本地物种，又包括外来引进物种，构建过程中需要保证系统中所有的物种生长良好且互不干扰，其中最经典的混养模式为鱼类-贝类-藻类混养。由于采用的种类及养殖方法不同，各池塘综合种养模式、结构及效益略有差别。目前国际社会对池塘综合种养的研究工作正在稳步推进。

2. 池塘综合种养方式

根据产量和管理的复杂程度,池塘养殖可分为粗养、半精养和精养。相对于粗养模式而言,精养模式下对环境、营养、疾病等控制程度高,技术水平和生产效率高,更多地依赖于人工修建的养殖系统,而非当地气候及原有水质。半精养模式介于二者之间。随着水产养殖业的发展,养殖方式逐步由最初的粗放型养殖向集约化精养发展。

池塘养殖根据养殖种类和组成不同可分为三种系统:池塘单养、池塘混养和池塘立体养殖。不同养殖系统的要素生产效率不同。以罗非鱼为例,池塘单养模式下罗非鱼养殖生产效率最高;池塘混养模式下,由于其他混养物种消耗了部分资源,因此该模式下土地生产效率与水资源生产效率最高;由于畜禽粪便代替了部分饲料投入,造成了 N、P 元素的过多排放,加上难以掌控技术与饲料投入量,因此池塘立体养殖模式下劳动生产效率与土地资源利用效率较低(邢丽荣,2014)。总体而言,与池塘混养和池塘立体养殖模式相比,池塘单养模式能够显著提高水产养殖生产效率,但混养模式能够显著提高环境效率,故目前仍大多选择池塘混养模式。

4.1.2 我国产业发展现状与问题

我国是最早利用池塘获得渔获物的国家。池塘养殖是我国水产品产出的主要途径之一。2014~2019 年我国淡水池塘养殖产量一直稳定地占当年淡水养殖产量的 71% 以上,稻田养殖产量占 4.96% 以上;2019 年淡水养殖产出 3013.74 万 t,其中淡水池塘养殖产量占 73.99%,稻田养殖产量占 9.66%(图 4-1)。综观 2014~2019 年我国不同海水养殖方式的水产品产量,海水池塘的养殖年产出平稳保持在 229.58 万~250.34 万 t,占我国海水养殖年产量的 11.98%~13.32%;2019 年全国海水池塘养殖产出 250.34 万 t 水产品,占海水养殖总产量的 12.14%,是继筏式、底播养殖后的第三大海水养殖方式(图 4-2)。

图 4-1 2014~2019 年我国池塘养殖产量占淡水养殖产量的比例

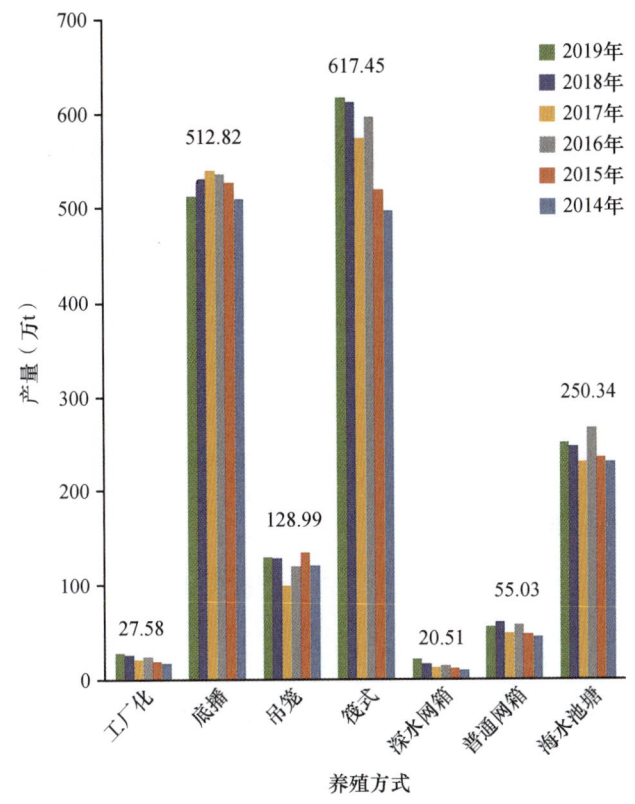

图 4-2 2014~2019 年我国不同海水养殖方式的水产品产量

1. 池塘养殖产业发展现状

池塘作为我国重要的养殖水域，经过了 30 多年的快速发展。2019 年淡水池塘、稻田、海水池塘的养殖产量分别是 2230.05 万 t、291.33 万 t、250.34 万 t，占全国渔业总产量的 54.57%。池塘水域（淡水池塘+稻田）是我国淡水养殖的主要水域，2014 年池塘水域的养殖面积占淡水养殖面积的 68.27%，2019 年上升到 96.99%（图 4-3）。海水池塘养殖是我国海水养殖的重要组成部分，2014~2019 年的海水池塘养殖面积除 2016 年外均占全国海水养殖面积的近 20%（图 4-4）。

图 4-3 2014~2019 年我国淡水池塘水域养殖面积

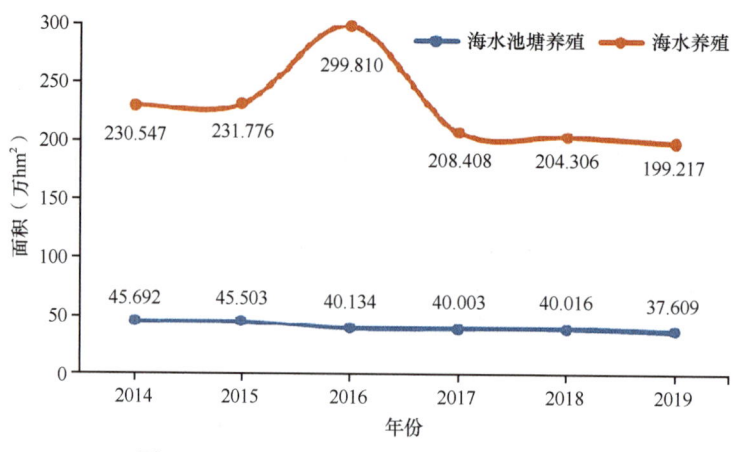

图 4-4　2014～2019 年我国海水池塘养殖面积

1）池塘养殖种类呈现多样化特点

池塘水域是我国淡水养殖的主要水域，几乎所有的淡水养殖种类和品种（2014 年统计为 214 个）都可以在池塘水域中养殖。鱼类是淡水养殖的主要类别，其中草鱼、鲢、鳙、鲤、鲫、罗非鱼 2014～2019 年的产量均在 100 万 t 以上（图 4-5）。在我国淡水养殖的四个类别（甲壳类、贝类、藻类、其他类）中，年产量 10 万 t 以上的甲壳类主要养殖种类包括克氏原螯虾、南美白对虾、罗氏沼虾、青虾、河蟹，其总产量占 2019 年淡水甲壳类产量的 99.33%，且克氏原螯虾的养殖产量持续快速增长，2019 年的产量超过了 208 万 t，比 2014 年增长了 2.16 倍；河蚌、螺是淡水贝类的主要养殖种类，其产量合计占 2019 年贝类产量的 79.38%；淡水养殖藻类只有螺旋藻 1 种；鳖、蛙是我国淡水养殖其他类别的主要种类，其产量占 2019 年其他类别产量的 81.43%（图 4-6）。以上 29 个类别 2019 年的总产量占淡水养殖产量的 96.90%。显而易见，适于我国淡水养殖的种类具有多样性兼优势种突出的特征。

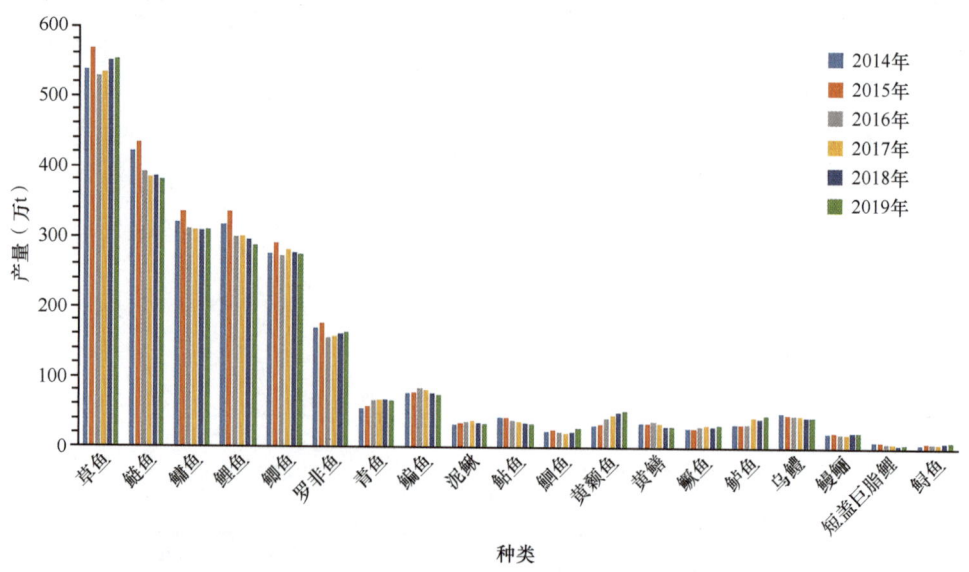

图 4-5　2014～2019 年我国主要淡水养殖鱼类的产量

2014 年我国海水养殖种类和品种已达到 166 个，由 80 种鱼类、48 种贝类、9 种甲壳类、20种藻类和9种其他类组成（唐启升等，2016）。2014~2019年鱼类、甲壳类、贝类、藻类、其他类的产量平均约占海水养殖年产量的7.10%、8.06%、71.70%、11.36%、1.78%（图4-7）。海水养殖五大类别中都有海水池塘养殖种类。

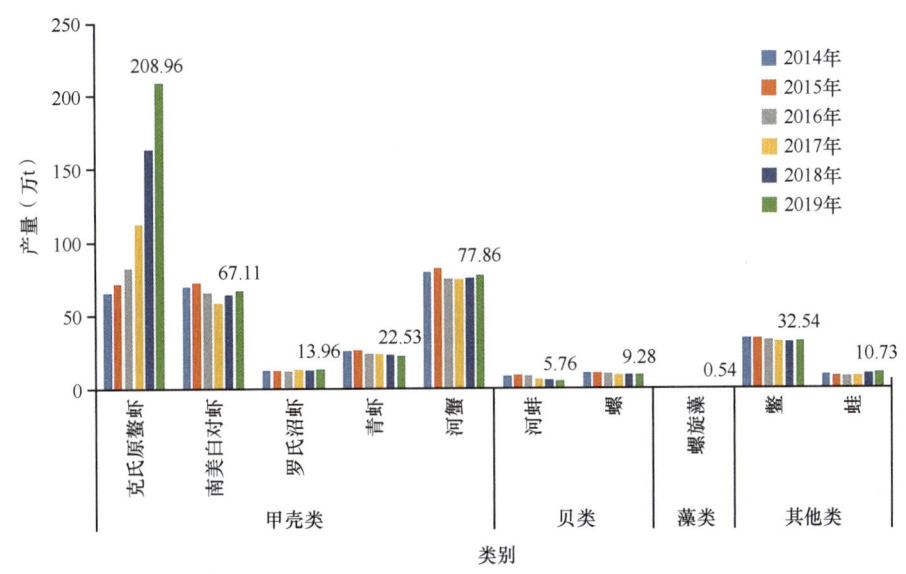

图4-6 2014~2019年我国除鱼类外的淡水养殖种类产量

图4-7 2014~2019年我国海水养殖五大类别的产量分别占海水养殖产量的比例

2）产业格局呈现出集中化特点

淡水池塘养殖、稻田养殖是我国淡水养殖的主要模式。2014~2019年淡水池塘养殖年产量均超过100万t的省份有6个，分别是江苏、安徽、江西、湖北、湖南、广东，山东池塘养殖产量从2014年的106万t逐渐降至2019年的86万t。2019年这7个省份的淡水池塘养殖产量共1527.85万t，占全国淡水养殖产量的50.69%（图4-8a）。2014~2019年稻田养殖年产量在10万t以上的省份是江苏、浙江、湖北和四川（图4-8b）。

2014~2019年海水池塘养殖年产量超过10万t的省份包括辽宁、山东、江苏、浙江、福建、广东、广西、海南，2019年这8个省份的海水池塘养殖产量共242.68万t，占全国海水池塘养殖总产量的 96.94%（图 4-9）。

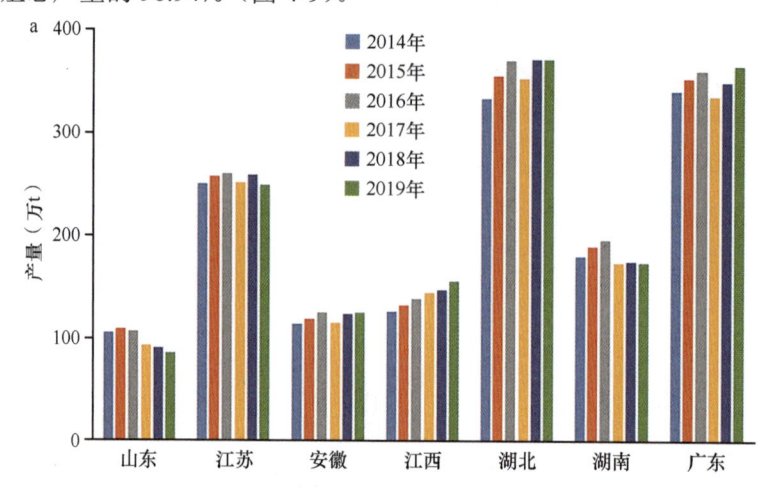

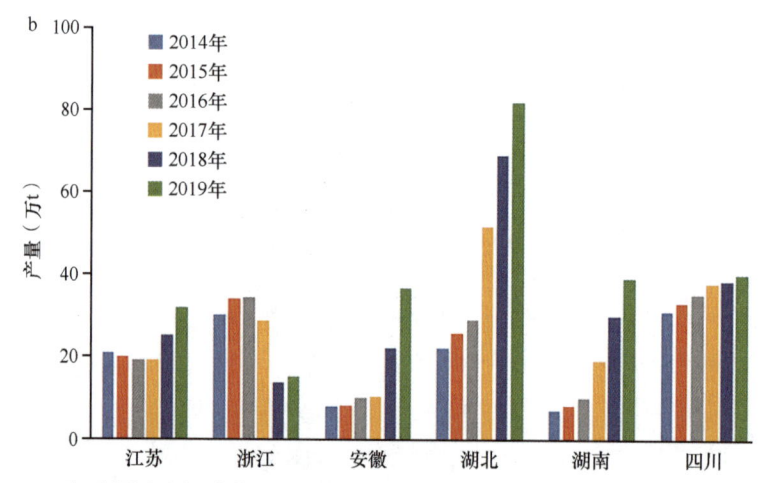

图 4-8　2014～2019 年我国淡水池塘养殖年产量在 100 万 t 以上的省份（a）和稻田养殖年产量在 10 万 t 以上的省份（b）

资料来源：《中国渔业统计年鉴》（2016～2020 年）

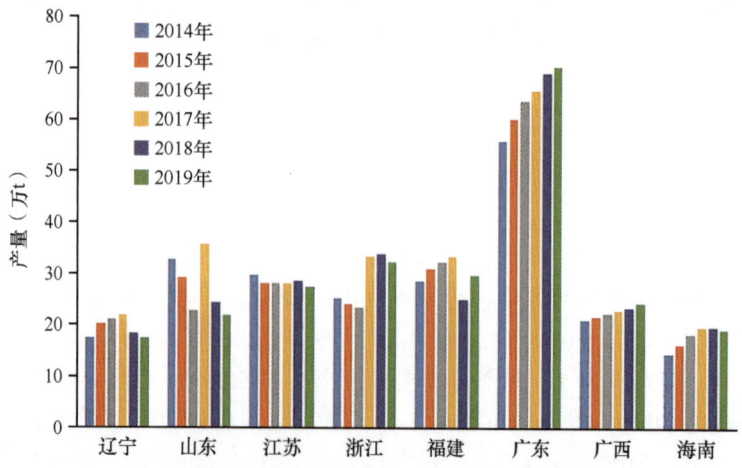

图 4-9　2014～2019 年我国海水池塘养殖年产量在 10 万 t 以上的省份

资料来源：《中国渔业统计年鉴》（2016～2020 年）

3）淡水生态综合种养日益兴起

耕地和淡水是实现全球食物可持续供应的关键资源，高效利用有限的水土资源、构建资源环境友好型的食物供给方式是当今世界农业发展面临的重大挑战（Frei and Becker，2005，Liesack et al.，2000）。水稻是全球主要粮食作物，绝大多数的稻田是浅水环境，这不仅是许多水生生物天然的栖息场所，还为鱼、虾、蟹和鳖等水产动物的养殖提供了良好的条件，也为利用稻田发展水产养殖提供了良好基础（Halwart and Gupa，2004）。我国的人口基数大，人均的耕地面积和可再生水资源远低于世界平均水平。作为水稻种植第二大国、淡水养殖第一大国，我国农业的重要课题是如何高效利用短缺的耕地和水资源获得充足的安全食物。

我国有着水稻种植和水产养殖结合的悠久传统，稻田养鱼的记载可以追溯到 1200 年前的浙江永嘉、青田等县（游修龄，2006）。稻渔共生养殖模式在我国尤其是山丘地区的粮食产出和经济创收方面发挥了重要作用（Halwart，2008；游修龄，2006）。我国稻渔种养系统的产量和面积从 20 世纪 50 年代开始稳步增长；稻田养鱼 2007 年进入新的发展时期，由分散的、单一的传统模式逐渐转变为规模化、专业化、机械化、多样化的现代模式（胡亮亮等，2015）。到 2019 年稻渔种养面积达到 231.74 万 hm^2，比 2007 年翻了约四番，比淡水池塘养殖面积仅少 32.72 万 hm^2。大量研究表明，以稻田养鱼为代表的淡水综合种养系统既能够获得产量稳定的水稻和水产品，又具有明显的生态效益，主要体现在减少化肥农药使用、降低农业及单一养殖产生的面源污染。2016 年农业部发布的《全国渔业发展第十三个五年规划》明确提出启动稻渔综合种养工程，以稻田资源丰富地区为重点，通过建设一批规模大、起点高、效益好的示范基地，深入推广水稻与鱼、虾、蟹、鳖、蛙的综合种养、鱼菜共生以及养殖品种轮作等综合模式。

2. 池塘养殖产业发展瓶颈

在《全国渔业发展第十三个五年规划》中，转型升级水产养殖业位列六大重点任务之首。该规划要求完善养殖水域滩涂规划、转变养殖发展方式、推进生态健康养殖。现阶段是我国养殖模式转型升级的关键时期，对照该规划的目标和要求，目前我国池塘养殖业距离可持续绿色发展的目标还有亟待突破的瓶颈和限制。

1）环境污染困扰着池塘养殖业的健康发展

池塘养殖是我国获取水产品的主要形式，养殖规模不断扩大，2019 年淡水池塘、海水池塘、稻田的养殖总面积已达到 $5.33\times10^6 hm^2$，约占水产养殖总面积的 75.09%；池塘养殖产量 2771.73 万 t，约占养殖总产量的 54.57%。

为了追求高产出，养殖单位通常采用高密度、高投饵率、高换水率的传统养殖方式。当前这种传统密集型的池塘养殖模式中存在的问题越发明显，尤其是生产过程中对水资源的高消耗和造成水域环境富营养化等问题（宋超等，2012），即便是池塘精养模式也不可避免地对周围环境产生污染（Masood，1997）。饲料或肥料的过度投喂极易造成氮、磷等污染物的超标排放，引发周围水体的富营养化和水质恶化，对养殖水域产生的不良影响制约了池塘养殖业的可持续发展。据调查，池塘养殖已成为太湖污染的重要来源之一，其中总氮（TN）、总磷（TP）、氨氮（NH_4^+-N）和化学需氧量（COD）是影响太湖水质最主要的指标（彭凌云等，2020）。

近年来，淡水养殖池塘中重金属超标问题受到广泛关注（贾成霞等，2011；施沁璇等，2015；谢文平等，2014；宗超等，2016）。重金属污染物难降解，食物链的富集作用会放大其危害，因而重金属污染已成为危及我国环境和食品安全的主要问题之一（Cheng et al.，2013；Zeng et al.，2014；赵汉取等，2014）。Cu等微量元素是鱼类等养殖动物的生长过程中所必需的，因此在水产饲料中普遍存在过度添加的现象。研究发现，含Cu饲料的残饵在池塘底部堆积会造成其表层沉积物中的含量不断升高（谢文平等，2010，焦宝玉等，2015）。另外，养殖过程中含Cu渔药的不规范使用进一步增加了养殖水体中Cu的含量（刘梅等，2019）。许多研究显示，我国部分淡水池塘底泥中存在不同程度的Cu、Cd、Pb等重金属污染，表明池塘底泥已成为通过各种途径进入养殖水体的重金属的"库"（贾成霞等，2011；施沁璇等，2015；谢文平等，2014；赵汉取等，2014；宗超等，2016）。重金属在底泥中的大量积累会形成巨大的潜在危害和风险（Varol，2011；谢文平等，2014）。另外，多环芳烃等新型污染物在有些池塘水体和底泥中被检出，可能对养殖水产品的品质造成一定的影响（董军等，2006；郭鹏然等，2016；和庆，2018）。由此可见，我国淡水池塘养殖的污染问题不容忽视。

我国海水养殖池塘通常为沿岸海域和潮间带开放的或半封闭的水域，同样也面临着来自水产养殖自身污染和陆源污染的风险。目前海水池塘主要是集约化投饵型的养殖模式，池塘养殖动物的营养转化效率普遍不高，导致部分饲料不能被食用而进入水环境。研究表明，投喂鱼、虾的饲料中超过65%的氮、磷等营养物质进入水环境（江敏等，2003；赵安芳等，2003）。调查发现，以对虾为主要养殖对象的广西沿海池塘TN、TP的污染指标超标率最高（第一次全国污染源普查资料编纂委员会，2011；郭辰等，2014）。高密度密集型养殖使得大量的动物代谢物排入水中，进一步增加养殖水域富营养化程度，继而引发赤潮、绿潮等生态灾害，严重威胁海水池塘的健康养殖。

养殖过程中不规范使用抗菌药物导致的药物残留污染对养殖产品安全与生态环境安全亦构成威胁。有报道称养殖塘中有70%～80%的抗菌药物最终进入水环境（Johnson et al.，2000）。梁惜梅等（2013）在珠江口水产养殖区的水中检测出平均质量浓度为7.63～59.00ng/g的沙星类和四环素类抗菌药物，在沉积物中检测出浓度为0.97～85.25ng/g的沙星类、四环素类、脱水红霉素（梁惜梅等，2013）。在湖州淡水养殖塘中，水中磺胺类抗菌药物检出率较高（ng/L数量级），底泥中四环素类和喹诺酮类抗菌药物检出率较高（g/kg数量级）（徐磊等，2019）。水产养殖过程中抗生素类药物的大量使用可能会引发多种次生危害，如增强致病菌的耐药性，甚至产生"超级细菌"，环境中存在的抗性基因有可能通过食物链传递到人类本体上，最终危害人类健康（杨颖，2010）。综上所述，污染问题是我国池塘水域安全养殖和清洁生产的限制因素。

2）养殖尾水废水直排直放备受关注

目前我国池塘养殖仍以"进水渠+养殖池塘+排水渠"为主要形式。在养殖水产动物的过程中，大量的残饵和动物代谢物引发池塘内源性污染，而未经处理的养殖尾水废水通常直接排放到外界环境中，急速加剧养殖水域的富营养化（蔡继晗等，2010；李文华和赵瑞亮，2017；陆忠康，2005）。全国通过健康养殖标准验收的池塘养殖总面积仅2.5万hm²，占现有池塘养殖总面积的1%。现阶段，我国大部分传统养殖池塘由于没有尾水处理设施，难以符合养殖生产尾水排放标准。

据估算，2014 年在我国 24 种淡水鱼类的养殖池塘中，TN、TP 的污染排放量分别达到 6.13 万 t、1.12 万 t，化学需氧量（COD）达到 59.22 万 t（欧阳佚亭等，2018）。同年研究发现，太湖水系的养殖池塘排放的 TN、TP 和 NH_4^+-N 分别占入湖总量的 14.4%、7.4% 和 14.6%，高于《第一次全国污染源普查公报》中水产养殖排放量占排放总量的比值，表明池塘养殖尾水排放是太湖污染的重要来源之一。郭辰等（2014）调查了广西沿海池塘 68 个站点的养殖污水排放情况，发现 TN 浓度为 1.5～5mg/L 的站位有 23 个，高于 5mg/L 的站位有 13 个，包括 1 个 TN 浓度高达 24.1mg/L 的站位；TP 浓度为 1～3mg/L 的站位有 7 个，3mg/L 以上的站位有 6 个，包括 3 个 TP 浓度超过 10mg/L 的站位。可见，养殖池塘排放的尾水中存在巨大的可再利用的营养元素。

3）产业可持续健康发展遇到挑战

近年来，在全球变暖的大背景下，持续高温等极端天气对池塘养殖业造成严重影响，池塘养殖业面临极端气候的风险日益增大。例如，受副热带高压的影响，2018 年我国北方出现罕见的夏季持续高温天气，辽宁省沿海养殖刺参出现了大面积死亡，直接经济损失达 68.7 亿元。据调研，受 7 月底至 8 月初的持续高温和无风天气影响，部分池塘表层水温达到了 34～35℃，底层水温达到 33～34℃，超出了海参可耐受温度上限，而且高温持续时间长达 7d 以上，致使部分池塘养殖的海参大量死亡，甚至全军覆灭的情况。2013 年以来，夏季高温逐渐呈现常态化趋势，山东省部分海参养殖企业在夏季高温到来之前做好了预防措施，如采用耐高温品种的苗种、在池塘上方设置遮阳网、加大池塘换水量、改善池塘底质等，部分企业采取提前收获的方式规避高温风险，均收到了良好的效果，损失相对较小。而未采取任何预防措施的养殖户和养殖企业，池塘养殖海参受损较为严重，受损程度甚至超过往年。

目前，我国池塘养殖主要是产业化经营水平低、品牌意识薄弱、养殖设施和模式落后、以家庭式分散个体经营为主，还存在抗风险能力不强、创新能力弱、养殖成本增大等问题（刘景景等，2017）；废弃物利用与深加工、养殖信息化仅仅处于初期发展阶段；生产组织化程度较低，与高科技产业、新兴产业的融合程度不够，新品种、新技术接受能力较弱，难以适应大市场竞争。这些因素制约着我国池塘养殖业的可持续发展。

4）产业布局需进一步调整优化

我国淡水池塘养殖主要集中在山东、江苏、江西、安徽华东四省以及湖北、湖南华中两省和广东省。这些地区都具有人口密度大、工农业发达的特点，对水、土等资源的依赖程度极高。传统池塘养殖对土地资源的消耗较大，养殖产量的增加往往是通过不断扩大养殖面积实现的（戈贤平，2010；王健和宿墨，2018）。另，传统池塘养殖对水资源的消耗也较大，有数据表明，1m 水深的池塘每亩年需水量约为 4000m³（戈贤平，2010）。大宗淡水鱼在保障我国粮食安全、提供动物蛋白方面做出了重要贡献。近年来，由于投苗量的增加和养殖规模的扩大，大宗淡水鱼的消费需求饱和，处于供大于求的状态，因此销售价格拉低，多数淡水养殖品种出塘价格低迷，市场成交量减少，并且养殖成本增加，直接影响了大宗淡水鱼的比较效益，许多养殖户出现连年亏损（刘景景等，2017）。近年部分传统养殖品种需求不振，产能趋于过剩，养殖效益下降，附加值高的特色品种匮乏，亟待调整淡水池塘的养殖结构。

4.1.3 国际科技发展现状与瓶颈

1. 环境污染约束加剧

池塘养殖大多数采用高密度、高产量的养殖模式，导致高投入的饲料量和换水量（邢丽荣，2014）。一方面，投喂的大量饵料未被摄取，过量的 C、N 等随交换水排放到外界环境当中，使水产养殖环境污染加大。池塘养殖废水污染近海，易造成水体富营养化，引发赤潮藻华，同时加剧水体低氧区的形成，对水生生物生存与生长极为不利。水产生物及水生植物因不良环境大量死亡后，尸体腐烂，加剧水体恶化，因此环境污染也约束了池塘养殖的发展。

2. 养殖产品安全问题突出

高密度的养殖模式导致水产生物更易患病，导致农药、抗生素等过度投入，增加了水产品质量安全隐患。据统计，近半数水产品会以鲜活或冷藏形式销售，其余以冷冻、烟熏或其他方式加工后直接使用。自 20 世纪 90 年代初，用于人类直接食用的水产品比重一直呈上升趋势，因此池塘养殖产品的质量安全问题不容小觑。养殖产品质量受到有害生物、内源性生物毒素、甲醛、组胺等内源性因素，以及化学农药、渔业用药、重金属、有机污染物等外源性因素的影响。例如，欧洲养殖鲑鱼的有机污染物的全球评估显示，养殖鲑鱼中出现的均能致癌的 14 种有机氯复合物的浓度均高于野生鲑鱼中所出现的浓度（Hites，2004）。此外，经济性状优良的池塘养殖品种匮乏，对于重金属、有机污染物等胁迫因素防御不足，在养殖过程中大量使用抗生素类物质，使得池塘养殖产品存在质量安全隐患，制约着池塘养殖的发展。

3. 良种选育亟待开展与应用

池塘养殖是水产养殖业的一个重要组成部分，实现池塘养殖中优质水产生物种类选育对水产养殖业发展十分必要。目前，针对池塘养殖中常见的种类如对虾、扇贝、牡蛎等各国已有多年良种选育基础，但对于罗非鱼、团头鲂、鲑鳟鱼类等而言，良种选育工作不足，对于种苗质量把控有待提升，必要的管理机构和规章制度有待健全，相关选育工作亟待开展。此外，将良种应用于池塘混养模式中优化混养结构的工作亦应稳步推进。

4. 多元生态养殖模式有待优化

通过改善放养结构和管理技术可优化池塘养殖模式，在提高养殖生物产量的同时减少养殖污染。例如，通过改善池塘内的营养结构及生态位分布，提高各养殖品种对环境及营养物质的利用效率，加快物质循环，提高产量。另外，逐步应用现代化装备，如多因子水产养殖水质测定仪、自动化监测与调节系统、灾害预警系统等，利用无线传感网络实时高效传输数据，提升现代化池塘养殖技术，优化池塘混养模式，提高池塘养殖经济效益。

4.1.4 我国科技发展现状与瓶颈

在国家政策激励推动下，在业内人员攻关努力下，我国水产养殖业取得了举世瞩目的成就。池塘养殖作为重要的水产养殖形式，为我国动物蛋白供给、渔民增产增收做出了重要的贡献。我国科研人员在种质改良、生态养殖、水质调控、养殖装备等领域进行与池塘养殖相关的科技研发，取得了一些进展。

1. 我国池塘养殖技术发展现状

1）苗种大规模繁育技术已成功产业化

苗种是水产养殖业的决定性要素。20世纪50年代"青、草、鲢、鳙"四大家鱼实现全人工繁育，从根本上解决了我国淡水池塘养殖的苗种问题。20世纪六七十年代对虾工厂化育苗技术的研发，催生了对虾养殖业；河蟹人工繁育及其工业化育苗技术的研发，突破了河蟹依赖天然采苗的瓶颈（相建海，2013）。20世纪60年代对虾工厂化生产、养殖技术实现了以对虾养殖为代表的海水养殖业第二次大发展。20世纪80年代中期以来，我国海水养殖品种逐渐丰富，河鲀、刺参等苗种培育技术陆续被攻克，促进了我国海水池塘养殖业的迅速发展。梭子蟹与脊尾白虾混养目前是江苏启东海水池塘养殖的主要产业，从苗种培育到成品养殖等技术都已成熟，脊尾白虾和梭子蟹的亩产分别达到200～300kg和50～100kg，经济效益较好。由此可见，水产业的每次大发展都与新的产业化种质资源及其大规模苗种全人工繁育的实现密切有关。

水产动物遗传选育技术的进步是推动我国水产养殖业蓬勃发展的重要动力。我国淡水池塘养殖种类鲫、鲤已基本实现良种化（张晓娟等，2019）。中国对虾"黄海1号"是我国第一个采用群体选育技术培育出的海水养殖动物新品种。"水院1号"是通过杂交技术选育出的刺参新品种。我国科研人员基于BLUP遗传评估的单性状或多性状复合育种技术培育出中国明对虾"黄海2号"和"黄海5号"、日本对虾"闽海1号"、南美白对虾"海兴农2号"和"兴海1号"等适于海水池塘养殖的新品种。

2）池塘综合（种）养殖技术体系得以完善

多营养层次综合养殖（IMTA）已成为我国海水池塘主要养殖模式。基于生态系统原理（食性、生态位、食物链）的IMTA具有环境友好、生态高效的特点，能够实现养殖系统自然生产力的充分利用，因而受到广泛重视和推广，是世界海水健康养殖的发展趋势。IMTA不仅可以提高养殖动物的成活率、降低饲养成本、缩短养殖周期，还可以提高（天然）饵料利用率、降低池塘富营养化水平、保持养殖环境稳定，进而充分利用输入性营养，最大限度降低养殖损耗，使养殖系统具有高效的水产品生产能力，且能有效控制大规模病害发生及蔓延、提升产品质量，体现良好的生态价值。

鱼、虾、蟹、贝、刺参等是我国海水池塘养殖的主要种类，养殖类群的多样性为池塘综合养殖这一高效生态的养殖模式提供了更好的物质基础。在"虾-蟹-贝-鱼"池塘生态健康养殖模式中，三疣梭子蟹和鱼类等摄食病虾以防止疾病传播，贝类滤食水体中的有机碎屑、浮游生物以调节水质。养殖虾类以中国对虾、日本对虾、南美白对虾、脊尾白虾为主，蟹类主要是三疣梭子蟹和拟穴青蟹，贝类以菲律宾蛤仔、缢蛏为主，鱼类主要是半滑舌鳎、河鲀、黑鲷、虾虎鱼等。近年来，该混养养殖技术在青岛、日照、宁波、南通等地被推广应用，节能减排效果明显，产业化前景十分广阔。"虾-毛蚶-江蓠"多层级养殖模式利用养殖生物间的营养关系实现了养殖废物资源化利用，毛蚶是滤食性贝类，可摄食池塘中对虾的残饵、粪便及浮游生物；江蓠作为海水生态系统的生产者能够直接吸收对虾和毛蚶排出的含氮废物，还可以通过光合作用为对虾、毛蚶提供氧气，从而在提高产量的基础上减少污染物排放及改善水质。刺参是典型海洋底栖沉积食性动物，主要摄食残饵、粪便等有机颗粒和碎屑、底栖微藻、原生动物、细菌等，在养殖系统的物质循环和能量流动过程中具有关键作用。国内科研人员已对刺参与投饵养殖种（鱼、虾、贝）、海蜇、海胆的混养模式进行了初步探索。在传统的刺参单养模式下，刺参的夏眠习性会使池塘夏季空间严重不足及天然饵料的利用率不高，另外刺参的底栖摄食习性还会造成水体中上层饵料资源的浪费。而"刺参-海蜇-对虾-扇贝"养殖模式的原理是不同生态位养殖生物的合理搭配实现养殖水体时间、空间、饵料资源充分利用，该模式在刺参夏眠期间通过放养一茬对虾充分利用池塘夏季的饵料资源，通过海蜇和扇贝在水层中轮养持续利用水层中的浮游生物资源，且海蜇和扇贝的排泄物沉积到池底后又可为刺参持续提供食物资源，从而实现池塘中营养物质的循环利用。

鱼菜共生、稻田养殖等综合种养模式已成为我国淡水池塘的主推技术。池塘鱼菜生态高效种养技术是一种根据鱼类和植物的生存环境、营养需求及理化特点进行科学设计，通过水生蔬菜吸收养殖过程中产生的废物（排泄物、残饵、氨氮等）转化成生长所需的养分，缓解池塘水体富营养化，从而充分利用养殖池塘资源的新型鱼、菜和谐共生复合种养模式。在这个"鱼肥水—菜净水—水养鱼"的循环系统中，不仅能净化养殖水体、保持水质长期稳定，还能收获一定量的水生蔬菜，具有净水、增收等优势，是一种健康、绿色的种养模式。目前已有许多关于鱼菜种养的研究报道（付国宏和彭云东，2020；高文峰等，2016）。以稻田养鱼为代表的稻渔综合种养模式近几年受到广泛关注，这种绿色、生态种养技术具有环境保护、实现对资源的循环使用的特点（顾建国等，2020）。据报道，我国科研人员在云南山丘梯田开展稻渔共作的苗种生产，全面推广"稻-鲤"综合种养技术。另外，我国淡水池塘生态养殖模式不断优化，主要是按照食性互补的原理对鱼、虾、鳖等种类进行套养、轮用，合理利用养殖水域的空间与资源，增加单位面积产量，增加水产品种类，满足市场多样化需求，提高水产养殖经济效益，降低生产成本，减少水域污染和疾病的发生，实现良性循环（唐金玉，2016；王翠珍等，2014）。

3）水质调控和底质改良等环境修复技术基本建立

海水池塘生态养殖水质调控是通过滤食性贝类、大型海藻以及微生态制剂等生物来实现的。在对虾养殖池塘混养常见滤食性贝类（牡蛎、贻贝、蛤、蛏等），通过贝类对养殖水体中的浮游植物和颗粒有机物（对虾饵料残饵）的滤食作用，改善养殖系统的水质，且获得更多的水产品。大型海藻（裙带菜、海带、江蓠等）与水产动物存在天然的生态互补性，构成复合式的养殖系统。一方面，大型海藻能够利用大量养殖系统中由残饵、粪便转化的氮、磷等营养盐营养物质，同时通过光合作用产生氧气，补充水产动物代谢过程中消耗的溶解氧，提高水体 pH；另一方面，大型海藻会通过与浮游植物竞争营养物质来抑制后者的过度繁殖，还可以吸附水体中的重金属。因此，大型海藻是高效利用养殖系统自然生产力、防止富营养化的优良材料。

近年来，天然、无污染、无残留的复合微生态制剂因具有无毒、无副作用的安全性在水产养殖业中得到广泛应用，取得了良好的经济价值和生态效益。现在商品化的产品是利用生物工程技术，从土壤中分离出来、经过人工选育和繁殖扩增制成的液体或固体微生物制剂。另外，利用共生关系、食物链等生态学原理，向鱼、虾、蟹养殖池塘移植适量的海洋篮蛤、丰年虫等饵料生物，既能为放养的虾、蟹苗种提供良好的动物性营养，又能对水质环境具有较大的调控作用，起到完善食物链关系和调节物质循环的双重作用。在淡水池塘采取施肥和接种浮游植物较多的肥水，促进繁殖基础饵料生物。

底泥是池塘养殖系统的物质储存库，其表层的生物化学过程会显著影响水质环境和养殖产量。通过修复和改良池塘底质环境，可以有效减少养殖病害发生，从而提高养殖的产量和质量（高才全等，2012）。目前池塘底质改良技术主要有两种，一种是机械松土技术，采取机械清淤、翻耕池底等措施，池底在机械翻土约 15cm 后曝晒约 20d，被强化干燥后通气增加的底泥由原来的深黑色转变为土黄色，有机物被加速分解，恶臭味消失，使底质环境得到明显改善，经过深耕暴晒，池塘底泥的透水性、透气性得到增强，土壤团粒结构性状得到改善，使得池底水、气、肥的储存量增多，进而提高了池塘的综合生产能力；另一种是化学改良技术，利用底质改良剂产生大量的氧气，为硝化细菌等益生菌的培养提供充足的有氧环境，利用其对有机物的氧化分解作用，降解池底沉积物，使池底有害物质转化为浮游植物可利用的营养元素，从而有效保护和改善养殖池塘底质环境。

4）池塘工程化循环水养殖模式形成产业化

我国池塘养殖经过技术模式创新，经历传统土塘、标准化池塘、工程化模式循环水三代养殖模式，目前已经升级出 4.0 版的工业化模式循环水养殖。第三代池塘养殖模式通过两种方式解决池塘转型升级和尾水处理问题，一种是池塘连片尾水处理生态化养殖模式，该模式在浙江德清通过不投饵养殖青虾、河蟹，既可以有效解决劣五类水处理问题，又可以发展以湿地为特色的休闲旅游业；另一种是已在 20 多个省推行的池塘工程化循环水养殖模式。池塘养殖 4.0 的最前沿代表是陆基推水式集装箱养殖模式，具有节水节地、高效集污、生态环保、尾水达标、品质提升、智能标准等特点。该模式与池塘养殖联系密切，被列为农业农村部 2018 年十大引领性农业技术（渔业仅此 1 项），代表着先进水产养殖的方向，是对传统水产养殖方式的重大变革。目前已有 21 个省利用该模式养殖鱼类，但尚存在研发薄弱、专业技术人才短缺的突出问题。

2. 我国池塘养殖技术发展瓶颈

我国传统的池塘养殖通常采用高密度、单养形式，存在明显的弊端，如饲料和空间的利用率偏低、对环境的负面影响严重。以对虾单养为例，由于对虾食性狭窄，养殖池塘中存在大量的天然饵料资源不但不能被对虾直接利用，反而转为污染物沉积到池底或排入邻近海区。另外，池塘中还有很多不可利用的溶解性有机物被排放后对海区造成二次污染。随着流行性疾病侵袭养殖池塘，对虾大面积死亡，沿海多地开始探索海水池塘多经济种类的混合养殖技术。但是虾蟹海水池塘养殖产业也出现了底质老化、种质退化、病害频发等问题。池塘养殖还是中国最早的海水鱼养殖模式，目前存在集约化程度不高、种质退化严重、水体富营养化等问题。这些养殖模式已经与当前水产养殖业生态优先、集约发展、环境友好的发展方向相去甚远。

1）承载力评估技术急需重点突破

高密度养殖、过量投入物质要素是我国池塘养殖普遍存在的现象。这种无视养殖系统承载力的养殖方式引起病害频发、药物残留超标、环境污染等一系列问题。在广东传统的乌鳢养殖池塘，通过高密度养殖，产量最高可达 7t/亩。产量和收益的提高主要依靠要素投入，以牺牲生态环境为代价，渔业科学技术水平偏低。在半封闭海水贝类池塘，过度追求经济产出导致贝类混养密度过高，忽视了从环境和生物的层次评估承载力。过高的贝类养殖密度会造成大量的假粪等有机颗粒物沉降到底层，降低养殖区的溶解氧浓度，造成硫化氢和 COD 超标，从而引发严重的生态风险，威胁养殖生物的生长存活。因此，必须评估养殖水域的生物承载力，从区域、品种、规格等角度综合选择合适的混养密度。

2）池塘综合养殖生态系统需进一步优化

我国混合养殖模式起源可追溯至明朝，徐光启在《农政全书》中曾提及鲢鱼和草鱼混养的比例及其营养关系（陈丽红，2019）。规模化的混合海水养殖开始于 1975 年的山东蓬莱，曾开展海带、贻贝间养，并获得良好的收益（解承林，1981）。目前我国池塘养殖的主要方式是单一品种养殖和多营养层次综合养殖。按照产量和管理的复杂程度划分，池塘养殖包括粗养、半精养和精养三种类型。与筏式、底播、工厂化等养殖模式相比，池塘养殖具有投入低、风险分散、管理简便等优点，但也存在资源利用率低、经济效益不高、尾水排放污染环境等突出问题。目前，基于食性、共生互补等生态学原理的多营养级养殖已成为我国沿海地区池塘水域的主要养殖形式。天津、江苏、浙江、海南等地池塘陆续建立了鱼-参-贝-藻、鱼-虾、鱼-海蜇等多种鱼、虾、贝生态混养方式，利润多在 3500~5000 元/亩。但是，池塘生态养殖系统中物质循环、能量流动的途径与效率尚不明确，针对不同类型养殖池塘的高附加值的生态适应型品种匮乏，多品种高效绿色养殖技术需要优化。例如，刺参池塘传统的单品种养殖模式对中上层水体中天然饵料的利用不足。刺参-海蜇-对虾复合养殖系统可以实现刺参养殖池塘水体中营养物质的高效利用，在水体上层养殖海蜇和对虾等生态适应型品种，从而优化刺参食物结构，显著提高养殖产量；刺参作为该生态养殖系统的主养品种，其产量较单养模式提高 22.6%，进而获得更高产出，提高了单位水体利用效率。然而，品种养殖配比、放养采收等关键技术尚不完善。

3）池塘尾水处理、营养物质资源化高效利用技术亟待突破

在环保压力下，养殖尾水、废水的排放问题受到广泛关注和监管。生物修复技术因成本低、无次生污染而受到淡水池塘养殖者的欢迎，主要包括人工湿地、生物浮阀、生态沟渠、微生物制剂等（胡雄，2011；鄢恒珍等，2009）。将现有排水沟渠改造为具有污水净化和资源化双重功能的生态沟渠是一种操作性较强的池塘水体修复技术。运用生态学和生物操纵原理的生态沟渠是将各具特点的生态单元（水生植物-微生物-水生动物），按照一定的比例和方式组合，实现水质净化和资源再利用的目标（李春雁和崔毅，2002）。然而，现阶段国内外生态沟渠运用的手段以水生植物调控的生物技术方法为主，较为单一；另外，鲜见作为独立单位研究生态沟渠构建的，缺乏应用推广性（顾兆俊等，2019）。因此，需要深入推进养殖尾水治理，加快推进养殖节水减排，鼓励采取进排水改造、生物净化、人工湿地、种植水生蔬菜花卉等技术措施开展集中连片池塘养殖和工厂化养殖尾水处理，推动养殖尾水资源化利用或达标排放。另外，需要推进稻渔综合种养工程，积极拓展养殖空间，以稻田资源丰富地区为重点，建设一批规模大、起点高、效益好的示范基地，推进稻鱼、稻虾、稻蟹、稻鳖、稻蛙、鱼菜共生以及养殖品种轮作等综合种养模式的示范推广，通过大力推广稻渔综合种养，提高稻田综合效益，实现稳粮促渔、提质增效。

海水养殖尾水废水调控技术亟待深化。除江蓠、蛎菜外，适于在海水池塘与经济动物生态养殖的大型藻品种太少，繁育、栽培、收获、深加工等方面的技术尚需要进一步研发。目前，微生态制剂存在造价高、回收难等技术瓶颈，影响了其大面积推广。海水池塘工厂化循环水养殖模式推广难度大。虽然天津有一些工厂化养殖场采用的是封闭式循环水养殖模式，但是多数养殖场仍然是开放式流水养殖模式，养殖过程中的大量养殖废水不经过处理就直接排放到海里。许多工厂化养殖场的养殖用水是通过抽取地下水勾兑海水，随着养殖业的快速发展，地下水被大量开采，其开采量已远远超过自然补给量，因此水资源呈现逐渐衰退的趋势。海水池塘养殖废水的 N、P 含量高，水体易富营养化，自然生产力的利用率低，且海水养殖池塘一般分布比较密集，养殖废水极易破坏养殖区海域的生态环境。生态适应型品种偏少、资源化利用率低、养殖模式亟待升级是我国海水养殖池塘养殖的主要瓶颈。因此，亟待加快标准化养殖池塘建设与改造，实施养殖装备升级改造，改造进排水系统、池塘清淤、护坡道路、废水处理系统，推进池塘工业化循环水养殖，推动建立一批标准化水产养殖示范基地。

4）池塘养殖工程化、智能化装备水平落后

我国池塘机械化、自动化养殖水平整体较低。尽管增氧机、涌浪机、投饲机等养殖设备在淡水池塘养殖中得到广泛使用，大大提高了生产效率和池塘单产。但是，国内淡水养殖生产依然属于劳动密集型，工程化与设施化水平较低、养殖配套设施与装备缺乏。与发达国家相比，养殖生产过程及产业链关键环节的机械化与自动化程度还存在相当大的差距。据调查，我国目前多数水产养殖场的机械化程度尚不足 40%，许多生产环节仍需要人工劳作，存在着劳动强度大、生产效率低、抵御自然灾后能力较弱等问题，严重影响了水产养殖业的可持续发展（王健和宿墨，2018）。以小龙虾养殖为例，投饵是小龙虾养殖全过程的重要环节，也是小龙虾养殖中任务繁重而又关键的环节。目前虾类养殖投饵环节仍以人工沿池塘抛撒为主，或将投饵装置放置于船头，一人撑船一人投饵，安全隐患较多。另外，池塘水草的彻底清洁及水草打捞后的处理一直是困扰业界的难题（张唐娟等，2019）。

4.2 重大科技需求分析

4.2.1 科技发展愿景分析

1. 健康绿色的可持续发展模式将成为池塘养殖的主流

沿海池塘养殖是在我国水产养殖业绿色发展、流域治理和保护、近海海洋环境保护、滨海湿地保护等政策的指引下发展的。未来十年，我国自然岸线和滨海湿地保护恢复力度将不断加大，退塘还林、退养还滩等活动将使部分池塘重新恢复或修复到自然或半自然状态。未来池塘养殖模式一方面将向着与生态融合的方向发展，另一方面将向着集约高效利用水域空间的精准化模式发展。多营养级混合养殖及环境承载力评估理论和方法将成为驱动未来池塘养殖发展的动力，精准养殖设施、养殖产品精深加工成为促进池塘养殖高质量发展的重要途径，池塘养殖将成为生态旅游和生态工程的载体。

2. 尾水处理设施和技术将成为池塘养殖发展的重要内容

在气候变化进一步加剧，内陆水域和近海环境污染势头尚未有效扭转的背景下，极端天气事件、环境污染负荷和养殖病害将提高池塘养殖风险。未来生态健康将是我国池塘养殖发展的基调，养殖模式将从单一品种、高密度、生产要素大量投入向多营养级、重视池塘生态系统结构、生产要素精准投入方向转变。中尾水处理设施和技术将成为重要的影响因素，一方面，在集中连片地区，多营养级的养殖方式将削减单位产量污染物排放，尾水生态处理将利用自然系统降低污染负荷；另一方面，集约高效的工厂化水处理设施将应用于池塘循环水养殖。

4.2.2 科技发展需求分析

1. 多营养级池塘养殖及环境承载力评估理论

以食物链/食物网、物质循环、生态位、互利共生、群落演替等理论为基础，形成可指导生产实践的构建多营养级养殖生物/饵料生物混合养殖理论，从重视空间高效配置和物质多级利用的角度形成集中连片池塘规划区划理论，面向多营养级养殖，突破养殖系统环境承载力评估理论。

2. 综合种养和池塘环境调控技术

面向改善池塘养殖环境实际需求和养殖区尾水治理政策导向，对于生态化池塘养殖，通过池塘水动力改造、底质污染物治理、营养盐利用和污染物去除、尾水生态治理提高营养物质利用效率和污染物去除能力；对于池塘循环水养殖，采用集约高效的精准环境调控技术提高养殖产量和质量，采用工厂化水处理技术高效处理尾水。

3. 池塘绿色健康养殖和管理设施

面向我国滨海湿地保护修复和池塘养殖业可持续发展，养殖设施发展将呈现标准化、差异化、系统化和智慧化的趋势，相关设施主要包括生态沟渠、生态塘、潜流湿地等基于生态系统的尾水处理设施、池塘养殖环境系统化监测设施，以及利用物联网、大数据、人工智能技术的池塘智慧管理设施等。

4. 面向可持续发展的池塘生态养殖和精准养殖模式

在传统单一品种池塘养殖面临病害、污染等问题的情况下，急需构建面向可持续发展、注重经济效益和生态效益的新型生态养殖模式。新的模式将在目前养殖对象混养的基础上，呈现出两个方面的特征。一是模仿原生生态系统的结构和功能，塑造半自然-半人工的池塘养殖系统，重建系统内的物质循环和能量流动关系，减少饲料、药物等生产资料投入，由注重产量向注重品质和品牌美誉度转变，池塘生态养殖的产量可能低于高密度养殖，但单位产量的价格会更高，养殖的风险和投入低于高密度养殖。二是利用工厂化循环水养殖的成功经验，发展池塘精准养殖，推动低效的分散养殖模式向集约的养殖产业园区转变，通过工厂化水处理与生态化水处理相结合的模式，有效降低污染物排放。

4.2.3 重大科技任务分析

1. 池塘高效精准养殖技术与装备研发

在土地集约节约利用和海岸带综合保护与利用的背景下，传统池塘养殖粗放式发展的局面将逐渐向生态化和集约化两个方向发展。在集约化方面，高效精准养殖技术和装备是科技创新的重中之重，主要内容包括池塘循环水养殖工艺及传统池塘改造和优化技术，池塘循环水系统及关键装备，增氧、分离、生物过滤（降低 BOD、氨氮和亚硝酸盐）和曝气、消毒、脱氮等水质净化设施，以及养殖全过程自动监测和决策系统等。实施相关科技任务将促进我国池塘养殖向集约、高效方向发展。

2. 池塘养殖尾水生态化处理和营养物质再利用研发

农业农村部等十部委联合发布的《关于加快推进水产养殖业绿色发展的若干意见》将尾水治理列为池塘绿色发展的重中之重，生态化治理是尾水治理的主要途径，具有运行成本低、系统稳定性高的特点，是尾水治理的主要方向，主要内容包括构建生态沟渠、生态塘、垂直流湿地、表面流湿地。通过人工湿地、生态渠塘等尾水生态化处理设施，利用对营养元素吸收能力较强的水生生物进行水质初步净化，吸附污水中的泥浆、污染物和微生物菌类，加快有机污染物氧化分解，增强水体的自净能力并改善水质，加快黑臭、感官性差等状态的水体恢复到正常的水生态系统，将氨氮（NH_4^+-N）、总氮（TN）及总磷（TP）污染负荷转化为初级生产力，在减少排海污染物总量、缓解水产养殖发展对水环境压力的同时提高初级生产力对养殖系统的饵料供给能力。实施相关科技任务将促进我国近海水质污染物减排，提高近海养殖风险防范能力，提高池塘养殖业收益，促进可持续发展。

3. 基于原生生态系统的多营养级池塘养殖示范

2018 年，国务院印发了《关于加强滨海湿地保护严格管控围填海的通知》，除明确停止围填海活动外，还对滨海湿地保护修复提出了严格要求，在这一背景下，我国沿海一部分池塘将还原为滩涂或海域，或向模拟红树林、海草床、盐沼、牡蛎礁、海藻场等原生生态系统方向发展。基于原生生态系统的多营养级池塘养殖模式通过科学规划池塘布局，降低池塘改造成本，畅通池塘系统物质流动，以群落演替、生态位等基础生态学理论为依托，在多营养级重复利用原生生态系统提供的初级生产力，形成能自我维持、抗风险能力强、从生态效益中获得经济效益的可持续发展模式。

4.3 技术水平发展总体评价

4.3.1 技术发展态势评价

以科学引文索引扩展版（Science Citation Index Expanded，SCIE）数据库为基础，以 TS=(pond$ AND (IMTA OR multi-trophic OR polyculture))为主题检索公式，选取的文献类型为论文（article）、会议论文（proceedings paper）和综述（review），时间范围为 1990 年至

检索日期（2020年3月18日）。在得到初步检索结果后，将数据进行合并、去重和清洗处理，最终得到497条数据，从文献计量角度分析全球池塘综合种养研究的发展态势。

以中国知网数据库为基础，以SU=(池塘*(IMTA+可持续+生态+混养+多营养级)*养殖)为主题检索公式，限定期刊类型为全期刊，时间范围为1990年至检索日期（2020年3月22日），得到国内池塘综合种养相关研究1099篇，从文献计量角度分析国内池塘综合种养研究热点内容。

数据分析主要采用汤森路透集团开发的专利信息分析工具TDA软件、网络关系分析工具Ucinet和NetDraw，以及Nees Jan van Eck和Ludo Waltman开发的VOSviewer软件和办公软件Excel。利用TDA软件对文献数据进行基本的处理和清理，利用Ucinet和NetDraw工具绘制国家合作网络，利用VOSviewer软件对文章题名、摘要和关键词进行聚类分析，利用Excel软件对文献进行统计分析以及图表绘制的可视化分析。

1. 国际研究进展

1990～2019年，国际池塘综合种养研究发文量整体呈现递增趋势，有485篇相关研究论文被SCIE数据库收录，有些年份发文量会有小的波动（图4-10）。至检索日期（2020年3月18日）有497篇相关研究论文被SCIE数据库收录，总被引频次为8145次。

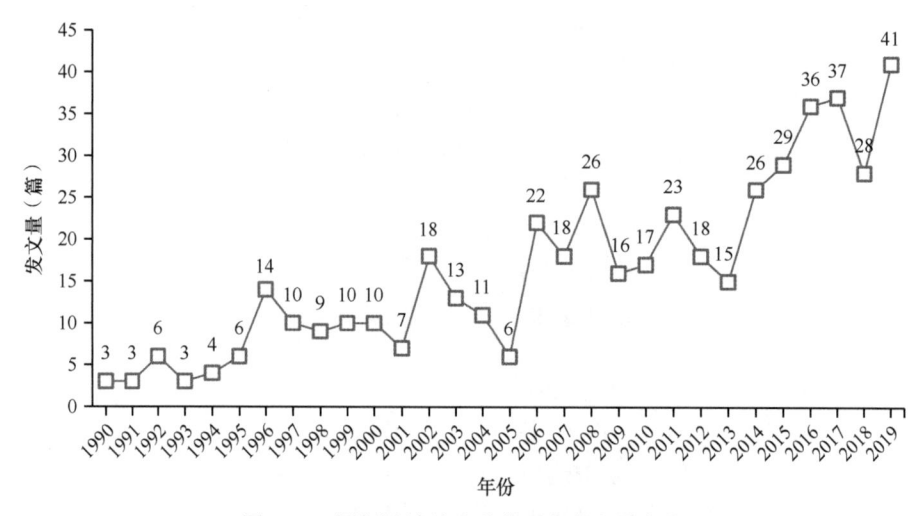

图4-10 国际池塘综合种养研究发文量变化

1990～2019年，国际池塘综合种养研究论文分布于147种期刊上，收录数量排名前10的期刊如表4-1所示，其中发表在 *Aquaculture* 和 *Aquaculture Research* 两个刊物上的论文占总数的38%。

表4-1 国际池塘综合种养研究发文主要期刊

排名	期刊全称	发文量（篇）	影响因子
1	Aquaculture	117	3.022
2	Aquaculture Research	72	1.502
3	Journal of the World Aquaculture Society	22	1.386
4	Aquaculture International	17	1.455

续表

排名	期刊全称	发文量（篇）	影响因子
5	*Israeli Journal of Aquaculture-Bamidgeh*	13	0.287
6	*Aquaculture Environment Interactions*	12	2.380
7	*Indian Journal of Fisheries*	10	0.258
8	*Journal of Applied Ichthyology*	7	0.877
9	*Pakistan Journal of Zoology*	7	0.790
10	*Bulgarian Journal of Agricultural Science*	6	0.136

以第一作者和通讯作者国家发文量统计，中国学者的池塘综合种养发文量达到97篇，排名世界第一，美国、印度和孟加拉国学者的发文量为50~70篇，以色列、巴西和荷兰科学家的发文量在30篇以上（表4-2）。从图4-11可以看出，美国和孟加拉国发文量和篇均被引频次都略高于发文量前10位国家的平均值，处于第一象限；中国和印度发文量远高于前10位国家的平均水平，但论文篇均被引频次远远低于前10位国家的平均水平，处于第二象限；日本、法国和巴西的发文量和篇均被引频次均低于前10位国家的平均水平，处于第三象限；以色列、荷兰和泰国因为发文量增长有限，但篇均被引频次较高，处于第四象限。

表4-2 国际池塘综合种养研究发文量前10位国家的发文情况

排序	国家	发文量（篇）	总被引频次（次）	篇均被引频次（次/篇）	第一作者国家发文量占比（%）	通讯作者国家发文量占比（%）	近3年发文量占比（%）
1	中国	97	1119	11.54	87.63	89.69	38.14
2	美国	64	1949	30.45	73.44	71.88	21.88
3	印度	61	571	9.36	88.52	88.52	24.59
4	孟加拉国	53	1096	20.68	39.62	35.85	13.21
5	以色列	35	1126	32.17	85.71	91.43	17.14
6	巴西	31	242	7.81	93.55	93.55	22.58
7	荷兰	31	756	24.39	51.61	41.94	6.45
8	泰国	22	535	24.32	63.64	40.91	4.55
9	日本	18	243	13.50	44.44	66.67	16.67
10	法国	17	183	10.76	58.82	70.59	23.53
	平均值	42.9	782	18.50	68.70	69.10	18.87

以国际池塘综合种养研究发文量前10位国家为主，绘制各个国家相互合作关系网络，见图4-12。可以看出，孟加拉国是国际池塘综合种养研究的中心国家，和许多国家开展过合作。全部论文中，以国家数量计为672篇，实际论文为497篇，论文篇均合作国家为1.35个；国家独立完成的论文有346篇，占全部论文的69.62%，3国及以上合作的论文数量为35篇，占全部论文的7.04%，说明国际池塘综合种养研究多国合作较少。孟加拉国农业大学、印度农业研究委员会淡水养殖研究中心、中国海洋大学、以色列农业研究组织、中国水产科学研究院、瓦赫宁根大学、圣保罗州立大学、斯特林大学、亚洲理工学院是发文排名靠前的机构。

按Web of Science学科分类看，国际池塘综合种养研究所涉及的主要研究学科有渔业（Fisheries）、海洋与淡水生物学（Marine and Freshwater Biology）和环境科学与生态学（Environmental Sciences and Ecology），见表4-3。其中渔业发文量所占比例最大，有320篇相关论文。国际池塘综合种养研究发文量前10位国家的主要研究领域分布见图4-13。

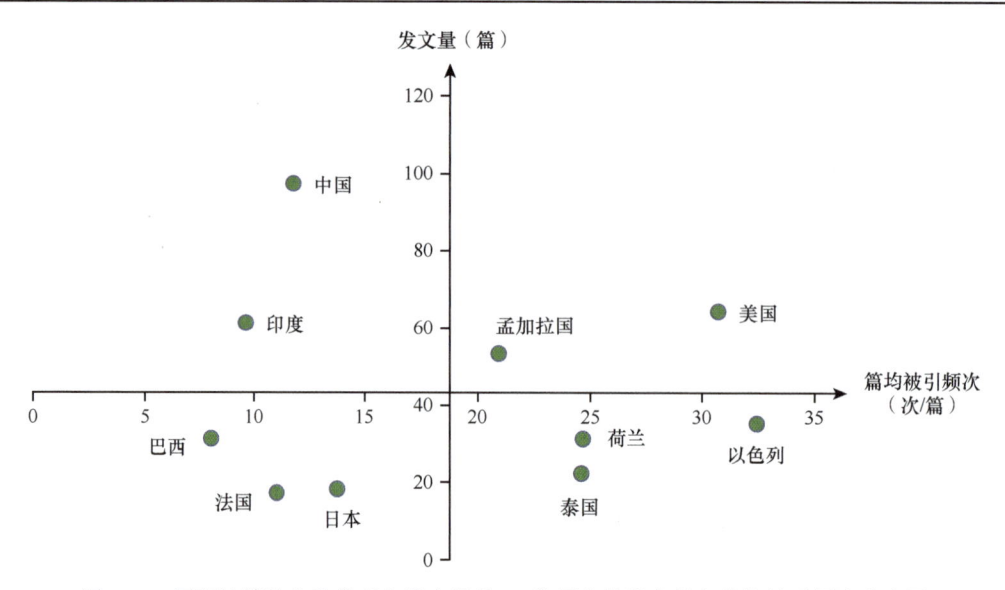

图 4-11　国际池塘综合种养研究发文量前 10 位国家的发文量和篇均被引频次分布图

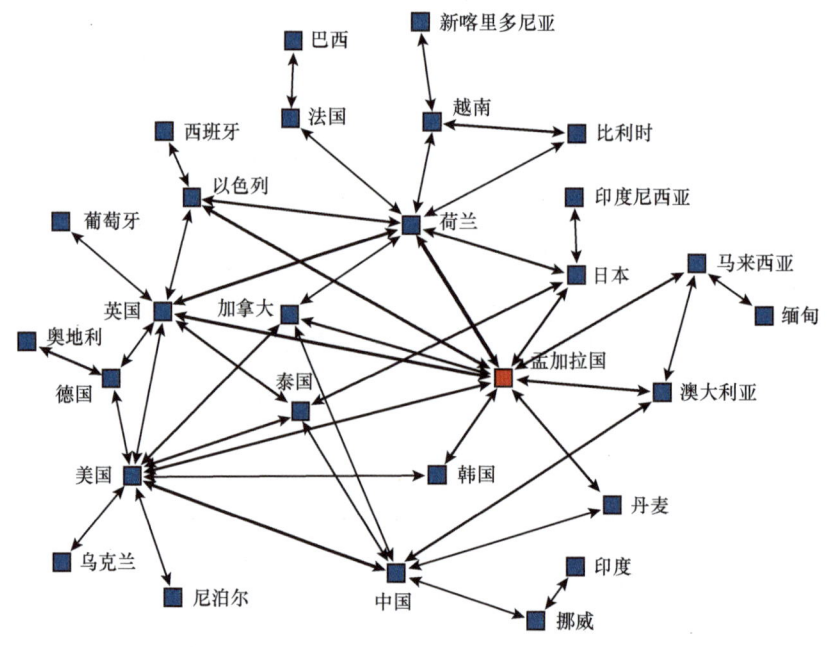

图 4-12　国际池塘综合种养研究的国际合作情况
连线表示合作关系，线条越粗合作次数越多

表 4-3　国际池塘综合种养研究主要涉及的 Web of Science 学科领域

序号	学科领域	文章篇数	序号	学科领域	文章篇数
1	Fisheries	320	6	Engineering	20
2	Marine and Freshwater Biology	179	7	Water Resources	18
3	Environmental Sciences and Ecology	66	8	Zoology	18
4	Agriculture	41	9	Biotechnology and Applied Microbiology	13
5	Veterinary Sciences	21	10	Oceanography	11

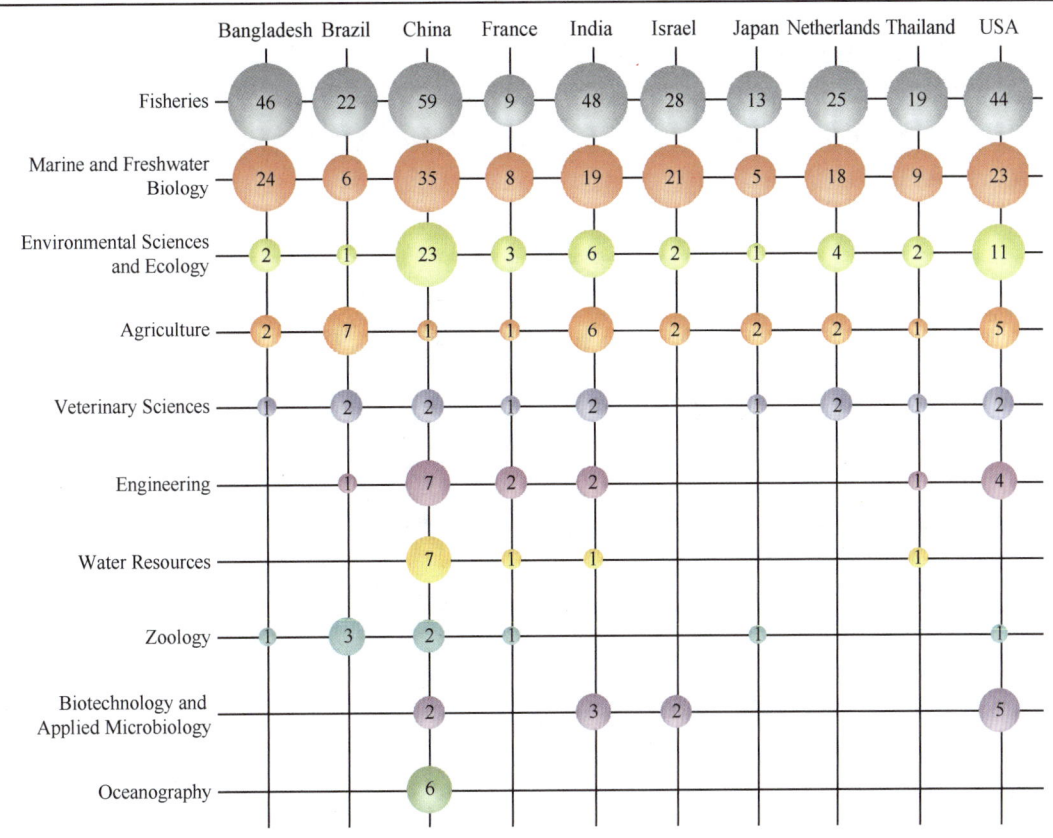

图4-13　国际池塘综合种养研究发文量前10位国家的主要研究领域分布图

数据集中只有85%的论文数据拥有作者关键词字段，数据虽然不全但也可以作为主要研究内容分析的参考依据之一。对作者有效关键词进行统计，排名靠前的关键词见表4-4。

表4-4　国际池塘综合种养研究高频关键词一览表

序号	关键词	词频	序号	关键词	词频
1	polyculture	134	10	periphyton	20
2	carp	64	11	integrated multitrophic aquaculture（IMTA）	16
3	tilapia	45	12	stocking density	16
4	freshwater prawn	40	13	fish	11
5	pond	34	14	food web	11
6	aquaculture	27	15	rohu	11
7	water quality	26	16	Bangladesh	9
8	phytoplankton	23	17	production	9
9	growth	20	18	sustainability	8

注：将作者关键词同义词进行了合并处理，主要合并的关键词有①tilapia/Nile tilapia；②carp/common carp/Indian major carps/silver carp；③freshwater prawn/shrimp/*Macrobrachium rosenbergii*/*Litopenaeus vannamei*；④pond/earthen ponds/Fish pond；⑤IMTA/integrated multitrophic aquaculture/integrated multitrophic aquaculture（IMTA）；⑥phytoplankton/plankton/microalgae

利用VOSviewer软件将国际相关研究数据集中的论文题目、摘要和关键词进行领域聚类，得到图4-14。可以明显看出，国际池塘综合种养研究主要分为5个研究版块。

2. 国内研究进展

将国内相关研究数据集中的论文题目、摘要和关键词进行可视化图谱分析和领域聚类，得到图4-15和图4-16。可以看出，国内池塘综合种养研究主要分为5个研究板块，

第一部分为池塘生态养殖，主要涉及虾、蟹等；第二部分为淡水蟹的养殖，主要包括中华绒螯蟹和河蟹；第三部分为海水池塘养殖，主要涉及虾、蟹等以及混养技术；第四部分为淡水池塘养殖，主要聚焦于鱼类、循环水、高效养殖等；第五部分为混养，主要面向生态修复、南美白对虾养殖等。

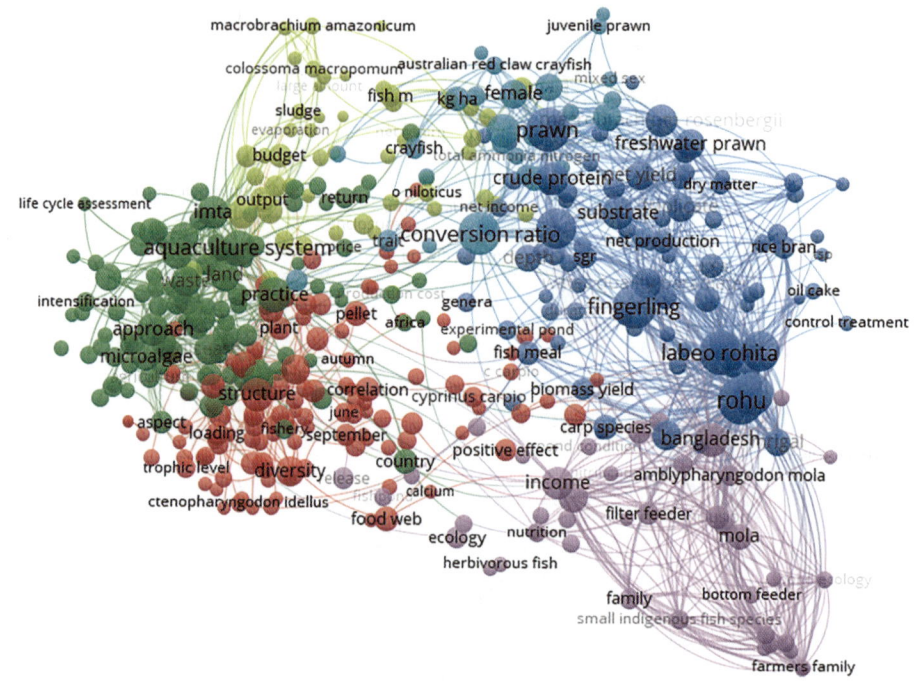

图 4-14 国际池塘综合种养主要研究内容聚类图
联系紧密的关键词划分为同一区块；字号越大表示该关键词出现频次越高

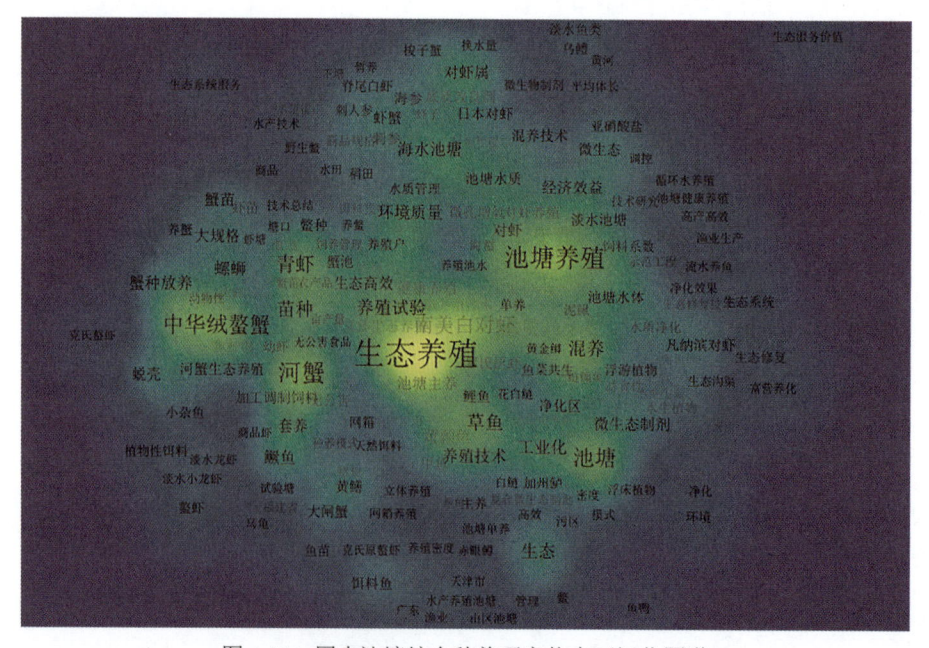

图 4-15 国内池塘综合种养研究热点可视化图谱
颜色越凸显表明出现频次越高

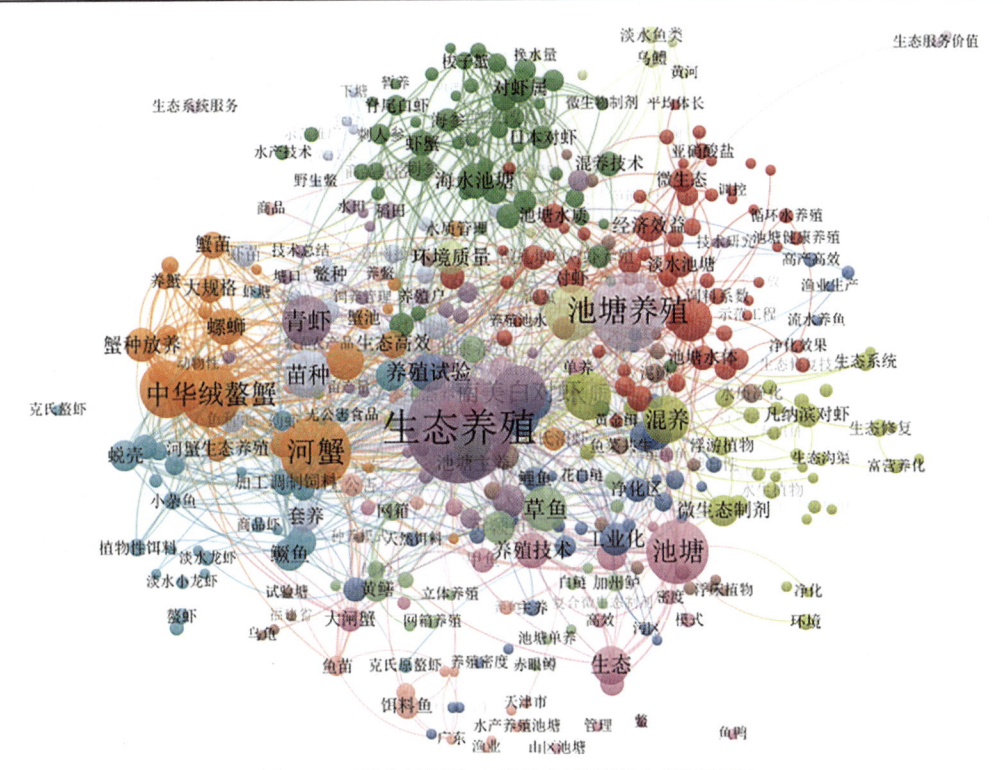

图 4-16　国内池塘综合种养主要研究内容聚类图

联系紧密的关键词划分为同一区块；字号越大表示该关键词出现频次越高

4.3.2 技术发展水平和差距评价

1. 多营养级池塘养殖及环境承载力理论处于并跑向领跑过渡的状态

在生态文明建设背景下，我国池塘养殖"人鱼争水""人鱼争地"的问题进一步突出。集约化池塘养殖是应对土地和淡水减少的有效办法，这将在一定程度上通过强调海水养殖和生态循环养殖系统来实现。我国较早探索基于食性、生态位、食物链等生态学原理的多营养级综合养殖理论创新与实践，相关研究和实践有效地提高了养殖动物的成活率、缩短了养殖周期、促进了营养物质的多级利用、改善了池塘养殖环境、减少了养殖病害、提高了池塘系统的环境承载力和可持续的食物产出能力。我国多营养级池塘养殖对象丰富，涉及藻类、鱼类、甲壳类、贝类、棘皮类等主要海水养殖和淡水养殖品种，饵料利用模式既有利用初级生产力，又有促进人工饵料多次利用，涌现出鱼菜共生、稻田养殖等淡水综合种养模式以及各具特色的海水池塘养殖模式。总的来看，我国多营养级池塘养殖及环境承载力理论研究已处于与国际同行并跑的状态，在绿色养殖政策的引导下，正向领跑过渡。

2. 池塘养殖综合调控技术处于并跑状态

我国传统池塘养殖以大量的饲料投入和高密度养殖为主要特点，残饵、粪便和代谢产物的积累导致池塘内源性污染加重，养殖环境综合调控已成为池塘养殖的重要环节。目前，我国海水池塘生态养殖水质调控是通过滤食性贝类、大型海藻以及微生态制剂等来实现的。我国复合微生态制剂研究开发技术也日渐成熟，通过人工选育和繁殖扩增制成的液体或固体微生物制剂，取得了良好的经济效益和社会效益。构建依托于食物链与物质循环的共生关系也对调控水质具有积极作用，相关方面的技术也在海水池塘养殖和淡水池塘养殖中得到推广应用。在池塘环境特别是底质修复方面，通过采取机械清理、生物改良以及化学治理等调控措施，池塘环境也得到了显著改善。此外，我国淡水池塘循环水养殖技术已在20 余个省市得到推广，新的集约化池塘养殖模式不断涌现，具有较强的原始创新特征。总的来看，我国池塘养殖综合调控技术体系已初步形成，与国外相关领域工作处于并跑状态。

3. 池塘养殖废水综合处理处于跟跑状态

养殖尾水治理是未来五到十年我国池塘养殖健康可持续发展的关键。由于池塘养殖污染呈现集中连片的特征，点源面源污染相结合，污染负荷波动较大，池塘养殖废水的处理在技术和工程上具有一定难度。目前，我国池塘养殖废水处理主要通过湿地尾水治理和工厂化污水治理两种方式进行。两种模式各具特点，面向的对象不同。与国际相关领域研究相比，我国相关研究还存在研发薄弱、专业技术人才短缺的突出问题，还处于跟跑状态。未来应在总结我国池塘养殖废水排放特征的基础上，形成若干面向淡水、海水不同养殖模式、养殖对象、气候带和污染负荷的池塘养殖废水综合处理模式。

4. 池塘养殖设施和装备处于跟跑的状态

我国池塘养殖长期以来存在装备设施落后、靠天吃饭的问题，这是我国池塘养殖健康发展的瓶颈。我国池塘养殖工程化与设施化水平较低、养殖配套设施与装备缺乏。与发达国家相比，关键养殖环节的机械化与自动化程度还存在相当大的差距，总体上处于跟跑状态。

4.3.3 技术发展阶段评价

1. 池塘综合种养技术处于持续创新阶段

我国在池塘综合种养方面历史悠久，近年来养殖技术持续创新，为传统池塘养殖产业转型升级奠定了基础。我国对鱼、虾、蟹、贝、刺参等主要池塘养殖品种均已开展了池塘综合种养实践，养殖类群的多样性为池塘综合养殖提供了更好的物质基础。例如，在"鱼-虾-蟹-贝"养殖系统中，三疣梭子蟹和鱼类等摄食病虾防止疾病传播，贝类滤食水体中的有机碎屑、浮游生物以调节水质。在"虾-毛蚶-江蓠"养殖系统中，毛蚶摄食对虾的残饵、粪便及浮游生物，江蓠能够直接吸收对虾和毛蚶排出的含氮废物，还可以通过光合作用为对虾、毛蚶提供氧气，从而在提高产量的基础上减少污染物排放及改善水质。在北方，利用刺参等底栖沉积食性动物改善养殖环境，进而提高养殖产量的综合种养模式也不断创新，推动了养殖户增产增收；在南方，废弃虾塘红树林生态养殖模式也成为研究热点。在生态文明建设的背景下，我国池塘综合种养技术将持续创新，面向不同养殖环境和养殖对象的模式也将不断涌现。

2. 池塘养殖装备设施处于集成应用阶段

我国池塘养殖设施发展相对落后，虽然增氧机、涌浪机、投饲机等养殖设备在淡水池塘养殖中得到广泛使用，但与发达国家相比，养殖生产过程及产业链关键环节的机械化与自动化程度还存在相当大的差距。在环境保护和土地集约节约利用的背景下，尾水治理和池塘循环水装备设施研发投入不断加大。人工湿地、生物浮阀、生态沟渠等新装备、新设施不断涌现。生物净化、人工湿地、种植水生蔬菜花卉等技术措施以及养殖尾水处理、在线监测等装备研发已有一定基础。目前我国池塘养殖设备正处于单一系统、单一装备研发向系统集成应用方面转变的阶段。

3. 池塘综合种养模式处于产业推广阶段

池塘综合种养将成为我国池塘养殖发展的主要模式之一，不仅具有环境友好、生态高效的特点，还将为渔民增产增收提供新的途径和思路，是池塘健康养殖发展的趋势。目前，我国在海水池塘养殖和淡水池塘养殖方面均已开发出各具特色的综合种养模式，但如何将相关模式因地制宜地推广，实现生态和经济双重效益，是下一阶段需要继续解决的问题。目前，鱼菜共生、稻田养殖等综合种养模式已成为我国淡水池塘的主推技术。在海水池塘养殖方面则应由产业问题入手，因地制宜地推广综合种养模式。

4.4 科技发展趋势分析

4.4.1 新进展、新变化、新特征和新趋势分析

我国池塘养殖面临水质污染、病害滋生与水产品安全三大问题，三者之间相互关联，最根本的原因就是养殖池塘生态环境受到破坏，继而诱发疾病，病害频发致使药物滥用，最终导致水产品质量安全问题突出，这些问题是由池塘养殖模式产生的，因此修复池塘养殖环境、创新养殖模式是解决我国池塘养殖问题的关键所在。

1. 池塘养殖依然是我国重要的养殖方式

根据《2018中国渔业统计年鉴》资料统计，我国淡水池塘养殖与海水池塘养殖的面积分别为252.78万hm^2与40.0万hm^2，淡水池塘养殖面积占淡水养殖面积的47.12%，海水池塘养殖面积占海水养殖面积的19.19%。淡水池塘养殖与海水池塘养殖的水产品产量分别为2122.22万t与266.52万t，淡水池塘养殖产量占淡水养殖总产量的73.05%，而海水池塘养殖产量占海水养殖总产量的13.32%。随着2016年全国各地全面取缔水库网箱养殖，水库养殖大部分转为池塘养殖，截至2020年池塘养殖面积有所增加。

2. 多营养级综合养殖是池塘养殖的产业需求

综合养殖遵循的基本原理是养殖废物的有效利用，养殖物种间在生态位上功能互补，解决低碳低效的粗放养殖模式与高效高碳的集约化养殖模式之间的矛盾。营养物质在池塘中充分转化和反复循环，不同营养层次的生物可以多次利用，充分利用养殖环境资源，提高养殖承载力，降低水体污染负荷及潜在的经济损耗，保持综合养殖系统自养与异养过程平衡。

3. "零排放"循环水养殖模式是池塘养殖未来发展方向

池塘循环水养殖模式将集约化圈养与尾水生态处理相结合，能够高效收集养殖对象产

生的残饵与粪便进行资源化回收再利用，尾水经过微生物脱氮除磷处理后，进入池塘循环利用。池塘工厂化循环水养殖模式的产量可以达到集约化养殖产量，同时尾水处理达标，实现经济效益与生态效益统一。

4.4.2 科技发展态势和方向

1. 淡水池塘高产低碳养殖模式构建

针对淡水池塘养殖面临的设施化程度低、水体污染严重、尾水处理技术落后、水产品质量安全问题突出等，集成圈养系统、自动捕捞系统、集排污系统、固废分离以及净化系统等关键技术，构建淡水鱼类高产低碳养殖模式，提高水产品养殖产量和品质，减少病害频发和药物残留，节约人力和水资源成本，减少养殖尾水污染，为促进水产养殖业转型升级提供引领性技术和示范模式。

2. 海水精准池塘养殖和尾水处理

针对海水池塘养殖面临的养殖环境劣化、病害频发、药物残留高、装备技术落后、水产品质量与安全问题突出等，集成水质精准调控与尾水综合治理、智能化养殖等关键技术，构建虾类工程化养殖和鱼类集约化养殖海水绿色生态养殖模式，实现海水池塘养殖的生态化、智能化和产品高值化。

3. 池塘综合种养与综合利用模式

主要针对池塘综合利用效率不高问题，研究种养的物种配比与养殖系统中物质与能量的流动，主要采用"投饵种类+沉积食性种类+滤食性种类"同池或分池综合养殖，向系统工程化生态综合种养发展，构建虾-稻、虾-草-鱼等高效生态渔农综合种养模式，实现渔农综合种养与综合利用的绿色高效发展。

4. 虾塘红树林生态农牧场

针对沿海对虾养殖污染、病害频发、修建虾塘导致红树林和海草床等滨海湿地大幅丧失等问题，研究通过改造虾塘结构，促进废弃虾塘底栖环境改善和动植物群落恢复。开展滨海湿地生态养殖增殖技术与虾塘红树林湿地生态养殖技术研究，促进潮间带渔业资源恢复，构建海岸带农牧场新模式。

4.4.3 重大科技任务分析

1. 发展目标

"十四五"期间，面向现有池塘养殖的产业和环境问题，突破池塘多营养级养殖及环境承载力评估关键理论，池塘生态养殖和精准养殖技术体系广泛应用，环境精准调控和管理设施实现成套化与国产化，因地制宜的池塘养殖可持续发展模式成为池塘养殖主流，池塘养殖技术和经济效益处于世界领先地位。淡水池塘、海水池塘生态养殖示范面积达到100万亩，形成3种以上池塘尾水处理装备和技术体系，创制3种以上多营养级池塘生态增养殖模式，示范项目尾水达标排放率95%。

2. 重点任务

1）重大基础研究

（1）池塘多营养级综合种养结构、功能与过程：构建和恢复食物链、食物网，针对鱼、虾、蟹、海参等池塘养殖对象构建多营养级物质利用模式，查明植物对养殖系统饵料贡献能力，研发不投饵或少量精准投饵技术，查明多营养级池塘生态系统结构和养殖生物的生态功能，研究池塘养殖与原生生态系统恢复相结合、与池塘尾水原位处理相结合等模式的物质循环机制。

（2）池塘多营养级养殖环境承载力评估和提升理论基础：对于连片养殖池塘，突破池塘生态系统结构和功能重建理论，构建池塘养殖动植物搭配方法体系，从生态位、物质循环等角度完善多营养级环境承载力评估理论；对于重点生态功能区、典型海洋生态系统区域的养殖池塘，从加速群落演替的角度，突破环境治理、原生植被群落和养殖动物群落重建理论，揭示植被对营养盐负荷的削减和初级生产力供给规律，形成原生生态系统-养殖生物容量评估理论和方法。

2）共性关键技术

（1）池塘尾水生态化处理技术与关键装备研发：综合利用生态原理结合物理、化学、生物处理手段，研发养殖区域内原有进排水渠道改造技术及营养盐削减技术，研发高效过滤或吸附滤料、环保化学絮凝剂，筛选有毒有害物去除率更高的生物品种，研发生态渠道、沉淀池、曝气池、过滤坝和生物净化等设施与装备，形成水产养殖尾水生态处理技术与装备体系。

（2）池塘精准养殖关键设施、技术模式研发：利用物联网、大数据和人工智能技术，研发廉价、适用、耐久的池塘养殖系列传感器和智能监测系统、动态精准投饵系统、病害早期预警及辅助决策系统，实现数据处理、智能分析、辅助决策和远程控制，在养殖池塘投喂、水质监测和调节、生长监测等方面实现全时化、工程化、精准化管理。

3）典型应用示范

（1）淡水池塘精准养殖和尾水工厂化处理模式：面向华中、华南连片淡水养殖池塘，推广池塘精准养殖技术，实现生产资料高效利用，实施工厂化处理与湿地生态处理相结合的尾水处理模式，推动淡水池塘养殖向空间集约利用的产业园区方向发展，引导淡水池塘养殖与乡村旅游、生态工程等产业协同发展。

（2）基于原生生态系统的沿海池塘可持续发展模式：面向沿海地区特别是重要生态功能区、河口、典型海洋生态系统分布区，通过调整池塘地形地貌、环境质量，恢复红树林、海草、大型藻类、牡蛎礁等原生生态系统，放养多营养级经济生物，形成天然初级生产力驱动的半自然半人工复合系统，达到恢复生态、重新利用虾塘、增产增收的目的，引导海水池塘养殖与滨海湿地修复、生态旅游相结合。

4.5 典型案例：刺参池塘养殖

4.5.1 技术重要性

刺参是我国重要的水产经济种类，池塘养殖是我国北方目前最主要的刺参培育模式

（陈丽红，2019）。刺参可将沉积于底泥的养殖残饵及生物粪便等作为食物再次利用，其生态学特性表明刺参适宜与其他生物进行混合养殖，是养殖生境修复改良的关键环节。对不同水产种类进行混合养殖具有显著的优势，包括提高物质资源利用率、提高经济效益、减少环境污染及改善养殖环境等。根据生态互补原理，构建刺参与其他种的绿色生态海水池塘混养模式，以优良刺参为基础种，阐明刺参对氮、磷等营养物质的调控机制，在养殖承载力的前提下探究混养系统的最优养殖容量、评价混养模式的经济效益和生态价值，对实现海水池塘养殖水体的高效清洁利用、优化养殖结构有重要意义，也是当前亟待解决的关键课题。

4.5.2 技术水平分析

目前，国内科研人员已在海水池塘中构建了刺参与鱼、虾、贝、海蜇、海胆等生态适应种的混养技术。近期研究发现，刺参与新型生态适应品种点篮子鱼、虾夷马粪海胆的池塘混养能够长久控制池塘内的青苔量，刺参可以利用大型藻类作为天然饵料实现清洁生产，在提高了水体利用率的同时，不仅削减了饵料投入成本，还能实现较好的经济效益和社会效益。我国刺参养殖实践中常采用的综合养殖模式有参鱼混养、参贝混养、参虾混养、参胆混养、参蜇混养、参藻混养等。

1）刺参-虾类混养模式

刺参高温夏眠时的生长会减缓甚至停止，而此时正是日本囊对虾生长的最佳时期，且刺参与对虾混养可以充分利用各水层，使养殖效率提升。另外，对虾的生物扰动作用会加快营养盐的循环利用，防止营养物质沉积。研究表明，刺参和日本囊对虾混养可以使对虾产量由混养前的 150kg/hm^2 显著增加至 300kg/hm^2，同时显著增加刺参的回捕率，提高了养殖效益（何振平等，2008）；刺参与斑节对虾混养每亩可增收 2000～2200 元（赵聚萍，2018）。同时有研究表明，刺参和中国明对虾池塘混养的最佳搭配比例为 15∶4（秦传新，2009）。

2）刺参-贝类混养模式

刺参是典型的底栖无脊椎动物，在同贻贝进行混养时，可以通过摄食底泥，有效减少生物性沉积物在养殖系统底层的积累（Slater and Carton，2009）。刺参和鲍鱼混养，能够提高养殖产量，同时降低水体中无机氮含量（Kang et al.，2003）。加利福尼亚海参和长牡蛎进行混养，能够有效减少牡蛎养殖区的沉积性有机物积累（Paltzat et al.，2008）。刺参与栉孔扇贝混养可以显著提高刺参养殖产量。实验表明，参贝混养的最佳密度为：5g 重的海参 15ind/m^2，壳径 3cm 的栉孔扇贝 3.75ind/m^2（秦传新，2009）。

3）刺参-鱼类混养模式

鱼类的存在能丰富池塘中刺参的饵料，促进刺参生长。例如，与红鳍东方鲀混养的刺参增重显著高于单养的刺参（滕炜鸣等，2017）；褐篮子鱼能够优化池塘内养殖环境，有效控制池塘中浒苔和软丝藻等藻类，提高刺参产量与质量（王浩等，2015）；加利福尼亚红海参（*Parastichopus californicus*）可以利用鲑鱼的残饵、粪便、藻类及其他有机颗粒物质（Ahlgren，1998）。

4）刺参-海胆-藻类混养模式

在刺参-海胆-藻类混养模式中，海胆通过摄食藻类来控制藻类的生长，海胆粪便可为刺参提供优良的饵料。以孔石莼为饵料时，胆参混养比例为2∶1；以粘膜藻为饵料时，胆参混养比例为3∶1时刺参的特定生长率最高。刺参、海胆混养比单养的存活率和生长率更高，水体中氨氮含量比单养系统低且稳定（王吉桥等，2007）。刺参-藻类（真江蓠）混养模式下，藻类可通过光合作用增加氧气来改善水体环境，同时将刺参代谢过程中产生的氮、磷等无机物以及CO_2用于生长发育。此外，研究显示混养真江蓠的池塘水温相对低2～3℃，这可使刺参夏眠时间缩短，特定生长率提高（孙灵毅等，2019）。混养生物之间的食物关系见图4-17。

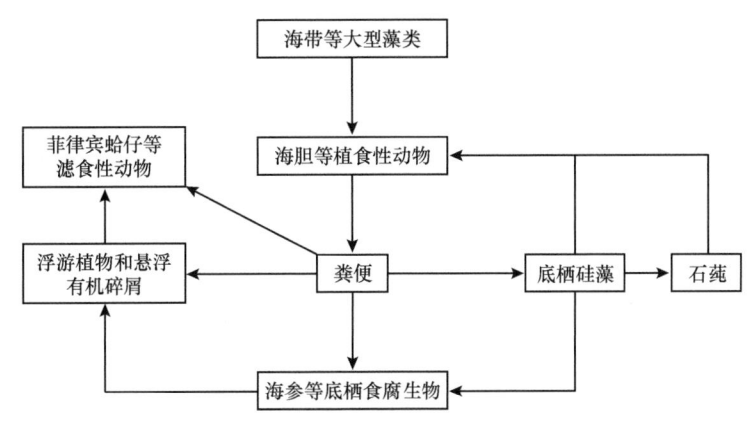

图4-17 混养生物之间的食物关系（王吉桥等，2008）

5）刺参-海蜇等混养模式

对于刺参-海蜇混养模式而言，海蜇可以通过摄食作用为混养模式中的刺参提供营养物质，同时使水体中的沉降物质含量增加，且与日本囊对虾相似，海蜇的养殖阶段亦与刺参的夏眠期相同，且两者的生存空间和对食物的需求存在差异，因此刺参-海蜇混养模式具有显著的养殖优势。研究表明，刺参与扇贝、海蜇及对虾混养系统内水体颗粒物、总有机碳（TOC）、TN、TP沉积量均显著高于其单养系统（任贻超，2012）。

这些基于食性、共生互补等生态学原理在刺参池塘构建的多营养级养殖模式已开始逐步推广，投苗规格、采捕时间、养殖技术等参数已基本确定。但是，有关刺参与其他生态适配品种绿色高效养殖的理论基础和技术支撑的系统研究十分稀缺，刺参池塘综合养殖的最优养殖容量及其环境承载力尚未确定，刺参与养殖生境互作机制尚未阐明。

4.5.3 技术发展趋势

国内刺参混养最早开始于20世纪90年代，开展了裙带、刺参、黄海胆、皱纹盘鲍立体混养（王兴章和邢信泽，2000）。刺参是典型海洋底栖沉积食性动物，可以摄食水体底层的残饵、粪便、碎屑等有机颗粒物以及底栖微藻、原生动物、细菌等，促进海洋生态系统中氮、磷等营养物质的循环，降低养殖水体富营养化水平，在养殖生境修复中发挥重要作用。因此，刺参在养殖系统中的生态位及其生活习性决定了其适合与其他经济种混养。构建新型高效、绿色低碳的养殖模式，是当前"退养还滩"新形势下的趋向。近年来，在刺参养殖池塘开展多营养层次综合养殖受到广泛关注。混养模式是一种有效的生态养殖模式，通过多个营养层级的生物混合养殖，可以充分利用养殖系统中的能量和营养物质，提高水体利用效率，进而改善水体环境，降低海域富营养化水平，有助于产业可持续发展，实现经济产出、生态效益和社会效益的综合提高。

4.5.4 应用前景

刺参既是营养和经济价值较高的可食用海参，又是海岸带生态系统营养物质循环的关键环节。池塘养殖是目前北方养殖刺参的主要模式，该传统模式对池塘饵料资源的利用严重不足。科研人员初步探索了刺参与鱼、虾、贝、胆的池塘混合养殖，但对多营养层次生态养殖的研究匮乏。海胆作为新兴品种，养殖前景巨大，且具有良好的藻类摄食效果，可开发为生态适应型品种。因此，构建"刺参-海胆"为主的池塘增效养殖技术具有十分重要的应用价值，在提高刺参养殖系统水体利用率、增加单位养殖池的经济效益等方面发挥重要作用。针对刺参池塘资源利用率偏低、养殖效益待提升等产业问题，聚焦刺参池塘生态养殖关键技术，形成以生态养殖模式为核心的技术体系，实现转变养殖生产方式、发展刺参生态健康养殖的目标。

4.5.5 存在问题与建议

底栖生物刺参可以有效清除养殖系统底部积累的有机物，与其他生物混养能够高效利用水体，获得更高的养殖产量与经济效益（赵聚萍，2018）。目前，国内已广泛开展刺参与鱼、虾、贝、藻等其他生物混养，但仍以经验为主，系统的理论研究十分缺乏（任贻超，2012），主要存在以下几个问题。

（1）刺参种质问题。种质问题是制约刺参养殖业发展的关键问题之一，可通过建设原良种场及刺参自然保护区等良种资源体系加强良种资源建设。

（2）混养场所问题。刺参在露天养殖池塘的生长过程中受气象因素制约严重，持续极端高温等气象灾害给养殖户造成巨大损失。因此，需要合理设计养参池塘，充分考虑进排水管道设置的科学性，使塘中海水得到充分净化。

（3）系统设备问题。为了缓解极端天气对塘内刺参的致命影响，还需要重点关注适宜池深参数、遮蔽物设计、新型底部增氧设备研发。

（4）混养技术问题。在选择混养模式时，需注意不同混养品种对水体温度、盐度、溶解氧的最适范围及耐受阈值不同。混养体系中不要盲目投饵，避免造成池塘底部残饵堆积，预防池塘底部缺氧及氨氮、硫化氢等有毒物质危害经济物种。另外，需要注意混养品种的比例问题，不可为追求产量和效益，忽视参池的养殖容量和环境承载力，无节制增加放养密度。建议对刺参养殖池塘的养殖容量和环境承载力予以重点关注。

（5）混养规范问题。在后续的科技研发和生产实践中，应加大宏观调控力度，切实加强监管体系建设，完善相关法律法规和标准体系，构建产地标识和溯源体系，加强良种选育与病害防控研究，推动新技术、新模式和新成果的推广应用，促进刺参养殖业的可持续健康发展，实现经济、社会和生态多元共赢。

参 考 文 献

蔡继晗, 李凯, 郑向勇, 等. 2010. 水产养殖对环境的影响及其防治对策分析. 水产养殖, 31(5): 32-38.
陈杰, 翁晓琼, 邹李昶, 等. 2010. 南美白对虾池塘生态综合种养技术. 中国水产, (4): 33-36.
陈丽红. 2019. 刺参-柄海鞘的混养系统构建及互利效应研究. 大连理工大学博士学位论文.
第一次全国污染源普查资料编纂委员会. 2011. 污染源普查产排污系数手册. 北京: 中国环境科学出版社.
董军, 栾天罡, 邹世春, 等. 2006. 珠江三角洲淡水养殖沉积物及鱼体中 DDTs 和 PAHs 的残留与风险分析. 生态环境学报, 15(4): 693-696.
付国宏, 彭云东. 2020. 池塘鱼菜共生立体综合种养技术初探. 科学养鱼 1: 17-18.
高才全, 孙玉华, 宋学章, 等. 2012. 海水养殖池塘环境修复与生态调控综合技术. 中国水产, (5): 48-50.
高平, 陈昌. 2007. 浅谈水产养殖动物疾病防治中的安全用药问题. 饲料工业, (6): 64-66.
高文峰, 韩强音, 黄秋标, 等. 2016. 鱼菜共生池塘养殖技术推广经济效益测算. 现代农业科技 24: 254-256.
戈贤平. 2010. 我国大宗淡水鱼养殖现状及产业技术体系建设. 中国水产, (5): 5-9.
葛玲瑞, 贾伟华, 卿爱东, 等. 2019. 罗氏沼虾与莴苣池塘综合种养试验. 水产养殖, (8): 6-7.
顾建国, 沈翠燕, 唐辉, 等. 2020. 金汇镇稻田养鱼绿色高效种养技术初探. 上海农业科技, 2: 130-131.
顾兆俊, 刘兴国, 程果锋, 等. 2019. 生态沟渠在淡水池塘养殖废水治理中的作用及构建技术. 科技创新与应用, 26: 127-132.
郭辰, 王大鹏, 邓超冰. 2014. 广西沿海池塘养殖污染调查与分析. 海洋环境科学, (2): 253-257.
郭鹏然, 卫亚宁, 王毅, 等. 2016. 柘林湾养殖区表层沉积物多环芳烃的分布、来源及风险评价. 生态环境学报, 25(4): 671-679.
何振平, 王秀云, 刘艳芳, 等. 2008. 参虾池塘高效混养技术. 水产科学, 27(12): 665-667.
和庆. 2018. 长三角地区池塘养殖水产品重金属和多环芳烃污染评价及其生物有效性研究. 上海海洋大学硕士学位论文.
胡庚东, 宋超, 陈家长, 等. 2011. 池塘循环水养殖模式的构建及其对氮磷的去除效果. 生态与农村环境学报, 27(3): 82-86.
胡亮亮, 唐建军, 张剑, 等. 2015. 稻-鱼系统的发展与未来思考. 中国生态农业学报, 23(3): 268-275.
胡雄. 2011. 鱼-菜混养模式的构建与初步应用研究. 华中农业大学硕士学位论文.
黄华伟. 2007. 养殖刺参 (*Apostichopus japonicus*) 腐皮综合症的发生与异养菌区系间的关系. 中国海洋大学硕士学位论文.
霍达, 刘石林, 杨红生. 2017. 夏季养殖刺参 (*Apostichopus japonicus*) 大面积死亡的原因分析与应对措施. 海洋科学集刊, (1): 47-58.
贾成霞, 张清靖, 刘盼, 等. 2011. 北京地区养殖池塘底泥中重金属的分布及污染特征. 水产科学, 30(1): 17-21.
江敏, 顾国维, 李咏梅. 2003. 我国水产养殖业对环境的影响及对策. 三峡环境与生态, 25(5): 11-14.
蒋增杰, 方建光, 毛玉泽, 等. 2012. 海水鱼类网箱养殖的环境效应及多营养层次的综合养殖. 环境科学与管理, 37(1): 120-125.
焦宝玉, 刘慧, 贾砾, 等. 2015. 河南中牟县万滩镇养殖池塘底泥重金属污染评价. 淡水渔业, 45(2): 15-19.
李春雁, 崔毅. 2002. 生物操纵法对养殖水体富营养化防治的探讨. 海洋水产研究, 1: 71-75.
李芳, 陈莹, 李献刚, 等. 2016. 动物源性食品中硝基呋喃及其代谢物产物检测方法研究进展. 食品安全质量检测学报, 7(6): 2320-2327.

李励年. 2010. 鲑鱼养殖连续遭受病虫害侵扰. 渔业信息与战略, (8): 35.

李励年, 邱卫华. 2007. 越南水产养殖业概况. 现代渔业信息, 22(12): 24-25.

李文华, 赵瑞亮. 2017. 浅谈我国淡水池塘养殖面临的环境问题及对策. 山西水利科技, (1): 91-93.

梁惜梅, 施震, 黄小平. 2013. 珠江口典型水产养殖区抗生素的污染特征. 生态环境学报, (2): 304-310.

梁友英, 杭勇. 2013. 日本沼虾搭养泥鳅生态高产养殖模式示范与推广. 水产养殖, 34(8): 41-43.

刘景景, 张静宜, 袁航. 2017. 淡水鱼养殖成本收益调查与分析. 中国渔业经济, 35(1): 18-27.

刘梅, 原居林, 倪蒙, 等. 2019. 沉水植物对淡水养殖池塘底泥重金属Cu污染的修复研究. 淡水渔业, 49(3): 83-89.

陆忠康. 2005. 关于构建我国渔业科学管理体系的探讨. 现代渔业信息, 20(10): 8-11, 17.

罗杨志, 李莉娟, 顾霁茂, 等. 2013. 鲤疱疹病毒Ⅱ的分子特征及流行病学研究. 海口: 中国水产学会鱼病专业委员会2013年学术研讨会.

欧阳佚亭, 宋国宝, 陈景文, 等. 2018. 中国淡水池塘养殖鱼类排污的灰水足迹及污染负荷研究. 环境污染与防治, 40(3): 317-322, 328.

彭凌云, 逯超普, 李恒鹏, 等. 2020. 太湖流域池塘养殖污染排放估算及其空间分布特征. 湖泊科学, 32(1): 70-78.

秦传新. 2009. 刺参 (Apostichopus japonicus Selenka) 的池塘养殖结构及其优化研究. 中国海洋大学博士学位论文.

任灿丽, 高晶晶. 2016. 智利大西洋鲑养殖业的成功经验及启示. 海洋开发与管理, 33(5): 70-74.

任贻超. 2012. 刺参 (Apostichopus japonicus Selenka) 养殖池塘不同混养模式生物沉积作用及其生态效应. 中国海洋大学博士学位论文.

施沁璇, 赵汉取, 王俊, 等. 2015. 湖州市养殖池塘表层沉积物重金属风险评价及其来源分析. 淡水渔业, 45(6): 80-84.

宋超, 孟顺龙, 范立民, 等. 2012. 中国淡水池塘养殖面临的环境问题及对策. 中国农学通报, 28(26): 95-98.

孙灵毅, 曲善村, 李五, 等. 2019. 刺参池塘混养真江蓠生态新模式技术研究. 科学养鱼, (7): 61-62.

唐金玉. 2016. 鱼蚌综合养殖池塘养殖模式优化的研究. 浙江大学博士学位论文.

唐启升, 韩冬, 毛玉泽, 等. 2016. 中国水产养殖种类组成, 不投饵率和营养级. 中国水产科学, 23(4): 729-758.

滕炜鸣, 王庆志, 周遵春, 等. 2017. 刺参与红鳍东方鲀的生态混养效果. 水产学报, 41(3): 407-414.

滕炜鸣, 王庆志, 周遵春, 等. 2018. 刺参与日本囊对虾的池塘混养效果研究. 大连海洋大学学报, 33(3): 283-288.

王翠珍, 陈金涛, 陈振龙, 等. 2014. 黄颡鱼与大宗淡水鱼类池塘混养高产技术. 河北渔业, 4: 22-24.

王浩, 李洪涛, 赵建军, 等. 2015. 刺参池塘混养点篮子鱼试验. 河北渔业, (3): 29-31.

王吉桥, 程鑫, 高志鹰, 等. 2008. 仿刺参与虾夷马粪海胆和菲律宾蛤仔混养效果的初步研究. 水产学报, (5): 740-748.

王吉桥, 程鑫, 杨义, 等. 2007. 不同密度的虾夷马粪海胆与仿刺参混养的研究. 大连水产学院学报, (2): 102-108.

王健, 宿墨. 2018. 大宗淡水鱼养殖产业走向思考. 中国水产, (12): 58-60.

王晓晖. 2013. 浅谈美国斑点叉尾鮰商品鱼池塘养殖技术. 现代农业, (5): 89.

王兴章, 邢信泽. 2000. 中国北方刺参 (*Stichopus japonicus* Selenka) 增养殖发展现状及技术探讨. 现代渔业信息, (8): 20-22.

王岩. 2004. 海水池塘养殖模式优化: 概念、原理与方法. 水产学报, 28(5): 568-572.

相建海. 2013. 中国水产种业发展过程回顾、现状与展望. 中国农业科技导报, 15(6): 1-7.

谢文平, 陈昆慈, 朱新平, 等. 2010. 珠江三角洲河网区水体及鱼体内重金属含量分析与评价. 农业环境科学学报, 29(10): 1917-1923.

谢文平, 余德光, 郑光明, 等. 2014. 珠江三角洲养殖鱼塘水体中重金属污染特征和评估. 生态环境学报, 23(4): 636-641.

解承林. 1981. 贝藻间养经济效益高. 中国水产, (5): 20.

邢丽荣. 2014. 环境与技术视角下水产养殖生产效率及影响因素研究. 南京农业大学博士学位论文.

徐钢春. 2019. "净水 1 号""调水 1 号"新产品及其在水产养殖上的应用. 科学养鱼, (4): 86.

徐磊, 孙博怿, 盛鹏程, 等. 2019. 湖州地区典型水产养殖池塘中抗菌药物的污染特征. 江苏农业科学, 47(11): 210-214.

许罕多, 罗斯丹. 2010. 智利鲑鱼养殖产业升级路径及对中国海水养殖产业发展的启示. 海洋开发与管理, 27(3): 83-88.

鄢恒珍, 龚文琪, 梅光军, 等. 2009. 水体富营养化与生物修复技术评析. 安徽农业科学, 37(34): 17003-17006.

杨慧英, 赵宇江, 张运超. 2015. 扁弯口吸虫对淡水鱼种的危害及防治方法. 当代水产, (3): 76.

杨颖. 2010. 北江水环境中抗生素抗性基因污染分析. 中山大学硕士学位论文.

游修龄. 2006. 稻田养鱼——传统农业可持续发展的典型之一. 农业考古, (4): 222-224.

于宗赫, 胡超群, 彭鹏飞, 等. 2011. 一种鱼类和海参混养的养殖设施及其使用方法: CN101946722A.

张传权. 1990. 世界重要养殖品种——南美白对虾生物学简介. 海洋科学, (3): 69-72.

张榕燕, 李莉莎, 林金祥, 等. 2011. 福建省福寿螺感染广州管圆线虫的调查研究. 中国人兽共患病学报, 27(8): 683-686.

张唐娟, 罗欣, 张俊峰, 等. 2019. 湖北省小龙虾养殖机械化现状及促进标准化思考. 湖北农机化, 23: 13-14.

张晓娟, 周莉, 桂建芳. 2019. 遗传育种生物技术创新与水产养殖绿色发展. 中国科学: 生命科学, 49(11): 1409-1429.

赵安芳, 刘瑞芳, 温琰茂. 2003. 不同类型水产养殖对水环境影响的差异及清洁生产探讨. 环境污染与防治, 25(6): 362-364.

赵汉取, 韦肖杭, 王俊, 等. 2014. 浙北地区养殖池塘表层沉积物重金属潜在生态风险评价. 安全与环境学报, 14(2): 231-235.

赵聚萍. 2018. 三种刺参混养模式的研究. 烟台大学硕士学位论文.

周恩华. 2013. 低碳高效池塘循环流水养鱼技术. 中国水产, (11): 83-84.

宗超, 张莹, 李英, 等. 2016. 北京地区池塘底泥中重金属分布及其污染评价. 食品安全质量检测学报, 7(3): 216-222.

Adamek Z A 2005. Czech Republic. National Aquaculture Sector Overview Fact Sheets. Rome: FAO Fisheries and Aquaculture Department.

Ahlgren M O. 1998. Consumption and assimilation of salmon net pen fouling debris by the red sea cucumber *Parastichopus californicus*: implications for polyculture. Journal of the World Aquaculture Society, 29(2):

133-139.

Alderman D J, Hastings T S. 2010. Antibiotic use in aquaculture: development of antibiotic resistance – potential for consumer health risks. International Journal of Food Science & Technology, 33: 139-155.

Astudillo M F, Thalwitz G, Vollrath F. 2015. Modern analysis of an ancient integrated farming arrangement: life cycle assessment of a mulberry dyke and pond system. International Journal of Life Cycle Assessment, 20: 1387-1398.

Bai S C. 2005. National Aquaculture Sector Overview. Republic of Korea. National Aquaculture Sector Overview Fact Sheets. Rome: FAO Fisheries and Aquaculture Department.

Baluyut E A. 1989. Aquaculture systems and practices: A selected review. United Nations Development Programme, Food and Agriculture Organization of the United Nations.

Barker P. 1997. Aquaculture: A solution, or source of new problems? Nature, 386: 109.

Barrington K, Chopin T, Robinson S. 2009. Integrated multi-trophic aquaculture (IMTA) in marine temperate waters. FAO Fisheries & Aquaculture Technical Paper.

Berg H. 2002. Rice monoculture and integrated rice-fish farming in the Mekong Delta, Vietnam—economic and ecological considerations. Ecological Economics, 41: 95-107.

Biswas G, Kumar P, Kailasam M, et al. 2019. Application of integrated multi trophic aquaculture (IMTA) concept in brackishwater ecosystem: The first exploratory trial in the Sundarban, India. Journal of Coastal Research, 86: 49.

Biswas G, Raja R A, De D, et al. 2012. Evaluation of productions and economic returns from two brackishwater polyculture systems in tide‐fed ponds. Journal of Applied Ichthyology, 28: 116-122.

Braemik U. 2005. National Aquaculture Sector Overview Fact Sheets. National Aquaculture Sector Overview. Germany. Rome: FAO Fisheries and Aquaculture Department. .

Brick R W, Stickney R R. 2009. Polyculture of *Tilapia aurea* and *Macrobrachium rosenbergii* in Texas. Proceedings of the World Mariculture Society, 10: 222-228.

Buckley A, Gilligan J. 2005. National Aquaculture Sector Overview. Australia. National Aquaculture Sector Overview Fact Sheets. Rome: FAO Fisheries and Aquaculture Department.

Buschmann A H, Cabello F, Young K, et al. 2009. Salmon aquaculture and coastal ecosystem health in Chile: Analysis of regulations, environmental impacts and bioremediation systems. Ocean & Coastal Management, 52(5): 243-249.

Cao L, Wang W, Yang Y, et al. 2007. Environmental impact of aquaculture and countermeasures to aquaculture pollution in China. Environmental Science & Pollution Research International, 14(7): 452-462.

Cheng Z, Chen K C, Li K B, et al. 2013. Arsenic contamination in the freshwater fish ponds of Pearl River Delta: Bioaccumulation and health risk assessment. Environmental Science and Pollution Research, 20: 4484-4495.

Chopin T, Robinson S. 2004. Defining the appropriate regulatory and policy framework for the development of integrated multi‐trophic aquaculture practices: introduction to the workshop and positioning of the issues. Bulletin of the Aquaculture Association of Canada, 104: 4-10.

Dan N C, Little D C. 2000. The culture performance of monosex and mixed-sex new-season and overwintered fry in three strains of Nile tilapia (*Oreochromis niloticus*) in northern Vietnam. Aquaculture, 184: 221-231.

Erfanullah, Jafri A K. 1998. Growth rate, feed conversion, and body composition of *Catla catla*, *Labeo rohita*, and *Cirrhinus mrigala* fry fed diets of various carbohydrate-to-lipid ratios. Journal of the World Aquaculture

Society, 29(1): 84-91.

Frei M, Becker K. 2005. Integrated rice-fish culture: Coupled production saves resources. Natural Resources Forum, 29: 135-143.

Halwart M. 2008. Biodiversity, nutrition and livelihoods in aquatic rice-based ecosystems. Biodiversity, 9: 36-40.

Halwart M, Gupa M V. 2004. Culture of Fish in Rice Fields. Rome: FAO.

Hernández-rodríguez A, Alceste-oliviero C, Sanchez R, et al. 2001. Aquaculture development trends in Latin America and the Caribbean//Subasinghe R P, Bueno P, Phillips M J, et al. Aquaculture in the Third Millennium. Technical Proceedings of the Conference on Aquaculture in the Third Millennium, Bangkok, Thailand: 317-340. NACA, Bangkok and FAO, Rome.

Hites R A. 2004. Global assessment of organic contaminants in farmed salmon. Science, 303: 226-229.

Huo Y Z, Wu H L, Chai Z Y, et al. 2012. Bioremediation efficiency of *Gracilaria verrucosa* for an integrated multi-trophic aquaculture system with *Pseudosciaena crocea* in Xiangshan Harbor, China. Aquaculture, 326-329: 99-105.

Irisarri J, Fernandezreiriz M J, Labarta U, et al. 2015. Availability and utilization of waste fish feed by mussels *Mytilus edulis* in a commercial integrated multi-trophic aquaculture (IMTA) system: A multi-indicator assessment approach. Ecological Indicators, 48: 673-686.

Johnson A C, Belfroid A, Di C A. 2000. Estimating steroid oestrogen inputs into activated sludge treatment works and observations on their removal from the effluent. Science of the Total Environment, 256: 163-173.

Kang K H, Kwon J Y, Kim Y M. 2003. A beneficial coculture: charm abalone *Haliotis discus hannai* and sea cucumber *Stichopus japonicus*. Aquaculture, 216(1-4): 87-93.

Liesack W, Schnell S, Revsbech N P. 2000. Microbiology of flooded rice paddies. FEMS Microbiology Reviews, 24: 625-645.

Lightfoot C. 1990. Integration of aquaculture and agriculture: A route to sustainable farming systems. Naga, 13: 9-12.

Ling C. 1977. The biology and artificial propagation of farm fishes. IDRC/MR 15.

Lovatelli A. 1990. Regional seafarming development and demonstration project//NACA. Regional Seafarming Resources Atlas. FAO Corporate Document Repository, Bangkok, Thailand.

Lymer D, Simon F S, Jesper C, et al. 2008. Food and Agriculture Organization of the United Nations Regional Office for Asia and the Pacific. Status and Potential of Fisheries and Aquaculture.

Makino M. 2005. National Aquaculture Sector Overview. Japan. Rome: FAO Fisheries and Aquaculture Department.

Masood E. 1997. Aquaculture: A solution, or source of new problems? Nature, 386: 109.

Mermilliod W, Truesdale F M. 1976. River shrimp: something special. Aquanotes, 5(3): 3.

Mires D. 1969. Mixed culture of Tilapia with carp and gray mullet in Ein Hamifratz fish ponds. Bamidgeh, 21(1): 24-32.

Mires D. 1996. Expected trends in fish consumption in Israel and their impact on local production. Israeli Journal of Aquaculture-Bamidgeh, 48(4): 186-191.

Neori A, Shpigel M, Guttman L, et al. 2017. The development of polyculture and integrated multi-trophic aquaculture (IMTA) in Israel: A review. Israeli Journal of Aquaculture-Bamidgeh, 69: IJA_69. 2017. 1385.

Nora'aini A, Mohammad A W, Jusoh A, et al. 2005. Treatment of aquaculture wastewater using ultra-low pressure asymmetric polyethersulfone (PES) membrane. Desalination, 185: 317-326.

Olin P G. 2001. Current status of aquaculture in North America//Subasinghe R P, Bueno P, Phillips M J, et al. Aquaculture in the Third Millennium. Technical Proceedings of the Conference on Aquaculture in the Third Millennium, Bangkok, Thailand: 377-396. NACA, Bangkok and FAO, Rome.

Olin P G. 2011. National Aquaculture Sector Overview. United States of America. National Aquaculture Sector Overview Fact Sheets. Rome: FAO Fisheries and Aquaculture Department.

Paclibare J O. 2005. National Aquaculture Sector Overview. Philippines. National Aquaculture Sector Overview Fact Sheets. Rome: FAO Fisheries and Aquaculture Department.

Paltzat D L, Pearce C M, Barnes P A, et al. 2008. Growth and production of California sea cucumbers (*Parastichopus californicus* Stimpson) co-cultured with suspended Pacific oysters (*Crassostrea gigas* Thunberg). Aquaculture, 275: 124-137.

Petersen A, Andersen J S, Kaewmak T, et al. 2002. Impact of integrated fish farming on antimicrobial resistance in a pond environment. Applied and Environmental Microbiology, 68: 6036-6042.

Phong L T, Udo H M J, van Mensvoort M, et al. 2007. Integrated agriculture-aquaculture systems in the Mekong Delta, Vietnam: an analysis of recent trends. Asian Journal of Agriculture and Development, 4(2): 51-66.

Pongsri C, Sukumasavin N. 2005. National Aquaculture Sector Overview. Thailand. National Aquaculture Sector Overview Fact Sheets. Rome: FAO Fisheries and Aquaculture Department.

Prein M. 2002. Integration of aquaculture into crop-animal systems in Asia. Agricultural Systems, 71: 127-146.

Rosenthal H, Hilge V. 2000. Aquaculture production and environmental regulations in Germany. Journal of Applied Ichthyology, 16: 163-166.

Shapiro J. 2005. National Aquaculture Sector Overview. Israel. Rome: FAO Fisheries and Aquaculture Department.

Slater M J, Carton A G. 2009. Effect of sea cucumber (*Australostichopus mollis*) grazing on coastal sediments impacted by mussel farm deposition. Marine Pollution Bulletin, 58(8): 1123-1129.

Swingle H S. 1968. Biological means of increasing productivity in ponds. FAO Fisheries Reports, 44(4): 243-257.

Umesh N R, Mohan A B C, Ravibabu G, et al. 2010. Shrimp Farmers in India: Empowering Small-scale Farmers through a Cluster-based Approach. Netherlands: Springer.

Varol M. 2011. Assessment of heavy metal contamination in sediments of the Tigris River (Turkey) using pollution indices and multivariate statistical techniques. Journal of Hazardous Materials, 195: 355-364.

Wahid M A, Basri Z D M, Halip A A, et al. 2015. Antibiotic resistance bacteria in coastal shrimp pond water and effluent. Singapore: Springer.

Zeng Y Y, Lai Z N, Gu B H, et al. 2014. Heavy metal accumulation patterns in tissues of Guangdong bream (*Megalobrama terminalis*) from the Pearl River, China. Fresenius Environmental Bulletin, 23(3a): 851-858.

第 5 章　陆基工厂化养殖

陆基工厂化养殖指在室内养殖池中采用先进的机械和电子设备调控养殖水体的温度、光照、溶解氧、pH 等环境因素，进行高密度、高产量养殖的方式，从养殖设施、水环境调控、养殖技术等层面突破了传统自然养殖模式的地理约束和边界，延长了养殖生产周期。我国有关工厂化养殖基础研究、技术研发、设施装备研发、养殖模式应用推广等方面目前尚存在诸多问题。因此，提升养殖设施、设备的自主创新研发能力，突破工厂化养殖水处理关键技术，实现养殖尾水精细化处理，完善生物安保技术和管理体系，实现智能化精准养殖生产，构建养殖设施、装备和养殖技术、工艺深度融合的陆基工厂化"无人"智能渔场，成为未来陆基工厂化养殖的主要任务。

5.1　产业与科技发展分析

5.1.1　国际产业发展现状与问题

1. 国际产业发展现状

1）趋向大型化、规模化、专业化循环水生产

国外的工厂化养殖起源于 20 世纪 60 年代，欧美国家及日本等发达国家的鱼类养殖技术基础来源于内陆海洋水族馆、自动化水族箱和流水高密度养殖技术等（Marinho-Soriano et al.，2009），经历了准工厂化、工厂化和现代化循环水养殖 3 个阶段，现已基本实现了机械化、自动化、信息化和经营管理现代化。随着欧盟颁布《水框架指令》（WFD；Directive 2000/60 EC），发展循环水养殖已成为欧美一些国家的国策和水产发展重点（Martins et al.，2010；刘鹰，2011；曲克明等，2018）。

欧洲的循环水养殖系统（RAS）构建技术早期主要发起于荷兰和丹麦，以养殖非洲鲶鱼、鳗鱼和鳟鱼等淡水种类为主。荷兰 RAS 通常是室内封闭系统，用于非洲鲶鱼和鳗鱼的养殖。丹麦典型 RAS 为户外的半封闭式系统，用于养殖鳟鱼。随着 RAS 技术的发展和重视程度的增加，工厂化养殖的产量和物种多样性显著增加，养殖的主要种类包括大西洋鲑、罗非鱼、鳟鱼、鳗鱼、大菱鲆、非洲鲶鱼、比目鱼和虾等十余种（Martins et al.，2010；Badiola et al.，2018；Dalsgaard et al.，2013）。

截至 2014 年，美国和欧洲国家共建成 360 家 RAS 养殖基地，其中挪威和加拿大循环水养殖技术处于领先地位，循环水养殖系统主要用于鲑鱼养殖生产（Badiola et al.，2018）。自 1985 年至 2000 年，欧洲一个典型的农场生产鲑鱼苗的能力，以生物量核算平均增长了约 20 倍。英国苏格兰的生产力从 1996 年到 2006 年翻了一番，现在每年可生产超过 15 万尾鲑鱼苗。在欧洲西北部以及加拿大、智利等国家，大型国际水产养殖公司不断收购较小的公司，形成专业化运作的集团企业开展工业化水产养殖。例如，在英国苏格兰，挪威和荷兰公司的鲑鱼产量占鲑鱼总产量的 85%（Bergheim et al.，2009）。

欧洲发达国家采用封闭循环水技术开展苗种培育和养殖的企业日益增多，如法国的 France Turbot SAS、德国的 ECOMARES Marifarm GmbH、西班牙的 Aquacria Arousa、荷兰的 Seafarm BV、挪威的 AquaGen 等，并朝着专用化、大型化发展，形成了养殖装备制造、系统设施集成和产业化应用一体化的完整产业链。

2）大西洋鲑工厂化养殖实现现代化

鲑鳟鱼类是鱼类产品国际贸易中价值最高的种类，2017 年占鱼类产品国际贸易总价值的 18% 左右（FAO，2019）。2017 年，全球大西洋鲑海水养殖产量为 236 万 t，其中挪威产量为 123.6 万 t，智利产量为 61.4 万 t，英国产量为 19.0 万 t，三国大西洋鲑养殖产量占全球大西洋鲑养殖总产量的 86.4%（FAO，2019b）。大西洋鲑养殖主要采取"陆海接力"方式，鲑鱼幼苗淡水养殖阶段在陆基工厂化养殖设施内完成，降海鲑阶段进入网箱内养殖直至成品鱼收获。

挪威拥有全球大西洋鲑工厂化养殖最先进的技术，是北欧（丹麦、芬兰、冰岛和瑞典）唯一保持水产养殖快速发展的国家（Dalsgaard et al.，2013）。挪威建立了贯穿大西洋鲑种质保护、良种选育、育苗、大规格苗种养成的全过程工厂化养殖技术和装备体系。20 世纪 60 年代后期，由于自然资源的严重衰退，挪威政府开始支持鲑鱼养殖；80 年代，鲑鱼养殖产业开启了真正的大规模商业化运作模式。由于扩大了养殖区域，提高了生产力、饲料及管理水平，并且全球市场增长，挪威大西洋鲑养殖业取得了举世瞩目的成就，大西洋鲑产量从 1970 年的 50t 增长到 2015 年的 130 万 t，占全球大西洋鲑总产量的 60%，每年创造超过 150 亿挪威克朗的收入。挪威大西洋鲑工厂化育苗结合网箱养殖的陆海接力模式被认为是当今世界海水工业化养殖最成功的典范之一（陈林兴和周井娟，2011；Liu et al.，2011）。

鲑鳟鱼是智利水产养殖业最重要的养殖品种，其产量仅次于挪威，是世界第二大鲑鳟鱼类养殖生产国。智利的主要养殖对象有大西洋鲑、虹鳟和银鲑，2009 年三大主养种类产量达 60.5 万 t。智利三文鱼养殖大多采用挪威等欧洲国家较先进的技术，自动化程度高，养殖企业内部配套水平高，大多拥有从孵化场、苗种培育场、海水网箱场到加工出口全部生产过程（陈林兴和周井娟，2011）。

3）对虾工厂化养殖方兴未艾

自 2013 年以来，以交易额计算，虾是渔业国际贸易中价值仅次于鲑鳟鱼的水产品，在 2017 年渔业国际贸易中，虾的交易额占 17%（FAO，2019）。2017 年，全球虾类养殖总产量约为 609 万 t，其中凡纳滨对虾产量约为 445.7 万 t，包括海水及半咸水养殖产量 383.7 万 t、淡水养殖产量 62.0 万 t（FAO，2019b）。对虾养殖以池塘养殖为主，然而，受到气候和病害因素的影响，越来越多的企业开始采用环境可控性更强的工厂化养殖模式进行生产。

工厂化对虾养殖从 20 世纪 90 年代中期开始，最初是在养鱼系统的基础上进行了部分改良以适应对虾的生活习性。国外比较有代表性的养虾系统有美国得克萨斯大学海洋科学研究所设计的跑道式对虾养殖系统（图 5-1）和美国海洋研究所港口分所（HBOI）设计的三段式对虾养殖系统（图 5-2）。跑道式对虾养殖系统在放养密度为 2132 尾/m^3 的情况下养殖 146d，每立方米水体产量为 11.4kg，收获时每尾平均体重 14g，存活率为 48%（Davis and Arnold，1998）。三段式养殖系统将对虾养殖过程分为幼期、中期、成虾期 3 个独立的养殖阶段，每个阶段是在系统中不同的养殖池完成，养殖池采用环道式，利用循环回水的推流，促进虾池的排污，使虾池中的残饵和粪便能及时排出系统，并且在养殖池中保持一定的微藻浓度以净化水质（van Wyk et al.，1999）。2005 年以后国外工厂化养虾基本处于平稳发展阶段，其特点是根据对虾的生活习性，更加注重调节养殖系统菌相与藻相的相互关系，其单位产量和存活率都大幅提高，代表性系统有美国墨西哥湾海岸研究所的基于生物絮团的对虾养殖系统、美国得克萨斯农作物生命研究所的基于菌藻共生的对虾养殖系统等（朱林等，2019）。

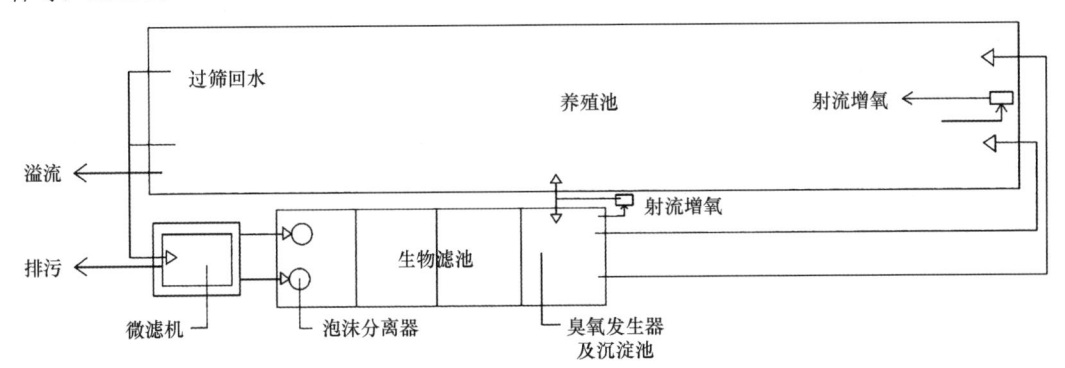

图 5-1 跑道式对虾养殖工艺[改自 Davis 和 Arnold（1998）]

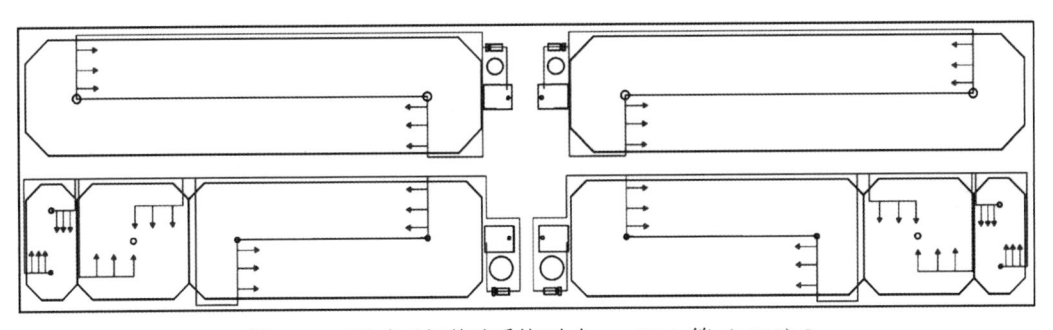

图 5-2 三段式对虾养殖系统[改自 van Wyk 等（1999）]

2. 国际产业问题分析

1）建设成本和能耗偏高制约产业稳步发展

根据 Colt 等（2008）、Badiola 等（2018）和 Dalsgaard 等（2013）的研究报道，工厂化养殖在能源（电能和燃料）消耗以及建造成本方面高于其他传统养殖模式，是工厂化养殖可持续发展面临的最大挑战之一。工厂化养殖通常采用集约化的生产系统，减少了水和土地的使用，然而能耗高的缺点会增加运营成本，同时又增加了使用化石燃料所产生的潜在环境和能源影响。为了实现经济和环境可持续发展，必须在用水、废物排放、能源消耗和生产效率之间找到最佳的搭配方案。开展工厂化养殖设施节能减排技术相关研究，研发工厂化养殖绿色高效的新技术、新装备、新能源，将是未来工厂化养殖发展中需要重点解决的产业问题。

2)病害问题严重制约工厂化养殖模式的健康发展

各种病害问题是影响工厂化养殖健康发展的重要因素之一。传染性鲑贫血病（ISA）是由正粘病毒科（Orthomyxoviridae）传染性鲑贫血病毒（Isavirus）引起的严重病毒性疾病。受该病影响，智利大西洋鲑鱼在2009~2010年连续出现大幅减产，2008年产量为38.8万t，而2010年产量仅为12万t，可见影响之大。嗜冷黄杆菌引起的虹鳟鱼苗综合征（RTFS）是全世界鲑鱼养殖业面临的另一重大疾病问题（Hoare et al.，2019）。这种疾病是由一种名为克氏杆菌的革兰氏阴性菌引起的。被感染的虹鳟脾脏、肝脏和肾脏会出现坏死和炎症，停止进食并表现出异常的游泳行为，该疾病对鲑鱼苗的致死率很高，每年对鲑鱼苗种生产造成巨大损失（Rivas-Aravena et al.，2019；Lorenzen et al.，2010）。

对虾工厂化养殖面临的病害问题比鱼类更为严重。受到急性肝胰腺坏死病（AHPND）的影响，2014年泰国的对虾养殖产量遭遇断崖式下跌，由2012年的60万t下降到20万t。常见的对虾疾病有几十种之多，如白斑病（WSD）、黄头病（YHD）、传染性肌坏死病（IMN）、急性肝胰腺坏死病（AHPND）、肝胰腺微孢子虫病（HPM）、隐性死亡病（CMD）、斑节缓慢生长综合征（MSGS）和白尾病（WTD）等，困扰着工厂化养虾行业，成为养虾产业健康发展最大的障碍（Thitamadee et al.，2016）。

5.1.2 我国产业发展现状与问题

1. 我国产业发展现状

1）产业处于快速发展阶段

近年来，我国工厂化养殖规模一直呈直线上升的发展态势（图5-3），从养殖产量来看，海水工厂化养殖自2016年已经超过淡水工厂化养殖（图5-4）。2018年，我国海水工厂化养殖规模为3373.7万m³，海水工厂化养殖产量为25.5万t，主种类有鲆鲽鱼、鲈鱼、大黄鱼、石斑鱼和对虾（按照产量顺序排列），山东、辽宁、福建、河北是海水工厂化养殖产量较高的省份，其中山东产量约占50%。2018年我国淡水工厂化养殖规模为4814.2万m³，淡水工厂化养殖产量为21.3万t，主养种类有草鱼、鲢鱼、鳙鱼、鲤鱼、罗非鱼、鳗鱼等，福建、山东、浙江是产量较高的省份（农业农村部渔业渔政管理局等，2019）。

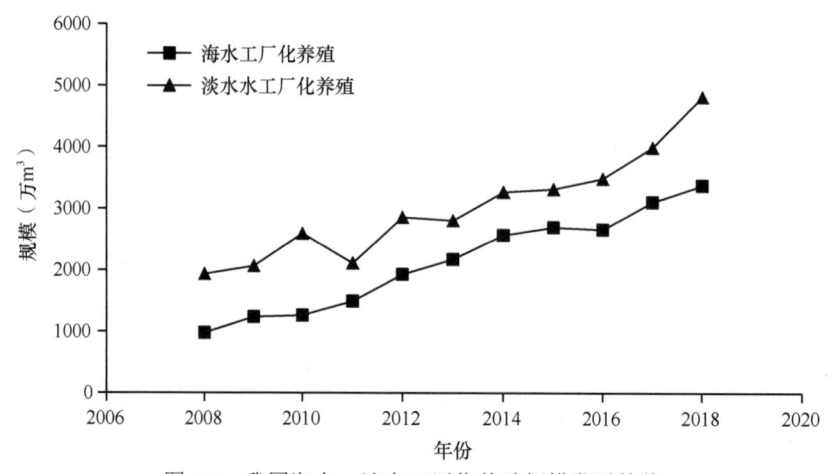

图5-3 我国海水、淡水工厂化养殖规模发展趋势

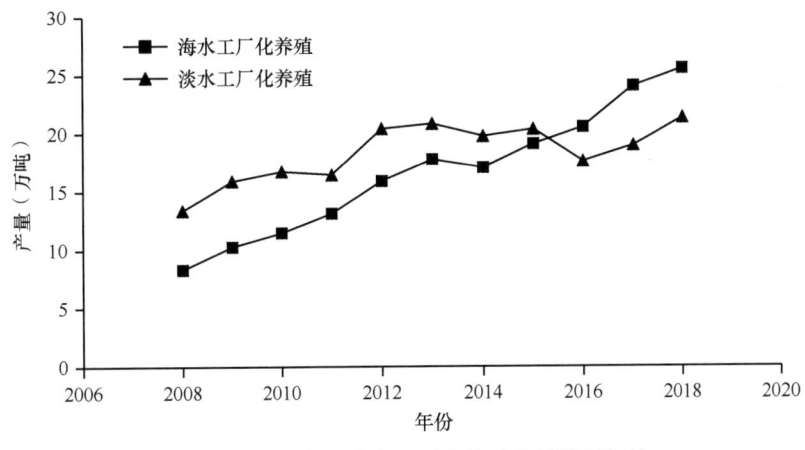

图 5-4　我国海水、淡水工厂化养殖产量发展趋势

当前，我国工厂化养殖仍以流水养殖模式为主，仅辽宁、河北两地约有工厂化流水养殖面积 320 万 m²，以小规模分散经营为主，资源利用率不高。近年来，循环水养殖企业增长迅速，2014 年我国工厂化循环水养殖企业有 80 多家，养殖规模不到 80 万 m³，到 2018 年底，我国工厂化循环水养殖总规模约 200 万 m³。据唐茹霞等（2018）对全国 14 个省份 33 家循环水养殖企业的调研，我国当前循环水养殖企业以小型企业为主，一半以上企业养殖规模水体小于 5000m³，系统造价小于 200 万元；养殖种类主要为鲆鲽类和对虾；经济效益、水处理需求和环保压力是企业选择循环水养殖模式的三个主要原因。工厂化循环水养殖平均单产是传统流水养殖的 3 倍，然而循环水养殖在工厂化养殖中的占比不足 3%，发展潜力巨大（刘宝良等，2015；曲克明等，2018）。

近年来，以循环水工艺为主的工厂化养殖成为水产绿色发展及响应生态文明建设的有力抓手和落脚点，2019 年农业农村部等十部委联合发布了《关于加快推进水产养殖业绿色发展的若干意见》，循环水养殖作为水产绿色发展模式的典型代表进入了快速发展阶段。

2）鱼类工厂化养殖是产业发展的主导

鱼类工厂化养殖主要集中在我国北方地区，当前以深井温棚+工厂化流水养殖和依托地热资源的工厂化流水养殖模式为主，工厂化循环水养殖模式发展迅速，但整体占比仍然很小。养殖种类主要有鲆鲽类（大菱鲆为主）、石斑鱼、河鲀等，养殖区域主要集中在山东、河北和辽宁的沿海地区。我国鲆鲽类养殖产量自 2003 年起持续增长，2009 年鲆鲽类产量达到 9.8 万 t，其中 80%是大菱鲆，其后受 2005 年多宝鱼事件影响产量大幅减少。近年来，大菱鲆养殖产业逐渐复苏。2018 年我国大菱鲆养殖产量约 5 万 t，其中山东、辽宁两省的产量占 80%以上。大菱鲆工厂化养殖以流水养殖为主，养殖规模占养殖总规模的 99%，养殖产量占养殖产量的 94.5%；循环水养殖规模不足 1%，养殖产量占总养殖产量的 5.5%（仓萍萍，2019）。近年来，由于食品安全风波和深井模式对地下水资源的破坏，深井温棚流水养殖模式逐渐被摒弃，工厂化循环水养殖模式成为发展趋势。目前，我国已经形成了一批具有规模化效益的工厂化循环水养殖龙头企业。

在淡水鱼类工厂化养殖方面，加州鲈是代表性种类，也是规模和产量较大的种类之一。2018 年我国加州鲈产量达 43.2 万 t，集中于广东珠江三角洲、江浙皖、贵川等地，其中广东是加州鲈的主要养殖地区，其养殖产量占全国养殖总产量的 59.81%（农业农村部渔业渔政管理局等，2019）。加州鲈大规格苗种主要采用工厂化养殖模式，成鱼养殖主要采用池塘养殖模式。近年来，采用工厂化养殖模式进行成鱼养殖的企业越来越多。工厂化循环水养殖模式一般在 4 月投放大规格苗（200 尾/kg），80%的加州鲈当年即可达到 400g/尾以上的商品鱼上市规格。目前，这种养殖模式已在江苏、安徽、浙江等省推广开来。

3）对虾工厂化养殖产业发展迅速

2018 年我国虾类海水、淡水养殖总产量为 409 万 t，其中凡纳滨对虾海水、淡水养殖总产量为 176 万 t（图 5-5），占虾类海水、淡水养殖总产量的 43%；克氏原螯虾占 40%。凡纳滨对虾是我国对虾工厂化养殖的主要对象，养殖区域遍及 20 多个省市，尤其以两广地区和海南沿海最为集中，其次是福建、山东、河北和辽宁沿海。凡纳滨对虾已发展成为水产养殖的支柱性产业。近五年来，凡纳滨对虾海水、淡水养殖总产量维持在 160 万 t 左右，我国每年仍须进口 40 万 t 左右的凡纳滨对虾以满足国内市场需求（图 5-5），产业仍有很大发展空间（农业农村部渔业渔政管理局等，2019）。

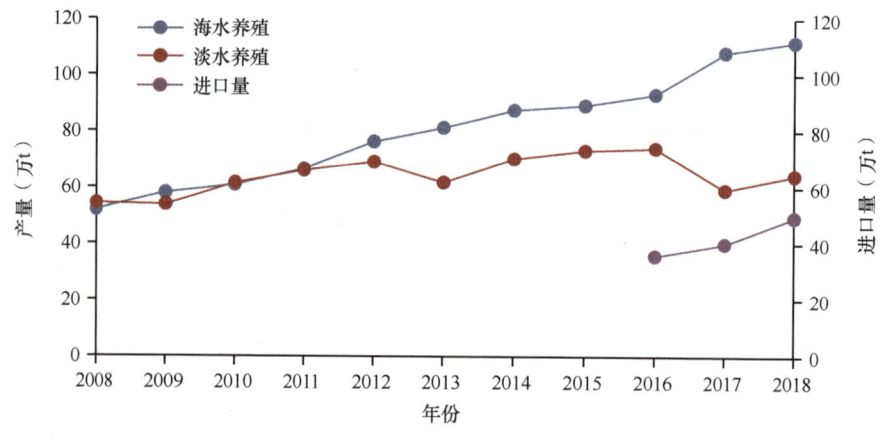

图 5-5 凡纳滨对虾养殖产量及进口量（农业农村部渔业渔政管理局等，2019）

近年来，传统凡纳滨对虾池塘养殖业的发展因病害高发、养殖水环境波动大等问题而受到严重影响，存在成活率偏低、产量不高且对周围水域生态环境影响较大的弊端。随着虾价逐年攀升，尤其是反季节虾价居高不下，凡纳滨对虾工厂化养殖快速兴起。对虾工厂化养殖早期以流水养殖为主，由于反季节升温能耗大以及外源水体风险高等问题，逐渐过渡为絮团式养殖模式居多。2007 年以来，上海海洋大学（原上海水产大学）将养殖水体微生态理论和养殖用水重复利用技术相结合，研发了具有自主知识产权的陆基零换水零用药对虾生物絮团养殖技术体系，凡纳滨对虾虾苗（PL5）经过絮团标粗 35~40d，成活率达 90%~98%，规格达 0.8~0.9g/尾，经过 38~40d 养成至 30 尾/500g 的商品虾规格，单茬均产量为 5kg/m³，两段法工艺可年产 5~7 茬。该模式已在江苏、安徽、浙江、四川等地推广应用 10 000m³ 以上。

2018 年以来，中国科学院海洋研究所突破了对虾循环水养殖的多项关键技术，建立了凡纳滨对虾规模化成套养殖工艺技术和设施装备，实现了凡纳滨对虾连续多茬高产。虾苗经 30d 标粗和 62d 的循环水养殖，平均体重达 13.43g，平均单产 12.92kg/m³，每千克虾耗水量 0.45m³，饵料系数 1.01。该模式经过近年来不断优化升级，已经形成了稳定成熟的养殖管理操作规范。2019~2021 年大连、湛江、烟台等地新建循环水养虾系统 9 套，共 4000m³

水体，各个系统平均单产均超过了 10kg/m³，为我国循环水高密度养虾模式的推广与应用奠定了坚实的基础。

2. 我国产业问题分析

1）病害问题制约工厂化养殖健康发展

工厂化养殖模式存在的首要问题是养殖中病害防控压力大。病害问题是制约水产养殖业健康可持续发展的关键问题之一，是现阶段保障安全生产所面临的重大挑战。工厂化循环水养殖模式一般设有相对高效的消毒环节，在确保补充水源、鱼苗、饵料无特定病原以及生产管理操作规范的前提下，理论上循环水养殖可杜绝特定病害的发生，同时降低普通病害暴发概率。然而，当前我国工厂化养殖在整体车间设计和养殖工艺方面的生物安全防控技术研究欠缺，对病原防控问题重视不够，在种苗病原检测、饵料来源、养殖原水处理、养殖管理等各个环节都存在病原引入的风险，导致养殖过程病害时有发生，且一旦发现病害后短期难以彻底消杀病原，往往会对生产造成巨大损失。

2）适宜工厂化养殖的优良品种缺乏

目前我国工厂化养殖发展迅速，南北方养殖规模日益壮大。然而，工厂化养殖的鱼类主要有大菱鲆、半滑舌鳎和石斑鱼，对虾主要为凡纳滨对虾。适宜北方海、淡水养殖的低温虾类和中上层游泳性鱼类优良品种极为缺乏，而南方适宜养殖的鱼类优良品种也很少，特别是适合工业化养殖的不带有特定病原（specific pathogen free，SPF）的苗种无法保障计划性供应，限制了工厂化养殖模式的健康可持续发展。因此，亟待针对我国幅员辽阔、南北方气候条件差异大的特点，开发适宜工厂化高密度养殖、抗病力强的优质鱼虾品种，以满足产业快速发展的需求。

3）高投入和高能耗制约了产业发展

与池塘养殖、海上养殖等模式相比，工厂化养殖车间构建初期资本投入高，养殖过程能耗大。以建设 1000m² 标准化循环水养鱼车间为例，基础建设及水处理设备造价高达 120 万～150 万元，对于从事传统渔业的大部分用户来讲，高昂的投资是制约产业转型升级的巨大门槛。车轩等（2010）对 157 家养殖企业的大量调研结果显示，工厂化养殖的单产能耗为 7.76kW·h/kg，约是池塘养殖单产能耗（1.35kW·h/kg）的 6 倍。与传统海水池塘养殖、淡水池塘养殖相比，生产成本居高不下大大降低了产品的市场竞争力，从而使得工厂化养殖自发展以来，只能养殖一些高价值、稀有种类，制约了产业的健康可持续发展。因而，研发循环水养殖新工艺、研制轻简化装备、减少养殖设施设备的投入和降低运行能耗成为促进我国工厂化养殖模式健康可持续发展的关键。

5.1.3 国际科技发展现状与瓶颈

1. 国际科技发展现状

1）基础研究促进产业技术体系建设

国外的循环水养殖基础研究开展较早。世界水产养殖学会（WAS）和水产养殖工程学会（AES）的大批专家致力于水产养殖相关的基础研究，行业内最早出版的系统阐释循环水养殖技术原理和养殖工程技术的专著，如 *Recirculating Aquaculture*（Timmons and Ebeling，2007）、*Aquaculture Engineering*（Lekang，2013）均为英文著作。这些著作涉及的内容多，技术讲解精细，大多结合案例讲解，通俗易懂。在养殖系统设计的基本原理、养殖池和管道铺设的计算方法、生物滤器效能分析、水质调控方法、消毒灭菌装置参数、养殖负荷、污物去除方法等方面都有专门论述。国外围绕循环水养殖工艺技术研究，在2007年就已经构建了较为全面的基础理论技术体系。

2）技术装备基本上实现机械化和自动化

国外依托发达的工业基础，养殖关键设施装备性能优越。在养殖系统关键设施设备制造方面，挪威的AKVA公司生产包括鱼类繁育、养殖、采捕、加工等全过程的设施装备，以及海上养殖工船等大型设备；冰岛的VAKI公司主要生产吸鱼泵、分鱼机、投饵机等养殖管理配套设备；瑞典的HYDROTECH公司以生产高品质的微滤机而知名。此外，美国ETI公司研发的Feedmaster、芬兰Arvo-Tec公司研发的投饵机器人、挪威AKVA公司研发的Fishtalk Control智能化投喂管理系统等都是在投饵设备方面处于国际领先水平的设施装备。这些行业知名品牌的产品质量和自动化水平均居于世界领先地位。

3）循环水养殖模式得以推广应用

以"recirculating aquaculture"或"recirculating culture"[代表循环水养殖模式（RAS）]和"flow-through system"[代表流水养殖模式（FTS）]为主题检索公式，在Web of Science核心合集数据库检索，分别得到1127篇和1148篇密切相关文献，单从文献总量来看，两种养殖模式研究投入相当，但从年发文量变化（图5-6）可以清楚地发现，自2013年以来，循环水养殖模式（RAS）年发文量超过流水养殖模式（FTS），且增长迅速，2019年的发文量约是流水养殖模式发文量的4倍。据Martins等（2010）介绍，丹麦法罗群岛生产大西洋鲑鱼苗的孵化场自2000年后全部由流水养殖模式改建为循环水养殖模式。

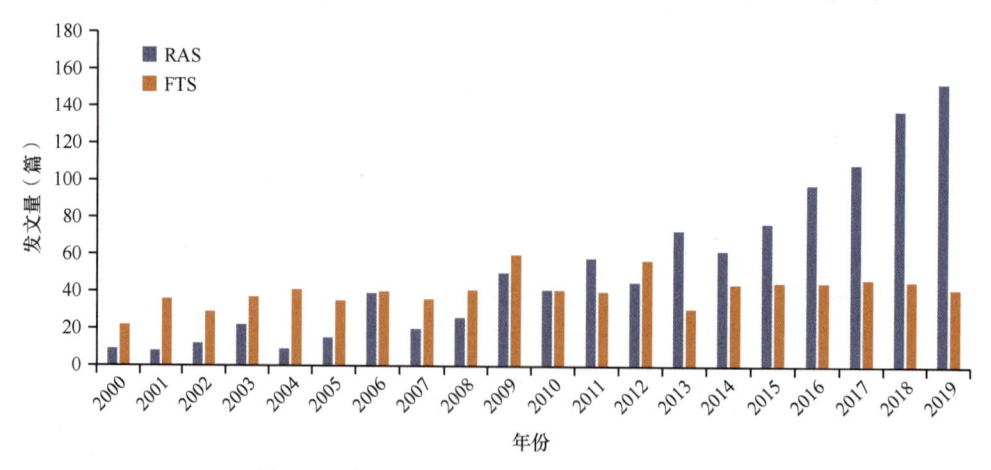

图5-6 循环水养殖和流水养殖研究发文量变化

Martins等（2010）用生命周期评价（LCA）比较了两种RAS和一种FTS对全球和区域环境的影响，研究表明，这两种模式对全球环境影响的主要区别在于对水的依赖、能耗和富营养化潜力。与 FTS 相比，RAS 减少了 93% 的对水的依赖，但 RAS 的能耗（16kW·h/kg 鱼）是 FTS 的 1.4～1.8 倍，在富营养化潜力方面，由于废物释放的差异，RAS 比 FTS 低 26%～38%。流水养殖系统排放尾水中的污染物，尤其是磷，已经引起了环境方面的关注，因为磷的过量排放可能导致水体富营养化，进而导致水质下降（图 5-7）。总体来看，工厂化养殖模式的研究重点主要集中在循环水养殖工艺技术及设施装备的研发方面。

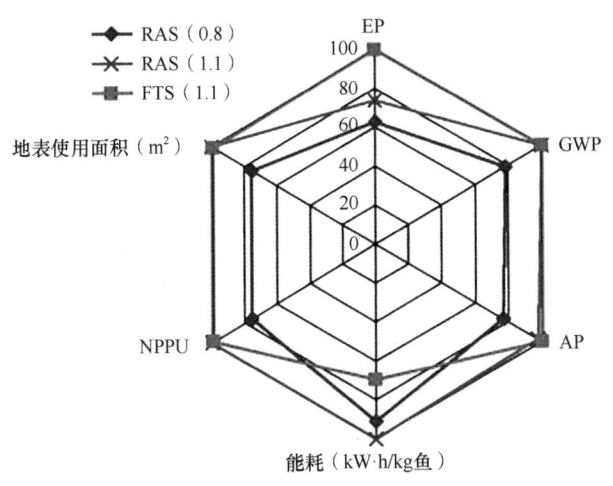

图 5-7　三种鳟鱼生产系统的环境影响比较（平均产量 500t/年）（Martins et al., 2010）
AP. 酸化潜力，以千克 SO_2 当量计；GWP. 地球变暖潜能，以千克二氧化碳计；EP. 富营养化潜力，以千克磷酸根当量计；NPPU. 净初级生产力，以千克碳当量计

2. 国际科技发展瓶颈

1）虾类生物安全保障技术

20 世纪 80 年代末，美国在畜禽养殖疫病流行的背景下提出了生物安全（biosecurity）的概念。生物安全是指保持养殖动物健康的一套防疫措施，尤其是切断病毒性病原传播的一系列措施，使养殖对象保持无特定病原状态。虾类属于无脊椎动物，缺乏真正的适应性免疫系统，其免疫能力取决于先天免疫（Musthaq and Kwang, 2014），因而虾类在遭受病原感染时，缺乏有效的应对措施，往往会造成巨大损失。20 世纪 80 年代末到 90 年代初，亚洲地区对虾养殖产业受病毒病影响遭受重创，白斑综合征病毒（WSSV）是影响最大的一种致病性病毒，在世界上大多数虾类养殖区有发现。已发现这种潜在的致命病毒不仅威胁所有虾类，还威胁其他海洋和淡水甲壳类动物，如蟹和小龙虾（Haq et al., 2012）。尽管科学家从 DNA 疫苗接种、重组疫苗、口服疫苗接种技术和基因治疗等方面开展了大量研究（Haq et al., 2012），然而，迄今为止，尚未有有效的防治对虾病毒性疾病的方法。

2）新型节能降耗净水装备与技术

工厂化养殖模式可控性强，与依靠自然环境的传统养殖相比，具有技术上的诸多优越性。然而，工厂化养殖单产能耗偏高是制约其扩大发展的重要因素。实现养殖系统关键设备的节能降耗，是全球工厂化养殖面临的共同技术挑战。在现有工厂化养殖工艺技术的框架下，节能降耗将变得越来越困难。养殖工艺的改进、水处理技术的革新、系统运行能耗的节能化管理和新能源的开发利用将是突破工厂化养殖节能降耗的重要途径。颠覆性的技术总是需要依托基础理论研究的突破,然而,数十年来工厂化养殖工艺、水处理技术、新能源开发等领域鲜有突破性进展。因此,研发新型节能降耗净水装备与技术,以及实现养殖系统节能降耗,成为工厂化养殖健康发展需要突破的重要技术瓶颈。

5.1.4 我国科技发展现状与瓶颈

1. 我国科技发展现状

1）养殖系统水体流体动力学分析研究逐步推进

计算流体力学（CFD）模拟技术最早应用于航空航天研究领域,近年来逐渐在养殖系统设计中得到应用,使水产养殖、养殖设备的设计不再单纯依靠经验进行。养殖池的设计要求能在池内建立起具有足够水流速度的理想流动模式,以便为鱼类提供最佳游泳速度的同时及时清除池内固体污物（Gorle et al.,2018b）。国外利用 CFD 模拟技术对养殖设备的研究已有较长历史,对于养殖池内的流场特征与集污性能等方面的研究具有很高的水平。国内在这方面的研究起步较晚,但已取得显著成效,国内学者倾向于研究循环水养殖系统中各因素对于污水处理装置性能的影响,最近几年对养殖池集污效果的研究也逐渐增多。

Du 等（2020）利用 CFD 模拟和实验验证的方法研究了 3 种微孔曝气管在矩形池中的污物收集和曝气性能,查明了采用四角式曝气管进行污物收集的最优曝气条件,建立了矩形养殖池的高效集污方案（图 5-8）。孙頔和刘飞（2019）利用 CFD 模拟对不同条件下含斜坡槽体中的水流对颗粒状污染物的排放情况进行了定量分析,优化了池塘循环流水养殖槽的结构参数。李源等（2014）利用 CFD 模型,研究了不同结构、操作参数下反应器液体流场、液体循环流量、气含率的变化规律,查明了导流筒直径、导流筒高度与反应器的内径比的最优值。李建平等（2019）对旋流分离装置内部的流动特性进行了数值模拟,查明了不同入口流量、不同入口浓度对固液分离性能的影响。

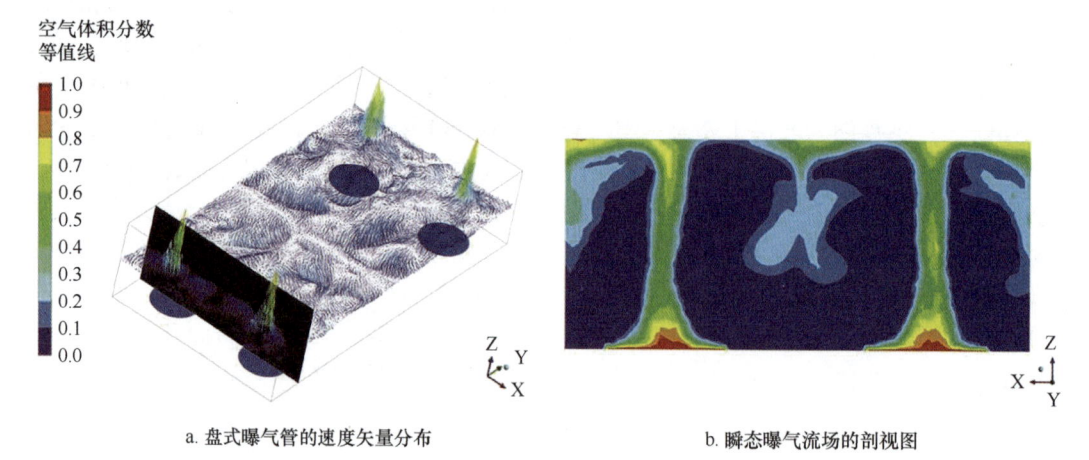

a. 盘式曝气管的速度矢量分布　　　　b. 瞬态曝气流场的剖视图

图 5-8　盘式曝气管在测试水池中的水干扰（Du et al.,2020）

2）计算机视觉技术引入生物量识别和饲料投喂策略研究

机器视觉、图像识别、大数据分析等技术的发展和在水产养殖中的研究应用,促进了智能投喂、生物量识别技术的快速发展。Chen 等（2019）利用图像识别计数养殖池中对虾的存有量，为养殖投喂管理、制订科学的投喂策略提供了基础。赵建等（2018）利用计算机视觉和深度学习技术实现了鱼群局部异常行为的监测、定位和识别，监测、定位和识别准确率分别可达 98.91%、91.67%和 89.89%。Liu 等（2014）提出了一种滤除水面反射对先前结果影响的方法，确定了基于计算机视觉的摄食活动指数（CVFAI），用于测量任意给定持续时间内鱼的摄食活动。Wu 等（2015）开发了一种准确率很高（准确率为97.89%）的基于自适应神经网络的模糊推理系统（ANFIS），用于水产养殖的饲料决策，可基本模拟鱼类的实际食物搜寻行为。

3）共性技术与设备研发带动工厂化养殖产业技术提升

在生物净化技术方面，张宇雷等（2018）、赵越等（2018）对生物反应器和生物膜载体填料进行了优化设计，提高了去除氨氮和硝酸盐氮的效果；史明明等（2017）对低温工况下不同启动方式下流化床生物滤器效果进行了比较研究，优化了适宜低温地区的生物膜挂膜方法；张海耿等（2017）提出滤器床层下部是硝化作用发生的主要部位；于冬冬等（2014）研制出了可以边工作边反冲洗的气提式砂滤器；李亚峰等（2008）比较研究了不同生物滤料的污水处理效果，发现自然挂膜比接种挂膜更有利于生物滤器运行稳定；侯志伟等（2017）开展了水力停留时间对固相反硝化处理效果的研究等。

在净水装备方面，许多学者开展了臭氧、紫外线、电化学等水体消毒灭菌和净化设备的研究。张延青等（2008）、管崇武等（2018）开展了臭氧对细菌微生物和悬浮颗粒物的作用机制与效果研究，发现适宜浓度的臭氧不仅能够很好地控制细菌，还可降低水体浊度，并据此开发了臭氧-紫外线反应系统，杀菌率达到 97%。陈石等（2015）从筛缝规格、安装角度以及水处理量等方面，开展了弧形筛对颗粒物的去除效果研究。张成林等（2015）发现多向流重力沉淀装置能较高效地去除悬浮颗粒物。周游等（2014）指出紫外线杀菌消毒装置布设位置对养殖系统水环境以及鱼类的生长均有影响。

在生产配套设施装备方面，崔龙旭等（2014）、孙建明等（2016）、刘吉伟等（2018）、李康宁等（2018）研发了轨道式自动投料机、气动式自动定量投饲机、气力式投料机、履带式投饵机等一系列适应工厂化养殖不同环境的自动投喂装置；黄道沛（2016）、刘平等（2019）分别研制了射流式吸鱼泵、真空吸鱼泵等鱼类收获起捕设备；孙建明等（2019a，2019b，2019c）开发了成套对虾循环水养殖集排污装置和养殖设施；何普清（2019）、杜安东等（2020）研发了鱼苗、鱼卵、虾苗等专用计数设备；Chen 等（2021）开发了节能型变流式高效除污养殖工艺与设备；孙建明等（2018）研发了适宜北方地区的水产专用中空膜太阳能温室。

4）多元工厂化养殖技术与模式得以构建

我国建立了成熟的鱼、虾规模化工厂化养殖技术与装备体系。在微藻、贝类及刺参等水产品工厂化养殖方面也开展了大量研究和产业化实践工作，尤其在单胞藻培养和贝类、刺参等育苗方面建立了成熟的工厂化养殖和繁育技术体系。中国科学院海洋研究所研发了一种封闭式微藻规模化培养的管道光生物反应器，并用于雨生红球藻的规模化生产，建立了成套的红球藻提取虾青素生产工艺体系。华东理工大学采用"异养—稀释—光诱导"连续培养工艺实现了小球藻工厂化高密度培养，解决了传统光自养培养细胞密度低、生长速率和产率低、藻细胞采收成本高、产品质量难以保障等诸多问题。贝类、刺参等重要水产经济动物的工厂化育苗技术发展成熟，且均具有相当规模。然而，当前贝类、刺参等生物的苗种培育仍主要采用换水式的工厂化养殖模式，设施化、自动化程度低，在养殖模式上具有很大的提升空间。

2. 我国科技发展瓶颈

1）养殖设备节能降耗与能量智能化管理技术

微滤机、泡沫分离器、臭氧紫外线消毒设备、生物净化器以及膜净化器是工厂化养殖系统最具有代表性的关键净水装备。设备运行过程中能耗偏高，其中设备无效运转产生的能耗是造成能耗偏高的主要原因。例如，微滤机的无效空转和反冲洗、泡沫分离器的无泡沫运行、紫外和臭氧的过度开启等都产生了无效能耗。因此，开展养殖车间设备节能技术研究，构建设备能量智能化管理调控技术，降低工厂化养殖车间设备运行能耗，是设施装备研发和升级的重要研究内容。

2）基于养殖生物与环境高效匹配的智能化养殖管理技术

由于对养殖生物时空行为生态学研究的不足，工厂化养殖设施的设计与生物习性匹配度不够，存在系统依靠经验设计、生物被迫适应系统、生产效率低等问题。因此，需要研究鱼群时空行为智能感知和鱼群游泳能耗仿真等关键技术难题，研发养殖水质智能预警与流量智能调控技术，并利用人工智能物联网等技术，构建水处理装备和养殖工艺高效融合的管控平台，实现鱼类循环水养殖系统的智能化。

3）工厂化养殖原创性装备与配套技术

工厂化养殖是一个多学科交叉融合的领域，其主体工艺技术是水产养殖。然而，工厂化养殖模式不断提升依托的是现代工业制造技术、信息化技术、自动化技术、水体生化处理技术等。这些新技术诞生之初大多是借鉴其他行业经验，或引进国外技术吸收再创新产生的，原创性新技术非常稀缺，以致行业总体上来讲在水处理工艺技术方面几十年来没有颠覆性的重大技术进展。

5.2 重大科技需求分析

5.2.1 科技发展愿景分析

1. 构建陆基工厂化生产技术体系

我国工厂化养殖的基础研究、技术与设施装备研发、养殖模式应用推广等存在诸多问题，特别是作为绿色水产养殖发展主推模式之一的陆基循环水养殖模式，表现出基础研究和水处理技术研发薄弱、技术集成和系统构建水平低、系统运行和养殖生产成本高以及无法实现预期经济目标等问题，资源节约、环境友好和生产高效的水产养殖模式难以大规模推广。在国家制定的水产养殖中长期目标和规划指导下，针对工厂化养殖目前存在的问题，未来将加强应用基础研究，明晰主养种类发育、生长、生理特性及环境需求，探明养殖对象应对环境因子变化，特别是应对高密度、不同流场条件等变化的生理响应和适应机制，建立工厂化养殖对象的最适环境需求、生长机制及预测模型,以及养殖系统水动力及物质循环模型;提升养殖设施设备的自主和创新研发能力,研发出稳定、节能、高效的水处理设施设备及相应的配套养殖辅助设备;突破工厂化养殖水处理关键技术,解决困扰产业发展的氮磷处理、残饵粪便及尾水资源化利用等技术难题;构建包括病原菌输入防控、疫苗接种、疾病快速诊断、环境调控、疾病防控等的生物安保体系;研发工厂化养殖尤其是循环水养殖专用饲料(陈军等,2009;雷霁霖等,2010b,2014),从而构建陆基工厂化生产技术体系,引导和促进水产养殖绿色发展。

2. 建立陆基工厂化"无人"智能渔场

建立工厂化养殖系统构建标准、水环境调控技术体系和养殖技术工艺标准等,突破大数据物联网技术在陆基工厂化养殖中的应用(刘鹰,2011;李道亮,2018),使我国陆基工厂化养殖技术及生产管理标准化和智能化,达到国际先进水平,构建养殖设施装备和养殖技术工艺深度融合的陆基工厂化"无人"智能渔场,实现我国渔业生产提质增效、减量增收、绿色发展、富裕渔民的总体目标。

5.2.2 科技发展需求分析

1. 加强基础研究以支撑相关技术研发

我国拥有众多的养殖对象,不同种类具有不同的发育生长特性、生活习性和环境需求,在集约化养殖条件下,养殖对象的生理状况、行为学特征和营养需求、物质与能量的平衡、免疫特性等方面的研究严重不足、缺失,系统认识匮乏。工厂化养殖系统的设计、养殖技术工艺提升、日常养殖管理策略的设定皆需要在掌控养殖对象生物学特性、生活习性,尤其在明了高密度养殖下行为特征等条件下得以实现(雷霁霖,2010a;刘鹰和刘宝良,2012;李贤和刘鹰,2014),养殖者无法明晰养殖对象所需的养殖环境条件及其调控依据,无法依据生物行为变化和水环境变化建立精准管理策略,智能化生产及管理体系的构建就更无从谈起。因此,工厂化循环水养殖的设备和系统优化、养殖技术的提升及管理系统的建立与完善,亟待系统开展相关应用基础性研究,研究主要养殖生物在不同密度、水质、水流等条件下的应激理化指标以及生长情况,确定应激养殖环境边界条件和最优生长条件;探明主要种类在高密度养殖条件下的饲料营养标准、投喂周期及其对生长的影响等(麦康森等,2004),为工厂化智能养殖技术工艺体系的构建夯实基础。

2. 提升养殖设施设备自主研发能力

设施水产养殖作为水产养殖业发展最为迅速的领域,在节约水土资源、实现环境友好生产、提高劳动生产率和提升水产养殖业综合效益等方面发挥了重要作用。与此同时,设施水产养殖面临新常态形势下"转方式、调结构"的发展机遇与挑战,急需高端技术和装备提供支撑。高效稳定的渔业装备可进一步减少水产养殖操作中的人力成本、能源成本、维护成本,实现精准操作和管理,提高生产效率。迄今,我国农机装备技术基础研究不足,整机可靠性和作业效率不高,核心部件和高端产品依赖进口,国际知名农机企业凭借技术和资本优势全面进入我国,抢占高端农机市场,我国农业生产和产业安全面临严峻挑战。加快发展智能农机装备技术,提升农机装备供给能力,缩小技术性能、能耗等与国外主流产品的差距，支撑现代农业发展，对保障粮食和产业安全意义重大（知一，2017）。传统的循环水养殖系统设备主要包括微滤机、蛋白分离器、生物滤池、臭氧和紫外线装置及增氧装置，分别执行大型颗粒物分离、细小颗粒物去除、将氨氮转化为亚硝氮和硝氮的硝化作用、消毒杀菌和增氧。虽然上述设备均已国产化，且基本可以满足循环水养殖的需求，但由于国产设备以仿制为主，设备技术性能不足，最突出的表现是运行稳定性差、能耗高，直接影响养殖水处理效率、养殖水环境、养殖承载力、单位产出，最终影响单位养殖成本、生产效益及养殖模式的示范推广。提高设备运行的稳定性、处理效率和降低能耗是设备提质的关键所在（徐皓等，2010）。除上述系统设备外，国内配套养殖辅助设备的研制和制造水平与国外的差距更大，国产电脑控制下的定时定量自动投饵系统基本可以满足生产要求，吸鱼泵、分鱼机、数鱼器等可以大量解放劳动力的自动化机械设备，整机性能与国外主流产品的差距明显。

3. 突破工厂化养殖水净化关键技术及工艺

工厂化养殖的理想目标是利用尽可能少的资源，生产更多的产品，并对环境造成最小的影响，要实现这样的目标，养殖水处理及净化技术工艺是关键。目前水产养殖水处理原理和技术工艺基础均来源于生活污水及工业污水处理，养殖水体的寡营养盐、低有机物含量、水体高盐度、低温等因素都给水体净化带来了挑战，使得适用于工业或生活废水的处理技术工艺无法直接用于养殖水体处理（Navada et al.，2019）。生物滤器凭借其硝化效率高被广泛应用于循环水养殖系统中，然而硝酸盐和磷酸盐在水体中的积累成为该养殖模式的突出问题。就养殖水处理的各个环节而言，国际上的研发热点包括去除养殖水体中积累氮磷盐的需氧/兼氧反硝化技术、生物絮团技术、微小悬浮物的去除技术、二氧化碳高效去除技术、膜过滤技术、电化学净化技术、硝化与反硝化技术等，上述技术的研发和突破，将解决养殖水环境中的氮磷积累、养殖尾水排放导致的富营养化等产业问题，实现高效生产、环境友好的绿色发展。

4. 建立养殖装备与养殖技术工艺融合体系

从我国工厂化养殖产业的发展过程来看，相对而言有针对性且养殖系统硬件和养殖技术工艺相衔接的仅有鲆鲽类和鳗鱼的工厂化养殖，其他均为普适性养殖系统，依赖经验构建硬件养殖系统和进行养殖生产管理。近十年来，我国循环水系统建立的多，运行的少。究其原因：①循环水养殖系统是通过不同设备将含有残饵粪便及代谢产物的养殖排水处理成适宜的养殖用水的水处理系统，因此，养殖排水的水质特征、代谢物含量及其变化趋势等决定着系统对水处理各个单元处理能力的特定需求，这也是系统设计和构成的依据。而目前的循环水养殖系统设计多数来源于水处理设备厂家，基本凭经验构建养殖系统，没有充分考虑养殖对象生物学特性、代谢产物特性、系统水处理能力和生产目标等，导致生产运行不稳定、成本高且单位产出低等，无法实现预期目标。②循环水养殖生产应针对特定的养殖对象和工厂化养殖系统，基于工厂化养殖系统运行原理，依据养殖对象的生长、摄食、行为、水环境指标变化及其之间的关联分析建立特定的养殖技术工艺，建立包含适宜的生物安保及疾病预警预防系统、合理投喂策略等要素在内的工厂化健康养殖技术工艺标准，从而保障养殖生产过程的良性运转和生产目标的实现。目前许多企业在政策和项目导向下建立循环水养殖系统，缺乏对养殖对象生长及其代谢特征、水质特征变化及其与生物生理行为的关联,以及水环境调控过程的认知,简单地以工厂化流水养殖经验管理循环水养殖生产活动,缺失有针对性、科学的养殖技术工艺,无法实现高效、安全的养殖生产。因此,应基于主要养殖种类全生产阶段生产要素、养殖技术工艺要素和养殖系统设备要素,将养殖生物学特征、水处理技术、健康养殖技术和养殖系统构建设备相匹配,构建工厂化绿色养殖生产体系,以实现养殖系统的稳定运行和高效养殖生产。

5. 智慧渔业是工厂化养殖的发展方向

高效、精准、智能养殖是我国水产养殖业未来的发展方向,未来将突破水产养殖物联网、大数据、人工智能、机器人与智能装备的研究与技术,与基于养殖生物特性的循环水养殖系统相整合,从而构建陆基工厂化"无人"智能渔场。随着传感器国产化、通信低成本化、信息处理智能化和物联网平台的发展,有望将智能化技术成果落实到工厂化养殖模式(李道亮,2018)。然而必须明确的是,只有在充分研究和明晰养殖对象生理状况、行为特征及其变化规律、生长曲线及能量收支规律,以及养殖生产过程中水环境变化及其调控机制,才能集成物联网大数据采集与分析,构建养殖对象健康监测与评估、养殖过程管理、水质监控、养殖设备操控等为一体的养殖专家管理系统,构建陆基工厂化"无人"智能渔场,实现智慧渔业的目标。

5.2.3 重大科技任务分析

1. 循环水养殖系统基础理论的深入解析

(1)循环水养殖系统构建的基础研究:鱼池的构造及其可能形成的流场及模型模拟;养殖系统水动力模型及物质循环模型的构建;养殖给排水动力学模拟等。

(2)主要养殖生物环境需求及其与环境的互作机制研究:研究主要养殖生物对环境变化的行为和生理响应特征,揭示环境因子叠加对养殖对象生理的影响,解析多重环境胁迫的生态效应、生态毒理效应及机制;研究养殖密度、饲料、投喂策略对代谢过程、代谢产物动态的影响及机制;研究颗粒物产生、组成、运输和转化途径及其影响因素;建立养殖生产要素与主要水环境因子耦合模型及揭示互作机制。

(3)主养种类营养需求:研究工厂化养殖对象不同生长阶段,特别是针对陆基养殖系统的特定水环境下的营养需求,获得并重新评定营养需求参数;研究养殖对象生理、生长和应激可能的环境和营养调控途径及其机制,以及基于生长、健康、水质条件的投喂策略。

(4)生物净化理论:生物滤池生物膜形成及其影响机制;硝化及反硝化过程适宜环境条件的确定及其调控机制,研究硝化、反硝化过程的环境影响机制及其调控机制。

2. 适宜循环水养殖鱼种的选育与规模化扩繁技术研发

(1)适宜循环水养殖生产的良种选育:集成群体选育、家系选育、多性状复合选育、细胞工程育种以及分子育种等各具特色的水产育种技术,因地制宜地建立和完善以生长快、品质优、抗逆性强,特别是适应循环水系统高密度养殖为主要选育目标的水产养殖生物新品种培育技术体系。

(2)循环水苗种培育技术:深入了解水产生物的生殖发育和繁殖行为的发生发育过程,以及生殖内分泌的生物学规律,理解环境要素如光照、温度、饵料等在促进水生生物生殖调控中的作用，建立规模化人工扩繁技术，尤其是循环水苗种培育技术。

3. 新型水净化技术与高效设施装备研发

（1）养殖水环境调控技术及工艺研发、技术突破：基于计算机流体力学模拟的精准排污技术研发；新型膜材料的开发及基于膜工艺的水质净化技术研发；电化学氧化技术研发；臭氧-紫外线联用和微酸性电解水消毒灭菌技术研发；去除养殖水体中积累氮盐的需氧/兼氧反硝化技术、生物絮团技术、养殖尾水资源化再利用技术研发。

（2）养殖装备研发与性能优化：提升养殖水处理设备如微滤机、蛋白分离器等的技术性能与节能降耗技术水平；吸鱼泵、自动投饵机等养殖装备关键技术的研发与突破；研制技术性能稳定、寿命长的水质实时监测设备。

4. 新能源的开发与应用

开发风能、太阳能等新能源，集成水源热泵、空气能热泵等设施装备，优化工厂化养殖，尤其是循环水养殖的能源使用结构，降低传统能源如电能在成本支出中的比例，提高养殖模式的环境可持续性。

5. 生物安保防控体系的建立

（1）海水鱼类重要病原体致病机制及环境、生物和免疫防控调控机制：以水产动物应对病原侵染的免疫、代谢信号途径和作用调控网络理论，以及养殖环境对病原性和应激性疫病暴发的影响及调控机制的解析为基础，探索、研发基于养殖水体环境调控的病害防控和免疫调节技术。

（2）多联多价鱼类高效疫苗研发：针对主养种类病原性细菌、真菌、病毒和寄生虫，研制安全高效疫苗，包括发展针对单一病原的单价和多价疫苗，开发防控多种病原的多联疫苗，研发有效的浸泡和口服疫苗；开发高效低毒的渔用佐剂和抗原递呈系统，提高疫苗的免疫效率和延长保护周期。

6. 建立工厂化养殖的智能化管控系统

以工厂化养殖系统硬件特征、养殖技术工艺和养殖生物特性为基础，突破水产养殖物联网、大数据、人工智能、机器人与智能装备的研究，建立工厂化养殖智能化管控系统，提升工厂化养殖的智能化水平，从而有效解决水产养殖业的劳动力结构问题。

5.3 技术水平发展总体评价

5.3.1 技术发展态势评价

以科学引文索引扩展版（Science Citation Index Expanded，SCIE）数据库为基础，以TS=("recirculating *culture" OR "land-based *culture" OR ((facility OR equipment OR installation) AND aquaculture NOT (offshore OR sea OR cage)))为主题检索公式，选取的文献类型为论文（article）、会议论文（proceedings paper）和综述（review），检索日期为2020年3月11日。在得到初步检索结果后，将数据进行合并、去重和清洗处理，最终得到2052

条数据，从文献计量角度分析国际工厂化养殖研究的发展态势。

以中国知网数据库为基础，以 SU=(循环水养殖+陆基养殖+工业化养殖+工厂化养殖+流水养殖+絮团养殖) OR SU=(设施+装备+设备)*水产养殖 NOT SU=(离岸+深远海+深海+深水+网箱+筏式+池塘+水库+湖泊+捕捞+远洋+鸡+猪+牛+羊)为主题检索公式，限定期刊类型为核心期刊、CSSCI 和 CSCD 来源期刊，时间范围为 1990 年至检索日期（2020 年 3 月 18 日），得到国内工厂化养殖相关研究 904 篇，从文献计量角度分析国内工厂化养殖研究热点。

数据分析采用汤森路透集团开发的专利信息分析工具 TDA 软件、网络关系分析工具 Ucinet 和 NetDraw，以及 Nees Jan van Eck 和 Ludo Waltman 开发的 VOSviewer 软件和办公软件 Excel。利用 TDA 软件对文献数据进行基本的处理和清理，利用 Ucinet 和 NetDraw 工具绘制国家合作网络，利用 VOSviewer 软件对文章题名、摘要和关键词进行聚类分析，利用 Excel 软件对该领域文献进行统计分析以及图表绘制的可视化分析，分析结果分别介绍如下。

1. 国内研究发展态势分析

将国内相关研究数据集中的论文题目、摘要和关键词进行可视化图谱分析和领域聚类，得到图 5-9 和图 5-10。由国内工厂化养殖热点可视化图谱和研究内容聚类图可看出，工厂化养殖和循环水养殖系统是出现频次最高的两个关键词；在工厂化养殖区块中，大菱鲆、流水养殖、苗种等关键词出现频次较高；在循环水养殖系统区块中，水质、生长、生物滤池等关键词出现频次较高。

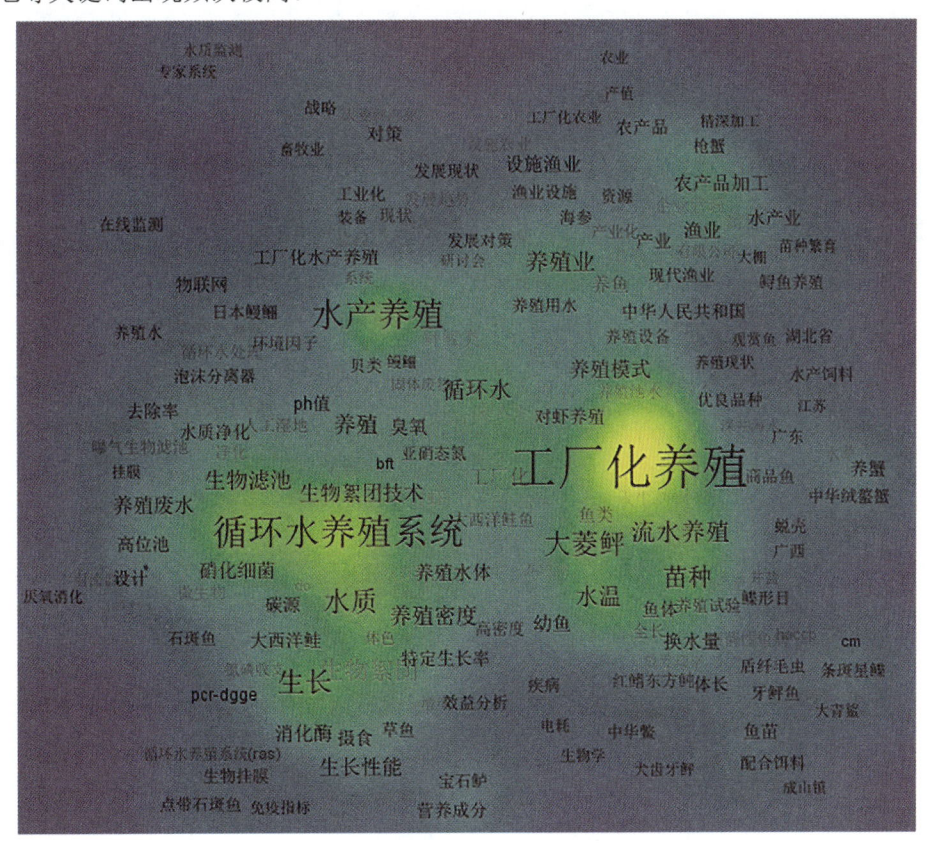

图 5-9　国内工厂化养殖研究热点可视化图谱

颜色越凸显表明出现频次越高

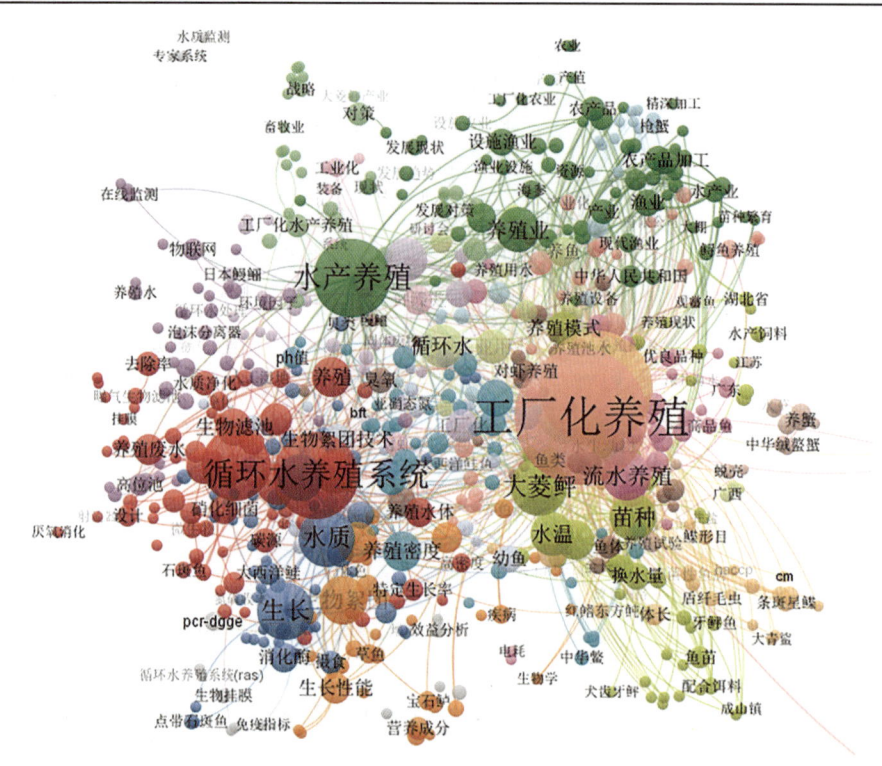

图 5-10　国内工厂化养殖主要研究内容聚类图
联系紧密的关键词划分为同一区块；字号越大表示该关键词出现频次越高

2. 国际研究发展态势分析

1）研究论文变化情况

从国际工厂化养殖研究发文量变化来看（图 5-11），1995 年以后年发文量增速加快，2019 年比 2001 年工厂化养殖研究发文量增长了约 8.5 倍，且仍然呈快速上升趋势。可以看出，工厂化养殖已经成为水产养殖研究的热门领域。

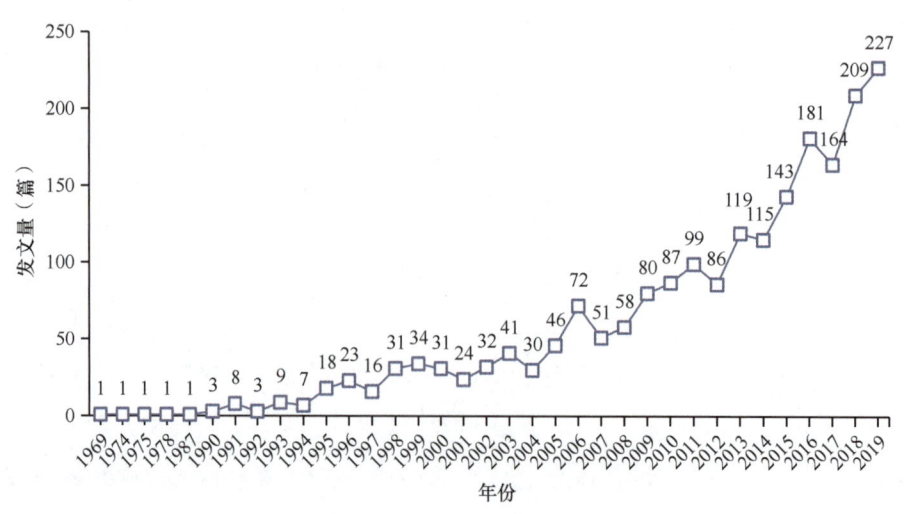

图 5-11　国际工厂化养殖研究发文量变化

2）国际研究力量与影响力分析

从工厂化养殖研究发文量看（图 5-12），发文量最高的两个国家是美国和中国，篇均被引频次最高的两个国家是以色列和美国，而我国发表论文的篇均被引频次在发文量前 10 位国家里排名最后（表 5-1，图 5-13）。可以看出，在工厂化养殖研究方面，美国发文量具有绝对优势，总体实力最强，以色列的前沿技术研究领先。

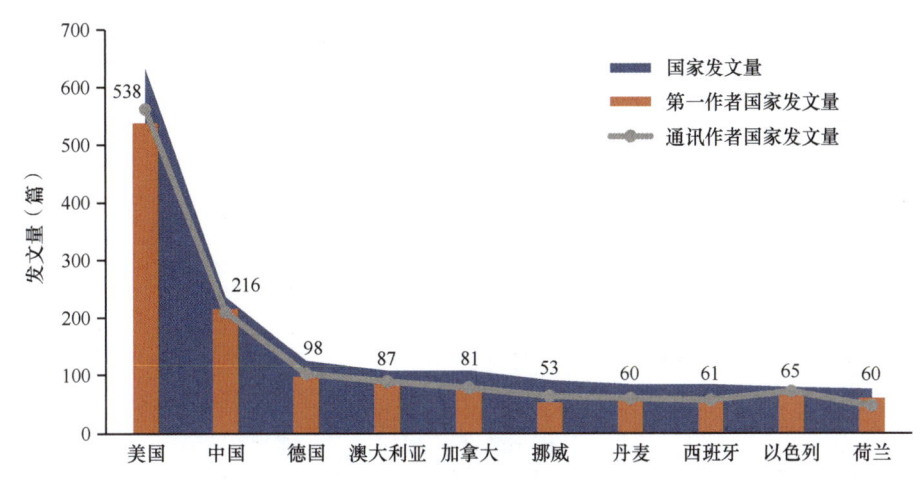

图 5-12　国际工厂化养殖研究发文量前 10 位国家的发文量、第一作者国家和通讯作者国家发文量

表 5-1　国际工厂化养殖研究发文量前 10 位国家的发文情况

排序	国家	发文量（篇）	总被引频次（次）	篇均被引频次（次/篇）	第一作者国家发文量占比（%）	通讯作者国家发文量占比（%）
1	美国	632	15 529	24.57	85.13	88.92
2	中国	236	2 567	10.88	91.53	88.98
3	德国	125	1 983	15.86	78.40	82.40
4	澳大利亚	108	1 630	15.09	80.56	82.41
5	加拿大	108	2 160	20.00	75.00	72.22
6	挪威	91	1 859	20.43	58.24	70.33
7	丹麦	84	1 312	15.62	71.43	71.43
8	西班牙	84	1 604	19.10	72.62	66.67
9	以色列	79	2 325	29.43	82.28	91.14
10	荷兰	76	1 781	23.43	69.74	61.84
	平均值	162.3	3 275	19.44	76.94	77.63

3）国际合作情况分析

以国际工厂化养殖研究发文量前 50 个国家为主，得到各个国家相互合作关系网络（图 5-14）。全部论文中，以国家数量计为 2677 篇，实际论文为 2052 篇，论文篇均合作国家为 1.28 个，单个国家独立完成的论文有 1593 篇，占全部论文的 76.15%，3 国及以上合作的论文数量为 103 篇，占全部论文的 4.92%，说明工厂化养殖研究多国合作较少。

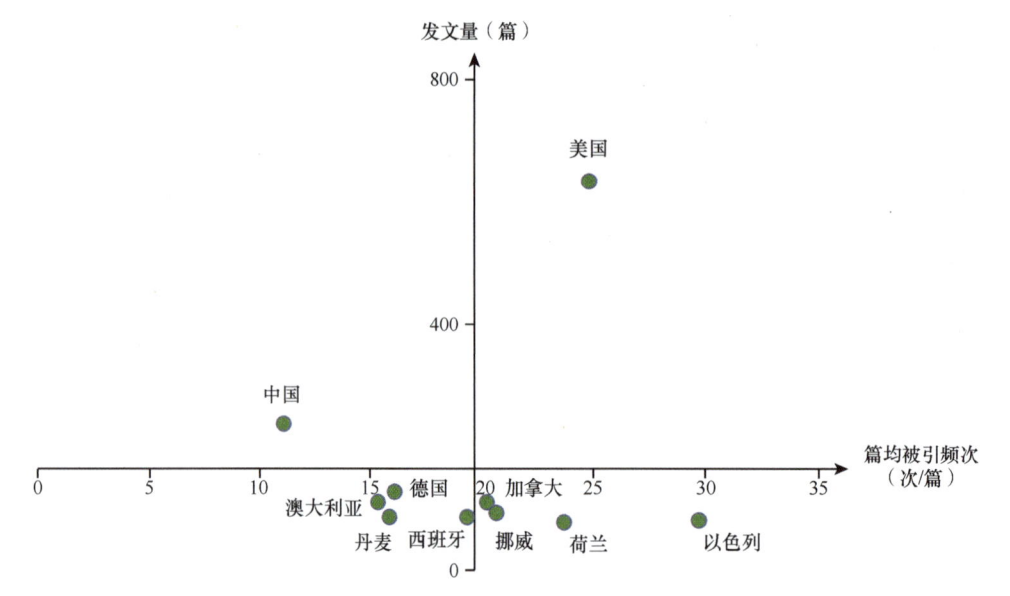

图 5-13　国际工厂化养殖研究发文量前 10 位国家的发文量和篇均被引频次分布图

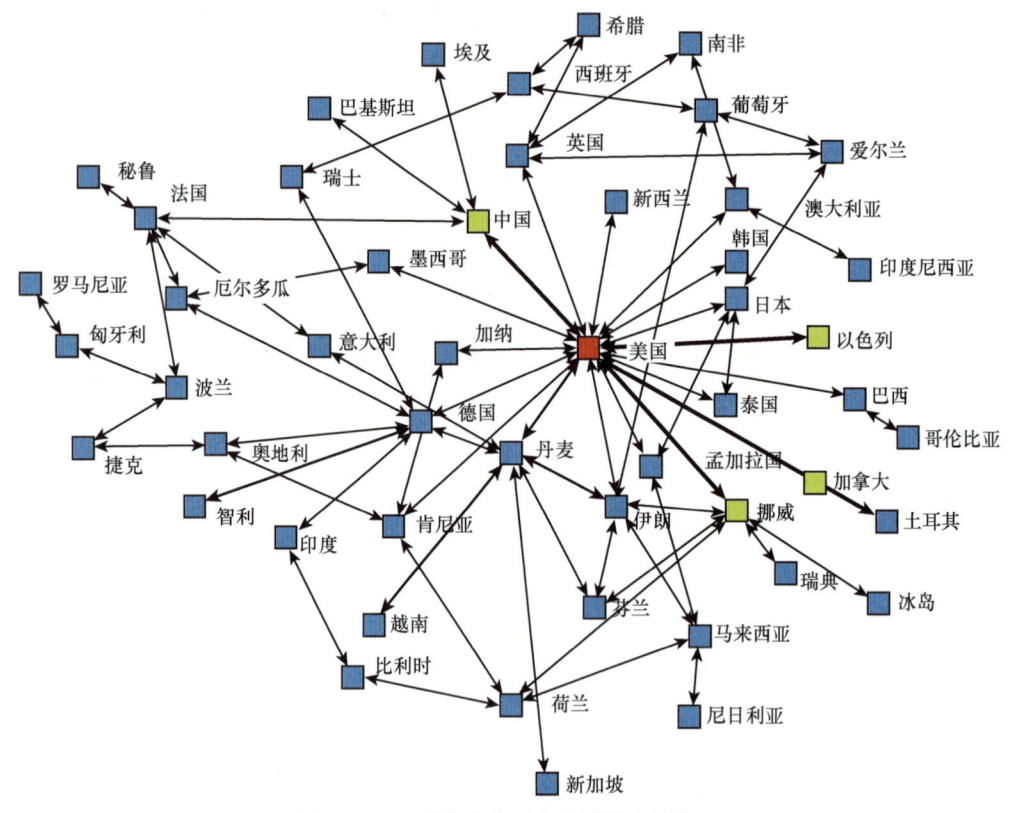

图 5-14　工厂化养殖研究的国际合作情况
连线表示合作关系，线条越粗合作次数越多

从图 5-14 可以看出，在工厂化养殖研究国际合作方面，居于核心位置的是美国，中国与挪威、德国、丹麦等国处于第二梯队，中国有 67 篇合作论文，最主要的合作国家是美国，合作论文为 25 篇，其次是法国，合作论文为 9 篇。总体来看，除美国外，工厂化养殖相关研究的国际合作较少。我国未来应更加重视在工厂化养殖研究方面开展国际合作，广泛吸收国外的先进技术经验。

4）主要研究机构分析

在工厂化养殖研究论文发表最多的 10 家研究机构中，研究论文最多的两个机构是中国科学院（Chinese Academy of Sciences）和美国自然保护基金会的淡水研究所（Conservation Fund's Freshwater Institute），其次是美国农业部农业研究中心（USDA-ARS）和荷兰的瓦赫宁根大学（Wageningen University）、丹麦科技大学（Technical University of Denmark），中国水产科学研究院（Chinese Academy of Fishery Sciences）是进入前 10 名的第二家国内科研机构（图 5-15）。

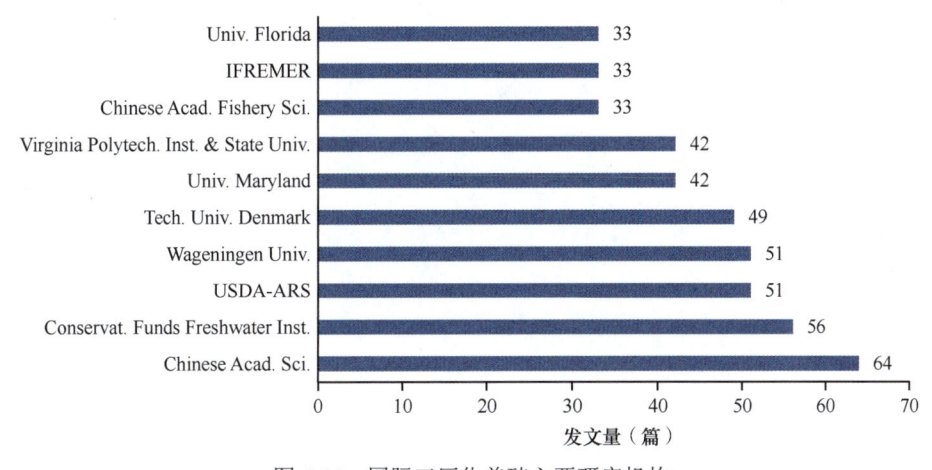

图 5-15　国际工厂化养殖主要研究机构

5）主要学科领域分析

按 Web of Science 学科分类看（表 5-2），工厂化养殖研究所涉及的主要研究学科有渔业（Fisheries）、海洋与淡水生物学（Marine and Freshwater Biology）和农业（Agriculture），其中渔业所占比重最大，有 1192 篇相关论文，占总发文量的 57%。工厂化养殖研究发文量前 10 位国家聚焦的主要研究领域分布见图 5-16，各国普遍较关注的领域是渔业和海洋与淡水生物学，其中美国发文量超过中国发文量 3 倍的研究领域有渔业、农业和兽医学。

表 5-2　国际工厂化养殖研究主要涉及的 Web of Science 学科领域

序号	学科领域	文章篇数	序号	学科领域	文章篇数
1	Fisheries	1192	6	Veterinary Sciences	109
2	Marine and Freshwater Biology	585	7	Biotechnology and Applied Microbiology	102
3	Agriculture	384	8	Water Resources	92
4	Environmental Sciences and Ecology	307	9	Science and Technology- Other Topics	70
5	Engineering	134	10	Microbiology	62

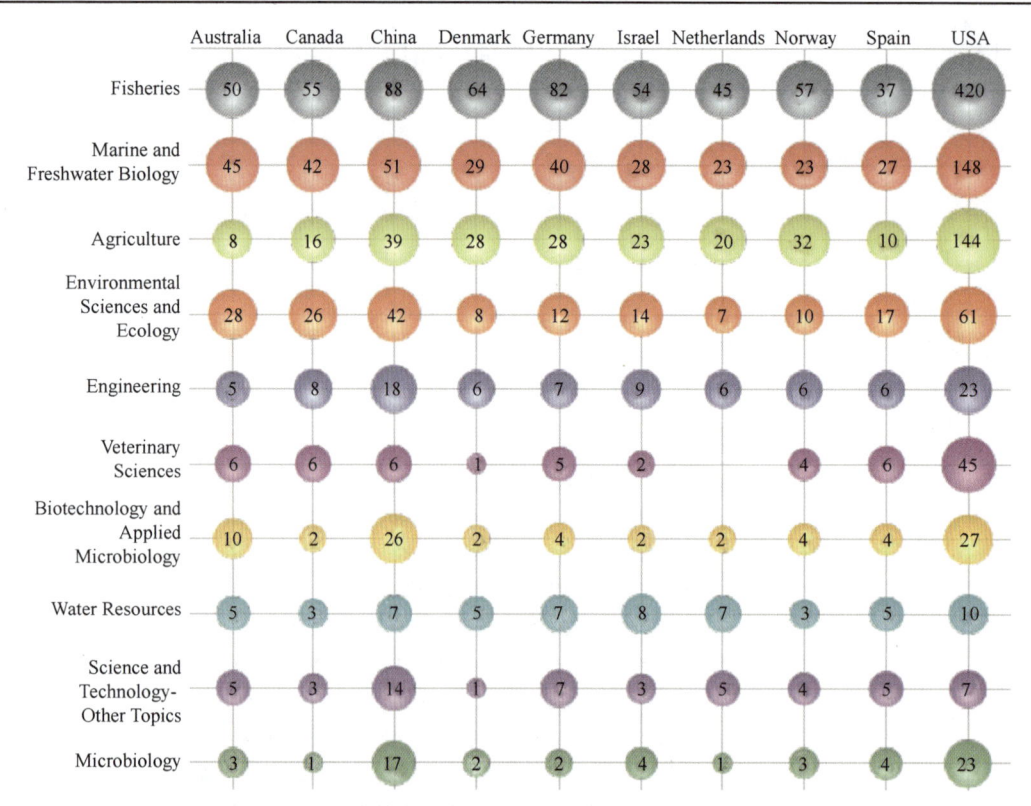

图 5-16 国际工厂化养殖研究发文量前 10 位国家主要研究领域对比图

6）研究关键词分析

统计分析的论文数据中有 83%的具有作者关键词字段，对该部分有效关键词进行统计分析，排名前 20 的关键词见表 5-3。可以看出，"recirculating aquaculture system"（循环水养殖系统）是出现频次最高的关键词（recirculating aquaculture、recirculating system 为其同义词），其次是"aquaculture"（水产养殖）、"water quality"（水质）、"growth"（生长）、"nitrification"（硝化）、"denitrification"（反硝化）等。由图 5-17 可看出，"recirculating aquaculture system""water quality"是出现频次持续较高的关键词，近年来出现频次较高的关键词有"aquaponics"（复合养殖）和"sustainability"（可持续性）。由此可见，水产绿色发展问题受到越来越多的重视。

表 5-3 国际工厂化养殖研究高频关键词一览表（前 20 个）

序号	关键词	词频	序号	关键词	词频
1	recirculating aquaculture system	388	11	recirculating aquaculture	41
2	aquaculture	330	12	recirculating system	40
3	water quality	89	13	Atlantic salmon	39
4	growth	84	14	tilapia	36
5	nitrification	64	15	ozone	33
6	denitrification	57	16	recirculation	33
7	biofilter	48	17	abalone	29
8	fish	46	18	nitrogen	27
9	aquaponics	44	19	sustainability	27
10	rainbow trout	41	20	nitrate	26

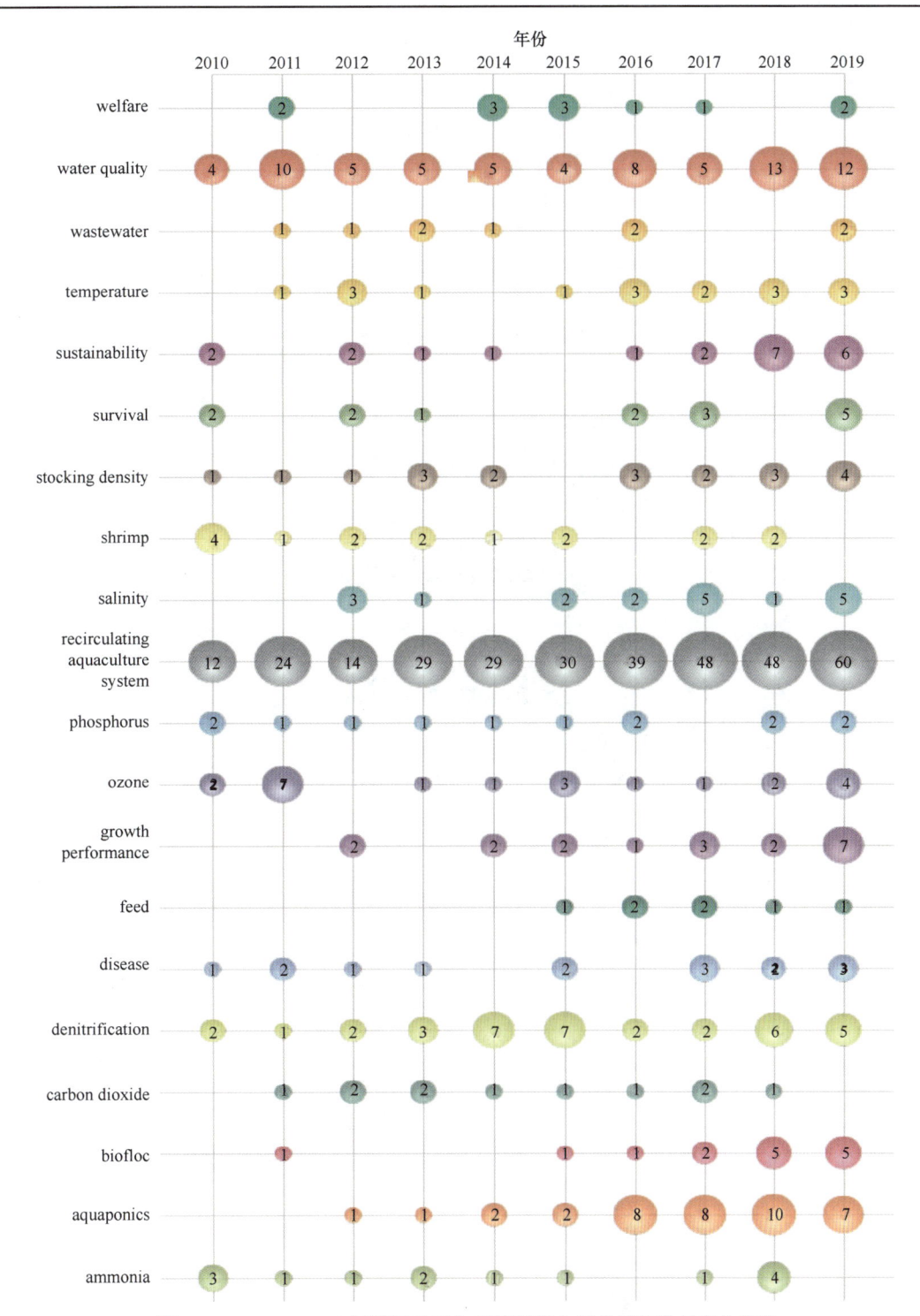

图 5-17　2010～2019 年国际工厂化养殖研究主要关键词数量变化趋势

7）研究热点分析

将国际相关研究数据集中的论文题目、摘要和关键词进行可视化图谱分析和领域聚类，得到图 5-18 和图 5-19。可以看出，国际工厂化养殖研究主要集中在三大领域，分别是养殖设施（aquaculture facility）、营养与生长（diet/weight）和水质净化处理（ammonia、biofilter、nitrogen、removal）。从近十年主要作者关键词数量变化趋势分析结果看，研究人员更多关注的是循环水养殖系统（RAS）、水质（water quality）、复合养殖（aquaponics）、可持续性（sustainability）和反硝化（denitrification）等问题。据此预测，循环水养殖系统新设施研发、水体脱氮技术创新以及复合养殖模式构建将会是未来工厂化养殖的研究热点。

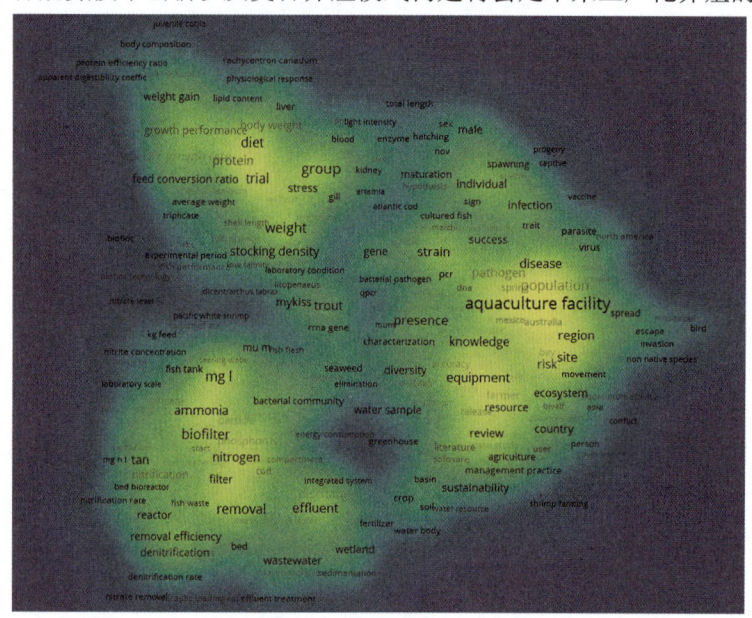

图 5-18　国际工厂化养殖研究热点可视化图谱

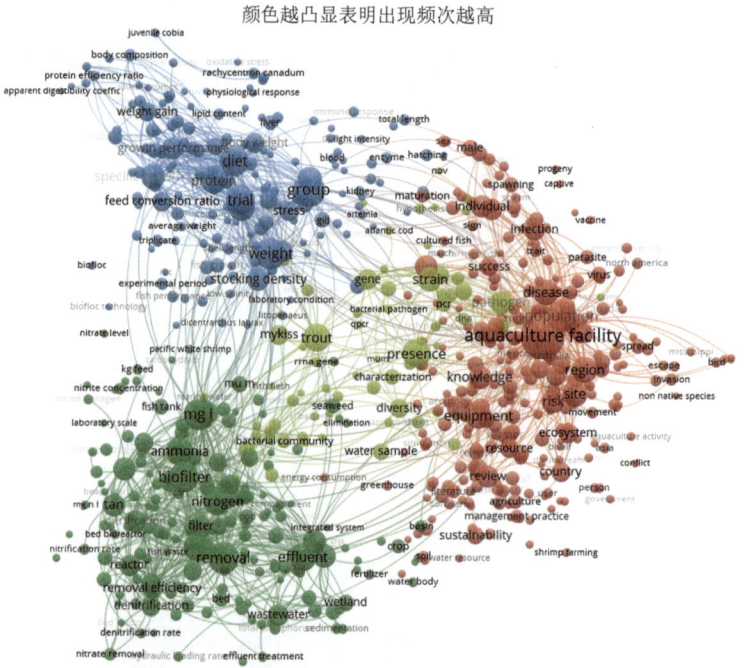

颜色越凸显表明出现频次越高

图 5-19　国际工厂化养殖主要研究内容聚类图

联系紧密的关键词划分为同一区块；字号越大表示该关键词出现频次越高

5.3.2 技术发展水平和差距评价

自20世纪80年代以来，经过近40年的发展，我国在工厂化养殖基础理论研究、技术模式创新、装备研制等方面都取得了巨大进步，但与国外相比，总体上处于跟跑向并跑转变的发展阶段，具体差距分析如下。

1. 基础理论研究由跟跑向并跑发展

从工厂化养殖研究发文量来看，美国仍然占有绝对领先地位，约3倍于第二名（中国）的发文量。但自2019年开始，我国的发文量开始超越美国，从发文机构来看，近3年来排名前10的核心发文机构中，中国有四家，分别是中国科学院、大连海洋大学、中国水产科学研究院、中国海洋大学；在工厂化养殖相关设备研发方面，根据国际专利的检索情况，美国、加拿大、欧盟等占了大部分，而我国申请的国际专利较少；在研发内容方面，国外在高密度养殖、新品种养殖、水质调控、智能化控制等方面已有诸多专利，而我国的专利主要集中在调温增氧、水质净化（悬浮颗粒物、重金属、氮磷、有机物去除等）、杀菌消毒以及系统集成优化等方面。总体来看，我国在工厂化养殖基础理论研究方面正处于快速追赶期，由跟跑逐渐转到并跑队伍中。

我国围绕环境因子对生物膜、生物絮团的影响及微生物种群过程调控机制开展了大量研究，系统阐释了对生物净化过程和机制的认知；建立了海水生物滤器硝化反应动力学模型，探明了其环境精准调控机制；构建了基于物质平衡原理的碳、氮、磷收支模型，揭示了海水循环水养殖系统中重要营养元素的收支机制；围绕养殖生物与环境互作、养殖系统设备优化、生物滤器设计等，丰富了养殖工程学理论。与国外相比，我国的工厂化养殖基础理论研究侧重于水处理工艺优化、生物净化过程与机制、节能减排技术攻关、设备创新、工艺模式探索等一系列围绕提高产业技术和经济效益的主题，而工厂化养殖相关的宏观经济学研究，以及对生态环境和社会影响的研究较少。例如，各种工厂化养殖模式的能耗分析、温室气体排放、生态环保效益评价、可持续发展对策研究等，多见于国外的相关研究，而我国关注得较少。

2. 工艺技术研究由并跑向领跑发展

在集排污技术研究方面，美国康奈尔大学（Cornell University）发明了养殖池体的"双排水"装置，该装置通过创新设计，对养殖池底层残饵粪便含量较高的污水和相对清洁的中上层水实现了分管排放，大大降低了水处理系统的负荷，提高了净化效率，目前大部分循环水养殖系统底排污采用该方案。在解决同样的问题时，中国科学院海洋研究所发明的底表双层流排污设计和间歇式回水工艺，摒弃了"双排水"工艺中收集污物的竖流沉降器，实现了底表污物同时收集，提高了集排污效率，缩短了污物浸泡时间，降低了水处理负荷。

在养殖工艺设计方面，法国海洋开发研究院（IFREMER）系统开展了循环水养殖的理论研究，丰富了福利养殖（aquaculture welfare）的理念，查明了养殖密度与环境之间的关系，提出了生物滤器的设计原则，推动了水产福利养殖学科的发展，其成果主要应用在欧鲈、真鲷等鱼类循环水养殖系统的生产应用中。中国科学院海洋研究所提出了工厂化养殖设计的适用性（applicability）、可靠性（reliability）和经济性（economy）三原则；在生物滤器设计上，提出了生物滤器设计的小型化原则，改变了传统的生物滤器大型化设计理念，使养殖系统在应对寄生虫病害、降低建造成本等方面有大幅提升。

在工艺技术创新方面，我国提出了生物净化池型和水体占比的重要性，创建了表层集排污技术、间歇式回水工艺，创建了成套对虾循环水养殖工艺技术和装备，攻克了快速过滤、消毒杀菌、高效增氧等关键技术，构建了快速有效的生物膜负荷培养方法，建立了基于机器视觉的鱼群食欲表征方法，提出了基于摄食音频的投饲控制方法，创建了海水养殖外排水人工湿地循环利用技术，构建了鱼、虾循环水高效养殖技术体系。总的来看，我国在工艺技术方面的研究与国外差距较小，在某些领域或已超过国外的发展水平。

3. 工厂化养殖设施装备由跟跑向并跑发展

丹麦 Billund 公司研发的欧洲鳗鲡循环水养殖系统配备有滴滤式生物滤器、移动床生物滤器和浸没式生物滤器，水体循环速率为 2 次/h，对约 30%的循环水体进行紫外线处理；盘式微滤机有自动反冲洗功能，每 2 周人工清洗一次，处理后尾水进入 600m³ 的沉淀池。该系统在丹麦的欧洲鳗鲡养殖中已应用多年，小规格的欧洲鳗鲡养殖密度可达 60kg/m³，成鳗养殖密度可达 250kg/m³。

在自动投饵设备研发方面，挪威 AKVA 公司研制的海上网箱气力式自动投饵机可实现饵料 1~2km 远程输送，实现了海上网箱群集中管理投喂。国内的中国水产科学研究院渔业机械仪器研究所、大连汇新钛设备开发有限公司、青岛海兴智能装备公司、杭州启程科技有限公司等针对我国的工厂化养殖和池塘养殖模式研发了轨道式、气力式、定置式等自动投饵机，满足了国内养殖需求。但在离岸网箱养殖投饵设备方面尚未有成熟的自动化投喂设备。在投喂管理智能化方面，挪威 AKVA 公司基于信息通信技术（ICT）在水产业 20 余年的经验，研究构建了养殖生产高效管理系统，并形成了智能化的专家管理决策系统 Fishtalk，具有记录多个参数的程序，可以监控比业界气体系统更多的关键参数，其技术在 15 个国家 10 个以上养殖种类的养殖生产管理中得到了应用，而我国在这方面的相关研究尚处于起步阶段。

在设施装备研制方面，我国在学习借鉴国外技术的基础上，集成创建了成套工厂化循环水养殖系统装备，研发改进了机械过滤器、固液分离器等一大批通用设备，自主研发了轨道式机器人投饵系统、定置式精准投饵机、超微悬浮物分离机、电解-紫外协同消毒装置、高效生物过滤设备、LED 光环境精准调控设备等，初步建成了成套完善的工厂化鱼、虾养殖设施装备体系，构建了水产品优质安全标准化生产体系。然而，我国在养殖工厂配套设施装备的种类和性能、自动化和信息化程度等方面与国外仍存在较大差距，如吸鱼泵、分鱼机等机械自动化设备的性能欠佳，疫苗自动注射器、生物行为智能识别分析等相关设备有待研发。

5.3.3 技术发展阶段评价

1. 工厂化养殖水处理技术处于产业化阶段

工厂化养殖的水体消毒灭菌技术主要有臭氧、紫外线、微酸性电解水等，以及这些技术的组合。臭氧与紫外线组合使用时，水中的臭氧被紫外线激活，最终产生氧化性极强的羟基自由基，对细菌、病毒等微生物的灭活能力远大于单独采用一种方式，既能避免臭氧单独使用容易过量而产生毒性，又能消除单独使用紫外线效率低下的问题。微酸性电解水制取方便、广谱高效、分解快且无气味残留，有研究表明，微酸性电解水对植物或者动物基本上没有毒性，有效成分为氯的微酸性电解水（pH 为 5.0～6.5）也普遍应用于养殖水处理（李国威等，2016）。目前，臭氧与紫外线联用的水体消毒灭菌技术已被产业广泛应用，微酸性电解水消毒灭菌技术处于研发和小试阶段。

在水体氨氮脱除技术方面，基于移动床或固定床的生物膜净化技术已在产业广泛应用，相关基础理论研究和技术已经成熟。然而，由于氨氮脱除对系统建造要求高、能耗较大，且当生产长时间中断恢复生产时或新建系统运行时，往往存在生物处理滞后的问题，因而，电化学脱氮技术作为一种潜在的快速高效脱氮技术近年来备受关注，该技术目前处于研发阶段，尚无成熟的设备或产品上市。

在源水净化技术方面，膜净化技术普遍应用于化工、医药、生活饮用水等领域。然而，水产养殖领域由于用水量大、水源水质变化大、价格接受能力差，因此，源水膜净化技术尚处于中试阶段，目前仅在贝类育苗、藻类培育、苗种孵化培育等阶段有产业化应用。

在养殖尾水净化技术方面，通过构建人工湿地、鱼菜共生、多营养层次综合养殖实现生态无害化处理的技术已得到广泛应用，其特点是在工厂化养殖车间附近需要配套相应的水净化场地，处理效率相对较低。

2. 工厂化养殖智能管理技术处于中试阶段

在工厂化养殖过程中，净水设备运行过程中能耗偏高，其中设备无效运转产生的能耗是造成能耗偏高的主要原因，如微滤机的无效空转和反冲洗、泡膜分离器的无泡沫运行、紫外线和臭氧的过度开启等都产生了无效能耗。因此，开展养殖车间设备节能技术研究，构建设备能量智能化管理调控技术，降低工厂化养殖车间设备运行能耗，是设施装备研发和升级的重要研究内容。该技术整体上处于研发阶段。

基于大数据分析的智能化养殖决策管理技术是养殖管理实现无人化的基础。水产养殖对象特殊、环境复杂、影响因素众多，精准地监测、检测和优化控制极其困难。大数据技术结合数学模型，把水产养殖产生的大量数据加以处理和分析，并将有用的结果以直观的形式呈现给生产者与决策者，能够有效解决上述难题（段青玲等，2018）。当前，我国水产大数据相关研究整体处于技术研发阶段，在养殖系统智能决策分析中的应用尚未有相关技术建立。

3. 工厂化养殖设施装备基本实现全部国产化

当前我国工厂化养殖车间自动投喂技术发展成熟，比较简单的有养殖池定置投喂机，如螺旋推进式、气吹式、履带发条式等，较复杂的如轨道式投饵机、远程气力式投饵机等，这些均已实现产业化应用。然而，与国外的 Fishtalk 产品类似的智能型投喂设备还处于研发阶段，尚未见成熟应用的产品问世。

在鱼苗、虾苗等苗种分池作业装备研发方面，成套的自动化鱼苗、虾苗分池作业设备尚未有成熟应用的产品，仅有半自动化的鱼苗分级设备见诸报道。总体来看，苗种分池作业装备尚处于研发或小试阶段。

在关键净水装备研发方面，我国实现了微滤机、泡沫分离器、臭氧机等全套工厂化养殖净水设备的自主研发和国产化，有大连汇新、青岛海兴等一大批知名设备制造企业，装备技术处于规模化应用示范阶段。在养殖源水和尾水的膜净化技术与装备研发方面，研究重点在于突破耐污染大通量膜制备技术，目前尚处于研发和小试阶段。

5.3.4 国内外相关评价分析

1. 工厂化养殖系统构建应注重生物-环境-系统的相容性

黄一心等（2016）认为工厂化养殖要以主养种类为对象，以养殖环境精准构建为核心，运用工程经济学原理进行专业化设计，研究构建基于养殖种类生理学基础与循环水流的可控生境，研发高效设施装备，集成智能化控制技术，建立不同类型的养鱼工厂。

Martins 等（2010）认为自动化、机器人化和智能控制系统仍远未得到普遍应用，这是工厂化养殖可能取得突破性创新的研究领域。除纯粹的工程方法之外，可以设想，重大突破必须要基于对动物与循环水养殖系统微生物相互作用的深度认知，这也有助于进一步降低循环水养殖系统的生态影响。

2. 有机认证水产养殖在我国有很好的发展前景

Xie 等（2013）认为我国主导全球水产养殖生产发展，有机认证水产养殖在我国具有良好的发展前景，但应灵活执行以下要求：满足有机水产养殖的增长需求，特别是在有机营养和水产养殖方面的需求；加强有机养殖宣传，引导有机养殖产品生产和消费，积极开拓国内有机产品市场；鼓励符合环保标准的投资；制定有机养殖发展的优惠政策。

3. 生物安全管理任重道远

Kibenge（2019）指出由于水产品贸易量大、全球流动性强，任何一个国家难以建立一个针对水产动物病毒隔离的边界。因此，陆地、湖泊和海洋的水产养殖场以及加工厂实施严格的生物安全措施有助于限制但不能消除水生病毒传播的风险。在可预见的未来，生物安全管理仍将是一项持续性工作。

5.4 科技发展趋势分析

5.4.1 新进展、新变化、新特征和新趋势分析

1. 循环水苗种培育技术的应用和逐步推广

我国工厂化养殖种类繁多，欧美国家陆基工厂化主养种类相对稳定，以养殖大西洋鲑、欧洲鲈、虹鳟等为主，工厂化循环水养殖系统普遍采用先进的水处理技术与生物工程技术、自动化控制和管理技术，育苗企业普遍采用循环水育苗技术工艺。法国几乎所有的大菱鲆苗种孵化和商品鱼养殖均在封闭循环水养殖车间进行；而挪威大西洋鲑的苗种生产在陆基工厂化循环水系统中完成，且比例逐年攀升（Martins et al.，2010）。在我国，工厂化苗种生产均采用传统的流水式苗种培育工艺，循环水育苗技术工艺尚处于研发中，目前，循环水苗种培育技术仅见于大西洋鲑苗种培育生产中。

2. 多倍体技术在工厂化养殖良种选育的应用

近年来，针对工厂化养殖集约化、高密度、养殖生物易性早熟等特征，群体选育、家系选

育、分子辅助鱼种、雌核发育、多倍体诱导等技术应用于养殖品种选育工作中，以期获得生长速度快、抗病力强、不育及单性新品种。目前，三倍体诱导技术已应用在大西洋鲑、虹鳟、牙鲆、湘云鲫、鲤等几十种养殖中（Allen Jr and Stanley，1979；Chourrout，1982；You et al.，2001；刘少军等，2010；陈松林等，2011）。与传统二倍体相比，三倍体大菱鲆生长速度更快（Cal et al.，2006）；三倍体褐鳟雄鱼生长速度更快（Kizak et al.，2013）；三倍体大西洋鲑生长速度更快，性腺早熟率极低，三倍体全雌鱼更被选作工厂化养殖特选品种（Ignatz et al.，2020）。

3. 养殖池水动力模拟提升排污高效性和精准养殖水平

养殖池水动力情况直接影响水体溶解氧含量、二氧化碳含量、水流速度等参数，与养殖生物健康和生长密切相关。国内外越来越多的学者开始利用各种技术和模型来模拟养殖池的水动力情况，以开展精准养殖和高效排污。其中，计算流体力学（CFD）等技术已逐步应用于模拟养殖池水动力，以期掌握池内不同流层水质参数，在为养殖生物提供最佳流速的同时及时清除池内固体污物。Gorle 等（2018a，2018b）利用声学多普勒测速（ADV）技术对大西洋鲑室内大型养殖池（直径 12～16m）水动力情况进行了模拟（图 5-20），分析了不同养殖密度下池内各个流层、位置的流速和溶解氧含量；还模拟了不同排水方式对养殖池水流的扰动情况。Behroozi 和 Couturier（2019）利用 CFD 技术模拟了不同尺寸循环水养殖池内水体湍流情况。

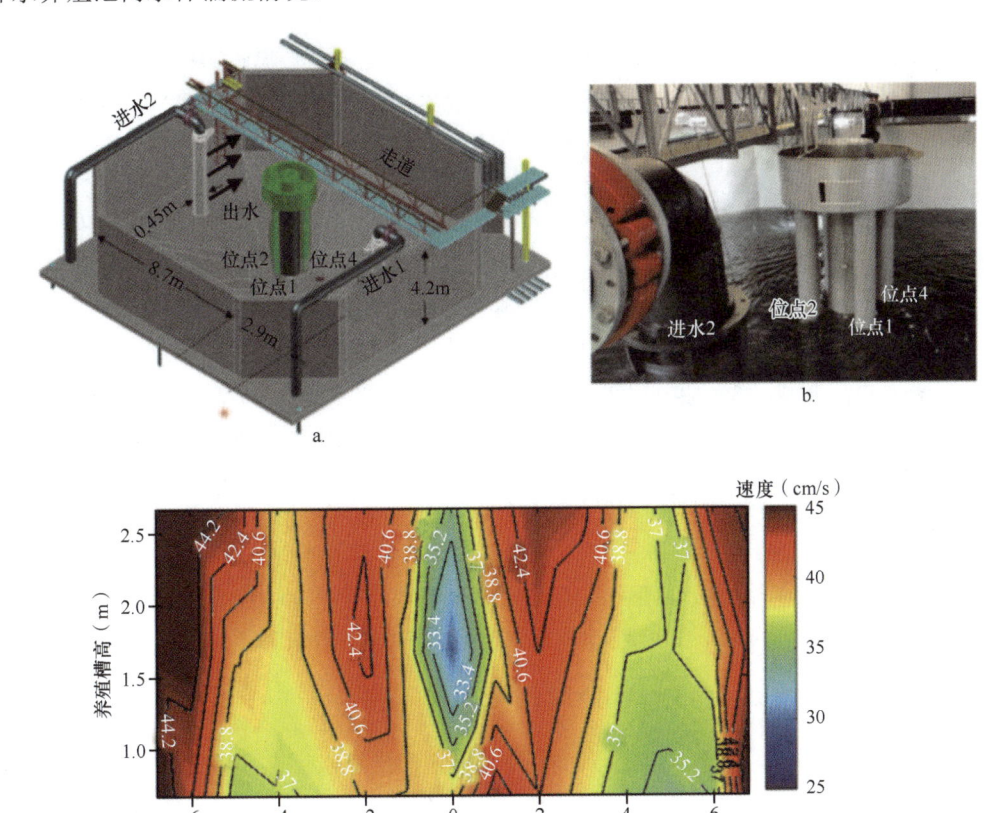

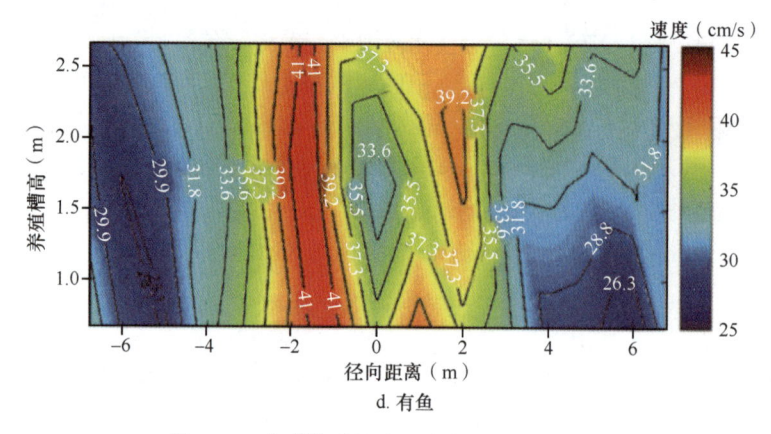

图 5-20　大型养殖池水动力模拟（Gorle et al., 2018b）

4. 新型水净化技术提高循环水系统水处理效率

移动床生物滤器（MBBR）凭借高硝化效率被广泛应用于循环水养殖水处理环节，然而，生物滤器在低温、高盐下的低硝化率，硝酸盐和磷酸盐在水体中的积累等制约了循环水处理能力和效率提升。近年来，新型水净化技术不断涌现，提升了系统水处理能力，包括生物絮团技术、硝化同步反硝化技术、反硝化技术、电化学法去除氨氮技术、膜过滤技术（去除营养盐、悬浮物和细菌等）（Ng et al., 2018）。de Melo Filho 等（2020）尝试整合了硝化、反硝化、生物絮团等技术用于凡纳滨对虾养殖。宋协法等（2016）发现电化学氧化法可有效去除循环水养殖系统中的氨氮、亚硝酸盐。目前这些技术还在小试或小规模中试阶段，仍存在技术壁垒和操作难度，未形成成熟的技术工艺。

5. 生态处理模式与工厂化养殖相融合处理养殖尾水

水产养殖尾水中包含大量氮、磷、有机物，尾水排放对于周围水体是一个重要的营养输入。2010 年，我国海水养殖对沿海海域总氮和总磷的贡献率分别为 7% 和 11%，对溶解态氮和溶解态磷的贡献率分别为 4% 和 9%，一些省份（如河北、辽宁、山东、广西）溶解态氮的贡献率甚至超过 20%（Bouwman et al., 2013；王成成等，2020）。工厂化养殖作为"点源"污染，在当前"生态优先""环保风暴"形势下，尾水处理技术不断创新改革，以期完善养殖尾水处理技术体系，构建绿色生产体系。当前"鱼菜共生系统""人工湿地""贝-藻生态池塘"等生态处理模式已开始与工厂化养殖相结合，以期低成本处理养殖尾水（Martins et al., 2010）。Lepine 等（2018）构建了木片生物滤器（woodchip biofiter），利用木片自身提供的碳源进行反硝化脱氮来处理循环水养殖尾水；Li 等（2020）构建了人工湿地，利用玉米棒芯作为碳源处理循环水养殖尾水，脱氮效果显著。

6. 循环水养殖模式的环境可持续性被日益重视

2019 年农业农村部等十部委联合发布的《关于加快推进水产养殖业绿色发展的若干意见》围绕加强科学布局、转变养殖方式、改善养殖环境、强化生产监管、拓宽发展空间、加强政策支持及落实保障措施等方面做出全面部署，明确提出，水产养殖绿色发展将是我国今后水产养殖的发展方向，重点强调要发挥水产养殖的生态属性，与环境和谐相处。生命周期评价（life cycle assessment，LCA）是一种用于评估产品在其整个生命周期中，即从原材料的获取、产品的生产直至产品使用后的处置，对环境影响的技术和方法。d'Orbcastel 等（2009）使用 LCA，对比了鳟鱼工厂化流水养殖和陆基循环水养殖对环境的影响，证明了除能耗外循环水养殖模式对环境影响更小。Bohnes 等（2019）对 65 份不同养殖模式（网箱养殖、循环水养殖、室内流水养殖等）的 LCA 结果进行了对比，结果显示，IMTA 和低能耗循环水养殖模式在环境可持续性方面具有极大潜力。循环水养殖模式需要在能耗上进一步优化，降低能耗，提高其环境友好性和环境可持续性。近年来，已开展的以太阳能、风能为代表的新能源在渔业上的应用（如光伏渔业）和水源热泵、空气源热泵设备的使用，可进一步减少工厂化养殖对传统能源的依赖并降低消耗，提高工厂化养殖尤其是循环水养殖模式的环境可持续性。

7. 工厂化养殖向智能化发展

当前我国渔业发展处于转型升级的阶段，以提质增效、减量增收为目标，向"高效、优质、生态、健康、安全"的绿色可持续化方向发展。智能化装备不断出现，助推水产行业向"精细化、自动化、智能化"转型升级（巩沐歌等，2018）。大西洋鲑是当前工业化程度最高的养殖对象（陆基工厂化+深水网箱），挪威 AKVA 公司率先开发了 Fishtalk Control 实时养殖管理系统，从亲鱼培育到收获各环节的可开展实时养殖管理的系统，通过串接养殖设施、饲料投喂装备和水质监测设备等，建立了以养殖对象为主体的数学模型和专家决策系统，实现了科学精准养殖。同时，近年来基于养殖生物行为监测的智能投喂系统、水产动物行为学解析、养殖水质实时监测系统、养殖装备自动化操控系统等，也将推动工厂化养殖向智能化发展，建立"陆基数字渔场"（赵建，2018；Castanheira et al.，2017）。

5.4.2　科技发展态势和方向

1. 水处理技术高效和生态工程化

现有的水处理技术源于环保水处理行业基于硝化细菌的技术原理，经过水产行业的不断改进，已经逐步构建了具有水产特色的水处理技术（顾兆俊等，2019）。但是，基础研究薄弱和技术研发不足的短板在模式应用推广方面凸显。从总体上看，我国的循环水养殖尚未形成自身的系统化理论和技术。随着技术的不断进步，基于硝化细菌的水处理模式会有新的变革，水产行业也会迎来新的机遇，技术不断向高层次发展，效率更高。例如，兼氧/好氧反硝化技术逐渐被应用于循环水系统中，用于消除水体积累的无机氮（何巧冲，2019）。

2. 生产"性价"最优化

系统化建设成本高、生产运行成本高是工厂化养殖，特别是工厂化循环水养殖模式的特征之一，其经济性已经是现阶段循环水养殖普及的重要障碍，某种程度上是造成其在国内基本上处于示范阶段的主要原因，设备改进、养殖系统及养殖技术工艺优化是解决上述问题的技术途径。随着需求的不断增长，过去 30 年的发展历程印证了提高循环水养殖生产的经济性将是长期的主题。此外，针对某一阶段的技术水平，工厂化循环水养殖的工程经济性分析研究表明，促进养殖系统的优化是今后的主要发展方向之一（赵晨，2015）。

3. 养殖生产绿色化

随着工厂化循环水养殖系统的点源污染物排放问题日益受到社会重视,从对环境负责的角度出发,通过固形物收集、动植物和藻类摄食与吸收、人工湿地等技术手段,研发、示范、推广海水和淡水循环水养殖系统外排营养物质的高效处理技术、污染物的资源化利用和无害化处理技术,实现绿色水产养殖生产的目标(马晓娜等,2016)。

4. 养殖管理智能化

目前我国的循环水养殖系统设施研发与养殖生产相脱节,循环水养殖应从整体上整合养殖设施和养殖技术,做到软件和硬件真正的统一。随着技术的不断融合,系统的信息化、智能化水平不断提高,管理维护的要求显著降低,工厂化养殖将被赋予更加深刻的含义。

5.4.3 发展目标与重点任务

1. 发展目标

针对目前工厂化养殖所面临的设施设备性能和能耗、养殖系统和养殖技术工艺构建等方面的关键技术问题及产业技术瓶颈,深入解析循环水养殖系统基础理论,研发新型水净化技术与高效设施装备,开发新能源,构建高效养殖系统、精准养殖技术工艺和工厂化智能管控系统,集成并建立循环水绿色养殖生产技术体系。循环水系统运行能耗降低10%以上,游泳鱼类养殖密度达60kg/m³以上,鲆鲽类养殖密度达50kg/m²以上,对虾养殖密度达10kg/m³以上,单位产出成本降低20%及以上,养殖尾水实现达标排放和再利用,提升工厂化养殖的智能化水平。

2. 重点任务

1)基础研究

(1) 重要养殖生物对典型环境及其胁迫的响应机制:研究工厂化主养种类的最适环境需求、生长机制及预测模型,研究工厂化养殖对象不同生长阶段,特别是针对陆基养殖系统的特定水环境下的营养需求,获得并重新评定营养需求参数;研究养殖对象生理、生长和应激可能的环境与营养调控途径及其机制,探明养殖对象应对环境因子变化,特别是应对高密度、不同流场条件以及硝酸氮等变化的生理响应途径、适应机制,研究主要环境胁迫因子对养殖生物生存和生长等重要经济性状的影响,研究主要养殖生物对环境胁迫的行为和生理响应特征,解析生物应对环境胁迫的机制;揭示环境因子叠加对养殖对象的生理影响,解析多重环境胁迫的生态效应、生态毒理效应及机制;研究影响养殖对象生理、应激和生长的可能的环境和营养调控途径及其机制。

(2) 养殖过程中重要代谢产物及主要环境因子转化途径:主养种类环境代谢产物的代谢特征研究;研究主要代谢产物的组成、存在形式和转化途径,研究养殖密度、饲料、投喂策略对代谢过程、代谢产物动态的影响及机制;养殖生产要素与主要水环境因子耦合模型的建立及互作机制的解析;研究颗粒物产生、组成、运输和转化途径及其影响因素;研究海洋微生物和藻类净化养殖废水的物能转换规律,探讨生物滤池微生物群落定植、演化过程及其关键影响因子。

（3）养殖动物重要病原体致病机制及环境、生物和免疫防控调控机制：研究重要病毒、细菌和寄生虫病原感染条件致病机制，解析其跨种传播侵染机制；揭示水产动物识别重要病原侵染的分子机制；解析水产动物应对病原侵染的免疫、代谢信号途径和作用调控网络；揭示养殖环境对病原性和应激性疫病暴发的影响和调控机制。研究养殖水体环境调控的病害防控应用措施和生物机制。筛选安全有效的渔用中草药、微生态制剂、免疫调节剂、免疫增强剂，并研究其对病害的生物和免疫防控调控机制。

（4）循环水养殖系统生物净化原理与调控机制：生物滤池生物膜形成及影响机制；硝化及反硝化过程适宜环境条件的确定及调控机制，研究硝化、反硝化过程的环境影响机制及调控机制；构建养殖系统水动力模型及物质循环模型。

2）共性关键技术

（1）精准循环水养殖系统和养殖技术工艺构建：研究建立鱼池的构造及其可能形成的流场及模型；研究工厂化养殖对象不同生长阶段，特别是针对陆基养殖系统的特定水环境下的营养需求参数，研制循环水养殖特种环保饲料；建立基于生长、健康、水质条件的投喂策略；基于养殖过程中生物指标变化规律及其与水质指标的相关性，筛选系统运行监测生物指标和水质指标，建立工厂化循环水智能化监测系统；针对特定养殖对象的生理、生长、行为和环境适应性特点，构建精准循环水养殖系统和养殖技术工艺，建立高效、节水、节能、节地的精准现代养殖新模式。

（2）病害防控技术及生物安保技术体系：针对胞内外病原性细菌、真菌、病毒和寄生虫，研制安全高效的疫苗。发展针对单一病原的单价和多价疫苗；开发防控多种病原的多联疫苗；研发有效的浸泡和口服疫苗，开发高效方便的免疫接种途径和应用规程。建立科学有效的海水鱼类免疫制品、免疫保护评价技术；建立早期发病预警诊断体系、快速检测技术及环境调控病害防治技术；建立无抗和减抗养殖模式及操作规程，构建免疫防控绿色养殖技术集成系统。

（3）养殖设施装备与养殖水处理技术：研制高效、节能且运行稳定的养殖及辅助设施装备，优化提升循环水养殖系统微滤机、蛋白分离器等水处理设备技术性能与研发节能降耗技术；研发与突破吸鱼泵、自动投饵机等养殖装备关键技术；研制技术性能稳定且实用的水质实时监测设备。基于计算流体力学模拟研究的精准排污技术，开发新型膜材料及研发基于膜工艺的水质净化技术；研发臭氧-紫外线联用和微酸性电解水消毒灭菌技术；突破并建立去除养殖水体中积累氮盐的需氧/兼氧反硝化、生物絮团、微小悬浮物的去除等技术及工艺。

（4）新能源装备开发与技术集成：开发风能、太阳能、波浪能等新能源，整合水源热泵、空气源热泵、地源热泵等设施装备，提升新能源在工厂化养殖，尤其是循环水养殖能源支出中的比例，降低生产成本。

（5）工厂化养殖尾水处理和资源化利用技术：研究主养种类环境代谢产物减排调控技术工艺；通过固形物收集、动植物和藻类摄食与吸收、人工湿地、电化学等技术手段，系统研发海水循环水养殖系统外排营养物质的高效处理技术；开发工厂化养殖尾水资源化再利用装备技术和人工湿地养殖尾水净化系统，实现污染物的资源化再利用或无害化处理；建立陆基养殖尾水处理、资源再生及无害化利用技术。

3. 典型应用示范

1）海水鱼类工厂化精准化、智能化养殖生产示范

适宜鱼种的筛选与循环水人工繁殖及育苗技术示范；集成示范养殖设施设备和养殖水处理技术，提高循环水养殖自动化水平；示范应用无抗环保饲料及提效减排投喂策略；示范应用疫苗接种及环境调控病害防控技术，建立无抗和减抗养殖模式与操作规程，构建完善的生物安保系统；集成应用养殖尾水工程化处理技术、生态处理技术和养殖废弃物资源化再利用技术；集成构建养殖对象健康监测与评估、养殖过程管理、水质监控、养殖设备操控等为一体的养殖专家管理系统；建立海水鱼类工厂化绿色养殖生产模式。

2）淡水鱼类循环水绿色养殖技术示范

应用示范工厂化循环水苗种生产系统和育苗技术；集成示范养殖设施设备、养殖水处理技术和养殖技术；结合循环水养殖水处理技术和工程化生态净化技术，建立经济型工厂化循环水养殖模式；应用数学模型，构建最佳生产负荷和养殖规模；应用示范早期发病预警诊断体系、快速检测技术及环境调控病害防治技术；构建养殖对象健康监测与评估、养殖过程管理、水质监控、养殖设备操控等为一体的养殖智能化管理系统；实现高经济价值淡水鱼类循环水养殖的精准操作与智能化控制。

3）虾类工厂化高效养殖与清洁生产示范

集成示范养殖设施设备和养殖水处理技术，构建适宜南北方的凡纳滨对虾工厂化循环水养殖系统，示范应用工厂化循环水养殖技术工艺；示范应用养殖水环境调控技术及环境调控病害防控技术，构建完善的生物安保系统；集成应用养殖尾水工程化处理技术、生态处理技术和养殖废弃物资源化再利用技术；构建对虾养殖过程管理、水质监控、养殖设备操控等智能化管理系统；构建对虾循环水高效清洁养殖模式及节能、清洁、安全生产规范。

4）海参工厂化高效精准养殖示范

集成示范海参工厂化亲参促熟培育和苗种规模化繁育技术；集成参贝混养、多层立体化养殖模式；集成应用互联网、大数据、机器视觉等新技术，优化生产管理过程，建立养殖环境自动化精准调控和饵料高效投喂技术；示范应用养殖尾水工程化处理技术、生态处理技术和养殖废弃物资源化再利用技术，从而构建资源节约型海参工厂化高效精准养殖体系。

5）微藻工厂化高效扩繁示范

保护与挖掘现有微藻种质资源，筛选工厂化高效扩繁适宜藻种，集成示范构建微藻新型植物工厂；查明微藻典型活性物质代谢规律，模拟打通自然生境的营养传递链条，产业化示范；创新应用逆境生长调控技术，示范建成广适性的微藻大规模集约化培养模式；提出微藻水产饵料/饲料的新型产品形式，集成冷链物流、营养存留与终端利用技术，突破微藻产业化应用屏障；集成活性物质精炼及全物质应用技术方法，以清洁生产为导向，构建示范微藻综合利用模式。

5.5 典型案例：大菱鲆工厂化养殖

20世纪90年代初我国引入大菱鲆，90年代末实现了人工繁育技术的突破，此后，大菱鲆"陆基温室大棚+深井海水"养殖模式逐步建立并成为国内发展最完善的工厂化养殖模式，引导和促进了我国工厂化海水养殖模式的大力发展（雷霁霖等，2002）。

我国大菱鲆养殖产业是伴随着大菱鲆人工繁育技术的突破及养殖模式的建立而兴起和发展起来的，在近二十年的时间里，虽然也出现南北接力、工厂化与网箱接力等养殖模式，但"陆基温室大棚+深井海水"养殖一直以来都是大菱鲆最主要的养殖模式（雷霁霖，2006）。其特点是，温室大棚中建设圆形或八角形浅锅底式水泥养殖池，养殖用水为适合大菱鲆生长的深井恒温海水，水温为10~22℃，盐度为15~32，残饵、粪便通过旋转式水流经中心排污管排出，通过曝气盘或曝气石补充空气或纯氧，溶解氧含量保持在5mg/L以上，光照强度为200~1000lx。养殖水深40~60cm，日换水量依据养殖密度大小和投饵量，一般为养殖水体的5~10倍。大菱鲆工厂化养殖以配合饲料为主，日投饵量约为鱼体重的1%~2%。初始投放5cm左右的鱼苗，放养密度200~300尾/m²，直至10~12个月后养成600g左右的商品鱼，中间经历50g、150g、300g等阶段的分鱼操作，相对应的放养密度分别为80尾/m²、50尾/m²和15~20尾/m²。养殖水体保持清洁无污染，及时清除残饵、粪便。大菱鲆养殖周期为10~12个月，单位面积产出5~10kg/m²，饵料系数1.1~1.3，养殖成本36.4~51元/kg（黄书培和杨正勇，2011；赵晨，2015）。

近十年来，国内在养殖设施装备制造及国产化、养殖水处理系统的集成构建、养殖环境控制、疫苗接种等生物安保、适宜循环水养殖的养殖种类人工繁育和养殖、适合循环水养殖的配合饲料、智能化监测与管理等方面的技术研发取得了长足的进步，建立了封闭式循环水养殖系统和养殖技术工艺，大菱鲆养殖业进入了循环水养殖时代（王真真和赵振良，2013）。大菱鲆循环水养殖系统包括经过保温处理的养殖车间、养殖池、水处理系统和在线水质监测系统。养殖水处理系统包括微滤机、臭氧发生器、蛋白分离器、生物滤池、紫外线杀菌装置、充氧装置等。养殖进水方向与养殖池池壁呈切向，养殖池水通过池中心排水管道排出，大颗粒的粪便、残饵经旋转集污装置收集，养殖池出水经滚筒式微滤机过滤出大粒径颗粒物，过滤水经臭氧发生器处理后进入蛋白分离器，经气浮作用去除水体中的小粒径颗粒物，其后进入生物滤池进行硝化处理，将氨氮依次氧化成亚硝酸氮和硝酸氮。生物滤池出水经曝气、紫外线杀菌和充氧，然后返回养殖池。养殖生产定期取养殖池水样测定氨氮和亚硝酸氮的含量、COD、氧化还原电位，根据水质指标变化调整养殖密度和投饵量。

2008年，农业部启动国家现代农业产业技术体系项目，目标是解决产业瓶颈技术问题、示范推广产业技术、促进产业持续健康发展。"鲆鲽类"体系及后期扩容的"海水鱼"体系均将大菱鲆列为主要对象开展研究和技术研发。在科技部项目、农业农村部（原农业部）项目以及省市项目支持下，迄今为止，通过全国水产原种和良种审定委员会评定的大菱鲆新品种有2个，分别是"丹法鲆"和"多宝一号"，研发出十余种大菱鲆特种饲料和大菱鲆抗迟缓爱德华氏菌疫苗，建立了循环水养殖系统和养殖技术工艺，相关技术的研发和突破，带动了大菱鲆养殖产业的持续健康发展（图5-21），据统计，2020年鲆类产量约11.1万t（农业农村部渔业渔政管理局等，2021）。

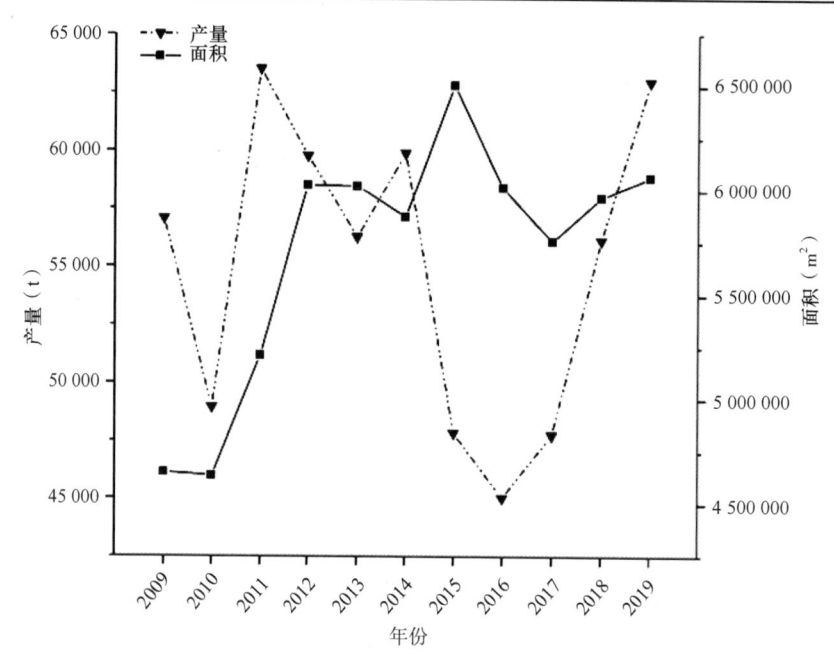

图 5-21　海水鱼产业技术体系示范区县大菱鲆产量与工厂化养殖面积（引自《海水鱼产业技术体系产业经济数据库》）

5.5.1　技术重要性

1. 工厂化养殖模式的建立使水产养殖摆脱了传统农业对自然环境的依赖

池塘、网箱等养殖模式是建立在筛选适宜在当地环境中存活和生长的养殖种类基础上的，即养殖对象必须全生长周期或部分生长周期里能在当地自然环境下存活且生长。例如，大黄鱼、真鲷等暖水性鱼类在福建、广东等地沿岸网箱中可实现全年养殖；牙鲆可在北方池塘的4~11月进行正常养殖，其他时间或移入室内进行越冬，或移至福建网箱进行南北接力养殖（姚恩长，2013）。简言之，养殖水温是池塘、网箱等传统室外养殖模式的最主要限制因子，其变化区间和幅度影响着区域养殖种类的选择、养殖周期的长短和养殖方式的选择。

工厂化养殖模式下可实现养殖环境包括温度、盐度等环境因子可控，该模式可通过人工升温、降温及使用恒温地下深井水进行常年常规养殖、人工越冬或度夏，从养殖设施、水环境调控、养殖技术等层面突破了传统自然养殖模式的地理约束和边界，延长了养殖生产周期，从而在我国北方实现了大菱鲆"陆基温室大棚+深井海水"养殖模式、牙鲆"工厂化+池塘接力"养殖模式、石斑鱼等暖水性鱼类的循环水养殖模式。

2. 养殖水处理技术的进步和设施设备的国产化为循环水养殖发展奠定了基础

大菱鲆工厂化养殖以"温室大棚+深井海水"的流水型养殖模式为主，该模式对水资源的消耗比较大，一些地区地下海水资源日渐短缺、环境污染、病害多发等问题，已严重制约了产业可持续发展。走循环水养殖道路成为业者唯一的选择。工厂化循环水养殖与流水养殖相比，在节地、节水、污染物减排和产品质量安全等方面都有着显著的优点在大菱鲆循环水养殖系统中，养殖水处理单元的稳定性和氨氮处理效能是循环水养殖系统的核心技术，它包括了物理过滤、生物过滤和水质优化三大部分。物理过滤主要用以去除养殖水体中残饵和粪便形成的固体颗粒物、部分悬浮在水中的细微颗粒物及可溶性有机物，常见的设备有微滤机和泡沫分离器两种。生物过滤主要是利用生物膜法去除溶于养殖水中的有害物质——总氨氮（TAN）、亚硝酸氮（NO_2^--N）等，这对改善养殖水质、减少病害、提高养殖密度、增加产量能起到重要作用，是实现工厂化高效养殖的关键环节。除了物理过滤和生物过滤，其他水质优化环节如杀菌、消毒、调温、去除CO_2、调节pH以及充氧等工艺也十分重要。在鱼类循环水养殖系统中，臭氧和紫外线是杀菌消毒的主要手段，其中紫外线消毒使用更广泛，臭氧除具有杀菌消毒作用外，还有促进养殖水中有机物分解和调节水色等功能，通常臭氧杀菌消毒环节会与泡沫分离环节相结合。

3. 循环水养殖模式的建立为水产养殖绿色发展提供了系统技术支持

水产养殖绿色发展是我国近期和长期发展的政策指向与产业目标，要求以最少的资源利用、最少的环境排放，实现最大的养殖产出，循环水养殖模式真正契合资源节约、环境友好和高效生产的国家、环保、产业需求。

循环水养殖是技术水平、设施水平和管理水平最高的，也是构建装备工程化、技术现代化、生产工厂化和管理工业化为核心目标的高端工业化养殖模式，该养殖模式的构建、发展和今后的完善也需集成良种选育与新品种开发、营养配合饲料、病害免疫防控、关键设施与装备研制和系统集成与构建、养殖智能化管理和养殖尾水处理与资源化再利用等技术，相关技术可为产业发展提供适合循环水养殖的优良种质、营养环保饲料、疫苗免疫与防控、稳定运行的养殖系统、精准智能化管理系统及尾水工程化与生态处理系统，支撑与推动水产养殖绿色发展。

5.5.2 技术水平分析

循环水养殖系统设备主要包括微滤机、蛋白分离器、生物滤池、臭氧和紫外线装置及增氧装置，分别执行大型颗粒物分离、细小颗粒物去除、通过硝化作用将氨氮转化为亚硝酸氮和硝氮、消毒杀菌和增氧功能。虽然上述设备均已国产化，且基本可以满足循环水养殖的需求，但由于以仿制为主，缺乏相关自主研发基础，设备制造厂家及科研院所在技术研发方面人力投入和资金投入有限；设备未能与系统效能结合直接影响了水处理效率，以至影响养殖水环境、养殖承载力、单位产出以及养殖生产的能耗，最终影响养殖成本、生产效益及养殖模式的示范推广。如何提高设备运行的稳定性、处理效率，并降低能耗是国产设备今后提质的关键所在。除上述系统设备外，国内配套养殖辅助设备的研制和制造水平与国外的差距更大，特别是吸鱼泵、分鱼机、数鱼器、自动投饵机等可以大量解放劳动力的自动化机械设备。

我国的工厂化养殖经过 50 年的探索和实践，通过设备与技术集成，构建了循环水养殖系统和养殖技术工艺，日换水率控制在 5%~10%，养殖密度可达 $50kg/m^3$。但是，与先进国家相比，我国在养殖系统构建基础理论指导和针对性方面仍有不足，尚未系统建立精准养殖技术工艺和管理系统，水处理设备技术性能与运行能耗等问题突出，加之，除自动投饵机外，养殖生产自动化设施设备基本处于应用缺失状态，与国外的差距表现为循环水养殖生产中能耗高、佣工多、饵料价格高及单位面积产出低等造成总体运行成本高，由此导致利润空间小，从产业经济效益层面也阻碍了循环水养殖模式的推广（刘鹰，2011）。

5.5.3 技术发展趋势

1. 优化提升养殖设施设备性能，提高自主研发能力

设施水产养殖面临新常态形势下"转方式、调结构"的发展机遇与挑战，急需高端技术和装备提供支撑，提升农机装备供给能力和缩小技术性能、能耗等与国外主流产品的差距，进一步减少水产养殖操作中的人力成本、能源成本、运行和维护成本，实现精准操作和管理，提高生产效率，支撑现代农业发展，对保障粮食和产业安全意义重大。

2. 突破并建立工厂化养殖水净化关键技术

工厂化养殖的理想目标是利用尽可能少的资源，生产更多的产品，并对环境造成最小的影响，要实现这样的目标，养殖水处理及净化技术工艺是关键。目前水产养殖水处理原理和技术工艺基础均来源于生活污水及工业污水处理，养殖水体的寡营养盐、低有机物含量、高盐度等因素都给水体净化带来了挑战，使得适用于工业或生活废水处理的技术工艺无法直接用于养殖水体处理（Navada et al., 2019）。去除养殖水体中积累氮磷盐的需氧/兼氧反硝化技术、生物絮团技术、微小悬浮物的去除技术、二氧化碳高效去除技术、膜过滤技术、电化学净化技术、硝化与反硝化技术等（刘鹰，2011）的研发和突破，将解决养殖水环境中的氮磷积累、生物安保、养殖尾水排放导致的富营养化等产业问题，实现高效生产、环境友好的绿色发展。

3. 技术集成与融合，构建工厂化养殖技术体系

将养殖生物生长、发育及生理特征与水处理技术、健康养殖技术和养殖系统构建设备相匹配，将主要养殖种类全生产阶段的生产要素、养殖技术工艺要素及养殖系统设备要素深度融合与匹配，以此建立工厂化养殖技术体系，构建工厂化绿色养殖生产体系，以实现养殖系统的稳定运行和高效生产。

4. 建立基于物联网大数据采集与分析的智能管理系统，实现智慧渔业的目标

随着传感器国产化、通信低成本化、信息处理智能化和物联网平台的发展，有望将技术成果落实到工厂化养殖模式中。充分研究和明晰主要养殖对象的生理状况、行为特征及其变化规律、生长曲线及能量收支规律，以及养殖生产过程中水环境变化及调控机制，基于物联网大数据采集与分析，构建养殖对象健康监测与评估、养殖过程管理、水质监控、养殖设备操控等为一体的养殖专家管理系统，建成陆基工厂化"无人"智能渔场，实现智慧渔业的目标。

5.5.4 应用前景

工厂化循环水养殖的优势包括使水产养殖摆脱了传统农业对自然环境的依赖，抵抗自然灾害的能力增强。在节约资源方面：高度集约化养殖节约土地资源；养殖废水得以再利

用，日换水量由流水养殖的600%降低到10%以下，从而节约水资源。在节能方面：由于换水量的降低，养殖过程中用于海水调温的能源使用减少，在北方地区循环水养殖更能体现出其节能优势，较流水养殖节能达70%以上。在高效方面：循环水养殖增加了养殖池的水循环量，养殖承载量提高到30kg/m³以上，是传统的流水养殖的3～5倍。换水量的降低以及消毒设备的应用，减少了外源海水携带病菌进入养殖系统的机会，稳定了养殖环境，提高了养殖成活率。在环保方面：循环水养殖减少了养殖废水的排放量，有利于保护环境。

众所周知，我国水产养殖面临着土地资源短缺、养殖空间被压缩、水资源濒临枯竭等资源压力，以及病害传播、投入品监管失位等生产安全导致的产品质量安全问题，养殖排放水造成环境污染，由此面临的环保督察压力等制约着水产养殖业的发展。在传统养殖模式日渐萎缩的今天，国家水产养殖绿色发展战略为今后水产养殖业指明了方向、设定了目标。工厂化循环水养殖模式的特点、优势及突破、建立的技术体系，既满足建设农业绿色生产重点工程，进而实现生产清洁化、废弃物资源化和产业模式生态化的国家战略政策需求，满足实现资源充分利用和环境保护等目标的环保督察形势需求，又满足解决耗能大、水资源浪费、养殖效率低和污染范围大等问题，从而实现产业模式转型的产业和企业需求。

5.5.5 存在问题与建议

（1）循环水养殖系统化建设成本高、生产运行成本高是工厂化养殖，特别是工厂化循环水养殖模式的经济性特征之一，其经济性特征已经是现阶段循环水养殖普及的重要障碍，某种程度上是造成其在国内基本上处于示范阶段的主要原因，设备改进、养殖系统及养殖技术工艺优化将是解决上述问题的技术途径。

（2）目前我国的循环水养殖系统设施和养殖技术工艺处于相脱节的状况，严重影响生产效率、生产和产品安全及经济效益。循环水养殖应深入进行相关应用基础研究、技术研发、大数据采集及分析等，从整体上融合养殖设施、养殖系统和养殖技术，做到软件和硬件真正的统一。

（3）随着工厂化循环水养殖系统的点源污染物排放问题日益受到社会重视，从对环境负责的角度出发，通过固形物收集、动植物和藻类摄食与吸收、人工湿地等技术手段，以及研发、示范、推广海水和淡水循环水养殖系统外排营养物质的高效处理技术、污染物的资源化利用和无害化处理技术，实现绿色水产养殖生产的目标。

（4）未来要对水产养殖业发展进行规范、环境督查，同时也要保护水产养殖业，引领产业绿色发展，特别明确要依法办事，特别是与工厂化养殖密切相关的地下水限采禁采立法和养殖尾水排放标准的合理修订与尽早发布。

参 考 文 献

仓萍萍. 2019. 环境友好视角下大菱鲆养殖模式转型的经济研究. 上海海洋大学博士学位论文.
车轩, 刘晃, 吴娟, 等. 2010. 我国主要水产养殖模式能耗调查研究. 渔业现代化, 37(2): 9-13.
陈军, 徐皓, 倪琦, 等. 2009. 我国工厂化循环水养殖发展研究报告. 渔业现代化, 36(4): 1-7.
陈林兴, 周井娟. 2011. 世界三文鱼生产现状与发展展望. 农业展望, 7(8): 41-44.
陈石, 张成林, 张宇雷, 等. 2015. 弧形筛对水体中固体颗粒物的去除效果研究. 中国农学通报, 31(35):

43-48.

陈松林, 李文龙, 季相山, 等. 2011. 半滑舌鳎三倍体鱼苗的人工诱导与鉴定. 水产学报, 35(6): 925-931.

崔龙旭, 倪琦, 庄保陆, 等. 2014. 基于PLC的工厂化水产养殖轨道式自动投饲系统设计与试验. 广东农业科学, 41(22): 159-165.

杜安东, 宋德东, 彭磊, 等. 2020. 鱼苗计数器: CN210017489U.

段青玲, 刘怡然, 张璐, 等. 2018. 水产养殖大数据技术研究进展与发展趋势分析. 农业机械学报, 49(6): 1-16.

巩沐歌, 孟菲良, 黄一心, 等. 2018. 中国智能水产养殖发展现状与对策研究. 渔业现代化, 45(6): 60-66.

顾兆俊, 刘兴国, 程果锋, 等. 2019. 生态沟渠在淡水池塘养殖废水治理中的作用及构建技术. 科技创新与应用, (26): 127-132.

管崇武, 张宇雷, 宋红桥, 等. 2018. 臭氧对循环水养殖水体水质的净化效果及机理研究. 渔业现代化, 45(6): 14-18.

何普清. 2019. 智能型虾苗计数器: CN209218938U.

何巧冲. 2019. 基于不同电子供体反硝化技术处理硝酸盐污染水研究. 中国地质大学博士学业论文.

侯志伟, 罗国芝, 谭洪新, 等. 2017. 可降解聚合物PCL和PHBV为碳源固相反硝化处理循环水养殖水脱氮效果研究. 南昌: 2017年中国水产学会学术年会.

黄道沛. 2016. 基于负压原理的射流式吸鱼泵研究. 浙江海洋学院学报: 自然科学版, 35(4): 354-357.

黄书培, 杨正勇. 2011. 不同养殖规模下大菱鲆工厂化养殖经济效益分析. 广东农业科学, 38(16): 113-116.

黄一心, 徐皓, 丁建乐. 2016. 我国陆上水产养殖工程化装备现状及发展建议. 贵州农业科学, 44(7): 87-91.

雷霁霖. 2006. 我国海水鱼类养殖大产业架构与前景展望. 海洋水产研究, 27(2): 1-9.

雷霁霖. 2010a. 迎接鲆鲽类工业化养殖新时代——鲆鲽类走工业化养殖发展之路的战略思考. 科学养鱼, (10): 1-4.

雷霁霖. 2010b. 中国海水养殖大产业架构的战略思考. 中国水产科学, 17(3): 600-609.

雷霁霖, 黄滨, 刘滨, 等. 2014. 构建基于水产福利养殖理念的高端养殖战略研究. 中国工程科学, 16(3): 14-20.

雷霁霖, 门强, 王印庚, 等. 2002. 大菱鲆"温室大棚+深井海水"工厂化养殖模式. 海洋水产研究, (4): 1-7.

李道亮. 2018. 敢问水产养殖路在何方?智慧渔场是发展方向. 中国农村科技, (1): 43-46.

李国威, 傅润泽, 沈建, 等. 2016. 微酸性电解水对活品虾夷扇贝存活率的影响及杀菌效果. 渔业现代化, 43(1): 68-74.

李建平, 吴康, 何相逸, 等. 2019. 基于CFD的养殖水体固液旋流分离装置数值模拟与验证. 农业工程学报, 35(11): 182-187.

李康宁, 李南南, 刘利, 等. 2018. 淡水网箱养殖自动投饵机设计. 河北渔业, (4): 48-51.

李贤, 刘鹰. 2014. 水产养殖中鱼类福利学研究进展. 渔业现代化, 41(1): 40-45.

李亚峰, 张娟, 张佩泽, 等. 2008. 曝气生物滤池的自然挂膜启动分析. 沈阳建筑大学学报: 自然科学版, 24(6): 1035-1038.

李源, 杨菁, 管崇武, 等. 2014. 基于CFD的养殖污水净化内循环流化床反应器结构优化. 农业工程学报, 30(22): 44-52.

刘宝良, 雷霁霖, 黄滨, 等. 2015. 中国海水鱼类陆基工厂化养殖产业发展现状及展望. 渔业现代化, 42(1): 1-5, 10.

刘吉伟, 王宏策, 魏鸿磊. 2018. 深水网箱养殖自动投饵机控制系统设计. 机电工程技术, 47(9): 145-148.

刘平, 林礼群, 徐志强, 等. 2019. 基于CFturbo的离心式吸鱼泵设计. 渔业现代化, 46(4): 31-35.

刘少军, 王静, 罗凯坤, 等. 2010. 淡水养殖新品种——湘云鲫2号. 当代水产, 35(1): 62-63.

刘鹰. 2006. 欧洲循环水养殖技术综述. 渔业现代化, (6): 47-49, 38.

刘鹰. 2011. 海水工业化循环水养殖技术研究进展. 中国农业科技导报, 13(5): 50-53.

刘鹰, 刘宝良. 2012. 我国海水工业化养殖面临的机遇和挑战. 渔业现代化, 39(6): 1-4, 9.

马晓娜, 李蒙, 孙国祥, 等. 2016. 贝藻混养对大西洋鲑养殖废水的生物滤除. 海洋科学, 40(1): 32-39.

麦康森, 艾庆辉, 徐玮, 等. 2004. 水产养殖中的环境胁迫及其预防——营养学途径. 中国海洋大学学报 (自然科学版), 34(5): 767-774.

农业农村部渔业渔政管理局, 全国水产技术推广总站, 中国水产学会. 2019. 2019年全国渔业统计年鉴. 北京: 中国农业出版社.

曲克明, 杜守恩, 崔正国. 2018. 海水工厂化高效养殖体系构建工程技术. 北京: 海洋出版社.

史明明, 阮赟杰, 刘晃, 等. 2017. 基于CFD的循环生物絮团系统养殖池固相分布均匀性评价. 农业工程学报, 33(2): 252-258.

宋协法, 边敏, 黄志涛, 等. 2016. 电化学氧化法在循环水养殖系统中去除氨氮和亚硝酸盐效果研究. 中国海洋大学学报(自然科学版), 46(11): 127-135.

孙颌, 刘飞. 2019. 以CFD-DEM为基础的养殖槽排污性能及底坡优化. 水产学报, 43(4): 946-957.

孙建明, 杜以帅, 吴斌, 等. 2019a. 循环水养虾系统中去除污物以及活虾防逃的装置和方法: CN109452215A.

孙建明, 邱天龙, 董文清, 等. 2018. 一种双层膜保温棚结构: CN108353697A.

孙建明, 邱天龙, 吴斌, 等. 2017. 一种循环水养殖系统间歇式回水装置及其回水工艺: CN107182893A.

孙建明, 邱天龙, 周利, 等. 2020. 一种纵向隔离步进式连续产出对虾的立体养殖车间及养殖方法: CN110663596A.

孙建明, 吴斌, 邱天龙, 等. 2019b. 适用于循环水养虾系统活虾自行返池的分体式表层集污器: CN110278911A.

孙建明, 吴斌, 杨志平. 2016. 气动式自动定量投饲机: CN105918188A.

孙建明, 吴斌, 周利, 等. 2019c. 孔隙可调的转盘式养虾池用底排污装置: CN110313439A.

唐茹霞, 史策, 刘鹰. 2018. 循环水养殖系统管理运行存在主要问题调查分析. 广东海洋大学学报, 38(1): 100-106.

王成成, 焦聪, 沈珍瑶, 等. 2020. 中国水产养殖尾水排放的影响与防治建议. 人民珠江, 41(1): 89-98.

王真真, 赵振良. 2013. 大菱鲆循环水工厂化养殖系统及其应用研究. 水产科学, 32(6): 333-337.

徐皓, 张建华, 丁建乐, 等. 2010. 国内外渔业装备与工程技术研究进展综述. 渔业现代化, 37(2): 1-8.

姚恩长. 2013. 接力养殖模式构建——以浙江大黄鱼产业为例. 浙江海洋学院硕士学位论文.

于冬冬, 倪琦, 庄保陆, 等. 2014. 气提式砂滤器在水产养殖系统中的水质净化效果. 农业工程学报, 30(5): 57-64.

张成林, 杨菁, 张宇雷, 等. 2015. 去除养殖水体悬浮颗粒的多向流重力沉淀装置设计及性能. 农业工程学报, 31(z1): 53-60.

张海耿, 宋红桥, 顾川川, 等. 2017. 基于高通量测序的流化床生物滤器细菌群落结构分析. 环境科学, 38(8): 3330-3338.

张延青, 刘鹰, 冯亚鹏. 2008. 臭氧处理海水对小球藻生长和水质的影响研究. 渔业现代化, 35(4): 20-23.

张宇雷, 沈建清, 张海耿, 等. 2018. PVA-PVP共混填料在循环水养殖水处理中的应用研究. 广东农业科学,

45(5): 105-111.

赵晨. 2015. 大菱鲆工厂化循环水养殖与流水养殖经济效益比较研究. 上海海洋大学硕士学位论文.

赵建. 2018. 循环水养殖游泳型鱼类精准投喂研究. 浙江大学博士学位论文.

赵建, 张丰登, 杭晟煜, 等. 2018. 基于计算机视觉和深度学习的鱼群局部异常行为监测. 西安: 2018 年中国水产学会学术年会.

赵越, 刘鹰, 李贤, 等. 2018. 工业化循环水养殖系统移动床生物膜反应器的设计. 大连海洋大学学报, 33(5): 639-643.

知一. 2017. 开启智能农机新时代——"智能农机装备"重点专项立项项目一览. 中国农村科技, (5): 18-23.

周游, 黄滨, 吴凡, 等. 2014. 紫外线位置对循环水养殖半滑舌鳎水环境及生长影响. 中国工程科学, 16(9): 78-85.

朱林, 车轩, 刘兴国, 等. 2019. 对虾工厂化养殖研究进展. 山西农业科学, 47(7): 1288-1290, 1294.

Allen Jr S K, Stanley J G. 1979. Polyploid mosaics induced by cytochalasin B in landlocked Atlantic salmon *Salmo salar*. Transactions of the American Fisheries Society, 108(5): 462-466.

Badiola M, Basurko O C, Piedrahita R, et al. 2018. Energy use in recirculating aquaculture systems (RAS): A review. Aquacultural Engineering, 81: 57-70.

Behroozi L, Couturier M F. 2019. Prediction of water velocities in circular aquaculture tanks using an axisymmetric CFD model. Aquacultural Engineering, 85: 114-128.

Bergheim A, Drengstig A, Ulgenes Y, et al. 2009. Production of Atlantic salmon smolts in Europe—Current characteristics and future trends. Aquacultural Engineering, 41(2): 46-52.

Bohnes F A, Hauschild M Z, Schlundt J, et al. 2019. Life cycle assessments of aquaculture systems: A critical review of reported findings with recommendations for policy and system development. Reviews in Aquaculture, 11(4): 1061-1079.

Bouwman L, Beusen A, Glibert P M, et al. 2013. Mariculture: Significant and expanding cause of coastal nutrient enrichment. Environmental Research Letters, 8(4): 044026.

Cal R M, Vidal S, Gómez C, et al. 2006. Growth and gonadal development in diploid and triploid turbot (*Scophthalmus maximus*). Aquaculture, 251(1): 99-108.

Castanheira M F, Conceição L E C, Millot S, et al. 2017. Coping styles in farmed fish: Consequences for aquaculture. Reviews in Aquaculture, 9(1): 23-41.

Chen F, Du Y, Qiu T, et al. 2021. Design of an intelligent variable-flow recirculating aquaculture system based on machine learning methods. Applied Sciences, 11(14): 6546.

Chen F, Xu J, Wei Y, et al. 2019. Establishing an eyeball-weight relationship for *Litopenaeus vannamei* using machine vision technology. Aquacultural Engineering, 87: 102014.

Chourrout D. 1982. Tetraploidy induced by heat shocks in the rainbow trout (*Salmo gairdneri* R.). Reproduction Nutrition Développement, 22(3): 569-574.

Colt J, Summerfelt S, Pfeiffer T, et al. 2008. Energy and resource consumption of land-based Atlantic salmon smolt hatcheries in the Pacific Northwest (USA). Aquaculture, 280(1-4): 94-108.

d'Orbcastel E R, Blancheton J-P, Aubin J. 2009. Towards environmentally sustainable aquaculture: comparison between two trout farming systems using life cycle assessment. Aquacultural Engineering, 40(3): 113-119.

Dalsgaard J, Lund I, Thorarinsdottir R, et al. 2013. Farming different species in RAS in Nordic countries: Current status and future perspectives. Aquacultural Engineering, 53: 2-13.

Davis D A, Arnold C R. 1998. The design, management and production of a recirculating raceway system for the production of marine shrimp. Aquacultural Engineering, 17(3): 193-211.

de Melo Filho M E S, Owatari M S, Mouriño J L P, et al. 2020. Application of nitrification and denitrification processes in a direct water reuse system for Pacific white shrimp farmed in biofloc system. Aquacultural Engineering, 88: 102043.

Du Y, Chen F, Zhou L, et al. 2020. Effects of different layouts of fine-pore aeration tubes on sewage collection and aeration in rectangular water tanks. Aquacultural Engineering, 89: 102060.

FAO. 2019. Fishery and Aquaculture Statistics. Rome: FAO.

Gorle J M R, Terjesen B F, Mota V C, et al. 2018b. Water velocity in commercial RAS culture tanks for Atlantic salmon smolt production. Aquacultural Engineering, 81: 89-100.

Gorle J M R, Terjesen B F, Summerfelt S T. 2018a. Hydrodynamics of octagonal culture tanks with Cornell-type dual-drain system. Computers and Electronics in Agriculture, 151: 354-364.

Haq M A B, Vignesh R, Srinivasan M. 2012. Deep insight into white spot syndrome virus vaccines: A review. Asian Pacific Journal of Tropical Disease, 2(1): 73-77.

Hoare R, Jung S J, Ngo T P H, et al. 2019. Efficacy and safety of a non-mineral oil adjuvanted injectable vaccine for the protection of Atlantic salmon (*Salmo salar* L.) against *Flavobacterium psychrophilum*. Fish & Shellfish Immunology, 85: 44-51.

Ignatz E H, Dumas A, Benfey T J, et al. 2020. Growth performance and nutrient utilization of growth hormone transgenic female triploid Atlantic salmon (*Salmo salar*) reared at three temperatures in a land-based freshwater recirculating aquaculture system (RAS). Aquaculture, 519: 734896.

Kibenge F S B. 2019. Emerging viruses in aquaculture. Current Opinion in Virology, 34: 97-103.

Kizak V, Güner Y, Türel M, et al. 2013. Comparison of growth performance, gonadal structure and erythrocyte size in triploid and diploid brown trout (*Salmo trutta fario* L., 1758). Turkish Journal of Fisheries and Aquatic Sciences, 13(4): 571-580.

Lekang O I. 2013. Aquaculture Engineering. 2nd ed. West Sussex: Wiley-Blackwell.

Lepine C, Christianson L, Davidson J, et al. 2018. Woodchip bioreactors as treatment for recirculating aquaculture systems' wastewater: A cost assessment of nitrogen removal. Aquacultural Engineering, 83: 85-92.

Li M, Sun L, Song X. 2020. Carbon sources derived from maize cobs enhanced nitrogen removal in saline constructed wetland microcosms treating mariculture effluents under greenhouse condition. Chemosphere, 243: 125342.

Liu Y, Olaussen J O, Skonhoft A. 2011. Wild and farmed salmon in Norway—A review. Marine Policy, 35(3): 413-418.

Liu Z, Li X, Fan L, et al. 2014. Measuring feeding activity of fish in RAS using computer vision. Aquacultural Engineering, 60: 20-27.

Lorenzen E, Brudeseth B E, Wiklund T, et al. 2010. Immersion exposure of rainbow trout (*Oncorhynchus mykiss*) fry to wildtype *Flavobacterium psychrophilum* induces no mortality, but protects against later intraperitoneal challenge. Fish & Shellfish Immunology, 28(3): 440-444.

Marinho-Soriano E, Panucci R A, Carneiro M A A, et al. 2009. Evaluation of *Gracilaria caudata* J. Agardh for bioremediation of nutrients from shrimp farming wastewater. Bioresource Technology, 100(24): 6192-6198.

Martins C I M, Eding E H, Verdegem M C J, et al. 2010. New developments in recirculating aquaculture systems in Europe: A perspective on environmental sustainability. Aquacultural Engineering, 43(3): 83-93.

Musthaq S K S, Kwang J. 2014. Evolution of specific immunity in shrimp—a vaccination perspective against white spot syndrome virus. Developmental & Comparative Immunology, 46(2): 279-290.

Navada S, Vadstein O, Tveten A K, et al. 2019. Influence of rate of salinity increase on nitrifying biofilms. Journal of Cleaner Production, 238: 117835.

Ng L Y, Ng C Y, Mahmoudi E, et al. 2018. A review of the management of inflow water, wastewater and water reuse by membrane technology for a sustainable production in shrimp farming. Journal of Water Process Engineering, 23: 27-44.

Rivas-Aravena A, Fuentes-Valenzuela M, Escobar-Aguirre S, et al. 2019. Transcriptomic response of rainbow trout (*Oncorhynchus mykiss*) skeletal muscle to *Flavobacterium psychrophilum*. Comparative Biochemistry and Physiology Part D: Genomics and Proteomics, 31: 100596.

Thitamadee S, Prachumwat A, Srisala J, et al. 2016. Review of current disease threats for cultivated penaeid shrimp in Asia. Aquaculture, 452: 69-87.

Timmons M B, Ebeling J M. 2007. Recirculating Aquaculture. New York: Cayuga Aqua Ventures: 341-348.

van Wyk P, Davis-Hodgkins M, Laramore R, et al. 1999. Farming marine shrimp in recirculating freshwater systems. Ft. Pierce, FL: Harbor Branch Oceanographic Institution.

Wu T H, Huang Y I, Chen J M. 2015. Development of an adaptive neural-based fuzzy inference system for feeding decision-making assessment in silver perch (*Bidyanus bidyanus*) culture. Aquacultural Engineering, 66: 41-51.

Xie B, Qin J, Yang H, et al. 2013. Organic aquaculture in China: A review from a global perspective. Aquaculture, 414: 243-253.

You F, Liu J, Wang X, et al. 2001. Study on embryonic development and early growth of triploid and gynogenetic diploid left-eyed flounder, *Paralichthys olivaceus* (T. et S.). Chinese Journal of Oceanology and Limnology, 19(2): 147-151.

第 6 章　　湖泊生态渔业

湖泊渔业是渔业的重要组成部分，在我国渔业产业中占有重要地位。湖泊渔业的发展历史悠久，先后经历了自然捕捞、增养殖和游钓渔业等发展方式，目前发达国家以游钓渔业为主，发展中国家以增养殖为主。湖泊渔业发展迅速，长期趋于集约化的发展模式，导致了湖泊生态系统退化、水体富营养化、渔业种群衰退等严重后果。在世界范围内，针对气候变化影响、食物网结构、富营养化、生物操纵、增养殖技术、生物修复等方面开展了大量研究，取得了一系列进展。新时期，在"生态文明""绿色养殖""提质增效"等重大方针指导下，我国的湖泊渔业将从"高投入高产出"的资源消耗型模式向质量、效益和生态并重的增长方式转变，针对我国湖泊、水库渔业发展目标进行科学规划和布局，建立湖泊环境监测智能化、渔业增殖放流标准化、修复与增养殖同步化、资源评估精准化、生态功能与渔业服务一体化的全产业链融合发展新模式。通过渔业科技的精准施策和科学管理，实现我国湖泊渔业提质增效、转型升级、减量增收、绿色发展的目标，使我国湖泊、水库渔业科技发展达到世界先进水平。

6.1　产业与科技发展现状分析

6.1.1　国际产业发展现状与问题

1. 国际产业发展现状

1) 湖泊渔业是世界渔业的重要组成部分

湖泊是地表淡水中除地上冰/冻土之外位居第二的淡水资源，占据世界地表淡水资源的20.9%（Gleick，1993）。除淡水湖泊外，世界咸水湖水量同样巨大，达 104 000km³（王苏民，1993）。全球范围内水体面积大于 1hm² 的湖泊总数为 2120 万个，水体总面积为 3 230 000km²（全球陆地面积的 2.2%），总体积达 182 900km³（Messager et al.，2016）。全球湖泊多数为小型（<1km²）和浅水型（<10m）湖泊，少量的巨型湖泊（>10 000km²）如贝加尔湖、非洲大湖和北美洲五大湖等水体体积总和为 157 800km³（Messager et al.，2016），占据了湖泊淡水资源的大部分比例。湖泊渔业具有悠久历史，早在 17 世纪，湖泊渔业的雏形就已产生，以自然捕捞为主的生产方式为贝加尔湖畔的人们带来了丰富的渔获物和经济产出（Britz，2015）。19 世纪，自然捕捞成为世界各大湖泊的主要生产方式（岑玉吉，1979），南非、美国、加拿大和非洲东部、欧洲的一些国家的湖泊渔业已初具规模（李家才和陈工，2009；陈宗尧和吴祥明，2004；张幼敏，1987）。

20 世纪 60 年代以来，全球水产品产量持续攀升，据 FAO（2019）统计，2017 年全球内陆水产品产量为 61.5Mt，占全球水产品产量的 29.7%，其中内陆捕捞产量为 11.9Mt，内陆养殖产量为 49.6Mt。内陆捕捞水产品主要来源于湖泊和河流水域，其中 95%来自发展中国家，涉及从业人口 6100 万，内陆捕捞是欠发达国家和发展中国家重要的蛋白质来源和创收途径（Deines et al., 2017；Bartley et al., 2015）。一直以来，很多学者对于 FAO 较低的内陆捕捞产量估值提出质疑，Welcomme（2011）根据湖泊面积和渔业产量，通过模型估算出全球湖泊的渔业产量在 93Mt 以上；Lymer 等（2016）估算出全球理论性渔业产量为 72Mt，其中湖泊渔业产量为 20.7Mt；Deines 等（2017）基于湖泊叶绿素 a 含量，估算出 2011 年全球湖泊渔业产量为 8.4Mt。因此，全球内陆捕捞产量极可能超过 FAO 统计的 11.9Mt。

2）发展增养殖是世界湖泊渔业的主要形式

1950 年以来，湖泊渔业发展迅速，随着世界各大湖泊渔业资源量的下降，养殖成为湖泊渔业的主要生产方式（岑玉吉，1979）。网箱养殖首先在日本兴起，起初主要用于海水养殖，随后应用于湖泊渔业，淡水网箱主要用于鲤（*Cyprinus carpio*）、罗非鱼（*Oreochromis*）、香鱼（*Plecoglossus altivelis*）和虹鳟（*Oncorhynchus mykiss*）等的养殖，养殖产量达 70kg/m^3，并在 20 世纪 70 年代之后被美国、苏联等借鉴（杨宁生，2001）。1970 年，苏联开始发展湖泊和水库渔业，针对大型湖泊，重点开展鱼类区系改造和资源增殖，具体包括移植驯化鱼类和饵料生物、改造鱼类产卵场和索饵场、工厂化生产鱼类苗种进行放养等；针对中小型湖泊，主要进行资源增殖和养殖，具体包括放养、清除非经济鱼类和施肥投饵。湖泊增养殖也是东南亚国家水产养殖的重要途径，有围塘养殖、浸水浮箱和网箱养殖等方式，如菲律宾主要利用围塘（围栏）养殖的方式，在大面积湖泊中，用竹栅栏或尼龙网围隔成池塘开展养殖，每个围塘面积不定，为 1～300hm^2（施流章，1983）。

20 世纪 80 年代以来，随着湖泊渔业高投入、集约化养殖方式的发展，湖泊水生态系统遭受了严重的威胁，水产生物的粪便和代谢产物、残余饵料、抗生素和其他化学产品污染了水生和底栖生态系统，疾病和寄生虫传播给了野生种群，入侵种与土著种竞争食物和领地资源等（Klinger and Naylor, 2012）。在湖泊渔业的发展中，自然资源和环境问题共同限制了捕捞产量和养殖产量的增长。对陆地和水资源竞争的逐步加剧，促使农业养殖系统逐步趋向于集约化发展，尤其是在经济快速增长、人口众多和资源受限的我国和其他亚洲国家。水产生物的长周期生活史特征表明了水产养殖业的高能量消耗和重度环境压力，为此，湖泊水产养殖业在养殖模式、饲料配方和品种选育方面将逐渐趋于优化（Klinger and Naylor, 2012）。

在不断趋于集约化养殖的进程中，新的养殖模式层出不穷，给湖泊渔业的发展带来了新的方向。循环水养殖系统（recirculating aquaculture system，RAS）可以同时促进生产并减少废弃物排放（Klinger and Naylor, 2012）。复合养殖系统（aquaponic system）将生产、废弃物循环利用和水资源保护结合起来，并联合了循环水养殖和水栽培系统，将养殖产生的营养废弃物作为植物生长的肥料（Klinger and Naylor, 2012）。多营养层次综合养殖（integrated multitrophic aquaculture，IMTA）则可以将废弃物处理更加低成本化，将不同营养级的生物进行混养，降低营养盐浓度，避免富营养化、有害藻华或绿潮等生态危害；而且多种植物和滤食性生物将养殖废弃物吸收转换为生长所需营养物。IMTA 系统中通常由以下生物成分构成，一种捕食性鱼类或甲壳类，一种或两种利用颗粒有机废弃物的生物，一种利用溶解性无机物的生物。捕食者排放的有机颗粒和溶解性无机废弃物，可分别被贝类、无脊椎动物或大型藻类转化利用。IMTA 可用于陆上淡水渔业、近岸渔业和远岸渔业，已在中国、加拿大、美国、英国、智利、南非、以色列和日本等 40 多个国家广泛推广（Klinger and Naylor，2012）。

3）游钓渔业是发达国家湖泊渔业的重要特征

1920 年，美国开始在湖泊中发展游钓渔业，放养逐渐开始代替捕捞，成为湖泊渔业新的生产方式（张幼敏，1987）。20 世纪 80 年代美国的湖泊渔业在经历了捕捞、养殖、增殖等发展方式之后，最终以游钓渔业作为湖泊渔业的主要发展形式，而且游钓渔业具有低投入、高产出、环境友好、经济效益高等优点，发展游钓渔业逐步成为欧洲一些国家、美国等发达国家湖泊渔业的主要模式（杨宁生，2001；张幼敏，1987）。在此基础上，美国五大湖水系的增殖业主要围绕游钓渔业的需求而展开，重点为游钓渔业以及与其相适应的商业性渔业服务，还开展了游钓鱼类生物学、生态学研究，增殖和恢复可捕种群，以满足游钓渔业发展的需求。此外，为了满足商业性捕捞的需求，美国从 1960 年开始，先后开展了银鲑（*Oncorhynchus kisutch*）的增殖放流、斑点叉尾鮰养殖，成功驯化了斑点叉尾鮰（*Ictalurus punctatus*）、硬头鳟（*Salmo gairdneri*）、河鳟（*Salmo trutta*）、溪红点鲑（*Salvelinus fontinalis*）、湖红点鲑（*Salvelinus namaycush*）、大鳞大麻哈鱼（*Oncorhynchus tshawytscha*）和细鳞大麻哈鱼（*Oncorhynchus gorbuscha*）等鲑鳟鱼类，斑点叉尾鮰、鳟鱼和大麻哈鱼成为支撑美国淡水渔业的三大类群。

除了产业形态，欧美国家的渔业资源管理也颇为完善。美国的渔业由联邦政府和州政府构成二级渔业行政管理体制，并配有 5 个独特的渔业管理制度，包括观察员制度、捕捞统计制度、市场监管制度、总可捕量（TCA）控制制度和配额制度，从管理角度推动渔业资源的可持续利用(陈宗尧和吴祥明，2004)。欧盟自 1983 年开始实施共同渔业政策(CFP)，涵盖渔业资源利用、养护、水产养殖、水产品市场流通和技术研发等方面，根据不同时期的发展情况，用相应的财政手段予以资金支持。欧盟的共同渔业政策（CFP）为实现欧盟区域的渔业资源可持续利用、缓解水产品消费需求增加与过度捕捞之间的矛盾和实现欧盟成员国之间的共赢提供了支撑（孙琛和梁鸽峰，2016）。

2. 国际产业发展问题

1）增养殖导致严重的富营养化等环境问题

世界范围内，湖泊渔业发展迅速，绝大部分发展中国家的湖泊渔业一直以增养殖为主要形式，以增加产量和经济效益为主要目标，长期趋于集约化的发展，导致了湖泊生态系统退化、湖泊富营养化、种群衰退等严重后果。湖泊养殖中，由于水草资源被人为破坏，或被过量的草食性鱼类牧食，或被鲤等底栖鱼类挖掘破坏，水草对水体营养盐的吸收功能减弱，同时底栖鱼类对沉积物的扰动加速了氮、磷的释放，且鱼类排泄物将水草固定的氮、磷重新释放回水体，因此水体营养盐含量升高，造成湖泊富营养化（张国华等，1997）。

湖泊捕捞和水产养殖引发的水体富营养化是导致湖泊生态系统衰退的重要因素。富营养化是指水体不断增加的营养负荷驱动了浮游生物、水生植物和蓝藻等初级生产者的大量繁殖，导致生态系统处于低氧或无氧以及生物多样性丧失的生态状态。湖泊富营养化促使浮游植物暴发式生长，其中蓝藻细菌占主导地位，水体透明度降低，水体循环减少，导致表层富氧而深水层缺氧状态。深水层的缺氧，导致沉积物内源磷的释放，进一步加剧富营养化状态（Vincon-Leite and Casenave，2019）。

湖泊富营养化将对土著鱼类群落结构和生态系统产生长期影响（Rennie et al.，2019）。例如，虹鳟（*Oncorhynchus mykiss*）养殖有利于粘杜父鱼（*Cottus cognatus*）、小型鱼类和湖红点鲑（*Salvelinus namaycush*）等鱼类种群，但对白亚口鱼（*Catostomus commersonii*）种群丰度和生长状态具有长期抑制效应，同时降低了糠虾种群密度，并导致优良栖息地的持续性缺失（Rennie et al.，2019）。

20 世纪 60 年代以来，富营养化是全球内陆水体和近岸水体生态系统退化与水质恶化的主要驱因，严重影响了湖泊和水库水质。富营养化仍是近期全球性重要议题，全球 40% 以上的湖泊是富营养化的，易发藻华的，并且蓝藻藻华已波及全球（Vincon-Leite and Casenave，2019）。近十年来，富营养化仍在不断加剧，急需要相关的水质管理和恢复措施，以及基于模型方法的相关治理措施（Vincon-Leite and Casenave，2019）。

2）生态友好型的可持续渔业发展模式亟待建立

湖泊养殖业的发展一直面临着诸多挑战，如饲料和能量需求的共同挑战，废弃物、病原菌和逃逸鱼类造成的污染，土地和水体需求，以及消费者偏好等（Klinger and Naylor，2012）。越来越多的国家开始关注水产养殖的环境影响，主要关注焦点为水产养殖相关的污染、饲养方式、病原控制和抗生素使用、生态环境影响、外来入侵物种、产品质量、食品安全、造假、动物福利、对传统捕捞渔业的影响、养殖用水和场地、市场竞争、产业结构和品种相关的事项（Anderson et al.，2019）。水产养殖中自然资源相关的管理政策和法规也成为争议性话题，包括：①严格限制在欧盟和美国地区开展现代水产养殖的规定；②抗生素等相关药品的使用，生物安全措施和水产品安全问题；③废水排放法规、取水途径、栖息地使用和空间分区等；④关于外来物种的养殖；⑤转基因生物的管理，如处于水产上风的转基因大西洋鲑；⑥饲料营养，包括鱼肉、鱼油和饲料添加剂等（Anderson et al.，2019）。

20 世纪 70 年代以来，相关学者逐渐意识到单一种群最大持续产量的目标模式，会导致持续性的渔业环境退化。为增强湖泊渔业的可持续性发展，全球的湖泊渔业管理者和科学家提出了基于生态系统的管理（ecosystem-based management，EBM）模式，这种管理模式在制定总体决策时综合考虑了非生物成分（如水温）、生物成分（如食物网）和社会成分（如经济发展），以促进自然资源和生态系统的健康及可持续性发展（Guthrie et al.，2019b）。进入 21 世纪后，不少发达国家的湖泊增养殖以环境保护、产品安全为首要目标，通过资源、环境、产业协调发展，实现湖泊生态功能的恢复和资源的可持续利用。

6.1.2　我国产业发展现状与问题

1. 我国产业发展现状

1）湖泊渔业在我国渔业产业中占有重要地位

我国是世界渔业大国，淡水产品产量占世界淡水产品总产量的 50% 以上，湖泊渔业、水库渔业在淡水渔业中居于重要地位。我国面积在 1.0km^2 以上的自然湖泊有 2693 个，总面积为 81 414.6km^2，其中，湖泊可用于养殖的面积约 1.87 万 km^2，水库可用于养殖的面积约 2.0 万 km^2（Ma et al.，2011）。自新中国成立以来，我国的湖泊渔业经过 70 年的发展，历经了天然捕捞、放流增养殖、"三网"（网箱、网围和网栏）养殖、大水面生态养殖等过程，大幅提高了湖泊渔业产量，为缓解土地资源紧张、补充粮食供给、提高渔民收入等做出了积极的贡献（刘家寿和王齐东，2018）。2018年，全国淡水养殖总产量为2959.84Mt，占全国水产养殖总产量的59.3%，湖泊和水库养殖总产量为392.721Mt，占淡水养殖总产量的13.27%（农业农村部渔业渔政管理局等，2019）。

2）"以养为主"是我国湖泊渔业发展的重要特色

我国的湖泊水体绝大部分处于亚热带和温带，有发展淡水养殖得天独厚的自然条件。回顾我国湖泊和水库渔业的发展历程，主要有自然捕捞、人工放流增殖和综合养殖三种方式，经历了原始发展时期、以产量为主的快速发展时期和以生态为重的可持续发展时期三个阶段（谷孝鸿等，2018）。1950年末，"四大家鱼"（青鱼、草鱼、鲢鱼、鳙鱼）人工繁殖取得成功，湖泊和水库渔业由依赖自然捕捞转为以人工放流增殖为目标的湖泊增养殖模式（张幼敏，1992）。1985年，在"以养为主"方针的指导下，综合养殖成为湖泊、水库渔业的主要生产方式，并发展出单养、混养、"三网"等养殖技术（戚国扬等，1993），小水面精养技术日趋成熟，极大地提高了湖泊、水库渔业的产量。然而，传统的湖泊养殖业建立在对资源、环境等生产力要素的大量占有、依赖甚至是破坏的基础上，外部水资源紧缺和污染制约了湖泊渔业的发展。

3）大水面生态养殖是湖泊渔业发展的新方向

湖泊、水库等大水面，也是我国内陆渔业水域的重要组成部分。大水面养殖是指利用水库、湖泊、江河等养殖水产品的一种方式，包括湖泊、水库、河沟养殖。大水面渔业发展有着悠久的历史。据农业部2017年初步统计，全国面积在5000亩以上的大型天然宜渔水体约有1500个，其中水库1047个，湖泊421个。同年，农业部制定了《"十三五"渔业科技发展规划》，指出渔业科技要发挥对现代渔业发展尤其是转方式调结构的支撑和引领作用，继续贯彻《农业部关于加快推进渔业转方式调结构的指导意见》提出的创新、协调、绿色、开放、共享的新发展理念，以提质增效、减量增收、绿色发展、富裕渔民为目标，坚持"生态养护、产业升级、空间拓展、推广提升"的发展思路，其中明确了内陆水域要加强渔业资源调查养护和环境修复，助推渔业绿色发展。

"十三五"期间，随着渔业转方式调结构的提出，湖泊、水库渔业的发展面临转型的关键时期。2019年初，农业农村部等十部委联合印发的《关于加快推进水产养殖业绿色发展的若干意见》（以下简称《意见》），是新中国成立以来第一个经国务院同意、专门针对水产养殖业的指导性文件，对水产养殖业的转型升级、绿色高质量发展具有重大而深远的意义。《意见》将改善养殖环境作为水产养殖业绿色发展的重要内容，提出了科学布设网箱网围、推进养殖尾水治理、加强养殖废弃物治理等多项举措。同时，还重点强调要发挥水产养殖生态修复功能，科学调减公共自然水域投饵养殖，鼓励发展不投饵的生态养殖，实现以渔控草、以渔抑藻、以渔净水，修复水域生态环境。2019年农业农村部办公厅印发的《2019年渔业渔政工作要点》提出了"大水面生态渔业"的发展模式。大水面生态渔业是在湖泊、水库等内陆水体中，通过人工放养或渔业资源增养殖，实现水域生产力的合理利用，并维护生态系统健康的渔业方式。在《2019年渔业渔政工作要点》中，农业农村部明确提出了要"以大水面生态渔业为重点推进一二三产业融合发展，组织成立国家大水面生态渔业科技创新联盟，召开全国大水面生态渔业发展现场会，推动出台大水面渔业发展指导性意见，总结推广大水面可持续利用模式"等具体工作。2019年底，农业农村部、生态环境部和国家林业和草原局三部委联合颁布了《关于推进大水面生态渔业发展的指导意见》，提出了在新时代新形势下，推进我国大水面生态渔业发展的基本原则、发展目标、总体布局和管理机制等方面的具体指导意见，为新时期湖泊、水库渔业的发展转型指明了方向。

2. 我国产业发展问题

1）湖泊资源衰退和富营养化问题突出

由于过度追求经济效益、忽视环境保护和资源合理利用，我国湖泊生态功能受损尤为严重，主要表现在湖泊面积减小、高度富营养化、生态系统退化、大量的水生植物消亡、藻类水华频发、经济价值高的鱼类[如大型鲤科鱼类、洄游性鱼类、鳜（*Siniperca chuatsi*）、翘嘴鲌（*Culter alburnus*）、蒙古鲌（*Culter mongolicus*）等]资源严重衰退、供水和景观功能下降等诸多方面（谢平等，1996）。湖泊被筑堤划分作为养殖池塘使用，导致湖区湿地衰退、水体和土壤污染等环境问题（Zeng et al.，2019）。在我国的中部和东部地区，水产养殖排污是仅次于人类生活用水和畜禽养殖排污的水体磷污染的重要来源（Tong et al.，2017），长江流域鱼类增养殖湖泊水质退化，水体浑浊度和悬浮物、总氮、氨氮和总磷含量较高，而水体透明度较低（Wang et al.，2018b）。2007年，太湖暴发大规模蓝藻，催生了围网养殖的治理，也迫使我国对湖泊富营养化问题进一步重视。2017年，环境保护部在检测的我国109个湖泊水库中，发现重度富营养化4个，中度富营养化67个，轻度富营养化29个（中华人民共和国生态环境部，2018）。回顾近20年我国湖泊、水库渔业的发展，自2004年以来，随着养殖技术的不断发展，我国湖泊、水库渔业单产量总体呈上升趋势，由2004年的1.22t/亩增长至2018年的1.80t/亩，增幅达47.54%，但2007年以后，湖泊、水库渔业养殖产量和养殖面积分别占全国淡水养殖产量和面积的比例却逐年下降。湖泊、水库养殖空间的持续缩减和单产量的稳步增高，造成了渔业资源的过度利用和湖泊、水库环境生态压力的不断增大。针对现阶段湖泊渔业存在的问题，迫切需要大力修复湖泊生物资源，调整生物群落结构，注重湖泊资源环境，大力研究各种生态渔业技术，通过生态操控实施净水渔业，使湖泊渔业从"高投入高产出"的资源消耗型模式向质量、效益和生态并重的增长方式转变，实现湖泊渔业与环境协调发展。

2）湖泊渔业产业结构和模式亟待调整

目前，我国现代渔业建设到了新阶段，由注重产量增长转向更加注重质量效益，由注重资源利用转向更加注重生态环境保护。"十三五"期间，推动渔业转方式、调结构是我国现代渔业建设的主要任务和目标，湖泊、水库渔业面对新时期、新要求，进入了产业转型的关键时期。我国湖泊、水库渔业产业结构调整迫在眉睫。一是湖泊、水库养殖活动与水环境保护的矛盾日益突出（李钟杰，2004），2015年4月国务院印发了《水污染防治行动计划》，地方政府在落实有关政策时，对湖泊水生态保护划定了红线，"三网"养殖已逐渐退出，湖泊渔业生产方式面临政策转型。二是传统湖泊渔业产业竞争力不强，由于湖泊、水库养殖业发展专业化分工不够精细，资源和环境依赖程度高，因此国际竞争力较弱，并且由于历史上长期片面追求产量和盲目发展，水域环境的污染状况日益严重，因此出现了淡水生物产业病害频发、生境破坏加剧、养殖成本增高、产品质量下降、经济效益走低、产品市场受挫等一系列问题，湖泊渔业面临产业技术转型。三是产业结构不合理，难以与市场衔接，湖泊养殖业产出的四大家鱼和鲤、鲫等大宗水产品产量占我国淡水产量的85%以上，但名优水产品所占比例不足15%，大宗淡水鱼价格相比于蔬菜价格持续低迷，经济效益差，渔民收入低（刘家寿和王齐东，2018）。一方面，大宗水产品产量过剩，市场饱和；另一方面，不合理的养殖品种结构又不能满足大众对名优水产品和高质量水产品日益增长的市场需求，湖泊渔业面临迫切的产业结构转型。

6.1.3 国际科技发展现状与瓶颈

在湖泊生态系统研究中，湖泊鱼类群落与环境压力（如富营养化或物种引入）关系最为密切，水产养殖等人类活动引发的富营养化等是导致湖泊渔业资源衰退的主要原因，高强度捕捞作业次之（Nõges et al.，2018）。此外，湖泊水域的过度捕捞，容易引发营养级联作用和水生食物网结构的改变，对生态系统造成威胁（Nõges et al.，2018）。例如，非洲湖泊渔业发展面临资源衰退等问题，其高价值的野鲮属（*Labeo*）、罗非鱼属（*Oreochromis*）和沙丁鱼（sardine）等鱼类严重减产甚至濒危，高价值物种减少并被低价值物种替代，其原因多归结为捕捞压力，但有证据表明环境压力是导致渔业资源衰退的重要原因，如乍得湖（Chad Lake）、鲁夸湖（Rukwa Lake）、奇尔瓦湖（Chilwa Lake）等（Ogutu-Ohwayo et al.，2016）。

1. 国际科技发展现状

1）气候变化对湖泊生态系统的影响受到重视

气候变化是影响湖泊生态系统和渔业生产的重要因子，在全球气候变暖的背景下，国外学者开展了许多大尺度的研究。非洲湖泊渔业资源的衰退，部分原因是气候变化导致大型鱼类更替为小型鱼类（Ogutu-Ohwayo et al.，2016）。气候变化通过作用于热环境（水温和冰盖覆盖率）、化学环境（营养盐含量和溶解氧含量）和物理环境（水位、近岸产卵生境）改变鱼类生境，以及影响鱼类及其饵料生物的动态分布（Collingsworth et al.，2017）。湖泊初级生产力与气候变量密切相关，如风力、温度和降雨影响了水体营养盐动态波动、水体的分层和混合效应、初级生产、渔业产量和居民生活。水生态系统对气候变化的响应，受控于湖泊的地理形态特征。水深大于100m的深湖水体长期分层。而浅湖水体混合程度极高，具有较高的相对表面积，风力等作用极易引发昼夜混合，使底泥-水体界面的交互作用增强，并作用于浑浊度、营养盐循环和水体溶解氧含量（Ogutu-Ohwayo et al.，2016）。

全球温度上升，将改变世界各地的风速和降雨模式，影响河流流速及河流与湖泊间的营养盐输送。温度和风速的协同变化，会对水体循环、内波运动和蒸发率产生影响，并影响水质状态，这在深水湖泊尤其明显（Ogutu-Ohwayo et al.，2016）。例如，坦噶尼喀湖（Tanganyika Lake）的稳定性（通过混合水层至均一密度需做功的大小进行衡量）自1913年至2003年增长97%，而溶氧层的水深作为水体混合程度的指示指标，自1939年以来呈显著变浅趋势。

气候变化使得全球湖泊水温升高和冰盖减少，并加剧了富营养化等水环境问题。

1973~2010 年，五大湖区域冰层覆盖范围平均下降了 71%；1975~2004 年，冰层覆盖期限平均每十年减少 5d（Collingsworth et al.，2017）。在 20 世纪 70~80 年代，维多利亚湖的水温上升，伴随着磷酸盐浓度的双倍式增加、叶绿素 a 浓度的五倍式增加及水体透明度的下降。2002~2011 年，维多利亚湖出现了水温和叶绿素 a 浓度的正相关波动关系，表明该湖在水温上升的条件下已演替为富营养状态（Ogutu-Ohwayo et al.，2016）。伴随气候变暖，五大湖区气温升高和降雨量增加，春季、冬季水体营养盐含量将升高，初级生产者的组成也将由鱼类饵料生物演替为蓝藻，水体透明度降低，蓝藻大量繁殖促使夏季水体缺氧严重，底层鱼类的适宜性栖息地和饵料生物均将明显减少（Collingsworth et al.，2017）。

气候变化与生物入侵协同作用，对湖泊生态系统产生负面影响。气候变暖将促进入侵种建群和扩大分布范围。例如，在苏必利尔湖（Superior Lake），气候变暖将降低原稀有种[白石鮨（*Morone americana*）和灰西鲱（*Alosa pseudoharengus*）]的越冬死亡率，并扩大其分布范围（Bronte et al.，2003）；五大湖区入侵种圆虾虎鱼（*Neogobius melanostomus*）的适宜性栖息地范围将大幅增加（Kornis et al.，2012）。不断增多的鱼类和非鱼类入侵种[带刺水跳蚤（*Bythotrephes longimanus*）]将通过竞争和捕食关系，对土著鱼类繁殖和生长产生负面影响。伴随生物入侵，一些非本源性的鱼类致病原，如败血症病毒和寄生虫，也将对鱼类种群和湖泊生态系统造成重大灾难（Collingsworth et al.，2017）。

2）食物网和生物操纵研究取得了重要突破

湖泊水生态系统受控于食物网结构及组成成分间自下而上和自上而下的食物链关系的影响，过度捕捞和环境退化都会显著影响湖泊生态系统。由于水生物间具有密切的营养联系，群落多样性波动极易对其产生扰动性影响，自 20 世纪 80 年代开始，食物网相关研究已揭示了湖泊生态系统中存在明显的级联效应。食物网结构（如营养联系及其强度，包括食性、营养级位置和栖息地利用）和生态系统功能（如生态系统的生物、地理化学及物理过程，包括分解代谢、初级生产和次级生产、营养循环和群落成员间的营养流和能量流）共同决定了生态系统的稳定性。在全球变化和人类活动影响下，掌握湖泊食物网结构和生态系统的适应性，对渔业产业发展和生态系统健康具有重要意义（Ives et al.，2019）。

以大型湖泊为例，关于湖泊食物网结构的生态适应性已开展了诸多研究。大型湖泊的巨大表层区（>500km²）和深水区，为捕食者提供了更加丰富的饵料生物、异质化的栖息地和充足多样化的基础资源。昼夜性的垂直移动、水平迁移和季节性生殖洄游，对于湖泊内离散生境的时空联系耦合具有重要意义。大型湖泊对人类活动干扰的适应性还体现在：①某种资源或栖息地的丧失，可通过替代性物种或资源的增加得以缓解；②由于替代性饵料生物和栖息地的存在，捕食者能灵活地转变食性和改变栖息地，以保证生态系统的持续发展。例如，底栖生物和鱼类丰度增加，以应对贻贝（*Dreissena polymorpha* 和 *Dreissena bugensis*）和圆虾虎鱼（*Neogobius melanostomus*）的入侵；上层温水层的初级生产降低时，浮游动物迁移至深水叶绿素层。但是，土著端足目物种 *Diporeia* 和湖红点鲑（*Salvelinus namaycush*）等关键种的灭绝或大幅度降低，会导致北美洲五大湖深水食物网受损或发生重大更替，是生态系统适应性丧失的表现。

鱼类种群的变化会引发大规模的食物网结构和生态系统的演替。例如，对土著种群的过度捕捞，以及功能相异的外来种迁入已显著影响多个湖泊的生态适应性。通过监测自然压力和人类活动对鱼类种群、食物网结构和生态系统功能的累积干扰效应，深入掌握食物网结构的动态过程，将会有助于掌握湖泊中功能群和栖息地之间的联系，对湖泊生态系统的保护、恢复与未来状态的预测具重要意义（Ives et al., 2019；Nõges et al., 2018）。

基于食物网的级联效应，Shapiro 和 Wright（1984）提出"生物操纵"（biomanipulation）的概念，通过调控食物网结构，对水体初级生产力进行干预，从而达到控制水体富营养化的效果。近几十年来，通过国际国内学者的持续研究，不断赋予"生物操纵"新的内涵，有的学者将利用草食性鱼类控制大型水生植物也归入生物操纵的范畴（Benndorf, 1990；Gophen, 1990）。McQueen 等（1989）提出了上行-下行模型（bottom-up and top-down model），将捕食作用与营养级资源的影响也考虑进来，能够更精准地预测浮游植物的生物量变化，进一步丰富了生物操纵理论。时至今日，"生物操纵"已在多个湖泊中用以改善水质，广泛应用于欧洲西北地区的湖泊，多数位于丹麦和荷兰。据 Nõges 等（2018）总结，近一半的生物操纵的积极效应已经持续了十多年。

3）水体富营养化研究为湖泊修复奠定了基础

湖泊渔业发展引起了湖泊生态系统退化，其中捕捞和水产养殖引发的富营养化是导致湖泊生态系统衰退的重要因素。富营养化是指水体不断增加的营养负荷驱动了浮游生物、水生植物和蓝藻等初级生产者的大量繁殖，导致生态系统的低氧或无氧以及生物多样性丧失的生态状态。湖泊富营养化促使浮游植物暴发式生长，其中蓝藻细菌占主导地位，引起水体透明度降低，水体循环减少，从而导致表层富氧而深水层缺氧的状态。深水层的缺氧，促使沉积物释放磷元素，进一步加剧富营养化状态（Vincon-Leite and Casenave, 2019）。

自 20 世纪 60 年代以来，富营养化是全球内陆水体和近岸水体生态系统退化及水质恶化的主要驱因，严重影响了湖泊和水库水质，是全球的关注焦点，学者围绕湖泊富营养化的过程与机制开展了大量的研究。全球范围内 40%以上的湖泊出现过富营养化，其中蓝藻藻华已波及全球范围（Vincon-Leite and Casenave, 2019）。近十年来，富营养化仍在不断加剧，急需要相关的水质管理和恢复措施，以及基于模型方法的相关治理措施（Vincon-Leite and Casenave, 2019）。

湖泊通过潮汐和水循环与大气、陆地之间持续进行物质交换，碳、氮、磷等的生化循环主要由初级生产和颗粒沉降两个过程主导（Vincon-Leite and Casenave, 2019）。湖泊的形态（水体和体积）和水文学特征（河流流量、流域内土地使用）决定了湖泊易发生富营养化的趋势（Vincon-Leite and Casenave, 2019）。湖泊水体富营养化的研究为湖泊的修复和污染防治奠定了重要基础。

4）湖泊渔业管理策略研究成为新的关注热点

湖泊渔业开发和管理模式的优化，是科研工作者和管理机构致力于研究探索的主题。在 21 世纪早期，基于生态系统的渔业管理（ecosystem-Based fisheries Management，EBFM）模式在全球受到广泛关注。EBFM 代表了渔业管理的新思想，并将管理重点从目标物种转变为生态系统，总体目标为保障生态系统的持续性健康和渔业产量，可分解为：①避免生态系统恶化，衡量指标为环境质量和生态系统状态；②最小化对物种和生态过程的不可逆风险；③维持长期的社会生态效益而不是损害生态系统；④充分理解生态过程，预知人类活动的可能性后果，在未能充分理解时，应采取稳健的预防性渔业管理措施（Pikitch et al., 2004）。EBFM 致力于减弱渔业对濒危保护物种的直接和间接的生态影响；EBFM 的另一个目标是减少对副渔获物的过度捕捞，如生态系统中具有重要功能的仔稚鱼和经济价值低的物种（Pikitch et al.，2004）。总之，EBFM 是一种全面系统性地管理目标物种、栖息地、受保护物种和非目标物种的模式。

近期，湖泊水产养殖业逐步创新养殖体系、调整饲养策略和筛选品种等，以期达到节约资源和保护环境的目的（Klinger and Naylor，2012）。渔业管理越来越关注将整个生态系统恢复至富有弹性的稳定状态，并将全面性的基于生态系统的适应性管理模式作为管理方式的首选（Nõges et al.，2018）。中国作为水产养殖大国，湖泊水产养殖正趋向于生态环境友好型和自然资源节约型发展，逐步采用了稻渔综合养殖体系、鱼类-畜禽综合养殖体系、湖泊水域环境友好型养殖模式等，已将水产品质量提高至出口贸易标准，实现了湖泊渔业的长期稳定性可持续发展（Wang et al.，2018a）。

2. 国际科技发展瓶颈

1）湖泊渔业产量估算亟待精确

全球内陆渔业产量主要集中在发展中国家，在内陆渔业产量和相关信息收集过程中存在诸多限制，已有数据受到众多质疑。湖泊渔业数据收集的限制之一为捕捞作业主体的地理分散性，湖泊捕捞主要由小型捕捞船构成，多数湖泊捕捞作业不需要授权持证，以商业性、半商业性或生计方式存在于湖泊水体的各个角落。在现场数据收集时，没有固定的码头或销售市场。渔获个体大小、渔具和从业人数在季节间大幅度变化（De Graaf et al.，2015）。

湖泊渔业产量数据收集的限制之二为数据收集的相关人员和资金资助日趋稀少。湖泊渔业的产量数据的收集逐步被忽视，渔业产量在分布到各流域和物种时被压缩减少。一些国家在不考虑作业渔具组成的情况下，利用代表性渔场的渔获量推算国家渔业产量数据。长期性的人员不足和资助资金短缺，综合导致内陆渔业数据质量较低。而且，各国渔业信息数据收集相关的支持仍在减少，这种恶性循环状态急需得到改善（De Graaf et al.，2015）。

全球内陆捕捞产量的较低估值（2017 年为 11.9Mt）受到众多质疑，相关科学家试图利用模型推算获得正确的内陆捕捞产量（Deines et al.，2017；Bartley et al.，2015）。大数据项目（The Big Numbers Project）于 2010 年估算的全球内陆捕捞产量为 13Mt（The World Bank，2012）；Welcomme（2011）根据湖泊面积和渔业产量，通过模型估算的全球湖泊渔业产量大于 93Mt；Lymer 等（2016）估算的全球理论性总渔获量为 72Mt，其中湖泊总渔业产量为 20.7Mt；Deines 等（2017）基于湖泊叶绿素 a 含量估算的 2011 年全球湖泊渔业产量为 8.4Mt。

2）基础性长期性监测尚未完善

鉴于水生态系统的动态波动周期较长，湖泊渔业生态科研工作需要长时间尺度的连续性重复性调研，需要对环境持续性地开展全面而系统的监测，记录全球变化对水生态系统的影响，分析影响因素和产生后果。长期研究对提高科学认知和优化政策制定具有重大意义（Hughes et al.，2017；Kuebbing et al.，2018）。他们发现长期研究成果具有更高的引用频次，更容易发表在高等科学期刊上，并且可对环境政策的制定起到重要作用。但是在湖泊、海洋、河口和河流等生态系统的研究中，长期连续性研究极度缺乏，长期连续性监测形成的科研成果占比仅为5%～6%（Xenopoulos，2019）。

长期连续性监测对湖泊渔业学科的发展至关重要，相关研究应该得以加强重视。长期连续性监测数据可反映生态系统变迁，从而为应对生态问题和制定管理决策提供科学依据。酸雨就是长期调研价值的典型例证，美国、加拿大和欧洲国家的连续监测发现降水和水体中pH连续降低，对湖泊生态系统产生了可量化的影响。美国夏威夷地区大气CO_2含量的连续监测，为全球气候变化提供了线索和例证。ALOHA气象站监测到的连续30年的海洋水体中CO_2分压的上升，与海洋酸化程度呈同步增强趋势（Xenopoulos，2019）。

因此，应大力鼓励同行投入长期持续性科研，并保证长期持续性研究的开展，高度重视相关研究结果，包括独特见解和意外发现等，并向政府和资助部门报告长期持续性科研对制定重大环境决策的必要性（Xenopoulos，2019）。

6.1.4 我国科技发展现状与瓶颈

1. 我国科技发展现状

1）资源环境调查为湖泊渔业研究奠定了基础

我国的湖泊资源环境调查和研究工作历史悠久，20世纪50年代末至80年代中期，为了摸清全国湖泊家底，填补湖泊科学研究的空白，我国开展了第一次全国湖泊资源调查，对我国主要湖泊的水文、地质、水化学、生物资源等进行了系统的综合性调查，80年代中后期，随着湖泊污染问题日益严重，我国又开展了针对湖泊富营养化的一系列调查研究工作。2005年科技部组织开展了第二次全国湖泊调查。除了全国湖泊的综合性专项调查，我国的水产科研工作者根据渔业发展需求，还对我国代表性水库开展了一系列调查工作，在1980～1990年，对山东省30多座代表性大型、中型水库的水化因子进行了调查与研究（刘新等，1994；焦念志和李德尚，1993b），探讨了水库总磷、总氮、化学需氧量、硬度和电导率等主要水化学因子的变化规律及其影响因素，为水库渔产潜力评估、湖泊渔业养殖技术开发等后续研究奠定了坚实的基础。

2）湖泊、水库渔产潜力研究起步较早

在瑞特（Ryder）于1965年提出土壤形态指数（MEI）之后，通过土壤形态指数估计未开发内陆水域可能鱼产量的问题受到国内学者越来越多的重视。1980年，我国学者提出"鱼产力"的概念，用于衡量水库可提供的最大鱼产量，同时，查明制约水库鱼产力的环境因素，成为我国渔业科学研究的中心课题之一（李德尚，1988）。基于对水库理化因子长期的调查监测，李德尚等（1991）认为磷是决定内陆水域鱼产力最重要的一种营养元素，于是由磷元素入手，开展了浅水水库中磷的周年变动规律及其影响因素研究，并在此基础上，把越来越多的基础环境因素考虑进来（焦念志等，1993b），提出了水库鱼产力评价标准与模式（焦念志和李德尚，1993a）。随着研究的进一步深入，由鱼产力逐步发展出湖泊初级生产力、环境负荷力（李德尚等，1994）、养殖容量（董双林等，1998）、生态承载力等方面的研究，研究手段也融合了遥感、建模等信息技术。

3）集约化养殖技术发展迅速

我国的湖泊渔业科技研究工作起步较早，在新中国成立后伴随着湖泊渔业生产的需求持续开展。湖泊渔业科技研究重点与我国不同时期的政策导向密切相关，20 世纪 50 年代开始，为了解决我国日益增长的粮食需求问题，湖泊渔业科研人员围绕优化养殖技术、增加养殖产量和捕捞产量开展了大量研究工作，在人工放流技术和集约化养殖技术方面取得了许多研究成果，大大提高了我国湖泊、水库渔业的产量。一是人工放流技术研究成效显著，我国在内陆水域进行大规模人工放流，在湖泊放流始于 20 世纪 50 年代，在水库放流始于 20 世纪 60 年代，放流对象除了鱼类，还包括河蟹等经济水产动物，从 60 年代开始，我国水产科研人员围绕提高放流效益进行了大量研究，基于生态学原理，研究了水域饵料资源与鱼类放流数量和种类的搭配问题（王健鹏，1989），把放流种类从最初的"四大家鱼"扩展到底栖鱼类与杂食性鱼类品种，从食物链角度考虑了放流鱼类规格与食性及群体组成、捕食关系等问题（刘伙泉等，1976；朱志荣等，1976），针对河蟹等放流品种的开发，还开展了人工苗种繁育研究（黄志翔，1979）。二是集约化养殖技术取得突破，为了提升湖泊养殖产量，开发了"三网"养殖技术（张列士和杜久香，1984），不断优化投饵技术，为提升水体营养元素含量发展了施肥养鱼技术（李德尚，1988，1990）等，集约化养殖充分利用了发展成熟的养殖技术，提高了湖泊、水库渔业的生产效率，但是对渔业资源的消耗和环境的压力持续增加，导致很多湖泊出现了鱼体小型化、水质富营养化等严重问题。

4）生物修复技术研究成效显著

20 世纪 80 年代末开始，由于长期的湖泊集约化养殖以及工业废水排放、农业面源污染等因素，湖泊的生态环境恶化和富营养化日趋严重，加之围湖造田等人类活动，许多鱼类天然的产卵场和栖息地遭到破坏，湖泊渔业发展面临严峻的考验。我国越来越重视湖泊资源的恢复和环境保护等方面的问题，湖泊渔业科技发展重点也发生了变化。人工增殖放流不再追求经济效益而转向围绕渔业资源的恢复，资源增殖与保护技术研究发展迅速，为了加快渔业资源恢复，开展人工鱼巢研究工作（门国文，1983），并应用于一些天然产卵场遭到严重破坏的水域，取得了积极效果。湖泊生态修复相关理论与技术也一度成为我国学者的研究重点，在湖泊污染和富营养化问题爆发之后，我国学者针对湖泊富营养化的过程和机制开展了大量研究工作（郭楠楠等，2019；齐延凯等，2019），并结合养殖方式深入开展研究，在发展"三网"养殖方式的同时，养殖容量问题被越来越多的学者所关注。湖泊的生态修复是基于恢复生态学的理论基础而来，在原有湖泊生态系统的基础上运用各种领域的技术方法修复或恢复已受损的生态系统，使生态系统实现自我协调、自我运行的良性循环（王志强等，2017）。与传统的物理修复和化学修复手段相比，生物修复技术研究一度成为近十几年的研究热点并取得了一定的成果，通过结合系统工程学方法，可以提高湖泊受损水体生态恢复能力，如通过水生植物降低水体富营养化程度（张萌等，2014），包括以藻控藻技术（谢金林，2017）、生态浮床技术（唐林森等，2008；任照阳和邓春光，2007；宋祥甫等，1998）、水生动物治理技术（陈倩等，2011；刘建康和谢平，2003）、微生物治理技术和综合修复技术等。调整和重塑湖泊食物网营养级关系对恢复湖泊生态功能和恢复生物多样性至关重要，自 Shapiro 等在 1975 年提出"生物操纵"理论后，针对湖泊富营养化的不同阶段，又发展出了经典生物操纵（Jeppesen et al.，2012；Sierp et al.，2009）和非经典生物操纵（Sierp et al.，2009；Xie and Liu，2001）两种理论。我国研究人员依据上述理论，通过对太湖的长期连续监测，评价了太湖的富营养化状况，提出了"以渔改水"

这一核心理念，并开展了大量研究，应用于湖泊的富营养化治理。研究发现鲢（*Hypophthalmichthys molitrix*）、鳙（*Hypophthalmichthys nobilis*）是我国长江中下游湖泊中的优势鱼类类群，也是我国湖泊食物网结构区别于外国湖泊的最典型特征（谷孝鸿等，2019）。刘其根和张真（2016）发现在点源污染得到有效控制的水体中，鲢、鳙可以有效控制富营养化水体的藻类过度增长。"十三五"期间，大水面生态养殖原理与技术成为湖泊渔业研究的新方向。

2. 我国科技发展瓶颈

我国湖泊渔业科技工作尽管取得了许多成就，但仍存在几点不足。

1）渔业资源本底调查等基础工作仍有缺失

目前，针对我国湖泊、水库等大水面渔业资源与环境的调查呈现片段性或区域性缺失，基础数据不够系统全面。我国南北纵跨热带、亚热带及温带，东西跨度比较大，从地形上看，有高原、山地、丘陵、平原、盆地及沙漠。湖泊水库遍布我国大部分地区，分为东北湖区、青藏高原湖区、蒙新高原湖区、东部湖区、云贵高原湖区等区域。我国湖泊的资源调查工作开始较早，20世纪50年代末至80年代中期，我国开展了第一次全国湖泊资源综合性调查，形成了《中国湖泊志》等一系列科研成果和宝贵资料（杨桂山等，2010），之后又针对湖泊富营养化问题，开展了一些专项调查研究，最近成规模性的调查是2005年国家科技基础性工作专项"中国湖泊水质、水量和生物资源调查"，是以东部平原与东北平原和山地湖区为主体，兼顾云贵高原、蒙新高原和青藏高原的第二次全国湖泊调查。此外，农业农村部近几年组织的"长江专项""西藏专项""西北专项"以及正在论证的"东北专项"和"珠江专项"中，调查范围覆盖到了与河流连通的湖泊水域。尽管如此，关于众多与大型河流不连通或半连通的湖泊，近30多年来仅通过执行部分科研任务开展了局部或片段化的渔业资源与环境调查，调查站点数、频次均较少，无法全面反映水域周年资源、环境变化，缺乏系统性和全面性。我国大部分湖泊"家底"现状不够清晰、缺乏长期稳定的数据积累、监测体系不完善、连续性调查资料不全等问题，对湖泊渔业的转型升级和发展大水面生态渔业形成了制约。

2）湖泊生态渔业规划与管理研究存在不足

现阶段，湖泊渔业的发展需要以保护湖泊水环境为前提，需要合理规划湖泊水域渔业区域，合理定位湖泊渔业功能等，这都需要大量研究工作予以科学支撑。目前，我国湖泊区域协调管理方面的研究比较薄弱，亟待开展以下工作。一是亟待开展湖泊流域水生态功能分区研究。美国环保署于20世纪70年代就提出了水生态区划的概念，通过揭示水生态系统层次结构与空间差异，为水生态系统的差别化管理提供支撑（Karr and Dudley，1981）。我国早期开展过内陆渔业水域区划功能的研究，近年来相继开展了水生态区划、流域水环境功能区划等研究，但是多以单因素方法为主，其科学性和实用性需要进行更深入的研究。二是亟待开展湖泊生物资源及渔产潜力评估研究，需要进一步掌握水体中不同营养级生物通过物质能量转化能形成的渔业产品的最大产量，用于指导湖泊渔业资源结构的合理调控，湖泊渔业生产潜力评估是进行湖泊增殖放流、大水面生态养殖等具体渔业生产工作的前提、基础和依据，但目前这方面的研究还比较片面，缺乏系统性和全面性，有待进一步深入研究。三是亟待开展湖泊渔业功能区域设置研究，需要对湖泊水域的渔业功能进行分区和界定，为管理湖泊水域环境和自然资源提供依据。目前我国这方面的研究偏少，个别学者在太湖尝试过渔业功能区域方面的研究（谷孝鸿等，2006），结合遥感技术，分析了太湖的渔业生物资源分布与水动力格局，划定了鱼类繁殖保护区、螺类资源保护区、生物多样性保护区和增殖放流区等，取得了一定的成效。

3）湖泊渔业科研与管理决策衔接不够紧密

长期以来，我国的湖泊渔业科研的重点方向与政策导向密切相关，但是科研工作的结果应用却与管理决策衔接不紧密，多呈现滞后的现象，导致一些决策的制定缺乏有效的数据支撑。例如，目前大水面渔业资源养护、环境修复、涉渔工程评价等方面的研究仍存在一定的局限，对保护区布局与建设、禁渔制度、限额捕捞、渔业生态红线区划与划定等工作缺乏强有力的科学支撑。近年来，由于缺少对网箱、围网养殖区内外长期跟踪监测，多地在落实十部委联合发布的《关于加快推进水产养殖业绿色发展的若干意见》时，不区分污染型养殖与净水生态型养殖，"一刀切"全面拆除围网，不仅没有达到修复环境的预期效果，还对湖泊养殖形成了较大的冲击。当前，发展大水面生态渔业还缺少全面的、系统的、立体的湖泊渔业生产潜力评估研究，以及湖泊渔业资源的适配性、放养鱼类与天然饵料生物的适配性、多种生态层级适配性、养殖水体资源管理、回补方式适配性等研究，在保持生态结构稳态、提高产业回报率、挖掘渔业生产潜力等方面缺乏有效的科学与技术支撑。

6.2 重大科技需求分析

6.2.1 科技发展愿景分析

当今，我国水产养殖产量约占世界水产养殖总产量的70%，为保障国家食物安全、促进农渔民增收和经济社会发展做出了重要贡献，到2030年我国水产品的需求量预计将增加2000t，水产养殖的发展潜力巨大。湖泊渔业作为我国淡水养殖的重要组成部分，除需具备养殖生产功能以外，还需兼备水生生物资源养护、生态调控与修复、以渔净水、以渔养水等功能。

湖泊渔业的发展应以《关于加快推进水产养殖业绿色发展的若干意见》《关于推进大水面生态渔业发展的指导意见》等文件要求为指导，科学制定我国湖泊、水库渔业发展的近期和中长期规划，明确发展目标和重点任务，积极推进大水面生态渔业融合发展，更加突出大水面渔业的生态属性、美化效果、富民功能，把大水面生态渔业打造成渔业一二三产业融合发展、绿色发展的样板。针对我国湖泊、水库渔业发展目标科学规划和布局，建立湖泊环境监测智能化、渔业增殖放流标准化、修复与增养殖同步化、资源评估精准化、生态功能与渔业服务一体化的全产业链融合发展新模式，将是推动我国湖泊、水库渔业顺利完成转型，解决湖泊资源环境耗竭与渔业可持续生产矛盾的关键，也将为世界湖泊、水库渔业的绿色发展提供科学参考。

在基础原理研究方面，鱼类生物能量学模型和生理生态基础模型方面将取得重大突破，实现对鱼类种群、生长、环境变化、饵料生物规模的动态预测。

在技术研发方面，多学科融合，集成信息化、智能化、工程化技术，提升生物修复效果，并降低修复成本，形成完善的生物、生态综合修复技术体系；人工智能技术将辅助资源增殖容量、湖泊养殖容量、湖泊环境容量的动态评估与决策；构建水域生态保护和渔业生产相协调的大水面生态渔业高质量绿色发展模式，兼顾大水面在防洪、供水、生态、渔业等多方面的功能，达到"一水多用、多方共赢"，大力发展精深加工和湖泊休闲渔业，推动一二三产业融合发展。

在管理应用方面，我国将建立完善的湖泊资源环境监测体系和数据共享平台，实现智能化采集、网格化覆盖与信息化共享；鱼类等资源生物的增殖放流管理更加精细化，针对不同鱼类类型、行为习性、放流种群控制等方面实行差异化管理；通过渔业科技的精准施策和科学管理，实现我国湖泊渔业提质增效、转型升级、减量增收、绿色发展的目标，使我国湖泊、水库渔业科技发展达到世界先进水平。

6.2.2 科技发展需求分析

传统的湖泊养殖业是建立在对资源、环境等生产力要素的大量占有、依赖，甚至是破坏的基础上，外部水资源紧缺和污染制约了湖泊渔业的发展。长期以来，由于过度追求经济效益及忽视环境保护和资源合理利用，针对现阶段湖泊渔业存在的问题，迫切需要大力修复湖泊生物资源，调整生物群落结构，注重湖泊资源环境，大力研究各种生态渔业技术，通过生态操控实施净水渔业，使湖泊渔业从"高投入高产出"的资源消耗型模式向质量、效益和生态并重的增长方式转变，实现湖泊渔业与环境协调发展。

1. 湖泊渔业资源与环境监测体系亟待完善

生态文明建设是关系中华民族永续发展的根本大计，生态兴则文明兴，生态衰则文明衰。水域生态环境对人类的影响巨大，良好的水域生态环境是生态文明的重要标志。湖泊、水库等大水面水体不仅发挥着重要的供水和气候调节作用，还为水生生物提供了重要的繁衍栖息环境，有着突出的生物多样性生态功能。我国的湖泊、水库渔业在落实乡村振兴战略、保障粮食安全有效供给、促进渔业高质量发展等国家重要战略计划中具有极其重要的作用。湖泊、水库渔业资源与环境调查符合国家中长期发展规划和战略要求，对于推动区域渔业供给侧结构性改革、保障区域生态安全和社会经济的可持续发展具有重要意义。除我国开展的两次全国性湖泊调查之外，我国湖泊资源环境调查主要依赖于各部委设立的几次重大调查专项，缺乏系统性湖泊渔业资源环境监测体系和持续性的监测工作积累，呈现片段式、分散式的特点。针对我国湖泊和水库水域面积锐减、渔业受污染威胁严重、酷渔滥捕问题突出、水生态系统和栖息地生境受到破坏等现状，亟待完善我国湖泊渔业资源与环境监测体系，开展我国主要湖泊、水库渔业资源环境的全面调查，按照生态优先、科学利用、创新机制、因地制宜的原则，摸清渔业资源"家底"、掌握渔业环境状态，为推进大水面生态渔业发展提供科学的数据支撑。

2. 湖泊渔业资源调控机制解析亟待深入

20世纪80年代以来，我国湖泊、水库渔业在"以养为主"方针的指导下，在养殖技术等方面取得了长足的进步，推动湖泊渔业产量高速增长，然而因为缺乏对生态承载力、渔业资源变动机制以及生物多样性演化机制等原理机制方面的研究和认识，导致湖泊渔业资源严重衰退、湖泊富营养化事件频发、湖泊面积减小等诸多严重的问题。20世纪90年代,我国开始大力治理湖泊污染和富营养化,基于对湖泊富营养化的过程和机制的大量研究,为生物修复技术的研究奠定了坚实基础,在治理太湖、东湖、蠡湖等实际应用中取得了良好的成效。2019年初,农业农村部等十部委联合发布的《关于加快推进水产养殖业绿色发展的若干意见》明确提出了"科学确定湖泊、水库、河流和近海等公共自然水域网箱养殖规模和密度,调减养殖规模超过水域滩涂承载能力区域的养殖总量。科学调减公共自然水域投饵养殖,鼓励发展不投饵的生态养殖""发挥水产养殖生态修复功能。鼓励在湖泊水库发展不投饵滤食性、草食性鱼类等增养殖,实现以渔控草、以渔抑藻、以渔净水"等新要求。因此,深入开展湖泊增养殖容量评估、湖泊食物网结构解析,以及渔业资源补充、生态系统营养级调控等机理机制研究十分迫切,将为湖泊生境修复技术、生态增养殖技术、湖泊渔业发展模式等方面的研究提供可靠的理论支撑。

3. 湖泊生境保护与修复技术体系亟待构建

湖泊与人类的生存和发展息息相关,不仅具有水源供给、蓄水防洪和食物生产等重要功能,还具有气候调节、景观旅游等重要生态和文化服务功能,因此,湖泊自古以来就是人口和经济集聚区域。然而,由于长期的过度开发,近几十年来,我国湖泊总体呈现不断退化的趋势,具体表现为渔业资源量和资源种类减少,生物多样性下降,富营养化现象频发。1990年太湖围网养殖面积约占湖泊水面的9.5%,但到2003年,养殖水面已超过湖泊水面的81.2%(姜加虎等,2005),过度发展养殖在加剧水体富营养化的同时,也直接破坏了湖泊生态系统。现阶段我国内陆水体管护的基本要求是"保护水质,兼顾渔业,适度开发,持续利用"。实施湖泊生态修复,在保护水环境的基础上,有效控制湖泊渔业资源的衰退趋势并使之得到改善和维护,是目前面临和亟待解决的问题。此外,在国务院印发的《中国水生生物资源养护行动纲要》、农业部印发的《中长期渔业科技发展规划(2006—2020年)》中,都提到要减缓和扭转渔业资源严重衰退的趋势。因此,迫切需要系统开展渔业资源增殖与养护的生态学基础、水环境修复技术、栖息地的修复关键技术、增殖容量评估和生态系统评价等研究,形成多学科融合的湖泊生物修复技术体系,实现资源恢复与环境修复的双重目标。

4. 湖泊渔业资源增殖放流成效亟待提高

湖泊、水库一直以来都是我国内陆渔业水域的主体,也是我国渔业的重要组成部分,我国湖泊可养面积约1.87万km^2,水库可养面积超过2万km^2,占全国内陆可养面积的70%。我国湖泊和水库的鱼类种类众多、资源丰富。但近几十年来,由于拦河筑坝、围湖造田、江河阻隔和过度捕捞等人类活动影响,渔业资源衰退严重,栖息地环境恶化。20世纪50年代后期开始,为了恢复渔业资源,我国持续开展了增殖放流工作,取得了一些增产效果(刘恩生等,2005;陆伟民和童合一,1994),还一度推动湖泊渔业进入增养殖发展阶段。然而90年代初,随着湖泊富营养化程度的不断加重,很多湖泊出现了藻类暴发的水华现象,增殖放流的效果急转直下,再加上增殖放流科研工作长期滞后于产业需求,存在增殖放流效果评价体系不完善、对试验性放流研究工作不重视、配套管理工作不到位等,导致了增殖放流效果不明显、放流苗种存活率低、放流种类成为外来入侵种、生态系统失衡等问题(姜亚洲等,2014)。因此,为了提高增殖放流成效,一是要加强生物资源容量和养殖容量的研究,科学合理制定湖泊、水库增殖放流规划,确定合适的种类与放流规模;二是要加强苗种遗传资源安全评估和健康管理,严格对放流亲本来源、亲本状态和种质质量进行核查,提高增殖放流苗种的存活率;三是要加强增殖放流效果评估,与生物操纵等水域环境修复技术相结合,提升增殖放流的综合效益;四是要加强增殖放流管理的体系化建设,建立完善的科学研究、监测效果评估和政策配套管理等体系。

5. 大水面生态增养殖、修复与利用模式亟待创新

在新时期,"高效、优质、生态、健康、安全"已成为中国特色水产养殖可持续发展目标,积极发展绿色、健康、生态养殖新生产模式,寻求与生态环境的和谐成为新的追求和任务(唐启升,2018)。当前,湖泊、水库渔业处于产业转型的关键阶段,农业农村部等十部委联合印发了《关于加快推进水产养殖业绿色发展的若干意见》,强调要发挥水产养殖的生态属性,鼓励发展不投饵的滤食性鱼类养殖。但一些地方仍然存在发展大水面渔业对生态环境造成了水质污染等负面影响的情况。因此,在发展路径上如何协调渔业发展与生态环境保护的关系,探索出一条保护水质、适度开发、永续利用、三产融合的绿色高质量发展好路子,以及在发展过程上如何进一步突破大水面生态养殖关键技术瓶颈,实现发展湖泊、水库养殖的同时达到"以渔净水"的生态与经济双赢,是发展大水面渔业亟待破解的课题。一方面,需要广泛总结推广大水面渔业发展经验和先进模式,探索管理运行和利益分享机制,推动出台发展政策,促进大水面增养殖、捕捞、加工、冷链物流、休闲及旅游等业态实现有效融合;另一方面,需要组织大水面渔业共性关键技术研发,研究制定大水面渔业增殖容量标准和技术规范,破解机制难题,突破关键技术瓶颈,构建"以渔净水"技术体系,研发配套装备设施,推进技术成果转化,实现大水面生态养殖、资环恢复、环境修复的协同发展。

6.2.3 重大科技任务分析

我国湖泊、水库渔业的发展目标在于:建立完善的湖泊渔业资源与环境智能化监测体系,实现资源与环境监测的常态化、智能化、网络化与信息化,深入解析湖泊渔业资源调控原理、机制与途径,形成基于生态学、环境学、生物学的湖泊渔业资源调控理论体系,集成和研发多学科融合的信息化、智能化、工程化湖泊生境综合修复技术体系,构建"渔旅融合"的产业发展新机制,发挥大水面的生态、经济、文化、教育等方面的服务功能,打造一批淡水渔业产业发展样板模式。重大科技任务主要集中在以下几个方面。

1. 完善湖泊渔业资源与环境智能化监测体系

目前,我国湖泊资源监测主要依赖于国家资源与环境方面的重大专项,如全国的两次湖泊综合考察以及农业农村部资助的"长江专项""西藏专项""西北专项"等,湖泊的环境监测目前主要依托全国渔业生态环境监测网,主要以黑龙江流域、黄河流域、长江流域和珠江流域等水系为重点,覆盖一些与流域相连的湖泊水域,因此成体系持续性的湖泊资源与环境监测比较缺乏,也导致我国发展湖泊渔业时出现家底不清、本底不明等诸多问题。资源与环境调查监测工作意义重大,是开展生态保护、渔业生产等科研和产业工作的前提与基础,对厘清资源与环境本底情况、支撑湖泊渔业生态绿色发展有重要的意义。2018年10月,国务院办公厅印发了《关于加强长江水生生物保护工作的意见》,重点强调要全

面开展水生生物资源与环境本底调查，准确掌握水生生物资源和栖息地状况，建立水生生物资源资产台账，同时加强水生生物资源监测网络建设，提高监测系统自动化、智能化水平，加强生态环境大数据集成分析和综合应用，促进信息共享和高效利用。面对我国湖泊、水库面积锐减、富营养化频发、受污染情况严重、渔业资源急剧衰退的现状，亟待依托可靠的渔业资源与环境监测网络开展持续全面的监测工作，摸清渔业资源与环境家底和本底，为推进湖泊渔业生态绿色发展提供数据支撑。

湖泊渔业资源与环境智能化监测体系包括监测体系的构建和监测方法的集成创新。依托现有各部委系统、各地方湖泊水域监测台站，结合各涉渔机构、企业、高校等固定监测点，整合布局网格化监测体系，利用信息化技术，建立以资源与环境调查为基础的渔业资源管理体系和渔业资源与环境信息服务系统，实现数据的开放与共享。开发和集成湖泊渔业资源监测新技术与新方法，融合常规渔业资源监测调查方法、生物技术、信息技术、遥感技术等的多学科技术方法进行资源和环境监测；集成物理海洋学、生物海洋学、海洋化学等学科技术，建立环境质量及生态系统健康的评估指标体系和评估方法；构建新型渔业资源监测和精准化评估技术体系，利用人工智能技术和自动化技术，开发多功能环境监测传感器，实现湖泊水域环境的自动采样、无线传输、在线监测、自动分析、早期预警等，集成现有技术优化渔业生物资源调查方法，综合渔业声学、水下视频、无人机遥感、环境DNA等多种技术手段对重要渔业生物产卵场、栖息地等生境特征进行监测和评估，对重要渔业生物资源的种群结构、种群动态、种群特征进行监测和评估。

湖泊渔业资源与环境智能化监测体系的构建和完善，将合理配置和优化现有资源与环境监测网络，最大限度地发挥效能，提高渔业资源与环境监测的工作效率，降低人力成本，获得全面、系统、连续的渔业资源与环境监测数据，掌握主要渔业资源生物种类的生物学特征、数量分布、资源动态等实时信息，为我国湖泊、水库生物多样性保护、渔业资源养护与生态修复、自然保护区建设与管理、生态保护红线划定等提供可靠的基础数据与参考依据，为指导大水面生态系统管理规划和资源合理利用、落实国家生态战略布局具有重要的借鉴意义和参考价值。

2. 解析湖泊渔业资源调控原理、机制与途径

回顾湖泊渔业的发展历程，我国在养殖技术方面的研究突飞猛进，一段时间内取得了巨大的成绩，解决了我国人民"吃鱼难"的问题，然而相关的基础理论研究却比较薄弱，随着国际学者陆续提出养殖环境容纳量理论、生物操纵理论、资源变动与补充机制等，国内学者才对相关的领域开始重视并开展研究工作，由于湖泊渔业相关的机制研究长期滞后，不能给管理政策制定、产业发展方向确定等给予科学的支撑和引导，导致我国在历史上一段时间内，在"以养为主"方针的指导下过度发展湖泊养殖业，给环境和资源带来了巨大的压力。在我国高度重视湖泊渔业资源恢复和水环境治理以后，又由于生物多样性演变机制、生态结构与食物网关系等基础研究不足，在开展资源增殖放流等工作时引发了放流物种存活率低、外来物种入侵、生态结构失衡等诸多问题。因此，解析湖泊渔业资源调控原理、机制与途径，丰富湖泊渔业相关基础理论体系，掌握水生生物群落结构特征，对科学指导渔业管理政策制定、维护生态系统平衡与稳定、优化生物修复技术等具有重要的意义。

解析湖泊渔业资源调控原理、机制与途径，需要围绕整个湖泊渔业生态系统开展研究，

涉及生物与生物之间的关系、环境与生物之间的关系，主要包括以下几个方面。研究不同水域生境状况下渔业资源容纳量以及不同营养层级生物生产力变化规律与影响因素，解析湖泊食物网结构特征与生物资源补充机制，查明湖泊生境退化与生物多样性演变机制，研究重要水产资源物种（如保护物种、特有物种、重要渔业物种）生境利用过程，甄别重要水产资源物种种群增殖的关键限制性生境因子，评估增养殖群体对野生群体遗传与种群、群落和生态系统结构与功能的影响，基于水产生物的繁殖发育学、生理生态学和水域生态学揭示养殖生物种质资源的保存原理和扩增途径，阐明渔业资源的调控原理与调控途径。

湖泊渔业资源调控原理、机制与途径解析研究，将在实现湖泊资源与环境智能化监测的基础上，从生态系统结构与功能的角度揭示湖泊渔业增养殖过程中环境要素、生境要素、生物要素等变化规律与相关关系，为湖泊资源恢复、环境修复技术的研发提供最直接、最可靠的理论依据，为湖泊渔业产业新模式构建和发展策略谋划等提供重要的理论依据，也将推动我国湖泊渔业发展达到新的高度。

3. 研发与集成湖泊生境综合修复技术体系

我国内陆和近海水产资源显著衰退，保护和恢复水生生物多样性与水产资源，以及修复和优化渔业水环境和渔业生境，已成为我国生态文明建设的重要目标，也是我国渔业绿色高质量发展的基础。渔业资源过度利用、养殖污染和栖息地生境破坏是全球水生生物多样性和水产资源的主要威胁。随着我国生态环境保护力度加大，大型流域已经实施全面禁捕，大型湖泊和水库全面去除"三网"养殖，捕捞压力和养殖污染对渔业资源的影响将逐步减弱，因此生境破坏将成为影响水产资源的最重要因素，生境状况将是决定水生生物多样性和渔业资源恢复潜力的关键。虽然生境修复技术方面的研究一直是国内外的研究热点，但是目前开发的修复技术都比较单一，缺乏适用于不同湖泊生境类型的成体系的生境综合修复技术。因此，集成和开发湖泊生境综合修复技术体系十分必要。

湖泊生境综合修复是针对水质、底质、生物环境等多种生境要素的综合修复，根据水域和生境类型，集成水体富营养化修复技术、以藻控藻技术、生物操纵技术、产卵场修复技术、生态浮床技术、人工湿地工程化技术等，形成完整综合的修复技术体系。湖泊生境综合修复技术体系对发挥大水面增殖渔业的生态功能，实现以渔抑藻、以渔净水，修复水域生态环境，维护生物多样性提供强有力的技术保障，为湖泊、水库渔业的绿色健康发展提供技术支撑。

4. 构建"渔旅融合"产业发展新模式

目前，我国湖泊、水库渔业产业处在转型升级的关键时期，产业结构亟待调整。农业农村部、生态环境部和国家林业和草原局三部委联合发布的《关于推进大水面生态渔业发展的指导意见》明确指出，近年来，随着资源与环境约束日益加大，大水面渔业发展空间大幅萎缩，发展方式亟待转型升级。面对新时代新形势，亟须大力发展大水面生态渔业，根据大水面生态系统健康和渔业发展需要，通过开展渔业生产调控活动，促进水域生态、生产和生活协调发展，要有效发挥大水面渔业生态功能，加快体制机制创新，强化科技支撑，促进渔业资源合理利用。面对我国湖泊、水库渔业产业结构调整和转型升级的迫切要求，构建湖泊渔业"渔旅融合"产业发展新模式迫在眉睫，也是推动一二三产业融合发展，实现水域生态保护和渔业生产相协调的大水面生态渔业高质量绿色发展的必由之路。

"渔旅融合"产业发展模式是将养殖产业向上下游产业链延伸，融合精深加工业与休闲渔业，挖掘渔业在休闲、文化、旅游、教育、饮食等方面的潜在价值。根据不同湖泊地理区位特点，研究和挖掘渔业风俗与文化背景，开发游钓、美食、旅游等产业形态，结合湖泊自身特点，发展休闲渔业，建设渔业旅游品牌。研究休闲渔业新型产业形态下渔业经营主体的竞争力影响因素，优化产业融合发展下渔业经营主体组织模式，探索多元主体的利益共享机制。

"渔旅融合"产业发展模式是湖泊、水库大水面渔业生态发展在产业层面的具体形式之一，是围绕渔业高质量发展目标提升水产品品质、实施品牌战略、提高质量效益，"渔旅融合"将发挥大水面渔业优势特点，大力发展精深加工和休闲渔业，推进一二三产业融合发展，不断延伸渔业产业链，提升经济价值链。

6.3 技术水平发展总体评价

6.3.1 技术发展态势评价

以科学引文索引扩展版（Science Citation Index Expanded，SCIE）数据库为基础，以 TS=((lake\$ OR reservoir\$ OR "fresh water") AND (biocapacity OR biomanipulation OR "fisher* management" OR eutrophication\$ OR "food web cascade\$") NOT (marine OR sea OR ocean\$))为主题检索公式，选取的文献类型为论文（article）、会议论文（proceedings paper）和综述（review），时间范围为1990年至检索日期（2020年3月19日）。在得到初步检索结果后，将数据进行合并、去重和清洗处理，最终得到9539条数据，从文献计量角度分析国际湖泊渔业研究的发展态势。

以中国知网数据库为基础，以 SU=(湖泊+水库)*(生物承载力+生物操纵+渔业管理+富营养化+食物网级联+渔业+养殖+水产+增殖)-海洋为主题检索公式，限定期刊类型为核心期刊、CSSCI 和 CSCD 来源期刊，时间范围为1990年至检索日期（2020年3月19日），得到国内湖泊渔业相关研究3099篇，从文献计量角度分析国内湖泊渔业研究的热点内容。

数据分析主要采用汤森路透集团开发的专利信息分析工具 TDA 软件、网络关系分析工具 Ucinet 和 NetDraw，以及 Nees Jan van Eck 和 Ludo Waltman 开发的 VOSviewer 软件和办公软件 Excel。利用 TDA 软件对文献数据进行基本的处理和清理，利用 Ucinet 和 NetDraw 工具绘制国家合作网络，利用 VOSviewer 软件对文章题名、摘要和关键词进行聚类分析，利用 Excel 软件对该领域文献进行统计分析以及图表绘制的可视化分析。

1. 国内研究发展态势评价

将国内相关研究数据集中的论文题目、摘要和关键词进行可视化图谱分析和领域聚类，得到图6-1和图6-2。从图6-1可以看出，国内湖泊渔业的研究热点主要集中于富营养化和水库养殖两个方面。从图6-2可以明显看出，国内湖泊渔业研究主要分为3个研究版块，包括富营养化、淡水渔业管理和网箱养殖方面的研究。

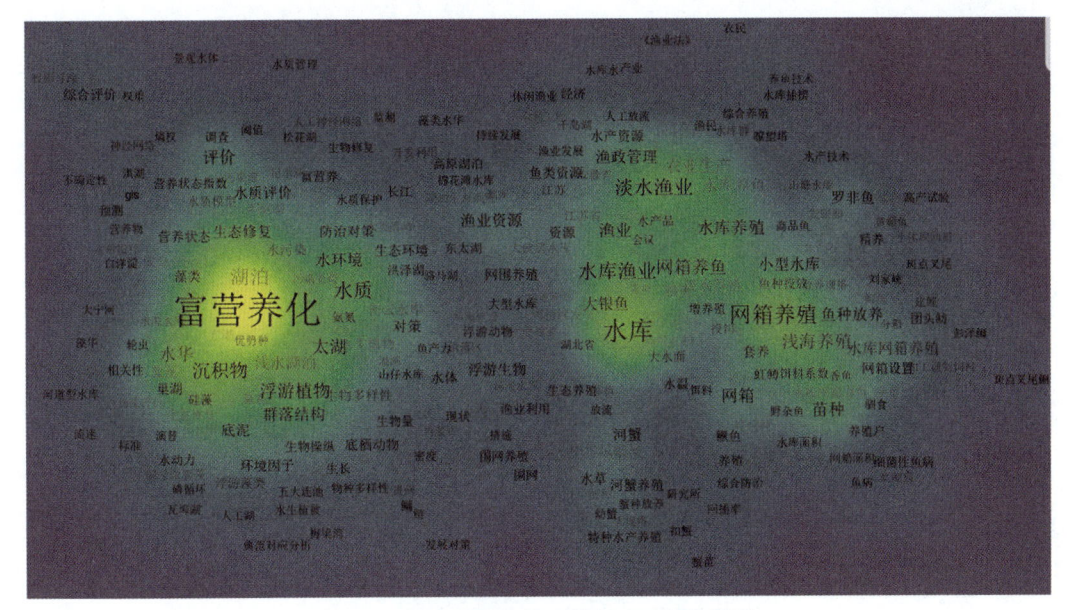

图 6-1 国内湖泊渔业研究热点可视化图谱

颜色越凸显表明出现频次越高

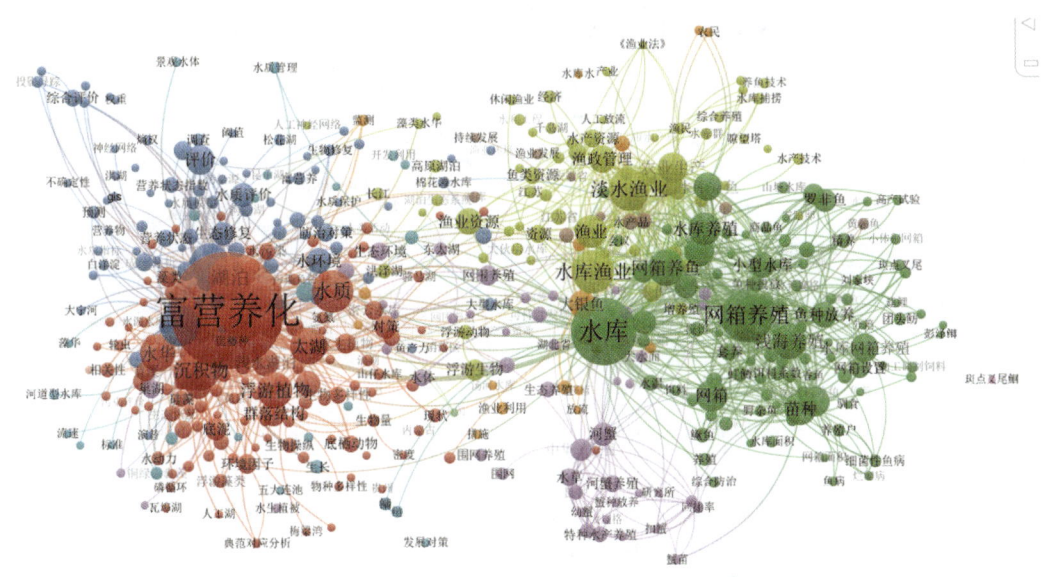

图 6-2 国内湖泊渔业主要研究内容聚类图

联系紧密的关键词划分为同一区块；字号越大表示该关键词出现频次越高

2. 国际研究发展态势评价

1）研究论文变化情况

国际湖泊渔业研究有较长的发展历史，1990～2019 年有 9348 篇相关研究论文被 SCIE 数据库收录，总被引频次为 238 464 次。由图 6-3 可以明显看出，国际湖泊渔业研究发文量整体呈现递增趋势，有些年份发文量会有小的波动，发文量的年平均增长率为 10.6%。

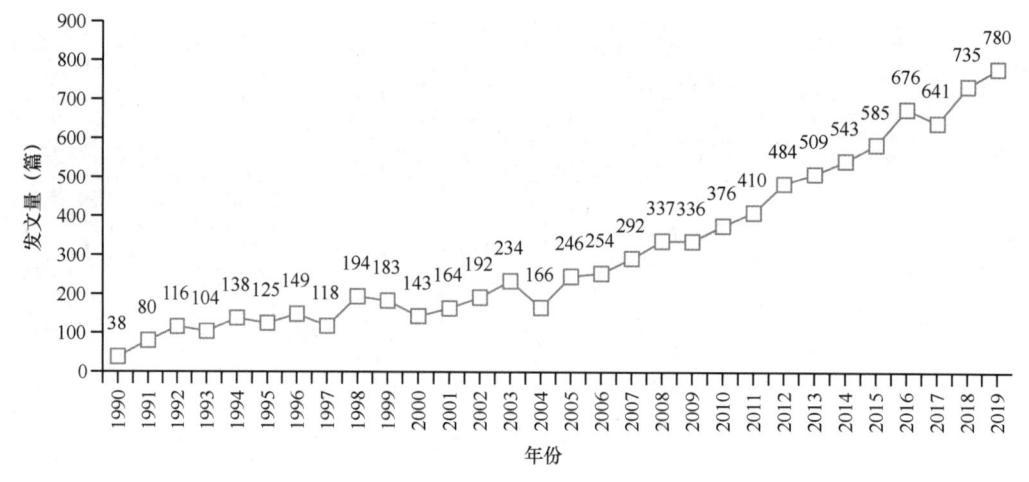

图 6-3　国际湖泊渔业研究发文量变化

2）研究论文期刊分布

自 1990 年以来，国际湖泊渔业相关研究论文分布于 1077 种期刊上，收录数量排名前 10 的期刊如表 6-1 所列。其中，*Hydrobiologia* 发文量排名第 1，为 809 篇，排名第 2 至第 4 的杂志发文量为 200～301 篇，排名第 5 至第 10 的杂志发文量为 150～200 篇。

表 6-1　国际湖泊渔业研究发文主要期刊

排名序号	期刊全称	发文量（篇）	影响因子
1	*Hydrobiologia*	809	1.704
2	*Freshwater Biology*	301	2.325
3	*Science of the Total Environment*	288	3.404
4	*Journal of Great Lakes Research*	213	5.589
5	*Journal of Paleolimnology*	193	2.175
6	*Ecological Engineering*	185	2.009
7	*Ecological Modelling*	183	3.406
8	*Water Research*	168	2.634
9	*Environmental Science and Pollution Research*	157	7.913
10	*Lake and Reservoir Management*	155	2.914

3）国际研究力量与影响力分析

世界上绝大多数国家均开展了湖泊渔业的研究，其中美国、中国、加拿大以及西欧和北欧等一些国家发文较多，西非、北非和中非部分国家相关研究尚为空白。通过对国际湖泊渔业研究发文量排前 10 的国家进行分析（图 6-4）可以看出，美国发文量最多，为 2219 篇，中国其次，为 2121 篇，而第 3 至第 10 分别为加拿大、英国、德国、荷兰、波兰、巴西、丹麦和法国，发文量从 821 篇至 313 篇。第一作者国家和通讯作者国家发文量占比变化趋势相同，其中，波兰的通讯作者国家发文量占本国发文量的比例最高，为 94.41%，其次为中国、巴西和美国，分别为 91.98%、85.19% 和 79.63%；中国的第一作者国家发文量占本国发文量的比例最高，为 91.75%，其次为波兰、巴西和美国，分别为 86.59%、84.90%

和 76.75%，说明波兰和中国的湖泊渔业研究自主性较强，而美国相对于波兰和中国，虽然发文量较高，但是合作研究的比例也较高。第一作者国家和通讯作者国家发文量变化趋势与国家发文量变化趋势基本相似，但中国的第一作者和通讯作者发文量分别为 1946 篇和 1951 篇，均高于美国（图 6-5）。

图 6-4 国际湖泊渔业研究发文量前 10 位国家的发文量、第一作者国家和通讯作者国家发文量占比

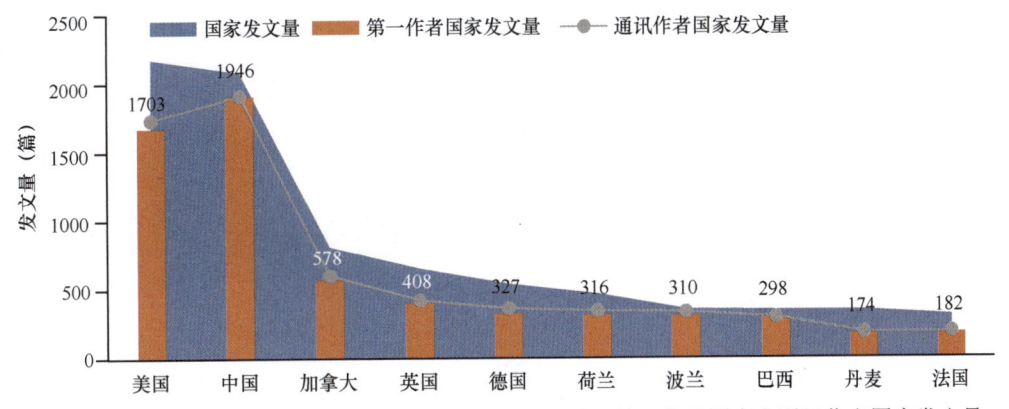

图 6-5 国际湖泊渔业研究发文量前 10 位国家的发文量、第一作者国家和通讯作者国家发文量

表 6-2 反映了国际湖泊渔业研究发文量前 10 名国家的发文情况，美国的发文量和总被引频次处于领先位置，荷兰和丹麦的发文量约为美国发文量的 1/6，但篇均被引频次约为美国的 1.5 倍，中国的发文量仅次于美国，第一作者国家发文量占本国发文量的比例最高，但篇均被引频次排名第 9，波兰通讯作者国家发文量占本国发文量的比例最高，但篇均被引频次排名第 10，美国、中国、加拿大和英国的总被引频次高于前 10 位国家的平均值。

表 6-2 国际湖泊渔业研究发文量前 10 位国家的发文情况

排序	国家	发文量（篇）	总被引频次（次）	篇均被引频次（次/篇）	第一作者国家发文量占比（%）	通讯作者国家发文量占比（%）	近 3 年发文量占比（%）
1	美国	2 219	72 436	32.64	76.75	79.63	24.56
2	中国	2 121	38 275	18.05	91.75	91.98	34.79

续表

排序	国家	发文量（篇）	总被引频次（次）	篇均被引频次（次/篇）	第一作者国家发文量占比（%）	通讯作者国家发文量占比（%）	近3年发文量占比（%）
3	加拿大	821	23 747	28.92	70.40	74.18	28.50
4	英国	661	25 533	38.63	61.72	64.60	20.12
5	德国	546	16 105	29.50	59.89	67.03	20.33
6	荷兰	472	22 303	47.25	66.95	73.52	14.62
7	波兰	358	4 917	13.73	86.59	94.41	24.86
8	巴西	351	7 360	20.97	84.90	85.19	31.05
9	丹麦	351	17 189	48.97	49.57	52.71	23.36
10	法国	313	9 486	30.31	58.15	61.02	20.13
	平均值	821.3	23 735.1	30.90	70.67	74.43	24.23

图6-6反映了国际湖泊渔业发文量前10位国家的发文量和篇均被引频次的分布，美国、中国发文量高于前10位国家的平均值；美国、英国、荷兰和丹麦的篇均被引频次高于前10位国家的平均值。美国发文量和篇均被引频次均高于平均水平，处于第一象限；丹麦、荷兰和英国发文量虽低于平均水平，但篇均被引频次较高，处于第四象限；德国、巴西、法国和波兰的发文量和篇均被引频次均低于平均水平，处于第三象限；中国发文量远高于平均水平，但论文篇均被引频次远低于平均水平，处于第二象限。

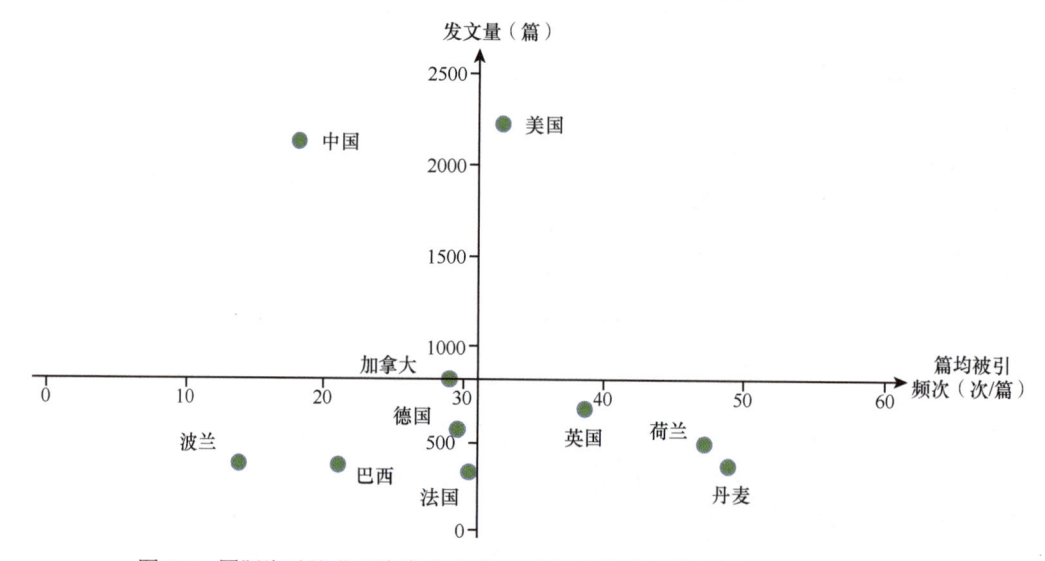

图6-6 国际湖泊渔业研究发文量前10位国家的发文量和篇均被引频次分布图

4）国际合作情况分析

以国际湖泊渔业研究发表论文数量的前50个国家为主，得到各个国家相互合作关系网络（图6-7）。可以看出，美国、德国和英国是研究的中心国家。中国主要的合作国家是美国、丹麦、英国、日本和澳大利亚。全部论文中，以国家数量计为12 664篇，实际论文为9539篇，论文篇均合作国家为1.33个。从表6-3可以看出，国家独立完成的论文有7168

篇，占全部论文的 75.14%，3 国及以上合作的论文数量为 637 篇，占全部论文的 6.68%，说明国际湖泊渔业研究多国合作较少。

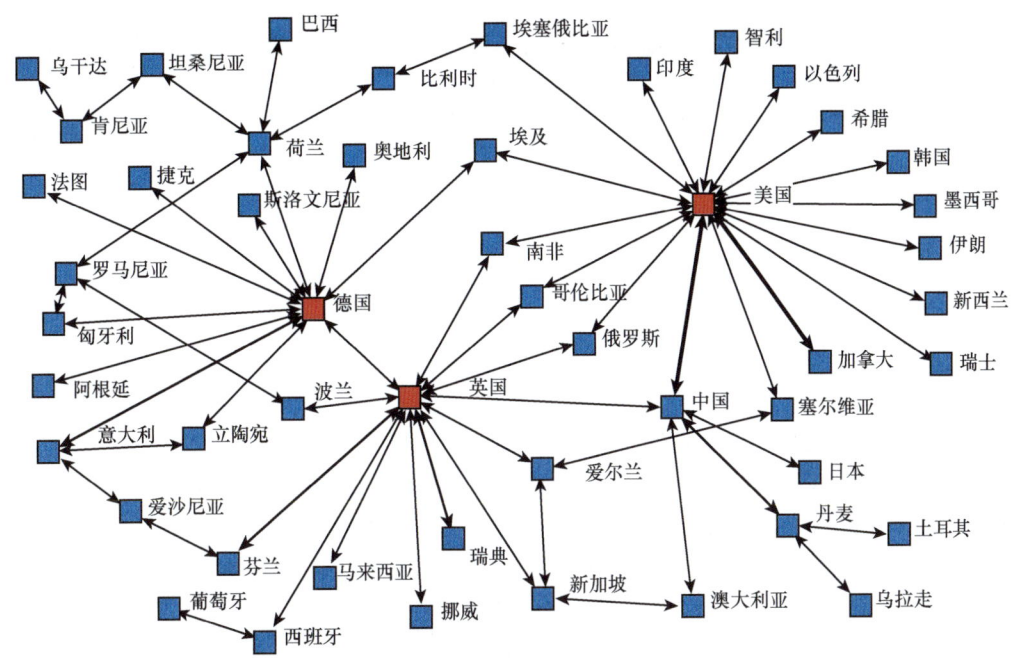

图 6-7　国际湖泊渔业研究的国际合作情况

连线表示合作关系，线条越粗合作次数越多

表 6-3　国际湖泊渔业研究论文合作国家数量

序号	发文量（篇）	发文国家数量（个）	序号	发文量（篇）	发文国家数量（个）
1	7168	1	10	2	10
2	1734	2	11	3	11
3	415	3	12	4	12
4	119	4	13	4	13
5	39	5	14	1	14
6	14	6	15	1	15
7	8	7	16	1	25
8	17	8	17	1	28
9	8	9			

5）主要研究机构分析

国际湖泊渔业的主要研究机构如图 6-8 所示，中国科学院（Chinese Academy of Sciences）发文量排名第 1，为 968 篇，中国科学院大学（University of Chinese Academy of Sciences）排名第 2，为 262 篇，丹麦的奥胡斯大学（Aarhus University）排名第 3，为 215 篇，中国环境科学研究院（Chinese Academy of Environmental Sciences）排名第 4，为 169 篇，发文量排名前四的研究机构有三个均在中国，说明中国的湖泊渔业研究力量相对较为集中。

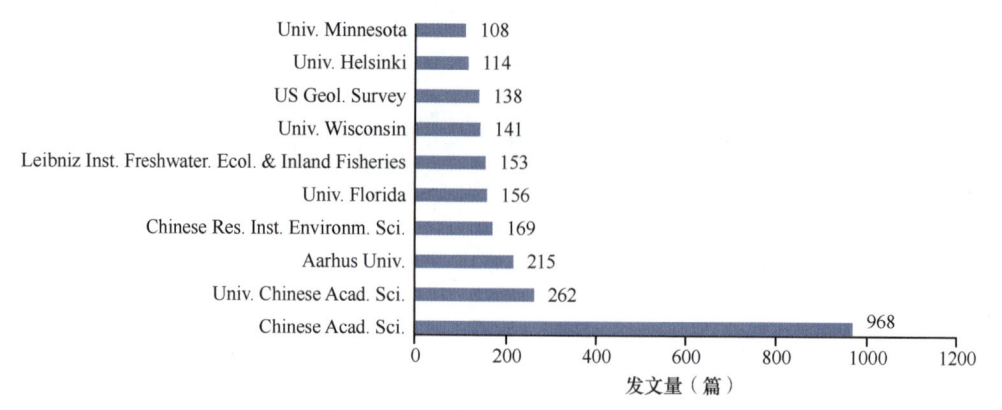

图 6-8　国际湖泊渔业主要研究机构

发文量（篇）：
- Chinese Acad. Sci.：968
- Univ. Chinese Acad. Sci.：262
- Aarhus Univ.：215
- Chinese Res. Inst. Environm. Sci.：169
- Univ. Florida：156
- Leibniz Inst. Freshwater. Ecol. & Inland Fisheries：153
- Univ. Wisconsin：141
- US Geol. Survey：138
- Univ. Helsinki：114
- Univ. Minnesota：108

6）主要学科领域分析

按 Web of Science 学科分类看，国际湖泊渔业研究所涉及的主要研究学科有：环境科学与生态学（Environmental Sciences and Ecology）、海洋与淡水生物学（Marine and Freshwater Biology）和水资源（Water Resources），见表 6-4。其中环境科学与生态学所占比重最大，有 5007 篇相关论文。国际湖泊渔业研究发文量前 10 位国家的主要研究领域分布见图 6-9。

表 6-4　国际湖泊渔业研究主要涉及的 Web of Science 学科领域

序号	学科领域	文章篇数	序号	学科领域	文章篇数
1	Environmental Sciences and Ecology	5007	6	Geology	667
2	Marine and Freshwater Biology	3602	7	Oceanography	341
3	Water Resources	1441	8	Science and Technology - Other Topics	299
4	Engineering	1078	9	Biodiversity and Conservation	297
5	Fisheries	692	10	Plant Sciences	259

	Brazil	Canada	China	Denmark	France	Germany	Netherlands	Poland	UK	USA
Environmental Sciences and Ecology	145	489	1382	195	154	252	266	196	401	1221
Marine and Freshwater Biology	124	401	401	174	133	253	199	121	308	874
Water Resources	48	100	380	38	25	81	73	42	86	363
Engineering	25	40	359	30	15	56	64	21	51	254
Fisheries	32	105	41	16	21	32	9	12	26	221
Geology	18	73	166	20	26	57	30	13	64	187
Oceanography	6	37	40	11	16	15	10	17	13	101
Science and Technology- Other Topics	14	30	102	6	14	19	20	5	17	73

| Biodiversity and Conservation | 21 | 22 | 69 | 25 | 17 | 22 | 22 | 16 | 48 | 56 |
| Plant Sciences | 11 | 12 | 27 | 16 | 5 | 22 | 22 | 20 | 26 | 42 |

图 6-9　国际湖泊渔业研究发文量前 10 位国家的主要研究领域分布图

7）研究关键词分析

文中的数据集中只有 85% 的论文数据拥有作者关键词字段，数据虽然不全但也可以作为主要研究内容分析的参考依据之一。通过对作者有效关键词的统计，排名从前到后依次为富营养化/湖泊富营养化（eutrophication/lake eutrophication）、磷/总磷（phosphorus/total phosphorus）、沉积物/湖泊沉积物（sediment/lake sediments）、水质（water quality）、渔业管理（fisheries management）、浮游植物（phytoplankton）和营养盐（nutrients）等，前 20 个关键词见表 6-5 和图 6-10。

表 6-5　国际湖泊渔业研究高频关键词一览表（前 20 个）

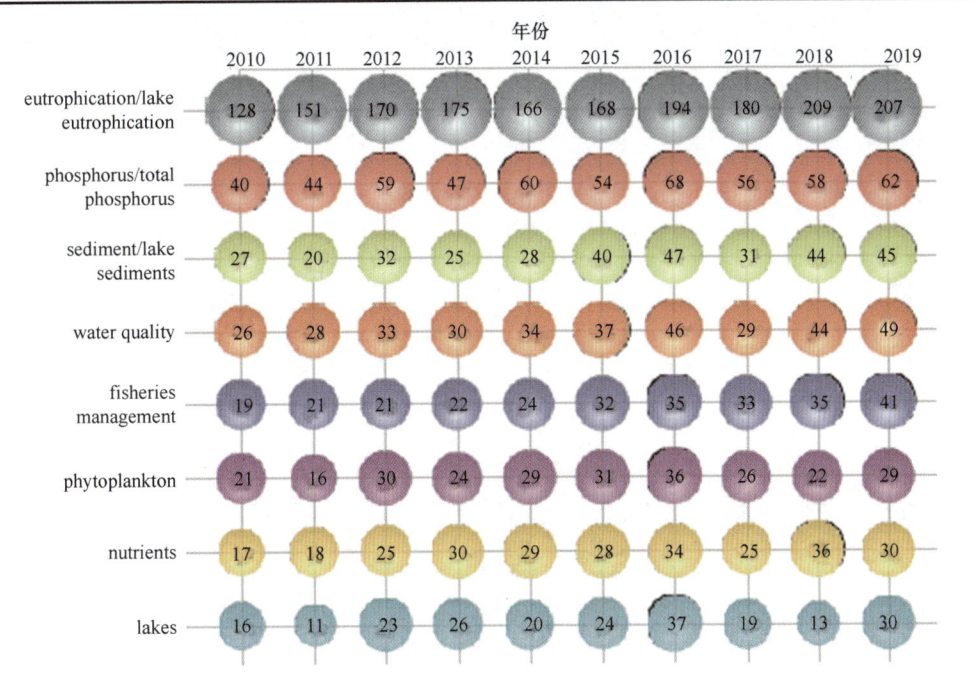

序号	关键词	词频	序号	关键词	词频
1	eutrophication/lake eutrophication	2965	11	macrophytes	352
2	phosphorus/total phosphorus	967	12	nitrogen	346
3	sediment/lake sediments	564	13	restoration/lake restoration/recovery	344
4	water quality	532	14	diatoms	307
5	fisheries management	497	15	biomanipulation	275
6	phytoplankton	478	16	shallow lakes	268
7	nutrients	429	17	Paleolimnology/Palaeolimnology	261
8	lakes	415	18	climate change	254
9	algal bloom	407	19	chlorophyll-A/chlorophyll	250
10	Cyanobacteria	366	20	zooplankton	240

关键词 \ 年份	2010	2011	2012	2013	2014	2015	2016	2017	2018	2019
eutrophication/lake eutrophication	128	151	170	175	166	168	194	180	209	207
phosphorus/total phosphorus	40	44	59	47	60	54	68	56	58	62
sediment/lake sediments	27	20	32	25	28	40	47	31	44	45
water quality	26	28	33	30	34	37	46	27	44	49
fisheries management	19	21	21	22	24	32	35	33	35	41
phytoplankton	21	16	30	24	29	31	36	26	22	29
nutrients	17	18	25	30	29	28	34	27	36	30
lakes	16	11	23	26	20	24	37	19	13	30

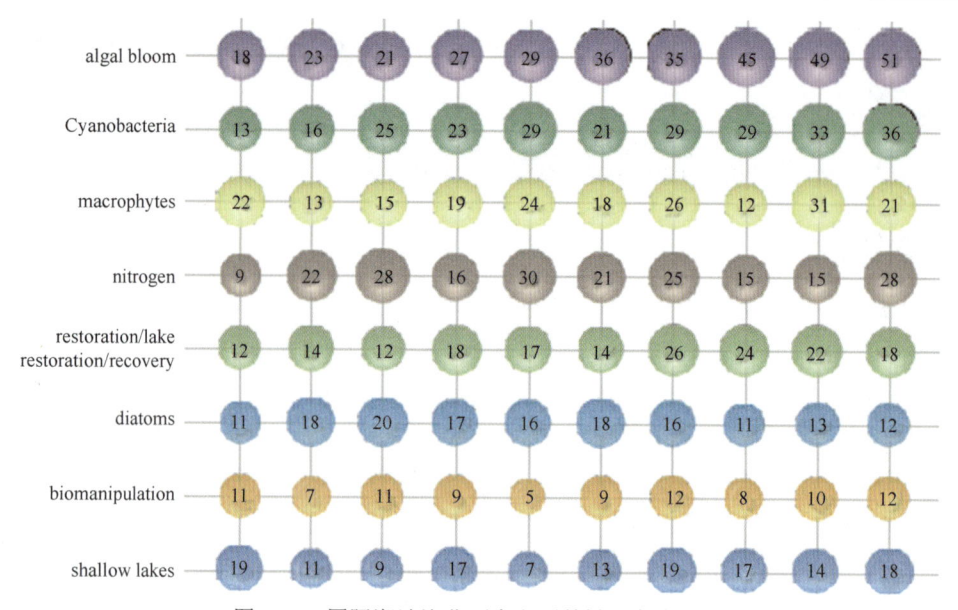

图 6-10 国际湖泊渔业研究主要关键词变化趋势

8）研究热点分析

将国际相关研究数据集中的论文题目、摘要和关键词进行可视化图谱分析和领域聚类，得到图 6-11 和图 6-12。从图 6-11 可以看出沉积物、生物量、种群、鱼类、浮游动物等方面是国际湖泊渔业的研究热点。从图 6-12 可以明显看出，国际湖泊渔业研究主要分为 5 个研究版块，包括富营养化、沉积物中营养元素的地球化学过程、生物多样性、浮游植物和水资源管理方面的研究。

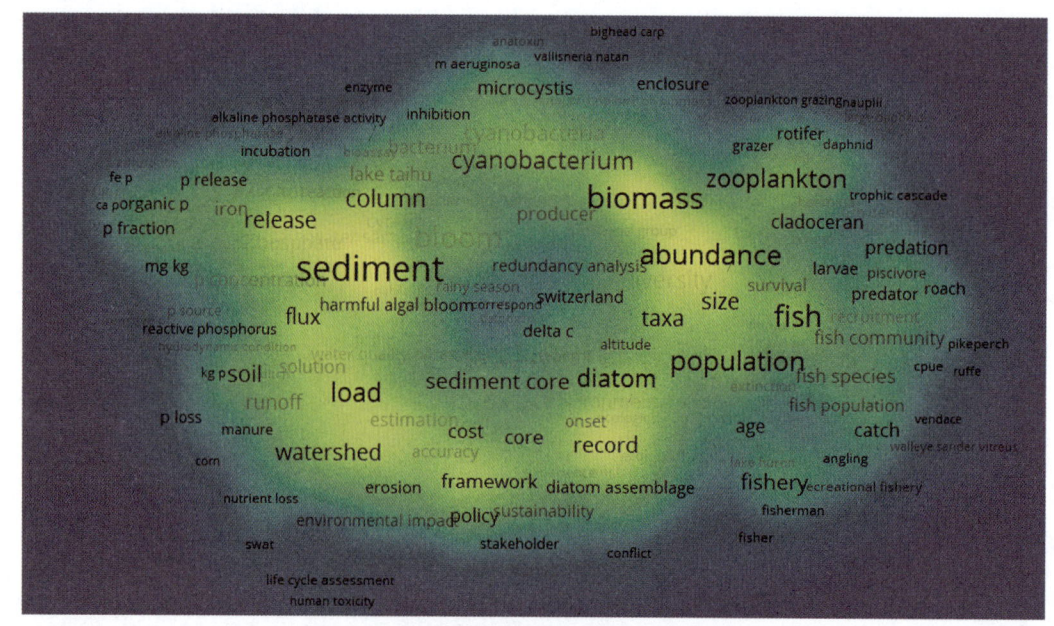

图 6-11 国际湖泊渔业研究热点可视化图谱
颜色越凸显表明出现频次越高

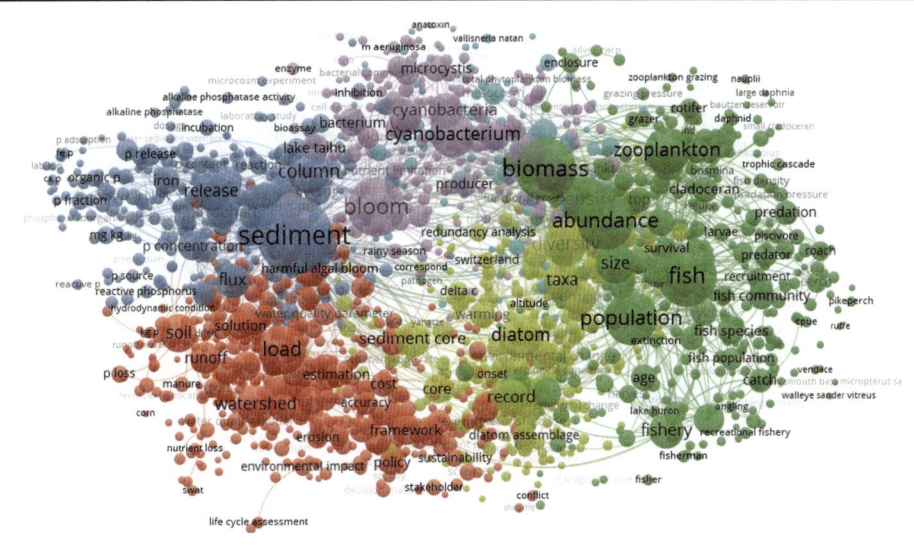

图 6-12　国际湖泊渔业主要研究内容聚类图

联系紧密的关键词划分为同一区块；字号越大表示该关键词出现频次越高

6.3.2　技术发展水平和差距评价

1. 生物操纵理论处于并跑水平

生物操纵理论源于对水体富营养化的修复研究，在国外开始研究较早。依据传统的湖沼学理论，水体中的营养物质是生态系统结构和功能的首要调节因子。但随着对食物网的理解程度加深，有学者提出湖泊中浮游植物的生物量不仅与营养物质相关，还与水中其他生物（浮游动物、鱼类等）有关。Hrbáčke 等（1961）提出，水生生态系统中的浮游动物生物量不仅取决于营养负荷，还受鱼类的捕食所影响，进而引起浮游植物生物量的升高。随后，Brooks 和 Dodson（1965）发现鱼类的捕食能够使浮游动物小型化趋势明显，进而提出了"体型-效率假说"。此后，Shapiro 等（1975）结合下行效应理论，通过大量培养浮游动物来直接控制藻类的过度生长，进而降低藻类生物量，提高水体透明度，逐步改善水质，并于 1975 年首次用"生物操纵"（biomanipulation）来定义这种控制藻类水华的措施，自此产生了经典生物操纵理论。Carpenter 等（1987）提出了"营养级联相互作用"的概念，其主要观点为：食物网顶端生物种群发生变化，将会根据体型大小进行选择性捕食，在营养级中自上而下传递，对初级生产力产生影响。与此同时，相类似的"上行/下行效应"假说也得到了发展（McQueen et al.，1986；Andersson et al.，1978），该假说认为，下行效应随着营养级的传递其作用逐层减弱，也就是说，通过下行作用来控制浮游生物的种群规模往往无法达到预期效果。而且，浮游植物的生物量与浮游动物的密度和水体中的营养盐都有密切的关系，这说明湖泊生态系统中上行与下行效应是相互交替进行的。由于水生食物网各营养级间的关系复杂，生态学家对这种食物网操纵能否稳定而长久地改善富营养化存在不同的观点。Benndorf 等（2002）认为生物操纵理论在轻微富营养化或者中富营养的浅水湖泊中容易成功，但在富营养—重富营养的深水湖泊中难以成功，虽然如此，经典生物操纵理论依然作为一种有效的水质管理办法在北美洲和欧洲的许多湖泊中得以广泛应用。

我国生物操纵理论方面的研究始于对长江中下游湖泊水污染的治理，针对我国水污染的特点，刘建康和谢平（2003）综合经典生物操纵理论，通过在武汉东湖多年的围隔控藻实验，创造性地提出了非经典生物操纵（non-traditional biomanipulation）理论：通过放养食浮游生物的滤食性鱼类（鲢、鳙）来直接摄食蓝藻水华，从而直接控制其生物量。相较于传统的经典生物操纵法，该方法具有种群可控性强、效果持久性强和应用范围广等多个优点。目前，该项理论在我国以及国外均得到了很多的研究。但随着研究的深入，不同学者对于其治理作用也存在争议，主要集中在非生物操纵理论的运用可能会引起水体浮游生物个体小型化和微型藻类生物量激增等问题。非经典生物操纵理论补充了经典生物操纵理论在控制富营养化湖泊蓝藻水华方面的不足，随着研究的深入，逐渐发展出沉水植物操纵、滤食性鱼类操纵和双壳贝类操纵等多个方向，使我国生物操纵理论的研究处于并跑水平。

2. 富营养化修复技术处于并跑水平

随着人类社会的快速发展，众多的环境问题尤其是水环境问题逐渐突出。据文献报道，当今全球约有 75%的湖泊水库存在水体富营养化。欧洲、非洲、北美洲和南美洲分别有 53%、28%、48%和 41%的湖泊水库存在不同程度的富营养化现象，亚太地区有 54%的湖泊水库处于富营养化状态。因此，如何采取有效措施对富营养化水体进行治理，已成为全球迫切需要解决的环境问题之一。

湖泊富营养化是指湖泊中营养元素富集，引起浮游植物大量繁殖生长，从而导致湖泊生态系统退化，进而使水质恶化的过程。基于生物操纵和营养级联相互作用等理论的提出，国外在富营养化修复技术方面取得了较大进展。Albright 等（2004）在美国纽约州的莫伊塘（Moe Pond）中发现，1970~1998 年一直存在的蓝藻和绿藻水华在人工投入黑鲈以及小口黑鲈之后，水体透明度得到显著改善，叶绿素 a 的含量也明显降低。Shapiro 和 Wright（1984）在朗德湖（Round Lake）通过不断调整肉食性鱼类与浮游生物食性的比例，使该湖总氮、总磷、叶绿素 a 都有不同程度的下降，取得了透明度上升的良好效果。但水生食物网的营养关系远比想象中复杂。

我国湖泊水污染与富营养化的发展走过了先污染后治理的过程。据统计，全国 70%以上的湖泊已经受到不同程度的污染，近年来，湖泊水质的严峻形势基本得到扼制，但一些湖泊边治理边污染，富营养化问题依然突出，尤其是经济发达地区的湖区和城市湖泊，湖泊污染呈现复合型、伴生型的特点。基于我国学者非经典生物操纵理论的提出，一批针对蓝藻水华的富营养化修复技术随之建立，2000 年以来，我国科学家尝试利用沉水植被恢复水生态，用种植过石菖蒲的水培养藻，会破坏被培养藻类的叶绿素 a，导致藻类的光合速率显著下降；水葫芦、紫萍和豆瓣菜对衣藻、蓝藻和绿藻有抑制效应。有研究发现，大型软体动物对水体的净化起着非常重要的作用，如螺、蚌、贝类等具有很强的生物净化作用，潘洁慧和陆开宏（2008）的试验表明，水中的铜锈环棱螺（*Bellamya aeruginosa*）对微囊藻属有很强的抑制作用；三角帆蚌（*Hyriopsis cumingii*）能通过过滤大量水体摄食浮游植物，从而有效控制浮游植物的过量增长，达到控制蓝藻水华、改善水质的目的（卢晓明等，2007）。我国的湖泊富营养化修复技术基于经典生物操纵和非经典生物操纵的理论支撑，从依靠放养鱼类的上行和下行效应，逐渐向利用水生植物、底栖动物、贝类等方面拓展，形成多种综合修复技术体系，推动我国富营养化修复技术研究处于并跑水平。

3. 内陆渔业资源增殖放流研究由并跑向领跑发展

增殖放流被认为是现有条件下增加鱼类种群数量和优化渔业资源群落结构最直接、最重要的恢复措施之一。我国渔业资源增殖放流研究起步较早，1950 年"四大家鱼"的人工繁殖取得成功之后，放流活动和研究工作便随之展开。随着国家对增殖放流资源养护工作的不断重视及资金投入的增加，渔业增殖放流种类不断增多，并取得了一定的生态、经济和社会效益。"十二五"期间，农业部相继启动了近海、河口、流域等典型水域渔业资源增殖与养护的行业科研专项 10 余项，科技部也启动了相关的国家科技支撑计划、国际合作项目，系统开展了渔业资源增殖与养护的生态学基础、栖息地的修复关键技术、增殖容量评估和生态系统评价等研究，产生了一批资源增殖和养护的新观点、新理论、新方法、新技术和新成果，有力地支撑了行业发展。基于持续的研究和不断的资金投入，我国内陆渔业增殖放流研究在放流技术、方法等方面一直处于世界前列。

随后，增殖放流与评估方面的研究逐渐得到重视，我国学者在长江、珠江和黑龙江流域全面开展了青鱼（*Mylopharyngodon piceus*）、草鱼（*Ctenopharyngodon idellus*）、鲢（*Hypophthalmichthys molitrix*）、鳙（*Hypophthalmichthys nobilis*）等重要经济鱼类，中华鲟（*Acipenser sinensis*）、达氏鲟（*Acipenser dabryanus*）、胭脂鱼（*Myxocyprinus asiaticus*）等珍稀濒危鱼类和中华绒螯蟹（*Eriocheir sinensis*）等水生生物的增殖放流及效果评估工作。第一，围绕增殖放流相关技术问题，建立了增殖放流苗种繁育和质量评价技术体系，解决了放流苗种科学繁育及品质检验等渔业管理难题。第二，研发了主要经济鱼类、珍稀濒危鱼类和甲壳类的规模化标志技术，筛选了留存率高、死亡率低和识别度高的标志技术，为大规模标志放流研究提供了技术支撑。第三，评估了放流种类的增殖放流效果及资源增殖放流对水域生态系统服务功能的影响，为科学评价水生生物的增殖放流效果及生态修复提供了技术支持。第四，建立了增殖放流数据管理平台，发布了重要经济鱼类二维实物影像，完成了放流物种三维建模，实现了放流物种数字化模型及相关信息的共享和科学管理。以上研究与实践引导我国渔业资源增殖从"生产性放流"向"生态型放流"发展，取得了显著的社会、经济和生态效益，促进了渔业经济可持续发展。我国增殖放流方面的研究正由并跑向领跑方向转变。然而，目前增殖放流工作中增殖放流效果评价体系不完善，对试验性增殖放流重视不够以及后续配套管理措施不足等，使得放流种苗成活率低、增殖放流效果不明显，并且还引发了外来鱼类入侵、生态系统失衡等诸多负面效应，因此我国增殖放流方面的研究仍存在提升的空间。

6.3.3 技术发展阶段评价

1. 湖泊生态承载力评估技术处于研发阶段

生态承载力指在一个时期内，在特定的环境条件下，生态系统所能支持的一个特定生物种群的有限大小。它也是表达种群生产力大小的一个重要指标（唐启升，1996），是一个包含环境、生态和社会经济等多种因素的综合概念，其估算涉及养殖环境、养殖方式、养殖技术等许多方面。研究人员早期主要通过生态系统来开展生态承载力的估算研究，包括经验研究法（Verhagen，1986）、瞬时生长率法（Officer et al.，1982）、能量收支法（Bourlès et al.，2009）、营养动力学法（Byron et al.，2011）以及生态系统动力学法（Ibarra et al.，2014）等。随着数值模型的发展，承载力评估模型加入了物理和生物子模块，模型构建成了研究生态承载力的主要手段。目前，应用生态承载力评估技术辅助水产养殖管理决策，是国际上的发展趋势，需要将生态承载力模型与地理信息系统（GIS）相结合，对养殖区的布局、选址的适宜性和合理性等进行评价（表6-6）。

表6-6 生态承载力模型及其相关的养殖种类、研究方法及公式

种类	养殖区	研究方法	公式	参考文献
栉孔扇贝	山东桑沟湾	能量收支法	$CC = \dfrac{P - k \times Chl\text{-}a \sum_{J}^{M}(FR_{Fj} \times B_j)}{k \times Chl\text{-}a \times FR_J}$	方建光等（1996a）
栉孔扇贝、长牡蛎	山东桑沟湾	生态系统动力学法	$\dfrac{dB}{dt} = B[p_{max}f(I)f(N) - r_b - e_b - m_b - c_s S - c_o O]$	Nunes 等（2003）
牡蛎	厦门同安湾	COD 收支平衡法	$P = B \times E^n$ S^{2-}、COD、DO 几何均值污染指数比较	詹力扬等（2003）
文蛤	江苏启东吕四海区滩涂	模拟实验法	$M_i = \sqrt{I_{i最大} \cdot I_{i平均}}\ I_i = \dfrac{C_i}{S_i}$	刘绿叶等（2007）
海带	山东桑沟湾	无机氮供需平衡法	$P_T = N_K/K_l$ 流速不同：$\Delta P = \dfrac{N_c}{k_2 \times s} \times \dfrac{(v - \bar{v})}{\bar{v}}$	方建光等（1996b）
建鲤	山东东周水库	现场围隔实验法	$SI = (Y_n \cdot \Delta W \cdot K)^{\frac{1}{3}}$	李德尚等（1994）
滤食性贝类	综合全球 21 个海湾	生态系统方法	$B_{ff} = \dfrac{(\mu - m)}{Cl_{ff}} + \left(\dfrac{P_e - P}{P \times Cl_{ff}}\right) \times \dfrac{1}{RT}$	Dame 和 Prins（1998） Heip 等（1995）

然而，生态承载力评估在海水养殖方面的发展应用较为迅速，在内陆湖泊的研究中刚刚起步，仅在杏林湾水库（周立红等，2007）和白洋淀（边蔚等，2011）报道过生态承载力的研究。

2. "净水渔业"技术已开展规模化示范

"净水渔业"是指通过放养滤食性鱼贝类，有效控制水中的浮游生物、抑制蓝藻，让水中的氮、磷通过水生生物营养级的转化，最终以渔获物的形式得到固定，当鱼体被捕捞出水就移出了水中的氮和磷，从而解决湖泊严重富营养化与蓝藻暴发的问题，并已在太湖的蠡湖的治理工作中取得了成功应用。除此之外，千岛湖与1998年和1999年连续暴发了蓝藻水华，应用"净水渔业"技术，通过人工投放滤食性鲢、鳙和草食性草鱼等鱼类，有效抑藻、控藻以及净化水质，千岛湖大力推进"以渔保水"的保水渔业发展模式，并转型发展休闲渔业，取得了显著的经济效益。我国在三峡库区于2010年之后实行了"以渔净水"措施，2018年库区综合污染指数比2010年下降了20%以上，同时提高了生物多样性（曾诗淇，2019）。

6.3.4 国内外相关评价分析

中国湖泊渔业的发展越来越受到世界的关注。2018年由Wiley出版社出版的《中国水产养殖：成功故事与现代趋势》（*Aquaculture in China: Success Stories and Modern Trends*）一书受到世界的广泛关注。《世界水产养殖学会杂志》（*Journal of the World Aquaculture Society*）主编、世界著名水产养殖专家约翰·哈格瑞夫（John A. Hargreaves）教授专门为这本书写了长篇书评，盛赞中国湖泊渔业由集约化养殖向生态渔业管理的转型，特别提到了湖泊食鱼性鱼类——鳜的放养通过下行效应的操控改善水质的成功案例。当然，我们在

湖泊净水渔业生态操控的定量管理方面与发达国家还有不小差距。

6.4 科技发展趋势分析

6.4.1 新进展、新变化、新特征和新趋势分析

1. 湖泊渔业资源与环境监测新技术快速发展

随着科学技术的飞速发展，一些新技术在湖泊渔业监测和管理等领域广泛应用，呈现出多领域应用、多学科交叉和多技术集成的发展趋势。

GIS 是一种高效时空分析工具，在渔业资源评估、鱼类栖息地评价以及景观格局演变等研究中已有应用（Lucas and Baras，2000），如今 GIS 技术在海洋领域发展较为成熟，在内陆水域的应用还有待拓展，目前主要集中在对太湖等内陆养殖典型湖泊的"三网"养殖监测等方面（杨英宝等，2005），为养殖池塘的管理提供了依据。今后，GIS 还将在湖泊渔业资源监测与管理、渔业资源分布模型构建、增养殖区划与规划等方面得到广泛应用。

水声学在海洋学研究中已经有广泛的应用，具有实时反馈、快速有效、精度可控、无损环境等优势，也在我国湖泊和水库的渔业资源研究中发展迅速，在江河水系和湖泊的渔业资源量评估、放流效果监测、濒危水生动物保护等方面具有较好的应用。未来，水声学评估方法将与 GIS 技术更深度地结合，可更直观地表现鱼类资源的空间分布规律与变化特征，为指导增殖放流、生态养殖等提供可靠的依据。

鱼类标志技术发展迅速，其也是鱼类资源监测和评估的重要方法，目前，已发展出 DNA 条形码技术、耳石微量元素标记、稳定性同位素标记、电子植入性标记、声学标记、卫星标记等多种标记技术，在研究人工放流种群与自然种群种质遗传交流关系、中华鲟产卵群体迁徙规律等方面具有较好的应用前景。未来，鱼类标记技术将朝向高精度、多尺度、广区域方面发展，将推动我国湖泊渔业研究迈上新的台阶。

2. 景观构建与重塑技术和生态修复有机结合

湖泊景观生态构建一直是一个独立的发展方向，融合了生态学理念，涵盖了水、生物、土地等自然景观要素，以及设施、建筑、湖滨工程等人工要素，景观也成为湖泊的一个重要功能。城市湖泊景观是城市景观格局、空间构成、生态结构的重要元素之一，对城市空间格局和文化塑造具有重要的意义（黄海华和胡飞跃，2014）。

近年来，随着湖泊渔业的快速发展，湖泊环境问题日益严重，在修复湖泊环境和恢复资源的同时，随着人们对湖泊生态功能日益重视，湖泊的景观构建与重塑技术逐渐和生态修复相结合，并率先在城市湖泊的修复中得以应用，如在太湖和蠡湖的修复中，湖滨带生态护岸和人工湿地的构建等修复工程均在设计中考虑了大型水生植物栽培和生态人工设施的景观格局需求。可以预测，景观构建与重塑技术和生态修复的有机结合将是未来湖泊修复的发展趋势，特别适用于城市湖泊湿地、生态廊道等的修复和构建，同时，景观构建还可以与湖泊渔业过程相结合，形成兼顾景观功能、食物产出、经济效益的淡水生态牧场，也将为发展渔业增殖、旅游、文化等多形态渔业产业奠定基础，实现一二三产业的融合发展。

6.4.2 科技发展态势和方向

湖泊渔业一直是我国淡水渔业的重要组成部分，尽管湖泊渔业在历史上取得了辉煌的成绩，但在新时期新形势的要求下，正在步入转型的关键时期，因此快速转变湖泊渔业产业发展模式、调整湖泊渔业产业结构，同时实现生态共赢，对促进我国渔业行业转型升级、提质增效有重要的意义，同时也对建设生态文明有重要的推动作用。2019 年初，农业农村部组织召开了渔业高质量发展推进会，会议指出，要充分发挥水产养殖的生态属性，鼓励发展不投饵滤食性鱼类和滩涂浅海贝藻类增养殖，开展以渔净水、以渔控草、以渔抑藻，修复水域生态环境。要以大水面生态渔业为抓手，推进渔业融合发展。大水面生态养殖即将成为我国湖泊、水库渔业发展的新方向。近年来，渔业科技飞速发展，已凸显出多学科融合、工程化、信息化等新的特点。在这个背景下，湖泊渔业科技显现出新的发展态势和方向。

1. 基于生物、生态学原理的理论研究

目前，信息化技术飞速发展，数学模型成为一种直观的定量化表现形式，已被应用在越来越多的机理机制研究中。随着研究的深入，要表现多个复杂因素之间的定量关系，模型成为一种最佳的载体和表现形式，目前已在生态承载力评估、渔产潜力估算、种群动态变化、能量流动关系、食物网级联效应、鱼类摄食生长、初级生产力评估、生态经济价值核算等诸多理论研究中广泛应用。湖泊生态系统中的物质和能量关系是研究的湖泊资源恢复、生态养殖、环境修复等基本原理的基础前提，需加强湖泊生态系统的理论研究，通过模型的构建与优化解释复杂的机理机制问题，推动湖泊渔业的基础理论研究迈上新台阶，为下游的技术、管理等多方面的研究提供理论依据，提升研究水平。

2. 多学科协同的湖泊生态综合监测与修复技术体系

学科融合是目前渔业科学的一大发展趋势，并已经越来越多地应用在渔业监测、评价与修复技术的发展中。渔业电子监测技术发展迅速，通过集成摄像机、计算机、渔具传感器和 GPS 收发器等电子设备，已在渔业管理中发挥着数据收集、存储、传输、分析和利用的功能（孙芳，2019），此外，3S 技术也已在云南渔业水体资源监测中进行了应用（万虎等，2017）。

生态修复技术也在随着多学科的融合快速发展。生态修复是指在生态系统结构功能被破坏之后，通过重建受损生态系统的功能以及相关的物理、化学和生物特性，恢复生态系统合理的结构、高效的功能和协调的关系，并使其达到长期自我维持的状态（Allan，1997）。从 20 世纪 80 年代开始，湖泊的水质污染和富营养化问题出现之后，几十年间，国内外的学者坚持不懈地进行了积极的研究和探索，创制了一系列修复技术，取得了显著的成效。例如，物理修复包括底泥疏浚（吴沛沛等，2015；余居华等，2012；濮培民等，2000）、物理除藻（刘梅等，1999；周群英等，1998）、人工曝气（朱广一等，2004）等技术，化学修复有化学除藻（缪柳，2012；孙学习，2005）、化学固定（马利民等，2009；刘广容等，2008）等技术，生物修复主要有栽培水生植物（王敏等，2013；刘盼等，2011；朱华兵，2011）、微生物降解（孙鹏，2016；侯梅芳等，2014）、生物操纵（刘恩生，2010）等技术。近年来，随着修复技术研究的深入和多学科交叉融合，加上工程化技术的快速发展，

多种修复得以进一步综合和集成，可达到更好的修复效果，如生态浮床（李鹏武等，2017）和人工湿地（孙广东，2018）技术结合了植物与微生物修复，针对湖泊内源与外源的污染发展出不同的技术体系。可以推断，随着工程化、信息化技术的不断发展，能够融合物理、化学、生物、信息、装备等多个学科的湖泊生态综合修复技术体系将逐步建立，使用系统化的手段，根据不同湖泊类型、不同污染程度、不同演变时期等条件，针对性地构建差异化的综合修复技术体系，创制配套修复设施，实现受损湖泊水质环境、生物资源的双重修复。

3. 结合景观建设的湖泊生态修复工程示范

水、生物、地形地貌等自然要素和建筑小品、道路设施、环境设施等人工要素构成湖泊景观系统的基本要素。随着我国国民经济的迅猛发展，人民的生活需求和生态需求日益提高，在对城市湖泊生态恢复和景观设计方面，人们给予的关注度和重视度也越来越高，这一点在城市湖泊生态修复中尤为突出。城市湖泊是我国城市景观的重要构成部分，在修复过程中其景观功能的设计与重塑越来越突出，对城市整体面貌的提升具有十分重要的意义。

在湖泊生态恢复过程中，通过工程化技术将物理、化学与生物修复手段相结合的综合性生态修复技术对湖泊富营养化的治理起了有效作用，同时也使修复本身具备了构建湖泊景观的条件。未来的湖泊修复工程将表现出如下特点：一是水生植物成为滨水景观的重要造景要素，水生植物挺拔的枝干、优美的曲线和鲜艳的颜色具有较高的观赏价值（郑华敏，2010）；二是人工湿地可以将水利工程与园林景观技术有效融合，人工湿地系统是具有天然湿地净化污水能力的人造生态工程措施，通过人为地将砂、土、石等按一定比例组成基质，并栽种经过选择的水生植物，组成类似于自然湿地状态的工程化湿地系统（马井泉等，2005），湖滨带湿地生态恢复的主要形式是人工湿地，近年来在长江三角洲等地区的发达城市，生态修复与湖泊湿地公园的建设紧密结合，取得了良好成效；三是生态廊道促进了湖泊景观生态格局的形成，生态廊道（ecological corridor）是一种廊道类型，具有维持生物多样性、过滤缓冲污染物、防止水土流失、防洪固沙等生态服务功能。湖泊生态廊道以湖泊包括与其相连的河流为主体，主要功能是净化水质和保护物种、优化城市景观空间格局（俞孔坚等，1998）。今后将依托工程化技术，进一步加强湖泊水生生态系统的恢复与景观设计，重视湖泊的生态环境改良、生物多样性恢复和自然景观重塑，进一步发挥湖泊的生态景观功能。

4. 多业态融合的湖泊渔业产业模式创新

近年来，随着绿水青山就是金山银山绿色发展理念的贯彻落实，网箱养殖开始逐渐退出。2017 年，全国多个省区开始强化湖泊围网围栏、水库网箱拆除工作，到 2018 年湖泊围网围栏养殖、水库河沟网箱养殖大部分已退出。以生态保护为核心的养护型湖泊渔业已成为当今湖泊渔业发展的方向。生态渔业以可持续发展理论、渔业生态学和生态经济学原理为指导，坚持生态效益与经济效益、社会效益相协调的原则，以保护生态环境为前提、发展生态经济为主导，着力改变渔业经济增长方式。2019 年 9 月，农业农村部召集全国产、学、研方面大水面渔业发展工作基础较好的近 20 家单位，专门成立了推进大水面生态渔业发展领导小组，中国水产科学研究院发起并组建了大水面生态渔业科技创新联盟。该联盟以"生态优先、资源养护、产业升级"的绿色发展为指导，探索大水面渔业资源养护与合理开发有机结合的高质量发展模式，旨在全面提升大水面生态渔业科技创新能力。经过与企业的深度合作和积极发展探索，逐渐发展出一些结合了旅游、饮食、文化等多种产业形态融合的渔业品牌，涌现出千岛湖、查干湖、洪泽湖、梁子湖等产业升级、生态保护、品牌建设、文化传承等方面相得益彰的大水面渔业发展先进典型。

6.4.3 发展目标与重点任务

1. 发展目标

针对目前湖泊渔业生态绿色发展中存在的关键问题，围绕严重制约我国湖泊渔业发展的"卡脖子"技术难题、亟待深入探究的基础原理等，聚焦重大基础研究和共性关键技术，开展生物多样性演变机制、湖泊生境退化机制、渔产潜力和生态承载力评估研究，并以此为基础，构建水生生物多样性保护、生境修复和资源养护，以及净水渔业生态操控、大水面生态养殖等技术体系，构建"以渔净水""以渔养水"的产业发展形式，实现生态环境的自稳态良性运转，严格控制营养盐和污染物浓度，使水质保持在二类水质以上、生态结构稳定、经济效益持续产出，构建"渔旅融合"产业发展新模式，建设湖泊"生态渔业"品牌样板，推动一二三产业的融合发展。

2. 重点任务

1) 重大基础研究

（Ⅰ）湖泊生境退化与生物多样性演变机制

在气候变化与人类活动的影响下，研究湖泊、水库系统中碳、氮等关键环境要素的生物地球化学演变过程及其关键影响因素，分析气候变化和人类活动等对湖泊生境退化的影响，阐明湖泊生境退化机制，研究湖泊生物多样性对关键环境要素变化的响应，研究生境退化和生物多样性演变的评估方法，解析湖泊生物多样性演变机制，构建湖泊生境退化和生物多样性演变的数值模型。

（Ⅱ）湖泊食物网结构特征与生物资源补充机制

从生态系统角度，研究气候变化与人类活动的影响下湖泊食物网和食物链结构特征与演变规律，分析湖泊关键资源物种种群变化特征与环境驱动因子，研究关键资源物种种群退化与修复机制，构建区域性渔业资源评估动态模型，解析重要渔业资源的补充机制、食物产出过程和限制性环境因素之间的关系。

（Ⅲ）湖泊渔产潜力与生态承载力评估

研究湖泊、水库养殖系统中水域饵料生物功能类群、现存量和初级生产力以及生源要素的时空动态特征，分析和评估主要经济鱼类等养殖生物对饵料生物的利用规律，以及其生理生态活动对生源要素循环的驱动作用，建立主要经济鱼类资源量与生源要素、初级生产力耦合的数值模型，评估湖泊、水库渔业增殖容量、增养殖生态效应和渔产潜力。

2) 共性关键技术

（Ⅰ）湖泊渔业水域生态环境监测、评价与预警技术

在对湖泊渔业水域开展生态环境监测的基础上，针对国家重要湖泊渔业水域生境质量

现状、胁迫因子及危害程度和动态趋势，开展集成技术研究，应用化学、物理、生物传感、生物指示和数学建模等技术手段，提供开展定量调查、分析评价与预警的方法和技术，建立中长期关键污染因素的空间分布基础数据库，开发相关的动态预测模型及地理信息系统辅助平台，开发目标污染物在线预警方法、生物传感器、生物指示物、指标体系早期应答和指示技术。

（Ⅱ）湖泊水生生物多样性保护技术

围绕湖泊开展濒危珍稀水生野生动物生物学、生态学特性和种群遗传学研究，掌握自然种群多样性变异和变化规律，研究湖泊珍稀濒危物种监测、驯养、繁殖和救护技术，研发就地保护或迁地保护技术，建立水产种质资源基因库，构建水产种质资源保护区水生生物信息监测平台，开展湖泊功能分区与水生珍稀濒危动物保护区区划管理等方面的研究。

（Ⅲ）湖泊生境修复与生物资源养护技术

针对湖泊生境修复和生物资源养护的共性关键技术瓶颈，从生态健康损害的关键因子筛选和环境容纳量评估入手，研究湖泊、水库生态健康评估技术，集成物理、化学和生物方法，建立基于自然恢复和工程修复相结合的湖泊生境修复共性技术体系，研制重要渔业物种栖息地、产卵场等功能恢复专用设施，创建湖泊渔业资源种群恢复与养护技术及相关核心设施，建立湖泊、水库生境修复与资源养护模式。

（Ⅳ）湖泊生态渔业生态操控技术

基于生态学原理和食物链关系，以控制水体浮游藻类和营养盐含量为目标，研究不同营养级鱼类生态容量协同评估技术，研发湖泊生态系统中不同食性鱼类种群结构调控和重建技术，构建鱼、虾、贝等不同营养级资源生物组合放流与管控技术，开发沉水植物、挺水植物移植与种群构建技术。

（Ⅴ）淡水湖泊生态牧场构建技术

研究典型湖泊水域种质保障、种群重建与容量评估技术，研发湖泊水域生境营造、渔业增殖与定量捕捞等关键技术，建立水生生物生产力综合管理、生境营造等生态增养殖模式，研究湖泊生态效应评估技术，开发湖泊生态增养殖管理与控制信息系统，构建湖泊水域净水渔业技术体系，确定湖泊净水渔业的适宜规模、发展方式及合理布局。

3）典型应用示范

（Ⅰ）典型湖泊"生态渔业"模式示范

针对浅水型、深水型、草型、藻型、自然型和人工型等典型湖泊，研究典型湖泊生境构造与种群构建、调节技术，构建湖泊生态承载力评估模型，开展生态效应评估，优化湖泊增殖技术体系，实现湖泊生物资源均衡利用与环境要素的稳态维护，真正达到"以渔净水"和"以渔养水"，并基于不同类型湖泊特点，建立湖泊生态渔业发展策略与管理模式。

（Ⅱ）"渔旅融合"产业模式构建

基于湖泊净水渔业养殖，依据湖泊水域生态功能类型，深度挖掘湖泊渔业文化产业价值，融合电商物流、旅游休闲、教育服务等产业形态，建设生态牧场，构建渔业文化产业发展模式与路径,研究湖泊休闲渔业产业主体竞争力影响因素及提升途径,创新多元主体利益共享共赢机制,优化产业融合发展下渔业经营主体组织模式,建设以游钓、美食、旅游、教育为主题的"渔旅融合"产业示范案例与品牌,实现以湖泊渔业为核心的一二三产业融合发展。

6.5 典型案例

6.5.1 案例一：北美洲五大湖的基于生态系统的管理模式

北美洲五大湖地处加拿大和美国的交界处,是世界最大的淡水湖群。18世纪以来,伴随来自欧洲的大量人口的迁入,五大湖生态系统受到严重干扰:外来生物(如鱼类)大量迁入,陆岸和水域生态系统遭到破坏,水体受到灰尘和工业化合物等污染,鱼类种群被产业化渔业过度捕捞,鱼类栖息地衰退或丧失(湿地退化和航道整治等)。美国新政时期(1933~1937年)和二战期间,五大湖化学污染加剧,生态环境进一步恶化。

五大湖在试图综合应对生态系统压力方面,包括土地使用、人口增长、栖息地退化、资源开发、物种入侵、污染和气候变化等,面临诸多挑战(Minns, 2013)。在加拿大和美国多组织的共同努力下,五大湖的管理模式由最初的单一种群最大渔获量的管理目标逐步转换到基于生态系统的管理(ecosystem-based management, EBM)。在多方、多学科领域的共同努力下,五大湖生态系统正逐步恢复勃勃生机。

1. 技术重要性

EBM 是指一种整合了人类在内的全部生态系统成分和交互关系的集成管理方式,是一种适应性管理方式,应用于资源管理决策的制定。EBM 的独特性具体体现在其将人类作为生态系统的组成部分,有效平衡了社会和环境的多元式交互需求,认为生态系统各组分间是密切联系的,而且是一种逐步实现的过程。EBM 在制定总体决策时整合了水质管控和渔业管理,综合考虑了非生物成分(如水温)、生物成分(如食物网)和社会成分(如经济发展),以促进自然资源和生态系统的健康和可持续发展(Guthrie et al., 2019a, 2019b; Minns, 2013)。

EBM 概念的创新性,体现在其将人类-环境的交互关系纳入为社会-生态系统的组成部分。传统意义上,科学家分别研究人类系统和自然系统,缺乏系统性合作。然而,人类系统和自然系统的界限是不定的。例如,渔民渔获鱼类,受控于生态系统生产力以及由市场和人类偏好决定的选择价值。所以,基于生态系统的社会-生态视角更准确地包含了影响全球自然资源生产力和持续性、生态系统结构和功能的相关因素(Guthrie et al., 2019b)。

基于生态系统的渔业管理(ecosystem-based fisheries management, EBFM)的总体目标是水生态系统的持续性健康和渔业产量的持续性增长,可分解为:①为避免生态系统恶化,以环境质量和生态系统状态作为衡量指标;②对物种和生态过程的不可逆风险实现最小化控制;③维持长期的社会生态效益而不是损害生态系统;④充分理解生态过程,预知人类活动的可能性后果,在未能充分理解时,应采取稳健的预防性渔业管理措施(Pikitch et al., 2004)。EBFM 致力于减缓渔业对濒危和保护物种的直接与间接的生态影响,并且减少对副渔获物的过度捕捞,如生态系统中具有重要功能的仔稚鱼和经济价值低的物种

（Pikitch et al.，2004）。总之，EBFM 是一种全面系统性地管理目标物种、栖息地、受保护物种、非目标物种和人类的综合性模式。

2. 技术水平分析

如果管理者通过单独视角看待湖泊生态系统，将忽略社会和生态的交互和协同关系，进一步导致生态系统完整性的丧失，渔业产量和产值也将降低（图 6-13a）。相反，EBM 作为一种社会-生态综合视角的自然资源管理策略（图 6-13b），将会摸清生态系统中所有组成成分及其交互和协同关系，最终实现保证水质、渔业生产和人类健康等综合性目标，促进生态健康和自然资源的可持续利用。EBM 是一种自然资源的良好管理方式，要求跨地域多学科地合作谋求，并注重气候变化和生物入侵情况下的关键决策的制定（Guthrie et al.，2019b）。

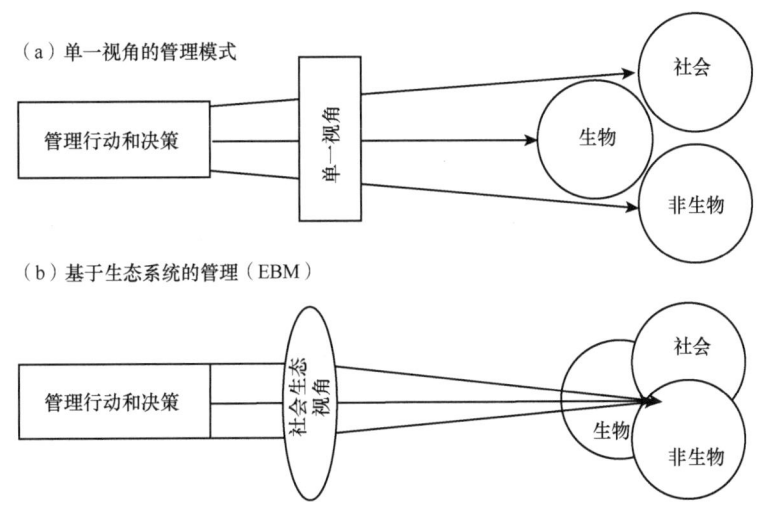

图 6-13 单一视角的自然资源管理方式（a）和基于生态系统的管理（EBM）注重生物、社会和非生物等全部成分的综合和协同关系（b）（Guthrie et al.，2019b）

箭头代表管理关注焦点

3. 技术发展历程

1909 年，美国和加拿大两国通过《边界水域条约》（Boundary Waters Treaty）成立国际联合委员会（International Joint Commission，IJC），其主要负责两国交界处五大湖水体利用和生态系统的管理决策和建议制定。

1954 年五大湖渔业委员会（Great Lake Fisheries Commission，GLFC）成立，促进了五大湖跨国界的渔业管理。GLFC 和 IJC 共同致力于水质管控和渔业管理，如杀虫剂损害了的水生生物健康等问题。

20 世纪 60~70 年代，公众广泛意识到有毒工业化合物、污染物、富营养化、鱼类养殖污染以及人类健康间的联系，同时相关政府也致力于改善五大湖生态环境，相关学者认为单一种群最大持续产量的目标模式无益于改善持续退化的渔业环境。

20 世纪 70 年代为减缓五大湖污染出台了一系列制度和政策，加拿大发布了《加拿大水法》（Canada Water Act），美国重新修订了《联邦水污染控制法》（Federal Water Pollution

Control Act）。两国于 1972 年签署了《大湖水质协议》（*Great Lake Water Quality Agreement*，GLWQA）。

1971 年 GLFC 召开寡营养湖泊鲑类峰会（Symposium on Salmonid Communities in Oligotrophic Lakes），会上制定了 EBM 条例，强调了亟须多部门合作实施 EBM 模式，促进五大湖的可持续渔业管理。

1977 年，IJC 研究发现非点源污染是导致五大湖水质持续下降的主要原因，学者建议应从生态修复的角度设定水质管控目标，IJC 与 GLFC 达成一致，共同致力于利用 EBM 方式管控五大湖水质，并逐步形成一种基于生态系统的水质修复方法。

1978 年 GLWQA 被重新修订，美国和加拿大两国从社会-生态的整体角度开展合作并治理五大湖，最终达到修复五大湖流域生态系统水体的化学、物理和生物等方面的完整性，首次定义了五大湖流域生态系统 "包含空气、土地、水体和生物（含人类）的交互成分……"。该协议将人类与五大湖流域的结构、功能和过程有机地联合起来，五大湖作为一个有机联系的整体，其可持续性对生态和人类健康关系重大。

1981 年美国五大湖地区各州、加拿大安大略省和相关部门签署了《北美五大湖渔业管理协同战略计划》（*A Joint Strategic Plan for Management of Great Lakes Fisheries*），其标志着 EBM 渔业管理方式的开端，GLFC 中的湖泊委员会从被动传达信息的职能，转变为策略制定的主体，具体包括渔业管理方案和活动的制定、实施及评估等，湖泊委员会成员联合协作，共同设定了各湖泊的鱼类群落和环境管理目标。

2012 年，美国和加拿大两国对 GLWQA 进行了修订，五大湖相关的部门在制定和实施渔业、水质及生态目标等方面展开更频繁密切的合作，促进了交流和整合，有利于 EBM 的高效实施（Guthrie et al.，2019b）。

4. 应用前景

EBM 作为一种社会-生态综合视角的自然资源管理策略，在全球湖泊、河流和海洋生态系统管理中具有广泛的应用前景。EBM 也是一种不断整合多元信息或评价的一种 EBM 连续谱，在综合考虑非生物成分、生物成分和社会成分等生态系统整体视角下给出决策，促进自然资源和生态系统的健康及可持续发展（Guthrie et al.，2019b）。

5. 存在挑战

EBM 模式实施过程中的挑战之处在于需要不同学科领域以及政府部门之间相互配合，以包容合作的思路促进五大湖生态系统的恢复。但是，在当前气候变化和生物入侵等多因素影响的背景下，湖泊渔业管理部门若简单照搬执行 EBM 原则，以及进行缺乏关键决策的合作，并不能保证渔业和水质的恢复与维持（Guthrie et al.，2019b）。

6.5.2 案例二：千岛湖保水渔业

千岛湖地处长江三角洲西南，是一座特大型水库（新安江水库），蓄水量达 $1.76 \times 10^{10} \text{m}^3$，具有水力发电、水资源保障、水产资源供应、防洪和旅游等重要服务功能。伴随杭州市淳安县的经济社会发展，1998 年和 1999 年连续两年暴发了大面积的蓝藻水华，水质恶化，渔业发展也被迫停滞。2000 年以后实施了保水渔业，藻类水华得到控制，生态系统逐步趋于成熟和稳定。

1. 技术重要性

为改善千岛湖水质和预防水华发生，以非经典生物操纵和生态化学计量学中的消费者驱动营养物质再循环理论为依据，2000年以来通过人工放养鲢（Hypophthalmichthys molitrix）、鳙（Hypophthalmichthys nobilis）和清除凶猛鱼类的方式，实施了保水渔业。保水渔业降低了银鱼（Salanx prognathus）和鲤（Cyprinus carpio）的生物量，却增加了鲌类、鮈类和大眼华鳊（Sinibrama macrops）的生物量，降低了鱼类营养生态位的重叠度，促进了营养物质的循环利用和水质净化，使得千岛湖食物网结构更趋合理（刘其根等，2009）。

刘其根等（2010a）将千岛湖保水渔业的主要技术总结为：①鱼类物种的选择要适当，高负荷的营养输入导致了千岛湖藻华的发生，通过增加食藻类鱼类控制藻类生物量是科学可行的手段，同时为保障食藻类鱼类的生长繁殖，去除捕食者或将其控制在较低的种群密度；②在近污染源区域，设立鲢、鳙养殖区（保水渔业区）净化水质，可有效降低污染源浓度，净化水质；③控制捕捞强度，保障湖区内一定密度的鲢、鳙生物量，才能有效遏制藻类的大量繁殖，根据水体营养盐状况，在保障保水渔业所需鲢、鳙生物量的前提下，设定年度可捕捞量。

关于千岛湖渔业发展问题，淳安县人民政府出台了《淳安县渔业资源保护和管理办法》，将全湖1/3的水面列为封库禁渔区，全年禁渔，在千岛湖水源头实施休渔制度，保证鱼类的繁殖。在千岛湖水产养殖中，规划了养殖区域，限定了养殖品种和养殖密度，严格控制起捕规格和捕捞强度；关注水质的动态变化，定期监测重点水域的水质，掌握变化规律。千岛湖的渔政监督和管理也得以加强，保证了渔业资源保护和办法的实施（于孝东和王力，2013）。

2. 技术水平分析

不同于传统捕捞业，保水渔业兼顾了水环境保护和渔业生产。保水渔业是以非经典生物操纵为基础的一种湖泊生态渔业模式，主要以控制凶猛鱼类为基础，放养或增殖滤食性鱼类和有机碎屑食性鱼类为主要手段，以达到控制水华发生、改善湖泊水质的目的（图6-14），最终实现水环境保护和可持续渔业生产的双重目标（刘其根等，2010a）。

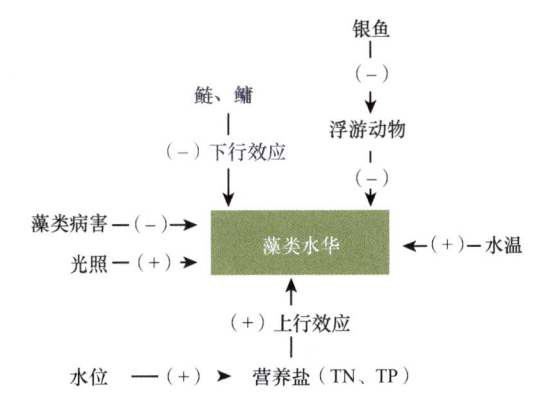

图6-14 保水渔业对藻类水华的下行效应及其他影响藻类水华的因子（刘其根，2005）

刘其根等（2010b）利用 Ecopath 分析千岛湖生态系统，实施保水渔业后，千岛湖生态系统 P_p/R（净初级生产总量/呼吸总流量）、P_p/B（净初级生产总量/总生物量）和 P_p 均呈现下降趋势，Finn's 循环指数和 Finn's 平均路径长度均有增长，参与循环的营养物质通量比例增加，各项水质指标也明显好转，综合证明保水渔业的实施提高了千岛湖生态系统的成熟度。

3. 技术发展趋势

我国湖泊渔业经历了捕捞野生鱼类资源、湖泊鱼类资源增殖利用和湖泊集约化养殖等发展阶段（刘其根等，2010b），由于其追求渔业效益最大化，往往对水环境和生态系统造成破坏性影响，并威胁渔业的可持续发展。针对人类活动等导致的一系列湖泊环境问题，刘其根等（2009）在千岛湖实施了保水渔业，通过调控湖泊内鱼类群落结构，提高湖泊生态系统的恢复力和稳定性，实现湖泊渔业和水环境保护协同发展。

4. 应用前景

随着人类活动输入湖泊的营养盐增加，湖泊富营养化已成为重要的生态环境问题。以水环境保护为导向的保水渔业，适合在我国的中营养或富营养湖泊中推广使用。鲢、鳙控藻保水渔业适用于污染源已得到基本控制但仍暴发藻类水华的湖泊，鲢、鳙能够控制藻类的过度增长，并改善水质（刘其根和张真，2016）。

5. 存在问题

在湖泊富营养化的治理中，鲢、鳙控藻的实践或研究存在一些失败案例，主要源于鲢、鳙排泄的氮、磷的迁移转化途径的差异，在有底围隔或水族箱的条件下，鱼类排泄的氮、磷被藻类反复利用，导致控藻失败；在无底围隔或自然系统中，鲢、鳙对藻类的捕食介导了综合控藻作用，包括对藻类的直接牧食，以及鲢、鳙粪便等颗粒磷的沉降和底质吸附等（刘其根和张真，2016）。而且，在推广应用中，应注意以下方面会影响鲢、鳙的控藻效果：①鲢、鳙的种群密度；②其他食藻类生物；③水体大小；④持续时间；⑤水体中的微生物组成（刘其根和张真，2016）。

参 考 文 献

边蔚, 胡晓波, 田在锋, 等. 2011. 白洋淀水产养殖容量研究. 河北大学学报(自然科学版), 31(1): 79-84, 112.

岑玉吉. 1979. 国外淡水渔业的现状与展望. 淡水渔业, (C00): 1-29.

陈倩, 晁建颖, 张毅敏, 等. 2011. 底栖动物与挺水植物协同修复富营养化水体的研究. 水处理技术, 37(8): 61-63, 71.

陈宗尧, 吴祥明. 2004. 美国渔业及其管理简介. 中国渔业经济, (1): 53-55.

董双林, 李德尚, 潘克厚. 1998. 论海水养殖的养殖容量. 青岛海洋大学学报, 28(2): 253-258.

方建光, 匡世焕, 孙慧玲, 等. 1996a. 桑沟湾栉孔扇贝养殖容量的研究. 海洋水产研究, 17(2): 18-32.

方建光, 孙慧玲, 匡世焕, 等. 1996b. 桑沟湾海带养殖容量的研究. 海洋水产研究, 17(2): 7-18.

谷孝鸿, 白秀玲, 江南, 等. 2006. 太湖渔业发展及区域设置与功能定位. 生态学报, 26(7): 2247-2254.

谷孝鸿, 曾庆飞, 毛志刚, 等. 2019. 太湖 2007-2016 十年水环境演变及"以渔改水"策略探讨. 湖泊科学, 31(2): 305-318.

谷孝鸿, 毛志刚, 丁慧萍, 等. 2018. 湖泊渔业研究: 进展与展望. 湖泊科学, 30(1): 1-14.

郭楠楠, 齐延凯, 孟顺龙, 等. 2019. 富营养化湖泊修复技术研究进展. 中国农学通报, 35(36): 72-79.

侯梅芳, 潘栋宇, 黄赛花, 等. 2014. 微生物修复土壤多环芳烃污染的研究进展. 生态环境学报, 23(7): 1233-1238.

黄海华, 胡飞跃. 2014. 浅析湖泊景观与城市环境的关系. 城市道桥与防洪, (12): 190-192, 120.

黄志翔. 1979. 河蟹人工育苗初获成功. 河北农业科技, (6): 35.

姜加虎, 黄群, 孙占东. 2005. 长江中下游湖泊保护和管理的若干建议. 长江流域资源与环境, 14(1): 40-43.

姜亚洲, 林楠, 杨林林, 等. 2014. 渔业资源增殖放流的生态风险及其防控措施. 中国水产科学, 21(2): 413-422.

焦念志, 李德尚. 1993a. 水库鱼产力评价标准与模式的研究. 海洋与湖沼, (1): 79-86.

焦念志, 李德尚. 1993b. 影响水库鱼产力的基础环境因素的分析. 海洋湖沼通报, (1): 83-89, 104.

李德尚. 1988. 大水域施肥中确定肥料种类和肥分配比的方法. 水利渔业, (3): 2-5.

李德尚. 1990. 论水库施化肥养鱼的方法. 水利渔业, (6): 2-4.

李德尚, 焦念志, 刘长安. 1991. 浅水水库中磷的周年变动及其影响因素. 海洋与湖沼, 22(2): 104-110.

李德尚, 熊邦喜, 李琪, 等. 1994. 水库对投饵网箱养鱼的负荷力. 水生生物学报, 18(3): 223-229.

李家才, 陈工. 2009. 海洋渔业过度捕捞与私人可转让配额. 生态经济, (4): 52-54.

李鹏武, 孙荣国, 陈卓. 2017. 立体式生态浮床在喀斯特环境水体净化中的效果研究. 地球与环境, 45(6): 654-659.

李钟杰. 2004. 长江中、下游湖泊渔业结构性调整与资源调控——"恢复江河联系, 重建生命网络"长江生态渔业管理专题之二. 中国水产, (11): 74-77.

刘恩生. 2010. 生物操纵与非经典生物操纵的应用分析及对策探讨. 湖泊科学, 22(3): 307-314.

刘恩生, 刘正文, 陈伟民, 等. 2005. 太湖湖鲚渔获量变化与生物环境间相互关系. 湖泊科学, (4): 340-345.

刘广容, 叶春松, 贺靖皓, 等. 2008. 原位化学处理对东湖底泥中磷释放的影响. 武汉大学学报 (理学版), 54(4): 409-413.

刘慧, 蔡碧莹. 2018. 水产养殖容量研究进展及应用. 渔业科学进展, 39(3): 158-166.

刘伙泉, 黄尚务, 邓宝玲, 等. 1976. 武昌东湖渔获物的分析研究及合理放养的初步探讨. 水生生物学集刊, 6(1): 16-26.

刘家寿, 王齐东. 2018. 长江流域湖泊渔业转型与水生态保护关键技术研究. 科技成果管理与研究, (7): 79-80.

刘建康, 谢平. 2003. 用鲢鳙直接控制微囊藻水华的围隔试验和湖泊实践. 生态科学, (3): 193-198.

刘绿叶, 刘培廷, 汤建华, 等. 2007. 文蛤养殖密度对主要环境因子影响的模拟研究. 水产养殖, 28(5): 8-11.

刘梅, 胡征宇, 谢作明. 1999. 电子灭藻机除藻效果试验. 中国给水排水, (3): 59-60.

刘盼, 宋超, 朱华, 等. 2011. 3 种水生植物对富营养化水体的净化作用研究. 水生态学杂志, 32(2): 69-74.

刘其根. 2005. 千岛湖保水渔业及其对湖泊生态系统的影响. 华东师范大学博士学位论文.

刘其根, 何光喜, 陈马康. 2009. 保水渔业理论构想与应用实例. 中国水产, (5): 20-22.

刘其根, 王钰博, 陈立侨, 等. 2010a. 保水渔业对千岛湖食物网结构及其相互作用的影响. 生态学报, 30(10): 2774-2783.

刘其根, 王钰博, 陈立侨, 等. 2010b. 保水渔业对千岛湖生态系统特征影响的分析. 长江流域资源与环境, 19(6): 659-665.

刘其根, 张真. 2016. 富营养化湖泊中的鲢、鳙控藻问题: 争议与共识. 湖泊科学, 28(3): 463-475.

刘新, 李德尚, 李静. 1994. 山东省大中型水库水化学性状研究——几种主要水化因子的变化及其在评价水库鱼产力中的作用. 青岛海洋大学学报, (4): 497-504.

卢晓明, 金承翔, 黄民生, 等. 2007. 底栖软体动物净化富营养化河水实验研究. 环境科学与技术, (7): 7-9, 115.

陆伟民, 童合一. 1994. 太湖人工放流鲢、鳙效果的研究. 上海水产大学学报, 3(3): 112-120.

马井泉, 周怀东, 董哲仁. 2005. 我国应用生态技术修复富营养化湖泊的研究进展. 中国水利水电科学研究院学报, (3): 209-215.

马利民, 唐燕萍, 陈玲, 等. 2009. Zn、Cu 和 Ni 污染土壤中重金属的化学固定. 环境化学, 28(1): 86-88.

门国文. 1983. 设置人工鱼巢增殖水库渔业资源. 河北水产科技, (2): 14-15, 18.

缪柳. 2012. 复配化学药剂对地表富营养化水体藻类去除的研究. 华侨大学硕士学位论文.

农业农村部渔业渔政管理局, 全国水产技术推广总站, 中国水产学会. 2019. 2019 中国渔业统计年鉴. 北京: 中国农业出版社.

潘洁慧, 陆开宏. 2008. 铜锈环棱螺对微囊藻的摄食及其毒素积累研究. 宁波大学学报 (理工版), 21(4): 479-484.

濮培民, 王国祥, 胡春华, 等. 2000. 底泥疏浚能控制湖泊富营养化吗? 湖泊科学, 12(3): 269-279.

戚国扬, 陈龙, 宋连发, 等. 1993. 江苏、浙江大水面渔业考察报告. 黑龙江水产, (2): 11-14.

齐延凯, 孟顺龙, 范立民, 等. 2019. 湖泊生态修复技术研究进展. 中国农学通报, 35(26): 84-93.

任照阳, 邓春光. 2007. 生态浮床技术应用研究进展. 农业环境科学学报, (S1): 261-263.

施流章. 1983. 东南亚水产养殖业的概况. 水产科技情报, (6): 20-22, 24.

宋祥甫, 邹国燕, 吴伟明, 等. 1998. 浮床水稻对富营养化水体中氮、磷的去除效果及规律研究. 环境科学学报, (5): 489-494.

孙琛, 梁鸽峰. 2016. 欧盟的渔业共同政策及渔业补贴. 世界农业, (6): 78-85.

孙芳. 2019. 渔业电子监测技术概述. 世界环境, (3): 35-37.

孙广东. 2018. 人工湿地对微污染水体的生态修复及其系统微生物的研究. 北京建筑大学硕士学位论文.

孙鹏. 2016. 菌—藻—浮床复合系统水质净化效果及机理探讨. 中国地质大学博士学位论文.

孙学习. 2005. 新型湖泊除藻剂对滇池富营养化水体的应用基础研究. 昆明理工大学硕士学位论文.

唐林森, 陈进, 黄茁. 2008. 人工生物浮岛在富营养化水体治理中的应用. 长江科学院院报, 25(1): 21-24, 39.

唐启升. 1996. 关于容纳量及其研究. 海洋水产研究, 17(2): 1-5.

唐启升. 2018. 渔业科学知识体系和中国特色的渔业发展之路. 农学学报, 8(1): 28-32.

万虎, 李正文, 刘军志. 2017. "3S"技术在云南渔业水体资源监测中的应用初探. 云南农业, (3): 82-85.

王健鹏. 1989. 南四湖的水生生物和渔业生态初析. 水产学报, (3): 221-229.

王敏, 唐景春, 王斐. 2013. 常见水生植物对富营养化和重金属复合污染水体的修复效果研究. 水资源与水工程学报, 24(2): 50-56.

王苏民. 1993. 世界咸水湖的物理与化学特性. 湖泊科学, (3): 278-286.

王志强, 崔爱花, 缪建群, 等. 2017. 淡水湖泊生态系统退化驱动因子及修复技术研究进展. 生态学报, 37(18): 6253-6264.

吴沛沛, 刘劲松, 胡晓东, 等. 2015. 滆湖北部底泥疏浚的生态效应研究. 水生态学杂志, 36(2): 32-38.

谢金林. 2017. 南昌市青山湖浮游植物和富营养化研究. 江西师范大学硕士学业论文.

谢平, 崔奕波. 1996. 长江中下游湖泊生物多样性与渔业发展. 水生生物学报, 20(增刊): 1-5.

杨桂山, 马荣华, 张路, 等. 2010. 中国湖泊现状及面临的重大问题与保护策略. 湖泊科学, 22(6): 799-810.

杨宁生. 2001. 世界渔业发展的趋势. 中国渔业经济, (1): 19-20, 24.

杨英宝, 江南, 殷立琼, 等. 2005. 东太湖湖泊面积及网围养殖动态变化的遥感监测. 湖泊科学, 17(2): 133-138.

于孝东, 王力. 2013. 生态学视野下的水库渔业可持续发展困境及路径选择——千岛湖保水渔业例证. 生态经济, (3): 143-147.

余居华, 钟继承, 张银龙, 等. 2012. 湖泊底泥疏浚对沉积物再悬浮及营养盐负荷影响的模拟. 湖泊科学, 24(1): 34-42.

俞孔坚, 李迪华, 段铁武. 1998. 生物多样性保护的景观规划途径. 生物多样性, 6(3): 205-212.

曾诗淇. 2019. 大水面渔业走出绿色发展新路. 农产品市场, (19): 8-11.

詹力扬, 郑爱榕, 陈祖峰. 2003. 厦门同安湾牡蛎养殖容量的估算. 厦门大学学报(自然科学版), 42(5): 644-684.

张国华, 曹文宣, 陈宜瑜. 1997. 湖泊放养渔业对我国湖泊生态系统的影响. 水生生物学报, 21(3): 271-280.

张列士, 杜久香. 1984. 网箱养鱼高产试验及其技术因子的探讨. 水产学报, 8(1): 19-32.

张萌, 刘足根, 李雄清, 等. 2014. 长江中下游浅水湖泊水生植被生态修复种的筛选与应用研究. 生态科学, 33(2): 344-352.

张幼敏. 1987. 美国五大湖的渔业. 中国水产, (4): 25.

张幼敏. 1992. 中国湖泊、水库水产增养殖技术的进展. 水产学报, (2): 179-187.

郑华敏. 2010. 浅析城市湖泊景观构成要素. 武夷学院学报, 29(5): 80-83.

中华人民共和国生态环境部. 2018. 2017 中国生态环境状况公报. 环境经济. (11): 12-13.

周立红, 卢亚芳, 黄世玉, 等. 2007. 杏林湾水库养殖容量的研究. 福建师范大学学报(自然科学版), 23(3): 53-57.

周群英, 王士芬, 吴星五. 1998. 微电解杀藻研究. 上海环境科学, 17(1): 28-29.

朱广一, 冯煜荣, 詹根祥, 等. 2004. 人工曝气复氧整治污染河流. 城市环境与城市生态, 17(3): 30-32.

朱华兵. 2011. 水生植物对富营养化水体的修复及对底泥营养释放的影响. 扬州大学硕士学位论文.

朱志荣, 林永泰, 方榕乐. 1976. 武昌东湖蒙古红鲌和翘嘴红鲌的食性及其种群控制问题的研究. 水生生物学集刊, 6(1): 36-52.

Albright M F, Harman W N, Tibbits W T, et al. 2004. Biomanipulation: a classic example in a shallow eutrophic pond. Lake and Reservoir Management, 20(4): 263-269.

Allan R J. 1997. Introduction -What is aquatic ecosystem restoration? Water Quality Research Journal of Canada, 32(2): 229-234.

Anderson J L, Asche F, Garlock T. 2019. Economics of aquaculture policy and regulation. Annual Review of Resource Economics, 11(1): 101-123.

Andersson G, Berggren H, Cronberg G, et al. 1978. Effects of planktivorous and benthivorous fish on organisms and water chemistry in eutrophic lakes. Hydrobiologia, 59(1): 9-15.

Bartley D M, De Graaf G J, Valbo-Jørgensen J, et al. 2015. Inland capture fisheries: Status and data issues. Fisheries Management and Ecology, 22(1): 71-77.

Benndorf J. 1990. Conditions for effective biomanipulation; conclusions derived from whole-lake experiments in Europe. Hydrobiologia, 200-201(1): 187-203.

Benndorf J, Böing W, Koop J, et al. 2002. Top-down control of phytoplankton: The role of time scale, lake depth and trophic state. Freshwater Biology, 47(12): 2282-2295.

Bourlès Y, Alunno-Bruscia M, Pouvreau S, et al. 2009. Modelling growth and reproduction of the pacific oyster *Crassostrea gigas*: Advances in the oyster-DED model through application to a coastal pond. Journal of Sea Research, 62(2-3): 62-71.

Britz P. 2015. The history of south african inland fisheries policy with governance recommendations for the democratic era. Water SA, 41(5): 624-632.

Bronte C R, Ebener M P, Schreiner D R, et al. 2003. Fish community change in lake superior, 1970-2000. Canadian Journal of Fisheries and Aquatic Sciences, 60(12): 1552-1574.

Brooks J L, Dodson S I. 1965. Predation body size and composition of plankton. Science, 150(3692): 28-35.

Byron C, Link J, Costa-Pierce B, et al. 2011. Calculating ecological carrying capacity of shellfish aquaculture using mass-balance modeling: Narragansett Bay, Rhode Island. Ecological Modelling, 222(10): 1743-1755.

Carpenter S R, Kitchell J F, Hodgson J R, et al. 1987. Regulation of lake primary productivity by food web structure. Ecology, 68(6): 1863-1876.

Collingsworth P D, Bunnell D B, Murray M W, et al. 2017. Climate change as a long-term stressor for the fisheries of the laurentian great lakes of north america. Reviews in Fish Biology and Fisheries, 27(2): 363-391.

Dame R F, Prins T C. 1998. Bivalve carrying capacity in coastal ecosystems. Aquatic Ecology, 31(4): 409-421.

De Graaf G, Bartley D, Jorgensen J, et al. 2015. The scale of inland fisheries, can we do better? Alternative approaches for assessment. Fisheries Management and Ecology, 22(1): 64-70.

Deines A M, Bunnell D B, Rogers M W, et al. 2017. The contribution of lakes to global inland fisheries harvest. Frontiers in Ecology and the Environment, 15(6): 293-298.

FAO. 2019. Fishery and Aquaculture Statistics. Rome: FAO.

Gleick P H. 1993. Water in crisis: A guide to the world's fresh water resources. New York: Oxford University Press.

Gophen M. 1990. Biomanipulation: Retrospective and future development. Hydrobiologia, 200(1): 1-11.

Guthrie A G, Taylor W W, Muir A M, et al. 2019a. The role of a multi-jurisdictional organization in developing ecosystem-based management for fisheries in the great lakes basin. Aquatic Ecosystem Health & Management, 22(3): 329-341.

Guthrie A G, Taylor W W, Muir A M, et al. 2019b. Linking water quality and fishery management facilitated the development of ecosystem-based management in the great lakes basin. Fisheries, 44(6): 288-292.

Heip C H R, Goosen N K, Herman P M J, et al. 1995. Production and consumption of biological particles in temperate tidal estuaries. Oceanography and Marine Biology: An Annual Review, 33: 1-149.

Hrbáčke J, Dvořakova M, Kořínek V, et al. 1961. Demonstration of the effect of the fish stock on the species composition of zooplankton and the intensity of metabolism of the whole plankton association. Internationale Vereinigung für theoretische und angewandte Limnologie: Verhandlungen, 14(1): 192-195.

Hughes B B, Beas-Luna R, Barner A K, et al. 2017. Long-term studies contribute disproportionately to ecology and policy. Bioscience, 67(3): 271-281.

Ibarra D A, Fennel K, Cullen J J. 2014. Coupling 3-D Eulerian bio-physics (ROMS) with individual-based shellfish ecophysiology (SHELL-E): A hybrid model for carrying capacity and environmental impacts of bivalve aquaculture. Ecological Modelling, 273: 63-78.

Ives J T, McMeans B C, McCann K S, et al. 2019. Food-web structure and ecosystem function in the Laurentian Great Lakes-toward a conceptual model. Freshwater Biology, 64(1): 1-23.

Jeppesen E, Søndergaard M, Lauridsen T L, et al. 2012. Biomanipulation as a restoration tool to combat eutrophication: Recent advances and future challenges. Advances in Ecological Research, 47: 411-488.

Karr J R, Dudley D R. 1981. Ecological perspective on water-quality goals. Environmental Management, 5(1): 55-68.

Klinger D, Naylor R. 2012. Searching for solutions in aquaculture: Charting a sustainable course. Annual Review of Environment and Resources, 37(1): 247-276.

Kornis M S, Mercado-Silva N, Vander Zanden M J. 2012. Twenty years of invasion: A review of round goby *Neogobius melanostomus* biology, spread and ecological implications. Journal of Fish Biology, 80(2): 235-285.

Kuebbing S E, Reimer A P, Rosenthal S A, et al. 2018. Long-term research in ecology and evolution: A survey of challenges and opportunities. Ecological Monographs, 88(2): 245-258.

Lucas M C, Baras E. 2000. Methods for studying spatial behaviour of freshwater fishes in the natural environment. Fish and Fisheries, 1(4): 283-316.

Lymer D, Marttin F, Bartley D M. 2016. A global estimate of theoretical annual inland capture fisheries harvest. American Fisheries Society Symposium.

Ma R H, Yang G S, Duan H T, et al. 2011. China's lakes at present: Number, area and spatial distribution. Science China-Earth Sciences, 54(2): 283-289.

McQueen D J, Johannes M R S, Post J R, et al. 1989. Bottom-up and top-down impacts on freshwater pelagic community structure. Ecological Monographs, 59(3): 289-309.

McQueen D J, Post J R, Mills E L. 1986. Trophic relationships in fresh-water pelagic ecosystems. Canadian Journal of Fisheries and Aquatic Sciences, 43(8): 1571-1581.

Messager M L, Lehner B, Grill G, et al. 2016. Estimating the volume and age of water stored in global lakes using a geo-statistical approach. Nature Communications, 7: 13603.

Minns C K. 2013. The science of ecosystem-based management on a global scale: The laurentian great lakes, lake ontario, and the bay of quinte as a nested case study. Aquatic Ecosystem Health & Management, 16(3): 229-239.

Nõges T, Anneville O, Guillard J, et al. 2018. Fisheries impacts on lake ecosystem structure in the context of a changing climate and trophic state. Journal of Limnology, 77(1): 46-61.

Nunes J P, Ferreira J G, Gazeau F, et al. 2003. A model for sustainable management of shellfish polyculture in coastal bays. Aquaculture, 219(1): 257-277.

Officer C B, Smayda T J, Mann R. 1982. Benthic filter feeding—a natural eutrophication control. Marine Ecology Progress Series, 9(2): 203-210.

Ogutu-Ohwayo R, Natugonza V, Musinguzi L, et al. 2016. Implications of climate variability and change for african lake ecosystems, fisheries productivity, and livelihoods. Journal of Great Lakes Research, 42(3): 498-510.

Pikitch E K, Santora C, Babcock E A, et al. 2004. Ecosystem-based fishery management. Science, 305(5682): 346-347.

Rennie M D, Kennedy P J, Mills K H, et al. 2019. Impacts of freshwater aquaculture on fish communities: A whole-ecosystem experimental approach. Freshwater Biology, 64(5): 870-885.

Shapiro J, Lamarra V, Lynch M. 1975. Biomanipulation: An ecosystem approach to lake restoration. Water quality management through biological ways. Gainesville: University Press of Florida: 85-96.

Shapiro J, Wright D I. 1984. Lake restoration by biomanipulation: Round Lake, Minnesota, the first two years. Freshwater Biology, 14(4): 371-383.

Sierp M T, Qin J G, Recknagel F. 2009. Biomanipulation: A review of biological control measures in eutrophic waters and the potential for Murray cod *Maccullochella peelii peelii* to promote water quality in temperate Australia. Reviews in Fish Biology and Fisheries, 19(2): 143-165.

The World Bank. 2012. Hidden Harvests: The Global Contribution of Capture Fisheries. Washington DC: World Bank.

Tong Y, Zhang W, Wang X, et al. 2017. Decline in chinese lake phosphorus concentration accompanied by shift in sources since 2006. Nature Geoscience, 10(7): 507-511.

Verhagen J H G. 1986. Tidal Motion, and the Seston Supply to the Benthic Macrofauna in the Oosterschelde. Delft: Waterloopkundig Laboratorium Delft Hydraulics Laboratory..

Vincon-Leite B, Casenave C. 2019. Modelling eutrophication in lake ecosystems: A review. Science of the Total Environment, 651: 2985-3001.

Wang Q, Li Z, Gui J F, et al. 2018a. Paradigm changes in freshwater aquaculture practices in china: Moving towards achieving environmental integrity and sustainability. Ambio, 47(4): 410-426.

Wang R, Zhang Y, Xia W, et al. 2018b. Effects of aquaculture on lakes in the central Yangtze River Basin, China, I. Water quality. North American Journal of Aquaculture, 80(3): 322-333.

Welcomme R L. 2011. An overview of global catch statistics for inland fish. ICES Journal of Marine Science, 68(8): 1751-1756.

Xenopoulos M A. 2019. Editorial: Long-term studies in limnology and oceanography. Limnology and Oceanography, 64(S1): S1.

Xie P, Liu J. 2001. Practical success of biomanipulation using filter-feeding fish to control cyanobacteria blooms: A synthesis of decades of research and application in a subtropical hypereutrophic lake. The Scientific World Journal, 1: 337-356.

Zeng Z, Wang D, Tan W, et al. 2019. Extracting aquaculture ponds from natural water surfaces around inland lakes on medium resolution multispectral images. International Journal of Applied Earth Observation and Geoinformation, 80: 13-25.

第 7 章　内陆盐碱水域增养殖

内陆盐碱水域养殖是盐碱地开发利用、保证我国内陆水产养殖业可持续发展的重要途径。盐碱水质条件复杂、养殖理念与技术不完善、基础研究不足限制良种选育与水质精准调控、养殖用盐碱水综合利用技术不成熟是制约国内外盐碱地水产养殖科技发展的主要瓶颈。本章通过分析现阶段科技需求，综合评价国内外技术发展总体水平与态势，提出以水产养殖生物对内陆盐碱环境的适应机制为基础研究重点，突破重要内陆盐碱水养殖生物种质创制与苗种繁育、内陆盐碱水质精准改良调控、内陆盐碱水域绿洲模式等关键共性技术，建立"渔农一体化"绿洲渔业模式典型应用示范的内陆盐碱地养殖发展策略。以甘肃景泰次生盐碱地渔业改造为典型案例，剖析了其技术重要性、发展水平与趋势及应用前景。

7.1　产业与科技发展现状分析

7.1.1　国际产业发展现状与问题

1. 国际产业发展现状

1）世界盐碱地面积与国际主要盐碱水域养殖国家

盐碱土是一种全球范围内广泛分布的土壤，是一系列受盐碱作用的盐土、碱土，以及各种盐化、碱化土壤的总称。据联合国教育、科学及文化组织（UNESCO）和联合国粮食及农业组织（FAO）的不完全统计，世界盐碱土地面积为 9.54 亿 hm^2，且每年以 100 万～150 万 hm^2 的速率增长（王宝山等，2017），土壤盐碱化已成为全球问题。在世界人口增加、耕地逐渐减少的情况下，盐碱地开发利用越来越重要，而内陆盐碱水域养殖是盐碱地开发利用的重要途径。在国际上最早开展盐碱水域增养殖的是苏联，澳大利亚、以色列、美国、印度等国长期开展盐碱水域养殖试验性探索（Allan et al.，2009）。

2）美国西南部地下盐碱水养殖

20 世纪 70 年代美国得克萨斯州的采矿者使用盐碱矿水养殖凡纳滨对虾（*Litopenaeus vannamei*），在亚利桑那州、阿肯色州、亚拉巴马州与佛罗里达州也有用地下盐碱水进行海水虾类养殖的试验（McIntosh and Fitzsimmons，2003；Boyd et al.，2006）。在亚利桑那州，池塘与跑道养殖系统中盐碱水用于对虾养殖，养殖尾水用于灌溉橄榄、枣树及其他农作物。总体而言，美国内陆盐碱水产业规模较小，现仅分布在西南部少数地区。

3）以色列内盖夫地区"沙漠水产养殖"

在以色列，内陆盐碱水养殖又称"沙漠水产养殖"，在 20 世纪 80 年代后期开始商业化运作，其抽取深层地热咸水来养殖有鳍鱼类。如今，以色列内盖夫沙漠（面积约 13 000km²）中许多养殖场以这种沙漠咸水养殖有鳍鱼类，尖吻鲈（*Lates calcarifer*）每年产量约 200t，为主要的养殖品种，并以鲜活状态供当地居民消费（Allan et al.，2009）。

4）澳大利亚基于农业排灌系统的盐碱水养殖

从 20 世纪 90 年代起，澳大利亚开始进行内陆盐碱水养殖技术研发，并且发布了国家层面的研发计划与可用盐碱水资源报告。盐碱地区排灌系统蒸发区或浅层地下水进行海水品种养殖被视为非常有前景的产业方向。默里-达尔文河流域拥有澳大利亚最多的盐碱地下水资源，它向北延伸至昆士兰州南部，向南穿过新南威尔士州与维多利亚州，向西部穿过南澳大利亚州。默里-达尔文河流域的盐碱地下水养殖始于维多利亚州（Ingram et al.，1996），目前在新南威尔士州规模最大。Partridge 等（2008）全面介绍了澳大利亚的内陆盐碱地水产养殖发展状况，包括水资源、养殖设施及方法，并认为盐碱地水产养殖经济收益明显，对地区可持续发展贡献巨大。

5）印度西北部次生盐碱化地区的水产养殖

印度西北部的哈里亚纳邦、拉贾斯坦邦和古吉拉特邦面临着严重的土地盐碱化问题。印度农业研究委员会和国际土地改良与发展机构在该地区开展了盐碱土治理与盐碱水排放研究项目，并规划建设了大规模的排水工程，其排放的盐碱地下水可开展水产养殖。目前，印度哈里亚纳邦正在开展盐碱水中罗氏沼虾（*Macrobrachium rosenbergii*）养殖。近年来，印度渔业技术教育中心研究开发了以地下盐碱水进行罗氏沼虾幼苗孵育的技术，实现了其在印度内陆盐碱地区的全环节生产；该中心还进行了罗氏沼虾与鲤（*Cyprinus carpio*）混养研究及技术推广（Allan et al.，2009）。

2. 国际产业发展问题

1）国际市场的激烈竞争

目前，国际内陆盐碱水养殖产业面临的主要问题是市场竞争。美国 20 世纪 90 年代南部各州出现了小规模的盐碱水养殖，旨在为当地消费市场提供高品质的海水养殖产品。但由于东亚及东南亚各国水产出口业迅猛发展，当地水产品竞争优势逐渐丧失，产业规模日益萎缩。

2）可用水资源的急剧减少

可用水资源减少是影响国际产业发展的重要因素之一。以色列的内陆盐碱水养殖主要依赖内盖夫沙漠地区深层地下水，但这些水资源同样要处理后用于作物灌溉与居民生活，这是制约该地区养殖产业发展的主要原因。澳大利亚与印度的内陆盐碱水养殖主要依赖地下盐碱水排放系统，而近年来的全球气候异常，尤其是干旱频发导致地下盐碱水位下降，相关养殖产业受损严重（Allan et al.，2009）。

7.1.2 我国产业发展现状与问题

1. 我国盐碱水资源与养殖现状

内陆盐碱水是我国重要的国土资源。我国内陆咸水资源主要分布于湖泊、泡沼和浅层地下水中，其中盐碱湖泊、地下盐碱水贮量达 5000 多亿立方米。合理开发利用内陆蕴藏丰富、未有效利用的盐碱水资源，是保证我国内陆水产养殖业可持续发展的新途径（梁利群等，2013）。

1）内陆盐碱水域养殖的开发历史

我国渔业主管部门及相关研究院所十分重视内陆盐碱湖泊的渔业资源利用。例如，自 20 世纪 50 年代起，地方政府对我国内陆最大的咸水湖青海湖中唯一的水生经济动物青海湖裸鲤（*Gymnocypris przewalskii*）进行了大规模开发，鱼产量长期占青海全省总鱼产量的一半以上，青海湖成为该省重要的渔业基地（梁利群等，2013）。针对长期捕捞导致资源破坏的情况，青海省政府从 1982 年起对青海湖采取了封湖育鱼措施，建立了青海湖裸鲤救护中心，使其资源下降趋势得到了有效的控制（梁利群等，2013）。盐碱湖沼是我国东北、中部、西部地区国土资源的主要类型之一，它们地处江河、湖泊、水库、灌渠等附近低洼易涝沼泽地带。水产科技人员通过对这些盐碱湖沼实施工程改造，使水质环境恶劣、不适于鱼类生长的盐碱湖沼成为渔业可用水资源，获得了显著经济效益（杨富亿，1996；李秀军等，2007；梁利群等，2013）。

2）地下盐碱水养殖现状

我国各类盐碱土面积约 9913 万 hm^2，约占国土面积的 1.03%，耕地中盐碱土面积为 920.94 万 hm^2，占全国耕地面积的 6.62%，且因为不当灌溉导致的次生盐碱化，其面积仍在逐年增加（王宝山等，2017）。我国的内陆盐碱地主要分布于黄淮海平原、松辽平原、西北干旱区，从 20 世纪 90 年代开始，农业部大力推广"上农下渔"的盐碱地治理技术，在河北、河南、山东、陕西、甘肃多地开展了挖塘抬田、以渔治碱、农渔结合的早期生态养殖，开发了鲤（*Cyprinus carpio*）、尼罗罗非鱼（*Oreochromis niloticus*）、罗氏沼虾（*Macrobrachium rosenbergii*）、凡纳滨对虾（*Litopenaeus vannamei*）、草鱼（*Ctenopharyngodon idellus*）、鲢（*Hypophthalmichthys molitrix*）等盐碱水域养殖技术，有效地利用了国土资源，为盐碱地群众找到了一条致富的新途径（王慧等，2003；张金路和段登选，2009；么宗利等，2011；王飞等，2014；何奎和严立宁，2012；问思恩等，2012；陈芳园等，2017）。

2. 我国产业发展问题

1）盐碱水资源家底不清

我国盐碱水域资源的分布位置、面积、水量、水质特征、周边径流等现状调查不足，以及其随全球气候变化的动态特征响应尚不清楚，限制了我国盐碱水域资源开发与利用技术发展。

2）产业发展水平较低

我国内陆盐碱水资源多处于环境恶劣、经济欠发达地区。长期以来，有关政府和相关机构对其重视不够以及相关基础研究滞后等问题制约了我国内陆盐碱水域养殖产业发展（梁利群等，2013）。此外，目前小农形式为主的盐碱地养殖业基础设施普遍落后，限制了生产效率提高及产业升级。关于盐碱水域渔业开发，因其复杂的水土环境，需要进行大量的试验性研究，这需要研究机构-企业-政府的密切配合，其中上规模的企业是这个合作链条的核心节点，也是盐碱水域渔业先进生产技术与设备的开发主体，但目前盐碱地水产养殖，尤其是在内陆地区，仍处于小规模散布状态，无法满足该产业现代化发展需要。

7.1.3 国际科技发展现状与瓶颈

1. 国际科技发展现状

1）良种选育与模式构建取得突出进展

目前，国际上已经有一系列物种被证明适合盐碱水域养殖，包括广盐性的有鳍鱼类，如尖吻鲈（*Lates calcarifer*）、黑鲷（*Sparus aurata*）、欧洲鲈（*Dicentrarchus labrax*）、日本白姑鱼（*Argyrosomus japonicus*）；甲壳类，如斑节对虾（*Penaeus monodon*）、凡纳滨对虾（*Litopenaeus vannamei*）、日本囊对虾（*Marsupenaeus japonicus*）；贝类，如团聚牡蛎（*Saccostrea glomerata*）；洄游性鱼类，如虹鳟（*Oncorhynchus mykiss*）等某些鲑科鱼类与洄游性甲壳类，如罗氏沼虾（*Macrobrachium rosenbergii*）。养殖方式包括土塘或塑料覆膜的池塘、室内水池与养殖跑道等（Allan et al.，2009）。Partridge 等（2008）总结性描述了一系列适用于盐碱地养殖的室外池塘、室内水池及两者混合系统。

2）盐碱水质调控已积累较丰富的技术与经验

目前已开展许多关于补足水化学组成主要离子比例不平衡的研究。Boyd 和 Thunjai（2003）总结了世界范围内众多地区虾类养殖用水的化学缺陷，并提供了一系列可作为阳离子源的矿物质。由于钾离子的生理重要性，它在众多水质要素中最受关注。Fielder 等（2001）发现真鲷（*Pagrus major*）从海水转移到盐碱地下水中会失去平衡并处于濒死状态，但提供足够钾离子后又能存活下来并和沿海水域对照组的生长情况相似。钾离子添加对于其他盐碱水中养殖的物种也有类似效果（Flowers and Hutchinson，2004；Doroudi et al.，2006；Partridge and Lymbery，2008）。Doroudi 等（2006）发现将钾离子浓度调至沿海海水等量浓度 40%或更多时，盐碱水中日本白姑鱼（*Argyrosomus japonicus*）的存活、生长与在海水网箱中相似。

盐碱地下水中添加镁离子对养殖生物的作用也已有研究。Forsberg 和 Neill（1997）发现添加氯化镁后眼斑拟石首鱼（*Sciaenops ocellatus*）在地下盐碱水中的存活情况得以改善。类似地，Roy 等（2007）记录了一项向镁离子缺乏的养殖用水中添加氯化镁后凡纳滨对虾（*Litopenaeus vannamei*）存活情况得以改善的研究，但生长情况的显著改善未见报道。Boyd 等（2006）向美国亚拉巴马州的凡纳滨对虾养殖池塘中添加氯化钾与钾镁硫酸盐，分别将钾离子、镁离子、硫酸根离子浓度增至约 40mg/L、25mg/L 与 60mg/L，这种处理成功地增加了其存活率并改善了其生长情况。

钙离子的不平衡在盐碱水中也很常见。Forsberg 和 Neill（1997）通过向得克萨斯州西部的低盐度地下水中添加氯化钙提高了眼斑拟石首鱼的生存、生长与摄食效率。Dutney 等（2008）报道了因为碳酸钙生成导致钙离子调节的困难。降低 pH 是改善以上状况的有效方法，但此种调节因成本过高而不切实际。不过大多数地下盐碱水与海水相比钙离子是过量的。在印度的哈里亚纳邦，盐碱地下水中钙离子与镁离子浓度超过了等盐度的海水，这被视为罗氏沼虾（*Macrobrachium rosenbergii*）幼苗繁育的一大问题。科学家通过将离子交换树脂整合入大规模过滤设备中巧妙地解决了这一问题，使用含有近 0.5m³ 离子交换树脂的过滤器，可每天处理 2500L 地下盐碱水，足以供应一个年产 150 万尾罗氏沼虾后期幼体的育苗场（Allan et al.，2009）。

2. 国际科技发展瓶颈

1）盐碱水域水质条件复杂

不同地区的盐碱地下水化学组成差异很大。大多数盐碱地下水缺乏钾离子，其中澳大利亚默里-达尔文河流域记录的钾离子含量是最低的，只有同等盐度海水钾离子浓度的 5%；盐碱地下水钙离子浓度比海水中高 1.4～130 倍；除了美国亚拉巴马州、印度的哈里亚纳邦，其他地区盐碱地下水都是硫酸盐过量的；镁离子在一些地区缺乏，而在另一些地区过量（Allan et al.，2009）。复杂的盐碱水质条件使其精确调控非常困难。

2）养殖理论与技术体系不完善

随着发达经济体增长放缓，近年来国际上内陆盐碱水域养殖技术发展较为缓慢，具体体现在养殖品种、养殖模式长期未有明显突破。此外，目前添加工业盐的盐碱水质改良技术成本较高，而且添加的离子容易受降水、土壤吸附影响而大量损失。随着市场与技术成长缓慢，国际上未能对内陆盐碱水养殖的核心理论基础——水生生物对盐碱水质的适应性开展系统性研究，这进一步制约了该产业的长远发展。

7.1.4　我国科技发展现状与瓶颈

1. 我国科技发展现状

1）内陆盐碱渔业水域调查与基础理论取得进展

我国内陆盐碱湖有碳酸盐型（如达里湖、纳木错、呼伦湖）、氯化物型（如青海湖、班公湖）和硫酸盐型（如色林错），其化学组成较为复杂（王苏民和窦鸿身，1998）。自 20 世纪 70 年代起，我国科研人员调查分析了北方、西部内陆盐碱湖泊的渔业资源状况并开展了相关的基础理论研究，包括水化学、浮游生物、底栖生物、耐盐碱鱼类生理生化、不同地理种群的遗传多样性等，获得了大量有价值的数据信息，为保护利用盐碱湖泊渔业资源起到了支撑作用，促进了湖区渔业经济发展（史建全，2008；梁利群等，2013）。

2）良种选育与水质调控技术取得突破

经过长期努力，我国水产科技工作者获得了 20 余种盐碱水质适宜养殖品种，包括淡水鱼虾蟹类、广盐性鱼虾蟹类、耐盐碱鱼类；攻克了一批先进的关键技术，形成了《盐碱水渔业养殖用水水质》（DB13/T 1132—2009）、《盐碱地水产养殖技术规范》（DB13/T 1029—2009）、《盐碱地水产养殖用水水质》（SC/T 9406—2012）、《南美白对虾养殖技术规范》（DB22T 2524—2016）、《黄河鲤养殖技术规范》（SC/T 1081—2006）等技术标准，为盐碱地渔业增效、渔民增收提供了重要的技术支撑。

3)"上农下渔"模式得以构建

"以渔改碱、上农下渔"的生产模式是将盐碱地挖深为池塘,用于养殖鱼、虾、蟹等水产品,将挖出来的土筑成台田,种植粮棉、林果、瓜菜、饲草、水稻和发展畜牧业,形成田塘相间的农作鱼塘复合系统,连排的田塘之间修筑道路以便物资与产品运输,为排出盐碱,两排田塘相间的农田之间挖出较大的中心排水渠。"上农下渔"立体生态种养模式有利于降水与灌溉时淋洗盐碱,预防土壤次生盐碱化,比较有效地解决了盐碱地旱、涝、盐碱多种灾害影响的难题。"上农下渔"立体种养模式将陆地生态系统和水域生态系统相结合,生产层次多,还能结合畜牧业,使农作物种植、畜禽养殖、水产养殖相互联系、有机结合,形成典型的综合生态化农业,是盐碱地渔业今后发展的主要方向之一(王飞等,2014)。

2. 我国科技发展瓶颈

1)基础研究不足限制良种选育与水质精准调控

科研界长期以来对盐碱水域渔业开发关注较少,导致水产养殖动物对盐碱环境适应性与耐受性的生理机制、耐盐水产生物的良种选育和遗传改良、水质精准调控等方面的研究严重滞后。因此,有必要增强盐碱水养殖基础理论方面的研究,加快对内陆盐碱水自然资源的开发利用(王飞等,2014)。

2)养殖用盐碱水综合利用技术不成熟

盐碱地水产养殖用水的随意排放,会造成土壤与水域的次生盐碱化。随着近年来盐碱水养殖业发展,低洼盐碱地池塘数量快速增加,养殖面积不断增大,但由于池塘布局规划不合理、盐碱水排放管理不到位,邻近地区次生盐碱化,这是目前我国盐碱水养殖业面临的重要问题。

7.2 重大科技需求分析

7.2.1 科技发展前景分析

包括盐碱湖泊、盐碱沼泽、低洼盐碱地渗透水和地下浅表水的内陆盐碱水,是未来保障内陆水产养殖业可持续发展的重要资源。在理想状态下,内陆盐碱水域养殖有望实现可用资源信息化、适养品种优质化、水质调控精准化与养殖过程生态化。

1. 盐碱水域资源信息获取与区域规划

摸清我国水产养殖可用的内陆盐碱水域资源现状是未来发展所必需的。在此基础上,对各地养殖可用盐碱水资源的分布位置、面积、水量、水质特征、周边径流、气候条件等情况进行全面调查,并汇编为数字化资料,将为我国实现内陆盐碱水资源合理而高效利用提供极有力的信息支撑。在全球气候变化与人类影响日益加剧的今天,实现对渔业可用盐碱水资源状况全面、及时掌握对该产业发展尤为重要。

2. 耐盐碱良种选育与水质精准调控

盐碱水适养品种是内陆盐碱水养殖技术的核心材料,其品质是决定养殖成败的关键。未来的内陆盐碱水养殖业将会拥有从亲体培育到成体养成全面适应盐碱水质环境的种质创制与苗种繁育技术体系。由于盐碱水质多种多样且复杂多变,未来的盐碱水养殖品种将在两个方向上实现突破:一是在水质稳定水域,在养殖良种适应本地特定水质基础上大力提升其生长、食用品质、抗病害等性状;二是在水质不稳定的水域,着重开发耐受碱度变化的养殖良种,并在此基础上提升其他优良性状。理想状态下,内陆盐碱水养殖可实现水质条件的精准调控。未来将出现精准快速的盐碱水质监测、养殖质量评价及调控技术。

3. 盐碱水域绿洲渔业新模式构建

内陆盐碱水养殖作为水土盐碱化治理、农业增收的有力手段,在未来依然要服务于盐碱地农业可持续发展。在我国西北内陆地区,盐碱水池塘将成为生态绿洲。在这种盐碱水域绿洲渔业新模式中,盐碱水养殖深度融合于盐碱地生态化综合种养的技术体系,将现有渔农一体、鱼菜共生、渔草/渔果互作等技术大力提升整合,共同构建高效的盐碱地循环农业。例如,通过在盐碱水池塘中种植耐盐碱植物海马齿(*Sesuvium portulacastrum*),可同时实现养殖水质净化与鱼菜双丰收。

7.2.2 科技发展需求分析

1. 地下盐碱水养殖资源可持续利用

低洼盐碱地渗透水和地下浅表水主要分布于我国黄河、海河、淮河、辽河流域,是我国传统农业区。这些地区的浅层咸水与微咸水长期埋藏于地下,可弥补养殖水资源短缺,但必须重视咸水资源可持续利用问题。另外,地下浅表水由大气降水、地表径流透水形成,埋深浅而更新快,水质与水量均受降水和径流影响(朱巍等,2013),目前养殖活动抽取该类水资源的长期影响尚不明确,这将为以其开展的内陆盐碱水养殖可持续发展埋下隐患,故应开展相关研究。

2. 耐盐碱良种选育与健康养殖

为保证内陆盐碱水域养殖高效可持续发展,需要建成适应盐碱水质环境的种质选育与苗种繁育技术体系。内陆盐碱水养殖的科学基础是多种水产物种对不同类型盐碱水质生存环境的生理适应性。因而,这一方向的基础理论系统性突破将促进对盐碱水养殖基本原理更深刻的认知,为内陆盐碱水养殖良种选择、养殖区位设定、种质改良、水质调控及养殖过程精准化管理提供坚实的理论依据。人们对食品营养与安全的要求越来越高,与此同时,我国已步入全面建设生态文明的新时代,绿色健康养殖成为产业发展的必然要求。因此,系统认识内陆盐碱水养殖过程中物质循环、能量流动、生物互作及微生态机制,推动内陆盐碱水域健康养殖模式发展成为重要科技发展需求。

3. 综合种养技术与模式构建

内陆低洼盐碱地渗透水和地下浅表水的水质特征为主要离子含量不恒定,水化学组成复杂多样,同时盐碱地水产养殖用水的随意排放,会造成土壤与水域的次生盐碱化。因此,内陆盐碱水域养殖技术与模式需要在水土资源综合调控、生态化养殖系统构建等方面有所突破。生态综合种养有利于降水与灌溉时淋洗盐碱,预防土壤次生盐碱化,比较有效地解决了盐碱地旱、涝、盐碱多种灾害影响的难题,粮草-鱼、果树-鱼等综合种养模式能够有效利用养殖淤泥中的有机营养,故应推进内陆盐碱池塘生态综合种养技术与模式构建。

7.2.3 重大科技任务分析

针对内陆盐碱水域养殖在可用水资源、水质、良种、污染等方面的科技发展需求,需要在内陆渔业可用盐碱水资源信息系统构建、盐碱水质实时监测与精准调控、良种创制与苗种繁育等方面设立科技研究任务。此外,作为内陆盐碱水养殖的技术基础,水产养殖生物对盐碱水环境的适应机制需要深入而系统地研究。

1. 内陆盐碱水域养殖用水的资源信息系统构建

内陆渔业可用盐碱水资源信息系统是指汇总了盐碱水资源的分布位置、面积、水量、水质特征、周边径流、气候条件等数据的地理信息系统,这一系统还需要考虑盐碱水资源的变化动态,综合环境因素及养殖开发对盐碱水域的影响规律,使其为内陆盐碱水精准化养殖奠定信息基础。水产养殖生物对盐碱水质环境的适应机制是内陆盐碱水产养殖的科学基础,然而目前这一研究领域尚属空白。内陆盐碱水质的复杂与多变给养殖良种相关适应机制探索带来了极大挑战。结合我国内陆盐碱地下水总体特征,未来应当系统地研究淡水和广盐性鱼类、虾蟹类及其他水生生物对高碱度、高硬度、盐度变动、离子失衡等盐碱水质适应性的遗传基础及调控机制。以上基础研究有望从国土资源配置与产业核心理论层面开辟出我国内陆盐碱水域养殖产业的广阔空间。

2. 盐碱水质精准调控、良种创制与健康养殖

内陆盐碱水养殖良种创制与苗种繁育需要以养殖生物对盐碱水质环境的适应机制为基础,结合最新生命科学技术与水产苗种工业化生产技术,建立适用于内陆盐碱水质的全产业链优良种质开发与苗种供应科技体系。内陆盐碱水质实时监测与精准调控的目的是解决盐碱水质缺陷与多变对养殖生物胁迫的难题,需要集成自动化养殖环境监测、智能化养殖环境管理方向的技术成果,构建盐碱养殖水域水质精准诊断及改良的专家决策系统,综合使用多种手段实现盐碱水质精准调控,达到最佳养殖效果。适养良种选育及配置、盐碱水质调控是内陆盐碱水域养殖的两大核心技术,未来这两个方向的重大科技探索将实现内陆盐碱水域养殖精准化。

7.3 技术水平发展总体评价

7.3.1 技术发展态势评价

以科学引文索引扩展版(Science Citation Index Expanded,SCIE)数据库为基础,以 TS=(inland saline) AND TI=aquaculture OR TI=(inland saline) AND TS=aquaculture 为主题检

索公式，选取的文献类型为论文（article）、会议论文（proceedings paper）和综述（review），时间范围为1993年至检索日期（2020年3月22日）。在得到初步检索结果后，将数据进行合并、去重和清洗处理，最终得到139条数据，从文献计量角度分析全球内陆盐碱水域养殖的发展态势。

以中国知网数据库为基础，以 SU=(盐碱地+盐碱水) AND SU=(水产养殖)为主题检索公式，限定期刊类型为全部期刊，时间范围为1990年至检索日期（2020年3月22日），得到国内内陆盐碱水域养殖相关研究85篇，从文献计量角度分析国内内陆盐碱水域养殖的研究热点。

数据分析主要采用汤森路透集团开发的专利信息分析工具 TDA 软件、网络关系分析工具 Ucinet 和 NetDraw，以及 Nees Jan van Eck 和 Ludo Waltman 开发的 VOSviewer 软件和办公软件 Excel。利用 TDA 软件对文献数据进行基本的处理和清理，利用 Ucinet 和 NetDraw 工具绘制国家合作网络，利用 VOSviewer 软件对文章题名、摘要和关键词进行聚类分析，利用 Excel 软件对该领域文献进行统计分析以及图表绘制的可视化分析。

1. 国内研究发展态势分析

利用 VOSviewer 软件将国内相关研究数据集中的论文题目、摘要和关键词进行领域聚类，得到图 7-1。明显看出，国内内陆盐碱水域养殖研究主要分为 5 个研究版块，分别为盐碱地、盐碱水、水产养殖、低洼盐碱地、盐碱地池塘相关领域的研究。

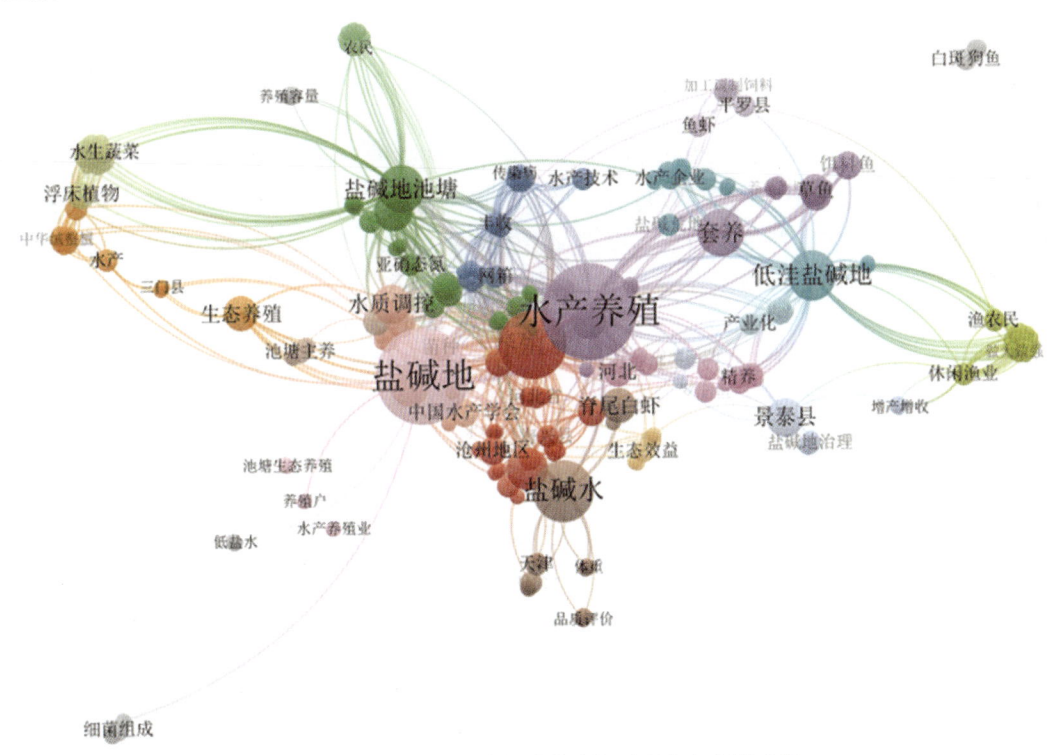

图 7-1　国内内陆盐碱水域养殖主要研究内容聚类图

2. 国际研究发展态势分析

1）研究论文变化情况

由图 7-2 可以明显看出，国际内陆盐碱水域养殖研究发文量整体呈现递增趋势，有些年份发文量会有小的波动。1993~2019 年有 136 篇相关研究论文被 SCIE 数据库收录，总被引频次为 288 次。在 2012 年前，国际内陆盐碱水域养殖研究发文较少，2013 年出现一个小高峰，达到 16 篇，2019 年达到最多的 26 篇。

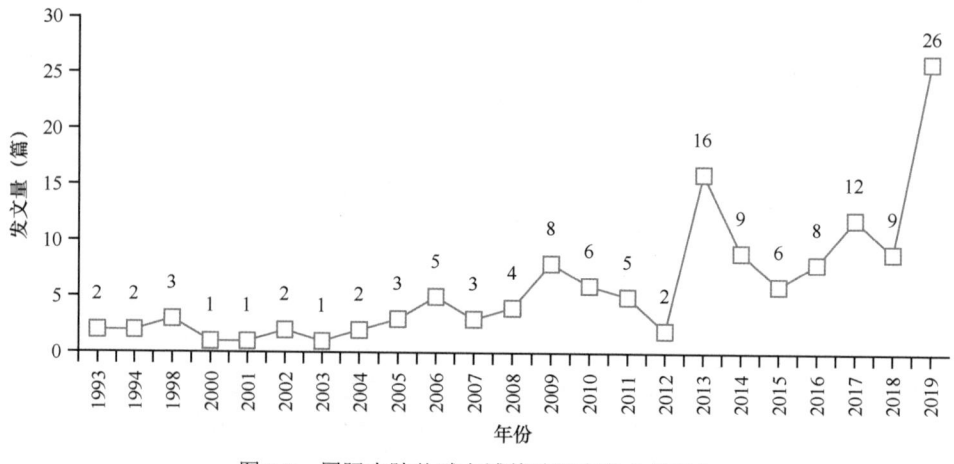

图 7-2 国际内陆盐碱水域养殖研究发文量变化

2）研究力量与影响力分析

由表 7-1 与图 7-3 可知，国际内陆盐碱水域养殖研究发文量前 10 位国家分别为印度、荷兰、美国、澳大利亚、中国、以色列、挪威、英国、越南、葡萄牙，其中荷兰论文总被引频次最高。值得注意的是，虽然印度与荷兰发文量高，但不代表其内陆盐碱水域养殖科学技术水平最高，印度依赖西方国家技术支持，荷兰文章发表多但具体研究主要在其他国家开展。从图 7-4 可以看出，荷兰发文量和篇均被引频次均处于领先位置，处于第一象限；印度、中国、美国和澳大利亚的发文量处于领先位置，但篇均被引频次低于前 10 位国家的平均值，处于第二象限；以色列和越南等国发文量和篇均被引频次均低于前 10 位国家的平均水平，处于第三象限；英国因为发文量增长有限，但篇均被引频次较高，处于第四象限。

表 7-1 国际内陆盐碱水域养殖研究发文量前 10 位国家的发文情况

排序	国家	发文量（篇）	总被引频次（次）	篇均被引频次（次/篇）	第一作者国家发文量占比（%）	通讯作者国家发文量占比（%）	近 3 年发文量占比（%）
1	印度	22	228	10.36	90.91	90.91	40.91
2	荷兰	13	386	29.69	76.92	76.92	15.38
3	美国	13	109	8.38	46.15	53.85	53.85
4	澳大利亚	12	146	12.17	83.33	75.00	16.67
5	中国	12	122	10.17	91.67	83.33	33.33

续表

排序	国家	发文量（篇）	总被引频次（次）	篇均被引频次（次/篇）	第一作者国家发文量占比（%）	通讯作者国家发文量占比（%）	近3年发文量占比（%）
6	以色列	9	95	10.56	100.00	100.00	22.22
7	挪威	9	50	5.56	77.78	77.78	55.56
8	英国	8	368	46.00	62.50	62.50	25.00
9	越南	8	69	8.63	75.00	75.00	62.50
10	葡萄牙	6	34	5.67	66.67	66.67	33.33
	平均值	11.2	160.7	14.72	77.09	76.20	35.88

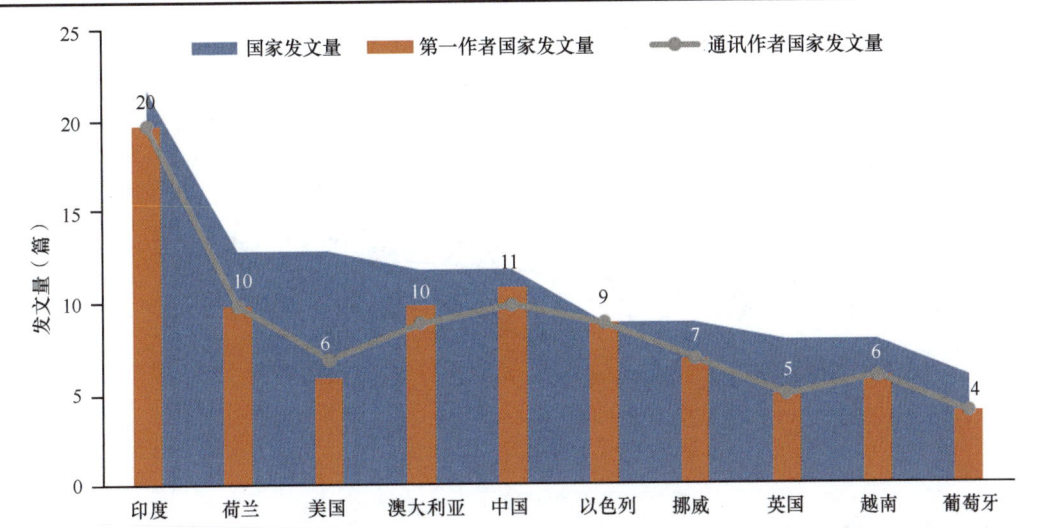

图 7-3 国际内陆盐碱水域养殖研究发文量前 10 位国家的发文量、第一作者国家和通讯作者国家发文量

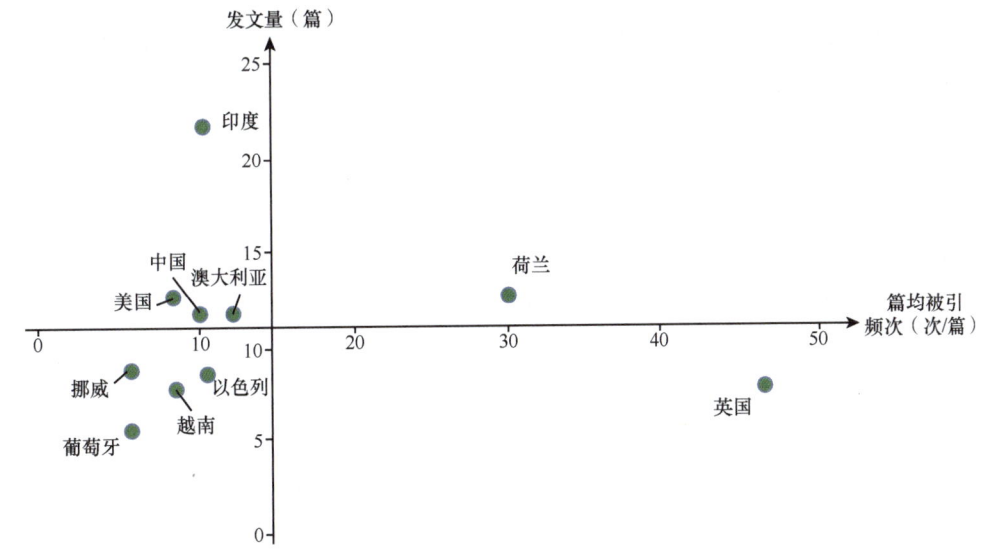

图 7-4 国际内陆盐碱水域养殖研究发文量前 10 位国家的发文量和篇均被引频次分布图

3）国际合作情况分析

以国际内陆盐碱水域养殖研究发文量 2 篇以上的国家为主，得到各个国家的合作关系网络，见图 7-5。美国是研究的中心国家。全部论文中，以国家数量计为 187 篇，实际论文为 139 篇，论文篇均合作国家为 1.35 个。国家独立完成的论文有 99 篇，占全部论文的 71.22%，三国及以上合作的论文数量为 37 篇，占全部论文的 26.62%，说明国际内陆盐碱水域养殖研究多国合作情况一般。

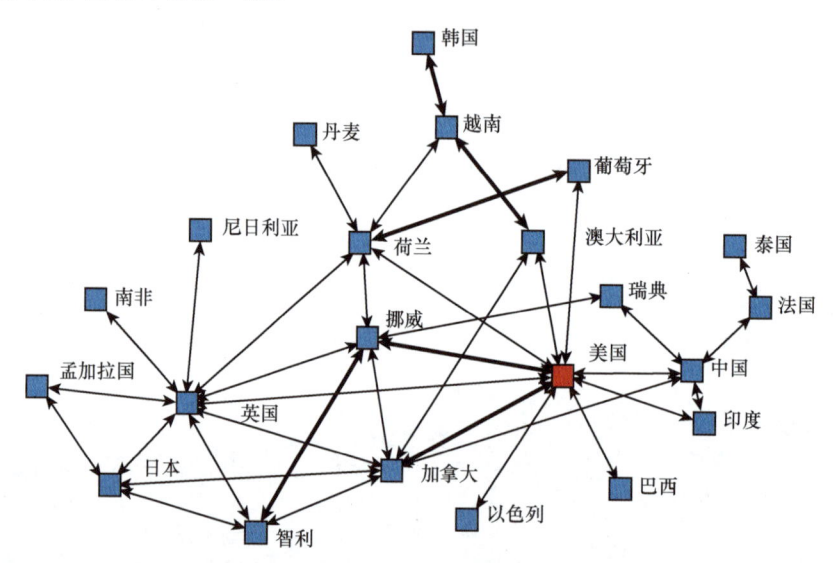

图 7-5　国际内陆盐碱水域养殖研究的国际合作情况
连线表示合作关系，线条越粗合作次数越多

4）主要研究机构分析

国际上内陆盐碱水域养殖研究位列前 5 的机构分别是印度科钦科技大学（Cochin University of Science and Technology）、荷兰代尔夫特理工大学（Delft University of Technology）、以色列本古里安大学（Ben-Gurion University of the Negev）、荷兰瓦格宁根大学（Wageningen University）、澳大利亚莫道克大学（Murdoch University）（图 7-6）。国际上文章发表活跃的研究机构多集中于欧洲国家与印度，这些机构长期合作开展了内陆盐碱地改造利用的研究与实践。

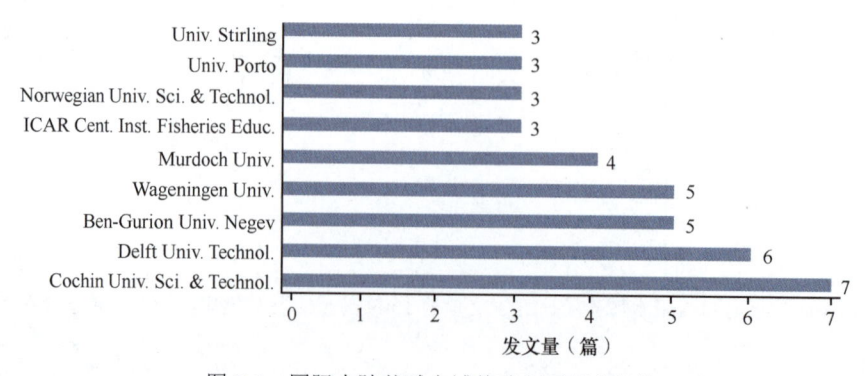

机构	发文量（篇）
Cochin Univ. Sci. & Technol.	7
Delft Univ. Technol.	6
Ben-Gurion Univ. Negev	5
Wageningen Univ.	5
Murdoch Univ.	4
ICAR Cent. Inst. Fisheries Educ.	3
Norwegian Univ. Sci. & Technol.	3
Univ. Porto	3
Univ. Stirling	3

图 7-6　国际内陆盐碱水域养殖主要研究机构

5）主要学科领域分析

按 Web of Science 学科分类看，国际内陆盐碱水域养殖研究所涉及的主要学科有渔业（Fisheries）、海洋与淡水生物学（Marine and Freshwater Biology）、农业（Agriculture）、环境与生态（Environmental Sciences and Ecology）、水资源（Water Resources）等（表 7-2），其中渔业所占比重最大，有 66 篇相关论文。各国研究领域各有侧重，如澳大利亚、中国、美国均着力于渔业、海洋与淡水生物学、农业，而印度在众多领域均广泛涉猎。国际内陆盐碱水域养殖研究发文量前 10 位国家的主要研究领域分布见图 7-7。

表 7-2 国际内陆盐碱水域养殖研究主要涉及的 Web of Science 学科领域

序号	学科领域	文章篇数	序号	学科领域	文章篇数
1	Fisheries	66	6	Biotechnology and Applied Microbiology	12
2	Marine and Freshwater Biology	43	7	Oceanography	8
3	Agriculture	30	8	Veterinary Sciences	6
4	Environmental Sciences and Ecology	18	9	Engineering	5
5	Water Resources	14	10	Zoology	5

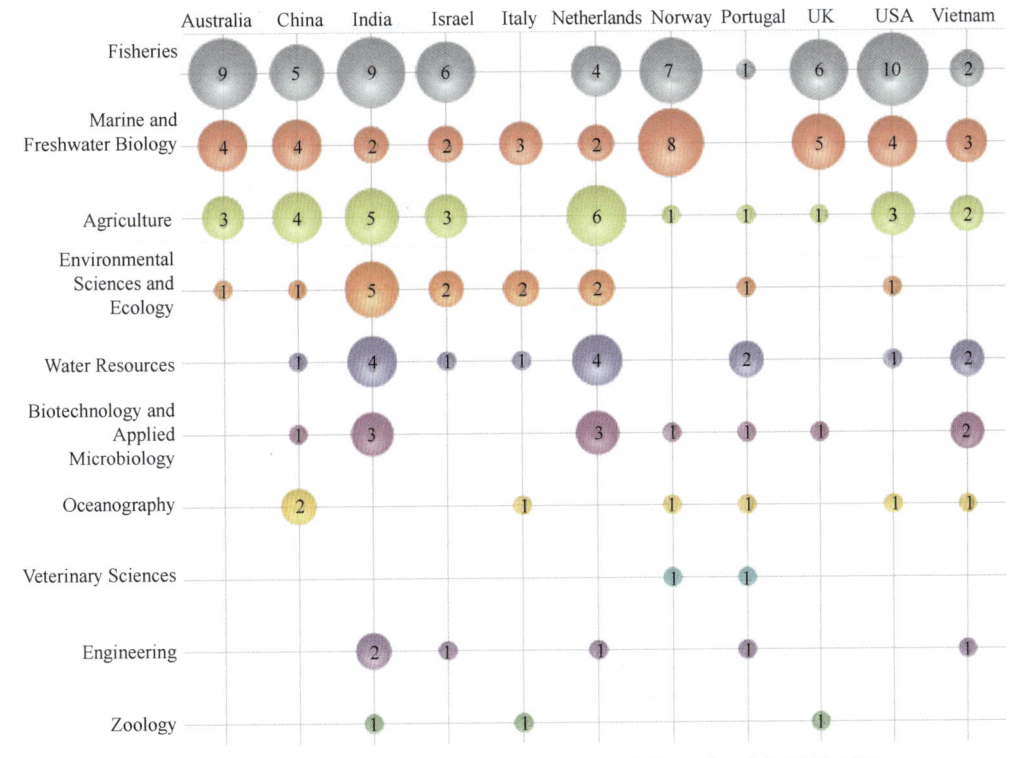

图 7-7 国际内陆盐碱水域养殖研究前 10 位国家的主要研究领域分布图

6）研究关键词分析

文中的数据集中只有 80% 的论文数据拥有作者关键词字段，数据虽然不全但也可以作为主要研究内容分析的参考依据之一。通过对作者有效关键词的统计，前 15 个关键词见

表 7-3，其变化趋势见图 7-8，位列前 5 的分别是水产养殖（aquaculture）、循环水产养殖系统（recirculating aquaculture system）、盐度（salinity）、硝化作用（nitrification）、厌氧消化（anaerobic digestion）。

表 7-3 国际内陆盐碱水域养殖研究高频关键词一览表（前 15 个）

序号	关键词	词频	序号	关键词	词频
1	aquaculture	28	9	inland saline aquaculture	4
2	recirculating aquaculture system	10	10	climate change	3
3	salinity	8	11	eutrophication	3
4	nitrification	5	12	fish	3
5	anaerobic digestion	4	13	GIS	3
6	constructed wetland	4	14	inland saline water	3
7	denitrification	4	15	*Litopenaeus vannamei*	3
8	growth	4			

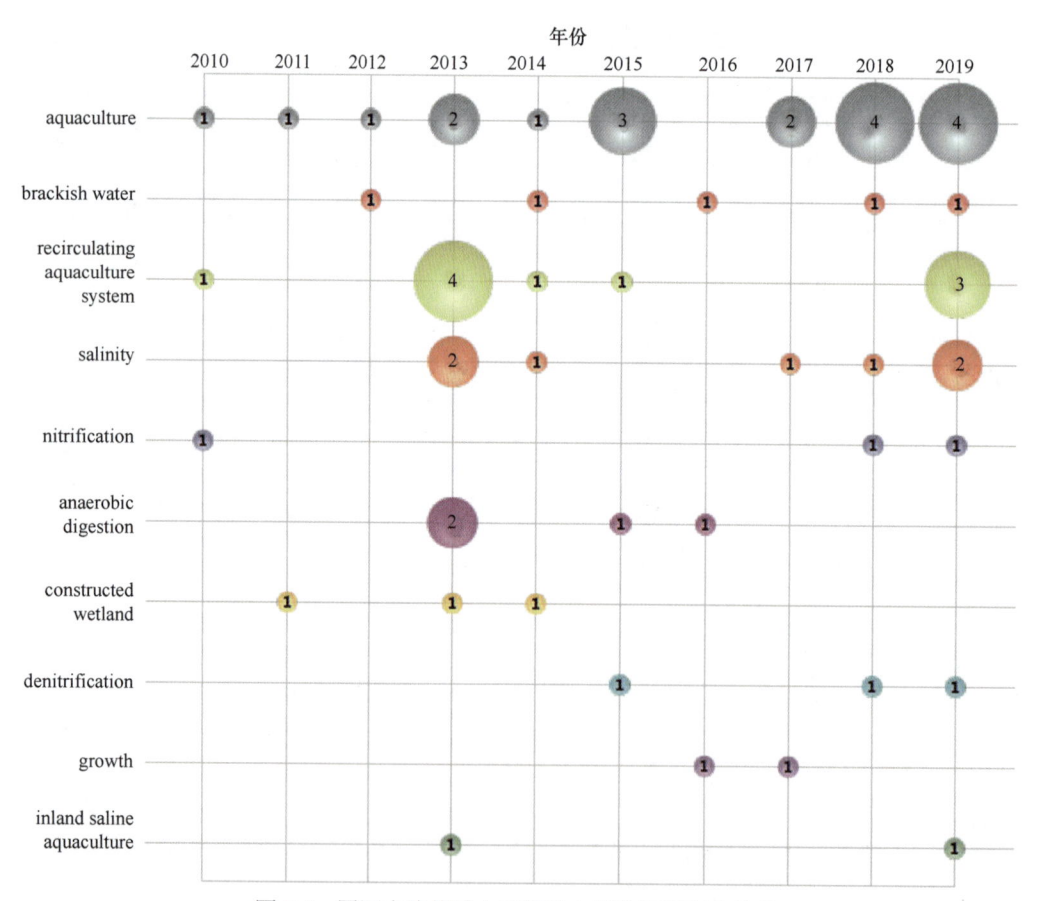

图 7-8 国际内陆盐碱水域养殖主要关键词变化趋势

7）研究热点分析

利用 VOSviewer 软件将数据集中的论文题目、摘要和关键词进行领域聚类，得到图 7-9，可以明显看出，国际内陆盐碱水域养殖研究主要集中于 4 个版块，即养殖工业资源与技术、养殖生物及环境微生物、尾水处理与循环水系统、养殖生物生长情况。

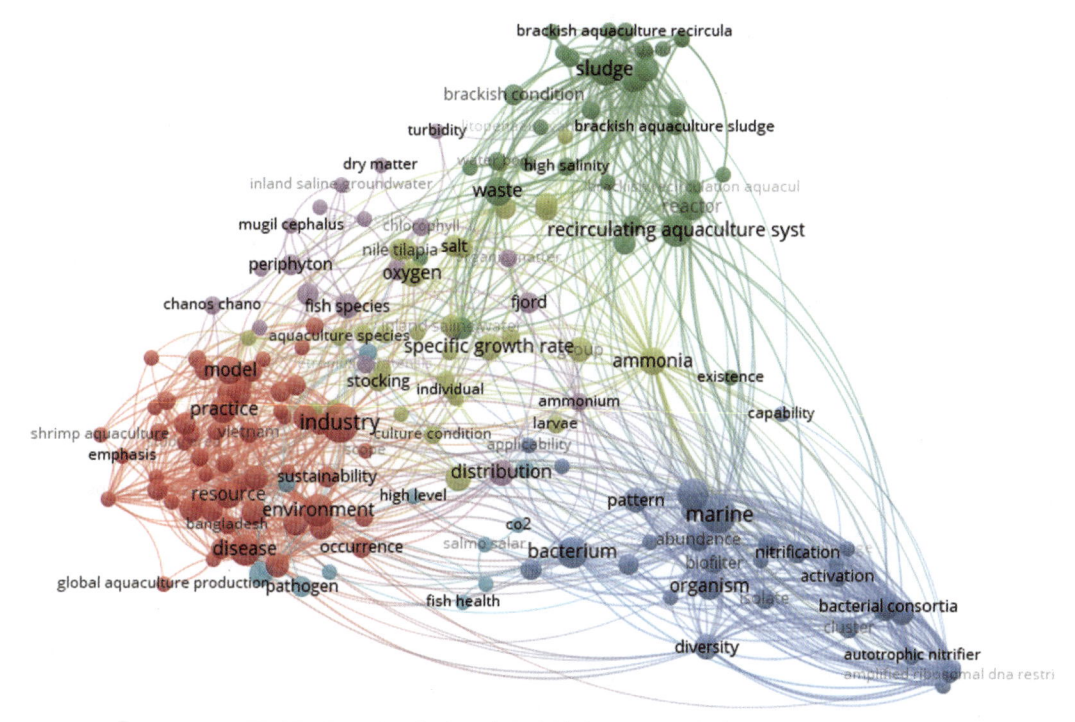

图 7-9　国际内陆盐碱水域养殖主要研究内容聚类图

联系紧密的关键词划分为同一区块；字号越大表示该关键词出现频次越高

7.3.2　技术发展水平和差距分析

1. 盐碱水质调控技术处于并跑水平

当前，世界上通用的盐碱水质改良剂主要是商用无机盐，尤其是氯化钾与钾镁硫酸盐。国内外在盐碱水调控技术上的差异主要在于盐碱水质调查与资料收集、养殖盐碱水质缺陷诊断及改良方案决策。经过多年发展，我国水产科技工作者已经研发出了一系列适用于我国具体地域的盐碱水域养殖水质改良剂，并积累了大量盐碱水质缺陷诊断与改良方案决策经验。随着近年来水质分析、养殖环境监测预警、养殖过程自动化管理方面的快速发展，我国有望在 5～10 年在内陆盐碱水质调控技术上实现世界领跑。

2. 盐碱水域养殖良种选育处于并跑向领跑水平发展

以澳大利亚、美国为代表的国外盐碱水渔业开创了真鲷（*Pagrus major*）、虹鳟（*Oncorhynchus mykiss*）、斑节对虾（*Penaeus monodon*）、凡纳滨对虾（*Litopenaeus vannamei*）、罗氏沼虾（*Macrobrachium rosenbergii*）等物种在盐碱水域的养殖。我国水产科技工作者立足传统养殖业，根据不同盐碱水质，开发了淡水和广盐性鱼虾蟹类等养殖良种。得益于 20 世纪 90 年代以来全国各地盐碱水养殖探索与实践，我国已经建立了较为完备的盐碱水域养殖良种选育技术，在国际上处于并跑水平。近年来，在我国水产科技工作者的不懈努力下，以凡纳滨对虾为代表的盐碱水养殖物种在适应性、生长表现方面进展明显，相关选育技术正向领跑水平发展。

3. 盐碱水资源综合利用技术处于并跑水平

内陆盐碱水养殖的关键技术包括水源获取与尾水处理，在这两方面我国分别处于并跑与跟跑水平。由于在土地盐碱化治理方式上的差别，我国与国外的养殖盐碱水源获取方式明显不同。盐碱水养殖早期阶段，苏联与美国主要利用天然的盐碱水域或地下盐碱水。目前发展较好的澳大利亚主要用浅表层排灌系统，通过水泵将地下盐碱水抽出并汇集到地表池塘，以此阻止盐碱物质危害表层土壤，这种治理方式使其养殖用盐碱水主要来自浅表层。我国养殖用水来源相对比较多样，包括浅表层地下水、洗盐工程产生的盐碱水、排碱沟渠系统的盐碱渗水，也有来自低洼盐碱地的地表水以及天然的盐碱水域。国内外盐碱水资源获取方式各有特色，适用于各自不同的地理水文环境。未来我国应深入考察国外排灌系统的技术特点与管理经验，在合适地区进行试点，丰富我国盐碱地治理工程技术与内陆盐碱水域养殖水源获取方式。由于环境保护要求严格，美国、澳大利亚、以色列等国在养殖用水循环利用领域积累了丰富的技术与经验，目前领先于中国。随着我国生态文明建设进程的推进，内陆盐碱水域养殖尾水生态化与工程化处理技术水平亟待提升。

7.3.3 技术阶段分析

1. 养殖良种选育技术处于产业化应用示范阶段

在国外，尖吻鲈（*Lates calcarifer*）、欧洲鲈（*Dicentrarchus labrax*）等广盐性鱼类，凡纳滨对虾（*Litopenaeus vannamei*）、斑节对虾（*Penaeus monodon*）等甲壳类，虹鳟（*Oncorhynchus mykiss*）等洄游性鱼类已成功在内陆盐碱水中养殖。我国水产科技工作者在不同类型盐碱水中成功养殖了草鱼（*Ctenopharyngodon idellus*）、鲢（*Hypophthalmichthys molitrix*）、罗氏沼虾（*Macrobrachium rosenbergii*）、中华绒螯蟹（*Eriocheir sinensis*）等淡水良种，西伯利亚鲟（*Acipenser baeri*）、凡纳滨对虾、拟曼赛因青蟹（*Scylla paramamosain*）等广盐性良种，以及雅罗鱼（*Leuciscus* sp.）、大鳞鲃（*Luciobarbus capito*）等耐碱性良种。内陆盐碱水部分苗种的本地化繁育技术目前处于中试阶段，如澳大利亚盐碱地虹鳟育苗，我国新疆、甘肃的杂交鲟苗种生产，甘肃的虹鳟、金鳟苗种生产，河北的耐高盐凡纳滨对虾选育等。目前，基于先进分子检测与生物工程技术的内陆盐碱水域养殖良种选育技术仍未开始研发，有望成为未来水产科技研究热点。

2. 盐碱水质调控处于产业化应用示范阶段

使用无机盐类调节盐碱水离子组成、碱度、pH 已成为国际通用技术。我国盐碱水质调控也处于产业应用示范阶段，如中国水产科学研究院盐碱地渔业工程技术研究中心研发了不同类型的水质改良剂，可有效提高养殖生物存活率以及盐碱水的养殖成功率（王慧等，2010）。

3. 综合利用技术处于完善推广示范阶段

我国内陆盐碱水土综合利用技术目前处于推广示范阶段。我国农业科技工作者参考传统"桑基鱼塘"理念，已建立畜禽-渔、粮草-渔、粮果-渔等盐碱水渔业综合利用生产模式。这些生产模式在高效利用内陆地区宝贵渔业盐碱水资源的同时，充分利用了畜禽粪便、淤泥中的有机营养物质，极大地提高了生产效率与经济产出，目前已经在多地示范推广。

7.3.4 国内外相关评价

1. 内陆盐碱水养殖技术和产业取得突出成就

内陆盐碱水作为国土资源的重要组成部分，受到我国科学家、渔业管理者的关注，经过长期不懈地研究和实践，这部分水资源为国民提供了优质的动物蛋白，相关产业取得了良好的经济和社会效益（梁利群等，2013）。在农业农村部（原农业部）领导协调下，科研院所同各省水产技术推广站共同努力，建立了内陆盐碱水域养殖的多良种、多种养殖模式、多种水质类型的核心示范区，实现了多省市各具特色的以渔为主、渔农生态种养生产模式，拓宽了盐碱水利用领域；综合治理了盐碱土地面积数十万亩，在提高农业土地、水、设施等资源的综合生产能力的同时，带动了渔、农、林等第一产业和苗种、饲料、运输等服务业的联动发展，优化了农业产业结构，改善了生态环境（郝向举，2011）。

2. 内陆盐碱水域养殖具有巨大发展潜力

随着生产规模的扩大和养殖技术推广应用，各类问题日益增多。很多养殖人员对盐碱水能否开展水产养殖，能养什么良种，以及改良调控水质等都存在一些认知误区。由于盐碱地水质的复杂性和多变性，我国盐碱地水产养殖综合开发尚属于起步阶段，无论是在基础理论、应用技术研究方面，还是在资源开发利用上，都有较大的发展潜力（王慧等，2010）。

7.4 科技发展趋势分析

7.4.1 新进展、新变化、新特征和新趋势

1. 全球气候变化对盐碱水资源影响加剧

全球气候变化日益加剧，政府间气候变化专门委员会（IPCC）第五次评估报告表明，北半球中纬度陆地平均降水量自1951年以来有所增加（高继卿等，2015）。中国升温趋势与全球基本一致，1952～2009年陆地平均气温上升了1.38℃（丁一汇等，2006），气温升高引发土地蒸发量增加。全国降水量总体无明显趋势性变化，区域间变化趋势差异明显（王颖等，2006；闵屾和钱永甫，2008），东北地区年降水量呈略降低趋势；华北地区降水量逐年降低，气候暖干化明显（宁亮和钱永甫，2008）；西北地区多数降水在夏季，春冬两季降水日数和降水量均有升高趋势（杨金虎等，2007；高继卿等，2015）。内陆土地盐碱化是由土地蒸发量大于降水量导致的，气温和降水时空格局的改变必然改变盐碱地区水盐平衡，进而影响内陆渔业盐碱水资源动态，然而目前我国缺乏这方面的研究。

2. 设备自动化及管理智能化蓬勃发展

近年来，我国养殖水域环境自动化监测技术蓬勃发展，与此同时，大数据与人工智能革命正向各产业迅速延伸，这为科技工作者应对内陆盐碱水的复杂性与多变性，实时掌握不同地域盐碱水质变化特征，实现水质自动化监测与智能化管理提供了历史性契机。

3. 健康养殖成为必然要求

2019 年 2 月 15 日，农业农村部等十部委联合印发的《关于加快推进水产养殖业绿色发展的若干意见》指出，要加强养殖尾水监测，落实养殖尾水排放属地监管职责和生产者环境保护主体责任，推进养殖尾水治理，推动养殖尾水资源化利用或达标排放。在此产业纲领性文件指导下，包括内陆盐碱水域养殖在内的各地水产业都开始绿色健康养殖技术的探索。

4. 内陆地区发展迅速

内陆盐碱化地区多是经济不发达地区。近年来，盐碱地养殖技术呈现出由沿海地区向内陆地区扩散的趋势，为致富注入了新动能。

7.4.2 科技发展态势和方向

1. 技术精准化助推内陆盐碱水域养殖新发展

精准化包括盐碱水域资源管理精准化、良种选育与苗种繁育精准化、水质改良调控精准化。目前渔业可利用盐碱水资源家底不清，已有资料不能真实地反映当前盐碱湖泊、沼泽、地下水的资源状况，也不能为渔业生产提供准确的水化学、水生生物等基本数据。未来，利用遥感、地理信息系统技术，把内陆盐碱水资源全面数字化，以之进行资源动态预测与精准管理，将极大地促进内陆盐碱水域养殖业发展。内陆盐碱水养殖良种选育与苗种繁育精准化依托于现代分子科学与生物工程技术，实现养殖苗种与养殖水质的精准化匹配、优良品系的精准化筛选、苗种繁育的精准化管理。内陆盐碱水质改良调控精准化建立在水质自动化监测、预警、管控设备基础上，并需要构建更精准的水质缺陷诊断与改良方案决策技术，以及更高效精准的水质改良剂与微生态制剂。

2. 模式生态化是内陆盐碱水域养殖未来的重要突破方向

内陆盐碱水域养殖将以养殖尾水处理生态化为突破口，与盐碱地生态综合种养深度结合，将现有"上农下渔"生产模式进行全面升级，结合养殖池塘综合种养在生态系统能量流动、物质循环方面最新的研究成果，构建现代化的盐碱地养殖-种植生态复合体。

7.4.3 发展目标与重点任务

1. 发展目标

内陆盐碱水域养殖的发展目标按盐碱水域类型可分为两种：盐碱湖泊与盐碱化沼泽等大面积水域应主要实现区域生态服务价值；地下盐碱水养殖应在环境友好可持续的基础上拓宽渔业发展领域、增加水产品产量。应当实现 80% 以上已有盐碱湖泊（泡沼）养殖区清退；停止新建使用此类水资源的养殖场，已有养殖场要实现80%以上水资源循环利用率，并禁止其向天然盐碱湖泊（泡沼）排放养殖尾水。到2025年，选育驯化10~20种适用地方特定水质的盐碱水养殖优良良种，并建立对养殖物种适应盐碱水质的基本规律认知体系；开发5~10种内陆盐碱水质精准自动化监测设备及其配套管理预警软件系统；开发5~10种养殖用盐碱水质调节剂、微生态制剂、生态修复大型水生植物；建立3~5种适用于不同地域的内陆盐碱水养殖新模式。

2. 重大基础研究、共性关键技术及典型应用示范

1）重大基础研究

水产养殖生物对内陆盐碱环境的适应机制。针对内陆盐碱水养殖生物种质创制中存在的广盐度、高碱度及离子失衡适应性状的遗传基础及调控机制等关键科学问题，研究鱼、虾、蟹、贝等重要水产生物对广盐度、高碱度及离子失衡适应性状形成的分子基础和调控机制，鉴别和解析具有育种价值的关键基因及其调控网络，研究水产生物对内陆盐碱水环境适应的基因组结构变化规律，以及具有广盐度、高碱度及离子失衡适应性状的水产新种质的遗传特性，阐明其抗逆机制。

2）共性关键技术

（1）重要内陆盐碱水养殖生物种质创制与苗种繁育。针对内陆盐碱水养殖生物种质创制与苗种繁育的共性关键技术瓶颈，研发重要养殖物种高通量性状测定和综合选择育种技术，创新基因工程、细胞工程等前沿技术；研发主要内陆盐碱水养殖生物良种亲体培育和规模化制种技术，建立新种质繁殖调控和优良苗种培育技术体系。

（2）内陆盐碱水质精准改良调控技术。针对内陆盐碱水域养殖用水改良调节的共性关键技术瓶颈，研发盐碱实时监测与预警、自动化管控设备，研究盐碱水质快速检测、水质缺陷精准诊断、水质改良方案智能决策技术；研制针对不同水质类型与养殖良种的精准化水质改良剂、微生态制剂，构建稳定优质的盐碱水域养殖环境；移植、筛选适应盐碱水质的水生植物，构建盐碱水域养殖环境沉水植物生态修复、生态浮床水质净化调控技术体系。

（3）内陆盐碱水域绿洲模式。内陆盐碱水养殖是水土盐碱化综合治理的重要一环。在我国西北内陆地区，有望围绕盐碱池塘构筑生态绿洲。在这种盐碱水域绿洲渔业新模式中，盐碱水养殖深度融合于盐碱地生态化综合种养的技术体系，构建出高效的盐碱地循环农业；探索出盐碱水土资源高效利用技术与模式，实现绿色健康养殖；开发一系列新型耐盐碱水生植物，同时实现渔农双丰收与生态环境保护。

3）典型应用示范

（1）东北地区"渔农一体化"生态养殖模式示范。针对东北地区盐碱水土性质与其"渔农一体化"模式示范，集成适养良种选育与驯化、养殖水利工程建设、稻田养殖、盐碱湿地生态化利用等技术，充分利用东北平原苏打盐碱水土资源，建立该地区"渔农一体化"生态养殖新模式，助力东北地区经济振兴。

（2）华北地区现代化盐碱地生态农牧场模式示范。针对华北地区盐碱水土性质与其

现代化生态农牧场模式示范，集成良种驯化与繁育、盐碱地水土综合利用、养殖环境监测与自动化管理，实施现代化盐碱地综合种养体系构建与结构优化，示范推广盐碱地生态农牧场，建立集约高效的现代化盐碱地生态化利用模式。

（3）西北地区"绿洲渔业"健康养殖模式示范。针对西北地区盐碱水土性质与其"绿洲渔业"健康养殖模式示范，集成内陆盐碱水养殖良种繁育、水质改良、生态修复等技术，实施盐碱水渔农综合利用及其生态改良，示范推广"绿洲渔业"盐碱地治理开发新模式，逐步形成有地区特色的盐碱水土综合开发利用技术体系与产业。

7.5 典型案例：甘肃景泰"以渔治碱"渔业新模式

甘肃景泰县是沿黄灌区重要的农业大县，多年引黄灌溉导致的土壤次生盐碱化日益严重。截至2015年，景泰县受盐碱化影响的耕地面积达27万亩，中度、重度盐碱地达16.3万亩，因盐碱化弃耕荒地达6.5万亩，并以每年增加5000余亩的速度蔓延，以致许多地区到了"盐碱不治、穷根不除"的境地（陈芳园等，2017；王生态，2018）。在此情况下，景泰县政府积极寻求技术合作，引入中国水产科学研究院东海水产研究所、黑龙江水产研究所、渔业机械仪器研究所和淡水渔业研究中心等技术团队，秉承"以渔治碱，综合种养"的理念，在景泰县实现了次生盐碱地的退碱还田，以及成功开展了凡纳滨对虾（*Litopenaeus vannamei*）、虹鳟（*Oncorhynchus mykiss*）、鲫（*Carassius auratus*）、俄罗斯鲟（*Acipenser gueldenstaedtii*）等养殖试验，探索了大水面生态养殖、回归水流水养殖、地表盐碱水大棚养殖、棚-塘接力养殖、渔农综合利用养殖。治理盐碱地过程中景泰县抬田造地1200亩，改良盐碱地2万余亩。

7.5.1 技术重要性

按照"可持续利用、因地制宜、分区开发、保护与利用并重"等盐碱地资源开发利用基本原则，立足盐碱环境，以"挖池降盐，抬土造田，渔农并重"的方式达到以渔治碱、以渔排碱的目的（陈芳园等，2017）。具体开发模式有挖池抬田、流水养鱼、稻田养殖等。在低洼盐碱地采取挖池抬田的方法，把渔业利用和改碱种植结合起来，走以鱼为主综合开发的路子，一方面可为发展水产养殖开辟新的生产基地，另一方面抬高了土层，相对降低了地下水位（陈芳园等，2017）。同时，当地利用地下盐碱渗水开展流水养殖，该水源的水温比较恒定，盐度通常是5~8，且水流起着输入溶解氧和排除养殖排泄物的作用，从而使池塘保持良好水质（陈芳园等，2017）。稻田养殖是种植业与养殖业有机结合的高效生态农业生产方式，是以提高稻田产出率并保持稻田良性生态环境为目的的一种生产模式（陈芳园等，2017），然而受物候条件影响，仅在景泰县淡水资源丰富的五佛乡开展。池塘养殖是景泰县最主要的盐碱地养殖模式，现在根据当地的气候条件，已经优化为棚-塘接力养殖模式。总体而言，景泰县通过生态化的渔农综合利用模式，改善了生态环境，增加了农民收入。

7.5.2 技术水平分析

中国水产科学研究院盐碱地水土资源渔业创新团队在景泰县盐碱地治理中所用的养殖新良种筛选、盐碱水质改良、养殖模式构建等技术均为国内领先，部分技术达到国际先进水平。该团队研发了专门适用于景泰县盐碱水的两种水质改良剂，使当地五佛乡、草窝滩镇盐碱水成为养虾用水。与当地养殖者一起推进了盐碱水养殖良种本土化苗种培育及养殖新品种开发工作。该创新团队充分利用盐碱化弃耕地和低洼盐碱地，因地制宜地建立了塘-棚接力养殖模式，推动了盐碱地渔农综合利用及其生态改良，开启了景泰县盐碱水域养殖生态化发展新阶段。

7.5.3 技术发展趋势

景泰县内陆盐碱水养殖技术主要发展方向有：①基于景泰县气候条件的水质改良调控，尤其是对池塘藻类群落控制；②养殖良种结构调整，以提升优质良种养殖效果；③养殖模式的优化升级，推广棚-塘接力养殖及分段式养殖；④生态修复功能提升，主要为渔农一体化工程的构建以及渔农循环、资源化再利用技术的开发与推广。目前，景泰县渔业管理部门正积极建设本土化渔业技术队伍，引导农户增加渔业基础设施投入，抓好渔业项目实施的宣传、示范、推广，逐步改善渔业基础设施投入不足的问题。同时，当地还在科技工作者协助下继续建立鱼种繁育场，繁育良种，提高其渔业竞争力与地区影响力。

7.5.4 应用前景

近年来，我国内陆地区经济发展活跃，城镇居民对水产品需求日益增加，同时，提升农业产值、增加农民收入，这两大因素叠加使内陆盐碱水域养殖前景广阔。

中国水产科学研究院多家团队在甘肃景泰县示范应用的盐碱水养殖环境质量评价方法、水质调控技术、耐盐碱良种筛选、盐碱水土渔农综合利用技术等有望推广到其他西北内陆盐碱化地区，以促进我国盐碱水土资源渔业高效利用与盐碱水域水产养殖的标准化体系建设，实现现代化盐碱地综合种养体系构建与结构优化。

参 考 文 献

陈芳园, 付廷斌, 吉红. 2017. 景泰县盐碱地表咸水资源的渔业利用初探. 畜牧兽医杂志, 36(4): 53-56.

丁一汇, 任国玉, 石广玉. 2006. 气候变化国家评估报告(Ⅰ): 中国气候变化的历史和未来趋势. 气候变化研究进展, 2(1): 3-8.

高继卿, 杨晓光, 董朝阳, 等. 2015. 气候变化背景下中国北方干湿区降水资源变化特征分析. 农业工程科学, 12: 99-110.

郝向举. 2011. 全国农牧渔业丰收奖连载 (二). 中国水产, (3): 72-73.

何奎, 严立宁. 2012. 黄河低洼盐碱地生态渔业的调查与思考. 宁夏农林科技, 53(6): 105-107.

李秀军, 杨富亿, 刘兴土. 2007. 松嫩平原西部盐碱湿地"稻-苇-鱼"模式研究. 中国农业生态学报, 15(5): 174-177.

梁利群, 任波, 常玉梅, 等. 2013. 中国内陆咸 (盐碱) 水资源及渔业综合开发利用. 中国渔业经济, 31(4): 138-145.

卢临枫. 2018. 景泰县利用弃耕盐碱地发展水产养殖业的实践与思考. 农业科技与信息, (4): 85, 87.

闵屾, 钱永甫. 2008. 我国近 40 年各类降水事件的变化趋势. 中山大学学报: 自然科学版, 47(3): 105-111.

宁亮, 钱永甫. 2008. 中国年和季各等级日降水量的变化趋势分析. 高原气象, 27(5): 1010-1020.

史建全. 2008. 青海湖裸鲤研究现状与资源保护对策. 青海科技, (5): 13-16.

王宝山, 范海, 徐华凌, 等. 2017. 盐碱地植物栽培技术. 北京: 科学出版社.

王飞, 李旭东, 郭林英. 2014. 低洼盐碱地池塘健康养殖技术. 郑州: 中原农民出版社.

王慧, 来琦芳, 房文红. 2003. 沧州运东地区盐碱水资源对开展渔业的影响. 河北渔业, (5): 16-18.

王慧, 来琦芳, 么宗利, 等. 2010. 盐碱地水产健康养殖. 北京: 中国农业出版社.

王生态. 2018. 甘肃省景泰县盐碱地治理模式研究. 中国水产, (10): 55-57.

王苏民, 窦鸿身. 1998. 中国湖泊志. 北京: 科学出版社.

王颖, 施能, 顾俊强, 等. 2006. 中国雨日的气候变化. 大气科学, 30(1): 162-170.

问思恩, 任昕, 侯淑敏, 等. 2012. 陕西黄河盐碱滩地渔业综合利用现状及发展对策. 河北渔业, (6): 63-65.

杨富亿. 1996. 东北地区盐碱泡沼渔业开发技术. 资源开发与市场, 12(6): 243-245.

杨金虎, 王鹏祥, 白虎志, 等. 2007. 中国西北降水年内非均匀性特征分析. 气候变化研究进展, 3(5): 276-281.

么宗利, 周凯, 罗璋, 等. 2011. 盐碱地养虾池塘养殖期间细菌组成分析. 华中农业大学学报, 30(2): 225-228.

张金路, 段登选. 2009. 黄河三角洲盐碱地现代渔业综合开发生态工程技术及建议. 齐鲁渔业, (5): 51-53.

朱巍, 赵勇胜, 唐雯, 等. 2013. 松嫩平原浅层地下水水质状况及发展趋势研究. 安徽农业科学, 41(4): 1664-1669, 1744.

Allan G L, Fielder D S, Fitzsimmons K M, et al. 2009. Inland saline aquaculture//Burnell G, Allan G L. New Technologies in Aquaculture. Sawston: Woodhead Publishing Ltd.: 1119-1147.

Allan G L, Heasman H, Bennison S. 2008. Development of industrial-scale inland saline aquaculture: Coordination and communication of R&D in Australia. NSW Department of Primary Industries.

Anufriieva E V. 2018. How can saline and hypersaline lakes contribute to aquaculture development? A review. Journal of Oceanology and Limnology, 36(6): 2002-2009.

Boyd C A, Jesse C, Rouse D B, et al. 2006. Investigations of water supply and water quality issues related to inland shrimp farming in Alabama (USA). Adelaide: Skretting Australasian Aquaculture Conference.

Boyd C E, Thunjai T. 2003. Concentrations of major ions in waters of inland shrimp farms in China, Ecuador, Thailand, and the United States. Journal of the World Aquaculture Society, 34(4): 524-532.

Doroudi M S, Fielder D S, Allan G L, et al. 2006. Combined effects of salinity and potassium concentration on juvenile mulloway (*Argyrosomus japonicus*, Temminck and Schlegel) in inland saline groundwater. Aquaculture Research, 37(10): 1034-1039.

Dutney L, Burke M, Willet D, et al. 2008. Evaluation of the potential for aquaculture in cotton catchments using coal seam gas water. Brisbane: Skretting Australasian Aquaculture Conference.

Fielder D S, Bardsley W J, Allan G L. 2001. Survival and growth of Australian snapper, *Pagrus auratus*, in saline groundwater from inland New South Wales, Australia. Aquaculture, 201(1-2): 73-90.

Flowers T J, Hutchinson W G. 2004. Preliminary studies towards the development of an aquaculture system to exploit saline groundwater from salt interception schemes in the Murray Darling Basin. SARDI Aquatic Sciences, Adelaide, SA.

Forsberg J A, Neill W H. 1997. Saline groundwater as an aquaculture medium: Physiological studies on the red drum, *Sciaenops ocellatus*. Environmental Biology of Fishes, 49(1): 119-128.

Ingram B A, McKinnon L J, Gooley G J. 1996. Growth and survival of selected aquatic animals in two saline groundwater evaporation basins: An Australian case study. Aquaculture Research, 33(6): 425-436.

McIntosh D, Fitzsimmons K. 2003. Characterization of effluent from an inland, low-salinity shrimp farm: What contribution could this water make if used for irrigation. Aquacultural Engineering, 27(2): 147-156.

Partridge G J, Lymbery A J. 2008. The effect of salinity on the requirement for potassium by barramundi (*Lates calcarifer*) in saline groundwater. Aquaculture, 278(1-4): 164-170.

Partridge G J, Lymbery A J, George R J. 2008. Finfish mariculture in inland Australia: a review of potential water sources, species, and production systems. Journal of the World Aquaculture Society, 39(3): 291-310.

Roy L A, Davis D A, Saoud I P, et al. 2007. Effects of varying levels of aqueous potassium and magnesium on survival, growth, and respiration of the Pacific white shrimp, *Litopenaeus vannamei*, reared in low salinity waters. Aquaculture, 262(2-4): 461-469.

第 8 章　滩涂生态增养殖

滩涂是动态变化的陆海过渡地带,是人类最早成功开发利用的海洋地域,我国海洋滩涂总面积超过 200 万 hm^2,滩涂增养殖面积不足一半,还有很大的开发利用空间。20 世纪 90 年代,我国滩涂贝类和紫菜等全人工育苗技术取得重要突破,促进了滩涂增养殖的快速发展,已经形成以贝类和紫菜为主导的增养殖生产方式,规模化养殖种类超过 20 种,2018 年全国滩涂增养殖面积(包括沿海池塘)超过 90 万 hm^2,养殖产量超过 850 万 t,约占海水养殖总产量的 45%,在海洋蛋白输出中扮演着重要角色。但由于人类活动和气候变化的双重压力,滩涂局部区域生态功能丧失,生产力降低;自然补充苗种严重衰退,优良增养殖品种缺乏;增养殖生产面临环境污染、围垦开发、海水酸化、生境破坏、空间布局不合理、机械化程度低等诸多瓶颈问题。未来的几十年,滩涂生态增养殖仍然是我国渔业增长的主要生产方式之一,但需要加大滩涂增养殖和生态农牧化良种、新技术、新工艺、新模式、新装备的研发,面临的主要任务是滩涂增养殖对人类活动和气候变化的响应及调控机制解析、典型滩涂生境保护与修复技术研发与应用、生态工程化养殖新模式开发与应用。

8.1　产业与科技发展现状分析

滩涂泛指连接大陆和浅海的广阔区域,是滩涂渔业资源的生态基础,生产力较高,在维护渔业资源、保护珍稀物种资源、保持生物多样性、降解环境污染、提供旅游资源、防洪以及维持区域生态平衡等方面起着重要作用。通常所说的滩涂主要是指沿海滩涂,狭义上的滩涂指潮间带,广义上的滩涂除了包括潮间带,还包括潮上带和潮下带可供开发利用的部分(杨宝国等,1997)。滩涂是人类最早成功开发和利用的海洋区域,"营渔盐之利,行舟楫之便"就与滩涂紧密相连,实现滩涂资源的持续利用是缓解我国人口压力的重要途径之一(杨红生和邢军武,2002)。

8.1.1　国际产业发展现状与问题

1. 国际产业发展现状

沿海各国,由于自然条件、经济与社会条件不同,在滩涂资源的管理和利用中都有各自的特点;滩涂贝类是滩涂主要增养殖种类,亚洲滩涂增养殖活动较强。

1)世界海水养殖产业现状

近十年各大洲不同类型海水养殖产量见表 8-1。显然,各大洲海水养殖发展很不均衡。2017 年亚洲海水养殖总产量为 5702.48 万 t,占比总产量的 91.44%;欧洲海水养殖总产量为 249.99 万 t,占总产量的 4.01%;美洲海水养殖总产量为 243.89 万 t,占总产量的 3.91%;

非洲和大洋洲海水养殖总产量仅占总产量的 0.64%（FAO，2019）。

近 30 年来，世界贝类增养殖产业发展迅速，1950 年海水贝类增养殖产量只有 28 万 t，2017 年总产量为 1717.1 万 t，增长了约 60 倍。滩涂贝类增养殖主要种类有蛤类、蚶类和蛏类等，部分牡蛎也在滩涂养殖。

2）世界滩涂贝类的生产情况

牡蛎是滩涂和浅海规模化养殖的主要种类，联合国粮食及农业组织（FAO）没有把滩涂和浅海养殖的牡蛎分开统计，本节的滩涂贝类通常指蛤、蚶、蛏，不包括牡蛎。根据 FAO 最近更新的 1950~2017 统计数据（FAO，2019），分析贝类增养殖产业现状。世界养殖贝类中，牡蛎的产量最高，其次是滩涂贝类（蛤、蚶、蛏），然后是扇贝、贻贝等（图 8-1）。

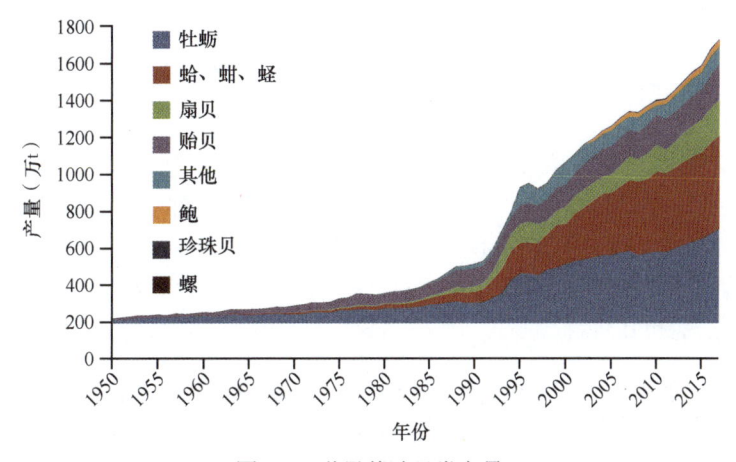

图 8-1 世界养殖贝类产量
数据来源：FAO（2019）

表 8-1 近十年各大洲不同类型海水养殖产量（FAO，2019）（单位：万 t）

区域	种类	2008 年	2009 年	2010 年	2011 年	2012 年	2013 年	2014 年	2015 年	2016 年	2017 年
非洲	甲壳类	0.91	0.38	0.49	0.62	0.53	0.57	0.51	0.37	0.45	0.60
	无脊椎动物	0.00	0.00	0.00	0.00	0.00	0.00	0.00	0.00	0.00	0.01
	贝类	0.28	0.28	0.30	0.27	0.33	0.39	0.45	0.49	0.56	0.48
	鱼类	0.28	0.43	0.50	0.81	0.90	1.27	1.29	1.50	1.72	2.26
	藻类	11.92	11.41	13.82	14.10	16.13	12.32	14.92	19.71	13.91	13.65
美洲	甲壳类	47.62	47.67	50.74	56.45	59.29	56.57	64.18	72.82	73.18	79.30
	贝类	43.15	41.78	52.71	55.26	52.16	54.67	53.82	46.48	57.41	60.93
	鱼类	76.66	71.23	56.99	75.85	91.60	88.67	102.46	100.36	90.71	101.98
	藻类	2.20	8.87	1.29	1.52	0.50	1.33	1.36	1.27	1.56	1.68
亚洲	甲壳类	259.72	273.28	272.71	301.71	310.06	328.27	359.24	376.10	407.76	448.81
	无脊椎动物	26.63	33.07	37.35	28.52	31.87	34.95	35.54	36.75	39.74	37.78
	贝类	1160.39	1196.48	1226.94	1230.57	1289.11	1348.30	1397.30	1444.16	1527.90	1580.52
	鱼类	236.62	239.53	251.79	273.33	289.86	315.75	333.42	345.37	373.25	479.09
	藻类	1704.80	1837.57	1991.46	2152.80	2440.78	2776.23	2878.95	3074.84	3140.08	3156.28

续表

区域	种类	2008年	2009年	2010年	2011年	2012年	2013年	2014年	2015年	2016年	2017年
欧洲	甲壳类	0.02	0.03	0.02	0.04	0.03	0.02	0.02	0.03	0.03	0.03
	无脊椎动物	—	—	0.01	0.01	0.02	0.02	0.08	0.08	0.17	0.20
	贝类	61.51	65.74	60.44	61.85	57.93	54.12	60.07	60.92	61.12	63.27
	鱼类	123.26	138.66	144.84	157.99	178.37	172.78	183.06	186.80	183.23	186.31
	藻类	0.13	0.19	0.21	0.23	0.31	0.28	0.31	0.28	0.19	0.18
大洋洲	甲壳类	0.52	0.59	0.66	0.56	0.58	0.55	0.56	0.67	0.64	0.62
	贝类	12.26	11.28	11.88	12.37	10.72	10.46	11.67	9.61	11.30	11.95
	鱼类	4.69	5.91	6.07	6.70	7.12	6.99	6.43	7.81	8.68	8.46
	藻类	0.32	0.66	1.28	1.25	1.75	1.72	1.94	2.04	1.88	1.91
总计		3773.91	3985.02	4182.49	4432.82	4839.95	5266.20	5507.57	5788.47	5995.48	6236.30

注：表中数据经过数值修约，存在进舍误差

1950年滩涂贝类产量仅为1.0万t，1990年产量为68.0万t，2017年滩涂贝类产量为565.8万t，约占贝类产量的1/3。表8-2列出了世界各区域近十年滩涂贝类的产量情况，可以看出，世界滩涂贝类的生产不均衡，以2017年为例，东亚地区是滩涂贝类最主要的生产区域，产量（552.2万t）占滩涂贝类总产量的97.6%，其次为东南亚、南欧和北美洲，分别占1.1%、0.7%和0.5%。

表8-2 世界各区域近十年滩涂贝类（蛤、蚶、蛏）产量情况

	区域	2008年	2009年	2010年	2011年	2012年	2013年	2014年	2015年	2016年	2017年
滩涂贝类产量(万t)	太平洋	0.00	0.00	0.00	0.00	0.00	0.00	0.00	0.00	0.00	0.00
	西欧	0.32	0.46	0.23	0.24	0.21	0.29	0.28	0.28	0.28	0.28
	北欧	0.22	0.22	0.02	0.02	0.00	0.25	0.00	0.31	0.00	—
	中美洲	0.02	0.02	0.03	0.04	0.03	0.04	0.10	0.10	0.12	0.05
	南欧	3.4	3.7	4.1	3.7	2.5	2.9	4.0	4.0	4.2	4.0
	北美洲	3.4	3.4	3.5	3.5	3.7	3.2	3.6	3.6	3.2	3.0
	东南亚	12.7	14.7	15.4	11.0	11.0	11.2	9.5	7.7	5.9	6.3
	东亚	422.4	424.1	457.7	458.4	467.7	482.6	501.3	507.8	539.1	552.2
	合计	442.50	446.62	481.05	476.89	485.18	500.59	518.83	523.74	552.84	565.85
贝类产量(万t)		1277.60	1315.56	1352.26	1360.32	1410.25	1467.93	1523.29	1561.66	1658.30	1717.15
滩涂贝类产量占比（%）		34.6	33.9	35.6	35.1	34.4	34.1	34.1	33.5	33.3	33.0

资料来源：FAO（2019）

注：太平洋地区包括西南太平洋、东太平洋和西太平洋地区；表中数据经过数值修约，存在进舍误差

3）滩涂代表性国家和地区特点分析

（Ⅰ）美国是最早颁布海岸带管理法的国家

美国东濒大西洋，西临太平洋，南靠墨西哥湾，海岸线长达22 680km，美国本土多属温带和亚热带气候，为滩涂增养殖的发展提供了得天独厚的自然条件。美国将滩涂开发纳

入了国家的海岸带管理体系。以 1972 年《海岸带管理法》(Coastal Zone Management Act)为基础的美国海岸带管理制度，在海岸带环境与资源保护方面取得了较为理想的效果。

美国的滩涂增养殖种类以贝类为主，沿海各州均有贝类增养殖，相对集中的 3 个贝类增养殖中心为东北部地区、墨西哥湾和华盛顿州西部的北太平洋沿岸。美洲帘蛤（*Mercenaria mercenaria*）和牡蛎是主要养殖贝类，多采用底播和投放网袋的方式养殖。

(Ⅱ) 日本重视海岸带环境保护和治理

日本是海岸线人类活动影响最大的国家之一，快速的工业化已经导致许多海草床和滩涂消失，生物生产力下降，营养盐过量流入海洋，社会经济活动和自然环境的双重压力打破了海洋生态系统的平衡，导致部分海域出现赤潮、缺氧水团、藻华等生态灾害。日本也是岸线修复最成功的国家之一，制定了《水污染防治法》等各项污染防治法律制度，推进污水系统和污水处理设施建设。在日本的濑户内海，经过 40 年的治理，氮和磷的浓度几乎达到了环境质量标准。东京湾、大阪湾、茨城湾和濑户内海的 COD、氮、磷负荷也稳步下降，特别是单位面积污染物负荷较大的东京湾和大阪湾，随着污染物负荷的下降，水质逐渐得到改善，但环境质量标准的达标率还有待提高。

(Ⅲ) 韩国填海工程对滩涂贝类影响较大

韩国的滩涂总面积约 2500km^2，其中约 2100km^2 的滩涂位于西海岸，南海岸滩涂面积约 400km^2。西海岸河口和潮间带广泛分布大型底栖动物，物种总数超过 500 种，最丰富的物种是环节动物（44%），其次是软体动物（29%）、节肢动物（21%）和棘皮动物（2%）。

自 20 世纪以来，韩国进行了填海工程，其中的两个项目始华湖（Sihwa Lake）围垦项目和新万金（Saemangeum）填海项目的填海工程被认为是最糟糕的案例。始华滩涂被改造为农业用地，同时提供淡水水库，但由于水质严重退化和连续的海水循环，水库从未完全充满淡水，达不到最初的设计目的；始华地区广阔的滩涂遭到了破坏，该地区曾以生产缢蛏而闻名，占韩国总产量的 90% 以上，但目前已经没有收获。在新万金填海项目中，长 33.9km 的堤防建成后，约 400km^2 的潮汐区已变成了旱地，海域生态系统再次遭到破坏，滩涂上的当地渔业特别是手工渔业也遭到严重破坏（Koh and Khim，2014）。

(Ⅳ) 欧洲海岸带人类活动导致海岸线退化严重

沿海栖息地的人口数量一直在大幅增加，近岸沿海和河口生态系统的威胁来自广泛的人类活动，包括沿海开发、疏浚、采砂和破坏性捕捞活动等，造成沿海贝类栖息地丧失和退化，污染、富营养化、有害藻华等不断加剧，淡水流入或滩涂模式的变化，许多沿海生境（如牡蛎礁）受到人为干扰的极大威胁，导致许多重要鱼类和无脊椎动物产卵繁殖地的质量不断下降、面积不断减少，对近岸重要物种种群的恢复和发展造成严重威胁。虽然管理当局试图通过多种办法减轻生境退化的不利影响，但在某种程度上，当局的努力在保护这些脆弱的生境和依赖它们的物种方面做得不够。据估计，85% 的欧洲海岸线正在退化，而公众对贝类长期栖息地丧失的认识有限（沈辉等，2016）。

2. 国际产业发展问题

1) 滩涂贝类等自然资源衰退严重

菲律宾蛤仔（*Ruditapes philippinarum*）是日本最重要的经济贝类之一。从 20 世纪 80

年代末期开始，日本菲律宾蛤仔的年产量逐渐降低，到现在年产量不足 30 年前的 1/3。日本学者认为，人类活动产生污染物，如化工产品、重金属及有机物等，菲律宾蛤仔的产量锐减与硫化物上升、pH 降低及病害频发等环境变化有直接关系。

2）人类活动对滩涂的影响不断加剧

（Ⅰ）富营养化

随着全球沿海地区的人口不断增加和聚集，各种人类活动（包括城市污水排放、工业设施建设和化肥使用等）增加了沿海地区的营养输入，加剧了近岸海域水体及沉积物的富营养化，使滩涂底质环境恶化，导致浮游生物群落和底栖生物群落生物多样性明显降低，严重打破了海洋生态系统的平衡，引起近岸生态系统的结构和功能发生改变，减缓了滩涂增养殖的发展速度。目前，国际社会已经逐渐对滩涂沉积物富营养化重视起来。

（Ⅱ）污水排放

在重度城市化和/或工业化地区，化学品对环境的污染可能是河口生物多样性和生态系统功能的主要威胁。农业生产、受污染的河流、工业和城市来源的污水排放、河口交通和近岸化学品泄漏，可能导致化学品直接或间接进入河口（Karydis and Kitsiou，2012）。因暴露于化学或生物污染、气候变化或其他潜在压力源而对生物体或生态系统产生有害影响。沿海大城市污水排放、工业设施排放以及化肥排放的高氮、高磷等刺激了沿海地区浮游植物和底栖植物的过度生长，对近岸海洋生态系统和人类产生不利影响。

（Ⅲ）岸线变化

世界各地沿海地区人口不断增长和聚集，人类居住和活动的空间往往通过土地复垦获得，即意味着海岸带生境的丧失和破碎化。各种各样的人类活动（工业、农业等，尤其是河口和沿海地区资源开发），对海岸带各种生物的栖息地产生累积效应。此外，水文状况的变化、新型的人工海防结构建设、海砂开采（如航道维护性疏浚）和废物处理等也会导致沿岸海域生物栖息地的消失、改变和破碎化。自工业化开始以来，沿海和河口地区的人类活动导致许多关键生物的栖息地面积和质量不断变化。在大西洋东北部，密集的人口对沿海生态系统已经产生了严重影响。

3）气候变化对滩涂海岸带影响范围和方式多样

（Ⅰ）海平面上升加速

Nerem 等（2018）利用卫星测高数据估算了过去 25 年全球平均海平面受气候变化驱动的上升加速度，为（0.084±0.025）mm/a，这与政府间气候变化专门委员会（IPCC）第五次评估报告（AR5）的模型预测十分吻合。如果海平面继续以这个加速度变化，到 2100 年海平面将比 2005 年上升（65±12）cm。

海平面上升的一个重要后果是沿海地区湿地的丧失或退化。沿海生态系统提供重要的环境、社会和经济服务功能，是生物多样性最丰富的地区之一。局部海平面（LSL）的微小变化可能导致沿海湿地等生态系统发生重大变化，对生态系统的稳定性构成极大威胁，与极端天气变化相结合，LSL 的变化可能改变沿海淹没模式，对敏感的沿海生态系统造成严重影响。局部海平面上升（LSLR）还会增加沿海风暴的破坏力，导致沿海侵蚀加剧，生态系统损失加速。从全球来看，LSLR 和侵蚀的联合作用可能是毁灭性的。例如，孟加拉国海岸 LSLR 平均 1m 将淹没该国的 17%，埃及 20%的农田低于当前海平面 2m，许多其他沿海地区也将面临严重的侵蚀。

（Ⅱ）海水温度持续升高

政府间气候变化专门委员会第五次评估报告围绕气候变化对水生生态系统及其资源的影响进行了最为全面的梳理，水产养殖业面临的主要风险已得到基本认识，气候变化对水产养殖的影响方式多种多样，如温度分层导致产区面积扩大、鱼群向高纬度地区扩展、季节性缺氧面积扩大、珊瑚白化和死亡现象增加、文石饱和层变浅从而影响生物钙化等，因海水温度升高，秘鲁海域适应在冷水中生活的鱼类无法适应变暖的海水，出现了大规模的死亡现象（FAO，2018）。用水竞争、水循环周期的改变、风暴频发及海平面上升都会影响滩涂渔业（Seggel and De Young，2016）。

（Ⅲ）自然灾害频发

面对全球性的环境和气候变化危机，飓风、旱涝灾害、海啸等灾害频繁发生，河口及沿海地区生态系统受到极大威胁。近年来，发生的一些自然灾害如澳大利亚布里斯班的旱涝交替、美国新奥尔良的飓风、日本东北的地震海啸等，对沿海滩涂湿地造成毁灭性破坏，不仅渔业产业受到重创，城市生态安全也受到严重威胁。

根据 FAO 在 2003~2013 年进行的一项评估，包括渔业和水产养殖业在内的农业部门吸收了发展中国家大规模自然灾害造成的 22%的经济影响，对渔业和水产养殖业的经济影响占农业部门所有损害和损失的 6%，估计费用为 17 亿美元。渔业和水产养殖业是易受灾行业，如渔业和水产养殖业是 2013 年受台风"海燕"影响最严重的行业之一，受影响的渔民多达 40 万人，估计有 3 万艘渔船受损或被毁。小规模和手工渔业易受灾害风险和气候变化的影响。2004 年的海啸在印度和印度尼西亚对渔业和水产养殖业的经济影响超过 5 亿美元。在印度尼西亚，海啸灾难几乎使该行业和依赖它的社区的生产瘫痪。据报道，过去的 20 年，自然灾害使水产养殖业付出了惨重的代价，损失高达数百亿美元（FAO，2016）。

8.1.2 我国产业发展现状与问题

1. 我国产业发展现状

1）我国主要滩涂区域类型多样、资源丰富

我国大陆海岸线超过 18 000km，滩涂面积广阔，滩涂生境多样，不同的生态环境可为不同物种的生存繁衍提供条件，生物种类繁多，全国潮间带生物约 1500 种，其中软体动物数量最多（约 500 种），其次为甲壳动物（300 种）和藻类（200 种）。我国滩涂总面积超过 200 万 hm^2，按照地理位置划分，从北到南可分为渤海区、黄海区、东海区和南海区，分别占滩涂总面积的 26%、29%、26%和 19%。不同滩涂区域生物资源分布差异较大。

（1）渤海区滩涂：我国毛蚶（*Scapharca kagoshimensis*）和文蛤（*Meretrix meretrix*）的主产区，毛蚶尤为著名，资源相对丰富。近二十年来，辽东湾的文蛤、渤海湾的毛蚶因捕捞过度而严重衰退；莱州湾的毛蚶和文蛤尚能维持较稳定的生产，但也需要补充苗种。

（2）黄海区滩涂：分为北黄海区和南黄海区。北黄海区底质以泥沙为主，淤泥较少，辽东半岛东侧滩涂区资源较丰富的滩涂贝类有菲律宾蛤仔、文蛤、魁蚶（*Scapharca broughtoni*）、毛蚶等，胶东半岛滩涂区是泥蚶（*Tegillarca granosa*）、菲律宾蛤仔、牡蛎的主要产区；南黄海区滩涂主要经济生物多为以含沙滩涂为栖息生活条件的种类，如文蛤、四角蛤蜊（*Mactra veneriformis*）、青蛤（*Cyclina sinensis*）、西施舌（*Mactra antiquata*）、大竹蛏（*Solen grandis*）、缢蛏（*Sinonovacula constricta*）、泥螺（*Bullacta exarata*）等。文蛤为该海区的绝对优势种类，分布广、产量高，居全国之首。南黄海存在着大面积的辐射沙洲，是滩涂贝类增殖的重要区域。江苏地区的滩涂平坦，非常适合条斑紫菜养殖。

（3）东海区滩涂：根据底质类型进行划分，可以分为泥砂质和淤泥质，其中福建和浙江海域的滩涂以淤泥质为主。滩涂养殖模式主要包括潮间带滩涂平涂底播养殖、滩涂筑坝蓄水养殖和低坝高网滩涂养殖，围塘养殖以混养为主，底栖贝类混养虾、蟹或鱼等。长江口养殖区河口沙洲不断淤积，透明度不足 20cm。天然分布的经济生物有缢蛏、牡蛎、四角蛤蜊、中国绿螂（*Glauconomya chinensis*）、锯缘青蟹（*Scylla serrata*）、中华绒螯蟹（*Eriocheir sinensis*）等，由于紧靠城市，污染严重。福建、浙江沿海滩涂区海湾较多，水质好，风浪小，适于养殖，是我国主要的滩涂养殖区，缢蛏、泥蚶、菲律宾蛤仔和牡蛎是该区域四大养殖贝类，坛紫菜（*Neoporphyra haitanensis*）也是该区域的主要养殖对象之一。台湾沿海养殖区生物资源丰富，有牡蛎、丽文蛤（*Meretrix lusoria*）、蛤蜊、紫菜等。

（4）南海区滩涂：地跨热带、亚热带气候区域，海岸生境多样，具有丰富的生物多样性，是重要的海洋生物多样性资源宝库，红树林海岸和珊瑚礁海岸是该区域特有的海岸生境。广东、广西沿海养殖区除小部分沿岸属于亚热带海域外，其余大多属于热带海域。滩涂养殖近江牡蛎、泥蚶已有悠久的历史。南海区养殖区域包括海南岛、东沙群岛、西沙群岛、中沙群岛和南沙群岛，海南岛滩涂底质为砂砾或珊瑚礁，滩涂区珍稀动物较多，如江珧、蝾螺、海参等。

2）滩涂主要增养殖种类多样、区域特征明显

我国滩涂开发方式主要是潮间带或潮上带池塘养殖、地面种植、潮间带贝类增养殖和藻类养殖，其中养殖面积和产量较大的为贝类增养殖。我国沿海 11 个省（区、市）跨热带、亚热带和温带等不同气候带，不同的生态环境造就了不同物种的生存繁衍条件，使得我国的贝类增养殖呈现出养殖种类多、南北中养殖布局各有特色的特征，其中山东和辽宁是滩涂贝类主产区，产量超过全国的一半（图 8-2）。

辽宁滩涂养殖种类以蛏类、文蛤、毛蚶和菲律宾蛤仔为主。

辽宁、河北、天津和山东等省（市）环绕的渤海中的渤海湾、辽东湾和莱州湾滩涂养殖种类主要有蛤类、蛏类、螺类等。

山东半岛的海水养殖种类繁多，滩涂贝类有魁蚶、毛蚶、菲律宾蛤仔、螺类、牡蛎、蛏类等。海州湾位于山东南部和江苏北部，文蛤是该地区滩涂养殖主要种类。除贝类外，紫菜也是江苏沿海滩涂的主要养殖种类。

浙江和福建是我国滩涂贝类养殖的发源地，主要养殖种类有蛤类、福建牡蛎（*Crassostrea angulata*）、鲍、贻贝、螺类等。浙江的滩涂贝类池塘养殖闻名于世。福建近年来兴起的北鲍南养，促进了福建海水养殖业的快速发展，特别是福建的海塘人工培育菲

律宾蛤仔苗种,已经成为当地的海水养殖支柱产业。福建菲律宾蛤仔生态繁育也是该区域的特色产业之一,2018 年苗种产量达到 16 356 亿粒,占我国菲律宾蛤仔苗种产量的 80% 以上。

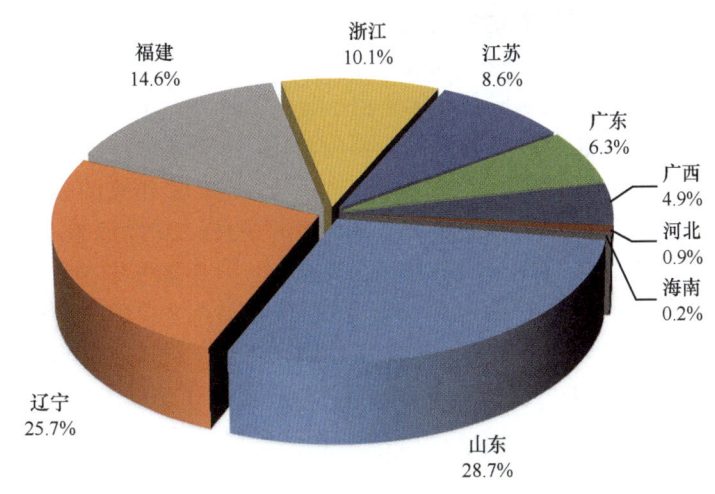

图 8-2 我国主要养殖滩涂贝类产量分布(农业农村部渔业渔政管理局等,2021)

广东、广西主要养殖种类为香港牡蛎(*Crassostrea hongkongensis*)、大珠母贝(*Pinctada maxima*)、泥东风螺(*Babylonia lutosa*)、扇贝和蛤类。

海南处于热带和亚热带地区,主要养殖种类有东风螺、江珧和蝾螺等。

3)滩涂增养殖产业潜力巨大

我国滩涂贝类和藻类增养殖始于 20 世纪 50 年代,先后开展了泥蚶、缢蛏、菲律宾蛤仔和青蛤等滩涂贝类人工研究,建立了主要养殖贝类的人工育苗技术。我国紫菜养殖技术自 20 世纪 60 年代以来取得了重大进展,发展了紫菜大面积育苗及半人工采苗、全人工采苗的一整套技术,紫菜养殖形成了全人工养殖产业,并具有了较高的科学管理水平,使我国成为世界紫菜养殖大国。

从 1980 年起,我国开展了历时 7 年多的"全国海岸带和海涂资源综合调查"专项研究,完成调查面积 35 万 km^2、观测断面 9600 条、观测站 9 万余个,编写了《中国海岸带和海涂资源综合调查报告》和各种专业、专题报告,共计 500 多份、700 多册、6000 多万字,推进了我国滩涂增养殖的发展。

目前,我国滩涂面积超过 200 万 hm^2,每年淤积形成的滩涂面积约 2 万 hm^2。2018 年我国滩涂增养殖面积(不包括沿海池塘)约为 59.6 万 hm^2,主要分布在辽宁、河北、山东、江苏、浙江、福建、广东、广西和海南。其中山东、江苏和辽宁滩涂养殖面积较大,滩涂养殖面积为 39.8 万 hm^2,约占总养殖面积的 66.8%。滩涂养殖种类主要包括蛤、蚶、蛏等滩涂贝类和紫菜等大型藻类。2018 年滩涂贝类(蛤、蚶、蛏)养殖产量为 530.6 万 t,占贝类养殖总产量的 36.7%,山东、辽宁和福建 3 个省份产量较高。紫菜是滩涂养殖的主要大型藻类,2018 年紫菜养殖产量为 20.2 万 t,其中福建、浙江和江苏是紫菜养殖产量较高的省份。

2. 我国产业发展问题

1) 滩涂贝类自然苗种补充严重不足

文蛤是滩涂贝类的重要增养殖种类之一。文蛤养殖是江苏省海洋渔业的传统产业，也是江苏省海水养殖的一个支柱产业、优势产业、特色产业，活贝出口量占全国的60%，成年商品贝产量曾经达到5万t，但是近年来由于自然苗种补充不足，产业明显衰退。江苏省文蛤养殖苗源绝大部分依赖自然海区的天然附苗场，附苗场的变迁与消失直接影响文蛤苗种的发生与供应，苗种紧缺影响文蛤养殖的产量与效益。多年来的事实证明，文蛤养殖业的稳定和发展与文蛤天然附苗场的稳定有着紧密的关系。20世纪80年代末，江苏省沿海分布的天然文蛤附苗场共有9个，总面积约7.3hm^2，其中如东东凌海区附苗面积最大，可达1.8hm^2，单位面积出苗率最高可达6.4kg/m^2。但目前有8个附苗场已经消失，其中如东环港海区、新港海区的附苗场被围垦，如东北渔、新港、通州遥望港和启东吕四的附苗场因受多种因素的影响，21世纪初基本丧失苗种生产能力（於志华等，2003）。

2) 沿海滩涂缺乏整体规划

滩涂是最早开发的海陆交错地带，受人类活动的影响较大。我国滩涂的开发是在缺乏系统的规划和技术研究下大规模启动的，很多地区存在地方政府和个人急功近利的现象，仅注重眼前的经济利益，忽视了环境效益和长远的社会效益，存在盲目围垦或资源掠夺式的开发现象。针对上述情况，国家提出了一系列举措。

2015年《中共中央 国务院关于加快推进生态文明建设的意见》指出，实施严格的围填海总量控制制度、自然岸线控制制度，建立陆海统筹、区域联动的海洋生态环境保护修复机制。海岸带的核心部分就是滩涂区域，2016年12月农业部印发了《养殖水域滩涂规划编制工作规范》和《养殖水域滩涂规划编制大纲》，要求对水产养殖生产合理布局，划定禁养区、限养区和养殖区，2018年底前全面完成《养殖水域滩涂规划》编制工作。目前已经有部分省份完成了规划编制工作，但是由于规划的时间较短，加之我国滩涂水域类型多样，典型生境较多，同时需要了解规划区的生态环境现状，因此部分规划需要不断完善。

3) 人类活动对滩涂影响不断加剧

海岸带是人类开发利用强度最高的区域之一。海岸带开发不断干扰滨海湿地生态系统，破坏其自然生态环境。近几十年来，随着我国沿海地区经济的快速发展，沿海用地矛盾日益突出，用于码头、电厂、临港工业等海洋工程的填海造地侵占了大量的滩涂，大规模的填海造陆和围海养殖活动，使我国沿海滩涂大量减少，海岸线形态发生显著变化，导致滨海湿地生态系统的破坏和生物多样性降低。1985~2010年，我国海岸带地区围垦海岸带湿地超过7500km^2，其中江苏、浙江的围垦规模最大。1984~2015年，山东半岛北部（烟台市区、蓬莱市、龙口市和莱州市）滩涂面积减少300.7km^2，其中潮间带面积减少了84.8km^2，潮上带面积减少了215.8km^2（邵晚悦等，2017）。

我国滩涂贝类增养殖规模虽然比较大，位居世界前列，但增养殖技术落后，主要的生产方式还是靠人种天收、广种薄收，滩涂埋栖性贝类资源，尤其是重要的经济种类如苏北滩涂区的文蛤、黄河三角洲的毛蚶等，已因酷捕滥采和生态环境破坏而严重衰退。近年来，我国滩涂贝类时常因环境问题出现大规模死亡现象，如江苏南部滩涂增养殖区的文蛤和山东丁字湾的菲律宾蛤仔等,目前对滩涂增养殖的宏观调控仍未引起足够重视。

4)环境污染严重影响滩涂生境质量及产品安全

我国海水增养殖区大多在沿海港湾和河口附近水域,这些水域也是沿海陆源污染物和海上排污的主要受纳场所,2003年我国通过主要的河口、沿岸陆域和直排海排污口进入海洋的工业废水和生活污水达 3.58×10^{10} t,其中COD和氨氮、石油类、磷酸盐、重金属等污染物质的总量约为 7.84×10^6 t(付青和吴险峰,2006)。污染物在入海口附近水域发生滞留或沉积,严重影响我国沿海滩涂水域的环境质量。由于贝类具有非选择性滤食的习性,生长的地理位置比较稳定,增养殖环境中会逐渐积累一些极易导致贝类污染的物质,如硫化物、油类、总氮、总磷、重金属、难降解有机污染物以及细菌病毒等,这些物质被贝类摄食吸收后,会对食品安全造成威胁。

8.1.3 国际科技发展现状与瓶颈

1. 国际科技发展现状

1)一批适合地方特色的优良增养殖品种得以培育

联合国教育、科学及文化组织于20世纪50年代提出耐盐植物的开发研究方向,并报道了180多种可以利用稀释海水浇灌的耐盐植物,开辟了耐盐植物这一新研究领域。美国、加拿大、印度、埃及等国家在耐盐植物品种的调查与筛选、野生种的驯化、耐盐植物的基因工程育种和规模培养技术以及耐盐植物的产品加工利用等方面进行了全面的研究,筛选出一系列耐盐植物种质资源,并对几十种耐海水的耐盐经济植物的开发利用进行了详细而系统的研究,其中有些品种已在科威特、墨西哥和阿联酋等国家进行了种植,并取得了良好的经济效益和社会效益。沙特阿拉伯采用海水灌溉大规模种植盐角草(*Salicornia europaea*),在沿红海荒漠地带发展海水农业。

2)海岸带空间规划技术和管理措施较为完善

美国早在1972年就颁布了《海岸带管理法》,使海岸带综合管理首次作为一种正式的政府活动得以实施,标志着美国"海岸带管理"掀开了新的一页,这项举措也推动了世界各国海岸带综合管理(integrated coastal zone management,ICZM)的发展。美国东北部海洋空间规划在编制过程中研究形成了一套实现海洋空间规划的方法和工具,包括监管评估、海洋生物特征评价、娱乐特性评价、基线评估和区域海洋科学计划(黄小露等,2019)。

韩国对海洋空间和资源的有效利用与合理保护十分重视,早在1998年就制定了《沿岸管理法》,根据该法的相关规定制定实施《沿岸综合管理规划》,实现陆海统筹规划,统筹海洋空间规划与陆地发展规划,统筹沿海地区经济发展与海洋空间开发和保护,引导海洋产业的相对集聚发展,遵循资源节约型发展要求,提高海域资源利用效率。经过多年的示范区工作与立法研究,韩国于2018年4月颁布了《海洋空间规划与管理法》,将全部管辖海域纳入海洋空间规划体系,构建海洋空间规划体系。同时,韩国为制订全面、科学的海洋空间规划进行了一系列的准备工作,包括调查海洋生态系统特征、收集用海行为及其未来用海需求等信息数据(王晶等,2019)。

3）海岸带环境综合管理成效显著

加强和实施海岸带综合管理（ICZM）和可持续发展战略是当今政府与社会各界关注的热点。海岸带综合管理中关键的基础性技术是海岸带大量信息的获取、分析、模拟、决策技术。其关键技术可概括为"数字海岸"技术，主要包括现代通信技术、计算机技术、多媒体及虚拟仿真技术和由遥感（RS）、全球定位系统（GPS）、地理信息系统（GIS）集成的 3S 技术。它们具有对海岸带复杂系统数字化、网络化、虚拟仿真、决策支持和可视化表现等的强大功能，可直接为政府和社会公众提供便利的网络服务，保证海岸带经济、环境和社会的协调发展。作为对地观测系统中空间信息获取、管理、分析和应用的三大支撑技术，3S 技术的兴起，为海岸带综合管理与开发利用提供了一个崭新的前景（范学忠等，2010）。

4）生境改良与修复技术发展迅猛

生境改良与修复是指通过采取有效措施，对受损的生境进行恢复与重建，使恶化状态得到改善的过程。海洋生境改良与修复技术包括海草床修复技术、牡蛎礁修复技术、珊瑚礁修复技术、人工鱼礁构建技术等。另外，日本最早在 1971 年提出海洋牧场构想，并依据此构想建成日本黑潮牧场，这也是世界上第一个海洋牧场。韩国于 1998 年开始实施海洋牧场计划，试图通过牧场的利用和管理，实现海洋渔业资源的可持续增长和利用极大化。美国于 1974 年在加利福尼亚建立海洋牧场，利用自然苗床进行大型藻类培育，效益显著（张立斌和杨红生，2012）。

弗吉尼亚海洋科学研究所的科学家在切萨皮克湾（Chesapeake Bay）制订并实施了牡蛎礁恢复计划，他们对礁体生物学、营养动态和群落发生进行了系统研究，并对其恢复情况进行了追踪，将牡蛎礁区域浮游动物群落丰度和组成的水平分布和时间变化，作为切萨皮克湾牡蛎礁恢复进展的潜在标准，该系列研究对当地牡蛎礁的成功修复起到了重要作用，并使其成为一个生境改良与修复的典型。

2. 国际科技发展瓶颈

1）人类活动和气候变化的多重压力亟待应对

为应对人类活动和气候变化的多重压力，《联合国气候变化框架公约》（UNFCCC）第 21 次缔约方大会暨《京都议定书》第 11 次缔约方会议通过了《巴黎协定》，增强了气候变化的全球应对，呼吁采取紧迫行动应对气候变化及其影响。《巴黎协定》的实施要基于国家自主贡献（NDC），各缔约方依此报告各自行动。截至目前，80 多个国家已将渔业和/或水产养殖业列入优先适应领域及行动范围。总的来看，各国提出的优先适应领域有失具体，这主要是因为对于气候变化决策在相关时空规模内的影响认识有限，对部门可用的潜在适应工具指导不够，缺乏相应的技术能力，无法有效主张将渔业和水产养殖业纳入国家自主贡献。解决上述问题有助于采取有效措施，扩大气候变化带来的机遇，减少产生的不利影响。

2）自然保护与增殖技术需要加强

水产增养殖的增长带来诸多问题，包括消耗的资源、生产的产品以及外部因素带来的威胁（如气候变化和疾病）。水产增养殖与渔业资源保护和发展已经成为一个必须特别关注和认真思考解决的问题。在保护渔业资源的前提下，适度扩大渔业资源供应量，充分考虑增养殖区的承载力，确定合理的增养殖规模、增养殖方式（杨红生，2001）。在增殖技术方面，力求实现增养殖对象的良种化，增强增养殖生物的抗逆能力，减轻或消除增养殖对环境与资源的负面影响，实现生物与环境的友好、协调发展，需要加强全方位的合作，健全激励竞争机制，集中力量，重点突破一些关键的理论问题和技术问题。

3）劳动力短缺与机械化生产的矛盾面临新挑战

一些新技术还会给缺少适应能力或适应资金的从业者带来障碍。这些风险凸显了有效管理的重要性，要确保新技术用于加强而非削弱水产增养殖的可持续性。同样，还有必要破除渔民和养殖者获取新技术的壁垒，提高他们对颠覆性技术的应用能力。自动化、机械化和智能化是发展趋势，应当提高新生产技术的普及应用，缓解劳动力短缺与机械化生产日益突出的矛盾。

8.1.4 我国科技发展现状与瓶颈

1. 我国科技发展现状

1）滩涂贝类苗种规模化生产技术获得突破

20世纪90年代至今，我国已先后解决了泥蚶、青蛤、菲律宾蛤仔等主要滩涂贝类的苗种工厂化生产技术，尤其是泥蚶、缢蛏和文蛤等滩涂贝类优质大规格苗种培育技术集成与示范成效显著，先后开展了优质饵料的高效培育、幼虫高效培育及采苗工艺优化，改进了单胞藻高效培育、高效采苗、无附着基集约化苗种培育、疏苗分级培养技术，以及与土池相结合的优质大规格苗种培育技术等，实现了泥蚶等贝类优质苗种培育稳产高产。

近年来，国内外滩涂贝类的基础研究主要集中于生长发育调控、免疫机制和环境响应等方面，这为高产良种选育及生长调控分子机制的研究奠定了基础。2016~2018 年通过全国水产原种和良种审定委员会审定的滩涂养殖新品种有 6 个，包括牡蛎"华南 1 号"、文蛤"万里 2 号"、缢蛏"申浙 1 号"、长牡蛎"海大 2 号"、葡萄牙牡蛎"金蛎 1 号"和菲律宾蛤仔"白斑马蛤"。

2）滩涂增养殖技术不断尝试新探索

（Ⅰ）贝类增殖放流初具规模

江苏省海洋渔业指挥部作为保护区管理单位，自 2007 年开始组织实施贝类资源增殖放流，截至 2014 年，累计投放文蛤、四角蛤蜊、西施舌等贝类苗种近 6 亿粒。放流文蛤占比高，据 2015 年调查，采捕文蛤中天然文蛤占比为 12.45%，而放流文蛤占比为 87.55%，天然文蛤资源少，增殖放流文蛤种贝成为"两沙"（指蒋家沙和竹根沙海域，是文蛤国家级水产种质资源保护区）文蛤的主要来源。

大竹蛏单位采捕量明显比增殖放流前高，且采捕量逐年增多。截至 2014 年，大竹蛏两个放流站位的单位采捕量分别达到 208 个和 255 个，是增殖放流前（2007 年）采捕量的100 多倍。社会调查和资源量调查评估均表明，大竹蛏增殖放流具有效果显著。

（Ⅱ）滩涂贝类生产模式得以应用

基于滩涂贝类的生态友好型增养殖模式获得新进展。例如，虾、贝生态增养殖模式已广泛应用于我国江苏、浙江、福建沿海水产增养殖，它利用了各增养殖种类生态习性的互补原理，放养种类中以滩涂贝类（缢蛏、青蛤、泥蚶）为主，实现各种类互利共生，不仅使池塘的滩涂与水体得到了充分利用，还通过贝类滤食水体中过多的虾类和浮游生物的残饵及排泄物，有效改善了水质和生态条件。典型的综合增养殖模式包括"梭子蟹-缢蛏-脊尾白虾""菲律宾蛤仔-海蜇-斑节对虾""菲律宾蛤仔-对虾-鱼""红鳍东方鲀-三疣梭子蟹-中国对虾-菲律宾蛤仔"等生态健康增养殖模式，上述模式都获得较好的经济效益。

（Ⅲ）滩涂大型藻类生产模式得以创新

世界上人工栽培的紫菜仅有3种，分别为甘紫菜（*Neoporphyra tenera*）、条斑紫菜（*N. yezoensis*）及坛紫菜（*N. haitanensis*），几乎全面产于中国、日本和韩国（FAO，2019）。增养殖技术改进的重点在于坚固和低成本设施的研发，干露可控的栽培系统开发，发展新材料、新工艺，运用自动化装置实现实时监控，同时也积极探索改进紫菜栽培模式，拓展紫菜的养殖空间。

3）增养殖生境修复力度不断加大

我国在"九五"期间就开始关注滩涂浅海等海域生物修复技术的研究。2008年国家自然科学基金委员会（NSFC）与日本科学技术振兴机构（JST）合作研发"生物修复在环境保护与恢复中的作用——关键过程与技术创新"，以揭示不同环境领域的关键生物修复过程，阐明修复的科学原理，创新生物修复技术；"十一五"期间，科技部启动国家科技支撑计划"渤海海岸带典型岸段与重要河口生态修复关键技术研究与示范""典型海湾生境与重要经济生物资源修复技术集成及示范"等项目；"十二五"期间，启动了"典型盐碱地改良技术与工程示范""福建红壤区生态修复和持续经营关键技术集成与示范""农业生境检测监测与修复技术研究""典型海湾受损生境修复生态工程和效果评价技术集成与示范"等一批与滩涂海岸带相关的生态修复项目；"十三五"期间，科技部实施了"河套平原盐碱地生态治理关键技术研究与集成示范""典型脆弱生态修复与保护研究"等重点专项，其中涉及长江岸线和海岸带生物修复技术的研究内容。通过上述项目，评估了典型海湾主要陆源污染物种类及其分布动态、重要生物资源及其数量分布，建立了相应水动力学模型，构建了环境容量模型，确定了适合不同海湾的生物修复工具种和工程手段，形成了一批集成了海水入侵防治、滩涂生境修复等生态修复关键技术，建成重度盐渍化区生态修复技术示范区工程等。

4）滩涂生物承载力的研究不断深入

生物承载力与生态容量一直是水产增养殖业可持续发展中亟待解决的问题。方建光等（1996）在我国率先开展了浅海生物承载力研究，以现场叶绿素a为指标，并建立了筏式增养殖栉孔扇贝的生物承载力估算模型，滩涂贝类方面，尹晖等（2007）采用浮游植物和底栖微藻有机碳供应量的方法评估了乳山湾滩涂贝类的养殖容量。李磊等（2014）对江苏如东滩涂贝类养殖区叶绿素a含量、初级生产力、浮游植物有机碳含量等一系列模型参数进行了4个季度的调查检测，并采用营养动态模型、沿岸海域能流分析模型和浅海养殖容量模型估算滩涂养殖文蛤的承载力。杨红生（2018）选取了我国黄渤海典型海洋牧场，针对各海洋牧场不同的发展模式，评估了主要经济生物承载力，分析了各海洋牧场的承载力现状，并预测了其承载力的发展趋势及潜力，其生物承载力理论为滩涂承载力的评估奠定了基础。

5）滩涂贝类机械化生产装备研发处于探索性阶段

贝类是滩涂增养殖的主要种类，目前大宗种类采收初步实现机械化，但总体上装备落后、效率低、成本高。中国水产科学研究院渔业机械仪器研究所发明了滩涂增养殖文蛤的机械化采收工艺与装置和智能滩涂文蛤采捕小车。前者利用超声波振动，刺激文蛤钻出沙土，然后进行收集。后者采用电脉冲刺激诱捕文蛤，并通过图像识别，自动调节采收滚筒和输送装置的运行速度。福建农林大学陆续发明了多功能浅海滩涂采贝车、滩涂多功能采蛏车和滩涂翻耕车，利用水流冲洗滩涂，并用采集铲对贝类进行收集。

江苏省海洋水产研究所在滩涂上采用地膜等简易材料，构建了兼具滩涂贝苗培育和养殖水处理的系统，能够高效地培育贝类幼苗。针对滩涂互花米草的入侵，大连海洋大学和上海园林（集团）有限公司分别发明了滩涂互花米草收割机和履带式刈割机。以上滩涂增养殖设备提升了我国滩涂增养殖机械化和自动化水平。

2. 我国科技发展瓶颈

1）滩涂生物遗传多样性的保护与优良品种开发利用不足

半个多世纪以来，我国滩涂增养殖业发展迅速，为国民经济发展做出了重要贡献。但因缺乏统一规划和片面追求高产量，忽视了长远的生态效益和社会效益，局部增养殖区出现过度开发、超载运行、水产养殖污染严重、生态系统失衡、养殖病害加剧，从而导致滩涂生物多样性降低。

开展自然种群的增养殖保护，建立海洋经济生物种质库具有重要意义。苗种与良种化是必须要解决的问题。目前在海水养殖种类的育种方面，除了条斑紫菜和海带（*Saccharina japonica*），其他种类的研究工作开展较晚，近 20 年来大规模的研究才开展起来。经过广大科技工作者的共同努力，遗传育种研究已经取得了一系列成果，但滩涂贝类良种相对较少，优良种质资源的发掘及对现有养殖种类（群体）进行种质评价是滩涂增养殖的重要基础。因此，研究野生种群和养殖群体的遗传结构、遗传多样性等的变化及其与养殖性状的关系，利用现代生物技术研究与养殖性状有关的基因（族）等也是今后的重大研究课题。

2）滩涂生态环境长期、连续监测技术落后

海洋环境监测技术是海洋资源开发的技术保障，通过海洋环境监测能够得到丰富的海洋环境数据，能为科学、精准开发海洋生物资源以及海洋防灾减灾提供重要依据。通过分析获取的监测数据，深入研究海洋灾害发生的规律，减少或避免极端天气（如台风、海啸等）给人类社会造成损失；海洋监测是沿海经济可持续发展的基础条件，是影响城市规划和经济发展的重要因素，可以推动沿海经济稳步快速可持续发展，有效减少因人口大量涌入等造成的不必要的经济损失。

20 世纪 90 年代，我国就开展了海洋监测技术的研究，经过 20 多年的发展，已经取得了长足的进步，海陆空方面都做了大量的工作，发射了一系列海洋探测卫星。运用卫星遥感技术，我国已经实现了对海面温度、盐度、海平面异常、海流、海面风、海浪、海洋内波、悬浮物浓度、色素浓度和水色等多种海洋要素的监测。海洋领域启动实施了深远海海洋动力环境观测系统关键技术与集成示范、海底观测网试验系统、深海潜水器技术与装备等重大项目，将海洋监测技术研发的重点投向深海和远海。但是，近海滩涂缺少连续的长期监测技术，监测设施也相对比较落后。

3）滩涂海岸带新生产模式有待开发

我国是世界上为数不多的养殖产量高于捕捞产量的国家。海水养殖业具有明显的特殊性，如对沿岸近海水环境造成更为直接的污染、养成水产品对污染物的富集、养殖生物病害严重等。随着我国海水养殖规模的扩大和产量的增加，水产品质量亟待提高，尤其需要生产出清洁的产品。清洁生产是实现我国海水养殖业持续高效发展的先决条件，因此构建滩涂海岸带清洁生产新模式亟待开展。实现海水养殖业清洁生产，需要做到：①立足生态养殖，运用养殖新模式和设施渔业新材料与新技术，建立多营养级综合养殖系统；②尽快实现工程化养殖，运用现代生物育种技术、水质处理和调控技术与病害防控技术，研发现代养殖工程设施，实现养殖良种生态工程化养殖；③严控药物使用，水产养殖所用的化学消毒剂、抗生素、激素、饲料添加剂等种类繁多，需要建立相应的使用规范，研发水产药物残留的去除机制，减少药物使用后在水体、底泥和生物体内的残留量，同时要严格控制药物使用，对滥用药物者立法重罚。

4）滩涂生物承载力研究亟待加强

承载力最早的概念一般限于生态学领域，20 世纪 60~70 年代其被广泛应用于和生态有关的人类生态学中，国外学者相继提出了环境承载力、资源承载力等。承载力是一个涉及多方面的综合概念，其影响因素包括自然因素、社会因素、人为因素等。国内外都对生态承载力的理论方法及定量化研究更为深入，但研究重点主要集中于陆域区域，目前也没有成熟且实用的定量化方法。

生物承载力是承载力在水产养殖领域的应，通常定义为：对养殖海区的环境不会造成不利影响，还能保证增养殖业可持续发展并有最大效益的最大产量。生物承载力并不是固定不变的，可以通过改善养殖方式、优化养殖技术等手段提高生物承载力。其核心内容包括两个方面：一是养殖生物的合理增养殖范围；二是不同滩涂区域的生态承载能力。20 世纪 70~80 年代初，世界各国先后开展了生物承载力的研究。我国学者先后开展了藻类、贝类、鱼类等多种养殖生物承载力的研究工作，但是滩涂承载力的研究尚处于起步阶段。

5）滩涂生物资源保护、人工增殖和洁净生产技术需要提升

滩涂具有独特的地理环境条件，拥有许多独特的生物资源，在开发滩涂生物资源的同时，应当考虑对其生物遗传多样性进行保护，特别是对重要、典型、濒危的生物种质资源的保护，必须建立种质保存技术和鉴定技术体系。

我国滩涂贝类因人工育苗和增养殖技术尚未完全成功，实际主要为护养增殖。增养殖对象几乎全部是滤食性贝类，搭配也极不合理。滩涂贝类增养殖设施会改变养殖区流体环境，加之贝类滤食过程会导致生物性沉积加强，使生态环境发生严重改变，从而影响养殖海区的生物多样性。这一生态学问题将严重影响我国滩涂贝类增养殖业的健康发展。我们要以增殖为主、养殖为辅，注重对滩涂资源的综合保护，尽可能地减少人为干预和破坏，积极建立和发展文蛤、青蛤、泥螺、泥蚶等贝类的工厂化育苗技术，以及文蛤、泥蚶、青蛤等贝类增殖技术。

滩涂贝类对增养殖区各种污染物都具有很强的富集能力，因此产品质量难以保证。为了使我国的滩涂贝类产品在国际市场也具有一定的竞争力，并拥有较高的品质保证和质量信誉，继续发展贝类洁净生产技术势在必行。

8.2 重大科技需求分析

8.2.1 科技发展愿景分析

1. 突破滩涂海岸带生境保护与修复技术

1）建立滩涂海岸带增养殖空间规划与评价体系

海岸带综合管理（ICZM）是实现全局、综合、长远和科学管理海洋的有效手段。美国 1972 年颁布《海岸带管理法》，此后世界各国先后出台相关的政策、法规。尽管我国学者初步建立了海岸带生态安全指标体系的基本框架，评估了海岸带生态安全响应力，分析了滩涂海岸带开发所面临的生态和自然生态安全压力，提出了我国海岸带综合管理指标体系（魏莱和魏皓，2009），但因为我国滩涂类型复杂，海岸带的管理经验还相对落后，需要针对不同滩涂类型进一步开展滩涂增养殖空间规划与评价体系研究。

2）完善滩涂生物承载力评估技术

针对我国滩涂开发无序、环境恶化、空间布局不合理等问题，农业农村部已经发布了一系列文件，要求合理布局滩涂水产养殖生产。但由于我国滩涂类型多样、环境复杂，需要评估不同类型滩涂的生物承载力、生态适应性，才能对不同滩涂类型进行合理空间功能配置。国内外对浅海生物承载力研究有一定基础，但对滩涂承载力的研究还处于初始阶段，尤其是滩涂空间规划需要在生物承载力的基础上进行，而这方面的数据信息和研究相当薄弱。

3）建立滩涂典型生境资源保护技术

滩涂生境保护是滩涂生态农牧化的重要组成部分。不同生境涉及的技术不同，主要包括：①恢复滩涂海岸带纵向和横向的连通性，以确保鱼类的通过和营养物质的流动，包括移除拦河坝、堤道，疏浚涵洞，清除其他阻碍潮汐、淡水、营养物质流动和动植物及其幼体通过的障碍；②恢复退化的滨海湿地，通过移除或调节拦河坝以补充更多的自然水流量，以及重塑地貌以移除排水沟和堤坝，需要特别注意酸性硫酸盐土的治理；③重建贻贝礁和牡蛎礁，它们可为许多河口鱼类及其他生物提供栖息地和保育场所，并发挥重要的生态功能；④海草床的保护和重建，在适合海草的生长区域开展工作；⑤河口的保护和治理需要维持充足的淡水流向沿海滩涂，同时也需要接纳来自海洋的潮汐流入。

4）创新典型滩涂海岸带生物修复技术

建立滩涂水域实时在线数据收集系统，基于环境 DNA（eDNA）等的渔业水域生境快速检测和监测技术，集成水体、沉积物和生物要素，从养殖生态系统环境、生物功能群、重要生源要素的迁入和转移等多层次诊断生态系统的受损机制；研发牡蛎礁、海草床和海藻场等典型海湾生境的恢复和重建技术；优化和完善现有的生态系统评价方法，建立环境、生物等多因素评价指标体系，评价生态系统的健康状况和生物修复效果。

2. 建立滩涂生态农牧化增养殖新模式

发展海岸带生态农牧场滩涂创新发展新理念，构建"盐碱地-滩涂-浅海"三场连通的生态农牧场，能实现滩涂区域农牧业有机结合，在区域内部强化三个产业的合理布局和结构优化（杨红生，2017）。在实际工作中，引入现代化发展模式，坚持工程化、机械化、自动化、信息化，发展现代化海洋农牧业及其相关产业，构建海岸带生态农牧场。滩涂作为连接盐碱地和浅海的纽带，在生态增养殖中处于核心地位，适合开展多种形式的"滩涂海岸带+"新生产实践（王波和韩立民，2016）。

1）滩涂海岸带种业新模式

（Ⅰ）滩涂耐盐碱植物优良品种选育

滨海高盐滩涂规模化开发，建设国家大型商品粮棉基地，发展种植业和增养殖业，培育发展可以用海水灌溉的农作物，增强农业供给能力，关键在于耐盐作物优良品种筛选及配套的高效规模化种植技术研发。亟待开展耐盐农作物种质开发及评价工作，加强耐盐农作物鉴定、筛选，推进高效规模化种植关键技术的研发和集成示范，如肥料运筹、覆盖栽培、机械化生产、土壤培肥等核心技术研发。

（Ⅱ）滩涂贝类优良苗种选育及本土化苗种补充

滩涂贝类在我国滩涂渔业增养殖中占有举足轻重的地位，我国沿岸滩涂区域曾广泛分布滩涂贝类的自然产卵场，但随着沿岸开发和过度捕捞，这些产卵场已被破坏殆尽，贝类的自然补充严重不足，个别区域出现了荒漠化现象。需要针对不同滩涂区域特点，开展滩涂原良种保护、本土化优良品种选育和土著种复壮工作，系统研究这些滩涂贝类的生长、自然苗种的产生及迁移规律，建立滩涂贝类经济种和生态关键种自然种群补充技术。

（Ⅲ）滩涂其他经济生物良种选育

我国滩涂大型经济海藻以紫菜为主，随着我国紫菜栽培产业的持续发展，急需加强紫菜新品系相关经济性状及分子遗传背景的研究。裸体方格星虫（*Sipunculus nudus*）具有重要的营养价值和药用价值，是我国南方沿海城市特别是广西北部湾海域主要的养殖品种，但目前缺乏良种。单环棘螠（*Urechis unicinctus*）作为名贵的海鲜食品在我国、韩国和日本沿海地区备受欢迎，也具有很大的养殖开发前景。

2）滩涂海岸带渔业新模式

滩涂渔业是滩涂农牧化的最主要方式，2018 年我国滩涂增养殖面积超过 90 万 hm^2，但滩涂有效利用面积不足 1/3。新型滩涂渔业要在传统滩涂渔业的基础上，加大资源循环利用，主推工程化、信息化的研发。滩涂循环经济是集环境保护、清洁生产、绿色消费和废弃物的再利用于一体，充分利用滩涂系统内的物质和能量，达到"最佳化的生产、最适度的消费，最少量的废弃"，开发多种类型多营养层次综合养殖模式。

3）滩涂海岸带林牧业新模式

耐盐滩涂牧草业开发相对投资小、效益高，可以改良土壤，是实现滩涂农牧化的有效措施之一。滨海滩涂牧草可选种类很多，如千穗谷（*Amaranthus hypochondriacus*）、稗子、狼尾草（*Pennisetum alopecuroides*）、草木樨（*Melilotus officinalis*）等在滨海滩涂生长良好，尤其是紫苜蓿（*Medicago sativa*）非常适合滩涂栽培，已经建立了较成熟的滩涂栽培技术，杂交狼尾草也在浙江、福建、广东、海南等南方地区推广种植。开发滩涂牧草种植，如甜高粱等青贮饲料，其品质相当于或优于玉米。

滩涂林业包括苗木繁育中心和滩涂林业网络建设。前者可以在滩涂开发耐盐林木苗圃，如石楠（*Photinia serrulata*）、日本女贞（*Ligustrum japonicum*）、海桐（*Pittosporum tobira*）、特种草坪等。后者指根据滩涂农田和草地建造防护林，既能防潮固堤，又能形成美丽的景观。林木可以为农作物和牧草提供良好的生态环境，增加农牧业产量，同时提高农林复合生态系统生产力、生态效率和生物多样性，增强农作物抵御自然灾害的能力，净化空气，具有较好的经济效益和生态效益。

4）滩涂海岸带种植业新模式

国内渔农综合种养技术主要应用于内陆淡水区，以稻渔生态养殖、稻虾共作为代表，滩涂垦区渔农综合种养绿色增产增效技术匮乏。目前滨海滩涂已经建立了多种类型的渔农互作模式，如"养鱼改土、鱼粮轮作、退渔还田"等滩涂快速改良与高效益利用海涂盐土的配套技术，但规模化效应尚未显现。

滩涂农业类型繁多，包括蔬菜、瓜果、农作物等。开发特色盐土农业，充分利用滩涂资源优势，重点研发耐盐特质种质资源、盐碱地改良技术、生态修复技术，种植耐盐水稻、小麦等农作物。滩涂生产向绿色、高效、多元化发展的过程中，养殖装备也要创新与发展，以适应和推动增养殖业的发展，提高增养殖业生产水平。

5）海岸带融合发展新模式

滩涂是海岸带上陆地与海洋的连接区域，在海岸带资源开发与利用中，要结合陆地特点，陆海联动、统筹发展，重点以推动海洋产业发展为核心，整合陆地与海洋资源，形成多业态海岸带融合发展模式。在生态优先的基础上，以海岸带滩涂为核心，发展海上风电、海水淡化、海上旅游和海洋牧场等多业态互补模式。海岸线拥有宝贵的可再生能源资源，如潮汐、洋流、海浪和离岸风等，非常适合发展海洋电力，同时解决发电设备占用陆地空间和影响美学等问题，海上风电与海洋牧场融合发展也是海岸带开发的发展方向之一。海上旅游也有较好的发展前景，澳大利亚大堡礁每年的观光产值约有 10 亿美元。

8.2.2 科技发展需求分析

1. 滩涂海洋空间规划与布局技术

海洋空间规划通过对海域各种人类活动的时空分布进行配置，以实现海洋发展的生态、经济和社会目标，它是以生态系统为基础的区域海洋管理措施，是实现以生态系统为基础的海域使用管理的有效工具，是由社会各界广泛参与的公共过程。海洋空间规划以综合规划为基础，为海洋管理提供战略管理机制，并通过进行海洋生态功能重建来维持海洋自然恢复力，达到在提高海岸带地区的生活水平和生活质量的同时保护海洋生态环境的目的。

主体功能区划是一项开创性工作，国际上没有任何已有的理论和方法体系可以照搬，我国对于主体功能区划分的理论探讨多，实证分析少，实证结论参考更不足，且主体功能区划也不同于国内现有的各种划分和规划。虽然我国目前已完成陆域主体功能区划工作，可以借鉴一些经验，但由于海岸带地区具有独特的生态环境，在国家社会经济发展中具有重要的战略地位，因此，要更加深入地研究海岸带主体功能区划的基本理论和技术方法。海洋空间规划可以通过基于生态系统管理的理念及基于空间分析的技术方法为海岸带主体功能区划提供参考。

2. 滩涂盐土快速脱盐与改良技术

沿海滩涂由于长期受海洋潮汐的影响，土壤盐分含量偏高、肥力水平低下，解决的关键措施是工程降盐和土壤培肥。近年来，研发了高效脱盐改良技术，如淡水洗盐、暗管排盐，但尚存在成本高、时间长（3～5年）、高盐滩涂降盐效果差等问题。秸秆覆盖为核心的滩涂快速降盐技术体系有所突破，经过雨季（6～8月）的淋溶，7个月时间耕层（0～40cm）土壤盐分下降至1～2g/kg，基本可以满足主要作物的生产要求（崔士友等，2017）。利用生活污泥可显著改善滩涂土壤的理化性状，是改良滨海盐土的一项潜在发展技术。

3. 滩涂生态农牧场的模式构建技术体系

盐土农业技术是在运用农业生态学、遗传学、作物育种学、栽培学、农产品加工等学科的基础上发展起来的一项滩涂开发综合技术，即在未围垦海涂或虽已围垦但由于土壤盐分较高、常规农作物不能正常生长的重盐土上，直接种植耐盐经济植物，从而提高海涂开发效益的一种新型滩涂开发利用技术。需要建立适于海水与高度盐土、中度盐土、轻度盐土脱盐土等不同生态位的复合植物种类，形成盐生作物良种与品系并建立苗种繁育基地，发展可生产蔬菜、油料、饲料和中药材的多种盐生作物，以及牧草和可用于盐碱环境绿化、海岸防护、环境治理与生态修复的盐生植物类群，并探索立体盐土农业模式、盐生植物-海水养殖轮作与互补模式等盐土农业生产模式及综合效益评估技术。

4. 滩涂增养殖生态工程化和机械化采收技术

设施与装备是现代水产养殖、滩涂种养殖发展的重要保障，与世界先进水平相比，我国相关设施与装备还处于较落后的状态，应当通过装备技术升级与工程化应用，促进生产方式转变，为实现环境友好型浅海滩涂区域种植、增养殖技术的可持续发展提供装备保障。需要发展生态工程化沿海滩涂增养殖装备技术，逐步掌握主要生产方式系统中物质与能量的转换机制及控制因素，建立调控模型，有效构建养殖系统及养殖环境水质与环境生物模型。滩涂浅海贝类增养殖是我国海水养殖业的一大产业，滩涂作业的机械化程度还处于很低的水平，需要发展滩涂浅海贝类养殖机械化采捕设备，进一步提高滩涂作业车、贝类采捕机等装备技术水平，提高人工作业的工作效率，降低劳动强度。

5. 生态系统综合智能管理技术

浅海滩涂种、增养殖生态系统包含复杂的生态过程，在我国当前发展水平下，仅仅依靠"点"上的技术难以实现整体突破提升，需要从系统的要素构成、互作机制和耦合作用等方面综合分析，从资源利用、运作效率、系统弹性和可持续性的整体维度进行思考。对于滩涂的食物生产，需要制订包括环境影响评估、渔药使用规范、饲料优化投喂策略、水产动物运输管控、养殖废水管理及资源化利用等在内的养殖管理体系；制订流域管理措施，如界定环境承载力、流域环境战略评估和维护生物多样性；建立健全常态的、系统的、长期的水产养殖与环境调查监测体系，为以生态系统为基础的滩涂生产管理提供数据支撑；强化科技在决策中的重要作用，实现以科技指导决策的精细化管理。

8.2.3 重大科技任务分析

1. 滩涂生境对人类活动和气候变化的响应及其调控机制

海岸带具有较高的初级生产力，以仅占海洋 7%的面积支撑着全球约 50%的渔业，其中滩涂区尤其是重要生境红树林、滨海湿地和海草/藻床等发挥着不可替代的作用，为近海渔业提供了必要的影响。滨海滩涂同时也是人类活动最密集的区域，受到人类活动和气候变化的双重压力。

1）滩涂贝类苗种自然衰退原因及其机制

我国多数潮间带滩涂适合贝类生长，曾经具有较高的生产量，但由于近二十年的过度采捕，加之岸线围垦和环境污染，滩涂贝类栖息地被严重破坏，自然资源明显衰退，局部地区甚至无贝可采，出现荒漠化现象，严重影响滩涂生态系统生态功能和生物多样性。需要研究典型滩涂贝类繁育区重要生源要素的变化机制，研究环境变化对滩涂经济贝类生长、繁殖的影响，探索苗种的产生、附着及迁移规律，阐明贝类自然苗种补充机制及其控制因素；分析滩涂贝类聚集区的生境特征及其与关键环境因子的互作机制。

2）滩涂生境变迁的控制因素及驱动机制

分析人类活动和气候变化压力下典型滩涂水环境-底质环境-生物环境的变动规律和控制因素，阐明多重压力下的滩涂生境变迁机制；研究滩涂生物多样性的长期变动规律，揭示其对人类活动和气候变化的生态响应机制；研究滩涂经济贝类和生态关键种的种群演替机制及驱动因素，阐明滩涂重要经济物种种群的聚集补充机制。

3）滩涂污染物种类组成及其质量效应

研究不同滩涂类型污染物组成特征及其分布规律；解析传统和新型有毒有害持久性污染物来源及其形成机制；分析重要污染物在食物链中的传递变化规律和对生物安全的影响。

4）海岸带生态农牧场陆海生态系统连通性

研究滩涂海岸带不同生境现状、特征，阐明陆海生态系统连通性关键阻隔因子；研究海岸带生态农牧场陆海生态系统连通性的调控途径与驱动机制；揭示陆海生态系统连通性的影响机制和调控途径；系统了解受人类活动影响的陆海生态系统连通性的现状特征、演变规律与驱动机制。

2. 典型滩涂生境保护与修复技术研发及应用

1）生物承载力评估技术

开展滩涂增养殖水体生物承载力评估，研究支撑种、增养殖生态系统食物生产的关键生物地球化学过程，投入饵料、基础生物生产与关键生物地球化学之间的耦合关系，研究种、增养殖生态系统食物网营养动力学，调查近海典型增养殖海域生物生产力分布和变化特征，综合调查我国增养殖海域生物生产力水平与发展趋势，绘制近海增养殖海域生物生产力分布特征图；从不同层次建立生态系统生物承载力评估技术，精准解析目标生态系统生物承载力，系统评估我国滩涂海域的生物承载力，为我国滩涂增养殖模式和区域布局优化提供基础数据。

2）典型生境修复技术

典型生境保护和修复技术主要包括对滨海湿地、牡蛎礁、红树林、海草床等典型海洋生态系统等的保护、恢复和重建技术。从典型生态系统环境、生物功能群、重要生源要素的迁入和转移等多层次诊断生态系统的受损机制；研究典型海湾的受损机制，研发不同类型典型生境的保护、恢复和重建技术，构建适合不同海域的生态系统保护与修复技术；优化和完善现有的生态系统评价方法，建立环境、生物等多因素评价指标体系，评价生态系统的健康状况和生物修复效果；开发滨海湿地、滩涂、海湾和岛屿生物安保和生物修复技术。

3）滩涂重要经济和生态关键种种群恢复与保护技术

滨海滩涂拥有众多典型生境，如海草床/海带床/大型海藻床、盐沼、贻贝床/牡蛎床、岩石底和滩涂增养殖区，这些生境通常是生物的索饵场、产卵场和繁育场，生境退化导致它们不能发挥上述功能。不同生境的生态功能具有差异，需要量化生境对生活其中的重要物种（重要经济种和生态关键种）的影响，认知典型生境的退化因素，构建典型生境的保护和重建技术；滩涂养殖导致滩涂沉积物中有机碳及硫化物浓度增加，使滩涂生产力、生物多样性和生境质量显著下降，采用原位生态修复手段降低滩涂湿地沉积物污染物浓度，提高滩涂生境质量，为滩涂生物的庇护和索饵营造良好的栖息生境。

3. 滩涂生态增养殖工程化、机械化模式构建

1）滩涂生态农牧化构建技术

目前，滩涂增养殖理论和技术都相对落后，区域间缺少有效结合，滩涂盐碱地农业、滩涂增养殖和滩涂资源养护的单独发展已无法满足现代农业的发展要求，陆海生态连通性的影响机制和调控途径急需进一步的研究；开展滩涂生态农牧场、盐碱地生态农场和浅海生态牧场新设施、新技术的研发与综合应用需要因地制宜，研究建立现代滩涂生态农牧场

环境保障与预警预报平台,陆海联动的现代化滩涂生态农牧场的建成也需要进一步研发,构建滩涂保护与持续利用新模式。

2)滩涂海域装备数字化、智能化技术

通过将物联网应用到滩涂增养殖生产,对利用计算机、互联网、现代通信技术、物联网技术、智能控制和现代机械技术等获取的多尺度、多维度信息进行智能化处理,实现滩涂增养殖的最优控制、智能化管理和农产品流通环节的系统化物流、电子化交易、质量安全追溯等目标,基于物联网技术,形成生态化、高效化、养殖智能化精准生产体系,满足滩涂增养殖产业发展的战略需求。

8.3 技术水平发展总体评价

8.3.1 技术发展态势评价

以科学引文索引扩展版(Science Citation Index Expanded,SCIE)数据库为基础,以 TS=((mudflat OR "coastal zone") AND (farm* OR ranch* OR enhancement OR *culture OR shellfish OR mollusc OR bivalve OR laver))为主题检索公式,选取的文献类型为论文(article)、会议论文(proceedings paper)和综述(review),时间范围为 1991 年至检索日期(2020 年 3 月 18 日)。获得检索结果后,将数据进行合并、去重和清洗处理,最终得到 946 条数据,从文献计量角度分析全球滩涂增养殖与生态农牧化研究的发展态势。

以中国知网数据库为基础,以 SU=(滩涂+海岸带) AND SU=(水产养殖+增殖+养殖+农牧化+农业+种植+贝类+紫菜)为主题检索公式,限定期刊类型为核心期刊、CSSCI 和 CSCD 来源期刊,时间范围为 1990 年至检索日期(2020 年 3 月 18 日),得到国内滩涂增养殖与生态农牧化相关研究 703 篇,从文献计量角度分析国内滩涂增养殖与生态农牧化研究热点内容。

利用汤森路透集团开发的专利信息分析工具 TDA 软件、网络关系分析工具 Ucinet 和 NetDraw,以及 Nees Jan van Eck 和 Ludo Waltman 开发的 VOSviewer 软件和办公软件 Excel 进行相关数据分析。利用 TDA 软件对文献数据进行处理和清理,利用 Ucinet 和 NetDraw 工具,绘制国家合作网络,利用 VOSviewer 软件对文章题名、摘要和关键词进行聚类分析,利用 Excel 软件对文献进行统计分析以及图表绘制的可视化分析。

1. 国内研究发展态势分析

将国内相关研究数据集中的论文题目、摘要和关键词进行可视化图谱分析和领域聚类,得到图 8-3 和图 8-4,主要出现关键词为海水养殖、沿海滩涂、滩涂贝类、海岸带等。可以看出,国内关注的热点主要包括:①滩涂贝类增养殖,涉及的贝类种类有文蛤、菲律宾蛤仔、缢蛏、泥蚶、泥螺等,培育环节的关键词有亲贝、稚贝、中间培育、幼体管理等;②滩涂和海岸带管理,主要是规划、景观建设和生态修复;③滩涂农业开发,主要是滩涂农牧化理论研究,关键词包括滩涂农业、海水养殖、农业生产等;④滩涂政策研究,主要研究养殖证、物权法、使用证、渔民、渔业等;⑤滩涂主要生境,关键词较少,出现频次较多的是红树林。

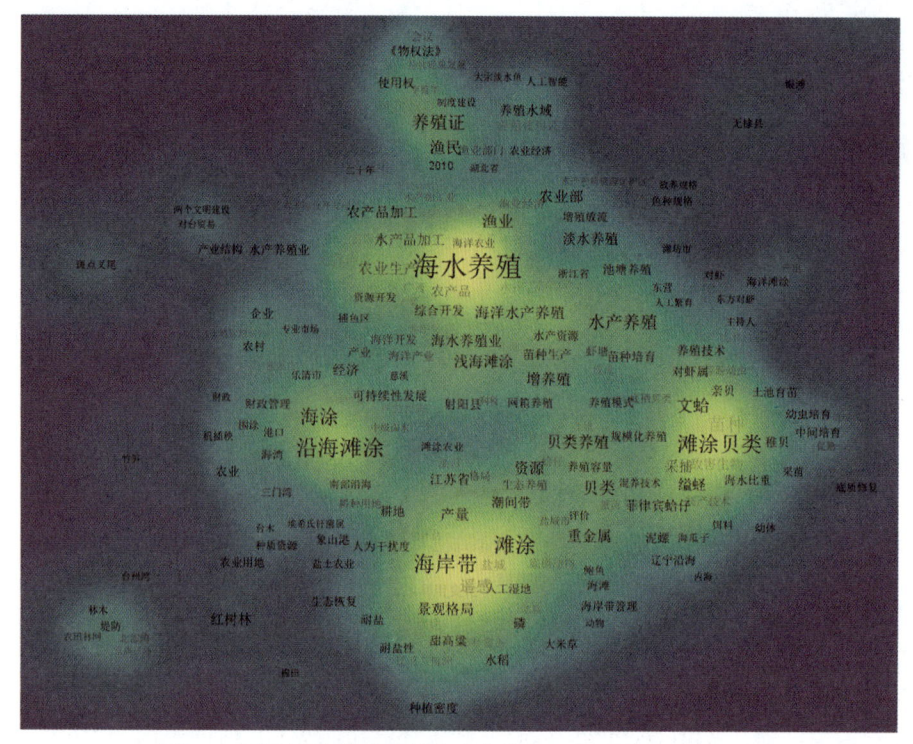

图 8-3 国内滩涂增养殖与生态农牧化研究热点可视化图谱
颜色越凸显表明出现频次越高

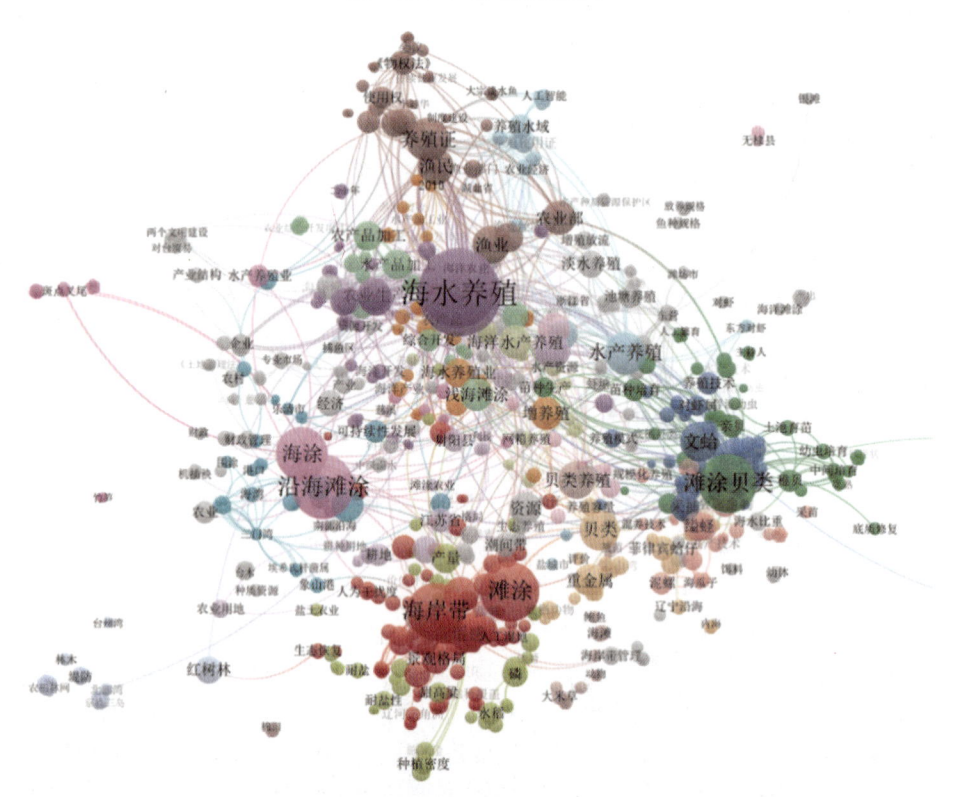

图 8-4 国内滩涂增养殖与生态农牧化主要研究内容聚类图
联系紧密的关键词划分为同一区块；字号越大表示该关键词出现频次越高

2. 国际研究发展态势分析

1）研究论文变化情况

由图 8-5 可以明显看出，国际滩涂增养殖与生态农牧化研究发文量整体呈现递增趋势，有些年份论文量会有小的波动。1991～2019 年有 928 篇相关研究论文被 SCIE 数据库收录，总被引频次为 23 418 次，从论文数量可以看出，国际上对滩涂和海岸带的研究不断深入。

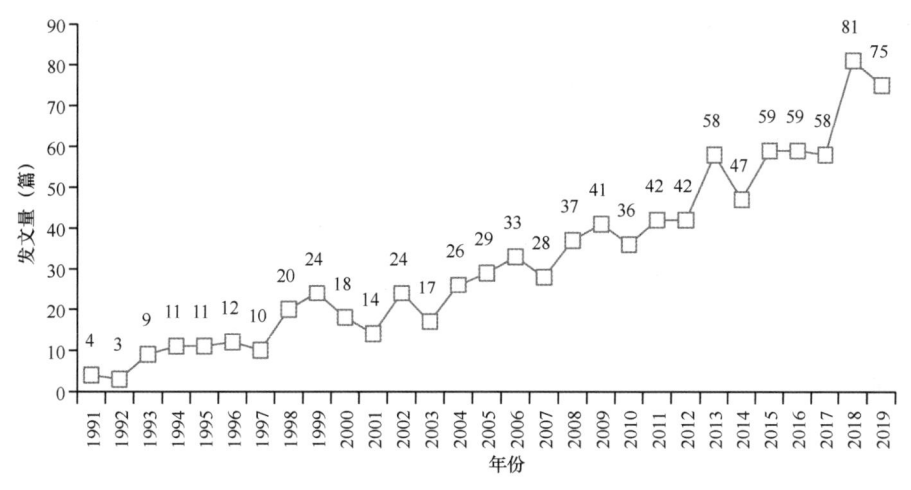

图 8-5 国际滩涂增养殖与生态农牧化研究发文量变化

2）国际研究力量与影响力分析

根据关键词检索结果，共有 91 个国家的 1265 个研究单位发表过滩涂增养殖与生态农牧化相关的专题论文，发文量前 10 位的国家分别是美国、中国、英国、法国、澳大利亚、荷兰、德国、加拿大、意大利和西班牙。其中美国、中国、英国、法国和澳大利亚的发文量在 50 篇以上，美国的发文量最高，而中国的通讯作者和第一作者发文量占比最高（图 8-6），只有中国和美国以第一作者和通讯作者发表的论文数量超过了平均数（通讯作者和第一作者的平均发文量分别为 120 篇和 60 篇）。

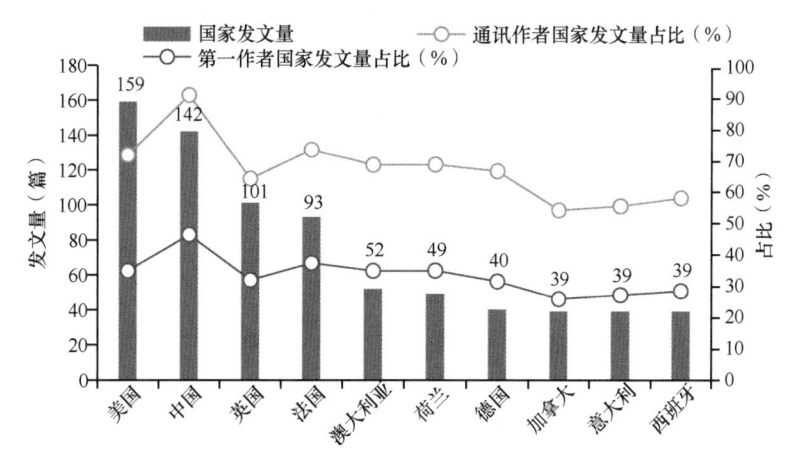

图 8-6 国际滩涂增养殖与生态农牧化研究发文量前 10 位国家的发文量、第一作者国家和通讯作者国家发文量占比

表 8-3 列出了国际滩涂增养殖与生态农牧化研究前 10 位国家发文的发文量、总被引频次、篇均被引频次、第一作者国家发文量占比、通讯作者国家发文量占比和近三年发文量占比等。可以看出,美国的论文总被引频次遥遥领先,其次是英国、中国和法国。但第一作者国家发文量占比、通讯作者国家发文量占比和近三年的发文量占比,中国都处于领先地位。

表 8-3 国际滩涂增养殖与生态农牧化研究发文量前 10 位国家的发文情况

排序	国家	发文量（篇）	总被引频次（次）	篇均被引频次（次/篇）	第一作者国家发文量占比（%）	通讯作者国家发文量占比（%）	近 3 年发文量占比（%）
1	美国	159	5777	36.33	69.18	73.58	22.01
2	中国	142	2321	16.35	92.25	88.73	43.66
3	英国	101	2892	28.63	63.37	64.36	20.79
4	法国	93	2228	23.96	74.19	72.04	13.98
5	澳大利亚	52	1438	27.65	69.23	67.31	21.15
6	荷兰	49	1594	32.53	69.39	67.35	14.29
7	德国	40	1019	25.48	62.50	70.00	27.50
8	加拿大	39	1204	30.87	51.28	56.41	17.95
9	意大利	39	938	24.05	53.85	56.41	15.38
10	西班牙	39	1226	31.44	56.41	58.97	20.51
	平均值	75.3	2063.7	27.73	66.17	67.52	21.72

图 8-7 显示了国际滩涂增养殖与生态农牧化研究发文量前 10 位国家的发文量和篇均被引频次分布图,可以看出,美国的发文量和篇均被引频次均处于领先位置,英国的发文量和篇均被引频次都略高于前 10 位国家的平均值,处于第一象限;荷兰和西班牙发文量增长有限,但篇均被引频次较高,处于第四象限;中国发文量远高于前 10 位国家的平均水平,但论文篇均被引频次远低于发达国家。

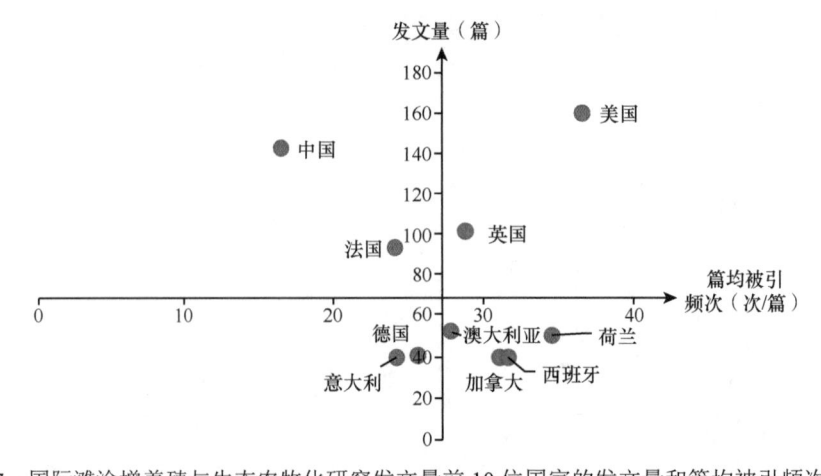

图 8-7 国际滩涂增养殖与生态农牧化研究发文量前 10 位国家的发文量和篇均被引频次分布图

自 1991 年以来,国际滩涂增养殖与生态农牧化相关研究论文发表于 366 种期刊上,收录数量排名前 12 的期刊见表 8-4。

表 8-4　国际滩涂增养殖与生态农牧化研究发文主要期刊

排名	期刊全称	发文量（篇）	影响因子
1	Ocean & Coastal Management	69	2.595
2	Estuarine Coastal and Shelf Science	38	2.611
3	Marine Pollution Bulletin	38	3.782
4	Journal of Coastal Research	29	1.053
5	Marine Ecology Progress Series	23	2.359
6	Journal of Experimental Marine Biology and Ecology	15	2.365
7	Science of the Total Environment	15	5.589
8	Coastal Management	14	1.701
9	Marine Environmental Research	13	3.445
10	Continental Shelf Research	12	2.134
11	Journal of Marine Systems	12	2.539
12	Journal of Sea Research	12	1.704

3）领域内国际合作情况

以国际滩涂增养殖与生态农牧化研究发文量前 40 个国家为主，绘制各个国家相互合作关系网络，见图 8-8。可以看出，美国和中国是研究的中心国家。中国主要的合作国家是美国、澳大利亚和德国。全部论文中，以国家数量计为 1336 篇，实际论文为 928 篇，论文篇均合作国家为 1.41 个。从表 8-5 可以看出，国家独立完成的论文有 654 篇，占全部论文的 69.13%，3 国及以上合作的论文数量为 73 篇，占全部论文的 7.72%，说明国际滩涂增养殖与生态农牧化研究多国合作较少。

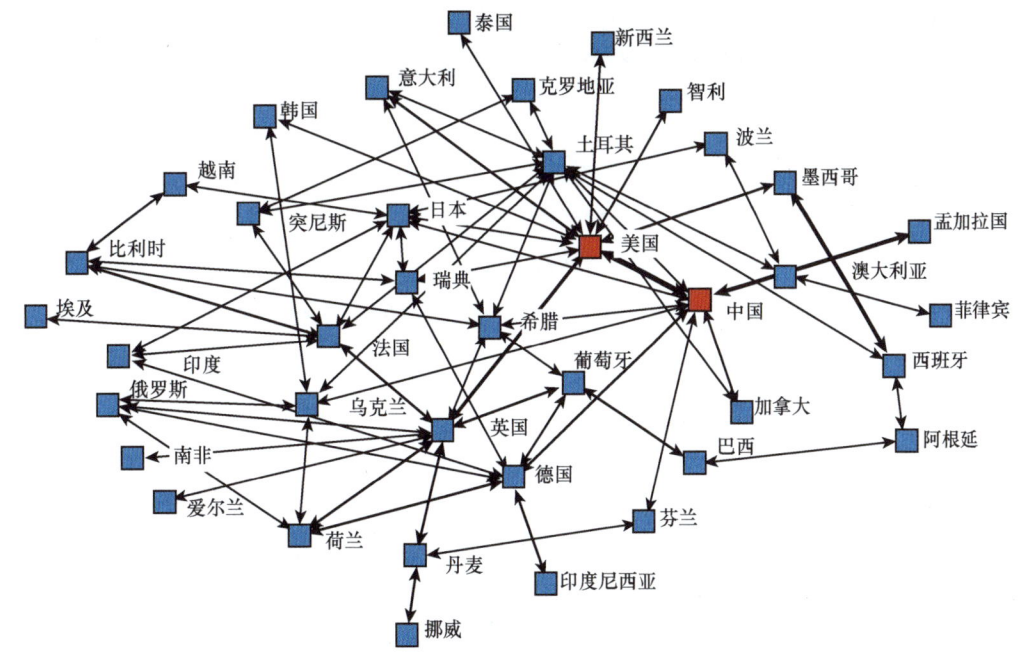

图 8-8　国际滩涂增养殖与生态农牧化研究的国际合作情况

连线表示合作关系，线条越粗合作次数越多

表 8-5　国际滩涂增养殖与生态农牧化研究论文合作国家数量

序号	发文量（篇）	发文国家数量（个）	序号	发文量（篇）	发文国家数量（个）
1	654	1	6	1	6
2	219	2	7	2	7
3	49	3	8	2	8
4	10	4	9	1	11
5	8	5			

4）主要研究国际和机构

国际滩涂增养殖与生态农牧化主要研究机构如图 8-9 所示，发文量不低于 10 篇的机构有 11 个，分别是中国科学院（Chinese Academy of Sciences）、法国海洋开发研究院（IFREMER）、拉罗谢尔大学（University of La Rochelle）、中国科学院大学（University of Chinese Academy of Sciences）、中国海洋大学（Ocean University of China）、法国国家科学研究中心（CNRS）、英国南安普敦大学（University of Southampton）、荷兰皇家海洋研究所（NIOZ）、中国国家海洋局（State Oceanic Administration）、法国南特大学（University of Nantes）和澳大利亚昆士兰大学（University of Queensland）。前 11 名机构中，中国和法国各占 4 席，是比较集中的研究机构。

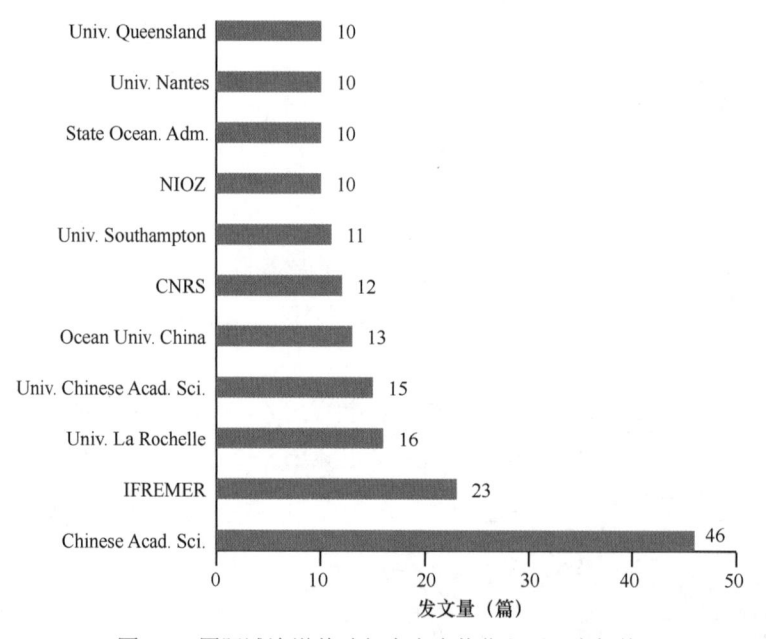

图 8-9　国际滩涂增养殖与生态农牧化主要研究机构

5）主要研究学科领域

按 Web of Science 学科分类看，国际滩涂增养殖与生态农牧化研究所涉及的主要研究学科有环境科学与生态学（Environmental Sciences and Ecology）、海洋/淡水生物学（Marine and Freshwater Biology）、海洋学（Oceanography）和水资源（Water Resources）等（表 8-6），其中环境科学与生态学所占比重最大，有 424 篇相关论文。国际滩涂增养殖与生态农牧化研究发文量前 10 位国家的主要研究领域分布见图 8-10。

表 8-6　国际滩涂增养殖与生态农牧化研究主要涉及的学科领域

序号	学科领域	文章篇数	序号	学科领域	文章篇数
1	Environmental Sciences and Ecology	424	6	Fisheries	70
2	Marine and Freshwater Biology	284	7	Physical Geography	46
3	Oceanography	212	8	Agriculture	43
4	Water Resources	129	9	Engineering	39
5	Geology	111	10	Biodiversity and Conservation	36

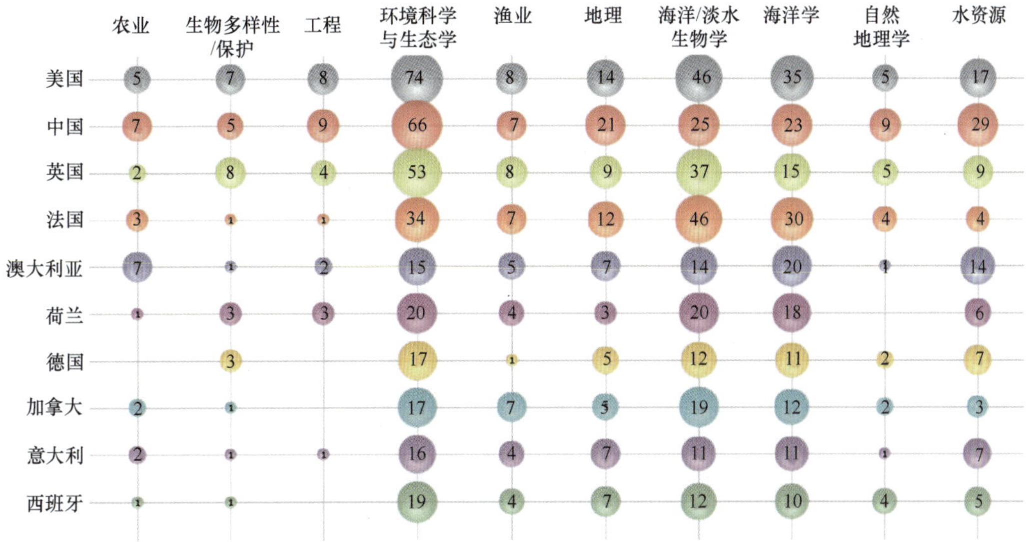

图 8-10　国际滩涂增养殖与生态农牧化研究发文量前 10 位国家的主要研究领域分布图

6）主要研究关键词分析

文中的数据集中只有 80% 的论文数据拥有作者关键词字段，数据虽然不全，但也可以作为主要研究内容分析的参考依据之一。对作者有效关键词进行统计，前 26 个关键词见表 8-7。

表 8-7　国际滩涂增养殖与生态农牧化研究高频关键词一览表（前 26 个）

序号	关键词	词频	序号	关键词	词频
1	coastal zone	88	14	mudflat	14
2	coastal zone management	54	15	phosphorus	14
3	aquaculture	45	16	sustainability	14
4	estuary	29	17	ecosystem services	13
5	climate change	26	18	water quality	13
6	eutrophication	26	19	bivalve	12
7	mangrove	24	20	land use	12
8	remote sensing	23	21	heavy metal	11
9	nitrogen	19	22	microphytobenthos	11
10	nutrient	19	23	adaptation	10
11	GIS	18	24	agriculture	9
12	sediment	15	25	salinity	9
13	modelling	14	26	wetland	9

前 26 个关键词中，涉及研究区域的有海岸带（coastal zone）、河口（estuary）和滩涂（mudflat）；涉及环境压力的有气候变化（climate change）、富营养化（eutrophication）、氮（nitrogen）、营养盐（nutrient）、磷（phosphorus）、水质（water quality）、重金属（heavy metal）和盐度（salinity）；涉及典型生境和生物的有红树林（mangrove）、双壳贝类（bivalve）和湿地（wetland）；涉及生态系统管理方面的有海岸带管理（coastal zone management）、可持续性（sustainability）、生态系统服务（ecosystem services）、土地利用（land use）和适应（adaptation）等。前 10 个关键词分别为海岸带、海岸带管理、水产养殖（aquaculture）、河口、气候变化、富营养化、红树林、遥感（remote sensing）、氮和营养盐，这些关键词既表明了研究区域，也表明了国际上研究的热点领域。图 8-11 分析了前 20 个关键词近 10 年的变化情况，除研究区域外，每年的关注点处于变化中。

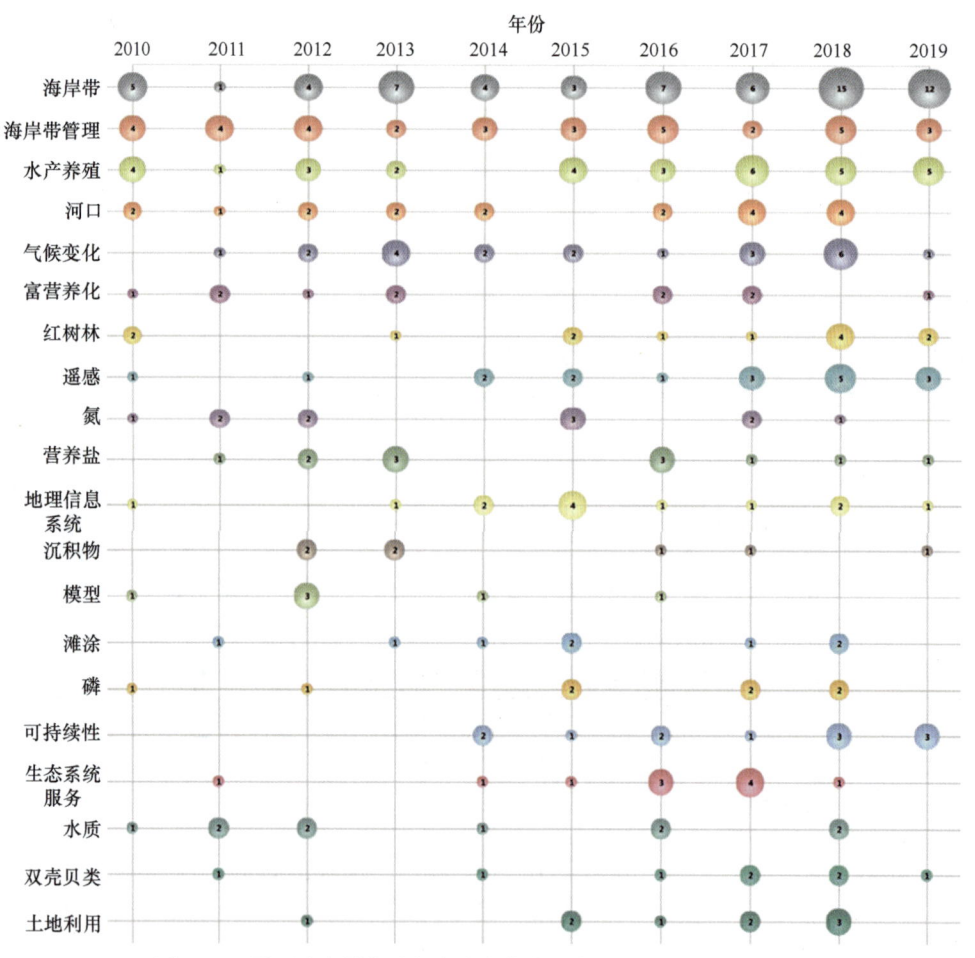

图 8-11　国际滩涂增养殖与生态农牧化研究主要关键词变化趋势
圆圈越大关键词出现频次越高

7）研究热点分析

将国际相关研究数据集中的论文题目、摘要和关键词进行可视化图谱分析和领域聚类，得到图 8-12 和图 8-13。从图 8-12 可以明显看出，国际相关研究主要分为 5 个版块：①研究区域主要集中在滩涂生境方面，包括沉积物（sediment）、栖息地（habitat）、密度

(density)，其中滩涂三大重要生境红树林（mangrove）、牡蛎礁（oyster reef）和海草床（seagrass bed）都是重要研究领域；②滩涂管理领域，包括政策法规、项目管理、计划、气候变化和利益等；③生物地球化学过程，包括氮、营养盐、通量等；④滩涂农牧化，包括种植种类、盐碱地改良等；⑤与海洋学等扩展领域交叉的研究，包括波浪、波浪能、遥感、食物安全等。

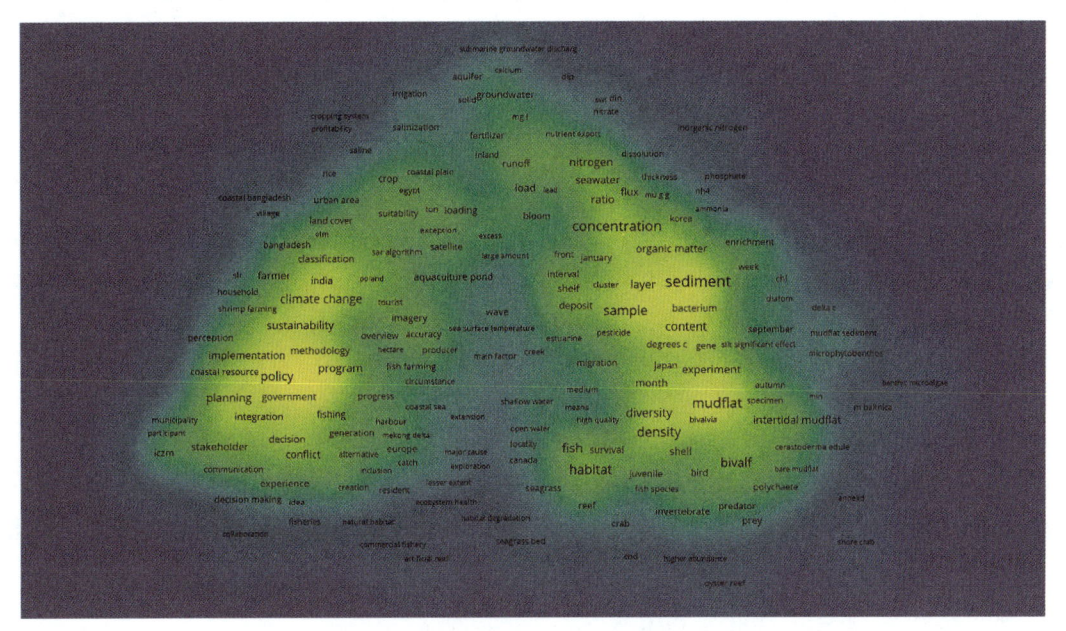

图 8-12　国际滩涂增养殖与生态农牧化研究热点可视化图谱
颜色越凸显表明出现频次越高

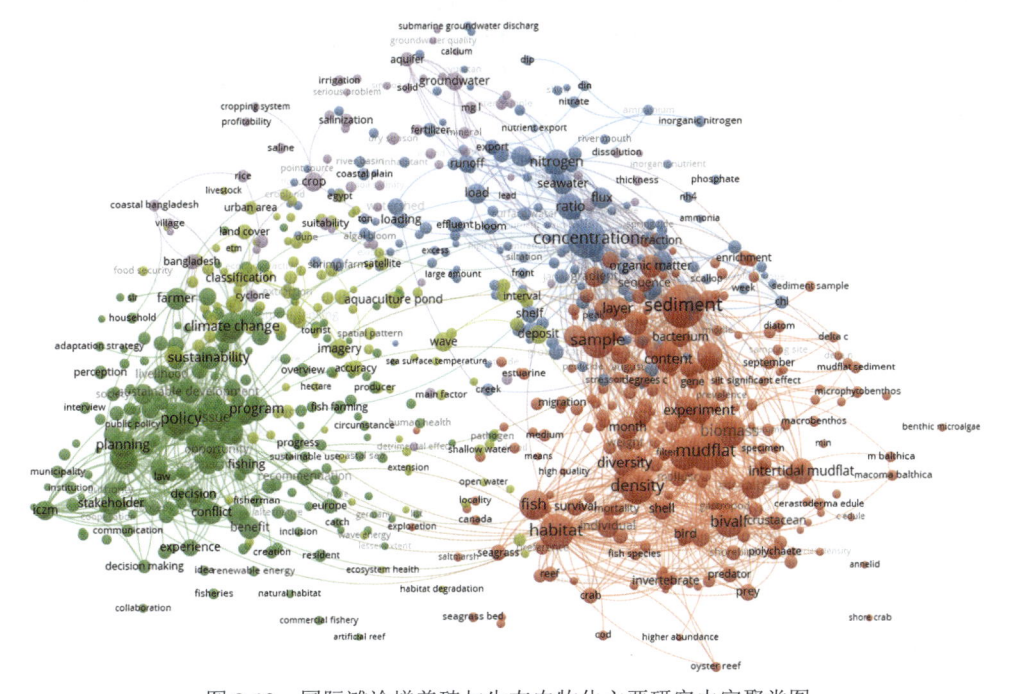

图 8-13　国际滩涂增养殖与生态农牧化主要研究内容聚类图
联系紧密的关键词划分为同一区块；字号越大表示该关键词出现频次越高

8.3.2 技术发展水平和差距评价

1. 苗种繁育技术处于领跑状态

20世纪50年代，我国开展了滩涂贝类人工苗种繁育技术研究，初步建立了大宗养殖贝类如缢蛏、泥蚶等的人工繁育技术，60年代发展了紫菜大面积育苗及全人工采苗技术，建立了紫菜全链条养殖产业，我国一跃成为世界紫菜养殖大国。20世纪90年代至今，我国已先后解决了青蛤、菲律宾蛤仔、文蛤、缢蛏、毛蚶、牡蛎等主要滩涂贝类的苗种工厂化生产技术，目前滩涂主养贝类和紫菜等都可以实现规模化苗种培育。

2. 空间规划处于跟跑阶段

我国海洋空间规划实施较晚，但已实行了许多针对我国海域的有特色的海洋空间规划，包括海洋功能区划、海洋主体功能区规划以及海洋生态红线等。目前实行的这几种规划在一定程度上实现了海洋资源高效利用与海洋环境保护的目标，通过设立海洋保护区、禁止开发区及红线区对海洋生态环境进行保护，但缺少对开发区域以及非红线区域的海洋生态环境的具体管理目标与措施。因此，我国还需进一步加强对人类开发活动的管理，提高海洋生态系统的服务价值与可持续利用性，建立基于生态系统的海洋空间规划方案。为构建陆海统筹的生态安全格局，统筹协调海岸带空间布局，国家海洋局于2017年积极推进省级海岸带综合保护与利用总体规划试点工作，将海岸带地区作为推进陆海统筹、优化空间格局的重要区域。

3. 新品种培育处于并跑阶段

培育耐盐碱新品种并推广应用，是保障我国粮食安全的重要举措。水稻是沿海滩涂和盐碱地改良的首选粮食作物，在国家科技支撑计划的资助下，多家涉农业科研单位筛选了国内外水稻资源，获得了大量的耐盐种质，制定了《水稻全生育期耐盐性鉴定技术规程》（DB 32/T 1845—2019），联合分子标记辅助与常规育种技术，开展耐盐、抗病、高产、优质多性状聚合育种研究，育成了适宜不同类型沿海滩涂种植的耐盐水稻品种（如"南粳9108""盐稻12号""辽粳1305""海红香稻"等），构建了"耐盐大麦（小麦、绿肥）-水稻"种植模式，建立了新垦盐碱地降盐控盐和地力培育配套关键技术，并开发了2个盐碱改良、壮秧培育的物化产品。通过集成技术体系示范，在盐分浓度分别为0.2%~0.3%、0.3%~0.6%的盐碱地种植单品种耐盐水稻的亩产分别达到550kg和400kg，比现有盐土水稻生产技术增产15%~20%，在盐碱地综合利用方面具有极大的应用前景。

棉花是沿海滩涂先锋作物，"通簪1号"是从棉花自然变异群体中发现，经多代自交已趋纯合、性状稳定的新品种，具有抗黄萎病、枯萎病的特性，适于农业机械化采收，在以砂土为主的滩涂通过条播法进行田间试验得出，适于沿海滩涂的最佳种植模式是"密植晚播"，最佳播种时间为5月下旬，播种密度约为8.25万株/hm^2。

耐盐碱牧草的种质筛选方面也已开展了一些研究工作，选育出高秆型牧草高粱和田菁等耐盐能力较强的品种，适宜在盐碱地中种植；还发现了苜蓿的Ca、K、P等养分含量较高，且在产量方面具有一定的优势，可将其作为盐碱地改良的候选作物之一。

综上所述，在国家和地方科技计划的支撑下，我国在耐盐碱水稻等植物种质筛选与改良方面技术领先，并且在优质高产新品种选育和种植等技术方面有所突破，但也存在一些明显的不足，如耐盐碱分子机制尚未阐明、耐盐碱性状不够稳定、可供育种利用的耐盐基因不多、新耐盐种质的筛查力度不够、综合种植技术还未建立。

4. 信息和数据采集与开发利用技术处于跟跑阶段

信息收集和安全存储方面的新技术可以提供更多精准的信息并具有可预测性，能够改进合规性和可追溯性，从而改变传统的养殖行为，进而会极大改善渔业资源管理及可持续性。这些新技术包括移动互联网（如提供实时的鱼品市场价格）、高级机器人（如自动切片装置）和物联网，或系统、设施和高级传感器的互联互通（如电子标签）等。新技术的应用可为渔业和水产养殖部门提供新的贸易途径，以便增强可持续性，提高资源和能源效率。

国外较早开展并应用了对地观测系统中空间信息获取、管理、分析和应用的三大支撑技术，即 3S 技术，这些技术为海岸带综合管理与开发利用提供了崭新的前景。遥感、遥测与监测、监控技术体系网络，可以实现大规模、大范围、全天候地采集滩涂及邻近海域资源、环境和生态等领域的动态实时数据和信息。利用 3S 技术特有的空间分析功能，可以对资源、环境和社会经济等各类要素进行定量分析和综合分析，获得的评价结果直观、清晰，有助于发现问题和制订决策。

随着大数据研究的不断深入，智能化养殖技术将在渔业领域逐步应用，大大提高了养殖效益和管理水平。然而，水产养殖要与大数据做到真正地融合，并使大数据不断地产生经济价值，推动行业发展，就必须要做到对大数据的采集、数据建模与分析以及分析结果，并建立新的质量标准体系。但目前我国在信息和数据采集与开发利用等方面与美国等发达国家还存在一定的差距。

5. 滩涂生境保护和生物修复技术处于跟跑阶段

中国科学院海洋研究所联合国内高校和研究所，以我国典型半封闭海湾辽东湾、荣成湾、象山港为研究海区，针对目标海湾生境特点，确定了相应的生物修复工具种和工程手段，构建了沙蚕-翅碱蓬-根系微生物、芦苇-根系微生物、贝-藻-鱼多元养殖、大叶藻（草）床、人工鱼（藻）礁、人工藻床、人工牡蛎床等 7 种生境修复模式和技术体系，规模化示范应用效果明显；使刺参、沙蚕、鼠尾藻等 10 种经济生物苗种规模化繁育技术得到了优化；构建了刺参、沙蚕、鼠尾藻等 11 种经济生物资源修复模式与技术体系，为海湾生物资源修复提供了技术支撑和苗种基础。

我国对红树林滩涂湿地生态系统的保护和修复采取了有效措施。一方面通过建立国家级、省级、市级红树林保护区，对适宜红树林生长的区域进行保护和修复，成功的案例包括福建省漳江口、九龙江口红树林生态修复区，广东省珠江口、湛江红树林生态系统保护和修复区，广西北海山口、北仑河口红树林生态系统保护区，海南东寨港红树林生态系统保护和修复区等；另一方面，通过应用人工构建的综合技术，扩充和修复红树林滩涂生态系统，包括对渔业功能的修复等，如在深圳海上田园建立的滩涂红树林-养殖耦合系统修复技术示范等案例。

6. 滩涂生态增养殖生产工艺落后、机械化水平处于跟跑阶段

我国在主要经济贝类的繁殖生物学、育苗及养殖技术与模式、遗传学分析及良种选育等方面都取得了很大突破，但在生产方式上较落后，发达国家基本实现了主养种类的机械

化生产方式，但我国还处于以人工操作为主的局面。养殖方式和工艺需要朝智能化、资源循环利用、空间优化布局等环境友好型的滩涂绿色增养殖方向发展。要加强设施渔业的理论研究，改变滩涂增养殖仍处于半人工操作甚至完全靠人工操作的状态。

8.3.3　技术发展阶段评价

1. 滩涂贝藻养殖技术处于产业化阶段

我国有"水产养殖之乡"的美誉，不仅历史悠久，同时还较早认识到水产养殖将在现代渔业发展中发挥重要作用并为食物安全做出贡献。1986年我国确定了"以养为主"的渔业发展方针，从而促使水产养殖快速发展。水产养殖产量从1985年的362.6万t增至2014年的4748.4万t，在渔业总产量中的占比从45.2%增至73.5%，成为我国大农业发展最快的产业之一（唐启升等，2016）。滩涂养殖是我国水产养殖的重要方式，其产量约占海水养殖产量的45%。

20世纪50年代以来，我国先后解决了贝类、藻类等全人工繁育技术难题。滩涂贝类、藻类的养殖种类丰富，主要包括牡蛎、蚶类、蛤类、蛏类等滩涂贝类品种，以及条斑紫菜、坛紫菜等藻类品种。其中，培育的滩涂贝藻新品种有17个。20世纪90年代至今，我国先后突破了泥蚶、青蛤、菲律宾蛤仔、文蛤、缢蛏、毛蚶等主要滩涂贝类的苗种工厂化生产技术，开展了优质饵料、苗种高效培育及采苗等工艺优化研究，基本实现了滩涂贝类优质苗种稳产高产培育。2018年我国滩涂增养殖面积约为59.6万hm^2，滩涂贝类（蛤、蚶、蛏）养殖产量为530.6万t，占贝类养殖总产量的36.7%，紫菜产量为20.2万t，已经达到规模化生产阶段。

2. 滩涂耐盐经济作物种养殖处于中试阶段

1939年世界上第一个抗盐水稻品种"Pokkali"问世，随后巴西、日本、美国、英国、澳大利亚等国家也开展了相关研究。我国从20世纪50年代开始开展相关研究，"海稻86"是我国第一个耐盐水稻品种，此后陆续培育了"南粳9108""盐稻12"等耐盐遗传群体912个。2019年青岛的海水稻试验基地增加到了9个，覆盖省区包括新疆、黑龙江、浙江、山东、陕西、河南等，培育了杂交海水稻160多个。上述品种中，在江苏盐城沿海滩涂（0.3%盐分浓度）种植的"海湘030"因亩产达到了400kg而受到广泛关注，但总体上耐盐水稻还是在中试阶段。

我国在耐盐农作物方面也筛选了耐盐林木（如石楠、日本女贞、海桐）、耐盐牧草（如千穗谷、上稗子、狼尾草、草木樨、牧草高粱和田菁）、耐盐棉花（"通謇1号"），但总体都是中试阶段，没有大面积推广。

3. 滩涂增养殖机械化和智能化装备处于研发阶段

我国在滩涂增养殖高新技术如渔业设施、采捕装备、养殖工程、自动化控制、数字化等方面取得了一定进展，但也存在着在重大关键设施设备、自动化、信息化等方面的技术基础十分薄弱的不足，养殖整体装备和关键技术仍处于比较落后的阶段，主要表现在：一些高新技术如信息化、数字化、自动化、智能化等在海水养殖中的应用率较低，采捕装备大部分依赖进口，核心竞争力比较弱，渔业设施设备的机械化水平差距较大，相应的滩涂增养殖人工调控技术、工程化生态增养殖和机械化采捕技术装备比较缺乏。

贝类是滩涂增养殖的主要种类，目前贝类的采收主要靠人工，效率低、成本高。国内一些科研单位和企业自主研发了部分滩涂贝类苗种繁育设施，如滩涂贝类苗种培育和养殖水处理的系统、贝类苗种上升流培育设施、贝类苗种平面流培育设施；自主研发了机械化采收装备，如文蛤机械化采收工艺与装置、智能滩涂文蛤采捕小车、多功能浅海滩涂采贝车、滩涂翻耕车等；自主研发了滩涂敌害清除设施，如滩涂互花米草收割机和履带式刈割机等。但这些设施设备只有个别投入了生产应用，大部分仍处于试验阶段，离大规模推广使用还有很大的距离。

8.3.4 国内外相关评价分析

1. 适合滩涂种养的耐盐水稻新品种获得突破

2019年10月17日《人民日报海外版》（第10版）报道了袁隆平团队的海水稻获得突破。英国《每日电讯报》曾发表文章称，在迪拜广袤的沙漠中，中国科学家在沙地中利用稀释的海水，成功种植出了耐旱的水稻。这些科学家意识到，长达40年的奋斗终于在此"开花结果"。

远行至迪拜后不久，海水稻的米香也通过"一带一路"倡议"飘"到了非洲。2018年，青岛海水稻研究团队与非洲开启了"水稻技术推广及农业产业园建设"推广项目。项目启动后不久，塞拉利昂多次派专员前往青岛进行洽谈，最终成功签订水稻种植项目合作意向书。随后不久，刚果（布）也与青岛共同制定了10亿美元海水稻种植计划。科威特则邀请青岛海水稻研究团队在该国进行产业化推广。

目前，青岛海水稻研究团队正在与卡塔尔、沙特、埃及、巴基斯坦等国家开展合作，继续在"一带一路"相关国家和地区推广耐盐碱水稻技术。随着国际项目的接踵而至，青岛海水稻研究团队计划在中东、非洲、东南亚设立相应的海水稻国际联合推广中心。

2. 滩涂多营养层次综合养殖技术获得FAO推荐

中国、日本和韩国是较早开展海水综合养殖的国家，主要是在海湾或者潟湖中开展鱼类（围栏/网箱）、贝类和紫菜等综合养殖，通过反复试验，基本实现了最佳配比。在滩涂海岸带和滨海池塘中进行综合养殖也有相对长的时间，如中国、印度尼西亚、厄瓜多尔、印度、菲律宾等都开展了虾、鱼、农业植物（包括红树林和水稻）广泛混养研究。中国、泰国、日本、越南，尤其是东南亚国家，也积累了大量滩涂农牧化研究经验。这些养殖模式被FAO称为"高社会效益、低环境成本的养殖体系"，向世界范围推广（FAO，2018）。

8.4 科技发展趋势分析

8.4.1 新进展、新变化、新特征和新趋势分析

1. 滩涂增养殖海域空间受到多重制约

潮间带滩涂的围垦，把原生的潮间带生境变成人工养殖池塘，在我国北方破坏了以碱蓬和芦苇为代表的盐生湿地生境，在南方破坏了红树林等滩涂生境，占用了大量自然岸线

和滩涂湿地，导致滩涂生境破碎化、功能退化、生物多样性降低（柳圭泽等，2018）。例如，滦河口在20世纪80年代开始出现滩涂围海增养殖，大面积的沼泽和沙泥质滩涂湿地被侵占，养殖池塘面积从1987年到2009年增加了约8.44倍，从225.31hm^{2}增加到2126.42hm^2；滦河口天然湿地面积在1979～2009年的30年间骤减2/3。河北昌黎县陆域滩涂池塘养殖大量占用七里海潟湖湿地，到2009年围垦养殖造成潟湖周边沼泽湿地基本消失，以1987年为分界点，人类开始池塘养殖，面积为877.6hm^2，到2009年池塘养殖面积达到1801.84hm^2，约是1987年的2.1倍，大面积潟湖水体被养殖池塘蚕食。七里海潟湖湿地生态环境也由于滩涂池塘养殖产生了很大的变化，导致湿地生态功能减弱。

2. 环境保护使滩涂增养殖面临压力激增

2015年12月31日开始，中央环保督察试点工作在河北省首次进行，标志着全国范围内中央环保督察行动开始。这场以改善我国环境的督查和环保举措被业内称为"环保风暴"，一开始便引起了人们的关注和重视。沿海滩涂增养殖也不例外，实施了滩涂规划等绿色发展措施。2016年12月农业部印发了《养殖水域滩涂规划编制工作规范》和《养殖水域滩涂规划编制大纲》，要求全国各省市科学规划，合理布局水产养殖生产，设置禁养区、限养区等发展底线，保护水域滩涂生态环境。目前，我国沿海大多数省份及其所辖主要城市完成了《养殖水域滩涂规划》编制工作，根据禁养区、限养区划定及管理相关要求，各省份正在开展禁养区和限养区内非法海水养殖区的清理整治工作。水产养殖也肩负着环境保护的使命，实现清洁高效增养殖生产，既是机遇，又是挑战。滩涂增养殖生产应更加注重生产过程的清洁生产（污染排放降低）和养殖产品的清洁生产（更安全的养殖产品）。

3. 突发性高温等极端天气对滩涂增养殖的影响加剧

自从工业革命以来，地球上的生态环境被严重破坏，温室效应也日益严重，尤其是近几年来，各地气温屡创新高，很多地方都出现了极端天气，厄尔尼诺现象就是其中之一。例如，在秘鲁海域，厄尔尼诺现象出现之后，海水的温度升高，而原本生活在冷水中的鱼类无法适应变暖的海水，从而导致了大规模的死亡现象。由于气候变化的诱发、人类在近海海域活动的强度增加，以及滩涂增养殖规模化、高密度和高产量的特点，滩涂增养殖，尤其是池塘养殖，无疑也面临着高温等极端天气变化风险。尤其是近年来极端天气的频繁爆发，突发性高温天气变化给滩涂增养殖业带来了严峻的挑战，滩涂增养殖效益、产量和品质均受到了严重影响。例如，2016～2017年，长时间持续破极值的高温、闷热天气导致我国山东、河北局部地区的池塘养殖海参大量死亡；2018年，因夏季高温的影响，海参养殖受灾范围扩大至辽宁地区，导致我国北方池塘养殖海参产业遭受重大打击，仅2018年大连刺参池塘养殖的损失就高达68.7亿元[①]。

极端气候变化也增加了灾害风险，海浪或海啸、飓风等自然灾害会对水产养殖业造成重大损失。据估计，自然和人为灾害在2014年造成1130亿美元的经济损失；加勒比地区仅飓风造成的年度损失就增加了14亿美元。

---

① 参见 http://news.sina.com.cn/o/2018-08-07/doc-ihhkusks7217746.shtml。

4. 融合发展是滩涂保护和利用的新趋势

沿海滩涂主要包括未经开发的自然滩涂区、人工开垦已利用区、生态旅游区、保护区以及其他作用区。像绿水青山一样，沿海滩涂同样是破坏容易保护难、污染容易修复难。滩涂作为一种重要的海洋资源，其开发利用强度在不断增加，融合经济已成为海洋经济发展的新的增长点。十九大报告提出"坚持陆海统筹，加快建设海洋强国""壮大节能环保产业、清洁生产产业、清洁能源产业。推进能源生产和消费革命，构建清洁低碳、安全高效的能源体系"。因此，开展渔旅、渔能等融合发展模式是滩涂保护和利用的新趋势。此外，以滨海种植和滩涂增养殖为主的传统滩涂农牧场的开发，存在结构单一、效率低下的问题。未来的滩涂"蓝色农业"需要进一步拓展发展空间，建设以农牧渔业为代表的第一产业、精深加工业为代表的第二产业和以文化旅游业为主的第三产业，并实现三产融合。

8.4.2 科技发展态势和方向

1. 海岸带生态农牧场是我国滩涂清洁生产的主导方向

海岸带横跨滩涂和浅海，既是陆-海-河相互作用显著的区域，又是人类经济社会活动高度密集区。但是，持续的开发利用活动致使海岸带的陆海生态连通性受损，生态系统服务功能下降。由于仅重视近海生态保护与环境利用而忽略了陆海之间的生态连通性，生态岸线保护和经济岸线开发的综合效益难以进一步提升（贾敬敦等，2014）。基于生态优先、陆海统筹的海岸带生态农牧场是一个新的生态和经济业态（杨红生，2017），综合考虑了环境保护和经济发展，在理论上有很大的创新空间，其内涵全面贯彻了清洁生产的理念。海岸带生态农牧场的理论探索和构建可以从以下四个方面进行：①海岸带生境立体化在线监测；②预报预警平台和智能管理信息系统；③海岸带受损生境改良和资源修复与综合调控；④海岸带动植物种养殖与生态农牧场建设。

2. 机械化、智能化成为增养殖业的转型新动力

发达国家重视养殖设施装备研发，建立了有效的设备设施技术规范，提高了养殖生产效率。欧美等水产养殖发达国家的浅海养殖已实现机械化与自动化操作，近年来随着计算机硬件的快速发展与软件的高度集成，计算机辅助工程（CAE）技术被广泛应用于渔业工程仿真模拟中。与发达国家相比，我国滩涂增养殖装备机械化水平较低，滩涂养殖整体装备和采捕等关键技术仍较为落后、缺乏。例如，需大量铲土式筛分采收或高压水流连续冲击滩涂的老式采收工艺，容易造成滩涂地层结构变化，以及泥沙层非合理性迁移与分布不均等问题。目前，我国滩涂养殖装备产品数字化设计及制造尚处于技术积累和探索阶段。例如，我国研究人员相继研发了滩涂养殖文蛤的机械化采收工艺与装置、智能滩涂文蛤采捕小车、多功能浅海滩涂采贝车、滩涂多功能采蛏车和滩涂翻耕车，并构建了兼具滩涂贝苗培育和养殖水处理功能的系统，以上滩涂养殖设备一定程度上提升了我国滩涂养殖机械化和自动化水平。另外，由于传统滩涂养殖业属于劳动密集型产业，从业人员的劳动强度较大，收入相对较低。例如，贝类是滩涂养殖的主要种类，目前贝类的采收主要靠人工，劳动强度大、生产效率低、工作条件差、生产成本高。因此，当前从业人员年龄结构呈现老龄化，滩涂养殖面临着劳动力短缺、人力成本增加等问题。总之，智能化和机械化是我

国滩涂增养殖未来发展的迫切需求和必经之路。

3. 智慧型滩涂增养殖是未来发展方向

我国信息化、数字化、自动化、智能化等现代物联网技术在滩涂养殖中的应用率较低，设施化和智能化、养殖技术与管理水平等方面应用较少，信息化落后、精准管理水平较低。从国际发展趋势来看，现代物联网技术应用是滩涂增养殖的发展方向。为保障水产品质量安全，可以通过信息辅助养殖生产，水产品养殖期间的诊断记录则是信息追溯的档案。发展"智慧渔业"，促进物联网、大数据、人工智能等现代信息技术与滩涂养殖生产深度融合，建立滩涂增养殖科学观测智能平台，建立智慧渔业建设系统，实现智能增氧、智能投饵、水质在线监测、渔病远程诊断等网络操作，推动渔业信息化、智能化发展进程。

4. 滩涂养殖规划与环境监管是产业发展的重要保障

由于我国滩涂养殖规模较大、养殖方式多样，由滩涂养殖导致的海洋生态环境问题突出，因此，加强滩涂养殖生态与监管为当前形势所需。我国在滩涂养殖污染防控方面已开展了大量的工作。2018年以来，针对滩涂养殖水域周边污染、养殖布局不合理等问题，生态环境部组织开展了《中华人民共和国海洋环境保护法》中海水养殖相关内容的修订工作，沿海各市结合实际情况制定和发布了《养殖水域滩涂规划》，农业农村部等十部委联合发布了《关于加快推进水产养殖业绿色发展的若干意见》，一定程度上解决了滩涂养殖业在绿色发展的空间布局、产业结构和生产方式等方面存在的问题。例如，从海水养殖空间布局管控、养殖用海确权、养殖场环境影响评价、推广生态养殖方式、严格限制养殖用药、严控养殖尾水达标排放等几个方面细化、完善法律规定，倒逼目前粗放式海水养殖业的转型升级，转变以往以大规模、高速度、高消耗、低效益的规模产量型发展模式，推广先进的渔业技术，严格管控滩涂池塘养殖尾水污染物排放，改善养殖滩涂海域水质，减少和避免大规模病害，增加滩涂养殖业的经济效益和社会效益。另外，从渔药使用、养殖密度、投饵等养殖过程的管控，以及海洋牧场建设等方面，推动建立清洁式养殖生产模式，保护水域滩涂生态环境，有利于培育环境友好型养殖，提高养殖产品的品质和效益，为滩涂养殖业的可持续和绿色发展提供法律及政策保障。

8.4.3 发展目标与重点任务

1. 发展目标

坚持创新、协调、绿色、开放、共享的新发展理念，围绕"清洁生产、绿色发展"推进渔业生产方式转变，以建设"升级增效、绿色安全"为特色的区域性滩涂清洁生产为目标，夯实海岸带生态农牧场、有毒有害污染物传递机制和清洁生产过程等基础理论原始创新能力，提升滩涂增养殖模式构建、工程装备、清洁生产和清洁化加工等共性关键技术，构建滩涂科技创新发展战略智库，培育和集聚清洁生产创新、创业核心团队，创建现代渔业科技研究与示范平台，着力打造一批新装备、新技术、新模式和重大产品，形成三产融合、链条完整的滩涂清洁生产产业集群。预计到2025年末，基于生态系统管理的滩涂健康增养殖覆盖率达45%以上，机械化生产推广率达40%，轻简化率提高35%，重大疾病病害发生率降低25%，实现滩涂增养殖的灾害风险预警预报。

2. 重大基础研究

1）滩涂贝类苗种自然补充机制及资源恢复策略

研究环境变化对滩涂经济贝类生长、繁殖的影响，探索苗种的产生、附着及迁移规律，阐明贝类自然苗种补充机制；分析滩涂贝类聚集区的生境特征及其与关键环境因子的互作机制，探索贝类中间培育技术、聚集区改造技术和滩涂贝类增养殖新模式；建立滩涂生境适宜性评价模型，评价滩涂主养物种和生态关键种的生态适宜性；研究受损生境的恢复和保护机制，研发滩涂本土化苗种补充技术，制定资源恢复和保护策略。

2）典型滩涂生境变迁、生物多样性响应及驱动机制

研究人类活动和气候变化对滩涂生境变迁的影响；分析人类活动和气候变化压力下典型滩涂水环境-底质环境-生物环境的变动规律和控制因素；研究滩涂生物多样性对人类活动和气候变化的生态响应；研究滩涂经济贝类群落的演替机制及其驱动因素；研究滩涂重要经济物种种群的募集补充机制。揭示人类活动和气候变化对滩涂生境变迁的影响机制，揭示滩涂生物多样性变化对人类活动和气候变化的生态响应机制，阐明人类活动和气候变化对滩涂生态系统结构和功能的影响。

3）持久性和新型污染物对滩涂增养殖生物的影响及其质量效应

研究有毒有害等持久性污染物和新型污染物在滩涂水体及潮间带滩涂沉积物介质中的分布特征、影响因素及其来源，分析有毒有害持久性污染物和新型污染物在滩涂主要食物链中的赋存特征和传递变化规律。阐明有毒有害持久性污染物和新型污染物在滩涂水体及沉积物中的分布规律、影响因素、来源及生态风险，阐明滩涂主要食物链中各生物体内有毒有害持久性污染物和新型污染物的污染特征及来源，解析有毒有害持久性污染物和新型污染物在滩涂主要经济物种食物链中的传递变化规律。

4）海岸带生态农牧场陆海生态系统连通性的演变规律及其驱动机制

研究我国海岸带生态系统类型、现状特征，以及陆海生态系统连通性关键阻隔因子的时空分布特征；研究海岸带生态农牧场陆海生态连通时空演变的生态效应；研究海岸带生态农牧场陆海生态系统连通性演变的驱动机制与调控途径。查明我国海岸带生态系统类型及陆海生态连通性阻隔因子的时空分布信息；揭示陆海生态系统连通性的影响机制和调控途径；系统认知人类活动影响下陆海生态系统连通性的现状特征、演变规律与驱动机制。

3. 共性关键技术

1）滩涂增养殖生物苗种高效培育工程化技术与设施

针对不同滩涂类型和特点，研发贝类、紫菜、耐盐经济植物等高效苗种培育技术。研发滩涂主养贝类高效精准工厂化育苗关键技术、大规格苗种中间高效培育技术与设施；建立滩涂重要经济贝类亲本养护与苗种增殖技术，建立滩涂生态关键种栖息地生境改良与自然种群补充技术；筛选和优化高值耐盐蔬菜栽培工艺，研发智能化栽培、采收技术；筛选适合滩涂重盐土区耐盐作物新品种，研发高产栽培、品质调控技术和机械化栽培、采收装备；在滩涂轻度盐土区，筛选耐盐水稻等作物新品种，研发绿色栽培技术及机械化生产技术。

2）滩涂空间规划及生态农牧场构建技术

研发与集成滩涂生态农牧场新设施、新技术；建立现代滩涂生态农牧场环境保障与预警预报平台；制定滩涂生态农牧场发展的技术规程和标准；规范滩涂生态农牧场承力评估、设计建设、布局规划、监测评价以及预警预报。构建陆海联动的现代化滩涂生态农牧场建设标准体系；在改善滩涂生态环境的前提下，建设以贝藻复合增殖为特色的滩涂型海洋牧场；推进海岸带生态农牧场的创新发展与全程管理；建立海岸带生态农牧场发展新模式。

3）滩涂增养殖生态工程化和机械化采收新生产装备

构建生态工程化滩涂养殖尾水处理系统与应用技术；研发和集成滩涂增养殖生态化调控技术；构建滩涂生态工程化养殖系统及调控方式；研制滩涂增养殖机械化采收新设施与新装备。建立基于生态系统的滩涂增养殖模式和基于病害防控技术和高效产出的工程化滩涂增养殖模式；滩涂增养殖新设备、新材料、新技术以及新工艺大规模应用，提高滩涂增养殖机械化程度。

4）滩涂增养殖生境监管、损害及生态补偿评估技术

制定和完善滩涂增养殖行政许可制度；完善和丰富滩涂池塘养殖污染物排放的监管内容和方式；制定和完善养殖投入品的管理办法；制定和完善滩涂养殖海域生态环境质量管理制度。滩涂养殖区应科学规划、合理布局，并建立海水养殖退出和生态补偿机制；推动建立清洁式养殖生产模式，为海水养殖的可持续发展提供制度保障。

5）滩涂增养殖清洁生产技术

集成应用滩涂增养殖经济动物的繁殖、培育、养殖、收获及加工等各清洁生产阶段的关键技术，编制应用滩涂增养殖清洁生产中的相关管理制度及相关策略措施，构建完善的产品质量安全可追溯制度和卫生管理制度。集成应用绿色化加工、高值化利用、清洁化生产等关键装备和技术，实现渔业新食品、新材料规模化生产。

6）典型滩涂资源环境承载力监测评估、预警预报及调控技术

研发滩涂海岸带数字化监测技术，建立典型滩涂增养殖区数据收集网络；建立不同养殖生境的生态承载力和生物承载力模型，优化生态养殖空间与布局；构建滩涂增养殖环境承载力预警预报模型；建立滩涂增养殖区域内关键环境指示种及修复种的承载力调控技术。

4. 典型应用示范

1）渤海重要河口滩涂生态农牧场建设与示范

在我国渤海重要河口——黄河口及辽河口，以陆海生态系统连通性的演变规律与驱动机制为理论基础，利用海岸带生境立体化监测、受损生境修复和调控、经济生物苗种培育，以及种养殖、生态多元化增殖、生物资源高效开发利用等核心设施与关键技术，建成"盐碱地-滩涂-浅海"三场连通的生态农牧场；在优先保护生态岸线的前提下，开展白蜡+柽柳+

紫花苜蓿种植，实现牧草-畜牧种养等生态模式；发展以芦苇、翅碱蓬等耐盐植物高效种植与利用为基础，以稻（苇）-蟹（鱼）-碱蓬/沙蚕-贝类综合生态种养殖为模式的海岸带生态农牧场。

2）苏北浅滩滩涂农牧场建设与示范

开展互花米草控制与生境重建、柽柳-苁蓉种植、海水蔬菜栽培、光滩畜禽养殖、蔬菜-海珍品种养、紫菜生态健康养殖、滩涂贝类健康增养殖，构建区域性滩涂海岸带生态农牧场。集成海岸带生态农牧场关键设施和核心技术，构建陆海统筹的生态牧场建设和环境保障技术体系，建成滩涂海岸带农牧结合的新模式。

3）东海退化滩涂湿地生态保护与恢复技术研发及示范

研发刈割去除、淹水控制、联合控制等互花米草入侵控制技术，研发潮沟恢复、围垦区恢复、水系调控等水文调控技术。研发植被恢复、栖息地恢复和系统性恢复等多样性恢复技术。构建退化滩涂湿地生态保护与恢复技术体系。开展退化滩涂湿地生态保护与恢复先进技术适用示范区域建设，通过水文调节、微地貌改造等手段提高湿地植被产量，增加湿地生物多样性，改善湿地生态功能。

4）南海滩涂多种综合养殖模式开发与应用

开展滩涂红树林种植与水产动物综合养殖模式与应用技术研发，构建南海滩涂多种综合养殖模式，如红树林+锯缘青蟹综合养殖模式、红树林+南美白对虾+裸体方格星虫的生态综合养殖模式。

5）滩涂多元发展模式开发与应用

开发渔旅融合发展模式，依托沿海滩涂和盐碱涝洼地，打造休闲渔业产业园区，提高海洋渔业附加值，推动渔业生产与休闲旅游相结合。开发渔能融合发展模式，促进盐碱滩涂风电与海洋牧场、波浪能、潮汐能融合发展。

8.5 典型案例

8.5.1 黄河三角洲海岸带农牧化一体化技术

海岸带农牧化是应用生态系统、水域生产力和管理科学等原理、原则，通过将海洋捕捞业、养殖业以及海洋牧业化人工栽培等产业有机结合，建立以生态系统为单元的海洋农牧场，充分发挥水域生产潜力，稳定提高海洋经济生物生产力（陆忠康，2001）。我国在20世纪80年代便开始进行海洋农牧化的开发和建设，当时以开展人工放流、建设人工鱼礁等增加经济水产品产量的行为为主。随着渔业经济的不断发展，我国专家学者于2000年后对海洋农牧化的概念进行细化，引入了海域空间的概念，强调了海洋自然生产力的作用（陈坤等，2020）。近年来，有学者提出了我国近海生物资源开发利用的新模式——海岸带生态农牧场。海岸带生态农牧场是利用现代工程技术，陆海统筹构建盐碱地生态农场、滩涂生态农牧场和海洋生态牧场的海岸带生物资源利用新模式（杨红生，2017）。

本小节选取黄河三角洲近江牡蛎资源修复作为典型案例进行分析。

1. 技术重要性

1）实现牡蛎种群数量增长和群落结构稳定

牡蛎是世界各地重要的海水养殖对象，具有较高的经济与药用价值。牡蛎礁还具有提供栖息地、稳定海岸线和降低风暴潮危害等功能，对维持生态系统发挥着重要的作用。牡蛎礁具有立体空间结构，为许多重要的鱼类和海洋底栖动物等提供栖息地和避难所，有利于个体的繁殖、生长与发育（Beck et al., 2011）。近年来，我国已在近海开展了牡蛎礁修复工程，取得了一定效果。中国水产科学研究院东海水产研究所在长江口导堤进行了生态修复，创建了面积约为 75km^2 的混凝土结构礁体，牡蛎种群数量显著增长（全为民等，2007）。在天津大神堂牡蛎礁区对修复效果的调查发现，牡蛎礁区群落结构变得更加复杂与稳定（李春青等，2015）。可见，牡蛎礁的构建以及牡蛎资源修复技术可以实现黄河三角洲区域牡蛎以及其他底栖生物的种群数量的增长，能够促进海岸带农牧化的发展。

2）改善黄河三角洲生态环境质量

作为滤食性动物，牡蛎具有较强的过滤能力，每个牡蛎每年能过滤 7.3×10^6t 污水（Quan et al., 2007）。牡蛎过滤水体中的氮和悬浮碎屑物以及其他微粒，水质得到改善，水体透明度有效提高，能够促进浮游植物和海草等沉水植物进行光合作用，因而水域环境的初级生产力得到提高（Piehler and Smyth, 2011）。活牡蛎及其贝壳是也硝化和反硝化的场所，海湾和河口牡蛎礁的修复可以有效降低水体富营养化程度（Newell et al., 2005）。此外，牡蛎软组织对海洋中高浓度的污染物具有累积作用，能够使悬浮颗粒物中有害污染物的浓度有效降低（全为民等，2006）。

2. 技术水平分析

牡蛎礁修复是指在人为因素的干扰下，通过补充牡蛎幼体和构建礁体等方式进行牡蛎礁资源保护与修复。人工礁体通常采用贝壳作为底质材料，通过比较不同类型贝壳的附着效果，发现牡蛎壳是构造礁体的最优材质（Subcommittees et al., 2004；Beck et al., 2011），这是因为牡蛎壳基质释放的化学成分可以吸引牡蛎幼虫，增加牡蛎幼虫的附着。牡蛎壳的使用在长江口牡蛎礁恢复过程中取得明显效果，不仅能够净化礁区水质和稳固海岸线，还可以增加物种数量（全为民等，2007）。除此之外，用于牡蛎礁修复的材料还包括石灰石和混凝土等（Schulte et al., 2009）。目前，我国北方浅海区域的海洋牧场建设过程中大量投石，已在某些海域形成人工牡蛎礁（杨心愿，2019），有效地起到了资源养护的作用。

在泥质底为主的黄河三角洲河口水域，易于淤积的石块和水泥构件不适合作为礁体。已有研究表明，投放于黄河口附近海域的水泥礁体淤积较为严重，附着的生物以藤壶为主，仅有个别长牡蛎个体（刘鲁雷，2019）（图 8-14）。因此，需要选择适应河口环境的近江牡蛎进行修复，礁体材料应以天然牡蛎壳为主。由于近江牡蛎野生种群数量大幅减少，无法通过野生群体的幼虫进行种群补充。目前，已通过室内人工育苗技术培育出大量近江牡蛎幼虫，使其附着于近江牡蛎壳上；再通过中间培育技术，待其生长至体长 3cm 左右，将其投入修复海域进行牡蛎礁修复，取得了较好的效果（刘鲁雷，2019）（图 8-15）。

图 8-14　黄河口附近海域水泥礁体投放 3 个月后生物附着监测图

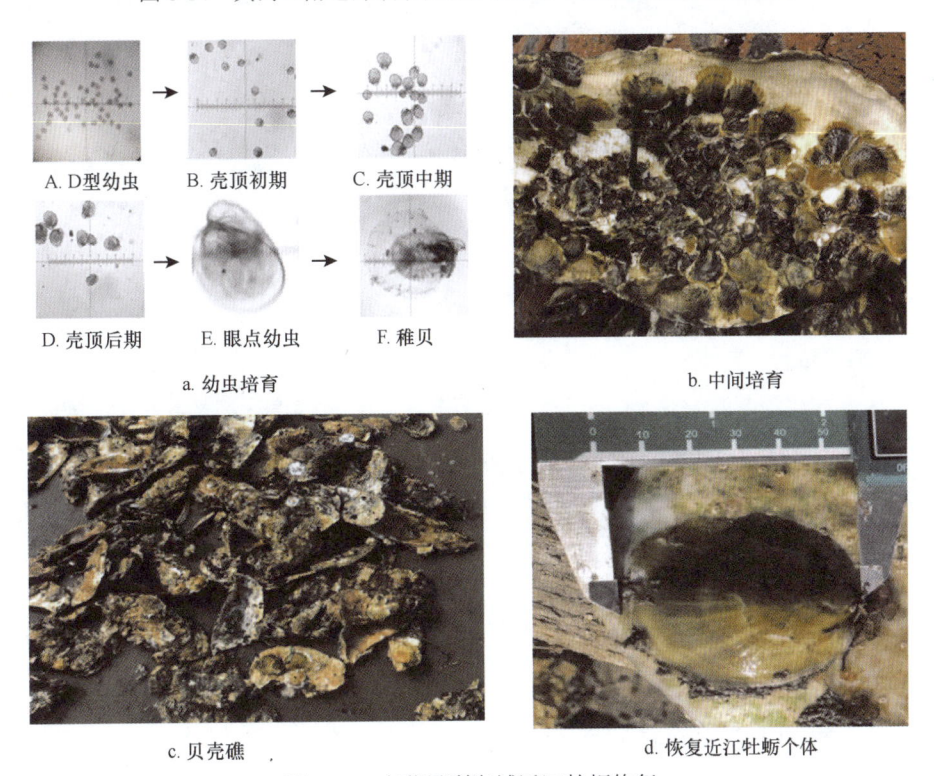

a. 幼虫培育
A. D 型幼虫　B. 壳顶初期　C. 壳顶中期
D. 壳顶后期　E. 眼点幼虫　F. 稚贝

b. 中间培育

c. 贝壳礁

d. 恢复近江牡蛎个体

图 8-15　东营垦利海域近江牡蛎修复

3. 技术发展趋势

由于水质退化和过度捕捞等因素，牡蛎壳变得相对短缺，在牡蛎壳供不应求时，混凝土等材料可作为替代品。钢筋混凝土牡蛎礁是用混凝土结构来模拟自然三维牡蛎礁的特性结构，由牡蛎壳与混凝土组合制成的牡蛎礁，可以用于小规模牡蛎礁恢复项目（Harding and Mann, 2001）。因此，开发基于牡蛎壳和其他材质相结合的人工礁体是未来研究的重点之一。环境友好型的人工礁体材料筛选也值得深入关注。

退化牡蛎种群自然繁殖产生幼苗的能力有限，即使有了牡蛎壳和钢筋混凝土结构等附着基，牡蛎礁的恢复也无法达到最佳效果。因而，通过人工育苗的方式补充大量的牡蛎幼苗将是牡蛎礁修复的关键技术手段之一（Osman et al., 1989）。目前，我国北方海域长牡蛎育苗技术已经非常成熟，近江牡蛎育苗技术也已初步建立。然而，近江牡蛎的高效人工育苗和中间培育技术仍待提高和完善。此外，近江牡蛎幼体和成体对各种环境因子的适应性等基础生态学问题有待阐明，以便为礁体的投放时间和地点选择提供理论依据。

4. 应用前景

1）牡蛎礁修复的经济效益、生态效益和社会效益

通过人工修复，近江牡蛎数量会大幅增加，通过合理采捕，牡蛎礁能够为人类提供大量牡蛎产品。此外，牡蛎礁通过为其他生物提供产卵场和栖息地，有效养护渔业资源，从而创造较高的经济价值。牡蛎礁还可以净化水质、保护海岸线和减少风暴潮灾害等，发挥生态效益。牡蛎礁海域还能够发展休闲渔业，并提供旅游和海鲜加工等就业岗位（Feary et al., 2011）。

2）牡蛎礁修复推广区域

渤海海域历史上曾经有大量近江牡蛎礁存在，近年来因为过度捕捞和污染等已大量退化。因此，通过构建相关的修复技术体系，可以在渤海众多河口区域开展修复工作，从而恢复这一重要河口生态系统，提高生物资源产出。

5. 存在问题与建议

1）近海环境污染

黄河三角洲和莱州湾附近入海河流众多，带来了大量污染物。近江牡蛎幼体对各种污染物较为敏感，因而可能导致近江牡蛎幼体死亡率较高，可能为牡蛎礁的修复工作带来不确定性。

2）淡水输入减少

近年来，黄河及附近入海河流径流量呈现出降低的趋势，淡水输入减少可能会对近江牡蛎的存活产生一定影响，可能会影响近江牡蛎礁的人工修复效果。

8.5.2 辽河口滩涂文蛤增养殖技术

近年来，为促进文蛤滩涂增养殖产业的健康持续发展，我国进行了大规模的文蛤增殖放流活动（图 8-16）。山东省于 20 世纪末就开展了文蛤增殖放流活动，于 1998 年、2006 年、2007 年和 2008 年分别投放了 4.0×10^7 枚、5.7×10^7 枚、3.0×10^7 枚和 2.4×10^8 枚文蛤个体（张秀梅等，2009）。江苏省于 2008 年在东台海域投放了大约 5.7×10^8 枚的文蛤苗种。辽宁省在 2012~2014 年在辽河口盘山海域附近连续三年进行了大规模文蛤苗种增殖放流活动，苗种累计达 3.7 亿枚左右（张安国，2015）。本小节以辽河口文蛤滩涂增养殖产业的发展作为典型案例进行分析。

| 放流标准 | 苗种包装 | 苗种抽样测量 |
| 苗种抽样称重 | 苗种投放 | 放流效果监测 |

图 8-16 文蛤滩涂增殖放流流程图

1. 技术重要性

1）实现我国北方寒冷海区文蛤大规格苗种规模化生产

我国南方地区文蛤苗种生产一般采用室内人工繁育—室外池塘中间培育的两段式培育技术体系（图 8-17）。在我国北方寒冷海区，文蛤苗种生产若采用室内越冬中间培育方式，虽成活率高，但大规模培养不易，且培育成本高，经济效益低；若采用室外池塘越冬培育方式，由于苗种个体小，直接放入池塘中会造成苗种在越冬过程中易死亡、成活率低等问题。生产实践证明，两段式文蛤苗种培育方法在我国北方寒冷海区并不适用。目前，我国北方寒冷地区文蛤大规格苗种生产技术主要包括三个阶段，第一阶段为获得 1.0mm 左右的稚贝，该阶段包括文蛤亲贝筛选、产卵、受精卵孵化、浮游幼体室内人工培育以及壳顶幼虫变态附着等过程，培育出壳长为 0.9~1.1mm 的文蛤稚贝，该阶段从 6 月末到 10 月中旬；第二阶段为稚贝越冬培育，将文蛤稚贝经过室外池塘越冬培育至壳长约为 4.5mm 左右的稚贝，该阶段从 10 月中旬到第二年的 4 月；第三阶段为大规格苗种培育，将越冬后的文蛤稚贝经室外池塘中间培育至壳长 1.0cm 以上，该阶段大约从 4 月到 7 月。该方式保障了大规格苗种的充足供应，为文蛤滩涂增殖产业的持续健康发展提供了技术保障。实践证明，我国北方寒冷地区文蛤大规格苗种培育技术取了良好效果，促进了文蛤滩涂增殖产业的发展。

2）丰富和完善了文蛤增殖放流关键技术体系

与文蛤增殖放流相配套的标准或规程是保证其顺利进行的技术保障。目前，国内与文蛤种质资源、苗种繁育技术和养殖技术有关的标准较多，如农业部水产行业标准《文蛤》

（SC 2035—2006）和《文蛤养殖技术规范》（SC/T 2036—2006），山东省地方标准《无公害食品 文蛤养殖技术规范》（DB37/T 453—2010），浙江省地方标准《无公害文蛤 第 1 部分：苗种繁育技术规范》（DB33/T 565.1—2005）、《无公害文蛤 第 2 部分：池塘养成技术规范》（DB33/T 565.2—2005）及《无公害文蛤 第 4 部分：苗种质量》（DB33 565.4—2009）等。但是，国内关于文蛤放流增殖方面的技术标准非常少，仅见于由国家海洋环境监测中心提出的辽宁省地方标准《文蛤增殖放流技术规程》（DB21/T 2046—2012）。该技术规程对文蛤增殖放流过程中涉及的放流海域环境条件、苗种要求、检验检疫、苗种的计数与运输、放流方法、资源保护和跟踪监测与评价等多个关键技术环节进行了较为全面的规定，成为文蛤滩涂增殖放流的主要技术依据。

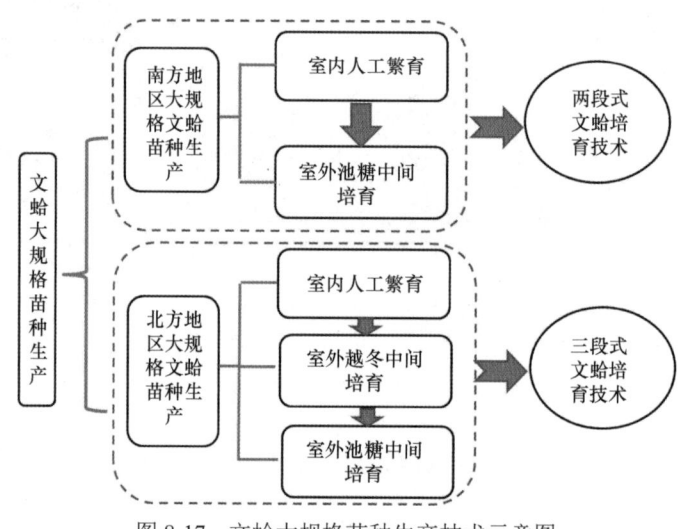

图 8-17 文蛤大规格苗种生产技术示意图

2. 技术水平分析

在大规格文蛤苗种生产技术方面，张安国等研制了一种提高文蛤苗种室外越冬成活率的苗种越冬培育设施（专利号：ZL201921004237.1），并建立了适合我国北方寒冷海区的三段式文蛤大规格苗种培育方法（专利号：ZL20191058 3533.X），突破了我国寒冷海区文蛤苗种培育困难这一技术瓶颈，为大规格文蛤苗种的规模化生产提供了技术保障，为我国北方寒冷海区文蛤增殖产业发展解决了苗种供应的问题。

在文蛤增殖放流技术规程方面，国家海洋环境监测中心提出的辽宁省地方标准《文蛤增殖放流技术规程》（DB21/T 2046—2012）丰富和完善了文蛤增殖放流关键技术环节。实践证明，该文蛤增殖放流技术规程方法可行，文蛤苗种投放成活率大大提高，文蛤增殖效果明显，作业人员有序将文蛤苗种均匀撒播在选定海区。

3. 技术发展趋势

目前，通过投放大量的苗种，文蛤资源得到一定程度的恢复，文蛤增殖产业也迅速发展。文蛤增殖产业发展的相关技术在实践过程中也不断完善，但其中与之相关的文蛤增殖放流效果评价工作还未进行系统详细地开展。所以，应加强文蛤增殖放流后的长期监测及效果评价工作，通过长期监测，对增殖放流前后的特点进行对比，便于更加准确地分析评价文蛤增殖放流效果，更加有效地指导文蛤增殖放流工作，促进文蛤滩涂增殖产业的健康发展。

4. 应用前景

1）文蛤增养殖具有较好的经济效益

在目前高强度的捕捞压力下，文蛤增殖放流有效缓解了渔业生产对文蛤自然资源的捕捞压力，避免了文蛤自然资源濒危甚至绝产现象的发生，对文蛤滩涂增殖产业的发展起到了积极的作用。以辽河口文蛤滩涂增殖产业实践为例，辽河口滩涂区域5000亩文蛤增殖放流示范区内的文蛤资源量由增殖放流前的40.1t增加至122.7t，经济效益增加20%以上（袁秀堂等，2021）。连续多年的文蛤增殖放流活动，可惠及营口、盘锦、锦州等沿海渔民2000余户，当地渔民采捕到的文蛤增加。从经济效益来看，如果放流文蛤成活率按40%计算，养成规格为6～7cm（每斤6～7枚），可实现商品文蛤累计采捕量3000t，按目前市场价格40元/kg计算，可创产值13 000万元，利润约5000万元，受益渔民每年人均可增加收入0.9万元以上。

2）滩涂贝类生态功能显著

随着沿海经济的不断发展和城市化水平的不断提高，加上城市和乡镇工业不断发展及人口增多，大量的工业污水、生活污水被排入海中，致使海洋生态环境不断恶化。氮、磷等营养盐被大量排放，加剧了近海海域富营养化，而增殖放流种类中文蛤属于滤食性贝类，通过文蛤滩涂增殖产业发展可放流增加河口滩涂生态系统中的生物量，实际上增加了生物体对环境中营养盐的吸收量，并通过渔获最终将营养盐从河口生态系统中移除，从而减轻了河口滩涂生态系统的富营养化（Zhang et al.，2013）。因此，文蛤滩涂增殖产业的放流活动对于滩涂河口生源要素地球化学循环具有重要意义。

总之，文蛤滩涂增殖产业放流活动的开展对辽河口滩涂渔业资源的恢复起到了有效作用，且对生态环境的改善起到了积极作用，具有显著的经济效益、生态效益和社会效益，具备良好的发展前景。

5. 存在问题与建议

1）加强苗种本土化研发与推广

目前，国内学者更多关注文蛤滩涂池塘养殖业的相关生产技术，聚焦在当地文蛤家系的建立及新品种的培育技术（林志华，2015），文蛤新品种的培育有力地推动了文蛤滩涂池塘养殖业的健康发展。但在文蛤增殖养护时，放流应尽量"就地取材"，避免异地文蛤种质资源污染当地文蛤，保证当地文蛤遗传结构的稳定性。所以，应加强文蛤基础生态学的研究，进一步研究文蛤作为土著种类对当地滩涂生境变化的生态响应以及适应性。

2）保持辽河口滩涂文蛤遗传结构的稳定性

为促进文蛤增殖产业健康发展，建议在以下三个方面做好相关工作。在养护管理方面，各地方增殖站应加强监管，降低捕捞强度，提升种群自然补充能力。在经费筹措方面，构建省、市、站（场）三级筹措资金体系，公益为先，集中放流，共同采捕，并从每年的采捕收益中回流部分资金，用于增殖放流的苗种培育。在苗种保障方面，建议农业农村部门选定几个规模较大且资质过关的育苗场，将筹措的资金按生产能力和生产质量配给，保障苗种的充足供应以促进文蛤苗种的培育。

参 考 文 献

陈坤, 张秀梅, 刘锡胤, 等. 2020. 中国海洋牧场发展史概述及发展方向初探. 渔业信息与战略, 35(1): 12-21.

崔士友, 张蛟, 翟彩娇. 2017. 江苏沿海滩涂快速改良与高效利用研究进展. 农学学报, 7(3): 42-46.

范学忠, 袁琳, 戴晓燕, 等. 2010. 海岸带综合管理及其研究进展. 生态学报, 30(10): 2756-2765.

方建光, 孙慧玲, 匡世焕, 等. 1996. 桑沟湾海带养殖容量的研究. 海洋水产研究, 17(2): 7-17.

付青, 吴险峰. 2006. 我国陆源污染物入海量及污染防治策略. 中央民族大学学报(自然科学版), 15(3): 213-217.

黄小露, 王权明, 李方, 等. 2019. 美国东北部海洋空间规划简介及对我国的借鉴. 海洋开发与管理, 36(9): 3-8.

贾敬敦, 蒋丹平, 杨红生, 等. 2014. 现代海洋农业科技创新战略研究. 北京: 中国农业科学技术出版社.

李春青, 高丽娜, 时文博, 等. 2015. 天津海域牡蛎礁区生态修复示范区域调查分析. 河北渔业, (5): 14-18.

李磊, 蒋玫, 沈新强, 等. 2014. 江苏如东滩涂文蛤养殖区养殖容量. 海洋环境科学, 33(5): 752-756.

联合国粮食及农业组织. 2018. 2018 年世界渔业和水产养殖状况: 实现可持续发展目标. 罗马: 联合国粮食及农业组织.

林志华. 2015. 文蛤生物学及养殖技术. 北京: 科学出版社.

刘鲁雷. 2019. 东营垦利近江牡蛎礁现状调查与资源修复研究. 大连海洋大学硕士学位论文.

柳圭泽, 袁秀堂, 关春江, 等. 2018. 青堆子湾滩涂围垦对大型底栖动物的影响. 海洋环境科学, 37(5): 663-669.

陆忠康. 2001. 关于我国海洋农牧化 (Farming and Ranching of the Sea) 研究的有关问题思考. 现代渔业信息, 16(7): 3-6.

农业农村部渔业渔政管理局, 全国水产技术推广总站, 中国水产学会. 2021. 2021 中国渔业统计年鉴. 北京: 中国农业出版社.

全为民, 沈新强, 罗民波, 等. 2006. 河口地区牡蛎礁的生态功能及恢复措施. 生态学杂志, 25(10): 1234-1239.

全为民, 张锦平, 平仙隐, 等. 2007. 巨牡蛎对长江口环境的净化功能及其生态服务价值. 应用生态学报, 18(4): 871-876.

邵晚悦, 李国庆, 王乐, 等. 2017. 近 30 年来山东半岛北部滩涂及海岸线变化. 应用海洋学学报, 36(4): 512-518.

沈辉, 万夕和, 何培民. 2016. 富营养化滩涂生物修复研究进展. 海洋科学, 40(10): 160-169.

唐启升, 韩冬, 毛玉泽, 等. 2016. 中国水产养殖种类组成、不投饵率和营养级. 中国水产科学, 23(4): 729-758.

王波, 韩立民. 2016. 经济新常态下江苏沿海滩涂开发模式研究——以盐城市大丰区为例. 中国渔业经济, 34(5): 18-25.

王晶, 张志卫, 金银焕, 等. 2019. 韩国《海洋空间规划与管理法》概况及对我国的启示. 海洋开发与管理,

36(3): 10-16.

魏莱, 魏皓. 2009. 中国海岸带综合管理指标体系. 海岸工程, 28(2): 25-33.

杨宝国, 王颖, 朱大奎. 1997. 中国的海洋海涂资源. 自然资源学报, 12(4): 307-316.

杨红生. 2001. 清洁生产: 海水养殖业持续发展的新模式. 世界科技研究与发展, 23(1): 62-65.

杨红生. 2017. 海岸带生态农牧场新模式构建设想与途径——以黄河三角洲为例. 中国科学院院刊, 32(10): 1111-1117.

杨红生. 2018. 海洋牧场监测与生物承载力评估. 北京: 科学出版社.

杨红生, 邢军武. 2002. 试论我国滩涂资源的持续利用世界科技研究与发展, 24(1): 47-51.

杨心愿. 2019. 唐山祥云湾海洋牧场人工牡蛎礁群落特征及其生态效应. 中国科学院大学硕士学位论文.

尹晖, 孙耀, 徐林梅, 等. 2007. 乳山湾滩涂贝类养殖容量的估算. 水产学报, 31(5): 669-674.

於志华, 董剑波, 龚海静, 等. 2003. 文蛤天然附苗场抢救性保护刻不容缓. 海洋渔业, (1): 40-41, 39.

袁秀堂, 赵骞, 张安国. 2021. 辽东湾北部海域环境容量及滩涂贝类资源修复. 北京: 科学出版社.

张安国. 2015. 双台子河口文蛤资源恢复及其与环境的相互作用. 宁波大学博士学位论文.

张立斌, 杨红生. 2012. 海洋生境修复和生物资源养护原理与技术研究进展及展望. 生命科学, 24(9): 1062-1069.

张秀梅, 王熙杰, 涂忠, 等. 2019. 山东省渔业资源增殖放流现状与展望. 中国渔业经济, 27(2): 51-58.

Beck M W, Brumbaugh R D, Airoldi L, et al. 2011. Oyster reefs at risk and recommendations for conservation, restoration, and management. Bioscience, 61(2): 107-116.

FAO. 2016. The State of World Fisheries and Aquaculture 2016: Contributing to Food Security and Nutrition for All. Rome.

FAO. 2018. The State of World Fisheries and Aquaculture 2018: Meeting the Sustainable Development Goals. Rome.

FAO. 2019. Fishery and Aquaculture Statistics. Rome: FAO.

Feary D A, Burt J A, Bartholomew A. 2011. Artificial marine habitats in the Arabian Gulf: Review of current use, benefits and management implications. Ocean & Coastal Management, 54(10): 742-749.

Harding J M, Mann R L. 2001. Oyster reefs as fish habitat: opportunistic use of restored reefs by transient fishes. Journal of Shellfish Research, 20(3): 951-959.

Karydis M, Kitsiou D. 2012. Eutrophication and environmental policy in the Mediterranean Sea: A review. Environmental Monitoring and Assessment, 184(8): 4931-4984.

Koh C H, Khim J S. 2014. The Korean tidal flat of the Yellow Sea: Physical setting, ecosystem and management. Ocean & Coastal Management, 102: 398-414.

Mao Y, Lin F, Fang J, et al. 2019. Bivalve Production in China//Smaal A C, Ferreira J G, Grant J, et al. Goods and Services of Marine Bivalves. Cham: Springer International Publishing: 51-72.

Nerem R S, Beckley B D, Fasullo J T, et al. 2018. Climate-change-driven accelerated sea-level rise detected in the altimeter era. Proceedings of the National Academy of Sciences, 115(9): 2022-2025.

Newell R I E, Holyoke R R, Comwell J C. 2005. Influence of eastern oysters on nitrogen and phosphorus regeneration in Chesapeake Bay, USA. Earth and Environmental Sciences, 47: 93-120.

Osman R W, Whitlatch R B, Zajac R N. 1989. Effects of resident species on recruitment into a community: Larval settlement versus post-settlement mortality in the oyster *Crassostrea virginica*. Marine Ecology Progress Series, 54: 61-73.

Piehler M F, Smyth A R. 2011. Habitat-specific distinctions in estuarine denitrification affect both ecosystem function and services. Ecosphere, 2(1): 1-17.

Quan W M, Zhang J P, Ping X Y, et al. 2007. Purification function and ecological services value of *Crassostrea* sp. in Yangtze River Estuary. Chinese Journal of Applied Ecology, 18(4): 871-876.

Schulte D M, Burke R P, Lipcius R N. 2009. Unprecedented restoration of a native oyster metapopulation. Science, 325(5944): 1124-1128.

Seggel A, De Young C. 2016. Climate change implications for fisheries and aquaculture: Summary of the findings of the Intergovernmental Panel on Climate Change Fifth Assessment Report. FAO Fisheries & Aquaculture Circular, 1122: 1-53.

Subcommittees A R, Lukens R R, Selberg C. 2004. Guidelines for marine artificial reef materials. Atlantic and Gulf States Marine Fisheries Commissions. European Journal of Immunology, 29(12): 4011-4021.

Zhang A, Yuan X, Hou W. 2013. Carbon, nitrogen, and phosphorus budgets of the surfclam *Mactra veneriformis* (Reeve) based on a field study in the Shuangtaizi Estuary, Bohai Sea of China. Journal of Shellfish Research, 32(2): 275-284.

第 9 章　浅海生态增养殖

浅海是我国海水增养殖业的主产区域之一，包含筏式养殖、底播增殖以及网箱养殖三种增养殖方式。浅海生态高效增养殖是合理利用海域空间和生物资源，实现优质海产品产出绿色发展的重要途径。生态灾害、局部低氧和气候变化是未来浅海生态增养殖面临的主要环境压力和生态问题，而生态优先、精准增养殖、机械化生产和智能化管理是重要的发展方向。由此可见，研发浅海空间功能优化技术，研制生态工程化养殖设施与机械化养殖和采收装备，构建清洁高效的生态增养殖新模式，建立标准化筏式养殖、网箱养殖和底播增殖标准规范，实施智慧式管理，成为未来浅海增养殖业的主要任务。

9.1　产业与科技发展现状分析

浅海通常是指水深 200m 以浅的海域。人类最早开发和利用海洋始于浅海，它是海洋渔业的发源地，也是渔业发展的重要区域。发展浅海生态增养殖业，对于调整海洋渔业结构、丰富优质蛋白来源、实现人类社会可持续发展具有重要的现实意义。

9.1.1　国际产业发展现状与问题

1. 国际产业发展现状

1）挪威大型现代化网箱养殖水平高

挪威对浅海的利用主要体现在大西洋鲑和虹鳟集约化高效养殖。2019 年，挪威大西洋鲑和虹鳟的产量占整个海水养殖业总产量的 99.64%，产值也占总产值的 99.64%。近年来，由于挪威在养殖鱼类品质改良、现代养殖技术和鱼病防治领域取得了卓越成果，海水鱼类养殖业得以迅猛发展（表 9-1）。同时，大型现代化网箱养殖系统，包括鱼苗计数器、疫苗注射机、自动捕鱼机、海水过滤循环装置等自动化养殖设施的研发与应用使挪威的海水养殖技术达到了世界领先水平。例如，海虱传染症是大西洋鲑养殖业中面临的最大的疾病挑战，海虱造成鱼体严重的物理和生化损伤，包括皮肤损伤、皮肤保护功能丧失导致继发感染的风险增大、渗透调节失衡和免疫抑制等。挪威的养殖企业采用许多创新的防治策略，发明了海洋脉冲防护器，利用电脉冲使附着在大西洋鲑身上的海虱失去活性，与此同时，使用人工智能技术扫描每一条鱼的表面，评估其健康状况，然后用激光消灭海虱（Brooker et al.，2018）。

表 9-1 挪威水产养殖业产量及产值统计表

年份	产量（t）			产值（万挪威克朗）		
	总产量	大西洋鲑产量	虹鳟产量	总产值	大西洋鲑产值	虹鳟产值
1999	473 848	425 156	48 692	1 037 382.8	911 063.1	126 319.7
2000	488 268	439 874	48 394	1 207 900.7	1 090 702.8	117 204.9
2001	506 191	434 778	71 413	907 519.0	789 953.6	117 565.4
2002	550 813	462 452	83 115	923 806.4	773 669.1	139 429.0
2003	584 104	509 470	68 687	961 238.3	825 747.3	122 941.5
2004	636 740	563 850	63 278	1 133 536.2	986 219.0	128 699.0
2005	661 426	586 357	58 658	1 375 084.7	1 217 894.5	125 625.1
2006	711 979	629 766	62 497	1760 846.3	1 557 559.0	157 877.6
2007	842 173	744 125	77 673	1 752 779.6	1 549 627.0	155 877.6
2008	848 266	737 254	85 566	1 746 142.9	1 522 526.2	163 913.8
2009	961 469	862 305	74 305	2 245 656.7	2 017 790.0	175 437.3
2010	1 019 810	939 536	54 675	3 076 941.8	2 851 199.0	172 930.4
2011	1 143 901	1 064 868	58 554	2 895 188.9	2 692 427.8	153 009.5
2012	1 321 128	1 232 094	74 678	3 003 918.0	2 795 465.0	169 593.8
2013	1 247 865	1 168 324	71 552	4 047 966.9	3 792 152.4	228 969.6
2014	1 332 497	1 258 356	68 986	4 433 417.1	4 182 250.1	230 513.0
2015	1 380 841	1 303 346	73 007	4 686 408.3	4 443 854.3	222 132.3
2016	1 326 156	1 233 619	87 853	6 403 876.0	6 012 146.7	368 212.2
2017	1 308 487	1 236 354	66 999	6 499 249.5	6 163 501.1	309 610.0
2018	1 354 939	1 282 003	68 345	6 784 338.7	6 451 129.3	305 516.7
2019	1 445 586	1 357 304	83 054	7 200 700	6 811 500	363 200

数据来源：挪威国家统计研究所（https://www.ssb.no/en/jord-skog-jakt-og-fiskeri/statistikker/fiskeoppdrett/aar-forelopige）

2）日本浅海增养殖信息化和机械化水平高

日本是最早开展浅海增养殖的国家之一，不断改进与提升养殖技术是维持日本海水养殖业稳定发展的主要动力。2016~2020年，日本浅海养殖业主要养殖品种的产量见表9-2，其中，扇贝是日本海水养殖业价值较高的水产品之一，当前以浮筏养殖和底播增殖为主要生产方式。通过发展新型养殖技术、评估生物承载力以控制养殖密度、降低养殖成本和提升产品质量，有效保障了日本扇贝养殖业的发展。同时，海水养殖信息化与机械化水平的提高推动了日本浅海增养殖业养殖模式与经营方式的提升。例如，日本养殖业中应用的可控深度的网箱通过调节浮球的浮力来控制保持架的垂直位置，可以用来应对台风、高温缺氧、赤潮暴发等气候灾害（Yu et al.，2018）。2002年，日本首次在世界范围内攻克太平洋蓝鳍金枪鱼全人工繁育养殖技术难关，2007年成功培育获得第二代全人工养殖金枪鱼鱼苗，2012年全人工养殖金枪鱼幼苗开始供应市场。日本全人工养殖金枪鱼产量逐年增加，2017年产量首次达到1000t（彭士明等，2019）。

表 9-2　日本浅海养殖业主要养殖品种的产量（单位：t）

品种	2016 年	2017 年	2018 年	2019 年	2020 年
扇贝	214 571	135 090	173 959	144 466	149 061
牡蛎	158 925	173 900	176 698	161 646	159 019
鱼	140 868	138 999	138 229	136 367	137 511
鲷	66 965	62 850	60 736	62 301	65 973
海带	27 068	32 463	33 532	32 812	30 304
银鲑	13 208	15 648	18 053	15 938	17 333
海鞘	180 271	19 639	11 962	12 484	9 390

数据来源：日本农林水产省（https://www.maff.go.jp/e/data/stat/index.htm）

3）美国养殖种类不多但技术先进

美国沿海地区贝类养殖产业发展迅速，牡蛎是海洋贝类产量最高的物种。美国所有沿海地区都有蓬勃发展的贝类产业，但大西洋和太平洋沿岸各州生产的牡蛎、蛤蜊和贻贝价值更高，而海湾各州产量更高。大西洋鲑是美国海洋鳍类水产养殖的主要品种（表 9-3），目前主要集中在东北部沿岸海域，多采用围栏网箱和深水网箱养殖。在饲料业方面，美国在世界上率先研制出直径为 50~1000μm 的胶囊饲料配方，用以人工养殖鱼类和甲壳类。目前，美国 95% 以上的水产养殖饲料为绿色高端膨化饲料，有效满足了美国海水养殖业的饵料需求（Bandara，2018）。另外，美国的主要水产养殖种类如虹鳟、大西洋鲑、条纹鲈、牡蛎和虾等在基因组学研究中包括遗传连锁图谱、物理图谱、微阵列、单核苷酸多态性（SNP）阵列、转录组数据库和基因组参考序列等方面均取得重大成果（Abdelrahman et al.，2017），满足了水产养殖新品种培育的技术需求。

表 9-3　美国水产养殖业主要品种产量及产值

品种	2016 年 产量（t）	2016 年 产值（万美元）	2017 年 产量（t）	2017 年 产值（万美元）	2018 年 产量（t）	2018 年 产值（万美元）	2019 年 产量（t）	2019 年 产值（万美元）
大西洋鲑	16 185	6 765.4	14 685	6 138.3	16 491	6 653.6	14 484	6 426.2
蛤	4 410	13 779.3	4 084	12 912.5	4 889	12 211.9	4 860	12 203.8
贻贝	406	1 047.6	398	1 039.5	391	988.3	432	1 147.9
牡蛎	16 602	19 232.8	16 547	18 628.8	20 289	21 923.4	19 192	22 121.7
虾	1 633	1 007.5	1 633	1 007.5	2 035	1 255.6	2 035	1 121.5
合计	39 236	41 832.7	37 347	39 726.6	44 094	43 032.8	41 002	43 021.1

数据来源：美国国家海洋和大气管理局（https://www.noaa.gov/）

注：蛤、贻贝、牡蛎产量指去壳质量，大西洋鲑、虾产量指整体质量

4）澳大利亚鲑鱼养殖业发展迅速

从 2010 年到 2020 年，澳大利亚水产养殖产量增长了 38.45%，达到 106 138.8t，产值实际增长了 68.61%（图 9-1）。水产养殖在渔业总产值中的份额从 42.29% 增加到 50.77%，这主要得益于鲑鱼养殖产量的增加。2019~2020 年度，澳大利亚主要水产养殖种类包括鲑

鱼（产值 8.90 亿美元）、金枪鱼（产值 1.37 亿美元）、虾类（产值 1.34 亿美元）和牡蛎（产值 1.14 亿美元）等。

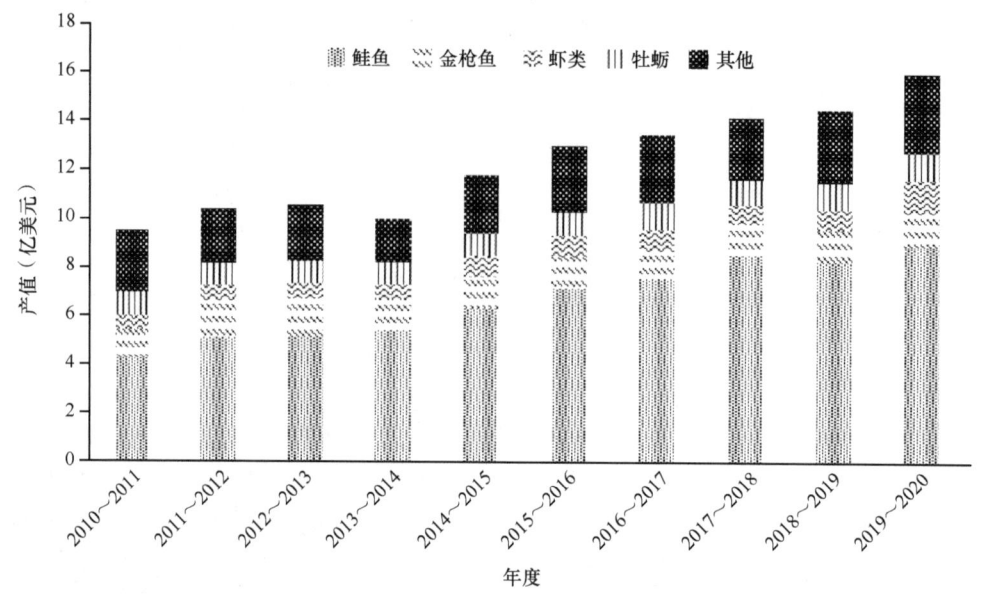

图 9-1　澳大利亚近年主要水产养殖种类产值

数据来源：澳大利亚农业、水和环境部（2022 年更名为澳大利亚农业、渔业和林业部：https://www.agriculture.gov.au/）

2. 国际产业发展问题

1）全球气候变化不利影响扩大

气候变化引起的用水竞争、海水酸化以及海平面上升都会影响水产养殖业的发展（FAO，2018），而极端天气（如暴雨、寒潮、热浪等）对海水养殖也影响巨大。对养殖区极端气候影响开展评估有助于建立可持续的管理策略。例如，虾夷扇贝养殖是日本福卡湾（Funka Bay）一项重要的海水养殖活动，通过分析环境因素（叶绿素 a 浓度、海面温度和总悬浮泥沙）、气象因素（降水、温度和风力）和气候事件（异常东亚季风 EAM 和厄尔尼诺/拉尼娜现象）之间的相关性，可以探究气候事件对扇贝养殖适宜区域的影响。研究发现，由于 2011 年冬季受异常东亚季风 EAM 的影响，翌年日本福卡湾的扇贝养殖产量显著增加；而 2016 年受强烈厄尔尼诺现象的影响，该湾适宜扇贝养殖的海域面积减小，产量也随之降低（Liu，2020）。

2）浅海增养殖区生态灾害频发

随着沿海城市化进程的加剧和人类活动强度的增加，浅海水体富营养化程度加剧，其后果是赤潮、绿潮和褐潮等生态灾害频发。生态灾害的频繁和大面积发生，无疑给浅海增养殖业带来了极大的冲击，影响浅海生态健康增养殖的可持续发展（Tang et al.，2019）。

3）病害阻碍了浅海增养殖业的发展

由细菌、病毒、真核病原体引起的疾病严重限制了海水养殖的产量增长。据统计，仅水生动物疾病造成的全行业损失每年就超过了 60 亿美元，在规模上可与口蹄疫等疾病造成的陆地活畜产业损失相当（Stentiford et al.，2012）。水产养殖动物疾病的防治面临很多局限性，包括诊断技术的限制，部分良性微生物在进入新宿主或新环境中可能有致病性，水生动物疾病控制方法有限，多因素疾病综合征和亚临床感染频发，大多数养殖水生种群处于未驯化状态，以及水生动物健康状况的相关信息匮乏等（Stentiford et al., 2012）。

9.1.2 我国产业发展现状与问题

1. 我国产业发展现状

1）筏式养殖

筏式养殖是指在浅海水面利用浮漂和绳索组成浮筏，使大型海藻和贝类吊笼悬挂于浮筏的养殖方式，广泛应用于各种贝类如牡蛎、扇贝、珍珠贝、贻贝以及各种海藻如海带、紫菜、裙带菜等的养殖过程。2020年我国筏式养殖产量为629.5万t，比2019年增长1.95%。筏式养殖主要分布于山东、福建、辽宁等省（图9-2）。

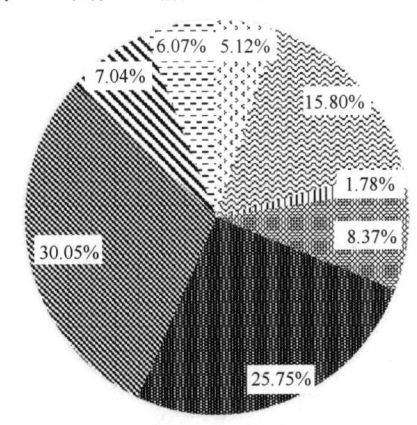

图 9-2 2020 年各省份筏式养殖产量占比统计图（农业农村部渔业渔政管理局等，2021）

2）底播增殖

底播增殖是指将苗种投放到环境条件适宜的海域，使其自然生长，达到商品规格后再进行回捕的资源增殖方式。常见的底播养殖种类有：皱纹盘鲍、牡蛎、虾夷扇贝、魁蚶、毛蚶、缢蛏、竹蛏、文蛤、青蛤、菲律宾蛤仔、紫石房蛤、海参、海胆等。2020年我国底播增殖产量为538.6万t，比2019年增加5.03%。底播增殖主要分布于山东、辽宁、广东等省（图9-3）。

3）网箱养殖

网箱养殖是我国海水鱼类的主要生产方式。网箱养殖是指将由框架、网衣、锚泊按一定形式组合制成的网箱放置于特定海域，并投入一定数量的苗种进行养殖。海水网箱养殖主要的养殖种类有：赤点石斑鱼、青石斑鱼、真鲷、黑鲷、鲈鱼、大黄鱼、黄姑鱼、牙鲆、军曹鱼、黄鳍鲷、大泷六线鱼、尖吻鲈、虹鳟、银鲑、大菱鲆、六指马鲅、鲻、梭鱼、美国红鱼、巨石斑鱼、平鲷、紫红笛鲷、红鳍鲷、海鳗等。2020年我国网箱养殖产量为85.82万t，比2019年增加13.59%。网箱养殖主要分布于福建、广东、山东等省（图9-4）。

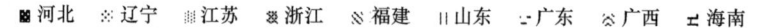

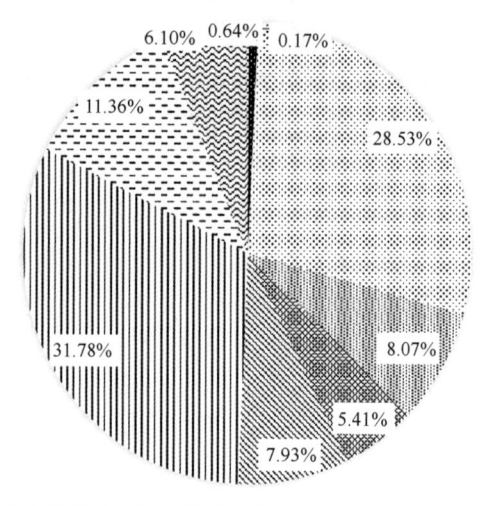

图 9-3　2020 年各省份底播养殖产量占比统计图（农业农村部渔业渔政管理局等，2021）

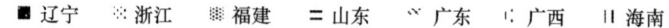

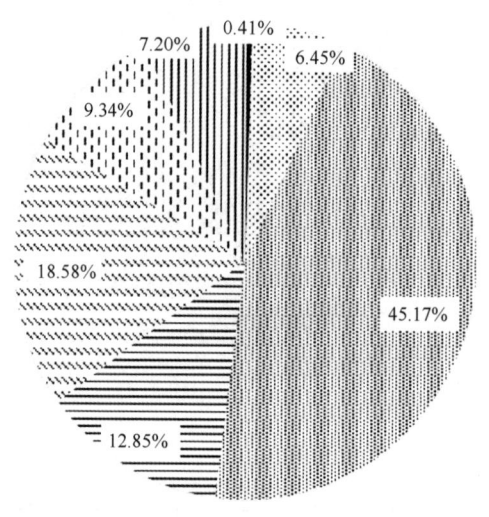

图 9-4　2020 年各省份网箱养殖产量统计图（农业农村部渔业渔政管理局等，2021）

2. 我国产业发展问题

1）缺乏整体的规划和科学的理论指导

我国近海养殖产业发展问题多由历史原因造成，部分养殖区前期缺乏合理规划设计，一旦一些养殖品种被证明可营利，大量资金就会涌入，短期内形成单一品种的高密度大规模养殖。这种大规模密集养殖活动忽视了养殖活动对海洋生态系统的影响，导致海区富营养化和养殖病害频发。长远来看，养殖区的可持续发展离不开政府和管理部门的积极引导和养殖户的自我控制。例如，河北省秦皇岛市扇贝养殖连续几年的高收益引发了养殖投资热潮，加之养殖用海审批不严格，致使养殖规模的快速扩大，养殖户不按扇贝养殖规范操作，养殖密度增加 20%~50%，直接造成扇贝营养不足、规格小、品质下降。再如，2009年有 50% 以上的扇贝养殖户出现亏损，扇贝养殖业出现了"两低一高"（产量低、价格低、成本高）的现象（曹现锋等，2010）。

2）忽视海区生物承载力评估及应用

在浅海增养殖发展过程中，由于养殖户片面追求高产量、高密度养殖，加之管理部门缺乏科学引导及管理，忽视了海区的生物承载力，导致很多海域生态系统遭到一定程度破坏，环境污染加重，不仅影响了水产品的质量，还阻碍了海水养殖业的持续发展。郑惠东（2019）对福建省东山湾养殖承载力进行了评估，结果显示其养殖面积指数（YS）为 0.89，属临界超载，表明海域开发强度较高，养殖面积应适度控制；养殖结构指数（YJ）为 0.02，属临界超载，表明东山湾局部海域鱼类等投饵型养殖生物养殖规模较大，造成养殖自身污染。

3）生态环境恶化，病害灾害严重

总体而言，我国大多数海水增养殖区位于水交换较好的海域，环境质量稳定。但是，部分浅海增养殖区在水动力条件差的半封闭海湾或河口，这些水域也是陆源污染物和海上排污的主要受纳场所。另外，养殖系统自身污染也导致了环境质量的下降。养殖过程中投入品的滥用也会导致抗性细菌的产生，导致病害频发。2009 年 5~8 月，福建省宁德市三沙湾网箱养殖大黄鱼相继发生刺激隐核虫病，造成成鱼损失近万吨，鱼苗损失 1 亿多尾，经济损失约 1.87 亿元（朱峰等，2013）。

4）自然灾害监测与预警预报系统欠缺

随着浅海增养殖规模的不断扩大以及极端气候条件的增多，养殖业遭受各种自然灾害的风险也越来越高，然而我国目前对台风、风暴潮、赤潮等频发易发灾害，以及寒潮、高温热浪等极端天气事件的预警预报在水产养殖业的应用能力不足，自然灾害的监测预警预报网络系统尚不完善。因此，如何提高对自然灾害的监测和预警能力，成为当前水产养殖灾害方面急需解决的问题之一。

5）机械化、智能化、信息化程度不足

机械化程度低、劳动强度大以及智能化、信息化不足是我国传统浅海增养殖过程中普遍存在的问题。尽快提升浅海增养殖过程中的智能化、信息化、机械化水平，并进行相关设备的开发和利用，是今后急需解决的问题（黄一心等，2016）。

9.1.3 国际科技发展现状与瓶颈

1. 国际科技发展现状

1）优质抗逆品种培育与苗种繁育技术

良种对于提高浅海增养殖产量、增加经济效益具有极为重要的作用。目前在欧洲国家、美国和日本等发达国家海水养殖生产中占主要地位的品种，大都是经过选育的优良品种。例如，挪威通过基因技术开发遗传标记用于辅助选择育种，使经济上重要的性状，特别是难以培育的性状如鲑鳟鱼类食物转化效率和抗病性得到改善，从而大幅增加产量。美国于 1996 年启动"亲贝培育计划"（The Molluscan Broodstock Program，MBP），目的是提高长牡蛎（*Crassostrea gigas*）的生长和抗逆性能，以用于发展美国西海岸的水产养殖业。由俄勒冈州立大学在俄勒冈州新港的哈特菲尔德海洋科学中心负责幼虫和贝苗的育种设计、孵化生产以及性状评估，利用杂交育种、细胞培养、体细胞变异、体细胞杂交、DNA 重组和分子标记辅助选育等技术，培育牡蛎抗病新品种（Romain et al.，2016）。

2）多营养层次综合养殖技术

多营养层次综合养殖（integrated multitrophic aquaculture，IMTA）模式是一种生态养殖方式，它结合了来自不同营养水平的经济重要物种的养殖，可以充分利用海域空间和营养物质，降低营养损耗及潜在的经济损耗，从而在根本上实现养殖空间的节约、养殖承载力的提升和养殖产出的提高，同时对环境的影响降到最低（方建光等，2016；Chopin et al.，2012；Zamora et al.，2018）。自 20 世纪 90 年代以来，日本伊势湾的表层溶解无机氮水平逐渐下降，而磷的水平较为稳定，从而导致初级生产的营养失衡，养殖的条斑紫菜颜色品质下降，红鲷鱼、大黄鱼等重要养殖品种产量逐年降低。Watanabe 等（2016）利用鱼-藻-贝 IMTA 养殖模式发现，红鲷鱼网箱养殖中排放的氨氮（NH_4^+-N）量与筏式养殖绿藻礁膜和底播养殖的菲律宾蛤仔吸收的氨氮（NH_4^+-N）量相当，因此改善了伊势湾的环境，并提高了水产养殖的产量。

3）集约化的浅海生态增养殖设施装备

近几十年，基于信息化、智能化水平的提高，海水养殖设施装备发展迅速。国际上海水养殖发达国家应用水下机器人、无人机、在线监测网络等水产养殖水环境信息监测技术来实现对水环境的监测与控制，同时结合信息监控技术、智能控制技术、智能设备技术，基本实现了浅海增养殖的智能化、数字化和自动化（Wei et al.，2019）。

2. 国际科技发展中的瓶颈

1）应对气候变化能力不足

全球气候变化对浅海增养殖产生了重大影响。建立气候变化监测预警系统，加强气候变化适应技术的研究与开发，如调整渔业生产布局、选育优良品种和研发生态养殖新模式等，可以在一定程度上减少全球气候变化对养殖业造成的损失。当前国际上主要关注海洋环境变化对渔业活动的影响，而水产养殖业应对气候变化的措施和技术相关研究较少，部分与全球应对气候变化能力不足有关。

2）水产养殖生物安全及卫生管理薄弱

水产养殖部门在外来、本地和新发动物疫病防控方面都十分脆弱。急性肝胰腺坏死病、虾肝肠胞虫病均在过去几年出现，流行性溃疡综合征及传染性肌坏死病的地理分布在近年来也有所扩大，白斑综合征、传染性鲑鱼贫血症及其他细菌、寄生虫和真菌感染性疾病仍在影响着养殖种群。水产养殖动物疾病的应对面临很多限制，包括诊断技术和水生动物疾病控制方法、多因素疾病综合征出现、亚临床感染频发，以及水生动物健康状况的相关信息匮乏等。同时，解决滥用抗生素、养殖生物体内抗微生物药物残留和抗微生物药物耐药性等问题仍是未来海水养殖业的巨大挑战（FAO，2018）。

9.1.4 我国科技发展现状与瓶颈

1. 我国科技发展现状

1）养殖模式及效益得以优化

20世纪70年代以来，我国开始在海水养殖模式和技术创新等方面进行尝试和探索，先后提出并完善了鱼-贝、鱼-藻、虾-贝、虾-藻、贝-藻等混养模式，以及鱼-贝-藻和鲍鱼-海带-刺参等多营养层次综合养殖模式。其主要思路是增加非投饵型贝类和藻类在养殖系统中的比例，强化养殖系统自身的物质循环，以减少养殖自身污染以及对养殖区毗邻环境的危害。上述养殖模式已在国内部分省份推广，并取得了商业上的成功，达到了产业化水平，实现了由单纯追求养殖产量向全面优化品种结构和提升产品质量的重大转变（张彩明和陈应华，2012；张瑞标和王珊珊，2018）。

2）养殖环境的修复力度不断加大

20世纪90年代开始，我国着力开展养殖承载力和养殖结构优化方面的研究。在浅海筏式养殖自身污染研究和评估污染物输出量等方面取得了一定的成果。同时，在不同养殖模式对养殖环境的生态调控模式和生态修复作用等方面有了较大突破，为解决养殖污染问题、降低水体富营养化程度提供了良好示范和推动作用（刘梅等，2019）。

3）海洋设施渔业发展迅速

设施渔业发展水平是衡量一个国家渔业科技水平的重要指标，提升设施渔业发展水平是水产养殖业发展的必然趋势。虽然我国设施养殖起步较晚，但是在政府的高度重视和大力支持下，我国的海洋设施渔业取得了长足进步（刘鹰等，2014）。例如，综合考虑海带形态特点、生长环境和养殖模式研发出了适合我国国情的筏式养殖海带收获装置，包括单臂吊型海带收割船、绳钩组合海带收割设备、链驱动式海带收割设备等（常宗瑜等，2018）。

2. 我国科技发展中的瓶颈

1）基于生态系统水平的养殖管理不完善

联合国粮食及农业组织对基于生态系统水平的水产养殖进行了定义：一种强调生态系统完整性、协调性和多方参与生态系统管理，促进水产养殖可持续发展的运行方式。目前我国主要通过水域使用证和养殖许可证的发放进行管理，养殖者获得两个证后，可以在确权的水域从事养殖活动，但在养殖过程中，养殖种类结构、养殖密度和布局没有得到科学合理的规划，超载和布局的不合理导致大量的海洋资源得不到有效利用。此外，生态养殖技术和模式没有得到更大程度的应用，养殖生产方式单一，导致生态环境和水产养殖业的发展矛盾加剧，不断地以消耗生态环境资源为代价发展水产养殖。

2）养殖海域环境监测与灾害预警预报技术不足

浅海是台风、风暴潮等灾害性天气传递到陆地的主要路径，也是陆地营养物、污染物的主要注入场所。做好海洋环境预测预警是实现浅海生态增养殖业发展的基础，而海洋环境实时观测又是预警预报的前提。海洋观测预报与水产养殖专业技术有效结合，可以及时为养殖户提供生产指导、灾害预警和减灾服务，有效减轻养殖业受灾损失和生产风险。然而，我国海洋环境监测还处于起步阶段，灾害预警预报能力建设较为滞后，水环境评价与趋势预测、水环境异常预警准确度也不高，应对措施研究等方面仍有很大欠缺。

3）浅海生态增养殖装备机械化水平落后

我国是世界水产养殖大国，但发展方式比较落后。首先，我国的海水养殖集约化程度不高，水产养殖自动化和机械化水平低，迫切需要优良的现代化装备，以推动我国水产养殖业发展方式的转变。其次，我国的海水养殖业大多是分散型农户养殖，粗放型水产养殖和半集约化养殖较多，集约化养殖形成较为困难，主要是因为我国海水养殖体系发展不完善，各类分支的联动性不强。加快水产养殖业装备的升级更新，是促进水产养殖业从家庭式生产向规模化、工业化、现代化方向发展的重要举措。最后，我国的海水养殖硬件设施落后，自动化和机械化程度较低，渔业设施设备的机械化水平同发达国家相比差距明显，制约了生态海水养殖模式的优化和发展（杨红生等，2019）。

9.2 重大科技需求分析

9.2.1 科技发展愿景分析

1. 坚持"生态优先、人海和谐"的发展理念

浅海是我国海水增养殖最早开发和利用的区域，更是我国海水增养殖产业的主战场，承担着提供优质蛋白和保障食物安全的重要任务。因此，浅海增养殖业的健康和可持续发展，是决定我国未来海水增养殖业成败的关键之一（张经等，2016）。我国未来浅海增养殖目标是，不仅要完成为我国提供优质水产食物蛋白质的任务，还需要保证浅海增养殖区优良的环境状态。针对当前我国浅海增养殖面临的发展任务以及存在问题，坚持"生态优先、人海和谐"的发展理念（冯浩洲，2015），重点解决高效生态模式构建、增养殖设施装备现代化以及模拟评估技术体系建立等问题，广泛应用浅海区域清洁生产技术，实现浅海水产品生产过程的高效产出、环境友好以及装备现代化。

党的十九大指出"必须树立和践行绿水青山就是金山银山的理念"，为构建环境友好型的浅海增养殖提供了发展的方向。未来 10~20 年，浅海增养殖业不仅要高效产出安全的海产品，还要保持养殖海域较好的环境质量。因此，我国浅海增养殖业的发展，应坚持"生态优先、人海和谐"的发展理念，基于科技驱动，合理统筹规划增养殖用海区域，科学有序开展增养殖活动，构建高效产出且与环境和谐友好的生态增养殖模式，最终将可持续意识、可持续目标与实际生产模式、生产技术相结合，形成可实施、可操作、可持续发展的浅海增养殖生产模式和产业结构。

2. 基于承载力实施增养殖管理规划

承载力是一个区域健康可持续发展的基础。在浅海增养殖管理上，需要建立适合于不同增养殖模式的承载力评估技术。以此为基础，制定浅海增养殖发展规划，实施区域

布局，明确建设功能和重点，发展适应各增养殖区、生产方式和种类的浅海增养殖新模式（唐启升等，2014）。针对我国不同海区的环境条件，形成黄海、渤海、东海、南海不同区域适宜各自代表性物种的浅海增养殖模式，并建立与之配套的成熟的评估、采收、管理模式。

3. 重点发展 IMTA 新模式和自动化、机械化设备

浅海筏式养殖需要基于生物承载力评估，合理设置筏架间距、吊笼数量与养殖密度，重点发展藻、贝、鲍、参等多种类、立体式多营养层次综合养殖模式。建立养殖生物动态模拟模型，模拟生物生长动态；结合生物与环境监测技术，建立生态系统生物、环境评估技术体系；进一步结合智能管理技术，形成有效反馈机制与灾害预警防控技术。研发筏式养殖播苗、采收、清洗、分级、加工全产业链成套机械化装备，建立全程机械化生产模式。进一步优化更新网笼、固定锚等筏架设施，制定筏式养殖结构标准，提高筏式养殖抗灾害水平。通过养殖模式、机械化生产模式、新型筏架设施的综合，形成与我国不同海域相适应的多营养层次综合养殖模式，进一步提高浅海增养殖活动的经济效益、社会效益和生态效益。

4. 聚焦增殖评估技术体系构建以及智能化装备

浅海底播增殖需要建立和完善增殖前-中-后评估技术体系，建立产出效益良好、环境友好的底播增殖模式。在充分调查增殖海域资源环境特征的基础上，建立完善的增殖评估技术体系，包括增殖前有效评估生物承载力与增殖潜力，并有效模拟增殖活动过程，为增殖物种选择、增殖密度确定等提供足够可靠科学依据；增殖过程中，建立监测跟踪制度，有效掌握增殖过程中增殖海区资源环境特征状况，建立有效反馈机制；增殖后期，有效评估增殖活动的回捕率、经济收益等，基于生态系统水平评估增殖活动生态效益，建立涉及生态、经济、遗传效应的评估方法。合理规划底播增殖区，形成具有资源养护、资源产出不同功能区的轮作模式，基于增殖评估技术体系，制订科学合理的采捕策略。通过不同物种搭配的底播增殖，建立稳定生态、经济效益的底播搭配增殖模式。研发对底质环境友好的播苗、采收装备，建立机械化播苗、观测和采捕技术。

5. 强化浅海网箱养殖的设施研发和智能化管理

未来网箱养殖需要在结合承载力评估、实时监测与动态模拟、精准投喂管理技术的基础上，建立具有高度自动化和智能化特征的网箱养殖模式。基于对养殖海域生物承载力的评估，合理布局网箱位置，确定合理养殖密度。利用水下视频、声学等环境监测设备，建立养殖水体生物与环境监控系统。通过建立养殖生物生长动力学模型，模拟并评估生物生长动态变化。研究养殖物种生理生态、生物能量学特征，建立不同生长阶段的营养需求模型，结合监测模拟评估技术，建立精准投喂技术。建立网箱自动化和智能化控制系统，进一步加强工船、大型深水网箱以及养殖-采捕-加工一体化的抗风浪网箱养殖装备的研发，结合包括自动投喂系统、生物环境监测系统在内的智能养殖系统，建立具有高度自动化和智能化特征的浅海网箱养殖技术，并实现良好的经济效益。

9.2.2 科技发展需求分析

1. 生物承载力评估技术

研究生物承载力评估关键技术，包括生物承载力评估的指标体系构建，以及养殖生物个体生长过程数值模型、水动力过程与生态模型的耦合和生态系统营养动力学模型的构建。针对网箱养殖，重点研究网箱养殖区水动力过程、水质变化机制、养殖生物生理生态特征，基于计算机技术建立水动力、水质、养殖生物生理生态特征耦合的数值模型，以底质硫化物含量、水体中无机氮浓度、水体中氮和磷浓度为限制性指标，建立养殖生物承载力评估技术。针对底播增殖和筏式养殖，研究养殖区域水动力过程、关键生物地球化学过程、基础生物生产与关键生物地球化学之间的耦合过程、生态系统营养动力学、生物种群动力学等，利用营养动力学模型法、生态数值模型法等，建立增养殖生物承载力评估技术。基于生物承载力评估技术研究增养殖活动布局与结构调整，进一步制订基于生态系统水平的增养殖管理策略。

2. 多营养层次综合养殖模式

针对当下我国浅海增养殖中单一种类养殖存在的产量低、病害频发以及环境污染等问题，大力发展鱼-贝-藻-参、鱼-贝-藻、贝-藻、贝-藻-参等多营养层次综合养殖模式，实行间养和轮作制度。全面了解各养殖模式下养殖海域水动力条件、饵料条件等因素，研究搭配养殖系统中各养殖单元间能流、物流过程，掌握各养殖单元间的互利作用机制，研究搭配养殖生态系统的生物地球化学循环过程机制，研究养殖生物的生理生态学和区域生态学特征，为不同搭配养殖模式的结构优化、放养密度控制、对环境的修复作用、养殖污染分析等研究提供基础数据支撑与理论指导。探明多营养层次综合养殖系统对海洋酸化等全球气候变化的响应，构建适应全球变化的多物种搭配综合养殖模式。

3. 生物资源动态模拟与效果评估技术

研究增殖生物生长过程中的死亡率变化、生长速度、行为学特征等，结合生物标记技术、整合分析（meta-analysis）等分析方法，研究生物资源动态模拟技术，实现对生物资源在时间、空间尺度上的动态模拟与预测。基于标记放流技术和生物回捕技术从生态、经济、遗传方面评估底播增殖效果，评估增殖种群生物补充量大小，评估放流种群对野生种群、竞争生物种群、被捕食生物种群的影响大小，评估增殖种群回捕率、成活率以及经济收益等，通过评估增殖种群的繁殖成功率、等位基因差异、基因流、基因多样性等方面来评估增殖活动产生的遗传效应。

4. 网箱养殖精准养殖与智能投喂技术

研究特定养殖品种营养需求，结合养殖物种生理生态学特征和生长特性，建立不同生长阶段的营养需求模型。通过建立水质、气象实时监测系统，获取溶解氧、水温、盐度、氧化还原电位等理化指标和光照、气温、气压等气象指标数据，根据养殖生物所处生长阶段、水质环境等制订投喂策略，并运用计算机神经网络系统，进行自我训练与分析运算，得出所在时刻的投喂量和频率，结合远程控制系统操控投饲装备，建立智能投喂技术。利用计算机视觉技术分析水下或水面图像信息，分析养殖动物的摄食行为，判断养殖动物的聚集状态，计算其营养需求，从而调整投喂策略，进一步优化智能投喂技术。

5. 高效、新型增养殖机械化装备研发技术

建立不同养殖设施结构与建设规范，开展装备的水动力特性研究，增强浅海筏式、网箱养殖设施结构的可靠性、锚固稳定性；开展播苗、采收、清洗、分选、加工等机械化装备研究，建立采收、加工等全程机械化装备体系；研究与优化高密度聚乙烯（HDPE）重力式深水网箱设施的各项性能，研发能抵御特殊海况的新型抗风浪网箱，提升养殖迈向"蓝色海洋"的能力；利用各类海上平台，建立海上养殖基站，继而建立规模化设施养殖系统；开发自动投饲、远程监测、废物收集处理高效作业配套装备，构建数字化专家决策系统，为养殖规模化发展提供保障。

6. 增养殖装备数字化、智能化技术

我国浅海增养殖存在基础设施落后、缺乏有效服务支撑体系等问题，基于物联网技术的数字渔业智能化装备可以有效推动相关技术创新与支撑服务体系构建。通过建立增养殖水体生物与环境实时监测技术、病害监测预警与诊断技术、综合管理保障技术以及水产品质量安全追溯技术等关键技术，将增养殖系统中基于计算机、互联网、现代通信、物联网、智能控制和现代机械等技术获取的多尺度、多维度信息进行智能化处理，研究增养殖生产过程中的最优控制技术，实现对增养殖生物生产全过程及其生态、环境和社会经济属性的数字化和可视化表达、设计、控制、管理，形成生态化、高效化、智能化精准增养殖生产体系，满足我国浅海增养殖业发展的战略需求。

9.2.3 重大科技任务分析

1. 重要增养殖生物个体行为生理特征与调控机制

掌握增养殖生物行为生理特征是科学合理开展增养殖活动，提高管理水平的重要基础（袁秀堂，2005；张东，2013）。我国浅海区域增养殖往往依靠经验积累开展相关活动，对重要增养殖生物行为特征和内在调控机制掌握不足，这给实时掌握浅海区域增养殖生物个体状态，构建合理搭配养殖模式，提高增养殖数字化、智能化管理水平，以及相关生态灾害的防控带来了重要挑战（唐启升等，2013a；马雪健等，2016；李峤，2019）。我国亟待在重要增养殖生物个体行为生理基础理论方面开展相关研究。需重点研究的方面如下：开展鱼类游泳行为与游泳动力学以及鱼群集群机制等研究，阐明鱼类对捕捞渔具的行为反应规律。研究增养殖生物行为生理生态学特征，包括增养殖生物索饵、栖息、避敌等时空行为特征和交配、产卵、育幼等繁殖行为特征，并揭示其在昼夜、月和季节尺度上的变化规律、驱动因素与内在调控机制；研究增养殖生物种内密度制约效应、性选择等种内作用以及竞争、捕食、互利等种间作用，研究不同水质、流场、底质等环境因素对增养殖生物行为生长的影响，阐明生态灾害（如低氧、赤潮等）以及极端环境条件（如高温、低温、高盐、低盐、降雨等）对增养殖生物的影响。

2. 增养殖生态系统生物地球化学循环与能量流动过程

对海水养殖生态系统生物地球化学循环和能量流动过程进行研究是阐明增养殖生态系统基本功能的重要基础（唐启升等，2013b；Feng et al.，2017）。目前我国对浅海区域增养殖生态系统生物地球化学循环与能量流动过程研究较少，从而无法有效掌握增养殖活动对环境造成的干扰以及增养殖海域环境对增养殖活动的响应，同时也给有效评估增养殖区域生物、环境承载力带来了重要挑战（蒋增杰等，2012；唐启升等，2013b）。因而，需要重点针对相关增养殖生态系统生物地球化学循环与能量流动过程开展研究，重点研究增养殖生态系统中沉积物-水、颗粒物-水等界面过程中生源要素不同赋存形态之间的转化关系，有机质降解和矿化等过程的影响制约因素及相关降解、矿化速率，以及生态系统中水动力过程对颗粒物迁移沉降的影响，基于增养殖区生源要素生物地球化学过程的研究为揭示增养殖生态系统重要生源要素循环机制、构建环境友好的增养殖模式提供基础理论支撑。重点研究底播增殖生态系统生物群落结构组成、食物网结构、基础生产力水平及动态变化，研究水动力过程对浮游生物等饵料资源供给量的影响，为生态系统增殖适宜性评估和增殖种类筛选提供理论支撑，通过进一步研究增殖种类生长、死亡、补充等生命过程，建立生态系统水平的能流模型，阐明生态系统能流过程，为生态系统生物承载力与资源产出能力评估、健康评价以及综合管理提供基础理论支撑。

3. 增养殖生态系统中养殖设施与生物、环境间的作用关系

增养殖设施与生态系统中生物、环境间的相关作用关系是创新、开发新一代智能化、现代化增养殖设施的重要基础（刘庄等，2015）。我国浅海区域增养殖设施存在设施老旧、智能化水平低等问题，而对设施与生物、环境间的相互作用关系掌握不明，是制约我国高效、新型浅海增养殖机械化装备研发的重要因素（赵云鹏，2007；高焕等，2018）。需要重点开展网箱、筏式等养殖设施的水动力特性、波流场中养殖系统的动力响应及数值模拟研究，阐明水动力与养殖设施各种物理参数间的关系，解析柔性与刚性复合型养殖设施作为特殊海洋构筑物受力特性的科学问题，构建海洋养殖设施工程技术理论。重点开展养殖设施污损生物防除技术研究，通过研究污损生物群落结构特点及其演替趋势，掌握污损生物群落结构特点、生物学特性，揭示其形成和发展规律，研究污损附着机制及天然防污作用机制，为高效环保防污技术研发提供基础理论支撑。

4. 基于生态系统的浅海增养殖综合管理体系

浅海增养殖生态系统包含复杂的生态过程，在我国当前发展水平下，仅仅依靠"点"上的技术难以实现整体突破提升，需要用系统的方法与思维来解决相关的重大关键问题，从系统的要素构成、互作机制和耦合作用来探索问题解决的途径，从资源利用、生产效率、生态系统弹性和发展可持续性的整体维度进行思考，探索浅海增养殖综合管理系统。然而，当前我国浅海区域增养殖活动基于生态系统水平管理的研究不足，这给从整体水平上提升我国浅海区域增养殖活动生产管理水平带来了重大挑战，因而，我国亟待构建浅海区域基于生态系统增养殖综合管理体系（FAO，2010；王清印，2010）。针对浅海区域的食物生产活动，需要制定涵盖有效模式构建、环境影响评估、播苗采收、饲料优化投喂策略制订、污染物管理及资源化利用等在内的增养殖管理体系；制定评估技术体系，评估生物与环境

承载力以及发展的可持续性；建立健全增养殖系统常态的、系统的、长期的监测体系，为基于生态系统的浅海增养殖管理提供数据支撑；强化科技在决策中的重要作用，实现以科技支持决策的精细化管理，最终实现数字化、智能化的综合管理体系构建。

9.3 技术水平发展总体评价

9.3.1 技术发展态势评价

1. 国内外发展态势分析

以科学引文索引扩展版（Science Citation Index Expanded，SCIE）数据库为基础，以 TS=(("raft *culture" OR "bottom enhancement" OR "marine cage*" OR "sea cage*" OR "fish cage*" OR "cage farm*" OR "cage *culture") AND (*culture OR "clean production" OR "integrated multitrophic*" OR "IMTA" OR facility OR facilities OR equipment OR coast* OR installation*) NOT ("open sea" OR pool OR subsea OR freshwater OR "fresh water" OR tilapia* OR *Oreochromis* OR reservoir OR river))为主题检索公式，选取的文献类型为论文(article)、会议论文(proceedings paper)和综述(review)，时间范围为1991年至检索日期（2020年3月25日）。在得到初步检索结果后，将数据进行合并、去重和清洗处理，最终得到1226条数据，从文献计量角度分析全球浅海生态增养殖研究的发展态势。

以中国知网数据库为基础，以 SU=(浅海) AND SU=(筏式+浮筏+底播+网箱) AND SU=(养殖+增殖+清洁+多营养层次+设施+设备) NOT SU=(淡水+深海+深远海+深水+池塘+水库+河+河道+河沟+池+江+湖+稻田+大水面+草鱼+鲤+鲤鱼+黄鳝+罗非鱼+鳜+团头鲂+鲟+鲍+鮰+斑点叉尾鲴+黄颡鱼+鲇+鲶+加州鲈+家鱼+青鱼+鳢+鲚+丁鲅+虹鳟+睡莲+青虾+笋壳鱼+鲶+鳖)为主题检索公式，限定期刊类型为核心期刊、CSSCI 和 CSCD 来源期刊，时间范围为1991年至检索日期（2020年3月25日），得到国内浅海生态增养殖相关研究487篇，从文献计量角度分析国内浅海生态增养殖研究热点内容。

数据分析主要采用汤森路透集团开发的专利信息分析工具 TDA 软件、网络关系分析工具 Ucinet 和 NetDraw，以及 Nees Jan van Eck 和 Ludo Waltman 开发的 VOSviewer 软件和办公软件 Excel。利用 TDA 软件对文献数据进行基本的处理和清理，利用 Ucinet 和 NetDraw 工具绘制国家合作网络，利用 VOSviewer 软件对文章题名、摘要和关键词进行聚类分析，利用 Excel 软件对该领域文献进行统计分析以及图表绘制的可视化分析。

1）国内研究发展态势分析

将国内相关研究数据集中的论文题目、摘要和关键词进行可视化图谱分析和领域聚类，得到图 9-5 和图 9-6。可以明显看出，国内浅海生态增养殖研究主要分为 4 个研究版块，一是网箱养殖对海洋生态系统的影响，包括沉积物、营养盐、富营养化、底栖生物、硫化物、季节变化等主要研究内容；二是筏式养殖系统，包括扇贝养殖、苗绳、敌害生物、贻贝、海珍品等主要研究内容；三是浅海养殖业，包括大黄鱼、石斑鱼、黄鱼属、苗种、放养密度、饲料系数、细菌、细菌性鱼病、水温、体长等主要研究内容；四是网箱养殖系统，包括养殖模式、健康养殖、水质、鼠尾藻、网衣等主要研究内容。

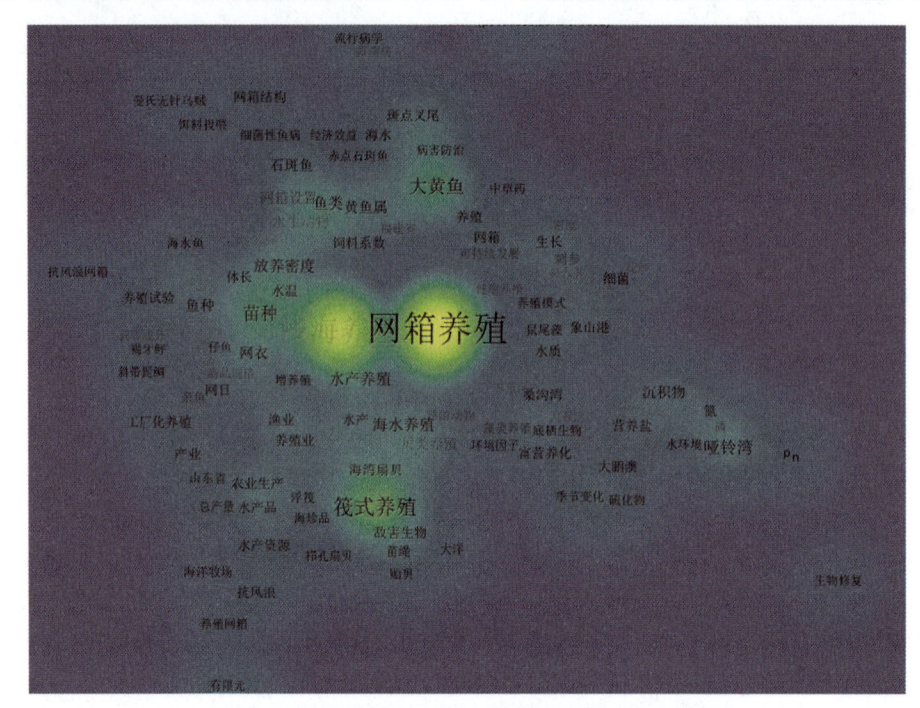

图 9-5　国内浅海生态增养殖研究热点可视化图谱

颜色越凸显表明出现频次越高

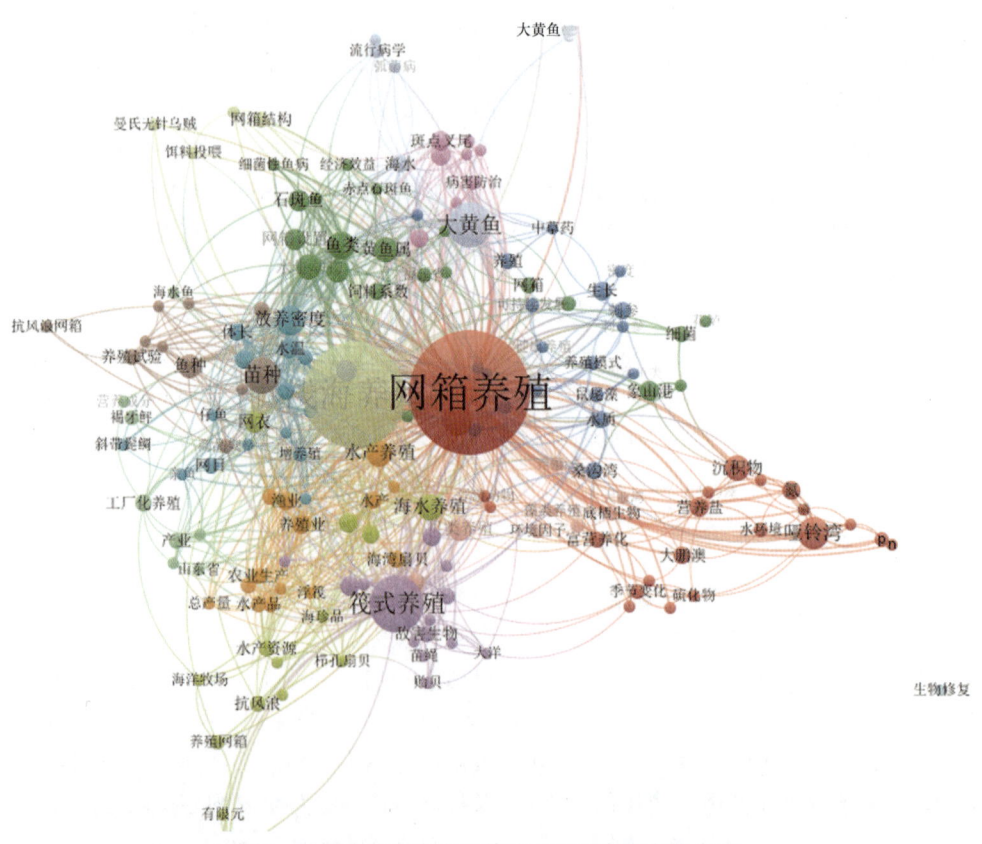

图 9-6　国内浅海生态增养殖主要研究内容聚类图

联系紧密的关键词划分为同一区块；字号越大表示该关键词出现频次越高

2）国际研究发展态势分析

（Ⅰ）研究论文变化情况

国际浅海生态增养殖研究发文量见图 9-7，可以明显看出，发文量整体呈现递增趋势，有些年份论文量会有小的波动。1991~2019 年有 1203 篇相关研究论文被 SCIE 数据库收录，总被引频次为 28 136 次。

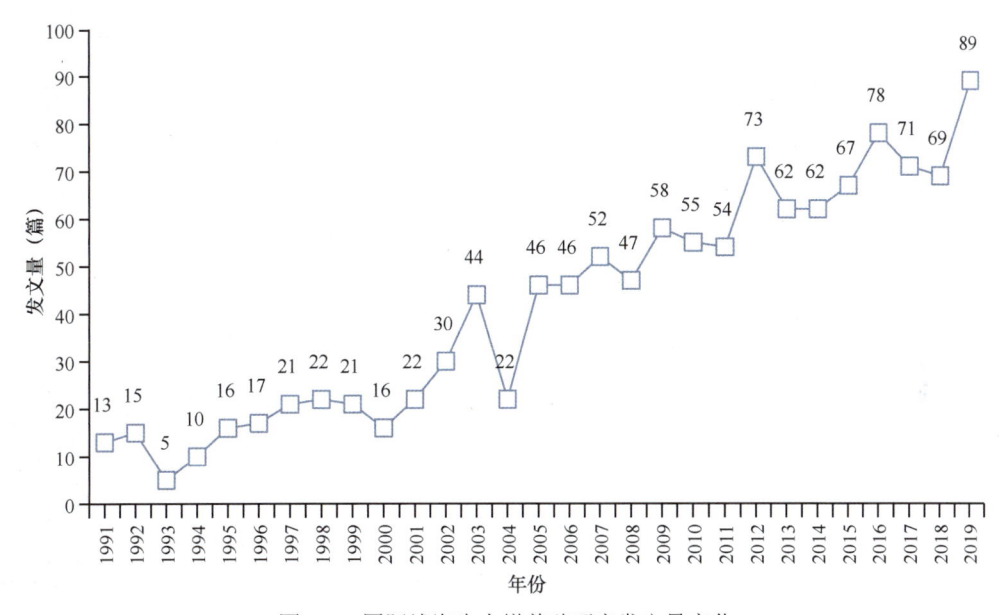

图 9-7　国际浅海生态增养殖研究发文量变化

（Ⅱ）国际研究力量与影响力分析

通过关键词检索，共有 75 个国家的 1069 个研究单位发表过浅海生态增养殖相关的专题论文，发文量前 10 位国家分别是美国、挪威、中国、西班牙、澳大利亚、英国、加拿大、日本、希腊、意大利，其中美国、挪威、中国、西班牙及澳大利亚的发文量在 100 篇以上；美国的发文量最高，中国的通讯作者和第一作者发文量最高；通讯作者和第一作者发文量的平均数分别为 82.8 篇和 82.7 篇，美国、挪威、中国、西班牙以第一作者和通讯作者发表的文章数量超过平均数（图 9-8）。

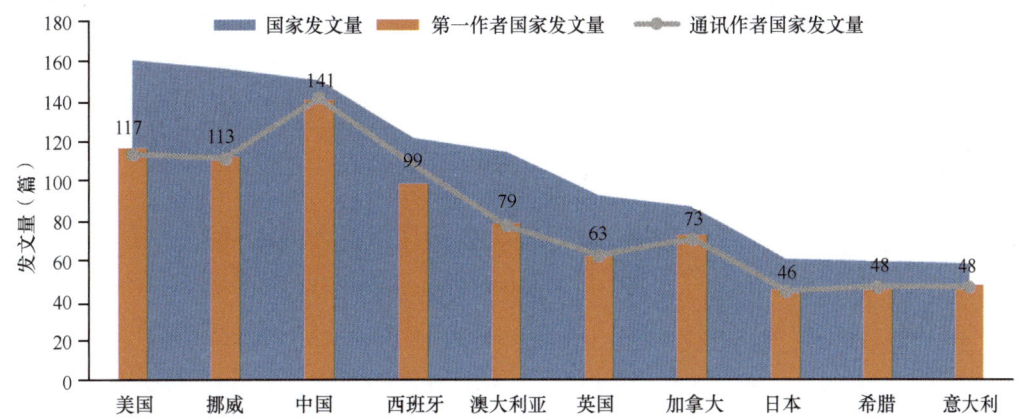

图 9-8　国际浅海生态增养殖研究发文量前 10 位国家的发文量、第一作者国家和通讯作者国家发文量

表 9-4 列出了国际浅海生态增养殖研究发文量前 10 位国家的发文量、总被引频次、篇均被引频次、第一作者国家发文量占比、通讯作者国家发文量占比和近三年发文量占比等信息。可以看出，美国的论文总被引频次遥遥领先，其次是挪威、澳大利亚、西班牙、英国和中国。但第一作者国家发文量占比、通讯作者国家发文量占比和近三年的发文量占比，中国都处于领先地位。

表 9-4 国际浅海生态增养殖研究发文量前 10 位国家的发文情况

排序	国家	发文量（篇）	总被引频次（次）	篇均被引频次（次/篇）	第一作者国家发文量占比（%）	通讯作者国家发文量占比（%）	近 3 年发文量占比（%）
1	美国	161	5046	31.34	72.67	70.81	14.29
2	挪威	157	3709	23.62	71.97	71.34	26.75
3	中国	151	2456	16.26	93.38	94.04	31.13
4	西班牙	122	2836	23.25	81.15	89.34	13.11
5	澳大利亚	115	2868	24.94	68.70	67.83	17.39
6	英国	93	2720	29.25	67.74	67.74	11.83
7	加拿大	87	2090	24.02	83.91	81.61	19.54
8	日本	61	1412	23.15	75.41	73.77	22.95
9	希腊	60	2159	35.98	80.00	78.33	10.00
10	意大利	59	1192	20.20	81.36	79.66	16.95
	平均值	106.6	2648.8	25.20	77.63	77.45	18.39

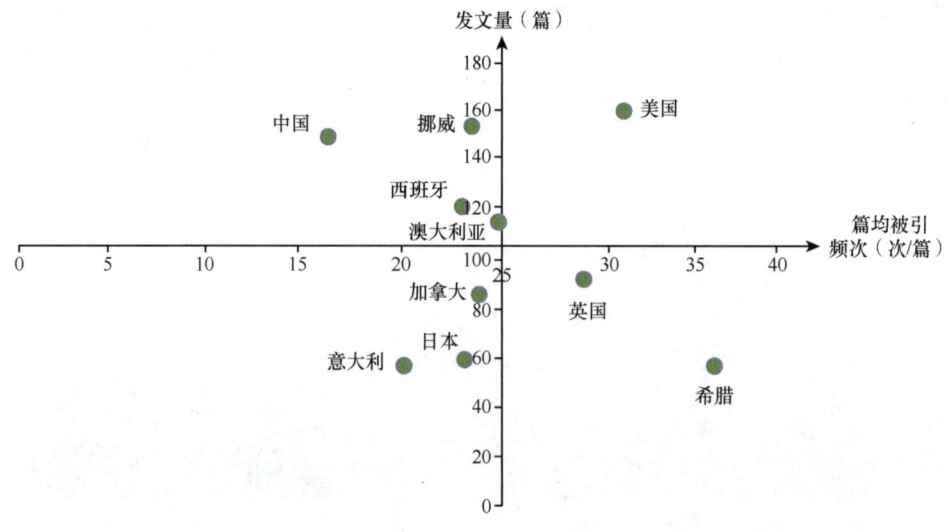

图 9-9 显示了国际浅海生态增养殖研究发文量前 10 位国家的发文量和篇均被引频次分布图。可以看出，美国的发文量和篇均被引频次均处于领先位置；中国发文量远高于平均水平，但论文篇均被引频次与平均水平相比存在较大差距；加拿大、日本、意大利的发文量和篇均被引频次均低于前 10 位国家的平均值；英国和希腊论文数量增长有限，但篇均被引频次较高。

图 9-9 国际浅海生态增养殖研究发文量前 10 位国家的发文量和篇均被引频次分布图

（Ⅲ）国际合作情况分析

以国际浅海生态增养殖研究发文量前 50 个国家为主，绘制各个国家的相互合作关系网络。从图 9-10 可以看出，挪威和美国是研究的中心国家。中国最主要的合作国家是美国。全部论文中，以国家数量计为 1583 篇，实际论文为 1226 篇，论文篇均合作国家为 1.29 个。从表 9-5 可以看出，国家独立完成的论文有 909 篇，占全部论文的 74.14%，3 国及以上合作的论文数量为 60 篇，占全部论文的 4.89%，说明国际浅海生态增养殖研究多国合作较少。

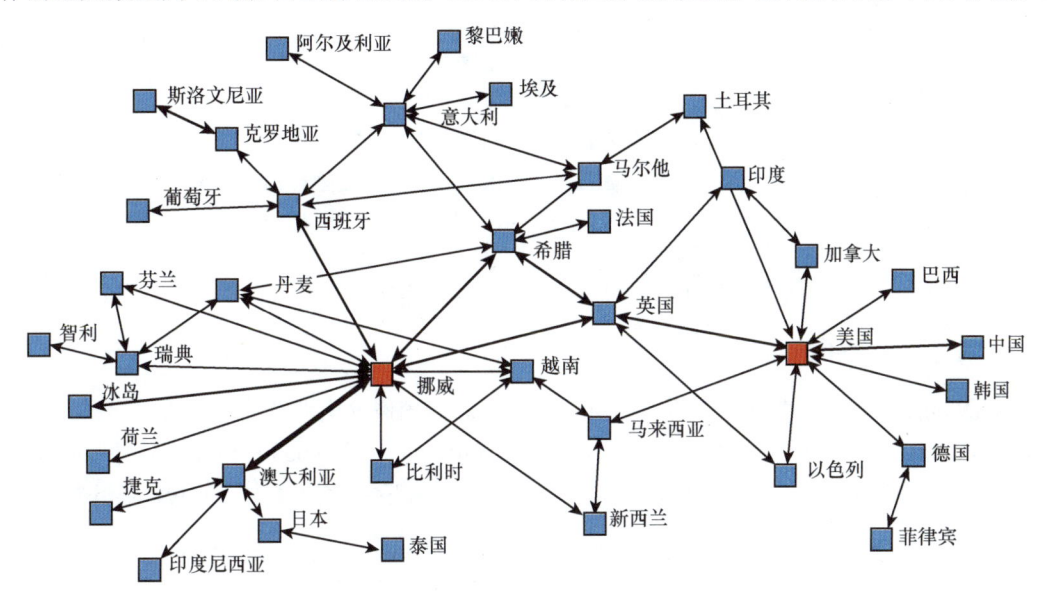

图 9-10　国际浅海生态增养殖研究的国际合作情况
连线表示合作关系，线条越粗合作次数越多

表 9-5　国际浅海生态增养殖研究论文合作国家数量

序号	发文量（篇）	发文国家数量（个）	序号	发文量（篇）	发文国家数量（个）
1	909	1	5	3	5
2	257	2	6	1	6
3	45	3	7	1	13
4	10	4			

（Ⅳ）主要研究机构分析

国际浅海生态增养殖主要研究机构如图 9-11 所示，发文量前 10 位（超过 26 篇）的机构分别是挪威海洋研究所（Institute of Marine Research，Norway）、挪威科技工业研究院、澳大利亚墨尔本大学（University of Melbourne）、西班牙阿利坎特大学（University of Alicante）、挪威科技大学（Norwegian University of Science and Technology）、澳大利亚斯塔马尼亚大学（University of Tasmania）、中国科学院（Chinese Academy of Sciences）、英国斯特林大学（University of Stirling）、中国船舶重工集团有限公司[①]（CSIC）、新罕布什尔大学（University of New Hampshire）。前 10 位机构中，挪威占 3 席，中、澳各有 2 席，是比

---

① 按照党中央决策、经国务院批准，2019 年 10 月 14 日中国船舶工业集团有限公司与中国船舶重工集团有限公司联合重组成立中国船舶集团有限公司。

较集中的研究机构。

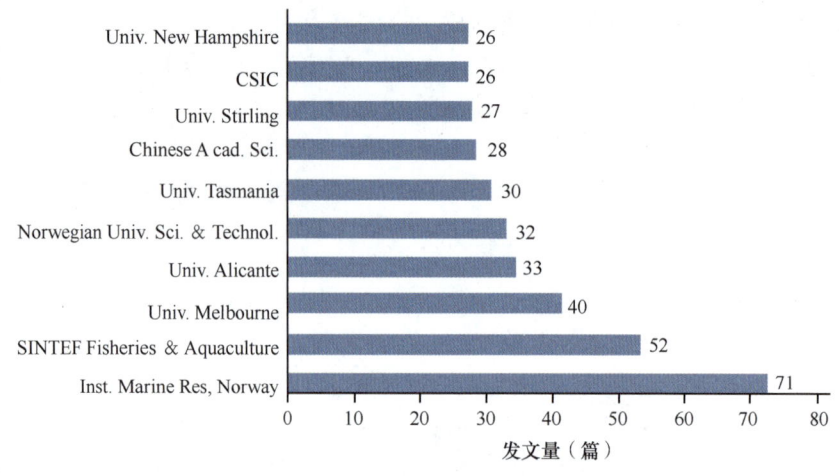

```
Univ. New Hampshire    26
CSIC                   26
Univ. Stirling         27
Chinese Acad. Sci.     28
Univ. Tasmania         30
Norwegian Univ. Sci. & Technol.  32
Univ. Alicante         33
Univ. Melbourne        40
SINTEF Fisheries & Aquaculture   52
Inst. Marine Res, Norway         71
```
发文量（篇）

图 9-11　国际浅海生态增养殖主要研究机构

（V）主要学科领域分析

按 Web of Science 学科分类看，国际浅海生态增养殖研究所涉及的主要研究学科有：渔业（Fisheries）、海洋与淡水生物学（Marine and Freshwater Biology）和环境科学与生态学（Environmental Sciences and Ecology）（表 9-6）。其中渔业所占比重最大，有 595 篇相关论文。

表 9-6　国际浅海生态增养殖研究主要涉及的 Web of Science 学科领域

序号	学科领域	文章篇数	序号	学科领域	文章篇数
1	Fisheries	595	6	Engineering	66
2	Marine and Freshwater Biology	549	7	Veterinary Sciences	57
3	Environmental Sciences and Ecology	180	8	Virology	38
4	Oceanography	156	9	Biotechnology and Applied Microbiology	35
5	Agriculture	87	10	Oncology	30

图 9-12 是国际浅海生态增养殖研究发文量前 10 位国家的主要研究领域分布情况。可以看出，挪威在渔业、海洋与淡水生物学、农业三个领域领先，中国在环境科学与生态学、海洋学（Oceanography）、工程学（Engineering）3 个领域突出，澳大利亚在兽医科学（Veterinary Sciences）领域领先，美国在病毒学（Virology）、生物技术与应用微生物学（Biotechnology and Applied Microbiology）等领域突出。

（Ⅵ）研究关键词分析

文中的数据集中只有 86%的论文数据拥有作者关键词字段，数据虽然不全但也可以作为主要研究内容分析的参考依据之一。对作者有效关键词的统计，前 10 个关键词分别为水产养殖、网箱养殖、鱼类养殖、海水网箱、生长、鲑、筏式养殖、营养盐、地中海、水污染，多营养层次综合养殖、增养殖分别出现 41 次和 38 次；这些关键词既表明了研究区域，又体现了国际上研究的热点。前 20 个关键词中，涉及研究区域的有地中海

（Mediterranean）；涉及养殖方式的有网箱养殖（cage culture）、筏式养殖（raft culture）、增养殖（mariculture）；涉及环境压力的有沉积物（sediment）、营养盐（nutrients）、氮（nitrogen）、水质（water quality）；涉及养殖生物及其生理和行为的有鲑（salmon）、大西洋鲑（*Salmo salar*）、生长（growth）、存活（survival）、逃逸（escape）；生态系统管理方面的有管理（management）等（表 9-7，图 9-13）。

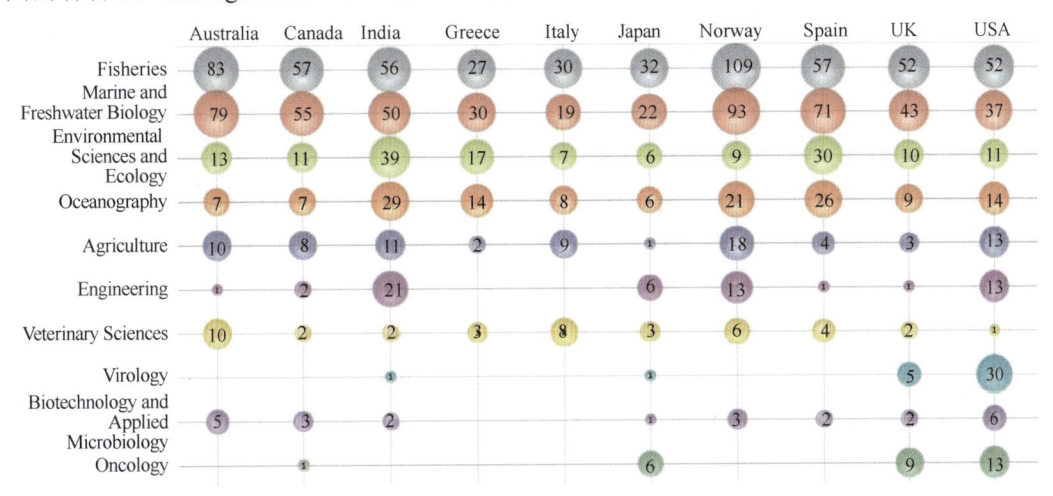

图 9-12 国际浅海生态增养殖研究发文量前 10 位国家的主要研究领域分布图

表 9-7 国际浅海生态增养殖研究高频关键词一览表（前 20 个）

序号	关键词	词频	序号	关键词	词频
1	aquaculture	226	11	environmental impact	43
2	cage culture	156	12	integrated multitrophic aquaculture	41
3	fish farm	131	13	mariculture	38
4	sea-cage	102	14	sediment	34
5	growth	84	15	escape	26
6	salmon	63	16	*Salmo salar*	25
7	raft culture	49	17	management	23
8	nutrient	57	18	nitrogen	21
9	Mediterranean	47	19	water quality	20
10	aquatic pollution	45	20	survival	19

（Ⅶ）研究热点分析

将国际相关研究数据集中的论文题目、摘要和关键词进行可视化图谱分析和领域聚类，得到图 9-14 和图 9-15。可以明显看出，国际浅海生态增养殖研究主要分为 4 个研究版块，一是鱼类养殖对环境的影响，包括沉积物（sediment）、营养盐（nutrient）、生物群落（community）、有机碳（organic carbon）、代谢废物（waste）、海藻（seaweed）等重要研究内容；二是大西洋鲑浅海网箱养殖系统，包括波浪、水流、数值模型、行为学等主要研究内容；三是浅海养殖业面临的生物学问题，包括孵化、存活、营养、养殖密度、大规模死亡、病原、寄生虫、细菌、废物处理等热点内容；四是双壳类筏式养殖，包括紫贻贝、浮绳等主要研究内容。

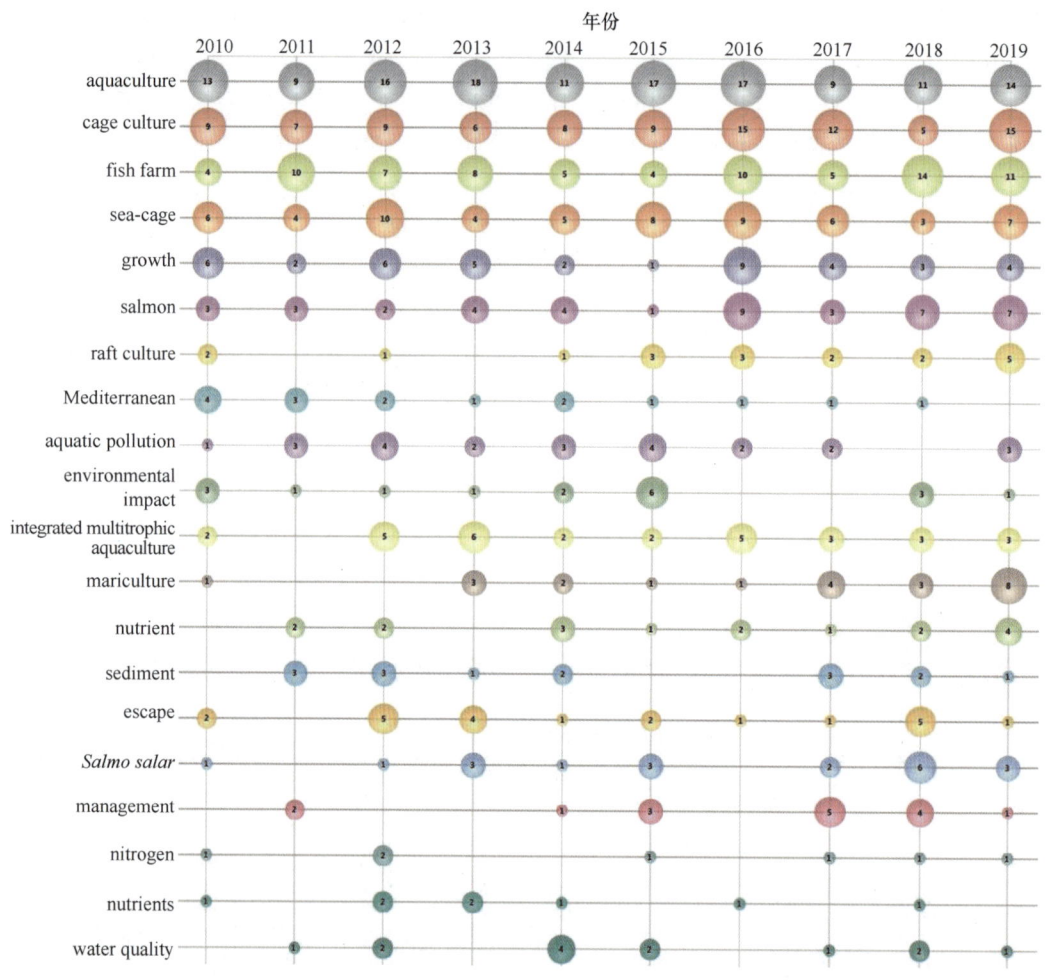

图 9-13　国际浅海生态增养殖研究主要关键词变化趋势
圆圈越大关键词出现频次越高

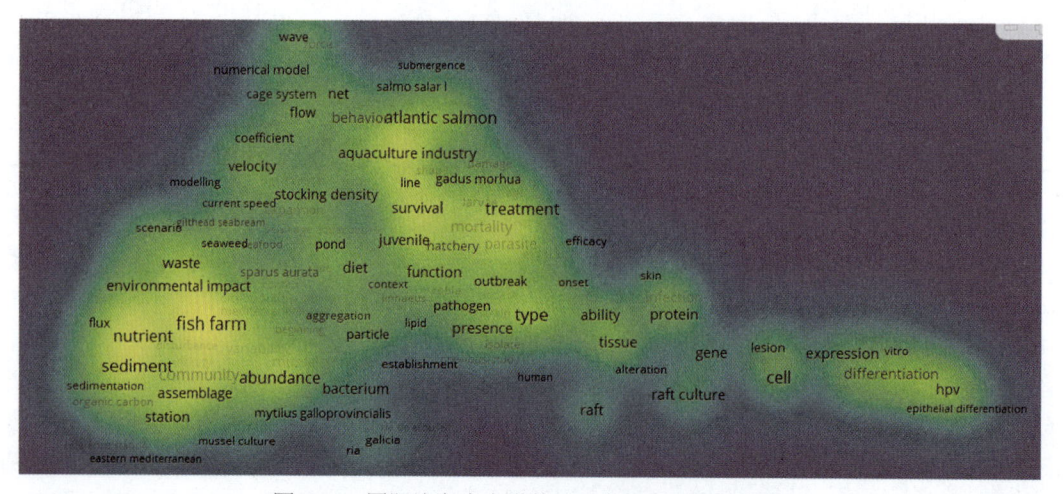

图 9-14　国际浅海生态增养殖研究热点可视化图谱
颜色越凸显表明出现频次越高

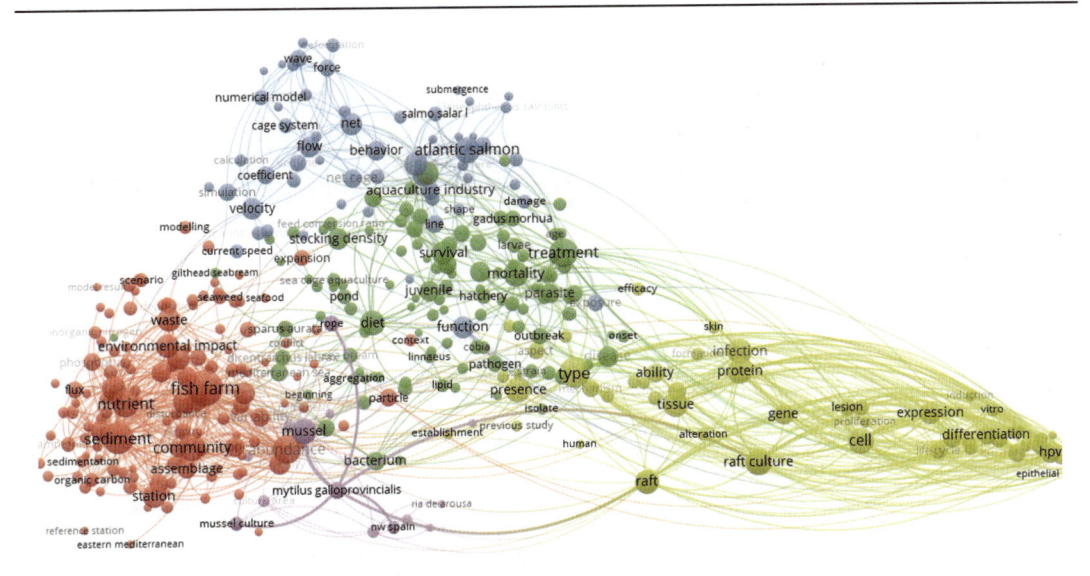

图 9-15 国际浅海生态增养殖主要研究内容聚类图

联系紧密的关键词划分为同一区块；字号越大表示该关键词出现频次越高

2. 技术发展态势分析

自 20 世纪 80 年代以来，在"以养为主"发展方针的强力引导下，我国利用优越的海岸带自然条件，使海水养殖业迅猛发展。在现代生物学和水产养殖学技术的推动下，我国海水养殖的发展依次经历了以海带、中国对虾、海湾扇贝、鲆鲽、参鲍为代表的五次浪潮（Chopin et al., 2012；李乃胜, 2008）。2018 年我国海水养殖产值为 3572.00 亿元，占 2018 年渔业总产值的 27.87%；海水养殖总产量 2018 年达到 2031.22 万 t，占水产品总产量的 31.45%，继续蝉联世界第一（农业农村部渔业渔政管理局等, 2019）。

我国的浅海水域辽阔，水深 0~10m 的面积有 1.08 亿亩，水深 10~20m 的面积有 1.26 亿亩。海水养殖的技术进步和多样化的消费需求，推动浅海养殖区进行供给侧调整，形成了鱼、虾、蟹、贝、藻、海珍品全面发展的产业格局。养殖业发展方式也趋于多样化，筏式、网箱、底播是浅海区的主要养殖形式。我国浅海区生物资源利用技术的发展态势如下。

1）长期坚持生态优先、环境友好的发展理念

2018 年，筏式养殖、网箱养殖和底播增养殖三种浅海养殖方式的产量分别达到 612.6 万 t、59.4 万 t、531.1 万 t，合计占当年我国海水养殖总产量的 59.2%。同时，浅海养殖区也是受人类活动影响最为严重的水域之一。近 20 年来，不间断的养殖活动以及陆源污染的大量输入使得河口和近岸海水严重富营养化，导致赤潮等生态灾害频繁发生，危害浅海生态系统和生产过程，水产品质量受到威胁（高强等, 2017）。另外，高密度养殖导致的大量粪便、残饵等养殖过程的自身污染以及累积效应加剧了养殖水域的富营养化，进一步降低了养殖生态系统的稳定性（葛长字, 2009；杨蕾等, 2003；Yuan et al., 2010；袁秀堂等, 2011）。因此，大力发展生态优先、环境友好型养殖已成为我国海水养殖业可持续发展、优质安全海洋食品供给的必然出路。

《全国渔业发展第十三个五年规划》明确指出，坚持生态优先、推进绿色发展是中国特色渔业现代化发展道路的首要基本原则。浅海生态养殖研究主要集中在筏式养殖，国内

外学者均成功构建了贝-藻轮养、间养以及贝-参混养的综合养殖系统，取得了较好的生态效益和经济效益（杨红生等，2000a；Zhou et al.，2006；Paltzat et al.，2008；袁秀堂等，2008；Slater et al.，2009）。例如，山东俚岛海洋科技股份有限公司构建了筏式养殖与底播结合的多元立体生态养殖技术，实现了鲍-参-藻的多营养层次综合养殖，生态效益和经济效益显著（方建光，2011）。

2）亟待全面揭示浅海养殖对自然海域生态系统的影响机制

贝类是我国海水养殖的主要类群。2018年我国海产贝类的产量超过1443.9万t，占当年海水养殖总产量的71%。双壳贝类浅海筏式养殖是主要形式，其产量占海产贝类产量的55.13%。国内外研究人员已广泛关注到浅海网箱养殖、筏式养殖对海域生态系统的影响（Borja et al.，2009；Braithwaite et al.，2007；Fabi et al.，2009；郑汉丰和李家乐，2004）。许多研究报道了双壳类筏式养殖会对养殖区的水文和营养盐循环（Plew et al.，2005）、海水中悬浮物和海底有机质的含量、浮游生物（Lam-Hoai and Rougier，2001；王俊等，2001；Gibbs，2004）和大型底栖动物（Davenport et al.，2000；Lehane and Davenport，2002）等产生影响。已有研究表明，高密度的投饵型网箱养殖会增加养殖海域营养盐负荷，进而提高水体的富营养化程度，成为诱发赤潮灾害的主要因素（黄小平等，2002；唐森铭和黎可茜，2003）。

未来5~10年，需要深入解析筏式、网箱等主要方式对浅海养殖环境的影响及其互作途径，查明碳、氮等生源要素在典型养殖模式及毗邻自然环境中的转归机制及其对生态系统的影响机制，为浅海健康增养殖技术突破与模式优化提供理论支撑。

3）着力构建养殖系统承载力评估技术体系

筏式养殖是我国北方浅海最主要的养殖方式。由于片面追求高产量，养殖业主通常进行高密度的筏式养殖，忽视了养殖海域的生物承载力，给养殖环境带来了极大的污染负荷。在无序、超负荷的筏式养殖过程中，大量的贝类粪便和假粪以及养殖藻类腐烂脱落的碎屑累积在养殖区底质中，导致底层水质的溶解氧含量下降，带来严重的自身污染，使养殖环境进一步恶化。在高密度贝类筏式养殖中，养殖区域内浮游植物会因养殖生物摄食而急剧减少，从而明显降低养殖系统中有机物自然分解的速度，随着有机物的不断积累，养殖水体因有机污染而不断老化。此外，大规模的筏式养殖会严重降低海区水体交换速度，进而加剧海水富营养化程度，造成养殖贝类大面积死亡（宋微波等，2001）。作为集约化程度高的养殖方式，我国网箱养殖体量日益增大。在高密度养殖获得高产出的过程中，致使养殖水体富营养化、海底积聚残饵、粪便等大量有机污染物，甚至形成缺氧层，养殖环境恶化，病害频繁发生，养殖生物死亡率增高（宁修仁和胡锡钢，2002；郑艾，2000）。无序、高密度、超负荷养殖引起的养殖自身污染和海区环境恶化成为制约我国网箱养殖健康发展的主要瓶颈。

开展绿色健康、生态安全的水产养殖是我国海水养殖业可持续发展的趋势。不同类型的养殖海域具有不同的生物承载力。在大力发展环境友好型生态养殖的背景下，我国浅海增养殖必须重视浅海养殖区的优化以及生境的修复养护，开展浅海生物承载力评估，科学评价水域承载能力，合理确定养殖规模，鼓励发展不投饵的生态养殖。国内学者分别以环境对养殖产生负荷的承载情况和食物作为投饵型网箱养殖、非投饵型海水滤食性贝类养殖容量的限制指标，利用数学模型分别研究了典型海湾和岛屿筏式、底播贝类养殖的生物承载力（养殖容量）（方建光等，1996a；Cai and Sun，2007；Ge et al.，2008；张继红等，2009；陈辰，2012；刘学海等，2015）。

4）亟待增强浅海清洁生产相关技术体系的构建

现阶段人们的环境保护意识和食品安全意识不断增强。浅海作为我国海水养殖的主产区域之一，在"环保风暴"压力下，其增养殖生产会更加注重生产过程的清洁生产（污染排放降低）和养殖产品的清洁生产（更安全的养殖产品）。为适应现代渔业的发展要求，以提质增效、绿色清洁为目标的海水生态养殖模式逐渐成为全球海洋渔业的发展主流。这是一种基于生态学原理，利用不同营养级养殖生物互补，增加养殖产量，并使养殖系统自身污染物的产出最小的绿色养殖模式（王清印，2010；Chopin et al.，2012）。在我国典型浅海区的筏式养殖和底播养殖中，由投饵类动物（如鱼类）、滤食性贝类、大型海藻和沉积食性动物（如刺参）等不同营养级生物组成多品种立体综合养殖系统，实现了多营养层次的综合养殖，具备了可持续的食物产出能力。

未来，浅海生态增养殖绿色发展的保障措施将聚焦在以下三个方面：一是研发适于浅海不同类型养殖生境的在线监测系统，实现对养殖水体关键生态环境因子动态变化的实时监测；二是构建浅海综合养殖系统的病害预警预报与防控技术体系；三是进一步完善受损生境改良和资源修复与综合调控技术，以及完善浅海典型海域的投喂等精准养殖技术。

5）提升浅海增养殖装备的现代化水平

现阶段水产养殖是劳动密集型产业，需要高强度的人力劳动。另外，目前我国水产养殖的生产成本尤其是人力成本持续攀升，养殖效益有下降趋势。因此，在未来 10~15 年我国浅海养殖业的可持续发展必须依靠渔业装备的创新，提升科技含量、提高机械化和自动化水平、研制现代化渔业设施装备将是重要课题，主要内容是研制浅海增养殖动物机械播苗、精准计量、深水生物识别和高效采捕等设施，研发网箱养殖精准投喂等技术及配套设施，研发筏式养殖大型藻类自动化夹苗、机械化采收等装备，建立浅海智能生态养殖大数据分析、自动化反馈和养殖全过程信息化平台。

9.3.2 技术发展水平和差距评价

1. 浅海生物承载力评估技术处于并跑状态

随着我国浅海养殖规模的不断扩大，高密度养殖、不当投饵、药物滥用导致养殖水域污染严重、生境受损、病害加剧，危害到海水养殖业的健康绿色发展。必须全面深入开展养殖海域生物承载力研究，建立科学的适应性管控对策，为我国浅海养殖业高效、可持续发展提供保障。我国水产科学研究人员主要利用构建数学模型估算法评估了浅海投饵型养殖、非投饵型养殖的承载力，分别确定了这两种养殖的限制因子（张继红等，2016）。另外，还研究了桑沟湾等典型海域筏式养殖贝类与海带的综合养殖容量，提出了贝-藻生态养殖的适宜配比（Ge et al.，2008）。国外学者也通过建立模型评估养殖区域的生态容量（Christensen and Pauly，1992；Inglis et al.，2000；Henderson et al.，2001）。可见，我国浅海承载力评估技术与国外并跑发展。

2. 环境生态修复与养护技术由跟跑向并跑发展

国内外研究人员高度重视浅海区环境修复和生态系统构建的技术研发，在大型海藻修复、贝-藻等生物修复等方面获得了共通的成果。我国水产工作者不断深入浅海生境修复和养护的研究，揭示了浅海贝类筏式养殖的自身污染机制（Yuan et al.，2010），建立了污染物输出量评估模型和扇贝养殖环境生态调控模式，查明了大型藻类、滤食性贝类和刺参在养殖生态系统中的生态作用（Zhou et al.，2006）；开展了养殖海域的生物修复技术研究，揭示了龙须菜、紫菜、江蓠等在鱼类和贝类养殖系统中的生物修复作用（岳维忠等，2004），为解决养殖污染、降低水体富营养化程度提供了良好示范和推动作用。随着环保战略的强化和科技研究的深化，我国的浅海生境修复和养护技术会有显著的进步，人与自然和谐发展的理念将逐步实现。

3. 浅海多营养层次综合养殖技术处于领跑状态

我国水产科学工作者自20世纪70年代以来开始在浅海区开展养殖技术创新研究，着力构建新的高效、绿色、低碳的养殖模式。基于生态学原理（食性、生态位）的多营养层次综合养殖受到广泛关注。该生态养殖模式通过混合养殖多个营养层级的生物，使能量和营养物质在养殖系统中得到充分利用甚至循环利用，较大程度上降低了养殖过程中的营养损耗及经济损耗，提高了养殖系统的生物容量，实现经济产出、生态效益和社会效益的综合提高（Yuan et al.，2015；方建光等，2016；Zamora et al.，2018）。

藻类在海水养殖生态系统中具有不可替代的作用，不仅能够通过（深）加工发挥绿色食品功能，更重要的是能够直接降低水体富营养化，修复养殖生境。基于生态互补的多层级增效养殖技术日益受到从业人员重视,2018年我国海藻的养殖产量达到234万t，比2017年增产5.21%。海带、江蓠、紫菜及裙带菜是四大主要养殖种类，在2018年海藻产量中分别占65.0%、14.1%、8.6%、7.5%。我国是世界上最大的海带养殖国，产业驱动我国海带等大型藻类（筏式）养殖及育苗技术处于领先地位（常宗瑜等，2018）。另外，我国科研人员先后构建并完善了适于浅海区的鱼-贝、鱼-藻、贝-藻等生态养殖技术，以及鱼-贝-藻和鲍-海带-刺参等多营养层次综合养殖模式，部分已得到推广应用，达到了产业化水平，实现了由单纯追求产量向全面优化品种结构和提升产品质量的重大转变，浅海清洁生产的技术水平不断提高，海产品质量和效益不断提高，在国际上受到广泛关注。

4. 浅海养殖自动化、机械化因处于跟跑状态

我国用于海水水产养殖的设施装备研发起步虽晚，但发展很快，在借鉴渔业发达国家经验的基础上，加以集成创新，目前已初步实现了浅海养殖业的机械化，多种国产的渔业设施装备投入浅海养殖中。在"十二五"以来的科研攻关下，我国基本完成了筏式养殖工程技术体系的构建，获得了一批具有自主知识产权和明显示范效果的配套设施设备。我国科研人员通过数值模拟的方法提出了安全性更高的新型浮筏模型（邓推等，2010；崔勇等，2012），还设计出了船上扇贝苗出舱、播撒一体化机械装置（宋若冰等，2012；李明智等，2014）。但与发达国家相比，我国的筏架设施设计尚未形成统一的规范和标准，筏绳排列与浮标及吊绳、吊笼设置科学性不高，筏架控制及升降工程化程度低，已阻碍我国筏式养殖的规模化生产、标准化发展。

国家科技支撑计划推动我国在安全、高效的网箱养殖设施研发方面有一定的突破，抗风浪技术达到国际先进水平（郭根喜等，2010；黄小华等，2011，2013；董国海等，2014）。网衣箱体、框架、沉子、固定用设备（锚、绳、桩等）是网箱系统的主要组分，目前已完全国产化；小型饲料加工机、投饵机、增氧机、清淤机械、网衣防腐喷涂机、水下观测与在线监测系统、工作船及活鱼运输机械等是用于网箱养殖的主要机械装备，绝大部分已实现国产化。国外网箱养殖系统装备配备全面、自动化程度高，在自动投饵、伤残死鱼收集、实时监控、网衣清洗等主要养殖环节都配有先进的装备（黄一心等，2016）。而我国在这些现代化设施装备的研制方面尚有较大差距。不过，我国大型养殖工船等船体网箱系统的建造水平先进，已形成自主知识产权（王玉堂，2012；黄一心等，2016），目前正处于海上试养阶段。

5. 病害预警预报和环境监控技术由跟跑向并跑发展

莱州湾、祥云湾、海州湾等海湾先后构建了海洋牧场环境资源监测平台，集成水质、流速、温度、溶解氧、气象等监测设备，实现对海洋牧场环境情况的全方位可视化实时监测。从病原、宿主、环境间的耦合关系出发，针对北黄海和渤海贝类养殖海区的生态系统特征及贝类养殖现状，重点阐述海水养殖贝类病害预警模型构建的思路、原理和初步应用，为建立海水养殖动物病害防控体系，保障我国海水养殖业的绿色健康发展提供了理论参考和技术支撑（宋林生，2020）。

9.3.3 技术发展阶段评价

1. 承载力评估技术体系处于开发完善阶段

我国水产科学工作者在浅海海域针对不同的养殖形式和养殖对象，选取多个限制性指标，进行网箱养殖、筏式养殖容量（承载力）评估技术与方法的研究。鱼类网箱养殖容量的评估方法有实地调查估算法、颗粒有机碳沉积通量估算法、数值模型估算法（杜琦和张皓，2010；姚炜民等，2010）。贝类筏式、底播养殖容量的评估技术与方法主要是营养动态模型、能量/饵料收支模型、食物限制因子指标法、生态数值模型法（方建光等，1996b）。浅海筏式贝-藻多营养层次综合养殖系统的养殖容量评估是以浮游植物为指标，利用数值模型的方法进行的（张继红等，2009）。关于大型藻类养殖的环境承载力和养殖系统生态承载力的研究有待进一步深入。

2. 清洁生产技术体系处于研发阶段

局部海水富营养化和继发的生态灾害是投饵型养殖业对海区环境影响的集中体现，而控制养殖区营养盐的过量输入是浅海养殖绿色发展的首要前提，其中生物修复是目前国内外对近海沿岸海水养殖区受污染水体进行修复的主要方法。我国研究者在揭示浅海贝类筏式养殖的自身污染机制的基础上，构建了污染物输出量评估模型和扇贝养殖环境生态调控模式。岳维忠等（2004）发现蛎菜和草叶马尾藻具有良好的氮磷吸收能力，可以作为浅海养殖区水质净化的候选藻类。黄道建等（2005）经筛选认为，石莼和羽藻可以作为近海富营养化水环境修复的优选海藻。袁秀堂等（2008）建立了以大型海藻、底栖食性的刺参为经济修复种的筏式养殖修复技术。马善乐等（2013）开展了龙须菜、紫菜、江蓠等在鱼类和贝类养殖系统中的生物修复作用。上述研究为减轻养殖污染、降低水体富营养化程度提供了良好示范和推动作用。

浅海是陆源污染物的主要影响区域之一，养殖物种的生物过滤作用导致生物性沉积，加剧了污染物的累积（张福绥和杨红生，1999）。另外，海水养殖过度的规模化、单一化极大地影响了养殖水域的生态结构，缩短了养殖生态系统的营养层次，造成污染物的累积和放大效应，诱发养殖动物高死亡率的疫情，不利于海水养殖业的清洁产出。因此，我国浅海增养殖亟待优化养殖结构，装备现代养殖工程设施，实施生态工程化养殖，实现对浅海养殖自身污染的良好控制，进而实现人与自然和谐发展。此外，加强对养殖水体关键性生态环境因子动态变化的监测，研发灵敏度高的病原检测技术，优化病害预警预报与防疫体系是未来5~10年我国浅海养殖业提质增效、清洁生产的攻坚课题。

3. 基于生态学原理的综合养殖技术处于产业示范阶段

在我国各浅海养殖区，因海施策，基于生态位互补原理构建了环境友好型养殖模式，合理利用海洋资源，减轻生物对养殖生境的污染和破坏，促进浅海养殖业健康可持续发展。一是贝-藻间养、轮养，在扇贝、牡蛎、鲍鱼等筏式养殖过程中，利用筏架之间的空间养殖海带、裙带菜、江蓠等海水经济植物进行间养或轮养，是一种比较经济、环保的生态养殖方式。二是贝-参混养，在贝类筏式养殖区底播刺参，利用其典型的沉积食性清除贝类排泄物，促进氮磷等营养元素的物质循环，降低水体富营养化程度，修复养殖生境（袁秀堂等，2012）。在我国北方浅海海域已构建牙鲆/大菱鲆-扇贝-海带/龙须菜综合养殖模式和网箱鱼-海带/龙须菜/浒苔综合养殖模式，在5000亩水域进行示范，辐射推广3万余亩，示范区经济效益提高了8%~40%（中国水产科学研究院，2012）。

我国浅海网箱多营养层次综合养殖还存在一些不足。一是缺乏对基于养殖水域海洋生态动力学机制的网箱养殖承载力和基于水域生态工程学构建的"网箱-人工鱼礁-藻场"复合生产系统等的研究，二是集约化养殖发展未与养殖区域生态修复相结合，三是浅海筏式-网箱-底播相融合的多营养层次综合养殖新模式亟待突破。

4. 自动化养殖、机械化采捕等装备处于设计、研制阶段

近年来，国内海带采收的机械化水平不断提高，已有若干种加工装置进入试验阶段，然而距大规模推广使用仍有较大提升空间。目前我国北方主要采用单筏式养殖海带，南方海区单筏和双筏均可（Zhang et al.，2017）。绳钩组合式、链驱动式是中小型专用筏式养殖海带采收的主要装置。最近出现了具有烫煮功能的海带收割船。该设备利用丰富的海水直接煮烫收获的海带，减少中间运输环节。通过同快速的海水循环实现煮烫水与冷却水的快速交换，避免了陆上烫煮海带造成的水资源浪费、污染环境等问题（孙长彬等，2014；王元孝等，2013）。人工手动分离海带苗绳是限制提升海带采收效率的主要瓶颈，需要研发机械化设备降低劳动强度。另外，很多研究者提出设想：以舢板直接将采收的海带运送到运输船上，减少收获船往返以提高效率，或将海带直接在采收船或运输船上进行加工处理，从而提高加工效率，减少海带采收后在岸上进行晾晒漂烫等作业所带来的环境污染，但目前还处在方案设计阶段（常宗瑜等，2018）。

对菲律宾蛤仔采捕设备行走系统和采捕设备避障系统已有设计，但仅对采捕设备行走避障系统进行了初步试验，离大规模推广还有很大的差距（张问采等，2017）。筏式养殖的机械

化采收、底播增养殖动物机械播苗和智能采捕等装备设施目前处于起步阶段。目前研制的海上网箱养殖自动投饵器作业效率 0~19.0kg/min，投饵距离 4.5~18.0m，能够有效完成海上网箱养殖投饵作业（刘志强，2016）。亟待研制具有饲料投运、活鱼运输、起捕作业、设施维护等功能的专业化工程设施及装备，研发远程智能投喂、高灵敏度监测计数分选操控系统。

9.4 科技发展趋势分析

9.4.1 新进展、新变化、新特征和新趋势分析

1. 气候变化对海水养殖有长远的影响

自 2007 年政府间气候变化专门委员会第一次气候变化评估报告（IPCC，2007）发布，气候变化对海水养殖的影响就引起了人们的极大关注（Cochrane et al.，2009；Bell et al.，2013）。大气中 CO_2 等温室气体浓度升高导致的海水 pH 持续降低和温度不断升高即为"海洋酸化"（ocean acidification）和"海洋变暖"（ocean warming）（Orr et al.，2005；Bijma et al.，2013）。与工业革命前相比，全球表层海水 pH 已下降 0.1 个单位（氢离子浓度则升高了 30%），预测到 2100 年 pH 将会进一步下降 0.3~0.4 个单位（IPCC，2013）；而在近岸海域，生物活动剧烈、局部低氧及富营养化导致海水酸化速度更快（Cai et al.，2011）。表层海水温度与工业革命前相比已上升 0.76℃，按照这一趋势，预测到 21 世纪末全球平均升幅为 2~3℃（IPCC，2013），局部海域最高升幅将达惊人的 7℃（Pörtner and Farrell，2008）。海洋酸化和海洋变暖是两个对浅海水产养殖影响最大的气候变化因子，其影响主要有直接和间接的影响（Cochrane et al.，2009）。很多浅海的增养殖生物，如贝类、海参、海胆等，是钙化生物，海水 pH 降低会导致钙化生物早期发育进程延迟、幼虫生长减缓、钙化速率降低，而死亡率和幼虫畸形率升高（Wolfe et al.，2013；Dorey et al.，2013）。海洋酸化还会影响钙化生物的能量摄入和分配；由于用于抗逆的能量预算增大，用于生长的能量分配就会降低，因此养殖生物的生长减缓，继而影响养殖产出（Yuan et al.，2016）。几乎所有的海水增养殖生物是变温动物，因此海水温度的升高会显著影响增养殖生物的代谢，继而影响其生长和养殖的产量、影响其繁殖和苗种培育活动、降低对疾病的抵抗能力及对有毒有害污染物的耐受性，因此海洋变暖无疑会直接影响海水增养殖活动和养殖产出（Sarmiento et al.，1998），继而影响浅海增养殖的健康发展和可持续利用。

2. 低氧对浅海增养殖的影响加剧

当水体溶解氧浓度低于 2mg/L 时称为低氧，一般海洋生物在低氧区无法生存。自工业革命以来，人类活动对海洋的影响加剧，致使全球低氧海域以每年 5.54%的速率快速扩大（Vaquer-Sunyer and Duarte，2008）。研究显示，浅海、河口和半封闭海湾更易形成低氧区（Steckbauer et al.，2011）。浅海海域低氧环境形成的原因十分复杂。近海水体富营养化导致浮游藻类暴发并随着营养盐耗尽而死亡，藻类死亡分解消耗大量氧气，会加剧温盐跃层造成的海底氧亏损，这是造成浅海海域低氧区范围和数量增加的主要原因之一（Rabalais et al.，2014）。低氧胁迫会严重影响养殖经济物种的生长、存活及生理代谢活动，对养殖产量、品质和经济效益均造成重大影响（Froehlich et al.，2016）。近年来，我国浅海局部海域低氧事件频发，给浅海增养殖生物和增养殖业带来了严峻的挑战。例如，自 2013 年

来，烟台牟平海域持续发生季节性低氧现象，2016年夏季低氧现象最严重，大部分海域底层水体中溶解氧浓度低于3mg/L，造成牟平海域养殖经济生物的大量死亡（杨陆飞等，2019）。由于我国浅海增养殖产业具有规模化、高密度和高产量等特点，低氧日益成为威胁和制约养殖业健康发展的重要环境胁迫因子（Pörtner et al.，2005）。

3. 人力成本上涨促进浅海增养殖业转型升级

改革开放以来，我国劳动力资源一直处于高速增长的状态。凭借廉价而丰富的劳动力资源，我国浅海增养殖业得到蓬勃发展。近年来，随着人口出生率下降以及人口老龄化加速，我国人口结构发生剧烈变化，适龄工作人口减少，劳动力供求关系发生转变，从早期的剩余劳动力"无限供给"演变为当前的区域性、结构性的"劳动力短缺"（张车伟，2006）。传统的浅海增养殖业是一个劳动密集型的产业，劳动力成本占浅海增养殖总成本的比重较高（高雅和吴晨，2012）。人力成本上涨无疑成为制约浅海增养殖业发展的重要因素。劳动力短缺、"用工荒"、成本上涨等现实倒逼浅海增养殖业产业加快转型升级，摒弃传统增养殖模式，实现机械化和智能化的增养殖是解决人力成本上涨的有效途径（刘思和俞国燕，2017）。目前国际上海水增养殖技术比较先进的国家有北美洲的加拿大和美国，欧洲的挪威、丹麦、德国和法国，以及亚洲的日本等。特别是日本的机械化增养殖业起步早，发展快，取得了突出的成绩（刘鹰，2011）。我国当前的海水增养殖业机械化程度尚处于起步阶段，突出体现在养殖设备单一、底播采捕等主要依赖人力、产出效率低下，不利于浅海增养殖业的转型升级。

4. 精准浅海养殖和智慧渔业是浅海增养殖业未来发展主流

我国是水产养殖大国，但距养殖科技强国仍有不小的差距。当今世界已进入以科学技术引导的智能化产业为主导的科技发展新时代。以此为背景，我国传统的水产养殖业将失去竞争力，智慧渔业的兴起是我国浅海增养殖产业科技创新的必由之路。智慧渔业是以水产养殖信息和知识为核心要素，集成网络化、数字化和智能化等先进技术的科技创新平台，将"互联网""物联网""人工智能""大数据""云计算"等信息技术同传统渔业深度融合，将增养殖设备、技术和信息管理有机组合，在生产过程中实现信息感知、定量决策、智能控制、精准投入和个性服务的全新生产模式。智慧渔业的主要内容包括：养殖环境信息的全面感知，养殖个体行为的实时监测，装备工作状态的实时监控，现场作业生产自动化操作，以及物流信息化与可追溯管理。

精准海洋农业将生物技术、现代信息技术和工程装备技术应用于海洋农业生产，是海洋农业现代化更高层次的发展目标。将精准海洋农业理念应用于浅海生态增养殖，通过3S技术和自动化技术的综合应用，对浅海增养殖过程进行精确定时、定位、定量控制，可最大限度地提高养殖效率、减少资源浪费。我国浅海增养殖业未来的定位即低耗、高效、优质、安全，精准海洋农业技术是实现浅海增养殖清洁生产的重要途径。

9.4.2 科技发展态势和方向

1. 生态养殖理论和模式创新是浅海增养殖业绿色发展的保障

海水养殖绿色发展已经引起管理部门以及学界的关注，其实质就是清洁生产。在浅海实现绿色发展的主要方向之一是实施生态养殖。浅海生态养殖是指利用不同营养级养殖生物互补，增加养殖产量，并使养殖系统自身污染物的产出最小的一种绿色养殖模式。未来研究的重点任务聚焦于研发新的生态养殖模式及配套的技术标准体系。一方面，充分利用浅海生态系统的空间立体性和不同层次的生物食物链关系，重点研究增养殖生物在不同水层群落结构的合理性，建立多层次、多品种的轮养、套养和混养模式。另一方面，优化生态综合养殖的标准体系，包括技术标准、管理标准和作业标准，使标准系统更加规范化，同新型生态养殖模式相匹配。因此，浅海生态养殖是未来浅海增养殖业绿色发展的必经之路。

2. 机械化装备是浅海增养殖业转型升级的驱动力

欧美国家、日本、以色列等水产养殖发达国家的浅海养殖机械化和智能化程度高，已基本实现机械化与自动化操作。近年来，随着计算机硬件的快速发展与软件的高度集成，计算机辅助工程（computer aided engineering，CAE）技术被广泛应用于渔业工程仿真模拟中。在浅海养殖设施水动力学研究方面，采用有限元方法，利用商业软件开展了数值模拟工作，体现了未来养殖工程领域仿真智能化的发展趋势。而反观我国，浅海底播养殖生物采捕难度大，海水养殖装备产品数字化设计及制造尚处于技术积累和探索阶段。另外，浅海增养殖又是劳动力密集型产业，随着我国人口老龄化程度的加深，沿海水产养殖劳动力缺乏的趋势也在加剧。因此，智能化和机械化是我国浅海增养殖业未来发展的迫切需求。

3. 现代物联网技术应用促进浅海增养殖业转型升级

信息化、数字化、自动化、智能化等现代物联网技术在我国海水养殖中的应用率较低，与发达国家差距明显，精准管理水平较低。智慧渔业满足了电脑替代人脑、机器替代人力、自主替代进口的国家需求，真正实现生产智能化、作业精准化、管理数字化和服务网络化。发展智慧渔业模式，需加强对关键技术如人工智能深度学习技术、构建大数据库、研发新材料和智能装备方面的研发创新。智慧渔业技术的蓬勃发展必将推动浅海增养殖业向信息化的方向转型升级，实现可持续发展的智能化模式。

9.4.3 发展目标与重点任务

1. 发展目标

针对目前浅海增养殖基础理论不足、关键技术革新以及"绿色发展、清洁生产"的产业升级需求，夯实浅海生态综合增养殖与环境互作、模式创新、效益评估、机械化生产、智能化管理和生态与环境管控，创建浅海现代渔业科技研究与示范平台，着力打造一批新装备、新技术、新模式，形成链条完整的浅海增养殖清洁生产产业集群。到2025年末，浅海生态养殖模式覆盖率达40%以上，机械化生产推广率达30%，轻简化率提高30%，重大疾病病害发生率降低20%，网箱养殖氮磷排放率降低20%，实现浅海增养殖的灾害预警预报。

2. 重点任务

1）重大基础研究

（Ⅰ）浅海增养殖生物和模式与气候变化因子的相互作用机制

研究鱼、贝、藻、参等重要浅海增养殖生物与气候变化因子的相互作用机制，研究其对海洋酸化及海洋变暖联合作用的生态响应和适应性，评估 21 世纪末气候变化场景对我国浅海增养殖业的长期影响；研究不同增养殖系统/模式在气候变化场景下的生态效应，评估不同养殖系统或不同养殖模式（单种类养殖模式与生态综合养殖模式）对气候变化的响应特征，为应对气候变化因子胁迫下的种类和品系选择以及增养殖模式创新提供理论依据。

（Ⅱ）浅海增养殖活动对生物多样性的影响及其机制

研究不同生态类型（投饵型和非投饵型等）增养殖方式的食物链效应、苗种投放、系统自身污染等增养殖活动对生物多样性的影响，从物种多样性、遗传多样性角度评估增养殖活动的影响及其作用机制；研究不同增养殖模式（单种类养殖模式与生态综合养殖模式）和养殖史（养殖时长）对生物多样性的影响及其作用机制，为实现浅海增养殖绿色发展和生态环境监管提供理论依据。

（Ⅲ）浅海生态综合增养殖生态环境效应评价

针对浮筏、网箱以及底播增养殖方式，研究生态综合养殖模式下不同营养层次养殖生物间的物质转换和能量流动特征；构建生态系统模型，评价浅海生态综合养殖模式对养殖环境的影响及其生态效应；利用经济模型手段，评估不同生态综合养殖模式对养殖的生态和环境效益，为构建精细化、多层次的健康生态养殖模式提供理论依据。

2）共性关键技术

（Ⅰ）浅海增养殖生物承载力评估及提升技术

针对浅海不同营养类型的增养殖方式，通过构建不同生态系统模型，研究浅海自养型和异养型增养殖的生物承载力；比较研究不同养殖系统/模式（单种类养殖模式与生态综合养殖模式）的生物承载力，通过模型调试引导综合养殖模式创新；研发基于生态综合养殖模式的浅海增养殖系统生物承载力提升技术。

（Ⅱ）浅海筏式养殖机械化、工程化与模式

研制筏式养殖多功能机械化采收新设施与新装备，促进环保新设备、新材料、新技术和新工艺在筏式养殖及采收过程中的应用和推广，提高养殖产品采收效率和安全性，降低劳动强度和作业成本，实现筏式养殖生态工程化的普及与应用。在研发浅海筏式养殖新设施与新装备的基础上，开发利用养殖生物间营养互利的生态综合养殖新模式，评估重点海湾和养殖区生态综合养殖系统的生物承载力；建立基于生物承载力的重点海湾生态养殖技术标准体系，确保我国浅海筏式养殖关键技术与模式处于国际领跑地位。

（Ⅲ）浅海底播增殖机械化、工程化与模式

研发和集成底播增殖动物幼苗筛选工艺和机械播苗技术，研发底播增殖动物多功能机械化采捕新设施与新装备，推广应用底播幼苗筛选工艺和机械底播技术，提高增养殖产品的采收效率，实现新型机械播苗和智能采捕的普及与应用，减少劳动成本，提升社会效益。在研发底播增殖新设施的基础上，开发利用养殖生物间营养互利的多种类增殖新模式，评估重点底播增殖区的生物承载力；建立基于生物承载力的重点区域生态增殖技术标准体系。

（Ⅳ）浅海网箱养殖工程化养殖与机械化管理技术

研发适合我国浅海区域的小型网箱以及多种类综合养殖配套设施，开发利用养殖生物间营养互利的生态综合养殖新模式，评估生态综合养殖系统的生物承载力，建立基于生物承载力的浅海网箱养殖技术标准体系，降低投饵型浅海养殖的自身污染输出，为建立浅海网箱养殖绿色发展的生态环境监管制度提供技术支撑。

3）典型应用示范

（Ⅰ）黄渤海生态综合增养殖新模式和机械化

在浅海增养殖区科学规划和生态增养殖模式创新的基础上，针对浅海筏式生态养殖、底播高效增殖和网箱生态养殖，构建浅海增养殖清洁生产新模式和北方海珍品增养殖技术体系，实现浅海增养殖机械化设备的应用；集成应用鱼、贝、藻、参等规模化苗种繁育技术，以及现代生物工程与物联网技术，建设生态环境结构优化、水产品质量安全的黄渤海浅海生态增养殖模式创新和机械化生产的集成与示范基地。

（Ⅱ）东海浅海增养殖清洁生产和加工一体化

集成生态增养殖、水产品加工与高值利用等技术，开展东海浅海增养殖新模式和设施渔业中新材料和新技术的应用；集成半人工围网养殖技术、离岸设施生态养殖技术、海水养殖生物育种和健康苗种生产技术、工程化养殖用水高效处理技术和现代病害防治技术等清洁生产阶段的新工艺和新技术，构建完善的水产品生产、可溯制度和卫生管理制度的水产品加工一体化示范基地。

（Ⅲ）南海浅海增养殖清洁生产新模式及环境保护

针对南海特色贝类、鲍鱼、螺和海参等珊瑚礁区海珍品，集成应用珊瑚礁增养殖经济动物的繁殖、培育、放流、收获及加工等清洁生产各阶段的关键技术；研发珊瑚培育与珊瑚礁生态修复养护技术示范，开展珊瑚礁岩体完整性评价，建立珊瑚礁生态系统增养殖生物生态廊道；完善对珊瑚礁生态系统的保护和管理体系。建立南海珊瑚礁增养殖清洁生产新模式，提升珊瑚礁、海藻场和海草床的生态系统连通性，保障珊瑚礁生态系统的完整性和可持续健康发展。

（Ⅳ）浅海增养殖业精准养殖和智能管控技术集成与示范

集成互联网、物联网和 3S 技术，建立渔业物流大通道；研发多源异构浅海增养殖大数据同化技术，集成不少于 20 个浅海增养殖区大数据库；建立浅海生态增养殖全链条、多角度监控数据的大数据智能化分析平台，实现浅海增养殖的精准化、智能化和最优化生产，促使浅海养殖管理决策从经验决策转为科学决策。

9.5 典型案例：桑沟湾多营养层次综合养殖

山东荣成桑沟湾浅海养殖水域面积达 21 万余亩，海面宽阔，水质优良，平均水深为 7.5m，海产丰盛，20 世纪 60 年代起就开展了海带养殖工作，是我国最早开展海水养殖的海湾，也是我国典型的多营养层次综合养殖（IMTA）区。从 20 世纪 80 年代起，桑沟湾尝试了多种不同的物种组合方式，成功开发了多种 IMTA 模式（图 9-16），引起了世界范围内的广泛关注并起到了借鉴作用。

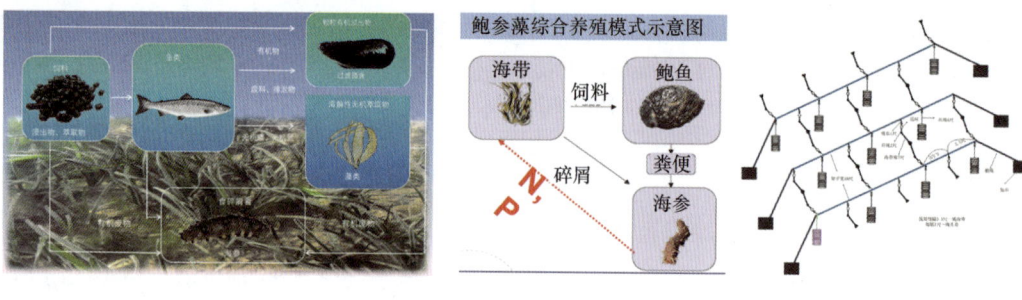

鱼-贝-藻-参 IMTA　　　　　　鲍-参-灌 IMTA　　　　　　贝-藻 IMTA

图 9-16　桑沟湾三种典型的 IMTA 养殖模式（毛玉泽提供）

从 20 世纪 60 年代起，桑沟湾率先开展浅海海带养殖工作，80 年代开展了虾夷扇贝、栉孔扇贝和牡蛎等贝类的筏式养殖工作，并建立了贝类和海带的间养技术，扇贝和海带的综合养殖模式能够极大地增加养殖产量。在此期间，扇贝的养殖产量迅猛增长了近 10 倍，海带产量也发生小幅度扩增。然而，由于养殖密度过大等问题，90 年代大规模的扇贝疾病暴发，扇贝大规模死亡，产量急剧下降，同时海带的质量和产量也开始下降，从而严重影响了这种贝藻间养的养殖方式，因此桑沟湾开始大力着手进行"疏密工程"，旨在减少近湾贝藻的养殖数量（毛玉泽等，2018；孙桂清等，2015）。此时期，方建光等（1996a，1996b）评估了桑沟湾的扇贝和海带养殖容量与规模，确定了着重开展扇贝、海带和鱼类三种经济水产品综合养殖的目标，自此桑沟湾的浅海生态养殖步入了多物种、多营养层次的综合养殖和清洁生产阶段。

21 世纪初，桑沟湾海水清洁生产进一步拓展，开发了鲍-海带混养的综合清洁生产技术，该技术的最大优势是可以使用养殖的海带直接喂养鲍鱼，因此减少了人工投饵造成的环境污染等问题。鲍藻间养的养殖方式充分利用了水体空间，在维持生态环境稳定的基础上，极大地提升了经济总量。例如，山东寻山集团有限公司在鲍-海带综合养殖海区内，养殖鲍 100 笼/亩，共养殖鲍 1000 万只，平均壳长为 83mm 左右，平均体重为 106g 左右，死亡率为 0。采用鲍-海带综合清洁生产模式后，该公司产值由 5 万元/亩提高到了 20 万元/亩（方建光等，2016）。

截至目前，考虑到桑沟湾的养殖承载力、海区生态环境条件、各营养层次的养殖物种的需求及互补等因素，桑沟湾已经成功开发了多种综合清洁生产模式，包括海带和扇贝、牡蛎或者鲍鱼的混养、鱼贝藻混养等模式。

9.5.1　技术重要性

1）浅海 IMTA 清洁生产模式可缓解环境压力

投饵类养殖生产方式，如网箱养殖等，在产生优质蛋白的同时，也增加了环境压力。投饵类养殖生产模式下，鱼类可吸收饲料中 30% 左右的总投入氮和 10%～15% 的总投入磷，剩余未吸收的部分则通过不同的方式进入水环境中。有研究表明，若以养成 1000kg 鱼为目标，在整个养殖周期内，人为地排入水环境中的总氮量超过 160kg，总磷量则超过 30kg。

氮、磷元素是营养物质的重要组成部分,如果养殖过程中产生的营养物质被直接排入水体中,对于养殖资源来说是极大的浪费,若不被有效利用或降解,养殖水域环境也会被污染,甚至该海区内的生态结构都会受到影响,严重阻滞浅海养殖业的蓬勃发展(唐启升等,2013b)。

使用 IMTA 清洁生产模式则可有效地避免水体中氮、磷含量过度等问题。多营养层次综合清洁生产模式最大程度地利用人为输入养殖水域内的营养物质,提升了养殖水域的养殖容纳量,在保护生态环境的同时也获得了最大经济利益。IMTA 清洁生产模式是一种极具潜力的养殖方式,从生物净化的角度讲,IMTA 除了通过栽培大型藻类的手段直接吸收水中的氮、磷元素以及减少营养盐,还利用贝类滤食浮游藻类的生物习性来避免水体富营养化。营养盐首先被浮游植物固定,然后被贝类滤食,最后通过渔业方式将贝类捕出,这个过程相当于把海洋中的营养盐类物质转化为富有经济价值的水产品并从海洋中取出,从而使海洋获得净化。浅海之所以被称为"海洋过滤器",实际上是大量分布的滤食贝类在发挥作用,利用贝类滤食浮游植物的生物习性来避免水体富营养化,一方面净化了海洋环境,另一方面又发展了海洋渔业,是一举两得的好办法。

2)浅海 IMTA 清洁生产模式促进固碳减排,维持水域环境稳定

我国是世界上最早开展贝藻规模化养殖的国家,相关技术的建立已经得到世界范围内的广泛关注。在贝藻综合清洁生产系统中,大型藻类与养殖贝类之间能够形成生态上的互补性。贝类通过滤水、摄食、呼吸、排泄和生物沉积等一系列生理生态过程消耗氧气以及释放溶解态氮、磷等元素到水体中,产生的排泄物则通过生物沉积作用沉积到海底,而大型藻类一方面通过光合作用消耗二氧化碳和产生氧气,另一方面能够有效利用水体中的氮、磷等营养元素,减轻水体的富营养化,达到净化水质的目的(毛玉泽等,2018)。除此之外,大型藻类还可以作为鲍、海胆等兼具营养价值和经济价值的养殖品种的饵料,提高了整个系统的生态效益和经济效益。养殖大型藻类的初级生产力较高,仅略低于珊瑚礁。同浮游植物相比,大型藻类具有易于收获的特点,通过收获大型藻类,海域中的碳、氮等元素能够被有效地移除。2018 全国海藻养殖产量为 230 万 t 左右,相当于 70 万 t 的固碳量,是增加海洋碳汇的重要方式。大型海藻不仅能够吸收大量二氧化碳,还是一种非常重要的可更新资源,它可以作为食品、饲料、土壤肥料和用于生产琼胶等,还能转化成燃料(毛玉泽等,2018)。养殖的大型藻类不仅能够增加海洋碳储量,同时作为一种可再生能源,能够起到节能减排、保护海洋生态环境的效果。

总之,IMTA 清洁生产系统将水产养殖业和环保相结合,新的养殖模式减小了对养殖环境的压力,保持水产养殖业的可持续发展,系统输出的优质产品能够满足高端市场的需要。

3)浅海 IMTA 清洁生产模式提高经济和生态产出

浅海 IMTA 清洁生产模式可平衡因养殖经济动物所带来的额外营养负荷,有利于实现养殖环境的自我修复,通过沉积食性生物的养殖可有效地降低营养物的浓度,维持水体的溶解氧含量,避免养殖水体恶化情况的发生,从而保证养殖活动安全有序地进行。对桑沟湾海带-鲍、海带-鲍-刺参两种 IMTA 清洁生产模式的评估结果表明,它们的核心功能可为人类提供的服务价值分别为 3.44×10^5 元/(hm²·a)、5.02×10^5 元/(hm²·a),因此,浅海 IMTA 清洁生产模式所提供的服务价值、经济效益、环境效益都远高于混养和单养模式。

9.5.2 技术水平分析

经过近三四十年的大规模养殖,桑沟湾的海水和沉积环境仍处于健康的水平,未发生富营养化等现象。Troell 等(2009)在 *Aquaculture* 杂志发表的文章高度评价了我国 IMTA 的实施效果。IMTA 能够明显提高海水的碳汇能力,是加强我国浅海碳汇功能的最好的清洁生产模式。美国国家海洋和大气管理局肯恩·谢尔曼(Ken Sherman)、*Aquaculture* 主编约翰·哈格里夫(John A.Hargreaves)分别于 2012 年和 2015 年发表评论指出,桑沟湾的 IMTA 清洁生产模式可以有效使用养殖体系的能量、提高海水质量和蛋白质产量、增加浅海养殖容量,该模式可以利用养殖物种加强对碳的吸收,有助于缓解全球气候变化的压力。因此,IMTA 清洁生产模式对保护食品安全、缓解环境压力具有重要的作用。2016 年,IMTA 模式被联合国粮食及农业组织和亚太水产养殖中心网推向世界。

9.5.3 技术发展趋势

(1)从学科理论发展角度来说,IMTA 清洁生产模式研究基于海洋资源管理、生理生态学、地球化学、系统论、海洋经济学、生物统计学、海洋微环境等多学科理论,该养殖模式在实践应用上复杂,其延伸和发展仍然需要长期持续的基础理论和实践的完善与支持。

(2)从养殖结构多样化角度来说,我国海水养殖业遍布东南沿海,因海岸线长、气候环境多样、地质地貌复杂,且生物生理随系统结构变化等而显示不同的特征,因此,在 IMTA 的应用实践中,需要综合考虑当地沿海资源环境要素、生理生态系统要素、产品的市场需求和生态位差异等。然而,目前我国浅海生态增养殖业结构缺乏具有普适性的最优设计,较难实现快速应用。

(3)从养殖管理角度来说,IMTA 清洁生产模式在前期养殖场地准备、养殖品种时序控制、养殖水质环境监测与维护等方面对养殖管理提出了更高的要求,规模化、自动化、专业化的集成经营与管理可能成为未来大面积推广的主要趋势(马雪健等,2016),同时养殖实践的难度与成本也随之加大。

总体而言,虽然目前我国的 IMTA 模式在局部区域实现了一定程度的产业化,但基础研究的支撑力度仍待提升,由于系统内部的能流、物流过程尚不明晰,各养殖单元间互利作用机制缺乏深层次的理论阐释,因此在定量研究及整体设计等基础理论方面还需要更多、更深入的探讨。

9.5.4 应用前景

浅海 IMTA 清洁生产的优势一是节约资源,从单一营养级到所有营养级的全面生产,有利于保持当地水域的生态平衡,提高饲料转化率的同时减少用水。二是产品多样化,IMTA 系统的产品有鱼、贝、对虾、鲍鱼、海参和海藻。三是环境友好,海藻、草食性动物、杂食性动物和食碎屑动物能够使用相对较少的有限的自然资源和产生相对较少的污染。在桑沟湾使用挪威海洋研究所建立的养殖环境监测系统模型(MOM)评价,结果表明,长时间的贝类和海藻间养的养殖活动对桑沟湾底质的影响较小(Zhang et al.,2007)。这一结果表明,桑沟湾已经持续养殖贝类和海藻超过 20 年,但是对其底质几乎没有影响。与此同时,在 IMTA 系统中还可以进行集约化养殖,进一步提高产量。

基于大型藻类的 IMTA 综合养殖作为健康养殖模式之一，在我国具有广阔的应用前景。我国北方有效利用了相对耐高温大型藻类——龙须菜在浅海鱼类和贝类养殖系统中的生物修复作用，龙须菜在北方海区高温季节有较高的生长率，能够有效吸收贝类和鱼类养殖系统产生的营养盐，是对低温种海带生物调控作用的有益补充。近年来，我国南方在利用菊花心江蓠、龙须菜等大型藻类减轻海水富营养化方面取得了进展，在福建东山西埔湾、东山湾等海区的研究结果表明，经修复的池塘藻类养殖区中的氮、磷、溶解氧的含量达到国家海水水质标准Ⅱ类要求，对虾成活率提高了 32%，养殖产值提高了 30%～40%，网箱养鱼成活率提高了 40%～45%（马雪健等，2016）。

9.5.5 对策与建议

第一，控制陆源污染，保护海洋环境。伴随人类工业化发展，越来越多陆源污染使得生境严重退化、生物资源急剧下降。要实现陆源污染的有效控制，首先需要建立完善的法律法规、政策规章和体制机制（肖徐进，2018）。目前，我国现已有《中华人民共和国海洋环境保护法》《中华人民共和国防治陆源污染物污染损害海洋环境管理条例》等海洋环境保护相关的法律法规或行政规章，未来还需要进一步细化和落实，并建立起与各项规章制度相配套的整治与惩处措施。

第二，基于承载力评估，系统规划养殖布局。目前浅海养殖布局和种间搭配不尽合理、养殖密度过高、局部环境恶化等问题，导致养殖生物的抗逆能力下降。为了实现浅海养殖业的可持续发展，减轻养殖对近岸海区的影响，必须优化布局。在 IMTA 生态系统中，有必要通过系统地研究养殖种、增养殖生态系统食物生产的关键生物地球化学过程，以及投入饵料、基础生物生产与关键生物地球化学之间的耦合关系，结合增养殖生态系统食物网营养动力学，精准解析目标生态系统养殖容量，系统评估养殖生态系统的承载力。在此基础上，通过合理布局和搭配，形成科学合理的多层次综合养殖生态系统，实现传统渔业向资源节约型、环境友好型、可持续发展的现代渔业转变。

第三，加强环境监测与预警预报，保障水产品的质量安全。由于水域环境污染不断加剧和渔业资源的持续高强度开发，IMTA 生态系统中的生物资源和水域环境容易遭到严重破坏。同时赤潮、绿潮等生态灾害频发，导致养殖渔业资源严重衰退。此外，由于养殖环境恶化，重金属、生物毒素、寄生虫等容易产生和积累，影响了水产品的安全。因此，有必要对海水养殖生产过程中的环境资源进行有效的实时监测和预警预报，以监测和预警带动管控水平提高，保证养殖活动的可持续性和水产品的质量安全。

第四，实现养殖和加工一体化，实现 IMTA 产出的高值化。相对陆地大农业而言，海洋农业机械化程度还不够高，包括多营养层次综合养殖，突出体现在苗种培育和养殖装备、采捕和加工装备等方面。探索建立大的生产平台，集成育苗中心、饲料加工存储中心、智能养殖区域、捕获和运输设备、深加工车间和服务保障平台等，实现机械化和自动化的水产养殖、捕捞到加工的一体化，提高水产品的质量和附加值，实现 IMTA 产出的高值化。

参 考 文 献

曹现锋, 夏雪岭, 何建平. 2010. 秦皇岛市扇贝养殖业现状及科学发展建议. 河北渔业, (4): 45-47.

常宗瑜, 张扬, 郑中强, 等. 2018. 筏式养殖海带收获装置的发展现状. 渔业现代化, 45(1): 40-48.

陈辰. 2012. 乳山海域长牡蛎养殖环境与养殖容量研究. 中国海洋大学硕士学位论文.

崔勇, 蒋增杰, 关长涛, 等. 2012. 水流作用下筏式养殖设施动力响应的数值模拟. 渔业科学进展, 33(3): 102-107.

邓推, 董国海, 赵云鹏, 等. 2010. 波浪作用下筏式养殖设施的数值模拟. 渔业现代化, 37(2): 26-30.

董国海, 孟范兵, 赵云鹏, 等. 2014. 波流逆向和同向作用下重力式网箱水动力特性研究. 渔业现代化, 41(2): 49-56.

杜琦, 张皓. 2010. 三都湾网箱鱼类养殖容量的估算. 福建水产, (4): 1-6.

方建光. 2011. 环境友好型多元生态养殖技术与模式. 中国科技成果, (5): 10-11.

方建光, 匡世焕, 孙慧玲. 等. 1996b. 桑沟湾栉孔扇贝养殖容量的研究. 海洋水产研究, 17(2): 18-31.

方建光, 李钟杰, 蒋增杰, 等. 2016. 水产生态养殖与新养殖模式发展战略研究. 中国工程科学, 18(3): 22-28.

方建光, 孙慧玲, 匡世焕, 等. 1996a. 桑沟湾海带养殖容量的研究. 海洋水产研究, 17(2): 7-17.

冯浩洲. 2015. 社会—生态系统视野下我国海洋渔业政策价值取向研究. 中国海洋大学硕士学位论文.

冯继兴, 许修明, 吴雪, 等. 2016. 贝类筏式养殖产业发展的主要问题及对策. 水产养殖, 37(3): 30-32.

高焕, 王玉, 李光光, 等. 2018. 海水养殖设施防生物附着方法. 水产养殖, 39(11): 33-34, 36.

高强, 余粮红, 郑珊. 2017. 美国和日本工业化海水养殖模式及借鉴. 世界农业, (12): 50-57.

高雅, 吴晨. 2012. 广东省对虾工厂化养殖模式成本效益分析及其应对策略. 仲恺农业工程学院学报, 25(1): 56-61, 66.

葛长字. 2009. 浅海网箱养殖自身污染营养盐主要来源. 吉首大学学报(自然科学版), 30(5): 82-86.

郭根喜, 黄小华, 胡昱, 等. 2010. 高密度聚乙烯圆形网箱锚绳受力实测研究. 中国水产科学, 17(4): 847-852.

韩庆喜, 刘东艳. 2014. 近海双壳类筏式养殖对大型底栖动物群落影响综述. 海洋通报, 33(3): 352-359.

黄道建, 黄小平, 岳维忠. 2005. 大型海藻体内 TN 和 TP 含量及其对近海环境修复的意义. 应用海洋学报, 24(3): 316-321.

黄小华, 郭根喜, 胡昱, 等. 2011. HDPE 圆柱形网箱与圆台形网箱受力变形特性的比较. 水产学报, 35(1): 124-130.

黄小华, 郭根喜, 陶启友, 等. 2013. HDPE 圆形重力式网箱受力变形特性的数值模拟. 南方水产科学, 9(5): 126-131.

黄小平, 黄良民, 谭烨辉, 等. 2002. 近海赤潮发生与环境条件之间的关系. 海洋环境科学, 21(4): 63-69.

黄一心, 徐皓, 丁建乐. 2016. 我国离岸水产养殖设施装备发展研究. 渔业现代化, 43(2): 76-81.

蒋增杰, 方建光, 毛玉泽, 等. 2012. 海水鱼类网箱养殖的环境效应及多营养层次的综合养殖. 环境科学与管理, 37(1): 120-124.

李峤. 2019. 经济贝类对低氧耐受性的研究. 中国科学院大学博士学位论文.

李明智, 张光发, 邓长辉, 等. 2014. 虾夷扇贝浮筏养殖作业改造与试验. 农业工程学报, 30(11): 195-204.

李乃胜. 2008. 发挥科技优势 建设海洋强省. 海洋开发与管理, (10): 27.

林可, 王飞, 马家志, 等. 2017. 离岸型智能化浅海养殖围网应用及效益分析. 水产科技情报, 44(5): 268-272.

刘慧飞. 2003. 日本海水增养殖研究开发现状和发展前景. 现代渔业信息, 18(7): 21-23.

刘梅, 原居林, 倪蒙, 等. 2019. 基于环境容纳量的区域性养殖容量评估. 水生生态学杂志, 40(2): 27-34.

刘思, 俞国燕. 2017. 工厂化养殖自动投饵系统研究进展. 渔业现代化, 44(2): 1-5.

刘学海, 王宗灵, 张明亮, 等. 2015. 基于生态模型估算胶州湾菲律宾蛤仔养殖容量. 水产科学, 34(12): 733-740.

刘鹰. 2011. 海水工业化循环水养殖技术研究进展. 中国农业科技导报, 13(5): 50-53.

刘鹰, 郑纪盟, 邱天龙. 2014. 贝类设施养殖工程的研发现状和趋势. 渔业现代化, 41(5): 1-5.

刘志强. 2016. 海上网箱养殖自动投饵器的研制. 山东农业大学硕士学位论文.

刘庄, 赵云鹏, 王欣欣, 等. 2015. 波浪作用下可升降式筏式养殖设施水动力特性数值模拟研究. 渔业现代化, (3): 56-60, 72.

卢国琪. 2017. "两山"理论的本质: 什么是绿色发展, 怎样实现绿色发展. 观察与思考, (10): 80-87.

卢昆, 杨冰, 姜雪梅. 2017. 美国海水养殖业高效发展的关键举措及经验启示. 世界农业, 458(6): 94-98.

马善乐, 徐国成, 陆波, 等. 2013. 皱纹盘鲍浅海筏式套养海带江蓠技术. 水产养殖, 34(11): 43-46.

马雪健, 刘大海, 胡国斌, 等. 2016. 多营养层次综合养殖模式的发展及其管理应用研究. 海洋开发与管理, 33(4): 74-78.

毛玉泽, 李加琦, 薛素燕, 等. 2018. 海带养殖在桑沟湾多营养层次综合养殖系统中的生态功能. 生态学报, 38(9): 3230-3237.

宁修仁, 胡锡钢. 2002. 象山港养殖生态和网箱养鱼的养殖容量研究与评价. 北京: 海洋出版社.

农业农村部渔业渔政管理局, 全国水产技术推广总站, 中国水产学会. 2019. 2019 中国渔业统计年鉴. 北京: 中国农业出版社.

农业农村部渔业渔政管理局, 全国水产技术推广总站, 中国水产学会. 2021. 2021 中国渔业统计年鉴. 北京: 中国农业出版社.

彭士明, 王鲁民, 王永进, 等. 2019. 全球金枪鱼人工养殖及繁育研究进展. 水产研究, 6(3): 118-125.

宋林生. 2020. 海水养殖贝类病害预警预报技术及其应用. 大连海洋大学学报, 35(1): 1-9.

宋若冰, 武立波, 刘辉, 等. 2012. 底播扇贝苗船上提升与播撒装置设计与应用. 农机化研究, 34(1): 104-106, 110.

宋微波, 王崇明, 王秀华, 等. 2001. 栉孔扇贝大规模死亡的病原研究新进展. 海洋科学, 25(12): 23-26.

孙桂清, 赵振良, 穆珂馨, 等. 2015. 龙须菜与海湾扇贝多营养层次综合养殖技术研究. 河北渔业, (12): 27-30.

孙长彬, 王湖, 王正杰, 等. 2014. 海带烫煮船: CN203735361U.

唐启升, 陈镇东, 余克服, 等. 2013a. 海洋酸化及其与海洋生物及生态系统的关系. 科学通报, 58(14): 1307-1314.

唐启升, 丁晓明, 刘世禄, 等. 2014. 我国水产养殖业绿色、可持续发展战略与任务. 中国水产, (5): 4-9.

唐启升, 方建光, 张继红, 等. 2013b. 多重压力胁迫下近海生态系统与多营养层次综合养殖. 渔业科学进展, 34(1): 1-11.

唐森铭, 黎可茵. 2003. 海水网箱养殖与赤潮关系的研究: 香港牛尾海三星湾 1998 年赤潮原因探讨. 海洋学报, (S2): 202-207.

王俊, 姜祖辉, 董双林. 2001. 滤食性贝类对浮游植物群落增殖作用的研究. 应用生态学报, 12(5): 765-768.

王清印. 2010. 生态系统水平的海水养殖业. 北京: 海洋出版社.

王玉堂. 2012. 我国设施水产养殖业的发展现状与趋势. 中国水产, (10): 7-10.

王元孝, 王元洪, 王元考. 2013. 一种海带收获烫煮船: CN103385064A.

肖徐进. 2018. 控制陆源污染, 保护海洋环境. 农村经济与科技, 29(24): 6, 8.

杨红生. 1999. 试论我国"蓝色农业"的第二次飞跃. 世界科技研究与发展, 21(4): 77-80.

杨红生, 王健, 周毅, 等. 2000a. 烟台浅海区不同养殖系统养殖效果的比较. 水产学报, 2: 140-145.

杨红生, 邢丽丽, 张立斌. 2016. 现代渔业创新发展亟待链条设计与原创驱动. 中国科学院院刊, 31(12): 1339-1346.

杨红生, 章守宇, 张秀梅, 等. 2019. 中国现代化海洋牧场建设的战略思考. 水产学报, 43(4): 1255-1262.

杨红生, 周毅, 王健, 等. 2000b. 烟台四十里湾栉孔扇贝、海带和刺参负荷力的模拟测定. 中国水产科学, 7(4): 27-31.

杨蕾, 舒廷飞, 温琰茂. 2003. 我国海水养殖及其可持续发展的对策. 水产科学, 22(4): 45-48.

杨陆飞, 陈琳琳, 李晓静, 等. 2019. 烟台牟平海洋牧场季节性低氧对大型底栖动物群落的生态效应. 生物多样性, 27(2): 200-210.

杨卫. 2011. 日本海洋渔业资源增殖研究及启示. 中国水产, (12): 74-75.

姚炜民, 周燕, 沙伟, 等. 2010. 应用数值模拟方法计算小尺度海域养殖容量. 海洋通报, 29(4): 432-438.

袁秀堂. 2005. 刺参 *Apostichopus japonicus* (Selenka) 生理生态学及其生物修复作用的研究. 中国科学院大学博士学位论文. 袁秀堂, 王丽丽, 杨红生, 等. 2012. 刺参对筏式贝藻养殖系统不同碳、氮负荷自污染物的生物清除. 生态学杂志, 31(2): 374-380.

袁秀堂, 杨红生, 周毅, 等. 2008. 刺参对浅海筏式养殖系统的修复潜力. 应用生态学报, 19(4): 866-872.

袁秀堂, 张升利, 刘述锡, 等. 2011. 庄河海域菲律宾蛤仔底播增殖区自身污染. 应用生态学报, 22(3): 785-792.

岳维忠, 黄小平, 黄良民, 等. 2004. 大型藻类净化养殖水体的初步研究. 海洋环境科学, 23(1): 13-15, 40.

张彩明, 陈应华. 2012. 海水健康养殖研究进展. 中国渔业质量与标准, 2(3): 16-20.

张车伟. 2006. 农村劳动力转移与新农村建设. 中国农村经济, (7): 4-10.

张东. 2013. 水生动物行为研究及其在水产养殖中的应用简介. 水产学报, 37(10): 1591-1600.

张福绥, 杨红生. 1999. 我国海水滤食性贝类养殖业: 回顾与展望. 泰安: 中国动物学会、中国海洋湖沼学会贝类学分会第五次代表大会暨第九次学术讨论会.

张继红, 方建光, 王巍. 2009. 浅海养殖滤食性贝类生态容量的研究进展. 中国水产科学, 16(4): 626-632.

张继红, 蔺凡, 方建光. 2016. 海水养殖容量评估方法及在养殖管理上的应用. 中国工程科学, 18(3): 85-89.

张经, 刘素美, 黄大吉, 等. 2016. 多重压力下近海生态系统可持续产出与适应性管理的科学基础. 中国基础科学, 18(6): 1-8.

张瑞标, 王珊珊. 2018. "多营养层次综合养殖"对推进现代海洋渔业可持续发展的作用分析. 中国水产, (7): 38-40.

张问采, 贾文月, 张翔. 2017. 缢蛏采收机挖掘铲的设计与仿真分析. 新余学院学报, 22(6): 17-21.

赵云鹏. 2007. 深水重力式网箱水动力特性数值模拟研究. 大连理工大学博士学位论文.

郑艾. 2000. 湛江地区海水鱼类网箱养殖存在的问题及建议. 中国水产, 296(7): 37.

郑汉丰, 李家乐. 2004. 我国大陆海水网箱养鱼的主要问题和发展对策. 上海水产大学学报, 13(2): 164-169.

郑惠东. 2019. 东山湾水产养殖承载力指标体系的构建与评价. 渔业研究, 41(5): 393-398.

中国水产科学研究院. 2012. 海藻可修复浅海网箱养殖环境. 中国渔业报, 2012-11-05(第 002 版).

朱峰, 石志洲, 凌信文, 等. 2013. 宁德三沙湾网箱养殖与环境质量的关系. 海洋通报, 32(2): 171-177.

Abdelrahman H, ElHady M, Alcivar-Warren A, et al. 2017. Aquaculture genomics, genetics and breeding in the

United States: Current status, challenges, and priorities for future research. BMC Genomics, 18(1): 191.

Bandara T. 2018. Alternative feed ingredients in aquaculture: Opportunities and challenges. Journal of Entomology and Zoology Studies, 6(2): 3087-3094.

Bell J D, Ganachaud A, Gehrke P C, et al. 2013. Mixed responses of tropical Pacific fisheries and aquaculture to climate change. Nature Climate Change, 3(6): 591-599.

Bijma J, Pörtner H O, Yesson C, et al. 2013. Climate change and the oceans—What does the future hold? Marine Pollution Bulletin, 74(2): 495-505.

Borja Á, Rodríguez J G, Black K, et al. 2009. Assessing the suitability of a range of benthic indices in the evaluation of environmental impact of fin and shellfish aquaculture located in sites across Europe. Aquaculture, 293(3-4): 231-240.

Braithwaite R A, Carrascosa M C C, Mcevoy L A. 2007. Biofouling of salmon cage netting and the efficacy of a typical copper-based antifoulant. Aquaculture, 262(2-4): 220-226.

Brooker A J, Papadopoulou A, Gutierrez C, et al. 2018. Sustainable production and use of cleaner fish for the biological control of sea lice: recent advances and current challenges. Veterinary Record, 183(12): 383.

Cai H W, Sun Y L. 2007. Management of marine cage aquaculture. Environmental Science & Pollution Research-International, 14(7): 463-469.

Cai W J, Hu X, Huang W J, et al. 2011. Acidification of subsurface coastal waters enhanced by eutrophication. Nature Geoscience, 4(11): 766-770.

Chopin T, Cooper J A, Reid G, et al. 2012. Open-water integrated multi-trophic aquaculture: Environmental biomitigation and economic diversification of fed aquaculture by extractive aquaculture. Reviews in Aquaculture, 4(4): 209-220.

Christensen V, Pauly D. 1992. ECOPATH Ⅱ—a software for balancing steady-state ecosystem models and calculating network characteristics. Ecological Modelling, 61(3-4): 169-185.

Cochrane K, De Young C, Soto D, et al. 2009. Climate change implications for fisheries and aquaculture. FAO Fisheries and Aquaculture Technical Paper, 530: 212.

Crawford C M, Macleod C K A, Mitchell I M. 2003. Effects of shellfish farming on the benthic environment. Aquaculture, 224(1-4): 117-140.

Davenport J, Smith R J J W, Packer M. 2000. Mussels *Mytilus edulis*: significant consumers and destroyers of mesozooplankton. Marine Ecology Progress Series, 198: 131-137.

Dorey N, Lançon P, Thorndyke M, et al. 2013. Assessing physiological tipping point of sea urchin larvae exposed to a broad range of pH. Global Change Biology, 19(11): 3355-3367.

Fabi G, Manoukian S, Spagnolo A. 2009. Impact of an open-sea suspended mussel culture on macrobenthic community (Western Adriatic Sea). Aquaculture, 289(1-2): 54-63.

FAO. 2010. Aquaculture development. 4. Ecosystem approach to aquaculture. FAO Technical Guidelines for Responsible Fisheries, 5(4): 53.

FAO. 2018. The State of world fisheries and aquaculture 2018. Meeting the sustainable development goals. Licence: CC BY-NC-SA 3.0 IGO.

Feng J, Tian X L, Dong S L, et al. 2017. Model-based analysis of the energy fluxes and trophic structure of a *Portunus trituberculatus* polyculture ecosystem. Aquaculture Environment Interactions, 9: 479-490.

Froehlich H E, Gentry R R, Halpern B S. 2016. Synthesis and comparative analysis of physiological tolerance and life-history growth traits of marine aquaculture species. Aquaculture, 460: 75-82.

Ge C Z, Fang J G, Song X F, et al. 2008. Response of phytoplankton to multispecies mariculture: a case study on the carrying capacity of shellfish in the Sanggou Bay in China. Acta Oceanologica Sinica, 27(1): 102-112.

Gibbs M T. 2004. Interactions between bivalve shellfish farms and fishery resources. Aquaculture, 240(1-4): 267-296.

Gjedrem T. 2012. Genetic improvement for the development of efficient global aquaculture: A personal opinion review. Aquaculture, 344-349(1): 12-22.

Henderson A, Gamito S, Karakassis I, et al. 2001. Use of hydrodynamic and benthic models for managing environmental impacts of marine aquaculture. Journal of Applied Ichthyology, 17(4): 163-172.

Inglis G J, Hayden B J, Ross A H. 2000. An overview of factors affecting the carrying capacity of coastal embayments for mussel culture. NIWA, Christchurch.

IPCC. 2007. Climate change 2007: the physical science basis//Solomon S, Qin D, Manning M, et al. Contribution of Working Group I to the Fifth Assessment Report of the Intergovernmental Panel on Climate Change. Cambridge, New York: Cambridge University Press.

IPCC. 2013. Climate change 2013: the physical science basis//Stocker T F, Qin D, Plattner G K, et al. Contribution of working group I to the fifth assessment report of the Intergovernmental Panel on Climate Change. Cambridge, New York: Cambridge University Press.

Lam-Hoai T, Rougier C. 2001. Zooplankton assemblages and biomass during a 4-period survey in a northern Mediterranean coastal lagoon. Water Research, 35(1): 271-283.

Lehane C, Davenport J. 2002. Ingestion of mesozooplankton by three species of bivalve *Mytilus edulis*, *Cerastoderma edule* and *Aequipecten opercularis*. Journal of the Marine Biological Association of the United Kingdom, 82(4): 615-619.

Liu Y, Tian Y J, Saitoh S I, et al. 2020. Impact of climate extremes on suitability dynamics for Japanese scallop aquaculture in Shandong, China and Funka Bay, Japan. Sustainability, 12(3): 833.

Mobsby D. 2018. Australian fisheries and aquaculture statistics 2017.

Orr J C, Fabry V J, Aumont O, et al. 2005. Anthropogenic ocean acidification over the twenty-first century and its impact on calcifying organisms. Nature, 437(7059): 681-686.

Paltzat D L, Pearce C M, Barnes P A, et al. 2008. Growth and production of California sea cucumber (*Parastichopus californicus* Stimposon) co-cultured with suspended pacific oysters (*Crassostrea gigas* Thunberg). Aquaculture, 275(1-4): 124-137.

Pinsky M L, Worm B, Fogarty M J, et al. 2013. Marine taxa track local climate velocities. Science, 341(6151): 1239-1242.

Plew D R, Stevens C L, Spigel R H, et al. 2005. Hydrodynamic implications of large offshore mussel farms. IEEE Journal of Oceanic Engineering, 30(1): 95-108.

Poloczanska E S, Brown C J, Sydeman W J, et al. 2013. Global imprint of climate change on marine life. Nature Climate Change, 3(10): 919-925.

Pörtner H O, Farrell A P. 2008. Physiology and climate change. Science, 322(5902): 690-692.

Pörtner H O, Langenbuch M, Michaelidis B. 2005. Synergistic effects of increased CO_2, temperature and hypoxia on marine animals. Journal of Geophysical Research-Oceans, 110: C09S10.

Rabalais N N, Cai W J, Carstensen J, et al. 2014. Eutrophication-driven deoxygenation in the coastal ocean.

Oceanography, 27(1): 172-183.

Ridler N, Wowchuk M, Robinson B, et al. 2007. Integrated multi-trophic aquaculture (IMTA): A potential strategic choice for farmers. Aquaculture Economics & Management, 11(1): 99-110.

Romain M, Claudio D M, Schoolfield B, et al. 2016. The molluscan breeding program: 20 years of selective breeding of the Pacific oyster, *Crassostrea gigas*, on the west coast of the U. S.

Sarmiento J L, Hughes T, Stouffer R J, et al. 1998. Simulated response of the ocean carbon cycle to anthropogenic climate warming. Nature, 393(6682): 245-249.

Slater M J, Jeffs A G, Carton A G. 2009. The use of the waste from green-lipped mussels as a food source for juvenile sea cucumber, *Australostichopus mollis*. Aquaculture, 292(3-4): 219-224.

Steckbauer A, Duarte C M, Carstensen J, et al. 2011. Ecosystem impacts of hypoxia: Thresholds of hypoxia and pathways to recovery. Environmental Research Letters, 6(2): 025003.

Stentiford G D, Neil D M, Peeler E J, et al. 2012. Disease will limit future food supply from global crustacean fishery and aquaculture sectors. Journal of Invertebrate Pathology, 110(2): 141-157.

Tang Y Z, Ma Z P, Hu Z X, et al. 2019. 3,000 km and 1,500-year presence of *Aureococcus anophagefferens* reveals indigenous origin of brown tides in China. Molecular Ecology, 28(17): 4065-4076.

Troell M, Joyce A, Chopin T, et al. 2009. Ecological engineering in aquaculture-potential for integrated multi-trophic aquaculture (IMTA) in marine offshore systems. Aquaculture, 297(1-4): 1-9.

Vaquer-Sunyer R, Duarte C M. 2008. Thresholds of hypoxia for marine biodiversity. Proceedings of the National Academy of Sciences, 105(40): 15452-15457.

Watanabe S, Hasegawa N, Ishihi Y, et al. 2016. Integrated multi-trophic aquaculture (IMTA) as a countermeasure for coastal oligotrophication in Japan//Gruenthal K, Otoshi C, Olin P, Rust M. Genetics and Breeding in Aquaculture Proceedings of the 44th U. S. –Japan Aquaculture Panel Symposium. Seattle: NOAA Northwest Fisheries Science Center.

Wei Y G, Wei Q, An D. 2019. Intelligent monitoring and control technologies of open sea cage culture: A review. Computers and Electronics in Agriculture, 169(2): 105119.

Wolfe K, Dworjanyn S A, Byrne M. 2013. Effects of ocean warming and acidification on survival, growth and skeletal development in the early benthic juvenile sea urchin (*Heliocidaris erythrogramma*). Global Change Biology, 19(9): 2698-2707.

Yu S, Yoshida T, Han J, et al. 2018. Model experiment of a controllable depth cage and its mooring system//ASME 2018 37th International Conference on Ocean, Offshore and Arctic Engineering. American Society of Mechanical Engineers Digital Collection.

Yuan X T, Shao S L, Yang X L, et al. 2016. Bioenergetic trade-offs in the sea cucumber *Apostichopus japonicus* (Echinodermata: Holothuroidea) in response to CO_2-driven ocean acidification. Environmental Science and Pollution Research, 23(9): 8453-8461.

Yuan X T, Zhang M J, Liang Y B, et al. 2010. Self-pollutant loading from a suspension aquaculture system of Japanese scallop (*Patinopecten yessoensis*) in the Changhai sea area Northern Yellow Sea, China. Aquaculture, 304(1-4): 79-87.

Yuan X T, Zhou Y, Mao Y Z. 2015. *Apostichopus japonicus*: A key species in integrated polyculture systems//Hongsheng Y, Jean-Francois H, Annie M. The Sea Cucumber *Apostichopus japonicus*. History, Biology and Aquaculture. Salt Lake City: Academic Press (Elsevier): 323-332.

Zamora L N, Yuan X T, Carton A G, et al. 2018. Role of deposit-feeding sea cucumbers in integrated multitrophic aquaculture: Progress, problems, potential and future challenges. Reviews in Aquaculture, 10(1): 57-74.

Zhang Y, Chang Z, Zheng Z, et al. 2017. Harvesting machine for kelp culture in floating raft. Aquacultural Engineering, 78: 173-179.

Zhang Z H, Lü J B, Ye S F, et al. 2007. Values of marine ecosystem services in Sanggou Bay. Acta Ecologica Sinica, 18(11): 2540-2547.

Zhou Y, Yang H S, Liu S L, et al. 2006. Feeding on biodeposits of bivalves by the sea cucumber Apostichopus *japonicus* Selenka (Echinidermata: Holothuroidea) and a suspension coculture of filter- feeding bivalves with deposit feeders in lantern nets from longlines. Aquaculture, 256(1-4): 510-520.

第10章　深远海养殖

深远海水域拥有优质的水源、极少的陆源性污染和适宜的区域性或洋流性水温等特点，具备优良的水产养殖发展条件。面向国家粮食安全的重大战略需求和海水养殖技术升级的产业发展需求，控制近海养殖密度，提升深远海养殖工程装备以及海上生产保障系统的智能化水平，拓展海洋离岸养殖和集约化养殖发展空间势在必行。在系统总结深远海养殖国内外发展现状与问题、科技发展现状与瓶颈的基础上，从深远海养殖种类筛选和良种创制、智能化养殖装备技术与装备、安全保障系统等方面，结合典型案例分析，提出了深远海养殖科技发展的愿景和需求，对深远海养殖技术水平进行了科学评价，并对其发展态势和趋势进行了研判，以期为我国深远海养殖产业和科技的创新发展提供借鉴与参考。

10.1　产业与科技发展现状分析

10.1.1　国际产业发展现状与问题

1. 国际产业发展现状

1）国际深水网箱引领海水工业化养殖发展潮流

以挪威、美国、日本渔业为代表的大型深水网箱养殖历经30多年的发展，引领海洋养殖设施发展的潮流，其中挪威最具代表性。挪威在经历了从淡水陆基养殖到近海养殖发展阶段后，近海养殖的成功推动了向深远海养殖的发展，造就了"一条鱼"深水养殖产业，取得了单一品种大西洋鲑（*Salmo salar*）世界产量最大、全球贸易市场占有率最高的成效。

（1）挪威：挪威深水网箱养殖面积约38.5万km^2，海岸线长2.1万km，渔场广阔，资源丰富，年捕捞量为$3.00×10^6$t左右，大西洋鲑（*Salmo salar*）养殖产量为$7.75×10^5$t（2008年，占全球产量的48.4%），养殖及捕捞的10%用于国内市场消费，90%出口到世界各地。渔业管理以渔获配额及执照管理为基础，是渔业立法较早的国家，相关渔业法律制度也较全面。挪威全国目前有网箱养殖场约800个，每个养殖场有5~12只网箱，其中有6只的居多。90%的网箱是HDPE浮式网箱，部分是方形不锈钢合金组合网箱。挪威的HDPE网箱逐渐向大型化发展，网箱周长从80m增长到120~180m，网深40m（刘晋和郭根喜，2006）。挪威的深水网箱大多分布在特隆赫姆（Trondheim）至罗弗敦（Lofoten）群岛外海岛屿及峡湾，总量占挪威全国的60%左右，其中特隆赫姆是挪威国家海洋研究中心所在地；其次是分布在斯塔万格（Stavanger）南部水域的峡湾，约占挪威全国总量的30%左右；再就是分布在挪威北方的洪宁斯沃格（Honningsvåg）（郭根喜等，2011）。

（2）日本：日本是一个渔业资源丰富的岛国，受其地理位置和自然环境的影响，开发养殖种类有43种，海水网箱养殖品种主要为真鲷。针对不同海域条件，使用不同规格、形状、材质的网箱是日本网箱养殖的一大优点。在网箱的选择上主要有放置于风浪相对平缓内湾的钢质框架浮式网箱和放置于较开阔海区的自浮框架式网箱，包括 HDPE 网箱、橡胶管网箱。日本近年来研发了浮动式巨型养鱼网箱，长 112m，宽 32m，深度在 30～100m 可以人工调节。同时严格控制养殖产量，以确保养殖户的生产效益及避免因盲目扩大规模而造成水体污染（侯海燕等，2017）。

（3）美国：美国深远海网箱模式主要采用蝶形网箱（中央圆柱网箱）和海洋圆柱网箱（海洋平台网箱）（徐君卓，2001），用钢铁混合材料制造主架，周长约 80m，容积约 300m^3，抗流动性强，但网箱更换困难（农业部渔业局，2010）。此外，还有适用于近岸海湾的浮柱锚拉式网箱，适用于远海的强力浮式网箱、张力框架网箱和方形组合网箱等（左书华和李蓓，2008）。美国深远海网箱养殖生产效率较高，实力强大。

2）养殖工船与平台成为国际海水养殖新热点

早在 20 世纪八九十年代，发达国家就提出了发展大型养殖工船的理念，包括浮体平台、船载养殖车间、船舱以及半潜式网箱工船等多种形式，为实现产业化发展奠定了基础（徐皓和江涛，2012）。

（1）挪威：挪威是全球深远海养殖的先进国家之一，掌握高端海水养殖装备制造技术和先进的冷水养殖技术，提出的先进的深远海养殖模型自动化程度很高，区别于传统渔场，只需要几个工作人员即可管理上百万条鱼（安皓等，2017）。挪威 NSK 船舶设计公司于 2015 年底开始建设大型深远海养殖工船，共设计了 3 艘船，长 430m、宽 54m，一艘养殖工船就可以容纳 1×10^{4}t 大西洋鲑（*Salmo salar*）成鱼或者超过 200 万条幼鱼，还可以降到海平面以下 10m。养殖工船为钢架结构，每艘船上可以安装 6 个 50m×50m 的养殖网箱，网箱深度可达 60m（侯海燕等，2017）。

（2）西班牙：西班牙的养鱼工船，兼孵化与养殖双重功能，可养 300t 每尾 4kg 左右的亲鱼，其中 200t 放养在 6 万 m^3 的水下网箱中，100t 分养在控温的 50t 箱中。船体结构为双甲板，箱中有封闭式循环过滤海水系统。设计的半潜式金枪鱼养殖船，可至各渔场接运活捕蓝鳍金枪鱼（*Thunnus thynnus*）400t，再转运至适宜地肥育，最终运往销售地。西班牙彼斯巴卡公司设计了一种能经受 9m 高海浪、连接 7 只容量为 2000m^3 的深水网箱，年产鱼 250～400t 的海上养殖平台。

（3）美国：美国提出的移动式养殖平台采用电力推进，生产功能齐全。建设大型养殖工船，构建游弋式海上渔业平台是离岸型海洋牧场的发展方向与趋势。以老旧大型船舶为平台，变船舱为养殖水舱，变甲板为辅助车间，形成具有游弋功能、能在适宜水温和水质条件海区开展养殖生产、可躲避恶劣海况与海域污染的大型海上养鱼工厂，并成为远海渔业生产的补给、流通基地（徐皓和江涛，2012）。

（4）日本：日本长崎县的"蓝海号"养鱼工船达 4.7×10^{4}t，船长 110m、宽 32m，能抗 12.8m 海浪，10 个鱼舱共 4662m^3，可投鱼种 2 万尾，年产量 100t（徐皓和江涛，2012）。

（5）法国：法国在布雷斯特北部的布列塔尼海岸与挪威合作建成了一艘长 270m 的养殖工船，总排水量 10^{5}t。有 70 000m^3 养鱼水体，用电脑控制养鱼，每天从 20m 深处换水 150t，定员 10 人。该养殖工船年产鲑鱼 3000t，占全国年进口量的 15%，相当于 10 艘捕捞渔船的产量（徐皓和江涛，2012）。

2. 国际产业发展问题

深水网箱养殖智能化水平和综合效益亟待提升。

（1）挪威：挪威网箱的主要形式为 HDPE 重力式网箱以及可下沉的张力腿式网箱。HDPE 网箱的缺点是容积损失率较高、操作平台区域有限、需配套工作船只及设备、恶劣天气操作困难；张力腿式网箱的缺点是成本高、没有操作平台、操作困难、锚泊系统安装复杂、需配套工作船只与水下自动投饵系统（袁军亭和周应祺，2006）。

（2）日本：日本网箱的主要形式为浮绳式网箱和 HDPE 重力式网箱。浮绳式网箱由绳索、箱体、浮子及铁锚等构成，是一个柔韧性结构，可以随风浪的波动而起伏，网箱是一个六面封闭的箱体，不易被风浪淹没而使鱼逃逸。该网箱的缺点是柔性绳框架抗流能力弱、容积损失率高、无操作平台，操作时需配套工作船只。

（3）美国：美国网箱的主要形式为蝶形网箱及球形网箱。蝶形网箱的缺点是成本高、因面积有限不能很有效地投喂饵料，操作时需要较多的配套设备；球形网箱的缺点是成本较高、框架结构较复杂、防腐处理和维护要求较高、操作难度相对较大。

10.1.2 我国产业发展现状与问题

1. 我国产业发展现状

1）深远海网箱养殖迅猛发展

在国家大力开发海洋资源，发展海洋经济的战略背景下，我国深远海网箱养殖近年来呈现出跃进式发展的显著特征，具体体现在养殖规模与养殖产量两方面：在养殖规模上，截至 2019 年，我国深远海网箱养殖体积为 1935.90 万 m³，同比 2018 年 1347.97 万 m³ 的养殖体积，绝对量增长 587.93 万 m³，增长幅度达 43.62%；在养殖产量上，2019 年我国深水网箱养殖产量为 2.05×10^5 t，同比 2018 年 1.54×10^5 t 的养殖产量，绝对量增长 5.12×10^4 t，增长幅度达 33.25%。比较可知，无论是从产量角度还是规模角度，平均高于 30%的深远海网箱养殖增长速度已在众多海水养殖方式中位列榜首。但 2019 年深远海网箱养殖产量仅占当年全国海水养殖总产量的 0.99%，相对其他海水养殖形式比例很低。

由表 10-1 可见，从省域角度分析，我国共有辽宁、浙江、福建、山东、广东、广西、海南沿海 7 省开展了深远海网箱养殖，其中山东、广东、海南三省 2018 年深远海网箱养殖产量总和为 1.39×10^5 t，占全国总产量的 67.93%，而福建省的产量又占三省总产量的 43.34%，是我国名副其实的深远海网箱养殖大省。

表 10-1　7 种代表性海水养殖形式 2019 年发展规模与速度

	2019 年养殖产量（t）	产量同比增长幅度（%）	2019 年养殖规模	规模同比增长幅度（%）
池塘养殖	2 503 495	1.50	376 091 hm²	−6.02
普通网箱养殖	550 317	−7.44	22 926 367 m²	−55.74
深水网箱养殖	205 198	33.26	19 358 969 m³	43.62
筏式养殖	6 174 565	0.79	325 314 hm²	−4.07
吊笼养殖	1 289 917	0.89	139 827 hm²	6.62
底播养殖	5 128 217	−3.45	896 485 hm²	−3.87
工厂化养殖	275 875	8.03	35 152 943 m³	4.20

2）深远海养殖平台发展特色明显

2014年11月，中国水产科学研究院渔业机械仪器研究所、北车船舶与海洋工程发展有限公司、上海崇和实业集团有限公司启动合作共建我国首个"深远海大型养殖平台"。合作各方综合应用海洋工程装备、工业化养殖、海洋生物资源开发与加工技术，构建集规模化养殖、苗种规模化繁育、渔获物搭载与物资补给、水产品分类贮藏等多功能于一体的大型渔业生产综合平台。"深远海大型养殖平台"由10万t级阿芙拉型油船改装而成，型长243.8m，型宽42m，型深21.4m，吃水14.8m，能够提供近8万m^3的养殖水体。该平台搭载整船平台、养殖系统、物流加工系统和管理控制系统，可以满足水深3000m以内的海上养殖，同时具备移动躲避超强台风并实现安全生产的优越功能。

2018年2月，中集来福士海洋工程有限公司（简称"中集来福士"）与挪威Nordlaks公司签署"Havfarm 1"深水养殖工船建造合同。该养殖工船长385m，宽59m，高65m，包含6座深水网箱，养殖水体达$4.4×10^5 m^3$，可养殖一万吨三文鱼，可以实现鱼苗自动输送、饲料自动投喂、水下灯监测、水下增氧、死鱼回收等功能。

2018年8月，山东海洋集团有限公司与中集来福士旗下的烟台中集蓝海洋科技有限公司签订了"耕海1号"综合平台建造合同。"耕海1号"由3个养殖网箱组合而成，构成直径80m的"海上花"概念，每朵"花瓣"养殖体积约10 000m^3，养殖体积达30 000m^3（表10-2）。3个"叶片"上设计了60个休闲垂钓位置，3个"叶片"交汇区设计了近600m^2的多功能厅，可实现休闲观光、科普教育、海洋监测功能，甚至可以召开海上展会。平台顶部设置有直升机停机坪，是个名副其实的海上综合体。尤其到了夜间，全面开启灯光的"耕海1号"犹如海上明珠一样在黄海璀璨绽放，将成为城市新景观，与靓丽的海岸线呼应。与此同时，"耕海1号"配备了智能化养殖网箱，能够实时采集环境数据、精准投喂饵料、自动清理网箱等，实现了自动化、智能化、环保化的生态养殖。

表10-2 国内深远海养殖平台

编号	平台名称	平台类型	主要参数	研制机构
1	"耕海1号"	海洋牧场综合平台	网箱总直径为80m，养殖水体30 000m^3，相当于14个标准游泳池的水量。3个"叶片"上设计了60个休闲垂钓位置，能够同时接待300人观光游览，三个"叶片"交汇区设计了近600m^2的多功能厅	山东海洋集团有限公司与中集来福士旗下的烟台中集蓝海洋科技有限公司
2	"振鲍1号"	深海鲍鱼机械化养殖平台	长24.6m，宽16.6m，可容纳近5000个鲍鱼养殖网箱，预计单台年产鲍鱼约12t	福建中新永丰实业有限公司与上海振华重工（集团）股份有限公司联合研发
3	"福鲍1号"	深海鲍鱼机械化养殖平台	长37.3m，宽33.3m，设计吃水深度6.6m，重约1000t，总面积达1228.4m^2，总造价达1000万元	福建省福船海洋工程技术研究院有限公司
4	浙江大陈岛大型管桩铜围网	管桩围网	用海52.5亩，投资3500万元，可投放100万尾大黄鱼	台州广源渔业有限公司

续表

编号	平台名称	平台类型	主要参数	研制机构
5	莱州湾明波大型管桩围网	管桩围网	周长400m,面积相当于一个足球场,平台四周由固定在海底的172根钢柱组成,能容纳16万 m^3 水体,相当于120多个标准游泳池的水量,每年可以养殖4500多吨海水鱼	莱州明波水产有限公司
6	"振渔1号"	深远海机械化海鱼养殖平台	总长60m,型宽30m,养殖水体达13 000万 m^3,预计年产优质商品海鱼120t	上海振华重工(集团)股份有限公司
7	"佳益178"	半潜式大型智能网箱平台	包含鱼类智能饲养系统、水下生态监控系统、水下鱼类活动监控系统和鱼类常见疾病监测系统等系统	蓬莱中柏京鲁船业有限公司、长岛佳益海珍品发展有限公司
8	"深蓝1号"	大型全潜式深海智能渔业养殖装备	网箱周长180m,高38m,重约1400t,有效养殖水深30m,直径60.44m。整个养殖水体约5万 m^3,相当于40个标准游泳池的水量,网衣面积接近2个足球场大小,设计年养鱼产量1500t,可以同时养殖30万尾三文鱼	中国海洋大学、湖北海洋工程装备研究院、青岛武船重工有限公司、山东万泽丰海洋开发集团有限公司
9	"澎湖号"	半潜式波浪能养殖平台	养殖平台的主尺为28m宽,66m长,16m高,工作吃水11.3m,可提供1万 m^3 养殖水体,具备20余人居住空间、300m^3 仓储空间、120kW海洋能供电能力	中国科学院广州能源研究所
10	"海峡1号"	单柱半潜式深海渔场	主体最大直径140m,总体高度40m,网箱高度12m,有效养殖水体在15万 m^3 左右,配备网衣、发电系统、压载系统、环境监测系统等相关设施设备,主要针对深远海自然环境及产业装备技术需求,按照海洋工程行业标准设计,进行仿野生养殖。利用半潜式深海渔场养殖平台及台山列岛海域良好的水文条件,能抵御17级台风,进行仿野生养殖,可年产仿野生大黄鱼1500t	福鼎市城市建设投资有限公司、福建省马尾造船股份有限公司

"振鲍1号"养殖平台长24.6m,宽16.6m,可容纳近5000个鲍鱼养殖网箱,预计单台年产鲍鱼约12t(表10-2)。平台主要由浮体结构、养殖网箱、上部框架、水下框架、机械提升装置5个部件组成,实现了饵料输送、投放、网箱上下吊装全部机械化。

"福鲍1号"是福建省福船海洋工程技术研究院有限公司研制的鲍鱼养殖平台,平台主要由甲板箱体、底部管、浮体、主柱结构、养殖网箱、机械提升装置等六大部分组成,为钢制全焊接结构。"福鲍1号"有72个钢制鲍鱼养殖筐和1.5万个白色养殖笼,可容纳12 960屉鲍鱼,预计年产鲍鱼约40t。"福鲍1号"长37.3m,宽33.3m,设计吃水深度6.6m,重约1000t,总面积达1228.4m^2,总造价达1000万元(表10-2)。与2018年10月在连江东洛岛附近海域正式启用的全球首个深远海鲍鱼养殖平台"振鲍1号"相比,"福鲍1号"的体积是"振鲍1号"的3倍。"福鲍1号"可抵御12级以上台风侵袭,适用于水深 17m 以上、离岸距离不超过 10n mile 的海域作业（张文奎和徐承旭，2019）。

浙江大陈岛大型管桩铜围网养殖大黄鱼，用海 52.5 亩，投资 3500 万元，可投放 100 万尾大黄鱼（表 10-2）。

莱州湾明波大型管桩围网周长 400m，面积相当于一个足球场，平台四周由固定在海底的 172 根钢柱组成，能容纳 16 万 m³ 水体，相当于 120 多个标准游泳池的水量，每年可以养殖 4500 多吨海水鱼（表 10-2）；设置了 8 个功能平台，可实现自动投饵、生物量估算等自动化和智能化管控，采用鱼藻共生的立体生态养殖模式，在围网不同层次养殖不同鱼类，有效降低了规模化养殖对环境造成的危害。

"振渔 1 号"养殖平台呈橄榄球形，总长 60m，型宽 30m，养殖水体达 13 000 万 m³，预计年产优质商品海鱼 120t（表 10-2）。该养殖平台主要由浮体结构、养殖框架、旋转机构三部分组成，可以将养殖区域向深海、远海延伸，一方面解决了近岸养殖带来的生态压力，另一方面也解决了养殖海域空间不足、养殖装备抗风浪能力差等问题。同时，"振渔 1 号"还配备拥有专利技术的自动旋转鱼笼，攻克了长期困扰海上养殖业的海上附着物难题，大大节约了养殖成本。

2019 年 6 月，由蓬莱中柏京鲁船业有限公司为长岛佳益海珍品发展有限公司建造的半潜式大型智能网箱平台"佳益 178"顺利交付。该网箱平台主要用于海上养殖、海上观光、海上垂钓休闲等，采用了多项国内领先的设计理念：①鱼类智能饲养系统，通过大数据方式实时提供最佳鱼类饲养方案并自动执行；②水下生态监控系统，通过对鱼类生长环境进行实时监测、分析，提供鱼类最佳喂养方案及活动途径；③水下鱼类活动监控系统，通过各子系统实现鱼类水下活动监控，自动投喂，并通过声光信号诱导鱼类活动；④鱼类常见疾病监测系统，可实现病鱼自动诱捕、鱼病自动预警等（表 10-2）。与此同时，采用云数据方式，可将鱼类生长、生存状况实时传递至饲养中心总部和工作人员的手机 APP 中。

"深蓝 1 号"是我国首座自主研制的大型全潜式深海智能渔业养殖装备，2018 年 5 月在青岛建成交付。"深蓝 1 号"是由山东万泽丰海洋开发集团有限公司出资 1.1 亿元建设，中国海洋大学与湖北海洋工程装备研究院有限公司联合设计，青岛武船重工有限公司建造。"深蓝 1 号"堪称海上"巨无霸"，网箱周长 180m，高 38m，重约 1400t，有效养殖水深 30m，直径 60.44m。整个养殖水体约 5 万 m³，相当于 40 个标准游泳池的水量，网衣面积接近 2 个足球场大小，设计年养鱼产量 1500t，可以同时养殖 30 万尾三文鱼（表 10-2）。

2019 年，中国科学院广州能源研究所基于海洋波浪能开发及实海况运行经验，研发出半潜式波浪能养殖旅游平台"澎湖号"。该平台实现了半潜式波浪能发电、深水养殖、养殖工船等多项技术的有机集成，由绿色能源驱动，能够解决我国传统养殖网箱抗风浪能力弱、能源供给困难、无法搭载现代化养殖设备等问题。平台样机"澎湖号"目前已交付用户使用，相关技术从研究进入了实海况装备应用示范阶段。此外，中国科学院广州能源研究所与招商局工业集团有限公司等签署了平台开发、应用及推广合作协议，进行后续的工程化、系列化、规模化研发推广工作。

"澎湖号"半潜式深水养殖平台的主尺寸为 28m 宽，66m 长，16m 高，工作吃水 11.3m，可提供 1 万 m³ 养殖水体，具备 20 余人居住空间、300m³ 仓储空间、120kW 海洋能供电能力（表 10-2）。半潜式养殖平台划可分为四个功能区，即养殖区、绿色能源区、管理服务区和智能生产区，装配有自动投饵设备、伤残死鱼收集设备、养殖平台数据采集与监控系统、水质在线监测系统、风浪流等环境监控系统、大数据服务系统和通信系统。该平台能够实现渔业生产过程中全程智能化监控、风险预警，建立水产品生长数据库，实现高品质的信息服务。

2020年3月，福鼎单柱半潜式深海渔场"海峡1号"主体工程顺利完工，由半潜船运送至福鼎台山列岛附近海域进行安装调试，该项目属全国首台套，总投资1亿多元，主体最大直径140m，总体高度40m，网箱高度12m，有效养殖水体在15万 m^3 左右，配备网衣、发电系统、压载系统、环境监测系统等相关设施设备，主要针对深远海自然环境及产业装备技术需求，按照海洋工程行业标准设计，进行仿野生养殖。"海峡1号"利用半潜式深海渔场养殖平台及台山列岛海域良好的水文条件，能抵御17级台风，进行仿野生养殖，可年产仿野生大黄鱼1500t（表10-2）。

3）深远海养殖合作模式创新初见成效

在组织模式上，海南、广东等发展起步早、重视程度高的地区深水网箱养殖大多突破传统一家一户的经营管理模式，当地海洋渔业部门积极发动和引导渔民合股成立深水网箱养殖专业合作社，这些合作社在生产过程中采取统一采购生产资料、统一产品质量标准、统一生产技术标准、统一产品销售、统一生产安全管理和分户经营等的"五统一分"模式，并与渔业龙头企业衔接，采用"公司+渔业专业合作社+农户"和"公司+保价收购+农户"等的合作模式来运营深水网箱养殖。

2. 我国产业发展问题

深远海网箱养殖是渔业转方向调结构的重要方式，有利于海水养殖业的可持续发展，有利于缓解近海养殖压力和减轻环境污染。目前，国内深水网箱的性能、使用寿命和配套装备与国外相比有较大差距，今后需加大经济投入，加大深水网箱的科研力度，实现国内深远海养殖模式的快速转变。

1）海洋自然灾害严重影响经济效益

在多种可能对深远海网箱养殖造成损害的海洋自然灾害中，海洋气象灾害影响较大。具体而言，台风、龙卷风等引起的风暴潮和巨大海浪会对网箱养殖系统造成破坏性乃至毁灭性打击。通常现代深远海网箱的抗台风能力设计为12级，但高于此级别的超大型台风可能造成重大损失。2011年9月底相继登陆海南的"纳沙"和"尼格"两大强台风在短短一周时间让海南临高网箱养殖基地损失惨重，仅临高从事金鲳鱼养殖的三家大型企业就有1816口深远海网箱遭受破坏，相关损失近8亿元。2014年"威马逊"和"海鸥"台风登陆海南，损毁深远海网箱1383口。深远海网箱一旦发生结构性损坏，养殖鱼类死亡和逃逸率就近乎达100%，养殖户经济损失极大，短期内难以再生产。除了台风、海啸，诸如寒潮类的海洋自然灾害也会直接对养殖鱼类造成机体损害。2016年1月，广东南部的寒潮重创了当地的深远海网箱养殖产业，军曹鱼等耐寒性较差的鱼类死亡率大于70%，侥幸存活的养殖鱼类也普遍出现了不再进食的应激反应（任文龙和姜照君，2019）。

2）深远海网箱养殖集约化水平有待提升

我国当前深远海网箱养殖存在着产业链短、经营规模小、集约化水平不高的问题，具体而言，可从两个方面分析：在产业链横向方面，我国深远海网箱养殖经过近几年的飞速发展，初步明晰了产业轮廓，取得了阶段性养殖成果，但养殖总体分布仍然呈现出"小而散"、组织化程度不高的特点，产前、产中、产后各环节的合作层次与管理水平均有大幅提升空间，不同区域之间的交流互助还不够深入，养殖户对于加入海水养殖行业协会、渔业互保协会、养殖合作社等不够积极主动，深远海网箱养殖的规模经济与知识经济还未形成；在产业链纵向方面，深远海网箱养殖产业链长度仍有升级空间，目前包含设计研发、规模生产、标准作业、技术支持、加工营销、产品服务的全产业链深远海网箱养殖渔业公司仍不多见，已有的渔业龙头企业多在某一环节具有优势，而诸如养殖产品精深加工、包装、品牌树立、贸易创汇等高附加值产业环节仍有欠缺，产业前端与后端的拓展延伸能力弱（朱玉东等，2017）。

3）深远海网箱养殖金融支撑体系亟待健全

同许多新型高科技产业类似，深远海网箱养殖也具有高投入、高风险、高收益的特点。所以完备的金融支撑体系是其健康长远发展的强力保障，合理化的金融支撑系统应当由三个部分组成：一是政策性银行及商业银行的货币信贷金融支持；二是各级政府和社团组织契合深远海网箱养殖利好政策的财税支持；三是保险企业提供的农业保险支持。但我国当前深远海网箱养殖的金融支撑体系仍处在探索发展阶段，其真实作用远不及产业预期需求。由于深远海网箱养殖风险高，第三方公司担保意愿低，银行类金融机构从自身稳健性发展角度考虑，不愿意提供大量的贷款；多地政府在扶持深远海网箱养殖行业中缺乏稳定持久的政策，其财税政策的落地速度与实施效率有待提升；而深远海网箱养殖方面的保险当前更多是处于试点阶段，覆盖面不广，渔民受益仍需时日（朱玉东等，2017）。

10.1.3 国际科技发展现状与瓶颈

1. 国际科技发展现状

美国从几十年前就开始研究深远海养殖，是世界上最早开始探索深远海养殖的国家。目前，世界上已经有多个国家或地区参与到深远海养殖的浪潮中。世界渔业发达国家发展深远海养殖工程装备的主要途径是构建大型养殖网箱和浮式养殖平台。在现代科技的支撑下，深远海巨型网箱养殖自动化程度、生产过程管控、信息化水平进步很大，生产效率显著提高。发达国家深远海巨型网箱形式多样，技术水平遥遥领先于其他国家（安皓等，2017）。

1）优良品种苗种繁育技术助力健康增养殖

美国农业部把培育无特定病原（SPF）和抗特定病原（SPR）的虾苗作为优先资助项目，开发经过遗传改良驯化的对虾种群，为养殖工业提供高度健康的对虾苗种（高强等，2017）。在多倍体育种技术方面，美国的牡蛎三倍体育种技术成熟并进行规模化商业生产。2015 年 11 月，美国食品药品监督管理局批准了 AquaBounty Technologies 公司的水优三文鱼（AquAdvantage salmon）即转全鱼生长激素基因（*GH*）大西洋鲑为第一种可供食用的转基因动物产品，这是世界转基因动物育种研究与开发应用的历史性突破，将成为转基因动物产业化的典范，对今后转基因动物的研发产生深远的影响（胡炜和朱作言，2016）。日本农林水产省研究所、大学研究所和都道府县水产实验场于 1961 年开始进行种苗的定向攻克研究。1983年，日本成立渔业栽培中心，研究增殖种苗生产技术，促进了养殖种苗的产业化。日本大部分苗种的孵化和育成都采用循环水工艺，取代了传统流水育苗模式。据统计，幼鲑在流水育苗系统中体重为50～70g，在循环水育苗系统中可达到140～170g（高强等，2017）。这是由于循环水育苗系统具有生长环境控制性，能提供苗种孵化和生长最合适的环境，并根据不同的生长阶段提供不同的生长环境。挪威在大西洋鲑（*Salmo salar*）和虹鳟（*Oncorhynchus mykiss*）育苗上的三倍体技术和性别控制技术（全雌），提高了养殖对象生长速率，降低了性腺过早发育概率；同时由于三倍体或全雌鱼不育，不会因网箱养殖鱼逃逸而带给大西洋鲑野生群体基因污染。

2）关键核心技术实现自动化、智能化

（1）自动投饵技术：目前，挪威、加拿大、美国、日本等国家普遍实现了自动投饵，养殖规模大大提高。挪威AKVA公司的养殖管理系统与投饵系统协同工作，已经全面实现了自动化、智能化控制（郭根喜等，2011）。美国ETI公司的FEEDMASTER投饵系统，基于可编程控制器（PLC）控制技术有效解决了投饵机对饵料的损伤问题，可靠性强，投饵精度高，每套投饵系统可支持24～60个饲料输送管道，最大投饵能力为250kg/min，提高了养殖效率和管理水平（庄保陆和郭根喜，2008；汪昌固，2014）。加拿大Feeding systems公司的自动投饵系统，根据不同的养殖对象可设置不同的投饵控制软件，有效地提高了投饵系统的使用效率，并通过自动投饵系统和控制软件的协调配合，提高了饵料利用率与经济效益（庄保陆和郭根喜，2008；汪昌固，2014；闫国琦等，2018）。

（2）网衣清洗装备技术：英国Aurora Marine公司提供水下机器人（ROV）网衣清洗服务，该洗网机器人采用履带式结构与水流双重驱动，能较好地依附在网衣上，采用高压水流对网衣进行清洗。美国Yanmar Marine公司的履带式水下洗网机器人，采用高压水与毛刷结合的清洗方式。加拿大Marine Harvest公司、挪威AKVA公司和MPI公司的洗网产品则是半自动的有缆洗网装置，其洗网作业是自动的，但洗网装置的运动则靠人工移动。这几家公司的洗网装置原理类似，均采用高压水流作为动力，使洗网碟片压紧网衣，再利用旋转式高压水流达到洗网的目的。

（3）鱼类起捕装备技术：20世纪60年代，加拿大研制的虹吸管式气力吸鱼泵在虹吸作用下能连续不断地将鱼从网箱中吸出，对鱼体的损伤小。目前，吸鱼泵在美国、加拿大、荷兰、朝鲜等国被广泛使用（叶燮明等，2003）。美国ETI公司生产的TRANSVAC型真空吸鱼泵，每小时可吸送鲑鱼5t、鳕鱼80t、鲱鱼160t，最大的抽吸量可达300～360t/h，功率为23～190kW（叶燮明和徐君卓，2005）。

3）深远海养殖装备支撑海水养殖的空间拓展

挪威的大型深水网箱养殖业是世界上最先进、最典型的，其深水网箱养殖从无到有，进而在世界上占据领先地位的过程并不长，发展十分迅速，并已在全世界相应海域国家申请专利，几乎垄断了深水网箱式养殖平台的设计技术及运营市场。从20世纪70年代发展初期的周长为40m的深水网箱已发展为周长为80m、120m，最大网箱周长达180m、网深40m的深水网箱。目前，挪威主要使用60～120m周长的圆形HDPE深水网箱，抗风能力12级，抗浪5m，抗流小于1m/s，单箱养殖产量最高可达200t以上，平均寿命10年以上；在配套设施上，挪威大型深水网箱已形成自动投饵系统、鱼苗自动计数设备、水下监控系

统、自动分级收鱼和自动收集死鱼设备等为一体的智能管理系统。

针对不同海域条件，使用不同规格、形状、材质的网箱是日本网箱养殖的一大优点。在网箱的选择上主要有放置于风浪相对平缓内湾的钢质框架浮式网箱和放置于较开阔海区的自浮框架式网箱，包括 HDPE 网箱、橡胶管网箱、FRP 网箱。日本近年来研发了浮动式大型网箱，长 112m，宽 32m，深度在 30～100m 可以人工调节。该网箱便于用渔船拖曳到深水区养殖，可充分利用深水区的天然浮游饵料资源和优越的水质条件。

4）生产管理与控制体系保障水产品质量安全

美国海产品质量安全管理主要集中于海产品认证制度推广方面。2002 年水产养殖认证委员会（Aquaculture Certification Council，ACC）在美国西雅图成立，为让渔业生产者使用先进技术和规范渔业作业，ACC 主要为水产品的生产流程提供安全认证。目前，ACC 已为罗非鱼、对虾等品种的育苗场、养殖场、饲料厂提供认证。水产企业要获得 ACC 认证必须符合社会、环保和食品安全各项标准，认证程序规范，标准严格，作为独立的第三方认证机构，其认证结果得到了国际大采购商的认可。ACC 被美国食品药品监督管理局（FDA）确立为水产品认证伙伴，经过 ACC 和 FDA 认证的企业可免检直接进入美国市场（高强等，2017）。

日本海产品质量安全管理主要体现在可追溯体系建设方面。2001 年日本出现首例疯牛病，波及各行各业，包括水产领域，食品卫生问题成为社会焦点。2002 年日本内阁开始建立水产品可追溯体系，与 GAP（良好农业规范）、HACCP（危害分析和关键控制点）和 ISO 22000 等国际食品安全标准有机结合，对不同种类的海产品（贝类、鱼类、藻类）分别设置了不同的可追溯操作流程和安全标准。水产养殖过程中各种信息的记录、管理和共享，包括养殖基本信息记录（养殖环境、种苗引进、饵料投放、医药品使用）、作业记录（对饵料投喂、渔药使用、身体检查、捕捞等各项作业进行详细的记录）、生长情况记录（健康状况、营养状况、重量变化等）。通过细致的工作建立水产品履历管理制度，并对销售公司和顾客进行信息共享。通过实施可追溯体系，将养殖、采捕、加工、流通、销售等各个环节的信息透明化。

2. 国际科技发展瓶颈

1）养殖生物逃逸对本土生物造成基因污染

养殖鱼类逃逸存在潜在的基因污染的风险。杂交种、外来种、转基因鱼及定向育种鱼等种类在丰富水产种质资源、增加养殖种类、调整产品结构、丰富水产品市场等方面起到了积极的作用，但这些以养殖生产为目的鱼种，基因的变异性较小，纯和度极高，转基因品种中还带有人工插入的外源基因，一旦此类养殖鱼种逃逸到自然环境中，并与其野生种进行种内杂交，或与土著种中的相似种进行种间杂交，将导致土著鱼种的基因库减少，遗传变异降低，使得土著鱼种对传染病和环境突变的抵抗力减弱，危及土著鱼种的生存（高勤峰等，2019）。据统计，在挪威，仅 2001～2009 年从网箱中逃逸的大西洋鲑数量就达到了 393 万尾，另外，还有 98 万尾虹鳟和 105 万尾大西洋鳕（*Gadus morhua*）逃逸。逃逸的养殖大西洋鲑具有个体大、生长速度快、身体强壮的特点，除了与野生大西洋鲑竞争饵料资源和繁殖场，还会与野生大西洋鲑（*Salmo salar*）杂交，改变其遗传组成，降低后者的基因多样性，削弱其对环境的适应能力，最终可能导致野生大西洋鲑种群数量减少。

2）疫苗为核心的免疫防治未得到全球应用

FAO 统计报告显示，预计到 2012 年水产养殖将满足全球食用鱼 50%以上的消费需求，但越发严格的市场和环境标准也为水产养殖发挥其全部潜力带来严峻挑战。就养殖系统来说，随着养殖规模和集约化程度以及产量的日益提高，病害愈发严重成为一个严峻制约性的挑战（马悦等，2014）。近年来，挪威网箱养殖深受寄生虫病害的困扰，虽然采取了许多措施，但还是没有彻底解决产业问题。无论是从经济性还是环境友好的角度，病害防控对于水产养殖业的可持续发展都是至关重要和具有决定性影响的。而基于鱼类免疫系统的预防性疫病防控措施则是实现这一目标非常有效的产业发展策略。

在 20 世纪 80 年代中后期，以挪威为主产区的欧洲鲑鱼和鳟鱼养殖业广泛接种疫苗，用于防治鳗弧菌、杀鲑弧菌和鲁氏耶尔森氏菌引发的病害。到了 90 年代初期，注射接种油基佐剂的杀鲑气单胞菌则有效地控制了重大病害对欧洲三文鱼产业的严重威胁。随着疫苗的陆续开发和生产应用，仅挪威三文鱼养殖业中的抗生素用量就从 1987 年到 1997 年的十年间由 50 多吨下降到 1997 年的 1000kg，养殖产量却从 5×10^4t 迅速增长到 3.5×10^5t，至 2002 年时，抗生素已基本停用，现在养殖产量已超过 1×10^6t（Gudding，2010）。

智利是除挪威之外的全球第二大养殖鲑鳟类的生产国和出口国。智利有着与挪威非常相似的养殖大西洋鲑（*Salmo salar*）的得天独厚的自然水域环境，但智利一直没有采取与挪威类似的严格的工业化养殖管理措施，也没有采取挪威普遍实行的大西洋鲑接种疫苗的方式，仍然在使用传统的抗生素来预防和治疗鱼病。2007 年智利养殖 4.8×10^5t 大西洋鲑，但却使用了高达 351t 的抗生素。同年，挪威对使用抗生素有着非常严格的检疫方法和使用规定，养殖 7.56×10^5t 大西洋鲑却仅仅使用了 130kg 抗生素。2008~2009 年，智利养殖的大西洋鲑大面积暴发传染性三文鱼贫血症，该鱼病造成 2009~2011 年智利养殖三文鱼减产 60%以上（Mardonesa et al.，2011）。

10.1.4 我国科技发展现状与瓶颈

1. 我国科技发展现状

1）深远海养殖种类与良种创制取得新进展

适合我国深水网箱养殖的种类较多，目前我国深水网箱养殖技术较为成熟的养殖种类有：美国红鱼（*Sciaenops ocellatus*）、军曹鱼（*Rachycentron canadum*）、五条鰤（*Seriola quinqueradiata*）、卵形鲳鲹（*Trachinotus ovatus*）、大黄鱼（*Larimichthys crocea*）、石斑鱼、真鲷（*Pagrus major*）、黑棘鲷（*Acanthopagrus schlegelii*）、黄鳍棘鲷（*Acanthopagrus latus*）等。各地可根据深水网箱养殖品种选择的原则，并根据养殖环境和市场需求，选择养殖品种，以获取最大的经济效益和生态效益（廖静，2019）。

目前我国已开展了适宜深远海区域养殖的经济物种的苗种繁育和增养殖工作，并对部分物种进行了良种选育与示范推广工作，包括中国水产科学研究院黑龙江水产研究所引进的新品种"虹鳟"（GS-03-006-1996）、青岛海洋大学引进的新品种"道纳尔逊氏虹鳟"（GS-03-007-1996）、集美大学和宁德市水产技术推广站选育的大黄鱼新品种"闽优 1 号"

（GS-01-005-2010）、宁波大学和象山港湾水产苗种有限公司选育的大黄鱼新品种"东海1号"（GS-01-001-2013）、莱州明波水产有限公司与中国水产科学研究院黄海水产研究所等单位联合培育的杂交新品种"云龙石斑鱼"（GS-02-002-2018）等。

2）深远海养殖与质量控制技术获得新突破

（1）自动投饵装备技术：2009年，我国研发了第一套具有自主知识产权的深水网箱远程多路自动投饵系统，该系统融合了机电工程、环境技术、养殖技术和计算机技术，促进了深远海养殖的集约化管理，其投饵输送距离为300m/h，投饵量为1200kg/h，可供12～24路网箱投饵（王威克，2009）。胡昱等（2014）利用科里奥利力学原理，开发出一种不受饲料特性与重力场变化影响的自动投饵计量装置。采用数字信号处理器（DSP）为控制核心，并通过对扭矩与转速的测量与反馈控制，对计量误差进行了动态校正，运用PID控制方法实时控制转速，从而精确控制计量给料。该装置计量精确度可达±1%，量程范围为0～15t/h，适合深水网箱养殖精确投饵操作和管理。张惠娣等（2014）设计了基于无线通信和PLC的网箱自动投饵系统，该系统根据网箱大小、鱼的种类及不同生长阶段监测到的反馈信息，通过粒位计与水下摄像头对投饵量、投饵速度、投饵距离实现了远程控制，投饵量控制精度高，饵料投放均匀，可较好地适应环境，提高饵料利用率。

（2）鱼类起捕装备技术：目前，国内已研制出不同类型的吸鱼泵，主要有离心式吸鱼泵、真空式吸鱼泵、射流式吸鱼泵等。20世纪70年代，中国水产科学研究院渔业机械仪器研究所研制的潜水式离心鱼泵，采用油压技术驱动鱼泵叶轮吸送渔货，该泵100min可抽吸冰鲜大黄鱼35t，鱼体损伤率仅为1%（叶燮明和徐君卓，2005）。刘平（2014）在XYB-200离心式吸鱼泵的基础上，运用泵相似定律进行叶轮的进口、出口和直径的设计改进，利用ANSYS CFX软件模拟验证吸鱼泵性能参数，研制出了新型离心式吸鱼泵，对30～40cm长的鲫鱼试验测试，结果显示，扬程5m时吸鱼泵出口流量约为350t/h，且对鱼体只产生少量轻微擦伤。

3）深远海养殖装备初步实现机械化和自动化

多功能专业化养殖工船的构建，成为技术创新的重点。具有集约化、规模化海上养殖及综合渔业生产功能的大型养殖工船，将对应不同海域环境与资源条件，以及养殖与渔业生产要求，形成专业化船型，重点突破获取深层海水的舱养式工船船型、开舱养殖的半潜式工船船型，并融合船载繁育、加工、物流等功能，构建专业化、母船式深远海生产平台。专业化养殖装备的机械化、智能化水平不断提升。基于养殖动物生长模型及其产品品质的标准化生产技术，深远海养殖装备将在智能化高效运行与机械化高效作业上整体发展，以实现养殖及海上综合渔业生产的安全可控与产能最大化（徐皓，2016）。

在我国，海水鱼人工配合饲料及病害控制技术研究往往落后于生产实际需求，这与个体渔民经营者由于规模较小，习惯上偏爱传统饲料有关，但重要的原因是不能预见性地培育养殖的主导产品或促进养殖市场的发育，也未能提前展开预见性的产业前沿技术研究，一旦自发性的养殖品种市场形成，滥用药物及不清洁的饲料可能充斥市场，给养殖带来复杂的不确定因素，经济损失、信心受挫在所难免，严重影响了我国深水网箱养殖产业的健康发展（郭根喜等，2011）。

4）深远海养殖新能源供给保障系统取得新成效

中国科学院广州能源研究所基于海洋波浪能开发及实海况运行经验，研发出半潜式波浪能养殖旅游平台。该平台实现了半潜式波浪能发电、深水养殖、养殖工船等多项技术的有机集成，由绿色能源驱动，能够解决我国传统养殖网箱抗风浪能力弱、能源供给困难、无法搭载现代化养殖设备等问题。

由中国海洋大学设计、日照港达船舶重工有限公司建造的半潜式波浪能发电平台，为"深蓝1号"网箱提供绿色能源和实现自动投饵。该平台装机容量为5kW，可抗12级台风，为大型网箱提供电力支持，实现高海况条件下无人值守的安全生产。2020年"深蓝2号"即将投入使用，将实现养殖、能源、管理于一体，坐底式和塔架式可升降养鱼网箱适于在较浅海域如黄海应用，后者不需锚泊系统，主塔架网箱平台通过海底电缆为次塔架网箱提供能源。

2. 我国科技发展瓶颈

我国深远海养殖处于起步阶段，与渔业发达国家相比，在网箱养殖、工程设施、配套设施、海洋牧场构建技术等方面还有较大差距，对深远海养殖体系中的各要素（物种、设施、装备、平台、能源、技术和物流等）的研究和实践还相当欠缺。除了装备、工程与技术等问题，深远海养殖与远洋捕捞配合互补，深远海养殖涉及相关国际法律，以及深远海养殖与国际水产品贸易衔接等问题也需要综合研究（安皓等，2017）。

1）养殖种类与生态体系亟待完善

由于深远海网箱体积大、养殖容量高，因此，尽量选择适宜当地水域条件、生长快、养殖周期短、养殖技术成熟、病害少的品种为养殖对象，最好选择当年饲养即可上市的品种。同时，深水网箱养殖为了缩短养殖周期，便于生产管理，也可与陆地工厂化养殖设施小型网箱养殖、池塘养殖等有机地配套进行，以鱼苗、鱼种及成鱼养成实行流水线的作业方式进行养殖生产（郭根喜和陶启友，2004）。

但是针对适合深远海养殖的优势品种选择、生物学基础研究比较薄弱，生态体系亟待进一步完善；适宜北方养殖的种类非常少，亟待筛选与创制。以"深蓝1号"需要养殖的大型鲑鱼为例，我国海域没有大型鲑鱼的天然分布，黄海冷水团养殖的种类现在只能从国外引进，如大西洋鲑（*Salmo salar*），我国早期引进的陆封型虹鳟（*Oncorhynchus mykiss*）和近几年引进的裸盖鱼（*Anoplopoma fimbria*）也可作为备选养殖种类（董双林，2019）。

2）深远海养殖与质量安全控制技术体系亟待创新

网箱是深远海箱式养殖系统的支撑和载体，是养殖效率高低的重要决定因素，更是其成功与否的关键控制点。我国在养殖初期使用的网箱多从国外进口，但随着经验积累，在消化吸收他国先进经验的基础上，网箱主体已基本实现了国产化。但我国自主生产的网箱在材料、设计理念和工艺精度上与传统养殖强国仍有一定差距。这种差距的形成本质上有两种原因：一是材料科学及工程工艺方面的差距，我国与传统网箱制造强国相比发展历史较短，部分核心技术和理念依然处在探索阶段，再加上我国海域面积辽阔，南北跨度大，水下自然条件复杂多变，不同省份养殖区域所适合的网箱有其特异性，研发难度大；二是现代市场经济形势下，科技产品研发更多地受市场需求影响，科技创新所耗费的成本与用户体验及收益并不完全成正比。

养殖产品向港口或陆地的运输，以及通往市场的物流是深远海养殖体系中的重要一环。海洋水产品具有高易腐性的特点，对流通温度和流通时间的要求较高，因此海洋水产品加工流通需要全程冷链的支持。然而，我国海产品冷链物流发展仍处于起步阶段，海洋水产品冷链物流标准体系不健全，规范冷链物流各环节市场主体行为的法律法规体系尚未建立。冷链物流各环节的设施、设备、温度控制和操作规范等方面缺少统一标准，信息资源难以实现有效衔接。冷链物流设备老化，自动化程度较低。集生产、加工、流通和消费于一体的网络平台尚处于培育期，增值服务水平较低。海洋水产品冷链物流技术缺乏，包括流通冷链装备技术、流通保鲜保活技术、流通网络信息技术、物流体系增值服务技术、物流保障技术、绿色包装技术、食品安全检测技术、污染物降解技术、信息标识与溯源技术等核心技术。

3）深远海养殖装备智能化水平亟待提升

深远海养殖装备制造涉及多学科、多领域技术。我国渔业配套装备与发达国家相比，在气象水文地质基础信息、集约化养殖工程设施、实时监控管理等方面的技术不完善，而且在提取冷海水、自动投饵、鱼类分选、疫苗自动注射、排污、起捕、分级计量等技术上存在较大差距，锚泊与定位控制技术、电力推进与驱动控制技术仍然亟待突破（刘碧涛和王艺颖，2018）。虽然我国有针对性地开展了深水网箱配套设备的研发，包含投饲系统、网衣清洗装置和提网装置等方面，但成果实际投入使用的很少。

4）环境监测和安全保障体系善待完善

与传统渔业相比，深远海智能养殖具有遭遇自然风险，养殖网箱和养殖平台大多位于离岸较深开放性海域，遭受自然灾害破坏的风险更大，各类海洋灾害中，台风及其引起的灾害性海浪和风暴潮对"深蓝渔业"影响最大。特别是渔业生产经营于离岸较远海域的空间特点，以及生产设施装备占固定成本比重大的技术经济特征，使海洋灾害对深远海养殖的不利影响大于传统渔业（张瑛等，2018）。当前许多现代渔业企业，已经在各自养殖区范围内建设了海洋观测系统。但由于企业观测网覆盖范围过小，对于大尺度的海洋环境变化（如黄海冷水团的年际变化）难以实现提前感知和有效预测。

深远海养殖所需的自动投饵、日常管理和维护，以及工作人员生活所需的基本能源保障，都需要稳定和持续的能源供给。然而，深远海养殖空间远离内陆，从内陆铺设海底电缆或使用柴油发电机均不能解决能源供应短缺的问题。太阳能和风能是深远海养殖可持续利用的能源，以前两者为基础的微电网的建成和使用可确保深远海养殖能源的安全供给。然而，由于深远海养殖空间的空气湿度较大、含盐量高，长时间处于高温高湿环境对安装的发电部件、桨叶、固定支撑部件的威胁很大，当新能源微电网在深远海养殖空间应用时，如光伏、风电和波浪能等新能源的间歇性会导致电力输出的不稳定，因此，微电网中必须带有储能器件，并配备适量规模的柴油发电机，通过建立良好的能量管理系统，以保证能源供给的稳定性。

10.2 重大科技需求分析

10.2.1 科技发展愿景分析

1）突破深远海养殖品种及配套养殖装备和技术

开展深远海养殖适宜品种繁养关键技术研究，构建优质高效养殖技术体系。针对深远海养殖品种高值、高效养殖要求，结合深远海区域性水文条件，根据水产养殖学基本原理及养殖对象生态、生理学特征，从虹鳟、硬头鳟、大西洋鲑（*Salmo salar*）、裸盖鱼（*Anoplopoma fimbria*）、石斑鱼（*Epinephelus* spp.）、大黄鱼（*Larimichthys crocea*）、军曹鱼（*Rachycentron canadum*）等海水养殖鱼类中筛选出适合深远海养殖的种类，突破优质品种工业化人工繁养技术和营养与配合饲料加工技术，创建主要养殖品种船载舱养环境控制技术、深远海巨型网箱综合养殖技术，研究集成远距离自动投饵装备、水下视频监控装备、数字控制装备、轻型可移动捕捞装备、水下清除装备、轻型网具置换辅助装备，构建基于生长模型的工业化养殖工艺与生产规程，建立名优品种深远海养殖技术体系。

拓展深远海养殖空间，关键是安全可靠的设施装备，前提是养殖品种与生产系统的经济性，途径是规模化生产与工业化管理。发展深远海养殖工程装备科技，正是围绕上述目标，以工业化养殖技术、海洋工程装备技术为重点，进行关键技术创新、设施装备研发与系统模式集成，以形成支撑现代养殖业发展的科技体系。

2）构建"养殖+捕捞+加工+流通"一体化的智能化综合生产体系

深远海养殖是在远离内陆的深远海水域，依托养殖工船或大型浮式养殖平台等核心装备，并配套深远海网箱设施、捕捞渔船、能源供给网络、物流补给船和陆基保障设施，集工业化绿色养殖、渔获物搭载与物资补给、水产品海上加工与物流、基地化保障、数字化管理于一体，构建形成的"养-捕-加-网"相结合、"海-岛-陆"相连接的全产业链渔业生产新模式。其以可持续捕捞渔业为基础，以深远海工业化绿色水产养殖业为主体，以高值化水产品加工业为支撑，以海上冷链物流和信息服务业为保障（刘晃等，2018）。

开展大型专业化养殖平台研发，突破关键技术与重大装备研发，全面构建"养-捕-加-网"相结合、"海-岛-陆"相连接的全产业链深远海养殖体系，引入多方资本，建立企业平台，形成全产业链生产模式。用10~20年的时间，建成一批深远海大型养殖平台，形成海上工业化养殖生产群。

10.2.2 科技发展需求分析

1）加强深远海养殖种类筛选和新品种创制

深远海养殖物种的选择必须同时考虑其生物学特性和经济学特性。与近海养殖相比，深远海养殖在水文水质条件、水中生物和气候等方面具有特殊性，要求养殖动物具有相应的适应性。同时，深远海养殖是一种高投入和高风险的养殖，这要求养殖种类具有较高的经济价值和加工后具有较高的经济附加值，以保证养殖的效益。世界上深远海养殖最成功的产业当属挪威大西洋鲑（*Salmo salar*）养殖，2014年其产量已近2×10^6t，而同年我国

10 余种海水鱼类养殖总产量也仅为 1.19×10^6 t，挪威利用现代物联网技术，实现了三文鱼的精细养殖，降低了养殖成本、保障了产品品质。因此，我国亟待开展深远海养殖种类筛选和新品种创制。

2）强化养殖装备及配套技术自动化、智能化

深远海养殖业的快速发展依赖于大型网箱、自动投饵装置、自动洗网装置、自动收鱼装置、水下监测系统、海上供能系统、养殖管理系统、防污涂料等配套装备技术的大力支持，依赖于网箱集中控制、远程操控、自动化和智能化集成软件的支撑（闫国琦等，2018），突破深远海养殖装备制造技术障碍。坚持生态优先、绿色发展的理念，转变过去的粗放型养殖生产方式，大力开展深远海养殖装备技术研究，通过装备技术升级与工程化应用，促进生产方式转变；针对不同海域条件研发不同规格和性能的深远海养殖装备，大力推进关键技术创新、优化系统集成性能，形成支撑现代养殖业发展的科技体系。

3）建立健全风险预警和安全保障机制

深远海养殖受气候、水文灾害影响较大。气候变化引起的海区水文、水质变化是制约我国深远海养殖在未来长期健康发展的主要因素之一。在全球气候变化背景下，海水理化环境都将发生剧烈变化，这些变化将深刻地影响深远海养殖成效及其环境生态效应。深远海网箱养殖如遇严重病灾或者自然灾害，损失将十分严重，必须建立风险预警和保障机制。集成养殖环境生物承载力评估、产量预测评估等技术。

4）拓展"渔旅融合""渔能融合"养殖新模式

为解决深远海渔业产值附加值不高等问题，亟待发展多元化的深远海养殖模式。拓展发展空间与布局，创建渔旅、渔能的融合发展新模式，实现深远海智能养殖平台的能源持续供给与水产品高效生产和附加值提升与产业链延伸。

应用深远海养殖海域环境调控、多营养级构建等技术，构建深远海智能养殖与生态化开发特色园区；通过陆海联动限额发展休闲垂钓和生态旅游，构建深远海"渔旅融合"新模式，实现深远海养殖附加值提升与产业链延伸。应用光伏发电、海上风电、波浪能等能源高效供给与保障技术，集成水产品加工与综合利用技术，构建深远海"渔能融合"与三产融合发展模式，实现深远海智能养殖平台的能源持续供给与水产品高效生产。

10.2.3 重大科技任务分析

研究经济价值较高养殖品种的人工繁养殖技术，创制集生产物质、活鱼运输及水产品加工于一体的多功能大型养殖装备。

1）深远海养殖关键设施与技术创新

发展深远海养殖装备对于解决我国未来食物安全问题具有重要意义。随着社会经济的快速发展，人们对优质蛋白类食品，尤其是水产品的需求不断增加。发展现代海水养殖业，向海洋索取资源，拓宽生存空间，是保障食物安全和满足人们对优质蛋白类食品需求的重要途径。目前我国海水养殖发展空间巨大，在现有养殖装备技术支撑下，大力发展深水网

箱养殖业，可增加优质鱼类产量，对缓解粮食安全保障压力，解决我国未来人口食物安全问题具有重要意义。主要研究内容为：①开展深远海网箱适养抗逆鱼类良种筛选与创制；②创新深远海养殖动物新型蛋白源开发与饲料研制；③提升深远海养殖动物病害防控与疫苗开发；④完善深远海智能网箱养殖装备与配套控制；⑤优化深远海养殖水产品冷链物流与质量控制等。

2）深远海养殖风险评估与安全保障

为保障深远海养殖的可持续发展，在"十四五"期间，急需整合水产学、生物学、海洋学、生态学等学科的优势力量，围绕气候变化背景下，深远海养殖环境变化及其环境生态效应展开系统研究，评估养殖环境生物承载力，建立可适应的评估机制和防控措施。主要研究内容为：①分析养殖区域的理化环境及其变化趋势，在离岸养殖开发研究中，建立原位观测体系和区域海气耦合模型，实时监测水体环境变动规律，并准确预测养殖区域理化环境未来变化趋势；②准确解析备选养殖种类对环境因子的适应能力，建立养殖区域适宜性模型，合理评估养殖区质量，确定适宜养殖空间；③查明深远海养殖的环境生态效应，分析气候变化背景下养殖排放和养殖种类逃逸对环境和生物资源的影响，建立综合防控措施，保障深远海养殖的可持续发展。

10.3 技术水平发展总体评价

10.3.1 技术发展态势评价

以科学引文索引扩展版（Science Citation Index Expanded，SCIE）数据库为基础，以 TI=(("deep sea" OR "deep water" OR "open sea") AND (aquaculture or fisher*)) OR TI=("aquaculture platform" OR "offshore fish farming" OR "platform on farming" OR "platform for farm*" OR "offshore cage" OR "offshore farm*")为主题检索公式，选取的文献类型为论文（article）、会议论文（proceedings paper）和综述（review），时间范围为1991年至检索日期（2020年3月25日）。在得到初步检索结果后，将数据进行合并、去重和清洗处理，最终得到130条数据，从文献计量角度分析全球深远海养殖研究的发展态势（张灿影等，2018）。

以中国知网数据库为基础，以 SU=(深海养殖网箱+养殖工船+深远海养殖+智能渔场+深海网箱+深水网箱+深水抗风浪网箱+深水智能网箱+离岸深水养殖+深远海养殖平台)为主题检索公式，限定期刊类型为核心期刊、CSSCI 和 CSCD 来源期刊，时间范围为1990年至检索日期（2020年3月25日），得到国内深远海养殖相关研究225篇，从文献计量角度分析国内深远海养殖研究热点内容。

数据分析主要采用汤森路透集团开发的专利信息分析工具 TDA 软件、网络关系分析工具 Ucinet 和 NetDraw，以及 Nees Jan van Eck 和 Ludo Waltman 开发的 VOSviewer 软件和办公软件 Excel。利用 TDA 软件对文献数据进行基本的处理和清理，利用 Ucinet 和 NetDraw 工具绘制国家合作网络，利用 VOSviewer 软件对文章题名、摘要和关键词进行聚类分析，利用 Excel 软件对该领域文献进行统计分析以及图表绘制的可视化分析。

1. 国内研究领域研究态势分析

将国内相关研究数据集中的论文题目、摘要和关键词进行可视化图谱分析和领域聚类，得到图 10-1 和图 10-2。从图 10-2 可以明显看出，深远海养殖研究主要分为 4 个研究版块：一是深远海养殖，包括主动投饵、可编程的控制器、水产品加工等主要研究领域；二是深水网箱，包括模型试验、远程监测等主要研究领域；三是网箱养殖，包括苗种、养殖鱼类等主要研究领域；四是深水网箱养殖，包括水产技术、水产养殖、休闲渔业等主要研究领域。

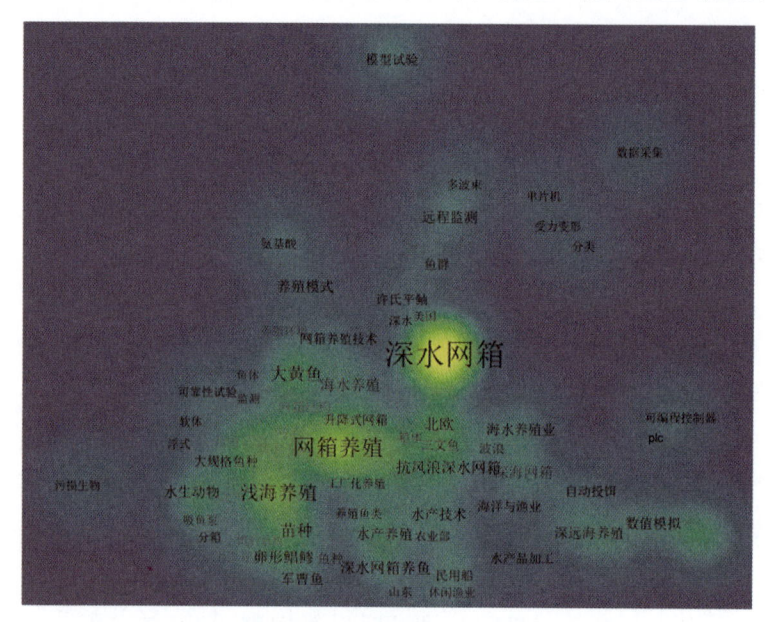

图 10-1 国内深远海养殖研究热点可视化图谱
颜色越凸显表明出现频次越高

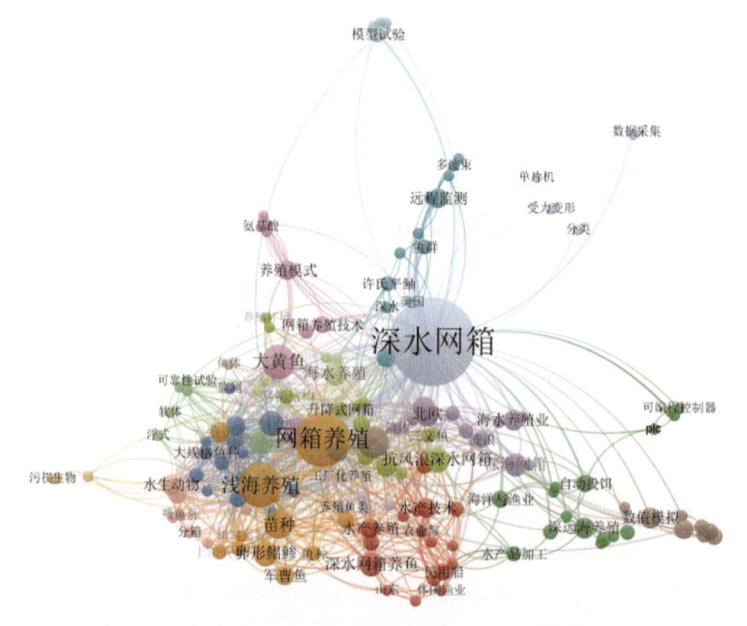

图 10-2 国内深远海养殖主要研究内容聚类图
联系紧密的关键词划分为同一区块；字号越大表示该关键词出现频次越高

2. 国际研究发展态势分析

1）研究论文变化情况

由图 10-3 可以明显看出，国际深远海养殖研究发文量整体呈现递增趋势，有些年份发文量会有小的波动。1991～2019 年有 129 篇相关研究论文被 SCIE 数据库收录，总被引频次为 2405 次。从发文量可以看出，国际上对深远海的研究不断深入。

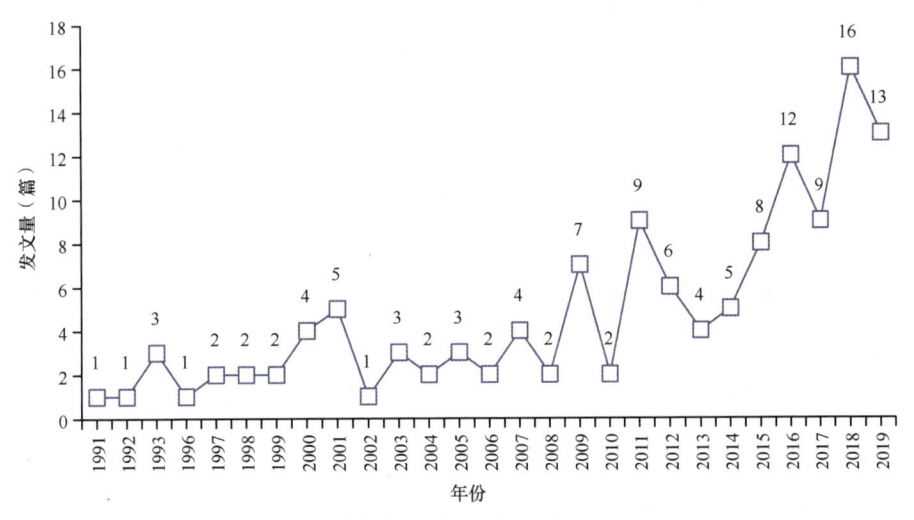

图 10-3　国际深远海养殖研究发文量变化

2）国际研究力量与影响力分析

主题检索结果显示，共有 44 个国家的 209 个研究单位发表过深远海养殖相关的专题论文，发文量前 10 位国家是西班牙、英国、美国、挪威、葡萄牙、意大利、中国、土耳其、巴西和法国。其中西班牙、英国、美国、挪威、葡萄牙和意大利的发文量在 10 篇以上，西班牙的发文量、通讯作者和第一作者国家发文量占比最高（图 10-4）。

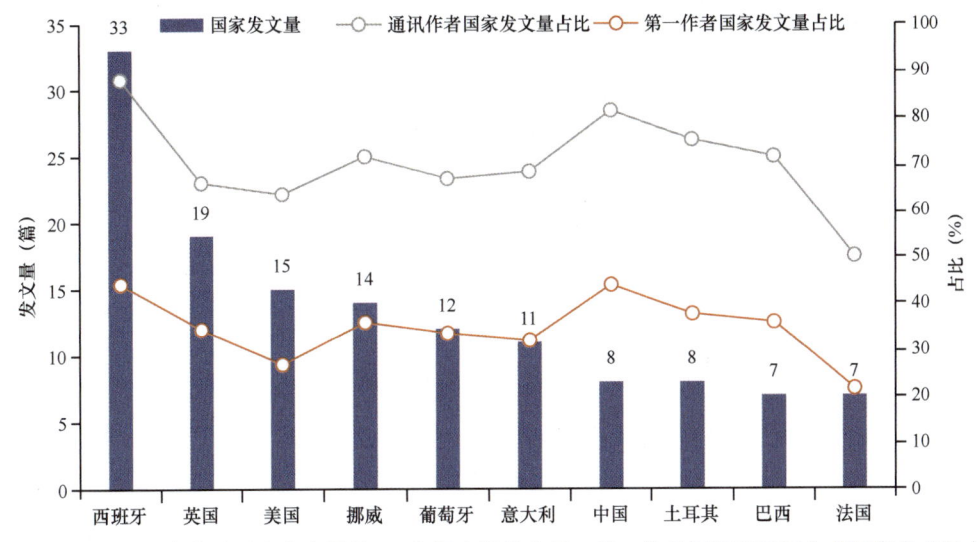

图 10-4　国际深远海养殖研究发文量前 10 位国家的发文量、第一作者国家和通讯作者国家发文量占比

表 10-3 列出了国际深远海养殖研究发文量前 10 位国家的发文量、总被引频次、篇均被引频次、第一作者国家发文量占比、通讯作者国家发文量占比和近三年发文量占比等信息。可以看出,英国的论文总被引频次遥遥领先,其次是西班牙、美国、挪威、葡萄牙和意大利。但第一作者国家发文量占比和通讯作者国家发文量占比各国差异不明显,近三年发文量占比中国和挪威占据优势。

表 10-3 国际深远海养殖研究发文量前 10 位国家的发文情况

排序	国家	发文量（篇）	总被引频次（次）	篇均被引频次（次/篇）	第一作者国家发文量占比（%）	通讯作者国家发文量占比（%）	近 3 年发文量占比（%）
1	西班牙	33	599	18.15	87.88	87.88	15.15
2	英国	19	702	36.95	68.42	63.16	21.05
3	美国	15	473	31.53	53.33	73.33	33.33
4	挪威	14	383	27.36	71.43	71.43	64.29
5	葡萄牙	12	168	14.00	66.67	66.67	33.33
6	意大利	11	152	13.82	63.64	72.73	18.18
7	中国	8	27	3.38	87.50	75.00	87.50
8	土耳其	8	31	3.88	75.00	75.00	37.50
9	巴西	7	114	16.29	71.43	71.43	0.00
10	法国	7	406	58.00	42.86	57.14	14.29
	平均值	13.4	305.5	22.33	68.82	71.38	32.46

图 10-5 显示了国际深远海养殖研究发文量前 10 位国家的发文量和篇均被引频次分布。可以看出,挪威、英国、美国的发文量和篇均被引频次均处于领先位置;西班牙的发文量远高于前 10 位国家的平均水平,但论文篇均被引频次低于平均水平;葡萄牙、意大利、巴西、土耳其、中国的发文量和篇均被引频次均低于前 10 位国家的平均值;法国发文量增长有限,但篇均被引频次较高。

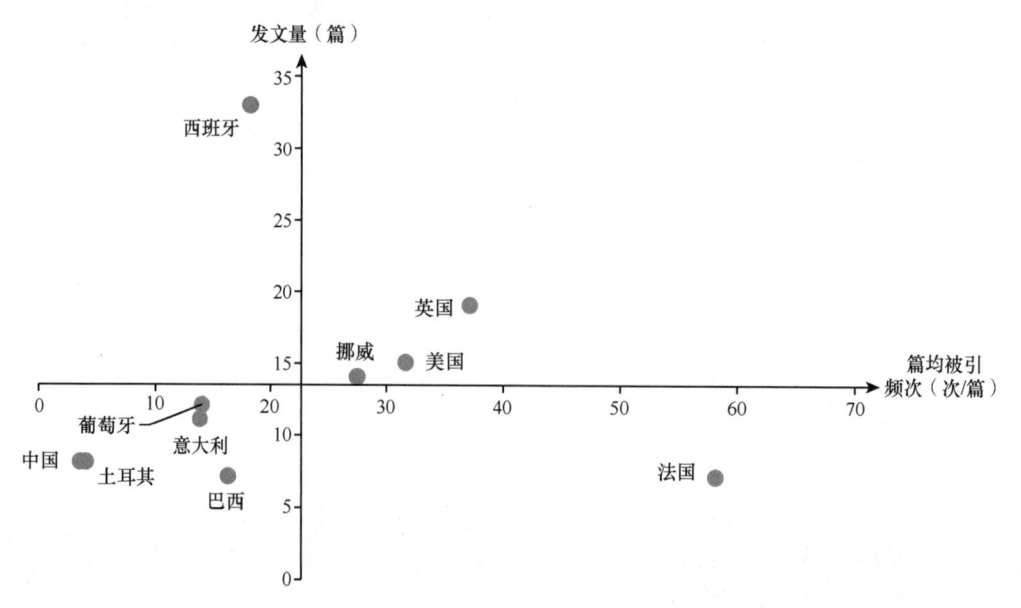

图 10-5 国际深远海养殖研究发文量前 10 位国家的发文量和篇均被引频次分布图

3）国际合作情况分析

以国际深远海养殖研究发表论文数量 2 篇及以上的国家为主，得到各个国家相互合作关系网络（图 10-6）。可以看出，英国和西班牙是研究的中心国家，与较多国家开展过合作。全部论文中，以国家数量计为 208 篇，实际论文为 129 篇，论文篇均合作国家为 1.6 个。从表 10-4 可以看出，国家独立完成的论文有 90 篇，占全部论文的 69.23%，3 国及以上合作的论文数量为 15 篇，占全部论文的 11.54%，说明国际深远海养殖研究多国合作较少。

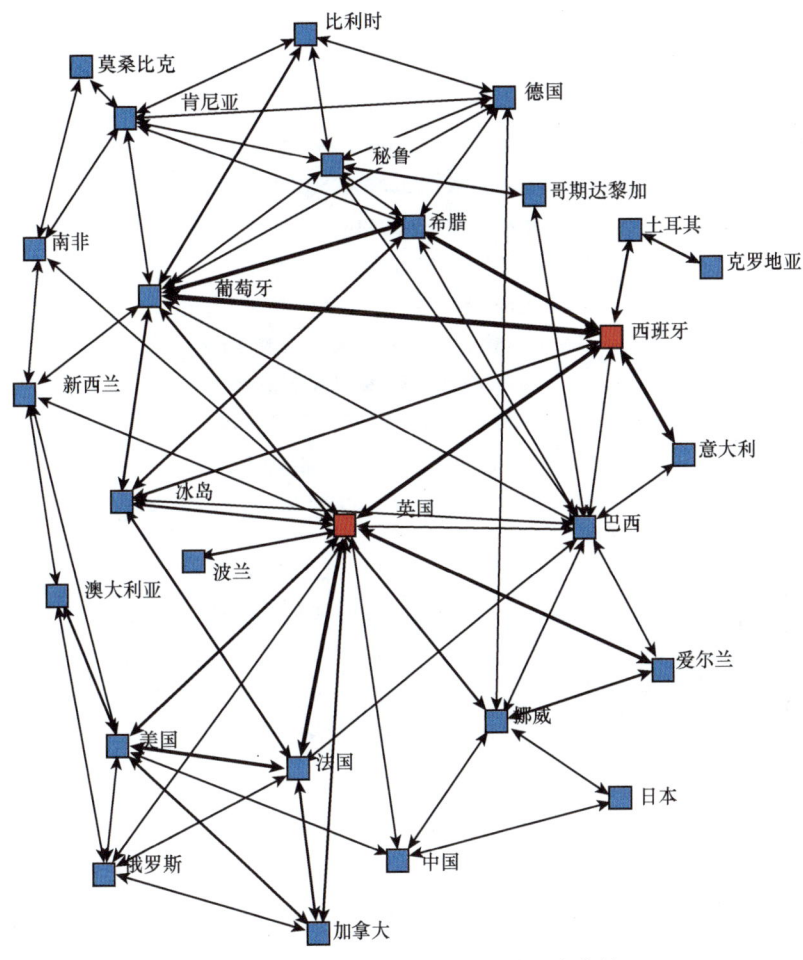

图 10-6　国际深远海养殖研究的国际合作情况
连线表示合作关系，线条越粗合作次数越多

表 10-4　国际深远海养殖研究论文合作国家数量

序号	发文量（篇）	发文国家数量（个）	序号	发文量（篇）	发文国家数量（个）
1	90	1	5	3	5
2	25	2	6	3	6
3	5	3	7	1	7
4	2	4	8	1	11

4）主要研究机构分析

国际深远海养殖主要研究机构如图 10-7 所示，发文量前 10 位（不少于 4 篇）的机构分别是巴西伊塔贾伊山谷大学（Universidade do Vale do Itajaí，UNIVALI）、法国海洋开发研究院（IFREMER）、挪威海洋研究所（Institute for Marine Research，Norway）、苏格兰海洋科学协会（Scottish Association for Marine Science）、英国南安普敦大学（University of Southampton）、西班牙高级科学研究委员会（CSIC）、土耳其爱琴海大学（Ege University）、希腊海洋研究中心（Hellenic Center for Marine Research）、西班牙海洋学研究所（Spanish Institute of Oceanography）和挪威辛特夫海洋研究所（SINTEF Ocean）。前 10 位机构中，挪威、西班牙和英国各有 2 个，是比较集中的研究机构。

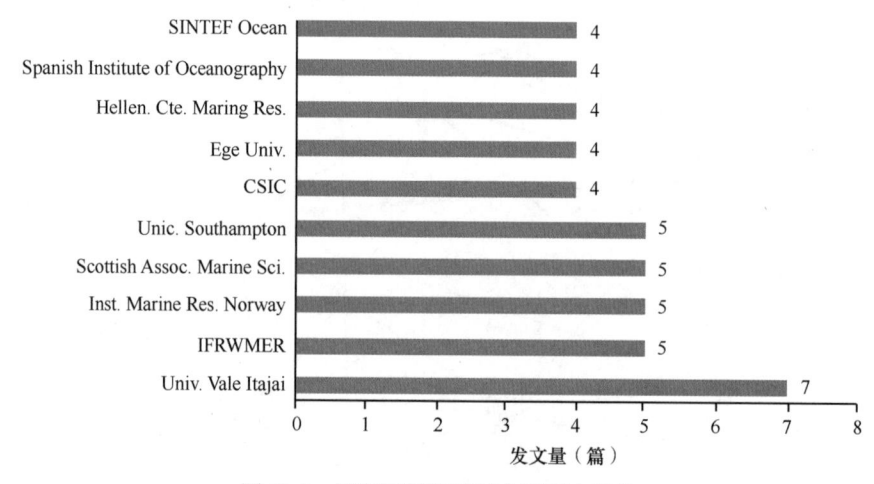

机构	发文量（篇）
SINTEF Ocean	4
Spanish Institute of Oceanography	4
Hellen. Cte. Maring Res.	4
Ege Univ.	4
CSIC	4
Unic. Southampton	5
Scottish Assoc. Marine Sci.	5
Inst. Marine Res. Norway	5
IFRWMER	5
Univ. Vale Itajai	7

图 10-7　国际深远海养殖主要研究机构

5）主要学科领域分析

按 Web of Science 学科分类看，国际深远海养殖研究所涉及的主要研究学科有海洋与淡水生物学（Marine and Freshwater Biology）、渔业（Fisheries）和海洋学（Oceanography），见表 10-5。其中海洋与淡水生物学所占比重最大，有 60 篇相关论文。

表 10-5　国际深远海养殖研究主要涉及的 Web of Science 学科领域

序号	学科领域	文章篇数
1	Marine and Freshwater Biology	60
2	Fisheries	55
3	Oceanography	30
4	Environmental Sciences and Ecology	21
5	Engineering	11
6	Science and Technology Other Topics	7
7	Water Resources	4
8	Biodiversity and Conservation	3
9	Chemistry	3
10	Energy and Fuels	3

图 10-8 是国际深远海养殖研究发文量前 10 位国家的主要研究领域分布情况。可以看出，西班牙、英国和美国在海洋与淡水生物学、渔业、海洋学三个领域领先，挪威在海洋与淡水生物学、渔业和工程学 3 个领域突出。

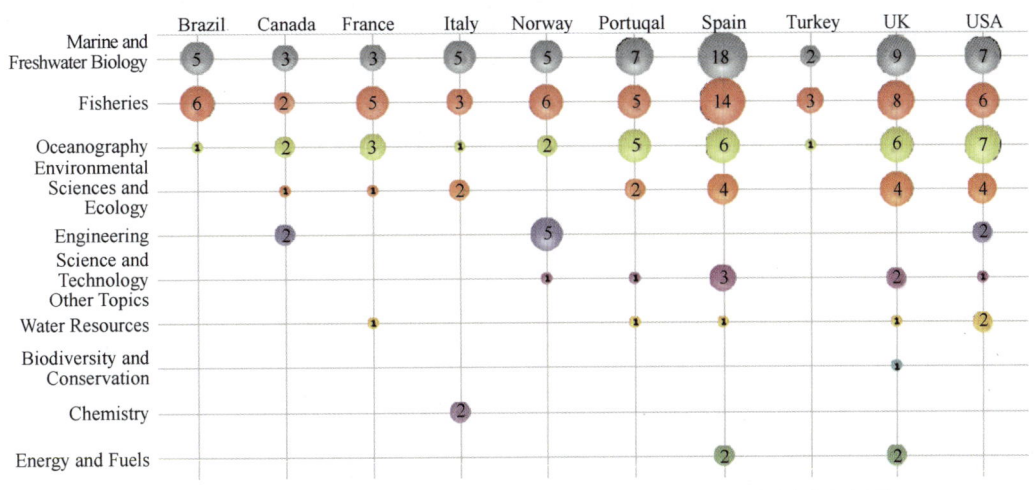

图 10-8　国际深远海养殖研究发文量前 10 位国家的主要研究领域分布图

6）研究关键词分析

文中的数据集中只有 76% 的论文数据拥有作者关键词字段，数据虽然不全但也可以作为主要研究内容分析的参考依据之一。对作者有效关键词进行统计，出现 4 次及以上的关键词见表 10-6，排名前 5 位的关键词是深海渔业（deep-sea fisheries）、渔业管理（fisheries management）、底拖网（bottom trawling）、离岸深水鱼类养殖（offshore fish farm）和渔业（fisheries）（图 10-9）。

表 10-6　国际深远海养殖研究高频关键词一览表

序号	关键词	词频	序号	关键词	词频
1	deep-sea fisheries	13	9	Aristeus antennatus	7
2	fisheries management	13	10	bycatch	7
3	bottom trawling	11	11	fisheries impact	6
4	offshore fish farm	10	12	aquaculture	5
5	fisheries	9	13	environmental impact	5
6	shrimp	9	14	Parapenaeus longirostris	4
7	deep sea	8	15	vulnerable marine ecosystems	4
8	offshore cages	8			

7）研究热点分析

将国际相关研究数据集中的论文题目、摘要和关键词进行可视化图谱分析和领域聚类，得到图 10-10 和图 10-11。可以明显看出，国际深远海养殖研究主要分为 4 个研究版块，包括离岸深水鱼类养殖、深远海养殖、养殖网箱、深远海等主要研究领域。

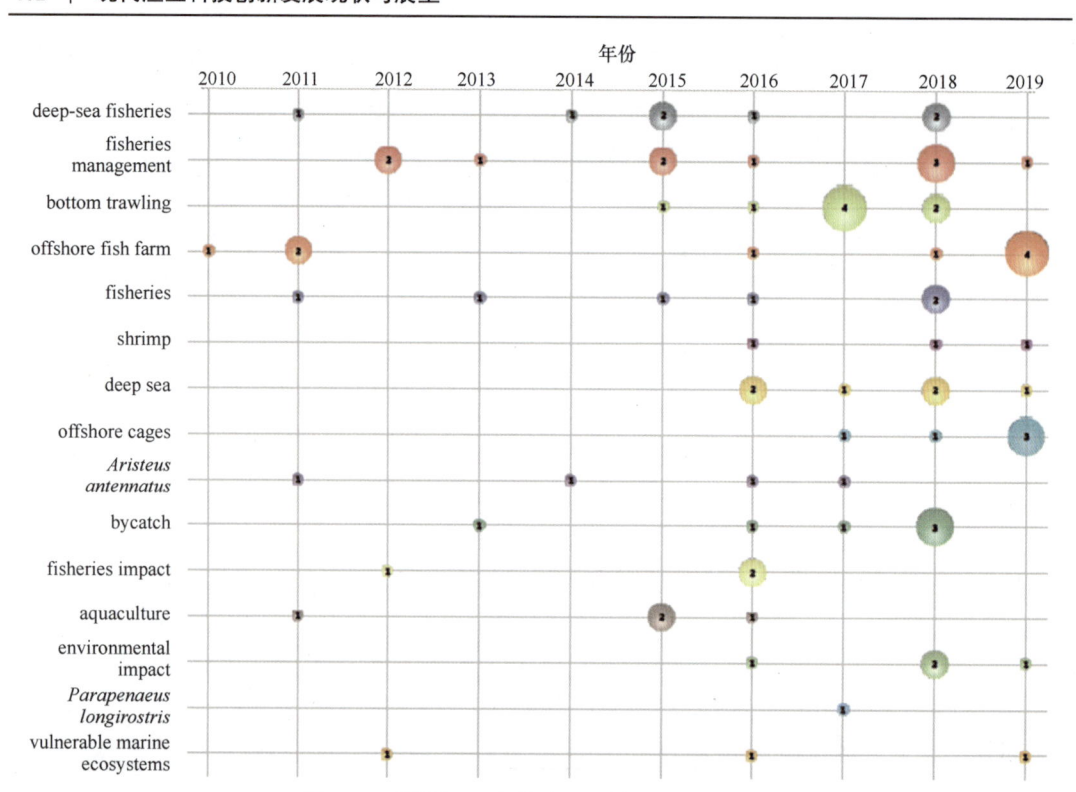

图 10-9　国际深远海养殖主要关键词变化趋势

圆圈越大关键词出现频次越高

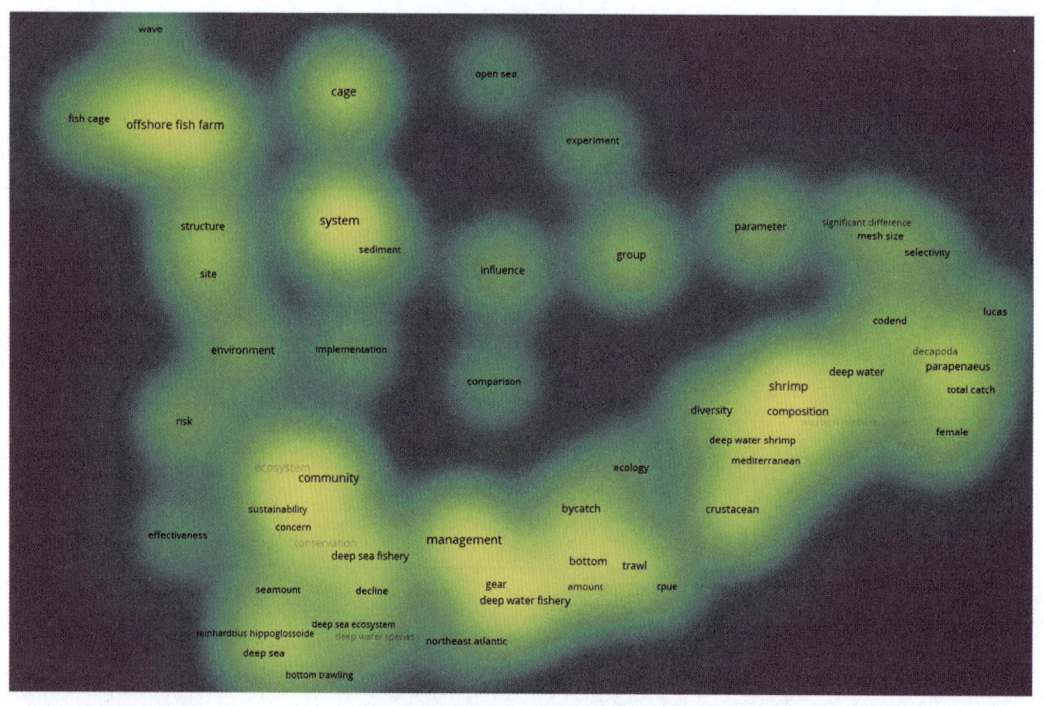

图 10-10　国际深远海养殖研究热点可视化图谱

颜色越凸显表明出现频次越高

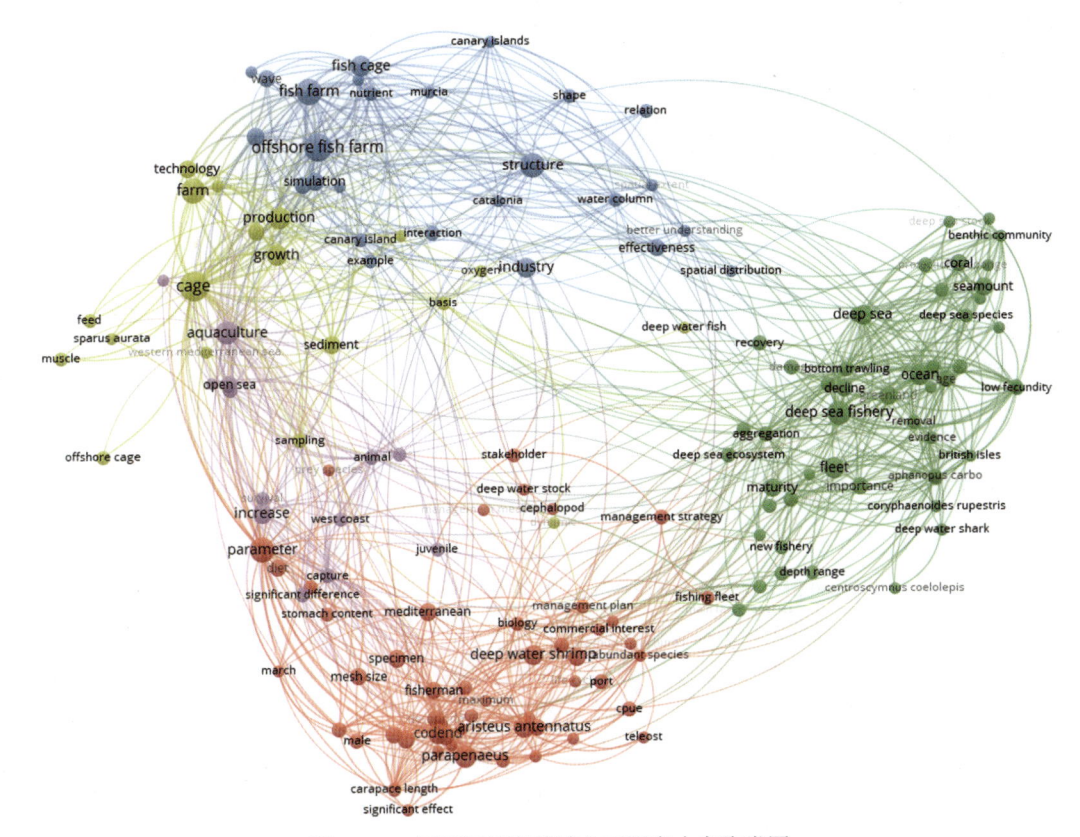

图 10-11 国际深远海养殖主要研究内容聚类图

联系紧密的关键词划分为同一区块；字号越大表示该关键词出现频次越高

10.3.2 技术发展水平和差距评价

1）养殖品种苗种繁育与增养殖工艺处于并跑状态

我国在苗种选育、繁育、全过程养殖工艺及配套机械化作业系统等方面发展成熟。20世纪90年代以来，我国成立了全国水产原种和良种审定委员会，以"保护区-原种场-良种场-苗种场""遗传育种中心、引种中心-良种场-苗种场"等思路开展了全国水产原良种体系建设（桂建芳等，2016）。我国的水产动物育种经过30多年的努力，原良种体系的建设初具规模，水产养殖苗种供给问题已经基本满足了生产发展的需求。在种质资源库建设、育种关键技术研发、优良品种创制和良种繁育技术及推广模式等方面都取得了长足的进步（刘永新等，2018）。截至2020年，我国的水产种业已经形成了一定的规模，经农业农村部（原农业部）批准的国家级水产种质资源保护区有535处，其中内陆保护区481个，海洋保护区54个；国家级水产原种场36个、良种场45个；全国现代渔业种业示范场87个；通过全国水产原种和良种审定委员会审定的水产新品种201个（至2018年，达到215个），产生了显著的经济效益和社会效益。

虽然我国水产种业发展迅速，但仍处于起步阶段，只有大约20%的水产养殖物种进行过不同程度的遗传改良，除传统上经过多年养殖驯化的四大家鱼、鲤、鲫等种类外，水产养殖业的良种覆盖率仅为25%~30%，与畜禽产品的50%、水稻玉米的95%相比还存在较大差距（相建海，2013）。

2）机械化、智能化、自动化配套技术处于并跑状态

在深远海养殖系统工程与智能化生产技术方面，挪威、日本、美国等发达国家的深远海养殖技术世界领先，在苗种选育、繁育、全过程养殖工艺及配套机械化作业系统等方面发展成熟。我国深远海工业化养殖的生产管理技术体系和海上养殖设施的工程化水平相对落后。

我国在渔业设施、养殖工程、捕捞装备、自动控制、数字化等高新技术方面取得了一定进展。但养殖整体装备和关键技术仍较为落后，主要表现在：信息化、数字化、自动化、智能化等高新技术在海水养殖中的应用率较低，捕捞装备多为进口，核心竞争力不强，渔业设施设备的机械化水平差距明显。我国深远海养殖技术尚处于起步阶段，生态多元化增养殖新模式与新技术亟待建立，远洋渔船总体装备及捕捞技术水平不高，养殖和捕捞技术急需研发和创新。

3）大型养殖设施研制处于并跑阶段

国外深水网箱养殖是由网箱和相关配套设施构成的综合系统，配套设施完善，包含大型养殖工船、自动投饵机、网箱监控装备、水质检测装备、疫苗注射机和真空捕鱼机等常见的配套设备，可直接提高养殖生产效率，养殖过程基本已实现自动化。

深水网箱养殖系统不是一个孤立的单一养殖装备，以深水网箱为主体附属配套装备才能形成强大的先进生产力，不同的深水网箱养殖生产方式对配套装备有不同的需求，通常以组合及系列产品出现。国外常见的配套装备有自动投饵机、养殖工船、机动快艇、水质环境监测装备、养殖监视装备、吸鱼泵和起网机等。我国习惯上仍以传统的养殖管理方式为主，开发出的深水网箱养殖配套控制装备尚未进行标准化、产业化生产，其核心技术有待于进一步熟化，性能有待提高，目前只在个别深水网箱养殖基地进行试验与示范，严重制约了深水网箱产业做大做强（郭根喜等，2011）。

4）养殖平台能源供给与安全保障处于并跑状态

深远海养殖所需的自动投饵、日常管理和维护，以及工作人员生活所需的基本能源保障，都需要稳定和持续的能源供给。然而，深远海养殖空间远离内陆，从内陆铺设海底电缆或使用柴油发电机均不能解决能源供应短缺的问题。目前，我国自主研发的"澎湖号""深蓝1号""深蓝2号"深远海养殖平台等都开发研制了配套的供电系统和平台，可以说我国的深远海养殖新能源供给理论可行，且初步完成示范应用，但是整体的支撑体系尚未建立。

10.3.3　技术发展阶段评价

1）深远海养殖种类筛选和新品种创制处于研发阶段

我国的海水养殖经历了"天然采苗—人工育苗—全人工育种—现代化水产种业"的发展过程，逐步形成了完整的繁育-选育体系，促使了水产养殖业健康、快速、持续发展（刘永新等，2018）。我国有计划大规模发展淡水养殖始于20世纪50年代，而海水养殖则更晚一些，在50年左右的时间里取得了突飞猛进的发展，掀起了海水养殖蓝色产业的五次浪潮，每次产业浪潮都伴随着水产种业的重大突破，为改善居民膳食营养结构、提供优质蛋白类食物做出了重要贡献（FAO，2012）。

2）深远海自动化、智能化养殖技术处于研发阶段

2009年，中国水产科学研究院南海水产研究所研发了我国第一套具有自主知识产权的深水网箱远程多路自动投饵系统，该系统融合了机电工程、环境技术、养殖技术和计算机技术，促进了深远海养殖的集约化管理，其投饵输送距离为300m/h，投饵量为1200kg/h，可供12～24路网箱投饵（闫国琦等，2018）。2016年，我国第一台、亚洲最先进的自动投料船"海丰海壹号"在海南临高正式下线，投入运营。该系统降低了人工成本和作业风险、提高了养殖效率，对发展深远海养殖起到了积极的作用，促进养殖由传统模式向机械化、工业化模式转变。

3）深远海养殖装备创制处于产业化中试阶段

在深远海养殖系统工程与智能化生产技术方面，目前已完成了10万t、20万t和30万t级移动式养殖平台的设计，设计改装的3000t级养殖工船已顺利下水开展养殖试验，全球首条大型深远海养殖工船完成设计，总体处于产业化初期阶段。

4）深远海养殖安全保障系统处于产业化中试阶段

由中国科学院广州能源研究所研制的"澎湖号"具备120kW海洋能供电能力。平台还搭载自动投饵、鱼群监控、水体监测、活鱼传输和制冰等现代化渔业生产设备，可以实现智能化养殖。"澎湖号"养殖平台集波浪能发电和太阳能发电于一体，可以达到能源的自给自足。目前依靠波浪能和太阳能发电，其所提供的电量已经远远超过了平台日常所需用电量。

10.3.4 国内外相关评价分析

2017年4月7日，中集来福士与挪威Ocean Aquafarms AS公司在北京签署战略协议，涉及5座Hex Box养殖网箱建造，潜在价值高达2.5亿美元。2017年5月23日，中集来福士与挪威知名设备商Kongsberg Maritime在北京签署《中国海上养殖网箱高端装备独家供货合作备忘录》。2018年2月13日，中集来福士与挪威Nordlaks公司签署"Havfarm 1"深水养殖工船建造合同，这是目前世界上最大的船型网箱项目，代表该领域的最高水平。

此举标志着中集来福士逐步实现从设备采购到装备建造，从深水网箱到养殖工船等业务的延伸，在挪威渔业的整体布局也进一步深化，也意味着"烟台造"最大最先进的深水养殖工船走出国门，进军深远海渔业，确立了烟台海工在国际渔业装备领域的领军地位，也为今后推出国内深水网箱产品提供了借鉴和参考。

10.4 科技发展趋势分析

10.4.1 新进展、新变化、新特征和新趋势分析

1）深远海养殖原理认知聚焦近海生态系统水平

深远海养殖技术开发以原理认知为基础，当前，深远海养殖将养殖系统作为生态系统，

关注深远海养殖生物资源利用的遗传基础和调控机制营养需求与免疫基础、生物对环境变化的响应与适应机制、养殖系统与环境的互作机制，更加注重海洋生态学、海洋生物学、物理海洋学等基础前沿学科交叉。未来，深远海深水网箱养殖原理认知呈现更加侧重基础、更加侧重前沿和重视应用基础研究的方向发展。

2）深远海养殖装备与技术关注人工智能和大数据应用

高效生态精准智能养殖是我国水产养殖业未来的发展方向，根据国外水产养殖的发展经验来看，国外基本上是走从水产养殖设施化到设施装备化，再到装备智能化，最后实现智能生态化的路线。我国正处于跨越式发展智慧渔场技术的关键时期，随着传感器国产化、通信低成本化、信息处理智能化和物联网平台的云化，将技术成果落实到工厂养殖、网箱养殖、池塘养殖，革新目前的养殖模式，实现工厂数字化养殖、网箱自动化养殖、池塘精准养殖，最终将有效改善水产养殖造成的环境、资源问题，解决水产养殖行业劳动力结构问题（李道亮，2018）。

3）深远海养殖模式呈现产业多元融合趋势

未来，深远海养殖能源供给应以可再生能源提供为主、柴油为补充能源，其中可再生能源部分以光伏发电和风力发电为主，配以光热综合利用和波浪能利用等。发电系统可以是单独的光伏、风电系统，也可以是风光互补、风柴互补、风光柴互补发电系统。其关键技术包括光伏系统的防腐蚀技术、抗风系统的设计、光伏系统材料研制、储能电池的可靠性评估、海岛环境和能源数据监测及采集与分析、光伏系统发电量评估、储能系统的防腐蚀技术、运营维护的操作手册编制、发电量与能耗分析、海岛安装光伏系统的各类技术标准和安装规范的制定等。

10.4.2 科技发展态势和方向

1）深远海养殖物种的基础理论研究和良种创制

开展深远海养殖生物资源利用的遗传基础与调控机制研究，研究鱼类等深远海养殖生物品质、性别、生长、发育、抗性等性状的遗传基础，解析重要性状对深远海高海况环境适应的分子机制等；构建优质高效养殖技术体系，开展棕点石斑鱼、鞍带石斑鱼、裸盖鱼等品种船载规模化繁养技术研究，突破营养与配合饲料加工技术，构建基于生长模型的养殖工艺与操作规程，开发苏眉鱼、黄鳍金枪鱼、蓝鳍金枪鱼等幼体捕获与驯养、繁育技术（徐皓，2016）。

2）深远海质量控制技术突破

突破深远海养殖动物病害防控与疫苗开发技术，建立深远海重要养殖动物病原诊断技术体系；开发针对深远海重要养殖鱼类特定病原的安全高效疫苗和应用技术，研究深远海养殖鱼类免疫防治和生态综合防控新技术，构建深远海养殖重要疾病的监测预警和信息发布平台。突破深远海养殖水产品冷链物流与质量控制技术；研制海陆一体化水产品保鲜保活流通装备，研发基于物联网技术的冷链物流追溯技术体系。

3）深远海自动化和智能化养殖装备创制

开展深远海智能网箱养殖装备与配套控制技术，研发深远海大型养殖工船与专业化智能养殖平台装备；推进深远海智慧渔场模式示范应用，集成水质在线监控、自动投饵、网衣清洗、鱼类分级、智能起捕等机械化与智能化装备；集成深远海养殖装备和智能化管理、工业化养殖生产等技术，构建规模化深远海养殖模式与平台。

4）深远海养殖安全保障和多元化模式创新

由单一的养殖模式向多元化养殖模式转变，结合自动化、智能化的装备，开展"渔旅融合""渔能融合"等模式创新，集成深远海智能养殖装备、工业化养殖生产、自动化管控、水产品冷链物流与质量控制等技术，构建深远海养殖平台与陆海联动生产管理模式；应用光伏发电、海上风电、波浪能等能源高效供给与保障技术，集成水产品加工与综合利用技术，构建深远海"渔能融合"与三产融合发展模式，实现深远海智能养殖平台的能源持续供给与水产品高效生产。

10.4.3 发展目标与重点任务

1. 发展目标

坚持创新、协调、绿色、开放、共享的新发展理念，以拓展现代渔业发展空间、保障优质蛋白高效供给、发展智慧智能的深远海养殖为目标，通过产业全链条设计和一体化组织实施，聚焦适养品种创制、营养饲料研制、病害生态防控、装备智能控制和养殖精准管理，重点突破深远海养殖种类筛选、智能养殖平台研制、水产品质量安全控制等技术，创建深远海智慧渔场和"渔能融合""渔旅融合"等模式，构建陆海联动新生产体系，培育深远海智能养殖创新创业团队，培育具有国际竞争力的深远海养殖产业，全面推动海洋渔业的新旧动能转换和产业转型升级。确定深远海适养对象5种以上，养殖病害发生率降低25%以上，研发设计新型养殖平台5个以上，开发"渔旅融合""渔能融合"等多元化深远海养殖模式2种以上。

2. 重点任务

1）基础研究

（Ⅰ）深远海养殖生物资源利用的遗传基础与调控机制

研究鱼类等深远海养殖生物品质、性别、生长、发育、抗性等性状的遗传基础，解析重要性状对深远海高海况环境适应的分子机制；挖掘具有育种价值的关键基因及调控元件，解析其功能及调控网络；研究深远海养殖生物种质遗传结构变动规律，解析其对性状形成的影响机制；研究具有潜在深远海养殖价值的生物新种质的遗传特性，阐明其繁殖、生长、发育等机制。

（Ⅱ）深远海养殖动物营养需求与免疫基础

针对重要深远海养殖动物健康养殖的关键营养和免疫学问题，研究主要深远海养殖鱼类的生长代谢调控、营养素消化吸收利用的基因调控网络，解析养殖鱼类对营养素和鱼粉替代物的响应机制，研究营养代谢和免疫调控信号通路交互作用机制；研究深远海养殖鱼类常发与新发疫病的诱发病原及其感染过程，解析病原关键毒力因子的功能；研究深远海重要养殖鱼类天然免疫系统的免疫识别、信号通路与调控网络，解析其适应性免疫系统的关键分子和免疫细胞及其调控机制；研究病原与宿主的相互作用，解析病原对宿主的免疫逃逸机制，阐明深远海重要养殖鱼类疫病暴发机制。

（Ⅲ）深远海养殖生物对环境变化的响应与适应机制

研究高温、酸化、低氧、急流等环境胁迫及其剧烈变动对深远海养殖鱼类生存和生长等重要经济性状的影响，解析多重环境胁迫的生态效应；研究主要深远海养殖鱼类对环境胁迫的行为和生理响应与适应特征，解析生物应对典型环境胁迫的机制；研究新型污染物等潜在危害因子在深远海养殖水域的迁移转化规律和生物蓄积特征，解析其生态毒理效应及机制。

（Ⅳ）深远海养殖系统与环境的互作机制

研究深远海养殖生物生命活动对水体环境的影响途径，研究养殖群体或入侵物种对自然资源的影响，解析外源输入养殖活动对深远海养殖环境的影响过程；研究深远海养殖装备对局部流场的影响过程，解析深远海养殖系统及毗连自然水域中生源要素的转归机制及其对生态环境的影响机制；解析深远海养殖水域与毗连自然水域环境互作过程和生态效应，建立深远海养殖资源与环境承载力评估模型，构建深远海养殖动物对环境的作用机制模型。

2）重大共性关键技术

（Ⅰ）深远海网箱适养抗逆鱼类良种筛选与创制技术

基于深远海的高海况特性和网箱养殖的特点，筛选适宜深远海养殖环境的鱼类；研发深远海重要养殖鱼类高通量性状测定和分子育种技术，研究基因导入、基因组编辑和分子性控技术，创新生殖干细胞诱导分化、移植和雌核发育等细胞工程前沿技术；研发深远海主导养殖优良品种亲本培育、高效制种和幼体中间培育技术，研发深远海优良养殖品种的生态适应性、性状和风险评价技术，建立深远海养殖新种质繁殖调控和苗种培育技术体系。

（Ⅱ）深远海养殖动物新型蛋白源开发与饲料研制技术

筛选深远海养殖动物新型高效非粮营养源，研发新型营养源的有毒有害物质系统消减技术；开发促进营养物质高效利用和深远海养殖动物健康的功能性添加剂；研究深远海养殖动物营养需求和投喂策略精准调控技术，研究深远海养殖动物品质和质量安全的饲料营养调控技术；开发新型营养源在高效配合饲料中的替代利用技术，研制深远海养殖动物全价高效配合饲料。

（Ⅲ）深远海养殖动物病害防控与疫苗开发技术

研发深远海重要养殖动物新型细菌性病原、病毒性病原以及寄生虫病原的现场分离、鉴定与快速检测技术，建立深远海重要养殖动物病原诊断技术体系；研发具有绿色治疗作用的抗病生物制品和安全高效药物，开发针对深远海重要养殖鱼类特定病原的安全高效疫苗和应用技术，研究深远海养殖鱼类免疫防治和生态综合防控新技术，构建深远海养殖重要疾病的监测预警和信息发布平台。

（Ⅳ）深远海智能养殖装备与配套控制技术

研发深远海大型养殖工船与专业化智能养殖平台装备，研究温度等环境因子可控的平台设施结构，研制深远海养殖环境安全预报、能源综合管理、自动投饵、网衣清洗、鱼类分级、智能起捕及自动化管控系统；研究深远海主导养殖物种的养殖关键技术，研发深远海工业化、程序式养殖工艺，构建工业化、订单式养殖模式。

（Ⅴ）深远海养殖水产品冷链物流与质量控制技术

研究深远海养殖水产品保鲜保活和冷链物流过程中品质变化规律以及监测与评估技术；研发远距离高密度流通、流态冰冷和快速冻结保鲜等陆海联动保鲜保活及其品质过程控制等关键技术；研制海陆一体化水产品保鲜保活流通装备，研发基于物联网技术的冷链物流追溯技术体系；开发环境污染物、腐败菌等非定向检测、现场痕量筛选及智能化前处理等技术；研发水产品典型危害物风险评估技术，开发深远海养殖水产品智能储运及质量安全控制技术。

3）典型应用示范

（Ⅰ）深远海智慧渔场模式示范

集成水质在线监控、自动投饵、网衣清洗、鱼类分级、智能起捕等机械化与智能化装备，应用陆海接力养殖新模式，建立鱼类深远海养殖工业化生产和管理体系；集成深远海养殖装备和智能化管理、工业化养殖生产等技术，构建规模化深远海养殖模式与平台；集成深远海养殖水产品冷链物流与质量控制技术，实现深远海智慧渔场模式构建与优质安全水产品的陆海联动智能储运。

（Ⅱ）深远海"渔旅融合"模式示范

集成深远海智能养殖装备、工业化养殖生产、自动化管控等技术，构建深远海养殖平台与生产管理模式；应用深远海养殖海域环境调控、多营养级构建等技术，构建深远海智能养殖与生态化开发特色园区；集成养殖承载力评估、产量预测评估等技术，通过陆海联动限额发展休闲垂钓和生态旅游，构建深远海"渔旅融合"新模式，实现深远海养殖附加值提升与产业链延伸。

（Ⅲ）深远海"渔能融合"模式示范

集成深远海智能养殖装备、工业化养殖生产、自动化管控、水产品冷链物流与质量控制等技术，构建深远海养殖平台与陆海联动生产管理模式；应用光伏发电、海上风电、波浪能等能源高效供给与保障技术，集成水产品加工与综合利用技术，构建深远海"渔能融合"与三产融合发展模式，实现深远海智能养殖平台的能源持续供给与水产品高效生产。

10.5 典型案例："海洋渔场1号"深远海养殖装备

"海洋渔场1号"是由中国船舶重工集团有限公司建造的世界首座半潜式大型智能渔业养殖平台，2017年6月，其已成功交付挪威SalMar公司使用。"海洋渔场1号"是世界规模最大、自动化程度最高的深远海养殖装备，集挪威先进养殖技术、现代化环保养殖理念和世界高端海工设计建造技术于一身。

10.5.1 技术重要性

"海洋渔场 1 号"项目在研发、建造过程中完成了一系列重大技术创新，填补了海工行业多项科研和施工空白，在全球渔业养殖领域中具有里程碑意义。该项目的成功交付是中国船舶重工集团有限公司利用前沿技术促进海洋养殖产业发展的重要成果，对促进海洋养殖装备制造业发展，加快融入"一带一路"建设，推动海洋养殖产业从近海走向深远海具有重要意义，为国内制造业领域加快新旧动能转换、全面推动转型升级提供了新的成功范例。另外，这个全自动养殖装备的诞生，将推动渔业养殖从近海向深远海，从网箱式向大型装备式，从传统人工式向自动化、智能化加速迈进。

10.5.2 技术水平分析

"海洋渔场 1 号"总高 69m，直径 110m，空船质量 7700t，整体容量超过 25 万 m^3。这座"深远海渔场"四周共有 12 根柱子，底面 6 个圆锥形压载舱和中心浮筒提供浮力，可在开放海域 100～300m 水深区域进行三文鱼养殖，还可抵抗 12 级台风，使用年限 25 年。

渔场中 16 张特制渔网的骨材可提供 10t 预张紧力，能抵御鲨鱼的撞击；配备的各类传感器达 2 万余个、监控设备 100 余个、生物光源 100 余个，可将复杂的养殖过程变得异常简单和准确，只需 3～7 人便可在控制室完成全部操控；此外，该平台还有一个旋转门系统，是自动化、智能化的末端"执行"装置，承载着渔网清洁、活鱼自动驱赶和捕捉、底部死鱼收集、防虱等渔场主要功能。囊括了智能养殖系统、自动化保障系统和高端运营管理系统的"海洋渔场 1 号"是目前规模最大的首座深远海半潜式智能养殖渔场，融合了世界先进养殖技术、现代化环保养殖理念和世界顶级海洋工程装备制造能力（何晶磊和张海文，2018）。

"海洋渔场 1 号"在养殖方面具有以下显著的优越性。

（1）可使渔业养殖摆脱近海峡湾等地域限制，将养殖区域从相对较为封闭的近海向开放性的深远海发展，拓展了养殖海域。

（2）相比受限于近海水深的传统养殖网箱，"海洋渔场 1 号"的网箱深度更大，因此对于相同直径的网箱，"深远海渔场"的容积要大得多，可以降低养殖密度，使鱼类更好、更快地生长。

（3）大规模的水产养殖需要投放大量饲料，考虑到病害危险，还可能需要用药，而残饵堆积、粪便排放、药物作用等，势必会污染水质，如果不能及时被水中的浮游生物完全降解，或者被海水有效稀释，就会造成水体富营养化、产生污染，从而导致鱼类发病、死亡，甚至波及周边野生鱼群。"海洋渔场 1 号"的网箱深度均达到几十米，这就有利于海水在养殖鱼群之间自由流动，再加上智能设备的监测维护，会尽可能减少污染物的沉积，从而减轻近海的环境压力。

（4）随着现代化工业、农业生产的迅猛发展，以及沿海地区人口的增多，大量工农业废水和生活污水排入海洋，其中有相当一部分可能未经处理就直接排放，必然导致水体污染程度日趋严重。同时，由于渔业养殖业的扩大，近海养殖自身也产生污染。加上全球气候变化、海运业发展导致外来有害物种引入等原因，近海环境不断恶化，赤潮等频繁发生，严重影响渔业生产。相比之下，深远海养殖的水质环境好，危害水产养殖品种的疾病也会减少，既能降低养殖风险，又能提高鱼类品质。

（5）病害问题也是渔业养殖过程中不可避免的问题，而"海洋渔场 1 号"的一整套包括鱼苗投放系统、进食系统、营养均衡系统、生物调光系统、送氧系统、除虱系统、鱼群实时监控系统、自动捕鱼系统、死鱼收集系统、渔网自清洁系统、水文监测系统在内的智能养殖系统，通过科学计算、实时监测、规范管理，可大大降低病害的发生率和控制病害蔓延，大幅提高养殖产量。

（6）"海洋渔场 1 号"的自适应升降系统、网箱材料的升级，都是为了降低"海洋渔场 1 号"因遭遇风暴灾害、鱼群或船舶撞击等导致网箱破损、养殖鱼群出逃事故的发生率，提高了"海洋渔场 1 号"的生存和适应能力，相比近海网箱养殖抵御自然灾害和突发状况的能力明显增强，适应海域更广。

（7）现代化的"海洋渔场 1 号"科技含量高，结合各种高新技术，采用新型材料，配备大量自动化辅助设备，大大增强了养殖监控和运营管理能力，虽然造价不菲，但改变了传统的劳动密集型生产方式，大幅降低了人力成本，提高了生产效率。

10.5.3　技术发展趋势

2018 年 4 月，挪威三文鱼生产商 SalMar 公司再次推出新型深远海渔场设计：智能渔场（smart fish farm）。据了解，这座智能渔场直径 160m，高 70m，共包含 8 个养殖区，可养殖 300 万条大西洋鲑（*Salmo salar*），生物承载力是 SalMar 公司先前开发的"海洋 1 号"的两倍。智能渔场设有一个封闭的承重中心柱，还设有中控室和研究实验室，可在封闭系统中治疗鱼虱或其他鱼类疾病。

2018 年 5 月，我国首座自主研制的大型全潜式深海智能渔业养殖装备"深蓝 1 号"在青岛建成交付。它是中国船舶重工集团有限公司所属青岛武船重工有限公司为山东万泽丰海洋开发集团有限公司建造的首座"深远海渔场"。网箱周长 180m，高 38m，重约 1400t，有效养殖水深 30m，直径 60.44m。整个养殖水体约 5 万 m^3，设计年养鱼产量 1500t，可以同时养殖 30 万尾三文鱼。相对于"海洋渔场 1 号"，"深蓝 1 号"在技术上有了新的突破。一是鱼鳔补气技术。"深蓝 1 号"中心是向四周散气的圆柱，为网箱中的三文鱼补充鱼鳔中损失的氧气。"海洋渔场 1 号"是 360°全向旋转门，用于清洁渔网、驱赶鱼群。二是网箱附着生物清除技术。利用太阳光照射附着在网箱外层的海藻，通过人工拍打方式使其掉落，"海洋渔场 1 号"则没有这项技术。三是上下浮动技术。"深蓝 1 号"在距日照约 240km 处的黄海冷水团作业，可根据需要在海水中上下浮动。若下潜就把水注入立柱中；上浮时则把空气注入立柱、挤出水，箱体重量变轻以上浮。专利摘要显示："通过调节浮力管舱中的空气体积改变网箱在水体中的垂直位置，使养殖鱼类全年都处于较适宜的水温环境。"平时由 4 个质量为 100t 的锚链将"深蓝 1 号"固定在深远海中。因气候条件不同，"海洋渔场 1 号"为坐底式，只能长期固定在深远海中。

10.5.4　应用前景

"海洋渔场 1 号"的优势十分显著，适用于大规模水产养殖企业养殖高附加值、高品质鱼类,如挪威、智利等大型鲑鳟鱼类养殖工厂;此外,由于"海洋渔场1号"智能化、自动化程度非常高,同样适用于人力成本昂贵的欧美国家。据了解,仅挪威一国市场在未来几年内就至少需要100套,北欧及北美海域共需要500套,合计约300亿美元。随着对鲑鳟鱼类等深远海养殖鱼类需求的增长,其产量也在逐年递增。受自然生态环境所限,野生鱼群的产量基本保持平衡,所以捕捞量变化不大。

以"海洋渔场1号"为成功案例的"深远海渔场"是未来的发展方向,仅考虑南海海洋资源情况,水深45~100m且适合开展深远海渔业养殖的海域面积约为60 000km^2。

此外,印度、印度尼西亚、越南、孟加拉国、埃及、缅甸、泰国、菲律宾、巴西等国也都是渔业养殖大国,近十年来产量增幅尤为可观(埃及的产量增幅为111%,巴西为118%,孟加拉国为122%,越南为136%,印度尼西亚更是高达255%)。但是,这些国家主要是发展中国家,养殖的鱼类也普遍是低价值鱼类,先进的"海洋渔场1号"或许并不太适合他们,不过我们完全可以根据他们的需求,开发设计适应不同地区、不同鱼种的"深远海渔场"(包括较浅水域、较小规模、精简体系的中低端产品),这也是一个不容小觑且前景较好的市场。

10.5.5 存在问题与建议

深远海养殖及渔业综合发展的条件愈见成熟,但仍有一些关键性问题尚待解决,主要表现在以下四个方面。

第一,支撑深远海养殖系统构建的关键性科技瓶颈有待突破,包括大型深远海网箱设施以及海上规模化繁育、养殖等关键技术与装备的系统研发等。

第二,对深远海水文规律的把握以及宜养水域的选择等技术应用需要配套,包括对适温洋流、海底冷水团和南海岛礁生态系统的把握以及深层海水的获取等。

第三,深远海养殖多元化发展模式亟待拓展,包括岛礁旅游、"渔旅融合"与岛礁生态系统保护工作等。

第四,促进产业发展的相关政策需要对应性配套,诸如深远海网箱建造的技术法规与运行的燃油补贴政策等。

参 考 文 献

安皓, 王天虹, 王刚. 2017. 我国深远海养殖浅析. 海洋开发与管理, 34(S2): 138-141.
操戈, 邓卫哲, 徐承旭. 2017. 海南大力发展深远海网箱养殖. 水产科技情报, 44(2): 109.
陈傅晓, 李向民, 谭围, 等. 2012. 深水网箱养殖促进海南渔业创新发展. 光明日报, 2012-04-27(9).
陈傅晓, 谭围. 2015. 海南深水网箱养殖业发展存在的问题与基本对策. 安徽农业科学, 42(29): 59-61.
董双林. 2019. 黄海冷水团大型鲑科鱼类养殖研究进展与展望. 中国海洋大学学报(自然科学版), 49(3): 1-6.
高强, 余粮红, 郑珊. 2017. 美国和日本工业化海水养殖模式及借鉴. 世界农业, (12): 50-57.
高勤峰, 张恭, 董双林. 2019. 网箱养殖生态学研究进展. 中国海洋大学学报(自然科学版), 49(3): 7-17.
桂建芳, 包振民, 张晓娟. 2016. 水产遗传育种与水产种业发展战略研究. 中国工程科学, 18(3): 8-14.
郭根喜, 关长涛, 江涛, 等. 2011. 走进挪威和爱尔兰深远海网箱养殖. 海洋与渔业·水产前沿, (2): 32-38.

郭根喜, 陶启友. 2004. 我国深水网箱养殖技术及发展展望 (上). 科学养鱼, (7): 10-11.

郭根喜, 庄保陆, 王良运, 等. 2008. 基于PLC的远程气力输送自动投饵控制系统的设计与实现. 南方水产, 4(6): 7-16.

何宝快. 1990. 对虾养殖投饵装置的研制. 水产科学, 9(2): 21-24.

何晶磊, 张海文. 2018. "深海渔场"的应用前景. 船舶, 29(2): 1-6.

侯海燕, 鞠晓晖, 陈雨生. 2017. 国外深海网箱养殖业发展动态及其对中国的启示. 世界农业, (5): 162-166.

胡炜, 朱作言. 2016. 美国转基因大西洋鲑产业化对我国的启示. 中国工程科学, 18(3): 105-109.

胡昱, 郭根喜, 黄小华, 等. 2014. 深水网箱养殖自动投饵计量装置设计. 南方水产科学, 10(2): 80-85.

黄汉泉, 周瑞莲, 陈健光. 2004. 广东省深水抗风浪网箱的发展情况和前景. 水产科技, (1): 1-3.

黄一心, 徐皓, 丁建乐. 2016. 我国离岸水产养殖设施装备发展研究. 渔业现代化, 43(2): 76-81.

黄一心, 徐皓, 刘晃. 2015. 我国渔业装备科技发展研究. 渔业现代化, 42(4): 68-74.

李道亮. 2018. 敢问水产养殖路在何方?智慧渔场是发展方向. 中国农村科技, (1): 43-46.

廖静. 2019. 深水抗风浪网箱养殖技术: "蓝色粮仓"向深海延伸. 海洋与渔业, (9): 64-66.

刘碧涛, 王艺颖. 2018. 深海养殖装备现状及我国发展策略. 船舶物资与市场, (2): 39-44.

刘晃, 徐皓, 徐琰斐. 2018. 深蓝渔业的内涵与特征. 渔业现代化, 45(5): 1-6.

刘晋, 郭根喜. 2006. 国内外深水网箱养殖的现状. 渔业现代化, (2): 8-9.

刘平. 2014. 基于ANSYS CFX的吸鱼泵的内部流场分析. 流体机械, 42(11): 43-46.

刘永新, 李梦龙, 方辉, 等. 2018. 我国水产种业的发展现状与展望. 水产学杂志, 31(2): 50-56.

鲁伟. 2004. 网箱养殖鱼类分级与起捕技术的试验研究. 中国海洋大学硕士学位论文.

马悦, 张元兴, 雷霁霖. 2014. 疫苗: 我国海水鱼类养殖业向工业化转型的重要支撑. 中国工程科学, 16(9): 4-9.

农业部渔业局. 2010. 2010 中国渔业统计年鉴. 北京: 中国农业出版社.

任文龙, 姜照君. 2019. 大数据驱动下文化消费发展研究——以江苏省为例. 文化产业研究, (4): 75-89.

宋协法, 路士森. 2006. 深水网箱投饵机设计与试验研究. 中国海洋大学学报(自然科学版), 36(3): 405-409.

汪昌固. 2014. 网箱智能投喂系统开发及关键技术研究. 太原科技大学硕士学位论文.

王威克. 2009. 我国成功研发深水网箱远程多路自动投饵系统. 中国渔业报, 2009-10-26(4).

王志勇, 谌志新, 江涛. 2011. 集中式自动投饵系统的研制. 渔业现代化, 38(1): 46-49.

武立波, 刘远胜, 刘学喆, 等. 2010. 海洋牧场远程监控投饵系统设计. 渔业现代化, 37(2): 23-25, 13.

相建海. 2013. 中国水产种业发展过程回顾、现状与展望. 中国农业科技导报, 15(6): 1-7.

徐皓. 2012. 我国海洋渔船现代化发展建议. 中国水产, (6): 9-10.

徐皓. 2016. 水产养殖设施与深水养殖平台工程发展战略. 中国工程科学, 18(3): 37-42.

徐皓, 谌志新, 蔡计强, 等. 2016. 我国深远海养殖工程装备发展研究. 渔业现代化, 43(3): 1-6.

徐皓, 江涛. 2012. 我国离岸养殖工程发展策略. 渔业现代化, 39(4): 1-7.

徐君卓. 2001. 国外大型深水养殖网箱类型介绍. 中国水产, (10): 54-55.

徐琰斐, 刘晃. 2019. 深蓝渔业发展策略研究. 渔业现代化, 46(3): 1-6.

闫国琦, 倪小辉, 莫嘉嗣. 2018. 深远海养殖装备技术研究现状与发展趋势. 大连海洋大学学报, 33(1): 123-129.

叶燮明, 徐君卓, 陈海鸣, 等. 2003. 网箱吸鱼泵的研制和试验. 渔业现代化, (3): 25-26.

叶燮明, 徐君卓. 2005. 国内外吸鱼泵研制现状. 现代渔业信息, 20(9): 7-8.

袁军亭, 周应祺. 2006. 深水网箱的分类及性能. 上海水产大学学报, (3): 3350-3358.

张灿影, 王琳, 於维樱, 等. 2018. 冷泉系统研究国际发展态势分析. 海洋科学, 42(10): 82-93.

张惠娣, 汪昌固, 王贤成. 2014. 基于无线通信和PLC的网箱自动投饵系统设计. 控制工程, 21(4): 520-523.

张文奎, 徐承旭. 2019. 国内最大深远海智能环保型鲍鱼养殖平台建成. 水产科技情报, 46(5): 299.

张瑛, 李大海, 耿涛. 2018. 气候变化背景下我国深蓝渔业的发展战略研究. 山东大学学报 (哲学社会科学版), (6): 121-129.

庄保陆, 郭根喜. 2008. 水产养殖自动投饵装备研究进展与应用. 南方水产, 4(4): 67-72.

左书华, 李蓓. 2008. 近20年中国海洋灾害特征、危害及防治对策. 气象与减灾研究, 31(4): 28-33.

Aas T S, Oehme M, Sørensen M, et al. 2011. Analysis of pellet degradation of extruded high energy fish feeds with different physical qualities in a pneumatic feeding system. Aquacultural Engineering, 44(1): 25-34.

Gudding R. 2010. Vaccination of Fish: Present Status and Future Challenges. Beijing: The 4th Annual World Congress of Vaccine.

Mardonesa F O, Pereza A M, Valdes-Donosoa P, et al. 2011. Farm-level reproduction number during an epidemic of infectious salmon anemia virus in southern Chile in 2007-2009. Preventive Veterinary Medicine, 102: 175-184.

Papandroulakis N, Dimitris P, Pascal D. 2002. An automated feeding system for intensive hatcheries. Aquacultural Engineering, 26(1): 13-26.

Skøien K R, Aas T S, Alver M O, et al. 2016. Intrinsic settling rate and spatial diffusion properties of extruded fish feed pellets. Aquacultural Engineering, 74: 30-37.

第 11 章　现代化海洋牧场

近年来，受环境变化和人类活动影响，近海生态环境衰退严重，日益危及海洋生态系统的健康和渔业资源的可持续性。海洋牧场是修复海洋资源环境的有效手段，海洋牧场是基于生态学原理，充分利用自然生产力，运用现代工程技术和管理模式，通过生境修复和人工增殖，在适宜海域构建的兼具环境保护、资源养护和渔业持续产出功能的生态系统。在国家政策支持、科研及产业人员的共同努力下，我国海洋牧场建设已经初见成效，伴随我国海洋牧场产业规模日益扩大，现代化海洋牧场构建原理与技术研究滞后已经成为制约海洋牧场发展和产业升级的瓶颈，成为当前最突出和亟待解决的问题。因此，现代化海洋牧场发展必须克服一系列"卡脖子"问题，强调统筹规划、科学布局、原位修复、机械化与自动化、监测保障、融合发展、功能多元、空间拓展，通过发展生态环境效益和生态系统健康评价体系、研发应用高新技术、集约化利用空间、三产融合发展、全过程精细化管理等手段，实现海洋牧场科技原创驱动，引领我国乃至世界海洋牧场发展潮流。

11.1　海洋资源环境修复

近海具有极其重要的生物生产和生态服务功能，是众多渔业生物的主要栖息地和产卵、育幼场所，支撑着近海渔业资源的补充和可持续生产。近海及其周边地区以18%的地球表面积，为全球提供了25%的初级生产力和90%的海洋渔获量（Field et al., 2002）。目前，约30亿人口的近1/5的动物蛋白摄入量来自水产品，其中近海渔获物占60%以上。在我国，近海渔业捕捞产量占海洋捕捞总产量的90%以上。自改革开放以来，我国渔业生产效率得到了显著提高，近海渔业得以快速发展。2019年，我国海洋捕捞总产量达1000.15万t，远洋捕捞产量217.02万t，产值逾2116.02亿元（农业农村部渔业渔政管理局等，2020），在满足我国水产品市场需求、增加就业机会和渔民收入、促进沿海地区海洋经济发展等方面做出了巨大贡献。

11.1.1　海洋资源环境现状

1. 全球海洋资源环境衰退现状

由于过度捕捞直接造成的高营养级生物资源量骤减，以及生态环境恶化引起的关键栖息地如产卵场退化的间接作用，海洋生物资源已经呈现全球性衰退趋势，日益危及海洋生态系统的健康和渔业资源的可持续性（金显仕等，2015）。这种趋势已从沿岸水域蔓延到近海水域。根据联合国粮食及农业组织（FAO）的评估结果，目前世界上有评估信息的523个鱼类种群的80%被完全或过度开发，仅有20%的种群还具有继续开发的潜力；全球处于过度开发、枯竭和正在修复阶段的渔业资源量从1974年的10%上升到2008年的32%，其中 28%的渔业资源存在过度开发现象，3%的渔业资源已经枯竭，仅 1%的渔业资源正在修复中（FAO，2010），单纯依靠渔业资源种群自然繁殖补充已无法承受人类强大的捕捞压力。伴随渔业资源的衰退，全世界 1/3 的近海生态系统面临严重退化的危险（张立斌和杨红生，2012；韩立民和都基隆，2015）。

据统计，全球约有 50%的盐沼、35%的红树林和 29%的海草由于环境压力和人类干扰而丧失或退化（陈彬等，2019）。全球海草床的年消失速率由 1940 年前的 0.9%增加到 1990 年的 7%。目前已有约 14%的海草物种被世界自然保护联盟（IUCN）红色名录列为濒危物种类别，且这些海草种的数量仍然在下降（王锁民等，2016）。世界珊瑚礁现状调查显示，全世界 19%的珊瑚礁已经消失，15%的珊瑚礁在未来 10～20 年有消失的危险，20%的珊瑚礁在未来 20～40 年将面临消失（Wilkinson，2008）。针对牡蛎礁的研究表明，世界上 85%的牡蛎礁已经消失或功能性灭绝，在各地不同的河口处，牡蛎礁上固着牡蛎的平均规格下降了 64%。由人类活动导致的海洋生境、生态系统以及渔业资源的衰退已经引起了全球的高度重视，退化滨海湿地生态系统的恢复也由此成为全球关注的热点（张立斌和杨红生，2012）。

2. 我国海洋资源环境衰退现状

我国由于一系列原因沿海生物栖息场所被大面积侵占和严重破坏，渔业生态环境受到严重威胁，生物生产力下降，物种濒危程度显著增加。我国近海主要经济水生生物资源都有不同程度的衰退，重要渔区的渔获物种类日趋单一，渔获物逐渐朝着低龄化、小型化、低质化方向演变，种间更替明显，低值鱼类数量增加，优质捕捞鱼类不足 20%（李晓炜等，2018）。以东海为例，20 世纪 50 年代和 60 年代的渔获物是以底层优质鱼为主，优质鱼分别占总产量的 48.3%和 55.4%，而进入 20 世纪 80 年代，优质鱼所占的比例降低到 30.4%（李晓炜等，2018）。

渔业资源衰退的现象主要有：①产卵群体呈现小型化、低龄化、低营养级化、繁殖能力下降和性成熟提前的趋势；②渔业资源对产卵场温盐适应范围扩大，由于优良产卵场的衰退，产卵密集区的范围有逐渐缩小的趋势；③产卵亲体数量降低，卵子质量下降，受精卵成活率降低、底层经济鱼类数量减少；④渔业资源营养级下降、食物网结构简单化，渔业资源已经从单一物种的衰竭，逐渐转变为整个生态系统的衰退（李晓炜等，2018）；⑤生物多样性降低，具体表现为物种数量下降、种群结构趋于单一、经济物种生物量持续降低、生物多样性在不同程度上遭到严重破坏（李绪兴和雷云雷，2009）。这已严重危及渔业资源的可持续发展。

我国沿海生境退化情况同样严重。1984 年以前我国珊瑚礁生态系统还处于良好状态，珊瑚覆盖率高于 70%，1990 年以后珊瑚礁面积迅速降低，减小了约 80%。其中，海南岛沿岸珊瑚礁自 20 世纪 50 年代以来破坏率已达 80%，珊瑚覆盖率也显著下降，其中海南三亚鹿回头 81 种造礁石珊瑚中有 30 种已经发生区域性灭绝（龙丽娟等，2019）。我国山东、广东等地海草床衰退情况同样非常严峻，广东湛江市流沙湾从 20 世纪 90 年代初开始直接损毁海草场开挖虾池，大力发展养虾业，导致养殖范围内海草已绝迹（黄小平等，2006）；山东威海市海域超过 90%的海草场在 20 世纪 80 年代后的近 20 年内消失，其中 1982 年胶州湾附近海域大约 1300hm^2 的鳗草（大叶藻）群落在 2000 年已基本消失（叶春江和赵可夫，2002）。南海和黄渤海的情况都说明，我国海草场面积的急剧萎缩已严重威胁海草物种多样性（郑凤英等，2013）。全国各地区红树林面积整体呈现先缩减再增加的趋势，即从 1973 年开始至 20 世纪 80 年代末期明显缩减，由 48 750hm² 减至 22 692hm²，减幅超过 50%；至 2000 年左右缓慢缩减或趋于平稳，2000 年后缓慢增加，2010 年开始快速增加，至 2013 年达到 32 834hm²。各地区红树林面积的低谷值不尽相同，但整体于 2010~2015 年增加到 20 世纪 80 年代的水平（林天维等，2020）。

11.1.2 海洋资源环境衰退原因

目前，世界渔业水域环境状态堪忧，生态荒漠化与资源衰退问题逐渐凸显，珍贵水生野生动植物资源急剧衰退，水生生物多样性受到严重威胁，海洋生物资源和水域环境遭到严重破坏（张立斌和杨红生，2012），主要原因如下。

（1）气候变化。全球气候变化引起的极端气候事件、海洋酸化、水温升高等均会对渔业资源和栖息地造成影响。海洋酸化会影响海洋鱼类仔稚鱼的感觉和行为，减弱其在野外的生存能力，威胁自然种群补充和渔业资源（王晓杰等，2015）。水温升高会直接影响鱼类的生长、摄食、产卵及洄游等，影响鱼类种群变化及渔业资源量。

（2）过度捕捞。过度捕捞直接造成资源量骤减，优势种类呈现高营养级物种向低营养级物种转变，渔业进而出现"沿食物网向下捕捞"的趋势。同时，破坏性渔具还会造成重要栖息地破坏。

（3）栖息地碎片化。海洋工程建设导致重要栖息地碎片化或功能消失，填海、筑坝、取沙直接导致生境空间改变、浪和流的作用方向改变以及水体浑浊度增加。诸如此类栖息地的生境变化可导致生产力降低、渔业种群资源补充过程受损，进而出现资源衰退或枯竭、渔获物质量降低等问题，严重制约近海生态系统的健康可持续发展（李晓炜等，2018）。

（4）环境污染。大量陆源污染物入海和养殖废水排放使得近岸海域污染物浓度明显上升，富营养化的范围和程度不断扩大，诱发赤潮、绿潮等频发，危及海洋初级生产过程，加剧水质恶化，导致底质缺氧或无氧，降低生态系统服务功能。

（5）生物入侵。海洋外来物种入侵，与土著生物争夺饵料、生态位，传播疾病，与土著生物杂交导致遗传污染，降低土著生物的生存能力，导致土著生物自然群体减少，甚至濒于灭绝。

（6）其他。海上石油污染、海上航行船只排污、海洋倾废区、淤泥堆积以及电厂热污染等都对海洋生态环境造成了严重影响（翟璐等，2019）。

11.1.3 海洋资源环境修复进展

目前，在世界范围内可持续发展已经成为各界共识，水域生态环境保护与修复更是可持续发展的重要组成部分（李绪兴和雷云雷，2009）。良好的生态环境是渔业资源赖以生存的空间基础，只有保持健康稳定的环境，渔业生物资源才能繁衍生息。生态恢复学会（Society for Ecological Restoration，SER）认为，生态恢复是一个协助已经退化、受损或破坏的生态系统恢复并使其保持健康的过程，即重建该系统受干扰前的结构与功能及有关的生物、物理和化学特征（Clewell et al.，2004）。尤其近岸水域是渔业的"摇篮"，近岸生态环境的优劣对生物资源的影响程度要远大于海洋中的其他水域。近年来，国内外先后开展了近岸资源环境修复的研究，具体进展如下。

1. 生境修复

适宜的栖息环境是资源生物健康生活的保障。生境修复（rehabilitation）是指采取有效措施，对受损的生境进行恢复与重建，使恶化状态得到改善的过程（张立斌和杨红生，2012），主要基于对生态系统的结构和功能、内在相互作用机制以及对环境变化的响应机制的研究，加以人工干预，以最大最快实现效益。生境修复的研究与实践至今已有较长的历史，尤其是进入 21 世纪以后得到了迅速发展，修复的对象、内容、尺度、范围都不断延伸。生境修复的内容由传统的修复技术措施研究转向修复机制的系统化研究，涵盖了退化诊断、修复目标确定、修复技术措施、修复管理、修复监测、修复成效评估等内容（陈彬等，2019）。

我国近海生境修复研究与实践较为成功的是红树林修复。截至 2014 年，我国建立了以红树林为主要保护对象的红树林自然保护区 42 个，保护区面积达 1037.89km^2（杨盛昌等，2017）。早期红树林湿地修复仅停留在植被恢复的水平上，重点关注育苗技术和宜林地的选择；进入 21 世纪后，我国针对红树林土壤环境、底栖动物群落、微生物群落等特征的恢复开展了一定的研究，生态系统的凋落物生产力、物质循环等生态过程和功能也受到关注（陈彬等，2019）。自 20 世纪 70 年代至今，我国的红树林分布面积经过了先缩减后增长的变化，目前以每年 1%的速度在平稳增加（王瑁，2013）。

我国珊瑚礁修复技术的研究始于 20 世纪 90 年代末的珊瑚移植实验，直至 2008 年以后逐渐开展珊瑚繁殖与人工培育的技术研究。珊瑚礁生境修复的主要技术方法有造礁石珊瑚的有性繁殖、断枝培育和底播移植（黄晖等，2020）。中国科学院南海海洋研究所相关研究团队在大亚湾、海南省三亚市的蜈支洲岛、西沙群岛七连屿以及南沙岛礁对造礁石珊瑚退化海域进行了生态修复，修复面积超过 20hm^2，珊瑚礁生态系统得到了显著改善（黄晖等，2020），建成世界上最大的珊瑚礁生态系统修复示范区，面积达 10 万多平方米，多维综合生态修复技术世界领先，为珊瑚岛礁的生态系统修复与重建提供了范例和技术支持（龙丽娟等，2019）。

我国海草床修复工作正全面展开，南海海草分布区现已设立 3 个海草相关的保护区、1 个海草科学监测站和 1 个海草国际示范区（郑凤英等，2013）。在广西合浦县、山东威海市天鹅湖、河北唐山市龙岛海域都进行了海草床修复工作，取得了可喜的成绩。相关研究主要集中于对海草床分类分布、生态现状和退化原因，以及海草植被修复技术的优化。但总体而言，我国海草床生态修复的发展仍处于起步阶段，海草的育种和组培技术尚未攻克，大规模机械化的海草床修复还未能实现。

针对牡蛎礁生境修复的工作刚刚起步，我国在江苏蛎蚜山和天津大神堂海域都设立了牡蛎礁国家级海洋保护区，修复工作在江苏蛎蚜山和河北祥云湾海域都取得了一定进展，但与国际水平和我们的修复目标相比还相差甚远。

2. 人工鱼礁建设

环境受损程度如果超过其自身恢复能力，则需通过人工鱼礁等设施手段进行生境重建。人工鱼礁是人为放置在海底的一个或者多个自然或者人工构筑物，它能够改变与海洋渔业资源相关的物理、生物过程。通过投放不同结构形状的人工礁体并采用合理的布局可以显著改善海域生态环境，为海洋生物营造生长、繁殖、索饵和庇护场所等良好的栖息环境（陶峰等，2008），达到资源增殖养护、海洋生境修复和提高渔业生产的目的。人工鱼礁是资源养护型海洋牧场建设的核心，对于修复和改善海洋生态环境、增殖和优化渔业资源、促进海洋经济持续健康发展等方面都有重要意义。人工鱼礁等设施的构建已经成为水域环境修复的常用手段（李绪兴和雷云雷，2009；高文斌等，2017）。日本的人工鱼礁建设历史悠久，早在1789~1801年就开始建造鱼礁，进入20世纪90年代后，日本的人工鱼礁建设产业已经形成标准化、规模化以及制度化的体制，每年投入人工鱼礁建设的资金为600亿日元，建设礁体约600万m^3（刘惠飞，2001）。到2001年，美国建成的人工鱼礁已达2400处。韩国政府将人工鱼礁建设纳入沿海规划，20世纪70年代开始进行人工鱼礁建设，1998~2013年相继建成5个大型海洋牧场示范区，并计划逐步在沿海推出沿岸海洋牧场建设项目和海底森林扩大计划（李苗和罗刚，2020）。欧洲国家自20世纪70年代开始也相继开展人工礁体投放，主要目的是防止底拖网作业。我国于20世纪80年代开始投放人工鱼礁，据不完全统计，截至2018年，人工鱼礁投放量达6.09×10^7万m^3。

3. 增殖放流

增殖放流是修复渔业资源最为直接的方式。近年来，利用增殖放流进行渔业资源恢复颇受世界各国的重视。增殖放流主要是指在度过自然条件下死亡率高的发育阶段后，选择环境条件适宜、敌害较少、饵料资源丰富的时间和水域，通过放流、底播、移植等人工方法向天然水域投放鱼、虾、贝和藻等水生生物亲体或幼体，使之充分利用水域的天然饵料资源自然生长，以补充和增加水域的自然资源量，改善和优化水域的渔业资源群落结构（杨红生等，2017）。文献调查显示，目前世界上有94个国家开展了增殖放流工作，其中64个国家开展了海洋增殖放流工作，包括北美洲的美国和加拿大、欧洲的19个国家、亚洲和太平洋地区的23个国家、拉丁美洲的11个国家和非洲的9个国家（李继龙等，2009）。美国向自然水体放流已有100多年的历史，放流种类达20多种，阿拉斯加州鲑鱼增殖项目2005年度报告显示，在商业捕捞的2亿尾鲑鱼中，27%来自增殖放流。俄罗斯的增殖放流物种主要是鲟鳇鱼类，年放流量1亿尾，该国政府每年投资用于鲑鱼增殖，已使大幅度减产的里海鲟鱼稳定在历史最高水平，近10年来产量增加1.5倍，使亚速海的种群数量增加了9倍（李继龙等，2009）。挪威、英国、丹麦和芬兰也先后进行了鳕鱼和鲆鲽类的资源增殖工作（张立斌和杨红生，2012）。日本于20世纪60年代提出"栽培渔业"概念，并在濑户内海进行了对虾、真鲷、梭子蟹、扇贝、杂色蛤和鲍鱼的增殖放流工作，至2002年，日本放流水产苗种已达83种。韩国也十分重视海洋增殖放流，增殖物种超过20种。长距离洄游的大麻哈鱼是目前世界上规模最大、最有成效的增殖种类，日本、美国和加拿大等国先后进行了大麻哈鱼的增殖放流，放流数量每年高达30余亿尾，回捕率高达20%（张立斌和杨红生，2012）。

我国的国家渔业增殖计划启动于20世纪80年代。近40年来，我国通过推广资源养护计划，有效促进了渔业资源养护。例如，2003年农业部印发了《关于加强渔业资源增殖放流工作的通知》；依托2006年国务院印发的《中国水生生物资源养护行动纲要》，全国沿海与沿江市县均开展了规模化的资源增殖放流工作；2010年农业部印发《全国水生生物增殖放流总体规划（2011—2015年）》，规范和细化了各海域增殖放流任务。据统计，2004~2013年全国累计投入增殖放流资金52.12亿元，全国累计增殖放流各类水生生物苗种

2316.10 亿尾,其中沿海共计放流 945.43 亿尾,内陆共计放流 1370.67 亿尾(罗刚和张振东,2014)。另有资料显示,全国增殖放流种类 2000 年不足 20 种,2006 年已达 90 多种,而截至 2013 年,全国共放流水生生物种类(不包括水生植物)达 245 种(罗刚和张振东,2014)。

水产养殖产量在水产品产量中的占比越来越大,如何协调水产品供给和养殖污染、安全生产是水产养殖业面临的重要课题。基于此,世界范围内水产学家开展了广泛的探索,提出了多营养层次综合养殖模式(integrated multitrophic aquaculture,IMTA)(方建光和唐启升,2008),该养殖系统由不同营养级或具有不同生态位的生物组成,系统中的生物能够分层次利用初级营养物质和能量,最大限度地减少废物排放,这种方式可以把营养损耗及潜在的经济损耗降到最低,从而使系统具有较高的容纳量和经济产出、环境效益。基于大型海藻和海参为生物滤器的多营养级综合生态养殖被认为是修复环境、维持海水养殖业可持续发展的经济有效的手段。大型藻类不仅是海水养殖中重要的养殖对象,它们还在调节和修复海域生态环境中起着重要作用,如虾池中混养江蓠、浅海海带与贝类混养或轮养、滩涂贝类与紫菜轮养等(李绪兴和雷云雷,2009)。沉积食性海参被广泛地应用于鱼类和贝类养殖系统,用于摄食颗粒有机物,修复养殖区环境。海藻或海参可以将鱼类和贝类养殖过程中产生的营养盐或颗粒有机物作为肥料或者饵料加以利用,其生长率和产量都会得到很大的提高。选择合适的海藻或者海参种类作为生物滤器混养于养殖区,是一种经济高效的处理养殖污染的方法,所产出的副产品(海藻或海参)还可以为系统带来额外的经济收益。

11.2 产业与科技发展现状分析

近年来,全球范围内海洋牧场发展理念与建设实践都取得了长足发展,本节通过综述海洋牧场理念与内涵发展进程、产业与科技发展现状,并系统分析限制现代化海洋牧场发展的问题与技术瓶颈,以期为我国乃至全球范围内现代化海洋牧场建设提供思路。

11.2.1 海洋牧场理念与内涵发展进程

1. 国际海洋牧场理念与内涵发展进程

海洋牧场理念起源于日本、美国、加拿大、英国与挪威等国家的海洋渔业资源的增殖放流活动,基本目标在于增加商业鱼类的捕捞量。根据海洋建设技术的差异,海洋牧场的内涵主要包括"增殖放流"与"人工鱼礁投放"两个层面且各地区之间差异较大,而海洋牧场理念主要包括放流与捕捞等(陈丕茂等,2019)。

在增殖放流层面,主要内涵为通过模仿畜牧增养殖业的生产流程,在自然水域开展增殖放流活动,增加重要商业经济鱼类的种群数量,并进行采捕活动,目标在于强调海洋牧场为一种渔业生产模式(陈丕茂等,2019)。

在人工鱼礁投放层面,主要内涵为通过投放人工构造物、人工藻礁与人工鱼礁等,以达到吸引、聚集乃至培育渔业资源的效果,同样目标在于渔业捕捞量的增加。近年来,随着海洋环境的快速衰退,人工鱼礁的功能已从单纯的诱集鱼类发展为资源养护等综合功能，但在全球范围内，各类人工鱼礁投放的目标仍主要为渔业资源的增殖（陈丕茂等，2019）。

2. 我国海洋牧场理念与内涵发展进程

我国学者在基于我国特殊国情之上，对海洋牧场的创新新理念的提出做出了贡献。自 1947 年朱树屏提出"水即是鱼类的牧场"的理念以来，曾呈奎、毛汉礼等在 1965～1979 年提出了"种植藻类和贝类的农场，养鱼、虾的牧场"等早起海洋牧场初始理念（曾呈奎和毛汉礼，1965；曾呈奎，1979），并于 1980～1985 年总结归纳出"海洋农牧化"的海洋牧场概念雏形（曾呈奎，1980，1985；曾呈奎和徐恭昭，1981）。自此以后，经过近 40 年的人工鱼礁投放、渔业资源增殖与浅海生境修复等系列初期海洋牧场建设实践活动的开展，"海洋牧场"理念在我国得到了快速发展。

当前，我国在已完成 110 处国家级海洋牧场建设实践的基础上，立足"绿色、生态、可持续发展"等现代渔业的战略定位，已形成具有明显中国特色的现代化海洋牧场建设与发展理念，典型特征为海洋牧场将增殖放流、生境修复与资源养护等功能融合发展，具体内涵主要包括"生态优先、陆海统筹、三产贯通与四化同步"等基本理念，即海洋牧场的可持续发展必须依赖具有活力的海洋生态系统，海洋牧场的建设区域必须包括海域与陆地的共同开发，海洋牧场的产业链必须包括一二三产业的融合发展，海洋牧场功能的高效发挥必须依赖技术与设备的现代化水平（杨红生，2016；杨红生等，2019a）。

11.2.2 国际海洋牧场产业发展现状与启示

1. 国际海洋牧场产业发展地域多元化特征显著

据联合国粮食及农业组织的统计，从 1984 开始至今，全世界范围内共有 64 个国家进行过 180 种的资源增殖实践，在欧洲、北美洲、亚洲与大洋洲建设了广泛的海洋牧场区。因各地区海域生态系统差异、渔业利用需求差异与经济发展差异等多元因素，海洋牧场产业在以日本、韩国为代表的亚洲国家，以美国和加拿大为代表的北美洲国家，以澳大利亚为代表的大洋洲国家与以德国、挪威、英国为代表的欧洲国家等形成了典型的产业差异性现象。

1）亚洲海洋牧场产业特征

以日本和韩国为代表的亚洲海洋牧场产业特征在于在增殖放流与人工鱼礁投放等基础之上，积极引入了先进的海洋牧场管理与运营理念技术，在渔业产业可持续发展的基础上，注重渔业资源的最大化利用（佘远安，2008）。

日本在 20 世纪 70 年代开始着手以人工鱼礁建设、近海鱼类苗种培育为基础修复与开发浅海增养殖渔场。80 年代，日本开始尝试近海渔业资源家鱼化的开发研究，亦称为"海洋牧场"研究，旨在通过人工鱼礁投放、资源增殖放流与海域生态化管理等技术手段，实现海域生产力提高、资源密度上升、鱼类行为可控和资源规模化生产的目标，实现沿岸、近海鱼种可持续开发与利用（陈丕茂等，2019）。目前，日本已成功建立了金枪鱼、牙鲆、许氏平鲉、黑鲷、真鲷等鱼种海洋牧场。而韩国则在日本等国的产业发展经验基础之上，在海洋牧场的建设过程中，强调以不同海域的海洋生态系统为基础构建具有明显地域差异、功能差异的海洋牧场，以便于渔业生产与资源管理。

2）北美洲海洋牧场产业特征

以美国和加拿大为代表的北美洲海洋牧场产业特征在于在人工鱼礁投放的基础上，注重将传统渔业与旅游业、餐饮业、观光业与潜水行业等有机融合，创建经济效益较高的休闲游钓产业（凌申，2012）。

美国和加拿大从 20 世纪 60 年代起就增殖放流太平洋鲑鱼，此外，美国还在近年来开展了牡蛎、美洲龙虾和大型藻类等系列高值物种的增殖，并且所增殖的物种多为自然采苗。例如，美国东北部海区的马里兰州切萨皮克湾及康涅狄格州的长岛海峡是牡蛎资源增殖的主要海区，他们在潮间带和潮下带投放采苗器，采苗后移到自然生长区，以增加自然资源，并以此为基础积极开展产业转型，通过游艇租赁、海上餐饮、海上观光、海底潜水、海上垂钓等娱乐项目吸引游客发展休闲渔业产业，并在此过程中高度重视休闲渔业配套法律法规制定，以保障产业的发展（凌申，2012）。在加拿大也有报道利用退役军舰改造为人工鱼礁，发展当地休闲渔业和海钓业。

3）欧洲海洋牧场产业特征

以德国、挪威、英国等为代表的欧洲海洋牧场产业特征在于注重通过放流重要经济鱼类苗种，达到增加渔业资源生物量的目的，进而满足商业捕捞与开发（李波，2012）。

欧洲各国是海洋牧场建设最多的区域，并且欧洲各国所增殖的经济物种差别较大，原因为欧洲各国对于海产品的传统消费偏爱具有地区性差异。例如，法国的海洋牧场以扇贝增殖为主；英国通过投放人工鱼礁，在其所辖的海洋牧场以牡蛎、鱼类增殖为主，但苏格兰以贻贝增殖为主；在欧洲北部的瑞典、芬兰所属海洋牧场以鲑鳟鱼类增殖为主；而挪威以冷水性的鳕鱼、鲑鳟鱼类增殖为主。此外，欧洲各国在海洋牧场建设的同时，注重增殖放流品种的存活、繁殖与种群重建等重大生态问题的持续监测，并以此推动行业标准与国家立法。

4）大洋洲海洋牧场产业特征

在全球气候变化与人类活动的影响下，珊瑚礁生态系统具有重要的生态功能与独特的生态脆弱性，以澳大利亚为代表的大洋洲海洋牧场产业特征在于开发渔业资源的同时，高度重视珊瑚礁生态系统的保护，并且引入了系列先进信息技术应用于渔业生产管理过程中（黄其泉等，2006）。

大洋洲四面环海，珊瑚礁生态系统发达，海洋生态系统初级生产力较高，因此，以澳大利亚等为代表的国家拥有天然的发展海洋牧场的独特地理优势。近年来，为保护珊瑚礁生态系统，同时实现渔业资源可持续开发的目标，澳大利亚政府高度重视通过加强信息技术的应用，加强渔业生产过程中的监管与监督。例如，通过开发并强制安装渔船定位系统，保障渔业生产区域的可视化；通过应用资源环境信息系统与配额管理语音互动系统，强化渔业数据管理，为科学研究与行政管理提供实时的大数据支撑，并保障渔业资源的可持续开发（黄其泉等，2006）。

2. 国际海洋牧场产业发展问题

虽然海洋牧场建设蓬勃发展，但因海域确权困难、资金投入大等，在全球范围内，海洋牧场产业可持续发展受到了严重影响，主要体现在牧场建设规划缺乏科学依据、海洋牧场产业形式单一与海洋牧场建设缺乏有效评估手段等方面。

1）海洋牧场建设成效和风险难以评估

承载力是指单位水体在保护环境、节约资源和保证应有效益的各个方面都符合可持续发展要求的最大生物量。由于受到地理条件等影响，不同水域的增殖承载力存在差异，即使是同一增殖区域，由于增殖模式的不同，承载力也存在较大的差别。在全球范围内海洋牧场建设过程中，由于未能估算不同生物类群的环境承载力，牧场增殖种类配比和投放规模难以确定（李波，2012）。对海洋牧场待建海域的水质、底质、水流、生物群落结构以及承载能力的不了解，会使得海洋牧场建设难以达到预期目标、增养殖生物成活率降低、局部环境恶化，甚至对海域生态系统造成破坏（张震，2015）。

2）海洋牧场产业形式单一与需求多元化的矛盾突出

当前各国对于海洋牧场建设的主要目的在于通过增加经济鱼类资源量，进而满足捕捞或垂钓等单一的商业功能。但近年来随着对于资源养护功能、生境修复功能等海洋牧场新型功能的需求逐渐加大，如何实现海洋牧场功能多元化发挥成为限制海洋牧场产业可持续发展的重要产业瓶颈。由于目前海洋牧场的建设还比较依赖增养殖业、人工鱼礁业、增殖放流业等，造成了技术单一落后，没有形成独立的技术体系，产业链上技术储备不足，缺乏一套完整的海洋牧场行业标准。尤其突出的是现有的海洋牧场建设主观性、随意性、片面性现象较严重，产业技术研发平台建设过多地依靠地方上的研究资金资助，在全球范围内尚未成立国家层面的专门研发机构，也缺乏独立的国家级海洋牧场科研管理机构。加之当前海洋牧场建设目的多以营利性工程建设形式为主，常具有一次性短期投资的性质，严重影响了海洋牧场产业的可持续发展。

3）海洋牧场建设规划缺乏科学依据

当前全球海洋牧场建设多以企业出资，建设主体单位也以企业为主，缺乏在国家、省、市层次上的统一规划（李波，2012）。而且海洋牧场的建设同时受多个涉海部门指导，但各部门职能分工不清、目标不同，因而存在重复建设、特色不突出的现象，难以达到整体有效的效果。此外，现建的多数海洋牧场还只停留在投石造礁、沉船引鱼的初期阶段，布局不尽合理，缺乏长期规划，缺少牧场结果观测数据，建设效果欠佳（张震，2015）。全球范围内除了少数海洋牧场在设计中涉及对红树林、海草床、海藻床、珊瑚礁的修复，其他大多仍以增殖经济价值较高的水产品为目的，未能充分考虑环境和生态系统功能的恢复，对渔业资源种类的种群结构、遗传多样性的恢复等关注不足。对"三场一通道"（产卵场、索饵场、越冬场和洄游通道）的保护缺乏重视，重经济、轻生态的观念仍根深蒂固。虽然从商业角度上来说，海洋牧场建设过程中应追求一定程度的单品种、大量增殖，但这会导致高产降价，更重要的是会对海洋牧场海域生态系统稳定性造成不利影响（张震，2015）。此外，从生态学角度看，增殖群体与野生种群若存在生殖交流，野生种群的遗传结构及多样性可能会受到增殖群体的负面影响。

11.2.3 我国海洋牧场产业发展现状与问题

1. 我国海洋牧场产业发展特征

我国海洋牧业的发展同样经历了渔业资源增殖放流、投放人工鱼礁和系统化的海洋牧场等产业发展阶段。不同的是，我国的海洋牧业在20世纪70年代之后恢复并兴起，增殖放流、人工鱼礁多种产业形态同时发展，国内外海洋牧场理念和经验交融互鉴，在短时间内走过了其他国家几十年的发展道路。我国海洋牧场产业发展主要包括建设试验期、建设推进期与建设加速期等三个阶段（杨红生等，2019a）。

1）海洋牧场建设试验期

我国海洋牧场建设试验期为1970~2005年，自"海洋农牧化"概念提出以来，我国海洋牧场实践活动内容主要包括人工鱼礁投放、渔业资源增殖放流等为主，其间海洋牧场建设特点以小规模的尝试为主。在渔业资源增殖放流方面，主要包括自20世纪70年代中后期开展的对虾增殖放流，并于80年代末随着资源退化现象加速，开展了规模化增殖放流工作，放流的物种包括大黄鱼（*Pseudosciaena crocea*）、仿刺参（*Apostichopus japonicus*）、皱纹盘鲍（*Haliotis discus hannai*）、海蜇（*Rhopilema esculentum*）、三疣梭子蟹（*Portunus trituberculatus*）、金乌贼（*Sepia esculenta*）等数十种常见经济种类，但在选择放流对象、确定放流规格和数量上具有一定的盲目性，难以确定增殖放流所产生的经济效益和生态效益。在人工鱼礁建设方面，始于1979年广西防城港市的26座试验性小型单体人工鱼礁投放，随后，在农业部组织下，辽宁至广西共8个省（区）开展了人工鱼礁试验，共投放了2.87万个人工鱼礁，共投放礁体8.9万 m^3，但其间鱼礁多以小型化为主，缺少鱼礁的科学设计（李忠义等，2019；杨红生等，2019a）。

2）海洋牧场建设推进期

我国海洋牧场建设推进期为2006~2015年，标志性成果为发布了《中国水生生物资源养护行动纲要》，为海洋牧场的建设提供了有效的政策性保障，并将我国海洋牧场建设目标由"增养殖"升级到"养护"层面。其间，渔业资源放流数量快速增长，据不完全统计，截至2015年我国向四大海域（渤海、黄海、东海和南海）组织投放了超过100种的鱼、虾、贝、蟹、海参等经济水生生物，投放种苗已超过1200亿尾（粒），投入资金超过30亿元，许多增殖放流种类获得了良好的投入产出效果，并建设鱼礁6094万 m^3，初步形成海洋牧场852.6 km^2，为海洋牧场的现代化与生态化转型升级，打下了坚实的产业基础（李忠义等，2019；杨红生等，2019a）。

3）海洋牧场建设加速期

我国海洋牧场建设加速期开始于2015年5月，农业部组织开展了系列国家级海洋牧场示范区创建活动，推进以海洋牧场建设为主要形式的区域性渔业资源养护、生态环境保护和渔业综合开发。并于同年12月，开始了天津大神堂海域等22个首批国家级海洋牧场示范区建设工作（李忠义等，2019；杨红生等，2019a）。之后，在2016年、2017年、2018

年、2019 年、2020 年与 2022 年先后共组织开展了共计 153 处国家级海洋牧场示范区建设工作，海洋牧场产业在我国得到了前所未有的关注并得以进入快速发展阶段。

经过近 60 年的努力，我国海洋牧场的建设从理念构想到初具规模，其形态和内涵不断发展丰富，包括育种、育苗、养殖、增殖、回捕全过程，重视生境修复和资源养护的现代化海洋牧业建设技术体系逐渐成熟，即真正意义上的海洋牧场建设技术体系与生产模式在我国已经出现。根据《全国海洋牧场建设规划（2016—2025 年）》，到 2025 年，我国争取建设 178 个国家级海洋牧场示范区，以实现现代渔业产业的快速转型升级。

2. 我国海洋牧场产业发展问题

在捕捞和养殖业造成诸多生态问题的背景下，现代化海洋牧场被视为实现海洋环境保护和渔业资源高效产出的新业态，是实现渔业开发、海洋生态保护、海洋生境修复与海洋生物资源可持续利用的重要举措。自 2015 年以来，海洋牧场在我国发展迅猛，但低水平同质化现象严重。一系列产业问题为我国海洋牧场的高质量发展带来了严峻挑战，集中体现在规划布局缺乏统筹设计、技术水平有待提高、设施设备现代化不足与产业模式有待加强等四个方面。

1）大空间尺度下海洋牧场选址、规划与布局理论有待加强

当前，我国海洋牧场的选址、规划与布局相关理论仍有待完善，仍缺少大空间尺度下的统筹工作，同时也缺少类似层次结构模型等新型选址技术的集成应用（许强和章守宇，2013）。主要体现在以下两点：第一，在海洋牧场单元区内，海洋牧场构建设施设备的布局缺乏相关理论支撑，导致了海洋牧场单元区整体生境营造能力不强、资源环境等生态效应较弱的现象。第二，在大空间尺度下多个海洋牧场区的规划缺少统筹布局相关原理支撑，各海洋牧场区难以形成有机的海洋牧场群，导致了大尺度下海洋牧场生物功能群营造能力较弱的现状。

2）现代化海洋牧场建设技术体系有待完善

当前我国海洋牧场建设技术体系仍多集中于渔业资源增殖放流技术，生境构建技术也仍以初级的鱼礁投放技术等为主，而生物承载力评估技术、生物容纳量评估技术、动物行为控制技术、多元营养级营造技术等现代化海洋牧场建设技术体系仍有待完善，并造成了系列产业问题。例如，在海洋牧场建设过程中因人工生境工程技术缺乏系统性研究，设施-生物-环境三者之间的耦合机制不清，海草（藻）床、珊瑚礁修复缺乏有效措施，生物功能群构建缺乏核心技术支撑等问题，严重制约着海洋牧场生态效益和高效产出的提升。

3）大型自动化海洋牧场设施设备研发有待加强

当前，在我国海洋牧场建设过程中仍以简易的筏式设施与人工鱼礁等为主要设施，现代化设施设备研发与应用仍有待加强，导致海洋牧场生产效率与产出效率整体较低。例如，因海洋牧场环境资源高精度实时监测系统与设备研发针对性不强，我国海洋牧场资源仍未实现真正意义上的"可视、可测、可报"，严重影响了海洋牧场的资源安全维护。此外，当前在全球气候变化和人类活动影响下，海洋牧场的生态灾害时有发生，但生态风险的信息化预警与精准预报设施设备研发工作仍处于初级阶段，导致对赤潮、浒苔与台风等生态灾害的应对能力仍有待加强，严重影响了海洋牧场的可持续利用年限与生态安全。

4）全产业链条融合发展的海洋牧场产业模式有待完善

当前，我国海洋牧场产业模式仍以经济渔业资源捕捞为主，全产业链条融合发展的海洋牧场产业模式有待完善，主要表现为以下两点：第一，缺少下游高值的水产品精深加工产业乃至休闲旅游产业的延伸，一二三产业融合发展模式有待建立，导致各地海洋牧场呈现经济效益不高的产业局面；此外，虽然各海域渔业产出明显不同，但地方特色渔业品牌打造工作有待加强，导致各地海洋牧场未形成明显品牌化效应，也是海洋牧场产业经济效益低下的另一重要原因。

11.2.4 国际海洋牧场科技发展现状与瓶颈

1. 国际海洋牧场科技发展现状

近年来，随着海洋牧场建设技术体系逐渐完善，单一的、独立的技术环节突破愈发困难，全球范围内现代化海洋牧场建设技术发展趋势主要表现为多产业融合与多技术融合方面，相关应用在日本、韩国、德国、荷兰、比利时与挪威都取得了重要进展，主要体现在将海上风电、海洋地理信息系统与海洋牧场管理技术融合发展等。

1）"海洋牧场+清洁风电"融合发展模式成为新亮点

从全球范围来看，海洋牧场与海上风电融合发展技术与立体开发模式作为集约节约用海的重要新型技术与产业创新，目前已成为全球现代化海洋牧场产业转型升级的重要抓手，并取得了系列进展。欧洲国家已于 2000 年实施了海上风电和海水增养殖结合的试点研究，其原理为将鱼类养殖网箱、贝藻养殖筏架固定在风机基础之上，以实现集约用海的目标，为评估海上风电和多营养层次海水养殖融合发展潜力提供了典型案例（Buck and Langan，2017）。以韩国为代表的亚洲国家于 2016 年也开展了海上风电与海水养殖结合项目，结果表明双壳贝类和海藻等重要经济生物资源量在海上风电区都有所增加（Buck and Langan，2017）。"海洋牧场+清洁风电"融合发展模式，为全球海洋空间资源的高效利用提供了新的思路，预计在欧美等发达国家会成为未来现代化海洋牧场转型升级的主要发展方向。

2）管理技术创新助力现代化海洋牧场高效运转

针对海洋牧场资源去向不明、资源捕捞效率低的技术问题，基于生态系统的现代牧场管理理念已得到广泛发展与应用。例如，韩国通过将海洋地理学引入海洋牧场研究中，成功建立了基于栖息地环境改造技术与渔业资源种群回捕技术的海洋牧场的经营管理模型，并基于此建立了覆盖韩国全国范围的统营海洋牧场、全罗南道海洋牧场、蔚珍海洋牧场与北济州郡海洋牧场等大型牧场，实现了海洋牧场管理理念与管理技术的创新，为全球现代化海洋牧场建设与管理提供了重要参考。

而澳大利亚、美国等则实现了将捕捞配额制度等现代管理技术应用到海洋牧场渔业生产中，在大幅提高生产效率的基础上，也为海洋牧场资源的可持续利用提供了相关制度保障（黄其泉等，2006）。

2. 国际海洋牧场科技发展瓶颈

目前，在全球范围内海洋牧场建设已成为欧洲各国、美国、日本与韩国等解决近海渔业资源衰退的关键技术手段，并形成了涉及捕捞业、休闲渔业、食品加工业等产值巨大的产业链，但因生产成本过高，现代化海洋牧场建设却面临着严峻技术考验，具体为以下内容。

1）海洋牧场生物行为控制技术、设备与原理有待集成突破

在全球范围内，渔业资源仍是海洋牧场的主要经济产出。但因海洋牧场渔业生物资源分布广泛、运动能力较强，当前普遍存在以下技术瓶颈，主要表现为：①生物资源高精度实时监测原理与设备研发较为薄弱，导致牧场经济生物管理整体呈现"去向不明""难觅踪迹"的现状；②对野外环境下经济生物的运动行为、摄食行为、集群行为、节律行为、领地行为、繁殖行为等关键时空行为动态过程转换机制研究缺乏，导致牧场生物易出现季节性大规模死亡现象；③对动物行为人工控制系统研究缺乏，导致牧场经济动物增养殖过程中呈现捕捞效率低、养殖效率低的现象。

伴随全球范围内海洋牧场产业规模日益扩大，牧场经济动物控制技术落后已经成为制约海洋牧场产业升级的技术瓶颈，成为当前最突出和急需解决的问题。因此，海洋牧场动物行为实时监测网络构建、海洋牧场动物行为模式功能与调控机制解析、海洋牧场动物行为智能控制系统开发是全球海洋牧场可持续发展与现代化管理的重中之重。

2）海洋牧场运营管理信息化、自动化、工程化与标准化水平较低

目前，信息化、自动化、工程化与标准化在全球海洋牧场现代化建设与运营过程中占据越来越重要的地位，但海洋牧场的总体"四化"水平仍有待提高（张震，2015）。

在信息化方面，技术瓶颈包括：①如何集成突破海洋牧场资源、环境等大数据的采集、传输与分析技术体系；②如何将海洋牧场资源、环境大数据科学合理地应用到牧场管理中；③海洋牧场因多涉及物理海洋等涉密数据，海洋牧场信息安全的问题亟待解决，如在海洋牧场的运营数据获得、使用与共享等方面的明确规定仍有待完善。在标准化方面，安全标准、管理标准、共享标准、应用标准和信息化标准等规范的建立，无论是从数量上还是从全面性来看，与当前信息化海洋牧场建设的要求差距巨大（张震，2015）。而在工程化和自动化方面，海洋牧场与光电、风电、波浪能等新能源产业融合度较低，导致海洋牧场大型设施设备能源自给能力较弱，致使大型捕捞设施、增殖设施、资源环境监测设施与环境保障设施等无法实现大规模使用。而这些技术、设备、模式与原理瓶颈在很大程度上制约了海洋牧场的现代化发展及整体管理运营效率的提升（李波，2012）。

11.2.5 我国海洋牧场科技发展现状与瓶颈

1. 我国海洋牧场科技发展现状

近年来，我国科研工作者在海洋牧场建设理念与理论、技术、装备与模式等方面都取得了较大进步，并通过初步创制生态容纳量模型理论、生境构建技术、资源养护技术、生物功能群构建技术、资源环境监测装备设施、海洋牧场综合平台、"渔旅融合"产业模式、高值海产品加工模式等，初步建立了海洋牧场产业科技支撑体系。

1）确立了原创性现代化海洋牧场建设理论理念

在海洋牧场建设理论方面，我国已初步建立了以海洋牧场生物承载力评估理论、海洋牧场生态容纳量评估理论、海洋牧场生物碳汇理论、海洋牧场生态系统演化理论、海洋牧场生物功能群构建理论等为典型代表的现代化海洋牧场理论体系，并成功将相关理论应用到了莱州湾海洋牧场、唐山湾海洋牧场、祥云湾海洋牧场等建设实践中，在保障渔业资源持续产出的基础上，大大保障了海洋牧场生态系统的健康与稳定（沈金生和梁瑞芳，2018；Xu et al.，2019）。

在海洋牧场建设科技理念上，杨红生等（2019a）系统总结了我国老一辈科学家对"海洋农牧化"的科学论断并基于当前我国国情，提出了"生态优先、陆海统筹、三产贯通、四化同步"的现代化海洋牧场建设理念。"生态优先"即现代化海洋牧场的生态功能发挥要以健康的海洋生态系统为前提，生态的修复方法与建设目标是海洋牧场建设的根本；"陆海统筹"指的是，海洋牧场建设区域不仅包括海上牧场区域，还应同时覆盖陆地区域，如陆地是健康苗种的生产区域，同时也是海洋牧场现代化管理的信息处理基地，而海上是海洋牧场的生境修复区域与资源产出空间；"三产贯通"指的是，现代化海洋牧场产业不仅包括渔业，而是由海洋装备制造业、水产品深加工业与休闲渔业等一二三产业形成的产业链、产业群，具有高值化与高质化的典型产业特征；"四化同步"指的是，在我国现代化海洋牧场建设过程中，要高度重视工程化、机械化、自动化、信息化的产业技术方向，以"四化"为核心与基础，提高海洋牧场的生产效率与产业稳定性。

2）构建了现代化海洋牧场建设技术体系

为达到资源养护、生境修复与环境保护的多元海洋牧场建设效果，我国已构建了以生境修复技术、资源养护技术、生物功能群构建技术、资源环境监测技术与高效率的现代化海洋牧场生产管理技术等为核心的现代化海洋牧场建设技术体系，并系统编制了国家与地方系列海洋牧场建设技术标准、规程，以保障海洋牧场建设技术的标准化、流程化与正规化（胥苗苗，2019）。

在生境养护技术体系方面，为营造海洋牧场生境、高效修复近海受损海藻床/场与产卵场等，针对我国海湾生境、海岛生境、滩涂生境与离岸深水生境的典型需求，研发了系列生境修复关键设施，开发了系列生境养护模式，集成实现了海洋牧场生境系统性修复的创新（Xu et al.，2016，2018）。

在资源养护与生物功能群构建技术体系方面，为提高海洋牧场生物资源养护效率与野生种群资源的自我补充能力，突破了仿刺参（*Apostichopus japonicus*）、金乌贼（*Sepia esculenta*）、脉红螺（*Rapana venosa*）、许氏平鲉（*Sebastes schlegelii*）等典型海洋牧场重要资源的扩繁与增殖综合技术体系，大幅提高了资源的规模与有效繁殖个体数量，实现了海洋牧场资源生态型修复的技术与模式创新（张秀梅等，2009；Ru et al.，2019）。

在资源环境监测与生态安全保障技术方面，为提高海洋牧场的生境修复效果评估与资源养护效率评价的精确度，以及保障海洋牧场环境监测实时性与生态风险预警的及时性，从生态模型优化、水下大数据信息采集、传输与分析技术等方面，集成研发了资源-环境实时监测预警预报系统，实现了海洋牧场资源环境的综合预警预报创新（张立斌和林承刚，2018）。

在建设实践与技术标准化方面，针对我国海洋生境具有地区差异大的特点，以及海洋牧场建设技术缺少"可复制、可推广"的有效模板问题，系统编制了国家层面与地方层面的海洋牧场建设技术标准，并构建了具有不同生境特征的现代化海洋牧场产业示范基地（赵洪杰，2016；曾旭等，2018）。

在现代化海洋牧场生产、运营与管理技术方面，为提高海洋牧场生产效率与效益，以及提高企业参与积极性，构建了"海洋牧场+物联网+互联网"的管理技术体系与现代化生产技术体系，实现了企业增效和渔民增收。

3）研发了系列现代化海洋牧场设施设备

为提高海洋牧场建设效果，保障海洋牧场资源环境效应的长效持久发挥，我国已在生境构建与营造、资源环境监测、资源养护等方面研发了系列具有自主知识产权的新型装备设施。

在生境构建与营造设施设备方面，为提高生境修复效果，针对不同海域生境差异大的特点，系统研发了生态型牡蛎礁、人工藻礁与人工草礁等不同类型的人工鱼礁（Zhang et al., 2015），同时在生态型人工鱼礁的材料选择、礁型设计、批量制造、批量安装与投放、鱼礁布局等方面形成了较为成熟的技术体系，实现了系列技术的集成应用与广泛推广。

在资源养护设施设备方面，研发了刺参、鲍鱼、虾夷盘扇贝、许氏平鲉等海珍品所通用的苗种繁育系列设施；在增殖放流方面，创制了中国花鲈等重要经济鱼类行为驯化设施，对增殖放流的海珍品苗种成活率提供了保障。

在资源环境监测设施设备方面，为适应高盐、高浑浊度与强腐蚀性等的海洋环境条件，集成研发了高抗腐蚀的水下视频采集系统，温度、盐度、光照、pH 与溶解氧等水下多参数环境因子实时监测系统（Feng et al., 2013），以及水下资源环境大数据信息传输系统，并通过与专家决策系统联用，实现了水下数据的精准采集、高效稳定传输与精准分析，大大提高了海洋牧场对浒苔、台风、高温、低氧等重大自然灾害的综合抵御能力。

4）创制了系列现代化海洋牧场多产业融合发展模式

为提高海洋牧场经济效益，发挥综合产业优势，当前我国已成功创制了"海洋牧场+食品精深加工""海洋牧场+文化旅游"等综合产业链条，并有效促进了现代化渔业转型升级。

在"渔农融合"模式创新方面，通过现代医学与现代食品加工技术的集成应用，以刺参、虾夷盘扇贝、牡蛎等重要海珍品下脚料为原料，系统开发了系列高值保健品、化妆品、高端食品等不同形式的新型产品，在大幅提高产业效益的基础上，实现了渔业废弃物综合绿色使用。

在"渔旅融合"模式创新方面，在保障海洋牧场生态系统安全的前提下，为提升游客旅行体验，创建了丰富的海洋牧场游乐项目，通过研发系列环保型旅游配套设施设备，形成了海上餐厅、海底潜水、海底摄影、海底观光与海上垂钓等多元产业链，打造了海南蜈支洲岛海洋牧场旅游模式。此外，也通过设立海洋牧场展览馆等宣传方式，大大提高了公众对海洋环保的意识与认知。

2. 我国海洋牧场科技发展瓶颈

目前，我国已完成了覆盖四大海域的 153 个国家级海洋牧场示范区建设，标志着我国海洋牧场的产业基础初具雏形。但也出现了一些不容忽视的技术瓶颈，主要表现为现代化海洋牧场建设技术、建设装备与建设设施的"四化"水平较低，即工程化、自动化、信息化、智能化程度低是导致当前海洋牧场生产力水平低的根本所在，是限制海洋牧场向现代化海洋牧场转型升级的关键瓶颈，也是未来现代海洋牧场的必然发展方向，是解决当前海洋牧场诸多产业与技术问题的根本所在（杨红生等，2018），而以与新能源等新型产业技术融合性低为代表的产业模式创新问题是另一关键技术瓶颈。

面向未来，海洋牧场建设要加强并突破海洋牧场规划布局原理、精准评估模型原理、食品安全追溯技术、模型预测技术、生境精准营造技术、3S 技术、物联网和人工智能技术、牧场信息化管理实施设备研发、生物驯化技术与实施创制、资源自动化采收技术装备研发、海洋牧场与海上风电融合发展产业模式等诸多原理、技术、设施装备与产业模式技术瓶颈，是现代化海洋牧场产业成功转型升级的重中之重。

1）高精度海洋牧场规划布局与生物承载力评估原理亟待提升

前期我国海洋牧场研究多集中于技术开发方面，导致当前我国海洋牧场建设在原理研究方面体系性与专业性仍较弱，而海洋牧场规划布局原理与生物承载力评估原理作为海洋牧场建设原理的核心部分，在布局与评估的精确度与准确度方面亟待提升。

在高精度规划布局原理方面，技术限制主要体现在还未将传统的站位调查法、历史资料收集法等与层次结构模型等新型选址技术相融合，导致现代化海洋牧场选址适应性评价原理体系仍未建立，无法实现将生物资源现状、海洋生态现状、历史资源环境数据与目标海域地质海流等综合因子整合，从而导致海洋牧场建设后生态效应不明显。

在高精度生物承载力评估原理方面，技术限制主要为数据采集方面，如当前我国还未开发出基于声学的生物资源探测与评估技术，还未建立生物资源声学无损探测与评估体系；还未将遥感信息技术与环境因子乃至渔业资源动态变化相结合，无法形成稳定数据分析模型等。

2）复合高效海洋牧场生物功能群构建技术体系亟待建立

生物功能群构建是海洋牧场资源养护功能发挥的关键途径，主要通过营造复合高效的海洋牧场食物网结构来实现，但当前我国海洋牧场食物网结构不科学现象普遍，主要体现在食物网能量传递效率低，食物网结构层次少，食物网内消费者、生产者与分解者比例不科学等方面。主要技术原因为当前海洋牧场生物功能群构建多以经济价值高的渔业品种为主，缺少海草、海藻等初级生产力生物类群营造，或缺少鱼-藻、参-藻、珊瑚-参-鱼、鱼-参-贝-藻-草等多元复合高效海洋牧场食物网系统的构建，甚至食物网结构不符合牧场海域的生境与生态特征，致使海洋牧场内生物多样性较低、关键资源种生态功能不明确，最终导致海洋牧场生物资源可持续开发利用水平较低。

3）高精准海洋牧场生态安全保障设施设备亟待研制

在全球气候变化影响下，我国海洋牧场产业可持续发展与生物资源安全出现了严重的隐患，在赤潮、浒苔、海水酸化、溶解氧突降与冷水团不稳定波动等影响下，近年来，全国范围内出现了多例牧场生物季节性大规模死亡而原因不明的现象。例如，位于我国渤海的獐子岛海洋牧场冷水团运动异常导致虾夷盘扇贝出现绝产，夏季高温低氧则对位于渤海海洋牧场内的刺参造成了季节性大量死亡的后果（Ru et al., 2019），海水酸化则导致我国南海海洋牧场内珊瑚礁出现了大面积退化，致使海洋牧场初级生产力降低。

当前资源环境监测设施设备的精准度不高是海洋牧场生态安全保障能力不足的关键原因之一。但生态事故发生的环境原因与生物机制复杂，涉及水下环境因子、水上气候因子与海底沉积物环境因子的综合作用，因综合环境因素超出资源生物的耐受范围而出现大规模死亡现象。在此过程中，海洋牧场生态安全监测、预防与预警相关技术瓶颈主要为"天空地水"三维立体观测系统与多元数据采集系统尚未建立，如水上小型气象监测站、水上浮标平台、水中自升式监测平台、水下浅标平台等综合监测设施亟待实现设备联用与数据的精准采集。此外，资源环境监测网络尚未与专家决策系统实现数据共享，导致资源环境大数据的实时分析时效性差，无法提供及时、精准的生态灾害预防与应对方案。

4）多元"海洋牧场+新能源"产业融合模式亟待突破

当前，我国海洋牧场建设过程中仍普遍存在持续、稳定、低价的电力供给技术缺乏问题，导致海洋牧场大型增养殖设施、资源环境监测设备平台、海上旅游设施、海上通信设施等仍未实现海上电力能源的自给，原因为海洋牧场与风力发电、太阳能发电与潮汐能发电等新型能源融合发展技术体系与立体开发模式仍未建立（杨红生等，2019b）。

在"海洋牧场+新能源"产业融合发展模式创制中，关键技术瓶颈主要包括以下三点：①如何在海洋牧场内构建生态型智能微网等电力传输技术体系；②如何通过研发增殖型发电基础，实现海洋牧场设施与新能源发电设施的结构有机融合；③亟待开发低噪音、低磁场的环境友好型发电设施等，而相关技术与设备研发滞后，严重阻碍了"蓝色粮仓+蓝色能源"的现代海洋牧场融合发展新产业模式构建。

11.3 重大科技需求分析

11.3.1 科技发展愿景分析

1. 信息化、智慧化的海洋牧场建设与管理

随着人工智能理论、传感器技术和微计算机技术等的不断发展和成熟，具有感知、思维和动作能力的智能装备得到了广泛应用。海洋牧场建设作为生态保护、资源增殖和产出的系统工程，急需智能化信息技术实现规范化、智能化建设和管理，利用大数据挖掘技术形成海洋牧场专家知识和方法体系，"智慧"和"自进化"地去参与和处理、解决海洋牧场建设和管理各环节出现的问题。伴随海洋牧场建设原理的不断深化和信息技术的发展，相信通过现代海洋牧场人工智能系统的构建，可以实现海洋牧场从设计、育苗、放养、捕捞、生产到物流销售的完整的产业链和供应链的精准管理、控制，实现粗放型管理模式向精细化管理方式的转变，从靠天吃饭到精准牧渔的转变，从海洋灾害事后诊断到事前主动预警预报的转变，提高海洋牧场建设和管理效率，实现生态效益和经济效益协同提升。

2. "立体式"的海洋牧场空间与能源利用

清洁能源是符合国家绿色产业发展要求的热点领域，党的十九大报告指出："构建市场导向的绿色技术创新体系，发展绿色金融，壮大节能环保产业、清洁生产产业、清洁能源产业。推进能源生产和消费革命，构建清洁低碳、安全高效的能源体系。"海洋牧场作为我国海洋生态保护和可持续开发利用的代表，已经有较为扎实的原理和技术研究，海洋牧场和海上风电等清洁能源融合发展将会极大提高海域空间利用效率，是高效利用海洋清洁能源和实现生物资源恢复并举的绿色融合发展产业。

目前，以德国、荷兰、比利时、挪威等为代表的欧洲国家已于2000年实施了海上风电和海水增养殖结合的试点研究，其原理为将鱼类养殖网箱、贝藻养殖筏架固定在风机基础之上。海上风电的水下设施可类比于海洋牧场建设骨架礁体，对其有效利用将实现集约用海的目标，为实现海上风电和多营养层次综合养殖融合发展提供了典型案例。虽然欧洲国家在多年前已经将海上风电与海水养殖相结合发展，但是两种产业结合发展还不够完善，仍存在很多问题，欧洲发展的系列案例从原理到模式仍不够系统化。

因此，科学家提出海洋牧场与海上风电融合发展的科技愿景，即通过实验研究海上风电设施与海洋牧场生态系统的互作机制，探索海上风电与海洋牧场在生态效果和经济效果方面实现共赢的方式，建立海洋牧场与海上风电融合发展新模式，使海洋牧场与海上风电相辅相成、共同发展，让海洋牧场产业发展也可靠风前进、扬帆起航，实现清洁能源与海产品安全高效产出。与此同时，除海上风电之外的波浪能、潮流能等清洁可再生海洋能源也具有较强的与海洋牧场融合的潜力。

3. "三产贯通"的海洋牧场产业体系

借鉴美国等海洋牧场发展经验，以发展海洋休闲旅游业为建设目标；选择基础设施条件好的岛礁和海湾，开展珊瑚礁、海草（藻）床、牡蛎礁生态系统养护，集渔型人工鱼礁区建设，以及养护型及景观型人工鱼礁布放，养护恢复鱼类资源；开展高值经济鱼类增殖放流，配建陆基或船基旅游保障单元和海上旅游设施，通过打造休闲垂钓、礁体潜水观光、海上风情民宿体验等发展海上休闲旅游服务业，拉长产业链，实现"三产贯通"，发挥规模化效应。

11.3.2 科技发展需求分析

1. 深化海洋牧场生境营造原理与技术

人类活动及气候变化加速了近海生境退化，以及海草（藻）床、牡蛎礁等自然生境退化，海底"荒漠化"严重。根据不同海域特点进行适宜生境的修复和营造，是海洋牧场的首要内容。人工鱼礁构建是当前较为公认的有效养护渔业资源的手段，基于环境特征和渔业生物行为设计制造人工设施来形成独特的环境条件和栖息场所，可明显提高生物多样性。目前我国在人工鱼礁设计、布放和生态效应评估方面具有扎实积累，但由于我国海洋牧场建设规模不断扩大以及我国海域生境复杂多样，亟待科学合理的海洋牧场的宏观规划、更为深刻的人工渔场与自然环境连通和补充特性研究。

海藻（草）是海洋生态系统中重要的初级生产力来源，为海洋生物提供索饵、繁衍及栖息生境，同时具有明显的水质改善作用。海藻（草）床是海洋生态系统的基石，其在海洋牧场建设技术研究中具有不可或缺的角色。以海草床的修复为例，当前采用的主要方法包括移植法和种子法两种方法。移植法是将已生长成熟的海草通过枚订、石块、框架等固定物一起移植到新的环境中，使其在新环境中生长、繁殖，进而形成海草床。种子法是提前将海草种子收集贮藏，在建立新的海洋牧场时，将海草种子种到新的环境中，使新环境中生长成熟的海草再繁殖形成海草床。由于海洋环境的复杂程度高，海草床的营造和构建手段比起陆地植物的播种和规模化发展手段还远远不及，因此，突破规模化扩繁和大量播种、移栽技术成为海草床营造技术的关键。同时，也要发展海草床环境适宜性评价技术以及海草生长环境改造技术。

牡蛎具有"生态系统工程师"的称号，牡蛎礁构建具备水质净化、渔业生物增殖等多种生态功能，是我国当前海洋牧场建设的关键技术手段和热点领域。但是我国海域生境复杂多样，导致牡蛎礁生境和种群退化的因素多为人为破坏和自然环境变迁，急需从牡蛎礁生活史角度聚焦补充和保护等关键环节，研发实用牡蛎礁修复技术。同时，牡蛎作为连接初级生产力和更高营养级的桥梁，其在生态系统中的作用的定量评估及其种群动态模拟是牡蛎礁生态系统管理的关键技术。

2. 提升海洋牧场生物承载力评估技术

海洋牧场承载力评估是海洋牧场布局规划的前提，也是现代化海洋牧场建设的核心内容之一。海洋牧场生物承载力，表示在维持当前海洋牧场生态系统的稳定并可持续发展的前提下，生态系统能支持某生物种群的最大生物量。有效评估海洋牧场生物承载力，是从全局角度统筹规划我国现代海洋牧场建设的需要。评估海洋牧场生物承载力，可以为确定合理的建设规模、选择合适建设方法提供数据指导。例如，基于生物承载力选择合适的海洋牧场生物增殖种类、确定合理的生物资源放流量与投放规模，进而达到精准增殖生物资源的效果。此外，有效评估海洋牧场生物承载力，也是开展海洋牧场可持续经营管理活动的需要。例如，生物承载力是海洋牧场生物生产力的重要指数，依据生物承载力确定最大可持续采捕量，可以用以指导海洋牧场开展可持续捕捞活动，实现对海洋牧场渔业资源的可持续利用。

对于海洋生态系统生物承载力的研究，在世界范围内已经开展了多年。其研究方法从最开始的用经验法判断评估生物承载力，逐渐发展为利用生物个体生长的能量收支模型对生物承载力进行评估，最后发展到从生态系统水平出发，基于生态系统方法评估生物承载力的阶段。其中，利用 Ecopath 模型对海洋牧场生物承载力进行评估是主要的研究方法，如吴忠鑫等（2013）、许祯行等（2016）、Xu 等（2018）、杨红生（2018）均利用 Ecopath 模型对海洋牧场人工鱼礁区仿刺参（*Apostichopus japonicus*）、皱纹盘鲍（*Haliotis discus hannai*）、虾夷盘扇贝（*Patinopecten yessoensis*）、日本蟳（*Charybdis japonica*）、脉红螺（*Rapana venosa*）等生物承载力进行了评估，尹增强和章守宇（2011）利用 Logistic 模型对浙江嵊泗人工鱼礁区鱼类生物功能群和大型无脊椎动物生物功能群承载力进行了评估，Cooney（1993）利用能量收支的方法，对美国阿拉斯加州威廉王子湾对太平洋鲑鱼的生物承载力进行了评估，Seitz 等（2008）利用经验研究法，对切萨皮克湾蓝蟹（*Callinectes sapidus*）育幼场中其生物承载力进行了评估。由此可见，Ecopath 模型是评估海洋牧场生物承载力的合适方法之一，该模型被广泛应用于对大洋、近岸海湾与潟湖、池塘等生态系统生物承载力的评估。但目前在基于 Ecopath 模型评估海洋牧场生物承载力的研究中，均未考虑海洋牧场作为相对开放水域生态系统，与相邻水域生态系统之间的水交换作用。因此，需要与物理海洋学科相交叉，计算水交换对海洋牧场系统的物质能量补充量，更加准确评估地海洋牧场生物承载力。

3. 加强海洋牧场与清洁能源融合等工程示范

统筹海洋渔业和能源开发，建立海上风电与海洋牧场融合发展的新模式，开创"水下产出绿色产品，水上产出清洁能源"的新局面，让产品与能源共同产出，使海洋资源得到更高效的利用，探索出一条可复制、可推广、可发展的海域资源集约生态化开发的"海上粮仓+蓝色能源"新模式。这将为我国新旧动能转换综合试验区建设提供新思路，为国家海岸带地区可持续综合利用提供科学依据和典型范例，为学科融合、领域结合增加一个新的成功案例，实现生态效益、经济效益和社会效益的统一。

另外，通过海底智能微网实现输能及通信，结合水声通信技术，将"海洋牧场+海上风电"产业各智能装备组网互通，通过水上通信节点，实现整个系统组网的目标，以实现海底电缆通信、水声通信、电磁通信、卫星通信相结合的"空天地海"通信网络，既可以与外部电网并网运行，又可以孤立运行，同时也可从扩展海缆获得通信宽带分配，形成一个能够实现自我控制、保护和管理的自给系统，并可基于此通信网络远程精准反控海洋牧场生产活动各环节，提升生产效率，反馈生产活动状况以便及时解决处理，保障海洋牧场高效运转。结合海洋牧场水动力环境，积极开发波浪能、潮流能等其他海洋清洁能源，并网输入系统，优化电力来源结构，保障海洋牧场供电安全及应急供电，降低海洋牧场运行成本。

11.3.3 重大科技任务分析

1. 海洋牧场生境营造和承载力提升原理及技术

海洋牧场是实现海洋环境保护、海洋生物资源可持续利用的新业态，关键是构建以生境营造和生物资源承载力提升为核心内容的技术体系。在梳理当前海洋牧场建设技术基础上，进一步提高人工鱼礁设计研发和布放技术，确保礁区生物资源增殖效果和潜力；进一步扩大海洋牧场规划的空间尺度，从海湾尺度着眼，实现海洋牧场与其他用海方式和其他产业模式的统筹布局，发挥海洋牧场在生态修复、资源增殖上的优势；进一步加强对海草（藻）床、牡蛎礁等现有自然生境的监测和保护，针对典型生境退化区建立自然生境修复技术并进行示范，科学评估各自然生境对关键生态过程的贡献及其生态服务价值，建立保护和开发互相促进的自然生境修复利用模式；建立生物承载力评估、生物资源精细化监测、生物行为控制、采捕策略优化等技术手段，建立重视生态学原理、实行科学管控的海洋牧场建设和管理模式，实现海洋牧场生态系统高效产出性和稳定。

2. 海洋牧场环境和生态监测预警装备及技术

目前，我国海洋牧场监测预警方面的信息技术体系尚不能保障海洋牧场产业的快速健康发展。我国在海洋牧场生态环境和渔业资源的原位在线监测、三维立体在线监测、水动力-生态耦合、灾害预警等方面的基础理论和装备及技术相对薄弱，严重制约了海洋牧场实时在线监测体系和预警预报系统的发展，信息化水平低下。一方面导致海洋牧场仍处于生态环境不可见、不可知，牧场经济物种资源不可统计和不可控的状态，灾害不可预警；而另一方面使得海洋牧场的大力发展缺乏有效监督，存在一定的盲目性，并带来巨大的生态压力和经济损失风险。

因此，未来必须在全国范围内深化海洋牧场原位及三维立体在线监测、水动力-生态耦合和预警预报等方面的基础理论和新方法与新技术的研究，构建海洋牧场立体监测网络和预警预报系统，加强海洋牧场信息系统建设，为保障海洋牧场生态环境安全、实现可持续发展提供坚实的支撑。

3. 海洋牧场的信息化和智能化技术

充分利用现代信息技术，将海洋牧场核心技术群模型化开发，利用超算数据分析能力，建立海量的海洋牧场大数据分析处理技术，开发基于大数据的人工智能系统，实现系统处理、集成仿真以及智能学习推理，为海洋牧场提供更准确更高效的技术服务体系。集成智能感知传感器、环境监测装备、生物监测及行为调控装备，构建海洋牧场物联网生态圈；突破机械化和智能化的海洋农牧作业机器人或机械设施，降低高强度和高风险环节的人力投入比例。

海洋牧场建设的环节错综繁杂，催生了海洋牧场现代化管理趋势，把大数据、超算、人工智能和海洋牧场结合起来，实现精准育种、精准养殖和精准捕捞，弥补凭经验指导生产的不足，通过人工智能系统实现海洋的智慧化精准管理。随着海洋物联网技术观测频率、分辨率的提高，积累了大量的海洋数据，对于数据的挖掘与信息提取，海洋大数据技术不可缺。在此基础上还要发展云计算技术、智能分析技术，结合分析预报模型和辅助决策模型，解决海洋大数据的智能分析、预报以及决策问题，利用超算大科学装置群，实现对整个海洋系统的模拟，同时把人工智能系统部署到大科学装置群，进行机器学习，进而从机器智能向类脑智能发展，进一步实现从机器学习到深度学习，再到自主学习的跨越，最终实现对未来海洋牧场生态系统的智能自驱动、自发现和自演进。

4. 海洋牧场和清洁能源融合发展产业模式示范

目前，现代工业的快速发展，已经推动人们的生活水平快速提高，已经可以满足人们的各种需要，但是人们受益的同时，也使周围环境遭到了破坏。所以，开发清洁能源、降低污染、在优化环境的基础上继续发展成为各个领域的热点。

清洁能源是推进供给侧结构性改革和保障国家能源安全的战略需要。风能是世界天然的清洁能源，利用好风能就是发展好清洁能源最直接的手段之一，而海上风电是清洁能源发展的重要方向。所以，发展好海上风电就是利用好风能的具体方式。我国海域辽阔，海上风能资源丰富，根据全国普查结果，我国5~25m水深、50m高度海上风电开发潜力约2×10^8kW；5~50m水深、70m高度海上风电开发潜力约5×10^8kW。也就是说，在我国大部分近海海域70m高度内都具备较好的风能资源条件，我国海域的良好环境为建设海上风电提供了良好的基础，适合大规模开发建设海上风电场。

由于海上人工作业困难，气候变化较大，有些技术方法不易实施，因此海上风电的发展也存在很多关键性的问题，根据相关企业调研结果，海上风电生产出现了一些限制因素：

①海上风电机组离岸远，导致电力在输送过程中普遍存在损耗大、电网运维成本高、电网已损坏还不易维修的问题；②海上风电风机基础占地面积大，导致海上风电建设过程中存在风电基础造价高、运维成本高却无法得到有效利用的问题，并且海上风电所处环境为高湿度、高盐度、高光照，且桩基长期被海水浸泡，这就要求海上风电为解决这些问题增加投资成本；③海上环境恶劣，风电建设受气候影响大，易损且交通不便，危险性较高。海上风电的种种问题都直接严重影响发电收益。因此，运维成本高、交通不便利、水下风机基础无法得到有效利用等问题已经成为制约海上风电产业可持续发展的关键技术瓶颈，成为当前亟待解决的问题。随着海上风电的不断发展，不断会有新的问题、新的要求出现，这就要求开发新的科学技术、提出新的解决方案。

建立海洋牧场与海上风电融合发展技术体系，研发增殖型风电基础装备，开发环境友好型风机设施，构建"蓝色粮仓+蓝色能源"的现代化海洋牧场发展新模式；开发海洋牧场智能微网系统，保障海洋牧场的能源供给，实现海洋牧场与海上风电融合发展的可视、可管与可控，进一步实现海域空间资源的集约高效利用，兼顾清洁能源产出与渔业资源可持续发展。

11.4 技术水平发展总体评价

在国家政策支持、科研及产业人员的共同努力下，我国海洋牧场建设已经初见成效，但是海洋牧场建设要实现真正意义的现代化仍面临诸多挑战，仍存在重大基础研究和技术瓶颈亟待突破。本节将阐述国内外海洋牧场建设技术的发展态势，评价我国海洋牧场技术水平、差距及其发展阶段，为现代化海洋牧场建设提供参考。

11.4.1 技术发展态势评价

我国海洋牧场的加速建设得益于科研工作者在海洋牧场建设原理和技术体系上的探索与实践。近几年来，我国海洋牧场建设已经取得一系列进展，包括原理创新、标准规范制定、生境营造技术突破、环境资源监测网络建立、音响驯化及行为监测技术开发等。但真正意义上的现代化海洋牧场建设刚刚起步，技术研究滞后已经成为制约海洋牧场发展和产业升级的瓶颈，急需新的突破，这给当前科技工作者带来更大的机遇和挑战。

选择海洋牧场相关主题进行检索，以科学引文索引扩展版（Science Citation Index Expanded，SCIE）数据库为基础，采用 TS=(("marine ranch*" OR "sea ranch*" OR "ocean ranch*" OR "artificial reef*" OR "artificial fish reef*" OR "artificial marine habitat" OR "stock enhancement") NOT ("river$" OR "lake$" OR "freshwater"))的检索公式，选取文献类型为论文（article）、会议论文（proceedings paper）和综述（review），时间范围为 1990 年至检索日期（2020 年 3 月 18 日）。对得到的初步检索结果进行合并、去重和清洗处理，最终得到 2133 篇相关文献，从文献计量角度分析全球海洋牧场研究的发展态势。

以中国知网数据库为基础，以 SU=(海洋牧场+人工鱼礁+增殖放流)为主题检索公式，限定期刊类型为核心期刊、CSSCI 和 CSCD 来源期刊，时间范围设定为 1990 年至检索日期（2020 年 3 月 18 日），得到国内海洋牧场研究的相关文献 801 篇，从文献计量角度分析国内海洋牧场研究热点内容。

数据分析主要采用汤森路透集团开发的专利信息分析工具 TDA 软件、网络关系分析工具 Ucinet 和 NetDraw，以及 Nees Jan van Eck 和 Ludo Waltman 开发的 VOSviewer 软件和办公软件 Excel。利用 TDA 软件对文献数据进行基本的处理和清理，利用 Ucinet 和 NetDraw 工具绘制国家合作网络，利用 VOSviewer 软件对文章题名、摘要和关键词进行聚类分析，利用 Excel 软件对该领域文献进行统计分析以及图表绘制的可视化分析。

1. 国内研究发展态势分析

将国内相关研究数据集中的论文题目、摘要和关键词进行可视化图谱分析和领域聚类，得到图 11-1 和图 11-2。可以看到，海洋牧场、人工鱼礁、增殖放流三个关键词有紧密的联系，同时渔业资源、水产资源等关键词也与前面三者有较为紧密的关联。关键词反映出海洋牧场研究的热点领域包括：①人工鱼礁流场效应、稳定性及数值模拟；②人工鱼礁生物群落结构研究、效果评价和生态系统健康评价；③人工鱼礁生态容量；④增殖放流群体的遗传多样性；⑤增殖放流群体监测；⑥苗种培育和养殖模式；⑦渔业水产品安全等。

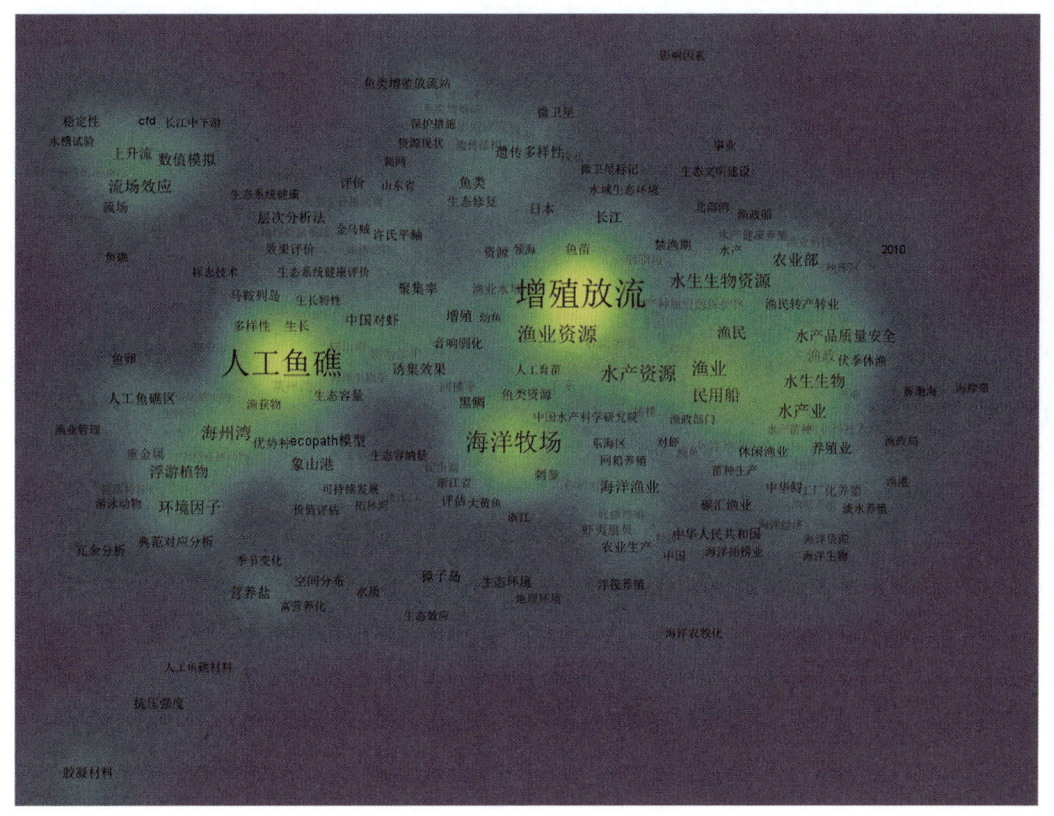

图 11-1　国内海洋牧场研究领域热点可视化图谱

颜色越凸显表明出现频次越高

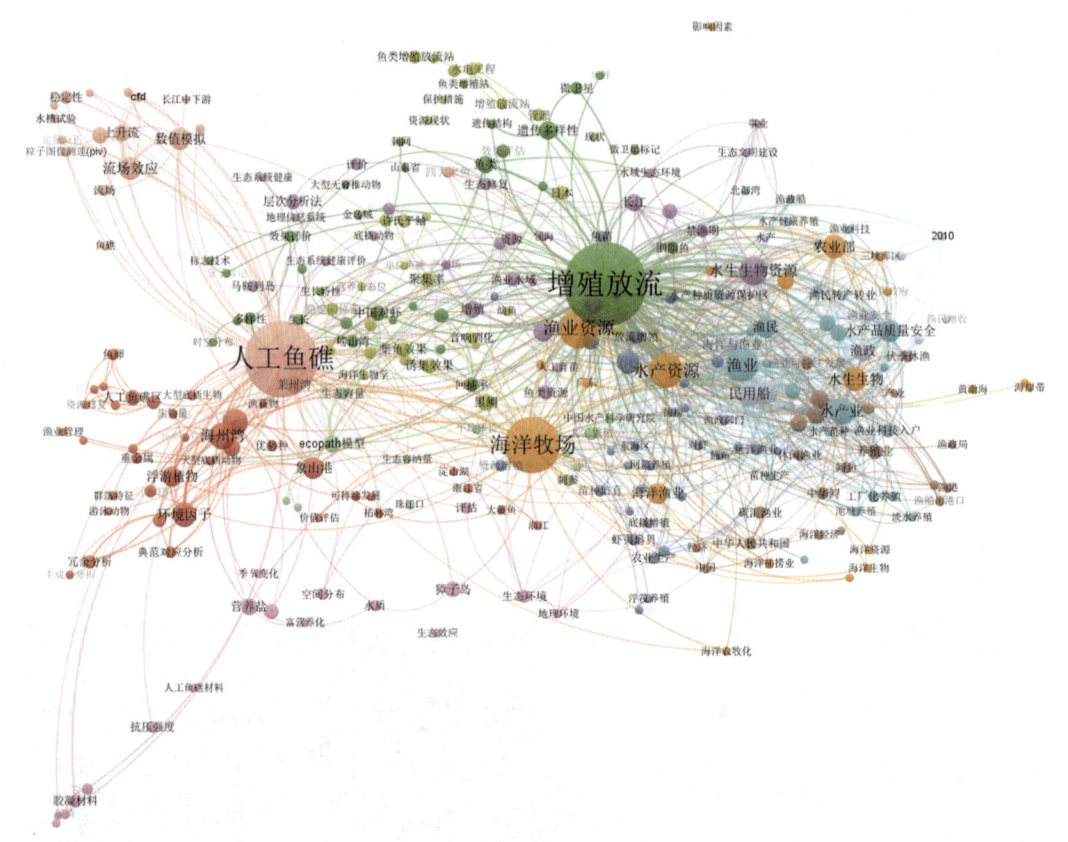

图 11-2　国内海洋牧场主要研究内容聚类图

联系紧密的关键词划分为同一区块；字号越大表示该关键词出现频次越高

2. 国际研究发展态势分析

1) 研究论文变化情况

1990~2019 年，国际海洋牧场研究发文量为 2103 篇，总被引频次达 11 948 次。由图 11-3 可以明显看出，国际海洋牧场研究发文量波动较大，各年度发文量情况不一，但总体呈现上升趋势。

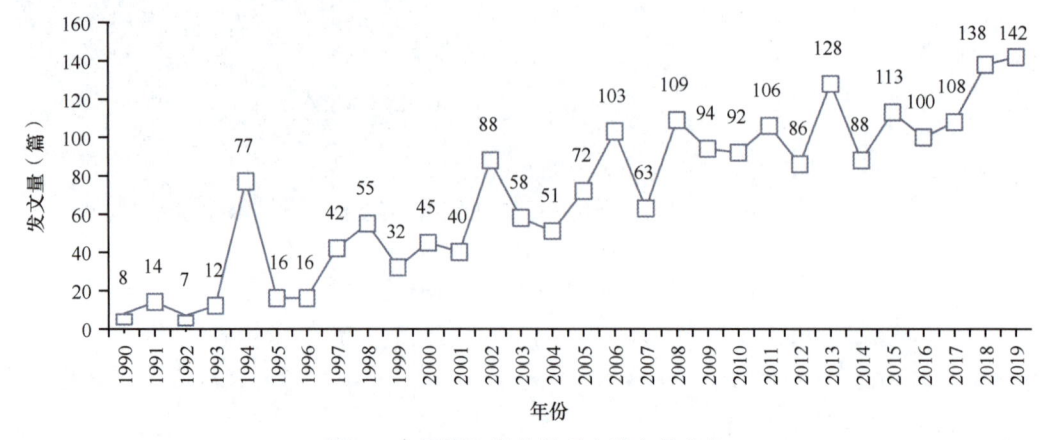

图 11-3　国际海洋牧场研究发文量变化

2) 国际研究力量与影响力分析

各国在海洋领域研究的起步时间及其海洋面积、海洋产业的主要模式等都会对其在海洋牧场领域的研究投入和成果数量产生影响。从发文量来看，美国处于优势领先地位，日本、澳大利亚和中国发文数量差别不大，但远远落后于美国，具体见图 11-4、图 11-5 和表 11-1。

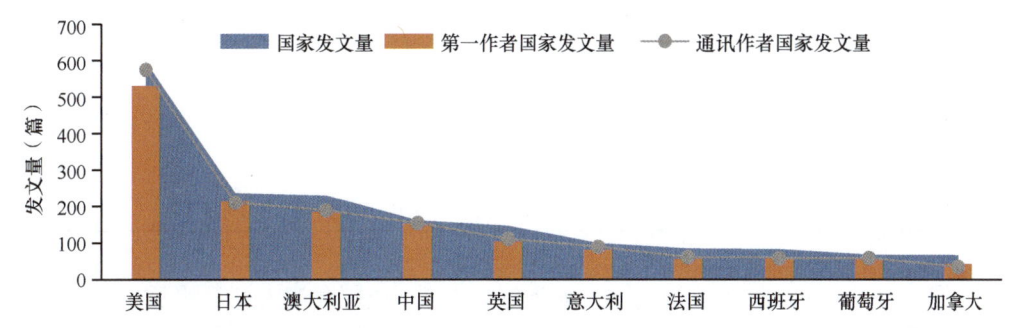

图 11-4　国际海洋牧场研究发文量前 10 位国家的发文量、第一作者国家和通讯作者国家发文量

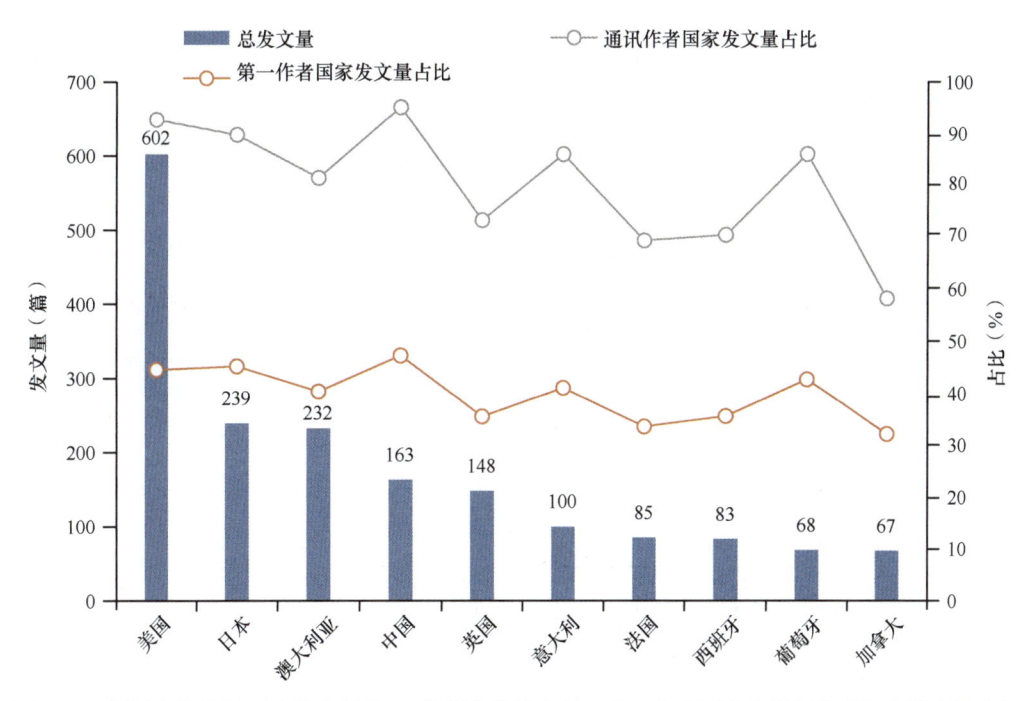

图 11-5　国际海洋牧场研究发文量前 10 位国家的发文量、第一作者国家和通讯作者国家发文量占比

表 11-1　国际海洋牧场研究发文量前 10 位国家的发文情况

排序	国家	发文量（篇）	总被引频次（次）	篇均被引频次（次/篇）	第一作者国家发文量占比（%）	通讯作者国家发文量占比（%）	近 3 年发文量占比（%）
1	美国	602	13652	22.68	89.04	96.35	21.43
2	日本	239	3766	15.76	90.38	89.12	8.37
3	澳大利亚	232	5942	25.61	80.60	82.33	28.45

续表

排序	国家	发文量（篇）	总被引频次（次）	篇均被引频次（次/篇）	第一作者国家发文量占比（%）	通讯作者国家发文量占比（%）	近3年发文量占比（%）
4	中国	163	2031	12.46	94.48	95.71	39.26
5	英国	148	4192	28.32	70.95	75.68	15.54
6	意大利	100	2337	23.37	82.00	90.00	19.00
7	法国	85	1702	20.02	67.06	71.76	24.71
8	西班牙	83	1533	18.47	71.08	69.88	26.51
9	葡萄牙	68	1110	16.32	85.29	86.76	11.76
10	加拿大	67	2353	35.12	64.18	52.24	13.43
	平均值	178.7	3861.8	21.81	79.51	80.98	20.85

从图 11-6 可以看出，美国的发文量处于领先位置，美国和澳大利亚的发文量和篇均被引频次都略高于前 10 位国家的平均值，处于第一象限；日本发文量高于前 10 位国家发文量的平均值，但是篇均被引频次较低，处于第二象限；中国、法国、西班牙和葡萄牙的发文量和篇均被引频次均低于前 10 位国家的平均水平，处于第三象限；加拿大、英国和意大利因为论文数量增长有限，但篇均被引频次较高，处于第四象限。

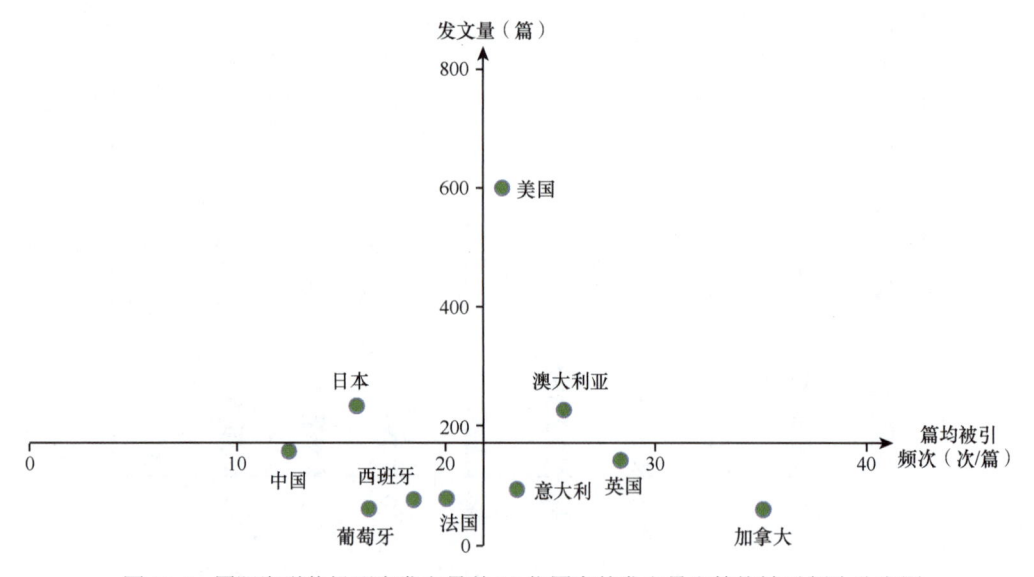

图 11-6 国际海洋牧场研究发文量前 10 位国家的发文量和篇均被引频次分布图

3）国际合作情况分析

以国际海洋牧场研究发文量前 50 个国家为主，绘制多国合作关系网络图（图 11-7）。可以看出，美国、澳大利亚和英国是海洋牧场研究领域的中心国家，在该领域具有明显的国际合作优势。中国在海洋牧场研究领域的国际合作相对较弱，最主要的合作国家是澳大利亚，缺乏与美国、欧洲海洋强国等的国际合作，由此看来，加强国际合作应该是快速推进海洋牧场建设技术发展的潜在途径之一。

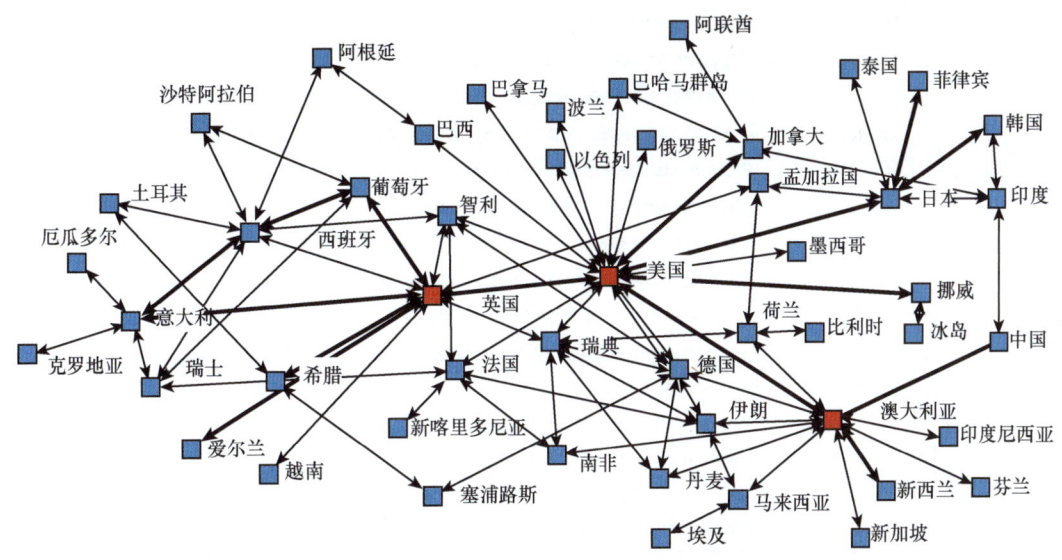

图 11-7 国际海洋牧场研究的国际合作情况

连线表示合作关系，线条越粗合作次数越多

全部论文中，以国家数量计为 2571 篇，实际论文为 2133 篇，论文篇均合作国家为 1.21 个。从表 11-2 可以看出，国家独立完成的论文有 1769 篇，占全部论文的 82.93%，3 国及以上合作的论文数量为 92 篇，占全部论文的 4.31%，说明国际海洋牧场研究存在多国合作，但各国独立研究仍占主导。

表 11-2 国际海洋牧场研究论文合作国家数量

序号	（篇）	发文国家数量（个）	序号	（篇）	发文国家数量（个）
1	1769	1	6	3	6
2	272	2	7	3	7
3	59	3	8	4	8
4	16	4	9	1	10
5	5	5	10	1	14

4）主要研究机构

海洋牧场领域的主要发文机构及其发文量见图 11-8，发文量从高到低依次是美国国家海洋和大气管理局（National Oceanic and Atmospheric Administration，NOAA）、日本渔业资源局（Fisheries Resources Agency of Japan）、佛罗里达大学（University of Florida）、中国海洋大学（Ocean University of China）、挪威海洋研究所（Institute of Marine Research，Norway）、京都大学（Kyoto University）等。

5）发文主要期刊

自 1990 年以来，国际海洋牧场研究论文分布于 360 种期刊上，收录数量排名前 10 的期刊如表 11-3 所列。

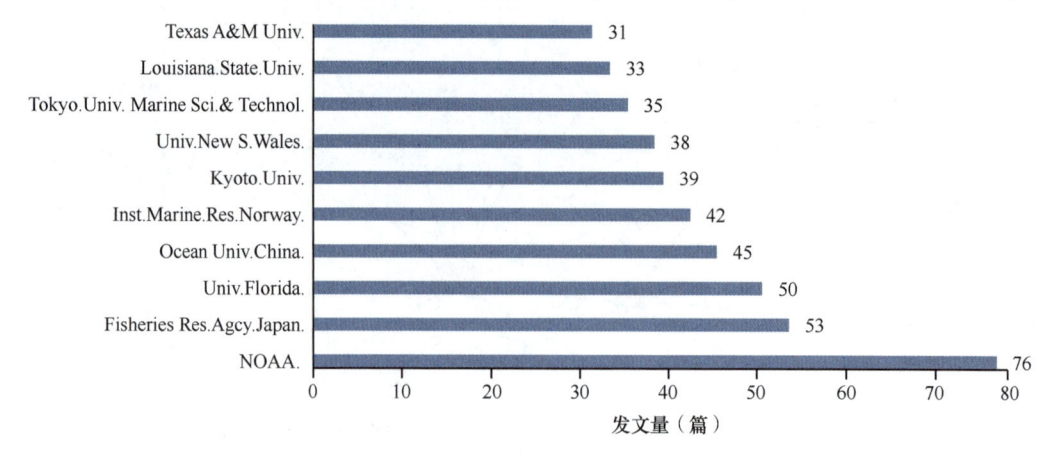

图 11-8 国际海洋牧场研究主要发文机构

机构	发文量（篇）
NOAA.	76
Fisheries Res.Agcy.Japan.	53
Univ.Florida.	50
Ocean Univ.China.	45
Inst.Marine.Res.Norway.	42
Kyoto.Univ.	39
Univ.New S.Wales.	38
Tokyo.Univ. Marine Sci.& Technol.	35
Louisiana.State.Univ.	33
Texas A&M Univ.	31

表 11-3 国际海洋牧场研究发文主要期刊

排名	期刊全称	发文量（篇）	影响因子
1	Bulletin of Marine Science	137	1.742
2	Aquaculture	124	3.022
3	Fisheries Research	91	2.343
4	ICES Journal of Marine Science	85	3.367
5	Marine Ecology Progress Series	73	2.359
6	Journal of Experimental Marine Biology and Ecology	62	2.365
7	Fisheries Science	53	0.929
8	Nippon Suisan Gakkaishi	49	0.177
9	Reviews in Fisheries Science	48	2.032
10	Journal of Shellfish Research	40	1.037

6）主要研究学科领域

按 Web of Science 学科分类看，国际海洋牧场研究所涉及的主要研究学科有：海洋与淡水生物学（Marine and Freshwater Biology）、渔业（Fisheries）和环境科学与生态学（Environmental Sciences and Ecology），见表 11-4。其中海洋与淡水生物学所占比重最大，有 1083 篇相关论文。国际海洋牧场研究发文量前 10 位国家的主要研究领域分布见图 11-9。

表 11-4 国际海洋牧场研究主要涉及的 Web of Science 学科领域

序号	学科领域	文章篇数	序号	学科领域	文章篇数
1	Marine and Freshwater Biology	1083	6	Science and Technology - Other Topics	73
2	Fisheries	867	7	Water Resources	63
3	Environmental Sciences and Ecology	521	8	Geology	61
4	Oceanography	516	9	Zoology	60
5	Engineering	84	10	Biodiversity and Conservation	49

	Australia	Canada	China	France	Italy	Japan	Portugal	Spain	UK	USA
Marine and Freshwater Biology	120	34	70	47	69	83	46	53	87	293
Fisheries	104	31	45	20	30	180	12	24	46	270
Environmental Sciences and Ecology	83	15	32	27	22	17	23	23	49	158
Oceanography	43	12	53	17	34	19	22	23	43	157
Engineering	8	2	17	4	3	2	1	3	6	17
Science and Technology-Other Topics	11	4	5	4	6	4	3	7	6	21
Water Resources	3	2	12	2	1	2	7	2	7	8
Geology	5	2	4	2	8	1	5	5	4	14
Zoology		3	6	2	3	5		1	1	15
Biodiversity and Conservation	9	1	1	1	4	2	6	3	6	13

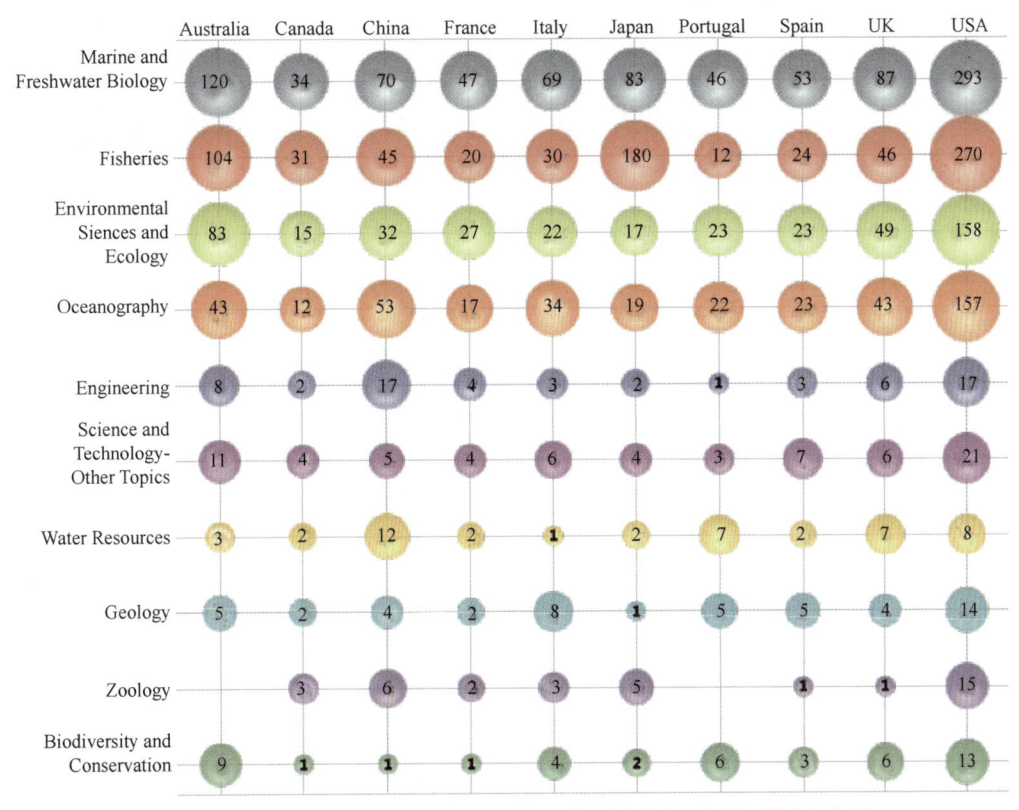

图 11-9　国际海洋牧场研究发文量前 10 位国家的主要研究领域分布图

7）主要研究关键词分析

国际海洋牧场文献数据集中只有 78% 的论文数据拥有作者关键词字段，数据虽然不全但也可以作为主要研究内容分析的参考依据之一。通过对作者有效关键词的统计，前 20 个关键词见表 11-5。国际海洋牧场研究主要关键词变化趋势见图 11-10。

表 11-5　国际海洋牧场研究高频关键词一览表（前 20 个）

序号	关键词	词频	序号	关键词	词频
1	artificial reefs/artificial habitats	436	11	recruitment	36
2	stock enhancement/marine stock enhancement	247	12	genetic diversity	35
3	fish/fish assemblages/reef fish	108	13	fisheries management	34
4	aquaculture	57	14	hatchery	33
5	restocking/restoration	54	15	survival	31
6	sea ranching/marine ranching	54	16	biodiversity	29
7	predation	48	17	habitat	29
8	growth	39	18	fisheries	28
9	microsatellite	38	19	marine protected areas	28
10	coral reefs	37	20	acoustic telemetry	27

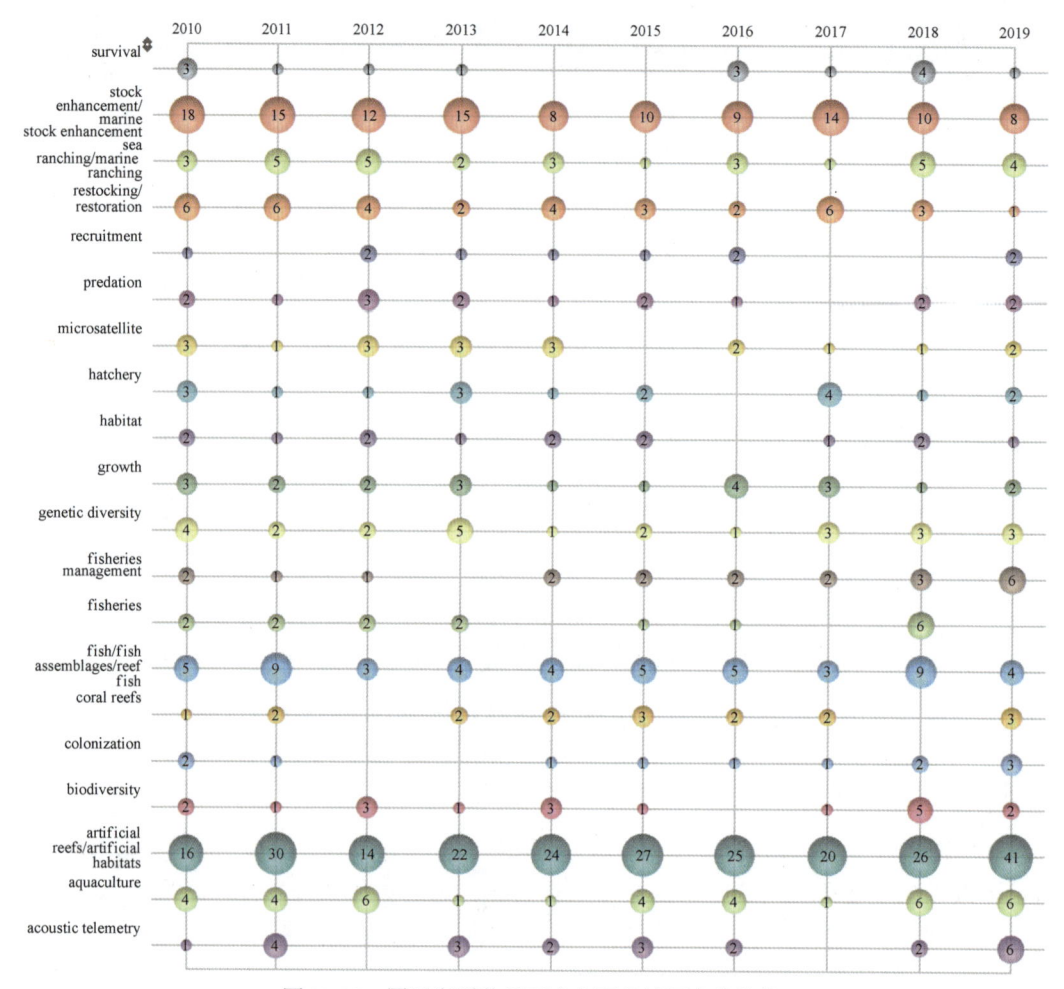

图 11-10　国际海洋牧场研究主要关键词变化趋势

8）研究热点分析

将国际相关研究数据集中的论文题目、摘要和关键词进行可视化图谱分析和领域聚类，得到图 11-11 和图 11-12，从图中可以明显看出，国际海洋牧场研究主要分为 4 个版块：①种群板块，涉及的主要关键词包括现存量、野生种群、野生个体、基因多样性、风险等；②群落板块，涉及的主要关键词包括鱼类群落、游泳生物、大型藻类、生境利用、季节、珊瑚礁、红鲷鱼；③生物增殖板块，涉及的主要关键词包括存活、繁育、生长率、捕食者、蟹类等；④生态系统板块，涉及的关键词包括效益、压力、决策、挑战等。

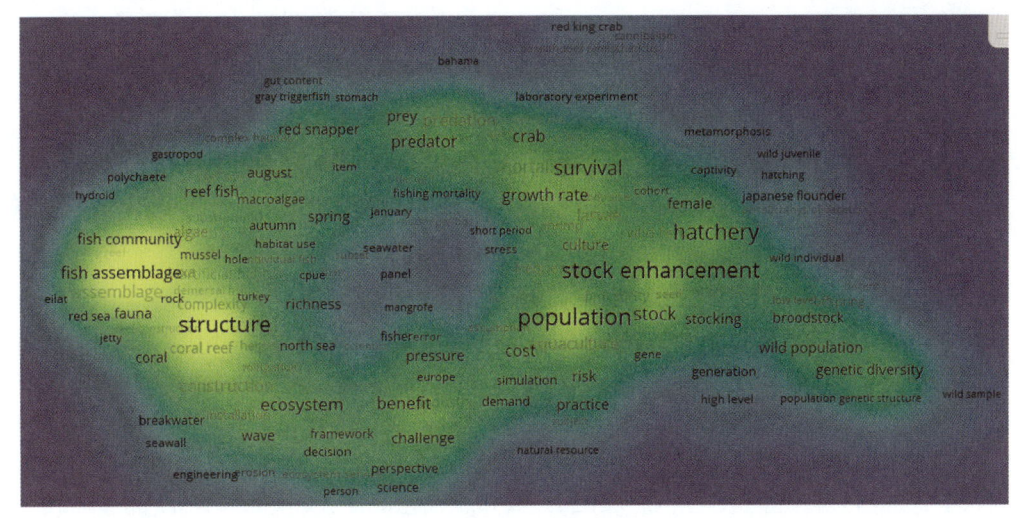

图 11-11 国际海洋牧场研究领域热点可视化图谱

颜色越凸显表明出现频次越高

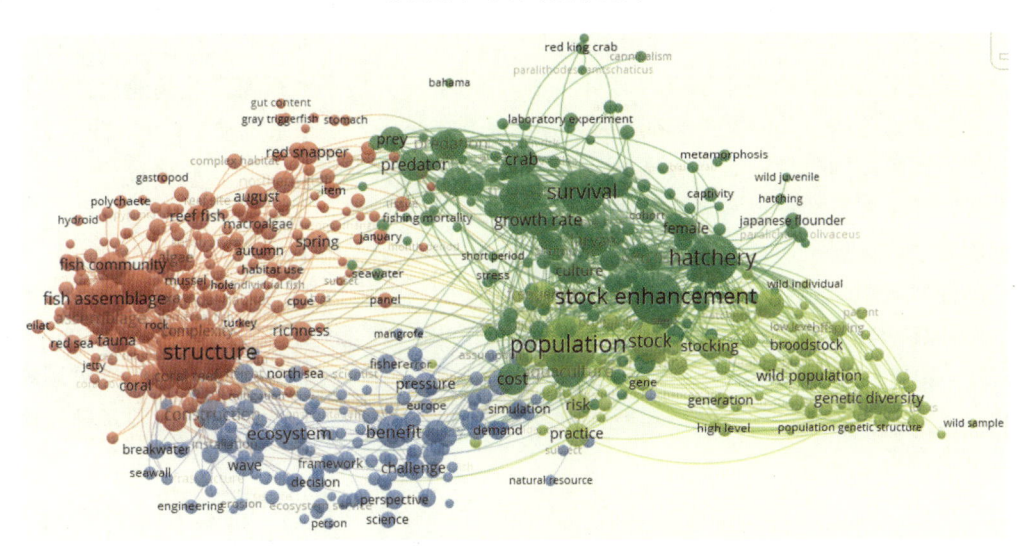

图 11-12 国际海洋牧场主要研究内容聚类图

联系紧密的关键词划分为同一区块；字号越大表示该关键词出现频次越高

3. 技术发展态势总体评价

从每年论文发表数量来看，海洋牧场领域的科研关注度总体呈现上升趋势，反映出海洋牧场作为国内外海洋生态保护领域的主要手段，受到越来越多的关注。海洋牧场科研产出存在明显的地区差异，美国仍然处于第一梯队，中国在发文量和影响力方面仍在赶超阶段。美国、澳大利亚和英国是海洋牧场研究国际合作的中心国家，具有明显的国际合作代表性，其中中国最主要的合作国家是澳大利亚，缺乏与美国、欧洲海洋国家等的合作。海洋牧场领域的主要研究方向集中在海洋与淡水生物学、渔业和环境科学与生态学 3 个学科，表明海洋牧场建设的主要科研力量及主要的关注技术层面仍然集中在生物、生态和环境领域，侧面反映出我们仍然需要在工程化、信息化等领域加强研究。

11.4.2 科技发展水平和差距评价

1. 现代化海洋牧场的理念内涵逐步成型

我国现代化海洋牧场建设内涵正在不断深化和完善。自 20 世纪我国先辈学者就提出了"根据畜牧的道理来注意渔业资源的繁殖""牧业式生产"等海洋牧场形态的构思和展望，分析了我国海洋渔业加强海洋农牧化的道路和前景。时至今日，在结合当前渔业产业和环境生态现状的基础上，我国海洋牧场概念进一步深化。

杨红生等（2018）指出现代化海洋牧场建设包括理念、装备、技术、管理四个方面的现代化，实现生态优先、陆海统筹、三产贯通、四化同步。章守宇等（2019）整合目前"蓝色增长"与"海洋牧场"的主流技术，借鉴城市生态学的相关技术与体系，提出海洋生物的生态城市化设想及基于此设想的海洋牧场选址与规划、生境营造、生物资源增殖与行为控制以及管理四大关键技术。陈勇（2020）认为现代化海洋牧场区别于传统的海洋牧场的特征包括：生态优先性、系统管理性、生物多样性、区间广域性、功能多样性。

我国现代化海洋牧场建设在原理创新、标准规范上取得进展，建立了较为完善的海洋牧场建设理论框架，基础理论研究由跟跑向并跑转变；建立了基于层次分析法的适宜性评价及选址规划方法并应用于实践（章守宇等，2019）；开展了大量海洋牧场建设在群落结构水平的生态效应及其时空差异研究；发展了基于 Ecopath 生态系统模型、个体生长模型、营养盐限制等不同类型的海洋牧场承载力评估模型，并且开展了基于物质循环和能量流动的海洋牧场生态系统模拟发育趋势预测；初步建立了关键物种的室内行为学研究和野外行为跟踪方法，开展了摄食行为、繁殖行为、运动行为等行为学研究。

海洋牧场领域已经颁布的行业和地方标准包括《人工鱼礁资源养护效果评价技术规范》（SC/T 9417—2015）、《海洋牧场建设规范 第 1 部分：术语和分类》（DB37/T 2982.1—2017）、《海洋牧场分类》（SC/T 9111—2017）等；并制定了国家级海洋牧场年度评价法《国家级海洋牧场示范区年度评价及复查办法（试行）》，为我国海洋牧场建设提供标准规范参考。

但具体来讲，我国现代化海洋牧场建设的基础理论研究中仍有薄弱环节。例如，生态系统模拟评估理论尚有不足，国外已有较为综合性的生态动力学模型，对水动力过程、地球化学循环过程和食物网进行耦合分析，而目前国内尚只注重食物网角度的模型研究应用。海洋牧场生物资源补充机制的理论基础较为薄弱，海洋牧场区域物种的自然补充和种群变动，包括海洋牧场区域刺参、脉红螺、许氏平鲉等经济物种的补充研究较少。基于海湾乃至更大尺度，进行海洋牧场总体规划的理论支撑较为薄弱，未充分考虑多处海洋牧场联通的生态效应叠加效果。

2. 装备现代化进程加速

我国海洋牧场建设的装备现代化进程加速，高新技术快速集成创新，总体呈现并跑状态。我国海洋环境监测领域装备创新，极大地促进了海洋牧场监测装备和信息化的发展，物联网、生态和环境模型、人工智能与大数据等综合发展和应用，贯穿于海洋牧场选址、建设、评价和管理等各个方面。多功能海洋牧场环境生态监测平台，是我国海洋牧场信息化和智能化的重要标志，该平台搭载温度、盐度、pH、溶解氧、风速等水质和气象传感器以及水下在线摄像头，通过风能、太阳能绿色能源进行供电，极大地提高了海洋牧场管理的科学化和精细化水平，并且适用于海上旅游休闲、海上观光酒店、海上垂钓娱乐等各种领域。基于光学和声学的海洋生物监测装备也不断研发。水下滑翔机、无人船等新型监测载体也逐渐在海洋牧场监测领域开展测试和应用。

当然，在海洋牧场渔获采收、生物监测和管理等领域仍然有很强的高新装备需求。经济物种管理及采捕机械化水平不高，各环节都需要大量人力参与，如海参底播养殖的投苗和采捕大量依赖潜水员，人身安全威胁大、效率低下。国内有单位和企业针对海洋牧场领域开展了机械化研究，但是效果不一，仍有很大改善空间。在生物监测领域，一些全息、显微成像等浮游生物监测装置、多频渔业声学设备、长期在线声学设备等的国产化和市场化仍然有很多路要走。

3. 技术现代化稳步推进

我国海洋牧场的建设起步较晚，但建设技术研发和应用稳步推进，综合海洋牧场选址规划、建设和监测、评价和管理各个阶段来讲，总体呈现并跑状态。

在牧场适宜性评价和选址阶段，建立了综合考虑渔业养护作用、区域特色和代表性、符合功能区划、自然条件适宜、功能定位明确等的牧场选址框架；建立了较为完善的环境和生物本底调查技术；综合水文水动力、水质、底质、生物群落各项指标构建评价指标体系，建立和应用了基于层次分析法（AHP）等的海洋牧场建设适宜性评价技术（许强等，2011）；建立了基于 Ecopath 和足迹分析法等的生物承载力评估技术。

在牧场建设阶段，人工鱼礁建设、海草（藻）床恢复、牡蛎礁恢复等生境营造技术已取得一定的突破。对于人工鱼礁的材料特性、流场效应、物理稳定性和生态效应等都有所研究，明晰了人工鱼礁设计和布局相关参数与原理，使人工鱼礁投放获得更高的生态系统服务价值（姜昭阳等，2019）。国内采用较多的人工鱼礁材料包括天然石块、水泥构件、废旧船只以及天然牡蛎壳等有固碳作用的材料。计算流体动力学技术的发展，促进了不同结构的人工鱼礁的流场效应和物理稳定性研究，在人工鱼礁结构改良和布局优化方面起到了重大作用。

海草（藻）床生态恢复和构建是建设海洋牧场的有效途径之一，研发海草床的生态恢复技术对于健康海洋牧场的构建具有重要意义（周毅等，2018）。目前大部分海草场的退化已经超过了其能够自我修复的程度，人工帮助海草床恢复已经成为必不可少的工作。海草床修复的思路大概包括：①将种子直接播撒或者埋藏于沉积物中以待海草萌发生长；②将种子培养萌发后进行移栽；③通过移栽技术进行移植。

我国在海洋牧场管理和评价阶段的技术研发重点集中在生物资源和环境的监测技术、生物行为研究和控制技术、生态系统模型构建技术等。生物资源和环境的监测技术包括基于全息影像、显微摄像的浮游生物测量技术；基于视频的鱼类、刺参等生物的识别和测量技术；基于多频声学的礁区鱼类识别和测量技术。生物行为研究和控制技术包括基于声学标记的关键物种的运动轨迹追踪技术、基于声学的生物驯化和控制技术等。生态系统模型构建技术包括 Ecopath 模型构建、礁区水动力模型构建等。

但综合来讲，我国海洋牧场建设技术现代化仍有不足。海洋牧场作为高效运转的人工渔场，往往因为人工礁体等设施的布放而使生境复杂性提高，也限制了很多生物资源评估技术的应用，渔业拖网难以实施、渔业声学也难以探测礁体缝穴内的鱼类、刺参栖息于石缝中难以估算总体生物量等，到底一些关键的海洋生物"几进几出""谁增谁减"，在调查方法的精准化水平下仍有很大技术发展空间。

4. 模式现代化特色明显

我国海洋牧场建设是一个学习借鉴并且因海制宜的创新过程，从投放人工鱼礁开展集渔护渔到建设海珍礁开展刺参牧养，从渔业为主的利用模式到"渔旅融合"，从企业和渔民松散经营到联合受益的"泽潭模式"，总体来讲，我国海洋牧场模式研究呈并跑状态。海洋牧场建设初期，我国海洋牧场建设模式较为单一，以投礁开展增养殖为主，海域立体化开发程度低、产业形式单一。近年来，我国海洋牧场开始重视第一、第二、第三产业贯通发展，加强新模式的探索，"渔旅融合"、清洁能源和牧场融合等新模式不断出现，水产品的精深加工以及综合利用水平也得到进一步提升。

传统的海洋牧场管理多以经济需求为导向，以生产经验为基础，缺乏系统性、科学性（杨红生等，2018）。而目前我国海洋牧场逐步向重视生态优先、综合利用信息技术的管理方式转变，并且引入现代社会学和经济学管理理念。我国已经有较多的国家级海洋牧场搭建了水下实时视频监控系统和水质监测系统，通过对通信技术、信息技术和可视化技术的综合利用，大大提高了对海洋牧场的生物和环境掌控程度。海洋牧场专家决策系统的研发，以及整合环境标准、建立预测模型和数据挖掘算法等，为海洋牧场成本控制、风险防控、实施管理提供了决策支持。在渔业转型升级和渔民转产方面，我国各地海洋牧场因海制宜，创新建立了涵盖"科研院所+龙头企业+合作社+养殖户"相结合的"泽潭模式"，从组织管理方面调动海洋牧场建设积极性，扩大渔业产业受益人群。

我国在模式创新、管理科学化方面已取得一定技术积累，但尚未形成规模示范，依靠人工鱼礁建设及增养殖，仍未全面摆脱模式相对单一的局面，相比国外一些国家，我国新模式尝试研究起步较晚。海产品精深加工是提升海洋牧场价值、延长海洋牧场产业链的重要环节，相比于其他水产发达国家，我国海洋牧场重要水产品的精深加工以及综合利用、水产品保鲜领域仍有很多科技挑战。海洋牧场三产贯通度进一步提高，也是当前我国现代化海洋牧场发展的重要方向。

11.4.3 技术发展阶段评价

1. 海洋牧场生物资源监测及管理技术仍在突破中

海洋牧场经济生物管理整体呈现"去向不明、难觅踪迹"的现状是目前海洋牧场发展的"卡脖子"技术之一。目前，国内外海洋生物高精度识别监测中涌现出大量新的技术和方法。水下图像增强技术可降低可见光衰减、水体浑浊等带来的图像模糊，提高水下图像清晰度，大大提高水下图像的可视性。卷积深度神经网络等深度学习方法框架在图像分类和识别中广泛应用，目前针对定置水下摄像头、ROV等不同应用场所下进行鱼类等物体识别研究已经逐步开展。多频水声探测的鱼类识别和生物量评估也有所进展。基于生物遥测的礁区生物栖息地利用规律也有相关研究。

我国海洋牧场监测技术快速集成创新，监测平台集成技术处于示范应用阶段，如多功能海洋牧场环境监测平台、综合监测浮标；渔业声学技术、鱼类行为跟踪技术处于应用阶段，但是科研鱼探仪、标记跟踪的软件和硬件系统依赖进口。基于图像的浮游生物快速检测设备不断得到应用,如美国 Fluid Imaging Technology 公司的 FlowCAM 浮游生物流式细胞成像仪和法国 Hydroptic 公司 ZooSCAN 的浮游动物图像扫描分析系统。基于全息影像、显微摄像等的浮游生物监测技术,目前多处于基础研究和小规模测试阶段,还没有规模化商业应用。海洋监测尤其是海洋生物监测领域的产业链条薄弱,相关技术分散于各自初始研究领域,没有整合或只有较少的应用在海洋牧场领域。例如,我国北方很多海域水体较为浑浊,水下在线视频去模糊及与之配合的水生生物识别技术亟待研究和应用,以获得清晰影像和提取更有价值的数据;多频声学技术的应用实现了大范围的长时间序列的鱼类、浮游生物等的识别、行为监测和定量评估;针对刺参等隐蔽性强难以调查的高经济价值物种,也更应该引入和改进现有调查方法和调查技术等。

2. 海洋牧场食物网结构优化及承载力提升技术缺乏

海洋牧场的主体是具有较高生态服务价值的渔业生态系统,在生境修复、群落结构优化、食品和旅游文化产出等方面具有明显优势。我国海域辽阔、南北生境多样、渔业群落结构差异较大,各地海域食物网结构及物质和能量输入输出、循环特点各不相同。因此,海洋牧场建设强调因海制宜,通过恢复、重组和优化海域功能群结构来建立多元复合高效的海洋牧场食物网系统。

我国海洋牧场规模快速增长,已有较为典型的海洋牧场建设案例显示出各自的发展特色,但仍普遍存在食物网结构不合理、生态系统脆弱、服务价值片面单一等难以可持续发展的问题。即使是已经有较好表现的海洋牧场区域,如何贯穿初级生产、次级生产、种群补充、合理收获等各个环节,进一步提升生态承载能力,最大限度地发挥海洋牧场人工干预的高效特点,仍缺少系统的食物网结构优化和承载力提升的技术体系。

3. 生态灾害防控及安全保障技术体系尚不完善

近几年,全球气候波动大,季节性的高温低氧给北方以海参养殖为主的牧场带来较大威胁,暴露出我国海洋牧场建设和管理在极端天气等灾害应对上的准备不足,提出了海洋牧场在环境预测和极端天气预警预报上的需求。除此之外,水母、赤潮等生态灾害也是海洋牧场生态系统健康的潜在威胁。建立适用于我国海洋牧场海域的环境和生态灾害预警预报技术,实现生态灾害和环境变动的尽早发现和有效防控;进一步发挥海洋牧场生态系统可以进行适当人工调控的优势,充分利用海洋牧场生态系统自我稳定和恢复的规律,保障海洋牧场生态系统高效健康地运转。

11.4.4 国内外相关评价分析

国内学者普遍认为海洋牧场建设前景广阔,但任重道远。曲永斐(2018)认为虽然我国海洋牧场建设技术不断更新发展,在监测、管理上有了明显的提高,但是相比于日本等国家的海洋牧场建设技术来讲仍有不足,一些"卡脖子"问题在生产实践中仍然存在。阙华勇等(2016)提出我国海洋牧场产业化水平总体较低、关键产业技术有待系统研发、技术体系与平台亟待建立、管理机制有待健全。杨红生等(2019b)等也指出,海洋牧场普遍存在食物网营养结构不合理、生物资源高精度实时监测原理与设备研发薄弱、全球气候变化及极端气候应对不足、空间利用和开发模式落后等问题。章守宇等(2019)指出海洋牧场在育种、加工两大环节上目前已经较为成熟,而在病虫害防治、栽培、机械化、经济等四大环节尚需提高。李忠义等（2019）认为我国海洋牧场生态系统的研究精度与深度不够，应重点关注生态系统食物网结构与能量传递方面。

《中国海洋报》于 2019 年发表报道《海洋牧场建设要做好生态大文章》《海洋牧场建设需防一哄而上》。2004 年 FAO 科技报告指出，海洋牧场在成为广泛接受的对于近海渔业经济有效的管理工具前，需要更科学地建立相关技术和方案（Bartley and Leber，2004）。FAO（2016）正式提出"蓝色增长"（blue growth）——一种基于经济、社会、环境负责任框架，综合考虑生态系统功能、社会-经济敏感性以及水生生物资源可持续利用的管理模式；章守宇等（2019）指出 FAO 提出的"蓝色增长"与我国"海洋牧场"都是特色明显的海洋利用模式。

11.5　科技发展趋势分析

伴随中国海洋牧场产业规模日益扩大，现代化海洋牧场构建原理与技术研究滞后已经成为制约海洋牧场发展和产业升级的瓶颈，成为当前最突出和急需解决的问题（杨红生等，2019b）。因此，系统开展现代化海洋牧场构建原理创新与技术攻关，是保障我国海洋牧场产业可持续发展的重中之重。

11.5.1　新进展、新变化、新特征和新趋势分析

1. 强调统筹规划与科学布局

随着对海洋生态系统科学认知的提高和海洋牧场的发展，小规模小尺度的海洋牧场建设既不能满足生产需要，也不符合海洋生态系统的发展规律，注重全过程、精细化管理的海洋牧场成为海洋牧业发展的更高级形态（杨红生等，2019b）。在规划设计方面，海洋牧场的设立要突出"因海制宜"这一关键特征，综合考虑待建区域的地理位置、水域环境特点、渔业发展历史，并根据本底生物承载力调查进行合理规划设计。在统筹布局方面，建设过程中既要充分发挥各水域单元的独特优势，又要根据不同水域的空间异质性，科学进行鱼礁等生境构建设施的布局布放，注重整体生态效应的发挥（杨红生等，2020）。海洋牧场的统筹规划要以完整海湾、海岛为单位，从长时间维度和区域性空间尺度出发，注重加强海洋牧场之间的生态连通性，由点及面，逐渐建设成超大型海洋牧场、区域性海洋牧场，最终实现在海洋功能区划背景下的近海全牧场化。

2. 强调原位生境修复

海草床、海藻场、牡蛎礁、珊瑚礁等都是地球上最多样化的生态系统之一，有着巨大的文化、生态和经济价值，在保护海岸线免受海浪和风暴的破坏方面发挥着重要作用，同时也为许多海洋生物提供栖息地和庇护所。由于全球气候变暖、海平面上升、海洋酸化、过度捕捞、海水污染等，这些重要的沿海生境衰退严重。在海洋牧场加快建设之际，不少海洋生态学家对海洋牧场建设的诸多环节提出了忧虑（章守宇等，2019）。特别是人工鱼礁的投入会剧烈改变海流和底质，使得海域原有生境格局重组、生物群落更替乃至海域生态系统动力发生变化（章守宇等，2019）。因此，基于各海域特点，将海区原有生境修复融入海洋牧场建设之中，既可加深对重要沿海生境的认识和保护，又可减少人为扰动，加

速海洋牧场建设，实现生境修复和渔业资源养护双收益。

3. 强调生产机械化和自动化

随着我国经济的发展，人力成本逐渐提高，对生产作业的机械化和自动化要求增加。相对陆地农业而言，海洋生产机械化自动化程度还不够高（杨红生等，2016），突出体现在牧场环境监测设备、音响驯化等鱼类行为控制装备、资源可视化装备、底播采捕智能装备和水产品精深加工装备等方面，底播增养殖生物采捕难度大，单位产值能耗和物耗偏高，离岸深水牧场建设和生产的机械化尚处于起步阶段。必须淘汰落后产能，推进渔船及其配套设施升级改造，加大力量研发包括大型藻类自动收割机、滩涂贝类机械采捕装置、海草播种移植机、可升降式海洋平台、大型深水智能网箱、鱼类驯化和控制装置、人工上升流和下降流装置等提升海洋牧场机械化和自动化水平的海洋装备，降低渔民劳动强度，提高海洋牧场生产效率，真正实现海洋牧场的工业农牧化（章守宇等，2019）。

4. 强调牧场监测保障

目前各国大力发展海洋环境立体观测系统，即由陆上岸站、浮标、潜标、无人机、高频地波雷达和环境遥感卫星等组成的立体实时监测系统（戴洪磊等，2014）。为保障海洋牧场生态安全，必须建立从监测、评价到预警预报的海洋牧场监测保障体系（杨红生等，2016）；构建基于物联网技术的水体环境在线监测系统，实现对水温、盐度、溶解氧、叶绿素等海洋环境关键因子的立体实时在线监测（阙华勇等，2016），及时、准确、全面地提供海洋牧场环境、生物和生态质量信息，为海洋牧场保护和管理提供科学依据（郝向举等，2017）；集成海洋牧场生态环境与生物信息数据库，建立预报预警系统和专家决策系统，构建灾害预警管理平台，优化海洋牧场生产要素组成，促进海洋牧场发展的高效性和可持续性（阙华勇等，2016；杨红生等，2016）。针对我国海洋牧场建设需要，监测设备便携性、操作简易性、费用低廉性更应当是相关技术和设备研发的目标。

5. 强调牧场与能源融合发展

海洋牧场与海上风电等海洋能源融合发展能够充分利用区域海洋空间，弥补各自的不足。在离岸风力发电场建设之初就将水下支持设施设置成资源养护设施，一方面可以更有效地发挥资源增殖的功能，另一方面能够减少风力发电设施退役后的拆除成本，实现经济效益、生态效益最大化（杨红生等，2019a）。海上风电、波浪能发电等清洁能源的开发可以实现能源自给自足，解决了我国海洋牧场和深远海养殖能源供给困难和无法搭载现代化增养殖、监测与预警设备等突出问题。与此同时，根据海洋牧场建设和"深蓝渔业"发展需要，装备自动投饵、鱼群监控、水体监测和制冰等现代化渔业生产设备，从而实现立体化、现代化海洋牧场和智能养殖管理模式。德国、荷兰、比利时、挪威等欧洲国家已经实施了海上风电和海水增养殖结合的试点研究，以日本、韩国为代表的亚洲国家也开展了海上风电与海水养殖结合项目（Buck and Langan，2017），为评估海上风电和海洋牧场融合发展的潜力提供了参考案例。

6. 强调功能多元

水产优质蛋白的获取只是海洋牧场诸多功能之一，现代化海洋牧场建设更加重视功能的多元化（杨红生等，2018）。海洋牧场建设的首要前提是在一定海域范围内营造健康的生态系统，实现提高水域环境质量、恢复渔业资源、渔业增产增收的目标。此外，海洋牧场建设融合清洁可再生能源开发、海水综合利用、盐碱地耐盐植物栽培利用，可最大限度地利用海岸带环境和空间资源，提高海洋产能（杨红生等，2018）。海洋牧场建设成熟后，可以充分利用生态环境和生物资源，逐步由单纯的增殖型海洋牧场向综合型、休闲旅游型海洋牧场方向发展（颜慧慧和王凤霞，2016），合理规划布局，发展水产品精深加工、冷藏运输，同时开展海上观光、海底潜水、海钓、游艇等海洋第三产业，实现"三产融合"（杨红生等，2018），在全方位、多维度层面上开发建设现代化海洋牧场（颜慧慧和王凤霞，2016）。

7. 强调空间拓展

海洋牧场在沿海地区取得的一系列经济效益和生态效益，为内陆湖泊以海洋牧场模式为蓝本构建淡水水域生态牧场起到良好的示范作用，淡水生态牧场正在加快发展。以千岛湖生态渔业为例，通过放流大量的滤食性鱼类种苗，利用其摄食浮游生物，将水体中的氮、磷等营养物质转化为鱼体蛋白质，同时通过科学合理地捕捞将其带出水体，从而起到净化水体、消除水体富营养化的作用。通过延伸产业链，实施精细化生产和运营，实现了从单一的传统渔业到第一、第二、第三产业相互融合发展的品牌和创意渔业（王荣斌，2017）。

海洋牧场向离岸深水拓展，这不仅能够减轻近海空间利用压力，还可以避开近海污染的影响。"海上移动牧场"指的是包括亲鱼培养繁育、幼苗养成、收获加工及运输销售在内的深远海养殖产业链。据测算，我国可供养殖的深远海面积约 16 万 km^2，预期建设约 300 个年产 2 万 t 高品质海产品的"海上移动牧场"。

11.5.2 科技发展态势和方向

1. 发展生态环境效益和生态系统健康评价体系

海洋牧场建设的目的逐渐从追求经济利益向追求生态效益转变，然而关于海洋牧场建设产生的生态环境效益的评价体系尚未形成。海洋牧场建设可以增加生物固碳，通过生物泵加速生物沉积作用；通过增加生物生产来移除水中营养物质，加快物质循环，缓解富营养化，抑制有害藻华；消减海浪能、护滩促淤、减少海岸侵蚀；同时为各种海洋生物提供栖息、繁育、觅食场所，增加并维持生物多样性。对海洋牧场产生的生态环境效益进行系统研究和综合评价有利于加深人们对海洋牧场建设的重大意义的认知，为海洋牧场建设获得国家进一步的支持奠定基础，同时提高企业建设的积极性。

我国近海面临多重胁迫，生态系统健康状况不容乐观，对生态系统健康的评价还处于萌芽阶段（孙晓霞和孙松，2019）。加大力度开展近海生态系统的长期观测与系统研究，揭示维持海洋生态系统健康发展的关键过程，建立近海生态系统健康评价体系，并提出相应的人工调控措施与系统方案，将为我国近海生态系统的健康、可持续发展提供重要的理论与技术支撑（孙晓霞和孙松，2019）。

2. 高新技术研发与应用

现代科学技术对海洋牧场的技术支撑作用越发显著，如生境修复与再造技术、增殖放流与标记技术、生物资源无损监测评估技术、生物行为控制和生态采捕技术、机械化播种与收获技术等技术创新都将大大提高海洋牧场的管理水平和生产效率。无人机、水下机器人和卫星遥感技术的应用将会提高海洋牧场可视化、信息化程度，物联网、大数据平台建设将会逐步实现现代化海洋牧场的数字化、智能化管理，大幅提升现代化海洋牧场的管理能力及灾害预警防控能力，进而提高牧场资源利用的综合效益。

3. 海洋牧场空间利用集约化

传统的海洋牧场建设只能利用下层水体，而中上层以及水面空间难以实现利用，现代化海洋牧场建设要求综合考虑海域空间的开发，实现集约化利用。一方面可以利用不同类型和功能的鱼礁组合布局，通过改造网箱及浮筏设施形成浮鱼礁，充分利用底层和中上层水体空间；另一方面，可对人工鱼礁进行大型化设计，加强底层富营养和中上层富氧海水的交换，提高海域初级生产力以及降低海域底层缺氧低氧风险，水面配以海上平台或浮码头以开展海上观光游钓。与此同时，海洋牧场与其他用海方式融合协调的趋势越发明显，海洋牧场建设可与海岸工程设施、海上机场以及海上风电场等海洋工程结合，不仅可降低和消除这些海洋工程造成的海域生态损伤，还可以为鱼贝类等海洋生物提供更好的生息场所，促进海洋渔业和海洋经济的可持续协调发展（陈勇，2020）。

4. 海洋牧场三产融合发展

传统海洋牧场注重单一物种的增殖与生产，而现代化海洋牧场重视生态系统总体平衡发展；传统海洋牧场停留在渔业生产这一基础功能，而现代化海洋牧场成为海洋第一、第二、第三产业融合发展的有效载体。现代化海洋牧场集海洋生态环境修复、资源养护与增殖、水产品冷藏运输与精深加工、休闲渔业、科学研究、海洋科学普及教育与文化传承等产业发展于一体（陈勇，2020），不断拓展其功能及内涵，成为海洋可持续开发利用与生态保护的重要支柱。

5. 注重全过程、精细化管理

传统的增殖放流和人工鱼礁建设工作重视前期投入，往往缺乏后期管理或效果评估。在近岸海洋环境恶化、资源管理技术逐渐成熟的背景下，注重全过程、精细化管理的海洋牧场成为海洋牧业发展的更高级形态（杨红生等，2019b）。过程包括牧场调查选址规划、人工设施设计布局、生境修复营造、资源增殖与养护、资源评估与环境监测、承载力评估与提升、休闲渔业开发等海上过程，以及种苗供应、加工运输、生态安全与保障、技术研发与支撑、后勤保障等陆基过程（杨红生等，2017），管理过程需要依托信息化大数据平台，综合协调各个生产步骤和生产单元，保障海洋牧场高效运转。

6. 原创驱动引领发展潮流

由于我国海洋牧场发展较晚以及相关科技水平较低，过去几十年我国海洋牧场建设一直处于向美国、日本、欧洲国家、韩国等建设水平较高的国家学习和技术引进阶段，随着我国科学研究水平以及科技支撑能力的不断提高，自主创新能力在海洋牧场建设中逐渐发挥重要作用，如在海草播种移植机械、环境监测平台、苗种培育与扩繁、人工礁体设计等方面都取得了一定原创性成果。通过相关领域的资金支持，进一步提升自主创新能力，加强海洋牧场原理机制的研究突破、关键技术设备自主研发，发展中国特色现代化海洋牧场。

11.5.3 发展目标与重点任务

1. 发展目标

现代化海洋牧场的建设是一个复杂的、长期的、多学科交叉的系统性工程。要以调查与选址、牧场设施布局布放、牧场资源环境监测与评价、牧场养护与管理等关键步骤为现代化海洋牧场建设技术体系的基础框架，立足绿色、高效与可持续发展，在未来5~10年，必须从机制层面增强原理认知，在技术体系构建方面实现新突破。在各海区打造综合技术集成的应用范例，海洋牧场区水质全年保持在二类海水水质标准及以上，相比对照区域，食物网结构更加优化，生物多样性提高20%，生物资源量提升5倍以上，海洋牧场生态系统具有自我更新能力和可持续发展能力，初步实现海洋牧场的机械化、自动化和信息化。

2. 重大基础研究

1）海洋牧场承载力评估方法优化

加强对增养殖生物生理生态学和生态系统生态学的基础研究，在生态系统承载力建模研究中逐步融入更多的生态要素，将承载力评估方法的各环节细化，耦合环境因子模型、水动力模型、地理信息系统（GIS）和多物种模型或生态系统模型进行系统研究，精确量化增养殖系统中物质的循环和能量的流通过程，精准评估海洋生态系统的承载力，解析生态过程的发生机制，预测生态系统动态，优化生态系统结构。

2）人工生境生物演替规律

加强对鱼礁投放入海后礁体上的附着生物、诱集生物群落随时间演替的过程及其机制的研究，发掘其特定环境下的附着生长机制、环境及生物间的作用机制，系统阐明生境生态功能的改变，分析生物涵养机制；进行人工鱼礁与流场造成关系的研究，同时开展流场与生物分布、流场与饵料环境等影响机制的研究；对礁体生物学、生产力改善、群落发生和营养动态随演替时间的变化进行系统研究，为海洋牧场生境修复提供科学依据。

3）海洋牧场生态系统研究

深入开展海洋牧场生物过程与生态互作机制研究；研究海洋牧场生态系统对全球气候变化的响应机制，开展应对夏季高温和底部缺氧的研究；研究海洋生物入侵时，当地生态系统退化机制及适应机制，寻求应对方案；对海湾与近海海洋牧场生态系统长期演变、驱动机制、发展趋势和调节措施开展系统研究。

4）重要物种生长发育研究

系统研究海洋牧场关键种或优势物种胚胎发育规律，查明胚胎发育过程、幼虫孵化与温度、溶解氧和盐度等因子之间的关系；系统研究幼虫发育规律，查明幼虫发育过程与幼虫培育的最佳温度、盐度、密度和饵料条件；针对贝类生物系统研究其幼虫变态的调控机制，查明其变态开始的标志和特点，解释饵料生物和环境因子的诱导作用。

5）重要经济物种行为规律研究

系统研究重要经济生物的摄食行为、交配行为和产卵行为特征，阐明各类行为对环境因子变化的响应机制；针对洄游性经济物种，系统研究其洄游规律、洄游迁徙路径及其与环境条件的关系；针对生物具有的趋利避害本能，对海洋牧场区经济物种进行驯化或通过布置拦截装置阻止其外逃。

6）海洋牧场建设对原有生境的影响机制

加强海洋牧场的迅速建设对现有生物群落结构和物种组成的影响研究；人工鱼礁投放引起的流场、营养盐输运等方面的环境扰动对原有的生境格局（如增加生境板块等）及生态功能的影响（章守宇等，2019）；对加剧诸如海水富营养化和生物入侵等沿岸已经出现的生态危机的潜在威胁，建立相关评估体系以量化海洋牧场建设可能造成的生态隐患，同时围绕上述问题提出人为补偿与调控措施等。

3. 共性关键技术

1）海洋牧场选址与规划技术

进一步优化本底调查技术，综合考虑工程环境适宜性、增殖目标物种的栖息地适宜性和海域本底生物指标，权衡海洋牧场建设过程对增殖目标物种与本底生物的综合影响（章守宇等，2019），构建可行性分析技术体系，选取适宜建设区域；对海洋牧场区进行整体规划设计，划分建设阶段，明确责任分配，确定建设资金来源以及使用分配等；基于本底承载力评估结果确定资源养护关键种及其容纳量，改善系统的结构和功能，并确保不对其他海洋生物产生剧烈影响。

2）海洋牧场生态环境营造技术

研发海洋牧场生态礁体材料及设计、制造、组合与布局技术，重点突破大型人工鱼礁设计制造等关键技术；优化海草（藻）床的修复与移植技术，系统研发大型海草（藻）机械化和自动化恢复设施装备与技术等；突破流场营造技术，营造人工上升流以提高初级生产力，营造下降流以改善海域底层缺氧或低氧状况；建立生物、微生物改良技术体系，形成底质环境改良系列方法（杨红生等，2018）；加强生态廊道建设，有效控制海洋生境碎片化。

3）海洋牧场资源增殖管理技术

研发基于生物学研究和承载力评估的技术体系，选择合适的放流区域和放流规格，保证放流种类的生存和生长，实现最佳的成本/效益核算（阙华勇等，2016）；研发放流幼体成活率提高技术、幼体保活运输技术及装备并实现相关工艺与装备的标准化；研发敌害生物防除技术和海上暂养网箱及海上种苗繁育工船等新型高效资源增殖设备；建立适应现代化海洋牧场建设的关键物种扩繁与生物控制技术体系，实现重要增养殖经济物种的优质安全生产与高效管理。

4）海洋牧场生物承载力提升技术

基于海域生境特征和不同生物生态位差异，建立多元高效的海洋牧场食物网系统，丰富海洋牧场内生物资源营养级结构；提高海洋牧场空间异质性，以满足不同生活史阶段生物对栖息地的不同需求，加强海洋牧场生态廊道建设，加强不同类型生境之间的连通性；优化升级海洋牧场生物承载力评估技术体系，提高评估的准确性、适用性和可操作性，构建海洋牧场生物资源可持续开发、管理利用技术方案，实现海洋牧场可持续发展。

5）海洋牧场生物资源评估技术

利用声学等生物资源探测与评估技术，建立生物资源声学无损探测与评估体系；开展基于海洋牧场物种鉴别的声学评估方法研究，建立物种探测分析鉴别技术体系；研究建立基于海底光学摄像系统的水生生物种类与资源量分析评估系统；利用遥感信息技术开发环境因子与资源变动数据模型；研发放流效果的评估技术，精确评估放流幼体在海洋牧场的存活、生长和繁衍状况，以多元技术手段实现海洋牧场生物资源精确评估。

6）海洋牧场环境监测与预测技术

建立海洋牧场环境因子实时监测网络，研发海洋牧场生态安全与环境保障监测平台；集成建立海洋牧场环境因子大数据处理分析中心，形成针对特定物种耐受极限的海洋牧场环境灾害预警机制；采用多元模型预测评估海洋牧场安全与经济生物资源产出，综合提高海洋牧场对自然灾害的预警能力和智能化管理能力；研发新型环境监测设备，降低环境监测的成本。

7）海洋牧场智能捕获装备与技术

基于海洋牧场典型物种行为特征，研发水下诱捕技术，结合生物行为控制技术，研制智能生态捕获装备。针对海洋牧场的复杂水体特征，基于水下机器人、光学摄像、声学探测等多种技术手段，开展海洋牧场经济生物资源可视化研究，为海洋牧场资源的智能化捕获提供新的技术手段，实现海洋牧场生物高精度机械化采捕。

4. 典型应用示范

1）黄渤海海域资源增殖型海洋牧场构建技术集成与规模化示范

针对以增养殖为主要目的的黄渤海海域海洋牧场，深入研究海草（藻）床、盐沼地和牡蛎礁等生境修复机制与关键技术，加强人工礁体设计布局研究，营造经济生物适宜的栖息场所，基于海域特点和承载力评估结果放流经济生物，优化营养结构，配置先进的环境因子监测和可视化技术，实现海洋牧场可测、可视、可预，逐步实现牧场生产的机械化、自动化，以及牧场管理的信息化、智能化。

2）东海海域资源养护型海洋牧场构建技术集成与规模化示范

针对以资源养护为主要目的的东海海域海洋牧场，通过修复和拓展岩礁生境的生态功能，构建大型人工海藻场，并加强各类生境的功能连接，根据系统的物质能量传递状况筛选适宜增殖的物种进行苗种放流，提高对海域初级生产的利用效率，以生物防治水体富营养化和赤潮，加强对高营养级渔业资源的养护和增殖，并辅以物种标记和音响驯化等技术控制生物的分布，通过协调休闲海钓和生态捕捞等渔业资源利用模式，实现区域生态环境和生物资源的可持续发展。

3）南海海域岛礁修复型海洋牧场构建技术集成与规模化示范

针对以珊瑚礁生态保护为主要目的的南海海域海洋牧场，研究珊瑚礁退化机制以及由此产生的连带影响，构建造礁石珊瑚修复技术体系，突破关键修复技术，加强珊瑚礁生态修复的科学规划和效果评估，放流特色生物资源，优化系统营养结构，维持系统生态平衡，研发敌害防治技术，创新高价值渔业资源的捕捞方式。以潜水、海钓、海上观光为特色加快发展与海洋牧场相关的休闲旅游产业，逐步修复珊瑚礁生态系统和岛礁渔业资源并实现高值化利用。

11.6　典型案例：莱州湾海洋牧场建设

莱州湾地处 36°25′N～37°47′N、118°17′E～120°45′E，位于山东半岛西北部、渤海南部，是渤海最大的半封闭性海湾，湾岸属淤泥质平原海岸，海岸地形单调平缓，平均水深小于 10m，沿岸有黄河、小清河等多条地表河流入海，带入大量营养盐，饵料生物丰富，是黄海、渤海重要渔业资源的主要产卵场、育幼场和索饵场，也是山东莱州市主要的扇贝养殖区。莱州湾渔业资源丰富，海水养殖面积居山东沿岸之首，是山东省重要渔盐生产基地，也是我国第一批国家级水产种质资源保护区。

山东莱州湾海洋牧场选址于莱州市芙蓉岛西部海域，是典型的河口海湾生态系统，为很多重要经济动物的产卵场和育幼场。主要生产刺参、脉红螺等渔业增殖生物，兼顾养殖魁蚶、毛蚶、扇贝、文蛤等经济生物。为加强莱州湾海洋牧场建设和育保苗场建设，目前已累计投资 4.2 亿元，造礁面积 4.6 万亩；建成现代化水产苗种繁育中心 6000m³ 水体，标准化池塘保苗场 3100 亩；购置装备工程船、管护船、作业船等各类船只 22 艘，用于海洋牧场建设和生产；海区累计投放海参苗、牡蛎苗、扇贝苗、文蛤苗、魁蚶苗等 182 万斤[①]，其中海参苗 157 万斤。

山东蓝色海洋科技股份有限公司重视科研和基础建设，2012 年 8 月与中国科学院海洋研究所签订了"莱州湾海洋牧场建设关键设施与技术集成及示范"项目合作协议。同年，又与中国科学院海洋研究所、中国水产科学研究院黄海水产研究所、中国海洋大学等科研院所的著名水产专家联合组建成立了山东海洋牧场工程与技术研究院，成为国内专门从事海洋牧场应用基础研究和技术开发的第一个研究机构，为公司科学发展、海洋开发及可持续利用提供了强有力的科技支撑。

1. 技术重要性

1）海珍品增殖礁体研发与生境修复技术

针对目前增养殖设施、增养殖礁体缺少研究，进行增养殖设施的研发与优化。本书作者团队研发了一种适用于多元混养的海珍品增殖礁体和一种适用于刺参底播养殖的生态

---

① 1 斤=0.5kg。

贝壳礁及其使用方法，可提高刺参产量20%，同时也增加了其他经济生物的产量，并且有效修复了海区环境。

一种适用于多元混养的海珍品增殖礁体：该礁体为立体结构，底层用于鲍、参的增养殖，上层用于鱼类的诱集，刺参可以鱼、鲍的粪便为食，实现多营养层次综合养殖，充分利用水体。将海珍品增殖礁体按礁体布局规划通过吊装投放至莱州湾土山、芙蓉岛等附近海域的泥沙质平坦海底，由潜水员向礁体内投放刺参和鲍的苗种，通过自然诱集恋礁性鱼类，实现藻、鲍、参的多元增养殖。

一种适用于刺参底播养殖的生态贝壳礁制作方法：将莱州湾冬季收获附着牡蛎苗的扇贝壳投入莱州湾土山附近刺参底播养殖海域，在海底形成厚度为10cm的扇贝贝壳床。随着扇贝壳上牡蛎苗的自然生长和繁殖，对先期的扇贝贝壳床起到固化作用；经过1年半的时间，在原有扇贝贝壳床上形成活体牡蛎礁；由潜水员向活体牡蛎礁上底播10～17g/头的刺参苗种，实现刺参的生态增养殖。实施结果表明，该技术可以净化海底水质，为刺参的附着和生长提供良好的环境；提高了刺参产品的品质，有利于实现生境修复和海区的综合利用。

2）经济物种苗种规模化扩繁技术

研究团队率先系统研究了脉红螺亲螺的摄食行为、交配行为和产卵行为，查清了其摄食、交配、性腺发育和产卵规律，确定了亲螺适宜培育密度，构建了亲螺性腺促熟和生殖调控技术；系统研究了脉红螺胚胎发育规律，建立了幼虫孵化技术，孵化率达90%以上；系统研究了脉红螺幼虫发育规律，查明了幼虫发育过程与幼虫培育的最佳温度、盐度、密度和饵料条件，建立了幼虫高效培育技术，成活率达80%以上；首次从饵料、神经内分泌系统和消化系统角度研究了脉红螺幼虫变态的调控机制，查明了其变态开始的标志和大小（壳高1200～1500μm），发现了牡蛎等双壳贝类稚贝对脉红螺幼虫变态具有显著的诱导作用，发明了一种脉红螺工厂化育苗的采苗设施和方法，解决了幼虫变态过程中的食性转换难题，阐明了蚕食与饥饿、稚螺规格和密度等因素的关系，饥饿3～4d开始蚕食，饥饿时间越长、稚螺规格越小、密度越大，蚕食率越高；筛选出了稚螺适宜饵料，有效解决了稚螺蚕食难题，蚕食率由50%以上降低到8%；构建了规模化高效苗种中间培育技术，成活率达到57%以上，年培育商品苗510余万粒。

3）海洋牧场资源与环境监测平台构建

依托莱州湾"六十里"1号海上自升式多功能海洋牧场平台，在莱州湾构建海洋牧场生态安全与环境保障平台，集成YSI多参数水质监测仪、原位温度溶解氧检测仪、水下视频摄像机、声学多普勒海流剖面仪（ADCP）及小型气象站，建立海洋牧场的水质（包括温度、溶解氧、盐度、pH、浊度、叶绿素等）监测阵列、温度溶解氧监测链、水体流场监测系统、水下生物资源视频监测系统及气象监测系统。该平台可对海洋牧场水质参数、水流参数、水体立体化温度溶解氧参数及海洋牧场气象状况进行全方位实时监测，并通过无线传输系统，将监测数据实时传送至岸基相关设备及手机APP中，可实时随地查看海洋牧场水质、水文及天气状况，实现对莱州湾海洋牧场环境资源状况的全方位监测（图11-13）。

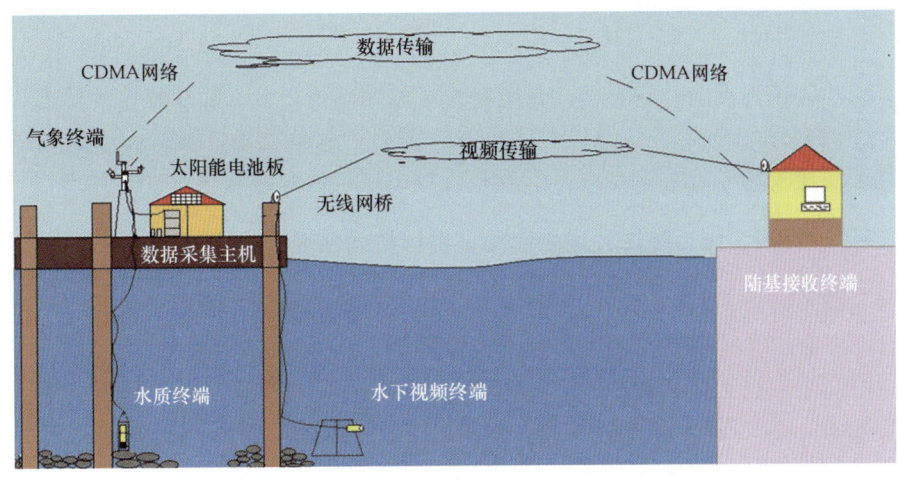

图 11-13　莱州湾海洋牧场整体观测方案布局图

4）海洋牧场目标物种资源对异常环境的变化响应研究

利用水下生物资源视频监测集成系统，监测底播刺参及脉红螺等海洋牧场经济生物资源的变动规律，结合水质监测数据、水体流速流向及气象数据、室内可控环境下海洋牧场经济生物在特定环境条件下（如高温、低氧等）的行为及生理响应，研究经济物种的运动行为、摄食行为对海洋牧场水体温度变化、水流变化、光照强度变化等特殊环境的响应特征，以及经济物种转录组对环境变化的响应特征。

5）海洋牧场环境资源调查及环境承载力评估技术

对莱州湾海洋牧场进行水体环境及生物资源多站位本底调查，记录水文数据（包括氨氮、重金属含量等参数）、分析生物资源类别及资源量（包括浮游动植物、鱼类、头足类、棘皮动物等），全面把握莱州湾海洋牧场水环境及生物资源状况。此外，基于 EwE 生态系统评价模型，评估海洋牧场环境承载力（EwE 模型是应用于水生生态系统的定量分析，特别是渔业管理与政策模拟，并可用于比较不同时期生态系统的时空动态变化，定量评估水生生态系统能量流动过程的一种营养平衡模型）。基于 EwE 模型进行定量分析与模拟，对渔业小型化的发展、渔业政策评估与优化，并对渔业与环境的相互影响和渔业与环境可持续发展进行相应的评价，提出了科学的管理对策。

6）海洋牧场专家决策系统和环境灾害预警预报

整合及挖掘海洋牧场资源与环境监测平台监测的各项数据，建立海洋牧场专家决策系统。系统中的环境预测模块可参考环境历史数据，通过模型计算，预测未来几周的环境变化状况；环境预警模块可对获取及预测的环境及生物资源数据进行整合分析，得出灾害发生时环境各项数据的临界点，并以此作为是否发出环境预警的基准。该系统利用掌握的海洋牧场水文环境实时数据，评估海洋牧场环境面临的风险因素和级别及风险区域位置等，实现海洋牧场环境灾害预警并提供应急处置方案或建议，全面提升海洋牧场应对自然灾害的能力。

2. 技术水平分析

针对海洋牧场建设的关键环节，重点研究了增殖礁体研发、脉红螺苗种扩繁、刺参等重要经济生物对环境变化的行为和生理响应，构建了海洋牧场资源与环境监测平台和系统，研发了海洋牧场专家决策系统，引领和支撑了现代化海洋牧场建设与发展。

1）增殖礁体设计与实施为海洋牧场生境修复提供技术保障

海珍品增殖礁体为立体结构，不同空间结构具有互补功能，能够充分利用水体，减弱养殖对自然海区生态环境的影响，有利于养殖海域生态环境的修复和综合利用。生态贝壳礁充分利用养殖扇贝的有利条件，将附着的自然牡蛎苗的扇贝壳投入海底以营造活体牡蛎礁，可变废为宝，实现资源的综合利用，牡蛎在生长过程中还可以净化海底水质，为刺参的附着和生长提供良好的环境。

2）脉红螺行为研究和苗种扩繁保障了海洋牧场苗种来源与安全

率先系统研究了脉红螺亲螺性腺促熟和生殖调控技术、幼虫孵化技术、幼虫高效培育技术、高效采苗技术、规模化高效苗种中间培育技术；发明了一种脉红螺工厂化育苗的采苗设施和方法，解决了幼虫变态过程中的食性转换难题，筛选出了稚螺适宜饵料，有效解决了稚螺蚕食难题。

3）生物对环境变化响应研究为提升海洋牧场的预警能力提供了基础数据

水体温度、光照、水流变化对刺参运动和摄食行为的影响，以及水体盐度、溶解氧变化对刺参肠道和呼吸树转录组的影响等系列研究查明了海洋牧场重要经济生物刺参应对极端环境的行为变化特征和生理响应机制，为海洋牧场预警能力的提升提供了基础参数和科学依据。

4）海洋牧场资源与环境监测平台保障了海洋牧场生态环境安全

针对海洋牧场环境监测和风险预警预报技术亟待建立等关键问题，突破了牧场生境监测、评价和预警预报技术，实现了资源与环境从单一监测评价到综合预警预报的跨越。通过莱州湾海域溶解氧和温度在线监测装置，为海域生产企业提供实时数据。集成研发了远程智能管理平台，建立了基于浮标、船载传感器系统和技术的生态环境监测平台；研发了专家决策系统，构建了远程智能监测、预警和管理平台，实现了牧场资源和环境"可视、可测、可报、可查"。多次预警了莱州湾海洋牧场夏季高温、低氧等风险灾害。此外，评估了莱州湾海洋牧场环境风险因素，提出了莱州湾海洋牧场生态风险应急应对措施。

5）海洋牧场环境承载力评估保障了海洋牧场生态环境安全

基于监测及海洋牧场本底调查数据，建立 EwE 模型评估了莱州湾海洋牧场环境承载力，估算了海洋牧场生态环境对海洋牧场各主要经济生物的生态容量（图 11-14），多次有效指导了莱州湾海洋牧场刺参底播增养殖、对虾及鱼类增殖放流活动，不仅提高了海洋牧场海洋生物的多样性、优化了海洋牧场生态环境，还有效提升了海洋牧场海产品的产量和质量，提高了海洋牧场的经济效益。

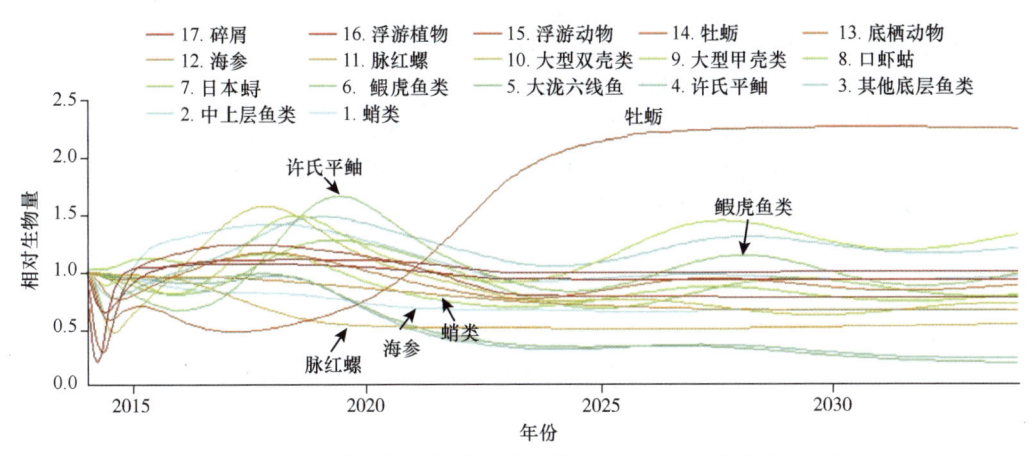

图 11-14 Ecosim 模拟随时间变化莱州湾海洋牧场各功能组的相对生物量

3. 技术发展趋势

现阶段情况：研究开展以来，莱州湾海洋牧场生境显著改善，生态系统更趋稳定，核心区水质多保持在一类标准，经济生物种类增加 29%～46%，资源量增加 2 倍以上，构建了"互联网+海洋牧场"技术体系，创建了"科研院所+企业+合作社+渔户"相结合的"泽潭模式"（赵洪杰，2016），引领和推动了全国海洋牧场建设与发展，实现了企业收益与渔民收入同步提升、海域生态与产出效益同步改善。

发展趋势：①通过调查分析或生态建模研究，探明了制约该海域生产力发展和承载力提高的因素；②调整各类生物配比，优化食物网结构，提高生产力，建立了健康的生态系统；③研究了经济物种运动行为、摄食行为对海洋牧场水体环境变化的响应特征；④优化了脉红螺规模化苗种扩繁技术和刺参大规格生态苗种高效培育技术；⑤对牧场渔业与环境的相互影响和渔业与环境可持续发展进行了相应的评价，并提出了科学的管理对策。

4. 应用前景

相比于国内其他海洋牧场建设，莱州湾海洋牧场建设成功的原因之一在于其非常重视科研工作，这为其每一步建设计划的实施提供了科学依据。依托环境监测平台、预警预报系统和专家决策系统，能够保障生产的安全稳定进行；通过研究生物资源对环境的响应和承载力评估进行适当的增殖，能够维持可持续发展。

研究团队建立的海洋牧场构建原理、关键技术与安全保障体系可用于支撑现代化海洋牧场建设，对黄渤海区其他海洋牧场建设具有非常好的借鉴作用，具有广阔的应用空间和推广前景。研究人员建立的物种扩繁技术和经济物种对异常环境变化的响应研究有助于拉动经济物种种业发展，驱动三产贯通，对海洋牧场经济物种的生物学研究和管理具有重要的参考价值。

5. 存在问题与建议

海洋牧场与环境安全保障技术构建及其维护是一个长期的系统的工程，主要问题如下。

（1）加强监测平台与相关观测系统的后期维护。研究与实施过程中在莱州湾海洋牧场建立了固定式平台和浮标监测系统，实现了海洋环境与资源的实时监测，保障了海洋牧场的生态环境安全，但监测系统的后期维护是一个长期的过程，需要投入较大的人力和经费，因此需要积极争取专项经费和地方科技经费的支持。

（2）优化海洋牧场的生物观测技术。部分海洋牧场建设海域的浊度偏高，在一定程度上影响了水下视频监测系统的生物监测效果，仅依靠当前的光学监测装备可能难以满足海洋牧场的安全保障需求，可以在水下光学视频监测系统的基础上，配合声学成像装备，加强对海洋牧场生物资源的长期监测。

（3）重视监测数据的集成应用与专家决策系统的优化。研究与实施过程中，采集了海洋牧场资源与环境的大量实时观测数据，需要进一步加强资源与环境数据的整合，利用模型计算和三维可视化手段，进一步强化数据的应用，优化海洋牧场专家决策系统，推动现代化海洋牧场建设的升级。

主要建议如下。

（1）打造全国海洋牧场建设范例，在黄渤海区域积极推广建设经验。
（2）在现有基础上逐步实现生产机械化、自动化、信息化和智能化，实现三产贯通。
（3）扩大海洋牧场规模，降低单位生产成本，提升生产效益。

参 考 文 献

陈彬, 俞炜炜, 陈光程, 等. 2019. 滨海湿地生态修复若干问题探讨. 应用海洋学学报, 38(4): 464-473.
陈丕茂, 舒黎明, 袁华荣, 等. 2019. 国内外海洋牧场发展历程与定义分类概述. 水产学报, 43(9): 1851-1869.
陈勇. 2020. 中国现代化海洋牧场的研究与建设. 大连海洋大学学报, 35(2): 147-154.
戴洪磊, 牟乃夏, 王春玉, 等. 2014. 我国海洋浮标发展现状及趋势. 气象水文海洋仪器, 31(2): 118-121, 125.
翟璐, 刘康, 韩立民. 2019. 我国"蓝色粮仓"关联产业发展现状、问题及对策分析. 海洋开发与管理, 36(1): 91-97.
方建光, 唐启升. 2008. 实施多营养层次综合养殖 构建海洋生态安全屏障. 中国农学通报, 24(z): 5.
高文斌, 李怡群, 张海鹏, 等. 2017. 山海关海洋牧场人工鱼礁区重要经济品种养护效果的初步研究. 河北渔业, (1): 15-18, 30.
韩立民, 都基隆. 2015. 发展中国家海洋渔业资源增殖放流现状考察与建议. 中国渔业经济, 33(1): 16-22.
郝向举, 罗刚, 王云中, 等. 2017. 我国海洋牧场科技支撑基本情况、存在问题及对策建议. 中国水产, (11): 44-48.
黄晖, 张浴阳, 刘骋跃. 2020. 热带岛礁型海洋牧场中珊瑚礁生境与资源的修复. 科技促进发展, 16(2): 225-230.
黄其泉, 周劲峰, 王立华. 2006. 澳大利亚的渔业管理与信息技术应用. 中国渔业经济, (2): 23-26.
黄小平, 黄良民, 李颖虹, 等. 2006. 华南沿海主要海草床及其生境威胁. 科学通报, (B11): 114-119.
姜昭阳, 郭战胜, 朱立新, 等. 2019. 人工鱼礁结构设计原理与研究进展. 水产学报, 43(9): 1881-1889.
金显仕, 窦硕增, 单秀娟, 等. 2015. 我国近海渔业资源可持续产出基础研究的热点问题. 渔业科学进展, 36(1): 124-131.
李波. 2012. 关于中国海洋牧场建设的问题研究. 中国海洋大学硕士学位论文.
李大海, 吴立新, 陈朝晖. 2019. "透明海洋"的战略方向与建设路径. 山东大学学报 (哲学社会科学版), (2): 130-136.

李继龙, 王国伟, 杨文波, 等. 2009. 国外渔业资源增殖放流状况及其对我国的启示. 中国渔业经济, 27(3): 111-123.

李苗, 罗刚. 2020. 韩国海洋牧场建设经验与借鉴. 中国水产, (3): 26-28.

李晓炜, 赵建民, 刘辉. 2018. 渤黄海渔业资源三场一通道现状、问题及优化管理政策. 海洋湖沼通报, (5): 147-157.

李绪兴, 雷云雷. 2009. 渔业水域生态环境及其修复研究. 中国渔业经济, 27(6): 69-78.

李忠义, 林群, 李娇. 2019. 中国海洋牧场研究现状与发展. 水产学报, 43(9): 1870-1880.

林天维, 柴清志, 孙子钧. 2020. 我国红树林的面积变化及其治理. 海洋开发与管理, 37(2): 48-52.

凌申. 2012. 美国休闲渔业发展经验对长三角的启示. 中国水产, 36(6): 46-47.

刘惠飞. 2001. 日本人工鱼礁建设的现状. 现代渔业信息, 16(12): 15-17.

龙丽娟, 杨芳芳, 韦章良. 2019. 珊瑚礁生态系统修复研究进展. 热带海洋学报, 38(6): 1-8.

罗刚, 张振东. 2014. 全国水生生物增殖放流发展现状. 中国水产, (12): 37-39.

农业农村部渔业渔政管理局, 全国水产技术推广总站, 中国水产学会. 2020. 2020 中国渔业统计年鉴. 北京: 中国农业出版社.

曲永斐. 2018. 海洋牧场技术的研究现状及发展趋势. 中外企业家, (7): 94.

阙华勇, 陈勇, 张秀梅, 等. 2016. 现代海洋牧场建设的现状与发展对策. 中国工程科学, 18(3): 79-84.

佘远安. 2008. 韩国、日本海洋牧场发展情况及我国开展此项工作的必要性分析. 中国水产, (3): 22-24.

沈金生, 梁瑞芳. 2018. 海洋牧场蓝色碳汇定价研究. 资源科学, 40(9): 1812-1821.

沈新强. 2008. 我国渔业生态环境养护研究现状与展望. 渔业现代化, (1): 53-57.

孙晓霞, 孙松. 2019. 开展近海生态系统长期观测 引领海洋生态系统健康研究. 中国科学院院刊, 34(12): 1458-1466.

陶峰, 贾晓平, 陈丕茂, 等. 2008. 人工鱼礁礁体设计的研究进展. 南方水产, (3): 64-69.

王珺. 2013. 中澳红树林自然保护区管理之比较. 湿地科学与管理, 9(2): 45-48.

王荣斌. 2017. 千岛湖保水渔业形成生态产业链. 中国环境报, 2017-06-19(3).

王锁民, 崔彦农, 刘金祥, 等. 2016. 海草及海草场生态系统研究进展. 草业学报, 25(11): 149-159.

王晓杰, 宋佳坤, 范纯新, 等. 2015. 海洋酸化对鱼类感觉和行为影响的研究进展. 生态毒理学报, 10(6): 13-20.

吴忠鑫, 张秀梅, 张磊. 2013. 基于线性食物网模型估算荣成俚岛人工鱼礁区刺参和皱纹盘鲍的生态容纳量. 中国水产科学, 20: 327-337.

胥苗苗. 2019. 海洋牧场发展步入标准规范时代. 中国船检, (9): 90-93.

许强, 刘舜斌, 许敏, 等. 2011. 海洋牧场建设选址的初步研究——以舟山为例. 渔业现代化, 38(2): 27-31.

许强, 章守宇. 2013. 基于层次分析法的舟山市海洋牧场选址评价. 上海海洋大学学报, 22(1): 128-133.

许祯行, 陈勇, 田涛, 等. 2016. 基于 Ecopath 模型的獐子岛人工鱼礁海域生态系统结构和功能变化. 大连海洋大学学报, 31(1): 85-94.

颜慧慧, 王凤霞. 2016. 中国海洋牧场研究文献综述. 科技广场, (6): 162-167.

杨宝瑞, 陈勇. 2014. 韩国海洋牧场建设与研究. 北京: 海洋出版社.

杨红生. 2016. 我国海洋牧场建设回顾与展望. 水产学报, 40(7): 1133-1140.

杨红生. 2017. 海洋牧场构建原理与实践. 北京: 科学出版社.

杨红生. 2018. 现代化海洋牧场建设现状分析与展望. 大连: 第二届现代化海洋牧场国际学术研讨会、中国水产学会渔业资源与环境专业委员会 2018 年学术年会.

杨红生, 霍达, 茹小尚, 等. 2020. 水域生态牧场发展理念与对策. 科技促进发展: (2): 133-137.

杨红生, 霍达, 许强. 2016. 现代海洋牧场建设之我见. 海洋与湖沼, 47(6): 1069-1074.

杨红生, 茹小尚, 张立斌, 等. 2019a. 海洋牧场与海上风电融合发展: 理念与展望. 中国科学院院刊, 34(6): 700-707.

杨红生, 杨心愿, 林承刚, 等. 2018. 着力实现海洋牧场建设的理念、装备、技术、管理现代化. 中国科学院院刊, 33(7): 732-738.

杨红生, 张涛, 张立斌. 2017. 我国海洋牧场建设回顾与展望. 赤峰: 现代海洋 (淡水) 牧场国际学术研讨会.

杨红生, 章守宇, 张秀梅, 等. 2019b. 中国现代化海洋牧场建设的战略思考. 水产学报, 43(4): 1255-1262.

杨盛昌, 陆文勋, 邹祯, 等. 2017. 中国红树林湿地: 分布、种类组成及其保护. 亚热带植物科学, 46(4): 301-310.

叶春江, 赵可夫. 2002. 高等植物大叶藻研究进展及其对海洋沉水生活的适应. 植物学通报, 19(2): 184-193.

尹增强, 章守宇. 2011. 浙江嵊泗人工鱼礁区渔业资源生态容纳量变动的研究. 渔业科学进展, 32: 108-113.

曾呈奎. 1979. 关于我国专属经济海区水产生产农牧化的一些问题. 资源科学, (1): 58-64.

曾呈奎. 1980. 我国海洋生物学在新时期的主要任务. 海洋科学, (1): 1-5.

曾呈奎. 1985. 海洋农牧化大有可为. 科技进步与对策, (2): 9-10.

曾呈奎, 毛汉礼. 1965. 海洋学的发展, 现状和展望. 科学通报, 16(10): 876-883.

曾呈奎, 徐恭昭. 1981. 海洋牧业的理论与实践. 海洋科学, 5(1): 1-6.

曾旭, 章守宇, 林军, 等. 2018. 岛礁海域保护型人工鱼礁选址适宜性评价. 水产学报, 42(5): 673-683.

张立斌, 林承刚. 2018. 海洋牧场环境资源监测平台构建. 大连: 第二届现代化海洋牧场国际学术研讨会, 中国水产学会渔业资源与环境专业委员会 2018 年学术年会.

张立斌, 杨红生. 2012. 海洋生境修复和生物资源养护原理与技术研究进展及展望. 生命科学, 24(9): 1062-1069.

张涛, 于波, 阙仁涛. 等. 2013. 一种适用于多元混养的海珍品增殖礁体及其使用方法: CN103053454A.

张秀梅, 王熙杰, 涂忠, 等. 2009. 山东省渔业资源增殖放流现状与展望. 中国渔业经济, 27(2): 51-58.

张震. 2015. 基于海洋牧场建设的休闲渔业开发. 中国海洋大学博士学位论文.

章守宇, 周曦杰, 王凯, 等. 2019. 蓝色增长背景下的海洋生物生态城市化设想与海洋牧场建设关键技术研究综述. 水产学报, 43(1): 81-96.

赵洪杰. 2016. 被复制的"泽潭"渔业模式. 大众日报, 2016-1-14(11).

郑凤英, 邱广龙, 范航清, 等. 2013. 中国海草的多样性、分布及保护. 生物多样性, 21(5): 517-526.

周毅, 张晓梅, 徐少春, 等. 2018. 海洋牧场海草床生境构建技术研究. 大连: 第二届现代化海洋牧场国际学术研讨会, 中国水产学会渔业资源与环境专业委员会 2018 年学术年会.

Bartley D M, Leber K M. 2004. Marine Ranching. FAO Fisheries Technical Paper. No. 429. Rome, FAO: 213.

Buck B H, Langan R. 2017. Aquaculture Perspective of Multi-use Sites in the Open Ocean: The Untapped Potential for Marine Resources in the Anthropocene. Cham: Springer.

Clewell A, Aronson J, Winterhalder K. 2004. Society for Ecological Restoration International Science & Policy Working Group. The SER international primer on ecological restoration. Tucson: Society for Ecological Restoration International.

Cooney R T. 1993. A theoretical evaluation of the carrying-capacity of Prince William Sound, Alaska, for juvenile Pacific salmon. Fisheries Research, 18(s1-2): 77-87.

FAO. 2010. The State of World Fisheries and Aquaculture 2010. Rome: FAO.

FAO. 2016. The State of World Fisheries and Aquaculture 2016. Rome: FAO.

Feng W, Zhou N, Chen L, et al. 2013. An optical sensor for monitoring of dissolved oxygen based on phase detection. Journal of Optics, 15(5): 055502.

Field J G, Hempel G, Summerhayes C P. 2002. Ocean 2020: Science, Trends and the Challenge of Sustainability. Washington DC: Island Press.

Ru X S, Zhang L, Li X N, et al. 2019. Development strategies for the sea cucumber industry in China. Journal of Oceanology and Limnology, 37(1): 300-312.

Seitz R D, Lipcius R N, Knick K E, et al. 2008. Stock enhancement and carrying capacity of blue crab nursery habitats in Chesapeake Bay. Reviews in Fisheries Science, 16(1-3): 329-337.

Wilkinson C. 2008. Globle coral reef monitoring network—Status of coral reefs of the world: 2000. Global Status of coral reefs.

Xu M, Qi L, Zhang L, et al. 2019. Ecosystem attributes of trophic models before and after construction of artificial oyster reefs using Ecopath. Aquaculture Environment Interactions, 11: 111-127.

Xu S, Wang P, Zhou Y, et al. 2018. New insights into different reproductive effort and sexual recruitment contribution between two geographic *Zostera marina* L. populations in temperate China. Frontiers in Plant Science, 9: 15.

Xu S, Zhou Y, Wang P, et al. 2016. Salinity and temperature significantly influence seed germination, seedling establishment, and seedling growth of eelgrass *Zostera marina* L. PeerJ, 4: e2697.

Zhang L, Zhang T, Xu Q, et al. 2015. An artificial oyster - shell reef for the culture and stock enhancement of sea cucumber, *Apostichopus japonicus*, in shallow seawater. Aquaculture Research, 46(9): 2260-2269.

第 12 章　远洋渔业

世界渔业面临资源衰退、增长潜力匮乏、缺少有效管理等难题。我国远洋渔业产业规模已位居世界前列，远洋渔业的健康发展对保障优质动物蛋白供给、维护国家海洋权益等具有重要意义，但我国产业发展存在渔业装备与技术落后等一系列问题。渔情预报技术、渔船设计制造技术、捕捞助渔技术装备、捕捞加工一体化技术是我国远洋渔业发展的科技瓶颈。信息化、自动化、智能化、环保化以及捕捞加工一体化是我国远洋渔业装备与技术发展趋势，同时未来产业需开拓中上层、极地等远洋渔业新资源，开展重要渔业资源精准探测与预报，进行资源友好型捕捞技术与设备研发，布局渔获物深加工技术研发，有效实施过洋性、大洋性重要渔业资源与南极磷虾捕捞加工一体化示范工作。

远洋渔业（distant-water fishery 或 oceanic fishery）指不在本国渔业基地或渔港，在他国管辖海域或公海从事海洋捕捞以及与之配套的加工、补给、产品运输等渔业活动。按照生产作业水域可分为过洋性渔业和大洋性渔业（含极地渔业），前者指在沿海国家 12～200n mile 从事的海洋渔业捕捞生产活动，后者指在专属经济区以外海域（包括极地海域）进行的海洋捕捞活动。由于我国在非洲、南美洲等海域具有较大规模的过洋性渔业，本章中介绍的远洋渔业未特别指明，亦包括过洋性渔业。

远洋渔业的主要渔具有拖网、围网、延绳钓、鱿鱼钓、灯光敷网等，主要捕捞对象包括鳕、鲱、鲲、金枪鱼、竹荚鱼、秋刀鱼、头足类、甲壳类和鲸类等。现代化的远洋渔业主要指大洋性渔业，由机械化、自动化程度较高，助渔、导航仪器先进，续航能力较长的大型加工母船和若干捕捞子船、加油船以及运输船组成的捕捞船队进行远洋作业，具有劳动力密集、作业风险高、对现代技术依赖性强等特点（陈新军等，2018）。

12.1　产业与科技发展现状

12.1.1　国际产业发展现状与启示

世界渔业发展历程是由沿岸到近海再到远洋，该进程体现了海洋渔业的发展规律，是海洋渔业发展的必然趋势。远洋渔业是海洋产业的重要组成部分，是属于全球范围的产业，同国际之间的经济、政治休戚相关，合理开发利用远洋渔业可提高国际合作水平，实现互通互利。

1. 国际产业发展现状

1）主要捕捞国出现变化，重要捕捞对象产量呈增长趋势

2018 年全球捕捞渔业总产量为 9640 万 t，其中 8441 万 t 来自海洋水域。全球海洋捕捞量经历了 20 世纪 50 年代到 90 年代的持续增长之后，稳定在 8000 万 t 左右（FAO，2020）。20 世纪 90 年代以来，全球渔业产量持续增加，但主要增长来自水产养殖业，捕捞贡献较少。西北太平洋渔区（渔区编码 61）连续多年都是渔获量最高的海区，2018 年产量超过 2006 万 t，约占全球海洋渔获量的 24%，其后依次是中西太平洋渔区（渔区编码 71，1354 万 t）和东北大西洋渔区（渔区编码 27，932 万 t）。

2018 年捕捞数据显示，海洋捕捞产量排名前 10 位国家分别为中国、秘鲁、印度尼西亚、俄罗斯、美国、印度、越南、日本、挪威、智利。世界排名前 20 位的国家捕捞产量占全球捕捞产量的 63.91%（表 12-1）。秘鲁鳀、阿拉斯加狭鳕、鲣、大西洋鲱、蓝鳕、欧洲沙丁鱼、太平洋白腹鲭、黄鳍金枪鱼、竹荚鱼、大西洋鳕是捕获量排名前 10 位的种类（FAO，2020）。阿拉斯加狭鳕在 2016 年超过秘鲁鳀成为渔获量最高的物种，但 2018 年数据显示秘鲁鳀恢复到 2015～2017 年的水平，达到 704.5 万 t。

表 12-1　海洋捕捞主产国捕捞量（单位：万 t）

国家	平均产量			产量			
	20 世纪 80 年代	20 世纪 90 年代	21 世纪 00 年代	2015 年	2016 年	2017 年	2018 年
中国	465	1101	1345	1538	1453	1394	1349
秘鲁	414	810	807	479	377	413	715
秘鲁（不含秘鲁鳀）	250	254	95	102	92	83	96
印度尼西亚	174	303	437	622	611	631	671
俄罗斯	151	472	320	417	447	459	484
美国	453	515	475	502	488	502	472
印度	169	260	295	350	371	394	362
越南	53	94	172	271	293	315	319
日本	1059	672	441	337	317	318	310
挪威	221	243	252	229	203	238	249
智利	452	595	402	179	150	192	212
智利（不含秘鲁鳀）	400	445	275	125	116	129	127
菲律宾	132	168	208	195	187	172	189
泰国	208	270	238	132	134	131	151
墨西哥	121	118	131	132	131	146	147
马来西亚	76	108	131	149	157	147	145
摩洛哥	46	68	97	135	143	136	136
韩国	218	225	178	164	135	135	133
冰岛	143	167	166	132	107	118	126
缅甸	50	61	110	111	119	127	114
毛里塔尼亚	6	6	19	39	59	78	95
西班牙	121	113	92	97	91	94	92

数据来源：FAO，2020

（1）金枪鱼和类金枪鱼

金枪鱼和类金枪鱼是指鱼类中的鲭科、剑鱼科和旗鱼科，约 30 种，经济价值较高的种类主要有大眼金枪鱼、黄鳍金枪鱼、长鳍金枪鱼、蓝旗金枪鱼和鲣，均属于高度洄游性中上层鱼类，广泛分布在太平洋、印度洋和大西洋的热带及温带水域。金枪鱼渔业是世界上最古老的渔业之一，但一直到 20 世纪中叶，这些渔业活动都还仅限于当地沿海地区。随着罐装金枪鱼需求的大幅上升，商业捕捞开始得以发展，主要包括日本在太平洋地区的延绳钓和竿钓，以及美国在加利福尼亚和墨西哥沿岸的竿钓。日本的金枪鱼渔业在 1952 年后开始向海外急速扩张，尤其是延绳钓渔业得以迅速发展。目前，近 80 个国家的渔民从事金枪鱼渔业，并以罐装、生鱼片、熟制、烟熏、风干等多种方式进行消费，其中罐装金枪鱼产量占金枪鱼制品的一半以上。

现代商业捕捞金枪鱼的主要方式包括围网、延绳钓和杆钓，其中围网渔业的渔获量占一半以上。中西部太平洋为金枪鱼重要产区，该地区产量占全部产量的 60%，其余三个产区分别为印度洋、东部太平洋和大西洋，产量分别占全部产量的 17%、14% 和 9%。在太平洋地区，大约 70% 的商业金枪鱼捕捞量来自围网渔业，10% 来自杆钓，8% 来自延绳钓；在印度洋海域，围网、杆钓和延绳钓的渔获量分别是 45%、15% 和 20%；在大西洋地区，上述三种作业方式所占比例分别为 55%、21% 和 22%（沈卉卉，2019）。

根据渔获量，可将主要远洋渔业国家和地区金枪鱼类生产分为四个层次（表 12-2），第一梯队年渔获量在 30 万 t 以上，有印度尼西亚、中国、菲律宾、韩国、日本和厄瓜多尔，上述几个国家的渔获量占总渔获量的 45.76%；第二梯队年渔获量在 20 万 t 以上，包括西班牙、巴布亚新几内亚、美国和基里巴斯，占总渔获量的 17.77%；第三梯队年渔获量在 10 万 t 以上，包括马尔代夫、墨西哥、法国、塞舌尔和越南，上述国家的渔获量占总渔获量的 11.03%；伊朗在第四梯队，渔获量近 10 万 t；其他国家的渔获量占总渔获量的 23.69%（乐家华和俞益坚，2021）。

表 12-2　2017 年主要远洋渔业国家和地区金枪鱼类生产情况

国家或地区	产量（万 t） 金枪鱼	产量（万 t） 鲣	产量（万 t） 合计	所占比例（%）
印度尼西亚	27.52	45.11	72.63	12.70
中国	24.27	20.73	45.00	7.87
菲律宾	11.71	26.64	38.35	6.70
韩国	8.37	28.64	37.01	6.47
日本	16.37	20.21	36.58	6.39
厄瓜多尔	9.31	22.90	32.21	5.63
西班牙	11.60	17.31	28.91	5.05
巴布亚新几内亚	7.21	19.52	26.73	4.67
美国	6.48	17.36	23.84	4.17
基里巴斯	3.42	18.77	22.19	3.88
马尔代夫	4.51	8.90	13.41	2.34
墨西哥	11.63	1.65	13.28	2.32
法国	6.78	6.27	13.05	2.28

续表

国家或地区	产量（万t）			所占比例（%）
	金枪鱼	鲣	合计	
塞舌尔	5.16	7.29	12.45	2.18
越南	2.20	8.74	10.94	1.91
伊朗	6.00	3.98	9.98	1.74
其他	62.97	72.58	135.55	23.69

注：表中数据经过数值修约，存在舍入误差
数据来源：乐家华和俞益坚，2021

自 20 世纪 50 年代有渔业统计数据记录以来，金枪鱼渔业的历史就是需求和捕捞能力不断增长的发展史。1960 年，三大洋（太平洋、印度洋、大西洋）的总渔获量为 69.8 万 t，这个数字在之后的 40 年持续攀升，1968 年超过 100 万 t，1984 年超过 200 万 t，1991 年超过 300 万 t，2000 年首次超过 400 万 t。根据 FAO 的统计，2011～2017 年金枪鱼和类金枪鱼捕获量持续稳定上升，2018 年产量达 790 万 t（图 12-1）。

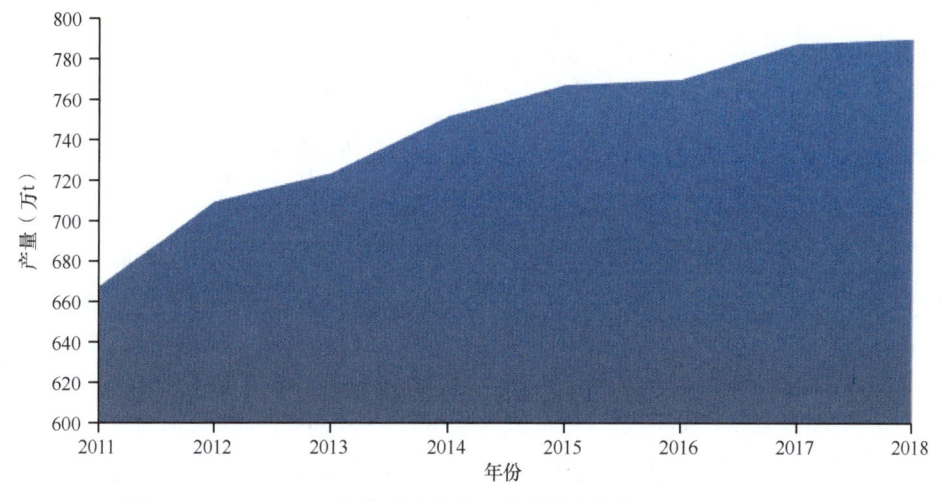

图 12-1 2011～2018 年全球金枪鱼和类金枪鱼捕获量（FAO，2020）

（2）大洋性头足类

20 世纪 70 年代以来，许多底层鱼类资源因为过度捕捞而衰退，但头足类因为具有生命周期短、营养级别低的特点，资源可以得到快速补充，其产量逐年增加。联合国粮食及农业组织认为，头足类是最具开发潜力的海洋渔业资源种类之一，已成为各主要渔业国家和地区的主要捕捞对象（陈新军，2019）。世界头足类有 700 多种，经济头足类约 173 种，其中已开发或具有潜在价值的约 70 种，大部分为兼捕对象（陈新军等，2018）。

1970 年以来，世界头足类捕捞产量呈现持续增长的趋势，特别是 2000 年以后，虽然世界海洋捕捞总产量基本稳定，但头足类呈现增长态势，并于 2014 年达到历史最高水平（485.5 万 t），占当年世界海洋捕捞产量的 6.0%（图 12-2）（陈新军，2019）。2015～2016 年头足类产量出现下滑，三大鱿鱼物种美洲大赤鱿（*Dosidicus gigas*）、阿根廷鱿（*Illex argentinus*）和太平洋褶柔鱼（*Todarodes pacificus*）产量分别减少 26%、86% 和 34%，总计减少 120 万 t（FAO，2018）。

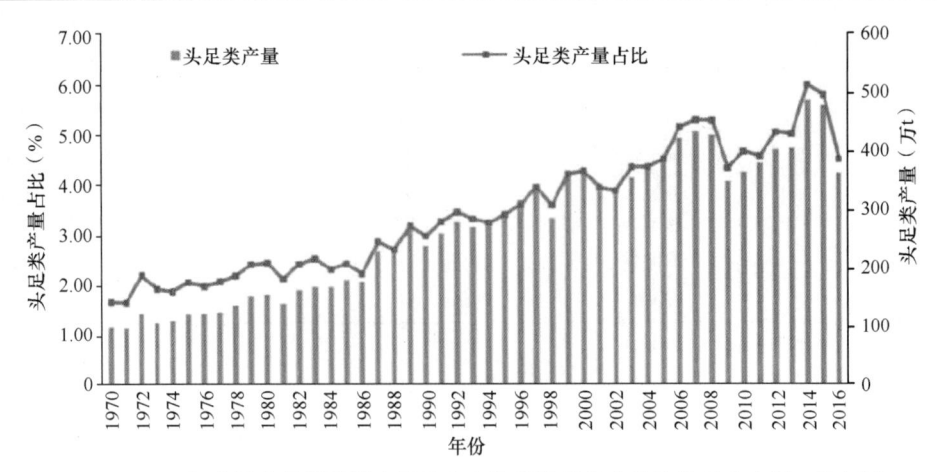

图 12-2　1970～2016 年世界头足类捕捞产量及其占海洋捕捞总产量的比重分布图（陈新军，2019）

在世界头足类渔业 40 多年的发展历程中，主要生产国家和地区排序发生了较大变化。日本的头足类产量从 20 世纪 70 年代到 90 年代的第 1 位，降到 21 世纪初的第 5 位；中国从 70 年代的第 5 位，升为 21 世纪初的第 1 位；秘鲁和越南的头足类产量从 70 年代到 90 年代均处在第 8～10 位，21 世纪初分别上升到第 2 位和第 3 位。目前头足类生产的主要国家和地区包括中国、日本、韩国、秘鲁、阿根廷和智利等（乐家华和俞益坚，2021）。

（3）南极磷虾

南极磷虾（*Euphausia superba*）捕捞群体主要为体长 40～65mm 的群体（陈新军等，2018）。苏联是开发南极磷虾最早的国家，苏联解体后俄罗斯、乌克兰等国家继续使用原有船队从事南大洋南极磷虾捕捞开发，但产量显著下降。日本是继苏联之后第二个进行南极磷虾商业化开发的国家，先后又有十几个国家从事南极磷虾生产（黄洪亮等，2015；陈新军等，2018）。

南极磷虾的试捕始于 20 世纪 60 年代，商业性捕捞自 1972 年开展以来可分为三个阶段：第一阶段为 20 年代 70 年代中期到 20 世纪 80 年代，主要捕捞国家为苏联和日本，其中苏联占南极磷虾捕捞产量的 80% 以上，这个阶段产量逐年上升，1981/1982 年渔季产量达历史最高纪录 52.8 万 t，并于 80 年代维持较高产量；第二阶段为 1992/1993 年渔季之后到 2006 年，为日本主导阶段，这个阶段年捕捞量急剧减少，维持在 10 万 t 左右，表现出较小的年际波动；第三个阶段是 2006/2007 年渔季以来，为挪威主导阶段，随着新型高效捕捞技术的引入，挪威开始引领当前南极磷虾捕捞的生产，年捕捞产量约占总产量的 50%，而日本等早期南极磷虾开发国家，因船龄老化等因素，逐步淡出磷虾生产（黄洪亮等，2015；陈新军等，2018；刘永新等，2019）。南极海洋生物资源养护委员会（CCAMLR）统计显示，随着挪威、中国等新兴渔业国家的加入，南极磷虾计划捕捞产量增幅明显，实际捕捞产量稳定增长，近几年计划捕捞产量稳定在 50 万～60 万 t，实际捕捞产量于 2015 年达到苏联解体以来的最高产量（约 31.8 万 t），之后又略下降，2017 年产量为 25.2 万 t（FAO，2018）。南极磷虾是目前南极地区捕捞量最大的物种。

目前，捕捞南极磷虾的国家主要有挪威、中国、韩国、智利、波兰、日本、乌克兰和俄罗斯等，最近几年从事南极磷虾捕捞比较稳定的国家有挪威、中国、韩国、智利、波兰和乌克兰等（表 12-3）（陈新军等，2018）。从历史数据来看，绝大部分南极磷虾的产量来自南大西洋一侧水域，包括南极半岛及其以东的南设得兰群岛、南奥克尼群岛和南乔治亚岛周边水域，其次为南印度洋水域和南太平洋水域。近年的磷虾渔业均集中于南大西洋一侧水域，夏冬两季均可作业。

表 12-3　近 8 年主要国家南极磷虾捕捞产量（单位：万 t）

年份	挪威	韩国	日本	波兰	乌克兰	俄罗斯	中国	智利	总计
2010	12.04	4.38	2.99	0.7	0	0.81	0.20	0	21.12
2011	10.28	2.81	2.64	0.3	0	0	1.60	0.18	17.81
2012	10.20	2.31	1.63	0	0	0	0.42	1.07	15.63
2013	12.96	4.39	0	0	0.46	0	3.19	0.73	21.74
2014	16.59	4.81	0	0	0.89	0	5.26	0.95	28.50
2015	14.71	2.33	0	0	1.25	0	3.54	0.73	22.56
2016	16.09	2.31	0	0	0.74	0	66.50	0.37	26.01
2017	15.69	3.44	0	0	0.79	0	3.81	0	23.73

2）传统渔业强国减船趋势明显，新兴远洋渔业国家船队规模增长明显

在世界海洋渔业资源衰退的背景下，受产业竞争、生产成本上升和利润不稳定等因素的影响，为了实现海洋渔业资源的可持续利用，从 20 世纪 90 年代开始，许多传统渔业强国开始通过政策和法律等手段限制捕捞能力的增长。一些国家通过削减渔船数量来解决捕捞能力过度问题。欧盟要求各成员国渔船数量每年递减 3%、吨位递减 2%；日本从 1981 年到 2004 年，共销毁 1615 艘大中型渔船，2005 年日本拥有 308 810 艘注册海洋渔船，到 2007 年，船舶数量下降为 296 576 艘；韩国的捕捞渔船数量特别是鱿鱼钓渔船数量呈大幅下滑态势。2010 年后，金枪鱼渔船减船幅度也较大，其中日本、瓦努阿图、菲律宾分别减少 14.2%、23.0% 和 15.4%，海洋渔业强国挪威甚至没有远洋渔船（乐家华和俞益坚，2021）。

与此同时，为保证渔业装备的适渔性与渔获物载重量，渔业发达国家远洋渔船船型向大型化方向发展，渔船尺度、主机功率、排水量与航速不断增大。同时，一些新兴远洋渔业国家远洋船队规模增长明显。中国远洋渔船总体规模在 2007~2016 年增长了 71.9%，远洋船队总体规模和远洋渔业产量已大大超过欧盟、美国等发达经济体和传统渔业强国（CEA Consulting，2018；乐家华和俞益坚，2021）。2010 年后，塞舌尔和斐济的金枪鱼渔船数量大幅增加，分别增加了 36.4% 和 33.3%。为确保远洋渔业的可持续健康发展，中国也需严格控制渔船数量和规模，调整渔船作业结构，转型升级。

3）国际合作开发趋势明显，基地建设成为合作的重要方式

全球渔业资源总体上开发力度过大，传统渔场和资源已超负荷利用，同时世界海洋渔业的发展又严重不均，全球范围内尚有不少海域（如不发达国家海域、部分公海海域）的渔业资源尚未得到充分利用，仍然具有开发利用潜力。

世界范围内对水产品的需求持续增加，发达国家和地区拥有相对过剩的捕捞能力、雄厚的经营资本以及丰富的国际管理经验，存在渔业资源自主开发与合作开发的多种可能性。例如，非洲渔业资源丰富，但由于资金和技术匮乏，大部分非洲国家整体渔业发展水平低下，目前很多非洲国家仍然沿用传统的捕捞方式，工业捕捞船数量较少，依赖落后的手工方式进行捕捞作业,只能局限在近海进行捕捞,而其专属经济区大部分海域的渔业资源都依赖与外国的合作进行开发利用(陈新军等,2018)。目前,日本、韩国、欧盟、中国等在非洲、亚洲、太平洋岛国以及南美洲等投资开发远洋资源,非洲西部的摩洛哥、毛里塔尼亚、几内亚、塞内加尔、佛得角、几内亚比绍、塞拉利昂、加纳、安哥拉、纳米比亚,南美洲的智利、秘鲁、阿根廷、乌拉圭、厄瓜多尔、苏里南,亚洲南部的缅甸、斯里兰卡、阿曼、也门、菲律宾、东帝汶、印度尼西亚,中南太平洋地区的斐济、密克罗尼西亚、马绍尔群岛等成为国际渔业资源合作开发的重要选择地(陈新军等,2018)。

基地建设成为上述渔业合作开发的重要方式。韩国在 18 个国家设有 21 个海外基地,通过建立合资企业、付费购买捕捞许可证等方式,与 13 个沿海国家签订了渔业合作协议。中国远洋渔业企业以独资、合资的方式投资建设生产和配套基地,设立多个办事处和子公司,如深圳市联成远洋渔业有限公司设立了 6 个海外基地,福州宏东远洋渔业有限公司在毛里塔尼亚设立了规模较大的综合性渔业基地。日本在东非、东南亚等地以无偿经济与技术援助的方式,继续加强海外基地建设,扩大产品销售和影响力。

2. 国际产业发展问题

1)重要海洋渔业资源增产潜力匮乏

渔业是人类海洋开发史中最古老的产业之一,虽然自 20 世纪 80 年代末以来渔业捕捞产量相对稳定,但海洋捕捞业一直是水产品的重要来源。2018 年世界海洋捕捞产量为 8441 万 t,占世界水产品总产量的 47.28%,海洋捕捞业仍然是渔业的主要支柱(FAO,2020)。

FAO 所评估的海洋渔业资源种群监测显示,海洋渔业资源状况持续恶化。在生物可持续限度内捕捞的海洋鱼类种群比例呈下降趋势,从 1974 年的 90% 下降到 2017 年的 65.8%,在生物不可持续水平上捕捞的鱼类种群比例从 1974 年的 10% 增加到 2017 年的 34.2%。2017 年,在最大产量上可持续捕捞的鱼类种群占总评估种群的 59.6%,未充分捕捞种群占 6.2%。未充分捕捞的鱼类种群比例从 1974 年到 2017 年持续下降(FAO,2020)(图 12-3)。2018 年世界海洋渔业捕捞统计结果显示,秘鲁鳀、阿拉斯加狭鳕、大西洋鲱、大西洋鳕、太平洋白腹鲭、鲭鱼、竹荚鱼、日本鳀、黄鳍金枪鱼、鲣鱼等百万吨以上种类 69% 的储存量位于生物可持续利用阶段,表明已被完全或过度开发,未来不具备增产潜力(FAO,2020)。金枪鱼因具有较高的经济价值和广泛的国际贸易而占据重要地位,但该类群具有高度洄游性且通常跨境分布,其资源管理面临重大挑战。2017 年,七大主要金枪鱼物种 33% 的种群在生物不可持续水平上捕捞,金枪鱼市场需求仍然旺盛,金枪鱼捕捞船队产能依然大量过剩。

2017 年在 16 个主要统计区域中,地中海和黑海不可持续种群比例最高,紧随其后的是东南太平洋的和西南大西洋。相比之下,中东太平洋、东北太平洋、西北太平洋、东北大西洋和中西太平洋在生物不可持续水平上捕捞的鱼类种群比例较低(图 12-4)(FAO,2020)。

2)海洋渔业资源面临有效管理难题

海洋渔业资源虽然是可再生的,但并不是无限的。需对水生资源进行适当管理,促进海洋渔业资源可持续发展,为不断增长的世界人口的营养、经济和社会利益做出贡献。自 20 世纪 90 年代以来,国际渔业管理始终以渔业的可持续发展为目标,采取了一系列措施,如联合国大会第 46/215 号决议要求成员国从 1992 年 1 月 1 日起缩小公海大型流网作业的面积，从 1993 年 1 月 1 日起全面禁止在全世界公海，包括封闭海和半封闭海的公海进行大型流网作业。

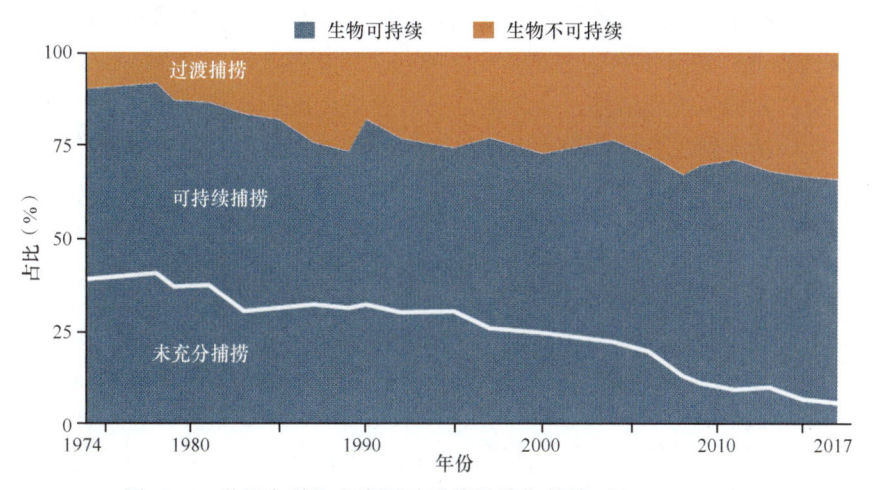

图 12-3　世界海洋渔业资源种群状况浅海趋势（FAO，2020）

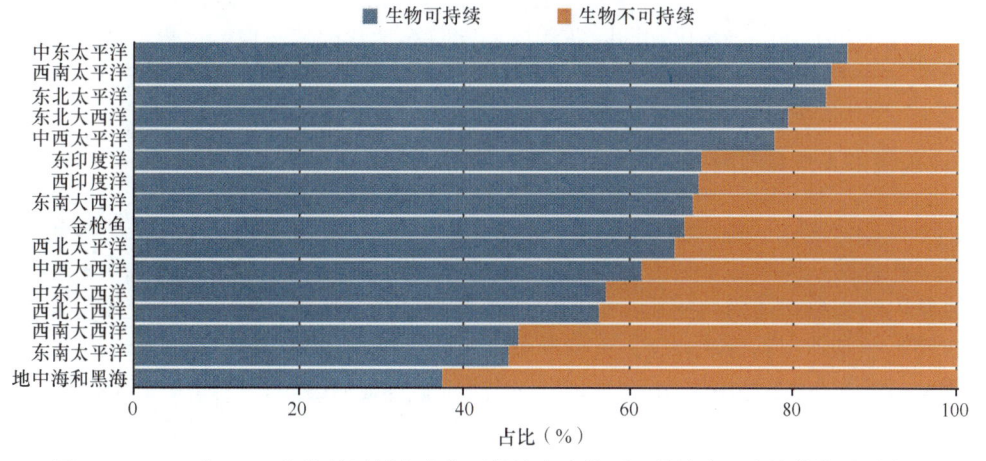

图 12-4　2020 年 FAO 各统计区域在生物可持续和生物不可持续水平上捕捞的种群占比

金枪鱼种群单列，因为其主要为在统计区域之间洄游和跨境的物种

国际社会对公海渔业活动的限制逐步增加。《联合国海洋法公约》于 1994 年正式生效，对各国在不同海域从事海洋活动尤其是捕鱼活动的权利和义务进行了规范，公约中 200n mile 专属经济区的确立，对渔业资源的养护和管理起到了重要推动作用。1995 年 10 月 FAO 第 28 次会议通过了《负责任渔业行为守则》，列举了负责任渔业应遵循的大量规则。2001 年 11 月，世界贸易组织第四届部长级会议发表《多哈宣言》，呼吁各成员国减少直至取消渔业补贴。2005 年，FAO 在罗马专家磋商会上出台《海洋捕捞渔业鱼和渔产品生态标签国际准则》，正式确立了国际渔业生态标签制度的基本准则。

由于海洋渔业资源具有共享性、洄游性、波动性、区域性以及产品易腐性等特点，海洋渔业资源过度捕捞、持续衰退的状况依然没有完全扼制。以金枪鱼渔业为例，金枪鱼类多属于高度洄游的类群，在沿海国专属经济区和公海区域均可捕捞，给种群管理带来极大的挑战。1995年的联合国跨界和高度洄游鱼类养护和管理大会第6次会议上通过了《执行1982年12月10日〈联合海洋法公约〉有关养护和管理跨界鱼类种群和高度洄游鱼类种群的规定的协定》，以便确保跨界鱼类种群和高度洄游鱼类种群的长期养护和可持续利用，促进各国之间的合作，使港口国、船旗国和沿海国更有效地执行相关的养护和管理措施。2010年后区域渔业管理组织制定了一系列从捕捞到上岸，从目标渔获物到兼捕渔获物，从渔获物到渔船的养护和管理措施，从各个环节对金枪鱼渔业活动进行管理。但是，捕捞能力过剩和过度捕捞问题在金枪鱼渔业中一直存在，并威胁金枪鱼资源的可持续利用，迄今无论是国际组织还是区域渔业管理组织对捕捞能力管理并未达到预期的效果（沈卉卉，2019）。

12.1.2 我国产业发展现状与问题

20世纪80年代，我国近海主要经济鱼类资源严重衰退，海洋捕捞业的生存与发展面临困境，迫切需要开发新的捕捞对象，开拓新的渔场和研究新的作业方式。在这种情况下，我国远洋渔业从1985年开始起步，30多年间，我国远洋渔业经历了起步期（1985~1990年）、快速发展期（1991~1997年）、调整期（1998~2006年）和优化期（2007年至今）4个阶段（刘芳和于会娟，2017）。经过几代人的共同努力，我国远洋渔业产业结构和规模得到不断优化和提升，市场化和国际化程度不断提高，我国逐渐成为世界远洋渔业大国。

1. 我国产业发展现状

1）产业规模进入世界前列

我国远洋渔业自1985年起步以来，持续较快发展，尤其是"十二五"期间取得了跨越式发展。捕捞方式日趋丰富，由拖网为主发展到拖网、围网、刺网、钓具等多种作业类型；经营内容由单一捕捞向捕捞、加工、贸易等综合经营拓展，产业链进一步延伸；3个国家远洋渔业基地得到批准建设，远洋渔业海外综合基地初具规模，建设投资额200万美元以上的基地有29个。2016~2017年，我国远洋渔船数量和作业时间均居世界第一位（CEA Consultings，2018），2018年，我国远洋渔业产量达225.75万t，占水产品总产量的3.50%（图12-5）；远洋渔业总产值达2 627 266万元；远洋渔船数量持续增加，2018年增长至2654艘（图12-6），远洋船队总体规模和远洋渔业产量均居世界前列，已超过美国等传统渔业强国。我国大洋性渔业投产船数和产值分别占远洋渔业总船数和总产值的57%、71%，公海鱿鱼钓船队规模和鱿鱼产量居世界第一，专业秋刀鱼渔船数和生产能力跨入世界先进行列，南极磷虾资源开发取得重要进展。

2）合作领域不断拓展

我国远洋渔业由小变大，由弱变强，作业范围不断扩大，从近海走向公海、"深蓝"，合作领域进一步拓宽。作业海域涉及42个国家（地区）的管辖海域和太平洋、印度洋、大西洋公海以及南极海域。我国建设了30多个远洋渔业海外基地，在海外建立了100多个代表处、合资企业和后勤补给基地。在亚洲国家海域项目入渔10个国家，投产专业远洋渔船577艘，产量31.2万t，产值35.6亿元。在非洲国家海域项目入渔16个国家，其中西非是中国远洋渔业主要的作业场之一，渔船共计550艘，产量22.9万t，产值29.1亿元。在南美洲国家海域项目入渔3个国家，渔船43艘，比2013年增加了13艘，产量4.8万t，产值5.4亿元，同比分别增长66%和116%。东南太平洋和西南太平洋鱿鱼钓作业船由331艘增加到400艘，鱿鱼产量从42.7万t增加到70万t；专业秋刀鱼渔船由20艘增加到43艘，产量由2.3万t增加到7.7万t；金枪鱼船由488艘增加到557艘，产量由24万t增加到28.5万t；公海拖围网船由15艘增加到83艘，产量由1万t以上增加到14万t。

图12-5　1986～2018年中国远洋渔业产量及其占水产品总量的比重分布图

数据来源：历年中国渔业统计年鉴

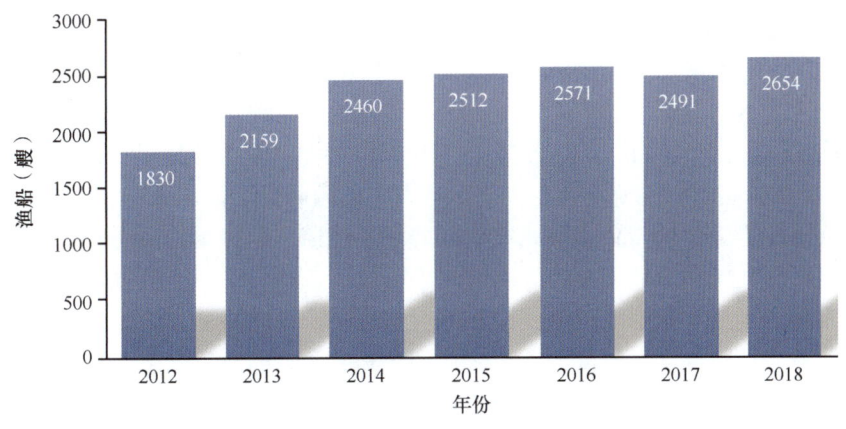

图12-6　2012～2018年我国远洋渔船拥有量

数据来源：历年中国渔业统计年鉴

3）装备水平获得显著提升

远洋渔船更新改造力度加大，中大型渔船所占比重明显增加，远洋渔船整体装备水平显著提高，现代化、专业化、标准化的远洋渔船船队初具规模，更新建设了一批先进的远洋渔船，渔船和船用设备设施的设计、制造能力明显提升，自主设计与建造了一批大型专业化远洋渔船，包括金枪鱼围网船、金枪鱼超低温延绳钓船、秋刀鱼舷提网船、大型鱿鱼钓专业渔船、双甲板拖网船、玻璃钢金枪鱼延绳钓船、超低温冷藏运输船等，达到国际同类先进水平；大部分船载关键设备和部件实现国产化，渔船信息化水平显著提高。已经初步形成了具备海洋捕捞、海上加工补给运输、基地配套服务一体化的比较完整的现代远洋渔业生产体系。

2. 我国产业发展问题

1）渔船及其装备水平较低

远洋渔船及其设备设施造价昂贵，近年来随着资金投入的增加，我国的远洋渔业设施得到了一定程度的更新，但当前仍有不少远洋渔业渔船及配套设施已使用多年，鱿鱼钓船和冰鲜金枪鱼延绳钓船多由近海捕捞船改造而成，多为二手渔船（胡庆松等，2016）。远洋渔业设施需要大量的资金进行维护和更新换代，与国际远洋渔业发达国家和地区相比，我国在渔船的尺寸和吨位、渔具的型号和技术处理系统等方面仍有一定差距，难以为我国远洋渔业开发能力的提升提供充分保障。

我国目前所使用的渔船还存在着能源消耗大、成本高和装载能力不强等问题。据报道，我国渔船燃油消耗占捕捞生产成本的40%~50%甚至更多（沙锋和徐晓亚，2014）。渔船老化、节能型渔具材料的研发应用不够、新型探捕和集鱼灯等附属装备推广不足是我国远洋渔船能耗高、效率低的重要原因（胡庆松等，2016）。我国部分远洋渔船安全状况与国际标准仍有差距，渔业资源调查、渔场探测技术滞后，且缺乏船舶制造、网具设计等关键技术的储备（史磊等，2018）。远洋渔业设施的相对落后影响了我国远洋渔业的发展。

2）人才队伍建设尚需加强

20世纪80年代，我国开始发展远洋渔业事业后，积极参与国际海洋事务，在至今30多年的时间内，我国不仅是《联合国海洋法公约》《生物多样性公约》等国际公约和协定的缔约国，还加入了8个国际渔业组织，与12个国际渔业组织建立了多边合作关系，同14个国家签署了政府间双边渔业合作协定，与6个部门间渔业组织签订了合作协议（韦有周等，2014），远洋渔业产业逐渐发展壮大，具有一定的国际影响力。

由于远洋渔业从业人员的专业素质水平不够，在不受监督和控制的活动中，出现了行为不合理的现象，与他国在渔业资源问题上发生不必要的争端，不利于多边合作关系和我国远洋渔业的发展。而且，我国船员整体文化程度偏低，缺少能够进行简单外语交流的船员，导致某些渔业企业需要支付较高的工资来雇佣外籍人员，因此带来了许多安全、劳务和涉外等管理方面的问题和难点。远洋渔业的人才储备对于构建新型合作共赢的渔业大国关系十分重要，远洋渔业人才的缺乏不利于我国远洋渔业的持续发展。

3）传统发展模式亟待改变

保护海洋生态环境、可持续利用资源、负责任渔业管理，以及打击非法、不报告和不管制（IUU）渔业活动等成为国际社会的关注焦点，被联合国列为重要议题；全球所有公海基本纳入区域渔业管理，管理要求日益严格；沿海国资源环境保护意识不断增强，合作成本不断提高，合作范围和合作方式不断拓展。而我国远洋渔业实施国家战略、参与国际合作和履行国际义务的能力仍不匹配，管理机制和管理手段尚不完善。部分远洋渔业企业规模小、实力弱、管理不规范、安全发展意识不强，短期逐利倾向较重；产业结构相对单一，产业链短、科技支撑和综合开发能力等仍然偏低，综合渔业基地建设相对滞后，国内市场开发不充分。

12.1.3 国际科技发展现状与瓶颈

进入新世纪以来，发达国家的远洋捕捞现代化建设日趋明显。远洋捕捞渔业的发展与科技发展密切相关。随着远洋捕捞技术、信息技术，特别是节能降耗技术、渔业精准捕捞与助渔技术、助渔设备与捕捞装备研发、遥感、全球定位系统、地理信息系统的发展，世界渔业远洋捕捞领域正处在重大历史转折和高速发展时期。

1. 国际科技发展现状

1）信息化技术在渔业资源调查领域广泛应用

世界各国沿海 200n mile 专属经济区内主要经济鱼类资源都面临着过度开发利用的问题，因此进行渔业资源监测与调查可实现对这些渔业资源的可持续利用，已成为渔业资源管理必不可少的科学依据。

日本、俄罗斯、韩国等对已开发的和潜在的渔场都曾进行大量的调查，掌握了资源的种类分布、资源量，从而使远洋渔业的生产避免了盲目性。美国、加拿大、日本和澳大利亚等国已建立海洋渔业生物资源数据库、环境数据库、市场信息数据库、灾病害数据库和文献专利技术数据库等，并提供相关服务。海洋渔船船位监测系统、渔获物动态监测系统等也在各渔业国家建立，用于海洋渔业的有效管理。

国际上海洋渔业发达国家或组织将渔业资源监测调查作为常规任务，与渔业管理密切结合，资源调查与监测结果已成为渔业资源管理必不可少的科学依据。例如，挪威、俄罗斯在巴伦支海每年进行的大西洋鳕和黑线鳕等资源的调查，欧盟和挪威每年在北大西洋进行的大西洋鲱、鲐鱼和鳕类等资源的监测调查，以及美国、俄罗斯和日本对北太平洋渔业资源的调查等，这些调查主要用声学方法进行。此外，有的国家还对一些大洋性种类及海洋环境的变化利用遥感技术进行监测。

2）捕捞加工一体化成为远洋渔船的发展趋势

拥有知名度、美誉度的远洋水产品得到消费者的青睐，新鲜度、对营养和口味的保留程度是决定渔业资源产品品质和价格的关键因素。然而，渔业资源具有易腐性特点，远洋渔业作业区域通常离岸较远，解决这一问题尤为重要。专业性的捕捞和加工装备技术成为现代远洋渔业尤其是大洋性渔业下一步发展的重要方向，是海洋渔业资源高效开发利用的重要保障。

海洋渔业发达国家重视大型远洋渔船建设，在渔船功率大型化、航速高速化、自动化、集成化、监控智能化、能源利用与绿色化方面开展了技术攻关。改良并强化捕捞装备系统、船载冷冻冷藏系统、渔获物加工系统等，这是下一步远洋渔业发展的重点。

3）多学科联合研发模式逐步形成

各渔业强国均加强了渔船船型、捕捞装备、助渔导航技术以及水产品精深加工装备自动控制技术等方面的研究，成功地将现代声学技术、机电液压自动化控制技术、卫星遥感技术、无线电通信技术等应用于渔船捕捞装备领域，推进了渔业现代化进程，促进了捕捞技术向选择性、精准化方向发展。在渔船捕捞装备方面，中国、美国、日本、挪威、西班牙、冰岛、丹麦等引领了渔船装备科技发展（郑建丽和李胜勇，2019）。

围绕海洋渔业资源合理利用，综合应用现代化的卫星通信技术、计算机与多媒体技术、声学技术，开发信息化助渔仪器，高度集成自动化捕捞机械系统，实现渔业负责任捕捞，促进渔业向精准化、资源友好与保护型方向发展（郑建丽和李胜勇，2019）。渔船捕捞助渔仪器朝着信息化、数字化方向发展，提升未来渔业竞争力的核心技术，全面提高渔业捕捞与管理效率；捕捞水产品综合利用是渔业产品高值化的主要方向，围绕船载鱼类综合利用，船上加工装备将会越来越普及，加工装备种类更丰富、功能多元化，加工效率日益提高，加工模式不断创新，精深加工技术不断完善，精深加工产品不断涌现，逐步形成具有产品价值最大化、利用率最高化、加工专业化的新模式。

2. 国际科技发展瓶颈

1）高效节能环保成为国外渔船技术研发重点

远洋渔船发展的最显著趋势之一就是降低能耗，不仅是为了降低运营成本，也是为了满足未来日趋严格的国际公约和地区性要求。针对这种情况，有些国家已经开始发力，如西班牙正在就渔船采用液化天然气为能源进行评估，挪威则开展世界上最大规模之一的拖网渔船更新计划，目前新建或在建至少 10 艘具有革命性设计和高燃油效率的拖网渔船，总费用约 4.6 亿美元。一些国家充分利用生物学、船舶设计与制造、材料学等领域的最新成果，开发出一大批高效节能、安全环保的远洋渔业装备。挪威科技工业研究院的"新艉拖网渔船"研究项目，旨在进一步开发渔船节能潜力，开发适应未来经济形势的全新艉拖网渔船，主要研究内容包括优化船体线型设计、提高推进系统效率、降低甲板机械能耗等，新一代艉拖网渔船相比传统渔船减少了 14.2%的能源消耗（郑礼建，2012）。

西班牙设立专项，旨在开发可视化渔船航线选择软件，以确定渔船往返固定渔场的最节能航线，主要以世界范围内几个不同渔场的 6 艘捕捞船为基础，进行数据采集，综合考虑波浪高度、洋流速度、风强度、环境变量、渔船技术指标等，利用该软件模拟出的航线和航速的选择能够有效地降低渔船运输过程中的能耗（郑礼建，2012）。欧盟实施了一个旨在为渔船节能进行潜在技术研究和渔法优化的研发计划，该项目包含了来自挪威、法国、英国、丹麦等国的经济学、海洋学、生物学、渔具技术以及船舶设计等各学科领域的专家，基于对船舶节能技术、油价走势以及经济学的综合分析，通过渔具、渔法、船舶推进方式、船体线型、日常维护程序等的优化达到降低能耗、提高经济效益的目的。俄罗斯将物联网用于智能燃料监测，帮助优化燃料消耗，分析天气和船只位置，可节省高达 10%的燃料成本（黄一心等，2019）。

2）物联网技术的应用有助于提高产业效率和质量

食品安全成为全球关注的重点之一，拥有知名度、美誉度的远洋水产品得到消费者的青睐。世界各地的远洋渔业公司都致力于提升自己产品的市场竞争力，这就要求其远洋渔业保持产业链的高效性及其渔获物的高质量等。而由于现代远洋渔业产业链技术水平的限制，产业链的各个环节之间信息化交流程度低，间接也导致各类远洋渔获物的来源、质量等各项信息无法透明化，因此需要更先进技术的嵌入，满足企业自身与市场的各项需求（陈莹，2017）。

冷链物流形式是保障远洋渔获物质量安全的关键，但远洋渔业冷链物流环节错综复杂,如何将各个环节系统性地衔接起来进而更好地方便管理者进行监督及信息交互共享,如何合理地利用共享信息为实际工作如冷链配送方案设计等做贡献,是现阶段国内外从业者需要解决的问题。

质量溯源是目前各个行业高度关注的问题,目前国内外对质量溯源的研究大部分着眼于水产品从岸上养殖到市场销售,很少从远洋捕捞渔获物开始。远洋渔获物是在海洋里捕捞获取的,要进行面向远洋捕捞到市场销售全产业链的远洋渔获物质量溯源研究,运用物联网技术对远洋生产和加工产品全程实行可追溯,建立标准化体系及冷链物流等成为远洋渔业可持续发展的重要任务(乐家华和俞益坚,2021)。

3)传感器的推广可提高渔情预报的准确性和可靠性

目前,传感器在海洋渔业中得到了广泛运用,其作用包括但不限于实现养殖水域的在线监测,近乎实时的公海捕捞跟踪,或在捕捞前通过应用程序查询海浪高度等及对于安全保障非常重要的实时环境信息,具有相较于传统监测方法所不具备的更为广阔的应用前景(Rogers and Gerlach,1999;曹焕生和徐明芳,2002);它们提供着各种以前无法想象的服务,如近乎实时的公海捕捞跟踪,或在捕捞前通过应用程序查询海浪高度等,以及对于安全保障非常重要的实时环境信息,不限于卫星收集的海浪高度、风向和洋流等信息。在渔船上,增设传感器可以改进渔获物监测、渔具和加工设备的部署等。

在渔船上(如回声探测器)和公海上设置传感设备(如浮标或自动无人机)也会给探测和研究鱼类提供更大便利,提高渔情预报的准确性和可靠性。图形识别软件已初步应用于自动检测捕捞品种并将其分类,极大改进了现场观测和渔获报告质量,有助于更好地了解种群和渔业活动。

12.1.4 我国科技发展现状与瓶颈

1. 我国科技发展现状

1)建设了远洋渔场捕捞动态信息网络

我国通过多年远洋渔业资源开发实践与相关研究,在大洋渔场环境信息收集、渔场预报技术方面取得了显著进展,掌握了重点海域金枪鱼、竹荚鱼、柔鱼类等大洋性渔业资源的分布及其渔场特征(邵晓晨和杨林,2015),建设了远洋渔场捕捞动态信息网络,技术上实现了对远洋渔场和捕捞动态的实时监测(林香红,2017),但对主要远洋捕捞种类(如鱿鱼、金枪鱼、南极磷虾、秋刀鱼等)的渔业生物学特性、栖息环境、可供开发的生物量及渔场形成机制掌握不足,渔业资源调查与预报标准体系建设有待继续完善,信息化是我国开展远洋渔业强国建设的相对薄弱环节。

2)初步具备了大型远洋渔船的设计建造能力

20世纪90年代后期,我国成功自主设计建造了30艘金枪鱼延绳钓渔船,在设计建造技术等方面获得突破,使我国初步具备了大型远洋渔船的建造能力(张铮铮和李胜忠,2015)。目前,我国造船企业自主设计与建造了金枪鱼围网船、秋刀鱼舷提网船、大型鱿鱼钓专业渔船、双甲板拖网船、玻璃钢金枪鱼延绳钓船、超低温冷藏运输船等大型专业化远洋渔船。但是,我国渔船的整体品质与世界渔业发达国家还是存在一定差距,我国现有的远洋捕捞渔船中，自主设计建造的渔船占比较低，绝大部分是通过对传统渔船改造升级而来的，还有一部分是从其他国家购买的二手渔船，整体渔船的船龄较大，渔船性能较差（王久良等，2019）。

3）自主研发了一批远洋捕捞关键装备

我国已经自主研发了一批远洋捕捞关键装备，提高了产业装备技术水平；设计了具有自主知识产权的南极磷虾小网目拖网和水平扩张器，已应用于捕捞生产；新研制了过洋性虾拖网和底层拖网等，研发了秋刀鱼渔船板上芯片（chip on board，COB）式 LED 集鱼灯系统，应用于北太平洋现场试生产；远洋捕捞助渔装备完成设计并进入研制阶段，开发了国内首套自主研发 360°远距离声呐原理机，建立了 GPS/北斗和船舶自动识别系统（AIS）信息的感知与融合技术，研制出适合我国外海、远洋渔业生产船舶使用的北斗卫星民用海事终端第一阶段产品。

2. 我国科技发展瓶颈

1）渔情预报准确度亟待提高

渔情预报是渔场学研究的重点内容，准确的渔情预报可以指导企业合理安排渔业生产，缩短寻找渔场的时间，提高渔获量并降低成本。我国渔情预报工作始于 20 世纪 50 年代近海主要经济鱼类调查。地理信息系统的发展为渔情分析和渔场预报研究提供了强大的工具，海洋卫星遥感技术使大范围内海况信息的快速获取更加便利，海事卫星通信及实时船位监控技术使得远洋渔船能有效地接收渔情预报机构的实时预报。借助上述技术和手段，国内外多个机构已对部分远洋鱼种进行了渔情预报的业务化运行（陈新军等，2013）。

随着我国远洋渔业生产规模不断扩大，生产成本也不断升高，远洋渔业企业对渔情预报准确性的要求也越来越高。然而，当前我国远洋渔场渔情预报精度较低，对主要渔业合作国和公海海域渔业资源的信息缺乏，对资源和渔场渔情掌握不准，因此提高远洋渔场渔情预报的准确性在当前远洋渔业发展中具有重要意义。

目前，我国南极磷虾探捕工作主要集中在渔场现场调查及探捕，资源探测全部依赖国外鱼探仪或分类波束科学鱼探仪，极地生物资源的遥感探测还处于起步阶段（谌志新等，2019）。我国远洋渔船在世界主要金枪鱼资源丰富的海域都有作业，但捕捞量远远低于远洋渔业发达的国家，且捕获种类多为经济价值较低的鱼种（徐丽丽，2019），究其原因还是因为对远洋渔场渔情掌握不足或不准确，因此远洋渔场渔情预报的准确性亟待提高。

2）渔船的节能减排技术亟待研发

能耗高是长期困扰我国远洋渔船发展的问题之一。据报道，我国渔船燃油消耗占捕捞生产成本的比例最高可达到 70%以上。近几年来，随着油价的持续上涨，燃油成本在渔船运营成本中所占的比例进一步加大，严重影响了捕捞渔业的营利能力，加之国际上对渔业捕捞配额及捕捞力量限制越来越严格，国际海事新公约、新规则对渔船安全、环保的要求不断提高，对现阶段的渔业经营造成了极大冲击，迫使渔业相关企业不得不考虑对渔船的重新设计。高效节能环保逐渐成为国外渔船技术研发重点，很多国家和地区如西班牙、欧盟、俄罗斯等也在这方面取得了突破性成果。虽然我国近年来开展了渔船的标准化改造工程,鼓励新技术和新材料的应用,但新型节能环保动力和推进方式在海洋渔船的应用研究仍然滞后,相关技术亟待开发。

3)技术装备的专业化水平亟待提升

远洋生产渔船技术装备专门化发展趋势明显,针对特定渔业资源和生产渔场,设计建造专业的捕捞渔船进行资源生产和加工,以现代工业理念改造和提升传统渔业。

以南极磷虾为例,南极磷虾资源量大,仍有较大的开发潜力,对捕捞技术的要求很高。国内用于南极磷虾捕捞的大型拖网渔船多是引进或改造的二手大型拖网渔船,效率较低,尽管通过渔具改进,单网次捕捞能力已逐步接近日本二手船水平,但船载加工能力与捕捞能力不匹配问题仍非常突出,单船日产能仍仅为挪威先进渔船的 1/2,且劳动强度大,时间利用率低,渔业产能和效率均无竞争力。挪威采用先进的连续拖网泵吸捕捞技术,使单船年产量达到 10 万 t,是我国传统拖网作业渔船单船捕捞产量的 3~5 倍,其船载磷虾粉和磷虾油提取加工技术属世界领先(郑建丽和刘晃,2019)。

4)捕捞加工一体化体系亟待建立

远洋渔业作业通常离岸距离远,而且生产过程易受突发天气等自然因素的影响,捕捞加工一体化体系在保持产品品质、提高产业利润方面尤其重要。我国水产品加工装备以前处理、初加工为主,精深加工装备与技术水平相对落后,大型生产线和核心装备国产化不足,水产品成套设备研发以及水产品加工处理装备的工作效率、加工精度和稳定性以及装备的信息化和自动化程度等方面与渔业发达国家还存在较大差距。

12.2 重大科技需求分析

12.2.1 科技发展愿景分析

1. 远洋捕捞船的现代化及渔情预报装备高技术化

海洋渔业资源开发的核心是船舶技术装备的现代化、信息化与自动化。船舶工业是国家发展高端装备制造业的重要组成部分,是国家实施海洋强国战略的基础和重要支撑。我国虽然是造船大国,但无论是在工业用船还是民用远洋渔船领域,制造水平均较低。在政策引导和市场倒逼下,我国渔工装备发展初具规模,配套业自主发展取得新突破。由中国船舶工业行业协会牵头编制的船舶工业发展规划提出,到 2025 年,高技术船舶、海洋工程装备及关键配套设备制造能力明显增强,进入世界海洋工程装备制造先进国家行列,我国将成为世界上主要的配套设备制造国。

远洋捕捞船舶具有技术复杂度高、价值量高的特点,捕捞加工一体化工程装备和高技术远洋捕捞船处于远洋渔船装备产业链的核心环节。推动高技术远洋捕捞船和捕捞加工一体化工程装备发展,是促进我国远洋渔业结构调整转型升级、加快我国海洋与渔业强国建设步伐的必然要求,对维护国家海洋权益、加快海洋水产资源开发、促进国民经济持续增长、增加劳动力就业具有重要意义。

目前,我国的渔船产业发展已经进入增速减缓期、结构调整期和优势重构攻坚期三期叠加阶段。加快推动新一代信息技术与先进远洋渔船制造技术融合,大力推动智能制造,快速提升远洋渔船建造质量和效率,降低成本和资源能源消耗,是增强我国远洋捕捞企业核心竞争力的有效途径,也是加速产品创新和智能化发展的重要手段,更是构筑我国远洋捕捞行业国际竞争新优势的重要举措。

我国远洋渔业的发展目标,应当是建设有一定影响力的远洋渔船制造强国,形成完善的渔业船舶设计、建造、技术服务产业体系和标准规范体系;开展渔业重点装备和关键系统的设备研制,以及数字化、网络化、智能化技术应用研究;加大基础科研投入力度,增强渔情预报设备与技术研发,加强基础科研数据库分析能力。根据远洋渔业产业发展阶段、发展基础和条件,未来方向与重点在以下几个方面。

1)远海渔业资源开发装备

远海渔业资源开发装备就是各类型海洋渔业资源的探查、采捕、储存、加工等方面的装备。

(1)鱼情预报探测装备。重点发展远洋资源调查船、远洋捕捞船等上层渔业探测装备;大力发展无人潜水器或者声呐等水下渔业资源探测装备;推进远洋渔场观测网络及技术、海洋传感技术研究及产业化。

(2)远洋渔业作业保障装备。重点开展渔业多用途工作船、捕捞加工平台供应船装备开发。

2)高技术远洋捕捞船

远洋捕捞船下一步发展的重点:一是实现绿色化、环保化、智能化,二是实现渔业产品结构的高端化。

(1)高技术高附加值远洋捕捞船。抓住技术复杂船型需求持续活跃的有利时机,快速提升超大型捕捞船等产品的设计建造水平,打造高端品牌。

(2)节能环保船舶。突破船体线型设计技术、结构优化技术、减阻降耗技术、高效推进技术、排放控制技术、能源回收利用技术、清洁能源及可再生能源利用技术等,研制具有领先水平的节能环保船,大幅降低船舶的能耗和排放水平。

(3)远洋捕捞船智能化。通过突破自动化技术、计算机技术、网络通信技术、物联网技术等信息技术在船舶上的应用关键技术,实现远洋捕捞船的机舱自动化、航行自动化、机械自动化、装载自动化,并实现航线规划、船舶驾驶、航姿调整、设备监控、装卸管理等,提高船舶的智能化水平。

2. 海洋捕捞加工一体化

海洋捕捞渔业是我国现代海洋农业的重要组成部分,由于长期偏向关注产出数量方面的效益,而忽略了产业发展及加工工艺的质量效益。渔业资源的捕捞实时深加工层次低,以简单产品为主,产品的经济附加值不高,仅仅停留在渔业产品初级产品和粗加工等低端层面,对于船载精深加工和开发利用明显不足。因此,捕捞加工一体化的新方式亟待突破,需建立渔船捕捞精加工生产线,提升加工效率;充分利用信息化技术,研制智慧化水产品;开展南极磷虾深加工与高值化利用装备技术研发,突破虾壳分离装备、虾粉脱水干燥装备。

12.2.2 科技发展需求分析

1. 远洋渔船设备及加工技术需求分析

科技对远洋渔业产业的发展具有重要作用。远洋渔业的发展需要科技的支持,科技发展能够为远洋渔业提供物质基础与技术支撑。远洋捕捞与渔业是科技依存度较高的技术密集型产业,对远洋渔业资源分布、渔船装备、渔具渔法和生产技术等产业基础需展开长期研究。我国相关企业与部门科技投入力度较小,当前我国远洋渔船的设备与技术大多较为落后,如在渔船设备方面、水产品加工层面我国无法与渔业发达国家相提并论;我国的远洋渔船设备和水产品加工技术含量较低,大多停留在粗放管理的层面,导致远洋捕捞水产品价格只能一直保持在较低的状态下。

世界远洋渔业发展趋势是基于生态系统的渔业资源可持续利用和管理,加强大洋和南极渔业资源渔场的常规调查和开发,增强对渔业资源的掌控能力;开发高效和生态型捕捞技术,以最大限度地降低捕捞作业对生物尤其是濒危种类与环境的影响,减少非目标物种的兼捕;加强渔获物保鲜与品质控制技术研究,实现水产品全过程的质量控制与溯源,确保优质水产品的供应。

日本定期对大洋重要渔业资源进行科学调查,发布海况、渔业信息和全球主要渔业资源现状,重点研究资源与渔场预测技术、节能型渔船、生态型和高效型捕捞技术。欧盟投入巨资建造设备先进的渔船,配备高科技仪器和性能优良的渔具,渔船趋向大型化、机械化和自动化。而挪威南极磷虾采用先进的连续拖网泵吸捕捞技术,其船载磷虾粉和磷虾油提取加工技术世界领先。

2. 渔情预报需求分析

远洋捕捞必须以提高精准捕捞和一体化加工能力为抓手,推动渔情预报科技发展。世界各渔业强国均已开展基于地理信息系统、遥感技术的渔情预报技术研究。

首先,突破远洋渔业资源探测与渔场渔情预报的共性关键技术瓶颈,研发卫星遥感洋面信息提取利用关键技术,研发声学探测水下海洋环境要素与鱼类行为信息获取等关键技术,研发远洋渔场海天立体探测与栖息地评价新技术。其次,研制深远距离与高分辨率鱼群探测数字声呐等装备,研究鱼群探测信息精确解析与远洋渔业资源评估新技术,探究公海渔业资源分配国际治理机制,通过研制远洋渔场立体探测装备或信息终端,提高系统探测精度。再次,必须开发多功能远洋渔情分析预测与捕捞生产服务信息系统,建立远洋生物资源立体探测与渔场解析应用技术体系,为远洋渔业新资源开发应用示范提供技术支撑。

3. 捕捞加工一体化需求分析

捕捞加工一体化系统由于具有自动化、整体连贯性和封闭性等特征,降低了人为和环境危害概率,关键控制点更为清晰,并对良好操作规范(Good Manufacturing Practice,GMP)和卫生标准操作程序(Sanitation Standard Operation Procedure,SSOP)的实施要求更为严格,对设备的设计、加工与维护要求较高。我国早在20世纪50年代就开始了水产品加工装备的研发,但加工行业的机械化水平仍较低。近年来,加工装备的研发主要在前处理加工、高值化加工以及流通与信息化方面开展研究。

国外早在20世纪就开始了加工自动化,逐步实现加工过程智能化。生产线集成度高,在专业化捕捞加工船上配备的加工装备自动化和精准化程度高，如拖网渔船使用的流体切割系统，可通过 X 射线对每个鱼片进行透视，评估其重量，检测骨骼并使用水射流将其从鱼片中切割出来。最早进行船上移动技术开发的国家是苏联，经过三十年的发展，苏联的船上加工技术得到了长足的发展，至 20 世纪 90 年代初期，苏联由加工船生产的鱼制品达到 700 种，其中 20%为鱼油和鱼罐头制品。20 世纪 80 年代以来，挪威、丹麦和美国等国家相继开发船上加工技术和设备，并取得了很大的经济效益。与国外相比，我国水产品加工装备以前处理和初加工单机设备为主，精深加工装备水平比较落后，大型生产线和核心装备还依赖进口。我国在成套设备研发，装备的加工效率、加工精度和稳定性，装备的信息化和自动化程度等方面与渔业发达国家还存在较大差距。

12.2.3　重大科技任务分析

1. 渔场渔情预报现代化、实时化

资源监测结果已成为远洋渔业资源管理必不可少的科学依据，目前海洋渔业发达国家十分重视渔业资源监测调查和渔业管理，地理信息系统（GIS）、遥感（RS）信息处理系统和全球定位系统（GPS）技术（简称 3S 技术）正在针对不同的应用对象和用途进行研究开发，以便有效地应用于渔业的生产、科研和管理。

远洋渔场及关键渔业资源长期调查监测是远洋渔业数据发展态势和方向。

远洋渔场及关键渔业资源调查监测要针对南极磷虾、金枪鱼、鱿鱼、秋刀鱼、鲐鱼等渔业资源开展长期连续监测与捕捞动态数据采集，获取重要渔业资源基础生物学数据、渔场作业方式、作业规模和区域、分品种渔获量及其组成数据。由于大量的监测数据存在冗余性、广泛性、异构性和复杂性，因此能够高效准确地查找到目标数据，是计算机数据管理中的重要功能。

实施远洋渔场调查监测的数据细分和规划。远洋渔船捕捞涉及主捕种类（鱿鱼、金枪鱼、南极磷虾、秋刀鱼等）、渔场位置（太平洋、印度洋、大西洋）、捕捞方式（拖网、围网、延绳钓、鱿鱼钓等）。我国远洋渔业不断完善鱼种、渔场、捕捞方式的调查内容与范围，需要积极吸纳有条件和实力较强的科研院所参加并且统筹协调，甚至需要形成跨学科、跨行业、跨国别的联合监测模式。

评估远洋渔业中的捕捞能力过剩状况，将评估的捕捞能力导入数据库中比对。捕捞能力过剩（over-capacity）最早由 FAO 在 1997 年捕捞能力管理国际行动计划中提出，要求沿海国和区域渔业管理组织通过控制捕捞努力量对捕捞能力进行管理，虽然不同措施颁布与实施，但捕捞能力过剩问题依然没有得到很好的解决，对渔业资源的可持续发展构成威胁。

缺少对捕捞能力确切的定义、捕捞能力和捕捞死亡率之间缺乏直接联系等都是造成捕捞能力过剩的理论原因。随着计算机模拟能力的提高及多学科的相互促进，渔业资源评估方法得到飞速发展，模型的种类趋于多样化，模型的结构趋于复杂化。目前捕捞能力评估模型主要包括单物种评估模型、多物种评估模型和基于生态系统的资源评估模型。单物种的资源评估模型有综合模型、年龄结构模型和体长结构模型等；多物种的评估模型有多物种实际种群分析和 GADGET 模型。当前，用于渔业资源评估与管理的模型仍以单物种模型为主。

有效管理和分析调查监测数据。获取远洋渔业的监测数据，涉及遥感卫星数据获取、加工预处理、远洋渔业遥感产品处理和服务发布等环节，不同环节需要不同的处理方式，存在编程语言、开发环境等异构问题，因此专业人员需要在不同的软件环境、不同的处理软件和不同的网络环境下完成远洋遥感数据产品的生产过程。在信息表达与应用服务时，为了能更接近人的思维模式和应用情况，采用面向对象的方法。

2. 捕捞渔船与装备大型化、自动化、信息化

通常海洋渔业比较发达的国家，为了避免渔业资源的过度开发，大量缩减渔船数量。渔业发达国家远洋渔船船型向大型化方向发展，航速高速化、自动化、集成化、监控智能化，渔船尺度、主机功率、排水量与航速不断增大。随着传感器、机电控制、数据分析处理技术的发展，在渔业机械中配置更先进的自动驱动系统和电子监视器以及船载冷冻冷藏系统、渔获物加工系统，人员需求和手工劳动强度不断降低，工作效率和产品质量不断提高。

针对我国渔船船型阻力、耐波性和操作性的分析与优化，建设渔船船型标准化设计数学模型，测试渔船的船、桨、网具的最佳匹配参数模型；对渔捞装备性能进行优化，提升作业安全性，以自动化、标准化和集成化为发展方向，提高甲板机械、舱室设备等配套设备的标准化和通用性，实现设备的智能化控制和维护、自动化操作等。开发新型渔船动力装置、主机余热利用装置、渔捞装备、玻璃钢等低阻力船体等，以达到节能减排的目的。积极开发中上层鱼类资源及渔场分布探测仪，促进传统的探鱼、诱鱼方式向集约化、现代化、电子化方向发展，借鉴欧洲围网技术，研究深海作业渔具和渔法，提升捕捞效率。

3. 捕捞加工一体化、现代化

我国远洋渔业的渔获物保存运输多以冷链冰冻技术进行，但冷链冰冻保存使得以鲜食为主的水产品价格受市场影响波动较大，无法获得高附加值的渔业产品，因此，将部分鲜活捕捞产品在远洋渔船上直接进行深加工具有非常重要的意义。水产品移动加工一体化符合现代渔业建设的新要求，是远洋渔获物深加工的发展趋势。船上移动加工技术促进捕捞和加工的协调，生产方式较为灵活，不仅提高了生产效率和劳动效率，优化了加工工艺，还提高了产品品质，降低了产品污染率。但该加工一体化技术对设备、装备要求较高，首先宜选择自动化程度较高的加工设备，其次需选择快速加工工艺，最后需选择能量利用率比较高的生产工艺。

热泵干燥具备节能效果明显、环保轻污染、干燥产品品质好的优点，远洋捕捞渔获物储存可广泛应用该技术。目前远洋捕捞大部分渔获物是冷冻之后运回陆地进行深加工，这样的储藏方式既不经济又不环保，且反复冻融容易造成口感偏差，不利于提升渔业产品的品质。船载回热型热泵干燥技术与移动加工一体化整合对提升远洋渔业产品品质具有重大意义。

12.3 技术水平发展总体评价

12.3.1 技术发展态势评价

以科学引文索引扩展版（Science Citation Index Expanded，SCIE）数据库为基础，以 TS=("fishery" AND ("tuna" OR "saury" OR "squid" OR "krill" OR "saurel" OR "deep sea" OR "deep ocean" OR "deep water" OR "high sea")) NOT TS=("fresh water" OR lake$ OR ocean*)为主题检索公式,选取的文献类型为论文(article)、会议论文(proceedings paper)和综述(review),时间范围为 1990 年至检索日期(2020 年 3 月 23 日)。在得到初步检索结果后,将数据进行合并、去重和清洗处理,最终得到 2243 条数据,从文献计量角度分析全球远洋渔业研究的发展态势。

以中国知网数据库为基础,以 SU=(远洋渔业+金枪鱼+鱿鱼+秋刀鱼+竹荚鱼+磷虾) * (技术+设备) NOT SU=(农业生产+企业管理)为主题检索公式,限定期刊类型为核心期刊、CSSCI 和 CSCD 来源期刊,时间范围为 1990 年至检索日期(2020 年 3 月 23 日),得到国内远洋渔业相关研究 236 篇,从文献计量角度分析国内远洋渔业研究热点内容。

数据分析主要采用汤森路透集团开发的专利信息分析工具 TDA 软件、网络关系分析工具 Ucinet 和 NetDraw,以及 Nees Jan van Eck 和 Ludo Waltman 开发的 VOSviewer 软件和办公软件 Excel。利用 TDA 软件对文献数据进行基本的处理和清理,利用 Ucinet 和 NetDraw 工具绘制国家合作网络,利用 VOSviewer 软件对文章题名、摘要和关键词进行聚类分析,利用 Excel 软件对该领域文献进行统计分析以及图表绘制的可视化分析。

1. 国内研究发展态势评价

将核心期刊、CSSCI 和 CSCD 来源期刊中的论文题目、摘要和关键词进行可视化图谱分析(图 12-7)和领域聚类(图 12-8)。可以明显看出,国内远洋渔业研究主要分为几个重点研究版块,首先是关于远洋渔业和渔业发展的研究,其次为我国主要远洋捕捞种类的研究,包括金枪鱼、鱿鱼、南极磷虾、秋刀鱼等,然后是水产品加工与加工技术、加工工艺方面的研究。

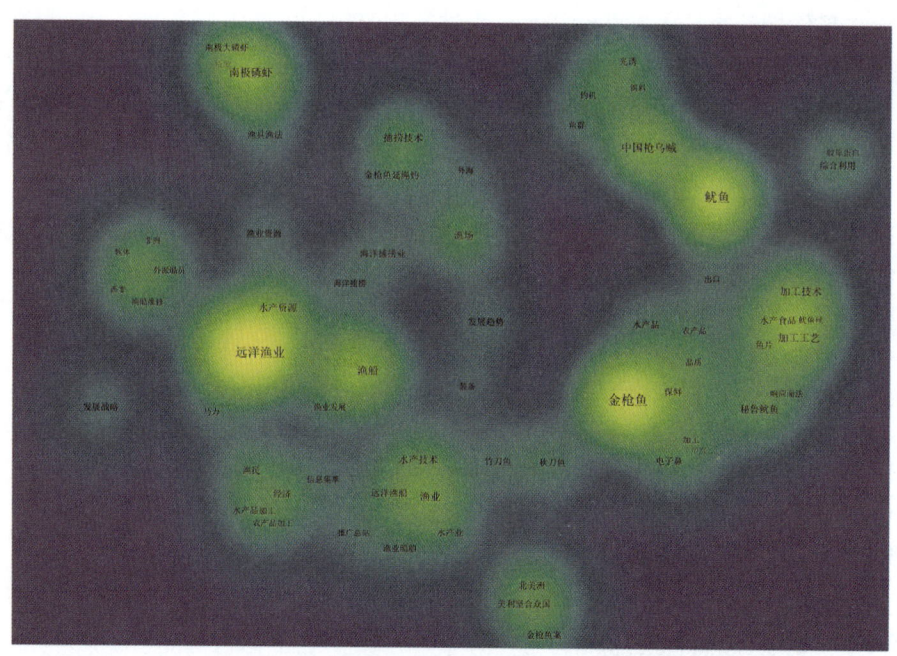

图 12-7 国内远洋渔业研究领域热点可视化图谱

颜色越凸显表明出现频次越高

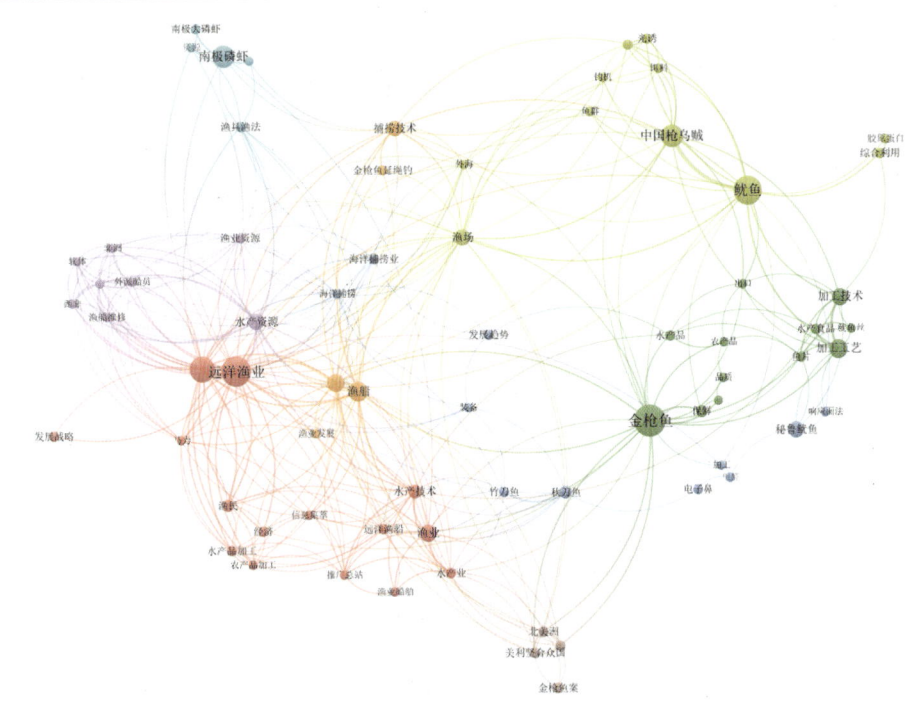

图 12-8　国内远洋渔业主要研究内容聚类图

联系紧密的关键词划分为同一区块；字号越大表示该关键词出现频次越高

2. 国际研究发展态势评价

1) 研究论文变化情况

由图 12-9 可以明显看出，国际远洋渔业研究发文量整体上呈现递增趋势，有些年份论文量会有小的波动。1990 年至 2019 年有 2209 篇相关研究论文被 SCIE 数据库收录，总被引次数为 47 315 次。

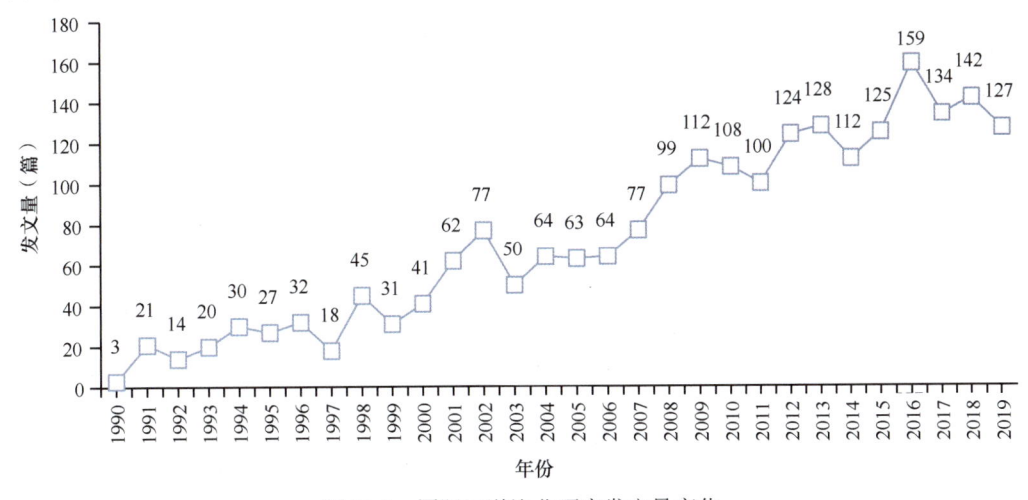

图 12-9　国际远洋渔业研究发文量变化

2) 研究论文期刊分布

自 1990 年以来，国际远洋渔业相关研究论文发表于 385 种期刊上，收录数量排名前

10 的期刊如表 12-4 所示。

表 12-4　国际远洋渔业研究发文主要期刊

排名	期刊全称	发文量（篇）	影响因子
1	Fisheries Research	300	2.343
2	ICES Journal of Marine Science	113	3.367
3	Marine Ecology Progress Series	70	2.359
4	Fishery Bulletin	54	1.012
5	Bulletin of Marine Science	51	1.742
6	PLoS One	51	2.776
7	Aquatic Living Resources	46	0.864
8	Canadian Journal of Fisheries and Aquatic Sciences	45	2.567
9	Marine and Freshwater Research	42	1.859
10	Scientia Marina	40	1.252

3）主要研究国家情况

国家远洋渔业主要研究国家为美国、澳大利亚、西班牙、英国、法国、中国、日本等（图 12-10、图 12-11，表 12-5）。

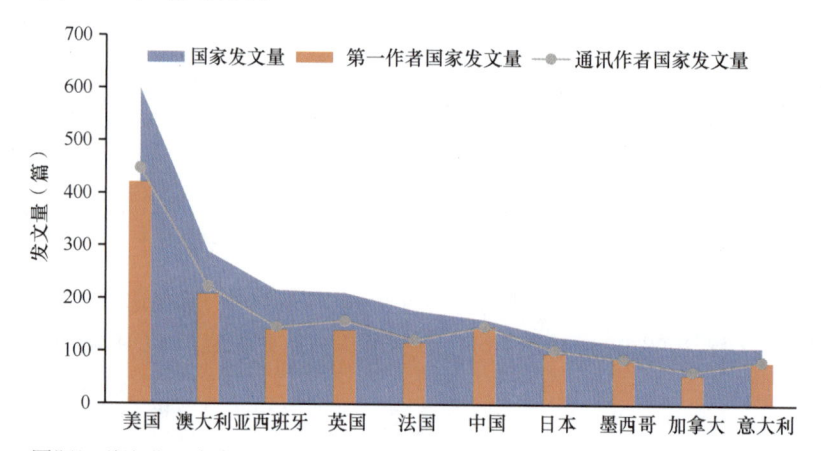

图 12-10　国际远洋渔业研究发文量前 10 位国家的发文量、第一作者国家和通讯作者国家发文量

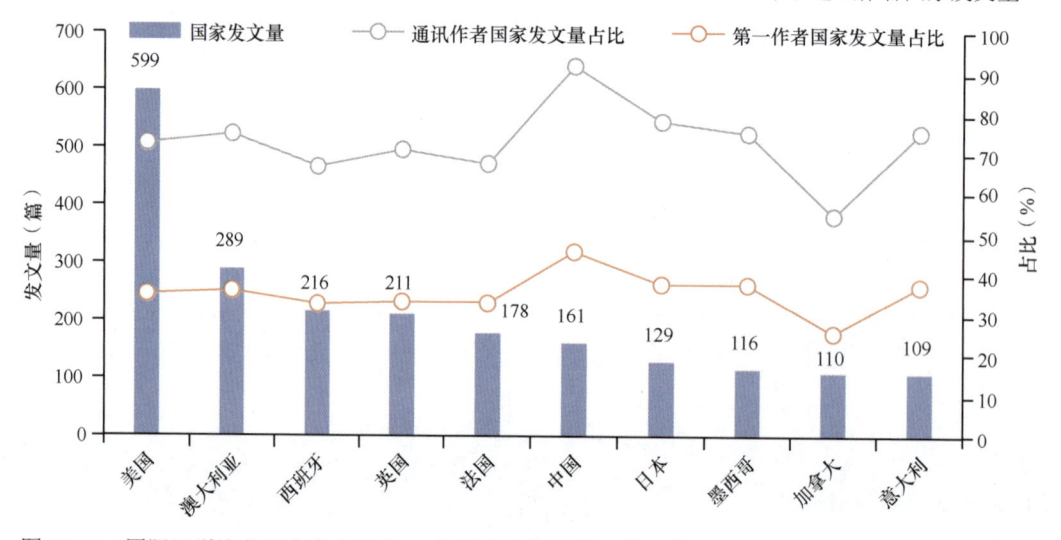

图 12-11　国际远洋渔业研究发文量前 10 位国家的发文量、第一作者国家和通讯作者国家发文量占比

表 12-5　国际远洋渔业研究发文量前 10 位国家的发文情况

排序	国家	发文量（篇）	总被引频次（次）	篇均被引频次（次/篇）	第一作者国家发文量占比（%）	通讯作者国家发文量占比（%）	近3年发文量占比（%）
1	美国	599	15 516	25.90	70.28	74.79	21.04
2	澳大利亚	289	8 264	28.60	71.97	77.51	20.42
3	西班牙	216	4 281	19.82	65.28	68.06	23.61
4	英国	211	6 979	33.08	66.35	75.36	15.17
5	法国	178	3 842	21.58	65.73	69.10	18.54
6	中国	161	2 089	12.98	91.30	91.93	28.57
7	日本	129	2 187	16.95	75.19	80.62	15.50
8	墨西哥	116	2 594	22.36	75.00	75.00	15.52
9	加拿大	110	2 930	26.64	50.91	58.18	28.18
10	意大利	109	2 038	18.70	74.31	76.15	25.69
	平均值	211.8	5 072	22.66	70.63	74.67	21.22

从图 12-12 可以看出，美国和澳大利亚的发文量处于领先位置，发文量和篇均被引频次都高于前 10 位国家的平均值，处于第一象限；西班牙的发文量略高于前 10 国家的平均值，但是篇均被引频次较低，处于第二象限；中国、日本等的发文量和篇均被引频次均低于前 10 位国家的平均水平，处于第三象限；加拿大因为论文数量增长有限，但篇均被引频次较高，处于第四象限。

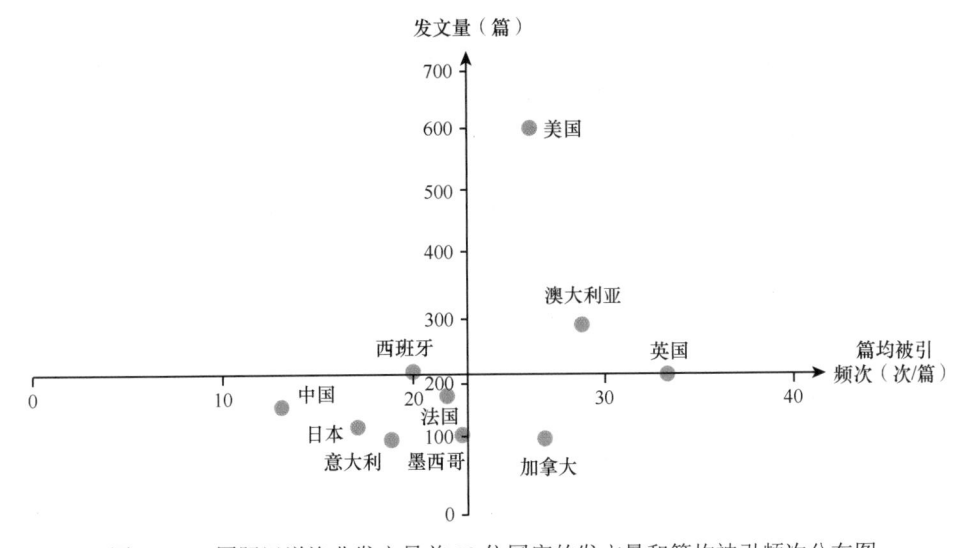

图 12-12　国际远洋渔业发文量前 10 位国家的发文量和篇均被引频次分布图

4）国家合作情况

以国际远洋渔业研究发文量前 50 个国家为主，得到各个国家相互合作关系网络（图 12-13），可以看出，美国是研究的中心国家。

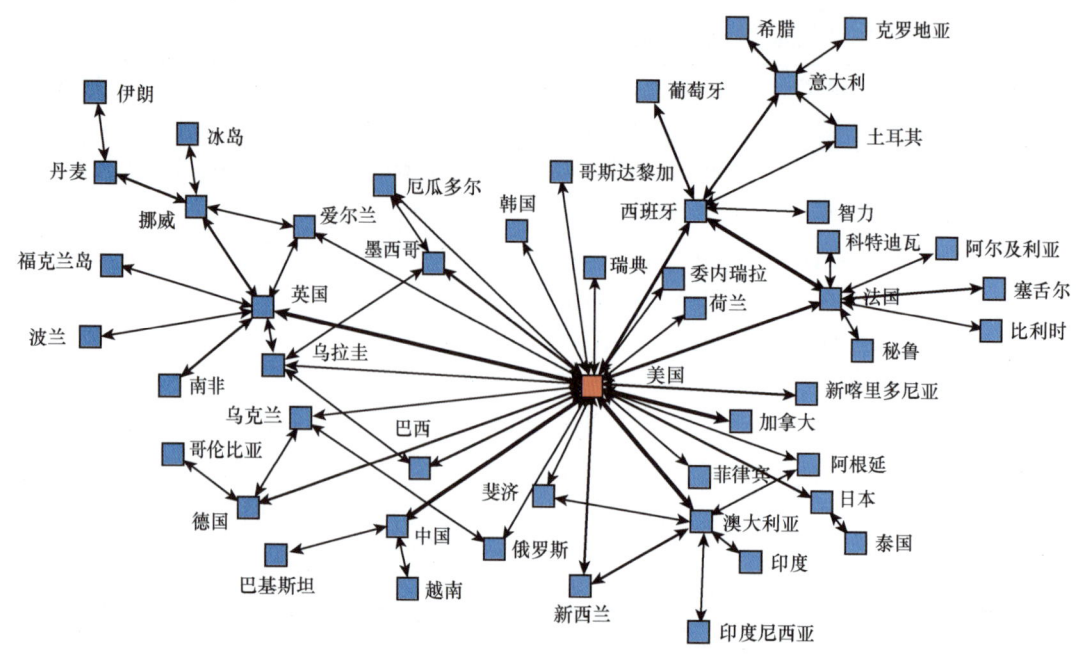

图 12-13　国际远洋渔业研究的国际合作情况

连线表示合作关系，线条越粗合作次数越多

全部论文中，以国家数量计为 3201 篇，实际论文为 2243 篇，论文篇均合作国家为 1.43 个，其中国家独立完成的论文有 1530 篇（表 12-6），占全部论文的 68.21%，3 国及以上合作的论文数量为 200 篇，占全部论文的 8.92%，说明国际远洋渔业研究多国合作较少。

表 12-6　国际远洋渔业研究论文合作国家数量

序号	发文量（篇）	发文国家数量（个）	序号	发文量（篇）	发文国家数量（个）
1	1530	1	8	2	8
2	513	2	9	1	9
3	128	3	10	1	10
4	39	4	11	1	13
5	18	5	12	1	17
6	4	6	13	1	22
7	4	7			

5）主要研究机构

国际远洋渔业研究主要发文机构主要有美国国家海洋和大气管理局（National Oceanic and Atmospheric Administration，NOAA）、澳大利亚联邦科学与工业研究组织（Commonwealth Scientific and Industrial Research Organization，CSIRO）、英国南极调查局（British Antarctic survey）以及我国的上海海洋大学（Shanghai Ocean University）等（图 12-14）。

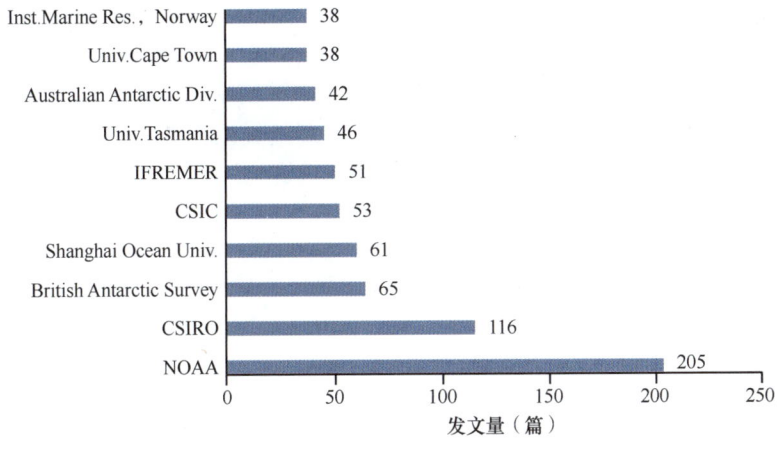

图 12-14 国际远洋渔业研究主要发文机构

6）主要研究学科领域

按 Web of Science 学科分类看，国际远洋渔业研究所涉及的主要研究学科有渔业（Fisheries）、海洋与淡水生物学（Marine and Freshwater Biology）以及海洋学（Oceanography）（表 12-7），其中渔业所占比重最大，有 1001 篇相关论文。国际远洋渔业研究发文量前 10 位国家的主要研究领域分布见图 12-15。

表 12-7 国际远洋渔业研究主要涉及的 Web of Science 学科领域

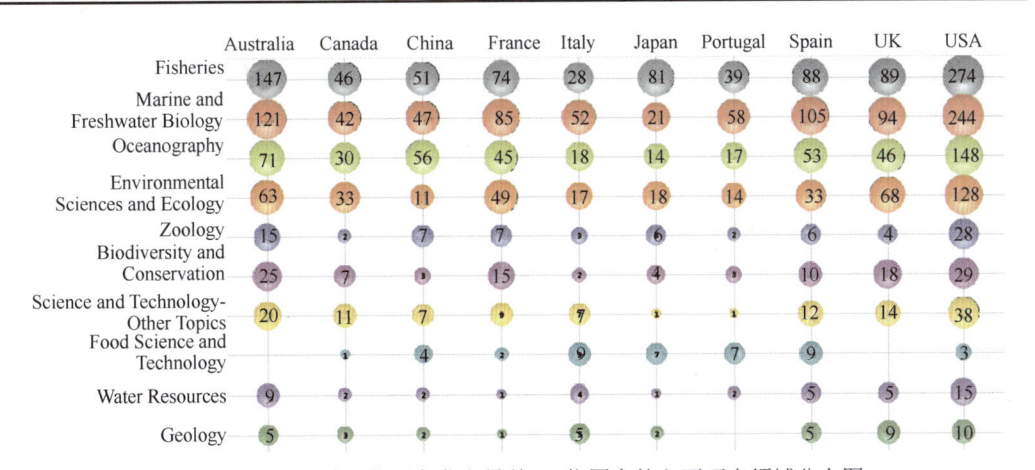

序号	学科领域	文章篇数	序号	学科领域	文章篇数
1	Fisheries	1001	6	Biodiversity and Conservation	108
2	Marine and Freshwater Biology	942	7	Science and Technology - Other Topics	96
3	Oceanography	516	8	Food Science and Technology	62
4	Environmental Sciences and Ecology	406	9	Water Resources	47
5	Zoology	111	10	Geology	35

图 12-15 国际远洋渔业研究发文量前 10 位国家的主要研究领域分布图

7）主要研究关键词分析

文中的数据集中只有75%的论文数据拥有作者关键词字段，数据虽然不全但也可以作为主要研究内容分析的参考依据之一。通过对作者有效关键词的统计，前20个关键词见表12-8，主要是捕捞对象以及捕捞作业方式和研究内容。国际远洋渔业主要关键词变化趋势见图12-16。

表 12-8　国际远洋渔业研究高频关键词一览表（前20个）

序号	关键词	词频	序号	关键词	词频
1	tuna	270	11	population structure	42
2	squid	154	12	fish	40
3	bycatch	141	13	management	38
4	fisheries	136	14	Mediterranean Sea	36
5	fisheries management	95	15	CCAMLR	35
6	longline	75	16	recruitment	35
7	CPUE	74	17	deep sea	34
8	Antarctic krill	66	18	reproduction	32
9	growth	48	19	diet	30
10	stock assessment	45	20	abundance	28

注：统计关键词时将同义词进行了合并处理，以下是主要合并的关键词：①bycatch/by-catch；②tuna/tuna fishery/yellowfin tuna/bluefin tuna/swordfish/bigeye tuna/skipjack tuna/*Thunnus thynnus*/southern bluefin tuna/*Thunnus albacares*；③squid/*Dosidicus gigas*/cephalopods/jumbo squid/*Loligo vulgaris*；④longline/longline fishery；⑤CPUE/*Aristeus antennatus*/catch per unit effort；⑥Antarctic krill/*Euphausia superba*/krill

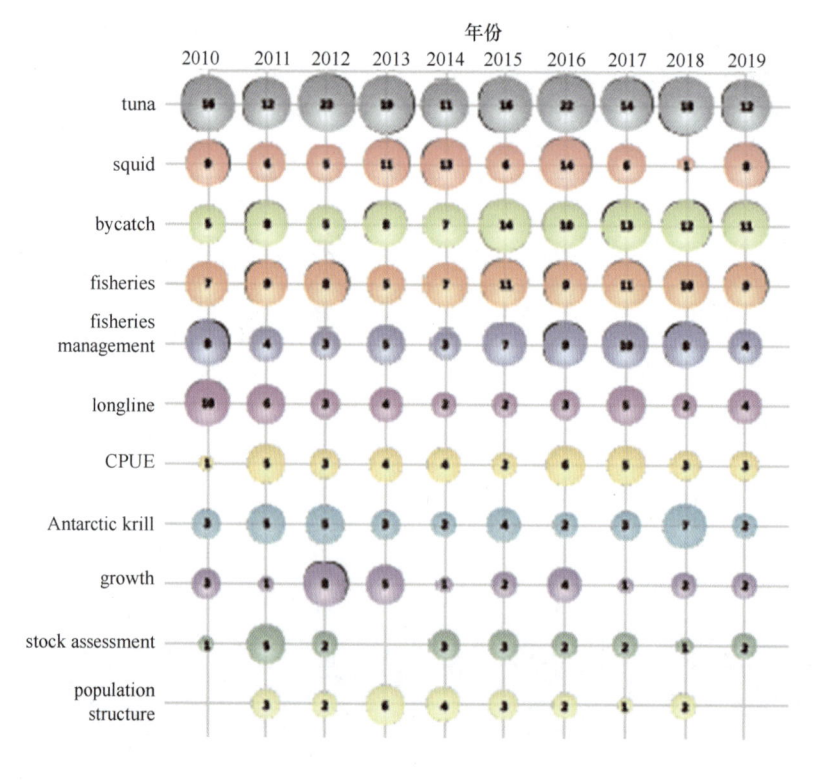

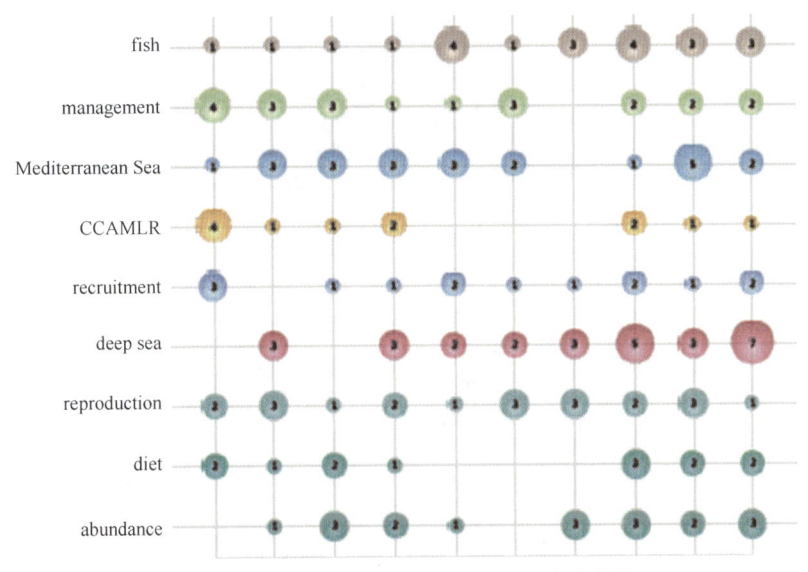

图 12-16　国际远洋渔业主要关键词变化趋势

圆圈越大关键词出现频次越高

将国际相关研究数据集中的论文题目、摘要和关键词进行可视化图谱分析和领域聚类，得到图 12-17 和图 12-18。可以明显看出，国际远洋渔业研究主要分为 5 个研究版块，研究较多的是捕捞环境影响，包括兼捕物（bycatch）、死亡率（mortality）等，以及种群动态研究，特别是主要捕捞对象鱿鱼（squid）的种群动态研究。

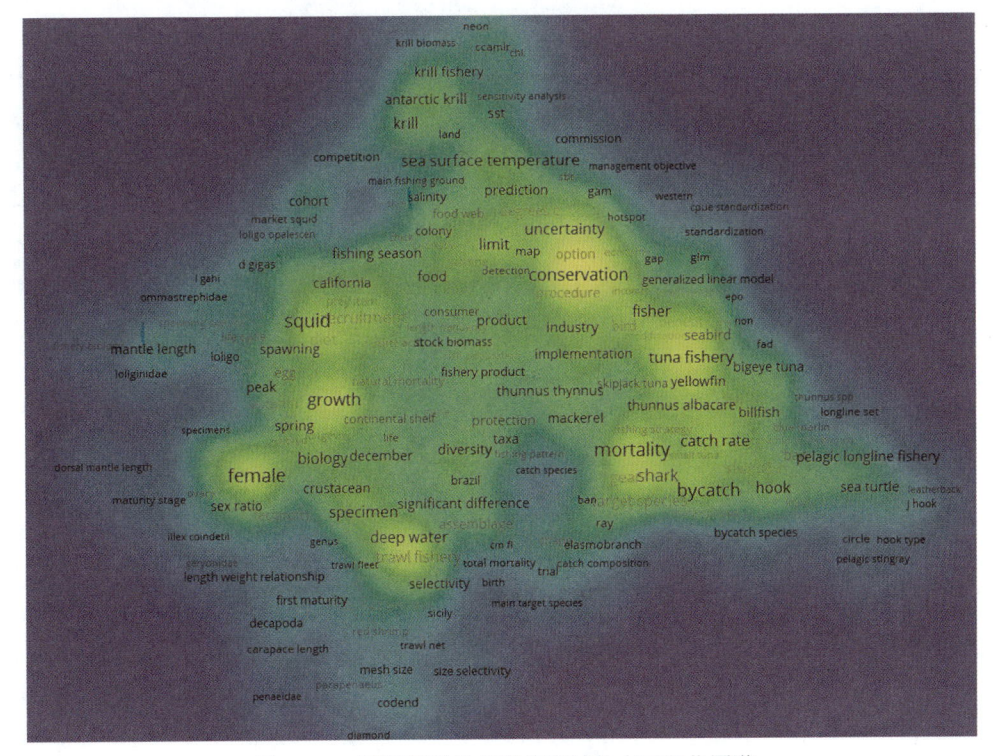

图 12-17　国际远洋渔业研究领域热点可视化图谱

颜色越凸显表明出现频次越高

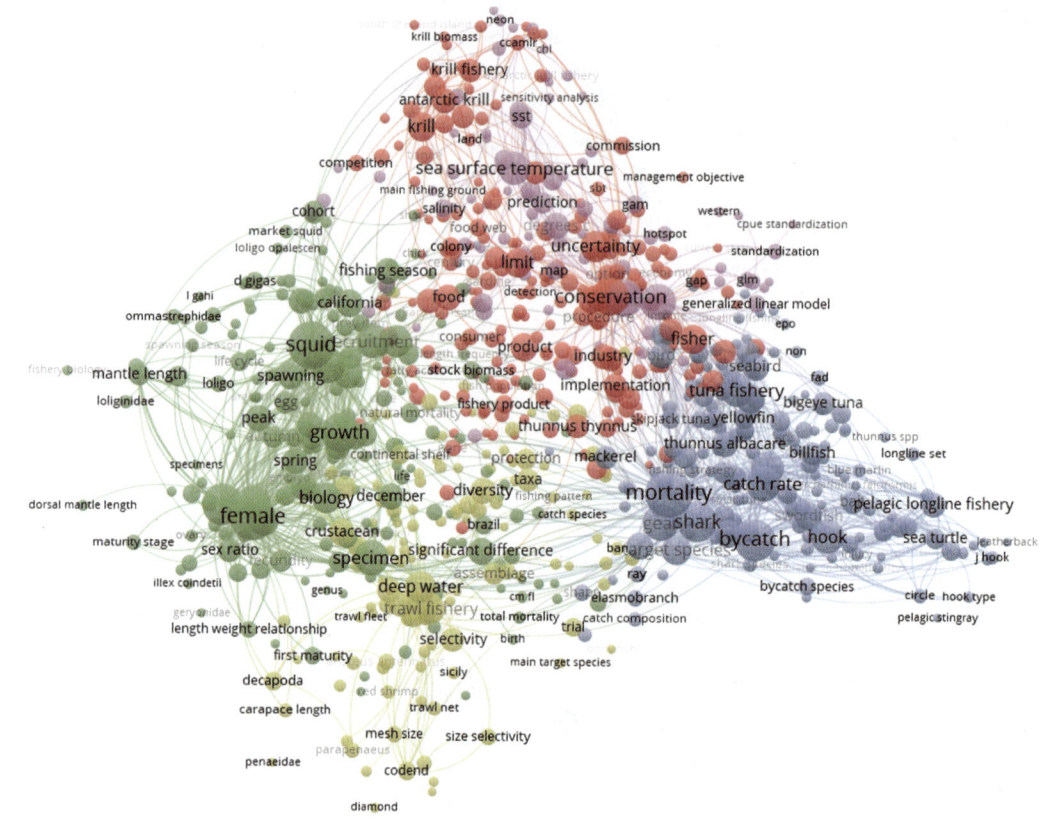

图 12-18　国际远洋渔业主要研究内容聚类图

联系紧密的关键词划分为同一区块；字号越大表示该关键词出现频次越高

12.3.2　技术发展水平和差距评价

发达远洋渔业国家历经 20 世纪六七十年代远洋渔业发展的高峰期，积累了丰富的经验，凭借先进的技术与雄厚的工业基础，远洋渔业装备技术研究得到长足发展，以远洋渔船为代表的海洋渔业装备技术发展较好。我国远洋渔业装备研究起步晚了近三十年，虽然近年来远洋捕捞技术已取得了卓有成效的发展，但与渔业发达国家相比，仍存在诸多欠缺和不足。

1）支撑精准捕捞的基础研究处于跟跑阶段

精准捕捞是远洋渔业产业技术发展的重要方向，可通过电子仪器确定鱼群位置、大小、种类，同时通过电子信息设备区分非目标渔获物，从而减少对海洋生物资源的破坏。日本、美国等的渔业资源相关数据库、通信与网络技术高度发展，基于位置的信息支持、智能决策分析与管理系统在远洋渔业中全面应用。通过建立渔场渔情分析、预报和渔业生产管理信息服务系统，可及时快速地获取准确的渔场信息，为作业提供指导，提高捕捞效率。法国空间研究中心所属的 CLS 公司开发的 CATSAT 渔情信息服务软件系统，可为渔船提供全球三大洋海域的表层水温、叶绿素、海流、风场等 10 余种海况信息；美国一家公司研制出金枪鱼渔情鱼探浮标，安装在集鱼装置上，包括 GPS、海水温度传感器和通信装置等，可通过浮标发出的数据判断鱼群位置，进行精准捕捞（王传荣，2013）；挪威的一项声呐探测技术，则可在同一时间发送和接受 100 个频率的信号，使得回声图像更加清晰，更能精确地辨识各个鱼种。

我国鱼探仪研发取得了较大进展，从最初的单波束垂直探测发展为多波束多方向探测，由最初的记录式发展为使用阴极射线管显示，再到后来的彩色液晶屏显示，能够探测鱼群分布和水底分层情况，并利用 GPS 设备实现渔船的定位。但水下成像与声呐探测相结合的技术研究，以及其在远洋渔业领域的应用不够成熟，需在集成化、小型化和智能化方向进行深度研发。

2）远洋渔业船舶与设施研制处于跟跑阶段

远洋渔船是远洋渔业最重要的作业工具，其技术水平对捕捞作业效率有决定性影响。渔业发达国家对于远洋渔船的研发主要集中在船型设计、建造材料、油耗能效等方向。为保证渔业装备的适渔性与载重量，渔业发达国家远洋渔船尺度、主机功率、排水量与航速不断增大，大多数船长 100m 左右、排水量可达 10 000t、功率 5000kW 以上、航速可达 18kn；通过采用船型优化设计、新型推进器、新型材料以及液化天然气（LNG）-柴油双燃料柴油机、LNG 及电力推进技术等降低能耗。

我国近年来开展了渔船的标准化更新改造工程，使我国远洋渔船综合水平得到一定提升，鱿钓和秋刀鱼捕捞渔船的整体技术水平并不落后，但与发达国家相比仍存在着明显差距，45m 以上的大型渔船仅占 15.7%（张静，2018），新技术、新材料和新装备没有得到很好的应用，新型节能环保动力和推进方式在海洋渔船的应用研究明显滞后，从事远洋渔船的设计建造的单位数量有限，自主设计建造的远洋渔船船型少，技术储备不足，整体水平落后。

3）机械化、自动化捕捞技术研发处于跟跑阶段

为了节省油气资源、降低生产成本、减少温室气体排放，发达国家充分利用生物学、船舶设计与制造、材料学等领域的最新成果，开发出一大批高效节能、安全环保的远洋渔业装备。美国的金枪鱼围网作业，可在 1100t 级船上备有各种渔捞机械 16 种 21 台，均采用液压传动和集中控制，整个渔捞过程只需 6 人（徐志强等，2019）。挪威 Remoysea 集团公司采用三联网作业，其渔获量比原来双联网增加了 30%~40%（王传荣，2013）。欧洲研制出磁性渔网捕鱼技术，该技术在渔网边沿用若干永久磁铁替代普通网坠形成磁性网，利用鱼群容易在磁性网聚集的特性进行捕捞，该网具在同样水域可提高 20%~80% 的捕捞效率。德国 Rofia 公司研制出一种网具，水中展开速度很快，从而能迅速地进行捕捞。通过采用以上高效节能渔具提高网具有效使用率、降低网具的阻力，生产能耗显著降低。

虽然我国已基本实现了捕捞机械化，但与渔业发达国家相比，自动化与专业化水平偏低，捕捞效率较低，对新型捕捞装备的研发和制造能力还比较薄弱。我国远洋渔业船舶配备的捕捞装备和助渔导航等设备都相对落后，拖网作业的捕捞设备绞纲机控制与自动化技术水平不高，产品规格相对较小，影响渔船作业性能，增加了能耗和人力成本。国产渔捞装备与世界捕捞装备相比能耗较高，吨鱼油耗达 0.63t，是国外油耗的 1.3~2.3 倍。从捕捞单位产量比较，亚洲地区（包含我国）每人年捕捞能力仅为 2.1t，而欧洲高达 25.7t，北美洲为 18t，拉丁美洲为 6.9t（FAO，2018）。吨鱼油耗的高低虽然不完全由捕捞装备水平所

决定，有时候会受渔业资源状况和渔情预报技术水平的影响，但从侧面可见我国与远洋渔业发达国家在捕捞机械化、自动化方面存在着较大差距。

4）导航、捕捞、加工一体化生产模式处于跟跑阶段

随着传感器、机电控制、数据分析处理技术的发展，发达远洋渔业国家在远洋渔船上配备了产品自动处理系统，超低温自动冷冻、冷藏技术应用也很广泛，基本实现了远洋渔业的导航、捕捞、加工一体自动化操作，人员需求和手工劳动强度不断降低，工作效率和产品质量不断提高。就加工而言，部分新型远洋渔船配有全自动鱼类处理系统：去头吸内脏机能够精确有效地去除鱼头和鱼尾；鱼片机配有视觉系统，产能为300尾/min；整条加工生产线通过高度先进的视觉系统进行监视，无须操作人员；加工废料被自动送往船上的鱼粉加工设备。挪威拥有专业化、一体化程度最高的南极磷虾捕捞加工船，利用水下连续泵吸捕捞技术捕获磷虾，配置的精深加工成套装备具有较高的自动化水平，可将预冷虾品的一部分做成冻品冷藏处理，大部分进行虾粉和虾油的深加工或者直接制成磷虾颗粒精饲料。

与国外相比，我国远洋渔业的捕捞、加工一体化生产和技术研发起步晚、积累少，水产品加工装备以前处理和初加工单机设备为主，缺乏专业化的系统技术与装备，产品研发与市场开发落后，船上加工生产的核心技术尚未全部掌握，精深加工装备水平比较落后，船载加工能力远低于渔业发达国家。

12.3.3 技术发展阶段评价

1）支撑精准捕捞的信息技术与系统处于中试阶段

我国通过"十五"至"十二五"期间开展的远洋渔业资源开发专项研究，在大洋渔场环境信息采集和渔场速报技术方面取得了成果，掌握了部分海域的金枪鱼、竹荚鱼、柔鱼类等主要大洋性渔业资源的分布及其渔场特征（邵晓晨和杨林，2015），构建了远洋渔场捕捞动态信息网络，技术上实现了对远洋渔场和捕捞动态的实时监测（林香红，2017），并在北太平洋、东南太平洋、南极和西非近岸等渔场开展了精准捕捞的实践应用。随着我国自主海洋卫星的发展与业务化应用，渔场资源监测与应用技术的准确性和可靠性将进一步提升。但由于远洋渔业资源调查手段与方法缺乏科学性与系统性，渔业资源调查与统计数据不规范不系统，数据难以有效整合和共享，也难以与国际渔业组织的标准接轨，因此，我国对远洋捕捞种类（如鱿鱼、金枪鱼、南极磷虾、秋刀鱼等）的渔业生物学特性、栖息环境、可供开发的生物量及渔场形成机制掌握不足。

卫星渔情预报、洋流信息、自主式探鱼设备等新技术装备和系统已经应用于远洋捕捞中。我国还开展了FFS25P多波束探鱼声呐的功能与性能测试工作；提出了新的鱼探仪发射机信号源设计方法，发射波产生的噪声干扰较小；研究将声呐技术与电子浮标集成，提高鱼群探测水平和设备的安全性。这些研究和装备提升了探捕准确性，减少了无效巡航次数，降低了能源消耗。但相关产品各方面性能都远不及国外同类产品，表现为显示界面简单、功能单一、探测精度低、探测范围小等，难以满足人们对高性能鱼探仪的需求。

2）远洋渔业船舶研制处于产业化中试阶段

我国远洋渔船发展经历了从小到大、从近海到远海、从拖网作业到多种作业的发展历

程，具备一定的自主研发能力。在基础研究方面，运用软件设计，开展了渔船扭振计算、船-桨干扰流场特性分析、球鼻艏形状减阻效果实验等研究，为优化船型提供依据；进行了双甲板远洋渔船结构优化、渔船阻力性能研究、直流配电混合电力推进系统设计、尾气吸收式制冷装置研制等，提高节能效果和性价比。我国渔船船型正在改变以往拖网渔船单一模式，为适应渔场的变化，已开始发展多种作业船型，如围网船、钓渔船。例如，我国第一艘现代化玻璃钢远洋金枪鱼延绳钓渔船，船长 30m，球鼻艏，节能舵机，采用大直径、低转速的高效率螺旋桨，提高了船舶的耐波性。但远洋渔船的国产配套设备可供选择的不多，同时专业捕捞设备、诱鱼专用灯具、鱼探仪、声呐等依赖进口。

我国已批量建造 77m 鱿鱼钓船，这也是我国最大的鱿鱼钓船船型（傅静军，2019）。大型远洋秋刀鱼兼鱿鱼钓船为钢质双甲板、前倾艏柱带球鼻艏，采用单台中速柴油机，由齿轮箱驱动定距螺旋桨前进，载鱼量约为 960t，续航力大约为 12 000n mile。作业渔场为大西洋渔场、太平洋渔场，配备鱿鱼钓设备 1 套，共设鱿鱼钓机 58 台，配置秋刀鱼集鱼灯 100 组，每组 0.5kW×24 盏，该船具备渔货速冻冷藏能力，一次可冻结 49.5t 鱼，每次 8h。国内最先进的大型远洋金枪鱼围网船也已建造，该船船长约 70m，设计舱容为 1200t，干湿舱装渔获不少于 1100t/d，冷冻渔获物能力为 300t/d。

3）机械化、自动化捕捞装备处于中试阶段

我国在捕捞装备的设计原理和应用技术方面开展了卓有成效的研究，开展了波浪被动补偿装置的分析研究、内部流场分析，研制了新型吸鱼泵；在网具方面，开展了自动调整系统平衡控制系统的设计，以及五轮起网机、围网理网机安全防护装置等设备的研究，有效提高了捕捞效率。通过对渔船拖网绞机张力系统搭建方案、变频调速系统控制方案的优化设计，提高了系统的自动化程度，成功研制了过洋性虾拖网和大型金枪鱼围网捕捞成套设备。研制的中高压传动技术的起网机采用液压系统，工作安全可靠、操作方便，并可实现无级调速，当突然钩住网衣或卡住浮子时，可迅速停车或倒车，及时排除故障，但是也存在一定的问题有待改进，如起网机体积较大，重量也较大，液压系统在启动、停车过程中存在冲击压力、振动声响和漏油现象。

我国自主研发了一批远洋捕捞关键装备，提高了产业装备技术水平；还研发了秋刀鱼渔船 COB 式 LED 集鱼灯系统，应用于北太平洋现场试生产。我国围网捕捞、鱿鱼钓、秋刀鱼舷提网作业的诱鱼灯，仍在使用发热高、发光效率低的老式灯具。而日本从 2005 年就开始使用蓝色 LED 集鱼灯替代金属卤化物集鱼灯，以节省能源消耗，2008 年起秋刀鱼舷提网船全面换装扩散配光型 LED 灯，在相同的集鱼效果下，可减少燃油消耗 20%～40%（Kehayias et al.，2016）。目前我国已经开始推广 LED 鱿鱼钓、秋刀鱼舷提网诱鱼灯，但还存在使用经验不足、推广力度不够等问题。

4）导航、捕捞、加工一体化生产技术与工艺处于中试阶段

我国为提升在远洋渔业的国际竞争力，大力提倡建设大规模的远洋渔船船队，而船队的扩建将会增加调度的复杂性。北斗卫星导航系统的不断完善，将为我国远洋渔船的定位、调度和生产提供极为便利的条件。李加林等（2016）提出运用北斗定位系统和射频识别技术相结合来分析、优化渔船的调度方案，可增加调度方案的科学性和提高调度工作的效率。其他基于北斗卫星导航的优化方案，对将来捕捞生产优化也具有一定参考作用，如王永鼎

等（2018）设计了一种基于北斗卫星通信的金枪鱼钓船油电混合动力系统，在满足渔船捕捞作业的需求下，根据北斗卫星导航系统来判断渔船的位置、航速，以此合理选择分配柴油机、电动机动力源，可以根据北斗卫星导航定位的渔场位置及航速选择不同的动力源驱动，系统灵活性、燃油经济性有一定的提高。

船载冷冻加工方面，我国近年来也开展了大量的技术攻关，研制和生产了相应的设备。77m秋刀鱼/鱿鱼钓船研发配套的搁架吹风式冻结装置（王文龙等，2017），采用16MnDG低温无缝钢管，以氨为制冷剂，利用低温空气的高速流动，使鱼盘内的水产品快速传热，通过冷空气将热量带走，达到快速冻结的目的。鱼舱空舱降温时，4~5h可以使舱室初温降到-35℃，主要用在金枪鱼、鲅鱼、秋刀鱼等个体较大的鱼类，该速冻设备操作方便、冻结量大，可靠性较高。卫锦尧等（2018）针对远洋渔船中冷冻鱼块码垛以人工操作为主、效率很低的问题，完成了一套专用型码垛机械臂系统设计，该系统采用个人电脑（PC）+运动控制卡的开放式控制方案，应用所设计的人机界面，通过调用MFC类库来自动完成冷藏舱内冷冻鱼块的码垛作业，实现"机器换人"的目标。"深蓝"号是我国制造的国内第一艘南极磷虾捕捞加工船，该船采用连续泵吸捕捞系统等世界先进的作业方式，设置了冻虾、虾粉等智能化船载加工生产线，是目前我国最大、最先进的远洋渔业捕捞加工一体船，但该船是由挪威提供的基本设计。

12.3.4　国内外相关评价分析

近年来，我国远洋渔业发展对于资源承载能力、管理能力、保障能力、市场空间等都造成了一定压力，已着手进行消化、调整、稳定。总体而言，世界海洋渔业增长方式正在从产量增长型转向质量与效益并重型。同时，海洋资源保护方面越来越得到世界各国的重视，如美国的《马格努森-史蒂文斯渔业养护和管理法案》及之后的修正案就通过恢复过度捕捞的种群创立强制规定；FAO进一步推进"蓝色增长"计划，将可持续发展作为海洋经济发展的重要目标，全球海洋渔业产业发展开始注重资源养护。

世界渔业发达国家为保持其在世界远洋渔业竞争中的优势，对出口到我国的远洋渔业装备和技术进行限制。技术壁垒的存在严重影响了我国对外科技的合作与交流，不仅制约了我国远洋渔业的发展，还在一定程度上影响了我国相关领域的科技进步与发展。《瓦森纳协定》对螺旋桨、动力传输系统、发电系统和降噪系统等高技术出口有着非常精确的限制，这些高技术对我国渔船设计、制造等各环节至关重要，我国船型设计、油电混合动力技术、负责任捕捞技术、船机桨匹配和船载加工技术等方面与渔业发达国家相比存在较大差距。

12.4　科技发展趋势分析

12.4.1　新进展、新变化、新特征和新趋势分析

1）远洋渔业的健康发展依赖信息化建设

随着人类对全球渔业资源的不断开发，过度开发和充分开发的海洋渔业资源种类数量不断增加，为了保护海洋渔业资源，实现人类所需的重要蛋白质资源库的可持续利用，国

际社会非常关注渔业资源的管理和保护，对海洋渔业资源开发利用装备与技术提出了"负责任"的要求。结合我国海洋渔业发展现状，作为实施海洋强国战略的重要组成部分，发展远洋渔业是缓解近海资源衰退、保障渔业产品供应的重要手段。远洋捕捞能力很大程度上取决于一个国家的远洋捕捞技术。我国远洋捕捞技术发展的态势是提高远洋捕捞节能降耗技术，研发国产化助渔设备与捕捞装备等，提高渔业精准捕捞与助渔技术水平。

近 10 年来，以互联网为代表的新技术不断在各行业发展渗透。机电控制、卫星通信、数据分析与处理、传感器等新技术在远洋渔船中的整合应用，引进物联网等新兴技术，必将促进远洋渔船鱼类处理系统和渔场探测、捕捞、加工及储藏等环节新型装备的发展，降低人员需求和劳动强度，提高工作效率和产品质量。要在世界远洋渔业经济中占有一席之地，就必须大力发展具有自主知识产权、符合中国远洋渔船实际需求的核心渔船自动化装备，研究和提出具有创新意义的捕捞模式。

2）远洋渔业的可持续发展强调高效节能环保技术与装备的应用

为降低运营成本，同时满足履约要求，各渔业强国均开展了相关高效、节能、环保技术与装备的研发工作。例如，西班牙已开展液化天然气能源评估工作，挪威则进行拖网渔船更新计划。一些国家已利用生物学、船舶设计与制造、材料学等最新成果，开发高效节能、安全环保的远洋渔业装备。我国需要加大渔船自动化装备研发力度，推进远洋渔船捕捞加工销售一体化，重点推进声波扫描仪、鱼探仪、潮流计等的应用，指导远洋渔船开展投网作业，提升远洋渔船侦查鱼群的能力，同时，加快研发渔船捕捞加工一体化装备，提高渔船的捕捞和加工自动化能力，以达到节约劳动力、提高整体生产效率的目的。

3）远洋渔业的深度融合发展需突破全产业链科技瓶颈

目前，我国远洋渔业高度重视捕捞等生产性作用，渔获物直接进入市场交易，精深加工发展不足，第二、第三产业带动能力弱，产业融合度不高。水产品加工业处于全产业链的中间环节，介于渔获物捕捞和市场销售中间，在产业链中处于前延后展的关键位置，具有促进产业融合发展的内生动力。

现代市场竞争实质上是产业体系的竞争，必须向产业融合要效益，不断提高远洋渔业的竞争力。要以市场为导向，着力延伸远洋渔业产业链，以全产业链为抓手进行"促渔"工作。大力发展水产品精深加工，提高产品附加值，培植龙头水产品加工企业，加强技术改造，促进产品向营养保健型、生物制药型方向发展，建立健全水产品标准体系、产品质量监督管理保证体系和质量认证体系，把食品安全贯穿于整个产品加工过程。

12.4.2　科技发展态势和方向

1）渔情预报信息化技术

经过 30 多年的发展，我国已经成为具有重要影响力的远洋渔业国家。远洋渔业船队总体规模和总产量已经稳居世界前列，作业海域分布在 42 个国家的专属经济区和太平洋、印度洋、大西洋公海及南极海域。我国在渔情预报技术研究方面取得了长足进展，建立了我国远洋渔业生产与海洋环境的数据库，开发了渔情预报模型，对 10 多个作业海域的大洋性渔业进行了每周一次的业务化渔情预报，为我国远洋渔船寻找中心渔场提供了数据支撑。世界主要渔业国家非常重视渔情预报工作，日本定期对大洋重要渔业资源进行科学调查，发布海况、渔业信息和"全球主要渔业资源现状"。我国在该方面的研究力量较为薄弱，远洋渔场环境预报与实际生产相结合，并具体指导渔业捕捞活动的相关监测、评估、后评价综合管理服务系统较为匮乏，亟待开展深入研发。

2）中层鱼类资源评估与开发利用技术

我国主要的中上层渔业资源包括秋刀鱼、竹荚鱼、鲐鱼等，这些中上层鱼类资源面临枯竭的风险。在中上层鱼类中，最常见、数量最多的是灯笼鱼科（Myctophidae），大约有33属250种。该科是深海鱼类最丰富的家族之一，至少占海洋鱼类的20%（McGinnis, 1982）。声学研究结果表明，全球中层鱼生物量高达 $1.1 \times 10^{13} \sim 1.5 \times 10^{13}$ t，达到世界海洋鱼类生物量的95%，中层鱼是大洋和陆坡生态系统的主要生物食物来源之一（袁梦等，2018）。

国际上，已开展针对灯笼鱼的资源开发与评价工作，了解中层鱼类的生活史、年龄、生长、繁殖等生物学特征是科学合理开发这一资源的基础，而科学合理开发这一资源需要评估中层鱼类的资源储量。由于中层鱼类种类组成和水层分布模式复杂，并且某些种类具有较强的网具规避能力，因此评估其资源储量对调查方法与技术有更高的要求。

3）装备自动化、智能化、环保化

国外渔业捕捞装备一般采用先进的液压传动与电气自动控制装备，设备操作安全，自动化程度高，起放网实现电液控制自动化，拖网实现了曳纲平衡控制和作业水层的自动调整，捕捞效率可提高30%。先进的深水拖网高效捕捞关键设备得到广泛应用，包括深水拖网起放网曳纲绞车、卷网机、起吊绞车、网位移绞车及其控制系统等，渔船趋向大型化、机械化、自动化与智能化。

我国在国家科技发展战略性层面上围绕大型变水层拖网网形监控装备技术、金枪鱼延绳钓设备、高分辨率声呐探测技术等，以及金枪鱼围网起网设备、鱿鱼钓设备等开展关键技术研究与集成示范。针对远洋渔业向深水区发展，我国有关研究机构研制出 H8L1/R1 型 350kW 大功率高速深水拖网绞纲机，用于远洋深水拖网作业，能满足200m深水拖网的作业需要，起网速度达 110m/min。针对围网作业需要，研制出围网高效捕捞成套装备，包括落地式起网机、动力滑车、并列式双滚筒起网绞车、液压集中操作遥控系统等。在国内渔船中首次采用负载敏感调速技术，提高了系统设备操作的协调性和自动化水平。

我国在渔船领域形成了一定的自主设计能力，初步解决了我国捕捞装备自主研发能力不足的问题。下一步重点研发资源与渔场预测技术、节能型渔船以及生态型、高效型和环保型捕捞技术。

4）捕捞加工一体化融合模式

我国资源开发利用技术水平较低、相关加工设备落后、加工工艺创新程度弱，对资源的综合利用和多层利用程度低，造成了资源浪费与效率低下。我国大部分海水产品只是经过初加工，资源利用不足，大部分内脏、贝壳等被当作垃圾扔掉。海水产品的利用率与利用价值的提高对解决世界人口与粮食问题具有重要意义。

水产品加工技术方面，将向便携化、保健化、特色化等方向发展。远洋渔业企业应在已有生产的产品品种及种类基础上，结合国际海水产品加工的最新科技成果及消费者的喜好，研发新产品，发展各类保健品、营养品等。海水产品加工设备方面，我国高端技术设备引进不足，同时，对引进的加工技术设备"消化"程度弱，需要在原有引进基础上，消化、模仿直至研发出我国自有创新技术设备。我国目前引进的加工技术设备大部分是中低端加工技术设备，因此水产品加工方式重复，雷同现象严重，市场缺少新产品及新种类，产品差异化生产不足导致企业市场竞争力弱。

12.4.3 发展目标与重点任务

1. 发展目标

远洋渔业以提升智能装备技术水平为突破点，以提高精准捕捞和一体化加工能力为抓手，推动远洋渔业产业迈上新台阶，有效增加优质蛋白供给。积极发展远洋捕捞渔业，实现智能捕捞，开发远洋资源友好型捕捞技术与设备 3～4 个，突出工程化和信息化，强化精准捕捞和船载加工一体化，进行远洋渔业新资源储量评估、开发与综合加工示范，研发典型示范技术 2～3 个。

2. 重点任务

1) 重大基础研究

（1）灯笼鱼资源量评估。针对中上层重要渔业资源——灯笼鱼群体特征与资源量等存在的关键科学问题，开展南海、印度洋等重点海域灯笼鱼生物学与生态学综合研究，分析灯笼鱼种类组成、时空分布等群落特征，结合水体环境调查与遥感信息解读，阐述其在食物网与上层水体生态系统中的地位与作用，利用声学等手段科学评估重点海域灯笼鱼资源量，初步分析灯笼鱼资源开发潜力，加深对灯笼鱼的科学认识。

（2）极地渔业资源量与可捕捞量评估。针对极地渔业资源开发利用面临的基础性科学问题，开展南极磷虾多学科调查，进行生物学与生理学研究，构建基于声学、遥感信息的南极磷虾栖息地评价，评估分析其资源量与可捕捞量，进行以南极磷虾为核心的南极中上层水体食物网分析，评估南极磷虾渔业对中上层生态系统的影响。积极介入北极公海区域渔业资源养护工作，加强我国在北极渔业资源的话语权。

2) 重大共性关键技术

（1）重要渔业资源精准探测与预报技术。针对重要远洋渔业资源评估与渔情预报共性关键技术瓶颈，开展远洋渔业资源探测、渔场渔情预报的共性关键技术研制，研发卫星遥感信息提取、声学探测渔业资源评估等关键技术，开发远洋渔场海天立体探测与预报专家系统，研制多功能远洋渔情分析预测与捕捞生产服务信息系统；建立远洋生物资源立体探测与渔场解析应用技术体系；开展过洋、大洋与极地海洋重要渔业资源栖息地评价新技术；研制深远距离与高分辨率鱼群探测数字声呐等装备，进行鱼群探测信息精确解析与远洋渔业资源评估新算法、新模式研究。

（2）远洋资源友好型捕捞技术与设备。针对我国捕捞、助渔技术与设备面临的共性关键技术瓶颈，开展捕捞渔船船型标准化和渔捞装备自动化、集成化研究，并进行中试试验；以降低能耗为重点，进行远洋渔船标准化建设，提高甲板机械、舱室设备等配套设备的标准化和通用性，实现设备的智能化控制和维护；推进探鱼诱鱼方式向现代化、电子化、环保化发展，进行不同作业类型渔具和渔法研究，全面实施精准捕捞渔法、高效生态渔具装备研发工作。

（3）研发远洋渔获物深加工技术，延长远洋渔业产业链。针对我国远洋渔获物深加工水平不高的现状，研发我国自有产权的水产品加工技术与设备，开展加工设备自动化、快速化与节能化研发，研发船载回热型热泵干燥技术，整合移动加工一体化建设；进行便携化、保健化、特色化等产品研发工作；聚焦中层鱼加工技术，进行中层鱼类的理化成分、生理特征等生理生化研究，开展蜡酯去除技术研发，进行蛋白质分离及综合加工技术的研究。

3）典型应用示范

（1）过洋性渔业国际合作示范。针对我国过洋性渔业资源开发面临的资源评估不足、环保措施弱、综合加工效益不高问题，在非洲、南美洲等沿海渔业国家推进建立政府间渔业合作机制，共同开展渔业资源评估，共同打击IUU渔业活动，进行海洋生态系统与渔业资源修复工作，鼓励开展捕捞、养殖、加工、基础设施建设等相结合的综合渔业合作，努力融入当地经济与社会发展。

（2）大洋性渔业资源捕捞加工一体化示范。针对大洋性渔业资源衰退、国际资源保护日益增强的现状，开发引进金枪鱼围网船；建立健全配套完善的鱿鱼产业体系，评估公海鱿鱼休渔效果；提高渔船监测技术手段，完善远洋渔船船位监测和预警系统，推进建立远洋渔船远程视频监控系统；开展金枪鱼、鱿鱼、秋刀鱼等大洋性鱼类捕捞、加工一体化建设，制定相关渔获物船上加工与冻品质量行业标准，建立全过程质量追溯体系。

（3）南极磷虾深加工示范。针对我国极地渔业资源规模化开发面临的问题，开展捕捞和船载加工一体化设计，研制南极磷虾新型高效生态捕捞设备、磷虾船载高值精深加工工艺，建立捕捞加工示范项目，全面提高南极磷虾渔业的综合效益。

12.5　典型案例：南极磷虾捕捞加工一体化技术

12.5.1　技术重要性

南极磷虾（*Euphausia superba*）广泛分布于南极水域，该种类体长可达6cm，体重可达2g，最长寿命6年，以浮游植物为食。南极磷虾以集群的形式生活，每立方米10 000～30 000只，它们是南极生态系统的关键物种，是全球海洋最大单种可捕生物资源，也是人类巨大的蛋白质储库，可以开发形成食品、养殖饲料以及磷虾油等高附加值产品。南极磷虾产业是以极区公海生物资源开发为基础的战略性新兴产业，主要由磷虾渔业、磷虾食品加工业、磷虾粉与养殖饲料加工业、磷虾保健品与医药制造业等构成。

加快发展南极磷虾产业，对促进我国远洋渔业产业转型升级、培育海洋生物新兴产业、促进远洋渔业全产业链全面发展和争取南极海洋开发权益具有重大战略意义。

12.5.2　技术水平分析

1）资源评估

CCAMLR对南极生物开发与利用制定了严格的管理措施，尤其是对于磷虾，CCAMLR

按照海区及亚区制定了磷虾捕捞限额，同时每隔一段时间就会进行一次大范围的磷虾生物量调查，以掌握磷虾资源现状，研究资源变动趋势，制定新的捕捞限额。南极磷虾生物量估算方法有浮游动物干重法、生产量/生物量法、网具滤水体积法、声学法。使用回波积分技术，通过磷虾声学散射值-磷虾密度间的转换因子评估磷虾生物量，是国际磷虾资源评估的主流，也是我国将来的发展方向。

2）捕捞与加工技术

南极磷虾捕捞技术已获得重大突破，南极磷虾生态捕捞技术已得到应用。世界上正式捕捞南极磷虾始于 1972 年，日本和苏联率先进入南极海域捕捞南极磷虾。南极磷虾渔业产量每年约为 10 万 t。主要渔业国家为韩国、挪威、日本及波兰。它们的高蛋白质及维生素适合人类直接食用及喂饲动物。近年，由于南极磷虾含有丰富的磷虾油，含有身体很需要的四种磷脂，而且污染量极低，现时捕获的南极磷虾大多数会用来提取磷虾油。

磷虾渔业捕捞面临以下困难：首先，捕捉磷虾网口较小，阻力大，从而产生船头波，将磷虾驱离到渔网两侧；其次，细网的网孔很快会被阻塞，然后较容易被撑破，影响渔获量和渔获效率；再次，捕获磷虾面临初加工和贮藏问题。磷虾在网里面受到严重挤压，造成体液流失，需尽快处理，否则磷虾会在几小时内死亡、变质。处理的主要办法是分开虾头和虾尾，并分开几丁质甲壳，以生产冷冻制品及浓缩粉末。

挪威 Aker BioMarine 公司的专用技术已基本解决了上述问题。挪威从 2005 年起才正式捕捞南极磷虾，虽然起步较晚，但其南极磷虾的产量却居捕捞南极磷虾各国之首，最大的技术优势即为 Aker BioMarine 公司拥有专有南极磷虾生态捕捞技术，该技术利用泵吸系统在水下拖网里面捕捞，通过泵吸水管连续轻缓地将南极磷虾运送到船上并进行加工处理，系统外围设有逃逸网，防止大于南极磷虾的生物进入网中，以此减少副渔获物。相较于传统拖网捕捞技术，该技术具有副渔获物少、南极磷虾完整度高的优点。

Aker BioMarine 公司有 2 艘南极磷虾捕捞船"Saga Sea"和"Antarctic Sea"，能够实现南极磷虾捕捞上船后即刻进行初级加工，保证了南极磷虾产品具有最佳质量。配置完善的捕捞船、高效率运作的捕捞技术，使 Aker BioMarine 公司在南极磷虾产业链上游始终占据领先地位。Aker BioMarine 公司生产的南极磷虾产品依托先进的 GPS，捕捞、生产的每一个环节都有标签记录，消费者可以通过标签数据查到产品具体的捕捞、加工、销售的时间和地点等信息，实现从源头捕捞到终端产品的全追溯。透明产业链运作方式是 Aker BioMarine 公司得以立足于南极磷虾开发行业前端的有力支撑，2018 年，在欧洲最大、最负盛名的商业竞赛——2018 欧洲商业大奖评选中，Aker BioMarine 公司被评为"欧洲最具创新力企业"。

12.5.3 技术发展趋势

1. 南极磷虾产业政策不确定性较大

根据 2015~2017 年南极海洋生物资源养护委员会年会提供的南极磷虾渔业年度报告，挪威捕捞量在南极磷虾年总捕捞量中占较大比重，其次是韩国、中国。虽然我国早在 20 世纪 80 年代就已经进行了南极科学考察，但是南极磷虾资源商业化利用开展比较晚，我国企业在南极磷虾资源商业化开发与利用中仍存在一些问题。

我国目前主要有中水集团远洋股份有限公司、辽渔集团有限公司等企业参与南极磷虾资源的开发与利用，但总体而言还普遍存在南极磷虾产业链不完整、高附加值产品少、品牌影响力弱等劣势。南极磷虾产品市场处在不断发展过程中，还未建立起完善的运作机制，存在一定的市场波动风险。

2017 年，加拿大蓝色海洋营养科技公司因无法筹措足够的销售资金，缺乏市场竞争力，因而宣布退出南极磷虾油业务。同年，加拿大海王星生物科技有限公司也宣布退出散装南极磷虾油销售业务，将南极磷虾油库存与专利知识产权一并转售给 Aker BioMarine 公司。我国相关企业应当充分认识南极磷虾产业的开发风险，并做好相关预案工作。

2. 南极磷虾保藏加工一体化建设

在渔业资源普遍衰退的情况下，尚有开发潜力的渔业资源的开发受到世界各国越来越多的关注。南极磷虾作为人类潜在的、巨大的蛋白质储库，是地球上最大的单种生物资源，据评估南极磷虾资源蕴藏量近 10 亿 t，年可捕捞量近 1 亿 t，相当于每年全球海洋渔业资源捕捞量的总和。

近年来，随着国际科技投入的持续增加和技术的不断进步，渔业发达国家已将南极磷虾渔业打造成由高效捕捞技术支撑、高附加值产品拉动、集捕捞与船载精深加工于一体的全新性海洋生物资源开发利用产业。日本在 20 世纪 70 年代初，就研制成功了南极磷虾捕捞加工船，船上配备冷冻原虾、熟虾、整形虾肉、饲料级虾粉和食品级虾粉等多套加工生产设备。韩国的捕捞船具有冷冻原虾、熟虾、整形虾肉、饲料级虾粉、虾油加工工艺技术及成套装备。挪威的捕虾船则配置了专业化精深加工成套装备，完全实现了工业化自动流水线作业生产加工方式，预冷的虾品一部分做成冻品冷藏处理，大部分进入加工线进行虾粉和虾油的深加工，或者直接制成磷虾颗粒精饲料，其高效自动化船载加工装备提高了渔获物处理能力和虾品附加值（谌志新等，2019）。

12.5.4 应用前景与存在问题

1. 应用前景

Aker BioMarine 公司在短短几年内，从粗放式捕捞南极磷虾到建立南极磷虾捕捞加工行业标准，取得了丰硕成果，研究和创新是该公司成功的基石，其发展特色为：首先，用全球视野规划公司的发展，实现了快速捕捞与环保捕捞；然后，瞄准高附加值南极磷虾产品，持续研发，不断拓展品牌深度和广度。最后，通过与主要教育机构合作开展创新和研究项目，来发展新科技，创造行业新价值。

借鉴 Aker BioMarine 公司南极磷虾产业发展特色的可取之处，中国相关企业要有清晰的南极磷虾产品市场定位，不仅要平衡好成本与质量的比例，投入资金与人力资源研究开发高附加值的具有市场热度的产品，还要有能力识别生产出潜在新产品，挖掘企业潜在竞争优势；通过流媒体等宣传媒介提高公众对南极磷虾产品的辨识度与消费力，着力打造品牌形象，增强产品核心竞争优势；积极与科研院校合作，与国外优质南极磷虾资源开发企业进行行业交流，研发生态友好的捕捞和加工技术，创新生产方式，加快推进产、学、研一体化建设，加快南极磷虾产品生产加工专利技术全球布局；吸引和培养一批懂技术、高素质、有恒心的青年人才队伍。

在新一轮南极磷虾资源开发热潮背景下，中国企业必须明确市场定位，拓宽产品市场，做出品牌，才能在南极磷虾资源开发中取得长足发展。

2. 存在问题

1）资源量亟待开展有效评估

南极磷虾的研究已有 90 多年历史，受技术与方法的限制，早期研究主要集中在磷虾的生物学属性，对其生物量的评估涉及较少。20 世纪 70 年代，磷虾开始成为南极渔业重要的经济目标种，磷虾资源成为南极海洋生物资源养护委员会的重要管理对象，磷虾生物量成为研究重点，评估方法得到不断发展。从早期的浮游动物干重法、生产量（production）/生物量（biomass）比例系数转换法（捕食者消费量法、初级生产力法、幼体丰度法），到随后的网具采样法以及现行的声学法，不同方法评估的磷虾生物量各不相同，精度也不一致。下一步应重点进行磷虾声学方法的理论与技术发展工作，开发新的磷虾生物量评估方法，为我国参与南极磷虾资源基础研究工作奠定基础。

2）磷虾综合开发能力亟待加强

与传统渔业相比，南极磷虾产业链条是一个高技术、高投入、高产出的海洋生物精深利用新兴产业。近年来，挪威等国已开始形成规模性的南极磷虾产业链。国内有关科研机构已进行南极磷虾精深加工技术的研发，在食品、药品、保健品和动物饲料等产品方面进行了开发。将南极磷虾捕捞上来以后需快速加工以保持其鲜度，避免蛋白质流失和氟超标，所以高效船载加工设备与技术是南极磷虾渔业的关键（郑建丽和刘晃，2019）。我国现有渔船缺乏南极磷虾深加工生产技术和设备，也没有完善的安全和质量控制体系，捕捞加工综合船以及后续的陆地产业链研发力度不够，南极磷虾的加工能力不强与质量不高成为我国南极磷虾捕捞产业发展的一大瓶颈，需进一步引导南极磷虾产业技术研发，构建精深加工综合技术。

参 考 文 献

曹焕生, 徐明芳. 2002. 生物传感器在渔业监测中的研究进展. 海洋环境科学, (1): 75-80.
陈新军. 2019. 世界头足类资源开发现状及我国远洋鱿钓渔业发展对策. 上海海洋大学学报, 28(3): 321-330.
陈新军, 高峰, 官文江, 等. 2013. 渔情预报技术及模型研究进展. 水产学报, 37(8): 1270-1280.
陈新军, 田思泉, 钱卫国, 等. 2018. 远洋渔业学科建设、科学研究和人才培养三位一体协同创新的探索与实践. 高等农业教育, (4): 62-67.
陈莹. 2017. 物联网技术在远洋渔业产业链中的应用与研究. 上海海洋大学硕士学位论文.
谌志新, 王志勇, 欧阳杰. 2019. 我国南极磷虾捕捞与加工装备科技发展研究. 中国工程科学, 21(6): 48-52.
傅静军. 2019. 77m 鱿鱼钓船结构极限强度分析. 南方农机, 50(6): 131.
胡庆松, 王曼, 陈雷雷, 等. 2016. 我国远洋渔船现状及发展策略. 渔业现代化, 43(4): 76-80.
黄洪亮, 陈雪忠, 刘健, 等. 2015. 南极磷虾渔业近况与趋势分析. 极地研究, 27(1): 25-30.
黄一心, 丁建乐, 鲍旭腾, 等. 2019. 中国渔业装备和工程科技发展综述. 渔业现代化, 46(5): 1-8.

乐家华, 俞益坚. 2021. 世界远洋渔业发展现状、特点与趋势. 中国海洋大学学报, 30(6): 1123-1131.

李加林, 虞丽娟, 陈成明, 等. 2016. 北斗/RFID 技术在远洋渔业中的应用. 全球定位系统, 41(3): 117-120, 125.

林香红. 2017. 我国海洋渔业科技进步贡献率研究. 上海海洋大学博士学位论文.

刘芳, 于会娟. 2017. 我国远洋渔业发展阶段特征、演进动因与趋势预测. 海洋开发与管理, 34(9): 59-64.

刘永新, 李梦龙, 方辉, 等. 2019. 南极磷虾的资源概况与生态系统功能. 水产学杂志, 32(1): 55-60.

沙锋, 徐晓亚. 2014. 加强老旧渔船检验保障渔船生产安全. 中国水产, (1): 33-35.

邵晓晨, 杨林. 2015. 中国海洋渔业科技最新进展与发展趋势展望. 大连: 2015 中国渔业经济专家研讨会.

沈卉卉. 2019. 金枪鱼渔业资源管理制度研究——兼论中国金枪鱼远洋渔业的发展. 上海海洋大学博士学位论文.

史磊, 秦宏, 刘龙腾. 2018. 世界海洋捕捞业发展概况、趋势及对我国的启示 海洋科学, 42(11): 126-134.

王传荣. 2013. 加快远洋渔船装备发展 提升远洋渔业战略地位. 港口经济, (1): 48-51.

王久良, 刁立新, 李明. 2019. 我国远洋渔船主要轮机装备和发展分析. 内燃机与配件, (7): 210-211.

王文龙, 刘玉川. 2017. 搁架式速冻设备在远洋渔船上的应用. 船舶设计通讯, (z2): 80-86.

王永鼎, 李华南, 钱莹娟. 2018. 北斗卫星导航系统在 AUV 中的应用研究. 全球定位系统, 43(1): 96-102.

韦有周, 赵锐, 林香红. 2014. 建设"海上丝绸之路"背景下我国远洋渔业发展路径研究. 现代经济探讨, (7): 55-59.

卫锦尧, 刘玉良. 2018. 渔船冷冻鱼块码垛操作的自动化技术研究. 浙江海洋大学学报(自然科学版), 37(6): 531-536.

徐丽丽. 2019. 东太平洋低纬海域环境要素对大眼金枪鱼分布的影响. 浙江海洋大学硕士学位论文.

徐志强, 刘平, 纪毓昭, 等. 2019. 远洋围网捕捞装备的自动化集成控制. 渔业现代化, 46(5): 62-67.

袁梦, 陈作志, 张俊, 等. 2018. 南海北部陆坡海域中层渔业生物群落结构特征. 南方水产科学, 14(1): 85-91.

张静. 2018. 国内外远洋渔业捕捞装备与工程技术研究进展综述. 科技创新导报, 15(10): 22, 24.

张铮铮, 李胜忠. 2015. 我国远洋渔业装备发展战略与对策 船舶工程, 37(6): 6-10, 66.

郑建丽, 李胜勇. 2019. 世界渔船捕捞装备最新发展动向 中国船检, (4): 22-26.

郑建丽, 刘晃. 2019. 极地渔业和船舶技术现状. 中国船检, (2): 77-80.

郑礼建. 2012. 高效节能成为国外渔船技术研发重点. 船舶经济贸易, (7): 29-32.

CEA Consulting. 2018. Distant water fishing overview of research efforts and current knowledge. https://oursharedseas.com/oss_downloads/distant-water-fishing-overview-of-research-efforts-and-current-knowledge-2/[2022-5-15].

FAO. 2018. The State of World Fisheries and Aquaculture 2018. Rome: FAO.

FAO. 2020. The State of World Fisheries and Aquaculture 2020. Rome: FAO.

Kehayias G, Bouliopoulos D, Chiotis N, et al. 2016. A photovoltaic-battery-LED lamp raft design for purse seine fishery: Application in a large Mediterranean lake. Fisheries Research, 177: 18-23.

McGinnis R F. 1982. Biogeography of lanternfishes (Myctophidae) South of 30°S. Washington DC: American Geophysical Union.

Rogers K R, Gerlach C L. 1999. Update on environmental biosensors. Environmental Science & Technology, 33(23): 500A-506A.

第 13 章　冷 链 物 流

冷链物流是指冷藏冷冻类产品、冰鲜产品以及活体产品（温控）从产地收获或捕捞之后，在初加工、预冷、分选、加工、贮藏、运输、分销、零售并最终达到消费者餐桌的所有环节中，将其全部控制在低温冷链环境下的一种物流系统，有时也称为低温物流。水产品冷链物流是指将丰富的渔业生物资源，利用现代科技和先进设施装备进行全程控温，为人类持续、稳定、高效、充分地提供优质的水产食品。本章系统介绍了国内外水产品冷链物流发展现状与问题，深入剖析了水产品冷链物流基础设施不足、水产品冷链综合加工技术仍偏初级、冷链物流标准的系统性与协调性不足、冷链物流配送成本高等制约我国水产品冷链物流发展的瓶颈问题。针对我国水产品冷链物流科技发展的迫切需求，提出了两项重大科技任务：主要水产品冷链加工流通技术体系及标准构建，以及水产品冷链物流关键技术与设备产业体系构建。阐述了我国水产品冷链物流产业发展态势与科技发展趋势，细化了我国水产品冷链物流研发的两项重点任务，即开展主要水产品冷链加工应用基础研究和编制完善的水产品冷链物流操作指导手册/指南。提出了研制节能化、智能化、信息化的冷冻冷藏设施和装备，建设区域特色的水产品冷链物流系统，开发基于物联网技术的全程冷链物流的信息化管理，以及构建先进规范的冷链物流标准体系等四项基础共性关键技术，从而确保实现冷链物流关键控制技术、冷藏/冷冻水产品的成套加工技术以及绿色智能的冷库和冷藏车等冷链物流技术全面的产业化推广应用目标。与此同时，以美国缅因州波特兰水产品交易中心、中国北方（青岛）国际水产品交易中心以及美国阿拉斯加州渔业捕捞初加工和预冷技术为例，分析了水产品冷链物流中心和渔业捕捞初加工技术的产业应用，为我国区域特色水产品冷链物流中心的建设以及捕捞初加工船的发展提供重要参考。

13.1　水产品冷链物流产业与科技发展分析

冷链物流可分为冷链物流规划、种养殖/采捕、冷冻加工、冷冻贮藏、冷藏运输及配送、冷冻销售、废弃物（副产物）回收物流等若干部分。作为物流行业的一个重要组成部分，冷链物流还具有自身的特点：时间要求更严格；建设投资更大；技术更复杂；各环节协调性、衔接性更强等（韩春阳等，2015）。

冷链物流包括上游产业（冷链物流设备制造商和冷链物流技术服务商）中游产业（初级农产品、食品、医药等生产制造企业）以及下游产业（贮运、流通、配送和销售企业），涉及制冷机、冷藏运输工具（冷藏车、冷藏船、冷藏集装箱、空运冷藏箱）、冷库、商业冷柜等多种设备，其成本较普通物流要高出 40%~60%（王强等，2007；王艮，2012）。冷链物流技术涉及种养殖、初加工、捕捞、制冷、食品加工、发酵、机械、物流、仓储、通信等相关学科和技术门类。冷链物流过程中主要应用技术及相关设备见表 13-1。

表 13-1　冷链物流过程中主要应用技术及相关设备

物流环节	相关技术	相关设备	相关学科
捕捞、初加工和预冷	捕捞技术、预冷技术、初加工技术	冷冻设备、制冰机、超低温冷冻设备、预冷（复冷）设备	养殖/捕捞、采收、制冷、加工
生产加工和流通	制冷技术、冰温技术、蓄冷技术、食品加工工艺	速冻机、解冻设备、干燥设备、发酵设备、预冷及加工恒温（保温）设备（恒温斩拌机、罐装机、成型机、包装机）	制冷、食品加工、包装、发酵、机械设计与制造
运输	制冷技术、隔层技术、蓄冷技术、多温共配技术、监控（位置、温度）、芯片	冷藏集装箱、冷藏保温箱、冷藏保温车、蓄冷设备、监控设备、芯片	温控、物流、运输、通信
储存	食品贮藏工艺、制冷技术、隔层技术	冷藏库、冷冻库、冰温库、展示柜、冷藏柜	仓储管理、仓储技术与方法
销售	食品贮藏工艺、制冷技术、食品质量检测技术	冷藏库、陈列展示柜、销售冷藏柜	仓储、温控、销售

水产品主要分为活体水产品、冰鲜水产品、冷冻水产品和超低温水产品。水产品冷链物流是涵盖从养殖或捕捞通过整个采捕后链条最终流向消费者的综合管理，按照流程其主要部分可分为：①前处理，包括捕捞或收获后初加工、预冷与分拣、冷却、控温、保鲜保活等；②食品流通加工，如煮熟、去头、去脏、去皮、去鳞、去壳、切割/分割、清洗、调理、杀菌、冷冻、包装等；③冷藏运输，如空运、船运、冷藏车运输、活体运输等；④仓储保管（冷藏或冷冻食品的短期或长期仓储）以及流通加工（如再切割、小包装或精包装）；⑤中转配送分销，包括在温度控制条件下的冷藏、冷冻和活体运输及临时仓储；⑥终端销售和回收，如零售、餐饮、超市、食堂等销售（冷藏、冷冻和活体储存及批发市场、零售市场和食品服务业务的展示），废弃物/副产物回收冷链物流（废弃物/副产物的绿色、环保、循环利用）；⑦冷链物流规划，如交通、选址和多式联运；⑧冷链信息管理技术，包括信息流和资金流。冷链物流是规划和管理这 8 个部分之间的相互作用和控制过程，以便将食品保持在最佳温度，以维持质量、食品安全和防止浪费与经济损失。从产业链的角度分析，水产品冷链物流的关联产业分为：源头板块（港口码头业、远洋造船业、冷藏车、冷藏箱、冷冻设施、冷库）、核心板块（养殖业、捕捞业、水产品加工业）和流通板块（水产品冷链物流业、水产品贸易业）。它以水生生物资源为作业对象，以近岸码头、加工车间和冷库为作业场所，采取保温储存及加工作业方式，为人类持续提供初级及精深加工类水产品。以冷链物流处理和销售易腐食品时，速度时效通常是成功的关键（Ndraha，2018）。

水产品冷链物流中常用的冷却、冷冻和冷藏技术见表 13-2。简单的方法，如用冰，更复杂的系统如：强制风冷，水冷或真空冷却。加工商可以选择机械冷冻机，鼓风冷冻，单体速冻机，冷冻干燥、液氮冷冻和许多其他技术。

表 13-2　水产品冷却、冷冻和冷藏常用技术

冷链物流步骤	简单技术	复杂技术
预冷	加冰、冰浆、冰水、碎冰	海水制冰、便携式强制空气冷却系统

续表

冷链物流步骤	简单技术	复杂技术
冷藏	零能量冷却室、蒸发冷却冷藏室、地下储存（洞窖）、夜间风冷、高海拔存储、辐射冷却	地下仓库、氨制冷、氟利昂制冷、强制风冷、太阳能冷水机组
冷冻	氨制冷、氟利昂制冷	液氮/干冰/天然液化气/复叠式制冷
运输	绝缘运输箱或拖车、加冰运输、冷藏空运、加冰泡沫保温箱、带冰活鱼车	干冰冷藏车、海运冷藏集装箱、空运冷藏、铁路运输冷藏、蓄冷箱

13.1.1 国际水产品冷链物流产业发展现状与问题

1. 国际水产品冷链物流产业发展现状

据全球冷链物流联盟（GCCA）（Salin，2018）公布的全球冷藏库容量报告（图13-1），2018年全球冷藏库总容量达到6.16亿 m^3，相较于2016年增长了2.7%。人口数量、消费者收入和地理区域不同的国家可能有不同的冷藏仓储服务需求，发达国家拥有更高的城市人均冷藏库容量。在服务比较好的市场流通中，人均冷藏库容量通常为 $0.3\sim0.5m^3$/人，较高的冷藏库容量分别为新西兰（$0.5m^3$/人）、美国（$0.49m^3$/人）和英国（$0.44m^3$/人）。发展中国家的人均冷藏库容量，尤以乌兹别克斯坦和毛里求斯（分别为 $0.38m^3$/人和 $0.43m^3$/人）较高。加拿大和日本的城市居民拥有 $0.31m^3$/人的人均冷藏库容量，全球城市居民约有 $0.2m^3$/人的人均冷藏库容量，而中国仅有 $0.13m^3$/人的人均冷藏库容量。基于2018年统计，墨西哥、巴西、土耳其和中国对冷藏仓库的需求具有最大空间。

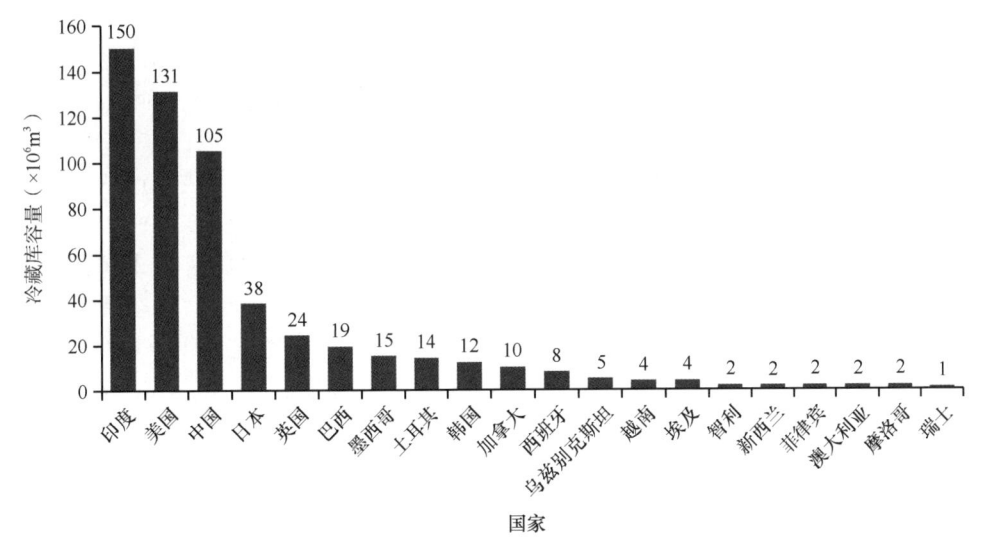

图13-1 2018年前20位国家的市场冷藏库容量（Salin，2018）

1）发展中国家的冷链物流

在发展中国家，冷链物流通常首先用于出口高价值食物和商品，此后再逐渐推广应用到国内的产品和市场上，即先用于出口而后再用于配套产业、产能扩张以及技能培育，并扩展到国内的易腐食品的冻品分销（Lisa，2013）。

印度是世界第二大鱼类生产者，对全球水产品贸易的贡献很大。2016年印度水产品总量约1141万t，其中海洋产品364万t，价值约150亿美元。印度渔业部门近年来增长率超过5%，雇用约1400万渔民。2017年水产品出口额约71亿美元，其中冷冻虾是主要出口产品，出口虾总量为565 980t，价值48亿美元，占水产品出口额的68%；其次是冷冻鱼（25%）等；美国、东南亚、欧盟和日本是主要的出口市场。2014年印度有447家先进的加工厂，其加工能力达到18 520t，其中有60%是经欧盟认证的加工厂。几乎所有加工厂都通过了危害分析与关键控制点（HACCP）认证。2017年印度冷库数量约7640座，冷藏能力达到3490万t。

孟加拉国2011年的水产品出口额为3.8亿美元，其中90%是冷冻水产品；2015年孟加拉国的海水鱼类年产量为60万t。海水鱼类的分销渠道由传统中间商和批发商控制，但他们缺乏供应链管理知识和消费市场信息。大多数的渔船受渔业团体或加工厂的控制。海水鱼类在渔船上被捕捞后，经过分类、清洗、分装（20kg）后再放入$-40\sim-20$℃的冷库进行冷冻；上岸后先经拍卖，然后用小船卸货再运进渔业团体或批发商的冷库，这过程需要花费5~7d的时间；然后再根据市场情况进入二级代理商、加工厂或当地市场。海水虾则需在船上去头、去壳，并使用托盘冷冻，上岸后经冷藏集装箱运输到出口港进入国际冷链物流。其他面临的问题还有公路网基建差、冷库卫生差、冷藏管理不善、缺少现代保藏技术、缺乏信息流，最后导致冷链物流贮运得不到保证。建议进行人货分离，成立一个采用信息技术的共同的水产品卸货和拍卖分销中心，提高销售效率和操作透明度。此外，水产品到港后要马上进入中央冷库，以提高冷链物流效率（Sheikh et al., 2018）。

2）发达国家的先进冷链物流

美国、加拿大、德国和日本等发达国家的冷链物流已经发展非常成熟，冷链物流大致有三种典型模式：美国和加拿大的北美洲模式、德国的欧洲模式与日韩的亚洲模式（毛蕤，2013；熊珲，2012）。

加拿大的原材料产地一般距离加工业中心较远，物流业产值占国内生产总值（GDP）的比重为12%，达到世界先进水平，冷藏运输率达90%，冷链物流损耗5%。通过整体规划和组织协调，加拿大已经建立了一整套由空运、陆路、铁道、水路等多式联运有机结合的复杂而高效的冷链物流综合体系，形成了高度发达的冷链物流网络。水产品冷链物流实现了全过程冷链控制，降低了贮运过程中的损耗，并减少了交叉污染风险（熊珲，2012）。

美国冷链物流世界领先，产业集中度很高。美国冷链物流有三大特点：①交通运输网络体系完善，发达的高速公路网、内河航运网和铁路网络给冷链物流的发展提供了坚实的基础，普遍运用多式联运；②冷链物流企业分工细致，分工明确、各司其职，增强了冷链物流各环节的专业性，大大提高了冷链物流的可操作性；③物流配送企业可承担食品检验检疫职责。在美国，某些企业可根据各自擅长检验检疫的种类，申请到某些种类食品的检验检疫权，由物流配送企业来实施，但并不是全部运输出口食品都委托给某个企业。在物流配送中心检验过的食品，可以"免检"出关和出口。通过灵活、专业的检验检疫安排，可以减少海关的工作量，加速食品流通速度，降低物流成本，并为企业带来额外收益（熊珲，2012）。

在德国，98%的生鲜食品从原产地到加工厂再到销售网点的全程都处在要求的最佳温度环境中，生鲜蔬果100%实施分级包装，100%的生鲜肉类都置放于相应的冷藏温度环境中（陈雪，2018）。

在日本，冷链物流保鲜早已贯穿蔬菜水果的分级、预冷、冲洗、初加工、包装、速冻、冷藏、运输和销售的全程。日本农林水产省牵头建立的冷链流通推进协会，制定了行业管理规范和发展规划，规定了食品在冷链流通中的温度环境，完善了生鲜食品冷链物流保鲜技术（陈雪，2018）。

2. 国际水产品冷链物流产业发展问题

冷链物流的可追溯和渔业可持续发展是一直困扰产业界的难题（Goulding，2016）。水产品市场具有种类多、规格多、需求高、资源有限、价值高和供应链复杂等特点，导致水产品产业经常会出现诸如参考物种替代、渔网法替代、非法捕获、未报告和无管制的替代、物种掺假、监管链失控、产地造假、未申报的产品延伸和现代奴役制等水产品欺诈/欺骗的9项行为，这给水产品产业可持续发展带来了严峻挑战（Fox et al.，2018）。DNA 测试技术以及图像识别技术的应用在过去十年中彻底提高了水产品的可追溯性，并且不断地提高物种的检测效率和准确性，这可防止水产品以假乱真，为阻止濒危鱼类的商业化提供了重要工具，但是覆盖的品种仍然有限（Andersen，2016）。

加勒比区域渔业机制（Caribbean Regional Fisheries Mechanism，CRFM）2016 年特别出版物《鱼类及鱼产品的可追溯系统手册》，为实现渔业和水产养殖产品的可追溯提供了指导。该手册涵盖了有关输入和输出的可追溯性数据（外部可追溯性），并提供跟踪水产品物流的建议（内部可追溯性），描述了在可追溯性系统中表达的原则，并阐述如何应用于渔业和水产养殖业以确保有效实施。该手册反映了渔业部门掌控食品安全的最新方式，内容与欧盟立法的 2004 年"食品卫生一揽子计划"保持一致，符合 2011 年美国食品安全现代化法案条款，该手册也符合食品法典关于鱼和渔业产品的操作规范要求（Goulding，2016）。

13.1.2 我国水产品冷链物流产业发展现状与问题

1. 我国水产品冷链物流产业发展现状

1）我国水产品冷链物流产业发展迅猛

据中国物流与采购联合会冷链物流专业委员会统计，2018 年中国冷库存储容量已经达到 1.05 亿 m³，冷库容量将超 5300 万 t，仅次于印度和美国，总排名全球第三；中国冷藏库行业的快速扩张渐趋平稳。目前第三方冷链物流的需求量最大，其次是特许经营餐厅、零售连锁店和生鲜电商。人们对水产品的需求量越来越大，对其内在品质和安全性要求也越来越高。据吕晃等（2016）报道，在追求高品质的中产消费者、"80 后""90 后"新时代消费者和新兴网购者等三大消费主力的拉动下，生鲜消费的复合增长率居高不下，其中高端水产品起到了领头羊的作用。

2）我国水产品冷链物流运行流程及关键技术

我国借助电商和新零售的东风，立足水产品冷链物流的特点，围绕水产品产业发展需求进行技术创新和产业升级，满足消费升级的需求。由图 13-2 可以看出，水产品冷链物流重点发展的关键技术包括：活体水产品冷链运输技术、水产品低温运输技术、多式联运冷链物流运输技术、信息化和智能化的冷藏技术、水产品冷链加工技术、冷冻水产品速冻保鲜技术、水产品冷链与其他技术（如气调包装）的集成技术、水产品冷链安全控制（杀菌、控菌）技术、水产品冷链物流信息标准化技术等。

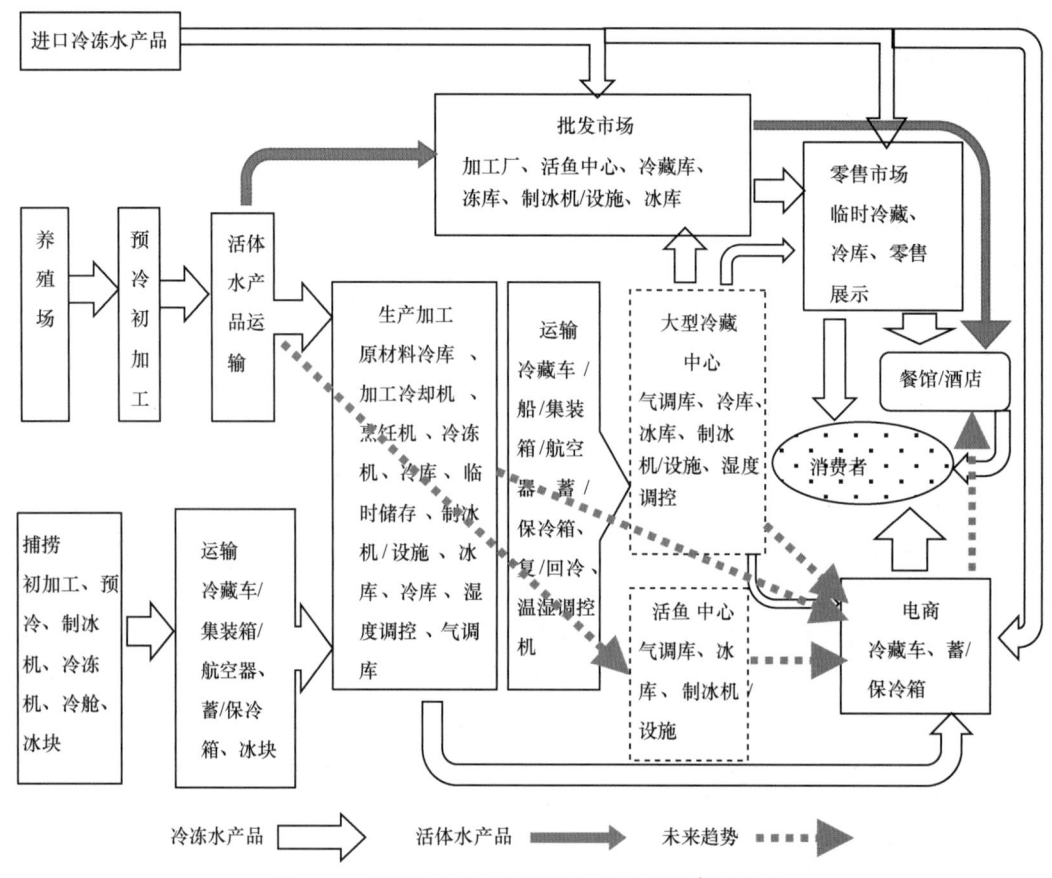

图 13-2 我国水产品冷链物流运作流程及关键技术

3）亚洲主要水产品交易中心（市场）

水产品交易中心（市场）是水产品冷链物流的主要交易场所和主要基地，对产业具有很强的辐射带动作业，其交易模式可分为平台类和自营类。自营类水产品交易平台一般适用规模较小的水产品交易市场，大型水产品交易市场一般都为平台类。我国大型的水产品交易市场大多属于平台类，如广州黄沙水产交易市场、厦门市水产交易市场、舟山水产品中心批发市场、青岛城阳水产交易市场、上海江阳水产交易市场等都是自营水产品交易市场。我国一些主要水产品交易中心如表 13-3 所示。交易流程大致如下：捕捞公司/进口贸易商→大批发商→拍卖→经纪批发商→分货→采购者→消费者。

表 13-3 我国主要水产品交易中心

市场	简介	规模和交易量
高雄前镇渔港	台湾停泊渔船吨级最大、渔获量最高的远洋渔港	泊地 27.07hm^2，包括鱼市和加水、加冰、加油及加工厂等辅助设施，冷库总容量 40 万 t
大连国际水产品交易中心	拥有国内首家保税油库、保税冷库及全国最大冷库群，实行一体化管理	3 个交易大厅，面积达 13 万 m^2，保税冷库规模为 5 万 t。年交易量超过 30 万 t，交易额达 7 亿元

续表

市场	简介	规模和交易量
天津中心渔港冷链物流与水产品中心	分为八大区：卸鱼码头、渔需物资补给区；水产品竞拍中心、水产品交易中心；水产品加工区；冷库、保税仓储区；冷链物流分拨集散中心；渔文化展示中心；电子商务交易平台；配套项目区	面积20.6万 m^2。冷库总储量30万 t
湛江霞山水产品批发市场	交易采取统一持证采购，统一供销合同，实行现金交易，行业协会对合同执行进行监管。拥有300m、可停千吨船舶的深水码头	面积40万 m^2，包括5000m^2交易厅、1500t贮冰库、300t冰厂、10万 t冷库、700个档位、12 000m^2的停车场、50余条速冻和加工生产线。水产品年交易量约25万 t，交易额10亿元
海峡水产品交易中心	交易中心由水产品交易区、冷链物流加工区、码头作业区、商务配套区组合而成，15万 t冷库保税仓储物流，检验检疫中心等	一期面积约35万 m^2，总投资10亿元。二期总投资6亿元。水产品年交易量超过200万 t，交易额近300亿元，日客流量达2万人次
厦门中心渔港	基础设施投资约2.3亿元，分为5个功能区：水产品批发市场、冷冻冷藏区、综合物质区、油库区、休闲渔业区	总面积48.5万 m^2，包括避风港38万 m^2，陆域总面积10.5万 m^2。渔业专业码头及护岸2600m

2. 我国水产品冷链物流产业发展问题

1）冷链物流行业集中度不高

据统计，全国2020年水产品总产量达6549万 t（其中养殖产量5224万 t，捕捞产量1325万 t；海水产品产量3314万 t，淡水产品产量3235万 t）（农业农村部渔业渔政管理局等，2021）。据联合国粮食及农业组织预测，2030年中国水产品食用消费总量是8000万 t。我国水产品流通的中间环节众多，有批发商、贸易商、物流商、零售商、中间商、分销商、商贩等各种主体，呈现出分散、混乱、不规范、不协调等特点。从价值链的角度考虑，水产品产地收购价较低廉，通过层层收购和批发产生增值，这使得产地的生产者毫无动力去降低损耗，而终端参与者（如大型商超和最终消费者）虽有意愿却难以承担高成本，流通环节分散、信息不对称和信息不及时导致冷链设施设备的投资意愿低、产品损耗高、运营成本高（王强等，2007；李俊毅，2019）。

2）水产品冷链物流损耗率仍偏高

水产品总损耗率包括水产品降级损耗（这点与瓜果蔬菜不同）和废弃物损耗。我国水产品流通痛点在于损耗率居高不下（尤其是降级损耗），从而导致冷链成本升高。根据《中国水产品流通产业发展报告（2014）》和《中国农业展望报告（2020—2029）》，我国水产品流通总损耗率（包括降级损耗和废弃物损耗）高达15%～16%，欧美发达国家为5%；我国水产品冷藏流通率为40%，全程冷链物流覆盖率仅为23%，而欧美发达国家高达90%以上（李俊毅，2019）。损耗高的主要原因是：冷链物流基础建设落后；贮运流通环节层级较多。

3）以淡水活体水产品消费为主

我国水产品的品种繁多、口感众多、吃法各异，消费者对冷冻水产品的口感要求较高。我国冷链技术和加工技术的局限性，导致冷冻水产品的品质难以满足群众的要求。主要原因是：①没有人吃淡水鱼类的冷冻整鱼，导致我国的淡水鱼类无法进入冻品食材加工领域（除鱼丸、鱼糜外），也无法进入水产品冷链物流；②我国的淡水产品年产量高达 3235 万 t，但价格低迷，渔民增收极其困难；③活鱼的运输中经常会有添加违禁药品的情况发生，食品安全事件频发；④大闸蟹、小龙虾、脊尾白虾等地方特色品种消费半径较小（主要集中在江南地区），以活体冷链运输为主，加工品较少。目前我国老百姓早已经从"吃得到"经过"吃得饱""吃得好"升级为"吃得爽"，而国内的大多水产品仍然是简单粗暴地卖活鱼，不能响应消费理念的升级变化，导致我国水产品仍然存在"养不出来赔钱"和"养出来也赔钱"。我国水产品行业存在地域性强、季节性大、波动大、品种多、科研力量分散的特点，并且大多数水产品的总产量相对较低，产业不够聚集，规模小，因此容易导致冷链综合加工技术（尤其是精深加工）严重落后于消费者需求以及产业可持续发展要求。

4）水产品冷链物流可追溯性差

我国水产品行业庞大而分散，导致可追溯很困难。我国是一个比较先进的水产品来料加工型国家，有的来自我国或其他国家或地区的养殖，有的来自我国捕捞船在我国海域或其他地区的捕捞，还有的是其他国家的船队捕捞的水产品，在我国进行加工，再转出口到其他国家，如日本、美国。在全球性的水产品冷链物流运输过程中，产品来源、产品特征和产品信息随时可能会丢失或改动。产业（电商）、科技（大数据、区块链）和监管都在推动食品安全可追溯的进步，我国可追溯体系主要是由电商推动，电商食品安全法规都有严格的信息保留要求，包括数据备份、故障恢复、可靠性和安全性的技术能力。

13.1.3 国际科技发展现状与瓶颈

国外的物流技术正在向自动化和智能化方向发展，已基本实现从农场到餐桌的全程冷链温控管理。国外目前应用连续补货系统（CRP）、厂商管理库存（VMI）、预先发货通知（ASN）等冷链物流管理系统。随着信息化和自动化技术的高速发展，现代冷链物流系统呈现出简化供应链、服务一体化、管理规范化和系统网络化的特点。德国冷库主要制冷设备完全通过电脑实现精细控制。日本对冷链物流运输中的温度调控、湿度管理、冷链设施也实现了自动化控制。美国冷链物流技术主要由企业推动，注重科技投入，冷链物流各个环节都与高科技信息系统深入结合，提高冷链的营运效率。C.R. England 公司是美国冷链物流企业的巨头之一，每个车辆配备全球定位系统、网络跟踪设备和网络账单功能，确保准时送到客户。美国冷藏公司（USCS）每年精确管理约 60 亿磅①对温度敏感食品的贮运订单，开发建立起集成自动化和信息化技术的仓库及运输、装卸和理货等先进设施，如安全控制系统、自动化喷淋设施、可视屏电脑终端叉车、多温区冷藏集装箱、自动接送叉车与仓库进货设备等，为高水平冷链服务提供支持和保障（熊珲，2012；张签名，2013）。

---

① 1 磅=0.435 592kg。

13.1.4 我国科技发展现状与瓶颈

1）水产品冷链物流基础设施不足

冷链物流主要基础设施包括冷库、活体暂养中心、冷藏汽车、冷藏加工船、冷藏火车、冷藏集装箱等，其中居民人均冷库占有量是衡量国家冷链物流发展程度的重要指标。我国人均冷库占有量仍处于较低水平。我国冷藏车数量明显不足，2022年我国公路冷藏车保有量为27.5万辆（中物联冷链委和前瞻产业研究院，2022；李俊毅，2019）。

大多冷链物流仓库都是单一温区，无法同时实现低温、冷藏、冷冻等；冷藏车辆和贮运服务不规范，冷链基础设施不完善，市场碎片化；建立冷链物流公共服务平台已刻不容缓。在供应链上游的采收、捕捞等环节，没有集中采购、预冷、初加工设备设施来及时处理水产品，而仅是低成本的简单加工；在供应链中下游的贮运、销售环节繁多，层层加价，并且产品损耗居高不下。因此，冷链物流各环节间缺乏整体规划协调、水产品供应分散、技术水平低和设施不完善等原因，导致水产品冷链经常断链（李俊毅，2019）。

2）水产品冷链综合加工技术仍偏初级

我国水产品品种丰富、生产季节参差不齐以及主产地分布广泛，这都导致活体/冷冻水产品的初加工处理开展困难、与消费市场脱节严重，最后导致活鱼运输费用高昂、产地和消费地的价格差异大。占我国水产品产量大部分的淡水水产品活体消费量大、冻品消费量小，蛋白质质量低，不能满足消费者对高品质蛋白的需求。总之，消费习惯、水产品产业习惯等方面的原因，导致我国水产品（尤其是淡水水产品）冷链综合加工较少，加工产品较少，档次不高，增值有限；而最先进的精深加工技术（如功能食品、营养补充物、化妆品、酶制剂、食品添加剂等）更加落后。

3）冷链物流标准的系统性与协调性不足

目前我国的冷链物流缺乏统一的技术标准以及法律规范，有关部门出台了20余项水产品和冷链物流相关标准，但是政出多门，标准的系统性、协调性和执行性欠佳（Zhao et al., 2018）。冷链物流的能耗、效率、作业程序、温湿控制、冷链管理、设备标准等不明确，尚未建立起完善的标准、程序、规范、监管和监测体系（陈丽红等，2013）。我国大多水产品冷链物流多为片段式、分散式系统，其交接复杂、标准难以执行和温度难以全程记录。我国冷链物流产业缺乏统一的全国数据采集和监管平台，数据采集设备兼容性差、采集标准不统一、没有联网，导致无法保证数据的真实性和有效性（李俊毅，2019）。我国制定国家标准《水产品冷链物流服务规范》（GB/T 31080—2014），为水产品冷链物流提供了重要参考。国家有关部门应加快制定有利于冷链物流产业发展的相关法规和制度，尽快推出冷链物流标准，如运输标准、装卸搬运标准、仓储标准、流通加工标准、配送标准、零售冷藏货柜标准、冷链物流信息标准等（常丽娜和李学工，2014）。此外，还需要监测冷链物流各环节的易腐食品状况，确保监管有效和食品安全。这是进行大数据分析，提升行业运行效率的前提。我们可借鉴美国冷链协会（CCA）为温度敏感和易腐生鲜产品提供标准化的贮运指导统一制定行业标准，使生鲜产品的冷藏、加工、贮运、包装等环节有章可循，促进整个供应链的上下游协同（李俊毅，2019）。

4）冷链物流配送成本偏高

我国冷链物流起步较晚、城市交通拥堵严重、线路规划不合理、没有先进的技术手段对运输路线进行合理规划设计，导致运输成本较高。Wu 等（2015）基于系统动力学模拟了水产品冷链物流，发现在合理的温度范围内，随着温度降低，利润也会增加，这可以真正提高水产品冷链物流的性能水平。生鲜电商的模式更迭都围绕着两大核心问题：降低冷链物流配送成本与提高生鲜配送时效，前者是实现独立盈利的关键所在。近年来，冷链物流业务模式创新力度不断加大，涌现出共享冷库、企业联盟、复合冷链系统、冷链物流中心、集散中心、集成中心、产地加工企业、批发市场与配送中心、第三方物流等多元化方式，从而降低了冷链物流成本（李学工和齐美丽，2016）。

13.2　重大科技需求分析

13.2.1　科技发展愿景与目标

1）全程冷链物流关键技术得到规模应用

冷链物流技术水平主要体现在：冷链物流中心的建设水平、生鲜食品加工中心的建造水平、冷藏运输体系的完善水平、冷链物流全程温控的保证水平。水产品质量是由流通时间、流通温度、流通湿度和产品本身的耐藏性决定的。耐藏性由水产品本身生物特性和加工贮运技术决定，而时间和温度由冷链物流运输企业所采用的设备和物流作业所决定，而设备和物流作业也决定着冷链物流企业的运营成本。根据冷链物流不同阶段，主要可分为如下几项技术：源头阶段采用预冷和速冻技术；贮藏阶段采用自动冷库技术；运输阶段采用冷藏车、铁路冷藏车、海运冷藏集装箱和空运冷藏箱配套使用的物流模式；管理上运用信息技术建立虚拟供应链管理系统和全程动态监控信息系统（王强等，2007）。这些冷链物流技术的突破和广泛应用将推动我国冷链物流走向现代化和成熟，推动水产品冷链物流实现全程温控和实时监控。

2）冷藏/冷冻水产品的成套加工技术产业化推广

科技创新是冷链物流发展的核心动力。在生产加工方面，使用先进的养殖/捕获、船冻/岸冻、初加工、速冻等处理技术，提高质量，延长保质期；在冷藏装备方面，采用自动化冷库技术，如自动化的冷链设施及仓库管理系统；在运输装备方面，公路运输对物联网、大数据、智能监控、信息技术、超低温、均温等新技术加速应用，铁路运输冷藏箱无缝隙衔接，冷链物流装备向标准化发展。另外，在水产品标准化原料基地建设方面，应用预冷、速冻、船冻等新技术从源头上保证冷链物流的质量和安全。推广应用针对主要养殖品种的成套冷链加工技术，实现全程从养殖场/捕捞船到餐桌的、以冷链物流贯穿始终的产品链，提高水产品的新鲜度，进而提高水产品的附加值和竞争力。

3）绿色智能的冷链设施普遍应用

冷库是冷链物流行业的基础，是全程冷链物流环节中最重要的设施，在养殖、捕捞、加工、仓储、运输中起着至关重要的作用，其投资占比也是最高的，但目前国内供需不匹配，冷链设备明显不足。冷链运输工具（汽车、捕捞加工船、海运、飞机、火车），尤其是绿色、节能、环保的冷藏运输工具将是冷链物流运输环节最重要的交通工具。智能化的冷链物流信息管理系统在冷链设施普遍应用，如仓库管理系统、运输管理系统、电子数据交换系统、全球定位和全程温度监控系统、质量安全可追溯系统等，通过信息化、自动化和智能化技术，整合物流、商流和信息流，实现三流合一。

13.2.2 科技发展需求分析

1）绿色化、节能化的冷链物流设施装备亟待研发

流通性强、温度控制精确、节能高效的智能化管理的低温库、冷冻库和冷藏车等冷链物流设施装备是未来发展的方向。冷库的智能化管理和节能应用是提高冷库管理水平、降低能耗成本、提高冷链物流效率的关键之一。绝缘材料的改进和智能管理系统的升级加速实现了冷链设施设备的无人操作和远程管理。冷链物流系统和装备需要专业的工业设计师和工程师来考虑：在仓库设施中存储什么类型的产品、在设施内如何处理、要处理的项目数量、存储和产品的特定处理等要求。许多设施装备拥有不同类型的产品尺寸和处理要求，这些设施装备的设计通常会考虑冷却、冷冻和处理条件的灵活性需求。

2）满足未来消费的水产品冷链物流技术理论亟待构建

现代水产品冷链物流技术理论是实现水产品从"从渔场（养殖场）到餐桌"的重要保证手段。一方面，随着我国经济的发展和人民生活水平的提高，市场对高端优质的深海远洋水产品的需求不断增加，消费者对产品鲜度、营养、品质、口感等方面提出了更高的要求，对食品安全的关注度也不断上升。城市化率提升、消费者升级以及消费业态的转型，对零售市场的参与者也提出了新要求。"以消费者为中心"的理念必将重塑零售业格局，并将引导商业业态、商业模式、供应链、商业流通等走向更高效便携。另一方面，目前我国渔业资源逐渐枯竭，水产品冷链物流处于初步阶段，还没有形成完整的冷链物流科技理论体系。因此，必须将冷链科学、食品科学、捕捞/水产养殖科学、信息科学、供应链管理科学等科学技术综合应用于水产品的全程冷链物流（时间控制、温度控制和湿度控制）中，构建满足未来消费者需求的新冷链物流理论体系。

科技元素将在新零售、新模式、新商业规则的蓬勃发展中展现引领潮流的作用。融合物联网、大数据、云计算、智慧物流、区块链、射频识别（RFID）等科技元素的无人店、智能柜、无损检测机、多温区冷库、移动冷却装置、自动温控装置、智能仓储管理系统、先进陈列柜、预冷设施等应用将越来越普遍。新科技的应用将不断挑战和突破传统物流理论框架，因此，以冷链物流为"纵"（干），以水产品为"横"（支），针对主要水产品品种，创新流通加工冷链物流的网格化理论显得意义非凡。

3）快速整合、迭代的商业模式亟待核心技术支撑

商业模式的创新与升级亟待冷链物流核心技术支撑，而其产业的迅猛发展将大大提升其科技创新和迭代的速度。新零售蓬勃发展，一些大型物流和电商企业开始大范围投入以冷链物流为核心的全产业链建设，规模大、复购率高的生鲜产品成为电商布局的主要战场。在市场、产业和资本的大力驱动下，冷链行业格局快速发展：零售企业和生产商自建冷链物流业务；快递物流企业纷纷加入冷链物流战场；第三方冷链物流企业发展迅猛。我国一方面要加强冷链物流基础设施的建设，另一方面要逐步建立冷链物流标准体系（周兴建，2012），特别是在食品冷链物流方面，通过科技先行、产业引领提升冷链物流行业水平。通过产业内新业务模式的探索、整合、协作和创新，把握行业发展趋势、提供增值服务、完善业务链并且持续降低冷链物流成本，建设共享冷库、企业联盟和复合型、一体化冷链物流体系，实现资源的合理配置；建立冷链物流中心、信息平台、集散中心、系统集成中心等，打造地区性冷链物流的平台经济；构建海运、铁路、公路、民航和河运等多式联运体系，从而构建高效低成本的冷链物流模式。

13.2.3 重大科技任务分析

1）主要水产品冷链加工流通技术体系及标准构建

全程冷链物流涵盖从生产到销售整个流程，包括对养殖、捕捞、加工、储存、运输、销售等过程都进行冷链物流处理，而目前国内企业主要采用的冷链物流技术集中在贮藏和冷藏阶段。加强对主要水产经济品种的冷链暂养、保鲜、气调、冷冻、冷却、冷藏、冷链加工（尤其是深加工）以及解冻等成套技术工艺的研究，以品质为核心，才是对消费者的尊重与对市场的敬畏。立足我国水产品特色资源，针对不同水产品的市场需求，参照国外先进水产品加工技术，联合攻关一批主要经济品种的以冷链物流为核心的成套技术，开展海洋捕捞或养殖捕获环节、生产加工环节、运输配送环节、终端使用环节等全程冷链物流加工配套设备和技术研究，改善产品的适口性、营养性和商品性，延伸水产品产业链，提高产品的附加值，最终提高水产品在餐桌上的吸引力。

梳理、完善、协调涉及原料处理、分选加工、冷藏、包装、运输、卫生、消毒、灭菌、配送销售等诸多冷链物流环节相关的法律法规和标准，增强协调性、通用性和兼容性。制定水产品冷链物流行业标准，建立科学、共赢的市场秩序，建设水产品冷链物流标准化体系，实现供应链上下游的标准化（推广水产品冷链物流技术标准）和专业化（提供技术支持和运营方案上的专业化指导），从而提高冷链物流运行效率、降低冷链物流综合成本。

2）水产品冷链物流关键技术与设备产业体系构建

智能化、绿色化的速冻设备、冷藏运输装备和冷库等核心装备是全程冷链物流的前提和基础。针对我国水产品冷链物流技术落后和冷链物流设备不先进的问题，对高效节能的冷藏运输装备、冷却装置等技术设备要集中攻关研制，其中在大型先进冷藏车、大型高效节能冷却装置以及节能冰柜等技术装备的研制与应用方面要重点推进。冷链物流的主要设施包括冷库（冷链物流中心）、生鲜食品加工中心（包括中央厨房）、冷藏运输工具（车、船、飞机、火车）、加工厂、活体暂养中心等。我国冷冻/冷藏技术发展主要集中在高效制冷技术、节能环保技术、复叠式超低温制冷技术、均温解冻技术的规模化应用，向高度自动化、智能化和信息化方向发展。冷藏运输包括冷藏车、冷藏运输船、铁路冷藏车、空运冷藏箱和海运冷藏集装箱等物流模式，并运用信息技术建立信息化的水产品冷链物流供应链管理系统。我国冷藏车的总量和覆盖面依然不足，在大中型城市的限行、环保、管制压力下，常规燃油物流配送车辆难以保障大城市的冷链物流配送。由共同仓、冷链仓储向消费者配送的"最后一公里"市场亟待大力发掘，适应城市配送的节能、轻型、小型冷藏车，是解决配送限制、保证食品品质的关键。加大冷藏车投入是提高水产品冷链物流流通率和冷藏运输率的关键，也是实现全程动态温度监控的保证。

13.3 技术水平发展总体评价

13.3.1 技术发展态势评价

以科学引文索引扩展版（Science Citation Index Expanded，SCIE）数据库为基础，以 TS=("freeze*" OR "*cold storage" OR "frozen*" OR "chill*" OR "cryogenic*" OR "thaw*" OR "*cold chain" OR "*low temperature chain" OR "*live*transport*" OR "*modified atmosphere*") AND=("*fish*" OR "*shrimp*" OR "*seafood*" OR "*crab*" OR "*shellfish*") NOT=("*zebrafish*" OR "*anti*freeze*" OR "*goldfish*" OR "*cell*" OR "*climate*" OR "*environment*" OR "mouse*" OR "rat*" OR "*freeze-dried*" OR "*heat shock*" OR "ecosystem*")为主题检索公式，选取的文献类型为论文（article）、会议论文（proceedings paper）和综述（review），时间范围为1990年至检索日期（2020年3月25日）。在得到初步检索结果后，将数据进行合并、去重和清洗处理，最终得到3690条数据，从文献计量角度分析全球冷链物流研究的发展态势。

以中国知网数据库为基础，以 SU=(冷链物流+低温物流+水产品冷链物流+水产品冷冻+鱼冷冻+水产品冷却+鱼冷却+水产品冷藏+鱼冷藏+鲜活水产品运输+活鱼运输+活虾运输+智能冷库+绿色冷藏车+节能冷藏车+全程冷链+水产品交易中心+海鲜交易市场)为主题检索公式，限定期刊类型为核心期刊、CSSCI 和 CSCD 来源期刊，时间范围为1990年至检索日期（2020年3月25日），得到国内冷链物流相关研究902篇，从文献计量角度分析国内冷链物流研究热点内容。

数据分析主要采用汤森路透集团开发的专利信息分析工具 TDA 软件、网络关系分析工具 Ucinet 和 NetDraw，以及 Nees Jan van Eck 和 Ludo Waltman 开发的 VOSviewer 软件和办公软件 Excel。利用 TDA 软件对文献数据进行基本的处理和清理，利用 Ucinet 和 NetDraw 工具绘制国家合作网络，利用 VOSviewer 软件对文章题名、摘要和关键词进行聚类分析，利用 Excel 软件对该领域文献进行统计分析以及图表绘制的可视化分析。

1. 国内研究发展态势分析

将国内相关研究数据集中的论文题目、摘要和关键词进行可视化图谱分析和领域聚类，结果如图13-3和图13-4所示。我国相关研究集中在：冷链物流、冷藏技术、活鱼运输技术和品质变化技术等方面。随着电商、新零售的快速发展，水产品冷链物流越来越普遍，在水产品供应链中的角色越来越突出，而专门针对活鱼运输和常规冷藏的研究较少，这是因为：一方面它们是常规的水产品运输储存技术；另一方面，该领域的研究和探索主要集中在企业而非科研机构，从而导致论文较少。实际上，我国活体水产品（尤其是淡水鱼、虾、蟹、贝类等）的暂养、运输和储存具有很高的技术含量，而在淡水类加工产业方面则较为落后。

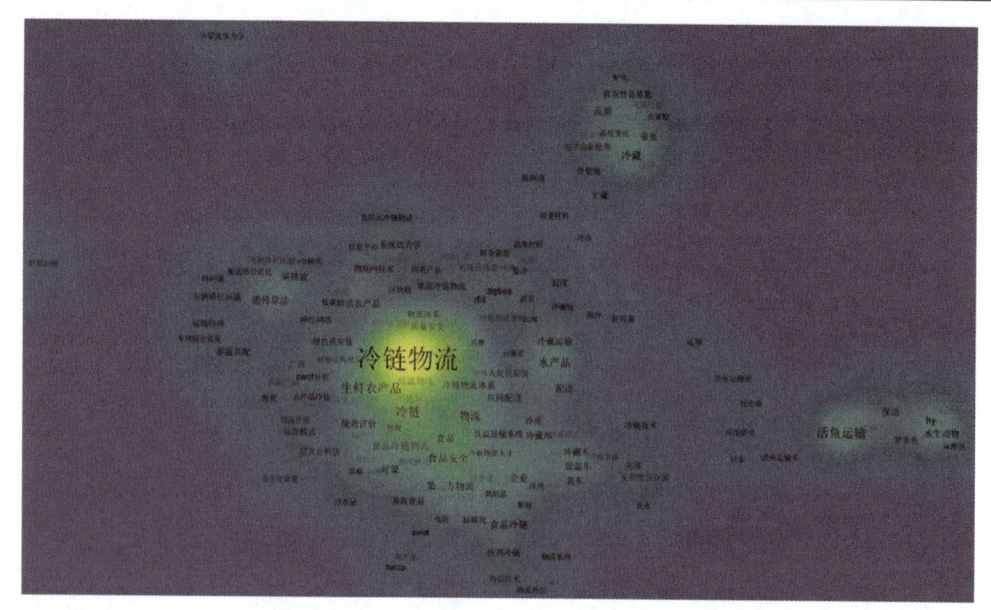

图 13-3　国内冷链物流研究领域热点可视化图谱

颜色越凸显表明出现频次越高

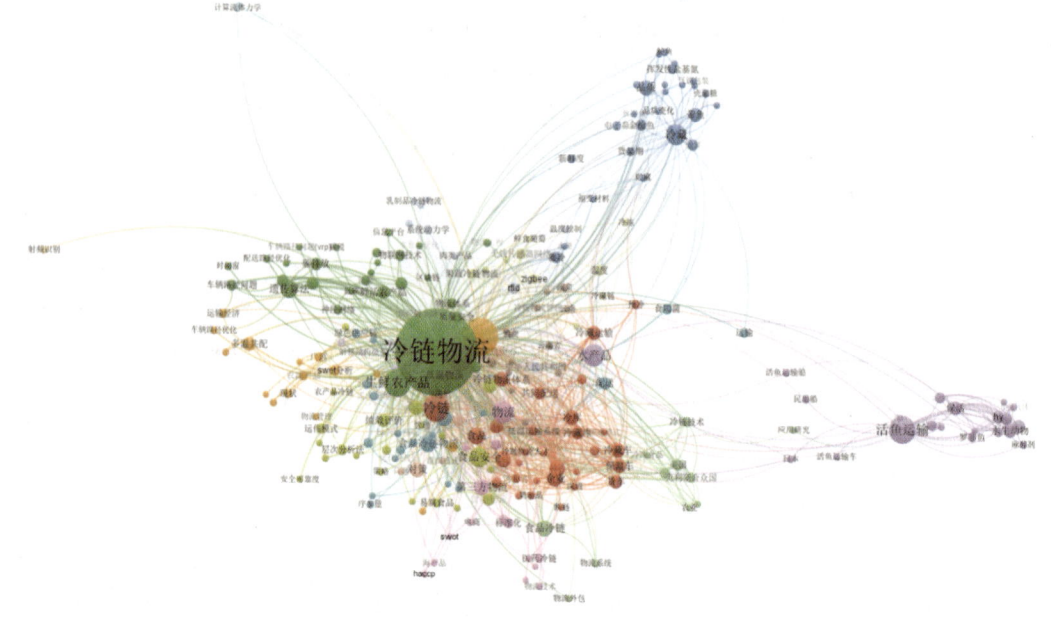

图 13-4　国内冷链物流主要研究内容聚类图

联系紧密的关键词划分为同一区块；字号越大表示该关键词出现频次越高

2. 国际研究发展态势分析

1）研究论文变化情况

由图 13-5 可以明显看出，国际水产品冷链物流研究发文量整体呈现稳步递增的趋势，有些年份发文量会有小的波动。1990～2019 年有 3642 篇相关研究论文被 SCIE 数据库收录，总被引频次为 76 559 次。

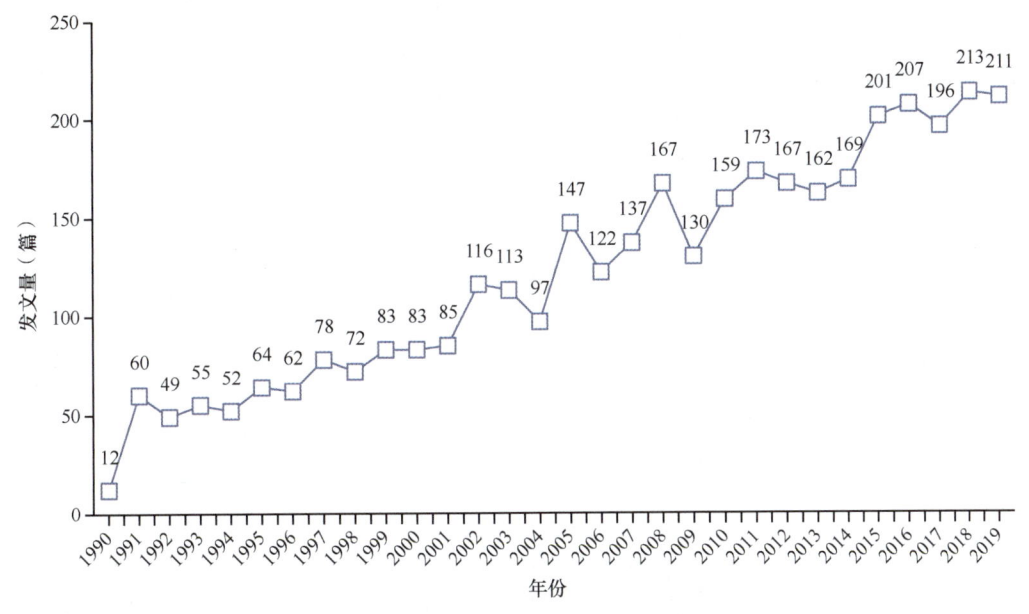

图 13-5 国际冷链物流研究发文量变化

2）国际研究力量与影响力分析

从图 13-6 和表 13-4 可以看出，美国和西班牙的发文量和总被引频次均处于领先位置，中国紧随其后。西班牙、挪威和加拿大因为产业成熟，发文量增长有限，但篇均被引频次较高；英国的篇均被引频次略高于前 10 位国家的平均值；中国发文量远高于平均水平，但论文篇均被引频次接近平均水平，但远远低于发达国家，说明随着城镇化发展和零售渠道升级，近 3 年来针对中国水产品冷链物流的研究越来越多。

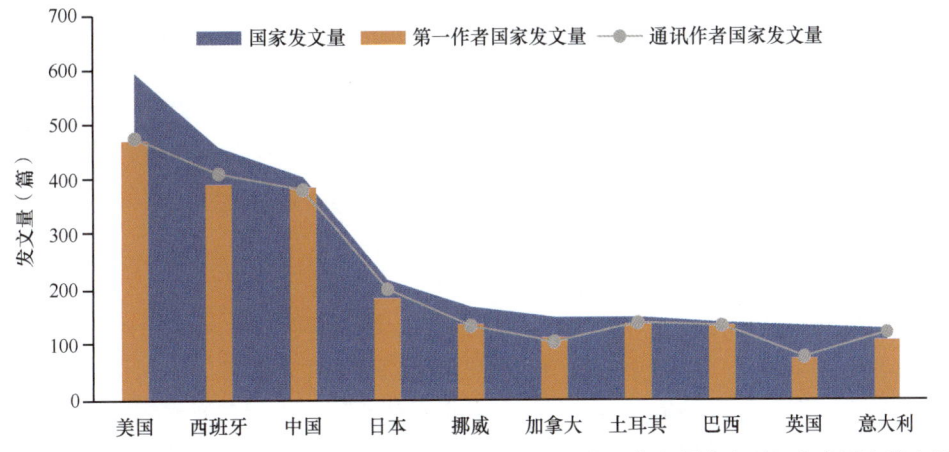

图 13-6 国际冷链物流研究发文量前 10 位国家的发文量、第一作者国家和通讯作者国家发文量

表 13-4 国际冷链物流研究发文量前 10 位国家的发文情况

排序	国家	发文量（篇）	总被引频次（次）	篇均被引频次（次/篇）	第一作者国家发文量占比（%）	通讯作者国家发文量占比（%）	近 3 年发文量占比（%）
1	美国	594	14 946	25.16	79.29	80.13	13.30
2	西班牙	459	11 971	26.08	85.40	89.54	10.46
3	中国	405	7 724	19.07	95.56	94.32	38.27
4	日本	217	3 108	14.32	84.79	92.17	11.06
5	挪威	168	4 768	28.38	81.55	79.76	17.26
6	加拿大	149	4 427	29.71	75.84	70.47	14.09
7	土耳其	149	2 312	15.52	91.95	93.29	13.42
8	巴西	139	1 480	10.65	96.40	96.40	28.06
9	英国	133	4 026	30.27	55.64	57.89	12.03
10	意大利	127	2 074	16.33	84.25	95.28	25.20
	平均值	254	5 683.6	21.55	83.07	84.93	18.32

从图 13-7 可以看出，美国和西班牙处于领先位置，发文量和篇均被引频次都略高于前 10 位国家的平均值，处于第一象限；中国发文量高于前 10 国家的平均值，但是篇均被引频次较低，处于第二象限；巴西和日本等国发文量和篇均被引频次均低于前 10 位国家的平均水平，处于第三象限；英国、加拿大和挪威因为发文量增长有限，但篇均被引频次较高，处于第四象限。

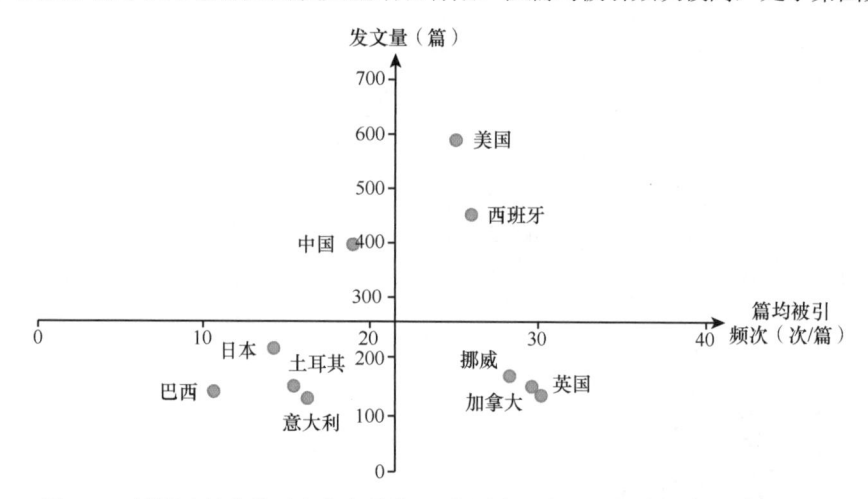

图 13-7 国际冷链物流研究发文量前 10 位国家的发文量和篇均被引频次分布图

3）国际合作情况分析

以国际冷链物流研究发文量前 50 个国家为主，得到各个国家相互合作 2 次及以上的关系网络，见图 13-8。可以看出，美国和西班牙是研究的中心国家。中国主要的合作国家是美国、日本、澳大利亚和新加坡。与美国和西班牙相比，中国在发文量上接近，但是在国际研究合作方面明显偏少，没有形成向心力和凝聚力，主要仍是以引进吸收技术为主，原创动力偏弱，辐射带动作用不强。

全部论文中，以国家数量计为 4391 篇，实际论文为 3690 篇，论文篇均合作国家为 1.19 个。从表 13-5 可以看出，国家独立完成的论文有 2976 篇，占全部论文的 80.65%，3 国及以上合作的论文数量为 116 篇，占全部论文的 3.14%，说明国际冷链物流研究多国合作较少。

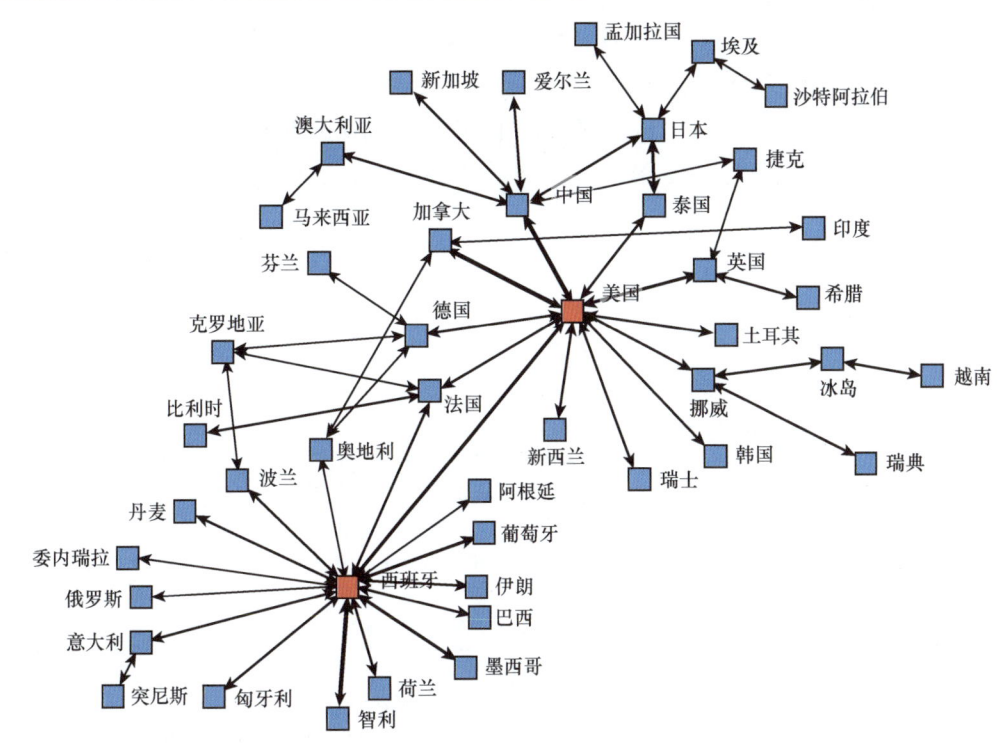

图 13-8 国际冷链物流研究的国际合作情况

连线表示合作关系；线条越粗合作次数越多

表 13-5 国际冷链物流研究论文合作国家数量

序号	发文量（篇）	发文国家数量（个）	序号	发文量（篇）	发文国家数量（个）
1	2976	1	5	8	5
2	598	2	6	2	6
3	76	3	7	1	7
4	28	4	8	1	10

4）主要研究机构分析

国际冷链物流研究发文机构方面（图 13-9），西班牙国家研究委员会（CSIC）的发文量处于绝对领先地位，CSIC 由理事机构、执行机构以及咨询和资助机构组织；西班牙圣地亚哥·德·孔波斯特拉大学（Universidad de Santiago de Compostela）名列第二，二者共同奠定了西班牙在冷链物流研究方面的基础地位。中国农业大学（China Agricultural University）是中国在国际冷链物流领域发文最多的机构。值得注意的是，泰国的宋卡王子大学（Prince of Songkla University）名列第五，这是由于泰国的金枪鱼加工和对虾加工产业比较发达。

5）主要学科领域分析

按 Web of Science 学科分类看，国际冷链物流研究所涉及的主要研究学科有：食品科学与技术（Food Science and Technology）、化学（Chemistry）以及渔业（Fisheries），见表 13-6，其中食品科学与技术所占比重最大，有 2065 篇相关论文。渔业、海洋和淡水生物学（Marine and Freshwater Biology）的总和占比第二，说明水产品在冷链物流研究中居于重要位置。国际冷链物流研究发文量前 10 位国家的主要研究领域分布见图 13-10。中国对国际冷链物流的研究集中在食品科学与技术领域（270 篇），而渔业、海洋和淡水生物学占比明显偏低（31 篇），说明渔业部门（包括海水、淡水养殖捕捞）对冷链物流的重视程度不够。

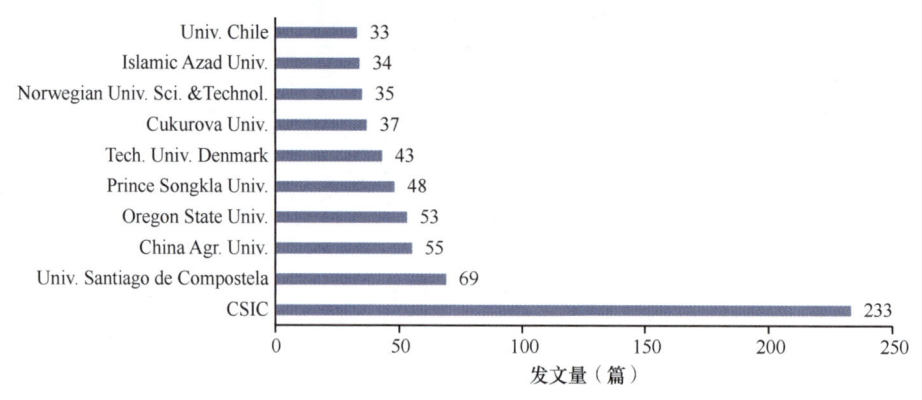

图 13-9 国际冷链物流研究主要发文机构

表 13-6　国际冷链物流研究主要涉及的 Web of Science 学科领域

序号	学科领域	文章篇数	序号	学科领域	文章篇数
1	Food Science and Technology	2065	6	Marine and Freshwater Biology	247
2	Chemistry	683	7	Biotechnology and Applied Microbiology	176
3	Fisheries	445	8	Engineering	173
4	Agriculture	319	9	Veterinary Sciences	153
5	Nutrition and Dietetics	265	10	Biochemistry and Molecular Biology	134

图 13-10　国际冷链物流研究发文量前 10 位国家的主要研究领域分布图

6）研究关键词分析

文中的数据集中只有 80%的论文数据拥有作者关键词字段，数据虽然不全但也可以作为主要研究内容分析的参考依据之一。通过对作者有效关键词的统计，前 20 个关键词见表 13-7。研究的热点集中在脂肪抗氧化、肉质、货架期、品质、冷冻解冻、生物胺类、鲜度等领域（图 13-11）。

表 13-7 国际冷链物流研究高频关键词一览表（前 20 个）

序号	关键词	词频	序号	关键词	词频
1	fish	257	11	chilled storage	71
2	frozen storage	220	12	antioxidant	67
3	lipid oxidation	206	13	storage	61
4	shelf life	181	14	biogenic amines	60
5	quality	152	15	seafood	58
6	freezing	101	16	salmon	57
7	fatty acids	100	17	surimi	57
8	shrimp	88	18	chilling	51
9	freeze-thaw	78	19	freshness	49
10	texture	72	20	rainbow trout	47

注：将关键词同义词进行了合并处理，主要合并的关键词有①fatty acid/lipids；②thawing/freeze-thaw；③lipid oxidation/oxidation

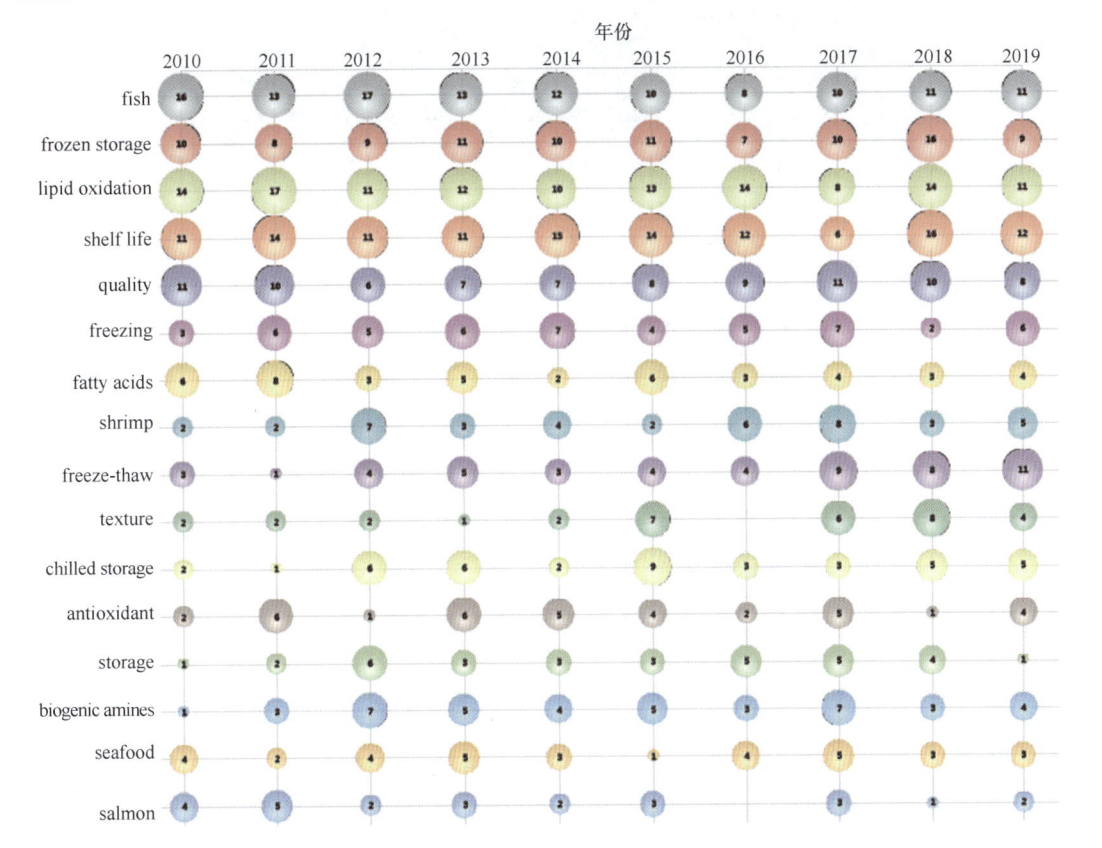

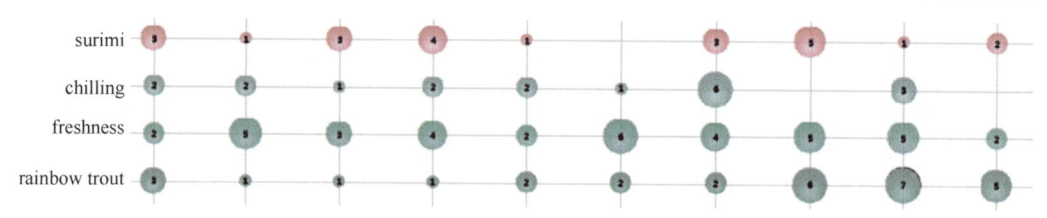

图 13-11　国际冷链物流主要关键词变化趋势
圆圈越大关键词出现频次越高

7）研究热点分析

将数据集中的论文题目、摘要和关键词进行可视化图谱分析和领域聚类，得到图 13-12 和图 13-13。可以明显看出，国际冷链物流研究主要集中在 4 个版块：延长货架期技术、脂质氧化技术、冷藏技术以及食品安全卫生评估等。

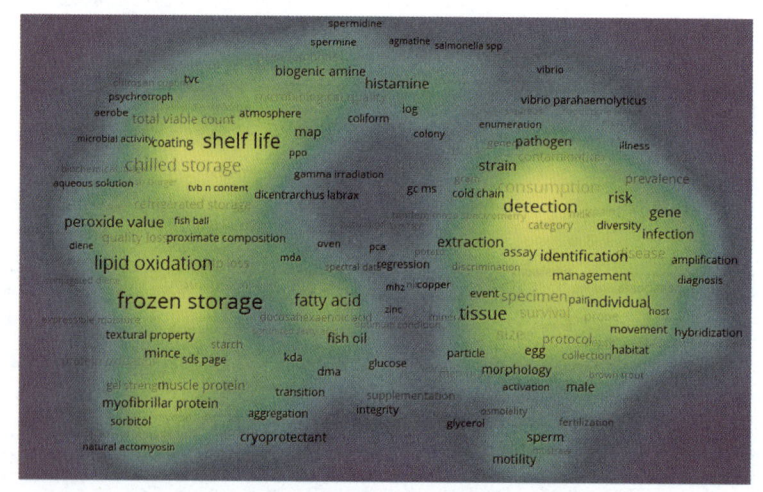

图 13-12　国际冷链物流研究领域热点可视化图谱
颜色越凸显表明出现频次越高

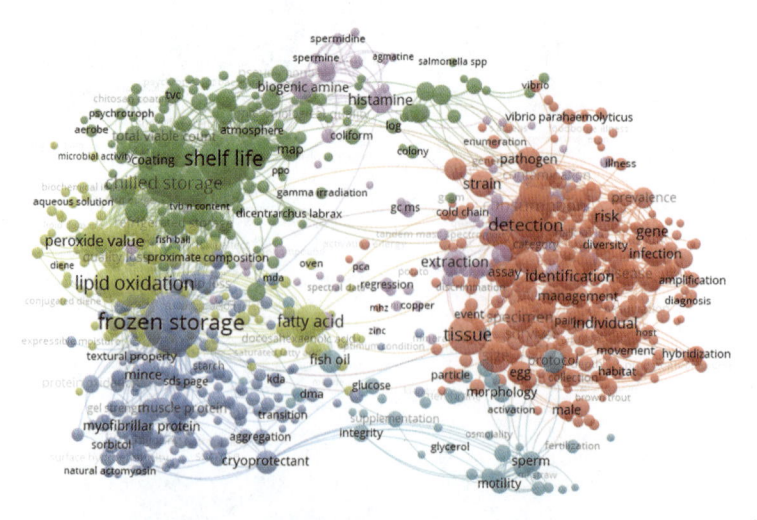

图 13-13　国际冷链物流主要研究内容聚类图
联系紧密的关键词划分为同一区块；字号越大表示该关键词出现频次越高

综上所述，我国水产品冷链物流研究集中在：冷链物流、冷藏技术、活鱼运输技术和品质变化技术等 4 个方面。国际水产品冷链物流研究集中在：延长货架期技术、脂质氧化技术、冷藏技术以及食品安全卫生评估等 4 个方面。研究热点集中在脂质抗氧化、肉质、货架期、品质、冷冻解冻、生物胺类、鲜度、活鱼运输、超低温冷冻等领域。

13.3.2 技术发展水平和差距评价

近年来，我国政府非常重视冷链物流建设，水产品冷链物流发展迅猛，但同发达国家水产种业相比，在基础设施、信息化建设、物流管理技术、水产品冷链技术体系和冷链物流体系建设方面还存在不足和差距。

1）冷链基础设施处于跟跑阶段

发达国家海运、铁路、公路、民航和河运等，多式联运普遍应用。而我国主要为公路冷藏保鲜车辆；铁路冷藏车占 2%，有不少是陈旧冷冻车皮。新型装配式立体化冷库还不到 20%。自动温控区间覆盖不足，难以适应多产品、多温区的现代冷链物流的发展。我国沿海地区冷链物流设施相对分布较多，然而大量承担了全国大部分水产品批发交易的、代表了淡水鱼养殖的主产地的内陆省份，其冷链物流设施、冷链装备等却相对匮乏（毛蕤，2013；周路，2016）。

2）信息化建设处于跟跑阶段

发达国家水产品冷链物流采用高效智能、全程监控的先进信息化管理，实现了无缝对接。我国在信息化冷链平台建设方面，尚在起步阶段。绝大多数水产品批发市场，难以处理和传递实时有效信息；冷链物流新技术，如 RFID 智能监测、条形码、车载 GPS、GIS、物联网、大数据、云计算与人工智能等尚远未普及。在新零售热潮下，这些新兴技术亟待大力推广应用，进而通过技术集成化、信息系统化、装备智能化、运作集约化的转型与升级，提高产业效率并降低成本（周路，2016）。

3）物流管理技术处于跟跑阶段

发达国家普遍应用自动温控、人工智能监测设备、物联网和卫星定位等技术，实时对冷藏温度变化、车辆运行、油耗和操作规程等全面动态监控，从全球化角度来进行冷链物流供应链管理和调配，为客户提供一体化解决方案。我国冷链物流起步晚，区域性强，组织协调性弱，市场规模小，物流管理技术落后。除中国外运股份有限公司、中粮集团有限公司和河南双汇投资发展股份有限公司等大单位外，其他中小企业均难达国际冷链物流标准要求；大多企业仅提供冷藏运输服务，既无法保证全程冷链控制，也无法提供增值服务；第三方冷链物流占比过低。我国冷链物流管理技术落后，尤其是水产品预冷、冷链环境下分级、卫生管理和包装、水产品废弃物管理（回收利用）等领域亟待加快发展。

4）全程冷链物流体系处于跟跑阶段

发达国家从水产品生产到销售，实现了产供销一体化，中间环节少，物流体系安全高效运转，而我国则缺乏上下游的整体规划和协调衔接（周路，2016）。发达国家冷链物流市场化程度很高，第三方物流大都为国际多式联运，而我国的冷链物流主要集中在公路运输方面，航空、铁路、海运等运输还处在初步阶段。通过我国交通运输体系改革和铁路冷链物流加速建设，带动铁路枢纽周边的冷链物流设施升级建设，实现多种运输工具的多式联运和集成（王艮，2012）。在水产品流通贮运中，冷链物流企业采用先进冷藏技术可确保产品的质量和安全，比如，运用有害物质分析检测技术、真空预冷技术、动态监控技术等可以降低产品的损耗率，提升运行效率（王曼曼，2018）。发达国家的水产品冷链物流技术全程涵盖整个流程，包括对养殖/捕捞、生产、加工、贮运、销售等进行全程冷链物流管理，而我国企业主要采用的冷链物流技术集中在贮藏和冷藏阶段。我们对主要水产经济品种的活体暂养、保鲜、气调、冷冻、冷却、冷藏、贮运、冷链加工（尤其是深加工）以及解冻技术等成套技术工艺研究，仍然比较薄弱（周兴建，2012）。

13.3.3 技术发展阶段评价

与国际先进水平相比，我国水产品冷链物流的总体技术水平居于中等偏下水平，处于跟跑阶段。从预冷保鲜率、冷藏仓储能力、冷藏运输率、水产品损耗率、水产品冷链物流流通率、人均冷库存储容量、冷藏车占货车比例、人均冷藏车等各项关键指标（表13-8）来看，我国的水产品冷链物流仍不高，东部地区处于中端水平，而国内大多地区的冷链物流水平处于世界平均水平以下（王强等，2007）。值得注意的是，我国水产品活体暂养运输水平处于世界前列。

表13-8　2018年国内外冷链物流关键指标比较

指标	国外	国内	原因分析
预冷保鲜率	欧美国家80%~100%	30%	缺乏冷链物流技术和管理方法；缺乏冷链加工技术和理念；忽略了水产品、批发零售冷库管理；冷链运输基建落后；没有全程冷链物流意识；淡水产品加工不足
冷藏仓储能力	美国1.15亿 m^3；印度1.3亿 m^3	1.0亿 m^3	
冷藏运输率	欧美：80%~95% 俄罗斯、泰国、智利50%	40%	
水产品损耗率	欧美国家约5%	15%~20%	
水产品冷链物流流通率	欧美国家95%	20%	
人均冷库存储容量	欧美国家0.3m^3/人	0.13m^3/人	
冷藏车占货车比例	美国1%；德国2.5%	0.3%	
人均冷藏车	美国0.002m^3/人	0.0001m^3/人	

数据来源：中国物流与采购联合会冷链物流专业委员会统计

现阶段我国冷链物流产业与国际先进水平还存在一定的差距，具体表现在：①我国的冷链物流仓储设施供应量明显不足，虽然2018年上半年全国冷库租赁量突破150万 m^2，同比增长14.9%，但目前我国现有的人均冷库存储容量（0.13m^3/人）仍低于全球人均水平（0.20m^3/人）（Salin，2018）；②我国的综合冷链物流流通率仅20%，损耗率高达20%，冷链物流利润率仅8%，而在美国、日本等发达国家，冷链物流流通率达95%，损耗率约5%，冷链物流利润率高达20%~30%。

13.3.4 国内外相关评价分析

我国水产品产量全球第一,不但水产品冷链物流的发展与产量不匹配,而且水产品冷链物流的产业发展远落后于市场需求;冷库总量不高,冷链物流科技水平明显落后于发达国家。我国水产品冷链物流基础设施结构性矛盾突出,水产品冷链物流产业不完善。水产品冷链物流产业存在内部竞争环境恶劣、标准不一、效率低、成本高等劣势。冷库结构性供需不足,人均冷库面积较少,冷藏车保有量空间巨大。尽管我国冷链物流行业处于起步阶段,距离国际先进水平尚有差距,但在科技的进步、消费者意识的觉醒、政策的支持与企业的推进下,在新零售时代水产品冷链物流将会取得全面的发展,以未来科技引领产业,为消费者提供全新体验。因此,急需借鉴发达国家的先进经验,立足我国水产业特征,构建产业结构合理、标准体系健全、冷链设施先进、上下游衔接配套、运行管理规范的水产品冷链物流体系,提高水产品质量、降低水产品损耗以及增加综合加工利用比例,科技引领产业从而从单纯的增量模式升级为提质、增值模式,这对促进我国渔民增收和保障水产品安全具重要意义。

13.4 科技发展趋势分析

13.4.1 新进展、新变化、新特征和新趋势分析

1)快捷灵敏的时间/温度指示技术

冷链物流产品储存寿命损失的主要原因是温度波动和包装不当。时间-温度-耐受性(TTT)概念用于监测和控制温度波动对生产、分配和储存期间冷冻食品质量的影响。Woolfe(2000)开发出了彩色指示剂,可显示食品的温度,表明温度是否失控和剩余的保质期。Mai(2010)采用光敏时间温度指示技术可产生可重复信号,是可靠的水产品冷链物流追溯技术。全球已提交 100 多项专利可用于温度的指示,包括基于熔点温度、酶反应、聚合、电化学腐蚀和液晶的温度变化,静态变化或移动带改变的结果用色差显示。

2)物联网和智能监控促进冷链设施和装备升级

物联网和智能监控技术在能源密集型的鱼类加工和贮运中有很大的改进潜力,将推动冷链设施实现节能降耗和冷链设施装备升级。冷藏车及制冷机组的远程双向监控技术通过实时监测记录冷藏车厢和冷机的参数,实现全程温度监控和远程控制。采用 RFID 温度感应标签技术,将识别码与温度测量记录结合,形成电子化冷链物流系统(苏宪芳和郭科良,2017;Trebar et al.,2013)。Eliasson 等(2012)通过优选合适的集装箱类型、根据季节设置温度和简单的设计改进,提高了海运冷藏集装箱的运行效率,减小了温度波动范围。陈宇铮等(2013)提出了基于 RFID 技术的温度监测解决方案,构建基于 RFID 的冷链物流温度监控系统。Björk 和 Kongstad(2016)改进了 16 龄的旧制冷系统,利用热能存储和模型预测采用最佳的运行压缩机,并构建级联系统来提高压缩机的效率,实现节能 40%。海尔集团研发的智能恒温技术实现了智能控制冰箱制冷,将冷冻室内温度波动降低 45%,实现恒温冷冻,有效解决了冷冻食物肉质发白、口感变差、汁液流失多等痛点。上汽集团推出了多温区数字物流概念车,专为城市配送需求而设计,可提升装卸效率,降低装卸工劳

动强度，降低运营成本。

3）信息技术推动冷链物流技术升级

信息技术的快速发展推动智慧仓储物流体系发展。国内很多企业明确提出了冷链仓储物流体系定位与建设规划。从长远来看，预计未来冷链物流行业在技术协同和产业升级的共同推动下，将进一步加速冷链物流向智能化和数字化的方向升级，实现降本提效。目前，我国仓储物流行业正处在自动化和集成自动化阶段，未来信息技术的产业应用将推动冷链物流行业不断向智能化、自动化升级发展。

4）基于大数据和区块链的水产品产业管理技术

客户数据是新零售的核心驱动力，是企业最宝贵的资产，是企业研发、生产、营销、物流等活动的决策依据。通过对全价值链进行数字化的改造，包括对养殖、捕捞、加工、贮运、新技术、新工艺等数字化升级，将重塑水产品供应链。大数据技术将贯穿整个冷链物流运输全过程，全程跟踪水产品冷链物流作业的方式和地点，或全程跟踪水产品直至进入商店或消费者手中。数据驱动的供应链模式，通过产业链数据挖掘和共享，打通上下游的采购、生产、销售、金融和客户订单预测，实现管理平台数字化升级，最终实现新零售供应链零库存。物联网和大数据的应用帮助企业构建集成数字供应链，而企业可以选择在差异化因素（如速度、品种、口感或服务）上进行竞争。数字化供应链的实时数据打通各供应链环节，为供应链的持续优化提供数据支持，提升企业价值（韩春阳等，2015；德勤咨询，2018；杨棕越和宫智新，2016）。

区块链技术的分布式总账提高了透明度和可追溯性，可加强交易各方的彼此信任，增强消费者信心，并满足认证要求。区块链技术正在渔业和食品安全部门试行应用，在改善水产品可追溯性方面（特别是捕捞水产品）拥有巨大的潜力。区块链将加强冷链物流上水产品的可追溯性，同时也支持捕捞渔场、养殖场和水产品加工设施满足很多国家关于原产国和植物卫生标准等的进口要求，还有助于满足买方日益增长的对合法、负责任、可持续水产品的需求。使得消费者可方便获取整个价值链上的多种信息，如水产品的捕捞地点和捕捞方式；处理和储存的温度与时间；加工方式；过境国和加工国；以及在各地停留的时间。基于区块链技术构建合理的多方激励机制，以提供更可持续、更高质量、更加安全的水产品（Blaha and Katafono，2020）。

5）超低温冷冻技术在水产品冷冻中的应用越来越多

越来越多的鱼类深加工厂应用超低温冷冻技术和微波解冻技术。超低温液氮冷冻技术采用液氮（–196℃）和液体二氧化碳（–68℃）直接喷淋到水产品上进行降温速冻，不破坏细胞进行速冻，可更好地保持水产品的鲜度，在金枪鱼、小龙虾、对虾、带鱼、大黄鱼、石斑鱼等高端水产品或加工产品的速冻中已得到越来越普遍的应用。目前，国内关于超低温冷冻技术在水产品的冷冻方面，尚缺乏基础工艺研究，对具体产业应用尚缺乏科学指导意见，落后于产业应用。均温冻结技术的工艺流程为：液氮速冻—包冰—均温处理—液氮速冻—均温处理—冻藏，将经前处理的鱼体用液氮（或液体 CO_2）喷射，使其在低温库快速冻结，5～10min 后停止，让鱼体表面覆盖一层冰，然后置于–45～–30℃冷库中作均温处理，使中心温度与体表温度接近一致，以免温度差和压力差造成鱼肌出现破裂现象，接着再用液氮喷射鱼体 10min,使鱼体快速通过冰晶生成带并完全冻结,再置于–45℃冷库中作均温处理,然后置于–60～–25℃冷库冻藏。均温冻结技术冻结速度快、冰晶小,适合对金枪鱼等大型鱼类冻结;对提高渔船的加工能力与加工设施建设极为重要。

6)超低温水产品(金枪鱼类)的均温解冻技术与应用

目前金枪鱼的解冻以外部解冻为主,主要有自然解冻、流水解冻、温盐水解冻、冷藏库缓慢解冻、低温高湿解冻、微波解冻和射频解冻等技术。低温高湿解冻技术是常用的技术,但缺点是解冻时间过长。微波解冻是一种新型的、适应食品加工趋势的解冻方式,通过高功率微波穿透产品,从–18℃到–2℃只需要 10min,解冻后颜色、营养和鲜肉相比基本无变化,具有解冻速冻快、汁液损失少、可实现流水线生产、降低细菌污染、占地小、卫生程度高等优点。射频解冻也是一种新兴的电磁波解冻技术,目前产业应用较少,值得关注。优选解冻技术和设备并进行组合应用是比较经济快速的方法。国内目前对速冻关注较多,而往往忽视解冻对品质的影响,需要加强技术工艺研发和应用推广。

13.4.2 科技发展态势和方向

1)科技发展逐渐引领水产品冷链物流升级

科技发展(尤其是新科技、新技术、新应用)逐渐引领水产品冷链物流升级。随着大数据、物联网、区块链、信息技术、冷冻技术、超低温技术等新科技的应用,发生在收获、预处理、屠宰、加工和流通等各个环节的水产品损耗越来越少。新鲜度对水产品的质量起着重要作用,全程冷链物流的应用对于保证水产品新鲜度、整体质量和保质期都至关重要。通过冷链物流科技在水产品捕捞、养殖、加工、流通、销售等全程关键环节的应用,显著提高冷链物流运营效率、降低损耗率、提高产品品质以及延长货架期。

2)冷链物流装备快速走向自动化、无人化、智能化和信息化

冷链物流装备快速走向自动化、无人化、智能化和信息化。例如,京东物流自建的"亚洲一号"(图 13-14)现代化智能物流项目,普遍应用智能立体化存储系统、智能货到人系统、自动存取系统、输送系统、分拣系统、提升系统等智能设备以及控制系统。其中智能控制系统是物流中心的智能大脑,可以在 0.2s 内计算出 300 多个机器人运行的 680 亿条可行路径,在智能物流、包装耗材推荐、路径优化及能效提升等方面做出最佳选择。在仓库管理、物流装备、控制、分拣、装卸和配送等高科技信息化物流装备系统支持下,整体运营效率将提升 5 倍(孙璨等,2017)。

3)新零售和电商的迅猛发展必将推动冷链物流服务模式变革与迭代

近年来新零售和电商取得迅猛发展,这将推动冷链物流服务模式快速变革与迭代。围绕着新零售业务模式,各企业正在积极构建全新的物流模式,以提高供应链效率。新零售在大数据和供应链资源支持下,快速推动温度监控设备、大数据和物联网技术的普遍应用。为应对企业端的物流需求,新零售逐渐涌现出新的业务形态,如中央厨房、连锁社区店、第三方贸易和供应链物流平台。虽然在计划、网络、仓储到配送等仍有诸多挑战,但新冷链物流的建设将加快对水产品进行冷链活体、预冷、冷冻、解冻、贮运、加工、生食、安全卫生等基础性技术的研发和应用（德勤咨询，2018）。

图 13-14　京东"亚洲一号"移动机器人
图片来源：https://news.mydrivers.com/1/590/590696.htm

13.4.3　发展目标与重点任务

1. 发展目标

针对我国冷链物流基础设施薄弱、水产品冷链物流技术体系不完善的现状，①在装备上，速冻设备、冷却设备、冷库、冷藏车等冷链物流设施与装备全面实现节能化、智能化、自动化、物联网化和信息化；②在技术上，构建覆盖主要水产经济品种的、相对完善的水产品冷链加工、运输和仓储技术，并产业化推广应用相关的冷链物流科技成果，建成一批具有区域特色的水产品冷链物流体系；③在模式上，冷链物流具有全产业链属性，简单的冷链物流服务（贮运）利润低，而综合性冷链物流服务模式（贮运、配送、运营、管理、金融）呈现出规模效应和协同效应，通过协同、共享、整合与升级构建综合性冷链物流服务业务模式，从而提高冷链物流盈利水平（王强等，2007）。预计从 2019 年到 2029 年，我国的总冷藏仓储能力从 1.05 亿 m^3 达到 1.3 亿 m^3，达到甚至赶超美国（目前全球第二）；人均冷库存储容量达到中等偏上水平，水产品冷链物流流通率从 25% 提高到 50%；冷藏车总量提高到 22 万辆以上，总量达到全球第二；水产品损耗率从 15.9% 降低到 14%；活体水产品冷链物流运输比例上升，加工的冷冻水产品消费占比明显上升；水产品加工消费占总消费的比例从 2020 年的 41.1% 提高到 42.5%（农业农村部市场预警专家委员会，2020）。

2. 重点任务

我国水产品冷链物流的重点任务包括：①提高水产品（尤其是淡水产品）的精深加工技术和全程冷链管理水平；②编制、修订、统一、完善和丰富水产品冷链标准；③科学设置水产品物流中心，寻找多式联运，提高冷链效率；④加大冷链标准的执行力度和提升监管水平；⑤加强培训和培养具有实践经验的高水平管理队伍；⑥按照我国颁布的《水产品冷链物流服务规范》（GB/T 31080—2014），从接收、运输、仓储、加工与配送、交接、包装与标志以及服务质量等各方面，全方位推进水产品冷链物流服务规范化和标准化。

1) 基础研究

（Ⅰ）开展主要水产品冷链加工应用基础研究

立足水产品的特性和冷链物流的共性，全面、系统地开展水产品全程冷链（采捕、初加工、仓储、运输、暂养、加工、销售）基础研究，既是冷链物流产业发展的必然要求，又是渔业产品提升餐桌竞争力的重要手段。针对我国主要水产经济品种（如鱼类、甲壳类、贝类、头足类、藻类、棘皮动物类等），根据各自产业结构和产品特征，研发活体/冷冻水产品在养殖场预冷、捕捞船初加工/预冷、活体暂养、贮运管理和深加工中的全程冷链技术，重点开展养殖采收/海洋捕捞环节、生产加工环节、运输配送环节、终端销售环节等全程冷链加工配套设备和加工工艺研究，推进全程冷链技术的产业化应用，推动渔业向水产品全程冷链和精深加工方向转变，提升我国水产品科技水平。其中活体/冷冻水产品的初加工、预处理技术（预冷、脱壳、去脏、生冻、熟冻等）是保证水产品品质的第一关，起着至关重要的作用。

（Ⅱ）编制完善的水产品冷链物流操作指导手册/指南

通过水产品冷链物流整体规划，编制、修订、统一、完善和丰富水产品冷链标准，构建先进规范的冷链物流标准体系，推动我国冷链物流实现信息化、标准化和系统化。我国水产品种类繁多，主要经济品种有100多种，烹饪、饮食习惯复杂多样，缺少统一的针对水产品初加工和冷藏/冷冻处理的指导手册，从卫生、安全、规范、实用的角度出发，以大宗重点水产品品种为干，以特色水产品为支，依据难易程度编制符合我国渔民生产实践、科学规范的指导手册/指南，从水产品处理的"最初一公里"直到"最后一公里"全程重视冷链物流。制定并推广水产品初加工和冷藏/冷冻处理的指导手册是推行水产品HACCP认证的第一步，亟待编制完善的冷链物流标准和认证制度，实施科学、严格、专业的认证体系和市场准入制度。

2) 共性关键技术

（Ⅰ）研制节能化、智能化和信息化的冷冻冷藏设施和装备

以节能化、智能化和信息化为核心的先进冷冻冷藏设施和装备成为冷链物流行业的技术发展方向。降低单位货物能耗水平，是单纯价格战之外持续提升竞争能力的方式。冷库能耗在整个冷链物流中居首，而冷库的温度波动对冷链物流的能耗和产品品质都有着双重作用。冷库智能化建设一方面能提升整体流通性冷库利用效率，动态分析冷库库存情况和冷库利用周转率，为降低能耗、温度控制、多温区调控、精细管理提供基础，另一方面对降低水产品损耗也有着关键作用。黄文博等（2016）研究了美国红鱼的品质随着冷链物流时间的延长而产生劣变的情况，贮运过程中温度波动造成红鱼的感官品质下降。张宁等（2015）的研究表明温度的变化和变化频率对鲑鳟类肉品质造成了不同程度的损害。杨胜平等（2013）模拟了冰鲜带鱼的冷链物流过程，结果表明温度波动会缩短带鱼的销售货架期。冷链设施的信息化也是提升冷链物流企业盈利能力的有效手段，不仅提供运输、储藏等低附加值功能服务，还可提供信息、管理、运营、金融甚至咨询等增值服务，提高服务水平和价值。冷链物流运输设施市场对于节能、轻便冷藏车需求显著，尤其是大城市对电动、氢能源等环保冷藏车辆的需求非常大。

（Ⅱ）建设区域特色的水产品冷链物流系统

根据水产品区域分布特点和产业特点，整合捕捞、预冷、加工、包装、冷冻、冷藏、运输和配送等功能，建立具有区域特色的、多元化的冷链物流中心体系，培育一批实力雄厚、辐射带动作用强的大型水产品冷链物流中心（吴稼乐等，2008）。例如，大型水产品生产企业、大型零售企业，可在产销地建设活鱼中心和冻品加工中心，建设生鲜食品（含活体水产品）配送中心，可逐步发展为社会提供公共服务的第三方冷链物流中心。从源头开始冷链物流控制，发展冷链活体、冷链加工和冷链物流运输销售，健全和完善水产品冷链物流体系。分布式仓储以其成本、效率和配套服务方面的优势，通过配合本地配送向"最初一公里"发展，有助于围绕本地水产品资源和贮运能力构建区域特色的水产品冷链物流体系，与本地企业合作共同发展。水产品资源分布较广、品种多，因此基于水产品加工工艺和设施构建分布式冷藏仓储具有较强的发展潜力（王强等，2007；张签名，2013）。

（Ⅲ）开发基于物联网技术的全程冷链物流的信息化管理技术

"产学研企"多方联合，通过引进消化、原始创新和集成创新等，对生产、储藏、加工、运输和销售各节点进行信息化改造，构建包括数据采集、交换、储存、分享的信息化管理技术，以及贯穿如水产品预冷、无损检测与商品处理、自动冷库技术、库房管理系统、移动冷却装置、多温区调控、自动温控、陈列等全程的冷链物流技术。同时，依托物联网、云计算、大数据、智慧物流等新技术，通过网络平台，实现货物的资源信息共享和全程透明监控。冷链物流信息技术系统如电子数据交换（EDI）和全球定位系统（GPS）、连续补货系统（CRF）、厂商管理库存（VMI）、预先发货通知（ASN）等先进系统已经开始应用，并向自动化、标准化和系统化方向发展。供应链简化、服务一体化、管理规范化、系统网络化是现代冷链物流系统的发展方向（熊珲，2012）。

（Ⅳ）构建先进规范的冷链物流标准体系

只有构建先进规范的冷链物流标准体系，才能满足消费者对渔业可持续发展和高品质水产品的需求。通过水产品冷链物流整体规划，推动我国冷链物流的信息化、标准化和系统化。水产品冷链物流点多、人多、面广、季节性强、时间性强，包括养殖、捕捞、加工、仓储、运输、发运、中转、接收和水产品深加工等，这些特点决定了各部门必须统一标准、统筹协调，才能确保水产品冷链物流体系有效运转。随着电商、新零售的快速发展，消费者理念升级革新，将驱动大数据、物联网、区块链、人工智能、智慧渔业等技术在冷链物流的产业化应用。

3）典型应用示范

（Ⅰ）重要经济鱼类全程冷链物流技术应用与产业化推广

针对重点养殖鱼类品种，开展冷链下活鱼、冰鲜鱼、冻鱼等产品以及其他加工产品等的理化性质和微生物变化研究，构建在冷链条件下进行禁食、捕捞、预冷、麻醉、暂养、屠宰、清洁、冷冻、加工、解冻、再冷冻、包装、运输等一系列的冷链物流标准化操作流程；针对捕捞鱼类，开展冷链下冰鲜鱼、冻鱼以及深加工等产品的理化性质和微生物变化研究，构建在冷链条件下进行预冷、初加工、船冻、冰鲜、冷冻、冷藏、解冻、再冷冻、包装、运输等一系列的冷链物流标准化操作体系，研制鱼类冷链品质控制技术与设施装备，保持鱼类的鲜度与品质，降低冷链物流损耗，为全程冷链物流提供科学规范的指导。

（Ⅱ）重要经济甲壳类全程冷链物流技术应用与产业化推广

针对主要养殖甲壳类，重点开展冷链下活虾、生冻、熟冻、冰鲜等产品以及其他加工产品等的理化性质和微生物变化研究，构建在冷链条件下进行禁食、捕捞、暂养、麻醉、清洁、加工、包装、运输等一系列的活体甲壳类冷链物流标准化操作流程；针对捕捞甲壳类，开展冷链下冰鲜、冷冻以及深加工的甲壳类产品等的理化性质和微生物变化研究，构建在冷链条件下进行初加工、预冷、船冻、冰鲜、冷冻、冷藏、解冻、再冷冻、包装、运输等一系列的冷链物流标准化操作体系，研制甲壳类冷链品质控制技术与设施装备，保持甲壳类的鲜度与品质，降低冷链物流损耗，为全程冷链物流提供科学规范的指导。

（Ⅲ）重要经济软体动物全程冷链物流技术应用与产业化推广

针对贝类以活体为主的特点，重点开展冷链下活贝、生冻、熟冻等产品以及其他加工产品等的理化性质和微生物变化研究，构建在冷链条件下进行禁食、预冷、捕捞、暂养、贝毒监测、初加工、清洁、杀菌、包装、运输等一系列的活体贝类冷链物流标准化操作流程；研制贝类冷链品质控制技术与设施装备，保持贝类的鲜活与品质，降低死亡损耗，为全程冷链物流提供科学规范的指导。

针对头足类动物（鱿鱼、章鱼等）以冻品为主的特点，重点开展冷链下头足类动物活体暂养、捕捞初加工、预冷、冷冻、解冻、深加工等产品以及其他加工产品等的理化性质和微生物变化研究，构建在冷链条件下进行加工、清洁、包装、运输等一系列的头足类冷链物流标准化操作流程；研制头足类冷链品质控制技术与设施装备，保持头足类动物的鲜美与品质，为全程冷链物流提供科学规范的指导。

（Ⅳ）重要经济藻类全程冷链物流技术应用与产业化推广

针对大型藻类以干制品为主的特点，重点开展冷链下鲜藻、预冷、熟冻、腌渍等产品以及其他加工产品等的理化性质和微生物变化研究，构建在冷链条件下进行采收、清洁、分割、调理、包装、运输等一系列的藻类冷链物流标准化操作流程；研制藻类冷链品质控制技术与设施装备，保持藻类的鲜美与品质，为全程冷链物流提供科学规范的指导。

（Ⅴ）重要经济棘皮类动物冷链物流技术应用与产业化推广

针对棘皮类动物以干制品为主的特点，重点开展冷链下活体海胆、急冻海参（生冻、熟冻）等产品以及其他加工产品等的理化性质和微生物变化研究，构建在冷链条件下进行采收、预冷、初加工、深加工、清洁、包装、运输等一系列的棘皮动物冷链物流标准化操作流程；研制棘皮动物冷链品质控制技术与设施装备，保持棘皮类动物的鲜美与品质，为全程冷链物流提供科学规范的指导，丰富消费者餐桌。

13.5 典型案例

13.5.1 案例一：美国缅因州波特兰水产品交易中心

1）技术重要性

缅因州的海水捕捞业在美国的水产业中名列第三。2021年缅因州捕捞波士顿龙虾1000万磅，价值 4.85 亿美元（图 13-15）。据美国国家海洋和大气管理局（NOAA），缅因州沿海拥有 3478mile（1mile=1.609 344km）的海岸线，54%的人口居住在沿海地区。缅因湾是世界上最丰富的鱼类和贝类栖息地之一。根据美国国家海洋和大气管理局 2012 年的数据，缅因州的水产品行业提供了 32 971 个工作岗位。2013 年缅因州海洋资源部报告称，有 7320 名商业捕捞渔民，其中 4239 人是商业龙虾捕捞者。截至 2014 年，缅因州租赁设施面积达 665acre（1acre=0.404 856hm^2）。波特兰市是缅因州水产品产业的枢纽。波特兰水产品交易中心提供的交易和船舶服务（制冰能力）是缅因州水产品产业不可或缺的一部分。缅因州捕获的底层鱼大多通过船运或是从另一个缅因州港口用卡车运输，最终到达波特兰水产品交易中心。缅因州的交通系统发达便捷，如公路、国际空运设施、国际海运码头设施和未来的铁路服务设施。

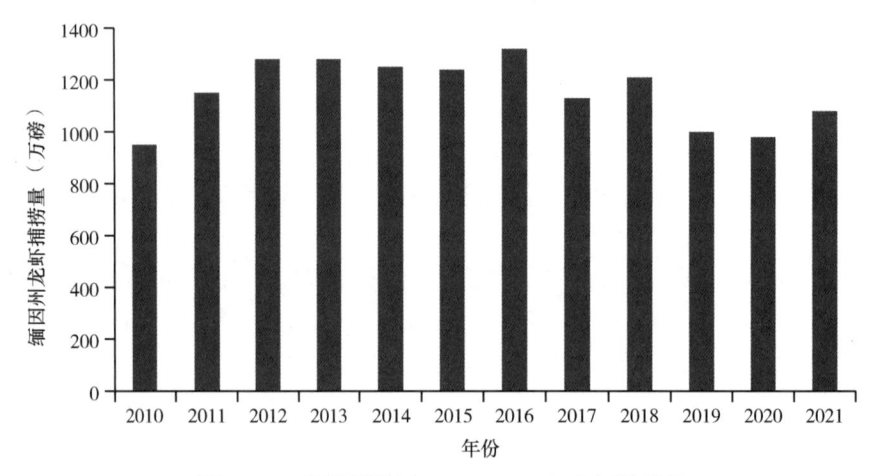

图 13-15　美国缅因州 2010～2021 年龙虾捕捞量

资料来源：https://www.maine.gov/dmr/fisheries/commercial/landings-data

2）技术水平分析

波特兰水产品交易中心是 1986 年开业的美国首个新鲜水产品拍卖展示交易中心，是一家非营利性的准公共公司，由董事会管理。交易中心为买卖双方提供公正的评级和称重服务。每日拍卖有助于确定批发新鲜水产品的最准确、公平和最新价格。价格信息对水产品买家和卖家是透明的，使他们能够做出最好的市场决策。交易中心作为金融中介机构，从买方收取款项并向卖方付款，同时收取服务费。卖方在交易中心销售产品后 24h 内收到货款。在每次拍卖结束时，买家会收到产品和服务的发票，并且有 14 天付款期限。其交易流程包括：水产品质量控制、水产品操作处理、议价成交等。交易中心有足够的空间 [有 22 000ft^2（1ft^2=0.0929 m^2）的冷藏仓库空间] 和能力为企业提供更多的交叉对接访问，以汇总展示他们的水产品。在波特兰水产品交易中心持有账户且有资格从交易中心出价和购买鱼类的买家，如果他们希望从卖家那里采购缅因州底层鱼类，则会在食品买家联系的在线资源中列出。

3）技术发展趋势

冷冻冷藏设施完善。Americold 是目前波特兰地区唯一的大型冷藏设施，提供 4.8 万 m^3

的存储区域，面积达 14 000m², 其服务包括：温控仓储, 出口服务, 库存管理, 贴标签/标识, 加工支持, 选择和包装及增值服务。目前波士顿是缅因州水产品的冷藏或冷冻聚合的主要目的地, 而不是波特兰。一些水产品企业选择租用移动或临时冷藏设施（冰箱或冰柜）而不是建造永久性冷藏空间。美国全国便携式存储协会（NPSA）维护一个网站, 用户可以搜索提供各种便携式存储设施, 如拖车、移动办公室、运输公司集装箱、货物集装箱、辅助装置、冷藏箱和底盘等。

第三方冷链物流服务发达。两个主要的第三方水产品处理商为: Peninsula of Boston Inc. 和 Araho Transfer。目前有三家航空公司定期在波特兰水产品交易中心和冷库间穿梭。波特兰国际海运码头设施的规划扩建, 为水产品的铁路和集装箱运输带来了更多的机会, 可以运往该国其他地区和世界各处。鉴于上述事实, CEI 网站上组建了一个在线资源, 供食品买家查看提取运输和运送水产品的公司, 他们的运输路线和他们携带的产品可在此展示, 以方便潜在的买家/卖家和其他感兴趣的人查看。

4）应用前景

波特兰是将水产品运出缅因州的运输和分销中心。离开该州的大部分水产品被运往波士顿, 由两个主要货运经销商（Araho Transfer 和 Peninsula of Boston Inc.）和航空公司承接。来自缅因州沿海许多地方的包装水产品可通过联邦快递公司（FedEx）和美国联合包裹运送服务公司（UPS）实现最便宜的地面交付服务。开发基于缅因州的龙虾加工设施和活龙虾先进运输系统将使龙虾市场多样化并增加需求, 从而减少龙虾价格下降及燃料和诱饵成本上升的全面影响。Eimskip（美国）公司现在为整个北大西洋提供水产品的集装箱运输, 这为缅因州出口增值水产品创造了难得的机会。

这对我国建设区域特色水产品冷链物流中心的启示是：①交易中心为水产品市场保证公平交易, 稳定秩序；②以当地特色水产品资源为核心, 构建相应的活体暂养、分级、宰杀、冷冻、冷藏、包装等冷链物流设施设备, 通过市场化运作为产业和政府服务；③大力发展专业的第三方服务业, 如仓储、运输、支付以及市场营销推广服务。

5）存在问题与建议

美国约 90% 的海鲜来自海外, 而缅因州龙虾捕捞量在 2019 年比 2018 年下降了 17%, 货源的缩减给冷链物流产业带来挑战, 但产值却基本稳定, 说明销售价格在上升。波特兰水产品交易中心可提供短期和长期的水产品仓储。然而, 这不足以满足冷冻水产品行业的需求, 需要 $-30\sim-20$℃ 的冷冻温度来保存产品。目前, 缅因州不能满足对快速冷藏水产品需求的突然增加, 波特兰在考虑建造一个大容量冷冻库。

13.5.2 案例二：中国北方（青岛）国际水产品交易中心

1）技术重要性

中国北方（青岛）国际水产品交易中心位于青岛董家口, 冷链物流基地项目占地 12.26km², 项目建设总投资 330 亿元, 是青岛市重点项目、青岛市海洋渔业一号工程。项目建成后, 水产品交易量达 300 万～600 万 t, 带动形成千亿级海洋经济产业集群。未来, 冷链物流基地将建成 300 万 t 冷库群, 成为世界最大的冷链物流集群。该项目对青岛海洋经济发展，特别是海洋经济产业结构的转型升级具有重要意义。水产品冷链物流中心与关联产业之间存在引领带头、协同发展的技术经济联系。在水产品冷链物流中心建设中，源头板块的产业具有公共性和战略性、基础性和先导性作用，关联产业发展过程中涉及的政府、企业、渔民等不同主体具有多样性和辅助性作用。

水产品冷链物流中心主要交易产品有：①金枪鱼类。目前中国台湾地区和日本、韩国的大眼金枪鱼、黄鳍金枪鱼、长鳍金枪鱼和鲣鱼 4 个种类金枪鱼总产量约 145 万 t。②鳕鱼类。目前，东北亚地区鳕鱼年捕捞量约 200 万 t。同时，青岛市 2011 年进口水产品 73 万 t，其中大部分为鳕鱼。2020 年青岛鳕鱼到港量约 35 万 t。③秋刀鱼。太平洋秋刀鱼被大规模商业开发，是日本、俄罗斯、韩国及中国台湾等地的主要捕捞鱼类。目前，秋刀鱼捕捞产量稳定在 38 万～61 万 t，其中日本年产量为 23 万～35 万 t，俄罗斯为 9 万～11 万 t，中国台湾地区为 6 万～11 万 t，韩国也有一定产量。④鲑鳟鱼。鲑鳟主要考虑吸引日本、俄罗斯、冰岛、挪威等国家的捕捞渔船到港卸货，预计 2020 年可吸引鲑鳟鱼类约 5 万 t。⑤鱿鱼。鱿鱼是国际上在我国交易量较大的品种之一。目前我国远洋鱿钓渔业生产规模进一步扩大，年产量超过 100 万 t，居世界首位，预计到 2020 年可吸引到港量约 20 万 t。

2）技术水平分析

据悉，该水产品交易中心包含一座 5 万 t 的超低温冷库，于 2019 年投入运营，是目前世界上最大的单体超低温冷库。基地还将以青岛鲁海丰食品集团有限公司为主体，积极引进第三方物流企业，构建海陆空水产品立体冷链物流配送网络，打造东北亚最高效的冷链物流体系，建成后将形成千亿级产业链，成为中国北方最大的国际水产品交易中心和东北亚重要的国际水产品交易中心之一。

3）技术发展趋势

建设专业的、高水平的水产品冷链物流中心需要包含"五平台一中心"：专业化的交易服务平台、物流信息技术平台、冷库仓储平台、采购分销服务平台、港口通关服务平台和第三方物流中心。

交易服务平台。随着交易设施的完善与交易量的增大，市场交易价格成为行业内重要的风向标，最终成为区域水产品的价格指导。同时，市场定价引入拍卖模式，采用电子竞价拍卖系统进行交易，实现资金验证、商品信息、竞价过程、成交处理等均由计算机自动完成。

物流信息技术平台。物流信息化是建设一个基于供应链的物流、资金流、信息流紧密集成的现代物流信息系统，通过物流信息基础数据平台和物流信息应用平台，将信息化建设与管理创新相结合，通过采用先进的物流信息技术，建立一个联结市场和政府部门的开放型物流信息技术平台，为渔业物流的标准化工作提供保障和支撑。利用物流信息技术的支撑和引导，推动渔业物流产业的现代化发展。

冷库仓储平台。成立水产品理货中心，专门负责水产品的分拣与理货业务，以提升产品的附加值。水产品理货中心通过分拣、理货和冷藏等操作后，提高水产品的平均销售价格。引进物流企业，以信息化为手段，构建海陆空水产品立体冷链物流配送网络，主要通过公路物流实现点对点冷链物流配送。还可提供二级批发市场、宾馆酒店和大中型企业的物流服务。

采购分销服务平台。搭建采购分销服务平台，改变原始而粗放的采购模式，通过专门的分销渠道，建立国际采购与分销的设施与平台，来改进现有的分销模式，逐步杜绝销售商与渔民大多在码头和设施简陋的农贸市场进行采购交易。

港口通关服务平台。该平台可停靠万吨级冷藏船、加工船及渔船，同时提供船舶加油、加水、加冰及食物供给等服务。争取国家政策，申请保税政策，减免相关税费，降低成本。实行"提前报关，实货放行"新模式，不仅极大加快了口岸物流速度，还减少了企业滞留费用。

第三方物流中心。成立第三方物流公司，为渔民及企业提供专业化的物流服务。引入知名的物流运营商及战略合作伙伴，带动周边地区物流业的发展，形成物流产业集群，最终成为区域具有重要影响力的综合性物流企业。

4）应用前景

运用先进的现代物流理念，从渔业供应链的角度研究利用五大平台的功能及其联动发展、相辅相成的互生关系和水产物流基地的产业集聚效应，促进物流运作的规模化、集约化和现代化，从根本上提升区域冷链物流的运营水平。同时，在未来业务的运营与管理上以"五平台一中心"为主导，通过招商引资，吸引战略合作伙伴，共同进行实体的建设和运作，在互利互惠的基础上进行资本之间的强强联合，在共享的基础上进行资源的融合，在提升远洋渔业供应链效率的基础上实行业务融合。

5）存在问题与建议

该项目产业规模宏大、立足高远，采用大平台、大中心、大合作的思路，将对东北亚的水产冷链物流产生重大影响，对所辐射的相关水产品产业起到火车头的模范带动作用。但仍需深耕水产品冷链物流服务，通过科技引领核心水产品产业升级，通过综合服务降低运营成本，大力发展第三方服务，提高核心竞争力。

13.5.3 案例三：美国阿拉斯加州渔业捕捞初加工和预冷技术

1）技术重要性

阿拉斯加渔业是世界上渔业捕捞可持续管理的典范，捕捞加工水平在全球领先，为全球市场和消费者供应优质产品。管理人员将参与捕捞渔业的船只限制在一定数量，将每一鱼种的年度渔获量限制在可持续范围，并规定如何、何时和在哪里进行捕捞，以实现可持续发展。阿拉斯加80%是小型渔船（<18m），大于18m的船有332艘（其中有76艘船大于38m）。2014年白令海阿留申群岛的捕捞加工船的建造成本约1.3亿美元，平均每年总收入约1600万美元。

《美国渔业法》（AFA）特别列出了20艘有资格参加近海渔业的捕捞加工船。其中15艘持有AFA许可证的船只用于捕捞并处理狭鳕。《美国渔业法》在各部门之间分配了白令海峡和阿留申群岛的狭鳕配额。白令海峡和阿留申群岛的狭鳕总允许渔获量的社区发展配额计划分配为10%。剩余配额的分配如下：陆上部门（在岸交付的捕捞船）50%，离岸捕捞加工船40%，加工母船10%。

白令海和阿留申群岛捕捞加工船捕获物的首次批发价值2010年达到4.957亿美元，鱼片是主要产品，占43%。鱼糜是第二有价值的产品，其次是鱼子（价值5180万美元）。鱼子是价格最高的产品，每磅3.52美元，其次是鱼片和鱼糜，两者的价格都约合每磅1.75美元。所有产品的平均价格为1.58美元（Northern Economics Inc. and EDAW Inc., 2001; North Pacific Fishery Management Council, 2012）。

2）技术水平分析

鱼糜拖网捕捞加工船：平均长度94m，平均功率6500hp[①]，平均吨位445t，储存能力1430m^3（表13-9）。该船只在主甲板下方配有一个完整的加工层和一个下层储存舱。鱼加工层包含多条现代鱼糜生产设备。此外，大多数船只最近增加了狭鳕鱼片和单独快速冷冻（IQF）鱼片的能力。鱼片生产线使鱼糜拖网捕捞加工船有能力以较大的鳕鱼和太平洋鳕鱼（狭鳕渔业的主要副渔获物）生产高价值鱼片产品。鱼片生产线的存在使鱼糜生产线可以微调到更均匀、更小的鱼。使用均匀的狭鳕生产鱼糜使得利用率和质量都提高。大多数船也有生产鱼粉和鱼油的加工线。这些船只能够每天持续捕捞400t以上，每天生产50t以上冷冻鱼片或鱼片。这些船舶的加工从现代鱼片机械开始，通过粉碎机、搅拌器、灌注罐和螺杆挤压机进行。质量控制人员测试鱼糜的含水量、弹性和其他特征，以确定产品的分级。在鱼糜捕捞加工船上生产的鱼糜通常被归类为"SA"，即最高等级的鱼糜，并获得更高的价格（Northern Economics Inc. and EDAW Inc., 2001; North Pacific Fishery Management Council, 2012）。

鱼片拖网捕捞加工船：平均长度76m，平均功率4550hp，平均吨位490t，储存能力1145m^3（表13-9）。拖网捕捞加工船从狭鳕渔业的收获中生产鱼片作为主要产品。这些船的体积很大，为生产鱼粉、鱼糜和其他产品形式的设备提供了空间。狭鳕和太平洋鳕鱼是这类捕捞的主要物种，它们的运行特点很大程度上是由这些物种的捕鱼季节决定的。这些船没有生产鱼糜的能力，它们专注于高价值但劳动密集型的鱼片生产。这些船只在主甲板下方配有一个完整的加工甲板和一个下层冰柜，类似于鱼糜拖网捕捞加工船。鱼加工甲板包含几条现代的鱼片加工设备和平板冷冻机。鱼片拖网捕捞加工船能够在捕捞行程中存储大量加工产品。这些船只不需要经常前往港口卸下渔获物，因此可以集中开展捕鱼和加工活动。鱼片加工需要较大的鱼，较小的鱼常被制成鱼粉和鱼油。鱼片拖网捕捞加工船的主要产品是去皮和去骨的鱼片。生产需要通过精密的鱼片机械运行鱼，这种机械可以针对鱼的大小和鱼片的厚度进行设置。一旦鱼片被切开，它们就移动到烛照台，船员检查并清除寄生虫。烛照是一个劳动密集型过程，是生产能力的限制因素。鱼片清洁后被包装到鱼块产品的托盘中，或作为IQF产品进行加工和销售。鱼子也是重要产品，占总收入的22%（Northern Economics Inc. and EDAW Inc., 2001; North Pacific Fishery Management Council, 2012）。

去头去脏拖网捕捞加工船：平均长度51m，平均功率2100hp，平均吨位345t，储存能力471m^3（表13-9）。甲板下面是鱼加工层（有平板冷冻机），加工甲板下方是能够存储200～500t冷冻产品的冷冻舱。在大多数天气条件下，较大的去头去脏拖网捕捞加工船可以在白令海峡和阿留申群岛运行。去头去脏拖网捕捞加工船在捕捞远东多线鱼和红鱼时通常使用中上层拖网渔具，但在捕捞平鱼和太平洋鳕鱼时可切换到底拖网渔具。此类大多数船舶只

[①] 1hp≈745.7W。

能产生去头和去脏产品,因为它们的大小通常限制船员数量和可以容纳的设备数量。将渔获物去头、去脏、清洗、分类,并冷冻为每个重约 18kg 的鱼块,然后将鱼块从托盘中取出,装在箱子里,并储存在冷冻箱中,直到它们被卸载并发送到市场。这种船由于捕捞物种多,比其他捕捞加工船捕捞时间长,每年运行约 9 个月。维修和船坞工作一般是从 10 月下旬到翌年 1 月初进行。船只每次出海平均捕捞时间为 6~20d(Northern Economics Inc. and EDAW Inc.,2001;North Pacific Fishery Management Council,2012)。

延绳钓捕捞加工船:平均长度 41m,平均功率 1275hp,平均吨位 385t,储存能力 382m^3(表 13-9)。主要目标鱼种是太平洋鳕鱼、鲽鱼和格陵兰比目鱼。大多数船只配备了自动挂饵机,每天可挂饵和起捕 30 000~40 000 钩。在甲板有去头去脏机、平板冷冻机和较小的储存舱。较大的船舶可以容纳更大的冷冻架,使船舶能够在海上停留更长时间。较大的船舶可安装更多的加工和自动诱饵设备,以增加整体日捕捞量。大多数船只是从其他用途改装而来,在改装前不一定是渔船。这种船只往往较大,因为它们专门针对白令海和阿留申群岛(BSAI)中的太平洋鳕鱼。此类大型船舶可在大多数天气条件下运行。渔获物放血大约需要 30s,为了加工方便,流血的鱼被放置在一个水箱 15min 或 20min,直到发生僵直。然后人工/机械去头去脏并置于清洗罐,洗净的鱼按大小/重量分类、包装和冷冻。在 2h 内完成加工。鱼在冷冻约 4h 后,用清水包冰衣,重新包装,并放入冷藏库。产品最后被卸载到港口的冷库,大多用于出口(Northern Economics Inc. and EDAW Inc.,2001;North Pacific Fishery Management Council,2012)。

表 13-9 2000 年各船型主要参数与性能

船型	平均长度(m)	平均功率(hp)	平均吨位(t)	储存能力(m^3)	日加工能力(t)	冷冻容量(t)	数量(个)
鱼糜拖网捕捞加工船	94(78~118)	6500(4800~8800)	445	1430	50~80(大) 50(小)	1500(大) 500(小)	11
鱼片拖网捕捞加工船	76(61~90)	4550(3000~5800)	490	1145			4
去头去脏拖网捕捞加工船	51(31~90)	2100(675~3600)	345	471	50~75(大) 10~30(小)	400~500(大) 100~300(小)	24
延绳钓捕捞加工船	41(17~60)	1275(350~4800)	385	382			41

注:括号中"大"表示,该类型船的上限范围;"下"表示该类型船的下限范围
数据来源:Northern Economics Inc. and EDAW Inc.,2001;North Pacific Fishery Management Council,2012

3)技术发展趋势

鱼片拖网捕捞加工船的数量大幅减少,从 1998 年的 12 艘减少到 1999 年的 4 艘。此类船舶现在可定制加工以满足市场需求,而不是最大化捕捞量。鱼糜加工船具有更大的尺寸,可以将鱼片生产线合并到其处理生产线中。这比鱼片加工船(不能生产鱼糜)更具有优势。鱼片拖网捕捞加工船的一些船主也许能够承担增加鱼糜加工线的费用,从而转换为鱼糜加工船只(Richardson,2000)。预计捕捞加工船将成为现代化投资的目标,船主会被减少燃料消耗和安装尖端加工设备的机会所吸引。加工母船中的一艘可能会被替换升级,包括增加船上处理设备组合和提升效率的驱动(Northern Economics Inc. and EDAW Inc.,2001;North Pacific Fishery Management Council,2012)。

4）应用前景

船上的加工和冷冻冷藏代表着最高的捕捞效率、捕捞利润和水产品质量。这对我国的渔船升级换代具有一定的参考作用。开发海上加工冷藏母船，在海上进行收储，在船上完成预冷、初加工、冷冻和冷藏作业，以最快的速度进入冷链，从而提高水产品品质，减少水产品品质降级引起的损耗问题。这可以提高作业效率、降低能耗及提高品质。值得注意的是，海洋捕捞配额管理是实施该项技术的关键，否则有可能导致竭泽而渔的局面（Northern Economics Inc. and EDAW Inc.，2001；North Pacific Fishery Management Council，2012）。

5）存在问题与建议

北太平洋捕捞船队在阿拉斯加海岸外从事商业捕鱼活动的超过 30ft（9.1m）的船有 5000 多艘。北太平洋船舶平均有 40 年的历史，船龄老化，需要进行现代化改造。现代化改造的主要动力是增加新的、更复杂的加工能力（去头去脏生产线、鱼糜生产线等），以及提高燃油效率。提高船只收益的最有效方法就是减少鱼类浪费和更好地利用捕获物。通过改造，现代船体设计和推进设备可节省超过 30%的燃油成本。未来两艘或两艘以上的船只将被一艘更大或更高效的船只所取代（Northern Economics Inc. and EDAW Inc.，2001；North Pacific Fishery Management Council，2012）。

以上案例对我国渔业捕捞可持续发展的启示包括：①通过科学的配额管理实现渔场资源的可持续发展，采用渔获物定额管理来规范捕捞船的作业；②对我国渔船实施现代化改造升级，尤其是捕捞初加工和预冷技术在专业化加工船中的推广应用，对于提升水产品品质、提高捕捞作业船效益以及实现渔业资源可持续利用浪费具有重要意义。

参 考 文 献

常丽娜，李学工. 2014. 水产品冷链物流标准化体系构建探讨. 水产品质量与安全, (2): 34-37.

陈丽红，栗巾瑛，芮嘉明，等. 2013. 如何建立生鲜食品冷链物流服务质量评价指标体系. 物流科技, (7): 20-22.

陈雪. 2018. 城乡双向流通冷链物流体系改革探讨. 商业经济研究, (7): 87-88.

陈宇铮，塘仲喆，倪云峰，等. 2013. 基于 RFID 的冷链物流监测系统的设计. 计算机应用于软件, 30(2): 263-265, 291.

德勤咨询. 2018. 新零售下的新物流：以消费者为中心实现数字化跨越. http://www.cioall.com/uploads/f20190128l0015788294.pdf[2022-5-20].

韩春阳，伍景琼，贺瑞，等. 2015. 国内外冷链物流发展历程综述. 中国物流与采购, (15): 70-71.

黄文博，谢晶，罗超，等. 2016. 冷链物流中温度波动对美国红鱼品质变化的影响. 食品科学, 37(18): 268-274.

李俊毅. 2019. 水产品冷链物流标准体系构建研究. 标准科学, (4): 78-81.

李学工，齐美丽. 2016. 生鲜电商冷链物流的成本控制研究. 农业经济与管理, (4): 52-60.

吕晃，郭又绮，王佳茜，等. 2016. 中国生鲜消费趋势报告：新时代生鲜市场制胜之道. 上海, 杭州: 波士顿咨询公司, 阿里研究院.

毛蕤. 2013. 第三方冷链物流体系构建与评价研究. 兰州理工大学硕士学位论文.

农业农村部市场预警专家委员会. 2020. 中国农业展望报告 (2020—2029). 北京: 中国农业科学技术出版社.

农业农村部渔业渔政管理局, 全国水产技术推广总站, 中国水产学会. 2021. 2021 中国渔业统计年鉴. 北京: 中国农业出版社.

苏宪芳, 郭科良. 2017. 水产品冷链物流概况. 水试专讯, 60: 47-49.

孙璨, 梁沁, 王姝婷. 2017. 京东仓储智能化体系调查研究——以上海"亚洲一号"仓库为例. 中国物流与采购, (18): 70-71.

汤晓艳, 钱永忠. 2008. 我国肉类冷链物流状况及发展对策. 食品科学, 29(10): 656-660.

王艮. 2012. 上海在十二五规划期间建立现代化的冷链物流体系. 制冷技术, (2): 5.

王曼曼. 2018. 生鲜食品冷链物流体系探究. 管理科学与工程, 7(2): 65-71.

王强, 段玉权, 詹斌, 等. 2007. 国外冷链物流发展的主要做法与经验. 物流技术与应用, 12(2): 89-91.

吴稼乐, 孔庆源, 朱富强, 等. 2008. 我国水产品冷链物流发展规划若干问题的探讨. 制冷, 27(3): 42-46.

熊珲. 2012. 国内外农产品冷链物流发展比较研究. 商情, (1): 109, 57.

杨胜平, 谢晶, 高志立, 等. 2013. 冷链物流过程中温度和时间对冰鲜带鱼品质的影响. 农业工程学报, 29(24): 302-310.

杨棕越, 宫智新. 2016. 消费升级拉动需求, 冷链物流成新热点. https://www.docin.com/p-1978802500.html[2022-5-20].

张宁, 谢晶, 李志鹏, 等. 2015. 冷藏物流过程中温度变化对鲑鳟品质的影响. 食品与发酵工业, 41(10): 186-190.

张签名. 2013. 冷链物流热了. 农产品市场周刊, (36): 12-18.

中物联冷链委, 前瞻产业研究院. 2022. 2022 年中国冷链公路运输装备市场现状及发展趋势分析-轻型及柴油冷藏车畅销. https://www.qianzhan.com/analyst/detail/220/220324-263e3bd4.html[2022-4-3].

周路. 2016. 我国畜禽生鲜产品冷链物流体系构建研究. 产业与科技论坛, 21: 12-14.

周兴建. 2012. 基于 AHP 的国内外农产品冷链物流发展水平综合比较研究. 安徽农业科学, 40(6): 3663-3665.

Andersen L. 2016. From Ocean to Plate: How DNA Testing Helps to Ensure Traceable, Sustainable Seafood. Marine Stewardship Council. https://slidelegend.com/ocean-to-plate-how-dna-testing-helps-to-ensure-traceable-_59da40461723dda204e05c7e.html[2022-5-20].

Björk A, Kongstad C S. 2016. Conditions for design and control of refrigeration systems in fish processing plants. Gothenburg: Chalmers University of Technology.

Blaha F, Katafono K. 2020. Blockchain Application in Seafood Value Chains. Rome: FAO.

Eliasson S, Margeirsson B, Arason S, et al. 2012. Temperature Control During Containerized Sea Transport of Fresh Fish. Clearwater Beach: Presentation given at the 4th Trans‐Atlantic Fisheries Technology Conference.

Fox M, Mitchell M, Dean M, et al. 2018. The seafood supply Chain from a fraudulent perspective. Food Security, 10(4): 939-963.

Goulding I C. 2016. Manual on traceability systems for fish and fishery products. CRFM Special Publication, (13): 15.

Lisa K. 2013. Use of cold chains for reducing food losses in developing countries. La Pine: The Postharvest Education Foundation.

Mai T T N. 2010. Enhancing quality management of fresh fish supply chains through improved logistics.

Reykjavik: University of Iceland.

Ndraha N, Hsiao H I, Vlajic J, et al. 2018. Time-temperature abuse in the food cold chain: Review of issues, challenges, and recommendations. Food Control, (89): 12-21.

North Pacific Fishery Management Council. 2012. Fishing Fleet Profiles. https://www.npfmc.org/wp-content/PDFdocuments/resources/FleetProfiles412.pdf[2022-3-24].

Northern Economics Inc. , EDAW Inc. 2001. Sector and Regional Profiles of The North Pacific Groundfish Fisheries. https://www.npfmc.org/wp-content/PDFdocuments/resources/SectorProfiles/Trawl%20Catcher%20Processor%20Profiles.pdf[2022-3-24].

Salin V. 2018. GCCA Global Cold Storage Capacity Report. Arlington: Global Cold Chain Alliance.

Sheikh W, Sen S, Hasan R. 2018. The supply chain of sea fish from source to consumer: Bangladesh perspective. British Medical Journal, 2(1): 94-104.

Trebar M, Lotrič M, Fonda I, et al. 2013. RFID data loggers in fish supply chain traceability. International Journal of Antennas and Propagation, (2): 1-9.

Woolfe M L. 2000. Temperature monitoring and measurement, Part Ⅱ. Technologies and processes//Stringer M, Dennis C. Chilled Foods: A Comprehensive Guide. 2nd ed. Boca Raton: CRC Press.

Wu W B, Deng Y W, Zhang M Y, et al. 2015. Performance evaluation on aquatic product cold-chain logistics. Journal of Industrial Engineering and Management, 8(5): 1746-1768.

Zhao H X, Liu S, Tian C Q, et al. 2018. An overview of current status of cold chain in China. International Journal of Refrigeration, 88(4): 483-495.

第 14 章 水产品质量安全

水产品质量安全与人民的身体健康、社会的和谐稳定和行业的健康发展密切相关。近年来，水产品质量安全事件频发，已成为制约我国渔业可持续健康发展的重要因素。国家高度重视并在水产品质量监管和研究上多管齐下，科学研究不断深入，质量安全水平稳步提升。但与人民的期待和行业的需求相比，仍然存在产品质量形成机制不清、危害物代谢残留机制不明、质量控制技术与设备缺乏及标准和法规不健全等问题。未来水产品质量安全主要研究任务包括：研究主要危害物的形成与消长规律和动态调控机制，研发水产品质量安全危害因子筛查、快速检测技术及其产品和设备，开发水产品质量安全追溯与预警技术和设备，研制有害物质过程防控与消减技术，健全水产品质量安全标准体系和技术规范。

我国产地水产品监督抽查合格率连续 7 年保持在 99%以上，其中 2021 年合格率为 99.9%。"十三五"期间，我国把水产品质量监控和监管工作作为一项重点工程，显示了水产品质量安全在渔业发展中的特殊地位，促进了水产品质量安全学科的进一步发展，但和发达国家相比，我国还存在较大的差距和不足。"十四五"及今后较长的一个时期，我国渔业处于从产量型向质量和效益型转变的关键时期，对水产品质量安全研究提出了更高的要求。因此，本章将总结近年来我国水产品质量安全领域的研究进展，比较国内外该领域的差异，追踪科技前沿和最新动态，分析发展趋势，归纳主要热点难点问题，明确今后发展重点和任务，以期推动该领域科技创新能力整体水平的提升和协调发展。

14.1 产业与科技发展现状分析

水产品质量安全研究贯穿于养殖、捕捞、流通、加工和市场销售等渔业产业链各环节，该学科主要研究的是水产动植物从生长到消费全过程中与人类食用安全有关的危害物质甄别、监测以及控制的理论、方法和规律，以揭示对生产过程、环境、原料、投入品、流通消费环节等方面的操作和监管行为与水产品质量安全的关系。因此，水产品质量安全研究几乎涉及了养殖、苗种、病害、渔药、饲料、环境、加工等传统渔业科学的方方面面。本节将从水产品质量安全学科的基础理论、科学技术、设备产品以及相关系统和体系的建设等方面进行产业与科技发展的现状分析。

14.1.1 国际产业与科技发展现状及瓶颈/问题

1. 国际产业与科技发展现状

1）重视水产品质量安全中危害形成、控制机制等基础研究

危害物进入水产动植物体内后，对其危害形成机制的研究是解决质量安全问题的关键。发达国家特别重视水产品质量以及产品中危害物形成过程的研究，关注有害重金属、生物毒素、致病性微生物、持久性有机污染物等危害因素，关注危害物质的毒理学、毒代动力学以及风险评估共性技术的研究，关注其形成过程以及分子基础和调控机制的研究，关注环境生态、生物安全、食用安全以及产品质量诸多方面的基础研究（Hassoun and Karoui, 2017）。研究内容包括关键的污染物甄别、污染物在水生生物体内的富集分布及代谢规律、污染物对养殖生物的危害机制、水产品质量形成的生物基础与调控途径、营养组成和关键功能性成分的生物效应以及风味品质的形成机制、分子基础与调控途径等多个方面，并且利用模式生物充分研究目标药物的代谢途径、代谢产物后，再将其投入商业化运营，避免后期因残留而引发食品安全隐患（Matos et al., 2017）。例如，针对贝类对重金属镉的富集与生物转化方向的研究发现，在贝类体内，重金属镉同时具有低浓度生物累积作用和高浓度生物转化解毒功能（Pramanik and Roy, 2014）。进入贝类体内后，游离态镉（低浓度）先与金属硫蛋白结合，富集形成颗粒态镉，进而形成"包围隔离机制"，表现为在细胞中（尤其是肝、肾细胞）用膜将高浓度镉颗粒包裹，使其与其他细胞组分离，以起到积累与解毒作用（张柏豪等，2021）。

2）快速、多参数、高通量的检测技术不断涌现

导致水产品产生质量安全问题的危害物种类众多，涉及重金属、农兽药、持久性有机污染物、生物毒素及致病性微生物等多种危害物，检测技术是发现水产品安全问题的主要手段。国际上水产品质量安全检测技术领域近年在快速、多参数以及精确定量和结构解析等方面的发展迅速。

样品前处理技术：欧美等发达国家针对传统萃取方法操作烦琐、耗费时间较长、试剂消耗量大、回收率不稳定等诸多短板，开发出快速溶剂萃取（ASE）、固相微萃取（SPME）、液相微萃取（LPME）等多种前处理技术，部分技术已被美国国家环保局批准为 EPA3545 号标准方法，并在不断地完善和拓宽应用领域。

污染物高通量检测和筛查技术：针对目标污染物众多、逐项检测费时费力的情况，国外科技人员将污染物多残留高通量检测技术作为研发重点之一，结合污染物共性萃取等样品前处理技术，进行多组分、多参数同时精确定量检测，极大地提高了检测效率（Renata et al., 2015; Turnipseed et al., 2015; Silva et al., 2013; Shin et al., 2018）。例如，Orellana 等（2014）采用静电场轨道阱高分辨液相色谱质谱实现了多种贝类毒素的同时测定。

快速检测技术：国际上除传统胶体金免疫层析技术、酶联免疫分析技术外，另有研究人员采用高灵敏度电化学免疫传感器在线检测贻贝样品中的大田软海绵酸（Dominguez et al., 2012）。代谢组学技术也被应用于食品中病原菌的早期检测，并开发了检测试剂盒（Beale et al., 2014）。电化学免疫传感器对麻痹性贝毒具有交叉敏感和低选择性等特点，有望将其应用于电子舌多传感器系统，实现麻痹性贝毒的同时定量（Ferreira et al., 2018）。

污染物结构解析技术：发达国家和地区不仅重视禁用药物、限用药物原药的结构解析，近年来更侧重于禁限用药物在动物体内代谢产物的结构解析，如通过质谱、核磁共振等技术，尝试研究药物代谢产物的结构。

水产品专用标准物质制备技术：发达国家和地区基本垄断了该领域的标准物质制备、高纯提取、精准定量、高效保存等技术。以贝毒为例，加拿大依靠藻类的高效培养、提取分离、纯化等坚实的基础研究，长期保持着贝类毒素标准品制备技术在全球的领先地位，由其研制生产的贝类毒素标准品品种全、纯度高,得到了 40 多个国家和地区实验室的一致认可(刘艳琴等,2007)。

总体上,发达国家水产品质量安全检测技术的发展可总结为两大方向:一是实验室高通量、高灵敏、多残留且特异性强的确证技术;二是现场简单、快捷的速测技术。其已从单指标的一般定性、定量分析发展到对多种物质的定性、定量分析,乃至对未知物的鉴别;从对简单物质的杂质分析到对复杂物质中微量杂质的分析;从单一的总量检测发展到形态鉴别乃至多赋存形态分析;从单纯的检测方法建立到标准物质的研制、技术体系的建立。近年来,随着仪器设备和技术的发展,针对未知污染物的筛查和盲查成为热点,发达国家依托在仪器设备制造方面的技术优势,力求同时形成设备的商业化和技术的标准化,从而确保对其他国家长期保持技术优势。

3)产地溯源和真伪鉴别技术成为研究热点

日本在法律制定上一直重视水产品的溯源问题,并率先颁布了《农林产品的标准化和正确标签法》等标准法规,该法明确规定包括水产品在内的生鲜农林产品必须正确标注产品名称、产地、原材料,进口产品特别要标注原产国,否则将被视为违法。欧盟一直支持强制推动水产品可追溯性,其水产品溯源技术的发展及法规的设立在世界上一直处于领先地位。2003 年欧盟就已实行水产品追溯标签制,规定生产商必须提供水产品物种证明、产地和生产方法等信息。从 2006 年起,欧盟开始实施 3 部有关食品卫生的新法规,即有关食品卫生的法规(EC)852/2004、规定动物源性食品特殊卫生规则的法规(EC)853/2004、规定人类消费用动物源性食品官方控制组织的特殊规则的法规(EC)854/2004。此外,欧盟水产品追溯计划项目组颁布的《养殖鱼生产流通链信息记录细则》从全程角度出发,建立养殖水产品可追溯体系的标准细则,在实践方面很具有代表性(周真,2013)。Antoniol 等(1999)设计了养殖水产品质量安全管理程序,将鱼苗、饲料、药物和养殖用水等涉及水产品质量安全的信息电子化,从而实现养殖水产品信息全程可追溯。美国颁布的《反恐法》中,要求国内外食品加工设备的拥有者和操作者都要在食品药品监督管理局(FDA)登记,并要求食品企业创建和保持记录,能明确原始资料和下一级产品的接受者。美国 FDA 还颁布了《食品安全跟踪条例》,要求所有涉及食品运输、配送和进口的企业必须建立和保全有关食品流通的全过程记录。

原产地品质特征及其保护技术在国际上受到了空前的关注(Danezis et al., 2016)。例如,在美国,《联邦食品、药品和化妆品法》明确禁止水产品假冒行为;在加拿大,针对用低值鱼冒充高值鱼的经济欺诈现象,加拿大食品检验局(CFIA)及进口商自 2011 年 12 月起,对部分进口海产品进行 DNA 检测。

产地溯源技术:日本水产研究有关机构利用多元素及稳定同位素指纹分析技术已成功鉴别了日本鳗鲡(*Anguilla japonica*)、菲律宾蛤仔(*Ruditapes philippinarum*)、大鳞大麻哈鱼(*Oncorhynchus tshawytscha*)等产品的不同产地。欧美等科研人员也利用质谱与光谱分析技术、分子生物学技术对水产品的产地进行了成功追溯(El Sheikha and Xu, 2017),如利用稳定同位素比例质谱技术追溯鸭嘴鲶(*Pseudoplatystoma fasciatum*)、虹鳟(*Oncorhynchus mykiss*),利用电感耦合等离子体质谱技术追溯条长臀鳕(*Trisopterus luscus*)、虹鳟,利用红外光谱技术追溯欧洲鲈(*Dicentrarchus labrax*),利用原子光谱追溯海鲈鱼类、金头鲷(*Sparus aurata*),利用核磁共振技术追溯大西洋鲑(*Salmo salar*),利用变性梯度凝胶电泳（PCR-DGGE）技术追溯罗非鱼（*Oreochromis niloticus*），利用气相色谱技术追溯鲆鲽类、紫贻贝（*Mytilus edulis*）等（郭小溪等，2015）。

基于 DNA 的真伪鉴别技术：发达国家的 DNA 提取技术更注重自动化、高通量。除了传统的酚-氯仿等方法，美国研究人员研发出达到每年 10 万个样本工作量水平的硅柱法，作为 DNA 的自动化提取方法之一，用于众多鱼类包括加工品的鉴定中。另一种自动化提取方法是磁珠法，其利用 DNA 结合蛋白或互补序列等方式，促进磁珠表面更多地捕获 DNA，并且磁珠法能够提高加工品中 DNA 的提取成功率，现已成功应用于金枪鱼、鲣（*Katsuwonus pelamis*）DNA 的提取中。将磁珠法与自动化仪器相结合，可以达到每周 800 个样本的工作量水平。

DNA 条形码真伪鉴别技术：发达国家建立的 BOL、Fish Trace 联盟等参考序列数据库已基本进入实际利用阶段。美国 FDA 正在规划利用 DNA 条形码计划，鉴定贸易中的假冒行为。另外，发达国家还开发出"小型条形码"以弥补原有技术在深加工等 DNA 降解严重样本鉴别领域中存在的缺陷。

限制性内切酶片段长度多态性（RFLP）真伪鉴别技术：鲑鱼、鳟鱼和河鲀鱼肉的 RELP 技术鉴定在国外已成功实现。其主流做法是使用芯片代替凝胶电泳来分析 DNA 片段，相对于传统的凝胶方法，具有更高的效率和灵敏度，也提高了自动化和高通量运用 RFLP 的可能性。Agilent 公司推出一款试剂盒，利用 RFLP 结合芯片及 RFLP 图谱匹配软件，可以鉴定 50 多种物种，甚至可以在 8h 内完成鱼类或特定几类加工产品的鉴定工作。

物种特异性聚合酶链反应（PCR）水产品真伪鉴别技术：发达国家依然保持领先水平，根据 *ATPase6* 和 *ATPase8* 基因建立了多重实时 PCR（Real-time PCR）方法，用于鉴定不同品种鳕鱼；开发了与小沟结合物（MGB）探针或碱基修饰技术锁核酸（LNA）结合的新技术，大大提高了 *Taq*Man 探针的特异性，目前 *Taq*Man MGB 探针已经用于鳗鱼、金枪鱼、鲑鱼、鳟鱼、真鲷（*Pagrus major*）和眼斑拟石首鱼（*Sciaenops ocellatus*）等多种产品的鉴定。

4）水产品质量安全风险防控技术体系基本完善

风险防控是确保水产品质量安全最有效的手段，其主要技术是针对水产品生产、流通、销售等各环节进行危害分析，并利用追溯技术和预警技术等手段，实现危害物的全链条防控和管理。欧美等发达国家对水产品风险防控极为重视，并主要采用从源头抓起，实现从"池塘到餐桌"的全过程管理的措施，且危害分析与关键控制点（HACCP）体系已成为发达国家食品安全管理的共同准则（James，2019；Sitjà-Bobadilla and Oidtmann，2017）。技术研究现状呈现如下特点：①特别强调风险分析，按照"池塘到餐桌"的全过程理念，采用高通量筛选技术，对区域性潜在高风险污染因子表征、排序、评估，提出风险节点，进行有针对性的防控和管理；②除生产环节农兽药、重金属研究外，控制技术的研究还包括病原微生物、过敏原、海洋生物毒素、持久性有机污染物以及加工过程内源性有害物质等多方面（Brovko et al.，2012）；③预警技术体系是风险防控的重要部分，国外发达国家基于逻辑预警理论、系统预警理论（系统工程预警理论、耗散预警理论、协同预警理论）、风险分析理论、信号预警原理等基础预警理论开展了大量技术研究和创新（Castro-Puyana et al.，2017）。

食品安全风险评估是目前国际通行的食品安全防控手段，被公认为继 HACCP 体系之后在食品安全管理领域掀起的第三次高潮（杨明亮等，2003），目前已被欧盟、美国等广泛应用。例如，德国的联邦风险评估研究所（BFR）近 10 年来先后对包括水产品在内的食品中塑化剂、双酚 A、多环芳烃、二噁英、激素类、农药等化学污染物进行了风险评估（Struciński et al.，2015）。美国作为世界上食品安全水平最高的国家之一，对于多种化学物质危害有着成熟的评估技术并制定了较全面的法律规范（周建民等，2011）。

致病性微生物风险评估：国外开展工作较早，且评估方式和内容等较为全面。在世界卫生组织和联合国粮食及农业组织 2011 年的微生物风险评估系列报告中，关于"水产品中副溶血性弧菌的风险评估"部分，通过"采集→零售→烹饪→消费"的模式模拟实际生活与消费过程，分别进行了长牡蛎（*Crassostrea gigas*）、中国血蛤（*Hiatula chinensis*）和长须鲸（*Balaenoptera physalus*）中副溶血性弧菌的风险评估研究（高光，2012）。另外，欧盟、美国、日本等近年来纷纷加大投入开展动物源病原菌、食源性细菌耐药性研究，以及对人类健康和公共卫生的风险性评估（Tenhagen et al.，2014；Lopatek et al.，2015；Huang et al.，2014）。

投入品的风险评估：目前国际上将养殖"三剂"（防腐剂、保鲜剂、添加剂）视为药物，推向市场的"三剂"产品需进行安全性等多项试验和严格的认证评估后方可进行使用推广。以微生物菌剂为例，其需要进行一系列药物毒理学试验，才可在水产养殖中使用。

养殖过程风险评估：欧美也进行了较为细致研究。例如，对于养殖水体中重金属残留可能对养殖产品产生的质量安全风险，分别以大菱鲆（*Scophthalmus maximus*）和罗非鱼为例进行了系统研究（van Bussel et al.，2014；Martins et al.，2011）。此外，美国等研究了不同水处理工艺流程和系统运行参数对养殖鱼体质量安全的影响，并依据研究结果，建立了严格的养殖用水标准和投入品质量安全标准，在养殖系统的设计、运行管理等方面建立了标准化操作规程（Martins et al.，2011；Nikapitiya et al.，2020）。

收储运环节的风险评估：发达国家由于规模化和标准化程度高，水产品供应链基本上实行严格的标准化流程管理。其中，麻醉剂的应用和安全评估是目前收储运领域的热点（Silva et al.，2013）。澳大利亚、智利、日本和新西兰等国允许安全、合理地使用丁香酚类作为渔用麻醉剂，然而国际癌症研究机构和美国国家毒理学计划评价项目报告认为甲基丁香酚可能对人类致癌（2B 类），因此美国和加拿大拒绝其作为渔用麻醉剂（李芹等，2021）。目前，丁香酚的麻醉效应及安全性评估已经在塞内加尔鳎（*Solea senegalensis*）、虹鳟（*Oncorhynchus mukiss*）、安汶雀鲷（*Pomacentrus amboinensis*）和大鳞大麻哈鱼（*Oncorhynchus tshawytscha*）等水产品中开展（吕海燕等，2013）。

2. 国际产业与科技发展瓶颈/问题

1）风险评估基础研究难以满足市场和行业的需求

国际上有关各类危害物的风险评估虽然较为系统，但涉及危害物的种类和数量（如水产品驱杀虫剂）仍然不足，对天然含有危害物或加工中易积累有害物质的水产品种类涉及面不够，对水产品生产、加工、储存等流程中产生的致病物、过敏原等有害物质的风险评估需要进一步深化。此外，随着行业和社会的发展，新的疾病、食源性致病微生物、食品添加剂、污染物等危害也在不断涌现（Freitas et al.，2020）。全面深化推进基础研究是应对行业需求和挑战的基础，且只有积累足够有效的基础数据，才能制定精准、有效的风险评估模型和控制指南，更好地指导最低残留限量等标准的制定，促进水产品在各国之间更好地流通。例如,对于水产品中组胺残留问题,2011年国际食品法典委员会水产及水产加工品专业委员会(CAC-CCFFP)第31届会议提出建议进行风险评估,经过多年研究,2018年依然认为仍需扩大组胺控制指南中高风险鱼种的范围。目前,世界各国对水产品中组胺限量差距较大(表14-1),给水产品的国际贸易带来了障碍(郭莹莹等,2018)。解决上述问题,需要大量基础研究数据的支撑。

表 14-1 国内外标准法规对水产品中组胺限量的规定

	组胺限量(mg/kg)	适用鱼种	标准条例
国际食品法典委员会(CAC)	200	鲱科、鲭科、鳀科、竹刀鱼科、扁鲹科和鳍鳅科鱼类及其制品	CODEX STAN 36—1981,Rev.2017;CODEX STAN 70—1981,Rev.1995;CODEX STAN 94—1981,Rev.2007;CODEX STAN 119—1981,Rev.1995;CODEX STAN 165—1989,Rev.2017;CODEX STAN 166—1989,Rev.2017;CODEX STAN 190—1995,Rev.2017;CODEX STAN 236—2003;CODEX STAN 244—2004;CODEX STAN 311—2013
欧盟	400	鱼酱	CODEX STAN 302—2011
	$m=100$,$M=200$($n=9$,$c=2$)	组氨酸含量高的鲱科、鲭科、鳀科、扁鲹科等鱼类及其制品	(EC) No 2073/2005 及其修订条例 (EC) No 1441/2007 食品微生物标准委员会条例
	$m=200$,$M=400$($n=9$,$c=2$)	由组氨酸含量高的鱼类在盐水中经发酵工艺加工而成的鱼类制品(鱼酱除外)	
	400	水产品发酵生产的鱼酱	(EU)1019/2013 修订法规(EC)No 2073/2005 附件 I 关于渔业产品中的组胺
澳大利亚、新西兰	200	鲭科、鳍鳅科、扁鲹科、鲱科、鳀科和竹刀鱼科等鱼类及其制品,以及上述鱼类所占比例在30%以上的产品	澳大利亚政府进口食品公告 21-16:组胺易感鱼
美国	20	鲭科、鳍鳅科等鱼类及其制品	21 CFR 123 和 1240 部分,Docket No.93N-0195,RIN 0910-AA10,鱼和鱼制品的安全及卫生加工和进口程序
加拿大	200	鳀、鱼酱、鱼露	鱼类检验条例 C.R.C.,c.802
	100	其他鱼类及鱼制品(如新鲜或冷冻或罐头制品)	
印度	$m=100$,$M=200$($n=9$,$c=2$)	生鲜冷藏冷冻鱼类、热加工鱼产品、干制鱼产品、烟熏鱼产品、鱼糜及类似物、煎炸类鱼产品、即食鱼产品及其他鱼类制品	F.No.1-10(2)/Standards/SP(鱼和鱼制品)/FSSAI-2013
中国	$m=200$,$M=400$($n=9$,$c=2$)	盐干咸鱼、发酵鱼、腌制鱼等	《食品安全国家标准 鲜、冻动物性水产品》(GB 2733—2015)
	400	鲐、鲹、竹荚鱼、鲭、金枪鱼、秋刀鱼、马鲛鱼、青占鱼、沙丁鱼等青皮红肉海水鱼	
	200	其他海水鱼类	

资料来源:郭莹莹等(2018)

注:n 为同一批次产品采取的样品数量;c 为最大允许超出 m 值的范围;m 为组胺指标可接受水平的限量值;M 为组胺指标的最高安全限量值

2）检测技术的自动化和效率仍需进一步提升

水产品质量安全的标准制定、风险评估、预警等领域的深入完善均离不开大量基础数据的支撑，而检测技术的自动化程度较低是目前限制数据积累速度最主要的原因之一。当前国际上对检测设备自动化的研发主要集中在涉及 DNA 检测的领域，其他检测技术的自动化程度普遍较低，检测时间较长。检测时间有限与数据需求巨大的矛盾较为突出，限制了水产品质量安全向细致化、深入化的研究。

3）数据的开放共享亟待进一步加强

国际上很多国家均建立了水产品质量安全相关信息的数据库，但数据的流通性和开放性程度一直不高，如水产品质量安全追溯体系、产地溯源、真伪鉴别等大多数据库之间流通性不足。在当前水产市场国际化的趋势下，特别是海产品行业从世界各地采购产品、生产、贸易和分销，整个行业在一个具有复杂关系的相互关联的系统中。在产品供应复杂的现实状况下，质量安全数据的不透明意味着会有质量安全控制失误、海产品欺诈、过度捕捞和污染等导致渔业的不可持续性等诸多问题和隐患（He，2018）。

14.1.2 我国产业与科技发展现状及瓶颈/问题

1. 我国产业与科技发展现状

1）我国水产品总体安全

我国水产养殖产量超过 5000 万 t，占我国水产品总量的 78% 以上，是世界上唯一养殖水产品总量超过捕捞总量的主要渔业国。2019 年在《关于加快推进水产养殖业绿色发展的若干意见》新闻发布会上，农业农村部渔业渔政管理局表示，从近几年检测结果看，水产品质量安全水平总体稳定向好，连续 7 年产地水产品监督抽查合格率在 99% 以上（图 14-1），市场例行监测合格率也由 2013 年的 94.4% 提高到 2018 年的 97.1%，多年未发生区域性重大水产品质量安全事件。我国水产品总体是安全的，完全可以放心食用。

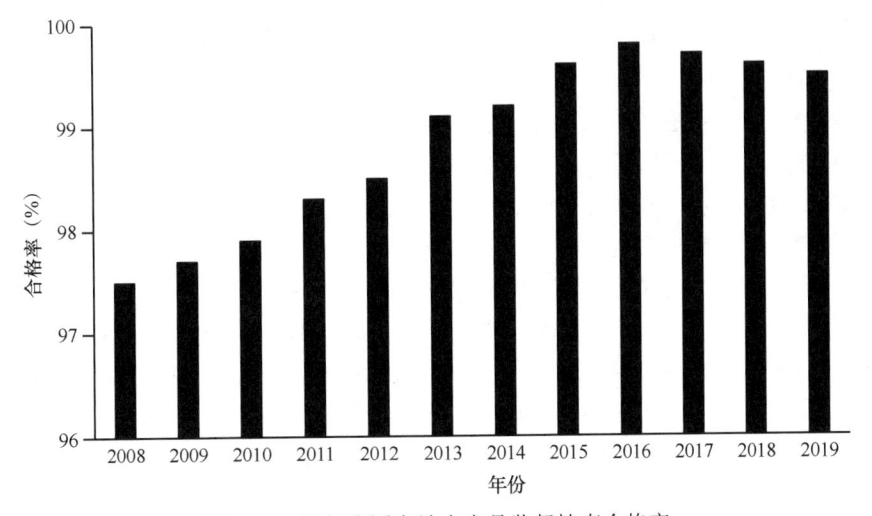

图 14-1 近年我国产地水产品监督抽查合格率

2）水产品质量安全危害的形成与影响机制研究逐渐深入

水产品中危害因子的残留、消除、传播规律的研究逐渐深入。目前，对于药物代谢残留问题，已基本摸清孔雀石绿（陈培基等，2013；刘永涛等，2013；杨秋红等，2013）、硝基呋喃（刘永涛等，2012；刘书贵等，2013）、磺胺类、喹诺酮类等禁限用药物在鱼、虾、蟹及海参等重点养殖品种中的代谢消除规律，提出了甲壳类氨基脲普遍超标的原因（于慧娟等，2012；彭婕等，2015；程波等，2018），获得了鲤鱼等鱼类基础生理学参数和不同药物特异性参数及种间差异（孙言春等，2012），建立了上述禁限用药物在典型水产养殖动物体内的代谢动力学模型。对于贝类毒素和重金属残留问题，明确了多种贝类毒素在不同食物链中的蓄积代谢规律，并对其污染来源进行了识别（Wu et al.，2014）；研究了镉、砷、铝等重金属在对虾、贝类及经济藻类中分布的形态、价态差异性，针对贝、藻等水产生物具有特异性富集砷、镉等有害元素的特性，研究了贝、藻对砷、镉的富集特性，揭示了砷、镉在生物体内的存在形态、分布特征及其形态转化规律，为解释水产生物特异性富集砷、镉的机制奠定了重要基础（赵艳芳等，2011；Zhao et al.，2015；Shang et al.，2013），系统分析了镉在贝类体内的吸收、转运、累积等机制（吴立冬等，2015），以及维拉帕米（verapamil，VRP）对鱼类致毒的分子机制（Li et al.，2012）；明晰了贝类季节性、特异性富集诺如病毒的分子机制（姜薇等，2014）。质量安全危害形成的基础理论研究，为水产品全链质量控制的实施提供了科学基础，为标准的修订及有效监管提供了科学依据（郭秀平等，2018）。

3）快速检测和高通量高灵敏度确证检测技术发展迅速

近年来，我国在水产品质量安全快速检测技术、高通量高灵敏度确证检测技术领域发展迅速，基本构建了实验室高灵敏度精准分析与现场快速筛选检测两大技术体系。

样品前处理技术：我国科技人员不仅积极引进、消化和吸收国外先进的前处理技术，还积极研发具有原创性的新方法，如研发出新型的离子液体液滴微萃取装置，选取性能较好的离子液体作为液相微萃取的新型萃取剂对样品基质中痕量有机污染物进行萃取分析（Sun et al.，2013）；将自动化控制的样品净化技术用于前处理中，将凝胶渗透色谱与全自动固相萃取技术联用用于样品处理净化，可对样品进行批量处理（张华威等，2015）；提出运用快速消解法消解样品，仅需 1h 即可完成水产品的消解，是一种方便、快速、无污染、无损失的前处理方法（施敬文等，2017）。

重金属与元素形态分析技术：三重串联四极杆电感耦合等离子技术的发展为元素分析提供了更加准确的方法，可精确检测二氧化硫与多种稀土元素含量，也为水产品中全元素含量检测提供了新的更加准确的方法（王晓伟等，2016；吴伟明等，2015）。研究建立了高效液相色谱-电感耦合等离子体质谱法（HPLC-ICP-MS）分析扇贝科中无机镉、体积排阻色谱-高效液相色谱-电感耦合等离子体质谱法（SEC-HPLC-ICP-MS）联用技术分析扇贝科中有机镉等相关重金属形态的分析方法，为水产品中重金属的风险评价奠定了基础（Shang et al.，2013；Zhao et al.，2014）；在其他元素形态分析方面，建立了水产品中包括三甲基锡、一丁基锡、二丁基锡、三丁基锡等 7 种有机锡化合物的分离检测方法（冷桃花等，2015）。

污染物高通量检测技术：高分辨率液相色谱串联质谱为多种药物残留的高通量分析与

筛查提供了更加准确快速的手段（魏晋梅等，2016）。以八大类贝类毒素、水产品中 16 种多环芳烃、39 种全氟烷基物质及其前体物质和 5 类共 23 种渔用药物残留的液相色谱串联质谱分析方法为代表的检测技术解决了耗时费力、效率不高等方面的技术瓶颈问题（Wu et al.，2014；郭萌萌等，2013，2014，2015）。建立了气相色谱串联质谱法鉴定水产品中多氯联苯二代污染物的检测方法（史永富等，2014），以及气相色谱-电子捕获检测器同时测定水产品中 11 种拟除虫菊酯类农药和 3 种氯霉素类兽药残留的方法（符靖雯等，2018）。结合新型的通过式固相萃取柱（PRiME HLB 柱）净化样品，建立了测定水产品中普鲁卡因等 6 种卡因类麻醉剂的高效液相色谱串联质谱法（高平等，2019）。基于高效液相色谱（HPLC）、气相色谱（GC）、电感耦合等离子体（ICP）等大型设备发展起来的高灵敏度检测技术体系，不仅已覆盖渔药、重金属、添加剂、环境污染物、违规添加物等典型化学性危害物，且由原来检测单一组分扩展至数十种乃至上百种物质同时检测和确证，为我国日常监管及国际贸易提供了不可或缺的技术支撑。

污染物代谢产物检测及结构解析技术：创建了贝类毒素的代谢组学技术，用于原多甲藻酸毒素的危害形成及风险评估研究（吴海燕等，2016）。通过对喹噁啉类药物在重要水生生物体内的主要代谢产物进行结构解析，确立了其残留标识物（孙伟红等，2015）。研究了乙酰甲喹在斑马鱼（*Brachydanio rerio*）体内的代谢过程，识别和分析了乙酰甲喹代谢产物的种类和数量，鉴定出其主要代谢物（吴永涛，2017）。

在快速检测技术上，为满足我国水产品现场管控需求，研发的适合于水产品中孔雀石绿、硝基呋喃、氯霉素等禁限用药物的试纸条得到快速发展，并且通过 5 年在全国范围内的现场验证比对（钱蓓蕾等，2011；刘欢等，2014，2017；王媛等，2013），在流通领域、基层质检机构的水产品质量安全监管上都取得了很好的效果。污染物现场速测技术方面，研发了高灵敏度非标记电化学免疫传感器，可对大田软海绵酸进行特异性识别和准确定量（郭萌萌等，2014）。基于微流控技术与分光光度法，研制出快速检测的微流控芯片系统，能够实现对甲醛、过氧化氢和 SO_2 进行现场、快速、全自动、高通量的检测，适合产业一线的非专业人员使用（周新丽等，2019）。研发了以免疫胶体金、生物传感器、生物芯片、分子生物学等为基本原理的快速筛选、检测、鉴别的新技术和新产品，满足了水产品质量安全一线管控的需要，大大拓宽了水产品质量安全监管的覆盖率。

4）水产品质量安全追溯与预警技术研究逐步开展

我国水产品质量安全控制技术日益得到重视，在多个领域开展了研究与应用工作，基于质量安全的标准化生产过程已经逐步得到完善。通过源头控制的方法，建立了大宗淡水鱼类的清洁生产和安全生产管控规范（王虎，2015；黄建清等，2013）。在追溯技术研发方面，我国各地各部门结合追溯体系试点工作，在相关自动识别技术、自动数据获取和数据通信技术等方面取得了一系列研究进展（冯东岳等，2017），特别是在 EAN/UCC 编码、IC 卡、射频识别标签（RFID tag）、GPS 等技术和设备上取得了很多重要突破，并在前期研究的基础上不断完善，贯通养殖、加工、流通全过程且适合多品种的农产品质量安全可追溯体系，并在大菱鲆等我国重要养殖鱼类等方面得到规模化示范和应用（隋颖等，2011；宁劲松等，2015）。针对中华绒螯蟹（*Eriocheir sinensis*）质量安全问题，设计了包括上游育苗、种质筛选和养殖过程的河蟹养殖信息采集系统，为全链追溯打好了基础（陆军等，2017）。在水产品质量安全可追溯技术体系研究方面，中国水产科学研究院配套编制完成了水产品质量安全追溯信息采集、编码、标签标识规范等三项行业标准草案，基本解决了追溯体系建设中的关键技术标准问题，为水产品追溯体系建设打下了良好的基础（黄磊等，2011）。目前已建立完整的可追溯体系、健全可追溯体系软硬件系统，开发出可追溯体系标签技术（韩刚等，2018）。

在监测与预警领域，我国主要借鉴国际食品安全预报预警系统的管理经验，逐步建立和完善水产品安全预报预警信息的收集、评价、发布系统，并交叉融合应用多元统计学、空间统计学、数据挖掘、统计模式识别等多学科理论方法，构建具备可视化、实时化、动态化、网络化的食品安全预警系统（陈校辉等，2015）。

5）产品溯源与真伪鉴别技术逐渐深入

对于河蟹，利用生物学、分析化学、工程学等技术手段来研究水产品的内源和外源的质量安全追溯，已取得了不少成果和突破。采用生境元素"指纹"比对和多元统计分析技术，已研发出相同及不同水系大闸蟹（杨文斌等，2012；杨健等，2013；杨健，2014；赵鉴等，2014）、太湖和洪泽湖大银鱼（*Protosalanx hyalocranius*）（杨健等，2009；Ye et al., 2011）原产地溯源判别技术并进行了初步应用。在广东、广西产香港牡蛎（*Crassostrea hongkongensis*）（才让卓玛等，2015），以及山东、浙江、辽宁产海参（刘小芳等，2011）方面元素溯源技术的可行性也得到了探索。此外，稳定氢同位素 δ^2H 可用于广东、广西、海南、福建产罗非鱼片的产地溯源（马冬红等，2012）。基于 HPLC 分析所建立的肌肉化学成分（与磷脂、脂肪酸等相关）"指纹"图谱分析亦可用于浙江、福建产大黄鱼（*Pseudosciaena crocea*）的溯源（顾得月等，2016）。目前，还提出了一种基于改进深度残差网络的河蟹精准溯源系统，解决了人为伪造、回收标识物造成真假蟹混淆而无法溯源的问题（侍国忠等，2019）。

在应用 DNA 条形码技术鉴别真伪方面，近几年国内研究较多，已成功用于鲱形目鱼类、多种沿海牡蛎、海参类、鲍属物种、斑点叉尾鮰（*Ictalurus punctatus*）、美洲鳗鲡（*Anguilla rostrata*）、欧洲鳗鲡（*Anguilla anguilla*）、日本鳗鲡（*Anguilla japonica*）、头足类等水产品的种属与真伪鉴定（李献儒等，2015；李翠等，2013；律迎春等，2011；章一，2011；罗志萍等，2015；王鹤等，2011；陈文炳等，2017）。在应用 PCR-RFLP 技术鉴别真伪方面，建立了基于线粒体 16S rRNA 基因片段利用 3 种核酸内切酶鉴别海参的方法，能有效区分 16 种海参的种类（文菁等，2011）。以细胞色素 b 为靶基因，扩增产物结合 3 种核酸内切酶消化片段的分析，可成功区分横纹东方鲀（*Takifugu oblongus*）等 5 个河鲀品种（陈双雅等，2012）。闫平平等（2015）将 PCR-RFLP 技术成功用于北方沿海 14 种经济鱼类与 7 种鲽科鱼类的鉴别与分析。在应用随机扩增多态性 DNA 技术（RAPD）技术鉴别真伪方面，刘丽等（2012）基于 RAPD 技术分析了南海海域黄斑龙虾（*Panulirus polyphagus*）等 7 种常见龙虾的种内和种间遗传多样性、种间亲缘关系及种质特异性标记，其研究结果可用于上述 7 种龙虾产品的真伪鉴别。张志澄等（2012）基于该技术，成功筛选出三角帆蚌（*Hyriopsis cumingii*）特有 DNA 标记片段，拓展了贝类品种真伪鉴别研究。

6）水产品质量安全风险评估研究初见成效

在风险评估体系建设工作上，农业部（现农业农村部）从 2011 年开始部署，水产品质量安全风险评估工作 2012 年开始全面推行，截至 2019 年，批准建立了 10 个水产品专业风险评估实验室（表 14-2）。目前已在投入品、养殖环境、养殖过程及模式和收储运环节等方面取得重要研究进展。

表 14-2　农业农村部水产品质量安全风险评估实验室名单（截至 2019 年，共 10 个）

序号	实验室全称	依托单位	类别
1	农业农村部水产品质量安全风险评估实验室（哈尔滨）	中国水产科学研究院黑龙江水产研究所	专业性
2	农业农村部水产品质量安全风险评估实验室（武汉）	中国水产科学研究院长江水产研究所	专业性
3	农业农村部水产品质量安全风险评估实验室（广州）	中国水产科学研究院珠江水产研究所	专业性
4	农业农村部水产品质量安全风险评估实验室（青岛）	中国水产科学研究院黄海水产研究所	专业性
5	农业农村部水产品质量安全风险评估实验室（上海）	中国水产科学研究院东海水产研究所	专业性
6	农业农村部水产品质量安全风险评估实验室（西安）	中国水产科学研究院黄河水产研究所	专业性
7	农业农村部水产品贮藏保鲜质量安全风险评估实验室（上海）	上海海洋大学	专业性
8	农业农村部水产品贮藏保鲜质量安全风险评估实验室（广州）	中国水产科学研究院南海水产研究所	专业性
9	农业农村部水产品质量安全风险评估实验室（北京）	北京市水产技术推广站	专业性
10	农业农村部水产品质量安全环境因子风险评估实验室（无锡）	中国水产科学研究院淡水渔业研究中心	专业性

在关键危害因子甄别方面，系统开展了影响水产品质量安全的农兽药、重金属、持久性有机污染物、贝类毒素、食源性致病微生物以及其他违法添加剂在水产品中的污染、残留现状等研究，逐步建立相应的污染物数据库。近年来，创建了贝类毒素的代谢组学技术用于原多甲藻酸毒素的危害形成机制及风险评估研究（吴海燕等，2016）；先后对捕捞和养殖水产品进行铅、镉、砷[①]、汞等有害重金属，多氯联苯、多环芳烃、石油烃、全氟烷基物质等持久性有害污染物，氯霉素、孔雀石绿、硝基呋喃类代谢物、磺胺类、喹诺酮类等药物残留，菊酯类农药残留以及贝类毒素、食源性致病微生物等进行检测，初步摸清了该类有害物质在水产品中的残留水平和风险程度（尹怡等，2011；杨帆等，2013；邢丽红等，2015；赵东豪等，2012；覃东立等，2011；孙晓杰等，2014；江艳华等，2013；李乐等，2014，2015）；重点探索了镉、铬、汞等重金属对贝类等底栖动物的质量安全影响和毒性效应（郑伟等，2011；田野等，2012；谢文平等，2014；秦华伟等，2015）。在水产品中致病性微生物的风险评估上，建立了海产品中副溶血性弧菌的半定量风险评估模型（马丽萍等，2011；赵峰等，2012；唐晓阳等，2013；孔媚兰等，2014；周晏等，2015；梁思源等，2017）。在养殖环境和养殖过程有害物质方面，先后对养殖投入品开展隐患摸查，对环境中的五氯苯酚、重金属、多溴联苯醚、生物毒素等进行监测，对危害养殖水产品质量安全的关键危害因子进行甄别，对严重威胁人体健康和生态环境的扑草净、有机磷农药、二苯甲酮类紫外稳定剂、全氟烷基化合物等进行风险评估（邹婉虹等，2019；孙秀梅等，2019；刘欢等，2017；叶洪丽等，2019）。在收贮运环节危害物的评估方面，重点对收贮运过程是否违规使用孔雀石绿、甲醛、氯霉素和硝基呋喃类等禁用药物进行筛查，对渔用麻醉剂的使用风险进行评估。

水产品质量安全风险评估相关部门还针对"蓬莱 19-3 溢油""长江毒鱼""日本核泄漏""北京麻醉鱼""蟹黄中重金属超标""黄鳝中避孕药"等事件，开展了应急性评估和

---

① 砷（As）为非金属，鉴于其化合物具有金属性，本书将其归入重金属一并讨论。

风险交流，发挥了增强产业信心、科学引导消费的作用。并在风险评估的基础上，先后提出取消藻类制品中无机砷限量、取消鲜海蜇中铝限量以及限制即食海蜇中铝限量为≤500mg/kg的建议，已被国家在制定标准时采纳，解决了制约水产企业发展的重要瓶颈问题。

2. 我国产业与科技发展瓶颈/问题

1）质量安全危害的形成与影响机制研究不系统

近年来，尽管水产品质量安全研究已从最初的单一性检测技术，逐步向污染物蓄积机制、代谢规律等基础领域拓展并取得了一系列进展，然而目前存在关注点分散、不系统和未贯穿、覆盖产业链的现状，无法为产业的转型、升级和改造提供有力的支撑。

2）大型仪器设备、关键标准物质研制严重不足

"十二五""十三五"期间，我国水产品质量安全研究人员集中解决了一批产业急需的检测技术难题，建立了相应的检测方法，基本满足了产业开展工作的需要，但在制约检测技术研究进一步发展的检测效率，以及支撑研究工作开展的相关代谢物确定和检测技术研发方面还存在着不足。同时，国内目前采用单参数或同类参数检测方法居多，而在快速筛查技术，以及多类、多参数同时检测技术方面研究较少。而支撑研究工作所急需的有机结合态化合物、有害物质的结构解析、形态分析技术等尚处于关注和起步阶段。此外，进行危害物实验室检测分析的质谱、色谱等大型仪器设备均被欧美日等垄断，大型仪器设备几乎全部依赖进口。关键标准物质的制备技术储备不足，标准物质产品的生产技术和能力缺乏，严重制约了行业发展。

3）追溯与预警设备和技术适用性低

虽然我国在水产品可追溯体系建设和追溯技术研究方面取得了一定的成绩，已经研发了不同的标识与追溯方法以及标签打印和扫描设备，并实现部分品种的上市示范，但相关技术标准还不健全，制约着可追溯体系的建立和推广。在追溯系统方面，目前尚未实现上下游企业之间信息的有效传递，以单个企业为基础开发的系统，也存在信息内容不规范、信息流程不一致、系统软件不兼容等问题，并且如何快速有效地衔接和转换不同阶段的标识和信息也是个难题；在市场推广方面，实施追溯制度不可避免地带来了一定成本的付出，加上初级农产品范畴的水产品市场对成本较为敏感，可追溯产品在市场上难以体现出价格优势，造成企业缺乏前期投入的动力。

在关键危害因子风险预警方面，该类研究多以理论为主，缺乏适合行业生产和监管实际的信息获取能力的应用研究。在预警技术方面，研究基础积累尚不完善，预报预警机制尚未健全，缺乏对水产品安全快速反应系统的研究，对国内外的水产品安全动态信息系统跟踪不足；在支撑预警所需的监测信息方面共享不足，缺乏信息主动监测、统一管理机制及信息预报预警技术，对监测数据系统的汇集和科学评析不充分，快捷、直观的预警预报技术尚不成熟，难以获取时效性强的预报预警信息（李兆新等，2001；林洪等，2012；宋怿等，2014）。

4）水产品质量安全风险评估不够深入

当前，我国水产品质量安全风险评估研究在风险监测科学性、评估内容及大范围应用等方面存在一定的局限性，表现为：一是样品采集在空间和数量方面的代表性研究缺乏；二是评估对象相对单一，水产品种类繁多以及不断涌现的新加工技术、新风险因子，使得评估研究难以全面覆盖；三是定量风险评估依然停留在简单的点估计、区间估计评估阶段。

14.2 重大科技需求分析

14.2.1 科技发展愿景分析

"民以食为天，食以安为先"，食品安全是关系国计民生的重大问题，党和政府高度重视。我国是水产养殖大国，现有的高密度、规模化的养殖模式在增加产量的同时也带来了一些负面影响，如水产品中禁限用药物残留超标问题屡禁不止、新型污染物通过养殖环境危害水产品质量安全的问题频繁出现等，这些都对消费者的食用安全造成了潜在危害。

水产品质量安全是政府、公众共同关注的重点和热点，"十二五""十三五"期间，国家加大了相关投入，也因此带动了学科的发展，在水产品质量安全方面加快监测体系建设，启动风险评估体系建设，引导重视基础研究，加大监测监管力度，开展隐患摸查和风险评估工作，各项工作有序开展，学科以及相应的科技发展也收获了较多的进展。展望未来，在全球关注食品安全的大背景下，在人类对食物安全需求不断增加的现实情况下，国家对于水产品质量安全工作将更加重视，研究将更加深入，成效必将更为显著。

1）充分揭示水产品质量安全危害形成的机制和影响机制

探明危害物来源与代谢残留规律是解决水产品质量安全问题的基础。未来10~20年，在基础研究上，期待通过深入研究，充分掌握我国水产品质量安全风险状况和污染物来源途径，揭示水产品质量安全危害的形成机制和影响机制，解决若干影响质量安全的重大科学问题。

2）形成具有自主知识产权的高效危害因子识别技术和设备

在检测技术与设备上，将形成一大批新型高效危害因子识别技术，研发出基本覆盖质量安全危害物现场甄别的快速检测产品、在线监测设备，在质谱、色谱等大型仪器设备研发上有所突破，形成具有自主知识产权的产品。

3）建立水产品质量安全全链条控制技术体系

在危害物全链条控制上，将建立我国水产危害因子甄别、评价与控制技术体系，形成水产品质量安全全链条控制体系，关键危害因子的消除和控制能力有效提升。在质量追溯与预警方面，将形成基于区块链、5G和数学模型等新型信息技术的水产品质量安全追溯与预警的质量保证体系，建立若干水产品质量控制产业化示范基地。

4）健全水产品质量安全风险监控制度与标准体系

在质量安全法律法规体系上，将构建与国际接轨的、适应国内体制的水产品质量安全风险监控制度与标准体系。

5）打造优秀创新团队，构建一流创新平台

在科技人才上，将建立以中青年为主体、在相关国际前沿领域颇具创新能力的研究团队，造就一批在国内外有影响力的中青年学术带头人，建立一批水产品质量安全产业化示范基地和科技创新平台。

14.2.2 科技发展需求分析

1）基础研究领域亟待加强深入

我国水产品质量安全受制于研究基础和经费投入以及人员技术水平，目前基础研究极为不足，难以支撑行业监管、风险预警、风险评估等工作，主要集中在药物残留的影响和代谢、消除规律研究方面，虽然已在如重金属、致病性微生物等危害物的特异性蓄积等个别领域率先开展研究，但总体在研究范围和研究深度上与国外差距明显，在影响产品质量安全的危害物质的毒理学、毒代动力学及风险评估共性技术研究等方面进展不足。同时，目前国内在质量安全研究方面大多集中在安全领域，对水产品的质量、品质和营养等方面关注不多，缺乏对水产品质量形成的生物基础与调控途径、营养组成和关键功能性成分的生物效应以及风味品质的形成机制、分子基础与调控途径等方面的研究，需要不断深入和拓展（米娜莎，2018）。

2）检测技术及设备研发自主创新能力需不断加强

我国前期在该领域的研究受制于检测技术平台的发展，大多处于跟从的阶段，以满足现阶段工作开展的需求为主要目标，主要优化和改进国外的检测技术和方法，独立自主创新研究较少，在质谱、色谱等大型分析仪器设备、分析用标准品等产品上，几乎全部依赖进口。

3）质量安全控制技术亟待进一步创新与升级

我国在控制技术研发方面存在着基础积累不足、本底数据不明、风险隐患不清、监测数据不足的问题，研究工作还未能贯穿产业链，也未形成覆盖全产业链的质量保证体系，对养殖生产链和加工生产链的质量安全控制技术研究尚不完善。在追溯与预警技术、危害物消除与控制技术、水产品真伪鉴别技术等领域，我国目前的研究多属于实验室阶段，离行业实际需求与规模化应用具有较大差距，且技术原创性也极为欠缺，需要加强科技投入，鼓励原始创新，获得具有自主知识产权的原创性技术，占领技术制高点，服务产业需求。

4）风险评估和限量标准研究领域亟待强化

制定危害物限量标准是水产品国际贸易技术壁垒的重要手段，我国现有水产品质量安全危害物限量标准制定工作缺乏理论依据，在保障产品消费安全和国际贸易等方面，绝大多数时候处于被动局面。而风险评估是水产品质量安全标准制定和实施风险预警的技术基础，也是质量安全领域近年来最热的领域，国际上也已将其作为控制食用安全风险的首要技术手段，风险评估正被扩展到用于阐述更为广泛的环境问题、新型健康问题和不寻常的剂量反应关系，正引起越来越多的注意。制约工作开展的因素主要为危害因子的转化规律与影响机制阐明、高效检测技术开发、毒理学和膳食暴露数据库等基础研究、基础数据仍然薄弱，风险监测空间取样方法、数据挖掘利用、风险评估概率模型和风险排序方法等共性关键评估技术的研发依然不足。

14.2.3 重大科技任务分析

我国是水产品生产、加工和消费大国，随着水产行业的快速发展，我国已经成为世界上水产品产量最大的国家（林洪和韩香凝，2019；翟璐等，2019）。近些年农业农村部水产品质量安全监测数据显示，我国养殖水产品质量安全合格率一直维持在99%以上，养殖水产品安全一直处于基本稳定的状况。然而，从国家开展的日常监测以及隐患排查等工作中可以发现，我国仍存在禁用抗生素类药物屡有检出、保活和保鲜以及调水等非药物类投入品滥用、持久性污染物蓄积超标、生鲜水产品中致病性微生物超标、水产生物毒素局部暴发致命等严重危害水产品安全的问题，可以说我国水产品安全形势依然严峻复杂，亟待依靠科技创新进一步健全水产品质量安全防控体系，保障我国人民生命健康，确保经济和社会和谐发展。重大科技任务主要集中在以下两个方面。

1）水产品质量安全控制机制等基础研究

研究水产品（鱼、虾、贝、藻及特色水产品等）养殖过程、流通过程和加工过程中危害物（重金属、微生物、生物毒素、抗生素、持久性有机污染物等）迁移转化机制与安全控制机制；研究养殖环境、水产品及其制品中物理、化学及食源性致病微生物等危害物相互作用机制及控制理论；针对水产品的质量要素，研究影响水产品风味品质形成过程的关键因子，探明风味品质的形成机制与调控途径，阐明风味品质形成的分子基础；研究水产品营养组成和关键功能性成分的生物效应、水产品品质变化规律，摸清水产品质量形成的影响机制，为科学有效保障食品安全和提高食品质量提供重要的理论基础。

2）水产品质量安全关键共性技术、设备、产品和平台研发

围绕水产品检验检测、过程控制、监测评估、监管应急等四个方向关键共性技术，研发水产品中危害物快速检测及非定向筛查技术、产品和设备。研发水产品中基体标准物质、标准样品制备共性关键技术和产品，并能与国际互认。研究养殖环境、养殖产品、加工储藏过程中有机和无机污染物的迁移规律、代谢机制以及危害阻控技术，建立重金属、微生物、生物毒素、抗生素、持久性有机污染物等风险物质的监测识别技术体系。研究水产品致病性微生物和过敏原的风险评估与预测控制技术，进行水产品中多种化学危害物风险评估，构建与国际接轨的水产品质量安全标准体系。研发水产品质量追溯与预警技术、设备和平台，构建全国统一的追溯预警体系、全链条的过程控制体系、国家水产品质量安全大数据云平台，完善监管应急技术体系。开展水产品质量安全关键技术的转化集成以及区域和产业链综合示范，为实现我国水产品安全从"被动应对"向"主动保障"的转变，确保群众舌尖上的安全并为食品相关产业健康、快速发展提供技术支撑。

14.3 技术水平发展总体评价

14.3.1 技术发展态势评价

以科学引文索引扩展版（Science Citation Index Expanded，SCIE）数据库为基础，

以 TS=("quality" OR "safety" OR "residue*" OR "tissue distribution" OR "virus" OR "bacteria*" OR contaminate* OR pharmacokinetic$ OR "detection" OR traceability* OR "early warning" OR "risk assessment") AND TS=("aquaculture product$" OR "aquatic product$" OR "aquatic food$" OR "seafood$") NOT TS=("water quality" OR "sediment quality" OR "environmental risk assessment" OR "ecological risk assessment" OR "2019-nCoV" OR "*-Cov")为主题检索公式，选取的文献类型为论文（article）、会议论文（proceedings paper）和综述（review），时间范围为1990年至检索日期（2020年3月23日）。在得到初步检索结果后，将数据进行合并、去重和清洗处理，最终得到6989条数据，从文献计量角度分析全球质量安全研究的发展态势。

以中国知网数据库为基础，以SU=(质量安全+代谢+残留+污染物+风险评估+检测+追溯+预警) AND SU=(水产品+海产品+鱼类产品+贝类+甲壳类)为主题检索公式，限定期刊类型为核心期刊、CSSCI和CSCD来源期刊，时间范围为1990年至检索日期（2020年3月23日），得到国内质量安全相关研究2079篇，从文献计量角度分析国内质量安全研究热点内容。

数据分析主要采用汤森路透集团开发的专利信息分析工具TDA软件、网络关系分析工具Ucinet和NetDraw，以及Nees Jan van Eck和Ludo Waltman开发的VOSviewer软件和办公软件Excel。利用TDA软件对文献数据进行基本的处理和清理，利用Ucinet和NetDraw工具绘制国家合作网络，利用VOSviewer软件对文章题名、摘要和关键词进行聚类分析，利用Excel软件对该领域文献进行统计分析以及图表绘制的可视化分析。

1. 国内研究发展态势分析

将国内相关研究数据集中的论文题目、摘要和关键词进行领域聚类，得到图14-2和图14-3。可以看得出，渔业产业特别关注水产品质量安全研究，水产品质量安全的科技水平与产业的现代化、健康养殖技术、可持续发展等诸多方面关系密切。此外，我国水产品质量安全研究呈现出以下特征：一是水产品质量安全研究的问题主要是药物残留，涉及的药物种类主要是磺胺类等限用药物，氯霉素、孔雀石绿、硝基呋喃等禁用药物，以及农兽药等；二是危害物质的检测技术是热点，高效液相色谱技术、快速检测技术是主要的研究方向和手段；三是贝类产品是我国水产品质量安全研究的重点品种，研究的问题和方向主要是副溶血弧菌、诺如病毒等致病性微生物检测技术与风险评估，重金属和多氯联苯等持久性有机污染物残留、检测与风险评估。

2. 国际研究发展态势分析

1）研究论文变化情况

国际水产品质量安全研究发文量如图14-4所示，发文量整体呈现递增趋势，有些年份发文量会有小的波动。1990~2019年，有6833篇相关研究论文被SCIE数据库收录，总被引频次为181 046次。

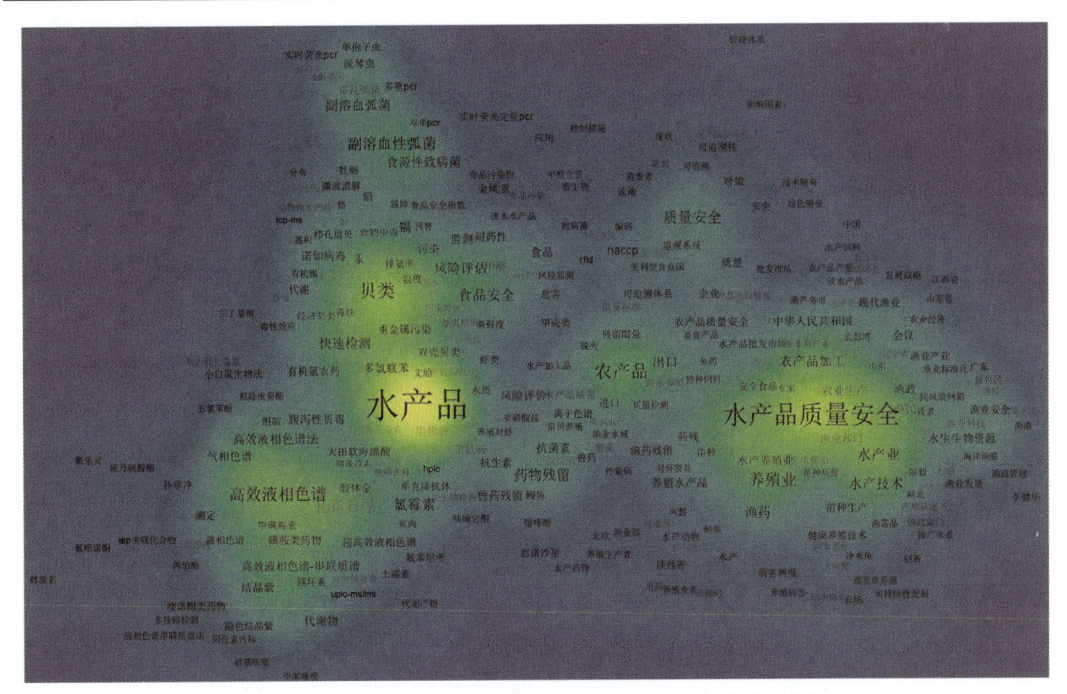

图 14-2 国内水产品质量安全领域研究热点可视化图谱

颜色越凸显表明出现频次越高

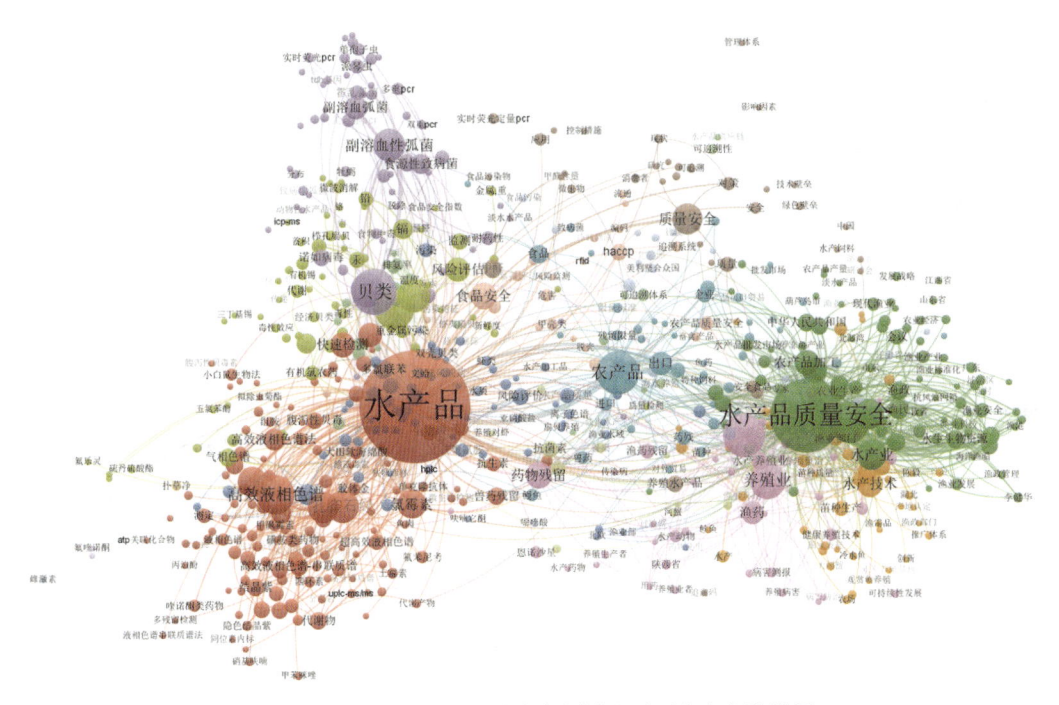

图 14-3 国内水产品质量安全领域主要研究内容聚类图

联系紧密的关键词划分为同一区块；字号越大表示该关键词出现频次越高

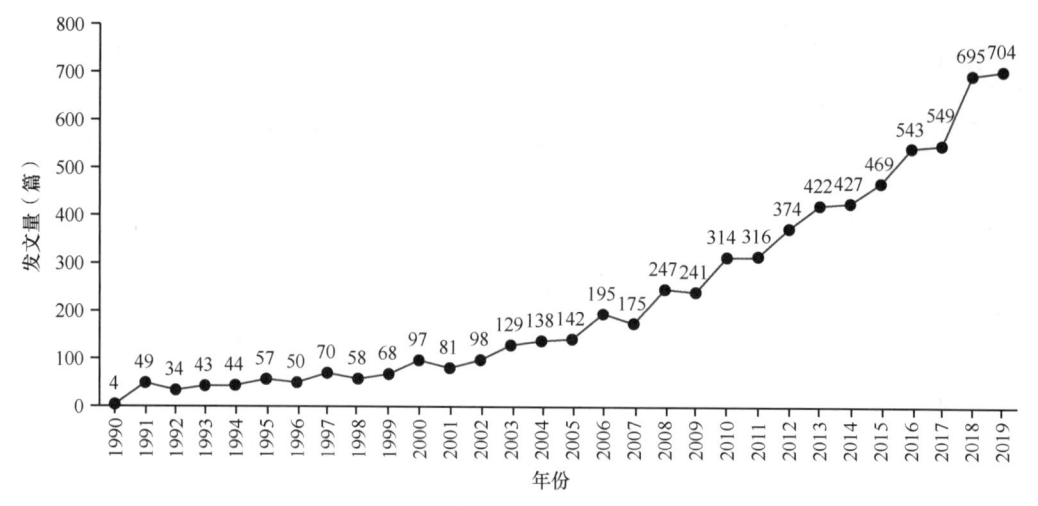

图 14-4 国际水产品质量安全研究发文量变化

2）国际研究力量与影响力分析

通过检索和统计分析，共有 127 个国家的 5068 个研究单位发表过水产品质量安全相关的论文。发文量前 10 位的国家有美国、中国、西班牙、意大利、加拿大、法国、日本、英国、韩国、德国，其中美国和中国的发文量均在 1000 篇以上，明显高于排名第 3 位的国家。美国在发文量和通讯作者国家发文量上最多，中国在第一作者国家发文量上最高（图 14-5）。

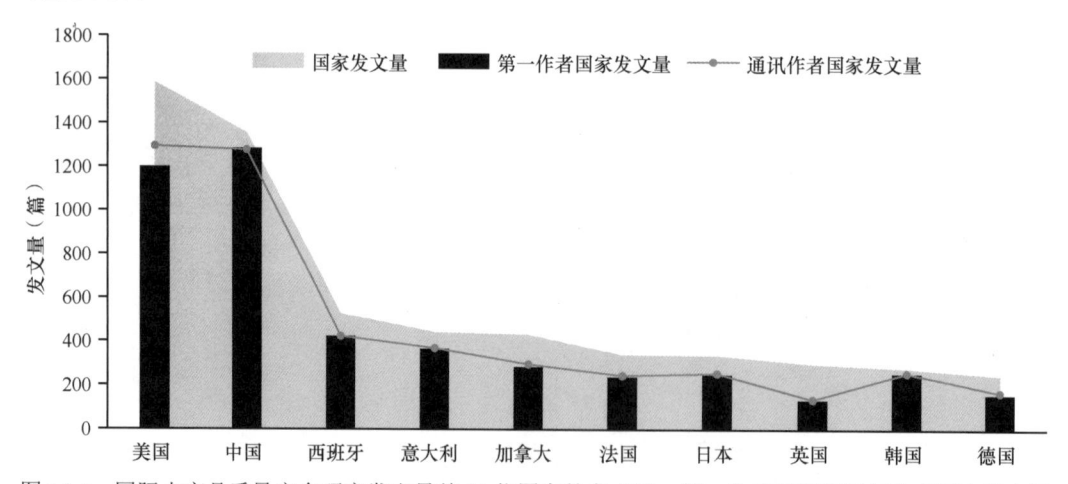

图 14-5 国际水产品质量安全研究发文量前 10 位国家的发文量、第一作者国家和通讯作者国家发文量

表 14-3 列出了国际水产品质量安全研究发文量前 10 位国家的发文量、总被引频次、篇均被引频次、第一作者国家发文量占比、通讯作者国家发文量占比和近 3 年发文量占比等信息。可以看出，美国的论文总被引频次遥遥领先，其次是中国、加拿大。但第一作者国家发文量占比、通讯作者国家发文量占比和近 3 年发文量占比中国均居于首位。中国发文量 1354 篇，位列全球第二，远高于前 10 个国家发文量的平均值，但篇均被引频次为 17.62 次/篇，位居最末。可见，我国水产品质量安全研究在工作质量和原创性等方面水平不高，具有较大提升空间。

表 14-3　国际水产品质量安全研究发文量前 10 位国家的发文情况

排名	国家	发文量（篇）	总被引频次（次）	篇均被引频次（次/篇）	第一作者国家发文量占比（%）	通讯作者国家发文量占比（%）	近 3 年发文量占比（%）
1	美国	1 585	60 875	38.41	75.71	81.58	23.85
2	中国	1 354	23 855	17.62	94.76	94.24	40.77
3	西班牙	526	13 107	24.92	80.23	80.23	27.38
4	意大利	440	10 402	23.64	82.95	83.64	29.09
5	加拿大	430	17 304	40.24	65.58	68.60	24.42
6	法国	338	9 511	28.14	70.12	72.19	22.78
7	日本	335	9 359	27.94	74.03	75.82	18.21
8	英国	296	8 689	29.35	44.93	45.95	29.39
9	韩国	276	5 220	18.91	91.67	92.75	33.33
10	德国	244	6 910	28.32	64.75	68.85	31.56
	平均值	582.4	16523.2	27.75	74.47	76.38	28.08

图 14-6 显示了国际水产品质量安全研究发文量前 10 位国家发文量和篇均被引频次分布。可以看出，美国处于领先位置，发文量和篇均被引频次均高于前 10 位国家的平均值，处于第一象限。西班牙、意大利和韩国发文量和篇均被引频次均低于前 10 位国家的平均水平，处于第三象限。加拿大等国因为发文量增长有限，但篇均被引频次较高，处于第四象限。

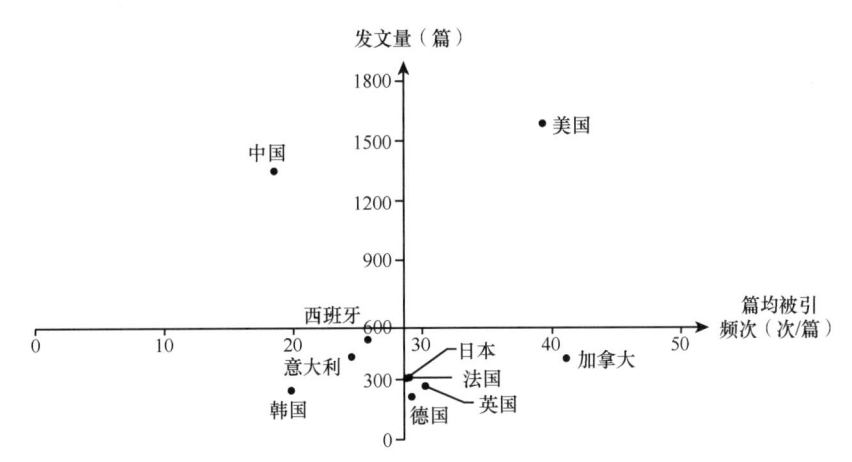

图 14-6　国际水产品质量安全研究发文量前 10 位国家的发文量和篇均被引频次分布图

3）国际合作情况分析

以国际水产品质量安全研究发文量前 50 个国家为主，得到各个国家相互合作关系网络（图 14-7）。可以看出，美国是该领域研究的中心国家，我国水产品质量安全领域主要的合作国家是美国和日本。全部论文中，以国家数量计为 9181 篇，实际论文为 6989 篇，论文篇均合作国家为 1.31 个。从表 14-4 可以看出，国家独立完成的论文有 5322 篇，占全部论文的 76.15%，3 国及以上合作的论文数量为 453 篇，占全部论文的 6.48%，说明国际水产品质量安全研究多国合作较少。

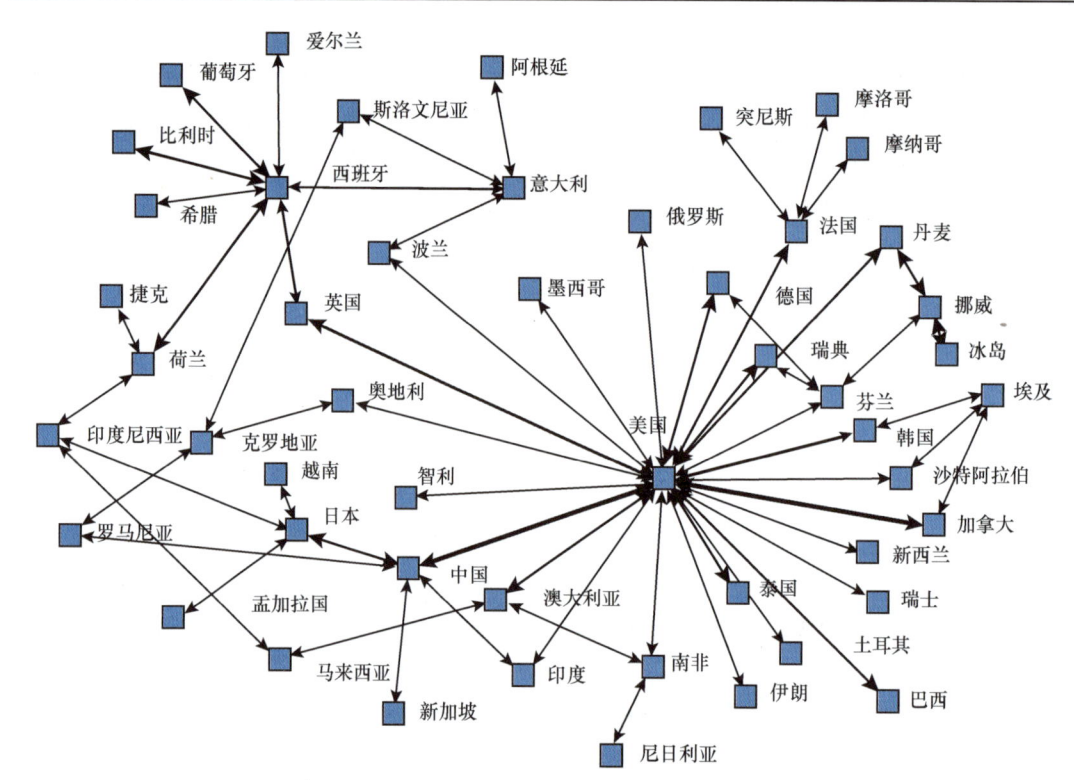

图 14-7　国际水产品质量安全研究的国际合作情况

连线表示合作关系，线条越粗合作次数越多

表 14-4　国际水产品质量安全研究论文合作国家数量

序号	发文量（篇）	发文国家数量（个）	序号	发文量（篇）	发文国家数量（个）
1	5322	1	7	6	7
2	1214	2	8	3	8
3	304	3	9	2	9
4	95	4	10	4	10
5	25	5	11	1	12
6	13	6			

4）主要研究机构分析

从国际水产品质量安全研究的主要研究机构（图 14-8）来看，中国位于国际上发文量前 10 位的科研机构有中国科学院（Chinese Academy of Sciences）、上海海洋大学（Shanghai Ocean University）和浙江大学（Zhejiang University）。

5）主要学科领域分析

按 Web of Science 学科分类看，国际水产品质量安全研究所涉及的主要研究学科有：食品科学与技术（Food Science and Technology）、环境科学与生态学（Environmental Sciences and Ecology）以及化学（Chemistry），见表 14-5。其中食品科学与技术所占比重最大，有 2269 篇相关论文。

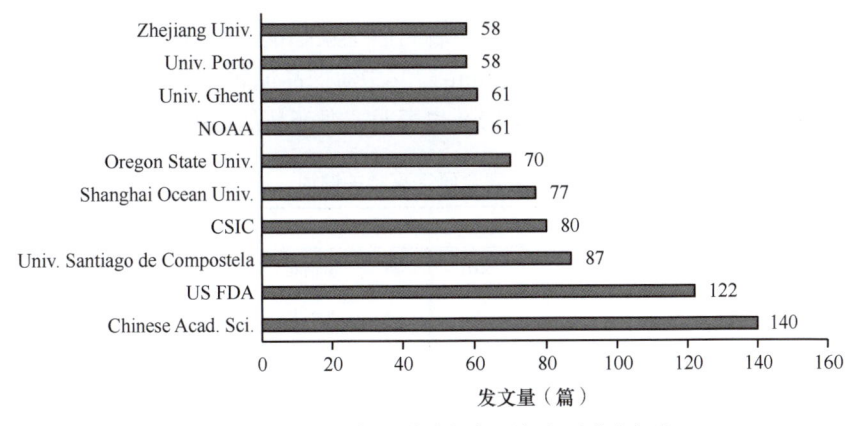

图 14-8　国际水产品质量安全研究主要发文机构

表 14-5　国际水产品质量安全研究主要涉及的 Web of Science 学科领域

序号	学科领域	文章篇数	序号	学科领域	文章篇数
1	Food Science and Technology	2269	6	Biotechnology and Applied Microbiology	628
2	Environmental Sciences and Ecology	1641	7	Marine and Freshwater Biology	503
3	Chemistry	1304	8	Public, Environmental and Occupational Health	354
4	Microbiology	771	9	Fisheries	327
5	Toxicology	698	10	Nutrition and Dietetics	327

国际水产品质量安全研究发文量前 10 位国家的主要研究领域分布见图 14-9。可以看出，中国在食品科学与技术、化学 2 个领域处于领先地位，美国在环境科学与生态学领域处于领先地位，且在食品科学与技术领域也较为突出。

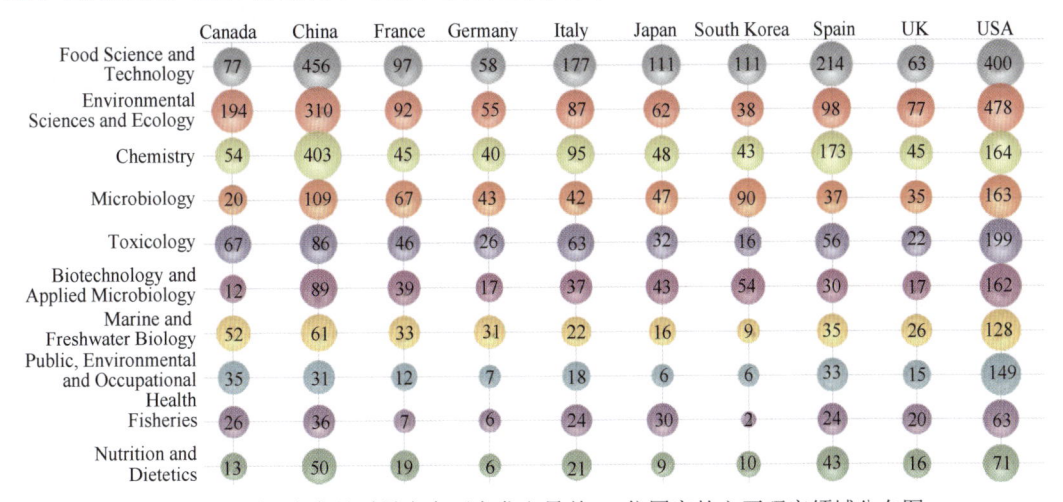

图 14-9　国际水产品质量安全研究发文量前 10 位国家的主要研究领域分布图

6）研究关键词分析

文中的数据集中只有 80% 的论文数据拥有作者关键词字段，数据虽然不全但也可以作为主要研究内容分析的参考依据之一。通过对作者有效关键词的统计，前 10 个关键词为海产品（seafood）、食品安全（food safety）、鱼类（fish）、汞（mercury）、贝类（shellfish）、副溶血弧菌（Vibrio parahaemolyticus）、风险评估（risk assessment）、水产品（aquatic products）、重金属（heavy metals）、水产养殖（aquaculture）。其中海产品词频为 810，独占鳌头（表 14-6）。近 10 年主要关键词变化趋势图（图 14-10）也表明，海产品是历年研究的重点和热点。

表 14-6　国际水产品质量安全研究高频关键词一览表（前 20 个）

序号	关键词	词频	序号	关键词	词频
1	seafood	810	11	marine toxins	166
2	food safety	469	12	arsenic	164
3	fish	419	13	polychlorinated biphenyls	159
4	mercury	413	14	bioaccumulation	154
5	shellfish	297	15	antibiotic resistance	147
6	Vibrio parahaemolyticus	290	16	Listeria monocytogenes	145
7	risk assessment	272	17	Salmonella	138
8	aquatic products	263	18	fatty acids	123
9	heavy metals	230	19	shrimp	120
10	aquaculture	184	20	LC-MS	116

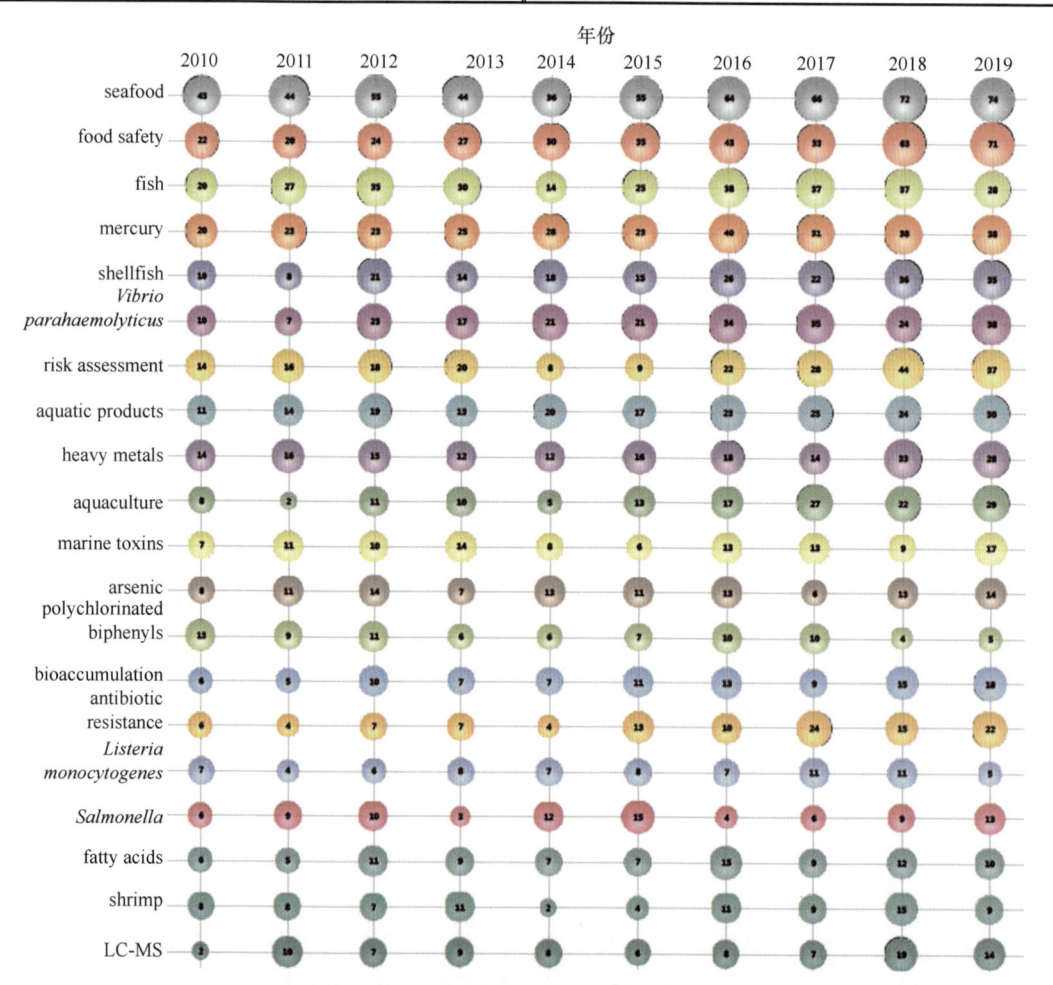

图 14-10　国际水产品质量安全主要关键词变化趋势

圆圈越大关键词出现频次越高

7）研究热点分析

将数据集中的论文题目、摘要和关键词进行可视化图谱分析和领域聚类，得到图 14-11 和图 14-12。可以明显看出，国际水产品质量安全研究主要分为 5 个研究版块，表现出以下特点：一是主要研究对象为海产品，尤其是鱼类、贝类和虾类产品；二是所研究危害物重点在重金属，尤其是汞，其次是副溶血弧菌等致病性微生物，再次是海洋毒素、持久性有机污染物及抗生素等；三是从研究方向上看，危害物风险评估、危害物富集特征等是重点研究方向，脂肪酸等质量问题也是研究热点，与此相比，检测技术研究不够突出。

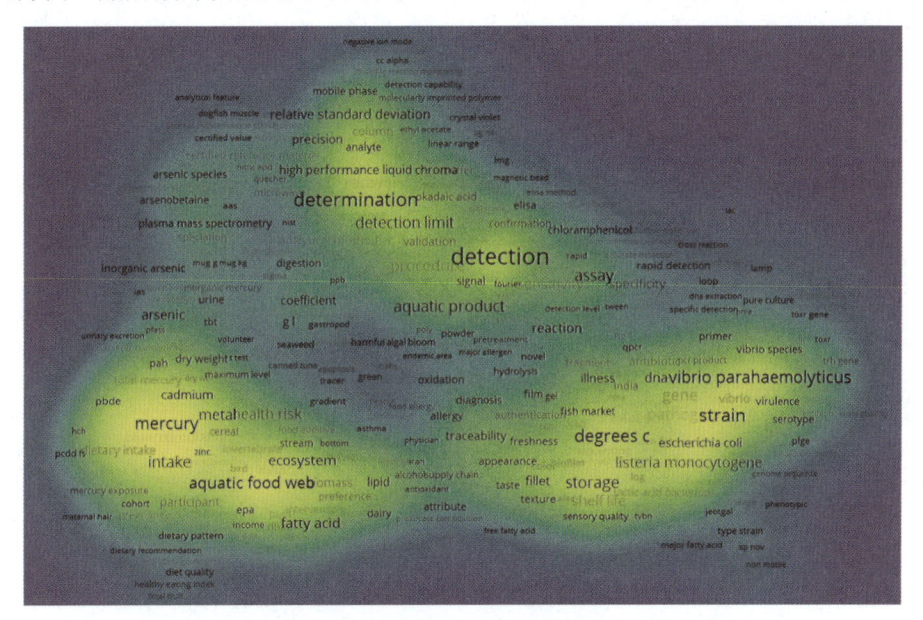

图 14-11　国际水产品质量安全研究领域热点可视化图谱

颜色越凸显表明出现频次越高

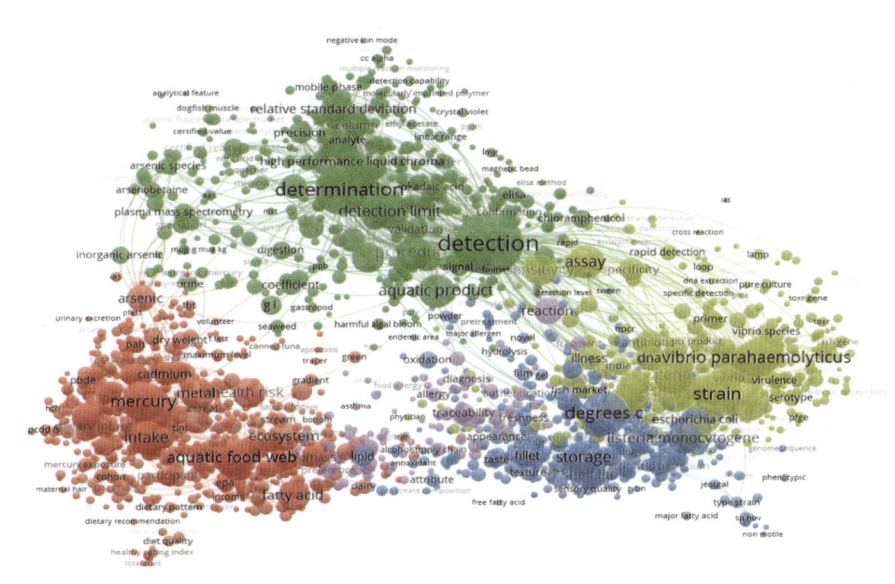

图 14-12　国际水产品质量安全主要研究内容聚类图

联系紧密的关键词划分为同一区块；字号越大表示该关键词出现频次越高

14.3.2 技术发展水平和差距评价

1）水产品质量安全形成过程等基础研究属于跟跑状态

国际上相关研究逐步深入，重点关注水产品安全性的长期影响因素，如有害重金属、生物毒素、致病性微生物、持久性有机污染物等，不仅关注影响质量安全的主要因素，还更加关注其形成过程以及分子基础和调控机制的研究，关注环境生态、生物安全、食用安全以及产品质量诸多方面。但我国目前重点关注药物残留和消除的代谢规律，虽然在重金属、致病菌和微生态制剂等领域开展了研究，但是整体范围上的研究深度和广度与国外研究差距甚大，属于跟跑阶段。

2）检测技术与设备领域属于跟跑状态

国际研究日益趋向高通量、高技术化、速测化、便携化，发达国家的水产品质量安全检测技术已从单指标的一般定量、定性分析发展到对多种物质的定性、定量分析，乃至对未知物的鉴别；从一般成分分析到对复杂物质中微量杂质的分析转变；从单一的形态鉴别到多赋存形态分析。我国目前在检测技术上属于跟跑阶段，在质谱、色谱等大型仪器设备方面，我国几乎全部依赖进口，急需开展独立自主的创新研究。

3）质量安全追溯技术属于跟跑状态

追溯技术在欧美等发达国家保障水产品质量安全上最为成功，欧盟甚至已经建立了可追溯体系和信息标准的水产品联盟组织——水产品追溯计划（TraceFish）项目组，并在行业中成熟应用。例如，挪威皇家鲑鱼公司正在建立基于信息技术的可追溯体系，采用AKVAsmart开发的高级控制软件来对水产品的接收、加工、销售和可追溯信息进行管理；荷兰水产品物流体系建立了电子虚拟的水产品物流供应链，通过网络连接农业生产资料供应商、生产商、养殖者、批发商、零售商，形成水产品供应链。我国在水产品可追溯体系建设和追溯技术研究方面取得了一定的成绩，但总体上讲，技术上不够创新，产品上适用性不强，此领域属于跟跑阶段。

4）危害物残留预测和预警技术属于跟跑状态

欧美特别重视致病性微生物、过敏原、海洋生物毒素、持久性有机污染物等危害物的控制技术研究，并已研发出了病原菌模型程序、海洋食品腐败预测软件、多环境因子分析系统等，针对不同水产品的贮运流通过程建立了多种分析预测模型控制技术，加工过程中内源性有害物质控制技术也更加深入。我国在此领域的研究成果匮乏，中国水产科学研究院经过"十二五""十三五"时期的努力，在鱼类中药物残留预测技术、贝类毒素原位预警技术领域有所成效，但预测的准确性和实用性等还需要进一步完善。

5）水产品品种真伪分子鉴别研究属于并跑状态

国内外的研究主要区别在研究对象上，国外重点研究鲨鱼类、鲽形目鱼类、鲣鱼、鲭鱼类、鲑鳟类、鱼子酱等品种和产品，我国前期主要研究鳕鱼类、海参类、河鲀类、鲍属等品种和产品，这与各国的消费传统、养殖/捕捞产业等相关，所以技术差异体现不明显。但在个别领域，发达国家的技术仍保持一定领先，比如自动化与高通量分析方面，推出了商品化的 DNA 自动提取与高通量方案，不仅节省劳动力，还为批量检测提供了技术支撑，这主要得益于发达国家在自动化研发领域多年的技术积累与完善的产业链。

6）风险评估技术与标准制定研究属于跟跑状态

国外水产品质量安全中危害物限量标准的制定大多基于科学、系统的风险评估研究，风险评估的技术和理论成熟，且限量标准的制定上，安全指标限量值逐步降低，并出现了诸如二噁英等污染物的超痕量指标。我国在此领域研究基础薄弱，目前更多的是风险监测和危害物的普查。

14.3.3　技术发展阶段评价

水产品质量安全技术涉及危害物检测、控制、消减、风险评估、产品追溯、预警等方面，现针对关键核心技术状况进行评价如下。

1）快速检测技术处于规模化应用阶段

影响水产品质量安全的危害物质包括天然毒素、寄生虫、渔药和农药残留、重金属残留、微生物危害、物理残留、过敏原等，建立快速灵敏的检测方法对水产品的质量安全控制至关重要。目前我国已经针对农兽药等危害物质，开展化学比色法、酶联免疫法、胶体金免疫层析法和荧光免疫分析法等多种快检技术的研究和产品研发工作，相关技术、试剂盒和小型配套仪器设备自 2010 年左右起就已经在国家及各省市产地水产品监督抽查等工作中得以应用，涉及的危害物包括氯霉素、孔雀石绿、呋喃唑酮代谢物和呋喃西林代谢物等，目前部分指标的快检产品已全面覆盖了全国各省市县，形成了一个庞大的产业。

2）危害因子高通量筛查与精准定量检测技术处于中试阶段

欧美日韩等均建立了基于电感耦合等离子体质谱、气相色谱质谱联用仪和液相色谱法或液相色谱质谱联用仪等大型仪器的危害因子精准定量检测分析。我国亦建立了一系列基于大型仪器的水产品中农兽药残留、持久性有机污染物等隐患因子的国家或行业标准，基本实现了对主要重金属、抗生素、持久性有机污染物、内分泌干扰物和致病性微生物等危害因子的精准定量检测分析。例如，高尧华等（2018）利用气质联用同时测定了鲑鱼、对虾中的农药残留，并与 50 种农药呈现了良好的线性关系，重现性好、精密度高、操作简单，适合水产品中多项农药残留的检测；张海霞和王迎迎（2017）利用固相萃取-超高效液相-串联质谱检测渔药残留，实现一次性检测 4 类 12 种渔药残留；郭萌萌等（2013）利用液相质谱串联法测定了水产品中三苯磺胺、氯霉素类、磺胺类、氟喹诺酮类、四环素类渔药残留。大多数技术在我国水产品质量安全监督抽查工作中成功运用。但相应的仪器设备几乎全部为进口，此外，相应的检测技术相较行业的需求而言，还有很大可为之处。

3）药物残留预测技术与设备处于研发阶段

药物残留超标是目前我国水产品质量安全所面临的最重要的问题之一（肖放，2019）。

我国水产养殖用药情况复杂、基础理论研究不足，目前国内外尚缺乏比较准确、实用的药残代谢及预测技术。中国水产科学研究院选择养殖规模较大的鲆鲽鱼类、鲤科鱼类、暖水性罗非鱼、冷水性虹鳟鱼等海水、淡水品种为试验对象，综合运用文献数据分析、生理学和药理学指标检测、组织药残检测与代谢动力学分析、数学建模与评估等多种手段，率先开展研究，建立了基于生理药代动力学（PBPK）模型的鱼类药物代谢残留预测技术（程波等，2017），开创了该领域研究的先河。目前，上述工作还处于研发阶段，亟待进一步优化完善，以便服务于产业和政府质量安全监管。

4）质量安全追溯技术与设备规模化应用阶段

我国在水产品可追溯体系研究上已经进行了大量尝试，开发了二维码、射频识别（RFID）技术、NFC 标签技术、DNA 条形码技术等标识技术和计算机、二维码打印机、扫描设备以及相应的配套设备，初步完成了"一个平台、四个系统"建设，即水产品质量监管平台、水产品追溯系统（移动端、PC 端）、水产品质量安全身份识别系统、水产品质量检测系统，目前也已经形成了商业化和规模化的应用。但追溯链条上数据造假、数据篡改等问题突出，严重影响了追溯本该拥有的效果，导致追溯成了企业"摆设"的局面。

14.3.4　国内外相关评价分析

随着水产品在国民饮食中所占比例的上升，水产品质量安全被重点关注。针对这些问题，我国采取了有力的措施，虽然在某些研究领域和技术方面，我国起步时间晚于其他国家，但是近十几年来，国家政策和社会需求导致水产品质量安全技术飞速发展，并涌现出了大量的优秀人才和研究成果。我国水产品总体合格率也呈逐年上升趋势，水产品质量安全技术研发正在向又快又好的方向发展，并逐渐走向国际前沿（林洪和韩香凝，2019）。

在水产品质量安全日益受到重视的情况下，得益于国家政策的大力扶持，国家和地方建立了多个研究平台，其中农业农村部建立了 10 个水产品质量安全风险评估实验室，并在多个地方建立了衍生实验室及推广点，相对应的水产品质量安全成果产出丰硕，申请了近千件发明专利和实用新型专利，发表了 3000 余篇研究论文。成果的涌现推进着技术的进步，说明我国水产品质量安全在向又好又快的方向发展，并且取得了长足的进步（李书民，2017；崔建玲，2016；林洪和韩香凝，2019）。

从水产品质量的安全监管理念、监管现状、监管工作的具体措施三方面分析，秦国平（2018）认为我国正处在水产品质量安全监管工作的完善期，相关的水产品安全监管部门适应养殖者和市场的管理需要，满足人民对水产品质量保证安全的基本需求，为水产品质量安全提供强有力的保障。

在水产品技术创新方面，吴颖等（2019）利用专利分析技术，对水产品质量安全相关的专利以专利申请人、专利类型、专利经营和专利申请态势等指标对我国水产品质量安全的创新能力进行了客观、全面的评价。综合分析得出，我国水产品质量安全的技术创新能力逐年提升，但是仍然处于技术积累阶段，该领域的专利技术运营良好，但是专利的质量和实际应用发展还需进一步优化。

14.4 科技发展趋势分析

14.4.1 新进展、新变化、新特征和新趋势分析

1）水产品质量安全问题得到社会各界的高度关注

21世纪以来，随着社会的日益发展，国民的消费观念发生了显著的转变，由简单的温饱需求，转变为对优质食物的需求，进而转变为对食物质量与安全的综合需求。而水产品由于其鲜美的味道和丰富的营养价值，几乎成为人们餐桌上的必备美食。虽然，我国加大了对水产品安全的监管力度，针对水产品安全的质量监管和风险预警及评估水平都有了很大提升，但是，由于水产品养殖规模扩大，产业链延长、水环境变化等导致食品安全事故以及国际贸易纠纷仍然时有发生，诸如"孔雀石绿事件""北京福寿螺事件"等，主要问题在于水产品毒素、农兽药残留、寄生虫等。这些事件的发生牵动着消费者的神经，有些事件引发了大规模的疾病甚至死亡，导致水产品市场遭受打击，甚至影响了我国的出口贸易（林洪和韩香凝，2019）。

2）水产品质量安全成为渔业提质增效、转型升级的核心

2017年召开的中央农村工作会议总结了党的十八大以来我国"三农"事业的历史性成就和变革，深刻阐述实施乡村振兴战略的重大问题，为当前和今后一个时期的农业农村工作指明了方向。连续三年的中央农村工作会议都强调了农业供给侧结构性改革。会议强调，走中国特色社会主义乡村振兴道路，必须深化农业供给侧结构性改革，走质量兴农之路。新形势下，保障水产品质量安全成为渔业提质增效、转型升级的核心，需要继续加大水产品质量安全科技投入，为保障水产品的消费安全保驾护航。

14.4.2 科技发展态势和方向

1）风险评估基础数据库和评估指标体系亟待建立

发达国家强调产品从农田到餐桌的全过程管理，监管的依据主要为风险分析，调动全过程相关的消费者、企业、政府等人员共同参与，实现全面检查和动态监管，严格按照统一管理、风险管理、信息公开等原则，完善法律监管，确保产品到餐桌的全方位监管，维护消费者的健康和权益（何力，2019）。在此领域，我国根据自身产业质量安全特点，开展了渔用投入品中禁限用药物隐性添加专题评估，明确"三鱼"[鳜（*Siniperca chuatsi*）、乌鳢（*Ophiocephalus argus*）、大菱鲆（*Scophthalmus maximus*）]、"两药"（孔雀石绿及硝基呋喃类代谢物）的监管重点；对珠江流域（鱼-畜禽综合养殖模式）、环太湖地区（池塘精养模式）和黄河流域（池塘精养模式）使用渔用抗生素情况开展调研和评估；对稻渔互作模式、渔用麻醉剂丁香酚的风险评估等多领域开展了较为深入的研究，为政府质量安全监管提供了强有力的支撑。但目前的工作仍然是以风险监测为主，水产品中危害物形成机制与代谢规律研究未来需要不断深化，以期为搭建水产食品质量安全信息基础数据库，以及风险管控和水产品中危害物标准安全限量制定提供理论和数据支撑。

2）水产品质量安全检测技术与设备亟待研发

在我国水产品质量安全管控过程中，检测技术是其他研究的基础，因此国家和研究机构需要加大检测技术和设备研发的投入力度，尤其是重视样品前期的处理技术、危害物高通量筛查技术，以及多残留检测技术和快速检测技术及其产品，构建质量安全检测技术和设备支持体系，有效支撑质量安全的监管和研究。

目前我国集约化和高密度化的水产品养殖模式势必产生大量的疾病风险，养殖生产中大量使用各种化学药物进行养殖环境的调控、养殖病害的预防和治疗已是我国产业的常态。根据中国渔业协会的不完全统计，2016 年水产养殖非药品渔业投入品相关企业达到数千家，市场产值达 70 亿～80 亿元，已成为目前水产养殖中除苗种和饲料以外用量最大的投入品，且有继续增长的趋势。随着我国经济的快速发展，环境污染日趋严重，养殖水体中污染物的种类日渐增多。在此背景下，养殖产品中多种化学污染物的同时残留已成为我国水产品质量安全不容回避的现实问题。随着科技的发展和国家对水产品质量安全的重视，各种生物、化学选择器不断涌现，微电子生物传感器智能制造技术可对污染物进行快速检测，高通量快速筛查技术、无损检测技术衍生出光学、X 射线分析法以及生物传感器等分析方法，这些方法被广泛地应用于水产品质量快速检测和鉴定过程，水产品质量安全检测体系的建设日益完善，快检试剂盒有多类产品上市，准确性和可信度都有全面性的提高。但是，有关危害物筛查的质谱、色谱等大型仪器一直被国外仪器公司所垄断，导致我国几乎全靠进口，自主研发的快速检测仪器在市场中仍然处于劣势。与行业的现实需求相比，我国现有检测技术和产品远不能满足实际行业过程控制和监管的需求，需要继续深入研究，构建高通量、多残留、快速的危害物筛查技术，研发危害物快速检测的产品和设备（邵征翌，2017）。

3）基于模型的预测预警控制技术亟待突破

2019 年 2 月农业农村部等十部委在《关于加快推进水产养殖业绿色发展的若干意见》中提出，以减量增收、提质增效为着力点，加快推进水产养殖用兽药减量行动。严格落实兽药生产经营许可制度，强化水产养殖用兽药等投入品质量监管，将水环境改良剂等制品依法纳入管理。加强水产养殖用药指导，严格落实兽药安全使用管理规定、兽用处方药管理制度等。我国产业状况和市场环境复杂，加上预警技术不健全等因素，造成了养殖生产链和加工生产链的质量安全控制不完善，水产品质量安全事件时有发生。针对这些问题，近年来我国科学家运用数学建模、信息技术等多种手段，初步建立了基于鱼类 PBPK 模型的实时药残预测技术，在保障水产品质量安全领域发挥了重要作用。但是，上述工作还处于启动阶段，研究深度和技术的成熟度有限，未来需要不断深化，发挥交叉学科优势，与国际接轨，尽快引入区块链技术、模型技术等新技术和理论方法，不断完善水产品质量安全危害物预测技术，构建基于模型的质量安全预警系统是未来发展的重要趋势。

4）追溯技术与设备亟待全面升级

欧美国家从 2000 年开始，先后制定了水产品质量安全追溯相关法律、法规体系和制度标准，并进入了推广实施阶段，开启了水产品质量安全可追溯体系的建设之路。而我国自 2003 年先后出台了《水产养殖质量安全管理规定》《出境水产品追溯规程（试行）》

《出境养殖水产品检验检疫和监管要求（试行）》，在部分省份建立了水产品质量检验中心，并研发出了水产养殖与加工产品质量安全管理软件系统、水产品市场交易质量安全管理软件系统和水产品执法监管追溯软件系统（林洪和韩香凝，2019），构建了水产品质量安全追溯平台与预警技术。虽然在水产品质量安全可追溯体系的建设上做了一些尝试和努力，但仍然存在很多不足，主要体现在追溯相关技术模式单一，追溯数据的采集、存储、分析、传递、挖掘以及总体数据资源整合等方面的研究还不够全面和深入；借助大数据信息技术开展风险预报预警系统的创新和应用研究还有许多提升空间（林洪等，2018；牛景彦和王育水，2019）。对此，急需引入区块链技术、5G等新技术和理论方法，构建可视化、实时化、动态化、网络化的水产品质量安全追溯技术和体系设备，是未来发展的重要趋势。

5）标准与法规仍需不断完善

1982～2018年我国制定的与水产品质量安全相关的标准共有320项，包括农兽药残留的检测国标、无公害水产品的要求、水产品的流通运输包装要求、水产品卫生标准、水产品中微生物的要求及检测方法、进出口水产品标准和水产品加工要求等。详细规范的水产品相关标准的建立说明我国政府对水产品质量安全十分重视。2000～2018年，我国共制定与水产品质量安全相关的法律法规240多项。制定的法律法规内容包括《水产养殖质量安全管理规定》《国家产地水产品兽药残留监控计划》等，涉及水产品养殖、生产、加工和销售过程的各个方面，并对水产品中危害因子的残留限量等进行了强制性规定。但对于水产品安全风险分析和与水产品安全密切相关的农兽药残留、微生物等相关的基础标准等急需制定，我们需要密切关注和跟踪国际食品安全风险分析的最新动向，建立和完善我国水产品安全标准与法律法规体系，为国民的健康保驾护航。

14.4.3 发展目标与重点任务

1. 发展目标

针对目前我国水产品质量安全中存在的关键问题，如"卡脖子"的技术难题和设备、亟待深入研究的理论基础以及需要深入挖掘的研究方向等，聚焦重大基础研究和共性关键技术，开展检测技术与设备、危害物形成机制、污染物控制技术、质量安全追溯与预警技术、风险评估、标准制定等相关研究。建立10～20项具有我国自主知识产权的水产品质量安全危害因子筛查、快速检测技术及其产品和设备。研究污染物毒性评价与风险评估技术，探明一系列典型养殖品种中渔用化学品等主要危害物的迁移转化规律，理清危害物的归趋途径。开发有害物质过程防控与消减技术，建立20组以上"危害物-水产品"代谢残留模型，构建危害物残留预测技术，研发5种以上水产品品质评价与控制技术。开发水产品质量安全追溯与预警技术和设备，建立一系列适合我国水产品质量安全监管的标准或技术规范，实现非规范渔药投入品在水产养殖过程中的有效监管。渔业现代化水平迈上新台阶，水产品质量安全水平稳定提升，渔业信息化、设备水平和组织化程度明显提高，水产品质量安全追溯体系逐步建立,实现风险监测100%覆盖,产地水产品抽检合格率增加0.1～0.2个百分点。

2. 重点任务

1）重大基础研究

（Ⅰ）重点水产品危害物污染特征与来源解析

利用分析化学和分子生物学技术，系统研究我国水产品重点生产区环境及水产品中生物源性、化学源性、无机源性以及内源性危害因子的种类、污染水平、区域特征、季节特征及种属相关性，解析水产生物中安全危害因子的复合污染特征和风险程度，探明不同品种中各主要危害物的来源途径。研究我国主要水产品中安全风险因子的基础数据规律，建立危害物的特征数据库及"指纹"谱库。为我国水产品质量安全风险管控、生产区划管理和产品质量提升提供基础数据。

（Ⅱ）水产品质量安全形成规律与调控机制

针对危害水产品质量安全的农兽药、重金属、有机污染物、生物毒素、致病性微生物等关键危害因子，采用质谱分析技术、现代组学技术，研究化学药物在鱼类、贝类、甲壳类等主要水产品中的富集特征、代谢残留规律、转归途径及其毒性效应；研究食源性致病微生物在水产品中毒性季节性富集的机制，以及有害重金属的存在形态、分布规律与毒性大小；解析加工和生产过程中过敏原的结构和活性的变化规律，探明一批典型危害物的蓄积、转化和迁移规律，揭示养殖水产品中质量安全风险形成机制，为保障水产品质量安全提供理论基础。

2）共性关键技术

（Ⅰ）水产品关键危害物风险评估技术与设备

围绕农兽药、致病性微生物、生物毒素、有机污染物和重金属等影响水产品质量安全的关键危害物，开展危害物快速检测技术、高通量多残留检测技术、痕量分析与代谢物确证技术、未知污染物盲查和筛查技术、产地溯源技术研究以及相应设备和产品的研发；以投入品被动带入、药物主动使用、养殖环境影响和收贮运添加等环节为切入点，开展覆盖产地、市场及消费环节等全链条的风险评估技术研究，验证已知、探索未知风险因子，找出主要养殖水产品质量安全关键控制点，评估主要风险隐患水平，综合评判水产品的整体质量安全状况，提出监管建议和防控措施（唐晓纯，2013）。

（Ⅱ）养殖水产品化学危害物代谢残留预测及其监管技术

针对我国养殖水产品药物残留超标问题突出、现有政府兽药残留控制体系存在不足等行业自身和政府监管两个层面的问题，构建水产养殖动物危害物代谢残留技术规范，研究养殖生产常用化学品在水产动物体内吸收、分布和代谢残留过程，进行主要代谢产物鉴定、残留标识物的确证，研究温度等环境因素对危害物代谢残留的影响途径与程度，建立养殖水产动物危害物代谢残留数据库，构建主要养殖水产动物危害物残留预测技术与应用平台，为水产养殖化学品使用和危害物残留管控提供方法。

（Ⅲ）基于区块链的名优水产品质量安全追溯与预警技术

针对我国名优水产品产业链特性，研究养殖、加工、流通和销售等各环节内容和过程，确定质量安全可追溯的关键环节、关键控制要素，制定覆盖全过程的水产品质量安全可追溯技术体系总体构架。研究基于区块链的编码、标识和信息等数据的获取、传输和管理技术，建立以全球统一编码体系为基础的标识系统和信息查询的溯源系统。应用区块链技术、模糊数学、神经网络和时间序列等方法开展名优水产品质量安全预警技术的研究，研究设计质量安全预警指标体系，建立质量安全预警系统。构建我国名优水产品基于区块链的质量安全追溯与预警技术标准体系，促进产业健康可持续发展。

3）典型应用示范

（Ⅰ）鱼类产品质量安全保障技术应用示范

研究内容：以我国养殖规模较大的海水、淡水鱼类为对象，重点针对药物残留、常见非法添加物（禁用药物）、主要环境污染物和生物性危害物质等质量安全方面的突出问题，基于重点产区销区、典型养殖流通模式下上述产品的主要危害物形成与消长规律和动态调控机制，集成所研发的危害因子非靶向筛查、有害物质快速检测与精准识别、质量安全重要参考物质等监测技术与产品，以及污染物毒性评价与风险评估技术、有害物质过程防控与消减技术等，集成构建适用于典型养殖方式、产品流通、粗加工和监管等不同环节的技术先进、系统完整、切实可行的质量安全评价与监控技术体系，并在主要产区的养殖/加工生产基地/生产企业/销区的集中交易市场和质检监管机构进行综合应用示范。通过基地示范、对新型经营主体和养殖大户的培训，进行大面积推广应用。

（Ⅱ）虾蟹类产品质量安全保障技术应用示范

研究内容：以我国养殖规模较大的海水、淡水虾蟹类产品为对象，重点针对药物残留、常见非法添加物（禁用药物）、主要环境污染物和生物性危害物质等质量安全方面的突出问题，基于重点产区销区、典型养殖流通模式下上述产品的主要危害物形成与消长规律和动态调控机制，集成所研发的危害因子非靶向筛查、有害物质快速检测与精准识别、质量安全重要参考物质等监测技术与产品，以及污染物毒性评价与风险评估技术、有害物质过程防控与消减技术等，集成构建适用于典型养殖方式、产品流通、粗加工和监管等不同环节的技术先进、系统完整、切实可行的质量安全评价与监控技术体系，并在主要产区的养殖/加工生产基地/生产企业/销区的集中交易市场和质检监管机构进行综合应用示范。通过基地示范、对新型经营主体和养殖大户的培训，进行大面积推广应用。

（Ⅲ）贝类产品质量安全保障技术应用示范

研究内容：以我国养殖规模较大的海水、淡水贝类产品为对象，重点针对重金属残留、贝类毒素、主要环境污染物和致病性微生物等质量安全方面的突出问题，基于重点产区销区、典型养殖流通模式下上述产品的主要危害物形成与消长规律和动态调控机制，集成所研发的危害因子非靶向筛查、有害物质快速检测与精准识别、病原微生物检测技术、质量安全重要参考物质等监测技术与产品，以及污染物毒性评价与风险评估技术、有害物质过程防控与消减技术等，集成构建适用于典型养殖方式、产品流通、粗加工和监管等不同环节的技术先进、系统完整、切实可行的质量安全评价与监控技术体系，并在主要产区的养殖/加工生产基地/生产企业/销区的集中交易市场和质检监管机构进行综合应用示范。通过基地示范、对新型经营主体和养殖大户的培训，进行大面积推广应用。

（Ⅳ）特色水产品质量安全保障技术应用示范

研究内容：以我国养殖规模较大的藻类、海参、头足类、龟鳖类及海洋捕捞类等特色水产品为对象，重点针对重金属残留、贝类毒素、主要环境污染物和致病性微生物等质量安全方面的突出问题，基于重点产区销区、典型养殖流通模式下上述产品的主要危害物形成与消长规律和动态调控机制，集成所研发的危害因子非靶向筛查、有害物质快速检测与精准识别、病原微生物检测技术、质量安全重要参考物质等监测技术与产品，以及污染物毒性评价与风险评估技术、有害物质过程防控与消减技术等，集成构建适用于典型养殖方式、产品流通、粗加工和监管等不同环节的技术先进、系统完整、切实可行的质量安全评价与监控技术体系，并在主要产区的养殖/加工生产基地/生产企业/销区的集中交易市场和质检监管机构进行综合应用示范。通过基地示范、对新型经营主体和养殖大户的培训，进行大面积推广应用。

14.5 典型案例：挪威鲑鳟产业质量安全

水产品的质量与安全涉及领域广泛，贯穿产地、加工、储存、运输和市场等各个环节，对各环节的产品、工艺、投入品和环境等影响质量与安全的因素都要管控（图14-13），除此之外，还有涉及全局的标准、法律法规、组织协会、管理机构以及追溯、召回和预警体系等，所以建立一个完善的质量与安全保障体系需要技术、设备、标准、法律法规和组织机构等多方面的支撑。本节以挪威的鲑鳟产业为例，介绍一个较为成熟的水产品质量与安全保障体系。

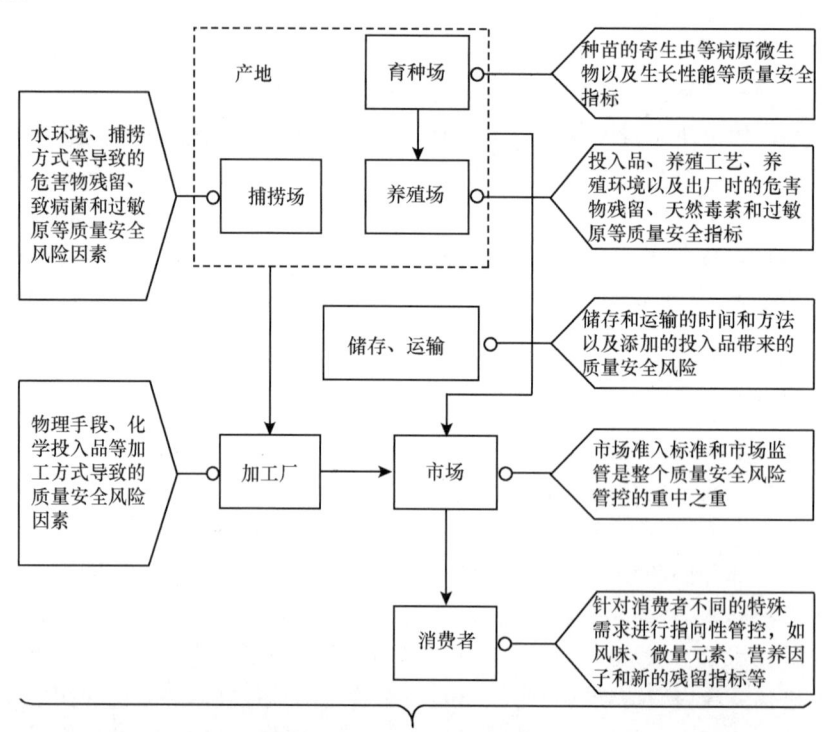

图 14-13 水产品质量与安全的环节管控示意图

14.5.1 技术重要性

挪威的大西洋鲑养殖,从 20 世纪 60 年代末至今经过 50 多年的迅猛发展,已经成功跻身世界领先行列。现在,大西洋鲑是挪威出口量最大的养殖鱼类,其出口量占全球大西洋鲑出口量的一半以上(罗艳,2018)。挪威在保障和提高三文鱼的质量和安全方面,所研发和设立的一系列技术、标准、条例、法规、系统和设施等,对其他水产品行业的发展具有深刻的借鉴意义。

1)优良的品种是保障产品质量安全的基石

挪威大西洋鲑有着"冰海之皇"的美誉,其肉色呈鲜艳的橙红色,鲜嫩滑弹,营养价值高,深受全球美食家的喜爱。挪威一直十分重视对本地养殖品种的选育改良工作。从 20 世纪 70 年代挪威水产研究所开始选育大西洋鲑发展到现在,挪威的大西洋鲑养殖品种的饲料投喂比是以前的 80%,生长速度是野生品种的 2 倍,其肉质和抗病力也得到了市场的一致赞誉,被称作"挪威三文鱼"(陈洪大,2005)。

2)宏观调控能力是产业健康发展的保障

具有面向整个产业的有效合理的宏观调控能力,是保障产业健康发展的基础。挪威在 1946 年就设立了独立的渔业部,是世界上第一个建立独立渔业部的国家,在 1968 年就开始着手制定关于鱼病的法律,包括《渔产品质量法》《药物使用法》《兽药法》《水产养殖条例》等。目前挪威主要通过三个部门的法律来规范水产养殖业,由渔业部负责具体的水产养殖活动,农业部负责水产养殖动物病害,环保部负责水产养殖污染方面。完善的体系标准和严格的法律查处,可以有效地控制水产养殖原物残留现象,保障产业的健康发展(陈柏松等,2016)。

挪威在 1970 年成立水产养殖协会(NFF),有效地把所有养殖者联合起来,1978 年成立水产养殖者销售协会(FOS),两个协会对早期挪威的水产养殖业发展发挥了巨大的促进作用。二者联合在 1983 年至 1989 年持续推进的题为"健康的鱼""海水养殖的新品种""品质鱼""水产养殖对环境的影响"的 4 个项目对产业发展的影响深远,至今都是很好的科学依据(肖翔,2004)。

3)精准管控实现风险最小化

挪威渔业部制定了养殖许可证制度,对养殖场的规模和许可证发放数量加以限制,并规定养殖场在同一海域只能连续养两年,然后必须进行"休渔",以减少病害传播和排泄物等污染产物的堆积。此外,挪威还建立了兽医处方制度,限制购买渠道,强制要求药品销售者将药品的销售情况进行上报,对部分渔产品强制要求药残分析,多种制度从多个角度限制了滥用药物、乱卖药物和药物残留等问题,对投入品进行严格管理,使风险最小化(陈洪大,2009)。

为了对抗疾病和减少抗生素的使用,挪威政府一直鼓励研究部门和企业通过研究疫苗来预防疾病(陈洪大和 Lunestad,2009)。根据挪威理事会的调查数据,在针对当时主要流行的鳗弧菌病、冷水弧菌病、疖疮病的疫苗研制成功后,1986 年到 1996 年的 10 年期间,抗生素的用量从 48 560kg 降到 1031kg,而鲑鱼产量由 4.6 万 t 上升到 29.2 万 t,效果显著

（陈洪大，2005）。

4）基础研究和检测技术促进产业升级

为保障养殖场产出和流入市场的大西洋鲑的安全和品质，需要对大量样品的重金属、药物残留、污染物、寄生虫、病毒和致病菌等多种指标进行检测，其中仅挪威海洋研究所一家单位，每年就会检测大约 1.4 万条大西洋鲑（罗艳，2018）。产业规模的扩大，对产品质量与安全保障过程的各环节都提出严峻要求，不仅需要对水产品危害因子的形成过程与影响机理进行大量基础性、广泛性的深入研究，还要不断加强对安全风险评估和各种投入品安全限量的研究，还要加强包括高通量的检测和筛查技术、对养殖到市场各环节的控制和预警技术、产品追溯、不同品质的等级分类和防假冒的品种真伪鉴别技术等的研究。

5）新技术和设备满足消费者对产品质量安全的新需求

在挪威，人们热衷将新鲜三文鱼制作为烟熏三文鱼，但鱼血和黑色素的残留会对烟熏三文鱼的品质产生较大的影响，这些残留物在鱼肉中一般呈现为黑点，并且通过肉眼目测很难辨别。针对这一问题，Nofima 研究集团专门研制了一种高光谱成像自动检测仪，可以用来检测三文鱼的品质，并且深至鱼肉内 1cm 处的鱼血和黑色素残留物也能够通过该仪器的光谱成像模式检测到，这使其深受欢迎（中国访谈，2011）。挪威通过不断的技术革新，研发更方便快捷的检测技术和设备，实现对鲑鳟产品质量的监测，让人们吃得更放心、更美味。

14.5.2　技术水平分析

1）有效的追溯和召回体系

有效的可追溯系统是指通过最终产品携带的数据信息就可追溯到产品的原产地——水产养殖场所或捕捞场所。建立一个有效的追溯体系，首先要在产业的各个关节加强对信息的规范化汇总和存档，挪威水产养殖业的信息汇总和存档主要包括：①在苗种阶段，不同亲鱼均在尾鳍上做特殊标志加以区分，幼苗分别放养，当鱼苗批发进入养殖场时，这些信息会被传递过去；②在养殖过程中，养殖场必须将养殖的日常工作记录在案，存档保存；③渔药必须通过兽医开标准格式处方才能购买，兽医标准格式处方包含开处方者的名字和身份证号、养殖场的养殖许可证号和养殖场的位置、药物使用的配方和使用的剂量、渔药的休药期、使用鱼苗的情况，并且兽医要将治疗鱼病的处方复印件在一周内上交挪威食品安全局，建立处方数据库；④在养殖出场前，对产品必须贴有标签，包括养殖场的编号、养殖品种、重量、等级、出场时间等；⑤在养殖鱼上市屠宰前，必须上报挪威食品安全局，并填写标准式样的屠宰公示，包括登记的养殖场数量、登记的加工场数量、屠宰的日期和数量、12 个月内对养殖产品使用药物的情况，且用药信息必须与处方数据库中药物使用数据吻合；⑥挪威国家营养和海洋食品研究所的检测样品信息和数据都要记录在计算机上并在官网上公开发布，包括取样地点、取样日期、样品名称、检测项目编号、检测内容、样品识别号等（陈洪大，2007）。

无论是鲜活水产品还是水产加工品，当产品从产业链的上一环节进入下一环节时，产品所携带的信息都可以有效传递。详细的信息汇总和存档，再结合现代化、网络化的数据记录和传输手段,可以更加快速有效地进行产品追溯,有利于质量安全问题的快速分析和解决。

2)严格完善的法律法规、标准体系和管理机构

在 2004 年,为了适应新一代的食品安全战略,挪威又进行了部门规划整合,成立了挪威食品安全局(NFSA)和科学委员会(NSC),将挪威国家营养和海洋食品研究所(NIFES)上升为渔业部直属部门。NFSA 是受农业部、渔业部、卫生部管理的执法机关,起草并执行有关食物安全的动植物法律法规,检查、监控和执行紧急预案。NSC 专门负责对食品安全技术问题进行风险评估,有 8 个跨学科专家组,对水产养殖卫生状况、药物残留、激素、传染病、杀虫剂、污染物等进行风险评估并提出相应建议。两部门平行,将风险评估者与风险管理者任务分开、职责分明。NIFES 则是负责鱼的营养、水产品质量安全研究和检测的国家级研究机构,主要研究营养构成和海产品对人类健康的影响及相关检验检测、评价技术等(陈洪大,2007)。挪威规定,所有处方数据库显示的 12 个月内使用药物的渔业产品,上市前必须通过 NIFES 化验,进行强制检测,并设立检验方法和标准(表 14-7)。

表 14-7 挪威国家营养和海洋食品研究所采用的水产养殖药残检测的方法和检测限(LOD)与定量限(LOQ)(单位:ng/g)

药品	方法	LOD	LOQ
甲基吡噁磷	LC-MS(API-ES)	1.5	4.0
氯霉素(肌肉样本)	LC-MS(API-ES)	0.3	1.0
氯氰菊酯(聚丁二烯橡胶)	GC-MS	5.0	10.0
第灭宁(溴氰菊酯)	GC-MS	10.0	20.0
敌敌畏	GC-MS	5.0	10.0
二福隆(除虫脲)	LC-MS(API-ES)	10.0	20.0
因灭汀(甲氨基阿维菌素苯甲酸盐)	HPLC/MS(APCI)	2.5	5.0
芬苯达唑	HPLC/MS(APCI)	2.5	5.0
氟苯尼考(肌肉样本)	HPLC/MS(ES)	0.2	0.5
氟苯尼考(饲料样本)	HPLC/MS(ES)	0.4	1.0
氟甲喹	LC-MS(API-ES)	10.0	30.0
伊维菌素	HPLC/MS(APCI)	25.0	50.0
隐色孔雀石绿	HPLC/MS(APCI)	1.0	2.0
孔雀石绿	HPLC/DAD	1.0	2.0
呋喃唑酮	HPLC-MS/MS	0.5	1.5
呋喃它酮	HPLC-MS/MS	0.5	1.5
呋喃妥因	HPLC-MS/MS	0.5	1.5
呋喃西林	HPLC-MS/MS	0.5	1.5
恶喹酸	LC-MS(API-ES)	10.0	30.0
土霉素	LC-MS(API-ES)	2.0	5.0
吡喹酮	HPLC/DAD	50.0	100.0
甲硝唑	LC-MS(API-ES)	5.0	10.0
伏虫隆	LC-MS(API-ES)	5.0	15.0

注:LC. 液相色谱法,MS. 质谱法,API. 大气压电离,ES. 电喷雾,GC. 气相色谱法,HPLC. 高效液相色谱法,APCI. 大气压化学离子化方法,DAD. 二极管阵列检测器

挪威实行养殖许可证制度。养殖场必须具有养殖许可证才可以从事水产养殖，每个养殖证都有官方登记号，否则，任何人不得随意建渔场，不得从事养殖活动。在养殖许可证中明确持有者的权利和义务，标明养殖场的位置、养殖的品种和养殖规模。挪威养殖许可证制度的实施加强了政府控制，使政府能够合理规划养殖密度和规模，避免大规模水产养殖疾病的暴发（陈洪大，2007）。

挪威实行严格的药物监管。渔药必须通过职业兽医购买。养殖场使用抗生素、杀虫剂等药物必须到挪威国家兽药研究所（NVI）拿到处方，然后通过国家授权的药品批发商或者饲料厂购买。并且自 2000 年以后，药品批发商和饲料厂被强制要求必须向挪威公共健康研究所报告所有药品的销售情况。

3）检测技术的创新与发展

重金属和二噁英及其相关衍生物等有机污染物，都是危害人体健康甚至致癌的重要有害物质，并且它们都很容易通过生物富集和饮食进入人体中，所以这两类物质的含量一直是水产品检测中的重要指标，其检测技术也在不断改进和发展。

对于重金属等无机物的检测分析，主要有电感耦合等离子体质谱法（ICP-MS）、电感耦合等离子体-原子发射光谱法（inductively coupled plasma-atomic emission spectroscopy，ICP-AES）、原子荧光光谱法（atomic fluorescence spectrometry，AFS）、石墨炉原子吸收光谱法（graphite furnace atomic absorption spectrometry，GFAAS）等多种无机分析技术（Liu et al.，2015；Zhang and Cui，2016）。在鲑鳟产业中，面对大量待检样本时，主要通过电感耦合等离子体质谱法（ICP-MS）测定食品中砷、镉、汞和铅的含量（Julshamn et al.，2007）。

对于多氯联苯（PCBs）等持久性有机污染物，主要通过使用气相色谱-质谱法（GC-MS）进行分析（Berntssen et al.，2005）。GC-MS 是将色谱分离能力、质谱定性和结构鉴定结合以实现复杂有机污染物定性定量分析的有效方法（钟丹丹等，2018），其可操作性、精确性和稳定性都比较好，有效地促进了通用性检测技术的发展以及大量样本检测时所需要效率和准确度之间的平衡（Nøstbakken et al.，2015）。并且 GC-MS 不仅可以用来检测有机污染物，还可以通过对特定有机挥发物质的检测，辅助对食品的口感和风味的判断。例如，通过利用 GC-MS 对添加蛋黄酱前后三文鱼挥发性物质进行鉴别和比较，发现蛋黄酱不仅可以促进三文鱼食物整体风味的形成，还能够掩盖鱼中的某些涩味物质，提高其感官评分和营养价值（张彩霞等，2018）。

14.5.3 技术发展趋势

随着水产养殖产业规模的不断增加，水产品越来越多地来到更多家庭的餐桌上，人们在更容易地买到各样水产品的同时，对水产品的质量安全问题也必将越来越重视。

1）法律法规和标准体系

现代化的社会运行必须依靠法制手段，有法可依是必然要求，加快建立和健全水产品质量标准体系、监测体系以及相关法律法规是保障水产品质量安全的基础。挪威从 20 世纪 80 年代就开始公开发布水产养殖使用药物的详细数据及报告。欧盟指令 EC2377/90，是关于欧共体动物源性食品建立的兽药最大残留量的程序；欧盟指令 96/23，是对药物合法使用的详细阐述，为欧盟成员国提供了一个重要的标准药残控制方法。

水产行业的法规制度建设及从业者的自我规范是未来提升水产品质量的最重要的因素。法规制度和标准体系不仅要健全，更需要有效实施和落实。其主要分为两大趋势，一是领导产业的协会组织和国家部门机构更加联合化、专业化，加强执行力度。例如，挪威在1946年设立独立渔业部，1970年成立 NFF，1978年成立 FOS，到2004年对质量安全领域新战略的国家部门优化改革。二是提高水产养殖从业者的素质，促进生产者的自我规范和主动参与，提出建议来不断调整和完善法律法规。例如，他们通过养殖许可证制度设定从业门槛，在中学阶段为有志向从事水产养殖方面工作的学生提供特殊教育，并且设立专门的水产职业学校，提高从业者的质量（宋怿，1999）。

2）检测技术体系

水产养殖中的危害物质，一部分是随着研究的深入和科学技术的进步，不断被发现和确认，这需要新技术有对新物质定性检测分析的能力，还有随着最低危害量的降低对检测技术精确度的要求；另一部分则主要由环境污染事故所引起，由水污染导致的水产品中有害物质的增加问题尤为突出。为研究切尔诺贝利事故所造成的大量放射性物质泄漏对挪威海域的影响，挪威几十年来，一直持续对野生物种中放射性污染物质进行检测，特别是对人为的放射性核素铯-137（^{137}Cs）一直保持着完整持续性的检测记录（Komperød and Skuterud，2018）。在挪威大部分人的食谱中，海鲜是一种具有较高剂量天然放射性物质的食物类型，由此也促进他们总结出了以三文鱼为代表的海鲜中各种常见放射性物质的检测技术：对 ^{40}K、^{137}Cs、^{226}Ra 和 ^{228}Ra 用伽马能谱分析，对 ^{90}Sr 使用液体闪烁计数法分析，对 ^{238}Pu、^{239}Pu、^{240}Pu、^{241}Am、^{210}Pb、^{210}Po 可以使用 α 光谱法分析（Heldal et al.，2019）。

3）新型饲料和清洁养殖技术

水产品质量安全领域的发展，还要依靠更多优质的种质资源的研发、水环境治理技术的发展以及新疫苗、新饲料、投喂技术的研发和各种优质投入品的研发。在做好安全检测的同时，努力做到从源头减少有害物质的产生，降低质量安全的风险。例如，对投喂饲料的创新，Biancarosa 等（2019）将大西洋鲑饲料中的鱼粉用一种昆虫粉代替，然后对鱼肠道和鱼肉片中的重金属、砷、二噁英、霉菌毒素、农药等不良物质的含量进行检测对比，发现用昆虫粉代替之后，鱼中砷的残留量明显下降，且其他危害物也没有上升，均低于欧盟所规定的饲料成分中的最高浓度。

对于养殖过程中病害控制技术也不断创新。例如，为应对大西洋鲑养殖生产过程中海虱大量滋生所带来的威胁，采用混养"清洁鱼"——圆鳍鱼（*Cyclopterus lumpus*）的方式进行海虱控制。按照大西洋鲑养殖总量的 5%～10% 进行圆鳍鱼放养，通过圆鳍鱼啃食大西洋鲑皮肤中的海虱，可取得良好的控制效果，巧妙规避了药物防治导致的质量安全风险（张成林等，2019）。

4）现代信息技术的运用

随着科学技术和互联网的发展，新的水产品质量安全体系建设中自动化、网络化成分越来越多。例如，挪威水产业发展初期的数据记录多数靠人工、纸质的记载，尽管设有相关的法律法规和数据存档记录要求，但因记录烦琐、保存困难、检索效率低下，严重影响了水产品质量安全追溯体系和风险管控制度的发展。随着检测设备化、自动化程度的提高，常规性指标检测更加便利，通过与数据库和网络相结合，促使信息交流和检索更加便利，极大地加快了水产品质量安全体系的建设。

挪威国家营养和海洋食品研究所的样品检测数据都要求用专门的软件记录到计算机中，并在网站进行公示。挪威皇家鲑鱼公司采用 AKVAsmart 开发的高级控制软件来对水产品的接收、加工、销售和可追溯信息进行管理，建立基于信息技术的可追溯体系。数据库的建立，数字化发展，为企业和政府提供了新的解决问题的工具，提升了机构的管理决策水平。

5）产业发展带来的新领域

经济全球化、市场全球化促进了水产品贸易的全球化交流，在产品运输和储存过程中则会产生新的质量安全风险。例如，在远洋运输、跨国贸易所面临的进出口检疫，各国对进出口水产品质量安全均设立了相关法律法规，长时间运输和储存过程中所加入的投入品等产生的食品安全风险，冰冻、腌制、灌制等新的加工方式或者制成鱼粉和鱼油等各方面均对水产品质量安全提出了新挑战（孙娟娟，2018）。

14.5.4 应用前景

1）迎合产业新发展的组织机构

对未来产业的发展需要新的管理部门、法律法规和标准体系的有效支撑。挪威海产品理事会，专门设立了着眼于未来的海产品政策规划部门，其通过市场开发和风险管理，保障海产品企业的海外市场拓展，通过严格的监管和技术创新来保障水产品质量安全。水产品的质量安全是其海外销售口碑的保障。在对外贸易中，突出水产品的质量安全不仅符合进口国官方监管的硬性要求，还可以迎合消费者基于食品安全以及消费升级的饮食诉求，进而取得更多的竞争优势。

2）危害物的长期监测

对某一种水产品中的有害物质进行长期的全面的检测，可以指导针对这一水产品食用限量的制定。例如，Nøstbakken 等（2015）在 1999～2011 年通过对大量的挪威三文鱼样本进行有害物质检测分析，发现主要是二噁英和类二噁英多氯联苯（dl-PCBs）的残留含量限制了挪威养殖的三文鱼的消费量。并且因为多年来这些污染物在鱼肉中的含量不断下降，挪威养殖三文鱼的安全食用量已经从 1999 年的每周 370g 增加到 2011 年的每周 1.3kg 以上。对挪威养殖和野生的三文鱼中自然产生和人为放射性核素的大量检测，解开了消费者关于野生三文鱼相对于养殖三文鱼更健康的误解，使消费者更加放心，促进了挪威三文鱼产业的进一步发展。检测数据表明，在养殖三文鱼中发现的人为和天然放射性核素含量水平与北大西洋其他的鱼种中的含量水平相当，甚至前者更低，养殖鲑鱼中的放射性核素水平所造成的任何潜在的健康风险都将非常低。对于大多数食物，自然产生的放射性核素对辐射剂量的贡献远远大于人为放射性核素（Heldal et al., 2019）。

3）检测技术提供有力的数据支撑

对水产品中有害物质的检测，可以为建立有效的水产品质量与安全保障体系提供强有力的数据支撑。通过对生产、加工、贮藏、运输和销售等各个环节中水产品内有害物质的检测，可以建立更高效的 HACCP 体系，明确不同有害物质的关键点控制和有效预警。随着养殖过程中投入品的增加，环境污染问题加重，对水产品中有害物质的全面、有效的检测，可以帮助人们更好地进行安全风险评估和设定安全限量。并且快速、有效的检测技术，也有助于在养殖过程中及时针对不同情况调整，也降低了水产养殖动物对水环境本身的依赖，可以选择更多的适宜养殖的水体。

4）减少质量安全风险产生途径

新的优质苗种在抗病力、免疫力和环境适应性等方面的优化，新疫苗和更具推广性的疫苗技术的研发，以及合理的养殖模式和养殖方法的设立，可以降低患病率并减少大规模水产养殖疫情的发生，有效地减少养殖过程中各种渔药的使用，减少药物残留、寄生虫等引发的质量安全风险。例如，挪威海水养殖的虹鳟和大西洋鲑在 2018 年被挪威食品安全局列入免冷冻生食范围（挪威规定，用于生食的水产品必须在食用前冷冻，以杀死任何可能存在于产品中的寄生虫），其原因在于二者在养殖中只以经过热处理的干饲料为食，饲料中无活寄生虫，且生产过程严格控制，排除任何感染的可能性，因此可以不经过冷冻处理，放心生食（徐路易和陈秀慧，2018）。

14.5.5 存在问题与建议

产业规模的不断扩大，市场和消费者对质量安全标准的要求不断提升，以及现代化社会多产业与多学科的交融趋势，都对水产品质量安全体系的建设不断提出新的挑战。借鉴挪威鲑鳟产业的成功经验，我国水产养殖急需进行产业升级。

1）加强质量安全意识教育和加大科研投入

新的技术和设备的使用都需要从业者具备相应的知识水平。例如，挪威设置的专门学校、理论学习和特殊教育阶段（宋怿，1999），都有助于提高从业者的整体水平。同时要重视质量安全意识教育，只有从业者真实有效地进行数据采集和记录，杜绝数据篡改和造假行为，才能建立有效的风险评估、预警、可追溯等水产品质量安全保障体系。

加大基础科研的投入。相对于挪威较集中地发展鲑鳟产业，我国养殖品种繁多，研究投入十分分散，对养殖品种的研究广而不精。应加强科研的宏观调控和加大投入规模，分层次（如名贵品种和普食性品种）、有侧重（如先促进代表性品种产业完善）地设立目标品种和规划科研力量的投入，在典型品种完善的质量安全保障体系带动下，促进行业整体健康、有序发展。

2）加强对养殖过程和养殖环境的管理

影响水产品质量安全的因素不仅包括品种和投入品，养殖过程和养殖环境的管理对水产品质量安全也具有重要影响。挪威的养殖许可证制度，通过宏观调控养殖规模和养殖地点，预防养殖品种大规模疾病的暴发。我国应建立渔业环境监测体系，通过合理封闭的养殖过程来有效减少外来病原的入侵，避免水产养殖疾病的发生，从源头降低水产品质量安全风险。

3）完善相关法律法规和追溯体系的建设

法律法规的完善永远在路上。从原有的鲜活水产品供给，到现阶段鲜活产品、加工产品的市场共存，从原有的内销，到现阶段水产品贸易全球化，由此导致的法律法规、标准体系建立等均需要与时俱进，不管完善。追溯技术是保障水产品质量安全的有效技术手段，需要结合现代化的信息技术，建立方便、快捷、全面、真正可追溯的质量安全追溯体系，不断提高其技术的适用性，在行业中切实发挥应有的作用。

参 考 文 献

才让卓玛, 赵云涛, 章超桦, 等. 2015. 基于无机元素分析的香港牡蛎产地溯源技术初探. 广东海洋大学学报, (3): 94-99.

陈柏松, 闫雪, 程波, 等. 2016. 挪威三文鱼养殖业及其对我国的启示. 中国渔业经济, (2): 19-25.

陈洪大. 2005. 挪威渔业发展状况的考察报告. 现代渔业信息, 20(10): 24-26.

陈洪大. 2007. 挪威水产养殖药物使用与药残控制及我们的思考. 中国水产, (6): 24-25.

陈洪大. 2009. 挪威水产养殖药物残留控制系统. 科学养鱼, (3): 42-43.

陈洪大, Lunestad B T. 2009. 水产养殖治疗性药物的使用、法规和药残控制. 水产科学, (7): 419-423.

陈洪大, 周志强, 刘阳. 2010. 欧洲水产品质量安全检测的项目和方法. 中国水产, (6): 77-78.

陈培基, 李刘冬, 杨金兰, 等. 2013. 孔雀石绿在凡纳滨对虾体内的残留与消除规律. 南方水产科学, 9(5): 80-85.

陈双雅, 陈文炳, 张津, 等. 2012. 应用PCR-RFLP和芯片生物分析系统鉴别河豚鱼品种. 食品科学, 33(22): 200-202.

陈文炳, 缪婷玉, 彭娟, 等. 2017. 基于16S rRNA 基因DNA 条形码鉴定美洲鳗、欧洲鳗、日本鳗. 食品科学, 38(4): 283-289.

陈校辉, 钟立强, 王明华, 等. 2015. 我国水产品质量安全追溯系统研究与应用进展. 江苏农业科学, 43(7): 5-8.

程波, 艾晓辉, 常志强, 等. 2017. 水产动物药物代谢残留研究及创新发展方向——基于PBPK 模型的残留预测技术. 中国渔业质量与标准, 7(6): 42-47.

程波, 舒秀君, 宋蓓, 等. 2018. 甲壳类水产品氨基脲残留来源研究进展. 广东海洋大学学报, 38(5): 93-98.

崔建玲. 2016. 2015 年农产品质量安全工作稳步推进. 农产品市场周刊, (1): 32-33.

翟璐, 刘康, 韩立民. 2019. 我国"蓝色粮仓"关联产业发展现状、问题及对策分析. 海洋开发与管理, 36(1): 91-97.

冯东岳, 汪劲, 刘鑫. 2017. 我国水产品质量安全追溯体系建设现状及有关建议. 中国水产, (7): 52-54.

符靖雯, 黄子敬, 陈孟君, 等. 2018. 气相色谱-电子捕获检测器快速测定水产品中多种农药及兽药残留. 理化检验 (化学分册), 54(9): 1015-1019.

高光. 2012. 无公害农产品检验监测面临的形势和任务. 农产品质量与安全, (3): 8-10.

高平, 杨曦, 莫彩娜, 等. 2019. 通过式固相萃取净化/高效液相色谱-串联质谱法快速测定水产品中6 种麻醉剂残留. 分析测试学报, 38(9): 1059-1065.

高尧华, 刘冰, 滕爽, 等. 2018. 气质质联用法测定水产品中 50 种农药残留量. 食品研究与开发, 39(3): 132-138.

顾得月, 任西杰, 迟长凤, 等. 2016. 大黄鱼 HPLC 指纹图谱的建立及其在产地溯源和物种鉴别中的应用. 水产学报, 40(2): 164-177.

郭萌萌, 谭志军, 孙晓杰, 等. 2013. 液相色谱-串联质谱法同时测定水产品中三苯甲烷类、氯霉素类、磺胺类、氟喹诺酮类和四环素类渔药残留. 中国渔业质量与标准, (1): 51-58.

郭萌萌, 吴海燕, 李兆新, 等. 2014. 基于聚硫堇/亚甲基蓝和纳米金放大的免疫传感器检测贝类毒素大田软海绵酸. 分析测试学报, 33(2): 161-166.

郭萌萌, 吴海燕, 卢立娜, 等. 2015. 杂质延迟-液相色谱-四极杆/离子阱复合质谱测定水产加工食品中 23 种全氟烷基化合物. 分析化学, (8): 1105-1112.

郭小溪, 刘源, 许长华, 等. 2015. 水产品产地溯源技术研究进展. 食品科学, 36(13): 294-298.

郭秀平, 刘毅辉, 潘厚军, 等. 2018. 我国水产药物残留与休药期研究现状概述. 海洋与渔业, (11): 76-78.

郭莹莹, 王联珠, 刘奂辰, 等. 2018. 国际食品卫生法典委员会第 49 届会议概况. 中国渔业质量与标准, 8(5): 33-41.

韩刚, 宋金龙, 陈学洲, 等. 2018. 水产品质量安全可追溯体系建设探析. 中国水产, (12): 47-49.

何力. 2019. 试述我国水产食品安全与质量控制研究现状和发展趋势. 现代食品, (19): 115-117.

黄建清, 王卫星, 姜晟, 等. 2013. 基于无线传感器网络的水产养殖水质监测系统开发与试验. 农业工程学报, (4): 183-190.

黄磊, 宋怿, 冯忠泽, 等. 2011. 水产品质量安全可追溯技术体系在市场准入制度建设中的应用研究. 中国渔业质量与标准, 1(2): 26-33.

江艳华, 姚琳, 李风铃, 等. 2013. 副溶血性弧菌的耐药状况及耐药机制研究进展. 中国渔业质量与标准, 3(4): 96-102.

姜薇, 姚琳, 江艳华, 等. 2014. 太平洋牡蛎 (Crassostrea gigas) 类 FUT2 基因的克隆与组织表达. 渔业科学进展, 32(5): 70-75.

孔媚兰, 袁宝君, 朱谦让, 等. 2014. 生食海产品中副溶血性弧菌半定量风险评估. 南京医科大学学报, 34(7): 959-961, 964.

冷桃花, 陈贵宇, 段文锋, 等. 2015. 高效液相色谱电感耦合等离子质谱法分析水产品中有机锡的形态. 分析化学, 43(4): 558-563.

李翠, 王海艳, 刘春芳, 等. 2013. 广西北部湾沿海牡蛎的种类及其分布. 海洋与湖沼, 44(5): 1318-1324.

李乐, 何雅静, 宋怿. 2015. 养殖罗非鱼中抗生素残留风险排序研究. 中国渔业质量与标准, 5(5): 44-49.

李乐, 刘永涛, 何雅静, 等. 2014. 食品安全风险排序研究进展. 食品安全质量检测学报, 7(6): 1881-1884.

李芹, 穆树荷, 韩刚, 等. 2021. 水产品中镇静剂残留检测技术研究进展. 中国农学通报, 37(12): 86-91.

李书民. 2017. 2016 全国水产品质量安全稳中向好. 农产品市场周刊, (7): 23.

李献儒, 柳淑芳, 李达, 等. 2015. DNA 条形码在鲉形目鱼类物种鉴定和系统进化分析中的应用. 中国水产科学, 22(6): 1133-1141.

李兆新, 冷凯良, 李健, 等. 2001. 我国渔药质量状况及水产品中渔药残留监控. 海洋水产研究, 22(2): 77-80.

梁思源, 袁敏, 徐斐, 等. 2017. 生食贝类水产品中副溶血性弧菌的半定量风险评估. 工业微生物, 47(3): 59-65.

林洪, 韩香凝. 2019. 科技引领我国水产品质量安全走向更高水平. 食品安全质量检测学报, 10(21):

7093-7105.

林洪, 李萌, 曹立民. 2012. 我国水产食品安全与质量控制研究现状和发展趋势. 北京工商大学学报(自然科学版), 30(1): 1-5.

林洪, 许利丽, 曹立民, 等. 2018. 海洋食品质量与安全科技发展趋势思考. 中国渔业质量与标准, 8(1): 1-6.

刘欢, 李晋成, 吴立冬, 等. 2014. 现场快速检测在水产品药物残留监管中的应用及发展建议. 食品安全质量检测学报, 5(8): 2302-2307.

刘欢, 王朝英, 吴立冬, 等. 2017. 环境中二苯甲酮类紫外稳定剂的风险评估研究进展. 食品安全质量检测学报, 8(3): 838-844.

刘丽, 杨新龙, 刘楚吾, 等. 2012. 南海海域常见龙虾的遗传多样性分析. 水产科学, 31(3): 160-164.

刘书贵, 吴仕辉, 郑光明, 等. 2013. 呋喃西林代谢物在杂交鳢 (斑鳢♀×乌鳢♂) 体内的残留消除规律研究. 华南农业大学学报, 34(2): 248-253.

刘小芳, 薛长湖, 王玉明, 等. 2011. 刺参中无机元素的聚类分析和主成分分析. 光谱学与光谱分析, 31(11): 3119-3122.

刘艳琴, 刘钢, 金瑛. 2007. 浅谈加拿大食品质量安全监管体系. 食品工业科技, (8): 212-214.

刘永涛, 艾晓辉, 索纹纹, 等. 2012. 呋喃唑酮代谢物 AOZ 在斑点叉尾鮰体内组织分布与消除规律研究. 淡水渔业, 42(5): 38-44.

刘永涛, 艾晓辉, 索纹纹, 等. 2013. 浸泡条件下孔雀石绿及其代谢物隐色孔雀石绿在斑点叉尾鮰组织中分布及消除规律研究. 水生生物学报, 37(2): 269-280.

陆军, 董娟, 冯子慧. 2017. 河蟹养殖信息采集系统设计. 水产养殖, 38(8): 3-6.

吕海燕, 王群, 刘欢, 等. 2013. 鱼用麻醉剂安全性研究进展. 中国渔业质量与标准, 3(2): 24-28.

罗艳. 2018. 挪威印象——品味万岛之国的海鲜盛宴. 中国对外贸易, (11): 40-42.

罗志萍, 肖武汉, 黄迎波, 等. 2015. 线粒体 DNA 分子技术在斑点叉尾鮰物种鉴定中的应用安徽农业科学, 43(11): 20-23.

律迎春, 左涛, 唐庆娟, 等. 2011. 海参 DNA 条形码的构建及应用. 中国水产科学, 18(4): 782-789.

马冬红, 王锡昌, 刘利平, 等. 2012. 稳定氢同位素在出口罗非鱼产地溯源中的应用. 食品与机械, 28(1): 5-7, 25.

马丽萍, 姚琳, 周德庆. 2011. 食源性致病微生物风险评估的研究进展. 中国渔业质量与标准, 1(2): 20-25.

米娜莎. 2018. 我国水产品质量安全风险分析体系现状与问题研究. 中国海洋大学博士学位论文.

宁劲松, 隋颖, 尚德荣, 等. 2015. 鲆鲽鱼类产地溯源系统平台研究. 水产科技情报, 42(2): 84-87.

牛景彦, 王育水. 2019. 水产品质量安全可追溯体系建设问题研究. 科技创新与生产力, (5): 37-39.

彭婕, 甘金华, 陈建武, 等. 2015. 中华绒螯蟹中氨基脲的分布及产生机理分析. 淡水渔业, 45(4): 108-112.

钱蓓蕾, 王媛, 蔡友琼. 2011. 孔雀石绿快速检测试剂盒的比较研究以及在水产品监控中的应用. 现代渔业信息, 26(10): 19-21.

秦国平. 2018. 解读水产品质量安全监管理念及监管现状. 农民致富之友, (23): 124.

秦华伟, 刘爱英, 谷伟丽, 等. 2015. 6 种重金属对 3 种海水养殖生物的急性毒性效应. 生态毒理学报, (12): 290-299.

邵征翌. 2017. 中国水产品质量安全管理战略研究. 中国海洋大学博士学位论文.

施敬文, 徐红斌, 单晓岚, 等. 2017. 快速消解法测定水产品中砷汞镉元素. 食品工业, 38(7): 289-291.

史永富, 蔡友琼, 于慧娟, 等. 2014. 气相色谱串联质谱法用于水产品中多氯联苯二代污染物鉴别. 分析化学, 42(11): 1640-1645.

侍国忠, 陈明, 张重阳. 2019. 基于改进深度残差网络的河蟹精准溯源系统. 液晶与显示, 34(12): 1202-1209.

宋怿. 1999. 挪威水产养殖业的质量管理体系. 渔业现代化, (4): 25-28.

宋怿, 黄磊, 王群, 等. 2014. 水产品高端及可持续养殖模式与质量安全管理. 中国渔业质量与标准, 4(6): 1-8.

隋颖, 宁劲松, 林洪, 等. 2011. 鲆鲽类产地溯源编码设计及标识技术建立. 渔业科学进展, 32(4): 20-25.

孙伟红, 翟毓秀, 邢丽红, 等. 2015. 喹噁啉类药物及其代谢产物在刺参体内的分析和鉴定. 中国渔业质量与标准, 5(2): 49-55.

孙晓杰, 郭萌萌, 孙伟红, 等. 2014. QuEChERS 在线凝胶色谱-气相色谱/质谱快速检测水产品中农药多残留. 分析科学学报, 30(6): 868-872.

孙秀梅, 邹文, 叶茂盛, 等. 2019. 典型养殖水产品中有机磷农药残留分析及食用风险评价. 山东化工, 48(21): 86-87.

孙言春, 王瑛, 杜宁宁, 等. 2012. 液相色谱串联质谱测定磺胺间甲氧嘧啶与鲤鱼血浆蛋白结合率. 中国渔业质量与标准, 2(4): 81-85.

覃东立, 牟振波, 陈中祥, 等. 2011. 凝胶渗透色谱和气相色谱-质谱法测定水产品中 33 种拟除虫菊酯. 分析试验室, 30(9): 30-34.

唐晓纯. 2013. 国家食品安全风险监测评估与预警体系建设及其问题思考. 食品科学, 34(15): 342-348.

唐晓阳, 韩婷, 谢晶, 等. 2013. 不同致病性副溶血性弧菌在南美白对虾中的生长动力学参数比较研究. 食品工业科技, (2): 78-82.

田野, 左平, 邹欣庆, 等. 2012. 江苏盐城原生盐沼湿地大型底栖动物重金属含量及生物质量评价. 第四纪研究, 32(6): 1152-1160.

王鹤, 林琳, 柳淑芳, 等. 2011. 中国近海习见头足类 DNA 条形码及其分子系统进化. 中国水产科学, 18(2): 245-255.

王虎. 2015. 规模化水产养殖业推行清洁生产技术研究. 工业 C, (62): 38.

王晓伟, 刘景富, 关红, 等. 2016. 三重串联四极杆电感耦合等离子体质谱法测定植源性中药材中总硫含量. 光谱与光谱学分析, 36(2): 527-531.

王媛, 钱蓓蕾, 于慧娟, 等. 2013. 胶体金免疫层析产品快速测定水产品中的氯霉素残留. 中国渔业质量与标准, 3(1): 82-86.

魏晋梅, 周围, 解迎双, 等. 2016. 快速高分辨率液相色谱-串联质谱法测定牛肉中 24 种镇静剂类兽药残留量. 食品发酵与工业, 42(2): 191-196.

文菁, 胡超群, 张吕平, 等. 2011. 16 种商品海参 16S rRNA 的 PCR-RFLP 鉴定方法. 中国水产科学, 18(2): 451-457.

吴海燕, 郭萌萌, 赵春霞, 等. 2016. 液相色谱-串联质谱法筛查原多甲藻酸毒素及其代谢产物. 色谱, 34(4): 401-406.

吴立冬, 李强, 刘欢, 等. 2015. 贝类中重金属镉安全性评价研究现状. 中国渔业质量与标准, 5(5): 56-60.

吴伟明, 刘和连, 郑腾飞. 2015. 三重串联电感耦合等离子体质谱法直接测定高纯氧化钕中 14 种稀土杂质元素. 分析化学, 43(5): 697-702.

吴颖, 刘志强, 王湛, 等. 2019. 关于我国水产品质量安全创新能力研究. 河北渔业, (10): 57-60.

吴永涛. 2017. 乙酰甲喹在斑马鱼中的代谢研究. 烟台大学硕士学位论文.

肖放. 2019. 新时代我国农产品质量安全的形势与任务. 农产品质量与安全, (1): 3-6.

肖翔. 2004. 挪威鲑鱼养殖业发展历史及其管理体系. 水产科技, (4): 45-46.

谢文平, 朱新平, 郑光明, 等. 2014. 广东罗非鱼养殖区水体和鱼体中重金属、HCHs、DDTs 含量及风险评价. 环境科学, (12): 4663-4670.

邢丽红, 付树林, 孙晓杰, 等. 2015. 液相色谱-串联质谱法测定大菱鲆中硝基呋喃类代谢物的不确定度评定. 现代农业科技, (7): 293-296.

徐路易, 陈秀慧. 2018. 挪威食品安全局称虹鳟也能生吃, 但前提是"海水养殖". https://www.thepaper.cn/newsDetail_forward_2368774[2022-3-24].

闫平平, 齐欣, 黄大亮, 等. 2015. 中国北方沿海 14 种经济鱼类和 7 种鲽科鱼类的 PCR-RFLP 分析. 检验检疫学刊, 25(6): 13-16.

杨帆, 翟毓秀, 任丹丹, 等. 2013. 高效液相色谱-荧光/紫外串联测定海洋沉积物中 16 种多环芳烃. 渔业科学进展, 34(5): 104-111.

杨健. 2014. 渔业产地环境安全问题需要高度关注. 中国渔业质量与标准, 4(2): 1-4.

杨健, 邱楚雯, 苏彦平, 等. 2013. 不同水域中华绒螯蟹形态和元素分布的比较研究. 江苏农业科学, 41(3): 187-191.

杨健, 徐勋, 刘洪波. 2009. 太湖和洪泽湖大银鱼 (*Protosalanx hyalocranius*) 体内元素的积累特征及产地判别. 海洋与湖沼, 40(2): 201-207.

杨明亮, 刘进, 彭莹. 2003. 食品安全管理的三次浪潮. 湖北预防医学杂志, 14(3): 5-7.

杨秋红, 刘永涛, 艾晓辉, 等. 2013. 孔雀石绿及其代谢物在斑点叉尾鮰体内及养殖环境中的消解规律. 淡水渔业, 43(5): 43-49.

杨文斌, 苏彦平, 刘洪波, 等. 2012. 长江水系 3 个湖泊中华绒蟹形态及元素"指纹"特征. 中国水产科学, 19(1): 84-93.

叶洪丽, 余玮玥, 史永富, 等. 2019. 东海沿岸省市鱼类水产品中全氟烷基化合物含量调查研究. 中国渔业质量与标准, 9(4): 13-21.

尹怡, 郑光明, 朱新平, 等. 2011. 分散固相萃取/气相色谱-质谱联用法快速测定鱼、虾中的 16 种多环芳烃. 分析测试学报, 30(10): 1107-1112.

于慧娟, 李冰, 蔡友琼, 等. 2012. 液相色谱-串联质谱法测定甲壳类水产品中氨基脲的含量. 分析化学, 40(10): 1530-1535.

张柏豪, 方舟, 陈新军, 等. 2021. 海洋无脊椎动物重金属富集研究进展. 生态毒理学报, 16(4): 107-118.

张彩霞, 牛琛, 柳泽琢也, 等. 2018. 添加不同种蛋黄酱后对食用三文鱼游离氨基酸含量的影响//中国食品科学技术学会. 中国食品科学技术学会第十五届年会论文摘要集: 721-722.

张成林, 张宇雷, 刘晃. 2019. 挪威渔业及大西洋鲑养殖发展现状及启示. 科学养鱼, (9): 83-84.

张海霞, 王迎迎. 2017. 固相萃取-超高效液相-串联质谱法检测水产品中鱼药残留. 黑龙江水产, (5): 32-37.

张华威, 刘慧慧, 田秀慧, 等. 2015. 凝胶色谱-固相萃取-气相色谱-串联质谱法测定水产品中 9 种三嗪类除草剂. 质谱学报, 36(2): 177-184.

张志澄, 吴皓, 黄玉婷, 等. 2012. 三角帆蚌及其相似种的分子标记技术 (RAPD) 鉴别. 中国海洋药物, 31(4): 45-48.

章一. 2011. 线粒体 *COI*、*COII* 和 *CYTB* 基因在鲍属物种鉴定中的适用性分析. 海洋科学, 35(11): 58-62.

赵东豪, 黎智广, 李刘冬, 等. 2012. 虾苗使用呋喃西林和呋喃唑酮的残留评估. 南方水产科学, 8(3): 54-58.

赵峰, 马丽萍, 孙永, 等. 2012. 我国沿海城市海产品中副溶血性弧菌的半定量风险评估. 中国渔业质量与标准, (4): 33-38.

赵鉴, 苏彦平, 刘洪波, 等. 2014. 不同/相同水系中华绒螯蟹元素"指纹"的产地差异性. 核农学报, 28(7): 1253-1260.

赵艳芳, 宁劲松, 翟毓秀, 等. 2011. 镉在海藻中的化学形态. 水产学报, 35(3): 405-409.

郑伟, 董志国, 李晓英, 等. 2011. 海州湾养殖四角蛤蜊体内组织中重金属分布差异及安全评价. 食品科学, 32(3): 199-203.

中国访谈. 2011. 挪威 Nofima 研究集团. http://fangtan.china.com.cn/zhuanti/2011-08/03/content_23131176.htm[2022-3-24].

钟丹丹, 柳春辉, 窦筱艳. 2018. 固体废物中挥发性及半挥发性有机污染物前处理和 GC/GC-MS 测定方法的研究进展. 环境与发展, 30(8): 64-68.

周建民, 刘娟娟, 徐晟航, 等. 2011. 发达国家食品质量风险评估现状及对我国的启示. 中国农机化, (1): 95-98.

周新丽, 申炳阳, 孔兵, 等. 2019. 用于水产品中甲醛、双氧水和二氧化硫同时快速检测的微流控芯片系统研制. 食品与发酵工业, 45(4): 187-192.

周晏, 周国燕, 徐斐, 等. 2015. 生食水产品中主要致病菌的半定量风险评估. 食品研究与开发, 36(4): 108-114.

周真. 2013. 我国水产品质量安全可追溯体系研究. 中国海洋大学硕士学位论文.

邹婉虹, 刘露, 孙涛, 等. 2019. 扑草净在我国养殖水产品中的残留及风险评估. 中国渔业质量与标准, 9(6): 31-38.

Antoniol G, Potrich A, Tonella P, et al. 1999. Evolving object oriented design to improve code traceability. Proceedings Seventh International Workshop on Program Comprehension: 151-160.

Beale D J, Morrison P D, Palombo E A. 2014. Detection of *Listeria* in milk using non-targeted metabolic profiling of *Listeria monocytogenes*: A proof-of-concept application. Food Control, 42: 343-346.

Berntssen M H G, Lundebye A K, Torstensen B E. 2005. Reducing the levels of dioxins and dioxin-like PCBs in farmed Atlantic salmon by substitution of fish oil with vege-table oil in the feed. Aquaculture Nutrition, 11(3): 219-231.

Biancarosa I, Sele V, Belghit I, et al. 2019. Replacing fish meal with insect meal in the diet of Atlantic salmon (*Salmo salar*) does not impact the amount of contaminants in the feed and it lowers accumulation of arsenic in the fillet. Food Additives and Contaminants Part A—Chemistry Analysis Control Exposure & Risk Assessment, 36(8): 1191-1205.

Brovko L Y, Anany H, Griffiths M W. 2012. Bacteriophages for detection and control of bacterial pathogens in food and food-processing environment//Henry J. Advances in Food and Nutrition Research, Volume 67. New York: Elsevier: 241-288.

Canadian Food Inspection Agency. 2012. Animal Health Care Products and Production Aids, Botanical Compounds and Plant Oils. http: //www. inspection. gc. ca/food/organicproducts/standards/animal-health/eng/1327935670685/1327935800942?chap=1.

Castro-Puyana M, Pérez-Míguez R, Montero L, et al. 2017. Application of mass spectrometry—based metabolomics approaches for food safety, quality and traceability. Trends in Analytical Chemistry, 93: 102-118.

Danezis G P, Tsagkaris A S, Camin F, et al. 2016. Food authentication: Techniques, trends and emerging approaches. Trends in Analytical Chemistry, 85: 123-132.

Dominguez R B, Hayat A A, Sassolas G A, et al. 2012. Automated flow-through amperometric immunosensor for highly sensitive and on-line detection of okadaic acid in mussel sample. Talanta, 99: 232-237.

El Sheikha A F, Xu J P. 2017. Traceability as a key of seafood safety: Reassessment and possible applications. Reviews in Fisheries Science & Aquaculture, 25(2): 158-170.

Ferreira N S, Cruz M G N, Gomes M T S R, et al. 2018. Potentiometric chemical sensors for the detection of paralytic shellfish toxins. Talanta, 181: 380-384.

Freitas J, Vaz-Pires P, Câmara J S. 2020. From aquaculture production to consumption: Freshness, safety, traceability and authentication, the four pillars of quality. Aquaculture, 518: 734857.

Hassoun A, Karoui R. 2017. Quality evaluation of fish and other seafood by traditional and nondestructive instrumental methods: Advantages and limitations. Critical Reviews in Food Science and Nutrition, 57(9): 1976-1998.

He J. 2018. From country-of-origin labelling (COOL) to seafood import monitoring program (SIMP): How far can seafood traceability rules go? Marine Policy, 96: 163-174.

Heldal H E, Volynkin A, Komperød M, et al. 2019. Natural and anthropogenic radionuclides in Norwegian farmed Atlantic salmon (*Salmo salar*). Journal of Environmental Radioactivity, 205: 42-47.

Huang Y, Michael G B, Becker R, et al. 2014. Pheno- and genotypic analysis of antimicrobial resistance properties of *Yersinia ruckeri* from fish. Veterinary Microbiology, 171(3-4): 406-412.

James C. 2019. Food transportation and refrigeration technologies—Design and optimization//Accorsi R, Manzini R. Sustainable Food Supply Chains: Planning, Design, and Control through Interdisciplinary Methodologies. New York: Elsevier: 185-199.

Julshamn K, Maage A, Norli H S, et al. 2007. Determination of arsenic, cadmium, mercury, and lead by inductively coupled plasma/mass spectrometry in foods after pressure digestion: NMKL interlaboratory study. Journal of AOAC International, 90: 844-856.

Komperød M, Skuterud L. 2018. Radiation doses from the Norwegian diet. Health Physics, 115(2): 195-202.

Li Z H, Li P, Sulc M, et al. 2012. Hepatic proteome sensitivity in rainbow trout after chronically exposed to a human pharmaceutical verapamil. Molecular & Cellular Proteomics, 11(1): M111. 008409.

Liu C J, Han M, Jia N. 2015. Technology and application of inductively coupled plasma spectrometry. Guangdong Chem Ind, 42(11): 148-149.

Lopatek M, Wieczorek K, Osek J. 2015. Prevalence and antimicrobial resistance of *Vibrio parahaemolyticus* isolated from raw shellfish in Poland. Journal of Food Protection, 78(5): 1029-1033.

Martins C I M, Eding E H, Verreth J A J, et al. 2011. The effect of recirculating aquaculture systems on the concentrations of heavy metals in culture water and tissues of Nile tilapia *Oreochromis niloticus*. Food Chemistry, 126(3): 1001-1005.

Matos E, Dias J, Dinis M T, et al. 2017. Sustainability vs. quality in gilthead seabream (*Sparus aurata* L.) farming: Are trade-offs inevitable? Reviews in Aquaculture, 9(4): 388-409.

Matsche M A. 2011. Evaluation of tricaine methanesulfonate (MS-222) as a surgical anesthetic for Atlantic Sturgeon *Acipenser oxyrinchus oxyrinchus*. Journal of Applied Ichthyology, 27(2): 600-610.

Nikapitiya C, Chandrarathna H P S U, Dananjaya S H S, et al. 2020. Isolation and characterization of phage

(ETP-1) specific to multidrug resistant pathogenic *Edwardsiella tarda* and its *in vivo* biocontrol efficacy in zebrafish (*Danio rerio*). Biologicals, 63: 14-23.

Nøstbakken O J, Hove H T, Duinker A, et al. 2015. Contaminant levels in Norwegian farmed Atlantic salmon (*Salmo salar*) in the 13-year period from 1999 to 2011. Environment International, 74: 274-280.

Orellana G, Vanden Bussche J, Van Meulebroek L, et al. 2014. Validation of a confirmatory method for lipophilic marine toxins in shellfish using UHPLC-HR-Orbitrap MS. Analytical and Bioanalytical Chemistry, 406(22): 5303-5312.

Pramanik S, Roy K. 2014. Modeling bioconcentration factor (BCF) using mechanistically interpretable descriptors computed from open source tool "PaDEL-Descriptor". Environmental Science Pollution Research, 21(4): 2955-2965.

Renata S A, Alexvirgiliob D S, Joaquirr A N. 2015. Tandem mass spectrometry (ICP/MS/MS) for overcoming molybdenum oxide interference on Cd determination in milk. Microchemical Journal, 120: 64-68.

Shang D R, Zhao Y F, Zhai Y X, et al. 2013. Development of a new method for analyzing free aluminum ions (Al^{3+}) in seafood using HPLC-ICP-MS. Chinese Science Bulletin, 58(35): 4437-4442.

Shin C, Hwang J Y, Yoon J H, et al. 2018. Simultaneous determination of neurotoxic shellfish toxins (brevetoxins) in commercial shellfish by liquid chromatography tandem mass spectrometry. Food Control, 91: 365-371.

Silva L L, Garlet Q I, Benovit S C, et al. 2013. Sedative and anesthetic activities of the essential oils of *Hyptis mutabilis* (Rich.) Briq. and their isolated components in silver catfish (*Rhamdia quelen*). Brazilian Journal of Medical and Biological Research, 46(9): 771-779.

Sitjà-Bobadilla A, Oidtmann B. 2017. Integrated pathogen management strategies in fish farming//Jeney G. Fish Diseases. New York: Academic Press: 119-144.

Struciński P, Ludwicki J K, Góralczyk K, et al. 2015. Risk assessment for pesticides' MRL non-compliances in Poland in the years 2011-2015. Rocz Panstw Zakl Hig, 66(4): 309-317.

Sun L, Lin H, Li Z, et al. 2019. Development of a method for the quantification of fish major allergen parvalbumin in food matrix via liquid chromatography-tandem mass spectrometry with multiple reaction monitoring. Food Chemistry, 276: 358-365.

Sun X J, Xu J K, Zhao X J, et al. 2013. Study of chiral ionic liquid as stationary phases for GC. Chromatographia, 76: 1013-1019.

Tenhagen B A, Schroeter A, Szabo I, et al. 2014. Increase in antimicrobial resistance of Salmonella from food to fluoroquinolones and cephalosporin—a review of data from ten years. Berliner und Munchener Tierarztliche Wochenschrift, 127(11-12): 428-434.

Turnipseed S B, Lohne J J, Boison J O. 2015. Application of high resolution mss spectrometry to monitor veterinary drug residues in aquacultured products. Journal of AOAC International, 98(3): 550-558.

van Bussel C G J, Schroeder J P, Mahlmann L, et al. 2014. Aquatic accumulation of dietary metals (Fe, Zn, Cu, Co, Mn) in recirculating aquaculture systems (RAS) changes body composition but not performance and health of juvenile turbot (*Psetta maxima*). Aquacultural Engineering, 61: 35-42.

Wu H Y, Guo M M, Tan Z J, et al. 2014. Liquid chromatography quadrupole linear ion trap mass spectrometry for multiclass screening and identification of lipophilic marine biotoxins in bivalve mollusks. Journal of Chromatography A, 1358(5): 172-180.

Yamashita M, Namikoshi A, Iguchi J, et al. 2008. Molecular identification of species and the geographic origin of seafood//Tsukamoto K, Kawamura T, Takeuchi T, et al. Fisheries for Global Welfare and Environment: Memorial Book of the 5th World Fisheries Congress 2008. Tokyo: TERRAPUB: 297-306.

Ye S, Yang J, Liu H, et al. 2011. Use of elemental fingerprint analysis to identify localities of collection for the large icefish *Protosalanx chinensis* in Taihu Lake, China. Journal of the Faculty of Agriculture Kyushu University, 56(1): 41-45.

Zhang G Y, Cui S R. 2016. Latest applications of ICP-MS and future prospects. Science & Technology Information, (10): 1-4.

Zhao Y F, Wu J F, Shang D R, et al. 2014. Arsenic species in edible seaweeds using *in vitro* biomimetic digestion determined by high-performance liquid chromatography inductively coupled plasma mass spectrometry. International Journal of Food Science: 436347.

Zhao Y F, Wu J F, Shang D R, et al. 2015. Subcellular distribution and chemical forms of cadmium in the edibel seaweed, *Porphyra yezoensis*. Food Chemistry, 168: 48-54.

第 15 章　绿 色 加 工

现代水产加工具有制造业的性质,绿色加工是水产加工实现可持续发展的必由之路。绿色加工即通过现代化设计、管理,实施环境友好加工技术,在确保产品质量的同时,进行生产、加工、包装、储存、运输等全过程的污染控制,实现节约资源、降低耗能、减少污染的目标,最终生产绿色产品,实现经济效益、社会效益和生态效益的共赢(徐光敏,2017)。

党的十八大以来,党中央强调生态文明建设,走绿色发展之路,践行"绿水青山就是金山银山"。2020 年 3 月 17 日,发展改革委、司法部联合印发《关于加快建立绿色生产和消费法规政策体系的意见》,细化落实了党中央、国务院的顶层设计,明确了绿色生产和消费法规政策体系的发展方向,提出了推行绿色设计、强化工业清洁生产、发展工业循环经济、加强工业污染治理、促进能源清洁发展等多项任务。

15.1　产业与科技发展现状分析

15.1.1　国际产业发展现状与问题

水产品加工不仅是水产业的推动力量,还是整个水产业发展的引领和牵引力量,是提升渔业价值链、延长产业链的主要领域,是一二三产业融合发展的关键环节。据 FAO 统计,2018 年全球鱼类总产量为 1.79 亿 t,水产品供不应求的问题依然存在。为解决这一问题并满足不同层次的消费需求,国际水产品加工由"初加工"向"精深加工"转变,水产加工品向高技术含量、便捷营养、安全优质的方向发展。水产加工业正随着新时代科技和新时期需求的更新经历关键性的转变(唐启升,2014)。

1. 在产品种类上,向方便、优质、安全、营养、健康转变

英国托里研究站(Torry Research Station)是世界上首个水产品加工研究所,建立于 1928 年,一直致力于水生生物加工相关的基础研究。科研人员通过鱼类蛋白质结构和性能研究发现,加热凝固后具有明显弹性的盐溶性蛋白质在底层鱼类中的含量高于上层鱼类。在该理论的指导下,日本将狭鳕加工为多种鱼糜制品,发展了鱼糜生产的基础理论(王长云等,1996)。如今,鱼糜的生产技术已世界普及,将低值水产品精加工为食用鲜鱼糜,制成鱼片、鱼丸、鱼糕、鱼饼、鱼卷、鱼点心、鱼香肠等方便营养食品,大幅度增加了水产品的附加值。

世界各国注重从源头开展水产品安全控制,制定法律法规,开展养殖、捕捞、储藏、加工、运输等全环节的安全监管,确保水产品质量安全。利用优质水产原料深加工鱼丝、鱼柳、鱼松等优质产品,提高产品档次和品位,为消费者提供优质水产品也是水产品发展的一个方向。利用大宗水产品原料,通过调味与合成,可制成营养便捷的模拟蟹肉、虾仁

等食品，因其富含卵磷脂等物质而具有健康功效，倍受妇女、儿童和老年人的喜爱（焦晓磊等，2016）。

随着海洋资源的进一步开发，水产品不仅是直接食物来源，还是保健食品、天然药物的原料宝库。科学家从海洋生物及其代谢产物中开发出不同于陆生生物中的活性物质，可用于预防人类常见病、多发病和疑难杂症。20 世纪 70 年代中期，科学研究发现因鱼油的多不饱和脂肪酸（PUFA）含量高，其能够降低血管的胆固醇。20 世纪 80 年代，研究人员发掘出鱼油中二十二碳六烯酸（DHA）和二十碳五烯酸（EPA）的保健功效，各种鱼油制品层出不穷，至今仍深受市场青睐。深海鱼油可作为动物饲料，精炼后的鱼油是人类的高档营养保健品。世界贝类资源丰富，具有作为生产鱼油制品新原料的潜力。微藻可合成 DHA 含量高的微藻油，微藻油作为食用油脂具有很大的发展潜力。与来源于鱼类的 DHA 相比，微藻油 DHA 理论上安全性更高。毒理学实验也支持微藻油的食品安全性和所含 DHA 更高的保健功效。同时，由于 EPA 含量低，在婴幼膳食领域，微藻油也具有鱼油无法比拟的优势。南极磷虾资源量大，栖息水域环境优良。南极磷虾油富含 EPA、DHA，成为鱼油家族的新成员，将在人类健康领域发挥更大的作用。

2. 在加工模式上，向自动化与智能化加工模式快速转变

水产品加工的机械化、自动化、智能化是实现规模化加工、提高生产效率、保证产品品质的有效途径。目前，发达国家在鱼、虾、贝类自动化处理和加工流通方面配有专门的装备，具有相当高的水平。2006 年，因流化冰设备而闻名的加拿大 Sunwell 公司为日本供应了世界上第一套船用低盐度深冷流化冰系统。2008 年，瑞典 Arenco VMK 公司开发的船用全自动鱼类处理系统，可以快速精确地切除鱼尾和鱼头，抽空内脏，进行开片和去皮。2008 年，德国 BAADER 公司生产的鱼片切割、处理和分段一体机，每分钟可生产 40 片鳕鱼片，实现了从切割鱼片到制成鱼糜的流水线加工（唐启升，2014）。自动化与智能化加工装备在加工产业中的普及必将推动水产加工行业的升级。发达国家非常重视水产品精深加工装备的研发，以充分提高产品的附加值。加工行业将传感器、机器视觉技术有效应用于水产品初加工装备，对加工过程进行实时自动监控。行业将实时无损检测技术与质量监管相结合，提升装备的自动化、智能化水平，从原料无损检测到水产品形态检测再到加工和管理，实现水产加工全过程智慧运行。以加工工艺的创新带动加工装备的升级也是未来水产加工装备的发展方向。研制利用绿色能源的捕捞加工一体船，实现捕捞加工无缝衔接，是船载加工装备的发展方向。

3. 在产业发展模式上，向高科技带动的绿色加工模式转变

传统的海洋食品加工局限于具有食品本身风味的初级加工。随着世界经济的蓬勃发展和生活水平的持续提高，人们对水产食品加工的要求有所提升。采用节约资源、降低耗能、减少污染为特色的绿色加工技术实现清洁生产是水产加工产业的可持续发展模式。20 世纪 90 年代，日本京都大学林力丸教授发现，400MPa 超高压力能够抑制食品中的微生物。这是水产加工的基础研究的重大突破，利用此原理，超高压杀菌技术得以发展，不用高温杀菌就能制成色、香、味俱佳的食品，深受消费者欢迎（谢晶等，2015）。科技含量高、环境友好的各类高新技术陆续利用于食品加工业中，如膜分离技术、无菌包装技术、真空技术、微囊化技术、超微粉碎技术、生物技术、新型保鲜技术、气调包装技术、微波能及微

波技术等，海洋食品原料的利用率得以提高，实现产品多样化。

4. 国际海洋水产加工业面临的瓶颈问题

各国水产加工水平差距较大，食品的安全和质量规范较难统一。生活污水、工业废水、养殖水体自身污染等均可影响水产生物的生存环境。渔业环境的保护和监测、有害物质的检测技术与残留量允许标准等的研究受到重视，发达国家出台了一系列相关法规和标准，然而很多发展中国家并没有跟上世界的脚步。以我国为例，水产品出口因药物残留超标或者新鲜度问题受到制约和回退，因此需进一步通过规范法律体系、统一管理、风险预测、信息公开等方式促进我国水产品的全球化（付万冬等，2009）。此外，世界劳动力资源随老龄化进程的加快而减少，加工方式需适应这一行情变化。传统的机械化与手工加工逐渐被低耗能的全自动化加工取代，节约型加工方式将促进海洋食品加工产业的可持续发展。

15.1.2 我国产业发展现状与问题

1. 我国产业发展现状

我国是水产品生产和消费大国，渔业是农业的重要组成部分。改革开放以后，水产品养殖、加工等技术取得进步，水产品生产、加工、贸易、消费均快速发展（熊露等，2015）。由冷冻制品、罐头、鱼糜、干制品、熟食品、腌熏品、保健品等食品，以及饲料、化工产品、农业生物制剂等非食品的加工组成的加工体系已经形成，部分水产加工品的质量和水平已达到或接近世界先进水平，成为推动我国渔业持续发展的重要动力。

1）产业规模

《2021 中国渔业统计年鉴》显示，2020 年我国水产加工企业有 9136 个，加工能力为 2853.43 万 t/年，比 2019 年下降 1.20%。其中，规模以上加工企业 2513 个，比 2019 年下降 2.22%（图 15-1）。一批竞争力弱的企业被淘汰，行业更加注重内涵式发展。

图 15-1 2015～2020 年我国水产加工企业数量和加工能力

2020 年，用于加工的水产品总量为 2477.16 万 t，其中海水产品 1952.98 万 t，淡水产品 524.18 万 t，分别比 2019 年下降 6.52%、6.64% 和 6.09%（图 15-2）。

图 15-2　2015～2020 年我国用于加工的水产品量

2020 年，水产加工品总量、海水加工产品量分别为 2090.79 万 t 和 1679.27 万 t，分别比 2019 年下降 3.71% 和 5.45%，淡水加工产品量为 411.51 万 t，比 2019 年上升 4.09%（图 15-3）。水产品加工多集中于沿海省份，区域化明显。加工总量大的省份依次为：山东、福建、辽宁、浙江、广东、湖北。海水加工品量占水产加工品总量的 80.32%，海水加工品产量大的省份依次为：山东、福建、辽宁、浙江、广东、江苏、广西。淡水加工品产量大的省份依次为：湖北、江苏、广东、江西、湖南、安徽、福建、海南。湖北、江西、湖南只有淡水加工，且位列全国淡水加工品产量前列，然而淡水加工品量占水产加工品总量的比重仍然较小。

图 15-3　2015～2020 年我国水产加工品量

2）产品种类

水产冷冻品、鱼糜制品、干腌制品、藻类加工品、罐制品、水产饲料（鱼粉）、鱼油制品、其他水产加工品组成了我国水产加工品结构。其中，占比最高的是水产冷冻品，2020

年为71.42%（图15-4~图15-9）。由于营养价值高、保存运输方便、消费需求大，鱼糜制品与干腌制品成为第二大类海水加工产品。加工行业采用多种技术改观原料原始性状，提升风味，生产冷冻加工品、罐制品、鱼糜制品、藻类加工品等深加工产品，精深加工品比例大于50%（朱蓓薇和薛长湖，2016）。

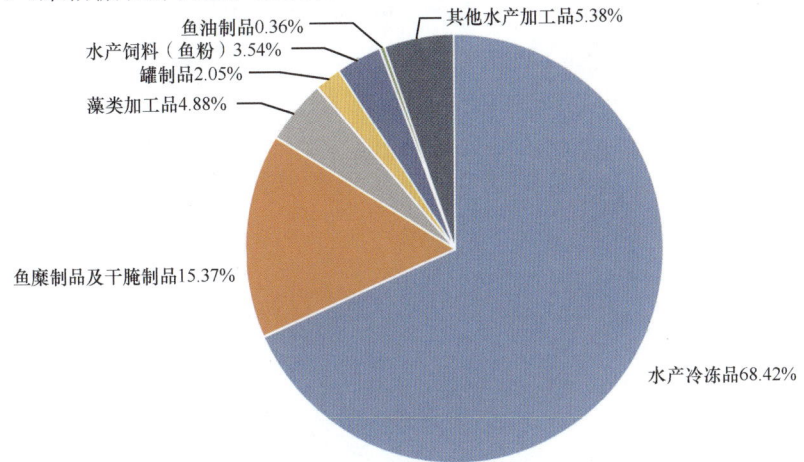

图15-4　2015年水产加工品结构组成

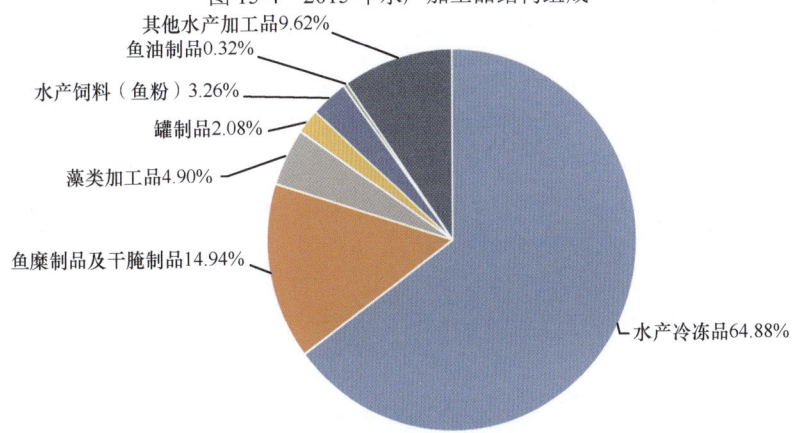

其他水产加工品5.38%
鱼油制品0.36%
水产饲料（鱼粉）3.54%
罐制品2.05%
藻类加工品4.88%
鱼糜制品及干腌制品15.37%
水产冷冻品68.42%

图15-5　2016年水产加工品结构组成

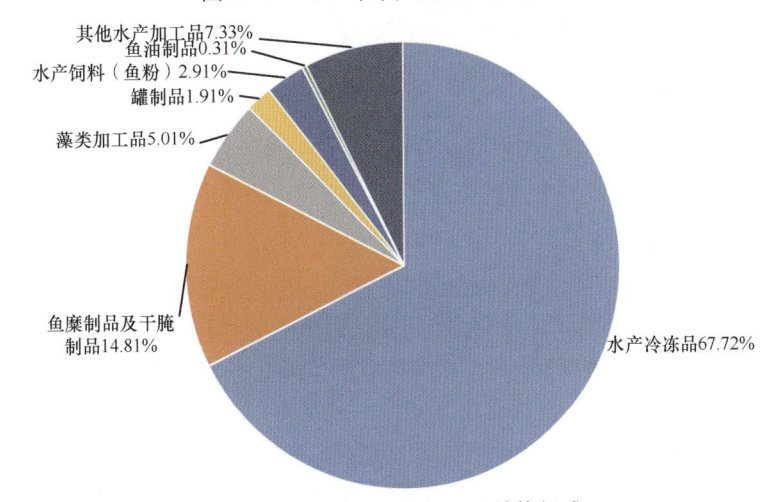

其他水产加工品9.62%
鱼油制品0.32%
水产饲料（鱼粉）3.26%
罐制品2.08%
藻类加工品4.90%
鱼糜制品及干腌制品14.94%
水产冷冻品64.88%

图15-6　2017年水产加工品结构组成

其他水产加工品7.33%
鱼油制品0.31%
水产饲料（鱼粉）2.91%
罐制品1.91%
藻类加工品5.01%
鱼糜制品及干腌制品14.81%
水产冷冻品67.72%

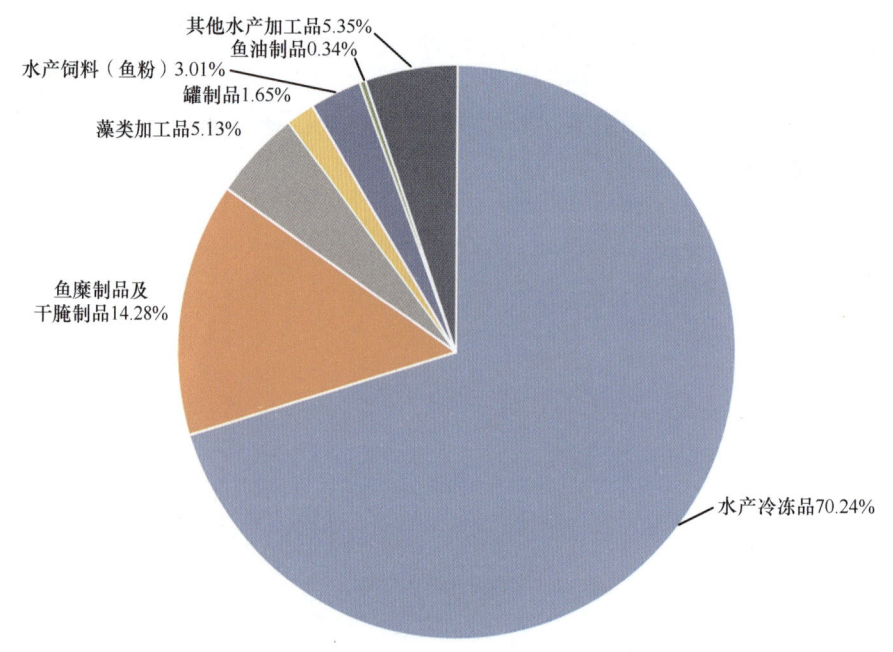

图 15-7　2018 年水产加工品结构组成

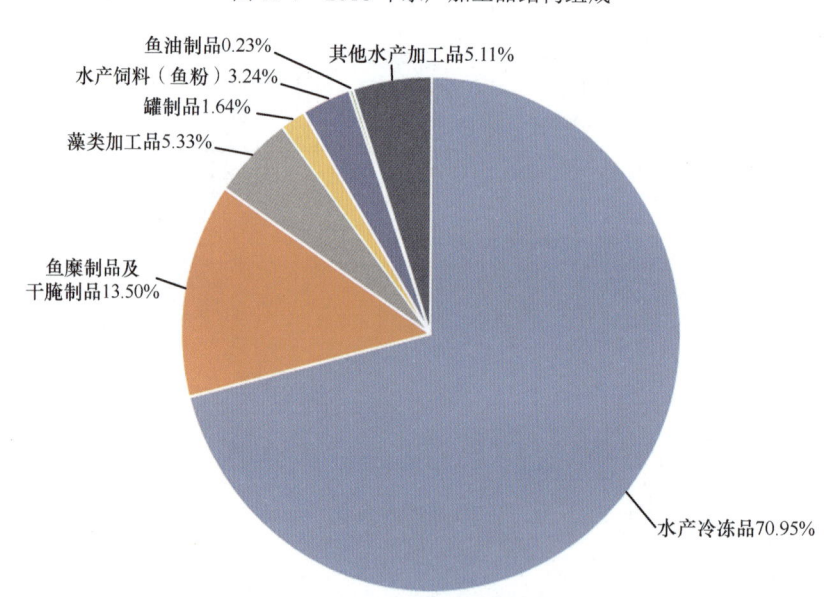

图 15-8　2019 年水产加工品结构组成

3）在渔业中的贡献

水产品加工是渔业中第二产业的重要组成部分，是连接渔业生产和渔业流通与服务的关键纽带。在供给侧结构性改革中，水产加工在渔业中的地位更加突出。水产品加工业对渔业经济的贡献率为正值，表明水产品加工业带动了渔业经济增长，对于促进渔业产业化、增加渔业附加值、升级渔业产业具有重要意义（钟舜彬，2015）。国家渔业大数据共享平台数据显示，水产品加工业产值持续增加，由 2013 年的 3435.6 亿元增长至 2020 年的 4354.2 亿元（图 15-10），占渔业经济总产值的比例在 15.81%~17.8%，有效提高了资源利用率，优化了渔业结构,增加了渔民收入。

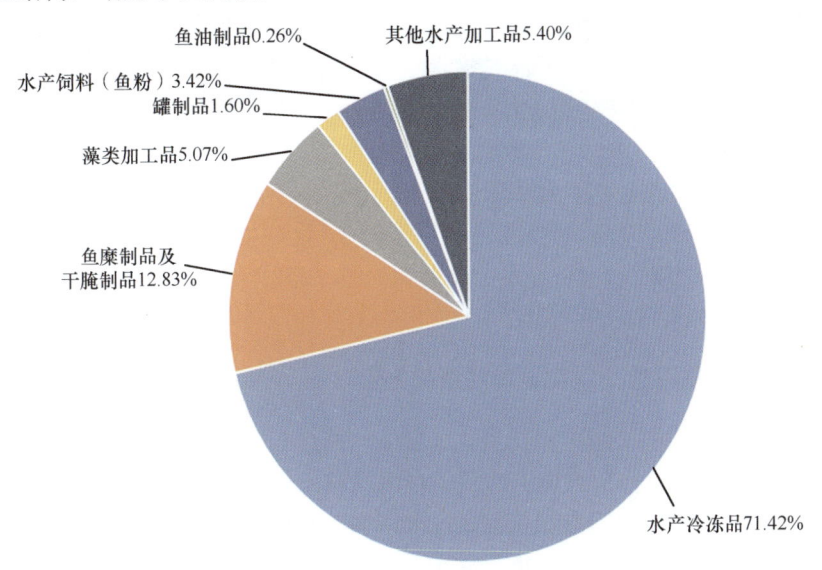

图 15-9　2020 年水产加工品结构组成

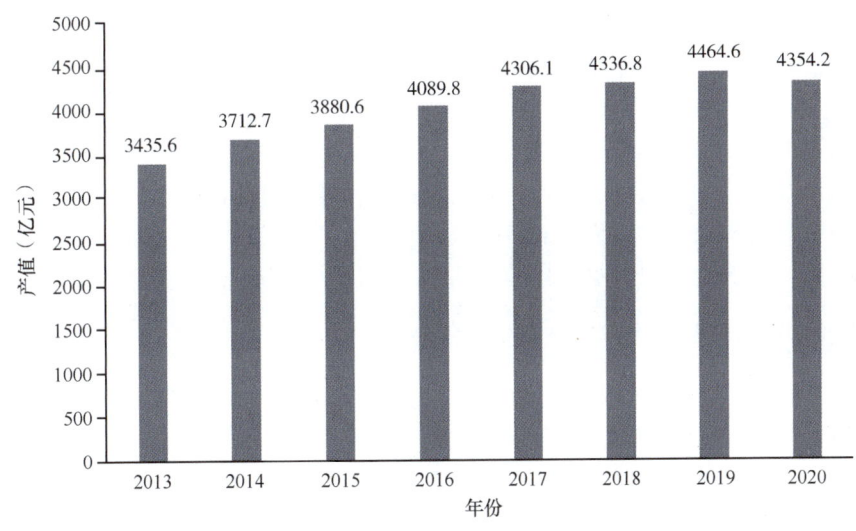

图 15-10　2013~2020 年我国水产品加工业产值

2. 我国产业发展的问题

1)加工技术水平亟待提高,以践行产业绿色发展

发达国家如日本、美国、加拿大等的水产品加工率和农产品加工转化率达 60%~90%。2020 年,我国水产品加工比例(即水产品加工总量占水产品总产量的比例)为 31.93%(农业农村部渔业渔政管理局,2021)。资源、区位和政策优势促进了沿海地区水产加工业的发展,因此水产品加工企业集中于沿海地区。2020 年,海水产品和淡水产品的产量比为 50.6∶49.4,淡水水产加工品总量占全国水产加工品总量的比例仅为 19.7%。内陆水产加工主要是淡水产品初级加工,水产品大部分以鲜活形式销售,出口产品少,附加值难以提升。

总体上，我国的水产加工率亟待提高。

水产品粗加工每年产生约 390 万 t 的副产物，这些副产物没有充分利用，不仅是对资源的浪费，对环境也不友好。水产品精深加工和综合利用能力不足，导致我国水产加工附加值低、利润小。因此，我国急需发展环境友好的水产品精深加工和副产物综合利用技术，以适应绿色发展的要求。

超高压技术、微囊化技术、超微粉碎技术、栅栏技术等高新技术因耗能少、效率高、产品营养品质好等优点已在食品领域得到广泛应用。这些技术在水产加工领域的应用才刚起步，针对水产原料的特征，优化高技术加工工艺，确保产品品质，是实现水产绿色加工的有效途径。

2）加工产品结构急需调整，以实现消费结构升级

水产冷冻品在水产加工品中占比最大，2020 年达 71.42%，包括冷冻品和冷冻加工品两类。其中，冷冻品是一种初级加工产品，技术含量和产品附加值较低。2020 年，我国水产冷冻品中冷冻品产量高于冷冻加工品，占水产加工品的 36.36%。发达国家将我国出口的冷冻品精深加工后，再返销国际市场，获得高额利润。我国鱼油制品、助剂、添加剂、水产保健品和药品等高额附加值产品占水产加工品的比例较小。当前我国居民收入提高，中产阶层壮大，消费主力转为 80 后和 90 后，消费需求转向安全、营养、便捷、绿色的水产品，因此急需扩大该类水产品生产规模，调整产品结构，以满足消费结构升级的需求。

水产品加工原料也将出现转型，加工原料之前以近海捕捞品为主。由于近海渔业资源的衰退，远洋渔业和水产养殖资源将成为水产品加工业的主要原料资源，淡水产品和海水贝藻类养殖产品将成为未来水产品加工量增加的主力军。目前，企业加工工艺和新产品研发还不能适应原料和大众生活需求的转换。同时，水产加工企业将优质产品出口，而将品质较低的产品内销的营销观念亟待扭转，水产行业供给能力亟待增强（刘子飞等，2017）。

3）加工产业链亟待延长，以促进产品价值提升

目前，我国水产加工业仍以初级加工为主要形式，属于劳动密集型行业，受人工成本、原材料、资本等要素影响较大，依然存在互相压价、恶性竞争的现象，徘徊在全球价值链的底端。在全球价值链的"U"形曲线即微笑曲线中，加工处于中游，研发设计和营销服务分别处于上游和下游，提升水产加工品价值链需要综合提升各环节的效益。水产加工行业要延伸水产精深加工和副产物综合利用，提高加工附加值，增加价值链中游环节的利润。同时，行业要加强产品研发和提升营销服务，在价值链上游、下游获得较大利润。

目前，我国水产加工依托劳动力和资源的优势，在价值链中游获得较低的利润。近年来，我国劳动力、资本等成本增加，越南、印度尼西亚、马来西亚、印度等国的劳动力和资本成本比我国低 30%，使得我国水产加工品利润空间压缩，国际竞争力下降（刘子飞等，2017）。同时，全球经济复苏缓慢造成国际订单减少，水产加工能力过剩。2020 年，我国水产加工品总量占水产品加工能力的 73.27%，26.73% 的加工能力尚需释放。

水产加工行业已经开始注重品牌打造，沿海各省份均有代表性企业品牌。这些代表性品牌一定程度上提高了我国水产加工品的国际竞争力。然而，加工能力较差和规模较小的企业较多，企业同质化较严重，未经欧盟出口认证或美国 HACCP 体系认证的企业数量仍有不少，导致我国水产加工品面临质量安全壁垒。当前，我国水产加工行业产业集聚效应还较弱，在生产、流通和销售等环节，不能有效分工合作，降低了加工行业的国际竞争力。

我国水产加工品主要出口美国、欧盟、日本和韩国，输出到该四大市场的出口额占水产加工品出口总额的70%以上，出口市场相对集中。进口国贸易政策、消费者偏好变化等容易影响水产加工品出口，导致出口风险较高（李晨和姜洪锐，2012）。

4）加工装备水平亟待提高，以带动生产效率提高

随着生活水平的提高和消费观念的升级，大众对水产加工品品质要求有所提升。同时，人口老龄化也导致加工企业招工困难。机械化加工可显著提高加工效率，且在产品均一性、安全性、稳定性等方面具有人工不可比拟的优势。然而，我国水产加工企业的装备化、自动化和信息化程度普遍较低，约80%的前处理仍由人工完成，急需配套加工生产线。投产的水产加工装备现代化程度也较低，仅10%的水产加工装备处于世界先进水平，其余均处于1990年之前的水平，一些先进的生产设备仍需进口。装备更新换代的不及时相应降低了生产工艺水平，导致我国科技人员研发的创新性和突破性的水产加工技术不能大规模转化和落地。因此，加强水产装备的自主研制，打破发达国家水产加工装备业的垄断，提高加工装备水平，是提升水产品加工效率和产品质量的迫切需求。

15.1.3 国际科技发展现状与瓶颈

世界经济合作与交流随着全球经济的一体化而日渐紧密，食品的营养、口感和方便性得到重视。随着消费需求的变化，水产品加工技术也在不断创新，发达国家的水产加工已经从基础的改变风味、模仿外观向基于品质和营养保持分子机制研发加工技术发展，深入研究营养成分的形成规律和调控机制，相关科技的发展重点向高新技术、多学科融合转变，但依然存在急需解决的实际问题。

1. 基础研究向分子水平深入，对技术创新支撑不足

各国水产科技工作者基于水产生物生理、生化和分子层面对运输环境的响应，研发了无水保活、低温保活、充氧保活、麻醉保活等技术和装备。根据保存过程中，未冻结水分中溶解的盐类、氨基酸、糖类、氧气以及温度、湿度、冰晶等环境因素导致的冻品物理、化学和生物变化，多个国家的研究者研发了水产品冻藏和解冻技术，实施全过程品质变化监测和控制，确保产品品质。

水产科技工作者解析了内因如酶的作用、自动氧化和外因如环境中挥发性化合物导致水产品腥味的发生机制，研发了水产品脱腥技术；分析了脱脂对养殖鱼类营养成分和肌肉结构的影响，根据需要可选择适宜的脱脂方法。我国的大黄鱼脱脂技术世界领先。基于发酵过程中水产品的生物化学变化，使用发酵剂有效控制发酵过程的发酵制品加工技术落地。

水产工作者致力于蛋白质冷冻变性机制和抑制变性机制研究，利用低值水产品，研发了冷冻鱼糜生产技术，保证冷冻过程中蛋白质不变性。日本水产加工行业还将鱼糜与植物源性、动物源性食材复合，研发了新型复合鱼糜加工技术。加工行业还根据市场需求，优化了加工工序，研发出多种类型的水产罐头食品、休闲食品，提高了低值水产品的附加值。

美国、挪威等发达国家研究了褐藻原料对海藻化工产品品质的影响，以及加工提取过程对褐藻胶性能的影响，研发出褐藻胶加工技术，可生产纯度高、黏度大、稳定性好、溶

解速度快的褐藻胶；基于功能性成分活性维持机制研究，研发了海藻中提取生产寡糖、碘、甘露醇的技术。自日本于 20 世纪 60 年代发明江蓠制造琼胶技术后，多国陆续攻破江蓠造胶技术。通过对加工过程中海藻品质和风味改变机制的解析，干制品、盐制品、发酵品、调味品、罐头、即食产品等多种海藻加工品技术落地，尤以日本的海藻加工技术最为先进。

加工行业仍需基于加工过程中产品营养和品质保持与调控机制、功能因子作用机制、风味改良与质构重组机制等的研究，通过创新，突破高质化加工和副产物综合利用技术瓶颈，推进水产品朝方便、模拟、保健、美容、鲜活分割等方向升级。

2. 高新加工技术研发取得突破，资源综合利用水平不高

现代高新加工技术的发展促进了食品加工的突飞猛进，水产加工中也针对水产品品质、风味、营养、质构等的要求，陆续引入高新加工技术，提高了加工效率和产品质量，同时节约了原材料，减少了废物排放，实现了绿色加工，然而资源综合利用水平还有待进一步提高。

在水产品保鲜领域，传统的保鲜技术主要通过降低温度抑制各种酶类和微生物的活性而实现保鲜，但资源消耗过大且低温贮藏过程中风味及质构劣化不可避免。超冷保鲜技术是对普通低温保鲜技术的有力补充，通过急速冷却最大限度地保持水产品的鲜度，比冰藏的鲜度保持期延长了 2～3d。传统低温保鲜仍是水产品未来的主要保鲜方式，以传统保鲜为主、新技术为辅的模式将在水产品保鲜中发挥更大的作用。

在水产品抑菌领域，高新技术如栅栏技术的应用比化学抑菌剂更为安全和高效。德国肉类研究中心于 1978 年首先提出了栅栏技术，通过控制致病菌和病原菌生长繁殖的各个因素及其交互作用抑制微生物腐败，保证食品的安全性和可贮性。在水产品加工贮藏中栅栏技术已得到了应用，然而长期贮存水分含量较高的水产制品还需进一步研究实践，需要针对水产品本身生理特点和特定腐败微生物优选栅栏因子。

在水产品杀菌领域，高新技术的应用杜绝了传统热杀菌技术对食品营养品质的损坏，提升了杀菌效果。超高压技术、臭氧技术、微波技术、辐照技术、欧姆加热技术、等离子体技术等已成功应用于水产品杀菌抑菌。其中超高压技术基于水或其他液体的传压介质，向密封于超高压容器里的物质施加 200～1000MPa 的压力，实现杀菌。该技术可有效减少水产加工品初始微生物数量，抑制腐败菌，延长货架期，增加产品膨化率，同时提高虾类、贝类的脱壳率。20 世纪中后期，国外即开始研究超高压技术，日本是最早进行该技术研发的国家，之后是部分欧美国家（韦余芬，2017）。日本中央研究所利用超高压技术处理新鲜鲫鱼鱼浆，鱼浆中的细菌总数明显减少，细菌增殖也明显减缓。臭氧是一种安全和有效的抗菌剂，能够显著降低食品中微生物菌群的种类和数量。FDA 于 2001 年正式批准臭氧可以作为二级食品直接接触添加剂和微生物抑制剂。目前，臭氧保鲜技术已广泛应用于水产品加工领域，进行杀菌抑菌、清除异味、漂白等，有效保证了产品品质，延长了货架期。

在水产加工技术领域，行业突破了腌制、熏制、干制、罐头等传统加工技术，引入低温粉碎技术、超临界萃取技术、分子蒸馏技术、生物技术等，提高了加工效率和产品质量。利用低温粉碎技术粉碎高脂肪和高糖含量的水产品，可获得更细的产品粉末，在色、香、味及有效营养成分得以保障的同时，改善了水产品的流动性（张伟敏等，2005）。日本岩谷公司利用液氮独有的超低温、惰性、超干燥三大特性，在甲鱼加工中采用液氮冻结粉碎设备进行低温粉碎，瞬间将食品冻结和微粉化，从而保留了甲鱼 100%的风味。采用生物

酶技术可进行水产品高质化加工和副产物深加工，可获得作为药物或功能食品原料的水解蛋白。利用超临界萃取技术提取鱼油，可显著增加 EPA 和 DHA 含量。

在产品包装领域，静态的惰性包装通过物理方式隔绝包装食品与外界环境，是食品传统的包装方式；活性包装是向食品包装体系中加入抗菌剂、吸氧剂及除湿剂等，使包装内维持一种适宜食品贮藏保鲜的贮藏环境，保证了食品品质，提高了食品安全性和感官特性，延长了食品货架期。信息化包装技术、无菌包装技术和微囊化技术等已在水产品包装领域进行了应用。水产保健食品如鱼油加工中利用微囊化技术可有效防止 EPA、DHA 被物理和化学因子破坏。利用微囊化技术生产的水产饲料不仅能保证营养成分的稳定，还更适宜动物吸收。微囊化技术在鱼糜、水产风味食品、助剂加工上的应用都有效延长了产品贮存期，提升了产品品质。

3. 加工设备研发水平日益提升，产业化应用水平有待提高

可持续的水产品供给是解决生态系统状况恶化和水产品需求之间矛盾的有效途径。水产品加工要在节约资源的条件下增产，高效率水产品加工设备的研发是必由之路。单机设备的加工效率是人工的几倍甚至上百倍，成套设备的加工效率还会更高，机械化产品的稳定性、均一性也更加突出。发达国家如日本、韩国等水产加工装备研发起步早，加工精度高，在国际上处于领跑位置。最早，发达国家聚焦于鱼类加工装备研发，打造了加工生产线，可实现鱼体预处理、去鳞、切头、去尾、剖腹、去皮、切片的流水线加工。之后，船载加工设备得以研发和应用，可以对金枪鱼等渔获物进行捕捞后在船上保鲜加工。美国研制出对虾去壳设备，并研发了剥离、清洗、分级、进料生产线；日本、波兰研发了南极磷虾脱壳船载设备；挪威研发了磷虾精深加工成套装备。在贝类加工设备研发领域，日本研发出利用无水喷雾的保活装备、利用蒸汽加热和真空管道的扇贝自动脱壳加工装备；美国研发了采用超高压技术的扇贝加工装备；冰岛研发了扇贝船载加工成套设备。在头足类加工领域，韩国和日本处于领跑位置，韩国研发出集脱皮、剖片、切花、切圈于一体的鱿鱼加工生产线。在精深加工领域，发达国家在活性物质提取、鱼油精炼等设备方面具有显著优势（欧阳杰等，2017）。在高新技术加工装备领域，发达国家具有垄断地位，中国等发展中国家水产品加工装备还主要依赖进口，设备研发技术较薄弱。发达国家科技成果转化率为 70%，我国仅为约 30%，促进水产加工设备研发落地任重而道远。

15.1.4 我国科技发展现状与瓶颈

1. 我国科技发展现状

在国家、省、地市科技项目资助下，我国水产科技工作者攻克了一系列水产品精深加工和副产物综合利用关键技术，研发了一批新装备，通过产学研结合，在龙头企业进行了关键技术集成和示范，建立了机械化的生产线。这些研发成果改变了水产加工技术和设备完全依赖国外进口的现状，提升了我国水产品加工水平，部分技术和装备水平世界领先。

1）藻类加工

中国海洋大学建立了海藻寡糖技术体系，构建了国际上首个海洋糖库，为海洋多糖资源高值化利用提供了理论和技术保障，获得 2009 年度国家技术发明一等奖。上海海洋大

学等单位联合攻克的坛紫菜新品种选育、推广及深加工技术获得 2011 年度国家科学技术进步奖二等奖。此外，科研人员成功攻关了海带、南海主要经济海藻等精深加工技术。

2）鱼类加工

广东省天然产物绿色加工与产品安全重点实验室完成了大宗低值蛋白资源生产呈味基料和高档调味品过程中的关键技术和科学问题攻关，显著提高了蛋白资源利用率，研发了系列高档调味品，获得 2009 年度国家科学技术进步奖二等奖。中国海洋大学在大宗低值海洋水产品蛋白质、糖类及脂质产业化高效利用的关键技术领域取得突破，构建了海洋水产资源高效利用技术体系，开发了系列高值化加工产品，获得 2010 年度国家科学技术进步奖二等奖。

大连工业大学主持完成的鱼类精深加工关键技术研究及产业化项目，按照鱼体不同部位结构的差异和加工方法的需求，构建了鱼类精细分割的标准化技术体系，对鱼类进行精细分割，研发了进行脱鱼鳞、去内脏、剪鱼鳍、除黑膜等工序的机械化设备；烹饪技术与食品加工技术有机融合，挖掘了针对不同部位的烹饪方法，建立了食品化菜品加工技术，让大众居家即可快速制作品尝佳肴；研发了副产物活性物质高质化利用技术，研制出多种活性物质、营养食品，有效延长了鱼子酱等风味食品货架期，有力促进了鱼类加工技术的提升，获得2016年度高等学校科学研究科技进步奖。浙江工商大学主持完成的养殖鱼类精深加工技术研究与产业化、出口超市海洋食品精深加工关键技术研究及产业化示范分别获得浙江省科学技术进步奖二等奖、浙江省科学技术进步奖一等奖，主持完成的海洋多获性红身鱼类保鲜和精深加工关键技术研究与应用获得浙江省科学技术进步奖二等奖。

3）贝类加工

大连工业大学研发了大宗经济贝类食品加工新技术及生物活性物质的高效制备技术，在贝类精深加工和高值化利用领域取得突破，获得2010年度国家科学技术进步奖二等奖。中国科学院南海海洋研究所攻克了热带海洋微生物新型生物酶高效转化软体动物功能肽的关键技术，并将海洋功能肽定向制备技术进行工程化应用，获得 2014 年度国家技术发明二等奖。渤海大学攻克了鱿鱼原料保鲜和品质改良关键技术，建立了鱿鱼鱼糜和新型休闲调理制品加工技术，并对加工副产物进行了高值化利用，获得 2017 年度国家科学技术进步奖二等奖。

4）海参加工

大连工业大学攻克了海参自溶酶技术，为海产品加工注入高科技活力，获得 2005 年度国家科学技术发明二等奖。中国海洋大学突破了一整套海参功效成分高效制备与解析、海参精深加工共性关键技术，获得2013年度山东省科学技术进步奖一等奖。

5）虾蟹类加工

中国对虾是名贵海产品，通过冷冻加工的方式将对虾加工为冻虾或者冻虾仁，用于出口和内销。腌制、罐装、干制、速冻是蟹类的主要加工方式。综合利用加工过程中产生的虾头、虾蟹壳、虾尾等副产物是延长虾蟹类加工价值链的重要途径。加工行业采用碱提法、油溶法、有机溶剂提取法、超临界萃取法提取废弃物中的虾青素、壳聚糖,生产风味调料。中国海洋大学瞄准国家重大战略需求,进行南极磷虾中蛋白质、壳聚糖、磷脂等营养与功能成分的提取技术攻关,为南极磷虾产业拉动我国海洋渔业升级助力。

2. 我国科技发展瓶颈

1)基础理论研究能力滞后

我国水产科技工作者探索了主要水产品鱼、虾、贝、藻、参的生物化学、物理化学和利用化学特性,研究了主要营养成分和功能因子如蛋白质、脂肪、多糖等在保存和加工过程中的变化规律、营养和功能特性及调控机制等,取得了一定成果,但仍缺乏系统深入的研究。2018年度国家"十三五"规划"蓝色粮仓科技创新"重点专项设置了两项水产加工基础研究任务。大连工业大学主持的"水产品营养品质保持与调控机制",关注加工流通全过程中水产品品质变化的分子机制和表征评价机制,将攻克水产品品质表征评价与调控、营养保持及内源性安全危害因子的控制与消减等关键技术。中国海洋大学主持的"水产品营养功效因子结构表征与功能解析",将解析4种水产品营养功效因子的稳态化保持与靶向递送机制,阐明水产品营养功效因子结构与功能,突破功能食品研发的瓶颈。2019年度国家"十三五"规划"蓝色粮仓科技创新"重点专项设置了3项水产品加工重大共性关键技术任务。中国水产科学研究院渔业机械仪器研究所主持的"水产品智能化加工装备与关键技术研发",可突破水产品高效加工装备的关键技术瓶颈,构建机械化、智能化、成套化水产品加工技术体系。中国水产科学研究院南海水产研究所主持的"水产品高质化生物加工新技术与产品开发",可突破水产品精深加工的关键技术瓶颈,建立高效的水产品生物加工技术体系。大连工业大学主持的"低值水产品及副产物高值化利用与新产品创制",可突破低值水产品及副产物综合利用技术瓶颈,开发高附加值产品。研究成果将显著提升我国水产加工基础理论研究水平,为加工技术升级提供理论保障。

2)高新技术研发能力薄弱

水产品精深加工、低值水产品加工和副产物综合利用还存在技术瓶颈,急需通过科技创新实现突破,然而目前水产加工技术创新研发能力还不足,主要体现在:第一,水产企业创新投入不足。为数众多的小型加工企业没有充足的资金投入进行科技创新。第二,科技成果转化能力弱。我国的科技创新主体为高校和科研院所,成果孵育和转化平台不足,科技成果转化率仅为约30%,而发达国家科技成果转化率为70%,二者相比,差距明显。第三,高层人才培养能力差。我国具有食品加工相关学科博士点的高校和研究所较少,高端人才培养体量小。第四,水产加工科技创新平台少。以水产品加工为主的国家级重点实验室尚未建成,省部级研发中心数量也不多(朱蓓薇和薛长湖,2016)。国家已加大对水产加工的科技创新投入,在"蓝色粮仓科技创新"重点专项中设置了三项重大共性关键技术任务、四项应用示范任务。项目成果可突破水产加工技术瓶颈,升级水产品精深加工技术、低值水产品加工和副产物综合利用技术,建立加工与利用新模式,为实现水产绿色加工提供技术支撑和产业示范。

3）加工装备研制能力不足

水产加工装备可以大力提高加工效率，对于水产加工业由劳动密集型向技术密集型转变具有重要意义。目前，我国水产加工装备还在机械化普及阶段。国家研发投入少、研发力量弱、研发周期长是造成机械化普及率低的主要原因。与发达国家相比，加工装备的性能也存在较大差距，不能满足水产加工业的发展需求。尤其是随着水产精深加工技术、低值水产品加工技术和副产物综合利用技术的创新升级，对适宜加工工艺的精深化装备需求增大。实现连续化、规模化精深加工还需要智能化装备的支撑，加工装备研发主体需提升加工装备自主研发研制能力，缩小和发达国家的差距，提升科技对水产加工业生产力提升的促进作用（欧阳杰等，2017）。"蓝色粮仓科技创新"重点专项中设置一项任务"水产品智能化加工装备与关键技术"，项目成果将有助于构建现代水产品加工的机械化、智能化、成套化技术体系。

15.2　重大科技需求分析

15.2.1　科技发展愿景分析

1. 基础研究取得重大突破，绿色加工技术体系建设完善

水产品加工基础研究取得重大突破，加工过程中水产品品质变化的分子机制、营养成分和功效组分的加工特性与功能特性、稳态化保持与靶向递送机制等关键科学问题得到解决。海水加工和淡水加工同步发展，加工行业秉承生态加工理念，攻克水产品精深加工、低值水产品和副产物高值化利用关键技术，阐明内源性和外源性危害因子对产品品质的影响机制，有效控制危害因子，构建完善的水产绿色加工技术体系，实现水产品加工的全利用、零浪费。绿色加工技术就地转化，及时为加工企业所用。水产品加工率可与发达国家比肩，水产品加工规模、水平和品质均达世界先进水平。

2. 加工机械化普及，装备精深化、智能化水平领先

在水产加工的整个环节普及加工装备机械化，节约成本，提高加工效率和稳定性。研发高效、节能和可控的水产品保鲜保活装备；建设分工细致的前处理生产线，集中收集和处理副产物；引入自动化程度高的初加工生产装备，有效避免二次污染；创新开发具有自主知识产权的鱼油精炼、活性物质提取、自动称量包装等加工装备，精深加工比例和水平达国际先进水平，产品附加值升高。船载加工装备和冷链物流装备加工效率、稳定性、连续性、精确度和自动化水平均国际领先（欧阳杰等，2017）。注重加工新工艺的研发，并随新工艺的需求进行加工设备的更新换代。将先进的电子、信息和通信技术引入加工装备，提升装备的自动化和智能化水平。

3. 产品呈现多元化，国际核心竞争优势明显

以冷冻加工品、鱼糜制品、干腌制品、罐制品、水产饲料、烟熏品为主的水产加工品结构升级，形成由低值水产品、优质水产品深加工获得的高品位产品、合成水产品、保健品、美容品等组成的多元化产品结构。水产食品向营养、美味、方便转变，便捷食品、微

波食品、保健食品、休闲食品、健康饮料、调味品等产品丰富，适应大众生活的快节奏，满足多样化和个性化的消费需求。行业采用绿色加工技术，利用拥有自主产权的精深化、智能化加工装备加工水产品。产品品质优良，利润空间大，国际竞争力强。

15.2.2 科技发展需求分析

1. 水产加工基础理论急需完善

理论的深入研究可为技术的更新提供保障，水产加工行业已经开始从水产品营养和功效成分结构、化学组成、功效发挥、加工过程中的变化等多个角度解析基础理论，但研究工作尚需完善。水产加工科技工作者要明确加工过程每一个环节和程序中，水产品感官品质、营养价值、保健功能及安全性变化和形成的分子机制，注重加工全过程质构控制，进行水产加工技术和工艺更新。要加快先进的食品杀菌技术、功能成分提取技术、深加工和综合利用技术在水产品加工中的应用基础研究，确保技术应用效果。以重大基础理论的突破带动科学技术的创新升级，推动产业发展。

2. 水产品精深加工技术亟待攻关

我国水产品加工方式还处于粗加工的初级阶段，海洋水产品的加工率稳步增加，淡水水产品的加工率依然较低。仅有较少的水产品如海参、海带、紫菜、南美白对虾、罗非鱼、大黄鱼等具有较完善的加工体系，海产贝类和淡水鱼的加工率亟待提高（薛长湖等，2016）。发展高科技含量、高附加值、高出口创汇率的精深加工，扩大精深加工规模、增加加工深度、提高市场占有率、推出新型精深加工产品是提高我国水产品加工核心竞争力的必由之路。要通过水产品精深加工技术研发开发新产品，推动精深加工的发展。对于鱼、虾、贝、参类动物性水产品，在精加工领域，行业可研发生产脱脂、烤制、干制、鱼罐头、鱼糜、休闲即食食品等的技术。在深加工领域，行业可开发海鲜调味品、保健品、药品、工艺品、美容护肤品、鱼油等的加工技术。对于藻类等植物性水产品，在加工紫菜、裙带菜方便食品的基础上，行业可研发其他类型食品如饮料、海洋蔬菜等的加工工艺，提升生物活性物质的稳定性和提取效率，推进微藻生物能源、海藻肥等藻类化工的技术攻关。行业可研制水产加工专用酶，利用酶催化加工功能产品；研发水产品加工过程控制关键技术和功能因子生物合成与转化技术，突破生物加工关键技术，构建水产品高质化生物加工技术，生产水产生物制品。行业要重视膜分离技术、超临界萃取技术、微囊化技术、超高压技术等高新技术在水产加工中的应用，最大限度地保留水产品营养成分，提高资源利用率，减少废弃物排放。

3. 加工副产物综合利用技术亟待升级

水产品加工过程中，副产物如鱼头、鱼鳔、鱼骨、鱼鳞、内脏、贝壳、虾头、虾壳等的产出率较高，占水产品总量的 40%～60%（夏虹，2016），如不充分利用，不仅会造成资源的浪费，还会增加环境压力。这些副产物中含有大量的蛋白质、脂肪、多糖等营养物质，还有大量的活性成分，具有较大的开发利用价值。随着副产物中的有益成分逐渐被认知，副产物的综合利用逐渐得到关注和实施。提高副产物利用率，减少浪费和环境污染，推进水产加工副产物的综合利用技术研发，创制新产品，对于促进水产资源循环型经济的发展、增强水产品的国际竞争力尤为重要。加工行业要针对不同类型水产品副产物的物理和化学特征，研发副产物综合利用技术，同时完备废水、废弃物安全处理技术，促进水产加工绿色发展。加工行业还要突破低值水产品蛋白改性与风味改良技术、活性肽稳态化保存与控制技术、质构重组技术、鱼油精炼与保存技术、寡糖和多糖分离与加工技术，创制高附加值产品，实现低值水产品和副产物的高值化综合利用。

4. 水产加工装备创新制造能力亟待提升

水产加工装备可以解决人口老龄化、劳动力成本高导致的用工难问题，加工效率高，加工的产品稳定性高、质量安全。我国水产加工装备的设计水平、设备性能与发达国家相比尚有较大差距，智能化、连续化、规模化水平较低，而且从国外直接引进的加工设备也不一定适宜加工国内的原料。加工行业要大力提高国内加工装备的自主创新研发能力，制造适宜我国原料加工工艺的装备，满足加工企业的需求。在适合水产品加工的设备工作模式研发的基础上，行业可针对加工的各个环节研发成套的加工生产线，进行一条龙的陆地加工；推进捕捞加工一体化的船上加工，有机耦合制冰、水处理、充氧模块，研发保鲜保活装备，建立车、船、飞机节能立体运输体系；集成清洗、分级、去头、去尾、去鳞、去内脏、去皮、切片的成套前处理设备；建设开片、开背、剥壳、开壳加工生产线；研发低温干燥、熏制、腌制、杀菌设备，鱼糜油炸优化设备，海珍品加工设备等精深加工设备，配备传感器、机器视觉、红外定位等模块，配置自动监测系统，提升加工装备的精深化、智能化和信息化水平，最终实现智慧加工（欧阳杰等，2017）。

15.2.3 重大科技任务分析

1. 水产品加工全过程基础理论研究

在发酵环节，阐明微生物在水产品蛋白降解及风味形成过程中的作用和机制，通过代谢调控改善菌种发酵能力。在杀菌环节，解析影响超高压技术、辐照技术、生物杀菌、栅栏技术等杀菌效果的影响因素和机制，针对水产品特性综合利用单一或复合杀菌技术，有效延长产品货架期。注重加工全过程水产原料结构、性质的变化，阐明水产品品质保持机制，解析营养和功效成分的结构与功能特性，阐明这些成分在生物体内的吸收与代谢规律，揭示功效作用机制。

2. 绿色加工技术研发和新产品创制

发展酶工程、发酵工程、蛋白质工程、细胞工程等生物加工技术，充分利用水产品的特性，进行水产品深加工，生产生物活性物质、功能性食品、保健品、医药品、美容品、调味品。发展基因工程技术，从基因水平调控水产品风味，创制水产品原料优质品种，开发风味特色水产品。进行超临界流体萃取技术、微囊化技术、膜分离技术、高压技术、辐照技术、微波技术、冻干技术攻关，提高加工效率，获得优质水产加工品。全面利用加工副产物，开发冷冻鱼糜加工技术，将鱼糜与动物源或植物源食材配合进行风味化调理，研制即食、便捷、营养、休闲食品。优化胶原蛋白、鱼油、多肽、多糖、寡糖等加工技术，研制中餐食品工业化加工技术，开发营养食品、功能食品、蛋白食品、休闲食品、方便食品、护肤品等高附加值产品。注重环境友好，构建绿色加工技术体系，精准服务大众、便捷、营养、多样化的生活需求。

3. 水产品现代加工及品质检测装备的研发

基于嗅觉和味觉信息图像化技术，发展电子鼻和电子舌等无损、实时检测技术和装备。研发水产品进料、定位定向、分级、剥壳、去鳞、去头、去脏、清洗等鱼、虾、贝、参类前处理装备和流水化生产线，实现装备的智能化、数字化和自动化。研发定量分割设备、开背机、剥壳机、开片机、冷冻鱼糜加工装备等初加工装备和生产线，避免二次污染，提高加工效率。开发热交换、分离、纯化装备，提升鱼油精炼加工、活性物质提取水平，提高精深加工装备水平，节能降耗，进行水产品高质化加工。开发连续发酵装置、降压分馏装备、超临界提取装备、蒸煮液浓缩和高效回收利用装备等，实现副产物全利用和清洁生产。开发捕捞加工船，实现捕捞加工一体化。

15.3 技术水平发展总体评价

15.3.1 技术发展态势评价

以科学引文索引扩展版（Science Citation Index Expanded，SCIE）数据库为基础，以 TS=(surimi OR "smoked fish" OR ((keep-alive OR live transportation) AND fish) OR ("hurdle technology" AND fish) OR ("supercritical fluid extraction" AND fish) OR (("vacuum frying" OR "sous-vide frying") AND fish) OR (microbiology* plasma fish) OR (("ohmic heating" OR "ohm-heating") AND fish) OR (("vitrification" OR "glass") AND sterilize* AND fish) OR "aquatic product* process*" OR "*fish process*" OR "*shrimp process*" OR "mollus* process*" OR "algae process*" OR "kelp process*" OR "shellfish process*" OR "crab process*" OR "seafood process*" OR "aquatic by product" OR "seafood by-product" OR "scallop process*" OR "mussel process*" OR "oyster process*" OR "clam process*" OR "salmon process*" OR "tilapia process*" OR "sea cucumber process*" OR "cod process*" OR "bass process*" OR "tunas process*" OR "sea urchin process*" OR "squid process*" OR "octopus process*" OR "abalone process*" OR "marine peptide" OR "fish peptide" OR "aquatic peptide" OR "*water peptide" OR "marine collagen" OR "fish collagen" OR "aquatic collagen" OR "*water collagen" OR ("unsaturated fatty acid" AND "fish oil") OR "seaweed oligosaccharide" OR "seaweed polysaccharide" OR "marine oligosaccharide" OR "marine polysaccharide" OR "alga oligosaccharide" OR "alga polysaccharide")为主题检索公式，选取的文献类型为论文（article）、会议论文（proceedings paper）和综述（review），时间范围为 1990 年至检索日期（2020 年 6 月 26 日）。在得到初步检索结果后，将数据进行合并、去重和清洗处理，最终得到 4895 条数据，从文献计量角度分析全球水产品加工研究的发展态势。

以中国知网数据库为基础，以 SU=(水产加工+水产品加工+鱼类加工+贝类加工+藻类加工+蟹类加工+鲍鱼加工+虾类加工+海参加工+鱼糜+发酵水产品+水产品调味料+分离鱼蛋白技术+海藻寡糖+海藻多糖+鱼油) OR SU=(干制+腌制+熏制+罐头制品+加工副产物+冷冻+解冻+保鲜+保活+超高压+微囊化+膜分离+超微粉碎+栅栏技术+超临界流体萃取+真空低温油炸+等离子体杀菌+欧姆加热+玻璃化转变贮藏+不饱和脂肪酸+活性肽+胶原蛋白)

AND SU=水产为主题检索公式，限定期刊类型为核心期刊、CSSCI 和 CSCD 来源期刊，时间范围为 1990 年至检索日期（2020 年 6 月 26 日），得到国内水产品加工相关研究 3708 篇，从文献计量角度分析国内水产品加工研究热点内容。

数据分析主要采用汤森路透集团开发的专利信息分析工具 TDA 软件、网络关系分析工具 Ucinet 和 NetDraw，以及 Nees Jan van Eck 和 Ludo Waltman 开发的 VOSviewer 软件和办公软件 Excel。利用 TDA 软件对文献数据进行基本的处理和清理。利用 Ucinet 和 NetDraw 工具绘制国家合作网络，利用 VOSviewer 软件对文章题名、摘要和关键词进行聚类分析，利用 Excel 软件对该领域文献进行统计分析以及图表绘制的可视化分析。

1. 国内研究发展态势分析

将国内相关研究数据集中的论文题目、摘要和关键词进行可视化图谱分析和领域聚类（图 15-11、图 15-12），30 年来，水产加工在渔业中的作用和地位得到大幅提升，其桥梁纽带作用日益凸显，成为促进渔业结构优化、实现产业增值增效的强劲动力。国家和各级政府重视水产加工，加大政策扶持和资金支持。水产加工比例和精深加工比例持续增大，水产加工技术获得长足发展，水产加工体系日渐健全，水产加工品种类日益丰富。随着加工原料由捕捞水产品向养殖水产品转变，鱼类、贝类、对虾、海参、鲍鱼等多品类加工技术体系已经形成。水产品风味和营养在加工和保存过程中的保持机制得以深入探究，为鱼片、鱼丸等的鱼糜制品、调味料等加工工艺的提升提供了理论支持。胶原蛋白、脂肪酸、寡糖等生物活性物质的提取工艺取得突破，精深加工技术水平提升。行业对 HACCP 质量管理体系的重视，促进企业 HACCP 认证意识增强，有利于突破水产加工品出口的安全壁垒。

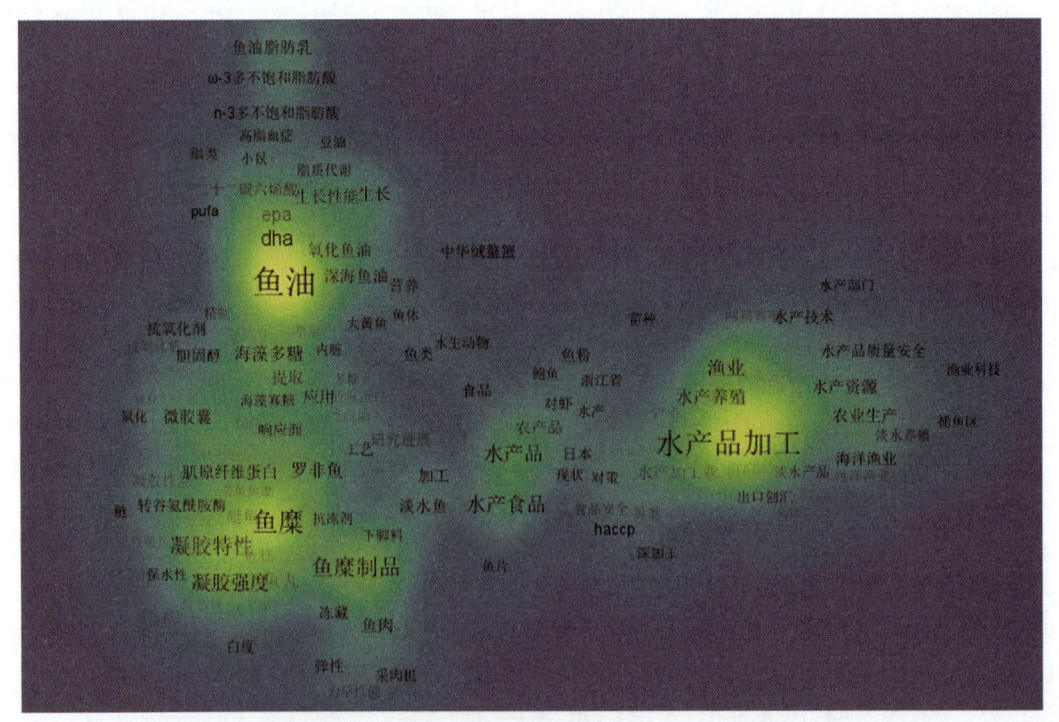

图 15-11 国内水产加工研究领域热点可视化图谱

颜色越凸显表明出现频次越高

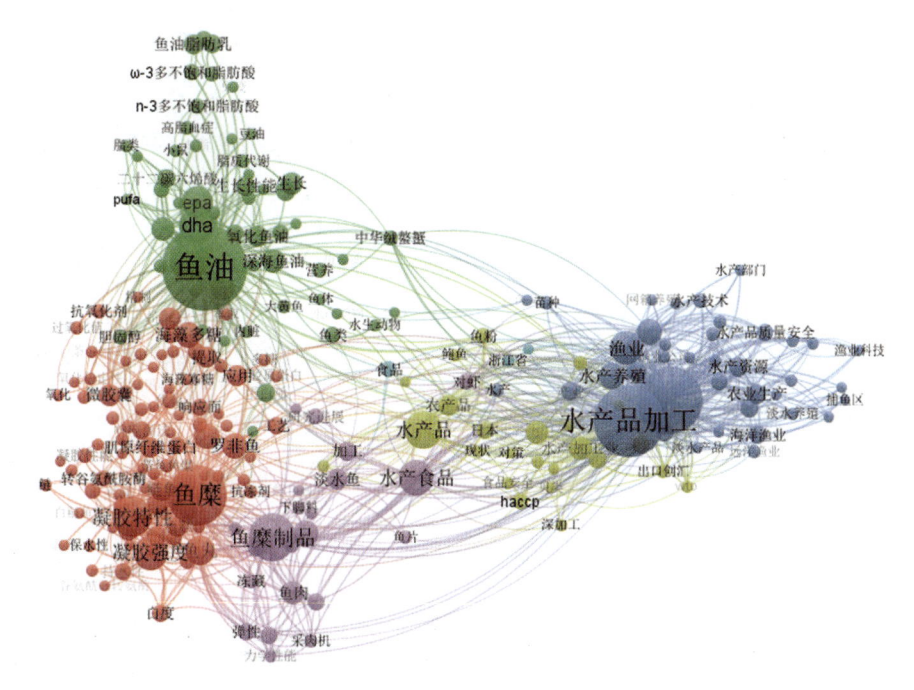

图 15-12　国内水产加工主要研究内容聚类图
联系紧密的关键词划分为同一区块；字号越大表示该关键词出现频次越高

2. 国际研究发展态势分析

1）研究论文变化情况

由图 15-13 可以明显看出，国际水产品加工研究发文量波动中有上升，整体呈现递增趋势。SCIE 数据库收录量 1990 年仅为 32 篇，1996 年发文量过百，为 118 篇，2016 年和 2017 年短时下降后，2018 年开始回升，但年发文量均小于 300 篇，2019 年实现了突破，为 656 篇。1990 年至 2019 年有 4581 篇相关研究论文被 SCIE 数据库收录，总被引频次为 103 623 次。

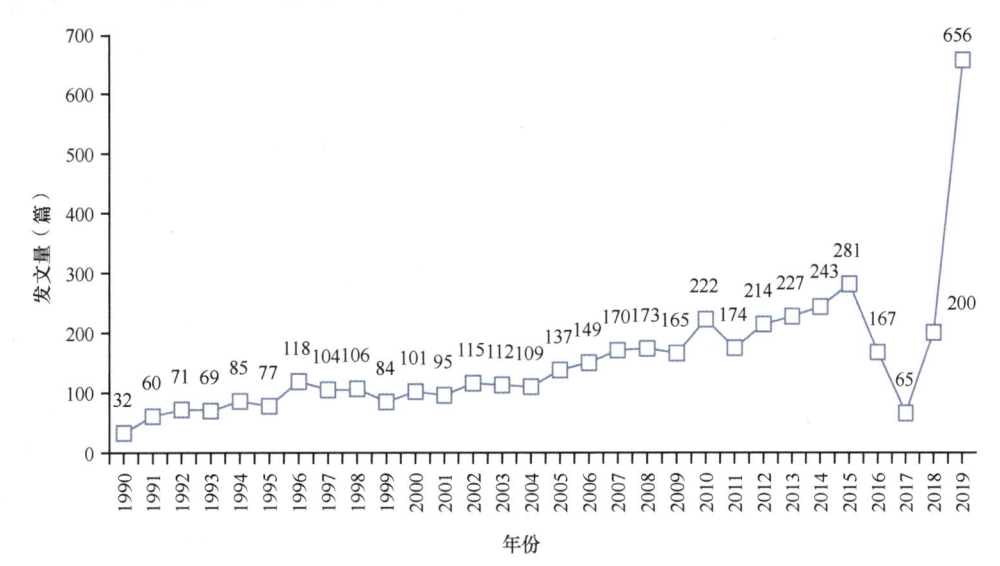

图 15-13　国际水产品加工研究发文量变化

2）国际研究力量与影响力分析

世界上仍有不少国家在水产品加工领域没有发表过文章，发文量前 10 位的国家依次为美国、中国、日本、西班牙、印度、泰国、韩国、加拿大、巴西、英国（图 15-14），均高于 100 篇。美国总发文量达 835 篇，相对于中国发文量 718 篇，优势不是特别突出，相对于其他国家，则具有绝对优势。这表明美国在水产加工领域投入的经费较多。发文前 10 位的国家平均发文量为 361.9 篇。第一作者国家发文量占比最高的是中国，为 95.40%，平均值为 82.19%。通讯作者国家发文量占比最高的是日本，为 98.28%，均值为 84.43%。近 3 年，中国发文量占比 44.57%，远高于其他国家，表明中国水产加工研究正蓬勃开展，发展势头劲猛。

图 15-14　国际水产品加工研究发文量前 10 位国家的发文量、第一作者国家和通讯作者国家发文量占比

在国际水产品加工研究发文量前 10 位国家中，美国的发文量最高，总被引频次也最高，高出其他国家总被引频次一个数量级。发文量前 10 位国家的总被引频次平均值为 7437.2 次，总被引频次超过平均值的国家还有中国、西班牙。篇均被引频次最高的国家是英国，达 33.93 次/篇，篇均被引频次平均值为 21.67 次/篇，超过平均值的国家还有加拿大、美国、西班牙、泰国和韩国（表 15-1）。

表 15-1　国际水产品加工研究发文量前 10 位国家的发文情况

排序	国家	发文量（篇）	总被引频次（次）	篇均被引频次（次/篇）	第一作者国家发文量占比（%）	通讯作者国家发文量占比（%）	近 3 年发文量占比（%）
1	美国	835	22 063	26.42	78.20	78.92	13.29
2	中国	718	8 226	11.46	95.40	93.04	44.57
3	日本	466	7 331	15.73	84.12	98.28	8.37
4	西班牙	337	8 603	25.53	81.90	81.90	10.98
5	印度	258	4 619	17.90	92.25	93.41	23.64
6	泰国	258	6 251	24.23	91.09	89.92	19.38
7	韩国	222	4 985	22.45	69.37	74.77	18.47
8	加拿大	198	5 850	29.55	78.79	80.81	5.56

续表

排序	国家	发文量（篇）	总被引频次（次）	篇均被引频次（次/篇）	第一作者国家发文量占比（%）	通讯作者国家发文量占比（%）	近3年发文量占比（%）
9	巴西	190	1 796	9.45	93.16	92.63	27.89
10	英国	137	4 648	33.93	57.66	60.58	12.41
	平均值	361.9	7 437.2	21.67	82.19	84.43	18.46

美国发文量处于领先位置，发文量和篇均被引频次都高于前10位国家的平均值，处于第一象限；中国和日本的发文量高于前10位国家发文量的平均值，但是篇均被引频次较低，处于第二象限；巴西和印度的发文量和篇均被引频次均低于前10位国家的平均水平，处于第三象限；英国、加拿大、西班牙、泰国和韩国因为发文量增长有限，但篇均被引频次较高，处于第四象限（图15-15）。

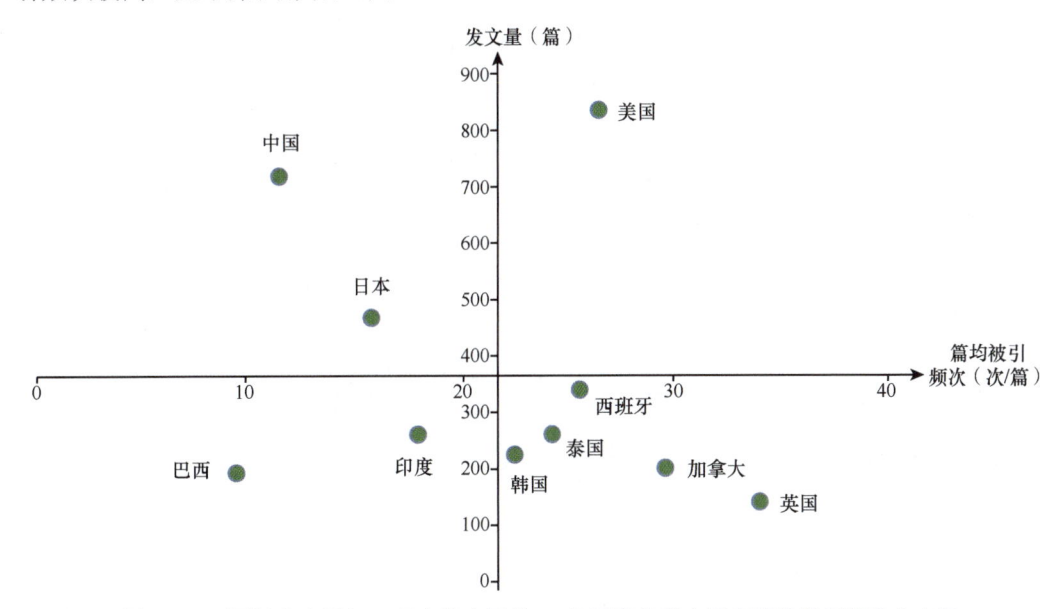

图15-15 国际水产品加工研究发文量前10位国家的发文量和篇均被引频次分布图

3）国际合作情况分析

以国际水产品加工研究发文量前50个国家为主，得到合作次数5次及以上的国家相互合作关系网络（图15-16），可以看出，美国是研究的中心国家，中国、英国和西班牙是次中心国家，中国主要的合作国家是美国和日本，还和韩国、新加坡、澳大利亚、埃及、荷兰有合作（图15-16）。

全部论文中，以国家数量计为5776篇，实际论文为4895篇，论文篇均合作国家为1.18个，从表15-2可以看出，国家独立完成的论文有3925篇，占全部论文的80.18%，3国及以上合作的论文数量为132篇，占全部论文的2.70%，说明国际水产品加工研究多国合作较少。

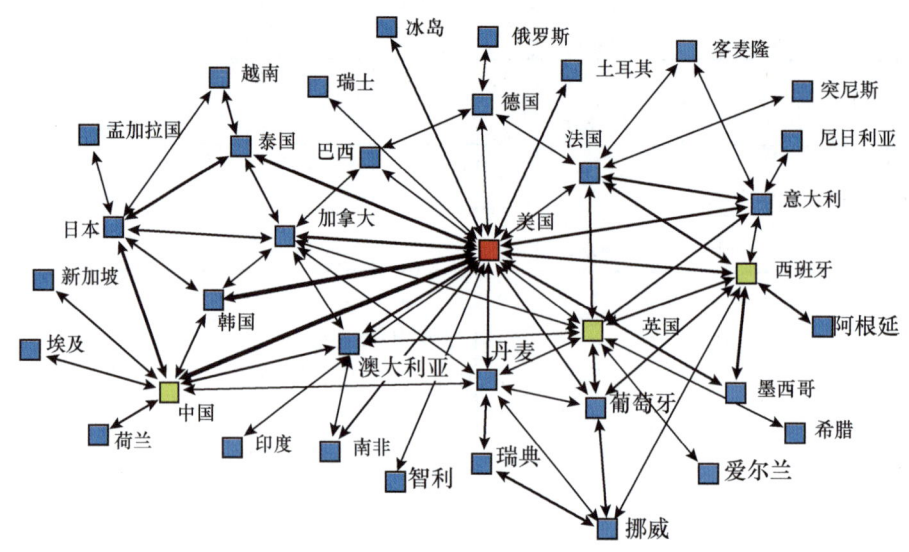

图 15-16 国际水产品加工研究的国际合作情况

连线表示合作关系，线条越粗合作次数越多

表 15-2 国际水产品加工研究论文合作国家数量

序号	发文量（篇）	发文国家数量（个）	序号	发文量（篇）	发文国家数量（个）
1	3925	1	5	5	5
2	838	2	6	4	7
3	105	3	7	2	8
4	14	4	8	2	14

4）主要研究机构分析

在水产加工领域，发文前 10 位研究机构依次为泰国宋卡王子大学（Prince Songkla University）、俄勒冈州立大学（Oregon State University）、西班牙高等科学研究理事会（Consejo Superior de Investigaciones Científicas，CSIC）、北海道大学（Hokkaido University）、东京海洋科技大学（Tokyo University of Marine Science and Technology）、中国海洋大学（Ocean University of China）、西班牙圣地亚哥联合大学（University of Santiago de Compostela）、华中农业大学（Huazhong Agricultural University）、江南大学（Jiangnan University）、庆尚大学（Gyeongsang National University）（图 15-17）。中国的三家单位进入榜单，表明中国在食品加工领域有一定影响力。

5）主要学科领域分析

按 Web of Science 学科分类看，国际水产品加工研究所涉及的主要研究学科有食品科学与技术（Food Science and Technology）、化学（Chemistry）与渔业（Fisheries）（表 15-3）。其中食品科学与技术所占比重最大，有 2399 篇相关论文，也是发文量前 10 位国家最主要的研究方向（图 15-18）。这与食品加工是在水产加工中占比最重的行业特点是吻合的。前 10 位发文国家其他研究方向配比具有国家特色，除了最主要的研究学科，中国和泰国重视营养与饮食，日本重视渔业，韩国重视农业。

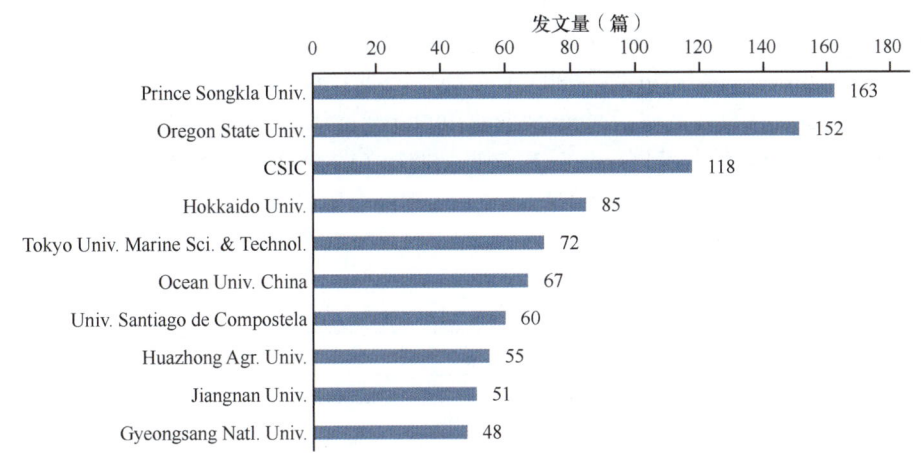

图 15-17 国际水产品加工主要发文机构

表 15-3 国际水产品加工研究主要涉及的 Web of Science 学科领域

序号	学科领域	文章篇数	序号	学科领域	文章篇数
1	Food Science and Technology	2399	6	Agriculture	380
2	Chemistry	963	7	Nutrition and Dietetics	320
3	Fisheries	483	8	Biochemistry and Molecular Biology	311
4	Engineering	423	9	Environmental Sciences and Ecology	290
5	Biotechnology and Applied Microbiology	420	10	Marine and Freshwater Biology	197

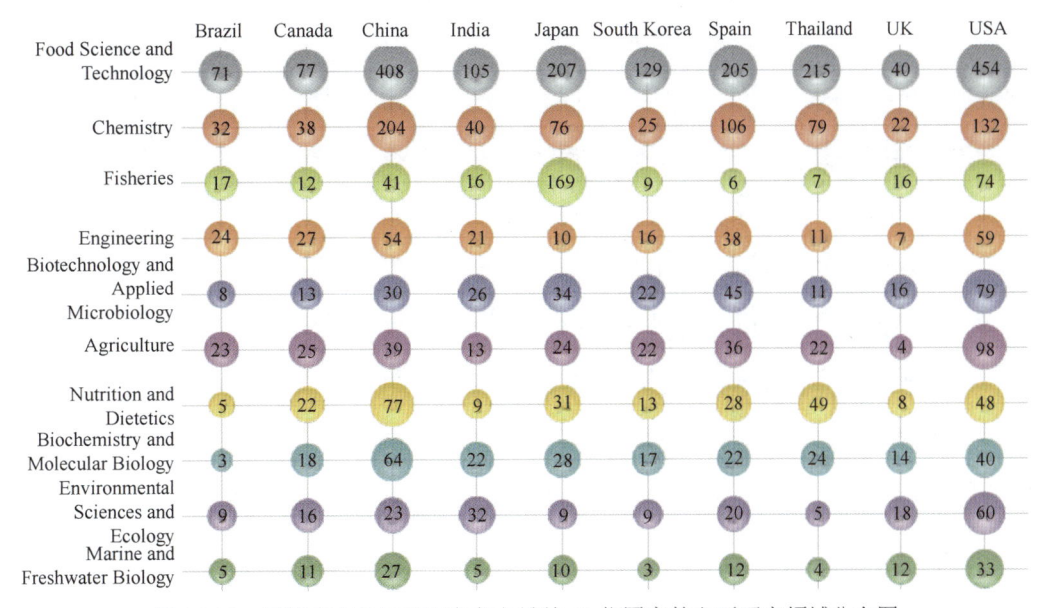

图 15-18 国际水产品加工研究发文量前 10 位国家的主要研究领域分布图

6）研究关键词分析

文中的数据集中只有 79% 的论文数据拥有作者关键词字段，数据虽然不全但也可以作为主要研究内容分析的参考依据之一。通过对作者有效关键词的统计，前 20 个关键词见

表 15-4。2010~2019 年，每一年均作为高频关键词的是鱼类（fish）、胶原蛋白（collagen）、鱼类加工（fish processing）、鱼油（fish oil）、抗氧化剂（antioxidant）和壳聚糖（chitosan）。2019 年，除了超临界流体萃取（supercritical fluid extraction）、响应面法（response surface methodology），其余高频关键词出现频次均明显增加（图 15-19）。第 19 个关键词欧姆加热（Ohmic Heating）出现的年份较少，表明水产加工针对欧姆加热（Ohmic Heating）等高新技术开展的相关研究较少。

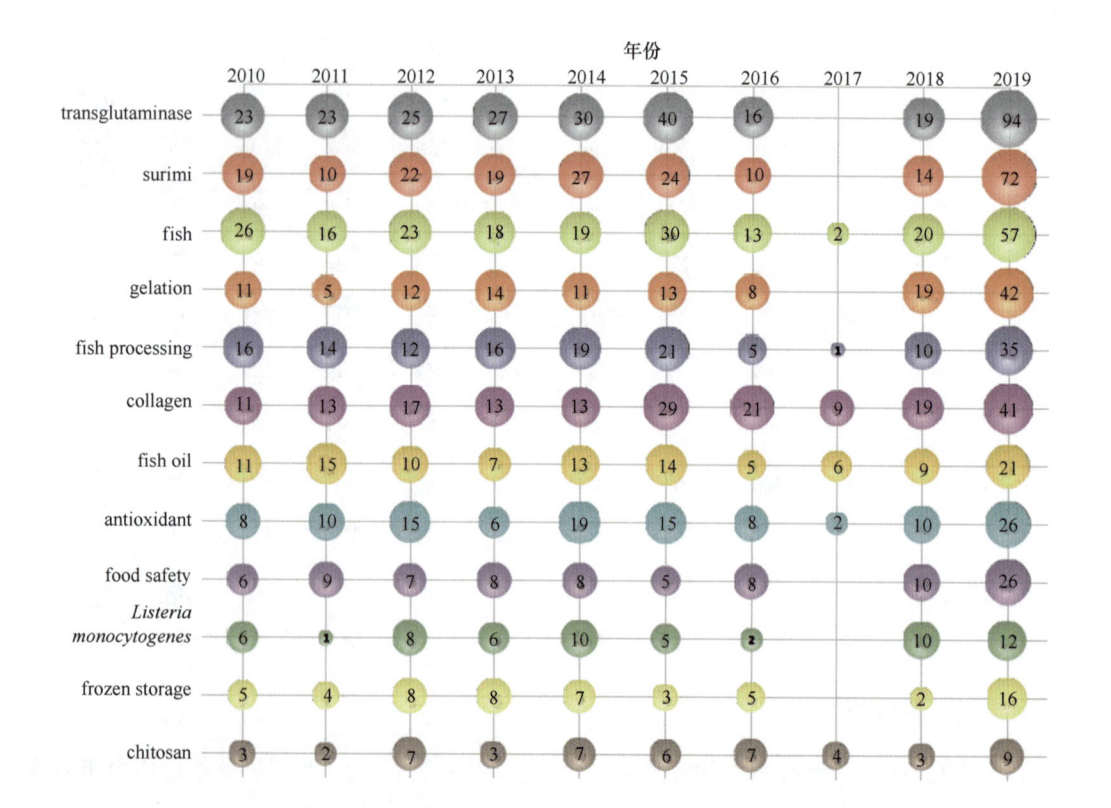

表 15-4　国际水产品加工研究高频关键词一览表（前 20 个）

序号	关键词	词频	序号	关键词	词频
1	transglutaminase	608	11	frozen storage	126
2	surimi	573	12	chitosan	84
3	fish	499	13	smoked fish	71
4	gelation	346	14	fish waste	47
5	fish processing	343	15	supercritical fluid extraction	39
6	collagen	324	16	high pressure	30
7	fish oil	204	17	response surface methodology	30
8	antioxidant	192	18	biofilm	23
9	food safety	144	19	ohmic heating	23
10	*Listeria monocytogenes*	134	20	microalgae	20

关键词	2010	2011	2012	2013	2014	2015	2016	2017	2018	2019
transglutaminase	23	23	25	27	30	40	16		19	94
surimi	19	10	22	19	27	24	10		14	72
fish	26	16	23	18	19	30	13	2	20	57
gelation	11	8	12	14	11	13	8		19	42
fish processing	16	14	12	9	19	21	5	1	10	35
collagen	11	13	17	13	13	29	21	9	19	41
fish oil	11	15	10	7	13	14	5	6	9	21
antioxidant	8	10	15	6	19	15	8	2	10	26
food safety	6	9	7	8	8	5	8		10	26
Listeria monocytogenes	6	1	8	6	10	5	2		10	12
frozen storage	5	4	8	8	7	3	5		2	16
chitosan	3	2	7	3	7	6	5	4	3	9

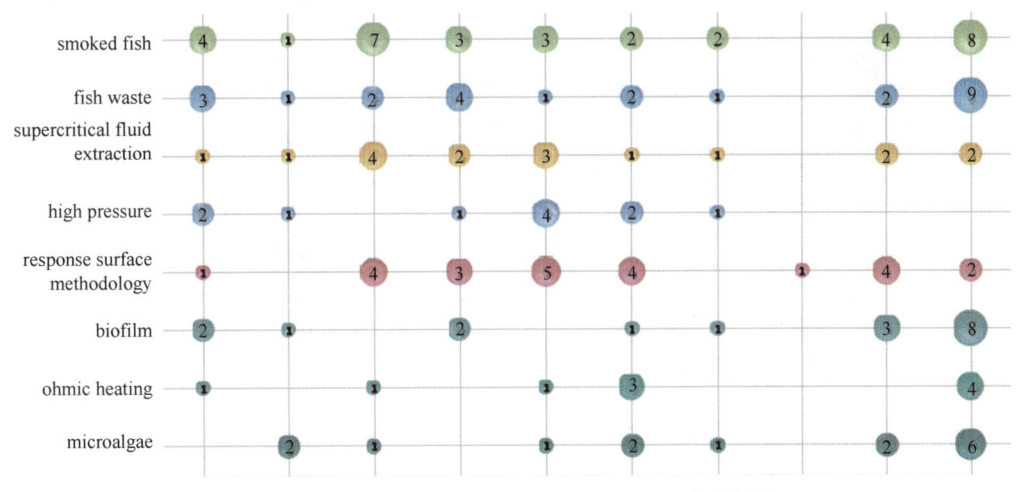

图 15-19　国际水产品加工研究主要关键词变化趋势

7）研究热点分析

将国际相关研究数据集中的论文题目、摘要和关键词进行可视化图谱分析和领域聚类，得到图 15-20 和图 15-21，可以明显看出，国际水产品加工研究主要分为 5 个研究版块，即功能食品加工、鱼糜加工、加工条件研究、水产加工的环境学研究、水产品储藏研究。在功能食品加工版块，研究人员将脂肪酸、脂质、水解蛋白作为主要功能因子，进行功能食品加工。在鱼糜加工版块，主要通过研究凝胶特性优化鱼糜加工。在加工条件研究版块，通过优化提取技术等获得高品质水产品加工的条件。在水产加工的环境学研究版块，针对以水产食品为传染媒介的李斯特菌开展研究，关注加工废水处理，实现环境友好的加工方式。在水产品储藏研究版块，研发技术和方法，提高产品质量，延长储藏时间。

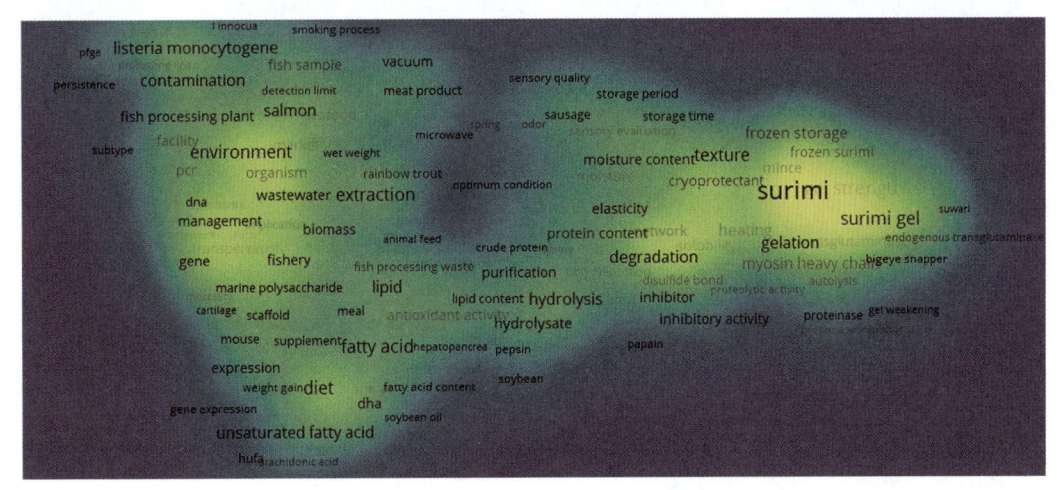

图 15-20　国际水产品加工研究领域热点可视化图谱

关键词颜色越凸显表明出现频次越高

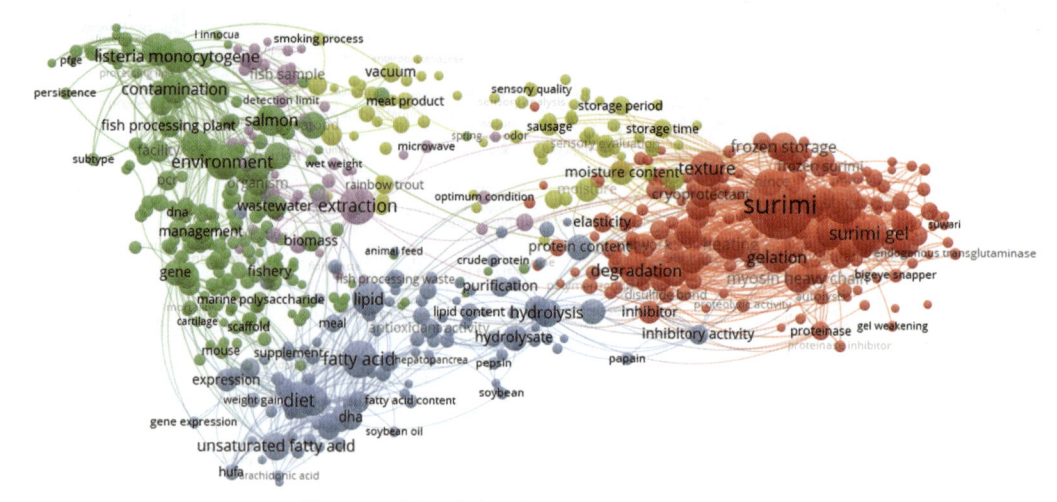

图 15-21　国际水产品加工主要研究内容聚类图

联系紧密的关键词划分为同一区块；字号越大表示该关键词出现频次越高

15.3.2　技术发展水平和差距评价

1. 水产加工理论研究处于跟跑状态

随着国家对水产加工的重视，在国家、省市级科技项目支持下，水产加工理论研究取得进展，保障了水产加工的科学发展。水产加工过程中风味保持、菌群变化、营养品质调控等的研究已由生理生化层面向分子层面深入（Cao et al.，2020；邹朝阳等，2019）。研究人员初步探明了水产品功效因子如多肽、多糖、脂质的结构、组成和功能，阐明了功效因子在水产品体内的吸收代谢规律（Wang et al.，2020）。和发达国家相比，我国水产加工理论研究处在跟跑水平。水产加工科技工作者要采用新技术深入解析水产品中营养与功能成分加工特性、营养与功能特性，从分子和组学层面揭示营养与功效作用机制，阐明营养功效因子的稳态保持与靶向递送机制，为水产加工技术的更新提供基础理论支持。

2. 水产加工技术处于跟跑状态

水产品精深加工技术、低值水产品和副产物高值化利用技术蓬勃发展，为我国水产精深加工比例的提升做出重要贡献，其中海洋特征寡糖制备技术，水产品蛋白质、糖类、脂质资源精深加工技术，贝类精深加工与高值化利用技术，以及海参精深加工技术世界领先，处于领跑状态。其他水产加工技术仍处于跟跑状态。水产加工科技工作者要加大生物酶水解蛋白技术、冻干技术、低压超临界提取技术、栅栏技术等高新技术的科研攻关，优化水产品精深加工工艺，提高功能成分提取的稳定性和有效性，注重加工副产物的有效利用和加工废水的生态化利用（周德庆等，2019），产学研结合，提升我国水产加工水平。

3. 水产加工装备处于跟跑状态

经过我国科技人员的不断努力，引进了大量国外的先进设备和仪器，通过消化吸收再创新开发生产出一大批新设备，提高了加工效率和机械化水平，提升了质量安全（居占杰和秦琳翔 2013）。然而，与发达国家加工装备相比，我国水产加工装备依然处于跟跑状态。高新技术的应用需配备先进的加工装备，科技工作者要根据生产技术需求研制相应的设备，提高设备的自动化、智能化、信息化水平，并在加工企业中推广使用先进技术和装备，切实发挥科技就是第一生产力的作用。

4. 水产加工产品处于跟跑状态

我国水产加工产品类型丰富，以冷冻冷藏水产品为主，鱼糜制品、干制品、海藻制品、海味调味休闲食品、海洋药物、工业加工品等多种类型共存。但与发达国家相比，我国水产加工产品种类还不健全，产品质量还待提升，仍处在跟跑状态。水产加工行业要根据消费者特点和消费特点，开发合成水产品、即食水产品、方便食品、保健品、美容品、药品、工业产品等新型加工产品，注意每类产品中系列产品的研发，精准满足人们的生活需求。

15.3.3 技术发展阶段评价

1. 海藻寡糖制备技术处于规模化应用阶段

海藻中蕴含丰富的糖类，将海藻中提取的寡糖进行修饰后，寡糖即拥有相应的功能活性，可用于加工海洋药物、化妆品、食品等。中国海洋大学管华诗院士团队在研发的海洋特征寡糖制备技术获得 2009 年国家技术发明一等奖基础上，继续进行海藻寡糖制备技术创新，于 2020 年成立了青岛国际寡糖制备中心，全面推广功能性寡糖制备技术转化落地，实现规模化应用推广。

2. 鱼糜加工技术处于规模化应用阶段

因调理方便、口感细嫩、保存期长，鱼糜制品深受消费者欢迎。鱼糜加工通过加工过程控制，添加蛋白变性防止剂如糖类、盐类等，保证冻藏和加工过程中原料的新鲜度和肌原纤维蛋白的稳定性，将鱼肉加工为鱼肉凝胶，再制成鱼丸、鱼饼、鱼豆腐、模拟食品等鱼糜制品。我国鱼糜加工企业配套了加工生产线，鱼糜加工技术得到规模化应用，使低值鱼类得以高值化利用，生产的鱼糜制品普及于超市和市场，成为大众生活的日常所需。今后还要通过加工技术创新丰富鱼糜制品种类，拓展食用方式。

3. 水产胶原蛋白开发利用技术正向大规模应用阶段迈进

胶原蛋白是一种功能蛋白，可用于生产具有生物活性的多肽，在医药、食品、化妆品等领域应用潜力巨大。常用热水提取法、盐提取法、酸碱提取法和酶提取法提取制备水产胶原蛋白。国际上提取加工水产胶原蛋白技术已非常成熟。我国科研人员在水产胶原蛋白低温提取和定向酶解、功能产品制备等技术领域进行了原始创新，形成胶原蛋白加工工艺，通过企业的生产线进行落地推广。水产胶原蛋白开发利用技术正在向大规模应用迈进。以水产加工中产生的废弃物如鱼鳞、鱼皮为原料生产胶原蛋白，成为发展趋势。

4. 鱼油加工技术已应用于部分企业进行粗放加工

鱼油主要利用鱼类加工的副产物进行提取生产，将有效成分深加工为对人体有利的多不饱和脂肪酸（PUFA），可用于制造高档保健品、医药品。欧美国家、日本具有领先的鱼油加工技术，其产品垄断了高档市场。我国水产加工行业围绕鱼油开发，突破了酶解制备粗鱼油、甘油酯和磷脂型 EPA 与 DHA 合成、微囊化制备等关键技术，实现了加工企业的小规模应用。然而，总体上，我国鱼油加工技术还处于粗放加工阶段，继续破解鱼油加工中的脱腥和返腥、EPA 与 DHA 分离纯化、EPA 与 DHA 有效形式制备、功能食品源 PUFA 甘油酯合成技术难题，提高科技转化力，是鱼油加工未来努力的方向。

5. 贝类初加工技术处于规模化应用阶段

贝类主要以鲜活形式销售，还有冷冻产品、干制品和少量的罐头、休闲食品、调味品。目前我国贝类加工企业多利用前处理等技术进行贝类的初级加工，贝类的初级加工处于规模化应用阶段。加工企业将质构控制技术应用于鲍鱼、扇贝等贝类热加工，为精深加工提供加工原料。

6. 贝类精深加工处于研发和小规模应用阶段

活性肽具有抗氧化功能，以贝类加工副产物生产多肽用于加工功能食品和医药品，可大幅提高贝类产品价值。国内水产行业已研发了多肽制备技术，初步应用于鲍鱼、牡蛎、扇贝等的深加工。在深入研究活性肽构效关系、功能作用机制基础上，加工行业可以对活性肽进行化学修饰，提高其功效活性，研发贝类活性肽分离与制备技术，并进行大规模推广示范。

7. 海参加工由规模化初级加工向精深加工转变

传统的海参干制品加工在我国已经实现从大型企业到小加工厂的普及，干海参实现了规模化生产。通过干海参制作过程中的技术研发，加工行业优化了前处理和干燥工艺，提高了成品得率、蛋白含量和活性成分含量，形成了现代加工技术，在企业得到规模化应用。即食海参在保留海参外观的同时，食用也更为方便。即食海参加工技术应用广泛，且各加工企业间加工工艺和参数差别较小。近年来，加工行业通过精深加工研发，完善了海参胶原蛋白、皂苷、磷脂、鞘脂、硫酸多糖等功效成分提取与制备技术，生产功能产品。目前我国企业生产的海参口服液、胶囊已投放市场，深受消费者欢迎。

8. 虾蟹类加工技术处于规模化应用阶段

虾仁的加工程序主要是去头、剥壳，机械化加工还不普及。加工行业开发了空气冻结技术、接触式冻结技术、浸渍冻结技术、液化气体冻结技术用于虾类冷冻加工，并规模应用于加工生产。行业利用上粉机、裹浆机、上面包糠机等流水线设备生产面包虾等裹涂食品；利用滚揉机等设备生产虾类调味品；利用微波加热技术等新型加热技术以及高密度二氧化碳加工、超高压加工等非加热技术加工虾类。加工行业发展并规模应用了蟹类冷冻加工技术，随着工艺和设备的改进，模拟蟹肉、蟹罐头产量和品质也持续提升。行业注重加工副产物综合利用，将虾头、虾蟹壳等用于加工蛋白、壳聚糖、虾蟹油、虾蟹酱、高档调味品等，副产物的绿色综合利用技术将是今后加工发展的重要方向。

9. 加工设备研发技术处于小规模应用阶段

目前，我国水产加工设备的机械化程度还较低，且已有的机械配置智能化和信息化水平较低。一些先进的加工设备仍被发达国家垄断。科技工作者针对水产加工所需的设备开展了自主研发，用于水产品预处理、保鲜保活、鱼糜加工、副产物综合利用。然而由于设备连续性、精确度、稳定性、加工效率等方面与国外先进设备还存在一定差距，国产装备仅小规模应用于加工企业。加强加工设备的自主研发，缩小和国外先进设备的差距是未来水产加工装备行业的目标。

15.3.4 国内外相关评价分析

FAO 公布的《2020 年世界渔业和水产养殖状况》显示，2018 年世界鱼类总产量约为 1.79 亿 t，人类食用部分占比约 88%，非食品用途部分主要用于加工鱼粉和鱼油（图 15-22）。20 世纪 60 年代，用于人类直接消费的鱼类数量占世界鱼类总产量的比例仅为 67%，近年来，这一比例持续显著上升。2018 年，非食品用途中约 1800 万 t 鱼类（占非食品用途数量的 80%）被加工为鱼粉和鱼油，剩余的大部分约 400 万 t 主要是观赏鱼和养殖（如鱼苗或小型成鱼），用作鱼饵、医药、宠物食品，或用作水产养殖、饲养牲畜和毛皮动物的原料。

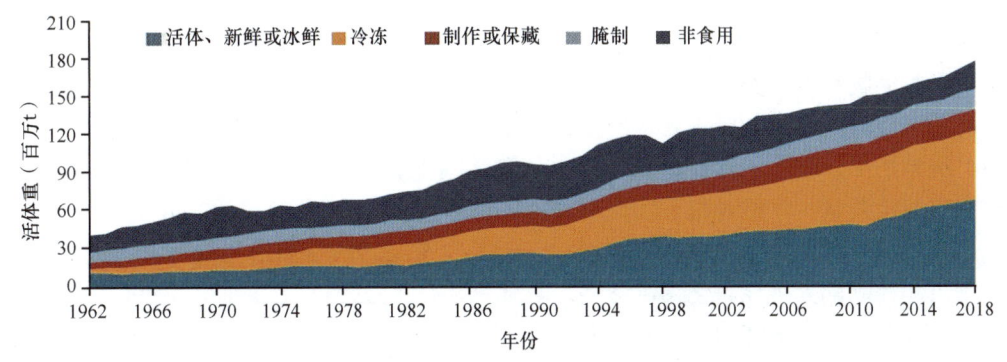

图 15-22　1962～2018 年世界渔业产量的利用方式

活鱼、鲜鱼和冰鲜鱼价格较高，是人类食用鱼类的主要形式，约占直接食用量的 44%。冻鱼、制作或保藏的鱼和干腌鱼分别占人类直接食用量的 35%、11% 和 10%。冷冻是保存鱼类作为食物的主要方法。世界水产品的很大一部分被用于加工鱼粉和鱼油，但这部分比例正在下降。由加工副产物制造的鱼粉和鱼油占鱼粉和鱼油总量的比例为 25%～35%，这一比例越来越高。这些副产物以前经常被丢弃或用作直接饲料、青贮饲料或肥料。其他水生生物，包括海藻和水生植物，在医药、化妆品、水处理、食品工业和生物燃料方面具有很大的应用潜力。鱼类的利用和加工方法在各大洲、区域、国家甚至国家内部都有很大的不同。用于还原加工成鱼粉和鱼油的鱼在拉丁美洲的比例最高，其次是亚洲和欧洲。在非洲，腌鱼的比例高于世界平均水平。在欧洲和北美洲，人类食用的约三分之二的鱼类产品被用于冷冻和保存。在亚洲，大量的产品以活鱼或鲜鱼的形式销售。

加工、冷藏、制冰和运输技术的升级促进水产品的多样化和远距离、跨国界运输。在较发达的经济体，鱼类加工方式已经实现多样化，特别是生产高附加值产品，如即食食品。在发达国家，冻鱼占人类消费水产品的比例从 20 世纪 60 年代的 27%，提升到 80 年代的 43%，在 2018 年达到最高值 58%；同时干腌鱼的比例从 20 世纪 60 年代的 25%，下降到 2018 年的 12%。在发展中国家，根据商品和市场价值，鱼类加工正在由传统加工向高附加值加工转变。冻鱼比例从 20 世纪 60 年代的 3% 上升到 80 年代的 8%，2018 年达 31%。制作或保藏的鱼由 20 世纪 60 年代的 4% 上升到 2018 年的 9%。在亚洲和非洲，传统腌制、发酵、干制和烟熏制品的比例由 20 世纪 60 年代的 29% 下降至 2018 年的 10%。活鱼和鲜鱼仍是发展中国家水产品消费的主要方式，其比例已从20世纪60年代的62%下降至2018年51%。在中国和一些东南亚国家，活鱼交易已有3000多年的历史。目前来看，活鱼交易有挑战性，受卫生法规、质量标准和动物福利的约束。

水产加工副产物的高效利用也是世界水产加工的一个转变方向，且在很多国家已成为安全、可控、卫生的工业门类。副产物有多种利用方式，鱼头、鱼架、鱼片切块和鱼皮可以直接用作食物，也可以加工成鱼肉香肠、沙司、蛋糕、零食、明胶、汤、酱汁等食品。带有少量鱼肉的小鱼骨在一些国家被当作零食食用。副产品还用于生产饲料（不仅是鱼粉和鱼油）、生物燃料和沼气、饮食产品（壳聚糖）、医药产品、天然色素、化妆品、塑料替代品以及其他工业过程中的成分。

酶和生物活性肽可以从鱼废料中提取，用于鱼青贮饲料、鱼饲料或鱼露生产。由于其在皮革、洗涤剂、食品和制药工业以及生物修复过程中广泛应用，从鱼内脏分离鱼蛋白水解酶的需求也越来越大。鱼骨除了是胶原蛋白和明胶的来源，还是钙和磷等其他矿物质的极好来源，可用于加工食品、饲料或食品补充剂。

甲壳类动物和双壳类动物副产物利用不仅提升了产品的价值，还解决了由于其贝壳自然降解速度缓慢而造成的废物处理问题。提取的甲壳素及其衍生物壳聚糖在废水处理、化妆品、洗漱用品、食品、饮料、农药和医药等领域有着广泛的应用。虾青素及其酯类、β-胡萝卜素、叶黄素、角黄素和玉米黄质等色素也存在于甲壳动物废弃物中，因具有高度的抗氧化作用以及可作为维生素A的前体，它们具有重要的医学和生物医学应用。双壳类动物如贻贝和牡蛎的壳可以转化为碳酸钙或氧化钙，在工业上广泛应用。贝壳还可以转化为化妆品和传统药物（珍珠粉）、动物饲料中的钙补充剂（贝壳粉）、手工艺品和珠宝首饰。

加工行业已经在海洋海绵、蓝藻、背囊类中提取出功效成分作为抗癌药物，在锥蜗牛的毒液中提取出功效成分制作强效止痛药齐考诺肽，在海洋海绵中分离出抗病毒药物阿糖腺苷的有效成分。

亚洲国家具有将海藻加工为食品的传统。海藻通常以干粉形式用于饲料添加剂、化妆品、膳食替代品和添加剂，并经过工业加工以提取褐藻酸盐、琼脂和卡拉胶等增稠剂。在医学上，海藻可以用来治疗缺碘症和驱虫。目前的研究也在探索将海藻用作食盐替代品和用于生物燃料的工业制备。

随着我国对水产品消费需求的增加，需要大量进口水产原料，这将带来国际水产品供应收紧和国内水产品价格上涨。这种结构的改变可能使鱼类养殖增加新的价值，之前纯粹用于鱼饲料的鱼类将升级为人类消费品。

我国学者也在向世界介绍水产加工业状况，Yang等（2016）认为我国水产加工业在过去的几十年里发展迅猛，是渔业的重要增长极。1978年，水产品加工量仅为60万t，1996年水产品加工率仅为13%，目前增值率显著提高。然而我国目前依然存在加工率低于世界平均水平、淡水加工发展缓慢、产业区域分布不平衡、利润低等问题。水产加工业的发展需要聚焦于产业发展规划的政策支持，对深加工行业采用税收优惠等。目前，我国已建立了一个涉及多种水产品加工的综合体系。越来越多的公司引进先进的设备和规范的管理，升级加工技术，提高产品质量。加工行业通过加强合成类水产品加工品、功能性产品、饮料等新产品研发，调整产业结构，加强产学研结合，提升科学管理水平等多种途径促进产业发展（Li et al.，2009）。"十二五"期间，水产加工量呈直线增长，海洋食品加工量占加工总量的80%以上，是主要加工品；冷冻水产品是最主要的加工形式。

由此看来，我国水产品加工业的发展方向与国际保持一致，将会实现由水产加工大国向水产加工强国的转变。

15.4　科技发展趋势分析

15.4.1　新进展、新变化、新特征和新趋势分析

我国是世界上唯一养殖产量超过捕捞产量的国家，然而海洋水产品加工转换率处在较低水平，2018年仅为63.58%，且以冻品、调理食品等初级加工为主，产品增值率低，精细化加工的方便食品及精深加工的功能食品等比例偏低。目前应用较广的海洋食品加工装备有冷冻鱼糜加工及鱼糜制品加工生产线、调味紫菜加工生产线、烤鳗加工生产线、鱼粉加工生产线等。全球水产品产业的发展呈现多领域、多梯度、深层次、低能耗、全利用、高效益、可持续的特征。水产品加工发达国家主要发展趋势涵盖水产品原料的绿色加工与全利用、水产品加工装备的机械化与智能化、水产品消费形式的方便化与功能化、水产加工品的营养化与安全化、水产品冷链物流体系的智能化等（薛长湖等，2016）。

随着人类消费趋势的不断改变，营养与健康成为全社会共同关注的焦点，但不合理的膳食结构已对人类造成严重的健康负担，发达国家（美国、西欧国家）在20世纪30~50年代进入营养过剩模式，发展中国家在20世纪70年代进入营养过剩模式。目前，全球194个国家和地区每年因营养性疾病损失3.5万亿美元，而超重和肥胖花费5000亿美元；另据《2018年全球营养报告》统计，全球有1/5的死亡与饮食有关（朱蓓薇，2019）。

目前各国政府正重点关注食品产业的营养和健康领域。美国国家卫生研究院（National Institutes of Health，NIH）投入美国非国防领域科研经费的1/3以上用于研究公众营养健康水平的提升，该部分经费逐年增长。日本将提高国民健康水平作为《生物技术战略大纲》的重要研究部分。英国也实施了食品营养健康发展计划。我国发布了《中国食物与营养发展纲要（2014—2020年）》，以重点区域、重点产品、重点人群为突破口，秉承保障食物有效供给、统筹协调生产与消费、促进营养均衡发展的理念，实现食物与营养行业的转型升级（朱蓓薇和薛长湖，2016）。

全球物种的80%以上是海洋生物，生活环境的巨大差异造成它们的基因组和代谢机制与陆地生物不同。海洋生物合成的天然活性产物具有结构和性能上独有的特征，在海洋食品和功能产品加工领域应用前景广阔。营养与健康是未来食品产业发展趋势，海洋食品不仅成为人类赖以生存的重要食物来源，还肩负着促进人类健康和改善生活的使命。

15.4.2　科技发展态势和方向

1. 海洋功能因子的发掘及高效分离与制备技术

海洋是人类获取优质蛋白和高端食品的"蓝色粮仓"，海洋食品在缓解我国人口、环境、资源压力，保障食物安全方面做出了突出贡献对海洋生物资源的基础研究和应用技术研究不断突破，驱动海洋食品产业的发展，将在人类的营养与健康事业中发挥越来越重要的作用（朱蓓薇，2019）。

海洋水产品资源丰富，且富含健康营养功能因子，如生物活性多肽、多糖、功能性油

脂、维生素与矿物质等，是人类优良的膳食营养来源，为人类健康提供资源保障。聚焦人类营养与健康，加大海洋功能因子的挖掘、加强海洋食品功能因子构效和量效关系及作用机制研究，是未来海洋食品产业健康发展的关键所在。在此基础上，还需加大海洋食品功能因子高效分离与制备技术攻关，综合利用分离、纯化、原位富集等技术鉴定海洋生物中的活性功能因子，采用功能活性物质制备、目标结构改性、安全质控和产业化开发等方式，研制高活性、高纯度的高端生物制品和海洋功能食品。

2. 基于水产食品营养素代谢的特膳食品研发

我国目前对大宗食品营养功能成分与健康的关系研究较为深入，但对于传统海洋加工过程中的食品营养功能变化的科学研究体系尚未成熟。分子生物学技术的快速发展，促进了水产加工基础理论研究的升级。营养素的生理功能、代谢模型及其与各种疾病发生发展的关系研究成为热点。在水产食品营养素代谢与人类健康的关系研究领域，基因组学、代谢组学、转录组学和蛋白质组学将发挥重要作用。未来，将基于依据年龄、地域、身体素质等变化因子构建的营养模型，精准研发个性化的水产营养食品，服务人类健康。

2016年7月1日，《特殊医学用途配方食品注册管理办法》的正式施行，开启了特殊医学用途配方食品的标准化征程。当前以海洋生物生产用于特殊医学用途的配方食品较少，正是水产特殊膳食食品产业发展的良好契机（朱蓓薇，2017）。在功能食品加工领域，推进功能因子构效关系和作用机制的研究，研制以普通食品为载体的功能食品，改变功能食品的"药品"形态，是水产功能食品的发展方向。

3. 水产品绿色保鲜与加工关键技术及装备研发

目前我国水产品以冻品、调理食品等初级加工品为主，产品增值率低，精细化加工的方便食品及精深加工的功能食品等比例偏低，且部分品种过多依赖活品流通。随着国内经济水平的提高，消费者对于水产品的需求也趋于多样化，特别是对中高端进口水产品需求的增长尤为显著。水产品加工业未来的发展趋势包括水产品原料的绿色加工与综合利用、水产品消费形式的方便化与功能化。今后有必要从以下几个方面进行科技攻关：①建立超低温速冻耦合静电解冻、超冷却等保持水产品品质的关键生产工艺，建立多元气调保鲜、抗菌活性包装等水产品无残留、营养风味保持减菌技术；②研发高值生食产品的生物净化及非热控菌技术；③突破预制调理水产食品新型杀菌技术，营养、质构与风味保持技术，智能包装技术以及安全控制等新技术。

水产加工自动化和智能化对于实现水产加工企业规模化和集成化具有重要意义，为水产食品安全和营养提供保障。目前，很多水产加工企业实现了单机智能。未来，水产食品加工行业还要通过科技的创新升级实现自动化、信息化、网络化与智能化。

目前诸如发酵鱼露、熬制蚝油、糟鱼等部分传统水产食品仍由小作坊加工，加工机械化和自动化水平低，传统水产食品产业处于低端水平。因此，以大宗低值水产品种为重点，开展连续化发酵、一体化煮制、现代化腌制、全自动化包装等共性关键装备的功能设计，研发标准化、智能化、连续化和工业化传统水产食品加工关键技术，优化核心装备的关键部件结构及相关参数，研制具有自主知识产权的规模化、智能化、自动化、数字化、工程化、连续化、成套化核心装备。

围绕我国速冻水产品加工装备能耗高、单位产能低、连续性和智能化程度低、装备占地面积大等问题，通过系统开展平板冻结、隧道式连续冻结、超低温急冻等不同速冻技术方式与速冻产品的适应性研究，以及冰晶体超声波调控与玻璃态转变温度调控、蒸发器两相射流泵供液与蒸发器优化及智能化控制技术开发，突破连续化高效节能急冻和速冻工艺技术。

4. 水产品冷链物流技术及装备研发

食品安全在我国受到高度重视，水产品冷链物流的需求随品种和产量的增加日益提高。依据吴稼乐等（2008）提供的水产品冷链三项指标的定义和计算方法，《农产品冷链物流发展规划》统计的我国水产品冷链流通率、冷藏运输率和产品腐损率分别为23%、40%和15%。发达国家预冷保鲜率、冷藏运输率和腐损率分别为80%~100%、80%~90%和5%。由此可见，我国水产品冷链物流与发达国家尚有很大的差距。因此，加快水产品冷链物流技术及装备研发乃当前亟待解决的问题，具体从以下几个方面开展：①针对水产品冷链物流（配送）过程中品质劣变及腐烂变质等问题，开展品质、腐烂变化规律及控制技术研究，开发绿色、高效的新型水产品物流保鲜配套装备；②开展名特优水产品物流品质变化规律研究及品质控制技术与装备研发，重点开发物流过程快速预冷技术、绿色节能保温技术、绿色保鲜技术、保鲜包装材料与保鲜包装技术以及物流过程保鲜相应配套装备；③针对新型电子商务和跨境出口等模式，研究功能性包装材料与包装技术以及物流保鲜相应配套装备。

15.4.3 发展目标与重点任务

1. 发展目标

针对目前水产加工行业基础研究薄弱、加工技术水平不高、装备制造和创新能力不足等瓶颈问题，基于加工全过程基础研究，针对性提升精深加工、高质化加工、低值产品高值化加工和副产物综合利用等技术，开发新型水产加工原料，结合自主创新，研制适宜加工工艺的设备，配置流水生产线，提升设备的精深化、智能化、信息化水平，开发即食、便捷、有机、营养的食品，构建以营养、健康需求为导向的现代水产食品加工体系；研制功效可靠的保健品、精准疗效的医药品、安全有效的美容品、性能卓越的化工品，构建环境友好的现代化绿色加工体系；全力提高产品附加值，保障产品安全，打造有核心竞争力的大品牌，促进水产加工业的转型升级，提升产业的国际地位，普及具有独立知识产权的加工装备，水产品加工率提升至60%以上，精深加工产品比例达80%以上，水产加工技术达到国际先进水平。

2. 重点任务

1）重大基础研究

（I）精准对接人类健康需求的功效因子挖掘与作用机制阐释

加强从海洋生物资源中挖掘新型功能因子，精准对接人类健康需求，并阐明功能因子的构效关系、量效关系及作用机制；利用基因组学、转录组学、蛋白质组学及代谢组学等组学技术研究海洋食品营养素代谢与人类健康的关系，阐明海洋食品中碳水化合物、脂肪和蛋白质对肠道菌群及人体代谢的影响；建立海洋食品营养成分数据库，构建人群营养精准模型,利用海洋食品营养素改善特殊膳食人群健康;揭示传统海洋食品加工过程中食品营养素的结构和功能的变化机制。

(Ⅱ)加工全过程中水产品品质变化与调控机制

利用现代化学、物理学、生物化学、分子生物学等多学科交叉技术,阐明水产原料的加工特性,在水产品保鲜、冷冻、前处理、深加工、贮藏流通等全环节,解析腥味产生、蛋白质降解、品质劣变、风味形成、流通应激机制;阐明加工过程中微生物变化特征和规律,解析现代高科技杀菌技术对微生物的影响,揭示杀菌效果和影响因素之间的相互关系。

2)共性关键技术

(Ⅰ)水产品精深加工关键技术研发和产品升级

研发鲜活水产品人工运输环境调控和智能化包装技术;开发水产品无残留、营养风味保持减菌技术;引进现代食品加工的理念和现代加工技术,降低传统海洋食品中的脂肪、能量、胆固醇和盐的含量,提升水产品的膳食功能;基于功能因子的结构、含量和作用机制,推动作用明确、效果显著的第三代海洋功能食品的开发;针对人群需求开发营养食品,满足个性化健康的新需求;推进以普通食品为载体的海洋功能食品研发,完善功能食品的外观形态;发展水产品生物加工技术,研发水产原料中蛋白水解、发酵、分离、制备高效技术,研发脂类、类胡萝卜素、多糖、寡糖等活性成分生物加工技术和功能修饰技术,发掘、提取新的功能成分,开发新产品。

(Ⅱ)水产品绿色加工关键技术研发与产品创制

研发低值水产品蛋白冷冻变性抑制技术、冷冻鱼糜生产技术;研发胶原蛋白高效制备与分离技术、重金属安全控制技术、功能性胶原蛋白制备技术;研发蛋白质高效提取技术,突破水产品副产物规模化生物转化利用技术;研发鱼油高效脱腥与返腥抑制技术、EPA 和 DHA 分离纯化技术、超临界流体萃取加工技术;研发适宜多糖、寡糖、多肽等活性成分提取与制备的酶解技术、微囊化技术、超高压技术、纳米技术等现代加工技术,重视加工废水、废弃物处理,实现绿色加工,创制新型便捷食品、风味食品、模拟食品、保健品、医药品、化妆品、化工产品、农业用品和生物材料等。

(Ⅲ)水产品智能加工装备制造技术

针对水产品预处理需求,研发水产品精准分级技术与装备、去壳除鳞技术与装备、去皮去内脏装备;针对加工过程需求,研发开片和开背技术与装备、冷冻鱼糜生产技术与装备等初加工技术与装备,研发适宜行业大规模生产应用的超高压技术与装备、浸渍冻结技术与装备、强超微粉碎技术与装备、活性物质提取技术与装备、蒸煮技术与装备、冷冻浓缩技术与装备、干制品复水技术与装备等精深加工技术与装备;研发船载加工技术与装备;结合计算机技术、通信信息技术、智能控制技术研发水产品加工成套生产线,实现加工装备的自动化和智能化。

3)典型应用示范

(Ⅰ)水产品精深加工与示范

集成全鱼利用技术、贝类热加工和活性物质制备技术、海参冻干加工和功效物质提取技术、海藻高端生产技术和综合利用技术、虾蟹类质构控制和高质利用技术，促进产学研结合，形成一条链式的加工模式并进行示范和推广。

（Ⅱ）高附加值产品开发与示范

研发冷冻调理品、即食产品、休闲食品、有机营养食品等现代水产食品加工技术，进行水产加工品与动物、植物食材的搭配；拓展水产品加工原料，创制新产品，满足消费者对不同的档次、类型产品的需求；研发集成活性氨基酸、脂类、多糖、维生素等新型功效成分挖掘和制备技术，创制新型功效产品、保健品、医药品等，进行产业化示范。

15.5 典型案例：海参产品精深加工

海参具有很高的营养价值和药用价值，属于高蛋白、低脂肪、无胆固醇的海洋动物食品，具有 50 多种对人体有益的营养成分，蛋白质含有 18 种氨基酸、牛磺酸、黏多糖、硫酸软骨素等多种功能性物质含量丰富，钙、磷、铁、碘、锌、硒、钒、锰等元素以及维生素 B_1、维生素 B_2、烟酸等维生素含量较高（李熙灿，2004）。海参多糖、胶原蛋白、海参肽、海参皂苷、脑苷脂等多种活性成分在抗肿瘤、抗真菌、抗凝血、降血压、降血脂以及增强机体免疫功能等方面都有着良好的功效（杨宝灵等，2004；宋迪等，2006）。

海参种类繁多，但是可食用种类较少。全世界有海参 1693 种，数量最高的区域为印度-西太平洋海域（Paulay and Hansson，2013），具有重要商业价值的种类却较少。大约有 40 种海参可食用（Conand，2006），66 种海参具有重要的商业价值（Purcell et al.，2010）。我国可食用海参有 20 多种，其中仿刺参的经济价值最高（朱文嘉等，2012）。

我国海参（仿刺参或称刺参）养殖产量 2029 年为 196 564t，相比于 2019 年产量提升了 14.48%；山东、辽宁、福建养殖产量分别为 98 893t、56 380t、28 077t（农业农村部渔业渔政管理局等，2021）。2018 年，由于受到高温天气的影响，养殖海参死亡严重，海参产量大幅下降，但是养殖海参产值仍然高达 180 亿～200 亿元，是山东、辽宁和福建的重要支柱产业，并以此带动了当地海参加工和仓储的发展。目前，海参的产品形式较多，包括鲜活海参、盐渍海参（拉缸盐海参）、干海参、冷冻即食海参、冻干海参、海参花（海参性腺）、海参肠、海参胶囊、海参肽口服液等。此外，国内对海参加工过程蒸煮液活性成分的提取与纯化也进行了深入研究。

15.5.1 技术重要性

鲜活海参体内含有自溶酶，在一定条件下会水解或者自溶。朱蓓薇和韩冰（2004）、韩冰和朱蓓薇（2004）对海参自溶酶进行了研究，以海参肠为研究材料，分离和纯化了仿刺参自溶酶，并指出海参自溶酶为酸性蛋白酶，其等电点在 pH 6.0 以下，分子质量约为 68.5kDa，对热不稳定，有的重金属离子能够抑制其酶活性，有的则能激活其酶活性。因此，鲜活海参不易贮存，往往被加工成盐渍海参、干海参等便于贮藏和流通的产品形式。

仿刺参具有夏眠的习性，每年 5～9 月，当水温超过 20℃时，就陆续进入夏眠阶段，而冬季仿刺参养殖池塘水温太低，不便于人工捕捞，因此，海参加工时间一般在每年的 4～5 月和 10～12 月。海参传统加工工艺主要包括蒸煮、盐渍、烤参、拌灰、晒干等程序（段续等，2012）。海参传统加工工艺通过蒸煮和盐渍等过程，灭活海参自溶酶、使海参脱水、抑制细菌的繁殖，有效地增加了海参的贮藏时间，促进了海参产品的流通，为海参产业的可持续发展做出了重要的贡献。

但是，海参传统加工工艺中蒸煮容易造成海参营养成分流失，盐渍和晒干时间较长，降低了海参加工效率，并且因为盐渍和晒干的时间差异导致干海参产品中的含盐量和水分不稳定，从而导致产品质量参差不齐。因此，蒸煮、盐渍、干燥等工艺环节的改善对于海参加工来说具有重要的意义。

蒸煮是海参加工工艺中的关键环节，蒸煮时间长短直接关系到产品的脱水率、出成率、外观、口感以及营养等指标，会显著影响海参加工产品品质。对于鲜活海参，一般采用沸水煮制的方式进行预处理，即常压蒸煮。刘淇等（2015）研究了低压、常压和高压蒸煮处理对海参产品品质的影响。结果表明，低压蒸煮处理的海参质量损失率、蛋白质和海参多糖损失率均明显低于常压组和高压组（$P<0.05$）。侯志刚等（2016）研究了不同预煮方式对仿刺参品质的影响，结果表明，蒸煮能够抑制细菌生长繁殖，灭活自溶酶，煮制比蒸制方式对组织结构的破坏作用更强。综合衡量营养损失、酶活性、菌落残留数以及经济等方面，适合的热加工方式为蒸馏水煮制和不加水蒸制，建议预煮时间为12～15min。蒸煮可以使海参脱水、降低细菌数量、灭活自溶酶等。已有的研究表明，蒸煮的方式、时间、预处理过程、压力大小等都会影响海参蒸煮的效果，要综合考虑营养成分流失、产品品相、产品质量等因素，调控和改进蒸煮工艺，有效地提升海参加工工艺。

干燥设备和技术的改进对海参加工工艺的改善具有重要作用。目前，关于海参干燥工艺的研究主要包括真空冷冻干燥、热泵干燥、热风干燥、微波干燥等，并且根据工艺不同开发了不同的干燥设备，有效地解决了海参传统晒干过程效率低下等问题，改善了海参品相和品质。

真空冷冻干燥技术是海参加工领域的一项新技术，通过低温冻结含水物料，使冰在真空条件下升华为水蒸气，然后排出，以实现物料的干燥。目前，该技术已经广泛应用于海参加工领域。云霞等（2006）以鲜活海参为原料，研究结果显示，冻结温度为(-25 ± 1)℃，冷阱温度为(-30 ± 1)℃，真空度为$(10\sim20)$Pa，冻干最终温度为60℃。袁文鹏等（2010）以鲜活仿刺参为研究对象，对蒸煮时间、水发时间等进行研究发现，产品最终的品质很大程度上取决于仿刺参在冻结前的发制程度。生产冻干参的最佳工艺为：首先去除新鲜海参内脏，然后蒸煮10min，再发制48h，进行速冻预冻结和真空冻干，真空度小于10Pa恒定0.5h，50℃加热升华3h，之后升温至70℃至冻干。

热泵干燥是一种新能源技术，可将低位热源的热能转移到高位热源，具有高效节能、热效率高、除湿快、物料的品相和品质保持好等优点。其干燥过程简单、自动化程度较高且不受天气等因素的影响，使得操作和卫生条件的可控性好。母刚等（2007）研究热泵干燥在海参加工过程中的作用发现，空气相对湿度较低，则干燥速度较快；风速较大，则干燥时间较短；海参个体较小，则干燥时间较短。

热风干燥技术基于传质传热原理，热空气被风机吹入烘箱，通过干燥介质，热量传入物料，该技术操作简单，成本较低。然而，当材料被加热时，热量从外部传递到内部，传热和传质方向相反，干燥速度慢、质量低。孙妍等（2007）研究了不同温度下的对流干燥过程及特性在海参加工过程中的影响，结果表明，热风温度与干燥速率成正比，且温度不低于45℃，干燥时间的差别不大，建议45℃为最佳的干燥温度。孙妍等（2011）研究了海参在WZD4S-06型微波设备中的干燥过程，认为压强影响海参的微波真空干燥时间，真空度增大，干燥时间变短。干燥后，海参的形状均匀完整，干燥过程中的膨化现象使干海参具有独特的完整外观。

各种干燥方式均有优点和缺点。干燥时间在高干燥温度下缩短，加工品品质却不理想。冷冻干燥能耗高，但加工品品质最高。组合干燥集各种干燥方式的优点于一身，成为海参干燥技术的发展方向。

目前，各种海参产品的加工过程都包括蒸煮这一环节。鲜海参体内具有自溶酶，沸水煮制可将酶类灭活，从而延长保存时间，营养和功效成分却在煮制过程中流失。加工废液浪费了资源，同时导致环境污染严重。王寿权等（2019）等研究评价了海参废液的成分，认为海参中蛋白质、多糖、总皂苷等常规营养含量高于废液，粗脂肪含量低于废液；氨基酸分析表明，海参和废液样品中都至少含有 17 种氨基酸，废液中每克蛋白质总氨基酸的含量、总必需氨基酸的含量及二者比值高于海参。王寿权等（2019）采用模糊识别法、氨基酸评分、化学评分、氨基酸比值系数及比值系数分评价氨基酸发现，废液的蛋白质品质高于海参，具有较高的营养价值。因此，非常有必要回收海参加工废液，脱盐后可提取纯化蛋白，提高废液蛋白的利用价值，增加产品附加值，有益于海参产业的发展。

除了海参废液，在海参加工过程中产生的大量的海参肠、海参性腺等副产物也具有较高营养价值，直接丢弃一方面造成资源浪费，另一方面环境污染。赵晓玥（2016）研究了仿刺参肠卵的酶解工艺，并研究了酶解物脱腥处理的工艺，研究结果表明，海参肠和卵营养价值高，蛋白质含量分别为 52.57%、59.77%，粗脂肪含量分别为 15.98%、8.41%。海参肠的最优酶解工艺条件是：料液比 1：10，前期酶总添加量为 3.0%，酶解温度 50℃，酶解时间 180min；后期风味蛋白酶添加量为 2%，酶解温度 55℃，酶解时间 90min，最优水解度可达 63.0%。

因此，酶解技术在海参加工废液以及肠卵等废弃物综合利用方面具有重要的价值，既可以充分利用和开发海参加工副产物，延长海参产业链，又能够减少蒸煮液和肠卵排放造成的环境污染物问题，起到保护环境的作用。

15.5.2 技术水平分析

鲜活海参体内含有自溶酶，易水解。所以，鲜活海参捕捞后需要及时进行加工处理。目前，鲜活海参捕捞后，一般在 24h 内完成初加工。然后，根据企业生产要求，进行精深加工，形成不同的海参产品形式（图 15-23）。

盐渍海参，又称为拉缸盐海参，是鲜活海参经过解剖、清洗，去除内脏（性腺和肠），经过蒸煮后，进行盐渍获得的海参初加工产品。盐渍能够减少微生物数量，抑制细菌的生长繁殖，从而起到防腐和易于贮藏的作用。

盐渍海参本身既可以作为海参的一种产品形式进行流通，又是加工即食海参和干海参的原料。盐渍海参加工产品质量与蒸煮时间以及盐渍时间密切相关。《盐渍海参》（SC/T 3215—2014）对盐渍海参的含盐量做出了明确的要求（以 NaCl 计），一级品≤20%，二级品≤22%，合格品≤25%。但是，盐渍海参加工过程，除了使用食盐（NaCl），还会使用糖、工业用盐（硫酸盐）等，扰乱盐渍海参产品质量和市场秩序。因此，需要加强盐渍海参含盐成分、含盐量快速分析方面方法的建立，从而促进盐渍海参这一环节的健康发展。

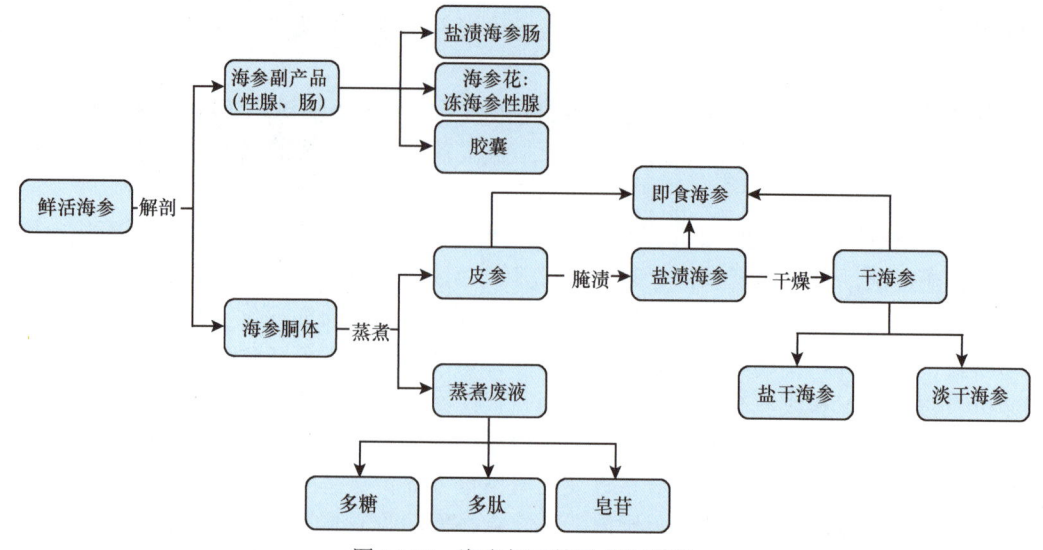

图 15-23 海参加工的形式和流程

以盐渍海参作为原材料，一方面可以水发制成冷冻即食海参，另一方面可以通过干制方法制成冻干海参、淡干海参和盐干海参等（图 15-24）。冻干技术和热风干燥技术是制备干海参的常用技术，并且需要借助相应的设备来完成。目前，冻干机和热风干燥机已广泛地应用于干海参的加工中。

图 15-24 海参的不同加工产品

冻干海参加工是在低温、真空条件下完成的，生物活性物质损失少、含水量低、能够完好地保存其色泽、外形，复水简单、时间短，方便食用。冻干工艺在冻结温度、冷阱温度、最终温度以及真空度等指标方面的研究已经很细化，可以根据物料的规格大小，进行相应的调整，已达到预期产品效果。另外，冻干设备成本较高、冻干海参产品价格过高等因素，是影响冻干工艺在海参加工过程中推广应用的主要原因。

海参性腺和肠等副产品的加工，目前主要停留在冷冻性腺（海参花）、盐渍海参肠等产品形式上（图15-25），附加值比较低。目前，有关海参性腺和肠的精深加工产品开发较少，主要集中在肠卵胶囊方面。

图 15-25　海参性腺产品

海参加工废液活性物质如多糖、多肽、皂苷等的提取及纯化的研究较多，但没有形成应用型产品。李天宝（2013）、衣丹（2016）研究了从海参加工蒸煮液中回收粗多糖，研究了多糖的最佳提取工艺条件，以及多糖的回收率和糖含量等指标。海参的主要次生代谢产物海参皂苷属于羊毛脂甾烷型三萜皂苷，可进行化学防御。

药理实验发现，海参皂苷抗肿瘤、抗真菌、提高免疫调节功能等生理活性突出。翟二林等（2012）研究了从海参废液中提取皂苷的方法，皂苷纯度达47.82%。丛日山等（2006）运用大孔吸附树脂法从仿刺参加工废液中提取了水溶性海参皂苷，发现海参皂苷能够显著抑制裂殖酵母菌、啤酒酵母菌、白色念珠菌、葡萄炭疽病原菌、黄瓜枯萎病病原菌等6种真菌。多肽抗氧化作用的途径为：清除自由基、螯合金属离子、猝灭单线态氧等。衣丹等（2018）采用蛋白酶酶解法提取了废液中的海参多肽，筛选出水解海参蛋白的最适蛋白酶为中性蛋白酶，其最优酶解工艺条件为：酶解时间4h，加酶量3.85%，pH为7.0，温度为45℃。在此条件下海参蛋白水解度为44.5%，制得的海参多肽对羟自由基和超氧自由基具有较强的清除能力。杨涛等（2014）选用碱性蛋白酶水解海参内脏并对水解得到的海参多肽进行抗氧化性测定，实验结果表明，制备海参多肽的最佳条件为：底物浓度7.90%、酶用量为0.11m Kat/g、pH为9.0、温度为54.0℃，在此条件下，海参内脏的水解度为67.19%。

15.5.3　技术发展趋势

目前，我国海参产品形式多种多样，市场主要的产品形式依然是干海参，市场占有量达到 60%以上（刘淇等，2010）。干海参加工工艺主要包括蒸煮、盐渍、烘干等，每一工艺步骤的操作都会影响海参的产品质量，如蒸煮时间、盐渍时间、烘干温度和湿度，以及糖、工业用盐的使用等。其中，糖以及工业用盐的使用不仅降到了海参的产品质量，还会影响海参产品的质量安全，甚至危害消费者的身体健康和利益，从而引起了社会的广泛关注。为了有效规范干海参产品的产品质量，促进产品的优质优价，引导干海参加工产业健康发展，2017 年 11 月 1 日国家质量监督检验检疫总局、国家标准化管理委员会发布了《干海参等级规格》（GB/T 34747—2017），并且自 2018 年 5 月 1 日起正式实施（朱文嘉等，2018）。该标准评价了海参水分、盐分、水溶性总糖、蛋白质含量等品质，根据各指标的含量高低，对干海参产品进行评级，干海参特级、一级、二级、三级蛋白质含量分别不低于 60%、55%、50%、40%；干海参特级、一级、二级、三级盐分含量分别不大于 12%、20%、30%、40%；水分含量均不大于 15%；水溶性总糖含量均不大于 3%。国家标准对干海参加工过程中，水溶性总糖含量提出了要求，从而制止在海参加工过程中添加糖增重的行为，为保证干海参产品品质和维护消费者利益提供了保障。海参加工过程中加糖增重，不利于海参加工业的健康发展，应该杜绝。盐渍是干海参加工过程中的重要环节，可以促使海参脱水、抑制细菌繁殖，起到保鲜防腐的作用。淡干海参生产过程有脱盐的工艺，而脱盐与水洗温度、时间等有关系。国家标准对干海参含盐量做出了明确的标记，限定了含盐量的上限为 40%，含盐量高低主要用来区分干海参等级。但是，目前海参加工行业内除了使用食盐（NaCl）进行盐渍，还使用工业用盐，如硫酸盐等，其使用后影响海参品质，影响海参质量的鉴定，甚至危害消费者的身体健康。因此，应该对干海参加工过程对非食盐的使用做出明确的规定，以保证海参加工业的健康发展，并且维护消费者的权益。

大众对干海参产品的质量需求随生活水平提高而增加。高品质的干海参需要具备高蛋白、低盐（无盐）、易发制、食用方便等条件。淡干海参是干海参加工领域发展的必然趋势。进一步完善淡干海参加工工艺，降低含盐量、水分，缩短复水时间等工艺的研究具有重要意义，能够促进淡干海参的健康发展。赵玲等（2015）比较研究了免煮速发型干海参和盐干海参的产品品质，从含盐量、蛋白质和黏多糖流失、复水后干重率、营养成分等多个角度评价，免煮速发型干海参明显优于盐干海参。目前，市场上已经出现免发海参，含盐量极低，由于其具有去牙（石灰环）、速发、食用方便的特点已经得到广大消费者的青睐。但是，因为其价格较高，以及口感的变化等，市场推广还需要一定的过程。

海参多糖、多肽、皂苷等活性成分的提取、纯化和应用对完善海参加工产业链具有重要的意义，尤其是海参加工废液的开发利用既具有经济价值，又具有环境保护和生态意义。

提取法与酶解法是提取海参多糖的常用方法。根据蛋白多糖中的糖肽键对碱的不稳定性进行碱提取，操作简单、应用广泛。酶解法是在不改变多糖链结构的前提下，先以碱进行处理，再通过蛋白酶加以水解的过程。海参多糖最常用的分离方法主要是沉淀法和离子交换色谱法。沉淀法常用的沉淀剂有乙醇、季铵盐和醋酸钾，其中乙醇价格低廉，应用最为广泛。离子交换色谱是根据离子特性的差异进行多糖分离，相对于其他分离方法，此方法的优点在于上柱前不必浓缩，色谱柱本身从溶液中吸附多糖，从而起到浓缩作用（孟朝阳和王晓丹，2012）。超临界 CO_2 萃取技术、超声萃取技术以及膜分离技术等新型技术也逐渐被应用于海参多糖的提取分离中（Pangestuti and Arifin，2017）。

一般利用 60%～100%的甲醇、乙醇等溶剂通过冷浸或加热回流 2～3 次提取海参皂苷（袁炜辉等，2017）。要综合利用多种手段分离纯化结构相似、差别细微的海参皂苷。常规步骤为：利用大孔吸附树脂柱层析除去提取物盐分、富集皂苷，之后可用硅胶分配柱通过层析纯化皂苷，最后采用高效液相层析和高速逆流色谱分离皂苷（赵芹，2011）。

海参肽的提取方法主要有水解法和酶解法。酶解法克服了水解法对蛋白结构的破坏和对设备的腐蚀，是海参肽制备的主流方法。

15.5.4 应用前景

随着生活水平的提高，人们对海参产品的产品形式和产品质量将有着越来越高的要求。干海参加工工艺需要进一步完善，加工设备需要进一步改进，并且要综合利用冻干设备、热风干燥技术、冷风干燥技术、微波技术等。

目前，我国60%以上的鲜活海参被加工成干海参，全球可供食用的海参90%以上被加工成干海参，其中大部分都出口到中国市场。干海参在我国有着广泛的市场需求，因此，干海参加工的现代化技术手段的使用很重要，尤其是干制技术及设备的应用具有广阔的前景。徐万学（2004）将鲜海参经过剖除内脏、清洗、水煮、低温烘干等简化工艺加工后制成海参干制品，低温短时间的烘干也可以确保海参的营养不遭到破坏。李兆杰等（2005）提出了减少海参干制过程中的营养损失的方法，即使用微波或远红外、真空的方法对高压压熟、灭酶的海参进行干燥。丛海花等（2010）利用热泵-热风联合干燥海参，产品的平均复水倍数、硬度、弹性、柔韧度、黏性和流变学特性均优于热风干燥产品。相比于传统加工工艺，蒸煮、盐渍、晒干易造成海参营养成分的流失，含盐量大，加工时间久，水发时间长等。现代工艺在充分利用现代设备的基础之上，本着保留更多的海参营养成分，易发制、易食用等优点改善加工工艺才具有应用前景。

海参肠卵具有较高的营养价值，其产品形式的开发应用也具有很好的前景。在对海参肠卵的活性物质临床应用研究的基础之上，海参腺和肠可以通过烘干后超微粉碎或者酶解以后冻干制粉，然后制成胶囊，在保健品或者药品领域使用。海参废液及废弃物的开发与应用也具有广阔的前景。李天宝等（2013）研究了从海参废液中提取的活性物质的作用，结果表明：回收提取的粗多糖免疫增强效果显著，对于淋巴细胞转化激活和增殖具有明显的促进作用。蛋白是影响海参多糖纯度的主要杂质，因此在海参多糖提取时，需要采取碱法或酶法进行处理以去除蛋白。碱溶液提取多糖时能破坏糖肽键，但也会一定程度地降解糖链，相比之下酶法则能在不改变多糖链结构的前提下降解蛋白，对多糖的提取十分有效。李超峰（2012）对海参废液中提取多糖的方法及其功能做了详细的研究，发现海参废液中含有多个种类的多糖成分，具有抗氧化活性、抗菌活性和保湿活性等功能。海参皂苷具有显著的抗真菌活性、抗肿瘤活性，并可参与多种免疫调节，在海洋抗真菌药物领域应用潜力很大。翟二林等（2012）研究了从海参废液中提取的皂苷在抗肿瘤方面作用，海参皂苷能显著抑制S180皮下瘤小鼠的肿瘤生长；通过比较2种给药方式，腹腔注射给药方式抑瘤效果（60.29%，$P<0.01$）明显优于经口灌胃给药方式（37.70%，$P<0.05$）；与阳性对照环磷酰胺相比，海参皂苷对小鼠的生长影响较小，通过提高脾脏指数和胸腺指数发挥了对小鼠免疫功能的促进作用。因此，从海参废液中提取的皂苷具有抗肿瘤活性。

因此，海参废液活性物质的提取、纯化在功能食品和保健食品的开发上显示出巨大的潜力。

15.5.5 存在问题与建议

海参加工的主要产品形式包括盐渍海参、干海参、即食海参以及海参胶囊和口服液等，其中占据主要市场份额的是干海参和盐渍海参。我国海参加工工艺的研究比较深入，已经达到了国际领先水平，生产设备也有了很大改进。但是，在我国现有海参养殖业的发展模式下，海参加工业仍然以作坊加工或者小规模工厂加工为主，采取的生产工艺主要是传统加工模式，或者略有改进。一些先进的加工工艺得不到推广，盐干海参仍然占据主要地位，据统计，市场上干海参价格为600~3000元/斤。影响价格的主要因素是海参的含盐量不同，甚至存在糖干海参、工业盐干海参等劣质干海参产品。很多干海参产品达不到国家现行标准。在现行干海参国家标准框架内，应该加大市场督查力度，坚决制止糖干海参和工业盐干海参，规范干海参加工行业秩序，鼓励企业走品牌化发展路线，规范生产企业生产标准，逐步取消干海参作坊生产。

盐渍海参在海参加工产业链中起着承上启下的作用。一方面，盐渍海参可以直接作为海参加工产品商品进行流通，另一方面，盐渍海参可以作为原材料储备，根据市场和生产的需求进而加工成干海参或者即食海参等产品形式。据殷瑞锋（2017）报道，在福建霞浦盐渍海参的仓储得到了银行的金融支持，其产品评估价值的50%可以贷款。福建霞浦银行在海参加工产业提供金融服务方面的多样化和灵活性值得借鉴和推广。这将有利于补充海参加工企业的流动资金，推动海参产业的可持续发展。但是，由于加工工艺不同，盐渍海参产品的含盐量和水分差异较大，从而导致产品质量差异。因此，可以根据盐渍海参蛋白含量或者含盐量和水分等因素进行更加科学的价值评估，以保障加工企业、仓储企业和银行的共同利益。

海参加工过程产生的废液（蒸煮液）及废弃物（肠和性腺），都含有大量的蛋白质，如果处理不当会造成严重的环境污染。因此，针对废液及废弃物的开发利用和无害化处理对于海参加工业的持续发展具有重要意义。目前，海参废液以及废弃物的研发主要集中在功能性成分的研究，如前所述，提取的多糖、皂苷、多肽等往往具有增强免疫力、抗肿瘤活性、保湿活性等功能，但是并没有实际对应的功能性产品的产出，因此需要加强应用性的深入研究。

参 考 文 献

丛海花, 薛长湖, 孙妍, 等. 2010. 热泵－热风组合干燥方式对干制海参品质的改善. 农业工程学报, 26(5): 342-346.

丛日山, 袁文鹏, 樊廷俊, 等. 2006. 仿刺参水溶性皂苷的分离制备及抗真菌活性的研究. 中国海洋大学学报, 36(6): 959-964.

段续, 王辉, 任广跃, 等. 2012. 海参的干制技术及其研究进展. 食品工业科技, 33(10): 427-431.

付万冬, 杨会成, 李碧清, 等. 2009. 我国水产品加工综合利用的研究现状与发展趋势. 现代渔业信息, 24(12): 3-5.

韩冰, 朱蓓薇. 2004. 阴离子交换柱（DEAE-52）层析纯化海参自溶酶. 大连轻工业学院学报, 23(2): 118-121.

侯志刚, 王茂剑, 井月欣, 等. 2016. 不同方式预煮过程中仿刺参的品质变化. 食品工业科技, 37(3):

328-333.

焦晓磊, 罗煜, 苏建, 等. 2016. 水产品加工和综合利用现状及发展趋势. 四川农业科技, (10): 44-47.

居占杰, 秦琳翔. 2013. 中国水产品加工业现状及发展趋势研究. 世界农业, (5): 138-142.

李超峰. 2012. 海参加工工艺评价及其加工废弃液活性物质研究. 中国科学院大学博士学位论文.

李晨, 姜洪锐. 2012. 我国水产品加工业转型升级的路径选择: 基于全球价值链的视角. 海洋开发与管理, 29(9): 111-115.

李天宝, 王春利, 刘炜, 等. 2013. 海参加工废水中多糖的提取方法及生物活性研究. 食品研究与开发, 34(5): 19-22.

李熙灿. 2004. 海参及海参中的化学成分综述. 辽宁中医学院学报, 6: 341-342.

李兆杰, 薛长湖, 董平, 等. 2005. 一种干海参的加工方法: CN 1559296A.

刘淇, 曹荣, 郭莹莹, 等. 2015. 海参加工过程中蒸煮工艺对产品品质的影响. 现代食品科技, 31(12): 313-317.

刘淇, 曹荣, 王联珠, 等. 2010. 干海参水发工艺的研究. 农产品加工: 创新版, (11): 46-48, 70.

刘子飞, 孙慧武, 蒋宏斌, 等. 2017. 我国水产加工业发展现状、问题与对策. 中国水产, (12): 36-39.

孟朝阳, 王晓丹. 2012. 海参多糖提取及检测方法综述. 贵州化工, 37(6): 19-23.

母刚, 张国琛, 邵亮. 2007. 热泵干燥海参的初步研究. 渔业现代化, 34(5): 47-50.

农业农村部渔业渔政管理局, 全国水产技术推广总站, 中国水产学会. 2021. 2021 中国渔业统计年鉴. 北京: 中国农业出版社.

欧阳杰, 沈建, 郑晓伟, 等. 2017. 水产品加工装备研究应用现状与发展趋势. 渔业现代化, 44(5): 73-78.

宋迪, 吉爱国, 张乐, 等. 2006. 刺参生物活性物质的研究进展. 中国生化药物杂志, 27(5): 316-319.

孙妍, 薛长湖, 齐祥明, 等. 2007. 海参最佳对流干燥温度的研究. 农业工程学报, 23(5): 205-209.

孙妍, 杨伟克, 林爱东, 等. 2011. 海参微波真空干燥特性的研究. 食品工业科技, 32(6): 99-101.

唐启升. 2014. 中国海洋工程与科技发展战略研究: 海洋生物资源卷. 北京: 海洋出版社.

王寿权, 员冬玲, 尹凤交. 2019. 海参及其加工废液基本化学成分分析及蛋白质营养评价. 食品研究与开发, 40(14): 150-154.

王长云, 傅秀梅, 管华诗. 1996. 水产加工技术发展现状及展望. 海洋湖沼通报, (3): 59-66.

韦余芬. 2017. 超高压技术在水产品加工中的应用. 农技服务, 34(9): 152.

吴稼乐, 孔庆源, 陈坚, 等. 2008. 水产品冷链物流中三项指标的构建——冷链物流流通率、冷链运输率和损失率. 中国渔业经济, 26(5): 66-71.

夏虹. 2016. 低值水产品及加工副产物高值化综合利用的研究进展. 农业工程技术, 11: 65-67.

谢晶, 杨茜, 张新林, 等. 2015. 超高压技术结合气调包装保持冷藏带鱼品质. 农业工程学报, 31(12): 246-252.

熊露, 沈辰, 李辉尚, 等 2015. 中国水产品产业发展现状及趋势分析. 农产品加工, (11): 51-54.

徐光敏. 2017. 绿色生产视角下的"三品一标"发展成效及对策. 现代农业科技, (4): 277-278.

徐万学. 2004. 无营养流失的海参干品及其加工方法: CN1557208A.

薛长湖, 翟毓秀, 李来好, 等. 2016. 水产养殖产品精制加工与质量安全发展战略研究. 中国工程科学, 18(3): 43-48.

杨宝灵, 姜健, 张乐, 等. 2004. 海参生物活性物质的研究. 云南大学学报, (S2): 96-99.

杨涛, 万端极, 吴正奇, 等. 2014. 海参内脏制备海参多肽工艺优化及其抗氧化测定. 食品科技, (3): 218-222.

衣丹, 李梅, 张朝晖, 等. 2016. 海参蒸煮废液多糖提取优化研究. 海洋科学进展, 34(1): 106-113.

衣丹, 刘璐, 王玮, 等. 2018. 海参蒸煮废液多肽提取响应面优化及抗氧化研究. 食品工业, 39(11): 86-89.

殷瑞锋. 2017. 中国海参养殖业现状及发展对策——基于福建省霞浦县的调研. 农业展望, (3): 47-51.

袁炜辉, 李赫宇, 李倩, 等. 2017. 海参皂苷的分离提取及分析方法研究进展. 食品研究与开发, 38(7): 220-224.

袁文鹏, 刘昌衡, 王小军, 等. 2010. 仿刺参真空冷冻干燥工艺的研究. 山东科学, 23(2): 67-70.

云霞, 韩学宏, 农绍庄, 等. 2006. 海参真空冷冻干燥工艺. 中国水产科学, 13(4): 662-666.

翟二林, 迟翠翠, 韩伟, 等. 2012. 海参加工废液中皂苷的提取及其抗肿瘤作用的研究. 中国农学通报, 28(23): 128-132.

张伟敏, 蒲云峰, 钟耕. 2005. 低温粉碎技术在水产品加工中的应用. 冷饮与速冻食品工业, (4): 9-11, 17.

赵玲, 刘淇, 曹荣, 等. 2015. 免煮速发型干海参与盐干海参的品质对比分析. 中国渔业质量与标准, 5(6): 59-63.

赵芹. 2011. 海参皂苷 echinoside A 和 ds-echinoside A 抗肿瘤活性及其作用机制的研究. 中国海洋大学博士学位论文.

赵晓玥. 2016. 海参肠、卵酶解物的制备工艺及性质研究. 大连海洋大学硕士学位论文.

赵学敏. 1965. 本草纲目拾遗. 第十卷. 北京: 商务印书馆.

钟舜彬. 2015. 中国水产品加工业在全球价值链国际分工地位及竞争力分析. 中国海洋大学硕士学位论文.

周德庆, 李娜, 王珊珊, 等. 2019. 水产加工副产物源抗氧化肽的研究现状与展望. 水产学报, 43(1): 188-195.

朱蓓薇. 2017. 聚焦营养与健康, 创新发展海洋食品产业. 轻工学报, 32(1): 1-6.

朱蓓薇. 2019. 海洋食品的创新与发展. 第十一届亚太临床营养大会暨中国营养学会第十四届全国营养科学大会会议报告.

朱蓓薇, 韩冰. 2004. 海参自溶酶的分离纯化和部分性质研究. 食品与发酵工业, 30(4): 132-137.

朱蓓薇, 薛长湖. 2016. 海洋水产品加工与食品安全. 北京: 科学出版社.

朱文嘉, 王联珠, 丁海燕, 等. 2012. 我国海参产业现状及质量控制对策. 中国渔业质量与标准, 2(4): 57-60.

朱文嘉, 王联珠, 郭莹莹, 等. 2018. 干海参等级规格国家标准解读. 食品安全质量检测学报, 9(8): 1759-1763.

邹朝阳, 赵峰, 欧帅, 等. 2019. 冷藏和冰藏条件下大菱鲆品质变化与蛋白质氧化相关性. 生产与科研应用, 45(22): 213-219.

Cao Y, Liu H, Qin N, et al. 2020. Impact of food additives on the composition and function of gut microbiota: A review. Trends in Food Science & Technology, 99: 295-310.

Conand C. 2006. Sea cucumber biology: Taxonomy, distribution, biology, conservation status//Brucker A W. The Proceedings of the CITES workshop on the conservation of sea cucumbers in the families Holothuriidae and Stichopodidae. NOAA Technical Memorandum: 244.

FAO. 2020. The State of World Fisheries and Aquaculture 2020. Rome: FAO.

Li J, Lu H, Zhu J, et al. 2009. Aquatic products processing industry in China: Challenges and outlook. Trends in Food Science & Technology, 20: 73-77.

Pangestuti R, Arifin Z. 2017. Medicinal and health benefit effects of functional sea cucumbers. Journal of Alternative and Complementary Medicine, 8(3): 341-351.

Paulay G, Hansson H. 2013. Holothuroidea. Accessed through: World Register of Marine Species. http://www.

marinespecies.org/aphia.php?p=taxdetails&id=123083.

Purcell S W, Lovatelli A, Vasconcellos M, et al. 2010. Managing Sea Cucumber Fisheries with an Ecosystem Approach. Rome: FAO.

Wang W, Xue C, Mao X. 2020. Radioprotective effects and mechanisms of animal, plant and microbial polysaccharides. International Journal of Biological Macromolecules, 153: 373-384.

Yang Z, Li S, Chen B, et al. 2016. China's aquatic product processing industry: Policy evolution and economic performance. Trends in Food Science & Technology, 58: 149-154.

后　记

民以食为天，无鱼不成席。我国是世界第一渔业大国，保障了优质蛋白供给，改善了居民膳食结构。与此同时，我国人口众多，耕地面积少，而渔业是大农业中最高效的生产方式，水产品已成为国民日常生活中重要的优质蛋白来源。渔业的快速发展更是有力地促进了乡村振兴和渔民增收。随着气候变化和人类活动的不断加剧，现代渔业也面临着环境、资源、技术和市场的制约，理论、技术、装备、模式和产品都亟待实现跨越式发展。

面向国家重大需求、国际科技前沿和国民经济主战场，纵观现代渔业发展的现状和存在的问题，"绿色生态、精准高效、智慧智能、多元融合"是我国现代渔业高质量发展的必由之路。坚持"绿色生态"，以"绿水青山就是金山银山"理论为指导，以生态保护优先，以自然修复为主，通过生态工程化方式，实现现代渔业绿色发展。坚持"精准高效"，实现水产种业、养殖、增殖、捕捞、加工等渔业生产一体化全链条精准管理，通过优化技术和管理规范实现现代渔业高质量发展。坚持"智慧智能"，随着信息、物联网等技术的持续创新，并不断向渔业生产和管理各个环节渗透，养殖设施的智能化，监测、预警、预报的自动化，以及决策管理的信息化，将促进现代渔业的跨越式发展。坚持"多元融合"，充分利用水域环境和资源，实施集约化发展，促进渔业与旅游、可再生能源、文化产业等的融合发展。

在研究与撰写过程中，我们得到了31位知名专家的大力支持，具体审稿信息如下（以专家姓氏笔画为序）：浙江工业大学丁玉庭教授、上海海洋大学万荣教授、中国海洋大学王芳教授、中国科学院烟台海岸带研究所王春德研究员、中国水产研究院东海水产研究所王鲁民研究员、大连海洋大学王斌教授、中国水产科学研究院黄海水产研究所方建光研究员、中国海洋大学田相利教授、中国水产科学研究院黄海水产研究所曲克明研究员、中国科学院海洋研究所刘保忠研究员、中国科学院水生生物研究所刘家寿研究员、浙江大学刘鹰教授、中国海洋大学李兆杰教授、中国水产科学研究院东海水产研究所来琦芳研究员、上海海洋大学吴稼乐教授、中山大学何建国教授、中国科学院南京地理与湖泊研究所谷孝鸿研究员、中国水产科学研究院宋怿研究员、华中农业大学张永安教授、浙江海洋大学张秀梅教授、中国科学院水生生物研究所张堂林研究员、大连工业大学周大勇教授、四川农业大学周小秋教授、中国水产科学研究院黄海水产研究所周德庆研究员、中国科学院水生生物研究所胡炜研究员、中国水产科学研究院渔业机械仪器研究所徐皓研究员、中国水产科学研究院南海水产研究所郭根喜研究员、中国海洋大学唐衍力教授、大连海洋大学常亚青教授、中国海洋大学董双林教授、中国科学院水生生物研究所解绶启研究员。各位专家认真审阅了文稿，提出了很多建设性的修改意见，使我们获益匪浅，在此向各位专家致以深深的谢意！

本书撰写期间，组织召开了20多场视频会议，大家畅所欲言，集思广益，思国需，体民情，广调研，深考量，谋愿景，明任务，定目标，助产业，力争实现书中内容的有理有据有梦。书中若有不妥之处，敬请批评指正。

2020年初夏于青岛四知堂